전재는 1퍼센트의 영감과
99퍼센트의 땀으로 만들어진다.
_에디슨

바람과 파도는 항상
가장 유능한 항해자 편에 선다.
_기본

확신을 가지고 시작하는 사람은 회의로 끝나고,
의심하면서 시작하는 사람은
확신을 가지고 끝낼 것이다.
_베이컨

현재를 지배하는 자가 과거를 지배하며,
과거를 지배하는 자가 미래를 지배한다.
_오웰

시간은 위대한 스승이기는 하지만
불행히도 자신의 모든 제자를 죽인다.
_베를리오즈

세상은 고통으로 가득하지만
그것을 이겨 내는 일로도 가득차 있다.
_켈러

금성어문연구소 편

금성출판사

알아두기

창의력 키워드 선정

- 이 사전에는 창의력 향상에 도움이 되는 '인생, 철학과 종교, 사회, 정치와 경제, 자연과 과학, 문화와 예술, 역사'의 7개 분야 648개의 키워드를 수록하였습니다.
- 키워드는 7개의 섹션 내에서 각각 '가나다 순'으로 배열하였습니다.
- 키워드는 원칙적으로 구체 명사, 추상 명사 등의 명사형을 선정하였으며, 경우에 따라 '그리움', '두려움' 등과 같은 용언의 명사형도 항목으로 선정하였습니다.
- 키워드가 한자어나 외래어일 경우에는 우선 한글로 표시하고, 그에 해당하는 한자 또는 원어를 표기하였습니다.
- 키워드의 사전적 의미가 비슷하더라도 '구원'과 '구제', '불운'과 '불행', '탐욕'과 '욕심' 등과 같이 어감의 차이가 있는 것은 분류하여 수록하였습니다.

키워드별 내용 구성

- 각 키워드별로 명언 명문, 속담, 고사성어, 한자 숙어, 관용어, 키워드 정보 박스, 낱말 풀이로 내용이 구성되었습니다.
- 명언 명문에는 키워드와 관련된 주장, 의견, 정의, 설명, 시, 시조, 묘사문 등을 수록하였습니다.
- 속담에는 세계 각국의 속담, 격언, 교훈, 금언을 수록하였습니다.
- 고사성어에는 고사성어가 유래된 신화, 전설, 고사, 일화 등을 수록하였습니다.
- 한자 숙어에는 고사성어에서 다루지 않은 그 밖의 고사성어나 한자 숙어를 수록하였습니다.
- 관용어에는 일상 생활에서 습관적으로 쓰이는 어휘나 숙어를 수록하였습니다.
- 키워드 정보 박스에는 키워드와 관련된 흥미진진한 역사나 사건, 시사 용어 등 다양한 정보를 수록하였습니다.
- 명언 명문이나 속담에 사용된 어휘 중 원문의 느낌을 살릴 필요가 있는 어휘는 다소 어렵더라도 그대로 인용하였습니다.
- 어려운 낱말은 해당 쪽 상단에 쉽게 풀이하여 놓았으며, 다양한 의미가 있는 낱말은 본문에

쓰인 의미를 우선으로 하여 풀이하였습니다.

- 명언 명문이나 속담, 한자 숙어 등은 다음의 두 가지 기준에 의해 선별하였습니다.

① 해당 키워드가 문장 속에 직접 노출되는 경우 : 사전의 이용 가치를 높이기 위해, 문장의 의미가 키워드와 밀접한 관련이 없더라도 수록하였습니다.

② 해당 키워드가 문장 속에 직접 노출되지 않더라도 의미가 관련된 경우 : 예를 들어 '성공' 이라는 단어가 문장에 없더라도 성공과 관련이 있는 문장이면 수록하였습니다.

 편집의 원칙

- 명언 출처에 기재된 사람 이름의 경우, 본명을 사용하는 것을 원칙으로 하였으나, 경우에 따라 널리 알려진 호나 필명을 사용하였습니다.

예) 맬컴 리틀 ⇨ 맬컴 엑스

- 중국인 이름은 중국어 발음대로 표기하는 것을 원칙으로 하였으나, 신해혁명(1911년) 이전의 인물은 한자음으로 표기하는 것도 허용하였습니다.

예) 마오쩌둥(중국어 발음 표기), 방현령(한자음 표기)

- 조선 시대 이후의 우리나라 사람 이름에는 국적을 표기하지 않았습니다.
- 한글 맞춤법과 표준어 및 외국어는 국립 국어원의 표기를 따랐으며, 표기가 아직 확정되지 않은 외국어의 경우에는 원음에 가장 가까운 발음으로 표기하였습니다.
- 이 사전을 좀 더 효과적으로 이용할 수 있도록 색인의 키워드에 관련 키워드를 함께 표시하였습니다. 예) 희망 ➔ 기대, 꿈, 소원, 절망
- 이 사전의 뒷부분에 '명언 명문 찾아보기'와 '고사성어 · 한자 숙어 찾아보기', '알쏭달쏭 맞춤법'을 수록하였습니다.

 약호 및 기호

《 》	본문 중 문헌이나 책 제목 표시
〈 〉	본문 중 작품, 논문, 신문 이름 표시
/	시, 시조 중의 행 구별 표시
//	시, 시조 중의 연 구별 표시
➔	관련 항목 참조 표시

구성 및 특징

초 · 중 · 고등학생들의 논술, 구술에 필요한 문장력에 날개를 달아 줄 명언 명문과 속담, 한자 숙어, 관용어 등이 방대하게 수록되어 있습니다.

정치와 경제

평등 平等

권리, 의무, 자격 등이 차별 없이 고르고 한결같음.

648 키워드

각 섹션에는 섹션별 키워드가 '가나다 순'으로 배열되어 있으며, 키워드 한자와 해설을 넣어 이해를 도왔습니다.

명언 명문

▶ 모든 인간은 선천 … 있는 불평등은 *민법에서 유래 … 철학자, 법학자

▶ 모든 인간의 … 리나 마찬가지로 명백한 … 미국 경제학자

▶ 미국인들은 모 … 람 없다고 생각한다. 그러 … 도 인정하려 하지 않는다. … 영국 철학자, 수학자

▶ 법 위에 아무도 없 …

▶ 신 앞에서 우리들 … 하다.

▶ 아무리 고급 시계 … 사람에게 있어서도 한 시간의 길이는 다르지 않다. _《탈무드》

▶ 안전과 평등이 충돌할 때는 주저 없이 평등이 굴복해야 한다.
_J. 벤담(1748~1832) 영국 철학자, 법학자

▶ 여자들은 이제 남자들과 조금도 다르지 않기 때문에 남자들과 평등하다. _E. 프롬(1900~1980) 독일 정신 분석학자, 사회학자

▶ 왕이나 나나 똑같은 사람이다. 제비꽃 향기는 그에게도 나에게도 똑같다. _W. 셰익스피어(1564~1616) 영국 극작가, 시인

▶ 인간은 원래 불평등하게 태어났다. 그렇기 때문에 그들을 평등하게 다루려 해도 그것은 무익하다.
_S. 프로이트(1856~1939) 오스트리아 심리학자, 의사 《대문제에 관한 소연구》

신 앞에서 우리들은 똑같이 현명하고, 똑같이 어리석어요.

A. 아인슈타인

922 ▸▸▸

7 섹션

인생, 철학과 종교, 사회, 정치와 경제, 자연과 과학, 문화와 예술, 역사에 이르는 다양한 섹션에 고유의 색깔이 지정되어 있어 필요한 내용을 쉽게 찾아볼 수 있습니다.

섹션별 색깔

인생 | 철학과 종교 | 사회 | 정치와 경제 | 자연과 과학 | 문화와 예술 | 역사

10680 명언 명문

우리나라를 비롯한 전 세계 1만여 개의 명언 명문장을 수록하였으며, 문장의 뒤에 출처와 출전을 밝혔습니다.

인물 캐리커처

160여 컷의 세밀한 인물 캐리커처로 생생함과 흥미를 더했습니다.

속담 3085

인생에 지침이 될 만한 3000여 개의 속담과 격언을 담았습니다.

낱말 풀이

본문에 나오는 원어나 어려운 낱말을 쉽게 풀이하였습니다.

▶ *회개의 순간은 인지의 순간일 뿐 아니라 사람이 그의 과거를 바로잡는 수단이기도 하다. _O. F. O. W. 와일드(1854~1900) 아일랜드 시인, 극작가

*회개 | 잘못을 뉘우치고 고침.

속담

▶ 고백한 죄의 절반은 이미 용서받은 것과 다름없다. _영국

▶ 뉘우치는 데는 너무 늦었다는 것이 없다. _영국

한자 숙어 (지식 쑥쑥)

음회세위(飮灰洗胃) 재를 마시고 창자의 더러움을 씻는다는 뜻으로, 악한 마음을 고쳐서 착하게 된다는 말.

682

한자 숙어와 관용어

신문이나 여러 매체에 자주 등장하는 한자 숙어를 수록하였으며, 또한 일상생활에서 자주 사용하는 관용어의 정확한 의미를 알 수 있도록 하였습니다.

고사성어

▷ 개과천선(改過遷善)

지난날의 잘못을 고쳐서 착하게 된다는 뜻으로, 자신의 잘못이나 허물을 주저 없이 고쳐 바른길로 들어서는 것을 말한다. 진나라 혜제 때 양흠 지방에 주처라는 사람이 있었는데, 그의 나이 열 살 때 아버지가 세상을 떠났다. 어느 누구의 가르침과 보살핌이 없었던 주처는 방탕한 생활을 하고, 걸핏하면 싸우는 포악한 사람이 되었다. 그러던 어느 날, 주처는 자신의 잘못을 깨닫고 지난날의 허물을 고쳐서 새사람이 되겠다는 결심을 하였고, 10여 년 동안 학문을 익히고 덕을 쌓아 마침내 훌륭한 학자가 되었다. _〈진서〉

새사람이 될 거야!

216

고사성어

고사성어가 만들어지게 된 유래와 배경 등 흥미진진한 이야깃거리를 수록하였으며, 코믹한 일러스트는 내용 이해와 읽는 재미를 더해 줍니다.

키워드 정보 BOX

예수를 팔아넘긴 유다

예수의 열두 제자 중 한 명인 유다는 예수를 [illegible] 유명하다. 그는 원로들에게 은화 30냥을 받고 [illegible] 알려 주었고, 원로들이 보낸 호위병들을 이끌고 [illegible] 만찬을 마치고 열한 명의 제자들과 기도하러 간 예수 [illegible] 의 겟세마네 동산으로 갔다. 그러고는 예수에게 인사를 하며 [illegible] 을 맞춤으로써 호위병들에게 누가 예수인가를 알렸다. 그 후 유다는 예수가 사형 판결을 받는 [illegible] 회개하여 은화를 돌려주고 나무에 목을 맸다.

회개 ◀◀◀ 595

키워드 정보 박스

논술에 필요한 다양한 배경 지식을 습득할 수 있어, 논리적 글쓰기 학습에 많은 도움이 됩니다.

CONTENTS

키워드를 찾은 다음,
사전 뒷부분의
찾아보기에서 쪽수를
확인하세요.

Section 4

Section 1

인생은 걷기 좋은 평탄한 길만 있는 것이 아니다.
먼 곳으로 항해하는 배가 파도를 만나지 않고 조용히만 갈 수는 없지 않은가?
파도는 언제나 전진하는 자의 벗이다. 차라리 고난 속에 인생의 기쁨이 있다.
풍파 없는 항해, 얼마나 단조로운가! 고난이 심할수록 내 가슴은 뛴다.

F. W. 니체

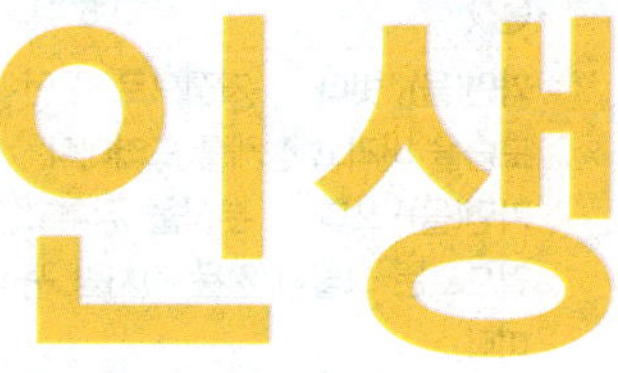

인생

인생

가면 假面

얼굴을 감추거나 달리 꾸미기 위해 얼굴에 쓰는 물건.
속뜻을 감추고 겉으로 거짓을 꾸미는 얼굴.

명언 명문

*공평무사 | 공평하여 사사로움이 없음.

▶ 말은 참으로 가면이다. 그것은 참된 의미를 숨긴다.

_H. 헤세(1877~1962) 독일 소설가, 시인

▶ 모든 악습은 가면을 쓴다. 자신이 추하다는 것을 알고 있기 때문이다.

_B. 프랭클린(1706~1790) 미국 정치가, 과학자

▶ 모든 악습은 위장을 하며 미덕의 가면을 쓰고 숨어든다.

_G. 하비(1546?~1630) 영국 시인

▶ 사람은 문명이 진보할수록 점점 더 배우가 되어 간다. 즉 남에 대한 존경과 호의, 정숙함과 *공평무사의 가면을 쓴다.

_I. 칸트(1724~1804) 독일 철학자 《인간학》

▶ 사회는 가면무도회이고 사람들은 자신의 정체를 감춘다. 하지만 감추는 행동을 통해 그것을 드러낸다.

_R. W. 에머슨(1803~1882) 미국 사상가, 시인

▶ 습관은 정의의 가면을 만들고 발전의 최대 적이 된다.

_J. 마르티(1853~1895) 쿠바 시인, 정치가

관용어

가면(을) 벗다 _ 거짓으로 꾸민 모습을 버리고 정체를 드러내다.
가면(을) 쓰다 _ 본심을 감추고 겉으로는 그렇지 않은 것처럼 꾸미다.
가면을 벗기다 _ 거짓으로 꾸민 정체를 밝히다.

▶ 아름다움과 신화는 가난의 영원한 가면이다. _M. 해링턴(1928~1989) 미국 작가, 사회 비평가

▶ 아무리 엄숙한 표정을 지어도 가면은 뇌가 없다.

_G. J. 파이드루스(B.C. 15~A.D. 50) 로마 우화 시인

▶ 인류를 구원하려는 욕망은 인류를 지배하려는 욕망의 유일한 가면이다.

_H. L. 멘켄(1880~1956) 미국 언론인, 작가

▶ 표면에 '덕'이라는 가면을 쓰지 않은 솔직한 '악'은 없다.

_W. 셰익스피어(1564~1616) 영국 극작가, 시인

고사성어

▷ 철면피(鐵面皮)

쇠로 만든 낯가죽이라는 뜻으로, 너무 뻔뻔해서 수치를 모르는 사람을 낮잡아 이르는 말이다. 옛날에, 왕광원이라는 사람이 있었는데 그는 출세를 위해서라면 수단과 방법을 가리지 않는 사람이었다. 진사 시험에 합격한 왕광원은 세도가의 집에 수시로 드나들면서 갖은 아첨을 다하였다. 한번은 어떤 세도가가 술에 취해서 왕광원에게 마구 매질을 하는데도 평소와 다름없는 얼굴로 "저 분에게 잘 보이면 나쁠 것이 없지요."라고 말하는 것이었다. 이처럼 어떠한 모욕도 개의치 않고 부끄러운 행동을 하는 왕광원을 향해 사람들이 "왕광원의 얼굴은 두껍기가 열 겹의 철판을 깐 것 같다."고 말한 데서 유래한다.

_《북몽쇄언》

키워드 정보 BOX

〈가면무도회〉

이탈리아의 작곡가 G. 베르디의 오페라 〈가면무도회〉는 프랑스의 극작가 A. E. 스크리브가 쓴 〈구스타브 3세〉를 대본으로 하여 1859년에 제작되었다. 1859년 2월 로마의 아폴로 극장에서 처음 공연되었다. 원래는 그 이전에 나폴리의 산 카를로 극장에서 상연할 예정이었다. 그런데 때마침 나폴레옹 3세 암살 미수 사건이 일어나자, 18세기 스웨덴의 구스타브 3세 암살 사건에서 소재를 딴 오페라라는 것이 문제가 되어 상연하지 못했다. 이듬해 극중 배경과 이름을 바꾸고 나서야 비로소 상연할 수 있었다. 등장인물들의 낭만적인 사랑 이야기와 함께 절대 권력에 대항하는 사회적 비극도 함께 그려 낸 〈가면무도회〉는 장엄하고도 정열적인 오페라로 그 가치가 높이 평가되고 있다.

베르디의 오페라 〈가면무도회〉의 한 장면.

가정 家庭

한 가족이 생활하는 집.

명언 명문

*편협 | 한쪽으로 치우쳐 도량이 좁고 너그럽지 못함.

▶ 가정에서 누리는 행복은 모든 소망의 최종 목표이다.

_S. 존슨(1709~1784) 영국 시인, 평론가

▶ 가정은 건전한 사회의 기초가 되기는커녕 그 *편협한 폐쇄성과 비열한 비밀들 때문에 모든 불만의 원인이다.

_E. R. 리치(1910~1989) 영국 인류학자, 작가

▶ 가정이여, 닫혀진 가정이여, 나는 너를 미워한다.

_A. P. G. 지드(1869~1951) 프랑스 소설가, 평론가 《지상의 양식》

▶ 대리석 방바닥과 금벽이 가정을 만드는 것도 아니다. 사랑이 깃들고, 우정이 손님이 되는 집은 행복한 가정이다.

_A. 반다이크(1599~1641) 벨기에 화가

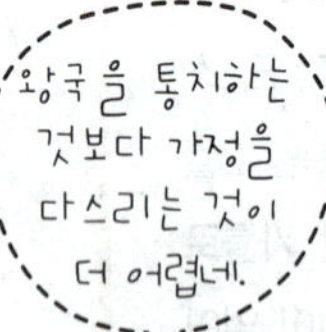

▶ 모든 가정은 개인과 국가의 안전을 위한 요새이다.

_J. G. 홀런드(1819~1881) 미국 작가

▶ 오로지 자기 가정을 사랑하는 사람만이 나라를 사랑한다.

_S. T. 콜리지(1772~1834) 영국 시인, 평론가

▶ 왕국을 통치하는 것보다 가정을 다스리는 것이 더 어렵다.

_M. E. 몽테뉴(1533~1592) 프랑스 사상가 《수상록》

M. E. 몽테뉴

▶ 우리 몸은 가정을 떠나도 우리의 마음은 가정을 떠나지 않는다.

_O. W. 홈스(1809~1894) 미국 소설가, 의학자

▶ 임금이든 농부든 자기 가정에서 기쁨을 찾는 자가 가장 행복하다.

_J. W. 괴테(1749~1832) 독일 시인, 소설가, 극작가 《격언과 반성》

▶ 자기 가정을 훌륭하게 다스리는 자는 국가의 일에서도 가치 있는 인물이 된다.

_소포클레스(B.C. 496~B.C. 406) 그리스 시인

- 집이 가정이 되려면 많은 생활이 그곳에서 이루어져야 한다.

_E. A. 게스트(1881~1959) 미국 작가

- 참으로 행복한 사람도, 불운을 겪는 사람도 자기 가정에 머물러 있어야만 한다.

_아이스킬로스(B.C. 525~B.C. 456) 그리스 시인

- 행복한 가정들은 서로 닮았지만, 불행한 가정들은 제각각이다.

_L. N. 톨스토이(1828~1910) 러시아 소설가, 사상가 《안나 카레니나》

속담

- 떡 해 먹을 집안. (화목하지 않은 집안을 가리키는 말) _한국
- 새는 둥지가 있어야 하고, 사람은 가정이 있어야 한다. _중국
- 씨암탉 잡은 듯하다. (집안이 매우 화목할 때 이르는 말) _한국
- 평화로운 가정에는 행복이 제 발로 찾아온다. _중국

키워드 정보 BOX

가족이라는 이름의 성당, 사그라다 파밀리아 성당

사그라다 파밀리아 성당은 에스파냐의 세계적인 건축가 안토니 가우디의 평생의 역작이다. 초대 건축가인 비랄이 물러난 뒤, 1883년에 가우디가 이어받아 죽을 때까지 평생을 바쳤다. 이 성당은 지금까지 100년이 넘게 공사를 하고 있어 세계에서 가장 오랫동안 공사 중인 건축물로도 유명하다.

'파밀리아'는 영어의 패밀리(family), 즉 가족이라는 뜻이다. 현재 사그라다 파밀리아 성당은 지하 예배당과 중앙 지하실이 완성돼 있으나 완성 도면에는 예수의 12제자를 상징하는 높이 100미터 가량의 탑과 예수를 상징하는 높이 170미터의 중앙 탑이 세워질 예정이다. 또한 탑을 이어주는 돔은 성모 마리아를 상징하고 별도의 돔 4개는 네 명의 복음 성인을 상징해 '성스러운 가족'을 형상화할 계획이다.

가우디와 사그라다 파밀리아 성당.

감사 感謝

고맙게 여기는 것. 또는 그러한 마음.

명언 명문

▶ 감사는 가장 큰 미덕일 뿐만 아니라 모든 미덕의 어버이다.

_M. T. 키케로(B.C. 106~B.C. 43) 로마 정치가, 학자

▶ 감사는 갚아야 할 의무지만, 누구도 그것을 기대할 권리는 없다.

_J. J. 루소(1712~1778) 프랑스 작가, 사상가

▶ 감사는 위대한 교양의 결실이다. _S. 존슨(1709~1784) 영국 시인, 평론가

▶ 감사의 마음은 돈으로 살 수 없는 것 중에 하나며, 타고나야만 하는 것이다. _핼리팩스(1661~1715) 영국 정치가

▶ 감사하는 마음은 계속해서 은혜에 보답하는 것이다.

_J. 밀턴(1608~1674) 영국 시인

▶ 감사하는 마음은 금방 시들어 버린다.

_아리스토텔레스(B.C. 384~B.C. 322) 그리스 철학자

▶ 오랫동안 고통과 수난의 일생을 끝나게 해 준 하느님께 감사를 드리자. _L. 베토벤(1770~1827) 독일 작곡가

▶ 진정한 감사는 마음으로 감사하고 행동으로 나타내라.

_W. 블레이크(1757~1827) 영국 시인, 화가

▶ 행운의 여신이 내린 세 가지 축복을 나는 가장 고맙게 여기는데 그것은 내가 짐승이 아니라 사람으로, 여자가 아니라 남자로, 야만인이 아니라 그리스 인으로 태어난 것이다.

_탈레스(B.C. 624?~B.C. 546?) 그리스 철학자

탈레스

속담

▶ 감사는 마음의 기억이다. _프랑스

個性 개성

개개인이 가지는 고유한 특성으로
성격, 취향, 사고방식 등으로 나타남.

명언 명문

▶ 개성은 지식 안에 숨어 있다. 군주가 돈이나 권력으로 좌우할 수 없는 많은 것이 지식 안에 저장되어 있기 때문이다.

_F. 베이컨(1561~1626) 영국 정치가, 철학자

▶ 개성을 가진 인간은 언제나 되풀이되는 전형적인 체험을 한다.

_F. W. 니체(1844~1900) 독일 철학자, 시인 《잠언집》

▶ 개성이 없는 물질적 풍요는 멸망의 가장 확실한 길이다.

_T. 제퍼슨(1743~1826) 미국 제3대 대통령

▶ 사람마다 입맛이 다르다. _Q. 호라티우스(B.C. 65~B.C. 8) 로마 시인

▶ 어느 예술가나 다른 사람의 영향을 받으며, 그 영향은 작품 속에 나타난다. 그러나 중요한 것은 예술가의 개성이다.

_L. J. J. 비트겐슈타인(1889~1951) 영국 철학자

▶ 우리들은 끓는 온도가 서로 다르다.

_R. W. 에머슨(1803~1882) 미국 사상가, 시인

속담

▶ 어떤 새나 자기 소리로 지저귄다. (사람은 누구나 독특한 개성을 가진다는 말) _러시아

▶ 한 어미 자식도 아롱이 다롱이. (한 어머니에게서 난 자식들이라도 제각각 다르다는 뜻) _한국

▶ 한날한시에 난 손가락도 길고 짧다. (사람은 제각기 개성과 특징이 있다는 말) _한국

지식 쑥쑥

한자 숙어

십인십색(十人十色) 열 사람의 열 가지 색이라는 뜻으로, 사람의 모습이나 생각이 저마다 다름을 이르는 말.

거짓말

사람이 남을 속이기 위해 사실이 아닌 것을 사실인 것처럼 꾸며 하는 말.

명언 명문

- 가장 심한 거짓말은 침묵으로 말하는 경우가 많다.

  _R. L. B. 스티븐슨(1850~1894) 영국 소설가, 시인

- 거짓말은 가장 필요하고도 가장 널리 사용되는 자기 보존의 방편이다. _M. 프루스트(1871~1922) 프랑스 소설가

- 거짓말을 하는 사람은 누구보다도 쉽게 화를 내는 법이다.

  _F. M. 도스토옙스키(1821~1881) 러시아 소설가 《카라마조프의 형제들》

- 거짓말이 거짓말을 낳는다.

  _P. 테렌티우스(B.C. 185?~B.C. 159?) 로마 극작가 《안도로스의 여인》

- 거짓이란 내가 만드는 것이 아니고, 계급으로 나뉜 사회에서 생겨난 것이다. 그러므로 나는 나면서부터 거짓말을 물려받았다.

  _J. P. 사르트르(1905~1980) 프랑스 소설가, 철학자 《더러운 손》

- 누군가가 거짓말을 하고 있다고 의심이 가면 믿는 체하는 것이 좋다. 그러면 그는 대담해져서 훨씬 심한 거짓말을 하여 정체를 폭로한다. _A. 쇼펜하우어(1788~1860) 독일 철학자 《행복을 위한 금언》

- 대부분의 경우 말을 잘하는 요령은 거짓말하는 방법을 배우는 데 있다. _D. 에라스뮈스(1466~1536) 네덜란드 철학자 《대화집》

- 또다시 거짓말을 하려면, 기억력이 좋아야 한다.

  _P. 코르네유(1606~1684) 프랑스 시인, 극작가

- 반쯤 진실된 거짓말은 더 악하다. _A. 테니슨(1809~1892) 영국 시인

- 인생에 있어 무엇보다 어려운 것은 거짓말을 하지 않고 사는 것이다. 그리고 자기 자신의 거짓말을 믿지 않는 것이다.

  _F. M. 도스토옙스키(1821~1881) 러시아 소설가 《악령》

- 일반 대중은 사소한 거짓말보다는 거창한 거짓말에 더 쉽게 속을 것이다. _A. 히틀러(1889~1945) 독일 정치가
- 절대적으로 비난할 수 없는 유일한 거짓말의 형태는, 자기 자신을 위해서 거짓말을 하는 일이다. _O. F. O. W. 와일드(1854~1900) 아일랜드 시인, 극작가 《거짓말쟁이의 영락》
- 진실을 말할 용기가 없는 자들이 거짓말을 한다. _J. 밀러(1837~1913) 미국 시인 《아이나》
- 하나의 거짓말을 참말처럼 하기 위해서는 항상 일곱 가지 거짓말이 필요하다. _M. 루터(1483~1546) 독일 종교 개혁가 《저작집》

한자 숙어

대언불참(大言不慙) 실천 못 할 일을 말로만 떠들어 대고 부끄러운 생각조차 없는 것.

주작부언(做作浮言) 터무니없는 말을 지어냄.

문장 반짝

관용어

거짓말(을) 보태다 _ 실지보다 더 보태어 과장해서 말하다.

거짓말을 밥 먹듯 하다 _ 거짓말을 자주 하다.

속담

- 거짓말에는 세금이 붙지 않는다. 그러므로 온 나라에는 거짓말이 넘쳐나고 있다. _독일
- 근거도 없는 거짓말에서 싹이 튼다. _일본
- 하나의 거짓말을 하면, 그것을 숨기려고 더 많은 거짓말을 하게 된다. _영국

고사성어

▷ 삼인성호(三人成虎)

세 사람이 말하면 호랑이도 만들어 낸다는 뜻으로, 거짓말도 여럿이 하면 곧이들린다는 말이다. 전국 시대, 위나라 태자가 조나라에 인질로 갈 때 방총이 태자를 모시고 함께 가게 되었다. 방총은 자기가 없는 동안 왕의 관심이 자기에게 멀어질까 봐 떠나기 전에 위나라 혜왕을 찾아가 만났다. 방총이 왕에게 "전하, 시장에 호랑이가 나타났다고 세 사람이 같은 말을 하면 거짓말일지라도 호랑이가 나타난 것처럼 믿게 됩니다. 제가 멀리 떠난 뒤에 혹시 저를 헐뜯고 거짓말을 하는 자들의 말이 들리더라도 부디 귀담아 듣지 마시옵소서."라며 당부한 데서 유래한다. _《전국책》

건강

健康

정신적으로나 육체적으로 아무 탈이 없고 튼튼함. 또는 그런 상태.

명언 명문

▶ 가장 가난한 사람도 자기 건강을 돈과 바꾸려고 하지 않겠지만, 가장 큰 부자는 가진 돈을 모두 주어서라도 건강을 기꺼이 얻으려 한다. _C. C. 콜턴(1780~1832) 영국 작가, 성직자

▶ 가장 어리석은 일은 어떤 이익을 위해 건강을 희생하는 것이다.
_A. 쇼펜하우어(1788~1860) 독일 철학자

▶ 거친 가락을 들려주는 나의 건강은 켤 줄 모르는 이의 손에 들린 바이올린이다. 그러나 그것에 관해 생각하지 않으며 그를 염려할 시간이 없는 한 나의 건강은 훌륭한 것이다.
_K. 지브란(1883~1931) 미국 소설가, 화가, 시인

▶ 건강에는 자유가 있다. 건강은 모든 자유 중 제일가는 것이다.
_H. F. 아미엘(1821~1881) 스위스 철학자, 문학가 《일기》

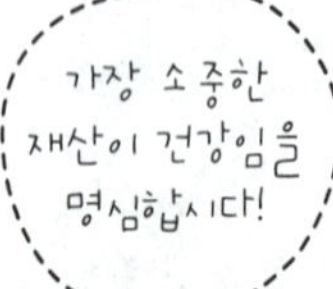

▶ 건강은 가장 자랑할 만한 육체의 아름다운 특질이다.
_아리스토텔레스(B.C. 384~B.C. 322) 그리스 철학자 《수사학》

▶ 건강은 노동으로부터 생기며 만족은 건강으로부터 생긴다.
_W. 피트(1708~1778) 영국 정치가

▶ 건강은 돈으로 살 수 없는 축복이다. _I. 월턴(1593~1683) 영국 수필가

▶ 건강은 부자들에게는 축복이고 가난한 사람들에게는 재산이다. 건강이 없다면 이 세상에 아무런 즐거움도 없다.
_B. 존슨(1572~1637) 영국 극작가, 시인, 평론가

▶ 건강은, 그것을 올바르게 이용하지 않는 사람에게는 오래 머물러 있지 않는 법이다. _C. 힐티(1833~1909) 스위스 사상가, 법률가

▶ 건강은 으뜸가는 재산이다. _R. W. 에머슨(1803~1882) 미국 사상가, 시인

히포크라테스

▶ 건강을 유지하기 위해 자기가 할 수 있다고 생각하는 일을 한 가지만 적게 하라. _B. M. 바루크(1870~1965) 미국 정치가

▶ 건강을 유지하는 것은 자신에 대한 의무인 동시에 사회에 대한 의무다. _B. 프랭클린(1706~1790) 미국 정치가, 과학자

▶ 건강을 항상 염려하는 사람은 즐길 생각도 전혀 없는 보물을 쌓기만 하는 구두쇠와 같다. _L. 스턴(1713~1768) 영국 소설가

▶ 건강의 고마움은 앓아 보아야 절실히 느낀다. _G. C. 리히텐베르크(1742~1799) 독일 물리학자, 작가

▶ 건강의 4대 요소는 휴식, 음식, 신선한 공기, 그리고 운동이다. _W. 오슬러(1849~1919) 영국 의학자

▶ 건강의 시작은 병을 아는 것이다. _M. 세르반테스(1547~1616) 에스파냐 소설가

▶ 건강한 몸을 가진 사람이 아니고는 조국에 충실한 사람이 되기 어렵다. 그 이유는 좋은 아버지, 좋은 아들, 좋은 형제, 좋은 이웃이 되기 어렵기 때문이다. _J. H. 페스탈로치(1746~1827) 스위스 교육학자

▶ 건강한 사람은 건강을 모른다. 병든 사람만이 건강이 무엇인지를 알고 있다. _T. 칼라일(1795~1881) 영국 사상가, 역사가

▶ 건전한 정신은 건전한 신체에 머문다. _D. J. 유베날리스(50?~130?) 로마 시인 《세계문화사》

▶ 병들기 전에는 건강의 소중함을 모른다. _T. 풀러(1654~1734) 영국 의사, 작가

▶ 부귀도 명예도 지식도 미덕도 건강이 없으면 모두 그 빛을 잃어 사라지게 될 것이다. _M. E. 몽테뉴(1533~1592) 프랑스 사상가

▶ 부와 수면과 건강은 한번 잃었다가 되찾을 때 잘 알 수 있다. _장 파울(1763~1825) 독일 소설가 《꽃 · 과실 · 가시》

▶ 약간의 일은 건강에 매우 유익하다. _G. 허버트(1593~1633) 영국 시인

▶ 어떤 환자들은 자신의 상태가 위험하다고 의식하면서도 오로지 훌륭한 의사에 대한 신뢰감만으로 건강을 회복한다. _히포크라테스(B.C. 460?~B.C. 377?) 그리스 의학자

▶ 오로지 건강을 위해서만 우리의 시간, 땀, 수고, 재산뿐만 아니라 생명마저도 바칠 가치가 있는 것이다. 건강이 없다면 삶은 고통스럽고 지겨운 것이다. _M. E. 몽테뉴(1533~1592) 프랑스 사상가

*상대적 | 서로 맞서거나 비교되는 관계에 있는 것.

▶ 완전한 건강은 완전한 아름다움처럼 드문 것이고, 따라서 완전한 질병처럼 보인다. _P. M. 레이섬(1789~1875) 영국 의사, 작가

▶ 우리는 모두 어떤 형태로든 병들어 있다. 질병의 증상이 없는 것을 건강이라고 부르지만 건강은 *상대적 개념이다. _T. S. 엘리엇(1888~1965) 영국 시인, 평론가, 극작가

▶ 의사와 장의사들은 건강이라는 전염병을 두려워한다. _J. 바르죈(1907~) 미국 작가, 교육자

▶ 이리저리 움직이는 것이 건강을 만들어 낸다. 건강은 사람을 돌아다니게 한다. _M. 루터(1483~1546) 독일 종교 개혁가

▶ 지나치게 건강한 것은 질병의 원인이 된다. _G. 플로베르(1821~1880) 프랑스 소설가

▶ 충분한 건강을 갖는 것은 무엇보다도 중요하며 건강의 나무가 무성하면 자연히 쾌활함이 핀다. _A. 쇼펜하우어(1788~1860) 독일 철학자

▶ 현명한 사람이라면 건강이 자신의 가장 소중한 재산임을 깨달아야 한다. _히포크라테스(B.C. 460?~B.C. 377?) 그리스 의학자

속담

▶ 건강보다 나은 부는 없다. _영국

▶ 건강은 쾌락을 낳고 쾌락은 건강을 낳는다. _영국

▶ 건강은 행복의 어머니다. _서양

▶ 건강하게 살려면 1년에 1리씩 더 늘려 걸어라. _에스파냐

▶ 건강한 사람은 모든 것을 가졌고, 건강하지 못한 사람은 가진 것이 없다. _프랑스

▶ 건강할 때 병을 생각하여 대비하라. _영국

▶ 머리는 차고 다리는 따뜻하게 하라. _영국

▶ 삼정승 부러워 말고 내 한 몸 튼튼히 가지라. (헛된 욕심을 버리고 자기의 건강에나 힘쓰라는 말) _한국

▶ 쇠 같은 건강을 가진 사람도 언젠가는 녹이 슨다. (단단한 쇠붙이도 녹슬듯 사람의 건강 역시 언제 나빠질지 모른다는 말) _브라질

▶ 수면은 건강의 첫걸음. (수면은 건강의 기본으로, 잘 자야 건강하다는 말) _아일랜드

인생

儉素 검소

사치하지 않고 수수함.

명언 명문

- 검소는 수입의 미덕이다. _〈팔만대장경〉
- 검소함은 미덕이지만 지나치면 인색하고 고약한 *수전노가 되어 오히려 바른 길을 해친다. _《채근담》
- 검소함은 편안하게 사는 길이고 사치는 재앙과 패망의 원인이다. _정도전(1342~1398) 고려~조선 시대 문인, 학자 《삼봉집》
- 무릇 정사의 밝고 공평함이 다 *검박에서 비롯하며, 김박히면 풍속이 다 후할지니, 하늘이 어찌 돕지 않으며 국운이 어찌 길지 않으리오. _최자(1188~1260) 고려 시대 문신, 학자
- 백성을 사랑하는 근본은 재물을 절약해 쓰는 데에 있고, 그 근본은 검소한 데에 있다. 검소해야 청렴할 수 있고, 청렴해야 백성을 사랑할 수 있기 때문이다. _정약용(1762~1836) 조선 시대 문신, 학자 《목민심서》

*수전노 | 돈을 모을 줄만 알아 한번 손에 들어간 것은 도무지 쓰지 않는 사람을 낮잡아 이르는 말.
*검박 | 검소하고 소박함.

속담

- 검소는 노년을 산다. (젊어서 검소한 생활을 하면 오래 살게 된다는 말) _슬로베니아
- 검소한 식사를 하는 자는 쉽게 단식한다. _콜롬비아
- 동 그릇 사기 전에 사기 그릇 깨지 마라. _중국
- 없을 때는 인내, 있을 때는 검약. (돈이 없을 때는 불편하더라도 참고, 넉넉할 때는 검소한 생활을 하라는 말) _일본

한자 숙어

대갱불화(大羹不和) 고깃국(대갱)에는 양념을 하지 않는다는 뜻으로, 사람이 너무 입과 배를 채우는 데 욕심내지 말고 꾸밈없고 수수한 생활로 담박한 뜻을 기르라는 말.

박옥혼금(璞玉渾金) 아직 쪼지 아니한 옥과 불리지 아니한 금이라는 뜻으로, 성품이 소박하고 꾸밈이 없음을 이르는 말.

계획

計劃

앞으로 할 일의 절차, 방법, 규모 따위를 미리 헤아려 결정함.

명언 명문

▶ 계획은 일의 근본 요소이다. 그것은 많은 사업을 원만하게 성취시킨다. _S. 스마일스(1812~1904) 영국 작가

▶ 계획을 먼저 세우지 않으면 무슨 일이든 모두 실패로 끝난다. _양성지(1415~1482) 조선 시대 문신, 학자

▶ 계획을 일단 착수한 이상 사정이 생겨도 언제까지나 일정 불변하게 동요하지 않고 서서히 진행시켜야 한다. _J. 워너메이커(1838~1922) 미국 실업가

▶ 고칠 수 없는 계획은 나쁜 계획이다. _P. 시루스(B.C. 1세기경) 로마 시인 《격언집》

▶ 너무 먼 앞을 내다보며 계획해서는 안 된다. _M. E. 몽테뉴(1533~1592) 프랑스 사상가

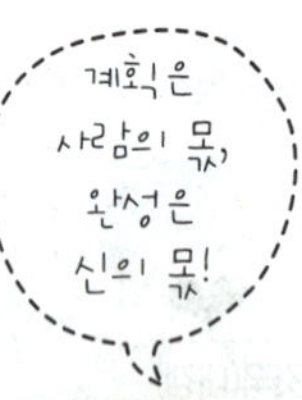

▶ 눈을 항상 일생의 큰 계획에 집중시켜라. _솔론(B.C. 640?~B.C. 560?) 그리스 정치가, 시인

▶ 백 년도 못 사는 사람이 천 년의 계획을 세우는 것은 부질없는 짓이다. _《명심보감》

W. 셰익스피어

▶ 사람은 계획을 세우지만 그것을 완성시키는 것은 신의 힘이다. _W. 셰익스피어(1564~1616) 영국 극작가, 시인

▶ 새벽녘의 계획이 하루 일을 결정한다. _《손자병법》

▶ 성공이 의심스러운 계획은 시행하지 마라. _《서경》

▶ 소년들은 앞으로 성취하고 얻을 것에 관해 계획을 세우고, 소녀들은 앞으로 얻을 사람에 관해 계획을 세운다. _C. A. P. S. 길먼(1860~1935) 미국 여성 운동 이론가, 작가

- 어떤 일을 잘해 내려면 당신은 올바른 계획을 세워야 한다. 그리고 당신은 그 계획을 실천해야 한다. _G. 엘리엇(1819~1880) 영국 소설가
- 여자들이란 놀라울 정도로 실제적이다. 앞의 계획이 망쳐지면 금세 또 새로운 계획을 세우는 법이다. _G. 그린(1904~1991) 영국 소설가
- 완전한 계획을 세우는 것은 쇠퇴의 징조다. 흥미로운 발견이나 발전이 이루어지는 동안에는 완전한 연구실을 설계할 시간이 없다. _C. N. 파킨슨(1909~1993) 영국 역사학자
- 위인들이 위대한 것을 계획하는 것은 그것이 위대한 것이기 때문이다. 바보들이 위대한 것을 계획하는 것은 그것을 쉽게 생각하기 때문이다. _L. C. 보브나르그(1715~1747) 프랑스 도덕주의자, 수필가 《성찰과 잠언》
- 인간은 일을 계획하고, 신은 성패를 가른다. _T. 켐피스(1380?~1471) 독일 사상가, 수도사
- 진보하지 않는 계획은 바퀴 없는 수레다. _F. 로가우(1604~1655) 독일 시인 《격언시》
- 평생의 계획은 어릴 때에 있고, 일 년의 계획은 봄에 있으며, 하루의 계획은 새벽에 있다. _공자(B.C. 551~B.C. 479) 중국 춘추 시대 노나라 사상가

속담

- 고기 보고 부럽거든 가서 그물을 떠라. (이득을 얻으려면 직접 계획하고 준비하라는 말) _한국
- 구멍 보아 가며 쐐기 깎는다. (무슨 일이든지 형편을 보아 가며 적합하도록 일을 꾸며야 한다는 뜻) _한국
- 뒹굴 자리 보고 씨름에 나간다. _한국
- 미리 계획하는 쥐들에게는 겨울도 아무 해를 끼치지 못한다. _독일
- 아무 계획 없이 너무 멀리 가서는 안 된다. 되돌아올 길이 멀어지므로. _이스라엘
- 일의 계획은 사람이 하지만, 그 성패는 하늘에 달려 있다. _중국
- 일찍 계획하지 않으면 뒤에 아무것도 이루어지지 않는다. _중국

지식 쑥쑥

한자 숙어

백년대계(百年大計) 먼 앞날까지 헤아려 내다보고 세우는 크고 중요한 계획.

일년지계 재우춘(一年之計在于春) 한 해의 계획은 첫봄에 세워야 함.

제세장책(濟世長策) 세상을 구제할 원대한 계획.

고백

告白

마음속에 생각하고 있는 것이나 감추어 둔 것을 숨김없이 사실대로 말함.

명언 명문

*오점 | 더러운 점. 또는 명예롭지 못한 흠이나 결점.

- 가장 현명한 것은, 자기를 자기의 고백 상대로 삼는 일이다.
  _스탕달(1783~1842) 프랑스 소설가 《연애론》
- 고백은 영혼에게 유익하다. _H. G. 본(1796~1884) 영국 출판업자
- 고백하고 나면 무거운 짐을 안았던 가슴은 가벼워진다.
  _J. C. F 실러(1759~1805) 독일 시인, 극작가
- 고백하지 못하고 죽는 사랑만큼 진실한 사랑은 없다.
  _O. W. 홈스(1809~1894) 미국 소설가, 의학자
- 나는 모르는 것을 모른다고 고백하는 것을 부끄럽게 생각하지 않는다. _M. T. 키케로(B.C. 106~B.C. 43) 로마 정치가, 학자
- 나는 친구들을 저버렸고 조국을 저버렸고 정부를 저버렸다.
  _R. 닉슨(1913~1994) 미국 제37대 대통령
- 마음속에 있는 것을 고백하는 것은 허영을 위해서, 지껄이고 싶어서, 남의 신뢰를 받기 위해서, 비밀을 교환하고 싶어서다.
  _F. 라로슈푸코(1613~1680) 프랑스 작가 《도덕적 반성》
- 마음에 *오점이 남는 것보다는 얼굴에 수치스러움이 떠오르는 쪽이 낫다. _M. 세르반테스(1547~1616) 에스파냐 소설가 《돈키호테》
- 만일 당신이 바람에게 비밀을 고백한다면 바람이 그것을 나무들에게 털어놓는다고 원망해서는 안 된다.
  _K. 지브란(1883~1931) 미국 소설가, 화가, 시인
- 사랑은 고백한다 하여도 역시 비밀로 남는다. 왜냐하면 오직 애인만이 자기가 사랑받고 있다는 것을 진실로 알기 때문이다.
  _R. 타고르(1861~1941) 인도 시인, 사상가

J. C. F. 실러

▶ 사랑을 한 뒤의 최대 행복은, 자기의 사랑을 고백하는 것이다.

_A. P. G. 지드(1869~1951) 프랑스 소설가, 평론가

▶ 사랑의 고백이라면 낮은 소리로 하라.

_W. 셰익스피어(1564~1616) 영국 극작가, 시인

▶ 양심의 가책에는 필연적인 고백이 따른다. 작품이란 일종의 고백이며 나를 증언하는 것이다. _A. 카뮈(1913~1960) 프랑스 소설가, 극작가

▶ 언젠가 최후 심판의 나팔 소리가 울려 나오더라도, 나는 이 책 한 권을 가지고 심판관인 신 앞에 나아가서 큰 소리로 말하리라. 나는 이렇게 행하였노라, 나는 이렇게 생각하였노라, 나는 이렇게 살았노라고. 선악을 가리지 않고 모두 말하고 싶다. 어떠한 잘못도 감추고 싶지 않고, 어떠한 선행도 과장하고 싶지 않다.

_J. J. 루소(1712~1778) 프랑스 작가, 사상가 《참회록》

▶ 용기 다음가는 훌륭한 일은 자신의 비겁함을 고백하는 일이다.

_C. A. 엘베시우스(1715~1771) 프랑스 철학자

▶ 용기 있는 고백은 꾸짖음의 칼날을 무디게 하고 모욕의 *총구를 비켜 가게 한다. _M. E. 몽테뉴(1533~1592) 프랑스 사상가 《수상록》

▶ 인간이 갖는 최고의 순간은 그가 땅바닥에 무릎을 꿇고 가슴을 치면서 그의 생애의 모든 죄악을 고백할 때다.

_O. F. O. W. 와일드(1854~1900) 아일랜드 시인, 극작가 《옥중기》

▶ 자기 잘못을 고백하는 사람은 그가 어제보다는 오늘 더 현명하다는 것을 의미한다. _A. 포프(1688~1744) 영국 시인

▶ 자기 잘못의 솔직한 고백은 무죄와 가장 가깝다.

_P. 시루스(B.C. 1세기경) 로마 시인

▶ 정열은 고백에 의해 *고양되며 고백에 의해 진정된다. 따라서 사랑하는 사람에게 무엇을 고백하며 무엇을 숨겨야 하는가 하는 그 중용과 *절도만큼 어려운 것은 없다.

_J. W. 괴테(1749~1832) 독일 시인, 소설가, 극작가

*총구 | 총구멍.
*고양 | 정신이나 기분 따위를 북돋워서 높임.
*절도 | 일이나 행동 따위를 정도에 알맞게 하는 규칙적인 한도.

속담

▶ 솔직한 고백은 마음을 즐겁게 한다. _영국

▶ 친구에게 중대한 고백을 할 때는 다시 한번 생각해 보라. _서양

공정 公正

한쪽으로 치우침이 없이 올바름.

명언 명문

*사리사욕 | 개인의 이익과 욕심.

- 가장 훌륭한 자선 사업가는 자기 몫으로 아무것도 떼어 놓지 않는 자다. _E. 히에로니무스(347?~419?) 로마 신학자
- 가족을 거느리면 아내와 자녀들에게 마음이 기울어져서 나랏일을 공정하게 다룰 수 없다. _캉유웨이(1858~1927) 중국 청나라 정치가, 학자
- 공정한 상은 낭비가 아니고 공정한 형벌은 폭력이 아니다. 공정한 상벌은 미덕의 최고 수준이다. _《관자》
- 공정함은 자신의 빛으로 빛난다. _M. T. 키케로(B.C. 106~B.C. 43) 로마 정치가, 학자
- 관대한 사람이 되기 전에 먼저 공정한 사람이 되라. _R. B. 셰리든(1751~1816) 영국 극작가, 정치가
- 군주가 현명하면 신하들이 *사리사욕을 버리고 공정과 정의를 실천하지만, 군주가 어리석으면 신하들은 공정과 정의를 버리고 사리사욕을 채운다. _《한비자》
- 모든 것을 공정하게 심판하려면, 우리 가운데 무죄한 자가 하나도 없다는 사실을 먼저 깨달아야만 한다. _L. A. 세네카(B.C. 4?~A.D. 65) 로마 철학자, 극작가
- 사람이란 자기가 가까이하고 사랑하는 것에는 반드시 지나치게 굴게 된다. 애정이나 이해 때문에 마음이 흩어져서 공정하지 못하게 되는 것이다. _《대학》
- 사리사욕을 버리고 공정하면 말 한마디에 모든 사람이 따른다. _《회남자》

한자 숙어

공평무사(公平無私) 공평하여 사사로움이 없음.
천부당만부당(千不當萬不當) 어림없이 사리에 맞지 아니함.

- 상벌의 공정성을 잃은 지도자는 발톱과 이빨을 버린 호랑이와 같아서 뜻대로 움직일 수 없다. _《한비자》
- 온 세상이 공정하면 용기가 필요 없다. _플루타르코스(46?~120?) 그리스 철학자, 작가 《플루타르크 영웅전》
- 위엄은 공정해야만 세울 수 있다. _소식(1036~1101) 중국 북송 문학가
- 인간은 바르지 못하나 신은 공정하며 최후에는 반드시 정의가 승리한다. _H. W. 롱펠로(1807~1882) 미국 시인
- 처벌이 가장 공정하고 공평하지 않는 한 모든 백성이 진심으로 법에 복종하도록 만들 수는 없다. _정몽주(1337~1392) 고려 시대 문신, 유학자
- 편견 없이 공정해지는 방법은, 전혀 모르거나 완전히 무관심한 것이다. _C. P. 커티스(1891~1959) 미국 법률가, 교육가, 작가

고사성어

▷ 동호지필(董狐之筆)

동호의 붓이란 뜻으로, 사실을 있는 그대로 기록하는 올곧은 자세를 이르는 말이다. 춘추 시대 진나라의 재상 조순은 폭군이었던 영공을 피해 도망치려다가 영공이 시해되었다는 소식을 듣고 다시 돌아왔다. 이때 역사를 기록하는 사관인 동호는 '조순, 임금을 시해하다.'라고 썼다. 이에 조순이 부당하다고 항의하자 동호는 "대감은 임금이 시해당했을 때 되돌아왔음에도 범인을 처벌하지 않았습니다. 그러므로 대감이 시해에 대한 모든 책임을 져야 할 것입니다."라고 말했다. _《춘추좌씨전》

키워드 정보 BOX

공정 거래 위원회

공정 거래법에 규정된 주요 사항을 의논하기 위하여 설치된 기관으로, 1981년에 만들어졌으며 위원장 1명과 부위원장 1명을 포함한 9명의 위원으로 구성되어 있다. 시장 경쟁을 활발히 하게 하고, 소비자의 권리를 찾아 주며, 중소기업이 자유롭게 경쟁할 수 있게 도와 주는 것이 주요 업무이다.

공정 거래 위원회 상징 표시.

과장

誇張

실제의 상태보다 훨씬 크거나 심하거나 대단한 것으로 나타내는 것.

명언 명문

- 과장은 거짓의 곁가지다. _B. 그라시안이모랄레스(1601~1658) 에스파냐 작가
- 과장은 인간 생리에서 보복을 당할 것이다.
  _W. 휘트먼(1819~1892) 미국 시인 《풀잎》
- 과장은 정직한 사람들의 거짓이다.
  _J. M. 메스트르(1753~1821) 프랑스 정치가, 작가
- 멀리서 오는 보고는 과장된 것이다.
  _C. 타키투스(56?~120?) 로마 역사가, 정치가
- 사람이 죽은 뒤에는 시간이 모든 것을 과장한다. 명성도 죽음 뒤에 사람들의 입에서 입으로 전해지는 동안 높아진다.
  _S. 프로페르티우스(B.C. 50?~B.C. 16?) 로마 시인
- 영원한 과장법은 사랑 이외에는 아무것에도 적절하지 않다.
  _F. 베이컨(1561~1626) 영국 정치가, 철학자
- 우리는 목표를 맞추기 위해 목표보다 더 높은 곳을 겨냥한다. 모든 행동에는 약간의 허위나 과장이 있는 것이다.
  _R. W. 에머슨(1803~1882) 미국 사상가, 시인

속담

- 과장을 잘하는 사람은 아무것도 실행하는 일이 없다. _이탈리아
- 두더지 흙무더기를 산으로 만든다. (작은 일을 크게 과장하여 말한다는 뜻) _미국, 영국
- 모든 것을 현미경으로 본다. (무엇이든지 크게 과장하여 말함을 가리키는 말) _프랑스

- 사람의 말은 곡식을 삶거나 수확해서 절반으로 줄이는 것 같다. (사람의 말은 실제보다 과장된다는 말)

_모로코

- 산보다 큰 멧돼지는 없다. (과장이나 거짓말에도 한계가 있다는 말) _일본
- 소문은 계란과 같아 부화되어 깃털이 붙는다. _마다가스카르
- 처음에는 참새, 마지막에는 소. (소문은 하찮은 것이라도 과장되어 마지막에는 크게 된다는 말) _러시아
- 파리를 코끼리라고 한다. (지나치게 과장하는 경우를 이르는 말) _프랑스
- 한 치의 말이 여덟 자의 말이 된다. (말은 전해지는 과정에서 과장된다는 뜻)

_인도네시아

한자 숙어

과대망상(誇大妄想) 사실보다 과장하여 터무니없는 헛된 생각을 하는 증상.
와부뇌명(瓦釜雷鳴) 기왓가마가 우레와 같은 소리를 내며 끓는다는 뜻으로, 별로 아는 것 없는 사람이 과장해서 말함을 비유한 말.
우도할계(牛刀割鷄) 소 잡는 칼로 닭을 잡는다는 뜻으로, 작은 일을 하는 데 큰 도구를 사용함 혹은 지나치게 과장된 표현이나 몸짓 따위를 비유하여 이르는 말.
침소봉대(針小棒大) 작은 일을 크게 허풍을 떨어 말함.

키워드 정보 BOX

과대광고

남에게 해를 끼치지 않는 범위에서의 과장은 재미를 준다.

상품의 내용을 지나치게 부풀려 선전하는 광고 활동이라고 정의할 수 있다. 현대인들은 아침에 눈을 뜨는 순간부터 잠자리에 드는 순간까지 광고의 홍수 속에서 산다고 해도 과언이 아니다. 길거리에 나붙은 광고, 버스나 지하철 등 대중 교통 수단의 안팎으로 보이는 광고 외에도 텔레비전 · 라디오 · 인터넷 같은 각종 매체를 통해 광고를 접하게 된다. 광고는 필요한 사람들에게 상품의 정보를 정확히 소개하고 전달하는 목적으로 사용되어야 한다. 그런데 무조건 많이 팔려는 목적으로 상품의 내용과 품질을 거짓으로 광고함으로써 소비자들이 피해를 당하는 경우가 있는데, 이러한 과대광고나 허위 광고 행위는 공정 거래법의 규제 대상이 된다.

관계 關係

둘 이상의 사람, 사물, 현상 따위가 서로 관련을 맺거나 관련이 있음. 또는 그런 관련.

명언 명문

▶ 개인의 가치는 다른 사람들과의 관계 속에서만 측정될 수 있다.

_F. W. 니체(1844~1900) 독일 철학자, 시인

▶ 결혼은 평등한 독립성, 상호적 의존성, 대등한 의무를 지니는 남녀 관계다.

_L. K. 앤스패처(1878~1947) 미국 극작가

▶ 교육과 정신의 관계는 조각과 대리석 덩어리의 관계와 같다.

_T. A. 에디슨(1847~1931) 미국 발명가

▶ 나와 친구의 관계는 나와 책의 관계와 같다.

_R. W. 에머슨(1803~1882) 미국 사상가, 시인

▶ 무지와 미신은 서로 밀접한 관계가 있다.

_J. F. 쿠퍼(1789~1851) 미국 소설가

▶ 물이 있는 곳마다 개구리가 있는 것은 아니지만 개구리가 있는 곳에는 반드시 물이 있다.

_J. W. 괴테(1749~1832) 독일 시인, 소설가, 극작가

▶ 세계의 근본적인 인간관계는 군신, 부자, 부부, 형제, 친구 다섯 가지다.

_자사(B.C. 483?~B.C. 402?) 중국 전국 시대 노나라 학자

▶ 세상에는 서로 아무런 관계가 없는 일이라 여겨지는 것에도 인과 관계가 있다.

_장자(B.C. 369?~B.C. 289?) 중국 전국 시대 송나라 사상가

▶ 세상에서는 사랑이 인간과 인간 사이의 관계라고 말하지만, 기독교의 가르침에 의하면 사랑은 인간과 신 사이의 관계다.

_S. A. 키르케고르(1813~1855) 덴마크 철학자 《사랑의 생명과 섭리》

▶ 인간관계 안에서만 기쁨을 기대할 수 있다.

_A. M. R. 생텍쥐페리(1900~1944) 프랑스 소설가, 비행사

▶ 인간관계란 결국 사랑할 수 없는 존재와 사랑 받을 수 없는 존재

와의 관계다. _T. S. 엘리엇(1888~1965) 영국 시인, 평론가, 극작가

▶ 좋은 판단력과 좋은 취미와의 관계는 원인과 결과의 관계와 같다. _J. 라브뤼예르(1645~1696) 프랑스 작가

▶ 활과 화살의 관계야말로 여성의 남성에 대한 관계다. 여자는 남자를 잡고 있지만 남자를 따른다. 여자는 남자를 끌어당기지만 남자를 따라간다. _H. W. 롱펠로(1807~1882) 미국 시인 《하이어워사의 노래》

*윤기 | 윤리와 기강을 아울러 이르는 말.

속담

▶ 거미 줄 따르듯. (밀접한 관계가 있어서 서로 떨어지지 아니하고 따라다님을 이르는 말) _한국

▶ 관가 돼지 배 앓는다. (자기와 아무 관계 없는 일이라는 뜻) _한국

▶ 날랜 장수 목 베는 칼은 있어도 *윤기 베는 칼은 없다. (사람의 인륜 관계는 끊으려야 끊을 수 없다는 뜻) _한국

▶ 사돈의 팔촌. (남이나 다름없는 먼 친척을 뜻하는 말) _한국

▶ 판 밖의 사람. (일에 아무런 관련이 없는 사람을 이르는 말) _한국

지식 쑥쑥

한자 숙어

견원지간(犬猿之間) 개와 원숭이의 사이라는 뜻으로, 사이가 매우 나쁜 두 관계를 비유적으로 이르는 말.

옹치(雍齒) 늘 싫어하고 미워하는 사람. 또는 그런 관계를 비유적으로 이르는 말.

이율배반(二律背反) 서로 모순되어 양립할 수 없는 두 개의 명제.

고사성어

▷ 순망치한(脣亡齒寒)

입술이 없으면 이가 시리다는 뜻으로, 친한 사람 중 한 사람이 망하면 다른 사람도 그 영향을 받는, 떼려야 뗄 수 없는 관계를 말한다. 춘추 시대 말경에 진나라 헌공은 괵나라를 공격하기로 결심했다. 그러기 위해서는 우나라를 통과해야만 했다. 헌공은 우나라의 우왕에게 길을 비켜 주면 많은 재물을 주겠다고 제안했다. 그러자 우나라의 신하가 우왕에게, "괵나라와 우나라는 순망치한의 관계에 있으므로 괵나라가 망하면 우나라도 위태로워집니다."라고 말했다. 그러나 뇌물을 받고 길을 내준 우나라는, 괵나라를 정벌하고 돌아오던 진나라에 의해 멸망당했다. _《춘추좌씨전》

관심

關心

어떤 것에 마음이 끌려 주의를 기울임.
또는 그런 마음이나 주의.

명언 명문

▶ 관심을 두면 남을 제 사람으로 만들 수 있지만 관심을 두지 않으면 혈연이 있는 친척일지라도 남이 된다.

_R. 타고르(1861~1941) 인도 시인, 수필가

▶ 관심을 전혀 갖지 않는 사람들은 항상 친절하기 쉽다.

_O. F. O. W. 와일드(1854~1900) 아일랜드 시인, 극작가 《도리언 그레이의 초상》

▶ 나는 사람들에게 관심이 항상 많았지만 그들을 좋아한 적은 없다.

_W. S. 몸(1874~1965) 영국 소설가, 극작가

▶ 다른 사람에게 관심이 없는 사람은 당연히 어떤 사람도 돌보지 않는다.

_T. 제퍼슨(1743~1826) 미국 제3대 대통령

▶ 물고기는 연못을 헤엄쳐 다녀도 나무배 따위에는 관심이 없다.

_J. W. 괴테(1749~1832) 독일 시인, 소설가, 극작가

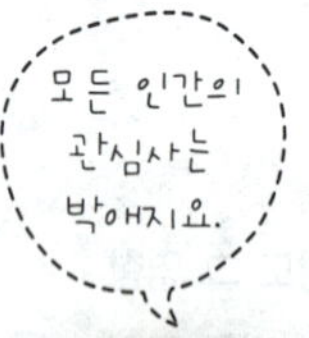

▶ 물리학의 내용은 물리학자들의 관심사지만, 그 효과는 모든 사람의 관심사다.

_F. 뒤렌마트(1921~1990) 스위스 극작가

▶ 세상 사람들의 신앙과 희망은 일치하지 않지만, 모든 인간의 관심사는 박애다.

_A. 포프(1688~1744) 영국 시인 《인간론》

A. 포프

▶ 어린아이의 불행은 어머니의 관심거리고 청년의 불행은 젊은 여인의 관심거리지만 노인의 불행은 아무도 관심이 없다.

_V. M. 위고(1802~1885) 프랑스 시인, 극작가

▶ 정의는 지상에서 인간의 가장 큰 관심거리다.

_D. 웹스터(1782~1852) 미국 정치가 《저스티스 스토리 씨에 관하여》

▶ 제군이 제군 자신에 대하여 관심을 가지고 있는 것과 마찬가지로 다른 사람들이 제군의 일에 대하여 관심을 가지고 있다고는 결코

기대하지 말게. _B. A. W. 러셀(1872~1970) 영국 철학자, 수학자

- 타인의 일에 관심을 갖는 것은 자기 일에 걱정이 없을 때뿐이다. _P. A. C. 보마르셰(1732~1799) 프랑스 극작가
- 타인의 일에 관심을 갖지 않는 사람은 고난의 생애를 살 수밖에 없고 타인에게 무거운 짐이 될 뿐이다. _A. 아들러(1870~1937) 오스트리아 정신 분석가
- 한 사람에 대한 각별한 관심은 곧 다른 사람에 대한 무관심을 의미한다. _캉유웨이(1858~1927) 중국 청나라 정치가, 학자
- 한 사람에게 관심을 갖는다는 사실로도 만족할 수가 있다. _F. 카프카(1883~1924) 독일 소설가

속담

- 관심은 친구를 만들지만 진심은 적을 만든다. _프랑스
- 길 아래 돌부처. (무슨 일에나 아무 관심 없는 듯이 지켜보기만 하는 사람을 비유적으로 이르는 말) _한국
- 삼 년 남의 집 살고 주인 성 묻는다. (삼 년 동안이나 한집에 살면서 주인 성을 몰라서 묻는다는 뜻으로, 주위에서 벌어지는 일에 전혀 무관심한 사람이 어쩌다가 관심을 가지는 경우를 이르는 말) _한국
- 소 닭 보듯. (다른 사람이 하는 일에 대하여 아무런 관심도 없음을 이르는 말) _한국
- 우리가 다른 사람에게 관심을 갖는 한, 다른 사람도 우리에게 관심을 갖는다. _터키
- 주인의 눈과 다리는 밭에 좋은 비료. (주인이 관심을 갖고 틈틈이 가꾸는 것이 농작물에 좋다는 말) _서양
- 타인이 당신에게 관심을 갖지 않는다고 불평하지 말고, 그가 당신에게 관심을 가질 만한 행동을 하도록 노력하라. _중국
- 해가 비칠 때는 아무도 관심이 없지만 해가 지고 나면 누구나 해를 생각한다. _서양

지식 쑥쑥

한자 숙어

수수방관(袖手傍觀) 팔짱을 끼고 보고만 있다는 뜻으로, 간섭하거나 거들지 아니하고 그대로 버려둠을 이르거나, 자기와는 상관없는 일이라고 다른 사람의 일에 관심이 없는 태도를 이르는 말.

교훈 敎訓

행동이나 생활의 지침이 될 만한 가르침.

명언 명문

*제어 | 감정, 충동, 생각 따위를 막거나 누름.

▶ 가르침은 청년에게는 *제어된 기품, 노인에게는 위안, 가난한 자에게는 부, 부자에게는 장식이다.

_디오게네스 라에르티오스(3세기경) 그리스 철학사가

▶ 가르침을 받지 못하면 남자는 완고하고 어리석어지고 여자는 거칠고 솜씨가 없게 된다. _강태공(?~?) 중국 주나라 정치가

▶ 남의 잘못에서 교훈을 얻는 것이 현명한 길이다.

_P. 테렌티우스(B.C. 185?~B.C. 159?) 로마 극작가

▶ 모든 역사가 현명한 사람들에게 가르치는 교훈은, 사상은 믿어도 현실 여건은 믿지 말라는 것이다.

_R. W. 에머슨(1803~1882) 미국 사상가, 시인

▶ 모든 일에는 교훈이 들어 있다. 사람들이 그것을 얻을 수 있는지는 별개의 문제다. _L. 캐럴(1832~1898) 영국 소설가, 수학자, 논리학자

▶ 아무리 고상하고 참된 가르침이라 해도 실생활에서 실천되지 않는 한 사람들을 행복하게 만들 수 없다.

_E. J. 시에예스(1748~1836) 프랑스 정치가

▶ 우리는 과거에서 교훈을 얻을 수는 있지만 과거 속에서 살 수는 없다. _L. B. 존슨(1908~1973) 미국 제36대 대통령

▶ 인격을 쌓은 사람들은 누구나 두 개의 가르침을 받았다. 첫째는 교사로부터, 둘째는 가장 개인적이고도 중요한 자기 자신으로부터이다. _E. 기번(1737~1794) 영국 역사가 《각서》

▶ 자기에게 유익한 교훈을 다른 사람들에게서 얻어라.

_P. 테렌티우스(B.C. 185?~B.C. 159?) 로마 극작가

▶ 좋은 가르침이 꼭 사람의 마음을 사로잡을 필요는 없다. 의사의 지시에 따르듯 그 가르침을 따르면 된다.

_L. J. J. 비트겐슈타인(1889~1951) 영국 철학자

▶ 할 수만 있다면 교훈으로써 악을 고쳐라. 할 수 없다면 악을 너에게 주어진 시련이라고 생각하라.

_마르쿠스 아우렐리우스(121~180) 로마 황제 《명상록》

속담

▶ 사람은 남의 바보짓을 보고 현명해진다. _서양

▶ 역경은 손에 교훈을 들고 찾아온다. _영국

▶ 팔십 노인도 세 살 먹은 아이한테 배울 것이 있다. _한국

▶ 해안의 난파선은 먼 바다의 등대이다. _네덜란드

지식 쑥쑥

한자 숙어

외방지훈(外方之訓) 아버지가 아들에게 하는 교훈.

고사성어

▷ 복거지계(覆車之戒)

앞서 가던 수레가 엎어진 것을 보고 뒤따르는 수레는 미리 경계하여 엎어지지 않도록 한다는 말로, 남의 실패를 교훈으로 삼아 현재 자기를 돌아보거나 조심하고 경계한다는 뜻이다. '복차지계'라고도 한다. 전한의 황제가 된 효제는 제후 출신이었다. 이러한 이유로 강력한 제후들이 효제를 우습게 여기자 효제는 이를 경계하고자 지혜로운 신하들을 등용하였다. 이때 등용된 충신 가의가 효제에게 "엎어진 앞수레의 바퀴자국은 뒷수레의 거울이 됩니다."라고 말한 데서 유래한다. _《한서》 가의전

▷ 은감불원(殷鑑不遠)

은나라의 거울은 먼 곳에 있지 않다는 말로, 거울삼아 경계해야 할 전례가 가까이 있다는 뜻이다. 즉, 다른 사람의 실패를 자신의 거울로 삼으라는 말이다. 은나라 이전에 있었던 하나라의 마지막 왕은 걸왕이었다. 포악하고 사치스러웠던 걸왕은 나랏일을 전혀 돌보지 않고 술과 여자에만 빠져 지냈다. 결국 걸왕은 반대 세력에 의해 죽음을 당하고 하나라도 멸망하고 말았다. _《시경》 탕 편

그리움

어떤 사람이나 대상을 그리워하는 마음.

명언 명문

- 꽃을 보고 애인을 그리워한다면 가깝고 멀고는 문제가 아니다.
  _공자(B.C. 551~B.C. 479) 중국 춘추 시대 노나라 사상가
- 마음은 곁에 없는 것일수록 더욱 그리워한다.
  _T. H. 베일리(1797~1839) 영국 작가
- 사랑이란 우리 혼의 가장 순수한 부분이 미지의 것을 향하는 성스러운 그리움이다.
  _G. 상드(1804~1876) 프랑스 소설가
- 우리들이 쫓겨나지 않아도 되는 유일한 낙원은 그리움이다.
  _장 파울(1763~1825) 독일 소설가 《눈에 안 보이는 회관》

속담

- 차도 밥도 생각나지 않는다. (너무 그리워서 아무것도 먹고 싶지 않다는 말)
  _중국

한자 숙어

수구초심(首丘初心) 여우가 죽을 때에 머리를 자기가 살던 굴 쪽으로 둔다는 뜻으로, 고향을 그리워하는 마음을 이르는 말.

연모지정(戀慕之情) 이성을 사랑하여 간절히 그리워하는 마음.

오매불망(寤寐不忘) 자나 깨나 잊지 못함.

고사성어

▷ 망운지정(望雲之情)

구름을 바라보며 그리워한다는 뜻으로, 자식이 객지에서 고향에 계신 어버이를 그리는 정을 가리키는 말이다. 당나라 때 적인걸은 모함을 받아 투옥되었다가 병주 땅으로 좌천되었다. 그때 그가 타이항 산에 올라 흰구름이 떠 있는 모습을 바라보며 "내 부모는 저 구름 아래에 계시겠지." 라고 탄식한 데서 유래한다. _《당서》 적인걸전

克服

악조건이나 고생 따위를 이겨 냄.
또는 적을 이기어 굴복시킴.

극복

인생

명언 명문

▶ 가장 아름다운 승리는 자신의 심정을 극복하는 일이다.

_J. 라퐁텐(1621~1695) 프랑스 시인, 우화 작가

▶ 격정을 끝까지 거치지 못한 사람은 그것을 결코 극복하지 못한 것이다.

_C. G. 융(1875~1961) 스위스 심리학자, 정신의학자

▶ 모든 것을 대담하게 참고 견뎌라. 인간은 모든 불행을 극복하면서 전진하는 것이다.

_Q. 호라티우스(B.C. 65~B.C. 8) 로마 시인

▶ 배우는 사람이 몸의 수양을 하려면 반드시 마음을 바르게 하고 외부 사물의 유혹을 물리쳐야 한다. 그러면 편안한 마음으로 모든 장애를 극복하고 미덕을 쌓을 것이다.

_이이(1536~1584) 조선 시대 문신, 학자

▶ 세상은 비록 고통으로 가득하지만 그것을 극복하는 힘 또한 가득하다.

_H. A. 켈러(1880~1968) 미국 저술가, 사회사업가

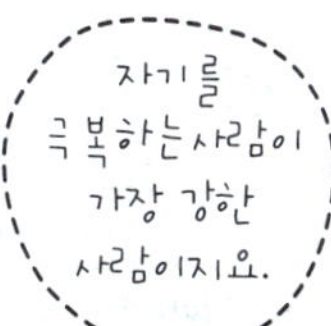

▶ 운명은 참고 견디어서 극복해야 한다.

_F. 베이컨(1561~1626) 영국 정치가, 철학자

▶ 유혹을 극복하려는 의지만 있다면 누구나 유혹을 심하게 당하기는커녕 극복할 수 있을 것이다.

_R. 헤릭(1591~1674) 영국 시인, 목사

▶ 자기를 극복하는 힘을 가진 사람이 가장 강하다.

_L. A. 세네카(B.C. 4?~A.D. 65) 로마 철학자, 극작가

▶ 자기를 극복할 수 없는 자는 남을 다스리는 데 적합하지 않다.

_T. 페인(1737~1809) 미국 정치 평론가, 작가

▶ 증오는 오직 사랑만이 극복할 수 있다.

_M. K. 간디(1869~1948) 인도 정치가, 민족 운동 지도자

L. A. 세네카

인생

근면 勤勉

부지런히 일하며 힘씀.

명언 명문

*자질 | 타고난 성품이나 소질.

- 근면은 사업의 생명이고 번영의 기초다.
  _C. J. H. 디킨스(1812~1870) 영국 소설가
- 근면은 행운의 어머니다. _B. 프랭클린(1706~1790) 미국 정치가, 과학자
- 근면이 없는 삶은 죄악이고 예술이 없는 근면은 야만이다.
  _J. 러스킨(1819~1900) 영국 미술 평론가
- 근면이야말로 태만, 불성실, 빈곤의 세 가지 부끄러움을 쫓아내 준다. _볼테르(1694~1778) 프랑스 사상가
- 나의 성공은 단순히 근면에 있다. 나는 일생 동안 한 조각의 빵도 결코 앉아서 먹은 일이 없다. _N. 웹스터(1758~1843) 미국 어학자, 사전 편찬가
- 노동의 임금은 근면을 장려하는 것이며, 근면이란 다른 모든 인간의 *자질처럼 그것이 받는 장려에 비례해서 진보하는 것이다.
  _A. 스미스(1723~1790) 영국 경제학자, 철학자 《국부론》
- 녹슬어 버리는 것보다는 닳아 버리는 것이 낫다.
  _R. 컴벌런드(1631~1718) 영국 신학자
- 누구나 휴식과 행복을 갈망하지만, 그것은 다만 근면에 의해서만 얻어진다. _T. 켐피스(1380?~1471) 독일 사상가, 수도사 《그리스도를 본받아》
- 무슨 일이든 부지런하면 이루어지고 게으르면 실패한다는 것은 필연적 이치다. _정도전(1342~1398) 고려~조선 시대 문인, 학자
- 부지런함은 값을 매길 수 없는 보배다. _강태공(?~?) 중국 주나라 정치가
- 아직 해가 지지 않았다. 일하라, 지치지 말고. 그동안에 어느 누구에게나 일할 수 없는 죽음이 온다.
  _J. W. 괴테(1749~1832) 독일 시인, 소설가, 극작가 《서동시집》

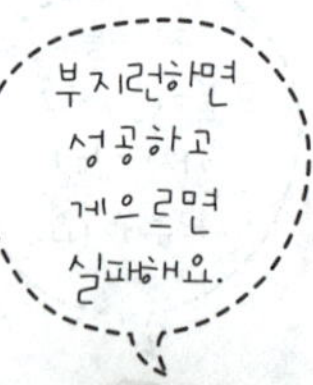

정도전

▶ 욕망이 없는 곳에는 근면도 없을 것이다. _J. 로크(1632~1704) 영국 철학자

▶ 탁월한 재능을 가졌다면 근면은 그 재능을 더 낫게 발전시키지만 평범한 재능밖에 없다면 근면은 그 부족함을 보충해 준다.

_J. 레이놀즈(1723~1792) 영국 화가

속담

▶ 거지도 부지런하면 더운밥을 얻어먹는다. _한국

▶ 근면은 성공의 어버이다. _서양

▶ 별을 이고 일어나서 별을 이고 돌아온다. _중국

▶ 부지런한 물방아는 얼 새도 없다. (무슨 일이나 부지런해야 실수가 없고 성공한다는 뜻) _한국

▶ 신은 부지런한 사람을 도와준다. _영국

▶ 쓰는 호미는 빛이 나고 괴어 있는 물은 썩는다. _독일

▶ 양과 함께 자고 종달새와 함께 일어나라. _영국

▶ 일찍 일어나는 새가 벌레를 잡는다. _서양

한자 숙어

공석불난(孔席不煖) 옛날 공자가 도를 행하기 위하여 천하를 두루 돌아다녀 그 자리가 따뜻해질 사이가 없었다는 말에서, 한 군데 오래 머무르지 않고 부지런히 왔다 갔다 함을 이름.

주경야독(晝耕夜讀) 낮에는 밭갈이를 하고 밤에는 책을 읽는다는 뜻으로, 어려운 여건 속에서도 부지런히 공부함을 이르는 말.

키워드 정보 BOX

인생의 보물

한 농부가 두 아들에게 땅에 귀한 보물을 묻어 놓았으니 절대 팔지 말라는 유언을 남기고 죽었다. 두 아들은 보물을 찾기 위해 땅을 모두 헤집어 보았으나 보물을 찾을 수 없었다. 할 수 없이 두 아들은 땅에 곡식을 심었다. 가을이 되자 곡식은 무르익어 풍년이 들었다. 두 아들은 땅 속에서 보물은 찾을 수 없었지만 부지런하게 농사 지은 덕분에 풍족하게 살 수 있었다.

기대 期待

어떤 일이 이루어지기를 바라고 기다림.

명언 명문

▶ 가시를 심고서 장미를 기대해서는 안 된다.

_필페이(?~?) 인도 우화 작가 《무지한 의사》

▶ 기다릴 수 있는 사람에게는 모든 일이 잘 된다.

_F. 라블레(1483?~1553) 프랑스 극작가

▶ 기대 속에 사는 사람에게는 기대의 실현에 직면하는 것이 일종의 시련이다.

_E. 보언(1899~1973) 아일랜드 소설가

▶ 기대는 믿음의 어버이다.

_C. A. 바르톨(1813~1900) 미국 성직자 《진보의 과제》

▶ 기대는 종종 어긋난다. 그리고 기대는 가장 많이 약속하는 곳에서 가장 자주 어긋난다.

_W. 셰익스피어(1564~1616) 영국 극작가, 시인 《끝이 좋으면 다 좋아》

▶ 네가 남에게 해 준 것을 너는 남에게서 기대해도 좋다.

_P. 시루스(B.C. 1세기경) 로마 시인

▶ 불가능한 것에는 결코 기대를 걸지 마라.

_T. 풀러(1654~1734) 영국 의사, 작가

▶ 사람들에 대해 많이 알면 알수록 그들에 대한 내 기대는 더욱 적어진다.

_S. 존슨(1709~1784) 영국 시인, 평론가

▶ 사람이 기다리고만 있으면 모든 것은 온다.

_B. 디즈레일리(1804~1881) 영국 정치가, 소설가

▶ 삶의 기술은 하나의 기대를 걸어 놓고 그것을 위해 전력을 다하는 것이다.

_A. 모루아(1885~1967) 프랑스 소설가, 평론가

▶ 아무것도 기대하지 않는 사람은 행복하다. 그는 결코 실망하지 않을 것이다.

_A. 포프(1688~1744) 영국 시인

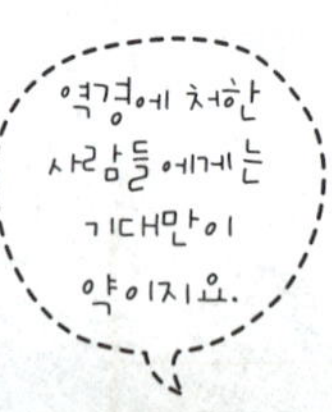

W. 셰익스피어

▶ 역경에 처한 사람들에게는 기대만이 약이다.

_W. 셰익스피어(1564~1616) 영국 극작가, 시인

▶ 우리는 언제나 후손들을 위해 무엇인가를 하고 있다. 그러나 나는 우리를 위해 후손이 무엇인가 해 주는 것을 보고 싶다.

_J. 애디슨(1672~1719) 영국 수필가, 시인, 정치가

▶ 확신이 없이 기도하는 사람은 하느님이 자기 기도를 들어주리라고 기대할 수 없다. _F. 페늘롱(1651~1715) 프랑스 종교가, 소설가

속담

▶ 기다리는 사람의 낚시에는 물고기가 걸린다. _에스토니아

▶ 기대는 불보다도 견디기 어렵다. _아라비아

▶ 기대하는 자 낙담한다. (기대가 클수록 그것이 빗나갔을 때 실망도 크다는 말) _에스파냐

▶ 까기 전에 병아리 세지 마라. (무슨 일이든지 이루어지기도 전에 그 이득을 따져 보거나 그것으로 다른 계획을 세우지 말라는 뜻) _한국

▶ 꿈도 꾸기 전에 해몽. (어떻게 될지도 모르는 일을 가지고 미리부터 제멋대로 상상하고 기대한다는 뜻) _한국

▶ 대한 칠 년 비 바라듯. (칠 년이나 계속되는 큰 가뭄에 비 오기를 바란다는 뜻으로, 몹시 간절히 바람을 이르는 말) _한국

▶ 떡 줄 사람은 꿈도 안 꾸는데 김칫국 먼저 마신다. _한국

▶ 사슴 기다리던 터에 너구리. (기대한 것은 못 얻고 하찮은 것만 얻는다는 뜻) _일본

▶ 산지기 눈 봐라 *도낏밥을 남 줄까. (사람이 인색하여 그로부터 무엇을 받기란 도무지 가망이 없는 일이니 바라지도 말라는 뜻) _한국

▶ 역경을 참고 좋은 결과를 기대하라. _서양

▶ 의지했던 나무 밑에서 비를 맞는다. (믿고 의지했던 사람이 기대에 어긋남을 뜻하는 말) _일본

*도낏밥 | 도끼질을 할 때 생기는 나무 부스러기.

한자 숙어

악목불음(惡木不蔭) 질이 나쁜 나무에는 그늘도 지지 않는다는 뜻으로, 나쁜 사람에게서는 바랄 것이 없음을 이르는 말.

학수고대(鶴首苦待) 학의 목처럼 목을 길게 빼고 간절히 기다림.

기억

記憶
이전의 인상이나 경험을 의식 속에 간직하거나 도로 생각해 냄.

명언 명문

*공덕 | 착한 일을 하여 쌓은 업적과 어진 덕.

▶ 기억력의 창고에는 창의력의 창고보다 물건이 더 가득 차 있는 법이다. _M. E. 몽테뉴(1533~1592) 프랑스 사상가 《수상록》

▶ 기억력이 나쁜 머리는 수비병이 없는 광장과 같다. _나폴레옹 1세(1769~1821) 프랑스 황제

▶ 기억은 모든 것의 보물 창고이며 보호자이다. _M. T. 키케로(B.C. 106~B.C. 43) 로마 정치가, 학자 《웅변론》

▶ 기억은 생물적인 컴퓨터에 지나지 않는다. _B. S. 라즈니시(1931~1990) 인도 철학자

▶ 기억은 정신의 문지기이다. _W. 셰익스피어(1564~1616) 영국 극작가, 시인

▶ 기억을 증진시킬 수 있는 가장 좋은 약은 감탄하는 것이다. _《탈무드》

▶ 기억의 잎사귀들은 어둠 속에서 바스락바스락 슬픈 소리를 내고 있는 듯 느껴진다. _H. W. 롱펠로(1807~1882) 미국 시인

▶ 내가 남에게 베푼 *공덕은 기억하지 말고, 남에게 저지른 잘못은 반드시 기억하라. _《채근담》

▶ 모든 인식은 기억이다. _T. 홉스(1588~1679) 영국 철학자, 법학자

▶ 우리가 기억하는 것은 여러 날이 아니라 한순간이다. _C. 파베세(1908~1950) 이탈리아 시인, 소설가

▶ 종이에 쓰지 말고 마음에 써 두라. _안티스테네스(B.C. 445~B.C. 365) 그리스 철학자

▶ 참고 견딘 일은 달콤한 기억이 된다. _L. A. 세네카(B.C. 4?~A.D. 65) 로마 철학자, 극작가

속담

▶ 강한 기억에는 판단이 약하다. _프랑스

▶ 채권자는 채무자보다 훨씬 기억력이 좋다. _영국

고사성어

▷ 과목불망(過目不忘)

눈에 스쳐 지나가면 잊지 않는다는 뜻으로, 한번 본 것은 잊어버리지 않을 만큼 기억력이 뛰어난 것을 말한다. 선비 장송이 조조의 부하 장수인 양수를 만나 자신의 재주와 학식을 자랑하였다. 양수가 《맹덕신서》를 보이며 책의 내용을 외울 수 있냐고 물었더니 장송은 한 자도 틀리지 않고 끝까지 암송하였다. 그러자 양수가 "눈으로 한번 본 것은 잊어버리지 않으니 그대는 정말 천하의 뛰어난 재주를 지닌 사람이다."라고 말한 데서 유래한다. _《삼국지》

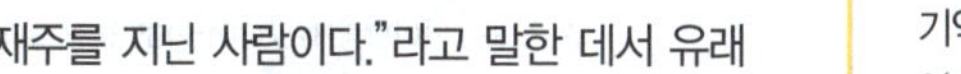

지식 쑥쑥

한자 숙어

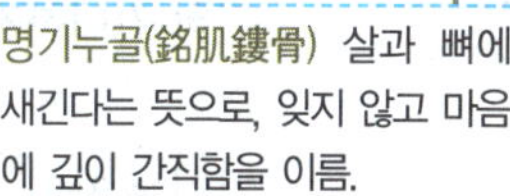

명기누골(銘肌鏤骨) 살과 뼈에 새긴다는 뜻으로, 잊지 않고 마음에 깊이 간직함을 이름.

문장 반짝

관용어

기억에서 사라지다 _ 머리에 기억되었던 것이 잊혀지다.

키워드 정보 BOX

주마등

불을 켠 주마등의 모습.

주마등이란 불을 켜면 말이 달리는 모습이 나타나는 등이다. 중간 틀과 바깥 틀이 있는데, 중간 틀에는 말이 달리는 그림이 그려져 있다. 바깥 틀은 반투명하여 중간 틀에 그려진 말이 은은하게 보인다. 주마등 안에 촛불을 켜고 촛불의 열기가 한쪽 방향으로만 빠져나가게 하면 안의 더운 공기가 밖으로 빠져나가면서 중간 틀을 빙빙 돌리는데, 이 모습이 마치 말이 달리는 것처럼 보인다. 그래서 무엇이 언뜻언뜻 빨리 지나감을 비유할 때 주마등이라는 말을 쓴다. 옛날 기억이 머릿속에 연달아 빨리 지나갈 때 "옛 기억이 주마등처럼 머리를 스쳐간다."라고 말하거나, 세월이 빨리 흘러가는 것을 비유하기도 한다.

기회 機會

어떠한 일이나 행동을 하기에 알맞거나 효과적인 때.

명언 명문

▶ 기회는 언제나 강력하다. 너의 낚시를 언제나 던져 놓고 있어라. 전혀 기대하지 않은 곳에 물고기가 있을 것이다.

_P. N. 오비디우스(B.C. 43~A.D. 17) 로마 시인

▶ 기회는 자기 자신을 돕지 않는 사람을 결코 돕지 않는다.

_소포클레스(B.C. 496~B.C. 406) 그리스 시인

▶ 기회는 폭풍과 같아서 일단 지나가면 두번 다시 돌아오지 않는다.

_B. 그라시안이모랄레스(1601~1658) 에스파냐 작가

▶ 대부분의 사람이 기회를 놓치는 것은 그것이 작업복을 입었고 일처럼 보이기 때문이다.

_T. A. 에디슨(1847~1931) 미국 발명가

▶ 때는 얻기는 어려워도 잃기는 쉽고, 기회는 오지만 순식간에 지나간다. 성인은 적절한 때를 따르고 현명한 사람은 기회를 잡는다.

_《삼국지》

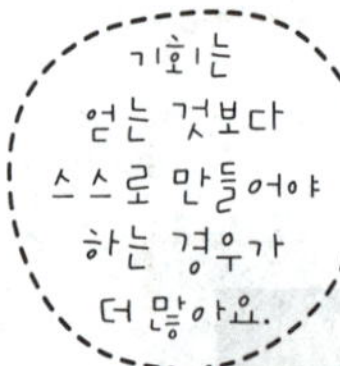

▶ 만약 좋은 기회가 찾아오지 않으면 스스로 좋은 기회를 만들어라.

_S. 스마일스(1812~1904) 영국 작가 《자조론》

▶ 좋은 기회란 우리 자신 속에 있다.

_D. 카네기(1888~1955) 미국 저술가

▶ 햇빛이 비치는 동안 마른 풀을 만들어라.

_M. 세르반테스(1547~1616) 에스파냐 소설가 《돈키호테》

▶ 현명한 사람은 얻는 기회보다 자기 스스로 만드는 기회가 더 많을 것이다.

_F. 베이컨(1561~1626) 영국 정치가, 철학자

F. 베이컨

속담

▶ 고기를 보고 그물을 친다.

_중국

▶ 기회란 반드시 다시 돌아온다. _프랑스

▶ 꺼진 불에 물 붓기. (때늦은 행위로서 시기가 맞지 않아 기회를 놓치는 것을 이르는 말) _에스파냐

▶ 떡 본 김에 제사 지낸다. (좋은 기회를 만난 김에 하려던 일을 해치운다는 뜻) _한국

▶ 모든 개는 제 날이 있다. (좋은 기회는 누구에게나 있게 마련이라는 말) _미국, 영국

▶ 바다에 고기는 얼마든지 있다. 한번 기회를 놓치더라도 낙담하지 마라. _서양

▶ 설은 일 년에 한 번밖에 없다. (기회를 놓치지 말라는 뜻) _중국

▶ 쇠는 뜨거울 때 두드려라. (기회가 왔을 때 일을 실행해야 한다는 말) _서양

한자 숙어

순풍이호(順風而呼) 바람이 부는 방향으로 소리 지른다는 말로, 좋은 기회를 타서 일을 행하면 성공하기 쉬움을 이름.
시불가실(時不可失) 때는 한번 가면 다시 돌아오지 않는다는 뜻으로, 기회를 놓쳐서는 안 됨을 이르는 말.

고사성어

▷ 비육지탄(髀肉之嘆)

넓적다리에 살이 붙은 것을 한탄한다는 뜻으로, 재능을 보일 기회를 얻지 못하여 헛되이 세월만 보내는 것을 한탄한 것이다. 삼국 시대 때 조조는 많은 전투에서 승리하여 높은 자리에 앉았다. 그러한 조조와는 달리 유비는 좀처럼 출세할 기회를 얻지 못하였다. 그러던 어느 날, 유비는 자신의 넓적다리를 보며 "예전에는 늘 말안장에 올라타고 돌아다녀 넓적다리에 살이 붙을 겨를이 없었다. 그런데 요즈음에는 말을 타는 일이 없어 넓적다리에 다시 살이 붙었다."며 한탄하였다. _《삼국지》 촉지

▷ 천재일우(千載一遇)

천 년 동안 단 한 번 만난다는 뜻으로, 아주 귀한 만남이나 좀처럼 만나기 어려운 기회를 말한다. 동진의 학자 원굉은 《삼국지》에 실린, 나라를 세우는 데 큰 공헌을 한 신하 20명 중 위나라의 순문약을 칭찬하며, "백락(좋은 말을 잘 가려냈다는 주나라의 명인)을 만나지 못하면 천 년이 지나도 천리마 한 필을 찾아내지 못한다."고 하였다. 이 말은 뛰어난 인물을 알아보는 현명한 임금과 탁월한 능력을 가진 신하가 만나는 것은 결코 쉽지 않다는 것을 비유적으로 표현한 것이다. _《삼국명신서찬》

길

사람이나 자동차 따위가 다닐 수 있게 땅 위에 낸 일정한 공간. 또는 시간의 흐름에 따라 개인의 삶이나 사회적, 역사적 발전 따위가 전개되는 과정.

명언 명문

- 강은 우리가 원하는 곳으로 운반해 주는 길이다.
  _B. 파스칼(1623~1662) 프랑스 사상가, 수학자, 물리학자
- 거친 땅에서 굳어진 발굽을 가진 짐승은 어떠한 길도 갈 수 있다.
  _L. A. 세네카(B.C. 4?~A.D. 65) 로마 철학자, 극작가
- 귀는 가슴으로 통하는 길이다. _볼테르(1694~1778) 프랑스 사상가
- 길은 가까운 데 있다. 그런데도 이것을 먼 데서 구한다. _《맹자》
- 길이 멀어야 말의 힘을 알 수 있고, 세월이 흘러야 사람의 마음을 알 수 있다. _《명심보감》
- 길이 위태롭고 험한 곳에서는 빨리 발길을 돌릴 줄 알아야 한다.
  _《채근담》
- 너의 길을 걸어가라. 남들이 뭐라고 하든 내버려 두어라.
  _A. 단테(1265~1321) 이탈리아 시인
- 영광의 길은 오로지 무덤으로 인도할 뿐이다.
  _T. 그레이(1716~1771) 영국 시인
- 우리는 선도 악도 알아야만 올바른 길을 자유롭고 현명하게 선택할 수 있다. _H. A. 켈러(1880~1968) 미국 저술가, 사회사업가
- 위대함의 정상에 이르는 길은 험하다.
  _L. A. 세네카(B.C. 4?~A.D. 65) 로마 철학자, 극작가
- 잘 모르는 길 백 개보다 안전한 길 하나가 더 낫다.
  _이솝(B.C. 620?~B.C. 560?) 그리스 우화 작가 《이솝 이야기》
- 지향하는 길이 다르면 함께 일을 도모하지 않는다.
  _공자(B.C. 551~B.C. 479) 중국 춘추 시대 노나라 사상가

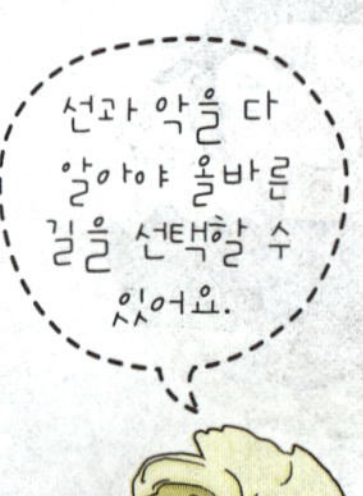

H. A. 켈러

▶ 진리의 길은 험하고 걸어가기에 매우 힘들다.

_J. 밀턴(1608~1674) 영국 시인

▶ 최상의 길은 없다. 많은 사람이 가고 있다면 그 길이 최상이다.

_루쉰(1881~1936) 중국 작가

▶ 하늘의 길은 멀고 사람의 길은 가깝다.

_《춘추좌씨전》

속담

▶ 곧게 뻗은 길에서는 길을 잃지 않는다.

_서양

▶ 길은 걷지 않으면 닿을 수 없고 일은 하지 않으면 이룰 수 없다. _중국

▶ 길을 잃기보다는 되돌아가는 것이 낫다.

_러시아

▶ 모든 길은 로마로 통한다. _서양

고사성어

▷ 도청도설(道聽塗說)

길에서 듣고 길에서 말한다는 뜻으로, 좋은 말을 들으면 깊이 새기지 않고 무책임하게 말해 버리는 것을 이르는 말이다. 또는 길거리에 퍼져 돌아다니는 아무 근거도 없는 소문을 가리키기도 한다. 공자는 "길에서 듣고 길에서 말하는 것은 덕을 저버리는 일이다."라고 말했다. 다시 말해서 현인들의 말과 행실을 많이 들었더라도 그것을 다시 길에 흘려버리지 말고 자신을 완성하는 데 힘써야 한다는 것이다.

_《논어》 양화 편

한자 숙어

구절양장(九折羊腸) 아홉 번 꼬부라진 양의 창자라는 뜻으로, 꼬불꼬불하며 험한 산길을 이르는 말.

붕정만리(鵬程萬里) 앞길이 매우 멀고도 큼.

사통팔달(四通八達) 도로나 교통망, 통신망 따위가 이리저리 사방으로 통함. 왕래하기 편리한 곳을 이르는 말.

산천만리(山川萬里) 산을 넘고 내를 건너 아주 멂.

장안대도(長安大道) 도시의 큰길.

탄탄대로(坦坦大路) 험하거나 가파른 곳이 없이 평평하고 넓은 큰길.

관용어

길(을) 뚫다 _ 방도를 찾아내다.

길(을) 쓸다 _ 길에 아무것도 없게 하거나 비키게 하다.

길(을) 죄다 _ 목적지에 빨리 가려고 길을 빨리 걷다.

길을 재촉하다 _ 길을 갈 때에 빨리 서둘러 가다.

길(이) 닿다 _ 어떤 일을 하기 위한 관계가 맺어지다.

길(이) 바쁘다 _ 목적하는 곳까지 빨리 가야 할 사정이다.

길이 더디다 _ 길을 떠나 목적지에 닿는 시간이 늦어지다.

길이 붙다 _ 걸음이 빨라져 지나온 거리가 부쩍부쩍 불어나다.

나

남이 아닌 자기 자신.

명언 명문

▶ 가장 속이기 쉬운 사람은 바로 자기 자신이다.

_E. 벌워리턴(1803~1873) 영국 소설가, 극작가

▶ 각자의 가장 위험한 적은 자기 자신이다.

_아나카르시스(B.C. 6세기경) 스키티아 철학자

▶ 나는 나 자신을 모르며 결코 알 수도 없다.

_J. W. 괴테(1749~1832) 독일 시인, 소설가, 극작가

▶ 나는 나 자신을 빼고는 모두 안다. _F. 비용(1431~1484?) 프랑스 시인

▶ 나는 누가 나를 이 세상에 두었는지, 이 세상이 무엇인지를 알지 못한다. 나는 모든 일에 대해서 놀랄만큼 무지하다.

_B. 파스칼(1623~1662) 프랑스 사상가, 수학자, 물리학자 《팡세》

▶ 나는 대단한 인간이 아니다. 단지 노력하는 노인일 뿐이다.

_N. 만델라(1918~) 남아프리카 공화국 대통령

▶ 나는 어디를 가든 어울리지 않고 아무 데를 가든 편한 곳이 없는, 동양과 서양의 이상한 혼합물이 되었다. _J. 네루(1889~1964) 인도 정치가

▶ 나는 오로지 견딜 수 없을 정도로 불행할 때에만 나 자신을 진실로 느낀다. _F. 카프카(1883~1924) 독일 소설가

▶ 나는 항상 나 자신과 함께 있으며 나를 괴롭히는 것은 바로 나다.

_L. N. 톨스토이(1828~1910) 러시아 소설가, 사상가

▶ 나야말로 내가 의지할 유일한 곳이다. _《법구경》

▶ 남을 미워할 때 우리는 상대방이 가진 우리 자신의 일부를 미워한다. 우리의 일부가 아닌 것은 우리를 괴롭히지 않는다.

_H. 헤세(1877~1962) 독일 소설가, 시인

R. 타고르

▶ 남을 아는 사람은 현명한 사람이고 자기 자신을 아는 사람은 덕이 있는 사람이다. 남에게 이기는 사람은 힘이 센 사람이며 자기 자신을 이기는 사람은 굳센 사람이다. _《노자도덕경》

▶ 남을 위해 사는 것은 이제 충분하다. 얼마 안 남았지만 남은 인생은 나 스스로를 위해서 살지 않겠는가.

_M. E. 몽테뉴(1533~1592) 프랑스 사상가 《수상록》

▶ 내가 바라는 것이 있다면, 내가 있음으로 해서 이 세상이 더 좋아졌다는 것을 보는 일이다. _A. 링컨(1809~1865) 미국 제16대 대통령

▶ 내가 세상을 위해서가 아니라 세상이 나를 위해서 있다. 따라서 즐길 수 있는 동안 즐기고 미래는 어떻게 되든지 내버려 둔다는 것이 나의 좌우명이다. _T. G. 스몰렛(1721~1771) 영국 소설가

▶ 너 자신을 알라. _소크라테스(B.C. 469~B.C. 399) 그리스 철학자

▶ 너 자신을 알고 싶으면 다른 사람들이 어떻게 행동하는가를 관찰하라. 네가 다른 사람들을 이해하려면 너 자신의 마음을 보라.

_J. C. F. 실러(1759~1805) 독일 시인, 극작가

▶ 명성이 본래의 자기 자신을 가리는 일이 없는 사람은 행복하다.

_R. 타고르(1861~1941) 인도 시인, 사상가

▶ 사람은 자기 자신을 의지할 자기의 세계가 있어야 한다. 자기 마음속에 그리고 있는 자기의 세계에 충실했느냐가 늘 문제이다.

_G. W. F. 헤겔(1770~1831) 독일 철학자

▶ 사람의 첫 번째 의무는 자기 자신이 되는 것이다.

_H. J. 입센(1828~1906) 노르웨이 극작가

▶ 성공과 실패는 나 자신에게 달려 있다. _《춘추좌씨전》

▶ 세상에는 자기를 사랑하고, 또 사랑받기를 원하면서, 반면에 타인을 괴롭히고, 사랑으로부터 멀어져 가는 사람이 많다.

_G. B. 쇼(1856~1950) 아일랜드 극작가, 평론가

▶ 세상에서 가장 존귀한 이는 바로 나 자신이다.

_석가모니(B.C. 563?~B.C. 483?) 불교 창시자

▶ 우리는 늘 자기 자신에게 반문하지 않으면 안 된다. 만약 세상 사람들이 다 그렇게 하면 어떻게 될 것인가 하고.

_J. P. 사르트르(1905~1980) 프랑스 소설가, 철학자 《실존주의》

- 이 세상 어느 것 하나라도 나와 관계없는 것은 없다. 인륜과 도덕의 문제도 나의 일이며, 진리와 자유와 인도와 정의의 문제를 따지는 것도 나의 일이다. _A. 아우구스티누스(354~430) 로마 신학자, 성인
- 이 세상에서 철저하게 알고 싶은 유일한 대상은 나 자신이다. _O. F. O. W. 와일드(1854~1900) 아일랜드 시인, 극작가
- 자기 자신에게 영혼을 다 바쳐 의지하고, 자기 자신 속에 모든 것을 소유하는 자는 행복하지 않을 수 없다. _M. T. 키케로(B.C. 106~B.C. 43) 로마 정치가, 학자 《패러독스》
- 자기가 어디로 가고 있는지 모르는 사람은 높은 곳에 결코 도달하지 못한다. _O. 크롬웰(1599~1658) 영국 정치가, 군인
- 자기에 대한 존경, 지식, 억제, 이 세 가지만이 생활에 절대적인 힘을 가져다준다. _A. 테니슨(1809~1892) 영국 시인

속담

- 가장 좋은 의사는 자기 자신이다. (자기 신체에 대해서는 자신이 가장 잘 알고 있어 건강을 유지하고 나아지게 하는 것도 자기가 할 수밖에 없다는 뜻) _알바니아
- 나 아니면 남이다. (자기 자신 외에는 아무도 마음 놓고 믿을 수 없음을 이르는 말) _한국
- 내 배 부르니 평안 감사가 조카 같다. (자기 배가 불러 세상에 부러울 것이 없음을 이르는 말) _한국
- 내 친척보다 내 치아. (아무리 가깝더라도 자기 자신이 가장 중요하다는 말) _에스파냐
- 내 코가 석자. (자기가 처리해야 할 일이 너무 많아 남을 돌볼 여유가 없음을 이르는 말) _한국
- 너는 너, 나는 나. _독일
- 누구나 제 머리는 자신이 빗는다. (자기의 일은 자기가 해야 한다는 말) _우즈베키스탄
- 눈이 아무리 밝아도 제 코는 안 보인다. (제 아무리 똑똑해도 자기 자신에 대해서는 잘 모른다는 뜻) _한국
- 닭도 제 앞 모이 긁어 먹는다. (제 앞의 일은 자기가 스스로 처리

해야 한다는 뜻) _한국

▶ 부엉이 소리도 제가 듣기에는 좋다고. (자기의 단점은 모르고 자기가 하는 일은 모두 좋다고 함을 이르는 말) _한국

▶ 자기 자신보다 더 나은 친구도 친척도 없다. (자기 자신이 가장 귀중하고 가까운 존재라는 말) _프랑스

▶ 자기 자신을 알 수 있는 사람은 현명한 사람이다. _영국

▶ 자기보다 큰 적은 없다. _영국

▶ 자신을 이기는 자는 아무도 두려워하지 않는다. (자신에게 떳떳하고 자제할 수 있는 사람은 아무것도 두려울 것이 없다는 말) _에스파냐

▶ 제 손으로 제 눈 찌르기. (결국 자신이 손해 본다는 말) _한국

▶ 제 앞길부터 먼저 닦으라. _영국

지식 쑥쑥

한자 숙어

이궁불열(我躬不閱) 자기 자신이 궁하여 남을 돌볼 처지가 못 됨.
유아지탄(由我之歎) 나로 말미암아 남에게 해가 미치게 된 것을 뉘우치는 탄식.
자승자박(自繩自縛) 자기의 줄로 자기 몸을 묶는다는 뜻으로, 자기가 한 말과 행동에 자기 자신이 옭혀 곤란하게 됨을 이르는 말.
자업자득(自業自得) 자기가 저지른 일의 결과를 자기가 받음.
자행자지(自行自止) 스스로 행하고 스스로 그친다는 뜻으로, 자기 마음대로 했다 말았다 함을 이르는 말.

문장 반짝

관용어

나 몰라라 하다 _ 어떤 일에 무관심한 태도로 상관하거나 간섭하지 않다.

고사성어

▷ 모수자천(毛遂自薦)

모수가 자기 스스로를 추천했다는 뜻으로, 부끄러움 없이 자기를 내세우는 사람을 빗대어 이르는 말이다. 중국 전국 시대 진나라가 조나라의 수도 한단을 포위하자 조나라 왕은 평원군을 초나라에 보내 동맹을 맺음으로써 진나라를 물리치려고 했다. 평원군은 자신의 식객들 중에서 문무에 뛰어나고 믿을 만한 사람 스무 명을 뽑아 같이 가려고 했는데, 열아홉 명은 뽑았으나 나머지 한 명은 뽑지 못하고 있었다. 이때 모수라는 사람이 자청하였는데, 평원군은 마음이 내키지는 않았지만 그를 데리고 갔다. 평원군 일행이 초나라에 도착하여 담판을 벌였으나 아무런 성과를 얻지 못하였는데, 모수가 나서며 자신이 해결해 보겠다고 하였다. 결국 모수의 담력과 언변이 결정적인 역할을 하여 초나라와의 동맹을 맺는 데 성공하였다. _《사기》 평원군열전

낙관 樂觀

인생이나 사물을 밝고 희망적인 것으로 봄.

명언 명문

*염세주의자 | 세계나 인생을 불행하고 비참한 것으로 보며, 개혁이나 진보는 불가능하다고 보는 사람.

▶ 나는 낙관주의자다. 그 이외에는 아무 소용도 없는 것 같다.

_W. L. S. 처칠(1874~1965) 영국 정치가

▶ 나는 낙관주의자지만 비옷은 가지고 다닌다.

_H. M. 윌슨(1881~1964) 영국 육군 총사령관

▶ 나의 해는 다시 떠오르기 위해 진다. _R. 브라우닝(1812~1889) 영국 시인

▶ 낙관이란 근본적으로 인생은 좋은 것이요, 결국 인생 속에 있는 선이 악을 정복한다는 믿음에 근거한 철학이다.

_N. V. 필(1898~1993) 미국 성직자

▶ 낙관이란 일이 제대로 되어 가지 않을 때 모든 일이 잘 되어 간다고 주장하는 일종의 미친 상태다. _볼테르(1694~1778) 프랑스 사상가 《캉디드》

▶ 낙관주의는 모든 것을 인정하고 모든 것에 복종하며 모든 것을 믿는다. _G. 베르나노스(1888~1948) 프랑스 소설가

▶ 낙관주의자가 가장 번성하는 곳은 정신 병원이다.

_H. H. 엘리스(1859~1939) 영국 심리학자 《인생의 춤》

▶ 낙관주의자는 가능한 여러 세상 가운데 가장 좋은 세상에 우리가 살고 있다고 믿는 반면, *염세주의자는 그것이 사실일까 의심하며 두려워한다. _J. B. 캐벌(1879~1958) 미국 작가 《은빛 종마》

▶ 낙관주의자는 경험이 별로 없는 자다.

_D. 마퀴스(1878~1937) 미국 시인, 극작가

▶ 낙관주의자는 눈이 멀었고 비관주의자는 원한을 품고 있다.

_J. 콕토(1889~1963) 프랑스 시인, 소설가, 극작가

▶ 낙관은 일종의 심장 자극제, 즉 실패에 대한 불안을 없애 주는 약

이다. _E. G. 허버드(1856~1915) 미국 작가, 화가

- 낙관주의자는 장미에서 가시가 아니라 꽃을 보고, 비관주의자는 꽃을 망각하고 가시만 쳐다본다.

_K. 지브란(1883~1931) 미국 소설가, 화가, 시인

- 당신이 불쾌한 기분에 빠지기 때문에 모든 것이 불쾌해지는 것이다. 먼저 유쾌하게 생각하고 행동하라! 그러면 유쾌한 기분이 절로 솟아날 것이다. 이것이 평화와 행복을 불러오는 수단이다.

_A. 카네기(1835~1919) 미국 실업가

- 두 사람이 창문 밖을 내다보는데 한 명은 진흙을, 다른 한 명은 별들을 본다. _F. 랭브리지(1849~1923) 영국 작가
- 모든 일을 좋게 보는 습관은 수천 파운드의 소득에 해당한다.

_S. 존슨(1709~1784) 영국 시인, 평론가

- 반쯤 들어 있는 술병을 탁자 위에 놓아 보면, 낙관주의자들은 "아직 반이나 남았어."라고 기뻐하고, 염세주의자는 "이제 반밖에 없어."라고 탄식할 것이다. _G. B. 쇼(1856~1950) 아일랜드 극작가, 평론가
- 비관주의자는 사태가 더 이상 악화될 수는 없다고 믿는 반면, 낙관주의자는 사태가 더 악화될 수도 있다고 본다.

_V. 부콥스키(1942~) 러시아 작가

- 오늘 잃은 것은 내일 얻을지도 모른다.

_M. 세르반테스(1547~1616) 에스파냐 소설가

- "이것은 최악의 경우다."라고 말할 수 있는 한 아직 최악의 경우는 아니다. _W. 셰익스피어(1564~1616) 영국 극작가, 시인

속담

- 내일은 또 다른 하루다. _서양
- 대단히 나빴지만 더 나쁠 수도 있었다. _서양
- 대로 한길 노래로 열라. (노래를 부르며 큰길을 가라는 뜻으로, 낙관적인 마음으로 앞길을 개척해 나아가라는 말) _한국
- 마음을 씻으면 모든 것이 좋아질 것이다. _서양
- 문이 하나 닫히면 다른 문이 열린다. _서양
- 새벽이 되기 직전이 가장 캄캄하다. _서양

A. 카네기

남

자기 이외의 다른 사람.
또는 아무런 관계가 없거나 관계를 끊은 사람.

명언 명문

- 남들이 하면 죄고 내가 하면 실험이다. _R. W. 에머슨(1803~1882) 미국 사상가, 시인
- 남에 대해서, 특히 현장에 없는 사람에 대해서 친절한 말을 아끼지 마라. _J. W. 괴테(1749~1832) 독일 시인, 소설가, 극작가
- 남에게 만족한다는 것이 어찌 그리 힘이 드는가. _J. 라브뤼예르(1645~1696) 프랑스 작가
- 남을 미워하는 것의 대가는 자신에 대한 사랑의 감소다. _E. 클리버(1935~1998) 미국 작가, 인권 운동가
- 남을 용납하지 못하는 사람에게는 친한 사람이 없고, 친한 사람이 없으면 모두가 남이다. _장자(B.C. 369?~B.C. 289?) 중국 전국 시대 송나라 사상가
- 남을 위해 아무것도 하지 않는 사람은 자기를 위해서도 아무것도 하지 않는다. _J. W. 괴테(1749~1832) 독일 시인, 소설가, 극작가
- 남을 위해 일하면 모든 사람이 돕지만 자기를 위해 일하면 모두 떠나간다. _《회남자》
- 남의 불행을 동정하는 것은 단지 자기와 관련이 있다고 생각될 때뿐이다. _J. J. 루소(1712~1778) 프랑스 작가, 사상가
- 남의 일에 참견하지 마라. _T. M. 플라우투스(B.C. 254?~B.C. 184) 로마 극작가, 시인
- 남의 조그만 허물을 꾸짖지 말고, 남의 비밀을 드러내지 말며, 남이 저지른 지난날의 잘못을 생각지 마라. 이 세 가지를 지키면 덕이 쌓이고, 안 좋은 일들이 멀어질 것이다. _《채근담》
- 남이 나를 알아주지 않음을 근심하지 말고, 내가 남을 알아줄 만한 슬기가 없음을 근심하라. _《논어》

▶ '너 자신을 알라.' 는 말은 좋은 말이지만 남을 아는 것은 더 좋은 일이다. _메난드로스(B.C. 342?~B.C. 292?) 그리스 극작가

▶ 누구든지 남을 진실로 아는 사람은 없다. 다른 사람들도 모두 자기와 같다고 생각하는 것이 고작이다. _J. E. 스타인벡(1902~1968) 미국 소설가

▶ 무리하여 다른 사람들과 같이 되고자 하는 것은 역시 우울한 행동처럼 보인다. _R. M. 릴케(1875~1926) 독일 시인

▶ 무슨 일이든지 그것이 남에게 일어나는 한 모두 재미있다. _W. 로저스(1879~1935) 미국 배우, 유머 작가

▶ 우리는 행복해지려고 노력하기보다 남들이 우리를 행복하다고 믿게 만드는 데 더 관심이 많다. _F. 라로슈푸코(1613~1680) 프랑스 작가

▶ 자기가 하지 않는 것을 남에게 시키지 말고, 자기가 원하지 않는 것을 남이 원하도록 강요하지 마라. _《맹자》

*동아 | 박과의 한해살이 덩굴성 식물.

속담

▶ 남에게 베풀 줄 모르는 사람은 남이 베풀어 주는 배려를 받을 자격이 없다. _영국

▶ 남을 잘 이해하려면 그의 일생을 알아야 한다. _서양

▶ 남의 다리 긁는다. (자기를 위해 한 일이 뜻밖에 남을 위해 한 일이 되었거나, 남이 할 일을 자기 일로 알고 한다는 뜻) _한국

▶ 남의 어깨 위에 있는 짐은 가볍다. _영국

▶ 남의 염병이 내 고뿔만 못하다. _한국

▶ 남의 일은 오뉴월에도 손이 시리다. (남의 일은 하기 싫다는 뜻) _한국

▶ 남의 잔치에 감 놓아라 배 놓아라 한다. (남의 일에 간섭함을 이르는 말) _한국

▶ *동아 속 썩는 것은 밭 임자도 모른다. (남의 속 깊은 걱정은 아무리 가까운 사람이라도 모른다는 뜻) _한국

▶ 지팡이에는 기대어도 남에게는 기대지 마라. _일본

문장 반짝

관용어

남 좋은 일을 하다(시키다) _ 일을 한 결과가 자기에게는 아무 이득이 없고 남에게만 이롭게 하다.

남의 등(을) 쳐 먹다 _ 악독하고 교활한 짓으로 남의 것을 빼앗다.

남의 말(을) 하다 _ 이러쿵저러쿵 남에 대하여 뒷말을 하거나 시비하다.

남자 男子

남성으로 태어난 사람.

명언 명문

*논리 | 말이나 글에서 생각 따위를 이치에 맞게 이끌어 가는 과정이나 원리.

- 남자가 만들어 내지 않는 한 이 세상에는 선도 악도 존재하지 않을 것이다. _J. P. 사르트르(1905~1980) 프랑스 소설가, 철학자 《자유의 길》
- 남자다운 남자가 되려면 굴복해서는 안 된다. _R. W. 에머슨(1803~1882) 미국 사상가, 시인
- 남자들은 자기가 믿고 싶어 하는 것을 쉽게 믿는다. _J. 카이사르(B.C. 100~B.C. 44) 로마 장군, 정치가
- 남자들의 모든 *논리는 여자들의 한 가지 감정보다 못하다. _볼테르(1694~1778) 프랑스 사상가
- 남자의 입은 영혼으로 들어가는 입구고, 여자의 입은 마음이 흘러나오는 출구다. _A. G. 비어스(1842~1914) 미국 소설가, 신문 기자
- 자기 아내를 사랑하는 남자는 천 명의 여자를 알고 있는 것보다 여자에 대하여 더욱 상세하게 알 수 있다. _L. N. 톨스토이(1828~1910) 러시아 소설가, 사상가

한자 숙어

남녀유별(男女有別) 남자와 여자는 분별이 있음.
남중일색(男中一色) 얼굴이 아름답고 잘생긴 남자.
대장부(大丈夫) 건장하고 씩씩한 사내라는 뜻으로, 남자다운 남자를 가리키는 말.

속담

- 남자 셋이 모이면 없는 게 없다. (남자 셋이 모이면 무슨 일이든 해낼 수 있음을 비유적으로 이르는 말) _한국
- 남자는 누구나 여자의 아들. _러시아
- 남자다운 남자는 드물다. _프랑스
- 여자와 토지는 남자를 바쁘게 만든다. _오스트레일리아

努力 노력

목적을 이루기 위하여 애를 쓰고 힘을 들임.

명언 명문

- 나무는 귀를 기울이고 있는 하늘에게 말을 하려는 대지의 끝없는 노력이다. _R. 타고르(1861~1941) 인도 시인, 사상가
- 너 자신을 도와라. 그러면 하늘이 너를 도울 것이다. _J. 라퐁텐(1621~1695) 프랑스 시인, 우화 작가
- 노력은 소수의 사람이 다수의 사람으로부터 훔치는 것이다. _W. 필립스(1811~1884) 미국 개혁가
- 노력은 항상 어떤 이익을 가져온다. 성공하지 못하는 자들에게는 게으름의 문제가 있다. _A. 카뮈(1913~1960) 프랑스 소설가, 극작가
- 노력을 다하라. 숙명적인 노력을. _L. 다빈치(1452~1519) 이탈리아 화가, 건축가, 조각가
- 노력이 없는 인생은 유죄고 *기예가 없는 근면은 야비하다. _J. 러스킨(1819~1900) 영국 미술 평론가 《예술에 관한 강화》
- 노력이 적으면 소득도 적다. _R. 헤릭(1591~1674) 영국 시인, 목사
- 로마는 하루에 건설되지 않았다. _P. A. 만졸리(1500?~1540) 이탈리아 작가
- 백 년을 산다고 해도 게으르고 노력하지 않는다면 그것은 부지런히 노력하는 사람의 하루와 같다. _《법구경》
- 사람은 갈대처럼 휘어지면서도 삼나무처럼 단단해지도록 노력해야 한다. _《탈무드》
- 성실함은 하늘의 도요, 성실해지려고 노력하는 것은 사람의 도다. _자사(B.C. 483?~B.C. 402?) 중국 전국 시대 노나라 학자
- 승리의 여신은 노력을 사랑한다. _G. V. 카툴루스(B.C. 84~B.C. 54) 로마 시인 《시집》

*기예 | 예술로 승화될 정도로 갈고 닦은 기술이나 재주.

▶ 아몬드를 먹으려면 껍질을 까야 한다.

_T. M. 플라우투스(B.C. 254?~B.C. 184) 로마 극작가, 시인

▶ 예술의 모든 분야에서 성공은 개인의 창의와 노력에 달려 있고, 오로지 열심히 일해야만 거둘 수 있다.

_A. P. 파블로바(1882~1931) 러시아 발레리나

▶ 일은 계획에서 나오고 노력으로 이루어지며 오만으로 망친다.

_《관자》

▶ 전쟁이든 인생이든 그 본질은 자신이 모르는 것을 자기가 하는 일을 통해서 알아내도록 노력하는 것이다.

_A. W. 웰링턴(1769~1852) 영국 군인, 정치가

▶ 천재는 위대한 일을 시작하지만 오로지 노력만이 그 일을 완성할 수 있다. _J. 주베르(1754~1824) 프랑스 작가, 평론가

▶ 천재는 1퍼센트의 영감과 99퍼센트의 땀(노력)으로 이루어진다.

_T. A. 에디슨(1847~1931) 미국 발명가

▶ 희망이 없을 때는 노력이 있을 수 없다.

_S. 존슨(1709~1784) 영국 시인, 평론가

속담

▶ 가마 속의 콩도 삶아야 먹는다. (다 된 듯하고 쉬운 일도 실제로 손을 대어 힘들이지 않으면 이익이 되지 않는다는 뜻) _한국

▶ 감나무 밑에 누워도 삿갓 미사리를 대어라. (마땅히 자기에게 올 이익이라도 서둘러서 노력하지 않으면 안 된다는 뜻) _한국

▶ 공든 탑이 무너지랴. _한국

▶ 구르는 돌은 이끼가 안 낀다. (부지런하고 꾸준히 노력하는 사람은 침체되지 않고 계속 발전한다는 말) _한국

▶ 나는 새도 깃을 쳐야 날아간다. (아무리 재능이 많아도 노력을 하지 않으면 그 재능을 발휘할 수 없음을 이르는 말) _한국

▶ 낙숫물이 댓돌을 뚫는다. (꾸준히 노력하면 마침내 목적을 이룰 수 있다는 뜻) _한국

▶ 날알 하나 하나로 암탉은 배를 채운다. (작은 노력이 쌓여서 큰일이 이루어진다는 뜻) _미국, 영국

▶ 노력 없는 지름길은 없다. _에스파냐

▶ 드나드는 개가 꿩을 문다. (꾸준하게 열성적으로 노력하는 사람이 일을 이루고 재물을 얻을 수 있다는 말) _한국

▶ 말 가는 데 소도 간다. (남이 하는 일이면 저도 노력만 하면 능히 할 수 있다는 말) _한국

▶ 석 자 두께로 얼음이 얼려면 하루의 추위로는 되지 않는다. _중국

▶ 조금씩 꼰다면 긴 새끼줄도 꼴 수 있다. (적은 힘으로도 꾸준히 노력하면 성공할 수 있다는 말) _자메이카

▶ 쥐는 밧줄을 조금씩 갉아서 끊는다. _영국

▶ 하늘은 스스로 돕는 자를 돕는다. _영국

▶ 한 코 한 코 이어 가서 비로소 쇠사슬 갑옷이 만들어진다. _프랑스

한자 숙어

불분주야(不分晝夜) 밤낮을 가리지 않고 힘써 노력함.

수적천석(水滴穿石) 물방울이 돌을 뚫는다는 뜻으로 적은 노력도 계속하면 큰일을 이룬다는 말.

고사성어

▷ 노이무공(勞而無功)

노력은 하지만 그 보람이 없다는 뜻이다. 공자가 위나라로 떠날 때 제자 안연이 사금이란 벼슬을 하고 있는 사람에게 공자의 이번 여행이 어떨지 물었다. 그러자 그는 "주나라의 도를 노나라에서 행하려고 하는 것은 마치 육지에서 배를 끄는 것처럼 노력은 하지만 공은 없을 것입니다."라며 공자가 아무런 성과 없이 돌아올 것임을 말했다. _《장자》

▷ 우공이산(愚公移山)

우공이 산을 옮긴다는 말로, 도저히 불가능해 보이는 일도 끊임없이 노력하면 결국 이루어진다는 뜻이다. 북산의 우공이라는 90세의 노인이 열심히 흙을 파서 길을 막고 있는 두 산을 옮기겠다고 하였다. 이에 감동한 옥황상제가 산을 옮겨 주었다고 한다. _《열자》 탕문 편

▷ 형설지공(螢雪之功)

반딧불이와 눈빛의 노력이라는 뜻으로, 고생을 하면서도 부지런하고 꾸준하게 공부하는 자세를 이르는 말이다. 중국 동진의 학자 차윤과 손강은 집안이 가난하여 등잔불을 밝힐 기름이 없었다. 하지만 차윤은 여름에 반딧불이를 잡아서, 손강은 겨울에 눈에 반사된 빛을 이용하여 책을 읽으며 어렵게 공부한 결과, 둘 다 높은 벼슬에 올랐다. _《진서》 차윤전

노인 老人

나이가 들어 늙은 사람.

명언 명문

▶ 나이를 더 먹었다고 해서 젊은이보다 지도자의 자격을 더 갖춘 것도 아닐뿐더러 그와 비슷하지도 않다. 왜냐하면 노인은 얻었다기보다는 잃은 것이 더 많기 때문이다.

_H. D. 소로(1817~1862) 미국 사상가, 수필가

▶ 노쇠한 사자는 당나귀의 뒷발에 채인다.

_J. 라퐁텐(1621~1695) 프랑스 시인, 우화 작가 《우화》

▶ 노인들은 때로는 그들의 젊은 시절을 감상적으로 뉘우치고 때로는 재치있게도 그것을 잊어버린다. _J. 러스킨(1819~1900) 영국 미술 평론가

▶ 노인들은 올바른 이성과 판단력을 지닌다. 노인들이 없었다면 어느 나라도 존재하지 못했을 것이다.

_M. T. 키케로(B.C. 106~B.C. 43) 로마 정치가, 학자

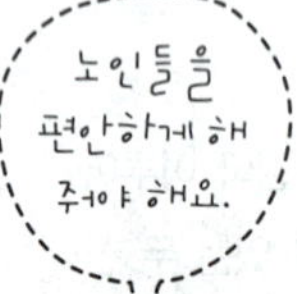

▶ 노인들은 위험한 사람들이다. 세상에 무슨 일이 일어날 것인지는 그들에게 아무 상관도 없기 때문이다.

_G. B. 쇼(1856~1950) 아일랜드 극작가, 평론가

▶ 노인들을 편안하게 해 주고 친구들에게 신의를 지키며 아랫사람들을 아껴 주어야 한다. _공자(B.C. 551~B.C. 479) 중국 춘추 시대 노나라 사상가

공자

▶ 노인보다 삶을 더 사랑하는 사람은 없다.

_소포클레스(B.C. 496~B.C. 406) 그리스 시인

▶ 노인은 젊은이보다 병은 적지만 그들의 병은 그들로부터 떠나지 않는다. _히포크라테스(B.C. 460?~B.C. 377?) 그리스 의학자 《경구》

▶ 노인을 진정으로 이해하는 사람은 극히 드물다.

_F. 라로슈푸코(1613~1680) 프랑스 작가

▶ 늙은이는 다시 아이가 된다. _W. 셰익스피어(1564~1616) 영국 극작가, 시인

▶ 늙은이의 눈으로 젊음을 바라본다면 바쁘게 달려가고 서로 다투는 마음을 없앨 수 있다. _《채근담》

▶ *망령은 모든 노인의 특징이 아니라 정신과 의지력이 약한 노인들의 특징이다. _M. T. 키케로(B.C. 106~B.C. 43) 로마 정치가, 학자

▶ 스스로 노인인 것을 아는 자는 없다. _F. 라로슈푸코(1613~1680) 프랑스 작가 《도덕적 반성》

▶ 이제 때가 왔다. 늙었다. 돛을 감아 올릴 때가 왔다. _R. W. 에머슨(1803~1882) 미국 사상가, 시인

▶ 주름살과 함께 품위가 갖추어지면 존경과 사랑을 받는다. _V. M. 위고(1802~1885) 프랑스 시인, 극작가

▶ 집안에 노인이 있다는 것은 좋은 간판이다. _J. 레이(1627~1705) 영국 박물학자

*망령 | 늙거나 정신이 흐려서 말이나 행동이 정상을 벗어남.

속담

▶ 나라 상감님도 늙은이 대접은 한다. (누구나 노인은 우대를 하여야 한다는 말) _한국

▶ 노인은 신중하며 젊은 사람은 용감하다. _영국

▶ 노인의 말에는 버릴 것이 없다. (노인의 말은 도움이 되므로 존중해야 한다는 말) _아이슬란드

▶ 늙은이의 옛날 이야기. (노인은 젊은 시절의 이야기만 하고 장래의 일은 말하려 하지 않는다는 뜻) _일본

▶ 아무리 나이 많은 노인도 얼마간은 더 살 수 있다고 생각한다. _스웨덴

▶ 어린이에게 사과, 노인에게 책. (어린이가 사과를 받고 기뻐하듯이 책을 받고 기뻐할 수 있는 노인이 되라는 뜻) _에스파냐

▶ 집에 노인이 없으면 사서라도 모셔라. (노인은 세상살이에 능하고 지식이 많을 뿐 아니라 가정을 화합시키는 힘을 지니고 있다는 뜻) _아라비아

지식 쑥쑥

한자 숙어

계피학발(鷄皮鶴髮) 살갗이 닭의 살갗처럼 거칠고 머리털이 학의 날개처럼 희다는 뜻으로, 노인을 가리키는 말.

노익장(老益壯) 늙었지만 의욕이나 기력은 점점 좋아짐.

백발어초(白髮漁樵) 낚시질과 나무하기를 일삼는 노인.

인생

농담

弄談
실없이 놀리거나 장난으로 하는 말.

명언 명문

▶ 나는 농담을 하며 진실을 말한다.

_G. B. 쇼(1856~1950) 아일랜드 극작가, 평론가

▶ 남을 괴롭히는 농담은 농담이 아니다.

_M. 세르반테스(1547~1616) 에스파냐 소설가

▶ 너는 열 번 농담할 때마다 백 명의 적을 얻었다.

_L. 스턴(1713~1768) 영국 소설가

▶ 농담에는 절제가 필요하다. _M. T. 키케로(B.C. 106~B.C. 43) 로마 정치가, 학자

▶ 농담으로 적을 친구로 만들 수는 없지만 친구를 적으로 만들 수는 있다. _B. 프랭클린(1706~1790) 미국 정치가, 과학자

▶ 농담은 매우 진지한 것이다. _C. 처칠(1731~1764) 영국 시인

▶ 농담은 아주 튼튼한 날개를 갖고 있어서 터진 자리에서 가장 먼 거리까지 퍼져 나간다. _M. 프루스트(1871~1922) 프랑스 소설가

▶ 농담은 흔히 진실을 전달하는 수단으로 유효하게 쓰인다.

_F. 베이컨(1561~1626) 영국 정치가, 철학자 《학문의 진보》

▶ 농담이 더욱 많아지는 이유는 농담하는 사람의 혀 때문이 아니라 그것을 들어주는 사람들의 귀 때문이다.

_W. 셰익스피어(1564~1616) 영국 극작가, 시인

▶ 농담하는 사람이 웃으면 그 농담은 효과가 없다.

_J. C. F. 실러(1759~1805) 독일 시인, 극작가

▶ 농담할 기회를 잃는 것이 친구를 잃는 것보다 낫다.

_M. F. 퀸틸리아누스(35?~95?) 로마 웅변가, 수사학자 《변론술 교정》

▶ 누구나 농담하는 사람을 좋아하지만 아무도 그에게 돈을 빌려 주

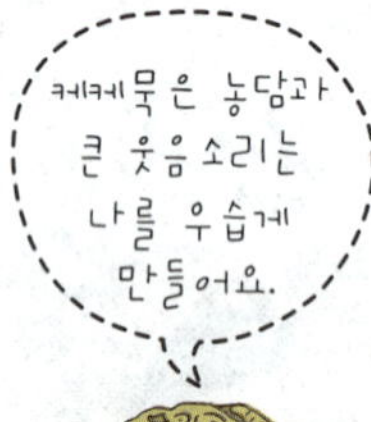

P. D. S. 체스터필드

지는 않는다. _W. 셰익스피어(1564~1616) 영국 극작가, 시인

- 부자들의 농담은 언제나 성공적이다.

_O. 골드스미스(1730~1774) 영국 소설가

- 사실에 너무 가까운 심한 농담은 원한을 남긴다.

_C. 타키투스(56?~120?) 로마 역사가, 정치가

- 엄숙한 말보다는 농담이 어려운 문제를 더 효과적으로 푸는 경우가 많다. _Q. 호라티우스(B.C. 65~B.C. 8) 로마 시인
- 인생은 운명이 만들어 낸 농담으로 보인다.

_J. R. 로웰(1819~1891) 미국 시인, 평론가

- 전혀 새로운 농담이란 없다.

_W. S. 길버트(1836~1911) 영국 극작가 《그의 초월한 재능》

- 쾌활함과 재치는 사람의 두각을 드러나게 해 주지만 케케묵은 농담과 큰 웃음소리는 그를 *어릿광대로 만든다.

_P. D. S. 체스터필드(1694~1773) 영국 정치가, 작가

- 항상 서투른 농담만 하는 사람은 성격이 나쁜 사람이다.

_B. 파스칼(1623~1662) 프랑스 사상가, 수학자, 물리학자 《팡세》

- 훌륭한 농담은 비판할 수 없는, 궁극적이고 신성한 것이다.

_G. K. 체스터턴(1874~1936) 영국 소설가, 평론가

*어릿광대 | 우스운 말이나 행동을 하여 남을 웃기는 사람을 비유적으로 이르는 말.

속담

- 가장 짧은 농담이 가장 좋다. (농담은 짧으면 짧을수록 좋다는 말)

_프랑스

- 농담 중에 진담이 있다. _영국
- 농담에도 한계가 있다. _일본
- 농담으로 그 사람의 인격을 알 수 있다. _프랑스
- 농담이 진담이 된다. (농담처럼 실없이 한 말이 현실로 드러나는 경우를 이르는 말) _한국
- 웃느라 한 말에 초상난다. (농담이라도 잘못하면 죽음까지 몰고 가는 수가 있으니 말을 매우 조심스럽게 해야 한다는 뜻) _한국
- 진실한 말은 농담 속에 들어 있는 경우가 많다. _서양
- 현명한 사람들은 가끔 농담을 하고 바보들은 이를 반복한다. _영국

인생

능력

能力

일을 감당해 낼 수 있는 힘.

명언 명문

*오만 | 태도나 행동이 건방지거나 거만함.

▶ 가문이나 재산과는 관계없이 능력 있는 사람들에게 출세의 길이 열려 있다는 것이 나의 철칙이었다. _나폴레옹 1세(1769~1821) 프랑스 황제

▶ 각자 자기가 쓸 수 있는 능력을 제 나름대로 느끼고 있다.

_T. 루크레티우스(B.C. 94?~B.C. 55?) 로마 시인, 철학자

▶ 과학은 우리가 *오만을 버릴수록 우리의 능력을 증가시킨다.

_C. 베르나르(1813~1878) 프랑스 생리학자

▶ 너무 많은 것을 해내는 사람은, 자기 능력 이상의 것을 하지 않으려 한다. _L. A. 세네카(B.C. 4?~A.D. 65) 로마 철학자, 극작가 《서간집》

▶ 능력이 있는 사람은 전혀 배우지 않아도 모든 것을 안다.

_몰리에르(1622~1673) 프랑스 극작가, 배우

▶ 모든 사람은 그의 능력에 따라 자기가 하고 싶은 일을 할 때에 가장 빛나는 것이다. _H. 포드(1863~1947) 미국 기술자, 실업가

▶ 목표는 반드시 원대하게 잡아야 하지만, 자신의 능력을 살펴 가면서 점진적으로 접근해야 한다. _주자(1130~1200) 중국 송나라 유학자

▶ 벼슬자리가 없음을 근심할 것이 아니라, 벼슬자리에 설 능력이 없음을 근심해야 하고, 자기가 알려지지 않음을 근심할 게 아니라 알려질 수 있는 실력을 가질 수 있도록 노력해야 한다. _《논어》

▶ 사업이 계속해서 번영할지의 여부는 내일을 짊어질 경영 담당자들의 능력 여하에 달려 있다.

_P. F. 드러커(1909~2005) 미국 경영학자 《현대의 경영》

▶ 시도해 보기 전에는 아무도 자기가 무엇을 할 수 있는지 모른다.

_P. 시루스(B.C. 1세기경) 로마 시인

▶ 우리가 이용할 수 있는 자원 가운데 끊임없이 성장하고 발전할 것을 기대할 수 있는 것은 오로지 인간의 능력뿐이다.

_P. F. 드러커(1909~2005) 미국 경영학자 《현대의 경영》

▶ 인간이 현명해지는 것은 경험에 의해서가 아니라, 경험에 대처하는 능력에 따라서다.

_G. B. 쇼(1856~1950) 아일랜드 극작가, 평론가 《혁명주의자를 위한 격언》

▶ 자기 능력이 일을 수행하고도 남는다고 여기는 사람은 그 일을 잘할 것이다. _A. 체이스(1926~) 미국 언론인, 작가

▶ 지혜는 나이가 아니라 능력으로 얻는 것이다.

_T. M. 플라우투스(B.C. 254?~B.C. 184) 로마 극작가, 시인

▶ 하느님의 능력은 인간의 최고 능력을 부끄럽게 만든다.

_E. B. 브라우닝(1806~1861) 영국 시인

속담

▶ 길마 무거워 소 드러누울까. (힘들기는 해도 충분히 해낼 수 있나고 장담할 때 이르는 말) _한국

▶ 나날이 불어나지 않는 능력은 나날이 조금씩 없어진다. _중국

▶ 독수리는 파리를 못 잡는다. (사람은 각자의 능력에 맞는 일이 따로 있다는 말) _한국

▶ 본전이 있는 만큼 장사를 한다. (능력이 있는 만큼 일을 할 수 있다는 말) _중국

▶ 소 힘도 힘이요, 새 힘도 힘이다. (사람에게는 누구나 크고 작으나 각기 제 능력이 있음을 이르는 말) _한국

▶ 소리 없는 고양이 쥐 잡듯. (능력 있는 사람은 말없이 솜씨 있게 일을 해낸다는 말) _한국

▶ 수제비 잘하는 사람이 국수도 잘한다. (한 가지 일을 잘하는 사람은 다른 일도 잘한다는 뜻) _한국

▶ 칼은 사용하지 않으면 녹슨다. (사람의 능력은 사용하지 않으면 소용없게 된다는 말) _필리핀

지식 쑥쑥

한자 숙어

대분망천(戴盆望天) 머리에 동이를 이고 하늘을 바라보려 한다는 뜻으로, 한 번에 두 가지 일을 동시에 하기 어렵다는 말.

인생

단결 團結

많은 사람이 마음과 힘을 한데 뭉침.

명언 명문

- 개별적으로는 무가치한 것들도 모아 놓으면 쓸모가 있다.

_P. N. 오비디우스(B.C. 43~A.D. 17) 로마 시인

- 공동의 위험 앞에서는 가장 철저한 원수들과도 단결하게 된다.

_아리스토텔레스(B.C. 384~B.C. 322) 그리스 철학자

- 공동의 증오는 사랑, 우정, 존경보다 사람들을 더욱 단결시킨다.

_A. P. 체호프(1860~1904) 러시아 소설가, 극작가

- 단결 없는 다양성은 혼란이고, 다양성 없는 단결은 독재다.

_B. 파스칼(1623~1662) 프랑스 사상가, 수학자, 물리학자

- 단결은 힘을 준다. _이솝(B.C. 620?~B.C. 560?) 그리스 우화 작가 《이솝 이야기》
- 단합하지 않은 집안은 오래 갈 수 없다. 따라서 절반은 자유, 절반은 노예 상태인 이 정부는 오래 견딜 수 없다.

_A. 링컨(1809~1865) 미국 제16대 대통령

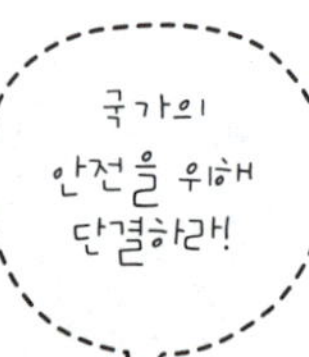

- 독립 국가를 유지하고 싶으면 국가의 안전을 위해 단결하라.

_나폴레옹 1세(1769~1821) 프랑스 황제

- 두 사람이 마음을 같이하면 그 예리함이 쇠라도 끊는다. 마음을 같이한 사람의 말은 그 향기가 난초와 같다. _《주역》
- 만 사람이라도 서로 마음을 달리하면, 한 사람도 쓸모 없다.

_《회남자》

- 사람들을 단결시키는 두 가지 힘은 공포와 이익이다.

_나폴레옹 1세(1769~1821) 프랑스 황제

- 약한 자들도 힘을 모으면 무시할 수 없는 세력이 된다.

_호메로스(?~?) 그리스 시인

나폴레옹 1세

- 우리가 서로 단결한다면 많은 모험적인 일을 시작하더라도 불가능이란 없을 것이다. _J. F. 케네디(1917~1963) 미국 제35대 대통령 《연설집》
- 우리들은 서로 단결해야 한다. 그러지 않으면 서로 다른 교수대에 매달리게 될 것이다. _B. 프랭클린(1706~1790) 미국 정치가, 과학자
- 작은 나라라도 단결하면 번성하고, 큰 나라라도 화합하지 못하면 망한다. _G. 살루스티우스(B.C. 86~B.C. 35?) 로마 역사가
- 화합하면 하나가 되고, 하나가 되면 큰 힘을 얻는다. _순자(B.C. 298?~B.C. 238?) 중국 전국 시대 조나라 사상가
- 흩어지면 죽고 뭉치면 산다. _L. 아풀레이우스(124?~170?) 로마 작가, 철학자

속담

- 거미줄도 엮으면 사자를 묶을 수 있다. _에티오피아
- 단결이 힘이다. _미국, 영국
- 도둑질을 해도 손이 맞아야 한다. (무슨 일이나 서로 뜻이 맞아야 그 일을 이룰 수 있다는 말) _한국
- 두 사람이 보는 것이 한 사람보다 낫다. _서양
- 모기도 모이면 천둥소리 난다. (힘없는 사람이라도 많이 모이면 큰 힘을 낼 수 있다는 뜻) _한국
- 무리 지은 양은 승냥이도 두려워한다. (약한 자도 힘을 합치면 강한 자를 이길 수 있다는 말) _중국
- 뭉치면 강해진다. _서양
- 뭉치면 버티고 분열되면 쓰러진다. _서양
- 소 떼가 흩어지면 호랑이가 달려들어 잡아먹는다. (단결하지 않으면 외적이 침범한다는 뜻) _미얀마
- 입이 여럿이면 금도 녹인다. (단결하면 무엇이든지 할 수 있다는 뜻) _한국
- 작은 모래알이라도 많이 쌓이면 배가 가라앉는다. _영국
- 한 알의 쌀을 집는 데도 많은 손가락이 필요하다. _코트디부아르

지식 쑥쑥

한자 숙어

고장난명(孤掌難鳴) 손바닥 하나로는 소리를 내지 못한다는 뜻으로, 혼자의 힘만으로 어떤 일을 이루기 어려움을 이르는 말.

대동단결(大同團結) 많은 사람이나 여러 집단이 어떤 목적을 이루려고 크게 한 덩어리로 뭉침.

중심성성(衆心成城) 여러 사람이 마음을 합하면 성과 같이 굳게 된다는 말.

인생

단순 單純

복잡하지 않고 간단함.

명언 명문

- 그대의 사건을 하나나 둘로 하라. 백이나 천으로 하지는 마라. 단순화하라. 단순화하라. _H. D. 소로(1817~1862) 미국 사상가, 수필가
- 너의 단순함이 그들로부터 이용당하지 않도록 주의해라. _R. B. 셰리든(1751~1816) 영국 극작가, 정치가 《연가》
- 단순만큼 사람으로 하여금 친근하게 하는 것은 없다. _L. A. 세네카(B.C. 4?~A.D. 65) 로마 철학자, 극작가
- 단순은 항상 진리만이 아니라, 천재의 표적이기도 하다. _A. 쇼펜하우어(1788~1860) 독일 철학자
- 단순한 것들에 대한 기쁨, 원망의 샘이 없는 환희를 가르쳐 달라. _R. 키플링(1865~1936) 영국 소설가, 시인
- 단순함은 위대한 것이다. _R. W. 에머슨(1803~1882) 미국 사상가, 시인

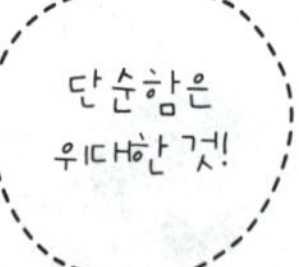

- 사람의 성격이 단순한 것은 지성의 장애물이 아니다. _J. 몰리(1838~1923) 영국 정치가 《글래드스턴의 일생》
- 스타일과 조화와 우아와 리듬의 미는 단순성에 달려 있다. _플라톤(B.C. 428?~B.C. 347?) 그리스 철학자 《국가론》
- 어느 나라에서나 백성은 매우 단순해서 지도자의 말을 대개 있는 그대로 받아들인다. _P. C. 벅(1892~1973) 미국 소설가
- 연설할 때는 단순한 논리가 유식한 사람들보다 무식한 사람들을 더 효과적으로 움직인다. _아리스토텔레스(B.C. 384~B.C. 322) 그리스 철학자
- 중요한 일을 하고 있는 사람은 누구나 항상 단순하다. 왜냐하면 쓸데없는 일을 생각할 틈이 없기 때문이다. _L. N. 톨스토이(1828~1910) 러시아 소설가, 사상가

R. W. 에머슨

인생

단점
短點
잘못되고 모자라는 점.

명언 명문

▶ 군자는 남의 좋은 점을 북돋워 주고 나쁜 점은 막는다. 소인은 그와 반대다. _공자(B.C. 551~B.C. 479) 중국 춘추 시대 노나라 사상가

▶ 나는 사람을 미워하지 않고 그의 단점을 미워한다. _M. V. 마르티알리스(40?~103?) 로마 시인

▶ 단점이 없이 태어난 사람은 없다. _Q. 호라티우스(B.C. 65~B.C. 8) 로마 시인

▶ 사람은 누구나 달처럼 남에게 절대로 보여 주지 않는 어두운 면이 있다. _M. 트웨인(1835~1910) 미국 소설가

▶ 우리에게 단점이 없다면 남의 단점을 발견하고 이토록 좋아하지는 않을 것이다. _F. 라로슈푸코(1613~1680) 프랑스 작가

▶ 자기 장점으로 남의 단점을 드러내지 마라. _《채근담》

▶ 현명한 사람은 남의 단점을 보고 자기 단점을 고친다. _P. 시루스(B.C. 1세기경) 로마 시인

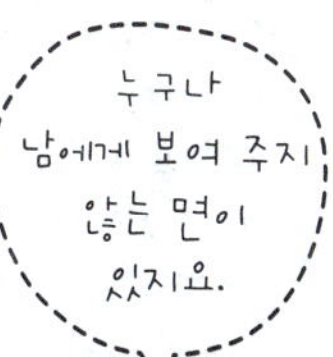

속담

▶ 누구나 남의 단점을 찾아낼 수 있지만 자기는 그보다 더 낫지 못하다. _서양

▶ 숯이 검정 나무란다. (제게도 흉이 있으면서 남의 흉을 크게 들추어냄을 비유적으로 이르는 말) _한국

▶ 옷장 속의 해골. (숨기고 싶어 몰래 감추어 놓은 자신의 단점을 일컫는 말) _미국, 영국

▶ 주머니 털어 먼지 안 나오는 사람 없다. (누구에게나 단점은 있다는 말) _한국

M. 트웨인

대비 對備

앞으로 일어날지도 모르는 어떠한 일에 대응하기 위하여 미리 준비함. 또는 그런 준비.

명언 명문

▶ 간단하게 말해서 우리는 항상 최악의 상태에 대비할 수 있어야 하며 동시에 항상 최선의 상황을 성취하기 위해 행동해야 합니다.

_L. B. 존슨(1908~1973) 미국 제36대 대통령

▶ 경계는 미리 무장하는 것이고 준비가 된 상태는 이미 절반은 승리한 것이다. _M. 세르반테스(1547~1616) 에스파냐 소설가

▶ 경영자는 어떤 결정을 내릴지라도 장래에 발생할 가능성이 있는 사태에 대비해서 모든 조치를 생각해 두어야 한다.

_P. F. 드러커(1909~2005) 미국 경영학자

▶ 멀리 내다보고 대책을 생각하지 않으면 걱정거리가 가까운 곳에 도사리고 있다. _공자(B.C. 551~B.C. 479) 중국 춘추 시대 노나라 사상가

▶ 우리가 미리 대비하는 일은 거의 일어나지 않는다.

_B. 디즈레일리(1804~1881) 영국 정치가, 소설가

▶ 이치를 깨달은 자는 재앙이 닥치기 전에 미리 대비할 수 있어야 한다. _《관자》

▶ 일 년의 대비책은 곡식을 심는 것이, 십 년의 대비책은 나무를 심는 것이, 평생의 대비책은 사람을 심는 것이 가장 좋다. _《관자》

▶ 자기 주관이 없으면 어려움에 처하고, 준비하지 않으면 실패한다.

_《관자》

▶ 장차 날려는 자는 날개를 감추고, 장차 할퀴려는 자는 손톱을 오므린다. _유향(B.C. 77?~B.C. 6?) 중국 전한 학자 《설원》

▶ 전쟁에 대비하는 것이 평화를 지키는 가장 효과적인 방법이다.

_G. 워싱턴(1732~1799) 미국 초대 대통령

G. 워싱턴

▶ 쾌청한 날에 소나기를 예상하지 못하는 것은 누구나가 범하는 잘못이다. _N. 마키아벨리(1469~1527) 이탈리아 사상가, 역사학자

*가물 | 가뭄.

속담

▶ *가물에 돌 친다. (가뭄에 강바닥의 돌을 미리 치워서 물길을 낸다는 뜻으로, 무슨 일이든지 미리 준비해야 함을 이르는 말) _한국

▶ 개구리도 옴쳐야 뛴다. _한국

▶ 날씨가 좋을 때 돛을 고쳐라. _영국

▶ 너의 활에는 줄을 두 개 매어라. _프랑스

▶ 솥 씻어 놓고 기다리기. (모든 것을 다 준비해 놓고 기다리는 경우를 이르는 말) _한국

▶ 이긴 뒤에도 투구 끈을 더욱 조여 매라. (싸움에 이겼더라도 방심해서는 안 된다는 말) _일본

▶ 적절한 때의 한 바늘이 아홉 바늘을 절약한다. _서양

▶ 지팡이를 들고 있는 사람은 개에게 물리지 않는다. _나이지리아

▶ 홍수가 닥치기 전에 둑을 쌓아야 한다. _인도

한자 숙어

미봉책(彌縫策) 꿰매어 깁는 대책이라는 뜻으로, 임시로 눈가림만 하는 일시적인 대책을 뜻함.

안거위사(安居危思) 편안할 때에 어려움이 닥칠 것을 미리 대비하여야 함.

임갈굴정(臨渴掘井) 목이 말라야 우물을 판다는 뜻으로, 평소에 준비 없이 있다가 일을 당하여 허둥지둥 서두름을 이르는 말.

고사성어

▷ 유비무환(有備無患)

미리 준비가 되어 있으면 걱정할 것이 없다는 뜻이다. 춘추 시대에 진나라의 도공에게는 사마 위강이라는 유능한 신하가 있었는데, 그는 도공에게 두터운 신임을 받고 있었다. 어느 해 정나라가 송나라를 침략하자 송나라는 진나라에 도움을 청하였다. 진나라의 도공은 즉시 노나라 등과 연합하여 사마 위강의 지휘로 마침내 정나라를 물리치고 침입하지 않겠다는 조약을 맺게 되었다. 이후에도 진나라의 주선으로 연합국과 정나라가 화의를 맺자 정나라는 도공에게 감사의 뜻으로 선물을 보내왔고, 도공은 이것을 다시 사마 위강에게 하사하려고 했다. 이때 사마 위강이 "편안할 때에 위기에 대비하면 근심이 사라지게 됩니다."라고 말하며 거절한 데서 유래한다. _《서경》, 《춘추좌씨전》

대화

對話

다른 사람과 마주 대해 이야기함. 또는 그 이야기.

명언 명문

- 가장 행복한 대화는 경쟁도 허영심도 없이 의견만 조용히 나누는 것이다. _S. 존슨(1709~1784) 영국 시인, 평론가
- 너무 많이 동의하는 것은 대화를 죽인다. _E. 클리버(1935~1998) 미국 작가, 인권 운동가
- 네가 남에게 말할 때는 그의 눈을 보고, 남이 네게 말할 때는 그의 입을 보라. _B. 프랭클린(1706~1790) 미국 정치가, 과학자
- 대화는 명상 이상의 것을 가르친다. _H. 본(1621~1695) 영국 시인
- 대화는 항해와 비슷하다. 거의 깨닫지 못하는 사이에 육지에서 차차 멀어진다. 아주 멀어지고 난 다음에야 비로소 해안에서 떠나 있다는 것을 알게 된다. _S. R. N. 샹포르(1741~1794) 프랑스 극작가
- 대화는 잔치보다 더 감미로운 정신의 잔치다. _호메로스(?~?) 그리스 시인
- 대화는 학생들의 실험실이자 작업장이다. _R. W. 에머슨(1803~1882) 미국 사상가, 시인
- 대화에서는 신중함이 웅변보다 더 중요하다. _B. 그라시안이모랄레스(1601~1658) 에스파냐 작가
- 말하는 것은 지식의 영역이며, 듣는 것은 지혜의 특권이다. _O. W. 홈스(1809~1894) 미국 소설가, 의학자 《아침 식탁의 독재자》
- 사람들 사이에서 대화가 없이는 생활을 영위해 나갈 수 없다. _A. 카뮈(1913~1960) 프랑스 소설가, 극작가
- 사람들의 대화는 후회와 우려의 혼합물이다. _R. W. 에머슨(1803~1882) 미국 사상가, 시인
- 상호 간의 이해를 낳게 해 주는 것은 밑에서부터 위로 보내지는

대화이다. _P. F. 드러커(1909~2005) 미국 경영학자 《현대의 경영》

- 인간관계에 있어서 상대방은 그 상대방의 고독의 핵심 속으로 뚫고 들어가 거기서 대화를 나누어야 한다.

  _B. A. W. 러셀(1872~1970) 영국 철학자, 수학자 《사랑이 있는 기나긴 대화》

- 인생의 가장 큰 즐거움 가운데 하나는 대화다.

  _S. 스미스(1771~1845) 영국 목사, 수필가

- 좋은 책들을 읽는 것은 과거의 최고 인물들과 대화하는 것이다.

  _R. 데카르트(1596~1650) 프랑스 철학자, 수학자 《방법론서설》

- 지혜롭고 세련되고 다정한 대화는 문명사회의 마지막 꽃이다.

  _R. W. 에머슨(1803~1882) 미국 사상가, 시인

- 친구와 나누는 자유로운 대화는 어떠한 위안보다도 나를 기쁘게 한다. _D. 흄(1711~1776) 영국 철학자, 역사가

- 침묵과 공손함은 매우 가치 높은 대화의 기술이다.

  _M. E. 몽테뉴(1533~1592) 프랑스 사상가

- 현명한 자와 마주 보고 하는 대화는 10년에 걸친 독서보다 낫다.

  _H. W. 롱펠로(1807~1882) 미국 시인 《히페리온》

속담

- 대화는 식사와 같아 그곳에 있는 자는 함께 참가한다. _세네갈
- 여행은 셋이서, 대화는 넷이서. _캄보디아
- 이야기 장단에 도낏자루 썩는다. (이야기에 정신이 팔려 시간 가는 줄을 깨닫지 못함을 이르는 말) _한국
- 이야기하는 동안 사람 됨됨이를 안다. _칠레

고사성어

▷ 청담(淸談)

맑은 대화라는 뜻으로, 중국의 위진 시대에 죽림칠현을 중심으로 세속적인 명예와 이해관계를 벗어나 고상한 정신의 자유로운 세계를 논한 데서 비롯하였다. 속세를 떠난 사람들의 비현실적인 논의를 의미하기도 한다. _《송서》, 《진서》 등

지식 쑥쑥

한자 숙어

교천언심(交淺言深) 사귄 지는 얼마 안 되지만 서로 심중을 털어놓고 이야기함.

도리

道理
사람이 어떤 입장에서 마땅히 베풀거나 행해야 할 바르고 참된 행동이나 일.

명언 명문

*이치 | 사물의 정당한 조리. 또는 도리에 맞는 취지.

▶ 공적을 세우고 명성을 얻으면 물러나는 것이 하늘의 도리다.

_노자(B.C. 604?~?) 중국 춘추 시대 초나라 사상가

▶ 대장부는 사람을 두려워하지 않고 다만 *이치를 무서워한다. 또 사람에 의뢰하지 않고 다만 도리에 의지한다.

_여곤(1536~1618) 중국 명나라 학자

▶ 도리에 어긋나는 재물을 차지하지 말고 도리에 어긋나는 일을 하지 마라.

_풍몽룡(1575~1645) 중국 명나라 문장가

▶ 백성들에게 도리를 따르게 할 수는 있어도 깨닫게 할 수는 없다.

_공자(B.C. 551~B.C. 479) 중국 춘추 시대 노나라 사상가

▶ 역경에 처해서도 도리에 귀를 기울이는 것은 현명하다.

_에우리피데스(B.C. 484?~B.C. 406?) 그리스 시인 《헤쿠바》

▶ 올바른 도리에 관한 일은 어렵다 해도 꺼리지 말고, 조금도 물러서지 마라.

_《채근담》

▶ 인기에 영합하는 것은 도리를 해치는 것이다.

_공자(B.C. 551~B.C. 479) 중국 춘추 시대 노나라 사상가

▶ 자기 자신의 마음은 도리에 맞는 것도 맞지 않는 것도 있는데, 어찌 남들이 모두 도리에 맞기를 바라겠는가.

_《채근담》

▶ 죽게 되면 죽을 따름이다. 도리를 어기면서까지 구태여 살려고 할 것은 없지 않은가?

_이순신(1545~1598) 조선 시대 무신

▶ 천하에 도리가 서면 백성들이 떠들지 않는다.

_공자(B.C. 551~B.C. 479) 중국 춘추 시대 노나라 사상가

▶ 하늘의 도리는 선한 사람에게는 복을, 악인에게는 재앙을 주며,

사람의 도리는 선한 사람에게는 상을, 악인에게는 벌을 준다.

_정도전(1342~1398) 고려~조선 시대 문인, 학자

속담

- 길이 아니면 가지 말고, 말이 아니면 탓하지 마라. (사람의 도리에 어긋나는 일이나 말은 시작도 관여도 하지 말라는 뜻) _한국
- 도리로써 욕심을 누르면 편안하고 혼란스럽지 않다. _일본
- 도리에 맞서는 칼 없다. (어떤 힘도 바른 도리에 맞서 이길 수는 없다는 말) _일본
- 돌이 흘러가고 나뭇잎이 가라앉는다. (자연의 이치나 도리에 어긋나는 일이 일어남을 가리키는 말) _일본
- 무리가 지나가면 도리가 들어간다. (도리에 어긋나는 것이 통용되면 도리에 맞는 일은 설 자리를 잃게 된다는 말) _일본
- 수레를 옆으로 민다. (도리에 어긋나는 짓을 하거나 억지를 쓴다는 말) _일본

키워드 정보 BOX

상인이 지켜야 할 도리

일본 에도 시대에 어느 상인이 문인이자 화가인 와타나베 가잔에게 장사를 잘 할 수 있는 방법을 알려 달라고 부탁했다. 그는 '상인이 지켜야 할 도리'를 다음과 같이 써 주었다고 한다.

1. 가장 먼저 일어날 것.
2. 열 냥 내는 손님보다 열 푼 내는 손님을 더욱 대우할 것.
3. 물건을 샀던 사람이 그 물건이 마음에 들지 않는다고 바꾸러 오면 처음 팔았을 때보다 더 정중하게 대할 것.
4. 장사가 잘 될수록 더욱 검소한 생활을 할 것.
5. 자기가 쓴 돈은 한 푼이라도 적어 둘 것.
6. 장사를 처음 시작했을 시절의 어려움을 잊지 말 것.
7. 같은 물건을 파는 상인이 이웃에 오면 우의를 두텁게 하고 서로 격려할 것.

동정 同情

남의 어려운 처지를 자기 일처럼 딱하고 가엾게 여김.

명언 명문

▶ 나는 고통을 제외한 모든 것을 동정할 수 있다.

_O. F. O. W. 와일드(1854~1900) 아일랜드 시인, 극작가

▶ 남의 괴로움을 동정하는 것은 인간적인 것이고, 구원하는 것은 신적인 것이다. _H. 만(1871~1950) 독일 소설가

▶ 너희의 슬픔이 아무리 크더라도 세상의 동정을 받지 마라. 동정 속에 경멸하는 마음이 들어 있기 때문이다.

_플라톤(B.C. 428?~B.C. 347?) 그리스 철학자

▶ 누구나 자기를 동정한다. _P. 테렌티우스(B.C. 185?~B.C. 159?) 로마 극작가

▶ 처벌보다는 동정이 죄를 더 많이 없앨 것이다.

_H. W. 비처(1813~1887) 미국 신학자

▶ 당신이 내일 만날 사람들 중에 4분의 3은 동정심을 갈망할 것이다. 그것을 그들에게 안겨 주라. 그러면 그들은 당신을 사랑할 것이다. _D. 카네기(1888~1955) 미국 저술가

▶ 동정은 마음을 녹여 사랑하도록 만든다.

_J. 드라이든(1631~1700) 영국 시인, 극작가

▶ 동정은 사랑의 파도를 더욱 거세게 만든다. _E. 영(1683~1765) 영국 시인

▶ 동정은 최고의 모욕이다. _F. W. 니체(1844~1900) 독일 철학자, 시인

▶ 말로 표현할 수 없는 동정은 사랑 한가운데 숨어 있다.

_W. B. 예이츠(1865~1939) 아일랜드 극작가, 시인

▶ 미덕을 지닌 가난뱅이를 동정할 수는 있어도 존경할 수는 없다.

_O. F. O. W. 와일드(1854~1900) 아일랜드 시인, 극작가

▶ 비열한 자들은 동정심이 없다. _S. 존슨(1709~1784) 영국 시인, 평론가

▶ 슬픔을 맛본 사람이 가장 깊이 동정할 수 있다.

_J. 게이(1685~1732) 영국 시인, 극작가

▶ 여자가 불행에 대해 남자보다 깊은 동정을 나타내는 것은 추리력이 약하기 때문이다. _A. 쇼펜하우어(1788~1860) 독일 철학자 《여성에 대하여》

▶ 우리의 동정은 멀리서 불행을 겪는 친척에게 미치지 않는다.

_E. 기번(1737~1794) 영국 역사가

▶ 이웃의 마음을 어루만지는 동정은 수도원 구석에 깃든 미덕보다도 높은 것이다. _K. 지브란(1883~1931) 미국 소설가, 화가, 시인

*도승지 | 조선 시대 벼슬 이름.

속담

▶ 거지가 *도승지를 불쌍타 한다. (자기가 불쌍한 처지에 있는데도 도리어 자기보다 나은 사람을 동정한다는 말) _한국

▶ 과부 사정은 과부가 안다. _한국

▶ 남을 딱하게 여기는 자는 자기를 생각하는 자다. _영국

▶ 동정보다는 시기를 받는 것이 낫다. _서양

▶ 동정심은 사랑과 비슷하다. _서양

▶ 동정심은 시기심을 고친다. _서양

▶ 동정은 도움이 못 된다. _서양

▶ 동정은 빚이다. (동정을 받으면 언젠가는 그 빚을 갚기 위해 노력한다는 말) _자이르

▶ 동정의 말로부터 때때로 사랑의 암탉이 깨어 나올 때가 많다.

_러시아

▶ 어리석은 동정심이 도시를 파멸시킨다. _영국

고사성어

▷ 동병상련(同病相憐)

같은 병을 앓는 사람들끼리 서로 불쌍히 여긴다는 뜻으로, 처지가 어려운 사람들이 서로 동정하고 돕는다는 말이다. 초나라의 오자서와 백비 두 사람은 아버지의 억울한 죽음에 대한 복수를 품은, 같은 처지에 놓인 사람들로서 서로 돌보아 주고 협력했다고 한 데서 유래한다. _《오월춘추》

인생

라이벌 rival

실력이 비슷한 상태에서 이기거나 앞서려고 서로 겨루는 상대.

명언 명문

*연적 | 연애의 경쟁자.
*중용 | 지나치거나 모자라지도 아니하고 한쪽으로 치우치지도 아니한, 떳떳하며 변함이 없는 상태나 정도.

▶ 경쟁 상대의 장점을 먼저 받아들이고 들어가면 최대의 이익을 얻을 수 있다. _J. W. 괴테(1749~1832) 독일 시인, 소설가, 극작가

▶ 경쟁자를 친구로 삼는 것은 통쾌한 일이다. _B. 그라시안이모랄레스(1601~1658) 에스파냐 작가

▶ 관리들은 부하를 늘리기를 원하면서도 라이벌은 원치 않는다. _C. N. 파킨슨(1909~1993) 영국 역사학자 《파킨슨의 법칙》

▶ 누군가를 사랑하는 사람이 져야 할 가장 무거운 짐은 *연적이다. _W. 월시(1663~1708) 영국 시인, 평론가 《노래》

▶ 라이벌의 희열을 결코 견딜 수 없다. _R. B. 셰리든(1751~1816) 영국 극작가, 정치가 《비평》

▶ 사랑의 경쟁자에 대해서는 *중용의 도를 지킬 수 없다. 될 수 있는 대로 모른 체하면서 그에게 농담을 건네든지, 그렇지 않으면 그의 마음에 공포심을 심어 주든지 둘 중의 하나뿐이다. _스탕달(1783~1842) 프랑스 소설가 《연애론》

▶ 자기 자신을 사랑하는 사람은 최소한 자신의 경쟁자가 별로 없다는 이점을 누린다. _G. C. 리히텐베르크(1742~1799) 독일 물리학자, 작가

B. 그라시안이모랄레스

속담

▶ 게임은 둘이서 하는 것이다. _영국

▶ 남자는 문지방을 넘으면 일곱 명의 적이 있다. (남자는 사회 활동 중에 많은 경쟁자나 적수를 만나게 된다는 말) _일본

▶ 도공은 도공을 시기하고, 대장장이는 대장장이를 시기한다. (전문

가끼리는 서로 라이벌 의식을 가지게 된다는 말) _크로아티아

- 오소리 감투가 둘이다. (어떤 일에 주관하는 자가 두 명이 있어 서로 다투는 것을 가리키는 말) _한국
- 한 닭장 속의 두 마리 닭은 잘 울지 않는다. (두 사람이 경쟁하여 결국 어느 쪽도 결정적인 승리를 얻을 수 없는 경우를 이르는 말) _니카라과

고사성어

▷ 국사무쌍(國士無雙)

나라에 둘도 없는 인재라는 말로, 나라 안에 경쟁 상대가 없을 정도로 가장 뛰어난 사람을 가리킨다. 한나라 초대 황제 유방에게 소하가 한신을 추천하면서, 천하를 얻을 생각이라면 나라에 둘도 없는 인재인 한신이 필요하다고 간청한 데서 유래한다. 《사기》 회음후열전

키워드 정보 BOX

라이벌 영웅들의 춘추 전국 시대

중국의 춘추 전국 시대는 기원전 770년에 주나라가 수도를 동쪽으로 옮긴 후부터 기원전 221년에 진나라가 중국을 통일할 때까지의 약 500년을 말한다. 이 당시에 여러 제후국들은 영토를 넓히기 위해 끊임없이 전쟁을 했다. 춘추 시대 초기에 170여 개였던 제후국은 춘추 시대 말기에는 10여 개로 정리되었고, 전국 시대에는 한, 위, 조, 연, 제, 초, 진 등의 7개 제후국을 중심으로 전쟁이 계속되었다.

춘추 전국 시대에는 손무, 손빈, 오자서, 범려, 문종 등의 전략가와 장군을 비롯하여 진실한 우정을 나눈 관중과 포숙, 상인 출신으로 진나라 재상이 된 여불위, 소 장사를 하다가 진나라의 침략군을 물리친 현고, 소를 기르다가 재상으로 발탁된 백리해 등 수많은 지략가와 영웅들이 경쟁하며 자기 나라를 위해 활약했다.

전국 시대의 7개 제후국을 '전국 칠웅'이라고 한다.

인생

만족 滿足

마음에 부족함이 없이 흐뭇함.

명언 명문

*경지 | 몸이나 마음이 어떤 단계에 도달해 있는 상태.

▶ 그대가 가는 길의 끝에 만족이 있다. 그러나 처음부터 만족한 사람은 앞으로 나아가지를 못한다.

_F. 뤼케르트(1788~1866) 독일 시인, 동양학자

▶ 눈앞에 닥치는 모든 일은 만족할 줄 아는 사람에게는 신선의 *경지지만 만족할 줄 모르는 사람에게는 평범한 경지다. _《채근담》

▶ 만족은 가난한 자를 풍부하게 하고 풍부한 자를 가난하게 한다.

_B. 프랭클린(1706~1790) 미국 정치가, 과학자 《가난한 리처드의 책력》

▶ 만족은 마음의 재산이고 그것을 얻는 사람은 행복하다.

_J. 드라이든(1631~1700) 영국 시인, 극작가

▶ 만족은 마음이 우리 주위 환경에 지배되지 않는 데서 생긴다.

_E. M. 헤밍웨이(1899~1961) 미국 소설가

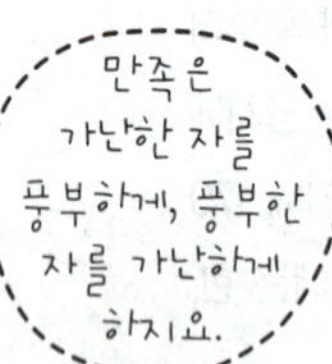

▶ 만족은 재산을 늘리는 데 있지 않고 욕망을 줄이는 데 있다.

_T. 풀러(1654~1734) 영국 의사, 작가

▶ 만족은 천연의 부다. _소크라테스(B.C. 469~B.C. 399) 그리스 철학자

▶ 만족하는 마음을 가질 수 없는 사람은 결코 만족한 생활을 할 수 없다. _묵자(B.C. 480~B.C. 390) 중국 춘추 전국 시대 노나라 사상가

▶ 만족하면 만족한 만큼 부족을 느낀다.

_F. W. 니체(1844~1900) 독일 철학자, 시인

B. 프랭클린

▶ 만족할 줄 알면 가난하고 비천해도 즐겁지만, 만족을 모르면 부유해도 근심이 가득하다. _《명심보감》

▶ 만족할 줄 알면 수치를 당하지 않고 멈출 줄 알면 위태롭지 않다.

_《노자도덕경》

▶ 사람들은 지나친 욕망으로 인해 늘 불만족스러워 한다.

_B. A. W. 러셀(1872~1970) 영국 철학자, 수학자

▶ 성공해서 만족하는 것이 아니다. 만족하고 있어서 성공한 것이다.

_알랭(1868~1951) 프랑스 철학자, 평론가 《행복어록》

▶ 세상에서 가장 위대한 것은 스스로 만족할 줄 아는 것이다.

_M. E. 몽테뉴(1533~1592) 프랑스 사상가

▶ 우리들의 영혼이 육체의 악에 물들어 있는 한 우리는 결코 만족할 수 없다. _플라톤(B.C. 428?~B.C. 347?) 그리스 철학자

▶ 자기 것으로 만족하지 않는 자는 바라던 것을 얻어도 역시 만족하지 않는다. _L. A. 포이어바흐(1804~1872) 독일 철학자

▶ 자유가 천 가지 매력을 지니고 있다 해도 자기 처지에 만족하는 노예는 그것을 알 수가 없다. _W. 쿠퍼(1731~1800) 영국 시인

▶ 작은 것에 만족하지 못하는 자는 어떤 것에도 만족할 줄 모른다.

_에피쿠로스(B.C. 341~B.C. 270) 그리스 철학자

▶ 참된 욕구 없이 참된 만족은 없다. _볼테르(1694~1778) 프랑스 사상가

▶ 충족되어야 할 게 있어야 나는 살아갈 이유가 있다. 만족이란 죽음이다. _G. B. 쇼(1856~1950) 아일랜드 극작가, 평론가

▶ 타인을 무시한 자기 만족은 자기 위안일 뿐이다.

_B. 그라시안이모랄레스(1601~1658) 에스파냐 작가

▶ 풍족한 사람이란 자기가 갖고 있는 것만으로도 만족할 수 있는 사람이다. _《탈무드》

속담

▶ 가려운 곳을 긁어 주듯. (남에게 꼭 필요한 것을 알아서 그 욕구를 시원스럽게 만족시켜 줌을 이르는 말) _한국

▶ 밥 아니 먹어도 배부르다. (기쁜 일이 생겨서 마음이 매우 흡족하다는 말) _한국

▶ 뻥내 맡은 누에 같다. (마음에 흡족하여 어쩔 줄 모른다는 말) _한국

▶ 작은 새는 작은 둥지에 만족한다. _서양

지식 쑥쑥

한자 숙어

누항자락(陋巷自樂) 더러운 곳에서 천하게 살면서도 스스로 만족하고 즐김.

여득천금(如得千金) 많은 금을 얻은 것과 같이 흡족하게 여김.

지족불욕(知足不辱) 분수를 지켜 만족할 줄 알면 욕되지 않음.

지족자부(知足者富) 만족할 줄 아는 사람은 넉넉함.

망각 忘却

어떤 사실을 잊어버림. 또는 기억에서 아주 사라진 상태.

명언 명문

▶ 때로는 아는 일도 잊어버리는 게 좋다.

_P. 시루스(B.C. 1세기경) 로마 시인 《격언집》

▶ 많은 망각 없이는 인생을 살아갈 수 없다.

_H. 발자크(1799~1850) 프랑스 소설가

▶ 망각 없이 행복은 있을 수 없다. _A. 모루아(1885~1967) 프랑스 소설가, 평론가

▶ 망각의 방법을 알고 있다면 차라리 행복하다 할 것이다.

_B. 그라시안이모랄레스(1601~1658) 에스파냐 작가

▶ 명성 뒤에는 망각이 있을 뿐이다.

_마르쿠스 아우렐리우스(121~180) 로마 황제 《명상록》

▶ 사람은 무엇이나 다 잊을 수 있으나 자기 자신, 자기 본질만은 결코 잊을 수가 없다. _A. 쇼펜하우어(1788~1860) 독일 철학자 《행복을 위한 금언》

▶ 시간은 위대한 의사다. _B. 디즈레일리(1804~1881) 영국 정치가, 소설가

▶ 아무것도 배우지 않은 사람에게는 잊어야 할 것이 아무것도 없다.

_A. G. 말로(1901~1976) 프랑스 소설가, 정치가 《알텐부르크의 호두나무》

▶ 우리들이 망각해 버린 것이야말로, 어떤 존재를 가장 올바르게 우리들에게 상기시키는 것이다.

_M. 프루스트(1871~1922) 프랑스 소설가 《잃어버린 시간을 찾아서》

▶ 인간은 망각의 동물이다. _F. W. 니체(1844~1900) 독일 철학자, 시인

▶ 인간은 20년이나 걸려 깨달은 것을 2년 동안에 잊어버릴 수 있다.

_《탈무드》

▶ 잊으려고 원하는 것만큼 기억에 강하게 남는 것은 없다.

_M. E. 몽테뉴(1533~1592) 프랑스 사상가 《수상록》

F. W. 니체

▶ 좋은 기억력은 놀랍지만, 망각하는 능력은 더 위대하다.

_E. G. 허버드(1856~1915) 미국 작가, 화가 《천과 하나의 격언》

▶ 지나간 기쁨은 지금의 *고뇌를 깊게 하고, 슬픔은 후회와 뒤엉킨다. 후회도 그리움도 보람 없다면 내가 바라는 것은 망각뿐.

_G. G. 바이런(1788~1824) 영국 시인

*고뇌 | 괴로워하고 번뇌함.
*구름장 | 넓게 퍼진 두꺼운 구름 덩이.

속담

▶ *구름장에 써 두었다. (곧 없어질 하늘의 구름에 적어 둔 것처럼 곧잘 잊어버린다는 말) _한국

▶ 까마귀 고기를 먹었나. _한국

▶ 까마귀 떡 감추듯. (까마귀가 먹을 것을 물어다 여기저기 감추어 두지만 나중에 잊어버리는 것처럼, 제가 둔 물건이 있는 곳을 잊어버린다는 뜻) _한국

▶ 반 잔 원수 없고 날 샌 은혜 없다. (은혜는 물론 원한도 다 때가 지나면 잊게 된다는 말) _한국

▶ 오랫동안 망각했던 일만큼 새로운 것은 없다. _독일

한자 숙어

치지망역(置之忘域) 잊어버리고 생각하지 아니함.

키워드 정보 BOX

망각의 강, 레테

그리스 신화에 나오는 사후 세계의 강으로, 죽은 사람의 혼이 그 물을 마시면 자기의 과거를 모두 잊어버린다고 한다. 잠의 신 히프노스가 사는 저승의 동굴을 지나면 망각의 레테 강이 흐르는데, 죽은 사람은 이 강물을 마시고 이승에서의 모든 기억을 잊어버리며, 영혼이 새로운 육체 속에 들어가 다시 태어날 때도 이 강물을 마시고 저승의 기억을 모두 잊는다고 한다. 한편, 보이오티아 지방의 트로포니오스 신전에는 기억의 샘물 므네모시네가 있는데, 신의 응답을 받은 사람은 망각의 샘물 레테와 함께 기억의 샘물을 마셨다고 한다.

맹세

盟誓
일정한 약속이나 목표를 꼭 실천하겠다고 다짐함.

명언 명문

*음모 | 나쁜 목적으로 몰래 흉악한 일을 꾸밈. 또는 그런 꾀.
*어룡 | 물고기와 용을 아울러 이르는 말. 또는 물속에 사는 동물을 통틀어 이르는 말.

▶ 거짓말쟁이는 덮어놓고 맹세한다.
_P. 코르네유(1606~1684) 프랑스 시인, 극작가 《거짓말쟁이》

▶ 나는 맹세를 실천하기 위해, 미국은 최선의 노력을 다할 것을 여러분에게 맹세합니다.
_J. F. 케네디(1917~1963) 미국 제35대 대통령

▶ 나는 여자의 맹세를 물 위에 적는다.
_소포클레스(B.C. 496~B.C. 406) 그리스 시인

▶ 나는 연인의 온갖 맹세를 파도로 생각한다. 보아야 알지 들어서는 모르는 법이다.
_소포클레스(B.C. 496~B.C. 406) 그리스 시인

▶ 맹세는 말에 불과하고 말은 단지 바람일 뿐이다.
_S. 버틀러(1612~1680) 영국 시인 《휴디브라스》

▶ 맹세는 수상한 자가 불의의 *음모를 할 때나 필요하다.
_W. 셰익스피어(1564~1616) 영국 극작가, 시인

▶ 맹세하지 않겠다고 나에게 맹세하라.
_J. 플레처(1579~1625) 영국 극작가

▶ 바다에 호국의 충성을 서약하니 *어룡조차 감동하여 꿈틀거리고 태산에 맹세하니 초목도 다 알아채더라.
_이순신(1545~1598) 조선 시대 무신

▶ 인간은 죽어서야 맹세하지 않는다.
_J. 보즈웰(1740~1795) 영국 작가 《존슨 박사의 생애》

한자 숙어

견여금석(堅如金石) 서로 맺은 언약이나 맹세가 금석과 같이 단단함을 이르는 말.
맹산서해(盟山誓海) 영구히 존재하는 산과 바다에 맹세한다는 뜻으로, 매우 굳게 맹세함을 이르는 말.
지천위서(指天爲誓) 하늘을 향해 맹세함.

관용어

맹세(를) 치다 _ 맹세함을 강조하여 이르는 말.

▶ 절대적으로 필요한 때를 빼면 맹세는 정상적인 사람에게 어울리지 않는다. _M. F. 퀸틸리아누스(35?~95?) 로마 웅변가, 수사학자

▶ 정열이 끓어오르면 사람은 정신을 못 차리고 함부로 맹세를 하는 법이다. _W. 셰익스피어(1564~1616) 영국 극작가, 시인

▶ 지켜야 한다는 것을 분명히 알고 한 맹세는 반드시 지켜야 한다. _M. T. 키케로(B.C. 106~B.C. 43) 로마 정치가, 학자

▶ 평생을 건 맹세는 자신을 노예로 만든다. _볼테르(1694~1778) 프랑스 사상가

▶ 혀는 맹세하지만, 마음은 쉽게 맹세하지 않는다. _에우리피데스(B.C. 484?~B.C. 406?) 그리스 시인

속담

▶ 달걀과 맹세는 쉽게 깨진다. _덴마크

▶ 불법적인 맹세는 지키는 것보다 안 지키는 것이 낫다. _영국

▶ 위험이 지나가면 맹세도 잊는다. _에스파냐

▶ 폭풍우 때 한 맹세는 잔잔해지면 잊어버린다. _서양

▶ 해서는 안 되는 맹세는 지켜서도 안 된다. _서양

고사성어

▷ 성하지맹(城下之盟)

성 아래에서 하는 맹세라는 뜻으로, 핍박에 못 이겨 굴욕적으로 맺은 조약을 일컫는 말이다. 춘추 시대 강대한 초나라의 이웃에 교나라라는 작은 나라가 있었다. 초나라가 교나라를 공격할 때 초나라의 굴하라는 사람이 계책을 내놓았다. 땔나무를 하는 인부에게 호위병을 붙여 내보내서 유인하자는 것이었다. 그의 계책대로 교나라 사람들은 성 밖으로 나와 산에서 나무를 하던 초나라 사람들을 붙잡아 갔다. 눈치를 전혀 못 챈 교나라 사람들은 다음날에도 산에서 나무를 하던 초나라 사람들을 붙잡아 가려고 했다. 그때 숨어 있던 초나라 군사들이 갑자기 뛰어나와 교나라를 공격하여 굴복시켰다. 거세게 공격해 오는 초나라에게 교나라는 반격은 커녕 성 아래에서 치욕적인 맹세를 하고 돌아간 데서 유래한다. _《춘추좌씨전》

명예 名譽

세상에서 훌륭하다고 인정되는 이름이나 자랑. 또는 그런 존엄이나 품위.

명언 명문

*군더더기 | 쓸데없이 덧붙은 것.

- 가장 명예로운 것은 가장 안전한 것이기도 하다.

  _T. 리비우스(B.C. 59?~A.D. 17) 로마 역사가

- 국가의 명예는 가장 숭고한 가치가 있는 국가의 재산이다.

  _J. 먼로(1758~1831) 미국 제5대 대통령

- 나는 평화를 가져왔는데 그 평화가 명예로운 것이기를 바란다.

  _B. 디즈레일리(1804~1881) 영국 정치가, 소설가

- 다른 사람들의 의견이 아니라 우리 자신의 마음이 우리의 진정한 명예를 형성한다. _S. T. 콜리지(1772~1834) 영국 시인, 평론가

- 명예가 덕을 따름은 마치 그림자가 물체를 따름과 같다.

  _M. T. 키케로(B.C. 106~B.C. 43) 로마 정치가, 학자

- 명예는 강과 같아서 가볍고 속이 빈 것은 받들어 띄우지만, 무겁고 충실한 것은 밑으로 가라앉힌다.

  _F. 베이컨(1561~1626) 영국 정치가, 철학자 《수필집》

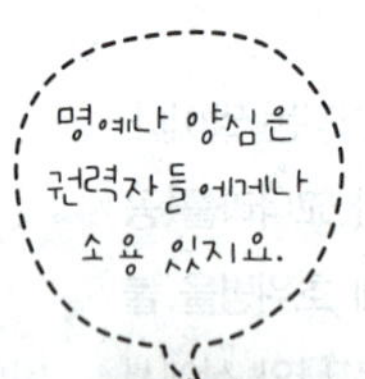

- 명예는 그림자라서 그것을 추구하는 자를 피하고 거절하는 자를 따라간다. _R. 백스터(1615~1691) 영국 신학자

- 명예는 위대한 인물의 목적이 아니라 행동의 결과다.

  _W. 올스턴(1779~1843) 미국 화가, 시인

- 명예라는 말은 의무를 뜻하는 것입니다. 최고 계층은 항상 자신의 명예와, 명예에 대한 신앙을 가지고 있습니다.

  _F. M. 도스토옙스키(1821~1881) 러시아 소설가 《가난한 사람들》

M. 고리키

- 명예란 허무한 *군더더기예요. 때로는 공로가 없어도 얻을 수 있고, 죄를 짓지 않더라도 없어질 때가 있거든요. 명예란 생각하기

나름이어서 송두리째 없어지는 법은 없습니다.

_W. 셰익스피어(1564~1616) 영국 극작가, 시인 《오셀로》

▶ 명예나 양심 따위는 권력이나 세력을 갖고 있는 사람들에게만 소용 있는 것이다. _M. 고리키(1868~1936) 러시아 작가 《밤 주막》

▶ 순수한 명예는 작은 흠도 상처처럼 느낀다.

_ E. 버크(1729~1797) 영국 정치가, 사상가

▶ 옷은 새것일 때부터, 명예는 젊을 때부터 소중히 하라.

_A. S. 푸시킨(1799~1837) 러시아 시인, 소설가

▶ 우리들이 명예를 사랑하는 것은 명예 그 자체 때문이 아니고 그것이 가져다주는 이익 때문이다.

_C. A. 엘베시우스(1715~1771) 프랑스 철학자 《정신론》

속담

▶ 대가가 비쌀수록 명예는 더욱 크다. _스코틀랜드

▶ 명예는 무덤 위에서 꽃 핀다. (명예는 죽은 다음에 계속 남아 빛난다는 뜻) _프랑스

▶ 명예는 잃은 다음에는 회복하기가 어렵다. _영국

▶ 명예라는 보물은 황금을 능가한다. _프랑스

▶ 명예심에 마음이 들뜬 사람은 평화로움에 대해서는 마음의 문을 닫는다. _중국

▶ 명예욕과 금욕은 모든 악의 원천이다. _독일

▶ 큰 명예는 큰 짐이다. (명예를 얻으면 그것을 지키기에 힘이 많이 든다는 말) _미국, 영국

고사성어

▷ 표사유피 인사유명(豹死留皮人死留名)

표범은 죽어서 가죽을 남기고, 사람은 죽어서 이름을 남긴다는 뜻이다. 양나라를 세운 주전충 밑에는 왕언장이라는 용맹스러운 장수가 있었다. 천성적으로 무인인 그가 평소에 입버릇처럼 "표범은 죽어서 가죽을 남기고, 사람은 죽어서 이름을 남긴다."고 말한 데서 유래한다. _《신오대사》 사절전

모범 模範

본받아 배울 만한 본보기.

명언 명문

*호령 | 부하나 동물 따위를 지휘하여 명령함. 또는 그 명령.

▶ 교훈의 길은 길지만 모범의 길은 짧고 효과적이다.

_L. A. 세네카(B.C. 4?~A.D. 65) 로마 철학자, 극작가

▶ 모범은 다른 사람들에게 영향을 미치는 유일한 수단이다.

_A. 슈바이처(1875~1965) 독일 신학자, 철학자, 의사

▶ 모범은 마음속에서 교훈보다 더 강력하게 작용한다.

_H. 필딩(1707~1754) 영국 소설가

▶ 모범은 모든 사람이 읽는 교과서다. _G. 웨스트(1703~1756) 영국 작가

▶ 모범은 언제나 교훈보다 더 효과적이다.

_S. 존슨(1709~1784) 영국 시인, 평론가

▶ 모범은 인류의 학교다. 인류는 오로지 그곳에서 배울 것이다.

_E. 버크(1729~1797) 영국 정치가, 사상가

▶ 모범이 될 만한 우리의 생활은 다른 이가 존경하게 할 뿐 아니라, 남에게도 덕행을 실천할 수 있는 재료를 준다.

_G. 채프먼(1559?~1634) 영국 시인, 극작가 《비시 댐보이스》

▶ 백성을 이끄는 방법은 윗사람이 먼저 앞장서는 것이다. _《관자》

▶ 악을 행하는 자는 항상 그 기준을 넘어서고, 선을 행하는 자는 모범에 미치지 못하는 경우가 많다.

_F. 귀치아르디니(1483~1540) 이탈리아 역사가, 정치가 《이탈리아사》

▶ 윗사람의 몸가짐이 바르면 명령하지 않아도 백성은 행하고, 그 몸가짐이 바르지 않으면 *호령해도 백성은 따르지 않는다. _《논어》

▶ 임금은 신하의, 아버지는 자식의, 남편은 아내의 모범이 되어야 한다. _《명심보감》

▶ 자녀들에게 객관적 교훈을 주어야 한다면 너 자신이 경고가 아닌 모범이 되라. _G. B. 쇼(1856~1950) 아일랜드 극작가, 평론가

▶ 좋은 모범을 세우는 것이 나쁜 전례를 따르는 것보다 더 명예롭고 더 유익하다고 나는 항상 생각해 왔다. _T. 제퍼슨(1743~1826) 미국 제3대 대통령

▶ 좋은 모범이 가장 좋은 설교다. _T. 풀러(1654~1734) 영국 의사, 작가

▶ 훌륭한 모범처럼 우리를 괴롭히고 감당하기 어렵게 만드는 것은 그리 많지 않다. _M. 트웨인(1835~1910) 미국 소설가 《얼간이 윌슨의 캘린더》

속담

▶ 교훈은 시작하고 모범은 완성시킨다. _프랑스

▶ 모범은 교훈보다 효과적이다. _영국

▶ 본보기가 명령보다 더 낫다. _서양

▶ 살아갈 때 우리는 논리보다 모범을 더 많이 따라간다. _로마

▶ 왕이 왕다우면 백성도 백성답나. _영국

▶ 윗물이 맑아야 아랫물이 맑다. _한국

▶ 이마에 부은 물이 발뒤꿈치로 흐른다. (윗사람이 한 행동은 아랫사람이 닮는다는 뜻) _서양

▶ 조상들의 모범을 따른다. _로마

▶ 주인이 주인이면 종도 종이다. _영국

지식 쑥쑥

한자 숙어

이인위경(以人爲鏡) 사람으로써 거울을 삼는다는 말로, 훌륭한 품행을 지닌 사람을 본받는다는 뜻.

고사성어

▷ 타산지석(他山之石)

남의 산에 있는 돌이라는 뜻이다. 쓸모가 없어 보이는 것도 경우에 따라서는 유용하게 쓰일 수 있으며, 자신보다 못한 다른 사람의 하찮은 말이나 행동도 자신의 인격을 수양하고 지식을 쌓는 데 도움이 될 수 있음을 이르는 말이다. 《시경》 소아 편에 나온 '다른 산에서 나온 못생긴 돌은 쓸모가 없어 보이지만, 옥을 가는 데는 필요하다.'라는 말에서 유래한다.

_《시경》 소아 편

모욕 侮辱

깔보고 욕되게 함.

명언 명문

▶ 고상한 정신의 인물은 모욕을 상관하지 않는다.

_P. 시루스(B.C. 1세기경) 로마 시인

▶ 공손한 사람은 남을 모욕하지 않고 검소한 사람은 남의 것을 빼앗지 않는다. _《맹자》

▶ 깊은 강물은 돌을 집어 던져도 흐려지지 않는다. 모욕을 받고 이내 발칵 화를 내는 인간은 조그만 웅덩이에 불과하다.

_L. N. 톨스토이(1828~1910) 러시아 소설가, 사상가

▶ 늙었다는 말은 여자들에게 참을 수 없는 모욕이다.

_M. 세르반테스(1547~1616) 에스파냐 소설가

▶ 등에 맞은 몽둥이는 신체적 타격이지만 이마에 맞은 몽둥이는 정신적 모욕이 된다. _M. 세르반테스(1547~1616) 에스파냐 소설가 《돈키호테》

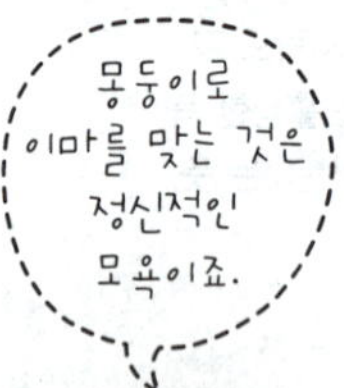

▶ 명예를 존중하는 사람에게만 모욕이 통한다.

_W. 쿠퍼(1731~1800) 영국 시인

▶ 모욕보다 상처가 더 빨리 잊혀진다.

_P. D. S. 체스터필드(1694~1773) 영국 정치가, 작가

▶ 모욕은 모욕을 당했다고 여기는 생각 자체가 문제다.

_에픽테토스(55?~135?) 로마 철학자 《제요》

▶ 모욕을 주는 사람이 친한 사람일수록 더 창피하다.

_P. 코르네유(1606~1684) 프랑스 시인, 극작가 《르 시드》

▶ 모욕을 참는 것보다 모욕에 대해 복수하는 것이 더 큰 희생을 가져온다. _T. W. 윌슨(1856~1924) 미국 제28대 대통령 《잠언집》

M. 세르반테스

▶ 비밀을 지키는 것, 남는 시간을 바르게 쓰는 것, 그리고 모욕을 참

는 것은 어려운 일이다. _킬론(B.C. 6세기경) 그리스 철학자

- 사람은 앞에서 직접 모욕을 당하는 것보다 남을 통해서 듣는 쪽이 참기 쉽다. _P. 시루스(B.C. 1세기경) 로마 시인
- 설령 복수를 하였다고 해도 모욕 당한 사실은 지워지지 않는다. _P. 칼데론 데라바르카(1600~1681) 에스파냐 극작가
- 스스로 모욕을 받도록 허용하는 자는 모욕 받아 마땅하다. _P. 코르네유(1606~1684) 프랑스 시인, 극작가
- 시기심을 드러내는 것은 자기 자신에 대한 모욕이다. _E. A. 예프투셴코(1933~) 러시아 시인
- 어떠한 신성한 규정이라도 모욕을 참으라고 명령하지는 않는다. _J. W. 괴테(1749~1832) 독일 시인, 소설가, 극작가 《타소》
- 원한을 품지 않은 채 모욕을 참을 수 있는 것이 가장 위대하다. _E. G. 허버드(1856~1915) 미국 작가, 화가
- 자신의 덕을 계속 지켜 나가지 않으면 모욕을 당하는 수가 있다. _《논어》
- 정직한 사람은 상대에게 모욕을 주더라도 진실을 말하지만, 잘난 체하는 사람은 모욕을 주기 위해 진실을 말한다. _W. 해즐릿(1778~1830) 영국 평론가, 수필가

속담

- 고인을 위해 지나치게 우는 것은 살아 있는 사람들에 대한 모욕이다. _서양
- 내 얼굴에 침 뱉기. (자기가 한 짓이 자신을 모욕하는 결과가 된다는 뜻) _한국
- *망건편자를 줍는다. (까닭 없이 당한 모욕이라도 호소할 데가 없음을 이르는 말) _한국
- 얻어맞은 아픔은 언젠가는 사라지지만 모욕 받은 말은 영원히 남는다. _이스라엘
- 피해를 준 데다 모욕도 준다. _서양
- 하찮은 모욕을 가지고 보복을 하는 사람은 큰 모욕을 불러들인다. _중국

*망건편자 | 망건을 졸라매기 위하여 아래 흰 부분 가장자리에 붙여 말총으로 좁고 두껍게 짠 띠.

지식 쑥쑥

한자 숙어

도외시(度外視) 상관하지 아니하거나 무시함.

타면(唾面) 사람의 얼굴에 침을 뱉어 욕을 보임.

목적 目的

실현하려고 하는 일이나 나아가는 방향.

명언 명문

- 교육의 목적은 지식의 발전과 진리의 전파다.
  _J. F. 케네디(1917~1963) 미국 제35대 대통령
- 모든 사람의 삶의 참된 목표는 놀이다. 지상은 일터고 천국은 놀이터다. _G. K. 체스터턴(1874~1936) 영국 소설가, 평론가
- 목적 없는 생활은 맛이 없고, 목적 있는 생활은 번거롭다.
  _H. 헤세(1877~1962) 독일 소설가, 시인
- 목적 없이 산다는 것은 위험한 일이다.
  _J. 워너메이커(1838~1922) 미국 실업가
- 목적 없이 행동하지 마라. _마르쿠스 아우렐리우스(121~180) 로마 황제 《명상록》
- 목적은 달성되든 안 되든 인생을 위대하게 만든다.
  _R. 브라우닝(1812~1889) 영국 시인
- 목적은 반드시 달성하기 위해서 세워지는 것이 아니고 표준점의 구실을 하기 위해서 세워지는 것이다.
  _J. 주베르(1754~1824) 프랑스 작가, 평론가 《팡세》
- 목적은 삶에 의미를 부여한다. _H. 파크허스트(1887~1973) 미국 교육가
- 목적은 수단을 정당화해야만 한다.
  _M. 프라이어(1664~1721) 영국 시인, 외교관
- 목적을 이루기 위해 오래 인내하는 것보다 눈부신 노력을 하는 편이 쉽다. _J. 라브뤼예르(1645~1696) 프랑스 작가 《사람은 가지가지》
- 목적이 멀면 멀수록 더욱더 앞으로 나아감이 필요하다. 성급히 굴지 마라. 그러나 쉬지 마라. _G. 마치니(1805~1872) 이탈리아 혁명가
- 목적이 없는 사람은 곧 보잘것없어진다. 목적이 전혀 없는 것보다

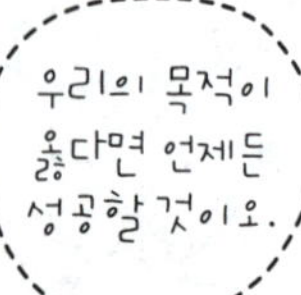

안창호

사악한 목적이라도 있는 편이 낫다.

_T. 칼라일(1795~1881) 영국 사상가, 역사가 《콜린스에의 소견》

▶ 사람은 어떤 목적을 가짐으로써 스스로 성장하게 된다.

_J. C. F. 실러(1759~1805) 독일 시인, 극작가 《바렌슈타인의 진영》

▶ 사람의 목적은 사상이 아니라 행동이다. 사상은 아무리 고상한 것이라 해도 사람의 목적이 아니다. _T. 칼라일(1795~1881) 영국 사상가, 역사가

▶ 생활의 목적은 자기완성에 있고, 죽지 않는 영혼의 완성은 인생의 유일한 목적이다.

_L. N. 톨스토이(1828~1910) 러시아 소설가, 사상가 《우리는 무엇을 해야 하는가》

▶ 연극의 목적은 자연을 거울에 비추어 선과 악, 그리고 시대를 있는 그대로 드러내는 것이다. _W. 셰익스피어(1564~1616) 영국 극작가, 시인

▶ 우리가 세운 목적이 잘못된 것이면 언제든지 실패할 것이요, 우리가 세운 목적이 옳은 것이면 언제든지 성공할 것입니다.

_안창호(1878~1938) 독립운동가, 교육자 《동포에게 고하는 글》

▶ 우리들은 목적 이상의 것을 노린다.

_R. W. 에머슨(1803~1882) 미국 사상가, 시인 《수필집》

▶ 항상 바람직한 목적을 잃지 않고 노력한다면 결국에는 반드시 얻는다. _J. W. 괴테(1749~1832) 독일 시인, 소설가, 극작가 《파우스트》

▶ 희망도 없이 하는 일은 헛수고며 목적 없는 희망은 유지될 수 없다.

_S. T. 콜리지(1772~1834) 영국 시인, 평론가

속담

▶ 꿩 잡는 것이 매다. (방법이 어떻든 간에 목적을 이루는 것이 가장 중요함을 이르는 말) _한국

▶ 모로 가도 서울만 가면 된다. _한국

▶ 목적은 수단을 정당화한다. _영국

▶ 산기슭으로 가나 골짜기로 가나 마찬가지다. (방법은 달라도 목적은 같다는 말) _일본

지식 쑥쑥

한자 숙어

배회고면(徘徊顧眄) 아무 목적도 없이 거닐면서 여기저기 돌아봄.

어망홍리(魚網鴻離) 물고기를 잡으려고 쳐 놓은 그물에 새가 걸린다는 뜻으로, 구하는 것이 아닌 다른 것을 얻음을 이르는 말.

취적비취어(取適非取魚) 낚시질을 하는 참뜻이 고기 잡는 데에 있지 않고 세상 생각을 잊고자 하는 데에 있다는 뜻으로, 어떤 행동의 목적이 거기에 있지 않고 다른 데에 있음을 이르는 말.

인생

무식

無識

배우지 않은 데다 보고 듣지 못하여 아는 것이 없음. 또는 격식을 모르거나 우악스러움.

명언 명문

- 과거와 현재의 일에 관하여 널리 알지 못하는 자는 옷을 입은 가축과 같다. _한유(768~824) 중국 당나라 문인, 정치가
- 그는 아무것도 모른다. 그러나 모든 것을 안다고 생각한다. 그래서 정치가의 길에 들어서는 것이다. _G. B. 쇼(1856~1950) 아일랜드 극작가, 평론가
- 다른 사람의 무식은 누군가에게 큰 기쁨이다. _J. 밴스(1916~) 미국 작가
- 무식은 모든 재난의 어머니다. _F. 라블레(1483?~1553) 프랑스 극작가 《팡타그뤼엘》
- 무식은 신의 저주며 지식은 하늘에 이르는 날개다. _W. 셰익스피어(1564~1616) 영국 극작가, 시인 《헨리 6세》
- 무식이 오류보다 차라리 더 낫다. _T. 제퍼슨(1743~1826) 미국 제3대 대통령
- 무식이 지혜가 없음을 의미하지도 않으며 지혜가 천재를 증명하지도 않는다. _L. C. 보브나르그(1715~1747) 프랑스 도덕주의자, 수필가 《성찰과 잠언》
- 무식하면 기막힌 일도 눈에 띄지 않는다. _메난드로스(B.C. 342?~B.C. 292?) 그리스 극작가 《단편》
- 무식하지 않은 사람이 없다. 단 사람마다 내용이 다를 뿐이다. _W. 로저스(1879~1935) 미국 배우, 유머 작가
- 무식한 사람과 어울리는 것은 화장실에 앉아 있는 것과 같아서 옷이 더러워지지는 않아도 악취가 밴다. _공자(B.C. 551~B.C. 479) 중국 춘추 시대 노나라 사상가
- 무식한 사람들도 명언집을 읽으면 도움이 된다. _W. L. S. 처칠(1874~1965) 영국 정치가

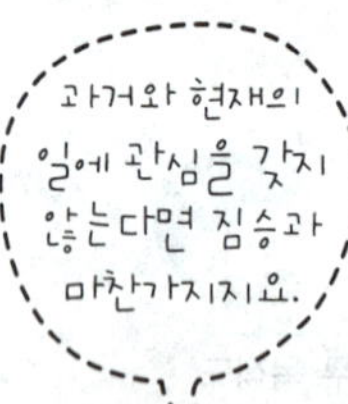

한유

- 무식한 사람들은 학문과 법의 가장 큰 적이다.

_R. 그린(1558?~1592) 영국 극작가

- 무식한 사람은 황소처럼 늙어간다. 몸집이 커지고 살이 찌지만 지혜는 없다. _《법구경》
- 무식한 자들은 독수리 날개와 올빼미 눈을 가지고 있다.

_G. 허버트(1593~1633) 영국 시인

- 무식한 친구보다 더 위험한 것은 없으므로 차라리 영리한 적을 두는 것이 더 낫다. _J. 라퐁텐(1621~1695) 프랑스 시인, 우화 작가
- 아는 것이 적은 사람은 아는 것이 많은 사람을 미워한다.

_유자(B.C. 6세기경) 중국 노나라 유학자

- 아는 체하는 것보다는 무식한 편이 낫다.

_N. 부알로(1636~1711) 프랑스 시인, 평론가 《서간시》

- 아무것도 모른다고 생각하는 자는 자기가 아무것도 모른다고 주장하는 것을 알 수 있는지도 모른다.

_T. 루크레티우스(B.C. 94?~B.C. 55?) 로마 시인, 철학자

- 열매 없는 이삭은 고개를 높이 치켜든다.

_G. C. 리히텐베르크(1742~1799) 독일 물리학자, 작가 《잠언》

- 오로지 무식한 자들만이 교육을 무시한다. _P. 시루스(B.C. 1세기경) 로마 시인
- 완고한 사람들은 편견을 가진 사람, 무식한 사람, 천박한 사람으로 분류될 수 있다. _아리스토텔레스(B.C. 384~B.C. 322) 그리스 철학자
- 틀리게 알고 있는 것보다는 모르고 있는 것이 낫다고 생각한다.

_J. 빌링스(1818~1885) 미국 작가 《속담적 철학의 백과사전》

속담

- 깜깜 밤중이다. (까맣게 모른다는 뜻) _한국
- 낫 놓고 기역 자도 모른다. _한국
- 모르면 약이요 아는 게 병이다. _한국
- 무식은 큰 짐이다. _아일랜드
- 잠자코 있는 것이 무식을 면한다. (잘 알지 못하거든 잠자코 있으면 무식이 드러나지 않는다는 뜻) _한국

지식 쑥쑥

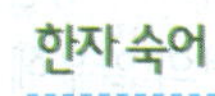

한자 숙어

불식일정자(不識一丁字) 글자 한 자도 모르는 무식한 사람.

미덕 美德

아름다운 덕성이나 도덕적인 훌륭한 행동.

명언 명문

*겸양 | 겸손한 태도로 남에게 양보하거나 사양함.

- 공자는 온화, 선량, 공경, 검소, *겸양의 다섯 가지 미덕을 갖추고 있다. _자공(B.C. 520?~B.C. 456?) 중국 춘추 시대 위나라 유학자
- 군주가 미덕을 갖추지 않고 올바른 정치를 바라는 것은 배도 없이 바다를 건너가려는 것과 같다. _조식(1501~1572) 조선 시대 학자
- 군주가 미덕을 잃으면 친척들마저도 등을 돌린다. _정인지(1396~1478) 조선 시대 문신, 학자
- 금화나 은화와 마찬가지로 미덕도 세상 어디서나 통하는 화폐다. _에우리피데스(B.C. 484?~B.C. 406?) 그리스 시인
- 꽃의 향기는 바람을 거슬러 퍼지지 못하지만 미덕의 향기는 바람을 거슬러서 퍼진다. _《법구경》
- 대부분의 경우 우리의 미덕은 위장된 악덕이다. _F. 라로슈푸코(1613~1680) 프랑스 작가
- 대부분의 사람들은 미덕의 교훈을 따르지도 않으면서 미덕을 숭배한다. _J. 밀턴(1608~1674) 영국 시인
- 모든 미덕은 자기를 버리는 데서 완성된다. _A. P. G. 지드(1869~1951) 프랑스 소설가, 평론가 《지상의 양식》
- 물질은 어느 때고 미덕에 대한 우리의 사랑을 파괴할 수 있다. _B. A. W. 러셀(1872~1970) 영국 철학자, 수학자 《사랑이 있는 기나긴 대화》
- 미덕과 우정만큼 칭찬할 만한 것은 없으며, 실로 우정 그 자체는 미덕의 일부에 지나지 않는다. _A. 포프(1688~1744) 영국 시인
- 미덕에 대한 최대의 모욕은 비난이다. _W. 해즐릿(1778~1830) 영국 평론가, 수필가

▶ 미덕에 의지하면 번성하고 무력에 의지하면 망한다. _《사기》

▶ 미덕은 결코 공포의 대상이 되지 않는 대담함과 강함이다.

_W. 셰익스피어(1564~1616) 영국 극작가, 시인

▶ 미덕은 마치 기술처럼 지니고 있는 것만으로는 부족하고 반드시 실천되어야 한다. _M. T. 키케로(B.C. 106~B.C. 43) 로마 정치가, 학자

▶ 미덕은 장애물이 없으면 시들고 만다.

_L. A. 세네카(B.C. 4?~A.D. 65) 로마 철학자, 극작가

▶ 미덕을 갖추면 사람들이 따르게 마련이다. 따라서 사람들이 따르지 않는 것보다 미덕을 갖추지 못한 것을 더 걱정해야 마땅하다.

_박지원(1737~1805) 조선 시대 실학자, 소설가

▶ 미덕의 유일한 보상은 미덕이다. _R. W. 에머슨(1803~1882) 미국 사상가, 시인

▶ 미덕은 영광으로 가는 지름길이다.

_헤라클레이토스(B.C. 540?~B.C. 480?) 그리스 철학자

▶ 미덕이 없으면 가문이고 싱씨고 간에 값어치가 없다.

_몰리에르(1622~1673) 프랑스 극작가, 배우 《돈 후안》

▶ 미덕이란 두 개의 악덕 사이에 있는 중용을 말한다.

_아리스토텔레스(B.C. 384~B.C. 322) 그리스 철학자 《니코마코스 윤리학》

▶ 미덕이란 악덕을 삼가는 것이 아니고, 악덕을 바라지 않는 데서 이루어진다. _G. B. 쇼(1856~1950) 아일랜드 극작가, 평론가 《혁명주의자를 위한 격언》

▶ 악습을 피하는 것이 미덕의 시작이다.

_Q. 호라티우스(B.C. 65~B.C. 8) 로마 시인

▶ 인간의 최대 미덕은 수완 있게 돈을 벌어 모으는 것이다. 즉 어떤 일이 있더라도 남에게 폐를 끼쳐서는 안 된다는 말이다.

_F. M. 도스토옙스키(1821~1881) 러시아 소설가 《가난한 사람들》

▶ 지혜와 인자함과 용기는 천하의 미덕이다. _《예기》

▶ 한 사람의 미덕이 대중의 *관행을 만든다.

_플루타르코스(46?~120?) 그리스 철학자, 작가 《플루타르크 영웅전》

*관행 | 오래전부터 해 오는 대로 함. 또는 관례에 따라서 함.

속담

▶ 미덕은 명성을 가져오고 명성은 허영을 가져온다. _서양

▶ 아름다움은 미덕의 꽃이다. _서양

인생

바보

지능이 부족하여 정상적으로 판단하지 못하는 사람.

명언 명문

▶ 남이 생각하는 것을 생각하지 않는 자는 바보다.

_G. 허버트(1593~1633) 영국 시인

▶ 똑똑하지만 어리석은 자가 되는 것보다 영리한 바보가 되어라.

_W. 셰익스피어(1564~1616) 영국 극작가, 시인 《십이야》

▶ 모자라는 사람의 특성은 자신이 남보다 월등하다고 생각하는 점이다.

_F. 라로슈푸코(1613~1680) 프랑스 작가 《두드빌 회상록》

▶ 바보는 귀찮을 뿐이지만 아는 척하는 자는 참아 줄 수 없다.

_나폴레옹 1세(1769~1821) 프랑스 황제

▶ 바보는 말하지 않는 어리석은 사람이지만 말하는 어리석은 사람보다는 낫다.

_F. 라로슈푸코(1613~1680) 프랑스 작가

▶ 바보는 언제나 자기 자랑을 서슴지 않는다.

_S. 보부아르(1908~1986) 프랑스 소설가, 평론가 《시법》

▶ 바보는 자기의 혀를 억제할 수 없다.

_G. 초서(1342?~1400) 영국 시인

▶ 바보이기 때문에 미치지 않을 수 있었다는 경우가 적지 않다.

_O. W. 홈스(1809~1894) 미국 소설가, 의학자

▶ 바보일수록 자기가 재주 있는 사람을 속이는 데 적합하다고 생각한다.

_L. C. 보브나르그(1715~1747) 프랑스 도덕주의자, 수필가

▶ 바보임을 알고 있는 바보는 이미 바보가 아니다.

_F. M. 도스토옙스키(1821~1881) 러시아 소설가 《학대받은 사람들》

▶ 바보처럼 보이는 것이 때로는 지혜다.

_T. 풀러(1654~1734) 영국 의사, 작가

▶ 박식한 바보는 배우지 못한 바보보다 더 바보다.

_몰리에르(1622~1673) 프랑스 극작가, 배우 《여학자》

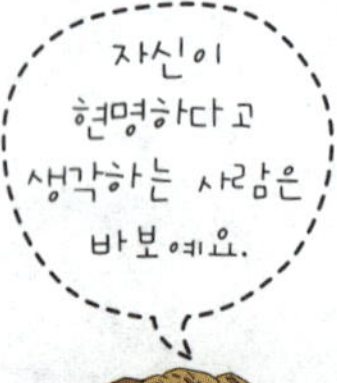

볼테르

▶ 어리석다고 자처하는 바보는 그만큼의 지혜가 있지만 현명하다고 자처하는 바보는 가장 어리석다. _《사기》

▶ 자신이 현명하다고 생각하는 인간은 정녕 구제할 수 없는 바보다.

_볼테르(1694~1778) 프랑스 사상가

▶ 항상 바보인 사람은 없고 누구나 때때로 바보가 된다.

_G. 허버트(1593~1633) 영국 시인

속담

▶ 바보는 바보짓을 하게 마련. _서양

▶ 바보는 심을 필요도 일굴 필요도 없다. (바보는 세상에 얼마든지 있다는 말) _핀란드

▶ 바보를 상대할 때만큼 머리를 쓰는 일은 없다. _중국

▶ 바보에게는 듣는 약이 없다. _일본

▶ 바보의 지혜는 뒤늦게 나온다. (바보는 당장에는 모르다가 일이 다 끝나 버린 다음에야 뒤늦게 깨닫는다는 말) _일본

▶ 손가락으로 목표를 가리켜도 바보는 그 손가락을 쳐다볼 뿐이다. _중국

지식 쑥쑥

한자 숙어

수주대토(守株待兎) 한 가지 일에만 얽매여 발전을 모르는 어리석은 사람을 이르는 말.

숙맥불변(菽麥不辨) 콩인지 보리인지를 구별하지 못한다는 뜻으로, 사리 분별을 못하고 세상 물정에 어두움을 이르는 말.

우자일득(愚者一得) 어리석은 사람이라도 잘하는 것이 있음.

팔불출(八不出) 몹시 어리석은 사람을 이르는 말.

고사성어

▷ 각주구검(刻舟求劍)

배에 새겨 놓았다가 칼을 찾는다는 뜻으로, 시대가 변천하는 것을 모르고 융통성 없이 현실에 맞지 않는 낡은 생각을 고집하는 어리석은 사람이나 행동을 가리키는 말이다. 전국 시대 초나라 사람이 배를 타고 강을 건너고 있었다. 그런데 도중에 그가 실수로 칼을 강물에 빠뜨렸다. 그는 서둘러 뱃전으로 가서 "여기가 내 칼이 떨어진 곳이다."라고 말하며 표시를 해 놓았다. 배가 나루터에 닿자 그는 배가 움직인 것은 생각하지 않고 자신의 칼을 찾기 위해 뱃전에 새겨 놓은 곳의 강물 속으로 뛰어들었다. _《여씨춘추》

반성 反省

자신의 언행에 대하여 잘못이나 부족함이 없는지 돌이켜 봄.

명언 명문

▶ 각 개인은 타인 속에 자기를 비추는 거울을 갖고 있다.

_A. 쇼펜하우어(1788~1860) 독일 철학자 《행복을 위한 금언》

▶ 남을 돕는 데 정성을 다하였는지, 친구에게 신의를 저버리지는 않았는지, 배운 것을 제대로 몸에 익혔는지, 나는 이 세 가지를 매일 반성한다.

_《증자》

▶ 남을 비난하기 전에 자기 자신을 오랫동안 반성해야 한다.

_몰리에르(1622~1673) 프랑스 극작가, 배우

▶ 남의 잘못을 찾아내려고 애쓰지 말고 자기 자신을 항상 반성하여 잘못을 알아내라.

_《법구경》

▶ 당신이 만약 불행하거나 불행의 의식이 있다면 조용히 가슴에 손을 얹고 당신의 세계관이나 인생관을 반성해 볼 필요가 있다.

_B. A. W. 러셀(1872~1970) 영국 철학자, 수학자

B. A. W. 러셀

▶ 도의에서 벗어나는 것과, 학문을 게을리하는 것과, 정의를 듣고도 실행치 못하는 것과, 착하지 아니함을 고치지 못하는 것이 항시 내가 두려워하는 것이다.

_《논어》

▶ 많은 사람들은 잘못을 피하는 것보다는 잘못을 뉘우치는 것을 미덕으로 삼는다.

_G. C. 리히텐베르크(1742~1799) 독일 물리학자, 작가

▶ 매일 반성하라. 만약 잘못이 있으면 고치고, 잘못이 없으면 더 반성해 보라.

_주자(1130~1200) 중국 송나라 유학자

▶ 반성이 없는 삶은 무가치하다.

_소크라테스(B.C. 469~B.C. 399) 그리스 철학자

▶ 반성하지 않는 사람은 무너지는 폐가와 같다.

_E. 영(1683~1765) 영국 시인

▶ 사람을 사랑하되 그가 나를 사랑하지 않거든 나의 사랑에서 부족함이 없는가를 살펴보라. _《맹자》

▶ 속으로 반성해서 허물이 없다면 두려워할 것도 없다. _공자(B.C. 551~B.C. 479) 중국 춘추 시대 노나라 사상가

▶ 우리는 매일 수염을 깎아야 하듯이 마음도 매일 다듬지 않으면 안 된다. _M. 루터(1483~1546) 독일 종교 개혁가

▶ 자기 반성이 없이 학식만 쌓는 것은 가짜 학문이지 수양의 길이 아니다. _조식(1501~1572) 조선 시대 학자

▶ 자기 자신의 마음속에서 싸움을 시작한 사람만이 가치 있는 인간이다. _E. B. 브라우닝(1806~1861) 영국 시인

▶ 현자를 보면 본받으려 하고 어리석은 자를 보면 자기 자신을 반성하라. _공자(B.C. 551~B.C. 479) 중국 춘추 시대 노나라 사상가

▶ 훌륭한 사람을 만나면 그가 쌓은 덕이 자기에게 있는지 생각해 보라. 또 나쁜 사람을 만나면 그가 지은 죄가 자기에게도 있는지 돌아보라. _M. 세르반테스(1547~1616) 에스파냐 소설가

속담

▶ 남의 트집은 적게 잡고, 자신의 잘못을 많이 반성하라. _중국

▶ 발은 침대에, 손은 가슴에. (밤이 되면 잠자리에 들어 손을 가슴에 얹고 하루의 일을 반성하라는 뜻) _에스파냐

▶ 어리석은 자는 앞으로만 나아가고 뒤를 돌아보지 않는다. (하루에도 몇 번씩 스스로를 반성하라는 뜻) _아프가니스탄

▶ 하루에 세 번 반성해라. _일본

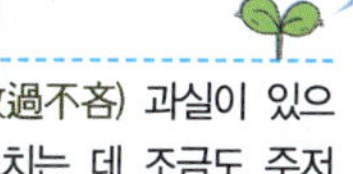

한자 숙어

개과불린(改過不吝) 과실이 있으면 즉시 고치는 데 조금도 주저하지 말라는 뜻.

성찰(省察) 자기의 마음을 반성하고 살핌.

고사성어

▷ 과즉물탄개(過則勿憚改)

과실이 있을 때는 고치기를 꺼리지 말라는 뜻이다. 공자가 군자가 취해야 할 자세에 대해 말한 것 중의 하나로, 잘못을 했으면 숨기지 말고 바로 시인하고 반성하라는 것이다.

_《논어》 학이 편

방해 妨害

남의 일을 짓궂게 훼방하여 못하게 함.

명언 명문

*기하급수적 | 증가하는 수나 양이 아주 많은. 또는 그런 것.

- 방해 요소가 없다면 작업의 효율은 *기하급수적으로 늘어난다.

_A. 모루아(1885~1967) 프랑스 소설가, 평론가

- 방해가 크면 클수록 욕망은 더 심해진다.

_J. 라퐁텐(1621~1695) 프랑스 시인, 우화 작가 《우화》

- 사람은 남을 방해한다든가 하는 일은 결코 없다고 생각할 때에 곧 잘 방해를 하는 법이다. _F. 라로슈푸코(1613~1680) 프랑스 작가

- 소음은 모든 형태의 방해 가운데 가장 무례한 것이다. 그것은 방해일 뿐만 아니라 생각을 흩어 버리기도 한다.

_A. 쇼펜하우어(1788~1860) 독일 철학자

- 신임을 받지 못한 신하가 바른말을 하면 군주는 그가 자기를 방해한다고 여긴다. _자하(B.C. 507~B.C. 420?) 중국 춘추 시대 유학자

- 약을 자주 바꾸는 것보다 치료를 더 방해하는 것은 없다.

_L. A. 세네카(B.C. 4?~A.D. 65) 로마 철학자, 극작가

- 여자란 남자의 사업에 있어서 커다란 방해물이다. 여자를 사랑하면서 무엇인가를 하기란 어려운 일이다.

_L. N. 톨스토이(1828~1910) 러시아 소설가, 사상가

속담

- 구더기 무서워 장 못 담글까. (방해가 되는 일이 있더라도 할 일은 한다는 뜻) _한국
- 기침에 재채기. (하는 일마다 낭패를 본다는 뜻) _한국
- 내 복에 난리야. (뜻밖에 방해물이 끼어든다는 뜻) _한국

▶ 다 된 죽에 코 풀기. (남의 다 된 일에 심술궂게 방해하는 것을 이르는 말) _한국

▶ 닫는 데 발 내민다. (어떤 일에 열중하고 있는데 남이 중간에서 그 일을 방해함을 이르는 말) _한국

▶ 동냥은 안 주고 쪽박만 깬다. (요구하는 것은 아니 주고 도리어 방해만 한다는 말) _한국

▶ 먹기 싫은 밥에 재나 뿌리지. (제가 싫다고 하여 남도 못 하게 방해를 놓는 심술을 이르는 말) _한국

▶ 부조는 않더라도 제사상이나 치지 마라. (도와주지 못할망정 방해는 하지 말라는 것을 이르는 말) _한국

▶ 불난 집에 키 들고 덤빈다. (남의 불행에 더 잘못되라고 방해를 한다는 뜻) _한국

▶ 손으로 노를 젓기는커녕 다리로 방해만 한다. _타이

▶ 장이 안 되려면 해파리만 끓는다. (일이 안 되려니 방해물만 생긴다는 뜻) _한국

▶ 차바퀴 안에 막대기를 찔러 넣는다. _프랑스

한자 숙어

호사다마(好事多魔) 좋은 일에는 흔히 방해되는 일이 많음. 또는 그런 일이 많이 생김.

화전충화(花田衝火) 꽃밭에 불을 지른다는 뜻으로, 젊은이의 앞길을 막거나 그르치게 함.

문장 반짝

관용어

방해(를) 놓다 _ 남에게 방해가 되는 짓을 하다.

고사성어

▷ 철주(掣肘)

글을 쓰는 사람의 팔꿈치를 잡아당긴다는 뜻으로, 남의 일을 방해하거나 쓸데없이 간섭함을 이르는 말이다. 공자의 제자 복자천이 단부현의 현관으로 파견되었을 때의 일이다. 그는 그곳에서 자신의 뜻을 마음껏 펼쳐 보려고 했다. 복자천은 자신과 함께 파견된, 임금의 신하 두 명에게 문서를 작성하게 하고는 그들이 글을 쓸 때마다 팔을 잡아당겨 방해하였다. 참다 못한 두 신하가 그 사실을 임금에게 낱낱이 고하자 임금은 그제서야 자신이 지금까지 복자천이 하는 일에 불필요한 간섭을 해 왔다는 것을 깨달았다.

_《공자가어》, 《여씨춘추》

인생

배신 背信

믿음이나 의리를 저버림.

명언 명문

*방관자 | 어떤 일에 직접 나서서 관여하지 않고 곁에서 보기만 하는 사람.
*화형 | 사람을 불살라 죽이는 형벌.

▶ 군자의 도리는 남을 배신하기보다는 차라리 자신이 배신을 당하는 것이다. _이이(1536~1584) 조선 시대 문신, 학자

▶ *방관자는 모두 비겁한 자 아니면 배신자다. _F. O. 파농(1925~1961) 프랑스 사상가, 정신 의학자

▶ 배반자는 죄인의 기생충이다. _J. P. 사르트르(1905~1980) 프랑스 소설가, 철학자

▶ 사람은 배반하기를 좋아하면서도 배반자를 증오한다. _아우구스투스(B.C. 63~A.D. 14) 로마 황제

▶ 살무사나 전갈보다 더 독한 것이 배신자의 마음이다. _풍몽룡(1575~1645) 중국 명나라 문장가

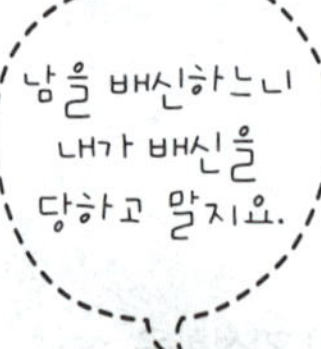

▶ 은혜와 원수는 너무 분명히 드러내서는 안 된다. 그러면 사람들이 배신할 마음을 품는다. _《채근담》

▶ 자연은 자기를 사랑하는 사람을 결코 배신한 적이 없다. _W. 워즈워스(1770~1850) 영국 시인

▶ 진실한 사랑을 배반당하는 것은 천 년의 *화형을 받는 것보다 더 고통스럽다. _J. M. 헤이(1838~1905) 미국 정치가

▶ 친구를 배반하는 자와는 결코 한 지붕 밑에 머물거나 같은 배를 타지 못할 것이다. _Q. 호라티우스(B.C. 65~B.C. 8) 로마 시인

▶ 친구의 침묵은 배신과 마찬가지다. _W. 해즐릿(1778~1830) 영국 평론가, 수필가

이이

▶ 활 쏘는 법을 가르쳐 주었는데 끝내는 내가 그 과녁이 되었다. _사디(1213?~1291) 페르시아 시인

속담

- 기르던 강아지가 문다. (믿었던 상대에게 배신당하고 피해를 입었을 경우에 하는 말) _카자흐스탄
- 도둑에게 칼자루를 건넨다. (적을 이롭게 하는 배반 행위를 가리키는 말) _미얀마
- 미친 개는 주인을 문다. (행실이 나쁜 사람은 자기를 돌봐 주는 윗사람을 배신하고 해친다는 뜻) _미국, 영국
- 믿는 도끼에 발등 찍힌다. _한국
- 배신자에게는 두 명의 배신자가 나타난다. (남을 배신한 사람은 자기가 한 것보다 두 배 이상의 앙갚음을 당한다는 말) _에스파냐
- 안에서 피를 흘리는 상처가 가장 위험하다. _영국
- 어느 무리에나 검은 양이 있다. _서양
- 오렌지 즙을 짠 뒤에 껍질을 버린다. (남을 이용한 후에 버린다는 뜻) _프랑스
- 인간은 가까운 친척에게만 배신당한다. (가까운 사람들에게 비밀을 털어놓으면 배신당하기 쉽다는 말) _프랑스

한자 숙어

배은망덕(背恩忘德) 은혜를 잊고 도리어 배반함.

고사성어

▷ 사자신중충(獅子身中蟲)

사자의 몸속에서 사자를 좀먹는 벌레라는 뜻이다. 어떤 조직이나 단체에 속한 사람이면서도, 조직에 해를 끼쳐 내부를 붕괴시키는 사람을 가리키는 말이다. 사자는 살아 있을 때의 위세 때문에 죽어서도 감히 다른 짐승들이 접근하지 못하지만 사자의 몸에서 생긴 벌레가 사자를 먹어치운다는 데서 유래한 것이다. _《범망경》

▷ 장경오훼(長頸烏喙)

긴 목과 까마귀 부리같이 비죽 나온 입이라는 뜻으로, 범려가 월나라 왕 구천을 두고 한 말이다. 범려는 자신이 수십 년 동안 모시던 구천과 작별을 하고 제나라로 떠났다. 범려는 그곳에서 "구천은 목이 길고 입은 까마귀 부리 같다. 이런 인물은 도량이 좁고 의심이 많아 일을 이루고 나면 동지를 버린다."라고 구천의 인물됨을 평가하였다. _《사기》

변명

辨明

어떤 잘못이나 실수에 대하여 구실을 대며 그 까닭을 말함.

명언 명문

▶ 과실의 변명은 대개 그 변명으로 해서 그 과실이 더욱 크게 눈에 띈다. _W. 셰익스피어(1564~1616) 영국 극작가, 시인 《존 왕》

▶ 깨끗한 양심은 변명이 불필요하다. _J. 릴리(1554~1606) 영국 작가

▶ 나는 변명하거나 인정받기 위해서 내 마음을 괴롭히지 않는다. _W. 휘트먼(1819~1892) 미국 시인 《나 자신의 노래》

▶ 남을 위한 변명은 자주 해도 좋지만 자신을 위해서는 결코 변명하지 마라. _P. 시루스(B.C. 1세기경) 로마 시인

▶ 변명, 그것은 아주 절망적인 버릇이어서 치유되는 일도 드물다. 또한 변명은 사람이 자기 본위라는 것을 뒤집어 놓고 말하는 것에 지나지 않는다. _O. W. 홈스(1809~1894) 미국 소설가, 의학자 《아침 식탁의 독재자》

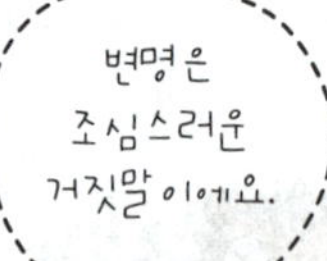

▶ 변명은 비난과 마찬가지로 좋지 않은 것이다. _M. E. 몽테뉴(1533~1592) 프랑스 사상가

▶ 변명은 조심스러운 거짓말이다. _J. 스위프트(1667~1745) 영국 소설가

▶ 변명을 하지 마라. 다만 목적을 수행하라. _H. C. 후버(1874~1964) 미국 제31대 대통령

J. 스위프트

▶ 비겁한 사람은 자기의 과실을 변명하고, 용기 있는 사람은 자기의 과실을 고백한다. _G. 메러디스(1828~1909) 영국 소설가, 시인 《격언》

▶ 서툰 변명을 하느라 품위를 떨어뜨리지 마라. _R. W. 에머슨(1803~1882) 미국 사상가, 시인

▶ 소인은 자기 잘못에 대해 항상 변명한다. _자하(B.C. 507~B.C. 420?) 중국 춘추 시대 유학자

▶ 우리는 실패한 데 대해 사천만 개의 이유를 가지고 있지만, 단 하

나의 변명도 없다. _R. 키플링(1865~1936) 영국 소설가, 시인 《교훈》

*발명 | 죄나 잘못이 없음을 말하여 밝힘. 또는 그런 말.

▶ 우리는 일이 어렵다는 핑계로 자신의 게으름을 변명한다.

_M. F. 퀸틸리아누스(35?~95?) 로마 웅변가, 수사학자

▶ 지성이 풍부한 사람은 결코 변명 같은 것은 하지 않는다.

_R. W. 에머슨(1803~1882) 미국 사상가, 시인

▶ 패배한 자에게는 변명할 기회를 주어야만 한다.

_C. 시버(1671~1757) 영국 배우, 극작가

속담

▶ 게으른 자는 변명거리가 언제나 많다. _서양

▶ 구멍은 깎을수록 커진다. (잘못된 일을 변명하고 얼버무리려고 하면 할수록 더욱 일이 어려워짐을 이르는 말) _한국

▶ 도둑질을 하다 들켜도 변명을 한다. (아무리 큰 잘못을 저질렀다 해도 그것을 변명하고 이유를 붙일 수 있다는 말) _한국

▶ 물건 잃고 병신 *발명. (일을 잘못하여 놓고서 뻔뻔스럽게도 그럴 듯한 변명을 한다는 뜻) _한국

▶ 발명이 대책이라. (변명하는 것만이 상대방에 대해 할 수 있는 최선의 일이라는 말) _한국

▶ 뱃놈 배 둘러대듯. (변명을 잘함을 이르는 말) _한국

▶ 버선목이라 뒤집어 보이나. (혐의를 받았을 때 아무리 변명을 해도 상대편이 수긍을 하지 않는 경우를 이르는 말) _한국

▶ 변명하는 자는 자기 자신을 고발하는 것이다. (변명을 하면 이미 자기 잘못을 인정하는 것이 되므로 섣불리 변명하지 말라는 뜻)

_프랑스

▶ 서툰 산파가 갓난아기 탓한다. (어리석은 자는 항상 다른 데서 변명거리를 찾는다는 말) _멕시코

▶ 시간을 탓하는 것은 변명에 불과하다.

_서양

▶ 엉터리 변명은 안 하는 것보다 못하다.

_서양

지식 쑥쑥

한자 숙어

극구발명(極口發明) 온갖 말을 다 하여 밝게 드러나게 함.

유구무언(有口無言) 입은 있으나 말이 없다는 뜻으로, 변명할 말이 없거나 변명을 못함.

인생

복

福

삶에서 누리는 좋고 만족할 만한 행운.
또는 거기서 얻는 행복.

명언 명문

*끌 | 망치로 한쪽 끝을 때려서 나무에 구멍을 뚫거나 겉면을 깎고 다듬는 데 쓰는 연장.
*용수 | 싸리나 대오리로 만든 둥글고 긴 통.

- 복이란 재앙이 없는 것보다 더 큰 것이 없고, 이익이란 잃지 않는 것보다 나은 것이 없다. _《회남자》
- 사람의 운수는 아무리 다르게 보일지라도 복과 화가 서로 뒤섞여서 결국은 평등하게 된다. _F. 라로슈푸코(1613~1680) 프랑스 작가 《잠언과 고찰》
- 신은 인류에게 한 개의 복과 두 개의 화를 분배한다. _핀다로스(B.C. 518~B.C. 438) 그리스 시인 《피티아 승리가》
- 인간의 더없는 행복은 어쩌다 있을까 말까 하는 큰 행운으로 이루어지는 것이 아니라 매일 일어나는 작은 기쁜 일에서 얻어진다. _B. 프랭클린(1706~1790) 미국 정치가, 과학자 《자서전》

속담

- 남의 복은 *끌로도 못 판다. (남의 복은 아무리 시기해도 없애지 못한다는 말) _한국
- 들어오는 복도 문 닫는다. (방정맞은 짓만 하여 오는 복도 마다함을 나무라는 말) _한국
- 복은 쌍으로 안 오고 화는 홀로 안 온다. (복 받기는 어렵고 화는 연거푸 겹쳐 온다는 뜻) _한국
- 복이야 명이야. (좋은 수가 생겨 기뻐하는 모양을 이르는 말) _한국
- *용수에 담은 찰밥도 엎지르겠네. (복이 없는 자는 큰 복을 얻어도 오래가지 못하거나 놓친다는 뜻) _한국

한자 숙어

전화위복(轉禍爲福) 화가 바뀌어 오히려 복이 됨.

復讐 복수

원수를 갚음.

인생

명언 명문

▶ 가장 완전한 복수는 침략자의 흉내를 내지 않는 것이다.

_마르쿠스 아우렐리우스(121~180) 로마 황제 《명상록》

▶ 개를 죽인다고 물린 자리가 낫지 않는다.

_A. 링컨(1809~1865) 미국 제16대 대통령

▶ 누가 한 눈을 찌르면 그의 눈도 하나 찔러 주면 된다는 것은 잘못이다. 죄를 범한 자는 자기가 준 고통 이상으로 고생해야 한다.

_아리스토텔레스(B.C. 384~B.C. 322) 그리스 철학자 《니코마코스 윤리학》

▶ 보복하려는 마음으로 가득 찬 사람들을 믿지 마라.

_F. W. 니체(1844~1900) 독일 철학자, 시인

▶ 복수는 가장 돈이 많이 들고 시간을 요하는 것이다.

_W. L. S. 처칠(1874~1965) 영국 정치가

▶ 복수는 개인의 일이며, 벌은 신의 일이다. 사회는 이 중간에 있다. 벌은 사회 이상의 것이며, 복수는 사회 이하의 것이다.

_V. M. 위고(1802~1885) 프랑스 시인, 극작가 《사형인 최후의 날》

▶ 복수는 꿀보다 달콤하다. _호메로스(?~?) 그리스 시인 《일리아드》

▶ 복수는 비열한 인간의 희열이다.

_D. J. 유베날리스(50?~130?) 로마 시인 《풍자시집》

▶ 복수의 신은 은밀하게 행동한다.

_장 파울(1763~1825) 독일 소설가 《꽃 · 과실 · 가시》

▶ 복수의 폭력은 현실적으로 일어난 일을 마술적으로 원상 복귀시키려는 비합리적인 기능을 갖는다.

_E. 프롬(1900~1980) 독일 정신 분석학자, 사회학자 《인간의 마음》

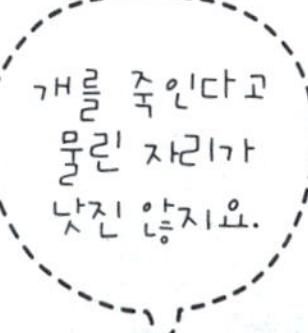

A. 링컨

▶ 복수하는 방법을 터득하려면 인내하는 법부터 배워야 한다.

_볼테르(1694~1778) 프랑스 사상가 《메로프》

▶ 섣부른 복수는 자신의 파멸을 초래한다.

_P. 코르네유(1606~1684) 프랑스 시인, 극작가

▶ 원한을 갚는 데 덕으로써 한다. _《노자도덕경》

▶ 적대감은 보복의 기회를 노리는 분노다.

_M. T. 키케로(B.C. 106~B.C. 43) 로마 정치가, 학자

▶ 적에게 복수를 하면 새로운 복수를 불러일으킨다.

_P. 시루스(B.C. 1세기경) 로마 시인 《격언집》

▶ 적을 미워하고 복수하려는 것은 약하기 때문이며, 마음을 가라앉혀 원수를 갚으려고 하지 않는 것은 게으르기 때문이다.

_J. 라브뤼예르(1645~1696) 프랑스 작가 《사람은 가지가지》

▶ 최고로 고귀한 복수는 관용이다. _H. 본(1621~1695) 영국 시인 《격언의 핸드북》

▶ 타인을 손상하지 않으면 안 되는 경우에는 그의 복수를 겁낼 필요가 없을 만큼 철저하게 때려 눕혀야 한다.

_N. 마키아벨리(1469~1527) 이탈리아 사상가, 역사학자 《군주론》

▶ 피는 피를 부르고 복수는 복수를 낳을 것이다. 악은 반드시 악에서 나온다. _R. 사우디(1774~1843) 영국 시인

▶ 한 번도 성공하지 못한 사람은 성공을 헐뜯어서 복수한다.

_볼테르(1694~1778) 프랑스 사상가

속담

▶ 날마다 염소를 때리면 언젠가는 염소가 너를 걷어찬다. (원한을 사면 언젠가 복수를 당한다는 말) _자메이카

▶ 눈에는 눈, 이에는 이. _서양

▶ 미련한 놈 가슴의 고드름은 안 녹는다. (둔하고 못난 사람이 한번 앙심을 품으면 좀처럼 누그러지지 않고 두고두고 앙갚음을 한다는 말) _한국

▶ 바다와 같이 넓은 마음속에는 복수심이 생길 수 없다. _중국

한자 숙어

불호사방사사(不好事紡事似) 좋지 못한 일을 저지르면 물레가 돌아서 제자리에 오듯 반드시 보복을 받게 된다는 말.

▶ 백 살이라도 복수심은 어린아이인 채로 있다. _이탈리아

▶ 복수는 차게 먹어야만 하는 요리다. (복수는 마음을 냉정히 가라앉힌 다음에 생각하는 것이 좋다는 뜻) _영국

▶ 실행하지 않은 복수보다 더 명예로운 복수는 없다. _에스파냐

▶ 악이 있는 곳에 복수가 따른다. _영국

▶ 훌륭하게 사는 것이 최선의 복수다. _미국

고사성어

▷ 와신상담(臥薪嘗膽)

불편한 장작 위에서 자고 쓸개를 맛본다는 뜻으로, 원수를 갚거나 목적을 달성하기 위해 온갖 어려움과 괴로움을 참고 견딘다는 말이다. 춘추 시대에, 사이가 좋지 않았던 오나라와 월나라 사이에는 싸움이 잦았다. 오나라 왕 부차는 아버지의 유언대로 원수를 갚기 위해 장작 위에서 자며 월나라 왕 구천에게 복수할 것을 다짐했고, 월나라 왕 구천은 쓸개를 씹으며 복수의 칼을 갈았다고 한 데서 유래한다.

_《사기》 월세가, 《십팔사략》

키워드 정보 BOX

복수의 신 네메시스

밤의 신 닉스의 딸인 네메시스는 복수와 율법의 여신으로, 인간에게 행복과 불행을 분배한다. 그녀는 한 손에 사과나무 가지를 들고, 다른 손에는 물레바퀴를 든 모습, 또는 괴수가 끄는 전차를 탄 모습으로 표현된다. 제우스가 그녀를 사랑하여 쫓아다니자 그녀는 여러 동물로 변신해 가며 피해 다녔다. 그러던 어느 날 거위로 변한 네메시스가 백조로 변한 제우스와 만나 알을 낳았다. 네메시스는 자신이 낳은 알을 버렸는데, 양치기가 이를 발견하여 틴다레오스의 아내인 레다에게 주었다. 이 알에서 태어난 아기가 훗날 트로이 전쟁의 불씨가 된 헬레네다.

인간의 행복과 불행을 나누어 준다는 네메시스.

부모 父母

아버지와 어머니를 아울러 이르는 말.

명언 명문

▶ 부모가 생존하는 동안에는 자기 친구를 위해 목숨을 바쳐서는 안 된다. _《예기》

▶ 부모가 집에서 말하는 것을 아이는 길에서 말한다. _《탈무드》

▶ 부모는 누구나 자녀들의 효도를 바라지만 효자가 반드시 부모의 사랑을 받는 것은 아니다. _장자(B.C. 369?~B.C. 289?) 중국 전국 시대 송나라 사상가

▶ 부모는 자식의 나쁜 점을 모른다. _《대학》

▶ 부모는, 정부가 하는 것보다 더 조심성 있게 그들의 자녀를 보호하고 훈련시킬 수 있다. _M. 루터(1483~1546) 독일 종교 개혁가

▶ 부모를 사랑하는 사람은 남을 미워하지 못하고, 부모를 공경하는 사람은 남을 멸시하지 못한다.

_공자(B.C. 551~B.C. 479) 중국 춘추 시대 노나라 사상가

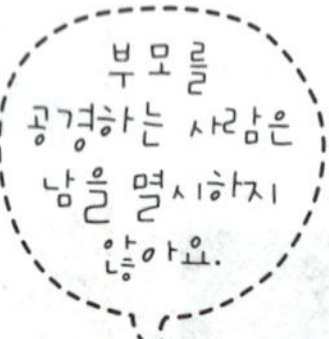

공자

▶ 부모의 공로를 모르는 자녀는 살무사의 날카로운 이빨보다도 못하다. _W. 셰익스피어(1564~1616) 영국 극작가, 시인 《리어 왕》

▶ 부모의 기쁨은 겉에 나타나지 않고, 근심 걱정 또한 그러하다.

_F. 베이컨(1561~1626) 영국 정치가, 철학자

▶ 부모의 사랑은 내려갈 뿐이고 올라오는 법이 없다. 즉 사랑이란 내리사랑이어서 자식에 대한 부모의 사랑은 자식의 부모에 대한 사랑을 능가한다. _C. A. 엘베시우스(1715~1771) 프랑스 철학자 《잠언과 고찰》

▶ 설사 자식에게 업신여김을 받는다 해도 부모는 자식을 미워하지 못한다. _소포클레스(B.C. 496~B.C. 406) 그리스 시인 《엘렉트라》

▶ 신들은 찬미하고 부모는 공경하라.

_솔론(B.C. 640?~B.C. 560?) 그리스 정치가, 시인

▶ 애인들의 사랑이 식고 부부도 서로 미워하게 되지만 부모의 사랑만이 평생 동안 지속될 수 있다. _R. 브라우닝(1812~1889) 영국 시인

▶ 우리는 우리가 부모가 되기 전에는 우리를 향한 부모의 사랑을 결코 모른다. _H. W. 비처(1813~1887) 미국 신학자

▶ 자식이 열 있더라도, 자식에 대한 어버이 한 사람의 마음은 어버이에 대한 열 자식의 마음을 훨씬 능가한다.

_장 파울(1763~1825) 독일 소설가 《꽃 · 과실 · 가시》

*길마 | 짐을 싣기 위해 소나 말 따위의 등에 얹는 안장.

속담

▶ 가지 많은 나무가 바람 잘 날이 없다. (자식을 많이 둔 어버이는 자식을 위한 근심이 그칠 날이 없고 일이 많다는 뜻) _한국

▶ 나쁜 소도 좋은 새끼를 낳는 수가 있다. _영국

▶ 나쁜 아버지일지라도 나쁜 자식을 원하지는 않는다. _영국

▶ 부모가 반팔자. (자식의 유명은 어떤 부모 밑에서 태어나느냐에 따라 절반은 결정된다는 뜻) _한국

▶ 부모가 착해야 효자가 난다. (부모가 착해야 자식도 부모를 따라 선량한 사람이 된다는 뜻) _한국

▶ 부모는 자식이 한 자만 하면 두 자로 보이고 두 자만 하면 석 자로 보인다. (부모는 누구나 제 자식이 좋게만 보인다는 뜻) _한국

▶ 새끼 많이 둔 소 *길마 벗을 날 없다. (자식을 많이 둔 부모는 언제나 바쁘고 짐이 무겁다는 뜻) _한국

▶ 아이들이 어떤 사람이 되는가는 부모에게 달렸다. _서양

▶ 암소가 제 새끼를 걷어차는 것은 미워서가 아니다. (부모가 자식을 꾸짖는 것은 애정이 있기 때문이라는 말) _세네갈

▶ 인색한 부모는 낭비하는 자식을 낳는다. _영국

▶ 코끼리가 수풀을 열어 주는 것은 새끼를 위함이다. (부모는 자식을 위해서 할 수 있는 모든 것을 다한다는 말) _세네갈

지식 쑥쑥

한자 숙어

구로지감(劬勞之感) 자기를 낳아 기르느라 애쓴 부모의 은덕을 생각하는 마음.

지독지정(舐犢之情) 어미 소가 송아지를 핥아 준다는 뜻으로, 자식에 대한 어버이의 지극한 사랑을 이름.

학발노옹(鶴髮老翁) 머리가 하얗게 센 양친 부모.

부부 夫婦

남편과 아내를 아울러 이르는 말.

명언 명문

*양처 | 어질고 착한 아내.

▶ 남편에게는 지혜, 아내에게는 온화함.

_G. 허버트(1593~1633) 영국 시인 《지혜의 투망》

▶ 너희가 *양처를 가지면 행복한 사람이 되고, 악처를 가지면 철학자가 된다. _소크라테스(B.C. 469~B.C. 399) 그리스 철학자

▶ 부부 싸움을 하는 것은, 서로 말할 것이 아무것도 없기 때문이다. 그것은 두 사람에 대하여 시간을 보내는 한 가지 방법이다.

_H. M. 몽테를랑(1896~1972) 프랑스 소설가, 극작가 《젊은 여자들》

▶ 부부가 서로 상대방에게 지는 빚은 무한한 것이다.

_J. W. 괴테(1749~1832) 독일 시인, 소설가, 극작가

▶ 부부는 같은 숲에 깃든 새와 같다. _풍몽룡(1575~1645) 중국 명나라 문장가

▶ 부부는 서로 의리와 은혜로써 친하고 사랑해야 한다. _《후한서》

▶ 부부라는 사회에서는 일에 따라 각자가 상대를 돕고, 혹은 상대를 지배한다. 따라서 부부는 대등하지만 또한 다르다. 그들은 다르므로 대등한 것이다. _알랭(1868~1951) 프랑스 철학자, 평론가 《인간어록》

▶ 선량한 남편은 선량한 아내를 만든다. _R. 버턴(1577~1640) 영국 목사, 작가

▶ 신이 인간을 만들었다. 그런데 고독함이 부족하다고 생각되어 더욱 고독을 느끼게 하기 위해 짝을 만들어 주었다.

_P. 발레리(1871~1945) 프랑스 시인, 사상가, 평론가 《있는 그대로》

▶ 아내가 없는 남자는 몸체가 없는 머리고, 남편이 없는 여자는 머리가 없는 몸체다. _장 파울(1763~1825) 독일 소설가 《꽃 · 과실 · 가시》

▶ 암탉은 수탉보다 먼저 울어서는 안 된다.

_몰리에르(1622~1673) 프랑스 극작가, 배우 《여학자》

속담

▶ 귀머거리 남편과 눈먼 아내는 가장 행복한 부부. _덴마크

▶ 그대는 백 살까지 나는 아흔아홉까지. (부부가 사이좋게 함께 오래 살기를 기원하는 말) _일본

▶ 남편은 두레박, 아내는 항아리. (두레박이 물을 길어 항아리에 채우듯 남편은 밖에서 돈을 벌어들이고, 아내는 그것을 잘 모아 재산을 늘인다는 뜻) _한국

▶ 부부 싸움은 칼로 물 베기. (칼로 물을 베어도 아무 흔적이 없듯이 부부는 싸움을 해도 화합하기 쉽다는 뜻) _한국

▶ 부부는 서로 닮는다. _영국

▶ 부부는 한 몸. _독일

▶ 한 쪽의 맷돌로는 곡식을 갈 수 없고, 아래 위 두 짝이 필요하다. (한 사람으로는 아무 일도 못하고 부부가 결합해야 한다는 뜻) _스위스

한자 숙어

백년해로(百年偕老) 부부가 되어 한평생을 사이좋게 지내고 즐겁게 함께 늙음.

부창부수(夫唱婦隨) 남편이 주장하고 아내가 이에 잘 따름. 또는 부부 사이의 그런 도리.

천생배필(天生配匹) 하늘에서 미리 정해 준 짝이라는 뜻으로, 나무랄 데 없이 꼭 알맞은 한 쌍의 부부를 이르는 말.

고사성어

▷ 금슬상화(琴瑟相和)

거문고와 비파가 서로 화음을 맞추어 연주하는 것처럼 조화를 잘 이룬다는 뜻으로, 부부 사이가 다정하고 화목하고 매우 좋음을 말한다. '금슬지락'이라고도 한다. 집안의 화합과 정숙한 여자를 맞아 다정하게 지내고 싶은 마음을 읊은 시에서 유래한다. _《시경》

▷ 해로동혈(偕老同穴)

살아서는 같이 늙고 죽어서는 같은 구덩이(무덤)에 묻힌다는 뜻으로, 생사를 같이하자는 부부의 굳은 맹세를 이르는 말이다. 고향을 떠나 먼 전쟁터로 나간 한 병사가 고향으로 돌아갈 수 없게 되자 자신이 돌아오기만을 기다리는 아내를 그리워하면서 지은 시에서 유래한다. '죽음과 삶과 만남과 헤어짐을 함께하자고 그대와 약속했지. 그대의 손을 꼭 잡고 죽도록 함께 늙고자 했네.' _《시경》

분별 分別

서로 다른 일이나 사물을 구별하여 가름.
세상 물정에 대한 바른 생각이나 판단.

명언 명문

- 공자는 낚싯대로 고기를 낚되 그물질은 하지 아니하며, 나는 새는 쏘되 자는 새는 쏘지 아니하였다. _《논어》
- 네 분별력을 가정 교사로 삼아라. _셰익스피어(1564~1616) 영국 극작가, 시인
- 분별 있는 사람은 자기 옷차림이 유난히 눈에 뜨이지 않도록 각별히 조심한다. _P. D. S. 체스터필드(1694~1773) 영국 정치가, 작가
- 분별은 인간이 가진 최상의 것이다. 하지만 분별이 부족하면 최악이 된다. _테오그니스(B.C. 6세기경) 그리스 시인 《교훈시》
- 선악을 분별할 수 없다는 것이 인생의 가장 큰 걱정거리다. _M. T. 키케로(B.C. 106~B.C. 43) 로마 정치가, 학자
- 아이와 바보들은 사물에 대한 분별력이 없기 때문에 모든 것을 원한다. _핼리팩스(1661~1715) 영국 정치가
- 철학은 분별력에 불과하다. _J. 셀던(1584~1654) 영국 법학자, 정치가, 역사가
- 학식이 있으면서 어리석은 사람은 있어도, 분별이 있으면서 어리석은 사람은 없다. _F. 라로슈푸코(1613~1680) 프랑스 작가 《잠언과 고찰》

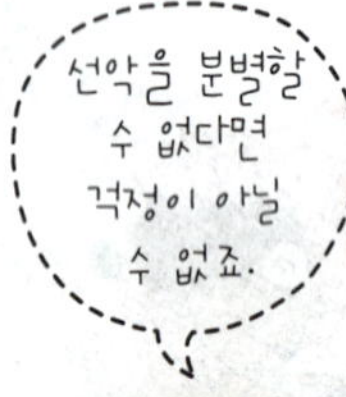

M. T. 키케로

속담

- 나중에 생기는 분별은 어리석기 쉽다. _영국
- 분별은 나이에 따라 온다. _에스파냐
- 분별이 지나치면 어리석음으로 돌아간다. _일본
- 소경 맴돌이 시켜 놓은 것 같다. (어리둥절하여 뭐가 뭔지 분간하지 못함을 비유한 말) _한국
- 소경 머루 먹듯. (일을 분별하지 못함을 이르는 말) _한국

불신

不信

믿지 아니함. 또는 믿을 수 없음.

명언 명문

▶ 강한 정신력의 학생은 교사들의 권위, 그리고 교사들의 이론의 매혹적 환상을 현명하게도 불신한다. _T. 제퍼슨(1743~1826) 미국 제3대 대통령

▶ 거짓말쟁이가 진실을 말해도 우리는 믿지 않는다. _M. T. 키케로(B.C. 106~B.C. 43) 로마 정치가, 학자

▶ 극도의 불행에 대해 신속한 조치가 필요할 때 불신은 비겁함이고 신중은 어리석음이다. _S. 존슨(1709~1784) 영국 시인, 평론가

▶ 누구나 자기 경험 이외에는 아무것도 믿지 않는다. _엠페도클레스(B.C. 490?~B.C. 430?) 그리스 철학자

▶ 아무것도 믿지 않는 것은 *만용이다. _I. S. 투르게네프(1818~1883) 러시아 소설가

*만용 | 분별없이 함부로 날뛰는 용맹.

▶ 우는 여자, 맹세하는 장사꾼, 기도하는 주정뱅이를 믿어서는 안 된다. _E. R. 리치(1910~1989) 영국 인류학자, 작가

▶ 희망과 두려움은 신뢰와 불신을 차례로 일으킨다. _P. N. 오비디우스(B.C. 43~A.D. 17) 로마 시인

속담

▶ 남을 사랑하지 않으면서 칭찬하는 사람은 신뢰받지 못한다. _영국

▶ 불신은 또 다른 불신을 낳는다. _서양

▶ 아무나 믿는 것과 아무도 믿지 않는 것은 잘못이다. _서양

▶ 의붓아비 소 팔러 보낸 것 같다. (신뢰할 수 없는 사람에게 중요한 일을 맡겨 마음이 놓이지 않는다는 말) _프랑스

▶ 콩으로 메주를 쑨다 해도 곧이듣지 않는다. _한국

불안 不安

걱정이 되어 마음이 편하지 않음.
또는 그런 마음.

명언 명문

*야기 | 일이나 사건 따위를 일으킴.

▶ 고요한 상태가 때로는 불안하다.

_L. A. 세네카(B.C. 4?~A.D. 65) 로마 철학자, 극작가

▶ 만일 지금 시대를 불안의 시대라고 불러서 큰 잘못이 아니라면, 그것은 주로 자아의 상실로 인해 *야기되는 불안 때문인 것이다.

_E. 프롬(1900~1980) 독일 정신 분석학자, 사회학자 《건전한 사회》

▶ 불안한 사람은 그림자조차 두려워한다.

_P. N. 오비디우스(B.C. 43~A.D. 17) 로마 시인

▶ 불안한 식사는 소화 불량을 일으킨다.

_W. 셰익스피어(1564~1616) 영국 극작가, 시인

▶ 사람이 언제나 심각하기만 하고 재미와 휴식을 전혀 취하지 않는다면 자기도 모르게 미치거나 불안해질 것이다.

_헤로도토스(B.C. 484?~B.C. 430?) 그리스 역사가

▶ 소수의 사람을 제외하고 대부분의 사람들은 정도의 차이는 있을망정 어떤 불안감 속에서 그날그날 살고 있다.

_D. H. 로렌스(1885~1930) 영국 소설가, 시인

▶ 영원을 대했을 때 인간은 불안과 절망을 느끼게 된다.

_S. A. 키르케고르(1813~1855) 덴마크 철학자

▶ 인간은 무한 앞에 섰을 때 공포와 불안을 느낀다.

_B. 파스칼(1623~1662) 프랑스 사상가, 수학자, 물리학자

▶ 편안하게 먹는 빵 한 조각이 불안 속에

한자 숙어

노심초사(勞心焦思) 몹시 마음을 쓰며 애를 태움.
좌불안석(坐不安席) 앉아도 자리가 편안하지 않다는 뜻으로, 마음이 불안하거나 걱정스러워서 한군데에 가만히 앉아 있지 못하는 모양을 이르는 말.

참석한 잔치보다 낫다. _이솝(B.C. 620?~B.C. 560?) 그리스 우화 작가

속담

- 강아지에게 메주 멍석 맡긴 것 같다. (어떤 일이나 물건을 믿지 못할 사람에게 맡겼을 때 마음이 놓이지 않는다는 말) _한국
- 때린 놈은 가로 가고 맞은 놈은 가운데로 간다. (때린 자는 보복이 두려워 마음이 불안하나 맞은 자는 마음이 편하다는 뜻) _한국
- 바늘방석에 앉은 것 같다. _한국
- 불안은 질투 속에 끊임없이 붙어 다니는 동반자. _필리핀
- 살얼음 밟는 것 같다. _한국
- 식혜 먹은 고양이 속. (죄를 짓고 그것이 탄로날까 봐 근심하여 불안에 떠는 모양을 이르는 말) _한국
- 우물가에 애 보낸 것 같다. (몹시 걱정이 되어 마음이 불안한 상태를 이르는 말) _한국
- 풀 끝에 앉은 새. (연약한 풀에 새가 앉은 듯이 안심이 안 되는 불안한 모양) _한국

고사성어

▷ 내우외환(內憂外患)

안에도 걱정이 있고 밖에도 걱정이 있다는 뜻으로, 안팎으로 근심 걱정에 시달리는 것을 말한다. 춘추 시대 중기에 진나라와 초나라의 두 군대가 대립하자 진나라 장군 낙서는 초나라와 싸우자고 주장했다. 그러나 부장군인 범문자가 "오로지 성인만이 밖으로부터의 환란이나 안으로부터의 근심을 없앨 수 있습니다. 하지만 우리에게는 밖으로부터의 환란이 없으면 반드시 안에서 일어나는 근심이 있을 것입니다."라며 싸움을 반대한 데서 유래한다.

_《사기》

▷ 전전긍긍(戰戰兢兢)

위기가 닥치지 않을까 두려워 어쩔 줄 모름을 뜻하는 말로, 전전은 겁을 먹고 두려워하는 모양이고, 긍긍은 몸을 삼가고 조심하는 모양을 가리킨다. 나라를 잘못 다스려 혼란에 빠뜨린 왕을 풍자한 글에서 유래한다. _《논어》, 《시경》

불운 不運

운수가 좋지 아니함. 또는 그러한 운수.

명언 명문

- 가장 큰 불운은 지나간 행운을 다시 생각하는 것이다.

  _G. 초서(1342?~1400) 영국 시인

- 강자의 행운을 얻지 못한 사람들은 불운을 맛보는 경우가 많다.

  _B. 브레히트(1898~1956) 독일 시인, 극작가

- 대부분의 불운은 불운 그 자체보다도 그에 관한 친구들의 구설수가 더 견디기 어렵다.

  _C. C. 콜턴(1780~1832) 영국 작가, 성직자

- 불운에 맞서 씩씩하게 가슴을 펴라.

  _Q. 호라티우스(B.C. 65~B.C. 8) 로마 시인 《송가》

- 불운은 누가 참된 친구가 아닌지 드러낸다.

  _아리스토텔레스(B.C. 384~B.C. 322) 그리스 철학자

- 불운은 행운의 이웃이다.

  _P. N. 오비디우스(B.C. 43~A.D. 17) 로마 시인

- 불운은 확실히 위대한 교사지만 그 수업료는 비싸고, 거기서 얻은 이익은 때때로 거기에 쓴 비용을 당할 수 없다.

  _J. J. 루소(1712~1778) 프랑스 작가, 사상가 《고독한 산보자의 몽상》

- 불운을 겪는 일은 처음에는 쉽지만 끝까지 견디기는 매우 어렵다.

  _L. A. 세네카(B.C. 4?~A.D. 65) 로마 철학자, 극작가

- 시시각각 괴롭히는 불운은 우리를 연마시켜 큰 불행에도 이길 수 있는 힘을 길러 주고, 행복해도 결코 마음이 물러지지 않도록 단련시킨다.

  _A. 쇼펜하우어(1788~1860) 독일 철학자 《수상록》

- 용기는 불운을 극복한다.

  _M. 세르반테스(1547~1616) 에스파냐 소설가

- 우리의 영혼에 불운만큼 자극을 주고 수확을 주는 것도 없다.

  _H. 헤세(1877~1962) 독일 소설가, 시인 《일기》

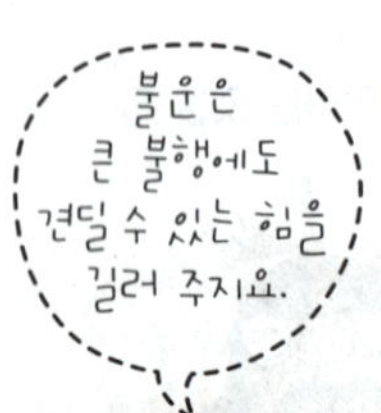

A. 쇼펜하우어

- 원하는 것을 모두 얻었을 때 조심해야 한다. 살찐 돼지는 불운을 만난다. _J. C. 해리스(1848~1908) 미국 민요 작가
- 이미 지나가 버린 불운을 한탄하는 것은 새로운 불운을 초래하는 것이다. _W. 셰익스피어(1564~1616) 영국 극작가, 시인
- 자기 자신을 아는 사람은 남을 원망하지 않고, 운명을 아는 사람은 하늘을 원망하지 않는다. 행운도 불운도 모두 자기 자신에게서 나온다. _《회남자》
- 자신의 불운보다는 남의 불운을 보고 배우는 것이 더 낫다. _이솝(B.C. 620?~B.C. 560?) 그리스 우화 작가 《이솝 이야기》
- 행운은 위대한 교사다. 불운은 그보다 더 위대한 교사다. _W. 해즐릿(1778~1830) 영국 평론가, 수필가

속담

- 기침에 재채기. (어려운 일이 공교롭게 계속됨을 이르는 말) _한국
- 고기는 안 잡히고 송사리만 잡힌다. _한국
- 도둑을 맞으려면 개도 안 짖는다. (운수가 나빠 일이 잘 안 되려면 모든 것이 제대로 되지 않는다는 말) _한국
- 밀가루 장사하면 바람이 불고 소금 장사하면 비가 온다. _한국
- 불운마저도 지혜로운 자의 손에서는 쓸모가 있다. _서양
- 불운은 행운을 가져오는 때가 많다. _서양
- 불운한 사람에게는 맞바람마저 분다. (불운한 사람에게 뜻밖의 불행이 찾아든다는 말) _타타르
- 소를 피하자 개울에 빠진다. _영국
- 안되는 사람은 자빠져도 코가 깨진다. (불운한 사람은 예상치 못한 나쁜 일이 잘 일어남을 이르는 말) _한국
- 운이 나쁘면 포탄 없는 대포도 터진다. _네팔
- 행운도 불운도 영원한 것은 없다. (행운이나 불운은 계속되지 않고 조금씩 번갈아 가며 닥친다는 말) _아라비아

지식 쑥쑥

한자 숙어

계란유골(鷄卵有骨) 달걀에도 뼈가 있다는 뜻으로, 운수가 나쁜 사람은 모처럼 좋은 기회를 만나도 역시 일이 잘 되지 않음을 이르는 말.

매염봉우(賣鹽逢雨) 소금을 팔다가 비를 만났다는 뜻으로, 일이 잘 되지 않음을 일컫는 말.

인생

불평 不平

마음에 들지 아니하여 못마땅하게 여김.
또는 못마땅한 것을 말이나 행동으로 드러냄.

명언 명문

- 가난하면서 불평이 없기는 어렵지만 부유하면서 교만함이 없기는 쉽다. _《논어》
- 괴로워도 불평하지 마라. 사소한 불평은 눈감아 버려라. _V. W. V. 고흐(1853~1890) 네덜란드 화가
- 남자의 불평은 남자의 속마음을 드러낸다. _F. 알베로니(1929~) 이탈리아 사회학자
- 바람의 변덕에 대한 불평은 어리석은 짓이다. _P. N. 오비디우스(B.C. 43~A.D. 17) 로마 시인
- 백성이 불평을 멈추면 생각하기를 멈추는 것이다. _나폴레옹 1세(1769~1821) 프랑스 황제
- 불평 없이 일하자. 삶을 참고 견디는 길은 그것뿐이다. _볼테르(1694~1778) 프랑스 사상가
- 불평과 거짓말, 이것은 나 자신을 가장 약화하는 수단이다. 강한 사람은 불평을 입에 올리지 않는 법이다. 불평과 속임수로 구멍 난 제 집 앞을 메우지 말고 자기 자신의 진실로 그 자리를 메워 나가야 한다. _P. D. S. 체스터필드(1694~1773) 영국 정치가, 작가
- 불평은 인간에게나 국가에게나 진보의 제1단계이다. _O. F. O. W. 와일드(1854~1900) 아일랜드 시인, 소설가 《대수롭지 않은 여자》
- 불평은 하늘로부터 받는 최대의 선물이다. _J. 스위프트(1667~1745) 영국 소설가 《수상록》
- 불평을 마음속 깊이 묻어 버리는 것이 후회 없이 사는 방법이다. _B. 그라시안이모랄레스(1601~1658) 에스파냐 작가

저는 괴로워도
불평하지 않고,
웬만하면 눈감아
버리지요.

V. W. V. 고흐

▶ 세상이 자기를 행복하게 해 주지 않는다고 불평하는 것은 이기적인 병이다. 이런 사람은 행복을 소비할 것만 생각하고 행복을 생산할 것은 생각지 않고 있다. _G. B. 쇼(1856~1950) 아일랜드 극작가, 평론가

▶ 쓸데없이 불평하는 것은 스스로 자기 *옴을 긁어서 더럽게 하는 것이다. _W. 셰익스피어(1564~1616) 영국 극작가, 시인

▶ 우리가 불평을 하는 것은 우리의 문제가 커서가 아니라 우리의 마음이 좁기 때문이다. _J. 테일러(1613~1667) 영국 작가, 성직자

▶ 우리는 부당하게 겪는 불행에 대해서만 불평할 권리가 있다. _P. N. 오비디우스(B.C. 43~A.D. 17) 로마 시인

▶ 우리들의 내부에는 불평 불만의 기관이 있다. _J. W. 괴테(1749~1832) 독일 시인, 소설가, 극작가

▶ 운명은 우리들로부터 불평을 들어 줄 귀마저 거절한다. _G. V. 카툴루스(B.C. 84?~B.C. 54?) 로마 시인

▶ 자유 국가에는 여러 가지 불평은 있지만 고통은 거의 없다. 독재 국가에는 불평은 적지만 재난이 많다. _N. L. S. 카르노(1796~1832) 프랑스 물리학자

▶ 죽을 수도 없으니 참으로 괴롭다고 누구나 말하는데, 이는 여태껏 잘 살아온 사람들의 입에서 나오는 괴상한 불평이다. _M. 트웨인(1835~1910) 미국 소설가

*옴 | 옴진드기가 기생하여 일으키는 피부병.
*원 | 각 고을을 맡아 다스리던 지방관으로, '수령'이라고도 함.

속담

▶ 공평한 일이 있으면 반드시 불평하는 자가 있다. _영국

▶ 다리 아래서 *원을 꾸짖는다. (직접 말하지 못하고 안 들리는 곳에서 불평이나 욕을 한다는 뜻) _한국

▶ 말고기를 다 먹고 무슨 냄새 난다고 한다. (욕심을 다 채우고 나서 공연히 불평함을 이르는 말) _한국

▶ 모든 흥정은 나중에 불평하는 사람이 없도록 분명하게 하라. _영국

▶ 선떡 받듯이. (마음에 흡족하지 않거나 못마땅해하는 태도를 이르는 말) _한국

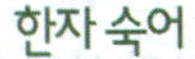

지식 쑥쑥

한자 숙어

여적신후래자재상(如積薪後來者在上) 사람을 채용함에 있어 새로 들어오는 사람을 기존 사람보다 높은 자리에 앉힌다는 뜻으로서 그것이 잘못이라고 불평한 말.

불행 不幸

행복하지 아니함.

명언 명문

▶ 개개인의 모든 불행은 최선의 세계에서는 서로 연관되어 있다. 따라서 모든 불행은 필연적으로 행복을 위해 존재한다.

_볼테르(1694~1778) 프랑스 사상가 《캉디드》

▶ 고통이 우리를 정복하지 않은 한 불행이 아니다.

_C. 킹즐리(1819~1875) 영국 성직자, 소설가

▶ 남의 불행을 보는 것은 나의 불행을 견딜 수 있게 해 준다.

_소포클레스(B.C. 496~B.C. 406) 그리스 시인

▶ 모든 불행은 미래의 발판에 지나지 않는다.

_H. D. 소로(1817~1862) 미국 사상가, 수필가 《겨울》

▶ 불행도 신앙처럼 습성이 될 수 있다.

_G. 그린(1904~1991) 영국 소설가 《권력과 영광》

▶ 불행은 반 이상이 인생에 대한 잘못된 해석이다.

_M. E. 몽테뉴(1533~1592) 프랑스 사상가 《수상록》

▶ 불행이 크면 클수록 인생살이도 크다.

_P. J. 크레비용(1674~1762) 프랑스 극작가 《삼두정치》

▶ 사람은 남이 겪고 있는 불행이나 괴로움에 대해 적지 않은 기쁨을 느끼는 법이다.

_E. 버크(1729~1797) 영국 정치가, 사상가

▶ 사람의 불행은 그 사람의 위대함을 증명하려는 것이다.

_B. 파스칼(1623~1662) 프랑스 사상가, 수학자, 물리학자 《팡세》

▶ 스스로 불행하다고 생각하는 사람은 불행하다.

_L. A. 세네카(B.C. 4?~A.D. 65) 로마 철학자, 극작가

▶ 어떠한 불행 속에도 행복이 옴츠리고 있다. 어디에 좋은 일이 있

고 어디에 나쁜 일이 있는지 우리들이 모를 따름이다.

_C. V. 게오르규(1916~1992) 루마니아 작가, 신부 《제2의 찬스》

▶ 어떤 불행은 도리어 희망의 토대가 된다. 불행 앞에 굴복하여 슬퍼하지 말고 그 불행을 이용하는 사람이 되라.

_H. 발자크(1799~1850) 프랑스 소설가

▶ 언제까지나 계속되는 불행은 있을 수 없다.

_R. 롤랑(1866~1944) 프랑스 소설가, 사상가

▶ 인간은 다른 사람의 마음을 알지 못해서 불행하게 되는 일은 없지만, 자신의 마음을 주의하지 않으면 반드시 불행에 빠진다.

_마르쿠스 아우렐리우스(121~180) 로마 황제

▶ 인간은 자기가 행복하다는 것을 모르기 때문에 불행한 것이다.

_F. M. 도스토옙스키(1821~1881) 러시아 소설가

▶ 장차 있을지도 모를 불행을 미리 염려하기보다 눈앞에 닥친 불행을 견뎌 내는 데 정신을 쏟는 편이 낫다.

_F. 라로슈푸코(1613~1680) 프랑스 작가

▶ 행복한 순간이야말로 바로 그 옆에 불행이 엎드려 있다. 불행한 순간이야말로 행복이 깃들 수 있는 하나의 터전이다. _《노자도덕경》

▶ 황금은 불에 의해 제련이 되고, 사람은 불행의 도가니에서 시련을 받는다. _테오그니스(B.C. 6세기경) 그리스 시인 《격언집》

속담

▶ 낮에는 밤이 따르고 행복에는 불행이 따르는 법이다. _서양

▶ 노래할 때는 누구나 들어 주지만 울고 있을 때는 아무도 안 본다. (번창할 때는 남들도 관심을 갖지만 불행하게 되면 아무도 돌아보지 않는다는 말) _리투아니아

▶ 불행도 어떤 쓸모가 있다. (불행을 통해 교훈을 얻기도 하고 행복의 기틀을 마련할 수도 있다는 말) _프랑스

▶ 잠자는 불행은 깨우지 마라. _에스파냐

지식 쑥쑥

한자 숙어

설상가상(雪上加霜) 눈 위에 서리가 덮인다는 뜻으로, 난처한 일이나 불행한 일이 계속 일어남을 이르는 말.

문장 반짝

관용어

불행 중 다행 _ 불행 가운데서 그나마 그만하면 다행.

비교 比較

둘 이상의 사물을 견주어 서로 간의 유사점, 차이점 따위를 깊이 생각하고 연구하는 일.

명언 명문

▶ 남과 자기를 비교하여 자기 자신을 다스린다면, 이것 또한 한 가지 방편이 될 것이다. _《채근담》

▶ 말하는 이의 마음은 한결같지만, 듣는 이들의 귀는 서로 다르다.
_지눌(1158~1210) 고려 시대 승려

▶ 모든 비교는 나쁜 것이다. 따라서 결코 사람들끼리 비교를 해서는 안 된다. _M. 세르반테스(1547~1616) 에스파냐 소설가

▶ 배우라, 비교하라, 사실을 수집하라.
_I. P. 파블로프(1849~1936) 러시아 생리학자

▶ 불만은 비교에서 나온다. 자기 것보다 더 좋은 것이 보이지 않는다면 누구나 자기 것을 좋아할 것이다. _J. 노리스(1657~1711) 영국 성직자

▶ 비교는 자기 친구를 원수로 만든다.
_필레몬(B.C. 368?~B.C. 264?) 그리스 극작가

▶ 비교하면 어느 것이나 꼭 같지 않다.
_M. E. 몽테뉴(1533~1592) 프랑스 사상가 《수상록》

▶ 사람은 모기와 코끼리를 비교하지는 않는다.
_디오게네스(B.C. 412?~B.C. 323?) 그리스 철학자

▶ 사람의 행복과 불행을 좌우하는 것은 비교이다.
_T. 풀러(1654~1734) 영국 의사, 작가

▶ 완전한 행복에 필요한 유일한 조건은 현재를 과거와 비교하지 않는 것이다. _A. P. G. 지드(1869~1951) 프랑스 소설가, 평론가

▶ 우리들은 자기 것을 남의 것과 비교하는 데 즐거움을 느낀다.
_L. A. 세네카(B.C. 4?~A.D. 65) 로마 철학자, 극작가

- 자신이 받는 월급을 다른 사람의 많은 월급과 비교하지 마라.

  _N. V. 필(1898~1993) 미국 성직자

*조밥 | 맨 좁쌀로 짓거나 좁쌀을 많이 섞어서 지은 밥.

- 주홍은 주홍과 비교해야 한다.

  _D. 에라스뮈스(1466~1536) 네덜란드 철학자 《격언집》

- 질투는 항상 남과의 비교에서 생기므로, 비교가 없는 곳에는 질투도 없다. _F. 베이컨(1561~1626) 영국 정치가, 철학자 《수필집》

속담

- 길고 짧은 것은 대어 보아야 안다. (잘하고 못하는 것은 실제로 겨루어 보아야 안다는 뜻) _한국
- 내 콩이 크니 네 콩이 크니 한다. _한국
- 동료하고만 비교하라. _서양
- 둘째 며느리 삼아 보아야 맏며느리 착한 줄 안다. (비교할 대상이 없으면 진가를 알기 어렵다는 말) _한국
- 비교는 불쾌한 것. _이탈리아
- 사람들을 불행하게 만드는 것은 남과 비교하는 것이다. _영국
- *조밥에도 큰 덩이 작은 덩이가 있다. (어디에도 크고 작은 구별이 있게 마련이라는 뜻) _한국

문장 반짝

관용어

비교도 되지 않다 _ 어느 것이 월등하게 뛰어나 다른 것이 견줄 만한 가치도 없다.

고사성어

▷ 난형난제(難兄難弟)

누구를 형이라 하고 누구를 아우라 하기 어렵다는 뜻으로, 두 사물을 비교할 때 서로 비슷하여 낫고 못함을 정하기 어려움을 이르는 말이다. 후한 말 덕망이 높기로 유명한 진식에게는 아버지 못지않은 진기, 진심이라는 두 아들이 있었고, 이들에게도 각각 진군과 진충이라는 아들이 있었다. 어느 날 진군과 진충이 서로 자기 아버지가 더 뛰어나다고 다투다가 할아버지인 진식에게 결론을 구했다. 이때 진식이 "형이 낫다고 하기도 어렵고 아우가 낫다고 하기도 어렵구나."라고 대답한 데서 유래한다. _《세설신어》

인생

비난

非難

남의 잘못이나 결점을 책잡아서 나쁘게 말함.

명언 명문

▶ 가장 힘써야 할 일은 자기 마음이 자기를 비난하지 않도록 하는 것이다. _J. 애디슨(1672~1719) 영국 수필가, 시인, 정치가

▶ 거침없이 남을 비난하기 전에 먼저 자신을 살리는 법부터 찾아야 한다. _F. M. 도스토옙스키(1821~1881) 러시아 소설가

▶ 게으름과 가난은 언제나 비난을 받았기 때문에 누구나 가난은 남에게, 게으름은 자신에게 감추려고 최대한 노력을 한다. _S. 존슨(1709~1784) 영국 시인, 평론가

▶ 고귀한 인품도 티끌만 한 결점 때문에 의심과 비난의 대상이 된다. _W. 셰익스피어(1564~1616) 영국 극작가, 시인

▶ 나의 행동을 비난하는 자는 나와 교제를 원하고, 내 물건을 비난하는 자는 나와 거래를 원한다. _《회남자》

▶ 너를 비난하는 사람을 가까이하고 칭찬하는 사람을 멀리하라. _《탈무드》

▶ 명예와 영광, 사람들의 허영심을 심하게 비난하는 사람들이야말로 명예와 영광을 가장 탐하는 자들이다. _B. 스피노자(1632~1677) 네덜란드 철학자

▶ 비난 받을 만한 행동을 하는 자들이 언제나 이웃을 제일 먼저 비난한다. _몰리에르(1622~1673) 프랑스 극작가, 배우

▶ 비난에 대한 가장 좋은 대답은 올바른 행동이다. _J. 밀턴(1608~1674) 영국 시인

▶ 비난은 사람이 유명하게 되었을 때 대중에게 바치는 세금이다. _J. 스위프트(1667~1745) 영국 소설가

J. 밀턴

▶ 비방이란 자기에게 돌아오는 화살이다.

_장자(B.C. 369?~B.C. 289?) 중국 전국 시대 송나라 사상가

▶ 사람들의 비난을 막는 유일한 방법은 내 마음에서 옳다고 생각되는 일을 하는 것이다.

_F. D. 루스벨트(1882~1945) 미국 제32대 대통령

▶ 사람을 비난하는 것은 말하자면 위험한 불꽃인 것이다. 그 불꽃은 자존심이라는 화약고의 폭발을 유발하기 쉽다.

_D. 카네기(1888~1955) 미국 저술가

▶ 온 세상이 나를 비난하더라도 화를 내어서는 안 된다. 곧 그 비난 속에 어떤 근거가 있나 없나를 잘 생각해 보지 않으면 안 된다.

_D. 흄(1711~1776) 영국 철학자, 역사가

▶ 우리가 서로 사랑하는 것을 비난하는 사람이 있을지라도 그것 때문에 괴로워할 필요는 없다. 비난은 아무런 힘도 갖고 있지 않다.

_J. W. 괴테(1749~1832) 독일 시인, 소설가, 극작가

▶ 우리의 일생은 타인에게 얽매여 있다. 타인을 사랑하는 데에 인생의 반을 소모하고, 나머지 반은 타인을 비난하는 데에 소모한다.

_J. 주베르(1754~1824) 프랑스 작가, 평론가

▶ 정면으로 타인을 비난하는 것은 좋지 않다. 그를 창피 주는 일이 되기 때문이다.

_L. N. 톨스토이(1828~1910) 러시아 소설가, 사상가

▶ 칭찬하는 비난도 있고 헐뜯는 칭찬도 있다.

_F. 라로슈푸코(1613~1680) 프랑스 작가 《잠언과 고찰》

속담

▶ 비난의 말이 아픈 것은 그 비난이 옳기 때문이다. _영국

▶ 비난의 혀만큼이나 큰 상처를 입히는 칼은 없다. _영국

▶ 비난하는 손가락은 남에게 하나가 향하면 자신에게 세 개가 향한다. _나이지리아

▶ 비난하는 자는 살인하는 자보다 나쁘다. _알바니아

▶ 손가락질 받는다. _일본

한자 숙어

면종후언(面從後言) 보는 앞에서는 복종하는 체하면서 뒤에서는 헐뜯고 욕설을 한다는 뜻.

천인소지 무병이사(千人所指無病而死) 천 명의 손가락질을 받으면 병이 없어도 죽는다는 뜻으로, 남에게 원망 받을 행동을 해서는 안 됨을 이르는 말.

비밀 秘密

숨기어 남에게 드러내거나 알리지 말아야 할 일.

명언 명문

▶ 가슴 속의 비밀은 결코 오래 감추어 둘 수가 없는 법이다.

_량치차오(1873~1929) 중국 청나라 사상가, 문학가

▶ 나는 의사로서 알게 된 비밀을 신성하게 여기고 절대로 누설하지 않을 것이다. _히포크라테스(B.C. 460?~B.C. 377?) 그리스 의학자

▶ 남자는 자기의 비밀보다는 남의 비밀을 성실하게 지킨다. 여자는 반대로 남의 비밀보다는 자기의 비밀을 잘 지킨다.

_J. 라브뤼예르(1645~1696) 프랑스 작가 《사람은 가지가지》

▶ 네 비밀을 남이 지켜 주기를 바란다면 너 자신이 먼저 지켜라.

_L. A. 세네카(B.C. 4?~A.D. 65) 로마 철학자, 극작가

▶ 다른 사람의 비밀을 발설하는 것은 배반이고, 자신의 비밀을 입 밖에 내는 것은 어리석은 행동이다.

_볼테르(1694~1778) 프랑스 사상가 《예의 없는 사람》

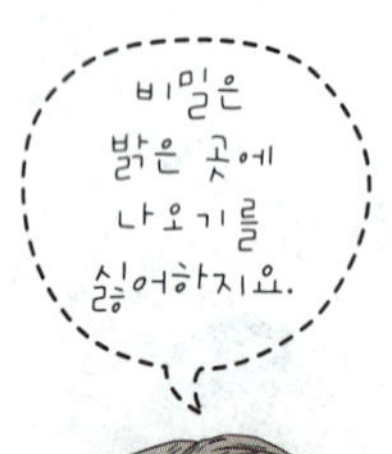

▶ 마음이 약해서, 그리고 어리석은 동정심에서 어쩌면 인간은 비밀 없이는 살 수 없는지도 모른다.

_L. 린저(1911~2002) 독일 소설가 《생의 한가운데》

H. 헤세

▶ 비밀은 일단 누설되면 더 이상 비밀이 아니다.

_J. 빌링스(1818~1885) 미국 작가

▶ 비밀이란 밝은 곳에 나오기를 싫어한다.

_H. 헤세(1877~1962) 독일 소설가, 시인 《데미안》

▶ 사람의 마음을 여는 열쇠, 그것은 비밀이다.

_J. P. C. 플로리앙(1755~1794) 프랑스 작가 《라테아》

▶ 사람의 얼굴이 다르듯이 사람의 비밀도 제각기 다르다. _《탈무드》

- 이야깃거리가 궁할 때에 자기 친구의 비밀을 폭로하지 않는 자는 드물다. _F. W. 니체(1844~1900) 독일 철학자, 시인 《인간적인, 너무나 인간적인》
- 인생의 비밀은 자신을 속이는 감정을 절대로 갖지 않는 것이다. _O. F. O. W. 와일드(1854~1900) 아일랜드 시인, 극작가 《도리언 그레이의 초상》
- 자신이 지키지 못하는 비밀을 어떻게 남보고 지키라고 할 수 있겠는가. _F. 라로슈푸코(1613~1680) 프랑스 작가 《잠언과 고찰》
- 적에게 비밀이 누설되지 않게 하려거든 그 비밀을 친구에게 이야기하지 마라. _B. 프랭클린(1706~1790) 미국 정치가, 과학자
- 출생과 마찬가지로 죽음은 자연의 비밀이다. _마르쿠스 아우렐리우스(121~180) 로마 황제

속담

- 낮말은 새가 듣고 밤말은 쥐가 듣는다. (아무리 비밀히 한 말이라도 반드시 남의 귀에 들어가게 된다는 말) _한국
- 늦게든 일찍이든 알려지지 않을 비밀은 없다. (이 세상에 비밀이란 없다는 말) _에스파냐
- 두 사람 사이의 비밀은 신의 비밀이고, 세 사람 사이의 비밀은 모든 사람의 비밀이다. _프랑스
- 비밀은 너의 피다. 그것을 자주 흘리면 너는 죽는다. _아라비아
- 숲에 귀가 있고 들에 눈이 있다. _영국
- 우물 속의 혼잣말도 삼 년 지나면 알려진다. (깊이 간직한 비밀도 시간이 지나면 점차 알려지게 된다는 뜻) _일본
- 의논은 천 명과 하고 비밀은 한 명에게만 밝혀라. _이란
- 자기 비밀을 털어놓으면 남의 종이 된다. (자신의 비밀을 남에게 함부로 털어놓으면 남에게 약점이 잡혀 끌려 다니게 된다는 뜻) _서양
- 자신의 비밀을 말하는 자는 남의 비밀도 지키지 못한다. _영국

지식 쑥쑥

한자 숙어

수구여병(守口如甁) 입을 병마개 막듯이 봉하라는 뜻으로, 비밀을 지키라는 말.

암중비약(暗中飛躍) 어둠 속에서 날고 뛴다는 뜻으로, 남들이 모르는 가운데 맹렬히 활동함을 이르는 말.

출구입이(出口入耳) 말하는 자의 입과 듣는 자의 귀라는 뜻으로, 당사자 외에는 아는 자가 없으므로 비밀이 될 수 있음을 이르는 말.

인생

삶

사는 일. 또는 살아 있음.

명언 명문

▶ 고통은 삶이다. 고통이 심할수록 삶의 증거는 더욱 많은 것이다.

_C. 램(1775~1834) 영국 평론가, 수필가

▶ 나의 지친 마음이여, 산다는 것은 얼마나 어려운 일인가.

_H. F. 아미엘(1821~1881) 스위스 철학자, 문학가 《일기》

▶ 남을 위해 살아간 인생만이 가치 있는 삶이다.

_A. 아인슈타인(1879~1955) 미국 물리학자

▶ 사는 것이 중요한 게 아니고, 올바르게 사는 것이 중요하다.

_소크라테스(B.C. 469~B.C. 399) 그리스 철학자

▶ 삶은 실험이며, 많은 실험을 할수록 좋다.

_R. W. 에머슨(1803~1882) 미국 사상가, 시인 《수필집》

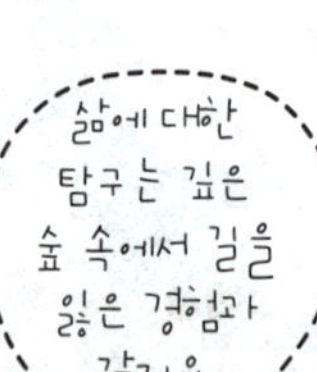

▶ 삶의 가장 큰 보람은 자신이 죽은 뒤에도 남을 것을 위해 삶을 바치는 것이다.

_W. 제임스(1842~1910) 미국 철학자, 심리학자

▶ 삶의 기쁨은 크지만, 지각 있는 삶의 기쁨은 더 크다.

_J. W. 괴테(1749~1832) 독일 시인, 소설가, 극작가 《동서시집》

▶ 삶의 기술은 춤보다도 레슬링과 더 비슷하다.

_마르쿠스 아우렐리우스(121~180) 로마 황제

▶ 삶의 의문에 대한 나의 탐구는 마치 깊은 숲 속에서 길을 잃은 사람이 경험한 것과 똑같은 경험이다.

_L. N. 톨스토이(1828~1910) 러시아 소설가, 사상가 《참회록》

▶ 삶의 지혜는 불필요한 것을 제거하는 데 있다.

_린위탕(1895~1976) 중국 작가

L. N. 톨스토이

▶ 생명을 사랑하지 마라. 그리고 미워하지 마라. 사는 데까지 잘 살

아라. 그 길고 짧음은 하늘에 맡겨라.

_J. 밀턴(1608~1674) 영국 시인 《실낙원》

*비열 | 사람의 하는 짓이나 성품이 천하고 옹졸함.

- 선한 삶, 아름다운 삶, 올바른 삶은 모두 같은 것이다.

_소크라테스(B.C. 469~B.C. 399) 그리스 철학자

- 우리의 삶은 삶의 한복판에 있으며 죽음에 둘러싸여 있다.

_M. 루터(1483~1546) 독일 종교 개혁가

- 우리의 삶은 이 세상에서 단 한 번뿐이다.

_J. W. 괴테(1749~1832) 독일 시인, 소설가, 극작가

- 이 세상에 나왔다는 자체가 우리에게는 하나의 결말이다. 죽음을 문제 삼을 필요가 없다. 사는 것이 기쁨이고 법칙이다.

_W. 사로얀(1908~1981) 미국 소설가, 극작가 《인생의 한때》

- 인간을 삶에서 따로 떨어뜨리는 자들은 모두 나의 적이 된다.

_A. P. G. 지드(1869~1951) 프랑스 소설가, 평론가 《배덕자》

- 인간의 삶은 외롭고 초라하고 *비열하고 잔인하고 짧은 것이다.

_T. 홉스(1588~1679) 영국 철학자, 법학자

- 죽음의 모험은 삶 속에 있으며, 그것이 없으면 삶은 삶이 되지 않는다.

_T. 만(1875~1955) 독일 소설가, 평론가 《마의 산》

속담

- 가늘어도 길게 살자. (수수하고 착실하게 오랫동안 사는 것이 좋다는 말) _일본
- 개똥밭에 굴러도 이승이 좋다. (고생스럽고 천하게 살아도 죽는 것보다 사는 것이 훨씬 낫다는 뜻) _한국
- 산 개가 죽은 정승보다 낫다. _한국
- 삶은 달콤하고 아름답다. (삶은 살 만하고 아름다운 것임을 예찬하는 말) _마다가스카르
- 우리는 살기 위해서 먹는 것이지, 먹기 위해서 사는 것은 아니다. (인간 삶의 목적을 소박하게 이르는 말) _서양
- 죽을 준비가 되었을 때 비로소 우리 삶은 시작한다. _서양
- 훌륭히 살면 영원히 산다. (훌륭한 삶을 살면 그 이름이 영원히 남는다는 말) _미국, 영국

생존 生存

살아 있음. 또는 살아남음.

명언 명문

*안일 | 편안함만을 누리려는 태도.
*부지 | 상당히 어렵게 보존하거나 유지하여 나감.

- 나의 행복, 거기에 무슨 근거가 있을까? 그것은 빈곤이고, 불결이며, 비참한 *안일이다. 나의 행복이란 나의 생존 그 자체에 의해서 시인되지 않으면 안 된다.

  _F. W. 니체(1844~1900) 독일 철학자, 시인 《자라투스트라는 이렇게 말했다》

- 모든 생물은 아무리 작은 것이라도 살려는 의지가 있다.

  _A. 쇼펜하우어(1788~1860) 독일 철학자

- 무수한 우연과 적대 관계 속에서 사람의 목숨을 *부지한다는 것은 그를 창조하는 것과 같은 놀라운 기적이다.

  _J. 테일러(1613~1667) 영국 작가, 성직자

- 생존 자체가 문제가 되면 불합리한 장벽과 오래된 편견은 금세 무너진다. _J. F. 케네디(1917~1963) 미국 제35대 대통령

- 생존을 위해 없어서는 안 될 꼭 필요한 것들은 철저히 활용하라.

  _B. 그라시안이모랄레스(1601~1658) 에스파냐 작가

- 생존이란 일종의 투쟁이다. 요컨대 생존이란 승리를 유지함을 뜻한다. _R. M. 가르(1881~1958) 프랑스 소설가, 극작가

- 아무리 시대가 발전했어도 인류 생존의 기본 법칙에는 별다른 영향을 미치지 못했는데, 그것은 마치 우리의 골격이 조상의 골격과 별 차이가 없는 것과 같다. _H. D. 소로(1817~1862) 미국 사상가, 수필가

- 어떠한 대가를 치르더라도, 어떠한 공포가 닥치더라도, 갈 길이 아무리 멀고 험하더라도, 반드시 승리해야 한다. 승리 없이는 생존도 없기 때문이다. _W. L. S. 처칠(1874~1965) 영국 정치가

- 우정은 철학이나 예술처럼 생존하는 데에 꼭 필요하지는 않지만

생존에 가치를 더해 주는 중요한 요소이다.

_C. S. 루이스(1898~1963) 영국 작가, 학자

▶ 의식하는 존재에 있어서, 생존한다는 것은 변화한다는 것이고, 변화한다는 것은 경험을 쌓는다는 것이며, 경험을 쌓는다는 것은 한없이 자기 자신을 창조해 가는 일이다.

_H. L. 베르그송(1859~1941) 프랑스 철학자 《창조적 진화》

▶ 인간은 그들이 사회에 대한 의무를 다하든 다하지 않든 관계 없이 생존의 절대적인 권리를 보장받아야 한다.

_E. 프롬(1900~1980) 독일 정신 분석학자, 사회학자

▶ 적응하는 자는 살고, 적합하지 않는 자는 죽는다. 아, 이런 말을 하는 자가 누구냐. 살아 남은 자들이다.

_S. N. 클레그헌(1876~1959) 영국 작가

▶ 제일 먼저 나오는 것은 중요하지 않다. 살아서 나오는 것이 중요하다.

_B. 브레히트(1898~1956) 독일 시인, 극작가

▶ 죽음을 두려워하지 않는 사람만이 생존에 적합한 사람이다.

_D. 맥아더(1880~1964) 미국 군인

한자 숙어

기사회생(起死回生) 거의 죽을 뻔하다가 도로 살아남.

키워드 정보 BOX

생존 경쟁

생존 경쟁이란, 생물이 한정된 자원, 즉 먹이나 살 곳을 서로 차지하기 위해서 벌이는 경쟁이란 뜻으로, 영국의 생물학자 다윈이 진화론을 설명하기 위해 사용했다. 그의 진화론은 《종의 기원》에 발표되었는데, 그중 제3장의 제목이 바로 '생존 경쟁'이다. 한정된 자원을 차지하기 위해 생물은 서로 생존 경쟁을 하고, 그 결과로 환경에 더 적합한 생물이 살아남아 자손을 남긴다는 것이 다윈이 말한 자연 선택의 기본 방향이었다. 인간 사회에서 일어나는 경쟁을 가리키기도 한다.

자연 선택설을 주장한 다윈.

생활 生活

사람이나 동물이 일정한 환경에서 활동하며 살아감. 또는 생계나 살림을 꾸려 나감.

명언 명문

- 나는 간소하면서 아무 허세도 없는 생활이야말로 모든 사람에게 최상의 것, 육체를 위해서나 정신을 위해서나 최상의 것이라고 생각한다. _A. 아인슈타인(1879~1955) 미국 물리학자
- 남에게 주는 것은 건강한 생활의 비결이다. 반드시 돈을 주는 것만은 아니고 격려, 동정, 이해를 베풀어 주는 것이다. _J. D. 록펠러 2세(1874~1960) 미국 자선 사업가
- 네가 추수한 것으로만 생활하라. _A. 페르시우스(34~62) 로마 시인
- 사람은 생활에 취해 있는 동안 살아갈 수 있다. _L. N. 톨스토이(1828~1910) 러시아 소설가, 사상가
- 사람은 학교가 아니라 일상생활에서 배운다. _L. A. 세네카(B.C. 4?~A.D. 65) 로마 철학자, 극작가
- 생활, 그것의 어려움은 차라리 단순함에 있는 것 같다. _R. M. 릴케(1875~1926) 독일 시인 《말테의 수기》
- 생활은 다음 두 가지로부터 이루어진다. 하고 싶지만 안 된다. 할 수 있지만 하기 싫다. _J. W. 괴테(1749~1832) 독일 시인, 소설가, 극작가 《격언과 반성》
- 생활은 향락이 아니라 괴롭고 몹시 힘든 노동이다. _L. N. 톨스토이(1828~1910) 러시아 소설가, 사상가
- 생활의 기술이란 아무것이나 없애 버리면서도 모든 것을 맞아들일 수 있는 기술을 배우는 것이다. _A. 보나르(1883~1968) 프랑스 작가 《우정론》
- 생활의 멋은 많은 사물에 달려 있는 것이 아니다. _《채근담》

▶ 인간 생활의 비밀은 그저 사는 것뿐만 아니라 무엇을 위해서 사느냐 하는 데 있다.

_F. M. 도스토옙스키(1821~1881) 러시아 소설가 《카라마조프의 형제들》

▶ 진정한 생활이란 다른 인간과의 어떤 밀접한 관계를 맺고 있는 생활을 의미한다. _B. A. W. 러셀(1872~1970) 영국 철학자, 수학자

▶ 행복한 생활은 대체로 고요한 생활이어야 한다. 왜냐하면 고요하다는 분위기 속에서만이 참다운 환희가 살아날 수 있기 때문이다.

_B. A. W. 러셀(1872~1970) 영국 철학자, 수학자

속담

▶ 방탕한 생활이 자유로운 생활은 아니다.

_서양

▶ 죽을 날이 다가온 것처럼 살아가도록 하라. (최선을 다해 생활하라는 말) _서양

지식 쑥쑥

한자 숙어

백년동주(百年同住) 평생을 같이 삶.

호구지책(糊口之策) 가난한 살림에서 그저 겨우 먹고살아 가는 방책.

고사성어

▷ 매처학자(梅妻鶴子)

아~ 아름답군!

매화 아내와 학 아들이라는 뜻으로, 유유자적한 풍류 생활을 이르는 말이다. 중국 송나라 때 임포라는 사람이 있었다. 그는 결혼도 하지 않고 세속을 떠나 평생 고독한 삶을 살아간 시인이었다. 임포는 산에서 은둔하며 살았는데, 아내와 자식이 없는 대신 자신이 머물고 있는 조그마한 집 주변에 수많은 매화 나무를 심고 학을 기르며 멋스럽게 인생을 보냈다. 이러한 이유로 사람들이 그를 가리켜 '매화 아내와 학 아들을 둔 사람'이라 부른 데서 유래한다. _《시화총귀》

▷ 의식족즉 지영욕(衣食足則知榮辱)

먹고 입는 것이 충분해야 명예와 수치를 안다는 뜻으로, 사람은 기본적인 생활이 유지되어야 예의도 안다는 말로 쓰인다. '관포지교'로 유명한 춘추 시대의 재상 관중은, "백성을 부유하게 하고 바른길로 인도하기 위해서는 법과 예의가 갖추어져야 한다. 그러나 사람은 배가 고프면 염치를 잊어버리게 마련이다. 그렇기 때문에 무엇보다도 백성들이 먹고 입는 기본적인 생활을 가장 먼저 해결해 주어야 한다."고 주장했다. _《관자》 목민 편

선물

膳物

남에게 어떤 물건 따위를 선사함.
또는 그 물건.

명언 명문

*부재자 | 그 자리에 없는 사람.

▶ 거저 얻은 선물보다 비싼 것은 없다.

_M. E. 몽테뉴(1533~1592) 프랑스 사상가 《수상록》

▶ 네가 가진 것을 선물하라. 네가 상상하지도 못할 만큼 훌륭한 것이 될지도 모른다.

_H. W. 롱펠로(1807~1882) 미국 시인

▶ 마음에서 우러나오는 선물은 곱절로 유쾌하다.

_P. 시루스(B.C. 1세기경) 로마 시인 《격언집》

▶ 상대방의 요청이 있을 때 주는 것은 좋은 일이지만 요청이 없어도 미리 알아서 주는 것은 더 좋다.

_K. 지브란(1883~1931) 미국 소설가, 화가, 시인

▶ 선물 받는 상대방의 눈을 보는 것은 즐거운 일이다.

_J. 라브뤼예르(1645~1696) 프랑스 작가 《사람은 가지가지》

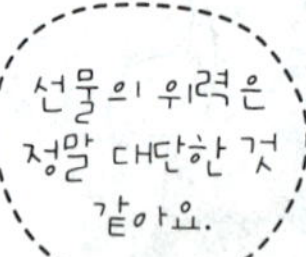

▶ 선물에는 바위도 부서진다.

_M. 세르반테스(1547~1616) 에스파냐 소설가

▶ 선물은 많이 주는 것보다 제때에 주는 것이 더 낫다.

_J. 라브뤼예르(1645~1696) 프랑스 작가

▶ 선물은 *부재자를 친밀하게 느끼도록 한다.

_C. 램(1775~1834) 영국 평론가, 수필가

▶ 선물을 품위 있고 정중하게 받는 것은 보답할 것이 없더라도 보답하는 셈이 된다.

_J. H. L. 헌트(1784~1859) 영국 평론가, 수필가

▶ 선물이라는 것은 상대의 관심을 사는 것이다. 그러므로 여러 사람에게 선물을 준다는 것은 가능하면 많은 사람에게 주목받고 싶은, 자신을 좋아해 주길 바라는 심리에서 비롯된다고 볼 수 있다.

_우에니시 아키라(1947~) 일본 작가

M. 세르반테스

▶ 선물이란 아무리 사소한 것일지라도 애정으로부터 우러나온 것이라면 그 진가는 큰 것이다. _핀다로스(B.C. 518~B.C. 438) 그리스 시인

▶ 선물하는 물건보다 선물하는 방법이 중요하다.

_P. 코르네유(1606~1684) 프랑스 시인, 극작가 《거짓말쟁이 사나이》

▶ 연애를 할 때에는, 그녀에게 선물 보낼 날을 자기가 미리 정하였더라도 그날이 되기 전에 주지 않고는 못 배긴다.

_J. 르나르(1864~1910) 프랑스 소설가, 극작가

▶ 유일한 선물은 네 자신의 일부분이다. 그래서 시인은 자기의 시를 가져오고, 양치기는 어린 양을, 농부는 곡식을, 광부는 보석을, 사공은 산호와 조가비를, 화가는 자기의 그림을, 그리고 처녀는 자기가 바느질한 손수건을 선물한다.

_R. W. 에머슨(1803~1882) 미국 사상가, 시인

▶ 준 사람의 마음이 변하면 아무리 값진 선물도 하찮은 것이 된다.

_W. 셰익스피어(1564~1616) 영국 극작가, 시인

▶ 현명한 사람은 그가 사랑하는 사람의 선물보다도 선물을 보내 주는 사람의 사랑을 귀중하게 생각한다.

_T. 켐피스(1380?~1471) 독일 사상가, 수도사

속담

▶ 선물 받은 말의 이를 들여다보지 마라. (선물 받은 물건에 대해 좋고 나쁨을 가리지 말라는 뜻) _서양

▶ 선물은 그 사람을 나타낸다. _영국

▶ 선물은 노크 없이 들어간다. _영국

▶ 선물은 손발을 묶는다. (선물을 받으면 일처리를 공평하고 올바르게 하기가 어렵다는 말) _독일

▶ 선물은 여자를 황홀하게, 승려의 마음을 너그럽게, 법을 유명무실하게 만드는 힘이 있다. _덴마크

▶ 선물을 주고받으면 수많은 친구를 얻게 된다. _네덜란드

한자 숙어

경거(瓊琚) 아름다운 옥이라는 뜻으로, 훌륭한 선물을 비유적으로 이르는 말.

하선동력(夏扇冬曆) 여름의 부채와 겨울의 책력이라는 뜻으로, 선사하는 물건이 철에 맞음을 이르는 말.

헌근지의(獻芹之意) 정성을 다하여 남에게 선물이나 의견을 올리는 뜻.

선생 先生

학생을 가르치는 사람. 학예가 뛰어난 사람을 높여 이르는 말.

명언 명문

*경서 | 옛 성현들이 유교의 사상과 교리를 써 놓은 책.
*폐단 | 어떤 일이나 행동에서 나타나는 옳지 못한 경향이나 해로운 현상.

- 가장 좋은 선생은 어린이와 함께 웃는 선생이다. 가장 나쁜 선생은 어린이를 비웃는 선생이다. _A. S. 닐(1883~1973) 영국 교육자
- *경서를 가르치는 스승은 만나기 쉽고, 사람을 인도하는 스승은 만나기 어렵다. _사마광(1019~1086) 중국 북송 학자 《자치통감》
- 나를 칭찬하는 사람은 나의 적이고 나를 비판하는 사람은 나의 스승이다. _《명심보감》
- 나무와 들판은 나에게 아무것도 말해 주지 않는다. 사람들이 나의 스승이다. _플라톤(B.C. 428?~B.C. 347?) 그리스 철학자
- 독창적인 표현과 지식의 기쁨을 일깨워 주는 것이 선생의 최고 기술이다. _A. 아인슈타인(1879~1955) 미국 물리학자
- 부모는 자녀들을 선생에게 보내지만 오히려 그 아이들이 선생을 교육한다. _R. W. 에머슨(1803~1882) 미국 사상가, 시인
- 사람은 가르치면서 배운다. _L. A. 세네카(B.C. 4?~A.D. 65) 로마 철학자, 극작가
- 사실을 암기해서 얻은 지식만을 가지고 있는 자는 남의 스승이 될 자격이 없느니라. _《논어》
- 선생은 가르친다. 물론 선생은 가르칠 수 있는 것만을 가르친다. _B. S. 라즈니시(1931~1990) 인도 철학자
- 세 사람이 같이 길을 가면 그중에는 반드시 내 스승이 될 만한 사람이 있다. 그중에서 좋은 점은 골라서 좇을 것이요, 좋지 못한 점은 살펴서 고칠 것이다. _《논어》
- 세상 사람들에게 공통되는 *폐단은 자기가 다른 사람의 스승이

B. S. 라즈니시

되기를 좋아하는 데 있다. _《맹자》

▶ 스승의 엄격함은 아버지의 관대함보다 더 유익하다.

_사디(1213?~1291) 페르시아 시인

▶ 어려운 것을 쉽게 만들 수 있는 사람이 선생이다.

_R. W. 에머슨(1803~1882) 미국 사상가, 시인

▶ 옛것을 익혀 새로운 것을 알면 스승이 될 자격이 있다.

_공자(B.C. 551~B.C. 479) 중국 춘추 시대 노나라 사상가

▶ 학생에게 배울 의욕을 고양시키지 않고 교육시키려는 교사는 차가운 쇠를 두드리고 있는 것에 지나지 않는다.

_H. 만(1871~1950) 독일 소설가

속담

▶ 등불의 빛은 기름에서, 제자의 지식은 선생으로부터. _몽골

▶ 석 자 떨어져 스승의 그림자 밟지 않는다. _일본

▶ 소경에게 어느 길이 옳은가를 묻는 법이 아니다. (스승으로 삼을 적당한 사람이 없을 때 쓰는 말) _영국

▶ 스승으로 불리는 이는 반드시 수첩을 가진다. (훌륭한 스승은 자기 나름의 교육 방침을 지닌다는 뜻) _에스파냐

▶ 시대에 뒤떨어진 선생만큼 애처로운 것도 없다. _서양

한자 숙어

고소소명 고대대명(叩小小鳴叩大大鳴) 두드리는 정도에 따라 울림이 다르다는 뜻으로, 스승의 질문에 따라 알맞게 대답함을 이름.

풍류사종(風流師宗) 품격이 맑고 높은 스승.

고사성어

▷ 청출어람(靑出於藍)

푸른빛이 쪽빛에서 나왔다는 뜻으로, 제자가 스승보다 더 낫다는 말이다. "군자가 말하기를, 배움은 중단해서는 안 된다. 푸른빛은 쪽빛에서 나왔지만 쪽빛보다 더 푸르고, 얼음은 물로 이루어졌지만 물보다 더 차갑다. 항상 배우고 반성한다면 아는 것이 분명해지고 행동에 허물이 없게 될 것이다."라는 말에서 유래한다. _《순자》 권학 편

선택

選擇
여럿 가운데서 필요한 것을 골라 뽑음.

명언 명문

▶ 가장 훌륭한 사람은 모든 것을 버리고, 그중에서 단 하나를 선택한다. 영원한 명예를 취하고 버릴 것은 미리부터 버린다.

_헤라클레이토스(B.C. 540?~B.C. 480?) 그리스 철학자

▶ 나는 나를 선택함으로써 전 인류를 선택한다.

_J. P. 사르트르(1905~1980) 프랑스 소설가, 철학자

▶ 더 많이 갖는 것보다 더 적게 바라는 쪽을 택하라.

_T. 아퀴나스(1225?~1274) 이탈리아 신학자, 철학자 《그리스도의 가르침》

▶ 모든 사람은 이것이든 저것이든 하나를 선택하고, 그것에 대해 책임을 져야 한다.

_T. S. 엘리엇(1888~1965) 영국 시인, 평론가, 극작가

▶ 사람은 이 세상에 아무렇게나 내던져진 존재다. 그가 어느 길을 가든지 자유다. 그러나 그 선택에 책임을 져야 한다.

_J. P. 사르트르(1905~1980) 프랑스 소설가, 철학자

▶ 사람은 자기 길을 택할 줄 알아야 한다.

_S. 프로페르티우스(B.C. 50?~B.C. 16?) 로마 시인

▶ 선택을 해야만 한다는 게 나에게는 항상 견딜 수 없는 일이었다.

_A. P. G. 지드(1869~1951) 프랑스 소설가, 평론가 《지상의 양식》

▶ 선택한다는 것은 영원히 다른 모든 것을 포기해 버리는 것이었으며, 그 다른 것들이 어떠한 한 개보다 좋아 보였다.

_A. P. G. 지드(1869~1951) 프랑스 소설가, 평론가 《지상의 양식》

▶ 성장의 가장 기본적인 원칙은 좋은 사람들을 선택하는 데 있다.

_G. 엘리엇(1819~1880) 영국 소설가

▶ 어둠 속에서는 선택이 없다.

_J. C. 해어(1795~1855) 영국 신학자, 편집자

선택은 자유지만 그 선택의 책임은 져야지요.

J. P. 사르트르

▶ 우리 앞에는 불행과 행복의 갈림길이 언제나 있다. 그리고 자신이 둘 중의 하나를 선택하도록 되어 있다.

_A. 링컨(1809~1865) 미국 제16대 대통령

▶ 우리는 삶과 죽음의 선택을 하기 위하여 여기에 모였습니다.

_B. M. 바루크(1870~1965) 미국 정치가

▶ 우리는 자유 의지를 믿지 않으면 안 된다. 선택의 여지가 없다.

_I. B. 싱어(1904~1991) 미국 작가

속담

▶ 너무 고르는 사람은 가장 나쁜 것을 갖는다. _영국

▶ 너무 고르다가 눈먼 사위 얻는다. (너무 고르면 결국 나쁜 것을 갖게 된다는 말) _한국

▶ 볶은 콩도 골라 먹는다. (사람들은 무엇이나 고르려고 한다는 말) _한국

▶ 아무것도 선택하지 않는다는 것은 하나를 고른 것이 된다. _이스라엘

▶ 폭풍우를 만나면 아무 항구나 선택한다. _영국

지식 쑥쑥

한자 숙어

동가홍상(同價紅裳) 같은 값이면 다홍치마라는 뜻으로, 같은 조건이라면 품질이 더 좋은 것을 선택함을 이르는 말.

취사선택(取捨選擇) 여럿 가운데서 취할 것은 취하고 버릴 것은 버려서 골라 잡음.

고사성어

▷ 양금택목(良禽擇木)

현명한 새는 나무를 가려서 둥지를 튼다는 말로, 현명한 사람은 자기 재능을 키워 주는 인물을 잘 택해서 섬긴다는 뜻이다. 공자가 위나라에 갔을 때의 일이다. 위나라의 공문자가 적을 공격하는 일을 공자에게 상의하자, 공자는 전쟁에 대해서는 전혀 아는 바가 없다고 하고는 자리를 빠져나오면서 제자들에게 서둘러 위나라를 떠나자고 했다. 제자들이 그 까닭을 묻자, 공자가 "현명한 새는 나무를 가려서 둥지를 트는 법이다. 그와 마찬가지로 신하된 자는 반드시 훌륭한 군주를 가려서 섬겨야 한다."고 말한 데서 유래한다. _《춘추좌씨전》

설득

說得

상대편이 이쪽 편의 이야기를 따르도록 여러 가지로 깨우쳐 말함.

명언 명문

*완력 | 팔의 힘. 또는 육체적으로 억누르는 힘.

▶ 남을 설득하는 가장 좋은 방법은 귀를 이용하는 것, 즉 남의 말을 들어 주는 것이다. _D. 러스크(1909~1994) 미국 정치가

▶ 논쟁에 있어서는 말이 부드럽고 이론이 튼튼하도록 노력하라. 중요한 것은 상대를 부드럽게 하는 것이 아니고 설득하는 것이다. _M. H. F. 윌킨스(1916~2004) 영국 생물학자

▶ 높은 사람을 설득하기 위해서는 그를 가벼이 여겨라. _《맹자》

▶ 법은 위협만 할 뿐 설득하지는 않는다. _L. A. 세네카(B.C. 4?~A.D. 65) 로마 철학자, 극작가

▶ 부드러운 말로 상대를 설득할 수 없는 사람은 위엄 있는 말로도 설득할 수 없다. _A. P. 체호프(1860~1904) 러시아 소설가, 극작가 《여자의 수첩》

▶ 상대방을 설득하려면 순리적으로 은근하게 이야기해야 한다. _A. 카네기(1835~1919) 미국 실업가

▶ 설득시키는 것은 사람의 말이 아니라 말하는 사람의 인품이다. _메난드로스(B.C. 342?~B.C. 292?) 그리스 극작가 《단편》

▶ 설득에 실패하면 강제가 시도된다. _R. 브라우닝(1812~1889) 영국 시인

▶ 설득하는 방법은 상대방이 자랑스럽게 여기는 것을 칭찬해 주고 그가 부끄럽게 여기는 것을 감추어 없는 것처럼 해 주는 것이다. _《한비자》

A. P. 체호프

속담

▶ *완력보다는 설득이 낫다. _영국

▶ 웅변의 목적은 진리가 아니라 설득이다. _서양

成功 성공

목적하는 바를 이룸.

인생

명언 명문

▶ 내가 인생에서 거둔 성공은 어머니에게 받은 도덕적, 지적, 육체적 교육 덕분이다. _G. 워싱턴(1732~1799) 미국 초대 대통령

▶ 다른 사람들이 성공한 것은 누구나 언제든지 성공할 수 있다.

_A. M. R. 생텍쥐페리(1900~1944) 프랑스 소설가, 비행사 《인간의 대지》

▶ 돈이 돈을 버는 것처럼 성공은 성공을 가져온다.

_S. R. N. 샹포르(1741~1794) 프랑스 극작가

▶ 뻔뻔스러워져라. 그러면 성공한다. _J. 라브뤼예르(1645~1696) 프랑스 작가

▶ 성공도 반드시 한 번은 실패로 돌아감을 안다면 성공하려고 그토록 애쓰지는 않을 것이다. _《채근담》

▶ 성공에는 아무런 속임수도 없다. 나는 다만 언제나 나에게 주어진 일에 전력을 기울여 왔을 뿐이다. 보통 사람보다 약간 더 양심적이었을 뿐이다. _A. 카네기(1835~1919) 미국 실업가

▶ 성공이라고 해서 공포와 불쾌함이 없는 것도 아니요, 실패라고 해서 만족이나 희망이 없는 것도 아니다.

_F. 베이컨(1561~1626) 영국 정치가, 철학자

▶ 성공은 결과지 목적이 아니다. _G. 플로베르(1821~1880) 프랑스 소설가 《수상》

▶ 성공은 어떤 범죄들을 명예로운 것으로 만든다.

_L. A. 세네카(B.C. 4?~A.D. 65) 로마 철학자, 극작가

▶ 성공을 거두고 모든 일이 순조로운 사람은 자신의 *말로를 살펴보지 않으면 안 된다. _《채근담》

▶ 성공을 거두는 데는, 남으로부터 사랑을 받는 덕과 남을 두렵게 하는 결점이 필요하다. _J. 주베르(1754~1824) 프랑스 작가, 평론가 《팡세》

*말로 | 사람의 일생 가운데에서 마지막 무렵.

A. 카네기

▶ 성공을 A라고 한다면 A=X+Y+Z다. X는 일이고, Y는 노는 것이며, Z는 내 입을 다물고 있는 것이다.

_A. 아인슈타인(1879~1955) 미국 물리학자

▶ 성공의 비결은 남의 험담을 결코 하지 않고 장점을 들추어 주는 데 있다. _B. 프랭클린(1706~1790) 미국 정치가, 과학자

▶ 성공의 비결은 목적을 끊임없이 추구하는 것이다.

_B. 디즈레일리(1804~1881) 영국 정치가, 소설가

▶ 성공의 비결은 자기가 잘할 수 있는 일을 하는 것이다. 그리고 명성을 염두에 두지 않은 채 무슨 일이든 잘 해내는 것이다.

_H. W. 롱펠로(1807~1882) 미국 시인

▶ 성공의 비결이 있다면 그것은 다른 사람의 입장을 이해하고 자기의 입장과 동시에 다른 사람의 입장에서도 사물을 볼 줄 아는 능력일 것이다. _H. 포드(1863~1947) 미국 기술자, 실업가

▶ 성공이란 그 결과로 측정한 것이 아니라, 그것에 소비한 노력의 합계로 따져야 한다. _T. A. 에디슨(1847~1931) 미국 발명가

▶ 성공이란 소인들의 명예를 뜻하는 것이다.

_W. 에센바흐(1170~1220) 독일 시인 《잠언집》

▶ 성공하기를 바라는 자는 마음의 안정, 자기 자신 및 타인에 대한 정신의 평화, 또 자존심까지도 포기해야 한다.

_C. 힐티(1833~1909) 스위스 사상가, 법률가

▶ 세상에서 성공하려면 겉은 바보고 속은 현명해야만 한다.

_C. L. S. 몽테스키외(1689~1755) 프랑스 사상가

▶ 소심한 사람은 성공할 확률이 적다.

_J. C. F. 실러(1759~1805) 독일 시인, 극작가

▶ 시도가 없는 곳에는 성공도 없다. _H. 넬슨(1758~1805) 영국 해군 사령관

▶ 우리는 인간이 밟는 모든 길을 걸어갈 수는 없다. 성공은 한 가지 길에서만 거두어야 한다. _E. M. 헤밍웨이(1899~1961) 미국 소설가

▶ 이 세상에서 성공하는 것은 비열하고 더럽혀진 인간뿐이다.

_L. N. 톨스토이(1828~1910) 러시아 소설가, 사상가 《전쟁과 평화》

▶ 인생에서 필요한 것은 무지와 확신뿐이다. 이것이 있으면 성공이 확실하다. _M. 트웨인(1835~1910) 미국 소설가

▶ 자기 소신대로 살아갈 수 있는 것만이 유일한 성공이다.

_C. D. 몰리(1890~1957) 미국 소설가, 언론인

▶ 자기 일에서 가장 큰 기쁨을 얻을 수 있는 사람만이 성공했다고 할 수 있다. _H. D. 소로(1817~1862) 미국 사상가, 수필가 《일기》

▶ 제국주의에서는 성공이 가장 큰 실패다.

_W. R. 잉(1860~1954) 영국 신학자

▶ 최선을 다한다는 말로는 충분치 않다. 필요한 일을 할 때는 반드시 성공해야만 한다. _W. L. S. 처칠(1874~1965) 영국 정치가

속담

▶ 갓 마흔에 첫 버선. (오래 기다리던 일을 마침내 이루었다는 비유로 나이 들어 늦게야 성공했다는 뜻) _한국

▶ 마당 삼을 캐었다. (깊은 산중에서 캐야 할 삼을 마당에서 캐었으니 힘들이지 않고 무슨 일을 쉽게 성공했을 때를 이르는 말) _한국

▶ 성공은 결코 비난을 받지 않는다. _서양

▶ 성공한 사람은 명성을 잃지 않는다. _서양

▶ 솔 심어 정자라. (어떤 일을 시작하여 성공하기까지는 너무도 오래 걸린다는 뜻)

_한국

지식 쑥쑥

한자 숙어

어변성룡(魚變成龍) 물고기가 변하여 용이 된다는 뜻으로, 아주 곤궁하던 사람이 부귀를 누리게 되거나 보잘것없던 사람이 큰 인물이 된다는 말.

고사성어

▷ 대기만성(大器晩成)

큰 그릇을 만드는 데는 시간이 오래 걸린다는 뜻으로, 크게 될 사람은 늦게 이루어짐을 가리키는 말이다. 중국 초나라 사상가 노자가 옛사람의 말을 인용하여 '도(道)'를 설명할 때 "아주 큰 사각형은 귀가 없고, 큰 그릇은 늦게 이루어진다."에서 나온 말이다. 또 다른 일화도 전해 오는데, 삼국 시대 위나라에 최염이라는 이름난 장군이 있었다. 그에게는 최림이라는 사촌 동생이 있었는데, 최림은 출세가 늦어 친척들에게 무시를 당했다. 하지만 최염 장군만은 그의 됨됨이를 보고 큰일을 할 인재임을 알아보고는 그에게 "남달리 뛰어난 인물은 보통 사람보다 뒤늦게 이루어진다."고 말했다. 최염 장군의 말대로 그는 나중에 큰 벼슬을 하게 되었다.

_《노자도덕경》, 《삼국지》

소년 少年

아직 완전히 성숙하지 않은 어린 사내아이.

명언 명문

▶ 소년 시대와 청춘 시대는 과오와 무지에 지나지 않는다.
_F. 비용(1431~1484?) 프랑스 시인

▶ 소년 시절의 고생은 용기와 희망과 근면을 배우는 하늘의 은총이라 생각하지 않으면 안 된다. _A. 링컨(1809~1865) 미국 제16대 대통령

▶ 소년기와 청년기는 허무 이외에 아무것도 없다는 말은 거의 진리라고 해도 과언이 아니다. _V. W. V. 고흐(1853~1890) 네덜란드 화가

▶ 소년기의 이상주의 가운데서 실로 진리가 발견될 수 있으며 소년기의 이상주의야말로 무엇과도 비교할 수 없는 부유함이다.
_A. 슈바이처(1875~1965) 독일 신학자, 철학자, 의사

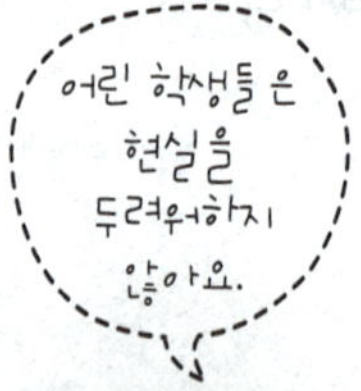

▶ 소년들은 조금씩 성장하지 않고 기차역의 시계바늘이 움직이는 것처럼 쑥쑥 자란다. _C. V. 코널리(1903~1974) 영국 평론가, 소설가

▶ 소년들을 엄격과 강압으로 공부시키지 말고 흥미를 느낄 수 있도록 이끌어 준다면 그들은 마음의 의욕을 발견할 것이다.
_플라톤(B.C. 428?~B.C. 347?) 그리스 철학자

▶ 소년에게는 두 가지 임무가 있다. 하나는 그저 소년으로서 소년임을 만끽하는 것이고, 다른 하나는 어른으로 성장하는 일이다.
_H. C. 후버(1874~1964) 미국 제31대 대통령

▶ 소년은 늙기 쉽다. _W. 셰익스피어(1564~1616) 영국 극작가, 시인 《십이야》

▶ 소년의 사랑에는 청년이나 장년에게서는 없는 본심과 진실성과 순진함이 있다. _F. M. 뮐러(1823~1900) 영국 언어학자 《독일인의 사랑》

▶ 소년이여, 야망을 가져라. _W. S. 클라크(1826~1886) 미국 교육자

A. M. R. 생텍쥐페리

▶ 어린 학생들은 현실을 두려워하지 않는다. 어른 사회의 시기, 시

련, 슬픔도 겁내지 않는다.

_A. M. R. 생텍쥐페리(1900~1944) 프랑스 소설가, 비행사

▶ 이 세상에서 되고 싶은 가장 부러운 것이 소년이다. 거기에는 경험도 필요없다. 단지 좋은 소년이 되려면 약간의 훈련이 필요할 따름이다. _C. D. 워너(1829~1900) 미국 수필가, 소설가, 편집자

▶ 햇빛에 탄 볼, 맨발의 소년, 바짓가랑이 걷어붙이고 휘파람 소리 신나는 너, 너에게 축복이 있을지어다.

_J. G. 휘티어(1807~1892) 미국 시인 《맨발의 소년》

▶ 현재의 나를 만든 것은 고독이며 쓰라린 소년 시대다.

_A. P. G. 지드(1869~1951) 프랑스 소설가, 평론가 《일기》

속담

▶ 소년 고생은 사서 하랬다. _한국

▶ 소년아, 박차를 가하라. 그리고 고삐를 단단히 잡아라. _서양

▶ 소년은 수수한 옷을 입히고, 충분히 먹이고, 잘 두들겨야 한다. _프랑스

지식 쑥쑥

한자 숙어

소년이로 학난성(少年易老學難成) 소년은 늙기가 쉽고 학문은 이루기가 어려움.

키워드 정보 BOX

보이 스카우트의 시작

영국의 기병대 장교였던 베이든파월 경은 남아프리카에서 일어난 보어 전쟁에서 큰 공을 세운 후 고국으로 돌아와, 소년 시절의 훈련이 중요함을 깨닫고 이 일의 준비에 들어갔다. 그는 소년들이 야영 생활을 통해 스스로의 몸과 마음을 건전하게 발달시키면 훌륭한 사회인이 될 수 있다고 확신했다. 그리하여 1907년 20명의 소년과 함께 야영을 시작한 것이 보이 스카우트의 기원이 되었으며, 세계에서 가장 큰 청소년 운동으로 발전했다.

보이 스카우트 야영 활동 모습과 한국 스카우트 연맹의 휘장.

소원 所願

바라고 원함. 또는 바라고 원하는 일.

명언 명문

▶ 나에게는 절실한 한 가지 소원이 있다. 그것은, 내가 이 세상에 살았기 때문에 세상이 조금 더 나아졌다는 것이 확인될 때까지 살고 싶다는 것이다. _A. 링컨(1809~1865) 미국 제16대 대통령

▶ 나의 소원은 우리나라의 완전한 자주 독립이다.

_김구(1876~1949) 독립운동가, 정치가

▶ 모든 사람의 눈에서 모든 눈물을 씻어 주는 것이 나의 최대 소원이다. _J. 네루(1889~1964) 인도 정치가

▶ 바라고 있던 것을 구했다고 생각할 때만큼 소망에서 멀리 떨어져 있는 때는 없다. _J. W. 괴테(1749~1832) 독일 시인, 소설가, 극작가 《친화력》

▶ 사람에게는 네 가지 소원이 있으니 안으로는 신령스럽고 강하기를 원하고, 밖으로는 부귀하기를 원한다. 귀하기는 벼슬하지 않은 것보다 더 귀함이 없고, 부하기는 욕심 내지 않은 것보다 더 부함이 없으며, 강하기는 다투지 않는 것보다 더 강한 것이 없고, 신령스럽기는 알지 못하는 것보다 더 신령스러운 것이 없다.

_이지함(1517~1578) 조선 시대 학자 《토정집》

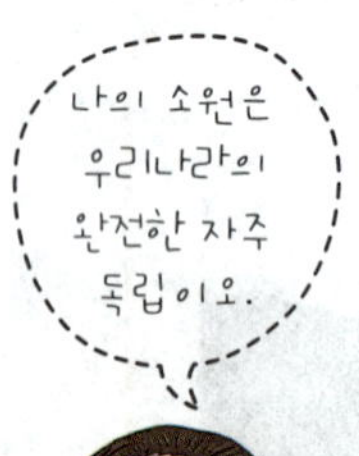

김구

▶ 사람은 자기가 모르는 것을 바랄 수 없다.

_볼테르(1694~1778) 프랑스 사상가

▶ 사람은 자신이 바라는 것을 기꺼이 믿는다.

_J. 카이사르(B.C. 100~B.C. 44) 로마 군인, 정치가

▶ 사악한 소원은 특히 그 소원의 소유자에게 해악으로 돌아온다.

_헤시오도스(B.C. 8세기경) 그리스 시인

▶ 신이 내게 소원을 묻는다면 나는 부나 권력을 달라고 하지 않겠

다. 대신 식지 않은 열정과 희망을 바라볼 수 있는, 영원히 늙지 않는 생생한 눈을 달라고 하겠다. _S. A. 키르케고르(1813~1855) 덴마크 철학자

▶ 역사가는 자기가 사용할 수 있는 것보다 더 많은 자료를 원하고, 극작가는 자기가 누릴 수 있는 것보다 더 많은 자유를 원한다. _H. 제임스(1843~1916) 미국 소설가

▶ 영생불멸을 바라는 것은 중대한 잘못이 영원히 지속되기를 바라는 것이다. _A. 쇼펜하우어(1788~1860) 독일 철학자

▶ 원하는 것 가운데 일부를 못 가지는 것은 행복의 필수 조건이다. _B. A. W. 러셀(1872~1970) 영국 철학자, 수학자

▶ 절실한 소망은 대가를 치른다. _M. 세르반테스(1547~1616) 에스파냐 소설가

▶ 좀 더 많이 가지는 것보다도 좀 더 적게 바라는 것을 항상 택하라. _T. 켐피스(1380?~1471) 독일 사상가, 수도사 《그리스도를 본받아》

속담

▶ 고기가 먹고 싶은데 뼈를 달라고 말한다. (원하는 것을 직접 말하지 않고 둘러서 말할 때 쓰는 말) _미얀마

▶ 마음은 굴뚝 같다. (하고 싶은 마음이 간절하다는 뜻) _한국

▶ 마음은 넓지만 손은 짧다. (많은 것을 바라지만 모두 할 수는 없다는 말) _아르메니아

▶ 막대기만큼 바라서 바늘만큼 이루어진다. _영국

▶ 바라지 않는 자는 얻는 것도 없다. (원하지 않으면 아무것도 얻을 수 없다는 말) _아이슬란드

▶ 바람이 모두 성취되는 것이라면 양치기도 왕이 될 수 있을 것이다. _프랑스

▶ 소원이 성취되면 또 다른 소원. _일본

▶ 죽은 사람 원도 푼다. (죽은 사람의 소원도 풀어 주는데 하물며 산 사람의 소원이야 어찌 풀어 주지 않겠냐는 말) _한국

▶ 평생 소원이 누룽지. (기껏 바라는 것이 너무나 하찮은 것임을 이르는 말) _한국

한자 숙어

사원무위(使願無違) 바라던 바가 틀림없이 그대로 되기를 바랄 뿐이라는 말.

운예망(雲霓望) 가뭄 때 구름과 무지개를 바란다는 뜻으로, 무엇을 간절히 바람을 이르는 말. '운예지망'이라고도 함.

일구월심(日久月深) 날이 오래고 달이 깊어 간다는 뜻으로, 날이 갈수록 바라는 마음이 더 간절함을 이르는 말.

인생

수명

壽命

생물이 살아 있는 연한.

명언 명문

*백해 | 온갖 해로운 일.

- 각자 수명은 정해져 있다. 인생은 짧고 반복할 수 없다.
  _P. 베르길리우스(B.C. 70~B.C. 19) 로마 시인
- 나는 죽지 않는다고 믿고 싶다. 나는 영원히 살고 싶다.
  _J. 키츠(1795~1821) 영국 시인
- 마음을 환희와 쾌활함으로 유지하는 것이 좋다. 그렇게 하면 *백해를 방지하고 수명을 늘린다. _W. 셰익스피어(1564~1616) 영국 극작가, 시인
- 먹을 때나 잠잘 때나 운동할 때 마음을 풀고 쾌활하게 하는 것이 가장 좋은 장수법 중에 하나다. _F. 베이컨(1561~1626) 영국 정치가, 철학자
- 사는 것이 죽기보다 낫다고 생각되는 때까지 사는 것이 가장 오래 사는 것이다. _플루타르코스(46?~120?) 그리스 철학자, 작가 《플루타르크 영웅전》
- 사람은 만물의 영장이다. 수명이 본래 4만 3천 2백여 일, 약 120세이다. _《동의보감》
- 수명이 길면 수치로움이 많다.
  _장자(B.C. 369?~B.C. 289?) 중국 전국 시대 송나라 사상가
- 의료 혁명은 노인들의 수명을 연장시켰지만 노년기에 맞는 위엄과 안전은 제공하지 못했다. _J. F. 케네디(1917~1963) 미국 제35대 대통령
- 이 수많은 군인들 가운데 백 년 뒤에도 살아 있을 자가 하나도 없다는 것을 생각할 때 나는 인간의 짧은 수명을 몹시 가련하게 여긴다. _크세르크세스 1세(B.C. 519?~B.C. 465) 페르시아 왕
- 장수하려면 말을 삼가고 음식을 절제하며 탐욕을 줄이고 잠을 적게 자며 기쁨도 분노도 지나치지 않아야 한다.
  _김시습(1435~1493) 조선 시대 학자, 문인

▶ 제 명에 죽거나 혹은 폭력이나 *유혈을 겪지 않고 저승에 간 왕과 폭군은 거의 없다. _D. J. 유베날리스(50?~130?) 로마 시인

*유혈 | 피를 흘림. 또는 흘러나오는 피.

▶ 짧구나, 인간의 생명이여, 백 살이 못 되어 죽는구나. 가령 그보다 오래 사는 인간도 늙기 때문에 죽는다.

_H. 헤세(1877~1962) 독일 소설가, 시인 《싯다르타》

▶ 하늘이 사람에게 수명을 내리는 것에는 긴 것도 있고 짧은 것도 있다. _《서경》

속담

▶ 너무 영리하면 오래 못 산다. _영국

▶ 빨리 익은 과실은 오래가지 않는다. (천재는 수명이 짧다는 말) _프랑스

▶ 사람이 돈이 없어서 못 사는 게 아니라 명이 모자라서 못 산다. _한국

▶ 수명은 어찌 할 도리가 없다. _아이슬란드

▶ 한 살을 더 살고 싶다고 원하지 않을 만큼 늙은 사람은 없고, 오늘 죽을 것이라고 생각할 만큼 젊은 사람은 없다. _영국

한자 숙어

만수무강(萬壽無疆) 아무런 탈 없이 오래 삶.

수명장수(壽命長壽) 수명이 길어 오래 삶.

인명재천(人命在天) 사람의 목숨은 하늘에 달려 있다는 뜻으로, 목숨의 길고 짧음은 사람의 힘으로 어쩔 수 없음을 이름.

장생불사(長生不死) 오래 살아 죽지 아니함.

키워드 정보 BOX

진시황의 불로장생의 꿈

옛날에는 오늘날에 비해 의학이 발달하지 않고 먹을거리도 충분하지 않았다. 그래서 그 당시의 사람들도 건강하고 오래 사는 것에 많은 관심을 가졌는데, 특히 기원전 221년에 중국을 처음으로 통일한 진시황은 영원히 살고 싶은 욕망이 대단한 것으로 유명하다. 그는 불로장생(늙지 않고 오래 삶)에 좋은 온갖 음식을 구하기 위해 신하들을 여러 나라로 보내 '불로초'를 구해 오도록 하였다. 하지만 그는 불로장생의 꿈을 이루지 못하고 기원전 210년에 50세의 나이에 병들어 죽고 말았다.

진시황의 무덤에는 흙으로 만든 수천 명의 병사와 말 등이 함께 묻혀 있다.

습관

習慣

어떤 행위를 오랫동안 되풀이하는 과정에서 저절로 익혀진 행동.

명언 명문

▶ 날마다 어려운 일을 한 가지씩 해내서 오래 계속하면 자연히 습관으로 굳어진다. _《여씨동몽훈》

▶ 못은 다른 못으로 밀어내고, 습관은 다른 습관으로 극복된다.

_D. 에라스뮈스(1466~1536) 네덜란드 철학자

▶ 보통 인간의 후반생은 전반생에 쌓아 온 습관만으로 성립된다고 한다. _F. M. 도스토옙스키(1821~1881) 러시아 소설가 《악령》

▶ 사람은 습관을 즐긴다. 그것을 만든 것이 자신이기 때문이다.

_G. B. 쇼(1856~1950) 아일랜드 극작가, 평론가

▶ 사람의 습관은, 마치 가지 위의 잎사귀가 저쪽이 지면 이쪽이 피어나는 것과 같다. _A. 단테(1265~1321) 이탈리아 시인 《신곡》

▶ 습관에 빠진다는 것은 존재를 포기하기 시작한다는 것이다.

_M. 우나무노(1864~1936) 에스파냐 철학자, 작가

▶ 습관은 그것이 습관이기 때문에 따라야 하는 것이며, 그것이 합리적이라든가 올바르기 때문에 따라야 하는 것은 아니다.

_B. 파스칼(1623~1662) 프랑스 사상가, 수학자, 물리학자 《팡세》

▶ 습관은 나무껍질에 글자를 새기는 것과 같다. 그 나무가 자람에 따라 글자도 커진다. _S. 스마일스(1812~1904) 영국 작가 《자조론》

▶ 습관은 단념하기는 쉬우나 회복하기는 어렵다.

_V. M. 위고(1802~1885) 프랑스 시인, 극작가 《레 미제라블》

▶ 습관은 인간 생활의 가장 중요한 길잡이다.

_D. 흄(1711~1776) 영국 철학자, 역사가

▶ 습관은 제2의 자연이다. 제1의 자연에 비해서 결코 약한 것이 아

니다. _M. E. 몽테뉴(1533~1592) 프랑스 사상가 《수상록》

- 습관은 한 개의 큰 노끈이다. 우리는 매일 그것을 꼬고 있지만 풀 수는 없다. _H. 만(1871~1950) 독일 소설가
- 악덕은 습관이 시작하는 데서 시작한다. 습관은 녹이다. 그것은 영혼의 강철을 파먹는다. _R. 롤랑(1866~1944) 프랑스 소설가, 사상가 《회상록》
- 오래된 습관은 쉽게 없어지지 않는다. 자신의 생활방식을 바꾸려는 자는 헛수고하는 경우가 매우 많다. _S. 존슨(1709~1784) 영국 시인, 평론가
- 오랫동안 내려오는 습관을 존중할 것이로되 그렇다고 습관에 구속되지는 마라. 가끔 습관은 진리를 짓밟는 경우가 있다. _L. A. 세네카(B.C. 4?~A.D. 65) 로마 철학자, 극작가
- 우유부단한 행동의 습관을 가진 인간처럼 비참한 자는 없다. _W. 제임스(1842~1910) 미국 철학자, 심리학자 《심리학》
- 좋은 습관으로부터 빠져나오는 것이 나쁜 습관으로부터 빠져나오는 것보다 쉽다. _W. S. 몸(1874~1965) 영국 소설가, 극작가

속담

- 나쁜 습관은 내일보다 오늘 극복하는 것이 쉽다. _영국
- 빌어먹던 놈은 천지개벽을 해도 남의 집 울타리 밑을 엿본다. (오랜 습관은 갑자기 벗어나기 어렵다는 말) _한국
- 세 살 적 버릇이 여든까지 간다. _한국
- 요람 속에서 기억한 것은 무덤까지 가서도 잊지 않는다. _영국
- 제 버릇 개 줄까. (한번 젖어 버린 나쁜 버릇은 쉽게 고치기가 어렵다는 말) _한국

고사성어

▷ 묵자비염(墨子悲染)

묵자가 실이 물들여지는 것을 보고 슬퍼한다는 뜻이다. 전국 시대의 사상가인 묵자가 물들이는 색에 따라서 그때그때 실의 색이 변하는 것을 보고 탄식하며 한 말로, 습관에 따라 성품이 달라진다는 말이다. _《묵자》

인생

승리 勝利

겨루거나 싸워서 이김.

명언 명문

*허언 | 실속이 없는 빈말. 또는 거짓말.

▶ 관대와 고매함에 의해서 자기 자신의 힘을 지탱할 수 있는 일이야말로 승리를 얻는 새로운 방식이다.

_J. 카이사르(B.C. 100~B.C. 44) 로마 군인, 정치가

▶ 괴로움을 거치지 않고 정복한 승리는 영광이 아니다.

_나폴레옹 1세(1769~1821) 프랑스 황제

▶ 도덕적 이상의 승리는 다른 어떠한 승리와 같이 비도덕적 수단에 의해서, 즉 폭력, *허언, 비방, 부정에 의해서 얻어진다.

_F. W. 니체(1844~1900) 독일 철학자, 시인 《권력에의 의지》

▶ 백만 명의 적군보다 자기를 이기는 것이 가장 큰 승리다. _《법구경》

▶ 수많은 승리는 승리한 자를 자멸하게 만들었고, 앞으로도 그럴 것이다. _플라톤(B.C. 428?~B.C. 347?) 그리스 철학자

▶ 승리는 같은 인간 위에 영원히 머물지 않는다.

_호메로스(?~?) 그리스 시인 《일리아드》

▶ 승리는 목적이 아니라 목적에 도달하는 하나의 단계이며, 방해물을 제거하는 데 지나지 않는다. 목표를 잃으면 승리도 공허한 것이다. _J. 네루(1889~1964) 인도 정치가 《독립의 정신》

▶ 승리는 사랑에 의해서만 얻어진다.

_요한 바오로 2세(1920~2005) 교황 《안젤라스에서》

▶ 싸움에서 이기기는 쉽지만, 그것을 지키기는 어렵다. _《오자》

▶ 왔노라, 보았노라, 이겼노라. _J. 카이사르(B.C. 100~B.C. 44) 로마 군인, 정치가

▶ 위험이 없는 싸움은 이겨도 영광이 없다.

_P. 코르네유(1606~1684) 프랑스 시인, 극작가

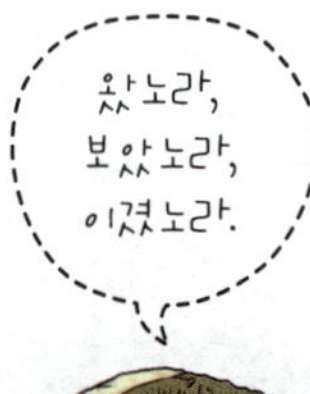

J. 카이사르

- 참다운 승리는 피 흘리지 않고 얻는 승리다.

  _피타고라스(B.C. 580?~B.C. 500?) 그리스 철학자, 수학자

- 패배보다 더 나쁜 승리도 많다. _G. 엘리엇(1819~1880) 영국 소설가
- 평화는 협상이 아니라 승리로 이루어져야 한다.

  _M. T. 키케로(B.C. 106~B.C. 43) 로마 정치가, 학자

- 핵전쟁에서 이기는 길은 핵전쟁이 절대로 일어나지 않도록 조치하는 것이다. _O. N. 브래들리(1893~1981) 미국 장군
- 힘으로써 이기는 것은 승리의 반에 지나지 않는다.

  _J. 밀턴(1608~1674) 영국 시인 《실낙원》

속담

- 승리를 얻을 때까지는 승리의 노래를 부르지 마라. _영국
- 승리를 하고서도 자기 자신을 제어하는 자는 다음 싸움에서도 반드시 이긴다. _영국
- 승리할 때 자신을 이길 수 있는 사람은 두 배의 승리자다. (승리의 기쁨을 누릴 때 우쭐대지 않고 감정을 자제하는 사람은 더욱 훌륭하다는 뜻) _프랑스
- 처음에 이기는 것은 헛 승리. (몇 번씩 되풀이하는 승부에서는 처음의 승패로는 알 수 없고 마지막에 이겨야 한다는 뜻) _일본

고사성어

▷ 백전백승(百戰百勝)

백 번 싸워서 백 번 이긴다는 말로, 싸울 때마다 언제나 승리한다는 뜻이다. 원래는 싸우지 않고 이기는 것보다 못한 차선책을 가리킬 때 쓰인 말이었으나 현재는 긍정적이고 적극적인 의미로 쓰인다. 병법에 일가견이 있던 제나라 손무는 적과 싸우지 않고 이기는 것이 가장 좋은 방법이고 싸워 이기는 것은 차선책으로, 비록 백 번 싸워 백 번 모두 이겼을지라도 그것은 최상의 승리가 아니라고 말했다고 한다. _《손자병법》 모공 편

지식 쑥쑥

한자 숙어

개가반사(凱歌班師) 개선가를 부르며 군사를 철수하여 돌아옴.

개수일촉(鎧袖一觸) 갑옷의 소매로 한 번 친다는 뜻으로, 쉽게 상대를 물리침을 비유.

승승장구(乘勝長驅) 싸움에 이긴 형세를 타고 계속 몰아침.

연전연승(連戰連勝) 싸울 때마다 계속하여 이김.

인생

시비 是非

옳음과 그름. 옳고 그름을 따지는 말다툼.

명언 명문

- 남의 장단점이나 정치와 법의 시비를 함부로 말하는 것을 나는 매우 싫어한다. _마원(B.C. 14~A.D. 49) 중국 후한 장군
- 사람은 죽은 뒤에야 시비가 정해진다. _사마천(B.C. 145?~B.C. 86?) 중국 전한 역사가
- 시비가 벌떼처럼 일어나고 득실이 고슴도치 털처럼 일어나지만, 냉정한 마음으로 대처한다면 용광로가 쇠를 녹이고 끓는 물이 눅을 녹이는 것과 같게 된다. _《채근담》
- 이 마음을 고요한 곳에 항상 안정시킨다면 시비와 이해, 그 무엇이 나를 속일 수 있겠는가? _《채근담》
- 처음부터 이길 가망이 없는 시비에는 뛰어들지 마라. _C. 힐티(1833~1909) 스위스 사상가, 법률가

속담

- 검다 희단 말 없다. (옳고 그르다거나 좋고 나쁘다는 말을 하지 않는다는 뜻) _한국
- 남의 말이라면 쌍지팡이 짚고 나선다. (남의 허물에 대해 시비하기를 좋아하는 사람을 이르는 말) _한국
- 문 바른 집은 써도 입바른 집은 못쓴다. (입바른 말을 하는 사람은 남의 원망과 노여움을 사게 된다는 뜻) _한국

한자 숙어

불문곡직(不問曲直) 옳고 그름을 따지지 아니함.

시시비비(是是非非) 여러 가지 잘잘못. 옳고 그름을 따지며 다툼.

왈가왈부(曰可曰否) 어떤 일에 대하여 옳거니 옳지 아니하거니 하고 말함.

信賴 신뢰

굳게 믿고 의지함.

명언 명문

- 가난한 자가 말하면 진실도 믿지 않지만, 부자나 악당이 말하면 거짓이라도 믿는다. _F. 뤼케르트(1788~1866) 독일 시인, 동양학자 《브라만의 지혜》
- 나는 인간에 대한 신뢰 이외에 다른 신앙이 필요없다. _P. C. 벅(1892~1973) 미국 소설가
- 모든 사람을 사랑하되 극소수의 사람만 믿어라. _W. 셰익스피어(1564~1616) 영국 극작가, 시인
- 사람과 사람이 접촉함에 있어서 가장 큰 신뢰는 충고를 주고받는 신뢰다. _F. 베이컨(1561~1626) 영국 정치가, 철학자
- 사랑하는 것은 전부를 믿는 것이다. _V. M. 위고(1802~1885) 프랑스 시인, 극작가 《가을의 나뭇잎》
- 신뢰는 거울 같은 것이다. 금이 가면 원래대로 안 된다. _H. F. 아미엘(1821~1881) 스위스 철학자, 문학가 《일기》
- 신뢰를 얻는 것은 사랑을 받는 것보다 더 큰 칭찬이다. _G. 맥도널드(1824~1905) 영국 시인, 소설가
- 신뢰야말로 재주와 슬기보다도 우정을 깊게 한다. _F. 라로슈푸코(1613~1680) 프랑스 작가 《도덕적 반성》
- 열심히 일해서 가난을 벗어난 사람이 가장 큰 신뢰를 받을 가치가 있다. _A. 링컨(1809~1865) 미국 제16대 대통령
- 자신을 신뢰할 수 있는 사람만이 타인을 신뢰할 수 있다. _E. 프롬(1900~1980) 독일 정신 분석학자, 사회학자
- 친하지만 먼 것처럼 대하면 더욱 친해지고, 신뢰하지만 의심하는 듯 대하면 신뢰는 더욱 깊어진다. _박지원(1737~1805) 조선 시대 실학자

F. 라로슈푸코

실수

失手
조심하지 아니하여 잘못함.
또는 그런 행위.

명언 명문

*걸 | 중국 고대 하나라의 마지막 왕으로, 매우 사치스럽고 포악함.
*요 | 중국 고대 전설상의 임금으로, 성덕을 갖춘 이상적인 군주로 꼽힘.

- 나는 교활함도 실수할 수 있음을 보고 웃었다. _P. N. 오비디우스(B.C. 43~A.D. 17) 로마 시인
- 나는 실수를 저지르려고 할 때마다 그것이 전에 저질렀던 실수라는 것을 깨닫게 된다. _J. W. 괴테(1749~1832) 독일 시인, 소설가, 극작가
- 미덕이 탁월한 사람에게는 사소한 잘못을 묻지 말고 공적이 큰 사람에 대해서는 작은 실수를 비난하지 마라. _《회남자》
- 사람은 원래 모범이 아닌 실수를 보고 배우게 되어 있다. _F. 호일(1915~2001) 영국 천문학자, 공상과학소설가
- 산에 걸려 넘어지는 일은 없지만 흙덩어리에 걸려 넘어지는 일은 있다. _《한비자》
- 성공하는 사람은 자기 실수를 발판 삼아 다른 방식으로 시도할 것이다. _D. 카네기(1888~1955) 미국 저술가
- 스스로를 강자라고 생각하는 사람들이 저지른 실수는 약자의 무기다. _G. A. 비도(1899~1983) 프랑스 정치가
- 실수하는 삶이 아무것도 하지 않는 삶보다 더 명예롭고 유익하다. _G. B. 쇼(1856~1950) 아일랜드 극작가, 평론가
- 언행을 삼가서 신중히 처리하면 실수함이 적으니라. _《논어》
- 탁월한 시인 호메로스마저도 가끔은 조는 실수를 한다. _Q. 호라티우스(B.C. 65~B.C. 8) 로마 시인
- 폭군 *걸왕도 업적이 있었고 *요임금도 실수가 있었다. 멸망한 나라의 법에도 따를 만한 것이 있고 잘 다스려지는 나라의 풍습에도 나쁜 것이 있다. _《회남자》

▶ 한 수만 잘못 두어도 바둑 한 판은 헛일이다.

_풍몽룡(1575~1645) 중국 명나라 문장가

*낙상 | 떨어지거나 넘어져서 다침.

속담

▶ 개미 구멍으로 공든 탑 무너진다. (조그마한 실수로 큰 일을 망쳐 버린다는 말) _한국

▶ 두부 먹다 이 빠진다. (마음 놓는 데서 실수하기 쉽다는 뜻) _한국

▶ 땅에 쏟은 물은 다시 담을 수 없다. _영국

▶ 뛰다 보면 넘어질 때도 있다. (일을 하다 보면 실수할 경우도 있다는 말) _아프가니스탄

▶ 방바닥에서 *낙상한다. (안전한 곳에서 뜻밖에 저지르는 실수를 비유한 말) _한국

▶ 생활에서 실수는 용서의 형제. (본의 아닌 실수는 누구나 할 수 있고 용서받는다는 말) _칠레

▶ 열 번 잘해도 한 번 실수를 하지 말아야 한다. (한 번 잘못하면 열 번 잘한 것도 아무 소용이 없으니 언제나 조심하라는 말) _한국

▶ 원숭이도 나무에서 떨어질 때가 있다. _영국

▶ 작은 실수는 눈감아 주라. _서양

▶ 한 번 실수는 병가의 상사. (전쟁에서조차도 실수는 보통 있는 일이라는 뜻으로, 일을 하다 보면 누구든지 실수나 실패가 있을 수 있다는 말) _한국

지식 쑥쑥

한자 숙어

창우백출(瘡疣百出) 피부병이 많이 생긴다는 뜻으로, 잘못과 실수가 무수히 많음을 이름.

고사성어

▷ 천려일실(千慮一失)

천 가지 생각에 한 가지 실수라는 뜻으로, 여러 번 생각하여 신중하고 조심스럽게 한 일에도 때로는 실수가 있을 수 있다는 말이다. 한나라의 장군 한신은 연나라와 제나라를 공격할 준비를 하였다. 이때 조나라에서 포로로 잡아 온 이좌거에게 계책을 물었다. 이좌거는 "지혜로운 사람이라도 많은 생각을 하다 보면 반드시 하나의 실수가 있게 마련이고, 어리석은 사람이라도 많은 생각을 하다 보면 반드시 하나의 터득함이 있습니다."라고 겸손하게 대답한 데서 나온 말이다.

_《사기》 회음후열전

실패 失敗

일을 잘못하여 뜻한 대로 되지 아니하거나 그르침.

명언 명문

- 가까운 것을 버려두고 먼 것에 욕심을 내면 수고해도 성공하지 못한다. _《후한서》
- 끝을 조절하기를 처음과 같이 하면 실패하는 일이 전혀 없다. _《노자도덕경》
- 때때로 우리들은 한 사람의 덕보다도 실패에서 많은 것을 배울 것이다. _H. W. 롱펠로(1807~1882) 미국 시인 《히페리온》
- 바보는 어려운 것을 쉽다고 여겨서, 현명한 사람은 쉬운 것을 어렵다고 여겨서 실패하는 경우가 많다. _J. C. 콜린스(1848~1908) 영국 교육자, 수필가
- 속여서 성공하느니 당당하게 실패하는 편이 낫다. _소포클레스(B.C. 496~B.C. 406) 그리스 시인 《필록테테스》
- 실패는 자본의 결핍보다는 에너지의 결핍에서 때때로 일어난다. _D. 웹스터(1782~1852) 미국 정치가
- 실패란 하나의 교훈과 같고, 전진하는 첫걸음이다. _W. 필립스(1811~1884) 미국 개혁가
- 양털을 깎으러 갔다가 자기 털을 깎이고 돌아온다. _M. 세르반테스(1547~1616) 에스파냐 소설가 《돈키호테》
- 어리석고 독단적이면 일을 이룰 수 없다. _순자(B.C. 298?~B.C. 238?) 중국 전국 시대 조나라 사상가
- 우리들은 성공보다는 오히려 실패에서 더 많은 지혜를 배운다. _S. 스마일스(1812~1904) 영국 작가
- 자유로운 개인은 자기의 실패를 자신의 책임으로 돌릴 뿐이다. 그

리고 그것을 감수한다. _S. 보부아르(1908~1986) 프랑스 소설가, 평론가 《제2의 성》

▶ 틀리는 것과 실패하는 것은 우리들이 전진하기 위한 훈련이다. _W. E. 채닝(1780~1842) 미국 목사

▶ 한 가지 행위의 실패가 있으면 백 가지 행위가 함께 기울어진다. _《명심보감》

*하구 | 강물이 바다로 흘러 들어가는 어귀.

속담

▶ 급히 먹는 밥이 목이 멘다. (너무 서둘러 일을 하면 잘못하고 실패한다는 뜻) _한국

▶ 길을 헤맨다는 것은 길을 아는 것이다. (실패를 거듭함으로써 진정한 성공의 기쁨을 느낄 수 있다는 말) _탄자니아

▶ 넘어짐으로써 안전하게 걷는 법을 배운다. _영국

▶ 닭 쫓던 개 지붕만 쳐다보듯. _한국

▶ 실패는 성공의 어머니. _영국

▶ 쓰러져 있는 나무는 넘어도 쓰러져 있는 사람은 넘지 마라. (사람은 실패해도 재기할 수 있으므로 실패한 사람을 함부로 냉대하지 말라는 뜻) _타이

▶ 타인의 실패는 좋은 스승이다. _영국

▶ *하구까지 와서 배 부순다. (거의 다 된 일이 실패로 돌아간다는 말) _일본

▶ 하는 것은 실패, 아무것도 안 하는 것은 더 큰 실패. _이탈리아

지식 쑥쑥

한자 숙어

백무일실(百無一失) 무슨 일이든지 하나도 실패하는 것이 없음.

전패위공(轉敗爲功) 실패가 바뀌어서 오히려 공이 됨.

고사성어

▷ 권토중래(捲土重來)

흙먼지를 일으키면서 다시 돌아온다는 뜻이다. 싸움에 실패한 뒤 힘을 길러 땅을 휘말 듯한 기세로 다시 쳐들어오는 것을 뜻한다. 한나라 유방과의 전투에서 패한 항우가 자결한 것을 두고, 당나라의 시인 두목이 항우의 인간성과 이른 죽음에 대한 안타까움을 나타낸 시에서 유래한다.

_두목의 시 〈제오강정시〉

인생

싸움

말, 힘, 무기 따위를 가지고 서로 이기려고 다툼.

명언 명문

*의족 | 발이 없는 사람에게 인공으로 만들어 붙이는 발.

▶ 남과 싸우지 않도록 경계하라. 그러나 일단 싸움을 시작했으면 상대방이 당신을 경계할 만큼 철저하게 싸우라.

_W. 셰익스피어(1564~1616) 영국 극작가, 시인 《햄릿》

▶ 다툼에는 두 사람이 있어야 한다.

_소크라테스(B.C. 469~B.C. 399) 그리스 철학자

▶ 두 마리 호랑이가 싸우면 작은 것은 반드시 죽고 큰 것은 반드시 다친다. _《전국책》

▶ 많은 싸움 끝에 양쪽이 모두 피곤하여 마침내 평화가 왔다. 그런데 국민은 무엇을 얻었는가? 세금, 과부, *의족, 그리고 빚.

_T. 모어(1478~1535) 영국 정치가

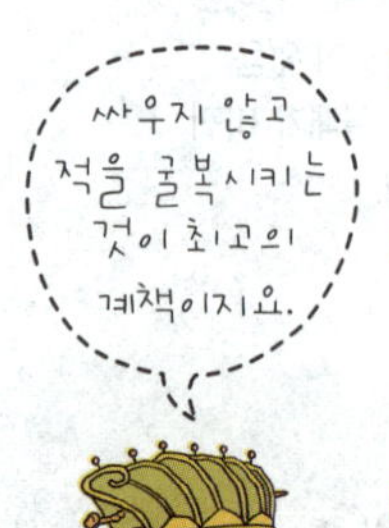

▶ 백 번 싸워서 백 번 이기는 것보다 싸우지 않고 적을 굴복시키는 것이 더 좋은 계책이다. _손자(B.C. 6세기경) 중국 춘추 전국 시대 오나라 전략가

▶ 세상의 모든 것에는 서로 끌어당기고 미는 성질이 있기 때문에 항상 그 사이에 마찰이 생기며, 이 성질은 가까운 것일수록 더욱 심하다. _플루타르코스(46?~120?) 그리스 철학자, 작가 《플루타르크 영웅전》

▶ 싸우지 않는 자는 정복자가 될 수 없다. _G. 빌(1420?~1495) 독일 철학자

▶ 싸움에는 확실히 어느 정도 도박적인 면이 있다. 싸움을 만드는 것은 권태다. 싸움만을 좋아하는 사람은 일이나 근심이 가장 없는 인간에 국한되어 있다는 게 그 증거다.

_알랭(1868~1951) 프랑스 철학자, 평론가 《행복어록》

손자

▶ 싸움에서 이기려면 한 번이 아니라 여러 번 싸워야 한다.

_M. 대처(1925~) 영국 총리

▶ 싸움을 하지 않고 그 자리를 피한다는 것은 당장에 싸움을 하는 것 이상으로 용기가 필요하다. 이것을 명심하도록 하라.

_H. 로프팅(1886~1947) 미국 아동 문학가

▶ 싸움이 계속되는 한 사람은 잘못을 저지른다.

_J. W. 괴테(1749~1832) 독일 시인, 소설가, 극작가

▶ 우리는 남과 싸워서 웅변을 만들고 자신과 싸워서 시를 만든다.

_W. B. 예이츠(1865~1939) 아일랜드 극작가, 시인

▶ 이기면 원한을 사고, 지면 비참해진다. 승부욕을 버리면 싸움이 없어지고 스스로 편안해진다. _《법구경》

▶ 우리는 인간의 본성 속에서 싸움의 주된 원인을 세 가지 발견한다. 첫째 경쟁, 둘째 불신, 셋째 명예다.

_T. 홉스(1588~1679) 영국 철학자, 법학자 《정치철학론》

▶ 한쪽에만 잘못이 있으면 싸움은 오래 가지 못할 것이다.

_F. 라로슈푸코(1613~1680) 프랑스 작가 《잠언과 고찰》

속담

▶ 가난이 싸움이다. (모든 싸움의 원인이 가난에 있다는 말) _한국

▶ 가는 방망이 오는 홍두깨. (남을 해치려고 하다가 제가 도리어 더 크게 화를 입는다는 뜻) _한국

▶ 개싸움에는 모래가 제일이라. (맞붙어 싸우는 사람을 말려도 듣지 않을 때 흙을 끼얹으면서 하는 말) _한국

▶ 고래 싸움에 새우 등 터진다. (강한 사람들의 싸움에 상관없는 약한 사람이 피해를 입는다는 뜻) _한국

▶ 그림과 싸움은 멀리 떨어져서 구경하라. _영국

▶ 사나운 개 입 성할 날 없다. (사나운 사람은 늘 싸움만 하여 상처가 나을 사이가 없음을 이르는 말) _한국

▶ 신이 귀신을 때리고 개가 개를 문다. (나쁜 사람들끼리 서로 물고 뜯으며 싸운다는 말) _중국

지식 쑥쑥

한자 숙어

골육상쟁(骨肉相爭) 가까운 혈족끼리 서로 싸움.
악전고투(惡戰苦鬪) 매우 어려운 조건을 무릅쓰고 힘을 다하여 고생스럽게 싸움.
자중지란(自中之亂) 같은 편끼리 하는 싸움.

- 싸움 끝에 정이 붙는다. (싸움을 통하여 서로 가지고 있던 오해나 나쁜 감정을 풀어 버리면 오히려 더 가까워지게 된다는 말) _한국
- 싸움할 때는 두 사람이 필요하다. _한국
- 싸움에는 상대가 있어야 한다. _미국, 영국
- 싸움은 말리고 불은 끄랬다. _한국
- 싸움은 양쪽 다 나쁘다. (싸움이나 다툼은 양쪽 다 정당성을 인정받지 못하고 둘 다 옳지 않다는 말) _일본
- 피의 비를 뿌린다. (피비린내 나는 격렬한 싸움을 가리키는 말) _일본

고사성어

▷ 견토지쟁(犬兎之爭)

개와 토끼의 싸움이라는 뜻으로, 양자의 싸움에서 제3자가 이익을 보는 것을 비유한 말이다. 쓸데없는 다툼이나 뜻밖의 횡재를 비유하기도 한다. 전국 시대 제나라 왕이 위나라를 공격하려고 하자 신하 순우곤이 나라의 위태로움을 걱정하며 왕에게 한 말에서 유래한다. _《전국책》

▷ 배수진(背水陣)

강이나 바다를 등지고 치는 진이라는 뜻으로, 어떤 일을 성취하기 위하여 더 이상 물러설 수 없음을 이르는 말이다. 사업상 혹은 운동 경기에서 '배수진을 치고 싸운다.'는 식으로 자주 사용되고 있다. 병법에서는 산을 뒤에 두고 물을 앞에 두고 진을 쳐야 전투에 유리하다고 한다. 그런데 한나라의 장수 한신은 조나라 군대와 싸울 때 강을 등지고 진을 쳤다. 많은 사람들이 한신의 무모한 전략에 의문을 품었는데, 이에 한신은 "뒤에 강이 있으면 군사들이 뒤로 물러날 수 없기 때문에 죽기를 각오하고 싸우게 된다."고 했다. 결국 한나라는 막강한 조나라를 크게 이겼다. _《사기》 회음후열전

▷ 와각지쟁(蝸角之爭)

달팽이 뿔 위에서 하는 싸움이라는 뜻으로, '와우각상지쟁'이라고도 한다. 대세에 영향이 없는 사소한 일이나 쓸데없는 일로 다투는 것을 말한다. 원래는 춘추 전국 시대 때 대진인이라는 사람이 제후들의 패권 다툼을 풍자한 말로, 넓은 관점에서 보면 세상에서 벌어지는 일들이 모두 부질없다는 뜻이다. _《장자》 칙양 편

아버지

자기를 낳아 준 남자를 이르는 말. 또는 자녀를 둔 남자를 자식에 대한 관계로 이르는 말.

인생

명언 명문

- 아들이 자기보다 더 고결하게 되기를 바라는 아버지는 자신이 먼저 고결해야만 한다. _T. M. 플라우투스(B.C. 254?~B.C. 184) 로마 극작가, 시인
- 아버지 한 명이 선생 백 명보다 낫다. _G. 허버트(1593~1633) 영국 시인
- 아버지는 어린 자녀들에게 매우 가혹한 판사다. _P. 테렌티우스(B.C. 185?~B.C. 159?) 로마 극작가
- 아버지들의 근본적 결점은 자녀들이 자기의 자랑거리가 되기를 바라는 데 있다. _B. A. W. 러셀(1872~1970) 영국 철학자, 수학자
- 아버지의 마음은 자연의 걸작이다. _A. 프레보(1697~1763) 프랑스 소설가 《마농 레스코》
- 아이를 길러 봐야 실로 아버지의 사랑을 안다. _왕양명(1472~1528?) 중국 명나라 유학자 《전습록》
- 자기 자식을 아는 것은 현명한 아버지다. _W. 셰익스피어(1564~1616) 영국 극작가, 시인 《베니스의 상인》

속담

- 그 아버지에 그 아들. (여러 면에서 아들이 아버지를 닮았음을 이르는 말) _서양
- 아버지가 있는 자는 모든 것을 가진 것과 같다. _자이르
- 아버지만 한 자식 없다. _한국
- 좋은 아버지는 어디서나 가장 늦게 자고 가장 일찍 깬다. _프랑스

한자 숙어

부전자전(父傳子傳) 아버지가 아들에게 대대로 전함.

불초지부(不肖之父) 덕망이 없는 어리석은 아버지.

춘부장(椿府丈) 남의 아버지를 높여 이르는 말.

아첨 阿諂

남의 환심을 사거나 잘 보이려고 알랑거리는 것.

명언 명문

▶ 모든 사람에 대해서 좋은 말을 하는 인간은 신뢰하지 마라.

_W. 콜린스(1721~1759) 영국 시인 《경구》

▶ 본인 앞에서 아첨하는 자와 등 뒤에서 비방하는 자는 똑같다.

_A. 테니슨(1809~1892) 영국 시인

▶ 부드럽고 상냥한 아첨의 가면만큼 검은 흉계에 잘 어울리는 것은 없다. _W. 셰익스피어(1564~1616) 영국 극작가, 시인 《페리클레스》

▶ 사냥꾼은 개로 토끼를 잡지만, 아첨꾼은 칭찬으로 우둔한 자를 사냥한다. _소크라테스(B.C. 469~B.C. 399) 그리스 철학자

▶ 사람들은 자기보다 나은 사람을 싫어하고 아첨하는 사람을 좋아한다. _《소학》

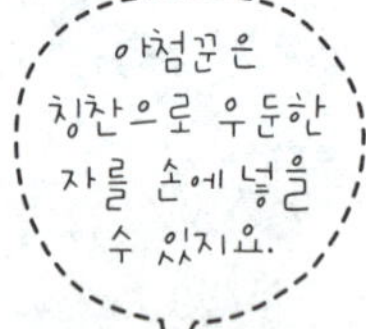

▶ 아첨만큼 위험한 것은 없다. 거짓인 줄 알면서도 믿어 버리기 때문이다. _F. 뤼케르트(1788~1866) 독일 시인, 동양학자 《브라만의 지혜》

▶ 아첨에 속지 않는다 해도 우리는 아첨을 좋아한다. 그것은 우리가 아첨받을 만큼 중요하다는 사실을 보여 주기 때문이다.

_R. W. 에머슨(1803~1882) 미국 사상가, 시인

▶ 아첨은 비굴의 표시다. _《팔만대장경》

▶ 아첨은 악덕의 시녀다. _M. T. 키케로(B.C. 106~B.C. 43) 로마 정치가, 학자

▶ 아첨은 우리의 허용이 없으면 통용되지 않는 위조지폐다.

_F. 라로슈푸코(1613~1680) 프랑스 작가 《도덕적 반성》

▶ 왕후는 자기에게 아첨하는 자에게 보수를 주면서 그들을 경멸한다. 민중은 자기들에게 아첨하는 자를 숭상한다.

_F. 겐츠(1764~1832) 오스트리아 정치가

소크라테스

▶ 우리는 아첨하는 말을 믿지 않더라도 우리의 마음은 아첨하는 자가 사로잡는다. _W. 에센바흐(1170~1220) 독일 시인 《잠언집》

▶ 인간은 아첨하는 동물이다. _W. 해즐릿(1778~1830) 영국 평론가, 수필가

▶ 자격도 없으면서 최고의 자리를 원하는 오만한 자만큼 아첨에 잘 넘어가는 사람도 없다. _B. 스피노자(1632~1677) 네덜란드 철학자

속담

▶ 돈으로 산 아첨은 거짓이다. _헝가리

▶ 아첨꾼이 물어뜯는 상처에는 약이 없다. _로마

▶ 아첨은 친구를, 진실은 적을 만든다. _서양

▶ 아첨하는 말은 꿀이 든 독약이다. _로마

고사성어

▷ 곡학아세(曲學阿世)

학문을 왜곡하여 세상에 아첨한다는 뜻으로, 자기가 배운 진리의 원칙을 버리고 그 시대의 풍조나 이익을 좇는 것을 말한다. 중국 한나라의 뛰어난 학자인 원고생이 젊은 공손홍에게 "배운 것을 굽혀 세상에 아첨하는 일이 없도록 하게."라고 충고한 말에서 유래한다.

_《사기》 유림열전

▷ 교언영색(巧言令色)

교묘한 말과 겉으로 꾸미는 표정이라는 뜻으로, 남의 환심을 사기 위하여 아첨하는 말과 보기 좋게 꾸미는 태도를 말한다. 공자가 "교묘한 말과 겉으로 꾸미는 표정에는 인(仁)이 거의 없다. 강직하고, 의연하고, 소박하고, 어눌한 자는 인에 가깝다."고 말한 데서 유래한다.

_《논어》 학이 편

▷ 불수진(拂鬚塵)

남의 수염에 붙은 먼지를 털어 준다는 뜻으로, 권력자나 윗사람에게 지나치게 아부하거나 비굴한 태도를 보일 때 쓰는 말이다. 송나라 인종 때 벌어진 연회 자리에서 아첨꾼 정위가 구준의 수염에 음식이 묻어 있는 것을 보고 다가가 털어 주었다. 그러자 구준이 정위의 아부하는 버릇을 꼬집으며 "허허, 한 나라의 대신이 어찌 윗사람이라고 해서 수염에 묻은 티끌을 터는 일을 할 수 있는가."라고 한 말에서 유래한다.

_《송사》 구준전

야심

野心

무엇을 이루어 보겠다고 마음속에 품고 있는 욕망이나 소망.

명언 명문

▶ 끝없는 희망은 야심을 일으킨다. _J. 밀턴(1608~1674) 영국 시인 《실락원》

▶ 나는 어떠한 야심도 갖고 있지 않다. 만약 갖고 있다면, 아주 선천적인 것이다. _나폴레옹 1세(1769~1821) 프랑스 황제

▶ 별을 따려고 애쓰는 사람이 새끼줄에 걸려 넘어지는 경우가 많다. _E. 스펜서(1552?~1599) 영국 시인

▶ 사람은 이따금 연애를 버리고 야심을 갖지만, 야심에서 연애로 되돌아오는 법은 거의 없다. _F. 라로슈푸코(1613~1680) 프랑스 작가

▶ 야망도 일종의 노력이다. _K. 지브란(1883~1931) 미국 소설가, 화가, 시인

▶ 야망은 감히 자기를 굽히려 하지 못한다. _B. 존슨(1572~1637) 영국 극작가, 시인, 평론가

▶ 야망은 사람의 활력과 열성인 반면에 온건함은 사람의 무기력과 게으름이다. _F. 라로슈푸코(1613~1680) 프랑스 작가

▶ 야망은 하나의 악덕이지만, 그것은 미덕의 아버지도 된다. _M. F. 퀸틸리아누스(35?~95?) 로마 웅변가, 수사학자

▶ 야망의 실체는 꿈의 허상일 뿐이다. _W. 셰익스피어(1564~1616) 영국 극작가, 시인 《햄릿》

▶ 야망이 끝나는 바로 그곳에서 평화가 시작된다. _E. 영(1683~1765) 영국 시인

▶ 야심과 의혹은 항상 동반한다. _G. C. 리히텐베르크(1742~1799) 독일 물리학자, 작가 《반성》

▶ 야심은 급류와 같은 것이니까 뒤돌아보지 마라. _B. 존슨(1572~1637) 영국 극작가, 시인, 평론가

▶ 야심은 사고의 죽음이다. _L. J. J. 비트겐슈타인(1889~1951) 영국 철학자

▶ 야심은 실패의 마지막 피난처다.

_O. F. O. W. 와일드(1854~1900) 아일랜드 시인, 극작가

▶ 야심은 자기 주인을 멸망시킨다. _《탈무드》

▶ 야심을 갖지 마라. 야심은 천사까지도 타락시켰다.

_W. 셰익스피어(1564~1616) 영국 극작가, 시인

▶ 열렬한 야심은 일찌감치 젊을 때부터 놀이나 즐거움을 쫓아버려, 자기 자신만을 지배한다.

_L. C. 보브나르그(1715~1747) 프랑스 도덕주의자, 수필가 《성찰과 잠언》

▶ 인간의 야심이란 지배욕 이외의 아무것도 아니다.

_M. Y. 레르몬토프(1814~1841) 러시아 시인, 소설가

▶ 인생이 사랑으로 시작하고 야심으로 끝나는 경우는 행복하다.

_B. 파스칼(1623~1662) 프랑스 사상가, 수학자, 물리학자

▶ 큰 야심가는 반드시 위대한 일을 하든지 잔인한 일을 하게 된다.

_나폴레옹 1세(1769~1821) 프랑스 황제

속담

▶ 누구나 잠자는 사자를 가슴속에 품고 있다. _나이지리아

▶ 야망이 끝나는 곳에서 행복은 시작한다. _헝가리

▶ 야심은 자루를 찢는다. (야심은 결국 파멸의 길로 인도한다는 말)

_콜롬비아

▶ 호랑이 등에 올라탄 사람은 거기서 내릴 수가 없다. _서양

고사성어

▷ 청운지지(青雲之志)

푸른 구름의 뜻을 품었다는 말로, 원대한 포부, 즉 높은 지위에 오르려는 야심을 가지고 있음을 뜻한다. 보통 '청운의 뜻을 품고'라는 말을 많이 쓰는데, 이 말은 '성공하여 세상에 이름을 떨치고자 하는 큰 희망'을 비유하는 말이다. 당나라 충신인 장구령이 간신의 모함으로 재상의 자리에서 물러날 때 "예전에는 청운의 뜻을 지녔는데 불운한 지금은 백발이 되었구나. 누가 알랴, 밝은 거울 속에서 형상과 그림자가 서로 탄식하는 것을."이라고 읊은 시에서 유래한다. _장구령의 시 〈조경견백발〉

약속 約束

인생

어떤 일에 대하여 어떻게 하기로 미리 정해 놓고 서로 어기지 않을 것을 다짐함. 또는 그 내용.

명언 명문

*허깨비 | 기(氣)가 허하여 착각이 일어나, 없는데 있는 것처럼, 또는 다른 것처럼 보이는 물체.

▶ 네가 약속 시간에 온다면 나는 그 전부터 행복해지고 안절부절 못할 테니까. 그러나 아무 때나 온다면 나는 몇 시에 마음을 곱게 치장해야 할지 영 알 수가 없잖아.

_A. M. R. 생텍쥐페리(1900~1944) 프랑스 소설가, 비행사 《어린왕자》

▶ 세상의 약속이란 대부분 허무한 *허깨비다. 자기 자신을 믿고 가치 있는 존재가 되는 것이 가장 안전하고 좋은 길이다.

_L. B. S. 미켈란젤로(1475~1564) 이탈리아 화가, 조각가, 건축가

▶ 약속은 양쪽에게 유익할 때만 깨지지 않고 지켜진다.

_솔론(B.C. 640?~B.C. 560?) 그리스 정치가, 시인

▶ 약속을 쉽게 하지 않는 자는 약속의 실행에 가장 충실하다.

_J. J. 루소(1712~1778) 프랑스 작가, 사상가

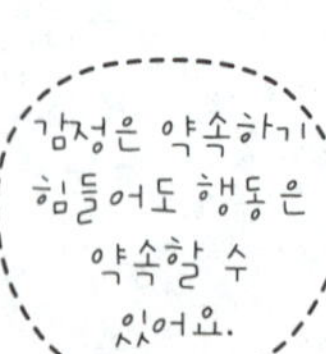

▶ 약속을 지키는 최상의 방법은 결코 약속을 하지 않는 것이다.

_나폴레옹 1세(1769~1821) 프랑스 황제

▶ 약속이 정의에 가까우면 그 말은 실행할 수 있다. _《논어》

▶ 용기 있는 사람은 모두 약속을 지키는 사람이다.

_P. 코르네유(1606~1684) 프랑스 시인, 극작가 《거짓말쟁이》

▶ 우리는 기대감에서 약속을 하고 공포심에서 약속을 지킨다.

_F. 라로슈푸코(1613~1680) 프랑스 작가 《잠언과 고찰》

▶ 인간의 행동을 약속할 수는 있어도 감정은 약속할 수 없다. 자기를 속이는 일 없이 영원의 사랑을 맹세하는 인간은 애정의 표시를 영원히 약속하는 것이다.

_F. W. 니체(1844~1900) 독일 철학자, 시인 《인간적인, 너무나 인간적인》

F. W. 니체

▶ 적과의 약속도 지켜야 한다. _P. 시루스(B.C. 1세기경) 로마 시인

▶ 폭풍이 한창일 때의 서약은 바람이 잔잔하면 잊혀진다.

_T. 풀러(1608~1661) 영국 성직자, 역사가

▶ 함부로 약속을 하는 사람은 그 실행을 무시한다.

_L. C. 보브나르그(1715~1747) 프랑스 도덕주의자, 수필가 《성찰과 잠언》

속담

▶ 계란과 약속은 깨지기 쉽다. _일본

▶ 쉽게 약속하는 사람은 그 약속을 쉽게 잊어버린다. _영국

▶ 약속을 지키지 못하는 것은 거짓말을 한 것과 같다. _서양

▶ 한 번 약속을 어기는 것보다 백 번 거절해서 기분을 상하게 하는 편이 낫다. _중국

한자 숙어

금석맹약(金石盟約) 쇠나 돌처럼 변함없는 약속.

장부일언 중천금(丈夫一言重千金) 장부의 말 한마디는 천금같이 무겁다는 뜻으로, 약속은 꼭 지키라는 말.

고사성어

▷ 식언(食言)

한번 입 밖에 낸 말을 입 속에 다시 넣는다는 뜻으로, 약속한 말을 지키지 않거나 거짓말을 일삼는다는 말이다. 은나라 탕왕이 하나라 걸왕의 폭정을 보다 못해 군사를 일으켜 하나라를 정벌하기로 마음먹고, 백성들에게 "나를 도와 공을 세우는 자에게 큰 상을 내릴 것이다. 나는 결코 거짓말을 하지 않는다."라고 말한 데서 유래한다. _《서경》 탕서 편

▷ 이목지신(移木之信)

나무 옮기기로 신뢰를 얻는다는 뜻으로, 남을 속이지 않거나 약속을 반드시 지킨다는 말이다. 전국 시대 진나라 재상 상앙은 법률을 제정하였으나 곧바로 시행하지 않았다. 백성들이 믿고 따라 주지 않을까 염려하였기 때문이다. 궁리 끝에 남문에 나무를 세우고, 이 나무를 북문으로 옮기는 자에게 금을 주겠다고 하였다. 하지만 아무도 그 말을 믿지 않고 나무를 옮기지 않았다. 그래서 다시 포상금을 올리자, 어떤 사람이 나무를 북문으로 옮겼다. 상앙은 즉시 약속한 포상금을 주었다. 이렇게 한 뒤 법령을 공포하자 백성들은 법을 잘 지켰다고 한다. _《사기》 상군열전

인생

어른

다 자란 사람. 또는 다 자라서 자기 일에 책임을 질 수 있는 사람.

명언 명문

- 네가 평생을 바친 것이 무너지는 것을 보고도 낡은 연장을 집어 들고 다시 세우려는 의지가 있다면 너는 어른이 되었다고 할 수 있다. _R. 키플링(1865~1936) 영국 소설가, 시인
- 아이는 자기가 올바르게 될 권리뿐만 아니라 잘못될 권리도 있다는 것을 깨달을 때 어른이 된다. _T. 사스(1920~) 미국 정신과 의사
- 아이들이 어른을 보는 데 있어서, 너무 가까이 가면 일부분밖에 보이지 않고, 너무 멀리서는 자세히 관찰하지 못한다. 올바르게 볼 수 있는 것은 자기가 어른이 되었을 때다. _J. W. 괴테(1749~1832) 독일 시인, 소설가, 극작가
- 어른의 특징 가운데 가장 뚜렷한 것은 아이의 입장이 어떤 것인지 잊어버렸다는 것이다. _R. 재럴(1914~1965) 미국 시인, 소설가, 평론가
- 어른이란 무엇인가? 그것은 나이로 부풀려진 어린애다. _S. 보부아르(1908~1986) 프랑스 소설가, 평론가

한자 숙어

장유유서(長幼有序) 유교의 도리로, 어른과 어린이 사이에는 엄격한 차례가 있고 복종해야 할 질서가 있음을 이름.

관용어

어른 뺨치다 _ 아이가 어른도 못 당할 만큼 영악하다.

속담

- 어른 말을 들으면 자다가도 떡이 생긴다. (어른이 시키는 대로 하면 실수가 없을 뿐 아니라, 여러 가지로 이익이 된다는 말) _한국
- 어른은 큰 아이다. (사람은 아무리 나이가 들어도 어릴 적의 장난기가 완전히 없어지지 않는다는 말) _프랑스

어린이

'어린아이'를 대접하거나 격식을 갖추어 이르는 말.

인생

명언 명문

▶ 사랑하는 아이에게는 매를 주고, 미워하는 아이에게는 밥을 많이 준다. _《명심보감》

▶ 성공적이지 않은 아이가 성공적인 어른이 된 경우는 매우 드물다.
_A. 체이스(1926~) 미국 언론인, 작가

▶ 세상이 자기를 평화롭게 놓아 둘 때 어린이는 자신이 우주의 아들임을 느낀다. _G. 바슐라르(1884~1962) 프랑스 철학자

▶ 아이가 모든 단계마다 삶의 실제 체험을 하도록 내버려 두어야 한다. 그의 장미에서 가시를 제거해서는 안 된다.
_E. K. S. 케이(1849~1926) 스웨덴 사상가

▶ 아이는 모든 동물 중에서 가장 다루기 힘들다. 그것은 아이가 아직 단련되어 있지 않은 생각의 샘을 가장 많이 가졌으므로 동물 중에서 가장 교활하고 민첩하며 교만하기 때문이다.
_플라톤(B.C. 428?~B.C. 347?) 그리스 철학자 《법률》

▶ 아이는 우유와 칭찬으로 자란다. _C. 램(1775~1834) 영국 평론가, 수필가

▶ 아이들이 없는 곳에는 천국도 없다.
_A. C. 스윈번(1837~1909) 영국 시인, 평론가

▶ 어린아이들의 존재는 이 땅 위에서 가장 빛나는 혜택이다. 죄악에 물들지 않은 어린아이들의 생명체는 한없이 고귀한 것이다.
_H. F. 아미엘(1821~1881) 스위스 철학자, 문학가

▶ 어린이는 크게 보고 아름답게 본다.
_G. 바슐라르(1884~1962) 프랑스 철학자 《유년 시절을 향한 몽상》

P. 피카소

▶ 어린이는 타인이 존재한다는 것을 알게 되면서부터 이미 어린이

가 아니다. _F. M. 뮐러(1823~1900) 영국 언어학자 《독일인의 사랑》

▶ 어린이들만이 이상을 받아들이기에 충분한 조건을 갖추고 있다.
_E. 케스트너(1899~1974) 독일 시인, 소설가 《파비안》

▶ 어린이들은 모두가 예술가다. 문제는 어떻게 하면 예술성을 잃지 않고 성장하느냐에 있다. _P. 피카소(1881~1973) 에스파냐 화가

▶ 어린이들은 우리의 가장 귀중한 천연자원이다.
_H. C. 후버(1874~1964) 미국 제31대 대통령

▶ 어린이들은 활동하는 순간, 스스로 개성이 생긴다.
_J. 듀이(1859~1952) 미국 철학자 《학교와 사회》

▶ 어린이의 교육에는 배우려는 욕망과 흥미를 불러일으키는 것이 제일이다. 그렇지 않으면 책을 짊어지고 다니는 나귀를 기르는 데 그치고 만다. _M. E. 몽테뉴(1533~1592) 프랑스 사상가

▶ 여섯 살이 되기까지는 아이들이 본성에 따라 제멋대로 굴어도 내버려 두지만, 그 이후에는 처벌하라. 그러나 모욕은 주지 마라.
_플라톤(B.C. 428?~B.C. 347?) 그리스 철학자

▶ 오늘날 아이들은 폭군이다. 부모에게 반항하고 음식을 마구 먹으며 선생들을 괴롭힌다. _소크라테스(B.C. 469~B.C. 399) 그리스 철학자

▶ 자기의 어린이를 어린이로 대한 뒤에 남의 어린이에게 미친다.
_《맹자》

속담

▶ 깃 없는 어린 새 그 몸을 보존치 못한다. (어린아이는 부모의 보호를 받지 아니하면 자라나기 어렵다는 말) _한국

▶ 미운 아이 떡 하나 더 준다. _한국

▶ 아이 보는 데서는 찬물도 못 먹는다. (아이들 앞에서는 함부로 행동하거나 말해서는 안 된다는 말) _한국

▶ 아이 싸움이 어른 싸움 된다. (작은 일이 점차 커진다는 말) _한국

▶ 아이는 가난한 사람의 재산이다. _영국

▶ 아이는 작게 낳아서 크게 길러라. (아이를 낳을 때는 크다 작다 따지지 말고 잘 길러서 큰 사람이 되게 하라는 말) _한국

▶ 아이는 칠수록 운다. (아이를 때리는 것보다 달래는 편이 오히려

낫다는 말) _한국

▶ 아이는 큰 보배다. _한국

▶ 아이들이 아니면 웃을 일이 없다. _한국

▶ 아이를 보면 그 어머니를 알 수 있다. _독일

▶ 어린이들은 어릴 적에는 어머니를, 커서는 아버지를 따른다. _영국

▶ 집 안에 어린이가 없는 것은 지구에 태양이 없는 것과 같다. _영국

고사성어

▷ 수자부족여모(竪子不足與謀)

어린아이와는 함께 일을 도모할 수 없다는 뜻이다. 유방과 항우가 만난 유명한 '홍문의 만남'에서 범증이 항우를 두고 한 말로, 일의 맥락을 모르면서 자기 기분대로 하는 사람과는 일을 함께 할 수 없다고 한 데서 유래한다. _《사기》 항우본기

한자 숙어

구상유취(口尙乳臭) 입에서 아직 젖내가 난다는 뜻으로, 말이나 행동이 유치함을 이르는 말.

삼척동자(三尺童子) 키가 석 자 밖에 안 되는 아이. 곧 철없는 어린아이를 가리킴.

황구소아(黃口小兒) 젖내 나는 어린아이라는 뜻으로, 철없이 미숙한 사람을 낮잡아 이르는 말.

관용어

어린이 장난 같다 _ 아이들의 장난같이 가소롭다.

키워드 정보 BOX

세계 어린이를 위한 유니세프

'국제 연합 아동 기금'이라고도 불리는 유니세프(UNICEF)는 1946년 제2차 세계 대전 직후 유럽과 중국에서 굶주림과 질병으로 고통받는 어린이들을 돕기 위해 국제 연합(UN)에서 만든 국제 봉사 기구다.

요즈음은 주로 개발 도상국의 어린이와 어머니들을 돕는데, 어려움에 처한 어린이를 보호하고, 결핵 예방 같은 건강 위생 활동을 하며, 직업 훈련과 기초 교육, 어린이나 임산부에 대한 식량 및 식수를 지원하며, 생활 환경을 개선하는 등의 일을 한다. 나라와 인종, 이념, 종교 등에 관계없이 도움의 손길을 펼치는 유니세프는 이러한 공로를 인정받아 1965년에 노벨 평화상을 받기도 했다.

유니세프의 물 절약 광고.

어머니

자기를 낳은 여자. 또는 자식을 낳은 여자를 자식에 대한 관계로 이르는 말.

명언 명문

▶ 모성애의 진실한 성취는, 어린아이에 대한 어머니의 사랑에서가 아니라 성장하는 아이에 대한 어머니의 사랑으로 이루어진다.

_E. 프롬(1900~1980) 독일 정신 분석학자, 사회학자 《사랑의 기술》

▶ 어린이의 미래를 구축하는 것은 어머니의 일이다.

_나폴레옹 1세(1769~1821) 프랑스 황제

▶ 어머니는 우리의 마음에 온기를 주고, 아버지는 빛을 준다.

_장 파울(1763~1825) 독일 소설가

▶ 어머니는 항상 아이를 위해서 죽을 각오를 갖추고 있다.

_B. S. 라즈니시(1931~1990) 인도 철학자

▶ 어머니란 알을 낳은 새가 아니라 알을 부화시킨 새를 말한다.

_A. V. 아르노(1612~1694) 프랑스 철학자, 신학자 《우화집》

▶ 어머니의 어린애에 대한 사랑은 아름답고 위대한 것이다.

_J. H. 페스탈로치(1746~1827) 스위스 교육학자

▶ 여자는 약하다. 그러나 어머니는 강하다.

_V. M. 위고(1802~1885) 프랑스 시인, 극작가

▶ 여자답다는 것은 모성을 말하는 것이다. 모든 사랑은 그곳에서부터 시작하며, 그곳에서 끝난다. _E. B. 브라우닝(1806~1861) 영국 시인

▶ 우리 모두가 생겨난 곳, 그곳은 바로 어머니다.

_H. 헤세(1877~1962) 독일 소설가, 시인 《데미안》

▶ 위대한 모성은 자비로운 어머니인 동시에 무서운 어머니며, 창조와 보존의 여신인 동시에 파괴의 여신이었다.

_A. L. 헉슬리(1894~1963) 영국 소설가, 평론가 《어머니》

- 좋은 어머니는 백 사람의 교사와 맞먹는다.

_J. F. 헤르바르트(1776~1841) 독일 철학자, 교육학자

- 집은 어머니 몸의 대리물이다. 어머니의 몸이야말로 아마도 언제까지나 사람이 동경하는 최초의 주거다. 그 속에서 인간은 안전했으며, 위안을 받았다. _S. 프로이트(1856~1939) 오스트리아 심리학자, 의사
- 천지간 모든 동물, 개부터 인간의 여자에 이르기까지 어머니의 마음은 항상 숭고한 것이다. _A. 뒤마(1802~1870) 프랑스 소설가, 극작가

속담

- 가정에서는 어머니의 사랑, 들에서는 태양의 빛. _아프리카
- 까마귀도 자기 새끼가 제일 예쁘다고 생각한다. _영국
- 어머니 품속에 밤이슬이 내린다. _한국
- 어머니가 아버지보다 자식에 대해 더 깊은 애정을 갖는 이유는 어머니는 자식을 낳을 때의 고통을 겪기 때문에 자식이란 절대적으로 자기 것이라는 마음이 아버지보다 강하기 때문이다. _서양
- 어머니는 가족 모두를 등에 업고 한 사람도 내려놓지 않는다. (어머니의 헌신과 애정을 표현한 말) _세네갈
- 어머니의 사랑은 부드럽고, 아버지의 사랑은 현명하다. _이탈리아
- 어머니의 사랑은 언제까지고 나이가 들지 않는다. _일본
- 태양 아래는 밝고, 어머니 곁은 따뜻하다. _러시아

고사성어

▷ 단기지교(斷機之敎)

짜던 베를 끊으면서 가르친다는 말로, 학문의 중요성을 일깨워 주려는 어머니의 가르침을 일컫는 말이다. 유학을 갔던 맹자가 어느 날 공부를 그만 두고 돌아왔다. 그러자 맹자의 어머니는 짜고 있던 베를 칼로 자르며 "네가 공부를 그만두는 것은 내가 베를 끊는 것과 같다."며 훈계하였다. 어머니의 말씀에 크게 깨달음을 얻은 맹자는 그때부터 공자의 손자인 자사의 제자가 되어 쉬지 않고 학문을 쌓아 위대한 학자가 되었다. _《열녀전》

인생

얼굴

눈, 코, 입 등이 있는 머리의 앞부분.

명언 명문

*저열하다 | 질이 낮고 변변하지 못하다.

▶ 나는 남자와 여자의 얼굴에서 신을 본다.

_W. 휘트먼(1819~1892) 미국 시인 《나 자신의 노래》

▶ 나는 두 개의 얼굴을 가지는 야수다. 한 얼굴은 웃고 다른 얼굴은 울고 있다.

_S. A. 키르케고르(1813~1855) 덴마크 철학자

▶ 나는 항상 내 얼굴이 장식품 같은 것은 못 되고 그저 있어서 편리한 그러한 것으로 여겨 왔다.

_O. W. 홈스(1809~1894) 미국 소설가, 의학자

▶ 남자의 얼굴은 자연의 작품, 여자의 얼굴은 예술 작품.

_A. 프레보(1697~1763) 프랑스 소설가

▶ 불행하게도 나는 나의 얼굴을 본 일이 없다. 적어도 이전에 본 적이 없다는 말이다. 나는 그것을 잘 알지 못하지만 내 앞에 늘어뜨리고 있다. 내가 나의 얼굴을 아는 것은 오히려 타인의 얼굴에 의해서다.

_J. P. 사르트르(1905~1980) 프랑스 소설가, 철학자 《구토》

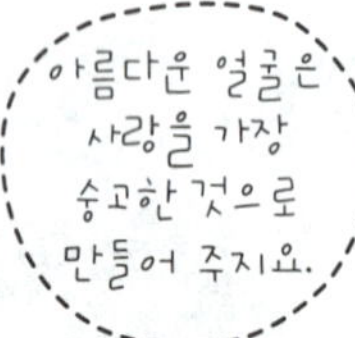

▶ 사람은 얼굴을 붉히는, 또는 그럴 필요가 있는 유일한 동물이다.

_M. 트웨인(1835~1910) 미국 소설가

▶ 사람의 얼굴은 알아도 마음은 모른다. _《명심보감》

▶ 사람의 얼굴은 하나의 풍경이다. 한 권의 책이다. 용모는 결코 거짓말을 하지 않는다.

_H. 발자크(1799~1850) 프랑스 소설가

▶ 마흔 살을 지낸 사람은 자기 얼굴에 책임을 져야 한다.

_A. 링컨(1809~1865) 미국 제16대 대통령

▶ 아름다운 얼굴의 힘은 내 마음에서 *저열한 욕망을 제거하여 나의 사랑을 가장 숭고한 것으로 만들어 준다.

_L. B. S. 미켈란젤로(1475~1564) 이탈리아 화가, 조각가, 건축가

L. B. S. 미켈란젤로

▶ 아름다운 얼굴이 추천장이라면 아름다운 마음은 신용장이다.

_E. G. E. B. 리턴(1803~1873) 영국 소설가, 정치가 《그것으로 그는 무엇을 할까》

▶ 얼굴은 마음의 거울이고 눈은 마음의 비밀을 말없이 고백한다.

_E. 히에로니무스(347?~419?) 로마 신학자

▶ 얼굴은 하느님의 걸작이다. 눈은 마음을, 입은 육체를 드러내 보인다. 턱은 의도를 보여 주고, 코는 의지를 나타낸다.

_E. G. 허버드(1856~1915) 미국 작가, 화가 《짧은 여행》

▶ 얼굴을 대수롭게 여기지 않는 것은, 그 얼굴에서 태어나는 환상에 의해서 현실의 이미지가 빛을 잃는 데서 오는 결과다.

_C. P. 보들레르(1821~1867) 프랑스 시인 《내밀의 일기》

▶ 얼굴의 아름다움은 부서지기 쉬운 장신구, 곧 시드는 꽃, 곧 사라지는 광채, 다시 말해 오로지 피부에만 달려 있는 것이다.

_몰리에르(1622~1673) 프랑스 극작가, 배우

▶ 이 무수한 사람들 가운데 똑같은 얼굴이 하나도 없다는 데 누구나 놀란다.

_C. 램(1775~1834) 영국 평론가, 수필가

▶ 표정의 온갖 바람결에도 달라질 수 있는 얼굴, 온갖 것을 그 안에서 꿈꾸게 할 수 있는 얼굴, 그것은 마치 양탄자와 그림을 기다리고 있는 아름답고도 텅 빈 집과 같았다.

_E. M. 레마르크(1898~1970) 독일 소설가 《개선문》

속담

▶ 밥이 얼굴에 더덕더덕 붙었다. (얼굴이 복 있게 생겼으니 잘 살겠다는 말) _한국

▶ 사람의 얼굴은 열 번 변한다. (사람의 얼굴은 한평생 사는 동안에 여러 번 변한다는 뜻) _한국

▶ 선한 벗의 노한 얼굴은 악한 벗의 웃는 얼굴보다 낫다. _덴마크

한자 숙어

단순호치(丹脣皓齒) 붉은 입술과 하얀 치아라는 뜻으로, 아름다운 여자를 이르는 말.

득의만면(得意滿面) 일이 뜻대로 이루어져 기쁜 표정이 얼굴에 가득함.

사면춘풍(四面春風) 항상 좋은 얼굴로 누구에게나 대하는 일. 또는 그런 사람을 비유하여 이르는 말.

설부화용(雪膚花容) 눈처럼 흰 살갗과 꽃처럼 고운 얼굴이라는 뜻으로, 미인의 용모를 이르는 말.

용안불개(容顔不改) 얼굴이 변하지 않음.

일시화용(一時花容) 잠깐 동안의 꽃 같은 얼굴.

후안무치(厚顔無恥) 얼굴이 두껍고 부끄러움이 없음. 뻔뻔스러워 부끄러워할 줄 모른다는 말.

희색만면(喜色滿面) 기쁜 빛이 얼굴에 가득함.

▶ 시든 배춧잎 같다. (얼굴에 주름이 많고 생기 없이 누렇게 떠 있는 모양을 이르는 말) _한국

▶ 얼굴에 단풍잎 뿌린다. (창피나 화 때문에 얼굴이 단풍잎처럼 붉어지는 모습을 나타낸 말) _일본

▶ 얼굴은 마음의 거울이다. _영국

▶ 얼굴은 성격을 말한다. _영국

▶ 원숭이 볼기짝인가. (술을 먹고 얼굴이 불그레해진 사람을 놀리는 말) _한국

▶ 이마에 내 천 자를 그린다. (얼굴을 찡그린다는 말) _한국

관용어

얼굴만 쳐다보다 _ 남의 도움을 기대하고 눈치를 보거나 비위를 맞추다. 또는 아무 대책 없이 서로에게 기대기만 하다.

얼굴에 그늘이 지다 _ 얼굴에 근심하는 기색이 있다.

얼굴에 철판을 깔다 _ 몹시 뻔뻔스러워 부끄러워하지 아니하다.

얼굴을 깎다 _ 명예나 체면을 잃게 만들다.

얼굴을 더럽히다 _ 명예나 체면을 손상시키다.

얼굴을 들다 _ 남을 떳떳하게 대하다.

얼굴을 보다 _ 체면을 고려하다.

얼굴이 두껍다 _ 부끄러움을 모르고 염치가 없다.

얼굴이 뜨겁다 _ 부끄럽거나 창피하여 남을 볼 면목이 없다.

얼굴이 반쪽이 되다 _ 병이나 고통 따위로 얼굴이 몹시 수척하여지다.

얼굴이 피다 _ 얼굴에 살이 오르고 화색이 돌다.

얼굴이 홍당무가 되다 _ 부끄럽거나 창피하여 얼굴이 붉어지다.

얼굴이 화끈하다 _ 순간적으로 매우 부끄럽고 창피하여 얼굴이 빨개지다.

고사성어

▷ 무안(無顔)

얼굴이 없다는 뜻으로, '무안색' 또는 '무색'이라고도 한다. 무안하다는 말로 잘못을 깨달은 부끄러움으로 얼굴을 들지 못하거나 면목이 없을 때 쓰는 말이다. 당나라 현종 때 양귀비의 아름다움은 꽃단장을 한 다른 궁녀들의 얼굴빛을 잃게 했다는 구절에서 유래한다. _백낙천의 시 〈장한가〉

▷ 백면서생(白面書生)

창백한 얼굴의 지식인이라는 뜻으로, 글만 읽었지 세상 물정에는 어두운 사람을 가리킬 때 쓰는 말이다. 송나라 무제가 북위를 칠 계획을 문신들과 의논하자 심경지라는 무관이 이를 반대하며 경험 없는 문신들을 비꼬아 한 말에서 유래한다.

_《송서》 심경지전

女子 여자

여성으로 태어난 사람.

인생

명언 명문

▶ 가장 아름답고, 치장을 잘 한 여자는 겸손의 옷을 입은 여자다.

_J. 몽고메리(1771~1854) 영국 시인

▶ 문명은 훌륭한 여자들의 힘이다.

_R. W. 에머슨(1803~1882) 미국 사상가, 시인

▶ 변덕은 여자의 미덕 가운데 하나다. 그것은 *일부다처제를 불필요한 것으로 만든다.

_G. K. 체스터턴(1874~1936) 영국 소설가, 평론가

▶ 보석은 말이 없지만 말보다도 더 빨리 여자의 마음을 움직인다.

_W. 셰익스피어(1564~1616) 영국 극작가, 시인

▶ 사랑은 남자의 삶에 있어서 그리 대단치 않은 것이지만, 여자에게는 일생 그 자체다.

_G. G. 바이런(1788~1824) 영국 시인

▶ 30년을 연구했어도 풀지 못한 문제는, '여자는 무엇을 원하는가' 하는 것이다.

_S. 프로이트(1856~1939) 오스트리아 심리학자, 의사

▶ 순결하고 미덕을 갖춘 여자보다 더 값진 보석은 없다.

_M. 세르반테스(1547~1616) 에스파냐 소설가

▶ 약한 자여, 사람들은 그대를 여자라고 부른다.

_W. 셰익스피어(1564~1616) 영국 극작가, 시인 《햄릿》

▶ 여성의 쾌활함은 지성을 대신한다.

_C. L. S. 몽테스키외(1689~1755) 프랑스 사상가 《수상록》

▶ 여자는 아무리 연구를 해도 언제나 새로운 존재다.

_L. N. 톨스토이(1828~1910) 러시아 소설가, 사상가

▶ 여자는 언제나 주관적이기 때문에 탁월한 능력은 있어도 천재는 결코 아니다.

_A. 쇼펜하우어(1788~1860) 독일 철학자

*일부다처제 | 한 남편이 동시에 여러 아내를 두는 혼인 제도.

▶ 여자는 여자로 태어나는 것이 아니라 여자가 되는 것이다.

_S. 보부아르(1908~1986) 프랑스 소설가, 평론가

▶ 여자는 항상 뒤돌아보며 걸어온 길의 길이를 재기 때문에 진보하는 힘이 줄어들고 만다.

_S. 보부아르(1908~1986) 프랑스 소설가, 평론가 《제2의 성》

▶ 여자는 현실보다는 자신의 소원에 대해 박수를 보낸다.

_아이스킬로스(B.C. 525?~B.C. 456) 그리스 시인 《아가멤논》

▶ 여자에게는 바다와 같이 변하기 쉬운 성질이 있다.

_시모니데스(B.C. 556?~B.C. 468?) 그리스 시인 《단편》

▶ 여자와 소인은 다루기 어렵다. 그들은 가까이하면 불손해지고 멀리하면 원망한다. _공자(B.C. 551~B.C. 479) 중국 춘추 시대 노나라 사상가

▶ 여자의 가장 거룩한 의무를 완전히 이행하기 위해서 처녀는 아내와 어머니가 되어야만 한다. _F. A. 켐블(1809~1893) 영국 극작가, 시인

▶ 여자의 의견은 그다지 값어치가 없지만, 그것을 받아들이지 않는 사람은 바보다. _M. 세르반테스(1547~1616) 에스파냐 소설가, 극작가 《돈키호테》

▶ 짜증 부리는 여자는 혼탁한 샘물과 같다.

_W. 셰익스피어(1564~1616) 영국 극작가, 시인 《말괄량이 길들이기》

▶ 현명한 남자를 다루는 것은 냉정한 여자지만, 어리석은 남자를 다루는 것은 현명한 여자다. _R. 키플링(1865~1936) 영국 소설가, 시인 《직언》

속담

▶ 가장 독한 것은 여자의 마음이다. _중국

▶ 모든 여자는 착해지기보다 아름다워지기를 더 원한다. _서양

▶ 여자 없는 집안은 고아들뿐. _카자흐스탄

▶ 여자가 침묵한다는 것은 곧 죽었다는 것이다. _스위스

▶ 여자와 유리그릇은 항상 깨지기 쉽다. _영국

▶ 여자와 음악은 탄생한 연대를 밝혀서는 안 된다. _미국, 영국

한자 숙어

요조숙녀(窈窕淑女) 말과 행동이 품위가 있으며 얌전하고 정숙한 여자.

홍일점(紅一點) 많은 남자들 사이에 있는 여자 한 명을 이르는 말.

화용월태(花容月態) 아름다운 여인의 얼굴과 맵시를 이르는 말.

劣等 열등

보통의 수준이나 등급보다 낮음.
또는 그런 등급.

인생

명언 명문

▶ 노동자들에게 자신이 특수 계층에 속한다는 생각을 하도록 만드는 것은 그들의 열등 의식을 부추기는 것이다.

_J. L. 루이스(1880~1969) 미국 노동 운동가

▶ 당신이 동의하지 않는 한 아무도 당신에게 열등감을 느끼게 할 수 없다.

_A. E. 루스벨트(1884~1962) 미국 사회 운동가, 정치가

▶ 사람들은 대부분 자기보다 못한 사람과 사귀기를 좋아하고 자기보다 나은 사람과 사귀기는 싫어한다.

_이황(1501~1570) 조선 시대 문신, 유학자

▶ 열등감이 있는 곳에는 거기 충분한 이유가 있다. 우리 자신이 인정하지 않는 것이라 해도 다른 열등한 것이 있는 것이다.

_C. G. 융(1875~1961) 스위스 심리학자, 정신 의학자

▶ 열등한 사람은 언제나 미지의 것, 복잡한 것, 이해할 수 없는 것에 대한 두려움을 품고 있다.

_H. L. 멘켄(1880~1956) 미국 언론인, 작가

▶ 인생의 참된 즐거움은 자기보다 열등한 사람들과 함께 사는 것에 있다.

_W. M. 새커리(1811~1863) 영국 소설가

▶ 자기보다 못한 사람과 사귀면 무익할 뿐 아니라 오히려 손해다. 따라서 옛사람들은 천 년 전 인물을 벗으로 삼았다.

_이언적(1491~1553) 조선 시대 성리학자

이황

속담

▶ 못난 놈 잡아들이라면 없는 놈 잡아간다. _한국

▶ 못난 사내는 못난 아내를 거느린다. _영국

완성 完成

완전히 다 이룸.

명언 명문

*졸렬하다 | 옹졸하고 천하여 서투르다.
*눌변 | 더듬거리는 서툰 말솜씨.

- 교양은 호기심에서 나온 것이 아니라 완성에 대한 사랑에서 나온 것이다. 그것은 완성에 대한 연구다.

  _M. 아널드(1822~1888) 영국 시인, 평론가
- 뛰어나게 완성된 것은 이지러진 듯하고 완전히 채워진 것은 빈 듯하다. 완전히 곧은 것은 굽은 듯하고 탁월한 기교는 *졸렬한 듯하며 탁월한 웅변은 *눌변인 듯하다. _《노자도덕경》
- 사람은 만족할 수 있는 완성의 경지에 영원히 도달하지 못한다. 완성이란 불가능한 일이며, 그것은 하나의 이상에 불과하다.

  _I. 칸트(1724~1804) 독일 철학자
- 사람은 자연이 이미 완성한 것을 다시 만들어 내려는 욕심을 버려야 한다. _G. 브라크(1882~1963) 프랑스 화가
- 어머니는 아들의 절반을 완성시키고, 나머지 절반은 아내가 완성시킨다. _R. 롤랑(1866~1944) 프랑스 소설가, 사상가
- 이익의 기회가 오면 먼저 정의를 생각하고 나라가 위태로우면 목숨을 바치며 아무리 오래된 약속이라도 지킨다면, 그는 완성된 인간이다. _공자(B.C. 551~B.C. 479) 중국 춘추 시대 노나라 사상가
- 인간의 지혜는 완성될수록 신과 인간과의 사이에 한없는 차이가 있음을 더욱 느끼는 것이다. _J. 러스킨(1819~1900) 영국 미술 평론가
- 죽음이 삶의 완성이 되게 하는 길을 찾아라.

  _D. 함마르셸드(1905~1961) 스웨덴 경제학자
- 참된 예술 작품은 신이 부여하는 완성의 그림자일 뿐이다.

  _L. B. S. 미켈란젤로(1475~1564) 이탈리아 화가, 조각가, 건축가

- 최고의 완성에는 도달할 수 없다.

_M. T. 키케로(B.C. 106~B.C. 43) 로마 정치가, 학자

- 한 가지 일을 시작하면 중간에 그만두는 일 없이 완벽을 기해 있는 힘을 다해서 완성하라. _소크라테스(B.C. 469~B.C. 399) 그리스 철학자

속담

- 날이 못 되어 이루었다. (무슨 일을 빨리 끝마쳤다는 말) _한국
- 내친걸음이요 열어 놓은 뚜껑이다. (이왕 시작한 일은 어떻게 해서든지 끝을 맺어야 한다는 말) _한국
- 땀과 고생이 없으면 아무 일도 완성되지 못한다. _로마
- 마음에 든 일은 반은 완성한 것이다. (자기가 좋아하는 일은 그만큼 열성으로 할 것이니 완성하기 쉽다는 뜻) _프랑스
- 일을 하면 끝까지, 소금을 넣으면 녹을 때까지. (무슨 일이든지 완성을 해야 한다는 말) _몽골

고사성어

▷ 기호지세(騎虎之勢)

호랑이를 타고 달리는 형세라는 뜻으로, 이미 시작한 일을 중도에서 그만둘 수 없는 경우를 비유적으로 이르는 말이다. 양견은 수나라의 황제가 되기 전, 천하를 통일하겠다는 큰 뜻을 품고 있었다. 그때 양견의 아내인 독고 씨가, "이미 맹수를 타고 달리는 형세이니 도중에 내리면 분명 잡혀 먹고 말 것입니다. 부디 끝까지 뜻을 이루시길 바랍니다." 하며 남편을 격려한 데서 유래한다. _《수서》

▷ 화룡점정(畵龍點睛)

용 그림에 눈동자를 찍는다는 뜻으로, 무슨 일을 하는 데에 가장 중요한 부분을 완성시킴을 이르는 말이다. 글을 짓거나 일을 하는 데서 가장 요긴한 어느 한 대목을 잘함으로써 전체가 살아나거나 활기 있게 됨을 이르기도 한다. 양나라 때 화가 장승유가 용을 그리고 난 뒤 마지막으로 눈동자를 그려 넣었더니 그림 속의 용이 실제로 용이 되어 홀연히 구름을 타고 하늘로 날아 올라갔다는 데서 유래한다. _《수형기》

완전

完全

필요한 것이 모두 갖추어져 모자람이나 흠이 없음.

명언 명문

*완전무결 | 충분히 갖추어져 있어 아무런 결점이 없음.

▶ 모든 사람이 불완전하기 때문에 우리는 사랑하는 것이다.

_J. 러스킨(1819~1900) 영국 미술 평론가

▶ 부족한 사람도 완전한 사람인 듯이 대우해 주는 것은 그가 좀 더 나은 사람이 되도록 돕는 것이다.

_J. W. 괴테(1749~1832) 독일 시인, 소설가, 극작가

▶ 사람답다는 것의 본질은 완전을 추구하지 않는 것이다.

_G. 오웰(1903~1950) 영국 소설가

▶ 세상에 아름다운 여인은 많다. 그러나 완전한 여인은 단 한 명도 없다. _V. M. 위고(1802~1885) 프랑스 시인, 극작가

▶ 세상에 완전이란 있을 수 없다. _A. 아인슈타인(1879~1955) 미국 물리학자

▶ 신의 절대적 가치에 비추어 봤을 때 인간은 본질적으로 유한하고 불완전하다. _D. 흄(1711~1776) 영국 철학자, 역사가

▶ *완전무결은 신의 본성이다. 완전무결을 바라는 것은 인간의 본성이다. _J. W. 괴테(1749~1832) 독일 시인, 소설가, 극작가

▶ 완전에는 한 가지 큰 결함이 있다. 그것은 지루해지기 쉽다는 것이다. _W. S. 몸(1874~1965) 영국 소설가, 극작가

▶ 완전이란 것은 아무것도 덧붙일 것이 없을 때가 아니라 아무것도 떼어 낼 것이 없을 때에 달성되는 것 같다.

_A. M. R. 생텍쥐페리(1900~1944) 프랑스 소설가, 비행사 《인간의 대지》

▶ 완전함은 시간의 아들이다. _J. 홀(1811~1898) 미국 지질학자

▶ 우리는 완전해질수록 남의 결점에 대해 더욱 관대하고 침묵한다.

_F. 페늘롱(1651~1715) 프랑스 종교가, 소설가

▶ 인간은 죽을 때까지 완전한 인간이 될 수 없다.

_B. 프랭클린(1706~1790) 미국 정치가, 과학자

▶ 탁월한 것은 드물고, 완전한 것은 찾아보기 가장 어려운 것이다.

_M. T. 키케로(B.C. 106~B.C. 43) 로마 정치가, 학자

*뉘 | 껍질이 벗겨지지 않은 채로 섞인 벼 알갱이.

속담

▶ 나귀를 구하매 샌님이 없고 샌님을 구하매 나귀가 없다. (무엇이나 모든 것을 완전히 갖추기 힘들다는 말) _한국

▶ 나무도 크게 자라야 소를 맬 수 있다. (완전해야만 쓸모가 있음을 이르는 말) _한국

▶ 명예는 흠이 하나도 없어야 한다. _로마

▶ 백미에는 *뉘나 섞였지. (좋은 쌀인 백미에도 뉘가 섞여 있는데 그런 흠조차도 없는 훌륭한 사람을 비유한 말) _한국

▶ 봉산 참배는 물이나 있지. (결점이 없는 사람을 비유한 말) _한국

▶ 송곳니를 가진 호랑이는 뿔이 없다. (모든 것을 다 갖출 수는 없다는 뜻) _한국

▶ 완전함은 시간의 손을 필요로 한다. _서양

▶ 잡초가 없는 정원은 없다. (세상에 완전무결한 것은 없다는 뜻) _영국

지식 쑥쑥

한자 숙어

진선진미(盡善盡美) 더할 나위없이 훌륭하고 아름다움. 완전무결함을 이르는 말.

고사성어

▷ **완벽(完璧)**

'조금의 흠도 없는 완전한 구슬'이라는 뜻으로, 결점이 하나도 없이 훌륭한 사람이나 사물을 일컫는다. 조나라 혜문왕이 초나라의 보배인 화씨의 구슬을 얻었다. 그런데 그 소문을 듣고 욕심이 생긴 진나라의 소양왕은 혜문왕에게 구슬과 15개의 성을 바꾸자고 제안했다. 강대국인 진나라의 소양왕에게 구슬만 빼앗길 것을 고민하던 혜문왕은 인상여를 사신으로 보냈다. 인상여가 진나라로 떠나면서 "진나라에 가서 왕이 성을 주지 않는다면 완전한 구슬을 갖고 돌아오겠습니다."라고 말한 데서 유래한다.

_《사기》 인상여전

외모 外貌

겉으로 드러나 보이는 모양.

명언 명문

- 군자는 사람의 말만 듣고 그를 추천하지 않으며, 사람만 보고 그의 말을 판단하지도 않는다.

  _공자(B.C. 551~B.C. 479) 중국 춘추 시대 노나라 사상가

- 너그럽고 상냥한 태도, 사랑을 지닌 마음! 사람의 외모를 아름답게 하는 이 힘은 말할 수 없이 큰 것이다.

  _B. 파스칼(1623~1662) 프랑스 사상가, 수학자, 물리학자

- 땅으로부터 잰 키는 내가 자네보다 작을지 몰라도 하늘로부터 잰 키는 내가 자네보다 더 크네. _나폴레옹 1세(1769~1821) 프랑스 황제

- 모양을 보는 사람은 품질을 보지 못한다.

  _나쓰메 소세키(1867~1916) 일본 소설가, 영문학자

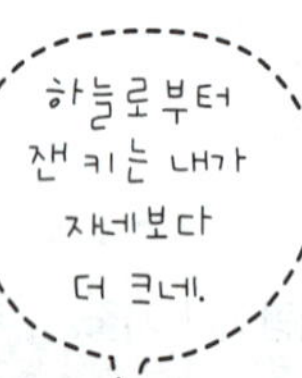

- 몸가짐에서 여신을 알아차릴 수 있다.

  _P. 베르길리우스(B.C. 70~B.C. 19) 로마 시인 《아이네이스》

- 술통만 보고는 포도주의 품질을 알 수 없지만 훌륭한 외모는 추천서가 된다. _C. H. 스펄전(1834~1892) 영국 성직자, 설교가

- 외모가 훌륭하면 미덕도 더욱 돋보인다.

  _P. 베르길리우스(B.C. 70~B.C. 19) 로마 시인

나폴레옹 1세

- 외모를 장식하거나 표면만 번드레하게 꾸미는 것은 마치 목각 인형 같은 것이다. _《후한서》

- 용모가 수려한 사람은 어떠한 추천서에 못지않게 효능이 있는 법이다. _아리스토텔레스(B.C. 384~B.C. 322) 그리스 철학자

- 용모는 결코 거짓말하지 않는다. _H. 발자크(1799~1850) 프랑스 소설가

- 클레오파트라의 코가 조금 더 낮았더라면 인류 역사는 전혀 딴판

이 되었을지도 모른다. _B. 파스칼(1623~1662) 프랑스 사상가, 수학자, 물리학자

▶ 하느님은 평범한 외모의 사람들을 더욱 좋아하신다. 그래서 그런 사람들을 이토록 많이 만드신 것이다.

_A. 링컨(1809~1865) 미국 제16대 대통령

속담

▶ 까마귀가 검어도 살은 희다. (외모는 잘생기지 못했으나 마음씨가 좋다는 뜻) _한국

▶ 깎은 밤 같다. (젊은 남자가 말쑥하고 단정하게 잘 갖추어 입은 모습을 이르는 말) _한국

▶ 두부살에 바늘뼈. (두부처럼 연약한 살과 바늘처럼 가는 뼈를 가진 약한 사람을 뜻하는 말) _한국

▶ 미남의 마음까지 아름답다고 할 수는 없다. (사람은 외모만으로 판단할 수 없다는 말) _러시아

▶ 번쩍이는 것이 다 금은 아니다. _영국

▶ 보기 좋은 떡이 먹기도 좋다. (겉으로 드러나는 모습이 좋으면 내용도 좋다는 뜻) _한국

▶ 빛 좋은 개살구. (겉보기에는 먹음직스러운 빛깔을 띠고 있지만 맛은 없는 개살구처럼, 겉모양은 그럴듯하게 좋으나 실속이 없는 경우를 이르는 말) _한국

▶ 산초는 작아도 맵기만 하다. _일본

▶ 센 말 볼기짝 같다. (털이 하얗게 센 말의 볼기짝 같다는 뜻으로 얼굴이 희멀겋고 몸집이 큰 사람을 가리키는 말) _한국

▶ 얼굴을 검게 물들이면 멋진 숯장사. (사람은 겉모습으로 판단하기 쉬우니 주의하라는 말) _튀니지

▶ 좋은 외모는 좋은 소문을 부른다. (사람의 인격이나 마음이 알려지지 않는 동안에는 외모만으로 사람을 판단하게 된다는 말) _크로아티아

한자 숙어

색장(色莊) 안색이 장엄하다는 뜻으로, 외모만이 위엄 있고 엄숙한 사람을 이름.

선자옥질(仙姿玉質) 신선의 자태에 옥의 바탕이라는 뜻으로, 외모가 아름답고 마음도 아름다운 사람을 이르는 말.

토목형해(土木形骸) 흙과 나무로 된 뼈대라는 뜻으로, 겉모양을 장식하거나 덧붙이지 아니한 상태를 이르는 말.

욕망

欲望

부족함을 느껴 무엇을 가지거나 누리고자 탐함. 또는 그런 마음.

명언 명문

- 강한 욕망을 버리고 싶으면 그 어머니인 낭비를 버려라.

  _M. T. 키케로(B.C. 106~B.C. 43) 로마 정치가, 학자

- 너희는 손에 없는 것을 바라고, 손에 있는 것을 경멸한다.

  _T. 루크레티우스(B.C. 94?~B.C. 55?) 로마 시인, 철학자 《사물의 본성에 관하여》

- 너희의 욕망을 억제하라. 그러지 않으면 죄와 그 검은 심부름꾼인 죽음이 너희를 덮칠 것이다.

  _J. 밀턴(1608~1674) 영국 시인 《실락원》

- 사람들은 많은 것을 원하지만, 그에게 필요한 것은 극히 얼마 안 된다. 인생은 짧고 인간의 운명은 끝이 있기 때문이다.

  _J. W. 괴테(1749~1832) 독일 시인, 소설가, 극작가

- 사람들은 얻은 것보다 얻지 못한 것을 더 원한다.

  _W. 셰익스피어(1564~1616) 영국 극작가, 시인

- 사람의 근본적인 두 가지 욕망은 소유욕과 자식을 낳으려는 욕망이다.

  _W. 오슬러(1849~1919) 영국 의학자

- 사람의 욕망이 모르는 일에까지 뻗쳐 나가는 일은 없다.

  _P. N. 오비디우스(B.C. 43~A.D. 17) 로마 시인 《사랑의 기술》

- 욕망에는 이득이 있고 또 욕망의 만족에도 이득이 있는 법이다. 왜냐하면 그럼으로써 욕망은 증가되기 때문이다.

  _A. P. G. 지드(1869~1951) 프랑스 소설가, 평론가 《지상의 양식》

- 욕망은 기르지 말고 생기자마자 죽여라.

  _W. 블레이크(1757~1827) 영국 시인, 화가

- 욕망은 만족할 줄을 모른다.

  _피타고라스(B.C. 580?~B.C. 500?) 그리스 철학자, 수학자 《단편》

J. 밀턴

▶ 욕망은 바로 인간의 본질이다. _B. 스피노자(1632~1677) 네덜란드 철학자

▶ 욕망은 어떤 사람들에겐 눈을 멀게 하고, 어떤 사람들에겐 눈을 뜨게 한다. _F. 라로슈푸코(1613~1680) 프랑스 작가

▶ 욕망을 버려라. 그러면 너는 평안을 찾아낼 것이다.

_T. 켐피스(1380?~1471) 독일 사상가, 수도사 《그리스도를 본받아》

▶ 욕망이 억제된다면 그 욕망은 매우 약해서 억제되는 것이다.

_W. 블레이크(1757~1827) 영국 시인, 화가

▶ 욕망을 이성에 굴복시켜라.

_L. A. 세네카(B.C. 4?~A.D. 65) 로마 철학자, 극작가

▶ 욕망의 절반이 이루어지면 고통은 두 배가 될 것이다.

_B. 프랭클린(1706~1790) 미국 정치가, 과학자 《가난한 리처드의 책력》

▶ 욕망이란 작정하거나 지정한 방향으로 나아가는 것이며, 무엇인가를 향한, 즉 자기가 존재하고 있지 않은 지점을 향한 움직임인 것이다. _S. 베유(1909~1943) 프랑스 철학자 《노동일기》

▶ 욕망이란 처음에는 눈에 보이지 않을 정도로 느리게 진행되다가 일단 그 목적을 달성하고 나면 걷잡을 수 없이 파멸을 향해 달려가는 법이다. _B. 그라시안이모랄레스(1601~1658) 에스파냐 작가

▶ 즐기려는 욕망이 지나치면 즐거움 자체가 사라진다.

_G. 채프먼(1559?~1634) 영국 시인, 극작가

▶ 지상에서 가장 작은 것은 탐욕 · 쾌락욕 · 호언장담이며, 가장 큰 것은 관용 · 용서 · 자비심이다. _에픽테토스(55?~135?) 로마 철학자

▶ 쾌락을 자기의 거름으로 하는 욕망의 큰 나무여, 너의 껍질이 차츰 두꺼워지고 굳어짐에 따라 너의 잔가지는 태양을 아주 가까이에서 보려고 한다. _C. P. 보들레르(1821~1867) 프랑스 시인 《악의 꽃》

▶ *터부를 범하려는 인간의 욕망은 무의식적인 욕망이라는 형태로 존속한다. _S. 프로이트(1856~1939) 오스트리아 심리학자, 의사 《토템과 터부》

*터부 | 특정 집단에서 어떤 말이나 행동을 금하거나 꺼리는 것.

속담

▶ 욕망은 인류의 주인이다. _영국

▶ 욕망을 포기하는 자는 죽음의 문에 들어가는 자이다. _영국

▶ 최소의 욕망을 갖는 자는 큰 부자다. _영국

욕심

欲心

분수에 넘치게 무엇을 탐내거나 누리고자 하는 마음.

명언 명문

*굴레 | 부자연스럽게 얽매이는 일을 비유적으로 이르는 말.

- 나는 욕심이 가장 적기 때문에 신들에게 가장 가깝다.
_소크라테스(B.C. 469~B.C. 399) 그리스 철학자
- 눈, 코, 귀, 입이 모두 *굴레고 욕심과 취미가 모두 마음을 괴롭히는 수단이다. _《채근담》
- 마음을 기르는 데는 욕심을 적게 하는 것보다 더 나은 것이 없다.
_이지함(1517~1578) 조선 시대 학자 《토정집》
- 마음의 수양에는 욕심을 줄이는 것이 가장 좋다. _《맹자》
- 많은 것을 욕심 내는 자는 항상 많은 것을 필요로 한다.
_Q. 호라티우스(B.C. 65~B.C. 8) 로마 시인 《오디세이》
- 사람의 본성은 조용하고 움직이지 않는 것이다. 그것이 움직이는 것은 욕심이 동하기 때문이다 _《예기》
- 올바르게 행하는 자는 욕심에서 벗어난다. _《한비자》
- 욕심은 만족을 모르는 불가사리다. _《팔만대장경》
- 욕심은 욕심을 낳는다. _《팔만대장경》
- 욕심을 부리는 병은 고칠 수 있지만 이론을 고집하는 병은 고치기 어렵다. _《채근담》
- 욕심을 부리는 자는 돈이 비처럼 쏟아져 들어와도 결코 만족할 줄 모른다. _《법구경》
- 욕심이 같은 자들은 서로 미워하고, 걱정이 같은 자들은 서로 동정한다. _《전국책》
- 욕심이 많아서 망한 사람은 있지만, 욕심이 없어서 위태로워진 사람은 없다. _《회남자》

▶ 욕심이 많은 자는 양심이 얕은 자이다. _《근사록》

▶ 욕심이 있으면 강직할 수 없다. _주자(1130~1200) 중국 송나라 유학자

▶ 욕심이 잉태한즉 죄를 낳고 죄가 장성한즉 죽음을 낳느니라. _《성경》

▶ 욕심쟁이는 크게 벌려고 하다가 크게 밑진다. _J. 라퐁텐(1621~1695) 프랑스 시인, 우화 작가 《우화》

▶ 욕심쟁이의 배는 육체의 쓰레기통이다. _W. 셰익스피어(1564~1616) 영국 극작가, 시인

▶ 유한한 목숨으로써 어찌 무한한 욕심을 따르려 하는가. _장자(B.C. 369?~B.C. 289?) 중국 전국 시대 송나라 사상가

▶ 이상적으로 만족하는 생활은 돈이 많음에 있지 않고 욕심의 적음에 있다. _에픽테토스(55?~135?) 로마 철학자

▶ 재산을 늘리기보다는 욕심을 줄이도록 노력해야 한다. _아리스토텔레스(B.C. 384~B.C. 322) 그리스 철학자

▶ 충분한데도 적다고 하는 사람은 무엇에든 만족할 줄을 모른다. _에피쿠로스(B.C. 341~B.C. 270) 그리스 철학자 《단편》

*말 | 곡식, 액체, 가루 따위의 부피를 잴 때 쓰는 단위.

속담

▶ 같이 우물 파고 혼자 먹는다. _한국

▶ *말 위에 말을 얻는다. (욕심이 많은 사람을 일컫는 말) _한국

▶ 먹고도 굶어 죽는다. (욕심이 많은 사람을 보고 하는 말) _한국

▶ 몽글게 먹고 가늘게 싼다. (크게 욕심 부리지 않고 자기 분수를 지키는 것이 좋다는 뜻) _한국

▶ 바다는 메워도 사람의 욕심은 못 채운다. _한국

▶ 범 아가리에 날고기 넣는 셈. (욕심 많은 사람에게 간 물건은 도로 찾지 못함을 이르는 말) _한국

지식 쑥쑥

한자 숙어

견물생심(見物生心) 어떠한 실물을 보게 되면 그것을 가지고 싶은 욕심이 생김.

구복지루(口腹之累) 먹고 살 걱정이라는 말로, 제 욕심을 채우는 데만 마음을 쓴다는 뜻.

욕속부달(欲速不達) 일을 빨리 하려고 하면 도리어 이루지 못함.

문장 반짝

관용어

욕심(이) 사납다 _ 몹시 욕심이 많다.

욕심이 눈을(앞을) 가리다 _ 욕심 때문에 사리 판단이나 분별을 제대로 못하다.

▶ 사람은 가진 것이 많을수록 욕심이 더해진다. _프랑스

▶ 오르지 못할 나무는 쳐다보지도 마라. (능력 밖의 일은 처음부터 욕심 내지 않는 것이 좋다는 말) _한국

▶ 욕심은 스스로의 무덤을 판다. _영국

▶ 욕심쟁이의 재산은 도둑이나 국왕이 차지한다. _인도

고사성어

▷ 계륵(鷄肋)

닭의 갈빗대라는 뜻으로, 별로 쓸모는 없지만 버리기는 아까워 이러지도 저러지도 못하는 모양을 이르는 말이다. 몸이 몹시 약한 사람을 비유하는 말로 쓰이기도 한다. 후한 말, 서로 차지하려고 다투던 땅을 막강한 군사력을 앞세운 유비가 먼저 차지하자 조조는 난감해졌다. 결국 조조가 그 땅을 포기하기로 결심하고 부하들에게 내린 명령에서 유래한다.

_《후한서》 양수전

▷ 다다익선(多多益善)

많으면 많을수록 좋다는 뜻이다. 한나라의 고조 유방이 명장인 한신과 장수의 역량에 대해 이야기할 때, 한신은 조금도 거리낌 없이 "폐하는 10만 정도의 군사면 충분할 듯하고, 저는 많으면 많을수록 좋은 줄 아뢰오."라고 대답한 데서 유래한다. _《한서》 한신전

▷ 소탐대실(小貪大失)

작은 것을 탐하다가 큰 것을 잃는다는 뜻이다. 전국 시대 진나라 혜왕은 촉나라를 공격하기 위해 한 가지 꾀를 냈다. 나무로 된 소를 조각하여 그 속에 황금과 비단을 가득 채워 넣어 촉나라에 보낸다는 소문을 퍼뜨렸다. 이 소문을 들은 욕심 많은 촉나라 왕은 선물 받을 준비로 법석을 떨었다. 그러나 진나라 혜왕은 나무로 만든 소와 함께 수만 명의 군사를 몰래 숨겨 촉나라에 들여보냈다. 마침내 숨어 있던 진나라 군사들이 튀어나와 촉나라를 크게 물리쳤다. 작은 것에 눈이 어두워져 큰 것을 잃은 것이다. _《신론》

▷ 축록자 불견산(逐鹿者不見山)

사슴을 쫓는 자는 산을 보지 못한다는 말로, 명예나 이익에 눈이 먼 사람은 주변도 무시하고 도리도 저버린다는 뜻이다. 또는 한 가지 일에 마음을 빼앗겨 다른 일을 돌보지 않을 때도 쓰인다. 한나라 유방이 괴통을 죽이라고 명령하자 괴통이 억울함을 호소하며 한 말에서 유래한다. _《회남자》 설림훈 편

勇氣 용기

씩씩하고 굳센 기운. 또는 사물을 겁내지 아니하는 기개.

명언 명문

- 가장 큰 용기는 분별력이다. _W. 셰익스피어(1564~1616) 영국 극작가, 시인
- 때때로 용기는 정복자의 마음까지도 움직이게 한다. _P. 베르길리우스(B.C. 70~B.C. 19) 로마 시인 《아이네이스》
- 미덕 중 가장 강력하고 고매하며 훌륭한 것은 용기이다. _M. E. 몽테뉴(1533~1592) 프랑스 사상가 《수상록》
- 비겁한 자는 잔인하지만 용감한 자는 자비를 사랑하고 구원을 기뻐한다. _J. W. 괴테(1749~1832) 독일 시인, 소설가, 극작가
- 비겁한 자는 죽기 전에 여러 번 죽지만, 용기 있는 자는 죽음을 한 번밖에 경험하지 않는다. _W. 셰익스피어(1564~1616) 영국 극작가, 시인 《줄리어스 카이사르》
- 신은 용기 있는 자를 결코 버리지 않는다. _H. A. 켈러(1880~1968) 미국 저술가, 사회사업가 《하라스》
- 신은 용기 있는 자를 찾아온다. _J. C. F. 실러(1759~1805) 독일 시인, 극작가 《빌헬름 텔》
- 옳지 못한 싸움에서는 진정한 용기가 없는 법이다. _W. 셰익스피어(1564~1616) 영국 극작가, 시인 《헛소동》
- 용감한 사나이는 자기 자신의 일을 가장 마지막에 생각한다. _J. C. F. 실러(1759~1805) 독일 시인, 극작가 《빌헬름 텔》
- 용기가 없다는 것은 남보다 먼저 두려워하는 것이 아니라 어려움이 닥쳤을 때 용기를 잃는 것이다. _《회남자》
- 용기가 있는 곳에 희망이 있다. _C. 타키투스(56?~120?) 로마 역사가, 정치가 《연대기》

M. 트웨인

*발작 | 어떤 병의 증세나 격한 감정, 부정적인 움직임 따위가 갑자기 세차게 일어남.
*만용 | 분별없이 함부로 날뛰는 용맹.

▶ 용기는 극복함으로써 증대하고, 공포는 주저함으로써 깊어진다.
_P. 시루스(B.C. 1세기경) 로마 시인 《격언집》

▶ 용기는 두려워하지 않는 것이 아니라 두려움에 저항하고 그것을 극복하는 것이다. _M. 트웨인(1835~1910) 미국 소설가

▶ 용기는 역경 가운데 빛이다.
_L. C. 보브나르그(1715~1747) 프랑스 도덕주의자, 수필가 《잠언과 성찰》

▶ 용기에 대한 가장 큰 시련은 슬픔에 빠지지 않고 패배를 견디어 내는 일이다. _R. G. 잉거솔(1833~1899) 미국 정치가 〈독립선언문〉

▶ 우리는 추상적인 것을 위한 용기는 있어도 구체적인 것을 위한 용기는 없다. _H. A. 켈러(1880~1968) 미국 저술가, 사회사업가

▶ 우리에게 꿈을 추구할 용기만 있다면 모든 꿈은 이루어질 것이다.
_W. 디즈니(1901~1966) 미국 만화 영화 제작자

▶ 운명보다 강한 것이 있다면 그것은 동요하지 않고 운명을 짊어지는 용기다. _E. 가이벨(1815~1884) 독일 시인

▶ 운명은 우리에게서 부귀를 빼앗을 수는 있어도 용기는 빼앗을 수 없다. _L. A. 세네카(B.C. 4?~A.D. 65) 로마 철학자, 극작가

▶ 이탈리아 인의 용기는 분노의 *발작이고, 독일인의 용기는 한순간의 도취이고, 에스파냐 인의 용기는 자존심의 표현이다.
_스탕달(1783~1842) 프랑스 소설가 《연애론》

▶ 정의를 알고도 실천하지 않는 것은 용기가 없는 것이다.
_공자(B.C. 551~B.C. 479) 중국 춘추 시대 노나라 사상가

▶ 지식과 용기는 위대한 일을 성취한다. 이 두 가지가 인간을 영원한 존재로 만든다. _R. W. 에머슨(1803~1882) 미국 사상가, 시인

▶ 참된 용기는 남이 보고 있지 않을 때에 보여진다.
_F. 라로슈푸코(1613~1680) 프랑스 작가 《도덕적 반성》

▶ 참된 용기란 극단적인 비겁함과 *만용의 중간에 있다.
_M. 세르반테스(1547~1616) 에스파냐 소설가 《돈키호테》

속담

▶ 고양이 목에 방울 달기. (위험을 무릅쓰고 용기 있게 어려운 상황을 해결한다는 뜻. 또는 실행하기 어려운 일을 실속 없이 의논하

는 것을 이르는 말) _프랑스, 한국

- 돈이 있으면 용기를 잃는다. _독일
- 용감한 자의 눈초리는 비겁한 자의 칼보다 낫다. _서양
- 용기 있는 자는 겁쟁이 자식이 아니다. (용감한 자는 용기 있는 집 안에서 나오는 법이라는 말) _브라질
- 용기 있는 자는 단검으로 족하다. (용기만 있으면 무기나 수단이 문제가 아니라는 뜻) _프랑스
- 용기는 가끔 공포에 의하여 생긴다. _영국
- 운명의 여신은 용기 있는 자에게 미소 짓는다. _프랑스
- 제 집 문 앞에서는 개도 용감하다. _영국
- 포도청의 문고리 빼겠다. (대담하고 겁이 없는 사람의 행동을 이르는 말) _한국
- 하늘을 찌를 듯한 높은 산에 오르지 못하는 것보다는 용기 없이 산을 오를까 봐 겁난다. _티베트

한자 숙어

겸인지용(兼人之勇) 혼자서 능히 몇 사람을 당해 낼 만한 용기.

고무(鼓舞) 북을 쳐서 춤을 추게 한다는 뜻으로, 힘을 내도록 격려하여 용기를 북돋아 줌.

일당백(一當百) 한 사람이 백 사람을 당해 낸다는 뜻으로, 매우 용감함을 이르는 말.

고사성어

▷ 필부지용(匹夫之勇)

일개 사내의 용기라는 뜻으로, 깊은 생각 없이 혈기만 믿고 함부로 부리는 소인의 용기를 말한다. 나라를 키우고 싶어 하는 양나라 혜왕에게 맹자가 "왕께서는 작은 용기를 좋아해서는 안 됩니다. 칼을 어루만지고 눈을 부라리면서, 너 같은 자는 나의 적수가 아니라고 하는 것은 '필부의 용기'로, 기껏해야 한 사람을 상대하는 것밖에 안 됩니다. 청컨대 왕은 부디 더 큰 용기를 가지십시오."라고 말한 데서 유래한다. _《맹자》 양혜왕 하편

▷ 호연지기(浩然之氣)

하늘과 땅 사이에 가득 찬 넓고 큰 원기를 뜻하며, 거침없이 넓고 크게 트인 씩씩한 기상과 굳은 절개를 가리키기도 한다. 공손추가 맹자에게 특히 뛰어난 점이 무엇인지 물었다. 이에 맹자가 "나는 다른 사람의 말을 잘 알고, 호연지기를 잘 기른다."고 대답한 데서 유래한다. _《맹자》 공손추 편

용서

容恕

지은 죄나 잘못한 일에 대하여 꾸짖거나 벌하지 아니하고 덮어 줌.

명언 명문

*속성 | 사물의 특징이나 성질.

- 과오는 인간의 것, 용서는 신의 것이다.

  _A. 포프(1688~1744) 영국 시인 《평론에 관한 수상》

- 나는 내 잘못을 제외하면 모든 사람의 잘못을 용서할 수 있다.

  _M. P. 카토(B.C. 234~B.C. 149) 로마 정치가, 문인

- 남은 될 수 있는 대로 용서하고, 자기 자신은 결코 용서하지 마라.

  _P. 시루스(B.C. 1세기경) 로마 시인 《격언집》

- 남을 용서하라. 그러면 너희도 용서를 받을 것이다. _《성경》

- 남의 허물은 마땅히 용서해야 하지만 자기의 허물은 용서해서는 안 되며, 나의 곤욕은 마땅히 참아야 하지만 남의 곤욕은 참지 않아야 한다. _《채근담》

- 너를 해친 자가 너보다 약하면 그를 용서하고, 그가 너보다 강하면 너 자신을 용서하라. _L. A. 세네카(B.C. 4?~A.D. 65) 로마 철학자, 극작가

- 모든 것을 이해하는 사람은 아무것도 이해하지 못하고, 모든 것을 용서하는 사람은 아무것도 용서하지 않는 것이다.

  _M. 우나무노(1864~1936) 에스파냐 철학자, 작가

- 사람은 사랑하고 있는 한 용서한다.

  _F. 라로슈푸코(1613~1680) 프랑스 작가 《도덕적 반성》

- 약자는 결코 용서할 수가 없다. 용서는 강자의 *속성이다.

  _M. K. 간디(1869~1948) 인도 정치가, 민족 운동 지도자

- 어리석은 자는 용서하지도 않고 잊어버리지도 않는다. 순진한 사람은 용서하고 잊어버린다. 현명한 사람은 용서하지만 잊어버리지는 않는다. _T. 사스(1920~) 미국 정신과 의사

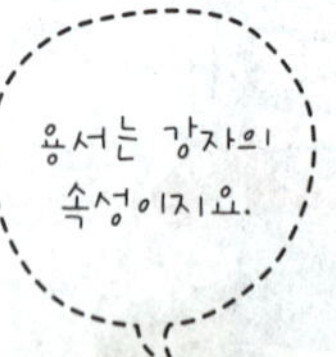

M. K. 간디

▶ 오직 용감한 사람만이 용서할 줄 알고 비겁한 자는 결코 용서하지 않는다. _L. 스턴(1713~1768) 영국 소설가

▶ 용서가 복수보다 더 낫다. 용서는 이성적인 본성의 표시고 복수는 야만적 본성의 표시이기 때문이다. _에픽테토스(55?~135?) 로마 철학자

▶ 용서는 사랑에 비례한다. _F. 라로슈푸코(1613~1680) 프랑스 작가

▶ 용서받으려면 남을 먼저 용서하라. _L. A. 세네카(B.C. 4?~A.D. 65) 로마 철학자, 극작가

▶ 용서하는 것은 아름답다. _P. 시루스(B.C. 1세기경) 로마 시인

▶ 용서하지 못하는 사람은 자기가 건너가야만 하는 다리를 무너뜨린다. _G. 허버트(1593~1633) 영국 시인

▶ 용서할 수는 있어도 잊을 수는 없다고 하는 말은 용서할 수 없다는 말이다. _H. W. 비처(1813~1887) 미국 신학자

▶ 자기 잘못에 대한 용서를 바라는 자는 자기도 남에게 똑같이 용서해 주어야만 한다. _Q. 호라티우스(B.C. 65~B.C. 8) 로마 시인

▶ 자기 잘못을 용서하는 자는 잘못을 고치지 못한다. _《명심보감》

▶ 형제를 일곱 번 뿐 아니라 일흔 번씩 일곱 번이라도 용서하여야 한다. _예수(B.C. 4?~A.D. 30?) 기독교 창시자

속담

▶ 가장 훌륭한 복수는 용서하는 것이다. _영국, 미국

▶ 귀신도 빌면 듣는다. (귀신도 빌면 소원을 들어주듯이 누구나 자기에게 비는 자는 용서함을 이르는 뜻) _한국

▶ 그대 자신을 제외하고는 모든 사람을 용서하라. _영국

▶ 사랑은 관용에서 비롯된다. (사랑의 시작은 남을 용서하는 데 있다는 말) _프랑스

▶ 쉽게 용서해 주면 같은 잘못을 반복하게 된다. _프랑스

▶ 용서는 가장 고귀한 승리이다. _영국

▶ 용서하라. 그리고 잊어버려라. _서양

▶ 죄를 고백하면 절반은 이미 용서를 받은 것이다. _영국

지식 쑥쑥

한자 숙어

단불용대(斷不容貸) 단연코 용서하지 않음.

정서이견(情恕理遣) 잘못이 있으면 온정으로 참고 이치에 비추어 용서함.

우울 憂鬱

근심스럽거나 답답하여 활기가 없음.

명언 명문

- 게으름은 권태를, 권태는 우울증을, 우울증은 육체적인 질병을 낳는다. _T. 제퍼슨(1743~1826) 미국 제3대 대통령
- 결코 우울에 길을 내주지 마라. 한결같이 그것에 대항하라. _S. 스미스(1771~1845) 영국 목사, 수필가
- 우울은 천재의 한 몫이다. _M. T. 키케로(B.C. 106~B.C. 43) 로마 정치가, 학자 《투스쿨라나룸 논총》
- 우울이란 무엇인가? 그것은 감각에 대한 무능력이며, 우리의 육체가 살아 있음에도 불구하고 죽어 있는 느낌을 갖는 것이다. _E. 프롬(1900~1980) 독일 정신 분석학자, 사회학자 《건전한 사회》
- 우울증은 광기를 기른다. _W. 셰익스피어(1564~1616) 영국 극작가, 시인
- 우울증은 슬픔을 즐기는 것이다. _V. M. 위고(1802~1885) 프랑스 시인, 극작가
- 우울증은 현재 상태에 대한 이유 없는 초조, 우리 자신이 초래할 수많은 미래의 불행에 대한 근거 없는 불안, 그리고 과거 행위에 대한 불필요한 자책으로 우리를 괴롭힌다. _A. 쇼펜하우어(1788~1860) 독일 철학자
- 우울할 때 정신은 오히려 맑아진다. _F. 카프카(1883~1924) 독일 소설가

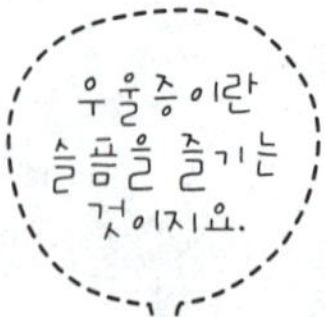

V. M. 위고

속담

- 장구 깨진 무당 같다. (흥을 잃고 기운 없이 축 처져 있는 사람을 가리키는 말) _한국
- 쾌락과 잔치와 휴일 뒤에 많은 사람이 우울해진다. _로마
- 하루에 한 번 우울해지지 않는 사람은 어리석은 사람이다. _영국

友情 우정

친구 사이의 정.

명언 명문

▶ 남자와 여자 사이에는 우정이 있을 수 없다. 정열 · 정의 · 숭배 · 연애는 있다. 그러나 우정은 없다.

_O. F. O. W. 와일드(1854~1900) 아일랜드 시인, 극작가

▶ 내 집에는 의자가 셋 있는데, 하나는 고독을 위해, 또 하나는 우정을 위해, 세 번째 것은 교제를 위한 것이다.

_H. D. 소로(1817~1862) 미국 사상가, 수필가

▶ 너를 비난하는 친구와 가까이 지내고, 너를 칭찬하는 친구와 멀리하라.

_《탈무드》

▶ 대지로부터의 선물은 각각의 계절을 기다려야 하지만, 우정의 과실은 언제든지 수확할 수 있다.

_데모크리토스(B.C. 460?~B.C. 370?) 그리스 철학자 《금언집》

▶ 벗을 사귐에는 서로 그 마음을 알아주는 것보다 더 고귀한 것이 없고, 기쁨에는 서로 그 마음을 감동시키는 것보다 더 지극한 것이 없다.

_박지원(1737~1805) 조선 시대 실학자, 소설가 《마장전》

▶ 사랑에는 신뢰가, 우정에는 이해가 필요하다.

_A. 보나르(1883~1968) 프랑스 작가

▶ 술이 빚은 우정은 술처럼 하룻밤밖에 가지 못한다.

_F. 로가우(1604~1655) 독일 시인

▶ 우정 관계는 동등한 관계이다.

_I. 칸트(1724~1804) 독일 철학자

▶ 우정에서 다음의 규율을 반드시 지켜야 한다. 파렴치한 일을 요구하지 않으며, 요구를 당했을 경우에도 하지 않을 것.

_M. T. 키케로(B.C. 106~B.C. 43) 로마 정치가, 학자

▶ 우정은 사랑을 받는 곳보다는 사랑하는 곳에 있다.

_아리스토텔레스(B.C. 384~B.C. 322) 그리스 철학자

▶ 우정은 시장에서 살 수 없다. _T. 풀러(1654~1734) 영국 의사, 작가

▶ 우정은 신들의 선물이며 사람에게 가장 소중한 행운이다.

_B. 디즈레일리(1804~1881) 영국 정치가, 소설가

▶ 우정은 언제나 유익하지만 사랑은 이따금 해로울 때가 있다.

_L. A. 세네카(B.C. 4?~A.D. 65) 로마 철학자, 극작가

▶ 우정을 맺은 뒤에는 신뢰해야 하고 우정을 맺기 전에는 판단해야 한다. _L. A. 세네카(B.C. 4?~A.D. 65) 로마 철학자, 극작가

▶ 우정의 가장 큰 노력은 자기 결점을 친구에게 보여 주는 것이 아니라, 친구가 자기 결점을 우리에게 보여 주게끔 하는 일이다.

_F. 라로슈푸코(1613~1680) 프랑스 작가

▶ 우정이란 꽃은 가냘프기 때문에 불신이란 벌레가 파먹기 쉽다.

_E. 가이벨(1815~1884) 독일 시인

▶ 자유가 없는 곳에 우정이 있을 수 없다. 우정은 자유로운 공기를 사랑하여 높고 좁은 장소에 갇히기를 싫어한다.

_W. 펜(1644~1718) 영국 정치가 《고독의 열매》

▶ 진정한 우정은 영원하다.

_피타고라스(B.C. 580?~B.C. 500?) 그리스 철학자, 수학자

▶ 참된 우정이 있는 곳에는 격식이 불필요하다.

_W. 셰익스피어(1564~1616) 영국 극작가, 시인

▶ 충고를 주고받는 것이 참된 우정의 특징이다.

_M. T. 키케로(B.C. 106~B.C. 43) 로마 정치가, 학자

▶ 황금이 불 속에서 시험되듯 우정은 역경으로 시험되어야 한다.

_P. N. 오비디우스(B.C. 43~A.D. 17) 로마 시인

속담

▶ 두 사람 사이의 우정에는 한 사람의 인내가 필요하다. _영국

▶ 우정은 술보다 진하다. _중국

▶ 우정은 즐거움을 보태고 슬픔을 나눈다. _영국

▶ 우정을 끊고 싶으면 돈을 빌려 주어라. _헝가리

- 우정이라는 나무는 빨리 자라지 않는다. _영국
- 우정이란 이해를 가진 사랑이다. _독일
- 한 번 끊어진 우정은 두 번 다시 붙지 않는다. (한 번 끊어진 우정은 좀처럼 회복이 어렵다는 말) _프랑스

고사성어

▷ 간담상조(肝膽相照)

간과 쓸개를 꺼내어 서로 드러내 보인다는 뜻으로, 속마음을 서로 터놓는 절친한 친구 사이를 말한다. 유종원은 변방으로 쫓겨난 친구 유몽득을 안타까워하며 도우려고 했다. 나중에 당나라 때의 명문 대가인 한유가 이 일을 소개하면서 두 사람의 참다운 우정을 높이 평가하여 유종원의 묘비에 글을 썼다. _〈유자후 묘지명〉

▷ 관포지교(管鮑之交)

관중과 포숙의 사귐이라는 뜻으로, 우정이 아주 돈독한 친구 사이를 말한다. 친구 사이인 관중과 포숙이 함께 장사할 때 관중이 돈을 더 많이 챙겨도 포숙은 관중의 집안이 어려운 탓이라고 이해했고, 전쟁디에서 관중이 도망쳤을 때도 포숙은 늙으신 어머니 때문이지 겁쟁이가 아니라고 말했다. 또한 정치적으로 복잡한 상황에서도 끝까지 서로에 대한 믿음과 의리를 지켜 나갔다. 훗날 재상이 된 관중은 "나를 알아주는 사람은 포숙뿐이다."라고 고마운 마음을 표현했다. _《사기》 관안열전

▷ 금란지계(金蘭之契)

쇠처럼 굳고 난초처럼 향기로운 우정이라는 뜻으로, 친구 사이의 매우 두터운 우정을 이르는 말이다. 공자가 "두 사람의 마음이 하나로 합쳐지면 그 날카로운 쇠라도 끊어 버리며, 그 하나된 마음에서 나오는 말은 난초와 같은 향기를 풍긴다."라고 말한 데서 유래한다. _《역경》 계사 편

▷ 문경지교(刎頸之交)

목에 칼이 들어와도 변하지 않는 사귐이라는 뜻으로, 생사를 같이하여 목이 떨어져도 두려워하지 않을 만큼 친한 벗을 말한다. 전국 시대 조나라의 인상여는 몇 번의 큰 공을 세워 상경이라는 높은 벼슬에 올랐다. 그러자 조나라의 명장 염파는 분개하고 있었다. 그러나 나라의 위기를 먼저 생각하는 인상여의 대인다운 인품을 뒤늦게 깨달은 염파는 인상여를 찾아가 깊이 사죄하고 우정을 다졌다고 한다. _《사기》 염파 인상여전

인생

운명 運命

인간을 포함한 모든 것을 지배하는 초인간적인 힘. 또는 그것에 의하여 이미 정해져 있는 목숨이나 처지.

명언 명문

▶ 나는 운명의 목을 졸라 주고 싶다. 결코 운명에 짓눌리고 싶지 않기 때문이다. _L. 베토벤(1770~1827) 독일 작곡가

▶ 보통 사람들은 운명에게 지나치게 바라기 때문에 스스로 불만의 씨앗을 싹트게 한다. _K. W. F. 훔볼트(1767~1835) 독일 철학자, 언어학자

▶ 불운을 슬퍼하거나 운명을 한탄한 적이 없는 사람은 자신이 위대한 인물임을 보여 준 것이다. _L. A. 세네카(B.C. 4?~A.D. 65) 로마 철학자, 극작가

▶ 사람은 운명을 피하려고 비켜 간 길에서 종종 운명과 만난다. _J. 라퐁텐(1621~1695) 프랑스 시인, 우화 작가

▶ 스스로 자기 운명을 개선하지 않으면 아무도 그것을 개선시켜 주지 않을 것이다. _B. 브레히트(1898~1956) 독일 시인, 극작가

▶ 운명은 귀머거리다. _에우리피데스(B.C. 484?~B.C. 406?) 그리스 시인

▶ 운명은 우리를 행복하게도 불행하게도 만들지 않는다. 다만 그 재료와 씨를 우리에게 제공한다. _M. E. 몽테뉴(1533~1592) 프랑스 사상가

▶ 운명은, 받아들이는 사람은 이끌어 주고, 받아들이지 않는 사람은 끌어당긴다. _클레안테스(B.C. 331?~B.C. 232?) 그리스 철학자

▶ 운명의 여신이 탄 마차 바퀴는 풍차보다 빨리 돈다. _M. 세르반테스(1547~1616) 에스파냐 소설가 《돈키호테》

▶ 운명이 카드를 섞고 승부는 우리가 결정한다. _A. 쇼펜하우어(1788~1860) 독일 철학자

▶ 이 세상 누구도 자기의 운명을 바꿀 수는 없다. _이솝(B.C. 620?~B.C. 560?) 그리스 우화 작가 《이솝 이야기》

L. A. 세네카

▶ 인간과 운명의 여신은 항상 다른 생각을 가지고 있다.

_P. 시루스(B.C. 1세기경) 로마 시인 《격언집》

▶ 인간은 운명에 몸을 맡길 수는 있어도 그것에 관여할 수는 없으며, 운명이라는 실을 꼴 수는 있어도 그것을 자를 수는 없다.

_N. 마키아벨리(1469~1527) 이탈리아 사상가, 역사학자

▶ 인간은 의연하게 현실의 운명을 견디어 나가야 한다. 여기에 일체의 진리가 숨겨져 있다. _V. W. V. 고흐(1853~1890) 네덜란드 화가

▶ 인간은 자기 일생을 스스로 개척해 나간다고 생각한다. 그러나 마음 밑바닥에서는 운명에 거역할 수 없다고 생각한다.

_J. W. 괴테(1749~1832) 독일 시인, 소설가, 극작가

▶ 인간의 일생을 지배하는 것은 운명의 여신이지 인간의 지혜는 아니다. _M. T. 키케로(B.C. 106~B.C. 43) 로마 정치가, 학자 《투스쿨라나룸 논총》

속담

▶ 누구나 자기 운명에 만족해 하는 사람은 없다. _에스파냐

▶ 누구나 자기 운명의 건설자다. _이탈리아

▶ 아름다운 꽃은 빨리 꺾인다. _서양

▶ 운명은 고쳐 쓰지 못한다. _방글라데시

▶ 운명은 수레바퀴와 같이 돈다. 오늘은 그 위에 있는가 하면 내일은 그 밑에 있다. _영국

▶ 운명은 인간을 농락한다. (인간은 주어진 운명 앞에서 울고 웃는다는 말) _프랑스

▶ 인간은 때때로 자신의 운명을 극복한다. _서양

고사성어

▷ 가인박명(佳人薄命)

아름다운 여인은 수명이 짧다는 말로, 미인은 세상살이가 순탄하지 못하고 가탈이 많다는 뜻이다. 산중에 들어와 승려가 된 한 여인의 청초한 아름다움을 표현한 시 가운데 "예부터 미인의 운명은 순탄하지 않다더니 문 닫히고 봄날이 다하면 버들개지는 떨어지겠구나."라는 구절에서 유래한 말이다. _소식의 시 〈가인박명〉

울음

우는 일. 또는 그런 소리.

명언 명문

▶ 나를 울게 만들고 싶다면 네가 먼저 슬픔을 느껴야만 한다.

_Q. 호라티우스(B.C. 65~B.C. 8) 로마 시인

▶ 네가 웃을 때는 사람들이 함께 웃지만 네가 울 때는 너 혼자 운다.

_E. W. 윌콕스(1855~1919) 미국 시인

▶ 모든 것은 웃음 또는 울음의 원인이다.

_L. A. 세네카(B.C. 4?~A.D. 65) 로마 철학자, 극작가

▶ 새장의 새는 울고 있는데, 우리는 그것을 노래한다고 여긴다.

_J. 웹스터(1580?~1625?) 영국 극작가

▶ 성급한 자가 그 노여움을 풀 수 있으며 사나운 자가 그의 원망을 풀 수 있는 데는 울음보다 더 빠른 것이 없다.

_박지원(1737~1805) 조선 시대 실학자, 소설가 《마장전》

▶ 수레를 끌던 소가 죽으면 부부가 운다. 그것은 사랑 때문이 아니라 소가 주는 이익이 컸기 때문이다.

_안영(?~B.C. 500) 중국 춘추 시대 제나라 정치가

▶ 심한 기쁨은 울고, 심한 슬픔은 웃는다.

_J. 루(1834~1905) 프랑스 성직자, 작가

▶ 아무리 통곡해도 죽음의 포로를 무덤에서 구출할 수는 없다.

_M. 아널드(1822~1888) 영국 시인, 평론가

▶ 우는 것도 일종의 쾌락이다. _M. E. 몽테뉴(1533~1592) 프랑스 사상가

▶ 우는 사람은 웃는 사람보다 더 빨리 원래 상태로 돌아간다.

_J. 지로두(1882~1944) 프랑스 극작가, 소설가

▶ 우리가 태어날 때 우는 것은, 이 거대한 바보들의 무대에 등장했

다고 소리치는 것이다. _W. 셰익스피어(1564~1616) 영국 극작가, 시인

- 우리는 울음으로 분노를 해소한다. _P. N. 오비디우스(B.C. 43~A.D. 17) 로마 시인
- 우리는 태어날 때 울지만 죽을 때는 울지 않는다. _T. B. 알드리치(1647~1710) 영국 작가
- 운 적이 없는 젊은이는 야만인이고, 앞으로 웃지 않을 노인은 바보다. _G. 산타야나(1863~1952) 미국 철학자, 시인
- 울기를 부끄럽게 여기는 오만한 자들을 경멸하라. _E. 영(1683~1765) 영국 시인
- 울음에는 일종의 기쁨이 들어 있다. 슬픔은 눈물로 충족과 위로를 받기 때문이다. _P. N. 오비디우스(B.C. 43~A.D. 17) 로마 시인
- 인간은 눈물을 흘림으로써 세상의 죄악을 씻어 낸다. _F. M. 도스토옙스키(1821~1881) 러시아 소설가
- 인생은 흐느껴 울기, 훌쩍거리면서 울기, 그리고 미소로 구성되어 있는데, 그중에서 훌쩍거리며 우는 것이 가장 많다. _O. 헨리(1862~1910) 미국 소설가
- 절망에 빠진 울부짖음, 고뇌, 흐느끼게 만드는 슬픔은 일종의 재산이다. _A. M. R. 생텍쥐페리(1900~1944) 프랑스 소설가, 비행사

속담

- 눈물에 젖어 아름다운 사람 없다. (눈물 흘리며 우는 사람은 초라해 보인다는 뜻) _아이슬란드
- 눈물을 흘리면 슬픔은 사라진다. _칠레
- 늙은이보다는 어린애가 우는 게 더 낫다. _서양
- 바다거북처럼 운다. (이유가 있든 없든 잘 운다는 말) _니카라과
- 사람은 울면서 태어나고 불평하면서 살고 실망을 품으며 죽는다. _서양
- 아침에 웃는 자는 밤에 운다. _미국, 영국
- 여자 우는 것은 겨울철 흐린 날에 비 오는 것과 같다. _그리스
- 울어서 삼백 푼 더 받았다. _일본

문장 반짝

관용어

울음에 젖다 _ 울면서 말하다.
울음을 삼키다(깨물다) _ 울음을 억지로 참다.
울음이 쇠다 _ 우는 것이 곧 그치지 않고 오래 울게 되다.

웃음

웃는 모양이나 소리.

명언 명문

▶ 나는 울지 않기 위해 어떤 것을 보아도 기꺼이 웃는다.

_P. A. C. 보마르셰(1732~1799) 프랑스 극작가 《세비야의 이발사》

▶ 마음껏 웃는 웃음은 집안의 햇빛이다.

_W. M. 새커리(1811~1863) 영국 소설가

▶ 사랑과 웃음이 없다면 기쁨도 없다. 사랑과 웃음 속에 살라.

_Q. 호라티우스(B.C. 65~B.C. 8) 로마 시인

▶ 세상의 아름다움은 웃음이라는 칼날과 마음을 찢는 고뇌라는 칼날이 있다. _V. 울프(1882~1941) 영국 작가

▶ 시기적절하지 않은 웃음은 위험한 잘못이다.

_메난드로스(B.C. 342?~B.C. 292?) 그리스 극작가

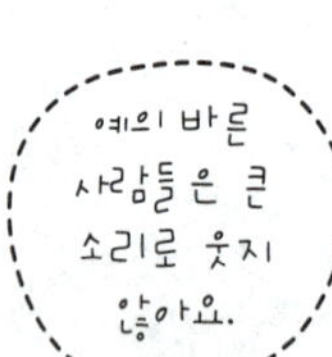

▶ 오늘 가장 잘 웃는 사람이 마지막에도 웃을 것이다.

_F. W. 니체(1844~1900) 독일 철학자, 시인

▶ 웃는 모습을 보면 그 사람을 알 수 있다.

_F. M. 도스토옙스키(1821~1881) 러시아 소설가

▶ 웃을 줄 모르는 사람은 반역, 음모, 약탈에 적합할 뿐만 아니라 그의 모든 생애가 이미 반역과 음모다.

_T. 칼라일(1795~1881) 영국 사상가, 역사가

▶ 웃음은 남성적인 것이고 눈물은 여성적인 것이다.

_I. 칸트(1724~1804) 독일 철학자

P. D. S. 체스터필드

▶ 웃음은 인간의 본성이다. _F. 라블레(1483?~1553) 프랑스 극작가 《가르강튀아》

▶ 웃음을 포함하지 않은 진리는 진리가 아니다.

_F. W. 니체(1844~1900) 독일 철학자, 시인

▶ 웃음의 열매는 아직 파랄 때 따서는 안 된다.

_플라톤(B.C. 428?~B.C. 347?) 그리스 철학자 《국가론》

▶ 웃음이 겸손할 때 그것이 자만심에서 나온 것이 아닐 때는 눈물보다 슬기롭다. _G. 산타야나(1863~1952) 미국 철학자, 시인 《영국에서의 독백》

▶ 웃지 않고 보낸 하루는 일생에서 가장 무익한 날이다.

_S. R. N. 샹포르(1741~1794) 프랑스 극작가

▶ 지혜로운 사람은 가장 적게 웃는다. _G. 허버트(1593~1633) 영국 시인

▶ 천박한 사람들은 자주 큰 소리로 웃지만 미소 짓는 경우는 거의 없는 반면, 예의 바른 사람들은 자주 미소 짓지만 큰 소리로 웃는 경우는 거의 없다. _P. D. S. 체스터필드(1694~1773) 영국 정치가, 작가

▶ 현명하다면 웃어라. _M. V. 마르티알리스(40?~103?) 로마 시인

속담

▶ 곶감 죽을 쑤어 먹었나. (실없는 웃음을 핀잔하는 말) _한국

▶ 슬퍼하지 말고 웃어라, 웃음은 영혼의 영양분이다. _칠레

▶ 어리석은 자는 그 웃음소리로 알 수 있다.

_영국

▶ 웃는 낯에 침 뱉으랴. (좋게 대하는 사람에게 나쁘게 대할 수 없다는 말) _한국

▶ 웃는 얼굴을 때리는 주먹은 없다. _일본

▶ 웃는 집에 복이 있다. (집안이 화목하여 늘 웃음꽃이 피는 집에는 행복이 찾아들게 된다는 말) _한국

▶ 웃음 끝에 눈물. (재미나게 잘 지내다가도 괴로운 일이 생긴다는 뜻) _한국

▶ 웃음은 사람의 약. _일본

▶ 처녀들은 말 방귀만 뀌어도 웃는다. (시집 안 간 처녀들은 우습지 않은 일에도 매우 잘 웃는다는 말) _한국

한자 숙어

가가대소(呵呵大笑) 소리를 내어 크게 웃음.

박장대소(拍掌大笑) 손바닥을 치며 크게 웃음.

소자불가측(笑者不可測) 일을 당하여 성내는 자의 마음은 곧 짐작할 수 있지만 웃는 자의 속마음은 예측하기 어렵다는 말.

파안대소(破顔大笑) 매우 즐거운 표정으로 활짝 웃음.

포복절도(抱腹絶倒) 배를 그러안고 넘어질 정도로 몹시 웃음.

관용어

웃음을 사다 _ 남들에게 비웃음과 놀림을 받다.

웃음을 팔다 _ 여자가 화류계 생활을 하다.

위선 僞善

겉으로만 착한 체함. 또는 그런 짓이나 일.

명언 명문

*간파 | 속내를 꿰뚫어 알아차림.

- 고행의 털옷을 입었다고 해서 언제나 고결한 인물이 되는 것은 아니다. _M. E. 몽테뉴(1533~1592) 프랑스 사상가
- 많은 사람들은 미덕을 갖추려고 하지는 않고 미덕을 갖춘 듯이 보이기를 바란다. _M. T. 키케로(B.C. 106~B.C. 43) 로마 정치가, 학자
- 말은 친절하지만 행동은 적대적인 이중인격자를 나는 미워한다. _팔라다스(4세기경) 그리스 시인
- 속으로는 상대방을 원망하면서도 겉으로는 친한 척하는 것은 부끄러운 일이다. _공자(B.C. 551~B.C. 479) 중국 춘추 시대 노나라 사상가
- 어느 정도 시치미를 떼지 않는다면 무슨 일이든 전혀 진전이 있을 수 없다. _P. D. S. 체스터필드(1694~1773) 영국 정치가, 작가
- 용서받을 수 없는 유일한 악덕은 위선이다. 위선자의 뉘우침은 그 자체가 위선이다. _W. 해즐릿(1778~1830) 영국 평론가, 수필가
- 위선은 눈에 보이지 않은 채 걸어 다니는 유일한 악인데, 그것을 *간파할 수 있는 것은 사람도 천사도 아니고 오직 절대자뿐이다. _J. 밀턴(1608~1674) 영국 시인
- 위선은 비겁한 자의 미덕이다. _볼테르(1694~1778) 프랑스 사상가
- 위선은 악덕이 미덕에게 보내는 경의의 표시다. _F. 라로슈푸코(1613~1680) 프랑스 작가 《잠언과 고찰》
- 위선자에 대해서 우리는 그의 성실성마저도 꿰뚫어 볼 만큼 세밀히 살펴야만 한다. _G. K. 체스터턴(1874~1936) 영국 소설가, 평론가
- 이 세상에서 범해진 최초의 죄는 위선이다. _장 파울(1763~1825) 독일 소설가

▶ 인간은 천사도 아니고 짐승도 아니다. 그러나 불행하게도 인간은 천사처럼 행동하려고 하면서 짐승처럼 행동한다.

_B. 파스칼(1623~1662) 프랑스 사상가, 수학자, 물리학자 《팡세》

▶ 즐거울 때 위선자가 되는 사람은 없다.

_S. 존슨(1709~1784) 영국 시인, 평론가

▶ 진실을 말하는 데 있어서 겸손한 것은 위선이다.

_K. 지브란(1883~1931) 미국 소설가, 화가, 시인

속담

▶ 고양이가 쥐를 마다한다. _한국

▶ 교묘한 말을 하는 자는 빈 수저로 먹이는 자다. _영국

▶ 등치고 간 내먹다. (겉으로는 위해 주는 체하면서 속으로는 해를 끼친다는 뜻) _한국

▶ 밑구멍으로 호박씨 깐다. (겉으로는 점잖고 의젓하나 남이 보지 않는 곳에서는 상상도 못 할 행실을 한다는 뜻) _한국

▶ 신의 전당이 있는 곳에 악마의 사당이 있다. _영국

▶ 심사는 좋아도 이웃집 불붙은 것 보고 좋아한다. (사람은 흔히 남의 불행을 좋아하는 경향이 있다는 말) _한국

▶ 좋은 겉모양이나 부끄러움이 가득. (남 앞에서는 좋은 사람처럼 행세하나 이면에는 부끄럽게 행동한다는 뜻) _미국, 영국

▶ 침은 꼬리 속에 있다. _영국

고사성어

▷ 양두구육(羊頭狗肉)

양의 머리를 걸어 놓고 개고기를 판다는 뜻으로, 겉으로만 그럴듯하고 속은 변변치 못함을 이르는 말이다. 춘추 시대, 제나라의 영공은 여자에게 남장을 시켜 놓고 보는 것을 즐겼는데, 백성들 사이에서도 이러한 풍습이 널리 퍼져 걷잡을 수 없게 되었다. 영공은 이를 막기 위해 궁 밖에서는 남장을 하지 못하도록 명령을 내렸지만 소용 없었다. 그러자 재상 안영이 "궁 안에서만 남장을 허용하는 것은 마치 양 머리를 문에 걸어 놓고 안에서는 개고기를 파는 것과 같습니다."라고 말한 데서 유래한다. _《안자춘추》

유산

遺産

죽은 사람이 남기어 놓은 재산. 또는 후대에 남긴 가치 있는 사물.

명언 명문

*경서 | 옛 성현들이 유교의 사상과 교리를 써 놓은 책.

▶ 나의 영혼은 신에게 바치며, 나의 육신은 땅에 바치며, 나의 유산은 내 혈연에게 남기노라.

_L. B. S. 미켈란젤로(1475~1564) 이탈리아 화가, 조각가, 건축가

▶ 다른 사람과 유산을 나누기 전까지는 그를 완전히 안다고 말하지 마라.

_J. K. 라바터(1741~1801) 스위스 신학자, 시인

▶ 사치와 부를 미치광이처럼 추구하는 사회에서는 과학이 인간 사회의 가장 가치 있는 정신적 유산이라는 것을 알 리가 없다.

_M. 퀴리(1867~1934) 프랑스 물리학자

▶ 아들에게 황금이 가득 든 바구니를 남기는 것은, 한 권의 *경서를 남기는 것만 못하다.

_반고(32~92) 중국 후한 역사가, 문학가 《한서》

▶ 인간은 원래 아버지가 살해된 것은 곧 잊지만, 그 유산을 얻지 못한 것은 좀처럼 잊지 않는다.

_N. 마키아벨리(1469~1527) 이탈리아 사상가, 역사학자 《군주론》

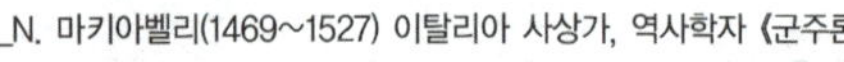

한자 숙어

석과불식(碩果不食) 큰 과실을 먹지 아니하고 남긴다는 뜻으로, 자기가 하고 싶은 것을 다 못 하고 자손에게 재산을 남김.

유자손이안(遺子孫以安) 자손에게 유산을 남기지 않는다는 뜻으로, 유산을 남기면 자식이 놀고먹는 위태로운 버릇에 빠지기 쉽다는 말.

속담

▶ 부모의 미덕과 직업은 자녀에게 최고의 유산이다. _서양

▶ 유산은 거품 돈. (쉽게 얻은 것은 쉽게 잃는다는 말) _남아프리카 공화국

▶ 유산은 돈만이 아니다. _아이슬란드

▶ 죽어 가는 사람의 구두를 믿고 오랫동안 맨발로 다닌다. _영국

肉體 육체

구체적인 물체로서 사람의 몸.

인생

명언 명문

▶ 강인한 육체는 *무용담을 만들고, 뛰어난 영혼은 예술을 낳는다.

_B. 그라시안이모랄레스(1601~1658) 에스파냐 작가

*무용담 | 싸움에서 활약하여 공을 세운 이야기.

▶ 강한 육체는 강한 정신을 만든다. _T. 제퍼슨(1743~1826) 미국 제3대 대통령

▶ 건강한 육체는 정신의 훌륭한 거처가 되고, 병약한 육체는 감옥의 간수다. _L. C. 보브나르그(1715~1747) 프랑스 도덕주의자, 수필가 《성찰과 잠언》

▶ 건강한 육체에 건전한 정신이 깃든다는 것은 어리석은 말이다. 건강한 육체는 건전한 정신의 산물이다.

_G. B. 쇼(1856~1950) 아일랜드 극작가, 평론가

▶ 건전한 정신은 그 힘으로 육체를 가능한 한 최상의 상태로 만든다.

_R. W. 에머슨(1803~1882) 미국 사상가, 시인

▶ 기계 가운데 여분의 부속품이 없는 것은 인간 육체뿐이다.

_H. M. 빅스(1859~1923) 미국 의사

▶ 나의 육체는 정신의 번민으로 상처받지 않는다.

_P. N. 오비디우스(B.C. 43~A.D. 17) 로마 시인

▶ 네 온몸은 바로 기쁨, 노래, 검, 불꽃이다.

_H. 하이네(1797~1856) 독일 시인

▶ 몸은 밧줄에 매이지 않은 배와 같으니 물결 따라 흐르든 멈추든 내맡겨야 한다. _《채근담》

▶ 사람의 육체는 영혼과 별개의 존재가 아니다. 그것은 영혼의 일부로서 다섯 감각 기관이 인식하는 것이다.

_W. 블레이크(1757~1827) 영국 시인, 화가

이이

▶ 신체의 아름다움이라도 만일 지성이 그 바탕에 없다면 동물에 불

*소멸 | 사라져 없어짐.

과하다. _데모크리토스(B.C. 460?~B.C. 370?) 그리스 철학자 《단편》

▶ 완전한 육체는 그 자체가 곧 영혼인 것이다.

_G. 산타야나(1863~1952) 미국 철학자, 시인 《아킬레스상 앞에서》

▶ 우리 몸은 삶을 위한 기계다.

_L. N. 톨스토이(1828~1910) 러시아 소설가, 사상가

▶ 우리가 육체의 구조의 신비를 아무리 깊이 파헤쳐도 소용없다. 우리는 자연을 속일 수 없고 자연적으로 죽을 뿐이다.

_B. B. 퐁트넬(1657~1757) 프랑스 사상가, 문학가

▶ 우리가 행복하든 행복하지 않든 간에 우리의 육체는 우리로 하여금 불멸을 향해 노력하도록 강요한다.

_E. 프롬(1900~1980) 독일 정신 분석학자, 사회학자 《소유냐 삶이냐》

▶ 우리는 우리의 육체에 속박당하고 있다.

_플라톤(B.C. 428?~B.C. 347?) 그리스 철학자

▶ 육체는 실제로 있는 것이 아니며 태어나고 *소멸한다.

_지눌(1158~1210) 고려 시대 승려

▶ 육체는 영혼의 가장 좋은 그림이다.

_L. J. J. 비트겐슈타인(1889~1951) 영국 철학자

▶ 육체는 우리들의 존재가 야영하고 있는 임시 오두막이다.

_J. 주베르(1754~1824) 프랑스 작가, 평론가 《팡세》

▶ 육체는 훌륭한 연장에 지나지 않고, 하나의 종에 지나지 않는다.

_A. M. R. 생텍쥐페리(1900~1944) 프랑스 소설가, 비행사 《인간의 대지》

▶ 육체보다 영혼을 치료하는 것이 더욱 필요하다. 올바르지 못한 삶보다 죽음이 더 낫기 때문이다. _에픽테토스(55?~135?) 로마 철학자

▶ 육체의 활동은 정신적 고뇌를 해방시킨다. 이것이 가난한 사람을 행복하게 만들어 준다. _F. 라로슈푸코(1613~1680) 프랑스 작가

▶ 육체적 운동은 강요해도 해롭지 않지만, 지식은 강요하면 정신에 유익하지 못하다. _플라톤(B.C. 428?~B.C. 347?) 그리스 철학자

▶ 이 세상에 신성한 것이 있다면 그것은 인간의 몸이다.

_W. 휘트먼(1819~1892) 미국 시인

▶ 이 세상에서 육체는 아직 행복하지 않았는데 영혼이 먼저 행복하다면 수치이다. _마르쿠스 아우렐리우스(121~180) 로마 황제

▶ 자기 육체의 노예가 된 자는 자유가 없다.

_L. A. 세네카(B.C. 4?~A.D. 65) 로마 철학자, 극작가

▶ 자기의 몸을 사랑하는 것이 오동나무와 가래나무를 사랑하는 것만 못하다는 생각은 잘못된 것이다. _《맹자》

▶ 천하 만물 가운데 가장 소중한 나의 몸은 부모님께 받은 것이다.

_이이(1536~1584) 조선 시대 문신, 학자

▶ 철학은 내 육체의 관할이 아니므로 내 육체는 철학을 따르려 들지 않는다.

_M. 프루스트(1871~1922) 프랑스 소설가

▶ 한번 앉거나 눕거나 행함에 있어 방탕함이 없이 오직 몸을 바르게 가지면 숲속에 있는 것같이 마음이 즐겁다. _《법구경》

속담

▶ 머리가 아프면 온몸은 더 아프다. _영국

▶ 몸이 되면 입도 되다. (애써 일하면 먹는 것도 잘 먹게 된다는 말) _한국

▶ 육체가 기쁨에 젖어 있을 때는 정신도 자유로워진다. _서양

▶ 육체의 욕심은 영혼의 무덤. _서양

지식 쑥쑥

한자 숙어

골립(骨立) 몸이 무척 수척해져서 힘줄과 뼈만 남은 것.

만신창이(滿身瘡痍) 온몸이 성한 데가 없을 만큼 상처투성이가 됨.

신체발부(身體髮膚) 몸과 머리털과 피부라는 뜻으로, 몸 전체를 이르는 말.

일신진구(一身塵垢) 한 몸에 받은 먼지와 때, 즉 세속에서 더럽혀진 몸을 이르는 말.

정종모발(頂踵毛髮) 사람의 정수리에서 발뒤꿈치, 즉 온몸을 가리키는 말.

고사성어

▷ 포류지질(蒲柳之質)

갯버들 같은 체질이라는 뜻으로, 몸이 허약하거나 나이보다 일찍 머리가 세는 체질을 말한다. 중국 동진에 고열지라는 사람이 있었다. 그는 황제와 같은 나이였는데 머리카락이 이미 백발이 되어 도저히 같은 또래로 보기 어려웠다. 황제가 고열지에게 그 이유를 묻자, 고열지는 "폐하께서는 소나무처럼 튼튼한 체질이라 머리가 검지만 저는 갯버들 같은 약한 체질이라 머리가 일찍 세었습니다."라고 말한 데서 유래한다. '표류지자'라고도 한다. _《세설신어》 언어 편

음식

飮食
사람이 먹을 수 있도록 만든, 밥이나 국 따위의 물건.

명언 명문

▶ 굶주린 배가 평범한 음식을 멸시하는 경우는 드물다.

_Q. 호라티우스(B.C. 65~B.C. 8) 로마 시인

▶ 나는 목숨을 부지하고, 봉사하고, 가능하다면 삶을 즐기기 위해 먹는다. 그러나 음식을 즐기기 위해 먹지는 않는다.

_M. K. 간디(1869~1948) 인도 정치가, 민족 운동 지도자

▶ 보잘것없는 음식과 누추한 집에도 만족하고 여전히 즐거워한다면 그는 현자다. _공자(B.C. 551~B.C. 479) 중국 춘추 시대 노나라 사상가

▶ 여자들이 좋아하는 음식은 비싼 것과 먼 곳에서 가져온 것이다.

_J. 헤이우드(1497?~1580?) 영국 시인, 극작가

▶ 음식만 아는 사람은 곧 사람들이 천히 대한다. _《맹자》

▶ 음식에 가장 좋은 양념은 배고픔이고, 음료에 가장 좋은 향료는 갈증이다. _M. T. 키케로(B.C. 106~B.C. 43) 로마 정치가, 학자

▶ 음식을 사랑하는 것보다 더 성실한 사랑은 없다.

_G. B. 쇼(1856~1950) 아일랜드 극작가, 평론가 《인간과 초인》

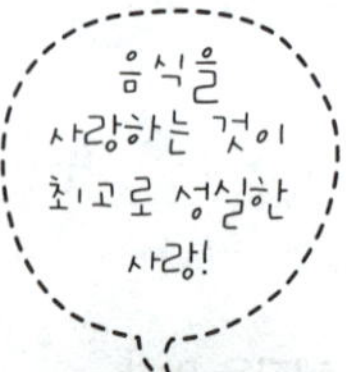

G. B. 쇼

▶ 음식이 입에 맞는 것은 한 가지인데, 사람을 보양하는 수도 있고 사람을 해롭게 하는 수도 있음은 무슨 까닭인가. 음식의 기운이 그렇게 만드는 것이다. 그러므로 비록 한 가지의 음식일지라도 그 기운을 얻음에 따라 달라지게 마련이다.

_송익필(1534~1599) 조선 시대 학자 《구봉집》

▶ 입맛을 당기는 음식은 모두 창자를 녹이고 뼈를 썩히는 독약이니 절반쯤 먹어야 곧 탈이 없다. _《채근담》

▶ 자기가 무엇을 먹는지도 모른 채 음식을 삼키는 사람이 나는 지겹

다. 음식보다 차원이 높은 것에 대해 그가 취향이 있을지 의심이 든다. _C. 램(1775~1834) 영국 평론가, 수필가

속담

▶ 간에 기별도 안 갔다. (음식을 조금밖에 먹지 못하여 양에 차지 않는다는 뜻) _한국

▶ 기호 음식에 배탈 없다. (자기가 좋아하는 음식은 마음껏 먹어도 탈이 안 생긴다는 뜻) _일본

▶ 둘이 먹다가 하나가 죽어도 모르겠다. (음식이 매우 맛있다는 뜻) _한국

▶ 마파람에 게 눈 감추듯. (음식을 빨리 먹어 버리는 모습을 비유적으로 이르는 말) _한국

▶ 목구멍의 때를 벗긴다. (오랜만에 좋은 음식을 먹는다는 뜻) _한국

▶ 빵은 생명의 양식이다. _서양

▶ 살기 위해 먹지 먹기 위해 사는 것은 아니다. _서양

▶ 수염이 대 자라도 먹어야 양반이다. _한국

▶ 시장이 반찬. (배고플 때는 무엇이나 맛있다는 뜻) _한국

▶ 음식은 한데 먹고 잠은 따로 자라. (음식은 차별을 하지 말고 잠자리는 구별하라는 말) _한국

지식 쑥쑥

한자 숙어

고량진미(膏粱珍味) 기름진 고기와 좋은 곡식으로 만든 맛있는 음식.

돈제우주(豚蹄盂酒) 돼지 발굽과 술 한 잔이라는 뜻으로, 적은 술과 초라한 안주를 이르는 말.

문장 반짝

관용어

음식 구경을 못하다 _ 완전히 굶다. 또는 음식이 완전히 동이 나서 아무것도 먹을 것이 없다.

고사성어

▷ 단사표음(簞食瓢飮)

대나무로 만든 밥그릇에 담은 밥과 표주박에 든 물이라는 뜻으로, 지극히 소박한 음식을 먹으며 사는 청빈한 생활을 이른다. 공자의 제자인 안회는 늘 소박하고 청빈한 생활을 했는데, 공자가 그의 삶을 가리키며 표현한 말이다.

_《논어》 옹야 편

의리 義理

사람으로서 마땅히 지켜야 할 도리.

명언 명문

*신의 | 믿음과 의리를 아울러 이르는 말.

▶ 대개의 사람들은 작은 의리를 돌려주고 싶어 한다. 적당한 의리에 대해서는 많은 사람들이 감사의 생각을 품지만 큰 의리에 대해서는 모르는 체하는 사람이 없다.

_F. 라로슈푸코(1613~1680) 프랑스 작가

▶ 마지못해 *신의를 지키기보다는 신의를 저버리는 것이 낫다.

_B. 바르도(1934~) 프랑스 배우

▶ 사람은 신의와 예의가 있기 때문에 고귀하고, 나라는 신의와 의리가 있어야 강해질 수 있다. _장구령(673~740) 중국 당나라 정치가, 시인

▶ 사물의 결합은 없앨 수 있지만 의리의 결핍은 해결하기 어렵다.

_《채근담》

▶ 선비가 의리를 말함은 농부가 농사일을 말하는 것과 같다.

_이황(1501~1570) 조선 시대 문신, 유학자

▶ 세상에는 의리가 말뚝 박아 놓은 듯한 법은 없으니, 의리란 때에 따라 달라지는 것이다. _박지원(1737~1805) 조선 시대 실학자, 소설가 《열하일기》

▶ 신의가 사라지면 모든 인간관계가 무너진다.

_T. 리비우스(B.C. 59?~A.D. 17) 로마 역사가

▶ 신의가 없는 사람은 쓸모가 없다.

_공자 (B.C. 551~B.C. 479) 중국 춘추 시대 노나라 사상가

▶ 신의는 반드시 지켜야 한다.

_T. M. 플라우투스(B.C. 254?~B.C. 184) 로마 극작가, 시인

▶ 어진 사람은 의리는 바로잡아도 이익을 도모하지 않고, 도리는 밝혀도 공적을 계산하지 않는다. _동중서(B.C. 176?~B.C. 104?) 중국 전한 철학자

▶ 열매를 맺지 않는 나무는 심지 말고 의리가 없는 친구는 사귀지 마라. _《명심보감》

▶ 예부터 의리라고 하는 것은 비유하자면 쇠를 녹여 모형에 붓는 것과 같아서, 쇠 자체가 어떤 생김새가 있는 것이 아니라 모형에 따라 그릇이 되는 것이다. _박지원(1737~1805) 조선 시대 실학자, 소설가

▶ 옥은 다듬지 않으면 그릇이 못 되고 사람은 배우지 않으면 의리를 모른다. _《예기》

▶ 원천이 흐리면 물줄기도 흐려지고 신의 없이 행동하면 명성도 잃는다. _묵자(B.C. 480~B.C. 390) 중국 춘추 전국 시대 노나라 사상가

▶ 의리 없는 사람을 피하고 어리석은 사람과 친하지 마라. _《법구경》

▶ 의리가 끊어지고 친분이 멀어지는 것은 오로지 돈 때문이다. _《명심보감》

▶ 절개와 의리의 사람은 온화한 마음으로 자신을 조절해야만 화를 내며 싸우는 일에 말려들지 않는다. _《채근담》

▶ 친구와 이웃에 내해 신의를 지키지 않는 자가 국민에 대해 신의를 지킨다는 것은 불가능하다. _G. 버클리(1685~1753) 영국 철학자, 성직자

*딴꾼 | 말이나 행동이 도리에 맞지 않는 사람.
*꼭지 | 거지나 딴꾼의 우두머리.

속담

▶ 나귀는 샌님만 섬긴다. (보잘것없는 사람도 제가 지닌 지조와 의리는 지킨다는 뜻) _한국

▶ 도둑놈도 자기들끼리는 도둑질하지 않는다. (같은 부류끼리는 의리를 지킨다는 말) _네덜란드, 벨기에

▶ 도둑에도 의리가 있고, *딴꾼에도 *꼭지가 있다. (못된 짓을 하는 자들에게도 저희끼리 지켜야 하는 의리나 질서가 있음을 이르는 말) _한국

▶ 사람은 곤궁해도 의리에는 궁색하지 않다. (사람은 가난해도 의리는 지켜야 한다는 말) _중국

▶ 충성스러운 개는 길러도 의리 없는 사람은 사귀지 마라. _중국

한자 숙어

견리사의(見利思義) 눈앞의 이익을 보면 의리를 먼저 생각함.
군신유의(君臣有義) 오륜의 하나로, 임금과 신하 사이의 도리는 의리에 있음을 이름.
대의명분(大義名分) 사람으로서 마땅히 지키고 행하여야 할 도리나 본분.

의심 疑心

확실히 알 수 없어서 믿지 못하는 마음.

명언 명문

*회의 | 의심을 품음. 또는 마음속에 품고 있는 의심.

- 내일의 성취에 대한 유일한 방해는 오늘의 의심이다.

  _F. D. 루스벨트(1882~1945) 미국 제32대 대통령

- 사람은 날 때부터 도를 아는 것이 아니다. 누가 능히 의혹이 없으랴, 의혹을 품은 채 스승을 좇지 않으면 그 의혹은 끝내 풀리지 않는다.

  _한유(768~824) 중국 당나라 문인, 정치가 《사설》

- 아무것도 모르는 사람은 아무것도 의심하지 않는다.

  _G. 허버트(1593~1633) 영국 시인

- 우리가 거짓을 믿어서는 안 되는 것과 같이 의심스런 것은 의심해야 한다고 요구하는 것이 진리라고 생각하네.

  _B. A. W. 러셀(1872~1970) 영국 철학자, 수학자 《사랑이 있는 지나간 대화》

- 의심 많은 사람은 스스로 배반당하는 꼴이다.

  _볼테르(1694~1778) 프랑스 사상가

- 의심은 원인과 결과에 대한 불신이다.

  _R. W. 에머슨(1803~1882) 미국 사상가, 시인

- 의심은 지식과 마찬가지로 매력적이다.

  _A. 단테(1265~1321) 이탈리아 시인

- 인생은 *회의하는 것이다. 회의가 없는 신앙은 죽은 것이다.

  _M. 우나무노(1864~1936) 에스파냐 철학자, 작가

- 지나친 의심은 과오를 범한다. _〈팔만대장경〉
- 진리를 검토하기 위해서 일생에 한 번 모든 사물을 될 수 있는 대로 의심해 보는 것이 필요하다.

  _R. 데카르트(1596~1650) 프랑스 철학자, 수학자

▶ 한쪽의 의혹은 다른 한쪽의 기만을 정당화한다.

_F. 라로슈푸코(1613~1680) 프랑스 작가

속담

▶ 도둑 맞으면 어미 품도 들춰 본다. (물건을 잃게 되면 누구나 다 의심스럽게 여겨진다는 뜻) _한국

▶ 모든 사람들은 상황이 어려워지면 의심이 많아진다. _서양

▶ 못 믿는 도둑개같이. (남을 대놓고 의심하는 사람을 이르는 말) _한국

▶ 사람을 의심하면 고용하지 말고, 고용하면 의심하지 마라. _중국

▶ 삼밭에 한 번 똥 싼 개는 늘 싼 줄 안다. (한 번 잘못하면 늘 의심을 받는다는 뜻) _한국

한자 숙어

반신반의(半信半疑) 얼마쯤 믿으면서도 한편으로는 의심함.

오비이락(烏飛梨落) 까마귀가 날자 배가 떨어진다는 뜻으로, 아무 관계도 없이 한 일이 공교롭게도 때가 같아 억울하게 의심을 받거나 난처한 입장에 서게 됨을 이르는 말.

고사성어

▷ 과전불납리 이하부정관(瓜田不納履李下不整冠)

오이밭에서는 신발을 고쳐 신지 말고, 오얏나무 아래에서는 갓을 바로잡지 말아야 한다는 뜻이다. 오이밭에서 몸을 굽혀 신발을 고쳐 신는 행동은 자칫 오이를 도둑질하는 것으로 의심받기 쉽고, 오얏나무 아래에서 손을 올려 갓을 바로 쓰려고 하는 행동도 쓸데없이 의심받기 쉬우니 의심받을 만한 행동은 아예 하지 말라는 말이다. _《문선》 악부 편

▷ 의심생암귀(疑心生暗鬼)

의심이 암귀를 낳는다는 뜻으로, 남을 의심하게 되면 아무렇지도 않은 행동도 이상하게 보인다는 말이다. 암귀는 밤 귀신을 말하는데, 망상이나 착각을 비유하는 것이다. 옛날에 어떤 사람이 아끼던 도끼를 잃어버리고 끝내 찾지 못하자 누군가 훔쳐 간 것이라고 생각을 했다. 이웃집 남자를 의심하고 살펴보니 그의 행동이 모두 수상해 보였다. 하지만 다른 곳에서 도끼를 찾고 나서는 그의 행동이 전혀 수상해 보이지 않았다고 한다. 일단 의심하게 되면 멀쩡한 것도 수상하게 보여 착각을 일으키는 데서 비롯된 말이다. _《열자》 설부 편

의지 意志

어떠한 일을 이루고자 하는 마음.

명언 명문

- 나는, '의지가 정당하다면' 하고 붙여 말할 생각은 없다. 왜냐하면, 만일 의지가 정당하다면 그것은 항상 하나로 있기가 불가능하기 때문이다. _L. A. 세네카(B.C. 4?~A.D. 65) 로마 철학자, 극작가
- 대단한 의지력이 없이는 대단한 재능도 없다. _H. 발자크(1799~1850) 프랑스 소설가
- 모든 타락 가운데 가장 경멸해야 할 것은 자기의 의지에 의존하지 않고 타인에게 의존해 사는 것이다. _F. M. 도스토옙스키(1821~1881) 러시아 소설가 《미성년》
- 사람을 가장 아름답게 인도하는 힘은 의지력에 달려 있다. 기둥이 약하면 집이 흔들리듯 의지가 약하면 생활도 흔들린다. _R. W. 에머슨(1803~1882) 미국 사상가, 시인
- 세계는 지혜보다 의지를 더 잘 따른다. _H. F. 아미엘(1821~1881) 스위스 철학자, 문학가 《일기》
- 어떠한 어려움도 견디겠다는 의지를 지닌 사람은 목적을 달성할 수 있다. _메난드로스(B.C. 342?~B.C. 292?) 그리스 극작가
- 오로지 의지력이 약한 사람만이 굴복한다. _G. G. 바이런(1788~1824) 영국 시인
- 우주의 밑바탕이 의지인 이상 인생을 지배하는 것 또한 의지가 아니면 안 된다. _A. 쇼펜하우어(1788~1860) 독일 철학자
- 의지가 있는 곳에 길은 통한다. _H. 허드슨(1550?~1611) 영국 항해가
- 의지가 있는 자에게는 힘이 있다. _메난드로스(B.C. 342?~B.C. 292?) 그리스 극작가 《단편》

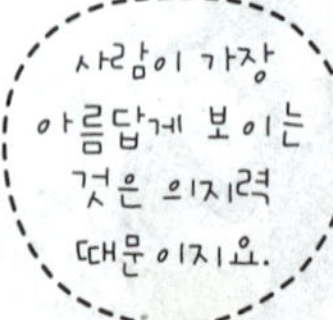

R. W. 에머슨

▶ 인간의 의지에 저항할 수 있는 것은 없다.

_B. 디즈레일리(1804~1881) 영국 정치가, 소설가

▶ 인생의 만족을 얻는 일은 나이가 아니라 의지에 달려 있다.

_M. E. 몽테뉴(1533~1592) 프랑스 사상가

▶ 자유 의지는 도둑의 손이 미칠 수 없는 *재보다.

_에픽테토스(55?~135?) 로마 철학자

▶ 큰일을 이루려는 사람은 탁월한 재능뿐 아니라 불굴의 의지도 있어야만 한다. _소식(1036~1101) 중국 북송 문학가

▶ 패배로 모든 것을 잃는 것은 아니다. 정복될 수 없는 의지는 끝까지 남는다. _J. 밀턴(1608~1674) 영국 시인

*재보 | 보배롭고 귀중한 재물.

속담

▶ 말을 물가에는 데리고 가도 물을 마시게 할 수는 없다. _서양

▶ 빠른 바람에 굳센 풀을 안다. (굳은 의지와 절개는 어떤 시련을 겪고 난 후에야 더욱 뚜렷하게 나타난다는 말) _한국

▶ 사람의 의지는 하늘을 움직인다. _영국

▶ 아홉 마리 소로도 끌지 못한다. (의지가 견고하여 어떤 사람도 그를 막지 못한다는 말) _중국

▶ 의지가 굳으면 돌도 뚫을 수 있다. (의지가 굳으면 어떠한 어려움도 이겨 낼 수 있다는 말) _중국

▶ 의지가 있으면 수단은 생긴다. (하고자 하는 강한 의지만 있다면 반드시 실현할 수 있는 방법이나 수단을 찾게 된다는 뜻) _방글라데시

▶ 의지는 강요될 수 없다. _유럽

▶ 의지의 주인이 되고 양심의 노예가 되라. _이스라엘

▶ 입이 사치해지면 의지가 약해진다. _서양

▶ 하고자 하는 마음만 있다면 일의 절반은 다한 셈이다. (무슨 일에나 하고자 하는 의지가 중요하다는 말) _체코

▶ 할 수 있는 사람보다 하고자 하는 사람이 더 많이 한다. _에스파냐

지식 쑥쑥

한자 숙어

불요불굴(不撓不屈) 한번 먹은 마음이 흔들리거나 굽힘이 없음.

유지자 사경성(有志者事竟成) 뜻을 이루고자 하는 사람은 어떠한 곤란에 부딪혀도 반드시 성공한다는 말.

이름

다른 것과 구별하기 위하여 사물, 단체, 현상 따위에 붙여서 부르는 말. 세상에 알려진 평판이나 명성.

명언 명문

- 가난하다면 미덕으로, 부자라면 선행으로 명성을 얻어라.
  _J. 주베르(1754~1824) 프랑스 작가, 평론가
- 명성은 공허한 이름에 불과하다. _C. 처칠(1731~1764) 영국 시인
- '명예를 가볍게 여기라' 고 책에 쓰는 사람도 자기 이름을 그 책에 쓴다. _M. T. 키케로(B.C. 106~B.C. 43) 로마 정치가, 학자
- 사람이 만들어 낸 것은 자연의 것이 아니다. 사람이 만들어 낸 이름은 자연의 이름이 아니다. _노자(B.C. 604?~?) 중국 춘추 시대 초나라 사상가
- 원래 이름이란 날 때부터 지닌 권리와 마찬가지로 자기의 물건이어야 하는 법이다. _B. 맬러머드(1914~1986) 미국 소설가 《수선공》
- 유명인이란 무엇일까. 이름이 필요하지 않은 사람들이다. 다른 사람들에게 있어서 이름은 그 개인에게 고유한 의미를 갖고 있다.
  _A. 카뮈(1913~1960) 프랑스 소설가, 극작가

관용어

이름(을) 걸다 _ 어떤 세력을 등에 업다.
이름(을) 날리다(떨치다) _ 사람들로부터 명성을 얻다.
이름(을) 남기다 _ 후세에 전하여질 만한 일을 하여 이름을 후세까지 전하여지게 하다.
이름(을) 팔다 _ 이름이나 명성 등을 이용하다.
이름(이) 없다 _ 세상에 그 이름이 널리 알려져 있지 않다.
이름(이) 있다 _ 세상에 그 이름이 널리 알려져 있다.

속담

- 사람은 생명을 빼앗기는 일은 있어도 이름을 빼앗기는 일은 없다. _영국
- 사람은 죽어도 이름은 남는다. _아프가니스탄
- 이름과 성질은 일치한다. _미국, 영국
- 이름은 실체를 나타낸다. _일본
- 이름이 고와야 듣기도 좋다. _한국

인생

離別 이별

서로 갈리어 떨어짐.

명언 명문

▶ 모든 이별에는 일종의 해방감과 고통이 있다.

_C. D. 루이스(1904~1972) 영국 시인, 수필가

▶ 사랑은 이별의 시간이 오기까지는 그 깊이를 알지 못한다.

_K. 지브란(1883~1931) 미국 소설가, 화가, 시인

▶ 슬프다 슬프다 하여도 *생이별보다 더 슬픈 것은 없다.

_굴원(B.C. 343?~B.C. 277?) 중국 전국 시대 초나라 정치가, 시인 《초사》

▶ 앞길에 아름다운 희망이 있으면 이별도 축제와 같다.

_J. W. 괴테(1749~1832) 독일 시인, 소설가, 극작가 《잠언과 성찰》

▶ 우리는 다시 만나기 위해 이별할 뿐이다.

_J. 게이(1685~1732) 영국 시인, 극작가

▶ 이별은 가슴 아프지만 깊은 상처를 치유하기 위해서는 필요하다.

_W. 셰익스피어(1564~1616) 영국 극작가, 시인

▶ 이별의 고뇌 속에서만 우리는 사랑의 *심연을 들여다본다.

_G. 엘리엇(1819~1880) 영국 소설가

▶ 태어난 모든 것들은 기약조차 없는 이별을 준비하고 있어야 한다.

_B. 그라시안이모랄레스(1601~1658) 에스파냐 작가

*생이별 | 살아 있는 혈육이나 부부가 어쩔 수 없는 사정으로 헤어짐.
*심연 | 좀처럼 빠져나오기 힘든 구렁을 비유적으로 이르는 말.

한자 숙어

고금비(鼓琴悲) 거문고를 타면서 슬퍼한다는 말. 참된 친구와의 사별을 이름.

회자정리(會者定離) 만나면 반드시 헤어진다는 뜻으로, 세상의 무상함을 이름.

속담

▶ 떠나는 것은 죽는 것과 비슷하다. _프랑스

▶ 정들자 이별. _한국

▶ 만남은 이별의 시작. _일본

이용 利用

대상을 필요에 따라 이롭게 씀.

명언 명문

*개괄적 | 중요한 내용이나 줄거리를 대강 추려 내는. 또는 그런 것.

▶ 계속적인 사용은 자연의 특질조차도 바꿔 놓을 수 있다.

_W. 셰익스피어(1564~1616) 영국 극작가, 시인 《햄릿》

▶ 금속은 이용함으로써 빛난다. _P. N. 오비디우스(B.C. 43~A.D. 17) 로마 시인

▶ 나는 나에게 있는 것을 최대한으로 활용하며 나에게 없는 것에는 되도록 마음을 쓰지 않는다. _S. 티즈데일(1884~1933) 미국 시인 《철학자》

▶ 남이 모르는 것을 이용하는 것은 옳지 않다.

_M. T. 키케로(B.C. 106~B.C. 43) 로마 정치가, 학자

▶ 모든 사람과 모든 것을 이용하는 것은 인격과 지능이 이류라는 확실한 증거다. _A. 레버슨(1862~1933) 영국 작가

▶ 승리할 수 있는 방법을 아는 사람들은 승리를 적절하게 사용할 줄 아는 사람들보다 훨씬 더 많다.

_폴리비오스(B.C. 200?~B.C. 118?) 그리스 역사가 《역사》

▶ 약점이 없는 사람들은 무시무시하다. 그들을 이용할 길이 없기 때문이다. _A. 프랑스(1844~1924) 프랑스 작가

▶ 우리 자신 안에 있는 가능성에 비한다면 우리는 반밖에 깨닫지 못한다. 우리는 육체적, 정신적으로 극히 적은 부분밖에 이용하지 못한다. 이를 *개괄적으로 말한다면 인간은 그들의 한계에 멀리 떨어져 생활하고 자는 것이다. 인간은 온갖 힘을 지니고 있으나 대체로 그것을 이용하지 못하고 있다.

_W. 제임스(1842~1910) 미국 철학자, 심리학자

▶ 재물은 우물과 같아서 물을 퍼낼수록 더욱 가득 차고 이용하지 않으면 말라 버린다. _박제가(1750~1805) 조선 시대 실학자

▶ 학문을 교활한 사람은 경멸하고, 단순한 사람은 경탄하며, 지혜로운 사람은 이용한다. _F. 베이컨(1561~1626) 영국 정치가, 철학자

속담

▶ 고양이 발로 불 속의 밤을 꺼내라. (남을 이용해서 난관을 극복하라는 말) _영국, 미국

▶ 남의 송아지로 밭 갈기. (남의 것을 이용하여 자기 욕심을 채운다는 말) _영국, 미국

▶ 떡 삶은 물에 풀한다. (버린 물건을 이용하여 소득을 본다는 뜻) _한국

▶ 많이 퍼 가는 우물이 가장 맑다. _유럽

▶ 불난 데 도둑질. (남의 불행을 나쁘게 이용하는 사람을 이르는 말) _일본

▶ 쇠뼈다귀 우려먹듯. (무엇 한 가지를 오래 두고 여러 번 이용하는 경우를 이르는 말) _한국

▶ 쓰고 있는 괭이는 빛난다. _영국

▶ 여가를 이용하지 못하는 사람은 항상 여가 시간이 없다. _서양

▶ 은그릇을 들고 구걸한다. (아주 좋은 조건이 있으면서도 이용하지 않고 다른 사람에게 손을 내민다는 말) _중국

▶ 이웃집 장단에 덩달아 춤춘다. (남의 것을 이용하여 자기의 이익을 꾀하는 경우를 이르는 말) _한국

고사성어

▷ 토사구팽(兎死狗烹)

교활하고 재빠른 토끼가 죽으면 토끼를 잡던 사냥개를 삶는다는 말이다. 목표를 이루기 전까지는 쓸모가 있지만, 일단 목표를 이루고 나면 더는 필요하지 않게 되어 버려진다는 뜻으로, 남에게 이용만 당하고 버림을 받았을 때 쓰는 말이다. 한나라 유방은 초나라 항우를 무찔러 천하를 얻었는데, 명장 한신의 공이 매우 컸기 때문에 높은 벼슬을 주었다. 그러나 나중에는 유방이 한신에게 등을 돌리자, 한신이 탄식하며 말한 데서 유래하였다. _《사기》 회음후열전

인생

이웃

나란히 또는 가까이 있어서 경계가 서로 붙어 있음. 또는 가까이 사는 집이나 그런 사람.

*거하다 | 사람이 일정한 곳에 머물러 살다.

명언 명문

- 가까운 사람과 친하지 않으면서 먼 곳 사람을 불러들이는 것은 좋지 않다. _묵자(B.C. 480~B.C. 390) 중국 춘추 전국 시대 노나라 사상가
- 군자가 이웃을 택하여 *거하는 것은 환난을 막고자 하는 데 있다. _공자(B.C. 551~B.C. 479) 중국 춘추 시대 노나라 사상가
- 너희 이웃은 담 뒤에 가려진 또 다른 너희 자신. 이해 속에서 이 담은 쉽게 무너져 버린다. _K. 지브란(1883~1931) 미국 소설가, 화가, 시인
- 네 이웃을 네 몸같이 사랑하라. _《성경》
- 멀리 있는 물은 가까운 불을 끄지 못하고, 멀리 있는 친척은 가까운 이웃보다 못하다. _《명심보감》
- 사람들은 자기 이웃에 속지 않으려고 조심한다. 그러나 어느 날 자기 자신이 이웃을 속이지 않으려고 조심하기 시작한다. 그때부터 모든 것이 잘 되어 나가기 시작한다. _R. W. 에머슨(1803~1882) 미국 사상가, 시인
- 이웃 간에 감정이 생기게 만드는 것은 이웃의 개나 어린이들이다. _E. P. 버틀러(1869~1937) 미국 작가
- 이웃 나라들과 평화를 유지하라. _루이 14세(1638~1715) 프랑스 왕
- 이웃은 각자 자신의 거울이다. _G. 허버트(1593~1633) 영국 시인
- 이웃의 말은 내 것이 아니니까 내 말보다 값어치가 있다. _M. E. 몽테뉴(1533~1592) 프랑스 사상가 《수상록》
- 이웃을 돕는 것은 하늘의 도이다. _《춘추좌씨전》
- 이웃을 언제나 똑같은 깊이로 사랑하는 일은 영원을 사랑하는 일이다. _M. P. M. P. 마테를링크(1862~1949) 벨기에 극작가, 시인 《빈자의 보물》

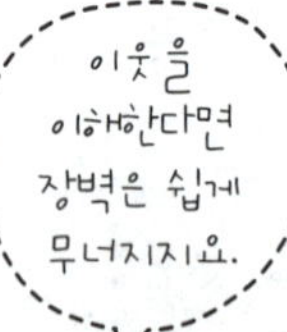

K. 지브란

- 이웃집 담에 불이 붙으면 그것은 네가 처리할 일이다.

  _Q. 호라티우스(B.C. 65~B.C. 8) 로마 시인

- 인류에 대한 사랑은 이웃에 대한 심한 혐오감으로 식는다.

  _A. N. 화이트헤드(1861~1947) 영국 철학자, 수학자

- 자기 자신을 위해 살기를 원한다면 이웃을 위해 살아야만 한다.

  _L. A. 세네카(B.C. 4?~A.D. 65) 로마 철학자, 극작가

- 좋은 이웃이 큰 축복인 것처럼 나쁜 이웃은 큰 불행이다.

  _헤시오도스(B.C. 8세기경) 그리스 시인

속담

- 나쁜 해는 지낼 수 있지만 못된 이웃과는 지내기 어렵다. _그리스
- 산과 강은 좋은 이웃 사이와 같다. _영국
- 세 닢 주고 집 사고 천 냥 주고 이웃 산다. (집을 정할 때는 집 자체보다는 주위의 이웃을 더 신중히 가려서 정하라는 뜻) _한국
- 악마는 속일 수 있지만 이웃은 속일 수 없다. _서양
- 이웃 사람에게 비가 오면 자신에게도 물방울이 튄다. (이웃집에 경사가 있으면 자기도 이익을 얻는다는 말) _남아프리카 공화국
- 이웃 사람을 사랑하되 일에는 간섭하지 마라. _프랑스
- 이웃 없이 지낼 만큼 돈 많은 사람은 없다. _서양
- 이웃은 너의 스승이다. _이집트
- 이웃을 사랑하라. 그러나 담을 헐지는 마라. _서양
- 이웃이 사촌보다 낫다. (가까이 사는 이웃이 정도 많이 들고 도움을 주고받기도 쉬워서 먼 곳에 사는 친척보다 좋다는 뜻) _한국
- 이웃집 나그네도 손볼 날이 있다. (아무리 가까운 사이라도 손님으로서 깍듯이 대접해야 할 때가 따로 있다는 말) _한국
- 좋은 법률가일수록 나쁜 이웃이다. _미국
- 좋은 이웃은 먼 형제보다 낫다. _영국
- 좋은 저택을 사기보다는 좋은 이웃을 얻어라. _에스파냐
- 친구로서는 좋아도 이웃으로서는 좋지 않은 사람이 많다. _영국

지식 쑥쑥

한자 숙어

격장지린(隔牆之隣) 담 하나를 사이에 둔 이웃.

이해 理解

사리를 분별하여 해석함. 깨달아 앎. 또는 잘 알아서 받아들임.

명언 명문

- 나는 사람의 행동을 비웃지도, 한탄하지도, 싫어하지도 않으며 오직 이해하려고만 했다. _B. 스피노자(1632~1677) 네덜란드 철학자 《정치론》
- 남의 말을 못 알아들으면 남을 이해할 수 없다. _공자(B.C. 551~B.C. 479) 중국 춘추 시대 노나라 사상가
- 내가 이해하는 모든 것은 오로지 내가 사랑한다는 이유 때문에 이해하는 것이다. _L. N. 톨스토이(1828~1910) 러시아 소설가, 사상가
- 누구나 미술 작품을 이해하려고 한다. 그러나 왜 참새의 노래를 이해하려고 하지 않는가? _P. 피카소(1881~1973) 에스파냐 화가
- 도대체 나는 왜 그처럼 생명에 애착심이 강했는지 알 수가 없다. 아, 틀림없이 이 세상의 생활에서 나에게 이해할 수 없었던 것, 아니 아직도 이해할 수 없는 것이 무엇인가 있다. _L. N. 톨스토이(1828~1910) 러시아 소설가, 사상가 《전쟁과 평화》
- 빠르게 이해할 수 있는 것은 그 대상이 평범하다는 증거다. _F. M. 도스토옙스키(1821~1881) 러시아 소설가 《미성년》
- 사람들은 이해되지 않는 일은 쉽게 평가한다. _J. W. 괴테(1749~1832) 독일 시인, 소설가, 극작가 《파우스트》
- 사람은 자기가 미워하는 상대방을 결코 이해하지 못한다. _J. R. 로웰(1819~1891) 미국 시인, 평론가
- 사람이 자기 자신을 어떻게 이해하는지 배우기 전까지는 너는 사람을 이해하지 못하는 것이다. _F. H. 브래들리(1846~1924) 영국 철학자
- 우리들이 이해하지 못하는 일은 제어하기 어렵다. _J. W. 괴테(1749~1832) 독일 시인, 소설가, 극작가

L. N. 톨스토이

▶ 이해하는 것은 인정하기 시작하는 것이다.

_A. P. G. 지드(1869~1951) 프랑스 소설가, 평론가

▶ 이해하지 못하는 일이 많은 것보다도, 아주 적게라도 이해하는 편이 낫다. _A. 프랑스(1844~1924) 프랑스 작가 《천사의 반역》

▶ 인간은 힘이 아니라 이해력으로 자연을 극복한다.

_J. 브로노프스키(1908~1974) 영국 수학자, 작가

▶ 인간을 잘 이해하는 방법은 단 한 가지밖에 없다. 그것은 그들을 결코 급하게 판단하지 말아야 한다는 것이다.

_C. A. 생트뵈브(1804~1869) 프랑스 시인, 소설가 《나의 독》

▶ 하나를 충분히 이해하기 위해서는 모든 것을 이해하지 않으면 안 된다. _H. 리드(1893~1968) 영국 시인, 평론가 《예술은 왜 필요한가》

속담

▶ 귓구멍에 마늘쪽 박았나. (말을 잘 알아듣지 못하는 사람을 핀잔하는 말) _한국

▶ 너하고 말하느니 개하고 말하겠다. (어리석고 둔하여 남의 말을 알아듣지 못하는 상대를 비꼬는 말) _한국

▶ 대낮에 도깨비에 홀렸다. (도무지 이해되지 않는 일을 당한 경우를 이르는 말) _한국

▶ 명마는 채찍 하나로 충분하다. (현명한 사람에게는 한마디만 해도 충분히 이해하기 때문에 길게 설명할 필요가 없다는 말) _이란

▶ 전체를 이해하려면 전체를 읽어라. _로마

▶ 하나를 듣고 열을 안다. _한국

고사성어

▷ 독서백편 의자현(讀書百遍義自見)

책을 백 번 읽으면 그 뜻이 저절로 드러난다는 말로, 부지런히 공부를 계속하면 아무리 어려운 글이라도 저절로 이해가 되어 학문의 높은 경지에 자연히 도달하게 된다는 뜻이다. 후한 말기에 동우라는 학자가 학문을 배우겠다고 몰려든 사람들에게 한 말에서 유래한다. _《삼국지》 위지 왕숙전

인격 人格

사람으로서의 품격.

명언 명문

▶ 경영자가 해야 하는 업무는 배우면 된다. 그러나 경영자가 배울 수 없는 것으로, 어떻게 해서든지 스스로 몸에 지니지 않으면 안 되는 자산이 하나 있다. 그것은 천재적 재능이 아니라 인격이다.

_P. F. 드러커(1909~2005) 미국 경영학자 《현대의 경영》

▶ 교육의 목적은 인격의 형성이다.

_H. 스펜서(1820~1903) 영국 철학자, 사회학자

▶ 기뻐해야 할 것을 기뻐하고 미워해야 할 것을 미워하는 것은 인격의 훌륭함과 가장 깊은 관련이 있다.

_아리스토텔레스(B.C. 384~B.C. 322) 그리스 철학자

▶ 나 한 사람의 인격이 바르고 건전하면 곧 우리나라의 국력도 튼튼하고 건전한 것이 된다. _안창호(1878~1938) 독립운동가, 교육자

▶ 나는 보석보다 인격의 아름다움으로 장식되고 싶다. 보석은 행운의 선물이지만 인격은 사람의 내면에서 나오는 것이다.

_T. M. 플라우투스(B.C. 254?~B.C. 184) 로마 극작가, 시인

▶ 명성은 사람들이 우리에 대해 생각하는 것이고, 인격은 하느님과 천사들이 우리에 대해 알고 있는 것이다.

_T. 페인(1737~1809) 미국 정치 평론가, 작가

▶ 사람의 가치를 직접 드러내는 것은 재산도 지위도 아니고 그의 인격이다. _H. F. 아미엘(1821~1881) 스위스 철학자, 문학가 《일기》

▶ 성숙한 인격의 특징 가운데 하나는, 남과 자신의 차이를 확실히 자각하여 그것을 있는 그대로 받아들이며, 개선하려고 힘쓰는 데 있다. _D. 카네기(1888~1955) 미국 저술가

- 인격은 날마다 의무를 성실히 수행할 때 생기는 *부산물이다.
_T. W. 윌슨(1856~1924) 미국 제28대 대통령

*부산물 | 어떤 일을 할 때에 부수적으로 생기는 일이나 현상.

- 인격은 자각할 줄 알고 스스로 책임을 질 줄 아는 이성적 존재자이기 때문에 인격을 언제나 목적으로 다루지 절대로 수단으로 다루어선 안 된다. _I. 칸트(1724~1804) 독일 철학자
- 인격은 젊은이에게 광채를, 노인에게는 위엄을 준다.
_R. W. 에머슨(1803~1882) 미국 사상가, 시인
- 인격은 힘이다. _B. T. 워싱턴(1856~1915) 미국 교육자, 개혁가
- 인격이란 높은 것과 아주 낮은 것이 하나가 된 것이다.
_G. W. F. 헤겔(1770~1831) 독일 철학자 《법철학》
- 인생의 목적은 행복이 아니라 인격이다.
_H. W. 비처(1813~1887) 미국 신학자
- 재능은 없어도 인격은 갖추어야 한다. _H. 하이네(1797~1856) 독일 시인
- 지상의 아들의 최고 행복은 인격이다.
_J. W. 괴테(1749~1832) 독일 시인, 소설가, 극작가 《서동시편》
- 칭찬을 받아들이는 태도를 보면 그의 인격을 알 수 있다.
_L. A. 세네카(B.C. 4?~A.D. 65) 로마 철학자, 극작가
- 패배가 따르는 고통을 자발적으로 겪어 보라. 그러면서 인격이 형성되는 것이다. _A. 쇼펜하우어(1788~1860) 독일 철학자
- 훌륭한 사상은 훌륭한 인격에 담긴다. _《탈무드》

속담

- 남의 인격을 무시하면 반드시 부메랑처럼 되돌아온다. _서양
- 물이 깊을수록 소리가 없다. _한국
- 수도자가 되는 것은 쉽고 인간이 되는 것은 어렵다. (인격자가 되는 것은 수도자가 되는 것보다 어렵다는 뜻) _이란
- 천지의 바른 기운을 양성한다. (훌륭한 인격을 닦는다는 말) _중국
- 혀를 믿지 말고 사람 됨됨이를 보라. _중국

한자 숙어

수광자어대(水廣者魚大) 물이 많고 깊은 곳에는 큰 고기가 산다는 말.

양후산립(陽煦山立) 햇살이 만물을 따뜻하게 하고 산이 단정하게 서 있듯이, 인품이 온화하고 단아함을 나타내는 말.

인내

忍耐
괴로움이나 어려움을 참고 견딤.

명언 명문

*옥좌 | 임금이 앉는 자리.

▶ 고통이 없으면 월계관도 없고, 가시가 없으면 *옥좌도 없고, 고난이 없으면 영광도 없고, 십자가가 없으면 왕관도 없다.

_W. 펜(1644~1718) 영국 정치가

▶ 나는 사람이 어떤 일을 할 수 있으며 어떠한 인내력을 갖고 있는가를 보여 줄 것이다. _E. M. 헤밍웨이(1899~1961) 미국 소설가

▶ 내가 사회에 도움을 준 것이 있다면 그것은 참을성 있는 생각 덕분이다. _I. 뉴턴(1642~1727) 영국 물리학자, 천문학자, 수학자

▶ 만약 우리들이 오직 참고 견디려고 노력만 한다면, 신은 많은 힘을 우리에게 내려 줄 것이다. _H. C. 안데르센(1805~1875) 덴마크 동화 작가

▶ 복수는 인내 앞에서 무력하다.

_G. J. 파이드루스(B.C. 15~A.D. 50) 로마 우화 시인

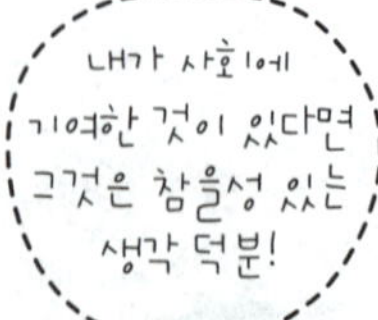

▶ 어떠한 일이든지 견딜 수 있는 사람은 무슨 일이든지 단행할 수 있다. _L. C. 보브나르그(1715~1747) 프랑스 도덕주의자, 수필가

▶ 우리 인내는 우리 힘보다도 더 많은 것을 성취할 것이다.

_E. 버크(1729~1797) 영국 정치가, 사상가

▶ 인내, 그것은 육체적인 소심과 도덕적 용기의 혼합이다.

_T. 하디(1840~1928) 영국 소설가, 시인 《테스》

▶ 인내가 폭력보다 더 강하다. 단번에 꺾지 못할 것도 꾸준한 노력이면 정복할 수 있다. 인내는 최강의 정복자다.

_플루타르코스(46?~120?) 그리스 철학자, 작가 《플루타르크 영웅전》

▶ 인내는 모든 어려움의 가장 좋은 치료제다.

_T. M. 플라우투스(B.C. 254?~B.C. 184) 로마 극작가, 시인

I. 뉴턴

- 인내는 쓰지만 그 열매는 달다. _J. J. 루소(1712~1778) 프랑스 작가, 사상가
- 인내는 어느 정원에서나 다 피는 꽃은 아니다. _J. 하우얼(1594?~1666) 영국 수필가
- 인내는 으뜸가는 성품이고, 인내력은 모든 위대한 사람의 정열이었다. _J. R. 로웰(1819~1891) 미국 시인, 평론가 《콜럼버스》
- 인내는 일을 떠받치는 일종의 자본이다. _H. 발자크(1799~1850) 프랑스 소설가
- 인내는 희망을 갖기 위한 기술이다. _L. C. 보브나르그(1715~1747) 프랑스 도덕주의자, 수필가 《성찰과 잠언》
- 인내하고 시간을 두면 힘이나 노여움이 이루는 것 이상의 것을 성취할 수 있다. _J. 라퐁텐(1621~1695) 프랑스 시인, 우화 작가 《우화》
- 인내하라. 지금의 슬픔도, 확실히 훗날에는 이익이 될 수 있을 것이다. _P. N. 오비디우스(B.C. 43~A.D. 17) 로마 시인
- 정신이 늘 육체의 요구를 이겨 나가야 한다. 많이 참을수록 그대에게 덕이 있을 것이다. _G. L. L. 뷔퐁(1707~1788) 프랑스 박물학자, 사상가

*층층시하 | 부모나 조부모 등의 어른들을 모시고 사는 처지.

속담

- 거친 손은 부자로의 길. (역경과 고난 속에서도 참고 견디면 반드시 즐거움이 찾아온다는 말) _필리핀
- 대 끝에서도 3년이라. (막 떨어질락말락하는 대 끝에서도 3년을 견딘다는 뜻으로, 역경에 처해도 참고 견디라는 말) _한국
- 인내는 세상을 정복한다. _서양
- 참는 자에게 복이 있다. _한국
- 참으면 모든 문이 열린다. _영국
- 참을 인 자 셋이면 살인도 피한다. _한국
- *층층시하에 줄방귀 참는 새댁처럼. (어른들을 모시고 사는 새댁의 처지에서 방귀를 참기 힘든 것처럼 몹시 참기 어려움을 이르는 말) _한국
- 한 시간의 인내는 10년의 편안함과 즐거움을 보장한다. _그리스

지식 쑥쑥

한자 숙어

견인불발(堅忍不拔) 어려운 상황을 당해도 굳게 참고 견디어 마음이 흔들리지 않음.

인생 人生

사람이 세상을 살아가는 일.

명언 명문

*편도 | 가고 오는 길 가운데 어느 한 쪽. 또는 그 길.

▶ 나는 아무래도 이 세상에 있어서 한 사람의 여행하는 사람, 한 개의 *편도에 지나지 않는 것 같다. 너희들인들 그 이상이겠는가.

_J. W. 괴테(1749~1832) 독일 시인, 소설가, 극작가 《젊은 베르테르의 슬픔》

▶ 누구나 잃는 것은 바로 자신의 인생, 그리고 자신의 목숨뿐임을 기억하라.

_마르쿠스 아우렐리우스(121~180) 로마 황제

▶ 무익한 인생은 미리 찾아가는 죽음과 다를 바 없다.

_J. W. 괴테(1749~1832) 독일 시인, 소설가, 극작가 《이피게네이아》

▶ 바람이 멎고 물결이 잔잔한 가운데서 인생의 참된 경지를 본다.

_《채근담》

▶ 사람은 가난, 사랑, 전쟁을 알기 전에는 인생의 맛을 전부 맛보았다고 할 수 없다.

_O. 헨리(1862~1910) 미국 소설가

▶ 사람은 두 가지 방법에 의해 산다. 사회를 따르든가 자연을 따르든가.

_V. M. 위고(1802~1885) 프랑스 시인, 극작가 《빛과 그림자》

▶ 예술은 길고 인생은 짧다. 판단은 어렵고 기회는 지나간다.

_J. W. 괴테(1749~1832) 독일 시인, 소설가, 극작가

▶ 올림픽 경기에서 가장 중요한 것은 이기는 것이 아니라 참가하는 것이다. 인생의 핵심은 승리가 아니라 잘 싸우는 것이다.

_P. 쿠베르탱(1863~1937) 프랑스 교육가

▶ 음미되지 않은 인생은 살 보람이 없다.

_소크라테스(B.C. 469~B.C. 399) 그리스 철학자

▶ 인생은 건축해야 할 대상이 아니라 불태워야 할 대상이다.

_A. 카뮈(1913~1960) 프랑스 소설가, 극작가 《알제의 여름》

J. W. 괴테

▶ 인생은 낙원이에요. 우린 모두 낙원에서 살고 있어요. 다만 우리가 그걸 알려고 하지 않을 뿐이죠. 만약 우리가 그걸 알려고만 한다면 이 지상에는 내일이라도 낙원이 이루어질 거예요.

_F. M. 도스토옙스키(1821~1881) 러시아 소설가 《카라마조프의 형제들》

*주검 | 죽은 사람의 몸을 이르는 말.
*신빙성 | 근거나 증거로 삼을 수 있는 믿을 만한 정도나 성질.

▶ 인생은 뒤를 돌아보아야만 이해될 수 있지만 앞을 향해서 살아야만 하는 것이다. _S. A. 키르케고르(1813~1855) 덴마크 철학자

▶ 인생은 불안정한 항해다. _W. 셰익스피어(1564~1616) 영국 극작가, 시인

▶ 인생은 살아야 하는 것입니다. 그리고 언제나 호기심을 잃지 맙시다. 어떠한 이유에서라도 삶에 등을 돌려서는 안 됩니다.

_A. E. 루스벨트(1884~1962) 미국 사회 운동가, 정치가 《나의 자서전》

▶ 인생은 순간이며 모든 것이 순식간에 *주검으로 굳어진다는 것을 알아야 한다. _마르쿠스 아우렐리우스(121~180) 로마 황제 《수상록》

▶ 인생은 우리의 주장, 희망, 권한, 자유의 점진적 포기와 계속적 감소를 배우는 기간이다. H. F. 아미엘(1821~1881) 스위스 철학자, 문학가

▶ 인생은 운이 좋은 사람에게는 짧고, 운이 나쁜 사람에게는 길다.

_아폴로니오스(B.C. 262?~B.C. 190?) 그리스 수학자

▶ 인생은 짧고 의사의 기술은 길다. 기회는 빨리 지나가고 경험은 *신빙성이 없고 판단은 어렵다.

_히포크라테스(B.C. 460?~B.C. 377?) 그리스 의학자

▶ 인생은 짧다. 그러나 불행이 인생을 길게 한다.

_P. 시루스(B.C. 1세기경) 로마 시인 《격언집》

▶ 인생은 짧은 이야기와 같다. 중요한 것은 그 길이가 아니라 값어치다. _L. A. 세네카(B.C. 4?~A.D. 65) 로마 철학자, 극작가

▶ 인생은 하찮은 책들을 읽기에는 너무나 짧다.

_J. 브라이스(1838~1922) 영국 정치가

▶ 인생을 대하는 가장 졸렬한 태도는 인생을 우습게 여기는 것이다.

_T. 루스벨트(1858~1919) 미국 제26대 대통령

▶ 인생을 비극이라고 생각할 때 우리는 비로소 삶을 시작한다.

_W. B. 예이츠(1865~1939) 아일랜드 극작가, 시인

▶ 인생의 목적은 남에게 봉사하는 것, 그리고 동정과 남을 도우려는 의지를 보여 주는 것이다. _A. 슈바이처(1875~1965) 독일 신학자, 철학자, 의사

- 인생의 성공은 차지한 지위보다는 극복한 장애물로 평가되어야 한다. _B. T. 워싱턴(1856~1915) 미국 교육자, 개혁가
- 인생의 황금시대는 늙어 가는 장래에 있지, 지나간 젊은 때의 무지에 있지 않다. _린위탕(1895~1976) 중국 작가
- 인생의 효용은 그 길이에 있는 것이 아니고 그것을 사용하기에 달려 있다. 짧게 살고도 오래 산 자가 있다.
  _M. E. 몽테뉴(1533~1592) 프랑스 사상가 《수상록》
- 인생이란 만나는 것이며, 그 초대는 두 번 다시 되풀이되는 일이 없다. _H. 카로사(1878~1956) 독일 소설가, 시인, 의사
- 인생이란 불충분한 전제에서 충분한 결론을 끌어내는 기술이다.
  _S. 버틀러(1612~1680) 영국 시인 《노트북》
- 인생이란 정신의 생식 작용이다. _L. A. 포이어바흐(1804~1872) 독일 철학자
- 인생이란 짧은 기간의 망명이다.
  _플라톤(B.C. 428?~B.C. 347?) 그리스 철학자 《아크시오고스》
- 일이 즐거울 때 인생은 기쁨이고 일을 의무적으로 할 때 인생은 노예 상태다. _M. 고리키(1868~1936) 러시아 작가
- 출생이나 죽음을 모면할 수는 없다. 인간은 그 중간의 삶을 즐길 수밖에 없다. _G. 산타야나(1863~1952) 미국 철학자, 시인

속담

- 사랑이 없는 청춘, 지혜가 없는 노인은 인생의 실패자다. _스웨덴
- 인생 백 년에 고락이 상반이라. (인생살이에 괴로운 일과 좋은 일이 반반임을 이르는 말) _한국
- 인생 살아가는 것은 밭을 가로지르듯이 쉽지 않다. _러시아
- 인생에 있어서는 재판에 조심하고 죽음에 있어서는 지옥을 생각하라. _중국
- 인생은 마흔 살부터 시작한다. _서양
- 인생은 매일 축제가 아니다. (인생은 항상 즐거운 일만 있는 것이 아니라는 말) _네덜란드, 벨기에
- 인생은 바퀴와 같이 올라가기도 하고 내려가기도 한다. _영국
- 인생은 뿌리 없는 평초. (사람이 살아간다는 것은 마치 물 위에 떠

도는 개구리밥과 같다는 뜻으로, 인생이란 허무하고 믿을 수 없는 것임을 비유적으로 이르는 말) _한국

- 인생은 싸움이다. _독일
- 인생은 어두운 밤과 같은 것이다. _이스라엘
- 인생은 천국에 들어가기 위한 준비 기간이다. _아라비아
- 인생은 초로. (풀잎에 맺힌 이슬처럼 인생이 덧없다는 뜻) _한국
- 인생은 행복한 자에게는 너무 짧고, 불행한 자에게는 너무 길다. _영국
- 인생은 현인에게는 꿈이며, 어리석은 자에게는 게임이다. 부자에게는 희극이고 가난한 자에게는 비극이다. _이스라엘

한자 숙어

설니홍조(雪泥鴻爪) 눈 위에 난 기러기의 발자국이 눈이 녹으면 없어진다는 뜻으로, 인생의 자취가 눈 녹듯이 사라져 무상함을 비유적으로 이르는 말.

관용어

인생 겨우 오십 년 _ 사람의 한평생이 극히 짧음.

고사성어

▷ 새옹지마(塞翁之馬)

변방 늙은이의 말이라는 뜻으로, 사람의 인생은 변화가 심해서 한 치 앞도 예측할 수 없으니, 화도 슬퍼할 게 못 되고 복도 기뻐할 게 못 된다는 말이다. 흔히 '인간만사 새옹지마'로 쓰인다. 북쪽 국경에 어느 노인이 살고 있었는데, 어느 날 그의 말이 국경을 넘어가 버렸다. 이웃 사람들이 위로하자 노인은 "이 일이 나중에 복으로 바뀔지 누가 알겠소?"라고 말했다. 몇 달 후 도망갔던 말이 좋은 말을 끌고 돌아왔을 때에도 "이 일이 어찌 재앙이 안 된다고 할 수 있겠소?"라며 기뻐하지 않았다. 또한 노인의 아들이 그 말을 타다가 떨어져 다리가 부러졌을 때에도 노인은 태연했는데, 이 일로 노인의 아들만 전쟁터에 끌려 나가지 않아 죽음을 면할 수 있었다는 이야기에서 유래한다. _《회남자》 인간훈 편

▷ 인생여조로(人生如朝露)

인생은 아침 이슬과 같다는 뜻으로, 해가 뜨면 아침 이슬이 곧 없어지는 것처럼 인생도 짧고 덧없다는 뜻이다. 한나라 무제 때, 소무는 흉노 땅에 사신으로 갔다가 포로로 잡혀 조국으로 돌아가지 못하고 있었다. 나중에 그의 절친한 친구 이릉이 소무를 찾아가 그의 처지를 위로하며 한 말에서 유래한다. _《한서》 소무전

인정 人情

사람이 본래 가지고 있는 감정이나 심정. 남을 동정하는 따뜻한 마음. 또는 세상 사람들의 마음.

명언 명문

*냉갈령 | 몹시 매정하고 쌀쌀한 태도.

- 대개 보통 인정이란 위에서 이끌면 노력하고, 놓아 두면 게을러지는 것이다. _하위지(1412~1456) 조선 시대 문신, 학자 《권농산서》
- 모든 일에 인정을 베풀면 복이 절로 늘어날 것이다. _《명심보감》
- 사람들의 인정을 모두 깨닫고 나면 소라고 부르든 말이라고 부르든 그대로 따르고 다만 머리를 끄덕일 뿐이다. _《채근담》
- 양심을 더럽히지 말고 인정을 저버리지 말며 재물을 낭비하지 마라. 이 세 가지는 천지를 위해 좋은 뜻을 세우고 백성을 위해 삶을 마련하며 자손에게 복을 물려줄 수 있는 것이다. _《채근담》
- 인정과 세태는 순식간에 수만 가지로 변하는 것이니 확실히 진리라고 여겨서는 안 된다. _《채근담》
- 인정이 없으면 정의로운 사람이 될 수 없다. _L. C. 보브나르그(1715~1747) 프랑스 도덕주의자, 수필가 《성찰과 잠언》

속담

- 귀신은 경문에 막히고 사람은 인정에 막힌다. (사람은 인정이 있어서 사정하는 사람에게는 어쩔 수 없음을 이르는 말) _한국
- 꽃밭에 불 지른다. (인정사정없이 행동한다는 말) _한국
- 네 떡이 한 개면 내 떡이 한 개다. (오는 것이 있어야 그만큼 가는 것도 있다는 것) _한국
- *냉갈령 부린다. (몰인정하고 쌀쌀하게 군다는 말) _한국
- 도둑놈도 인정이 있다. (아무리 나쁜 사람이라도 인정은 있음을 이르는 말) _한국

▶ 많은 인정 많은 기쁨. (여러 사람과 사귀어 정을 나누면 기쁨도 늘어난다는 말) _남아프리카 공화국

▶ 물이 아니면 건너지 말고 인정이 아니면 사귀지 말라. (인정에 의한 사귐이 있어야만 참된 사귐이라는 말) _한국

▶ 보리 주면 오이 안 주랴. (받는 것이 있어야 무엇을 주기도 한다는 뜻) _한국

▶ 인정도 지나치면 원수가 된다. (인정도 적당히 베풀어야 한다는 뜻) _일본

▶ 인정도 품앗이다. (사람에게 정을 베푸는 것도 서로 주고받는 것이라는 말) _한국

▶ 인정에 날을 들이대는 칼 없다. (인정을 베푸는 사람에게 화내거나 해치는 사람은 없다는 말) _일본

▶ 인정이 원수다. _영국

▶ 제 밥 덜어 줄 샌님은 물 건너부터 안다. (인정 있고 점잖은 사람은 멀리서 보아도 알 수 있다는 뜻) _한국

▶ 피도 눈물도 없다. (인정미가 전혀 없이 냉혹하고 무자비하다는 말) _한국

한자 숙어

번운복우(翻雲覆雨) 손바닥을 뒤집는 것처럼 인정이 변하기 쉬움을 이름.
염부한기(炎附寒棄) 권세가 있을 때는 잘 따르지만 권세가 없으면 곧 버리고 돌아보지도 않는다는 뜻으로, 인정이 야박함을 이르는 말.
인지상정(人之常情) 사람이면 누구나 가지는 보통의 마음.

관용어

인정(을) 쓰다 _ 남에게 돈이나 물건 따위를 주어 따뜻한 정을 보이다.
인정에 녹다 _ 상대편이 인정을 베푸는 데 감동을 받아 그 사람에게 호감을 가지다.
인정에 빠지다 _ 지나치게 인정에 쏠려 헤어나지 못하다.
인정에 흐르다 _ 지나치게 인정에 치우치다.
인정이 무르다 _ 지나칠 정도로 인정이 많거나 후하다.

고사성어

▷ 송양지인(宋襄之仁)

송나라 양공의 어짊이라는 뜻으로, 불필요한 인정을 이르는 말이다. 중국 춘추 시대에, 송나라 양공이 초나라 군대를 맞아 싸울 때였다. 초나라 군대가 강을 건너느라 정신이 없는 틈을 타서 공격하자는 의견에 양공은 "그것은 비겁한 행동이다. 적에게도 인정을 베풀어야 한다."면서 받아들이지 않았다. 결국 양공은 적군이 정비하기를 기다리다가 크게 패하여 세상 사람들이 비웃었다는 데서 유래한다. _《십팔사략》, 《춘추좌씨전》

일생 一生

살아 있는 동안.

명언 명문

*다사다난 | 여러 가지 일도 많고 어려움이나 탈도 많음.
*요람 | 아기를 태우고 흔들어 놀게 하거나 잠재우는 물건.

▶ 나는 열다섯에 학문에 뜻을 두었고, 서른에 뜻이 확고히 섰으며, 마흔에는 현혹되지 않았고, 쉰에는 하늘의 명을 깨달았으며, 예순에는 남의 말을 듣고 곧 이치를 깨달았고, 일흔에는 무엇이든 하고 싶은 대로 해도 법도에 어긋나지 않았다. _《논어》

▶ 누구의 일생이든 모두가 신의 손가락이 쓴 동화다.
_H. C. 안데르센(1805~1875) 덴마크 동화 작가

▶ 모든 사람의 일생은 전쟁이다. 그것은 오랜 시간에 걸친 *다사다난한 전쟁이다. _에픽테토스(55?~135?) 로마 철학자

▶ 배를 작은 닻 하나에, 일생을 희망 한 가지에 걸어서는 안 된다.
_에픽테토스(55?~135?) 로마 철학자

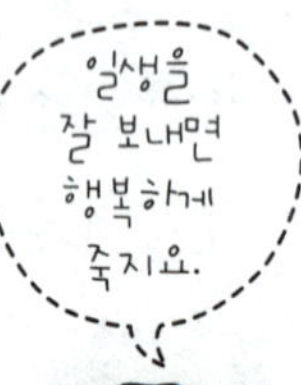

▶ 사람은 단지 질병 때문에 죽는 것은 아니다. 그는 자신의 일생 때문에 죽는 것이다. _C. P. 페기(1873~1914) 프랑스 시인, 평론가

▶ 사람은 자기 일생이 머지않아 끝날 것을 항상 알고 있지만 모른 척하면서 미친 듯이 산다. _R. 백스터 (1615~1691) 영국 신학자

▶ 사람의 일생은 무거운 짐을 지고 먼 길을 걸어가는 것과 같으니 서둘러서는 안 된다. _도쿠가와 이에야스(1543~1616) 일본 에도 시대 장군

▶ 사람의 일생은 한 순간의 여유마저 없다. 그럼에도 불구하고 사람들은 영원히 살 것처럼 한 순간 한 순간을 소홀히 여긴다.
_W. 셰익스피어(1564~1616) 영국 극작가, 시인

▶ 어떻게 살아야 좋을지는 평생 동안 배워라.
_L. A. 세네카(B.C. 4?~A.D. 65) 로마 철학자, 극작가

L. 다빈치

▶ *요람에서 무덤까지. _W. H. 베버리지(1879~1963) 영국 경제학자

▶ 우리가 자연으로부터 받은 수명은 비록 짧지만, 잘 소비된 일생의 기억은 영원하다. _M. T. 키케로(B.C. 106~B.C. 43) 로마 정치가, 학자

▶ 인간은 누구 한 사람 탈 없고 재앙 없는 일생을 보낼 수가 없다.
_아이스킬로스(B.C. 525~B.C. 456) 그리스 시인 《공양하는 여자들》

▶ 인간의 일생은 선과 악의 실로 엮인 그물이다.
_W. 셰익스피어(1564~1616) 영국 극작가, 시인

▶ 인간의 일생은 죽음으로 향하는 나그네 길에 지나지 않는다.
_L. A. 세네카(B.C. 4?~A.D. 65) 로마 철학자, 극작가

▶ 일생의 대부분은 생각을 하지 않으려는 오랜 노력이다.
_A. L. 헉슬리(1894~1963) 영국 소설가, 평론가

▶ 지혜가 아니라 운명이 사람들의 일생을 지배한다.
_테오프라스토스(B.C. 372?~B.C. 287?) 그리스 철학자

▶ 평생 동안 한 사람을 사랑할 수 있다고 말하는 것은 초 한 자루가 평생 동안 탈 것이라고 말하는 것과 같다.
_L. N. 톨스토이(1828~1910) 러시아 소설가, 사상가

▶ 평소에 최선을 다한 사람은 일생을 잘 산 사람이다.
_J. C. F. 실러(1759~1805) 독일 시인, 극작가 〈메시나의 신부〉

▶ 하루를 잘 보내면 행복하게 잠들고 일생을 잘 보내면 행복하게 죽는다. _L. 다빈치(1452~1519) 이탈리아 화가, 건축가, ·조각가

속담

▶ 갯장어도 일생, 새우도 일생. (사람은 신분의 상하, 빈부의 차이는 있어도 대강 비슷한 일생을 보낸다는 뜻) _일본

▶ 백 년을 다 살아야 삼만육천 일. (사람의 일생이란 짧다는 뜻) _한국

▶ 울며 살아도 한평생 웃으며 살아도 한평생. (웃으며 사는 게 좋다는 말) _한국

▶ 이래도 일생 저래도 일생. (한 번 살다 죽으면 그만이니 모나지 않게 둥글둥글 살아가자는 말) _한국

지식 쑥쑥

대화유사(大化有四) 사람이 이 세상에 태어나서 죽을 때까지 네 번 큰 변화가 있다는 말. 유년, 청장년, 노년, 사망의 때를 일컬음.

백년천금구(百年千金軀) 평생토록 귀한 몸.

취생몽사(醉生夢死) 술에 취하여 자는 동안에 꾸는 꿈 속에 살고 죽는다는 뜻으로, 일생을 아무 하는 일 없이 흐리멍덩하게 살아감을 이르는 말.

자각

自覺

현실을 판단하여 자기의 입장이나 능력 따위를 스스로 깨달음.

명언 명문

- 군자는 현재 자기의 지위와 사명을 자각하고 그것을 행하는 데 노력할 뿐 그밖의 것은 바라지 않는다. 부귀하면 부귀한 데서 행하고 빈천하면 빈천한 데서 행한다. _《중용》
- 꽃을 가꾸고 대나무를 심고 학을 감상하고 물고기를 바라보아도 역시 일단은 스스로 깨닫는 것이 있어야만 한다. _《채근담》
- 나는 여기 서 있다. 내 입장을 바꿀 수 없다. _M. 루터(1483~1546) 독일 종교 개혁가
- 나는 종종 생각해 본다. 만약 자각을 하고 인생을 한번 더 새롭게 시작한다면 어떨까 하고. _A. P. 체호프(1860~1904) 러시아 소설가, 극작가
- 나는 하늘이 낸 백성 중에 먼저 깨달은 자다. _맹자(B.C. 372~B.C. 289) 중국 전국 시대 추나라 사상가
- 무지의 자각은 지식이 자라는 데 꼭 필요한 과정이다. _B. 디즈레일리(1804~1881) 영국 정치가, 소설가 《시비르》
- 발견함으로써 비로소 자기가 찾고 있었던 것이 무엇인가를 알게 된다. _L. J. J. 비트겐슈타인(1889~1951) 영국 철학자
- 사람은 자신을 알지 않으면 안 된다. 그것이 진리를 발견하는 데 소용이 없다고 하더라도, 적어도 그의 생활을 통제하는 데는 필요하다. _B. 파스칼(1623~1662) 프랑스 사상가, 수학자, 물리학자
- 사람을 가르치는 일은 할 수 없다. 다만 스스로 깨닫게 하는 것을 도울 뿐이다. _G. 갈릴레이(1564~1642) 이탈리아 천문학자, 물리학자
- 산다는 것, 그것은 바로 자기의 운명을 자각하는 일이다. _A. 살라크루(1899~1989) 프랑스 극작가 《신은 알고 있다》

T. 칼라일

- 실패의 가장 큰 원인은 무엇이든지 그것을 자각하지 않는 일이다.

_T. 칼라일(1795~1881) 영국 사상가, 역사가 《영웅과 영웅 숭배》

- 안다고 생각하고 있는 사람이 똑똑한 것이 아니고, 자기가 모르는 것을 자각하고 있는 사람이 현명하다.

_M. 클라우디우스(1740~1815) 독일 시인 《아시아의 강의》

- 인간은 자기가 무엇을 가지고 있는가에 대해서는 잘 알지만 자기가 무엇인가에 대해서는 잘 알지 못한다. 자기가 무엇인가 하는 것은 자기가 해발 몇 미터에 있는가 하는 문제다.

_L. J. J. 비트겐슈타인(1889~1951) 영국 철학자

- 자각은 우리를 허영심으로부터 구해 낸다.

_M. 세르반테스(1547~1616) 에스파냐 소설가

- 자기 자신에 대해 완전히 깨달은 사람은 만물이 각자 자기 역할을 하도록 내버려 둘 수 있다. _《채근담》

- 자기 자신을 안다는 것을 위안의 수단으로 삼는 사람은, 자기 자신에게 눈감는 비현실적인 사람이다.

_G. 산타야나(1863~1952) 미국 철학자, 시인 《교리의 말들》

- 자기의 존재에 대해 끊임없이 놀라는 것이 인생이다.

_R. 타고르(1861~1941) 인도 시인, 사상가

- 자기의 척도로 자기 자신을 재고, 자기 발에 맞는 신발을 찾아 신는다. _Q. 호라티우스(B.C. 65~B.C. 8) 로마 시인

- 최초의 아이디어는 개인의 생각과 깨달음에서 나온다.

_A. 플레밍(1881~1955) 영국 세균학자

속담

- 신발이 발의 어디를 아프게 하는가는 자신밖에 모른다. (문제가 어디에 있는가는 자기가 가장 잘 알 수 있다는 뜻) _이탈리아
- 젊어서 자신의 어리석음을 깨닫는 사람은 행복하다. _영국
- 힘 모르고 강가 씨름 갈까. (자기 힘을 스스로 알아야 한다는 말) _한국

지식 쑥쑥

한자 숙어

자과부지(自過不知) 흔히 사람은 자기의 과실을 스스로 깨닫지 못하는 법이라는 말.

자랑

자기 자신 또는 자기와 관계 있는 사람이나 물건, 일 따위가 썩 훌륭하거나 남에게 칭찬을 받을 만한 것임을 드러내어 말함.

명언 명문

*자화자찬 | 자기가 그린 그림을 스스로 칭찬한다는 뜻으로, 자기가 한 일을 스스로 자랑함을 이르는 말.

▶ 거짓말할 필요가 없는 사람은 자신이 거짓말쟁이가 아니라는 것에 대해 자랑스러워한다. _F. W. 니체(1844~1900) 독일 철학자, 시인

▶ 겸손에 이르러도 그 사실을 자랑스럽게 여기지 않는다는 보장은 없다. _G. A. 도브레(1814~1896) 프랑스 지질학자, 광물학자

▶ 두 개의 사랑이 두 나라를 세웠다. 하느님을 멸시하는 자기애가 지상의 나라를, 자기를 낮추는 신에 대한 사랑이 천국을 세웠다. 전자는 자기를 뽐내고, 후자는 주의 이름으로 자랑한다. _A. 아우구스티누스(354~430) 로마 신학자, 성인 《신의 나라》

▶ 성인은 오만하지 않으므로 공적을 세우고, 자랑하지 않으므로 공적이 오래 간다. _《노자도덕경》

▶ 용기도 없는 주제에 자신의 영광스러운 업적을 자랑하는 자는 낯선 사람들은 속여도 그를 잘 아는 사람들에게는 조롱거리가 된다. _G. J. 파이드루스(B.C. 15~A.D. 50) 로마 우화 시인

▶ 자랑스러운 삶이 불가능할 때는 자랑스러운 죽음을 택해야 한다. _F. W. 니체(1844~1900) 독일 철학자, 시인

▶ 자랑은 아주 소중하게 여기는 것에 싸여 있을 때 가장 성공한다. _G. 메러디스(1828~1909) 영국 소설가, 시인 《격언집》

▶ *자화자찬하는 자는 성공하지 못하고 스스로 자랑하는 자는 오래 가지 못한다. _《노자도덕경》

속담

▶ 가루 가지고 떡 못 만들랴. (누구나 다 할 수 있는 일을 자랑하며

뽐내는 것을 비웃는 말) _한국

- 구렁이 제 몸 추듯. (자기 자랑만 함을 이르는 말) _한국
- 그의 모든 거위는 다 백조다. (제 자랑만 늘어놓는다는 말) _서양
- 단번에 달을 하늘까지 던진다. (자랑이 심한 경우를 이르는 말) _카자흐스탄
- 모든 요리사는 자기가 만든 고기 수프를 자랑한다. _미국, 영국
- 부엌에서 숟가락을 얻었다. (대단하지도 않은 일을 해 놓고 성공이나 한 듯이 자랑함을 이르는 말) _한국
- 부자는 음식을 자랑하고, 가난뱅이는 달리기를 자랑한다. _서양
- 알기는 칠월 귀뚜라미. (온갖 것을 잘 아는 듯이 자랑하는 사람을 비꼬는 말) _한국
- 어느 개구리나 자기 늪을 자랑한다. _우크라이나
- 자기 된장 자랑. (자기가 한 일을 자랑하는 것) _일본
- 자랑 끝에 불붙는다. (너무 자랑하면 그 끝에는 말썽거리가 생긴다는 말) _한국
- 자랑하려거든 마치고 나서. _에스파냐
- 저 건너 빈터에서 잘살던 일 자랑하면 무슨 소용 있나. (누구도 알아주지 않는 자랑을 해 보아야 남의 웃음거리밖에 되지 않는다는 말) _한국
- 홍두깨 같은 자랑. (크게 내놓고 말할 만한 자랑을 비유적으로 이르는 말) _한국

고사성어

▷ 요동지시(遼東之豕)

요동 지방의 돼지라는 뜻으로, 하찮은 공적을 큰 공이나 되는 듯 자랑하는 것을 말한다. 또한 남이 보면 당연한 것을 자신은 신기하다고 자랑하는 것을 뜻한다. 옛날 요동 지방의 어떤 사람이 자신의 돼지가 머리가 흰 새끼를 낳자, 이를 기이하게 여겨 왕에게 바치기로 마음먹었다. 그러나 그가 하동 지방에 이르러 그곳 돼지들의 머리가 모두 흰 것을 보고는 부끄러워 그냥 돌아오고 말았다는 이야기에서 유래한다. _《후한서》 주부전

자만

自慢

자신이나 자신과 관련 있는 것을 스스로 자랑하며 뽐냄.

명언 명문

*영생불멸 | 영원히 살고 죽지 않음.

- 값어치가 없으면 없는 만큼 자만이 강하고 뻔뻔스러우며, 차츰 오만해지고 잘난 체한다. _D. 에라스뮈스(1466~1536) 네덜란드 철학자 《우신예찬》
- 그릇이 차면 넘치고, 사람이 자만하면 이지러진다. _《명심보감》
- 나무는 강하면 곧 부러진다. _《회남자》
- 너희들도 모두 알고 있듯이, 자만심은 바로 인간 최대의 적이다. _W. 셰익스피어(1564~1616) 영국 극작가, 시인 《맥베스》
- 마음을 불사르는 세 가지 불꽃이 있는데, 자만심과 질투와 인색함이다. _A. 단테(1265~1321) 이탈리아 시인 《신곡》
- 말벌이 뚫고 나간 거미줄에 하루살이가 걸린다. _J. 라퐁텐(1621~1695) 프랑스 시인, 우화 작가
- 무지와 자만은 손을 잡고 간다. _《토라》
- 스스로 공을 자랑하는 자는, 그 공이 없어진다. 자기의 재능에 자만하는 사람은 그 재능을 사회에서 보존하지 못한다. _노자(B.C. 604?~?) 중국 춘추 시대 초나라 사상가
- 신은 자만하는 자를 미워한다. _L. A. 세네카(B.C. 4?~A.D. 65) 로마 철학자, 극작가
- *영생불멸에 대한 신앙은 열등한 사람들의 유치한 자만심에서 나온다. _H. L. 멘켄(1880~1956) 미국 언론인, 작가
- 우리는 자만심을 빼고 다른 모든 것을 빼앗겨도 참을 수 있다. _W. 해즐릿(1778~1830) 영국 평론가, 수필가
- 자만심은 무례한 자와 바보의 중간에 있으면서 양쪽 모두 포함하고 있다. _J. 라브뤼예르(1645~1696) 프랑스 작가 《사람은 가지가지》

노자

▶ 자만심은 으레 어리석은 사람에게 붙어 다닌다.

_헤로도토스(B.C. 484?~B.C. 430?) 그리스 역사가 《역사》

▶ 자만심은 인간이 입을 수 있는 갑옷 가운데 가장 좋은 것이다.

_J. K. 제롬(1859~1927) 영국 소설가, 극작가

▶ 자만심은 인간이 자기 자신을 너무 높게 생각하는 데에서 생기는 쾌락이다. _B. 스피노자(1632~1677) 네덜란드 철학자

▶ 자만은 영혼의 병 가운데 가장 심한 불치병이다.

_H. W. 비처(1813~1887) 미국 신학자

▶ 자만은 자멸을 초래할 수 있다.

_이솝(B.C. 620?~B.C. 560?) 그리스 우화 작가 《이솝 이야기》

▶ 자만은 허풍은 주지만 용기는 결코 주지 못한다.

_J. 러스킨(1819~1900) 영국 미술 평론가

▶ 자만은 훌륭한 *기지를 거의 없애 버린다.

_R. W. 에머슨(1803~1882) 미국 사상가, 시인

*기지 | 특별하고 뛰어난 지혜.

▶ 자만이 전혀 없었다면, 이 세상에는 특별히 즐거운 일도 없었을 것이다. _F. 라로슈푸코(1613~1680) 프랑스 작가 《도덕적 반성》

▶ 자만한 자는 의무가 따르는 것을 원하지 않으며, 자부심을 보이기를 좋아하지 않는다. _F. 라로슈푸코(1613~1680) 프랑스 작가

▶ 행복한 사람들은 언제나 자기가 옳다고 생각하고 있다.

_F. 라로슈푸코(1613~1680) 프랑스 작가 《잠언과 고찰》

▶ 헤엄을 잘 치는 자는 물에 빠지고, 말을 잘 타는 자는 말에서 떨어진다. _《회남자》

속담

▶ 공자 앞에 논어. (아무것도 모르면서 잘난 체하고 아무 앞에서나 나선다는 말) _한국

▶ 교양이 적을수록 자만심이 많다. _독일

▶ 나무에 잘 오르는 사람이 떨어져 죽고, 헤엄 잘 치는 사람이 빠져 죽는다. _한국

▶ 독에 물이 차면 넘쳐 나듯이 사람도 자만하면 실패한다. _티베트

▶ 돼지는 자기가 진흙투성이인 것을 모른다. _프랑스

▶ 모든 새는 자기 둥지가 멋지다고 여긴다. _프랑스

한자 숙어

자부월족(自斧刖足) 제 도끼에 제 발을 찍힌다는 말로, 잘 알고 있다고 자만하여 조심을 하지 않다가 큰 실수를 하게 된다는 뜻.

자승지벽(自勝之癖) 언제나 자기가 남보다 낫다고 여기는 버릇.

▶ 석류는 떨어져도 안 떨어지는 유자를 부러워하지 않는다. (누구나 저 잘난 맛에 산다는 뜻) _한국

▶ 자기 칭찬은 칭찬이 아니다. _영국

▶ 자만과 거만은 바보의 하나. _일본

▶ 자만심은 악의보다도 무섭다. _아라비아

▶ 자만심은 지혜의 막다름이다. _영국

▶ 지나친 겸손은 일종의 자만이다. _서양

키워드 정보 BOX

클레오파트라의 코

영국 화가 J. W. 워터하우스가 그린 클레오파트라의 모습.

클레오파트라는 고대 이집트 프톨레마이오스 왕조의 마지막 통치자이다. 기원전 48년에 남편의 후견인들이 권력을 장악하면서 클레오파트라는 내쫓기지만, 이때 알렉산드리아에 온 카이사르를 만났다. 카이사르의 도움으로 한때 왕권을 회복하기도 했다. 그러나 카이사르가 암살되자 클레오파트라는 로마 장군 안토니우스와 결혼하였다. 기원전 31년에는 안토니우스와 연합군을 결성하여 악티움 앞바다에서 옥타비아누스와 싸웠으나 크게 패하였다. 다음 해 안토니우스가 자살하자 클레오파트라는 옥타비아누스까지 유혹하려다가 실패하고 독사로 가슴을 물게 하여 자살했다. 클레오파트라는 지금까지도 미인의 대명사로 불리는데, '클레오파트라의 코'란 그녀의 미모와 자만심을 함축적으로 나타내는 말이다. 클레오파트라가 아름답지 않았더라면 안토니우스가 그녀에게 매혹되어 악티움 해전에서 옥타비아누스와 한판 대결을 벌이지 않았을 것이고, 그렇다면 고대 지중해 세계의 판도는 상당히 달라졌을 것이다. 클레오파트라는 자신의 미모와 자만심 그리고 정치적인 야심으로 인해 결국은 개인적으로 비참한 최후를 맞이하게 되었을 뿐만 아니라 국제 정세와 역사의 방향을 바꾸어 놓는 결과를 초래하게 된 것이다.

自負心 자부심

자기 또는 자기와 관련된 것에 대해
그 가치나 능력을 믿고 당당히 여기는 마음.

인생

명언 명문

▶ 보통 청년들에게 교육하는 것은, 제2의 자부심을 그들에게 불어넣는 일이다. _F. 라로슈푸코(1613~1680) 프랑스 작가 《도덕적 반성》

▶ 우리들이 타고난 감정 가운데 자부심만큼 억제하기 어려운 것은 없다. 아무리 그것을 꺾어 버리고 억압하고 억누르려 해도 그것은 여전히 살아 있다. 내가 완전히 그것을 극복했다고 생각해도 대개는 나의 *겸양에 대해 자부심을 느끼고 있을 것이다.

_B. 프랭클린(1706~1790) 미국 정치가, 과학자 《자서전》

*겸양 | 겸손한 태도로 남에게 양보하거나 사양함.

▶ 자기가 정의롭다고 자부하는 사람은 유머 감각이 없다.

_B. 브레히트(1898~1956) 독일 시인, 극작가

▶ 자기가 지닌 어떤 것이 주위 여건들보다 우월하다고 감히 믿은 사람들만이 위대한 일을 이루었다.

_B. 바턴(1886~1967) 미국 작가, 정치가

▶ 자부심은 스스로를 사랑하는 자신에 대한 과대평가다.

_B. 스피노자(1632~1677) 네덜란드 철학자

▶ 자부심은 항상 다른 사람의 감탄에 의해서 강해진다.

_S. 츠바이크(1881~1942) 독일 시인, 소설가, 극작가 《마리 앙투아네트》

▶ '헛되지 않았다' 라는 말은 살아남은 자들의 자부심이자 죽은 자들의 묘비명일 것이다. _W. L. S. 처칠(1874~1965) 영국 정치가

속담

▶ 묘지는 자기가 없으면 큰일날 것이라고 자부했던 사람들로 가득 차 있다. _아라비아

자식 子息

부모가 낳은 아이를, 그 부모에 상대하여 이르는 말.

명언 명문

*간하다 | 웃어른이나 임금에게 잘못된 일을 고치도록 말하다.

- 다섯 살 된 자식은 당신의 주인이고, 열 살 된 자식은 노예이며, 열다섯 살 된 자식은 동등하게 된다. 그 뒤부터는 교육시키는 방법에 따라 벗이 될 수도 적이 될 수도 있다. _《탈무드》
- 부모에게는 자기가 낳은 것이 모두 소중하다. _소포클레스(B.C. 496~B.C. 406) 그리스 시인
- 사람들은 딸은 있는 그대로의 모습으로 사랑하고 아들은 기대되는 모습에서 사랑한다. _J. W. 괴테(1749~1832) 독일 시인, 소설가, 극작가
- 아들들이 잘나고 못난 것은 다 하늘의 뜻이지 사람이 할 수 있는 일이 아니다. _《맹자》
- 아들에게 매 맞는 아버지는 그런 아들을 길렀다는 죄가 있다. _C. P. 페기(1873~1914) 프랑스 시인, 평론가
- 사람들은 제 자식의 잘못을 알지 못한다. _《대학》
- 사람들은 항상 자녀들을 위해서 무엇인가를 하고 있다고 말한다. 그러나 자녀들이 자신들을 위해서 무엇인가를 해 주는 것을 보고 싶어 한다. _T. A. 에디슨(1847~1931) 미국 발명가
- 아비가 잘못될 경우 다투어 *간하는 자식이 있으면 아비도 불의에 빠지지 않는다. _《효경》
- 아이들에게 둘러싸여 인생의 최후를 맞는 사람을 나는 행복하다고 생각한다. _F. 그릴파르처(1791~1872) 오스트리아 극작가 《조모》
- 아이를 낳기 위해서 치른 희생이 마음속에 생생해서 아이와의 관계에서 자기도 모르게 기대 이상의 대가를 요구하게 된다. _B. A. W. 러셀(1872~1970) 영국 철학자, 수학자 《행복의 정복》

소크라테스

▶ 아테네 시민들은 재산을 열심히 모으지만, 그것을 언젠가는 물려받을 자기 자녀들은 전혀 돌보지 않는다.

_소크라테스(B.C. 469~B.C. 399) 그리스 철학자

▶ 어린 자녀들은 사랑과 의무의 영원한 결합의 상징이다.

_G. 엘리엇(1819~1880) 영국 소설가

▶ 자녀로서 의무를 다하는 것이 모든 덕행의 기초다.

_M. T. 키케로(B.C. 106~B.C. 43) 로마 정치가, 학자

▶ 자녀에게 침묵하는 것을 가르치라. 말하는 것은 어느새 쉽게 배워버린다.

_B. 프랭클린(1706~1790) 미국 정치가, 과학자

▶ 자식들은 어머니를 삶에 연결해 주는 닻이다.

_소포클레스(B.C. 496~B.C. 406) 그리스 시인

▶ 자식들이 아버지에게 저항하고 할아버지하고 친구가 된다는 말은 널리 알려진 사실이다.

_L. 멈퍼드(1895~1990) 미국 작가, 평론가 《갈색의 세월들》

▶ 자식은 부모의 행위를 비추는 거울이다.

_H. 스펜서(1820~1903) 영국 철학자, 사회학자

▶ 자식을 가르치는 데 과학으로 하라. 그러면 그의 생애는 유익할 것이다. 자식을 가르치는 데 종교로 하라. 그러면 그의 죽음은 행복할 것이다.

_J. H. 페스탈로치(1746~1827) 스위스 교육학자

▶ 자연의 선물 가운데 자신의 자녀들보다 더 사랑스러운 것이 어디 있겠는가.

_M. T. 키케로(B.C. 106~B.C. 43) 로마 정치가, 학자

▶ 지혜로운 아들은 아비의 기쁨이요, 어리석은 아들은 어미의 근심이다.

_《성경》

속담

▶ 고슴도치도 제 새끼는 *함함하다고 한다. (제 자식의 나쁜 점은 모르고 도리어 자랑으로 삼는다는 말)

_한국

▶ 귀한 자식 매로 키워라. (자식이 귀할수록 매로 때려서라도 버릇을 잘 가르쳐야 한다는 말)

_한국

▶ 무자식이 상팔자. (자식이 없는 것이 도리어 걱정이 없이 편하다는 말)

_한국

*함함하다 | 털이 보드랍고 반지르르하다.

- 부모가 자식을 겉 낳았지 속 낳았나. (아무리 제가 낳았다 하나 제 자식 속을 알 수 없다는 뜻) _한국
- 불면 꺼질까 쥐면 터질까. (어린 자녀를 애지중지하여 기르는 부모의 사랑을 이르는 말) _한국
- 어린 자식에게는 작은 근심, 큰 자식에게는 큰 근심. _이탈리아
- 열 손가락 깨물어 안 아픈 손가락 없다. (자식들은 다 귀하고 소중함을 비유적으로 이르는 말) _한국
- 자녀들은 확실한 걱정거리며 불확실한 위안이다. _영국
- 자식 있는 집은 시장, 자식 없는 집은 묘지. _타타르
- 자식은 가난한 사람의 보배다. _덴마크
- 자식은 낳기보다 키우기가 더 어렵다. (부모가 자식을 낳는 일보다 자식을 키우고 훌륭한 사람이 되도록 하는 것이 더 힘들고 어렵다는 말) _한국
- 자식은 내 자식이 커 보이고 벼는 남의 벼가 커 보인다. (자식은 자기 자식이 잘나 보이고 재물은 남의 것이 더 좋아 보여 탐이 남을 이르는 말) _한국
- 자식은 생활의 소금이다. _서양
- 자식은 애물이라. (자식은 언제나 부모에게 걱정만 끼침을 비유하는 말) _한국
- 자식을 길러 봐야 부모의 사랑을 안다. _한국
- 자식을 보기 전에 어머니를 보랬다. (자식은 어머니의 품성을 닮으니 어머니를 보고 자식을 평가하라는 말) _한국
- 자식이 자라면 상전 된다. (자기 자식이라 해도 다 자란 후에는 자기 뜻대로 하기 어렵다는 말) _한국
- 품 안의 자식. (자식이 어렸을 때는 부모의 뜻을 따르지만 자라서는 제 뜻대로 행동하려 함을 이르는 말) _한국
- 훌륭한 자녀를 둔 사람은 행복하다. _서양

한자 숙어

목본수원(木本水源) 나무의 밑동과 물의 근원이란 뜻으로, 자식된 자는 자기 몸의 근원인 부모를 생각해야 함을 이르는 말.

불초자(不肖子) 부모를 닮지 못한 어리석은 자식. 아들이 부모에 대하여 자기를 낮추어 이르는 말.

역자이교지(易子而敎之) 자기는 남의 자식을 가르치고, 제 자식은 다른 사람에게 맡기어 가르친다는 말.

장중보옥(掌中寶玉) 손 안에 있는 보배로운 구슬이라는 뜻으로, 귀하고 보배롭게 여기는 존재, 즉 사랑하는 자식이나 귀중한 물건을 이르는 말.

自信 자신

어떤 일을 해낼 수 있다거나 어떤 일이 꼭 그렇게 되리라는 데 대하여 스스로 굳게 믿음. 또는 그런 믿음.

인생

명언 명문

▶ 강한 자신감이 살아가는 데 주는 힘은 한없이 크다. 그도 나도 사람이다. 그가 할 수 있는 일을 어찌하여 내가 못 하겠는가.

_한유(768~824) 중국 당나라 문인, 정치가

▶ 공작은 모두 자기 꼬리가 세상에서 가장 아름답다고 자신하기 때문에 다른 공작의 꼬리를 부러워하지 않는다.

_B. A. W. 러셀(1872~1970) 영국 철학자, 수학자

▶ 나는 언제나 나의 바깥에서 힘과 자신감을 찾았지만, 그것들은 항상 나의 내부에 있었다.

_A. 프로이트(1895~1982) 영국 정신 분석가

▶ 나는 영리하지는 않지만 항상 옳다.

_J. M. 배리(1860~1937) 영국 극작가, 소설가

▶ 나를 죽일 총알은 아직 만들어지지 않았다.

_나폴레옹 1세(1769~1821) 프랑스 황제

▶ 아무것도 모르는 사람은 모든 것에 자신이 있다.

_C. H. 스펄전(1834~1892) 영국 성직자, 설교가

▶ 어떤 상황이 닥치더라도 자신감을 잃지 마라. 자신감은 그대를 더욱 당당하게 만들 것이다.

_B. 그라시안이모랄레스(1601~1658) 에스파냐 작가

▶ 어려움 때문에 자신감이 부족한 것이 아니라, 자신감이 부족하기 때문에 어려움이 생긴다.

_L. A. 세네카(B.C. 4?~A.D. 65) 로마 철학자, 극작가

▶ 인간이 성공을 초월할 수 있듯이, 자신감도 실패를 초월할 수 있다. *고매한 사람이 다른 사람의 감사를 거절하는 것처럼 동정을 거절하는 것 또한 같은 이유에서이다.

_S. 보부아르(1908~1986) 프랑스 소설가, 평론가 《피루스와 시네아스》

*고매하다 | 인격이나 품성, 학식, 재질 따위가 높고 빼어나다.

J. W. 괴테

▶ 자기가 옳다는 것을 확인한 뒤에 비로소 전진하라.

_D. 크로켓(1786~1836) 미국 서부 개척자

▶ 자신 있는 사람이 사람을 이끈다.

_Q. 호라티우스(B.C. 65~B.C. 8) 로마 시인 《서한집》

▶ 자신감은 성공의 첫째 비결이다.

_R. W. 에머슨(1803~1882) 미국 사상가, 시인

▶ 자신감은 영웅적 행동의 본질이다.

_R. W. 에머슨(1803~1882) 미국 사상가, 시인

▶ 자신감은 영혼과 마찬가지로 일단 떠나면 결코 다시 돌아오지 않는다. _P. 시루스(B.C. 1세기경) 로마 시인

▶ 자신감은 큰 계획에서의 첫 번째 조건이다.

_S. 존슨(1709~1784) 영국 시인, 평론가

▶ 자신감이 남에 대한 신뢰를 낳는다. _F. 라로슈푸코(1613~1680) 프랑스 작가

▶ 자신에게 그 같은 힘이 있을까 주저하지 말고 자신감을 가지고 앞으로 나아가라. 자신감을 가지면 다른 친구들의 신뢰를 얻는다.

_J. W. 괴테(1749~1832) 독일 시인, 소설가, 극작가

▶ 자신이 유용한 인재라는 자신감만큼 유익한 것은 없다.

_A. 카네기(1835~1919) 미국 실업가

▶ 자신이란, 마음이 확신하는 희망과 신뢰를 가지고 위대하고 영예로운 길에 나서는 감정이다.

_M. T. 키케로(B.C. 106~B.C. 43) 로마 정치가, 학자 《수사학적 창의》

속담

▶ 길을 알면 앞서 가라. (어떤 일에 자신이 있으면 서슴지 말고 행하라는 뜻) _한국

▶ 무슨 일이나 자기가 된다고 생각하기 때문에 되는 것이다. _영국

▶ 자기를 믿으면 일마다 성공을 가져올 수 있다. (자신을 가져야 어떤 일이든지 성공할 수 있다는 말) _티베트

▶ 자신감이 자신감을 낳는다. _서양

▶ 자신은 성공의 으뜸가는 비결이다. _영국

▶ 자신은 영웅적 자질의 뿌리다. _영국

自尊心

남에게 굽히지 아니하고 자신의 품위를 스스로 지키는 마음.

자존심

인생

명언 명문

▶ 공정하고 올바른 근거를 가진 자존심이 유익한 경우가 많다.

_J. 밀턴(1608~1674) 영국 시인

▶ 돈이 많이 들고 오랜 기간 계속되는 노년기의 병은 노인들의 자존심, 목적의식 그리고 저축한 돈을 빼앗아 간다.

_J. F. 케네디(1917~1963) 미국 제35대 대통령

▶ 무엇보다도 먼저 너 자신을 존경하라.

_피타고라스(B.C. 580?~B.C. 500?) 그리스 철학자, 수학자

▶ 상처받은 자존심에서 옮겨 심은 울분은 가장 뿌리가 깊다. 노인에게서도 그 잎사귀는 파랗고 활력이 왕성하다.

_G. 산타야나(1863~1952) 미국 철학자, 시인 《수필집》

▶ 우리 마음은 감각이 사물을 만져 보기 전에 멀리서도 알아볼 수 있는 촉각 같은 것을 가지고 있다. 그중에서 가장 예민한 것은 바로 자존심의 촉각이다.

_R. 롤랑(1866~1944) 프랑스 소설가, 사상가 《피에르와 뤼스》

▶ 일반적으로 모든 중대한 잘못의 밑바닥에는 자존심이 있다.

_J. 러스킨(1819~1900) 영국 미술 평론가

▶ 자기보다 강한 자에게 졌을 때 아직 자존심은 남아 있다.

_P. 시루스(B.C. 1세기경) 로마 시인 《격언집》

▶ 자존심과 가난은 어울리지 않는 것이지만 함께 있는 경우가 많다.

_T. 풀러(1654~1734) 영국 의사, 작가

▶ 자존심은 맑은 미덕의 원천이다.

_S. R. N. 샹포르(1741~1794) 프랑스 극작가 《격언과 반성》

▶ 자존심은 배고픔과 목마름과 추위 이상의 것을 요구한다.

_T. 제퍼슨(1743~1826) 미국 제3대 대통령

▶ 자존심은 자만을 상하게 한다.

_B. 프랭클린(1706~1790) 미국 정치가, 과학자 《가난한 리처드의 책력》

▶ 자존심은 장대한 미래에 살고, 한없는 의욕에 살고 있다. 그러나 자존심도 또한 억압받고 있다. 그것을 날아오르는 대로 내버려 두면 한번 우주의 주인이 되기 전에는 만족하지 않을 것이다.

_G. 바슐라르(1884~1962) 프랑스 철학자 《꿈꿀 권리》

▶ 자존심을 지키려면 허영심을 숨겨야만 한다.

_J. 스위프트(1667~1745) 영국 소설가

▶ 자존심이 앞서 가면 수치가 뒤따를 것이다.

_G. 채프먼(1559?~1634) 영국 시인, 극작가

▶ 자존심이 앞장을 서고 야망이 뒤를 따른다.

_W. 셰익스피어(1564~1616) 영국 극작가, 시인

▶ 자존심이야말로 의식주보다 고귀한 것이다.

_T. 제퍼슨(1743~1826) 미국 제3대 대통령

▶ 전쟁은 자존심의 아들이며, 자존심은 부자의 딸이다.

_J. 스위프트(1667~1745) 영국 소설가 《서적의 싸움》

▶ 정열은 나이와 함께 사라져도 자존심은 가시지 않는다.

_볼테르(1694~1778) 프랑스 사상가

▶ 허영심은 사람을 수다스럽게 하고, 자존심은 침묵케 한다.

_A. 쇼펜하우어(1788~1860) 독일 철학자 《행복을 위한 금언》

속담

▶ 가난도 비단 가난. (아무리 가난해도 몸가짐을 함부로 하지 않고 본래의 자존심과 체면을 지킨다는 뜻) _한국

▶ 무사는 굶어도 이를 쑤신다. _일본

▶ 악마는 가난한 자의 자존심으로 자기 꼬리를 씻는다. _영국

▶ 양반은 물에 빠져도 개헤엄은 안 한다. (아무리 다급한 경우라도 자존심과 체면을 버리지 않는다는 뜻) _한국

▶ 자존심은 악마의 정원에 피는 꽃이다. _영국

잘못

잘하지 못하여 그릇되게 한 일. 또는
옳지 못하게 한 일.

명언 명문

▶ 갑자기 급한 일이 닥치면 백 배의 노력을 해도 아무 소용이 없다. 이것은 미리 대비하지 않은 잘못이다. _박제가(1750~1805) 조선 시대 실학자

▶ *과실이 존재하는 것을 분별할 뿐만 아니라 과실이 생기는 과정을 예리하게 꿰뚫어 볼 때에 비로소 과실은 완전히 극복된다.

_T. 칼라일(1795~1881) 영국 사상가, 역사가

*과실 | 부주의나 태만 따위에서 비롯된 잘못이나 허물.

▶ 나 같으면 한 번도 실책이 없는 사람을, 그것도 큰 잘못을 저질러 보지 못한 사람을 최상급의 직책으로 승진시키는 따위의 일은 하지 않는다. _P. F. 드러커(1909~2005) 미국 경영학자

▶ 남을 꾸짖는 사람은 잘못 가운데서도 잘못이 아닌 것을 찾아야만 곧 마음이 평온해진다. 자신을 꾸짖는 사람은 잘못이 없는 데서도 잘못을 찾아야만 곧 덕이 발전한다. _《채근담》

▶ 남의 잘못을 지적해 주는 것과 그가 진리를 깨닫도록 해 주는 것은 별개 문제다. _J. 로크(1632~1704) 영국 철학자

▶ 때로는 사람의 덕행보다 그 사람이 저지른 잘못에서 더 많이 배울 때가 있다. _H. W. 롱펠로(1807~1882) 미국 시인

▶ 모든 사람에게 타고난 과실이 하나씩 있다. 그것은 우리가 행복을 얻기 위해 태어난 것이라고 믿는 것이다.

_A. 쇼펜하우어(1788~1860) 독일 철학자

▶ 세상을 살아갈 때 반드시 성공만 거두려고 하지 마라. 큰 잘못만 없으면 그것이 바로 성공이다. _《채근담》

▶ 우리가 젊어서 저지르는 잘못은 괜찮지만, 그것을 늙을 때까지 끌고 가면 안 된다. _J. W. 괴테(1749~1832) 독일 시인, 소설가, 극작가

- 자기의 잘못을 의식하는 것처럼 마음이 가벼워지는 일은 없다. 또 자기가 옳다는 것을 인정하려고 하는 것처럼 마음이 무거운 것은 없다. _《탈무드》
- 잘못된 일은 아무리 열심히 믿어도 진리로 변하지 않는다. _R. G. 잉거솔(1833~1899) 미국 정치가 《위대한 회의론자》
- 잘못은 인간의 특성이고, 도리를 모르는 자만이 자기 잘못에 집착한다. _M. T. 키케로(B.C. 106~B.C. 43) 로마 정치가, 학자
- 잘못은 인간적인 것이고, 잘못에 집착하는 것은 악마다. _A. 아우구스티누스(354~430) 로마 신학자, 성인
- 잘못을 막지 않는 자는 같은 잘못을 저지르는 것이다. _L. A. 세네카(B.C. 4?~A.D. 65) 로마 철학자, 극작가
- 잘못을 범하지 않는 것보다 잘못을 고백하는 쪽이 더 훌륭한 경우가 많다. _L. 라로슈푸코(1613~1680) 프랑스 작가
- 잘못을 인정하는 것을 부끄럽게 생각하지 마라. 어제보다는 오늘이 현명해진 것을 나타내는 것이니까. _J. 스위프트(1667~1745) 영국 소설가
- 잘못을 저지르고도 못 고치는 것, 바로 이것을 잘못이라 한다. _《논어》
- 잘못하는 데 빠른 사람은 그것을 고치는 데도 빠르다. _F. 베이컨(1561~1626) 영국 정치가, 철학자
- 지난 과오에 다시 빠지면 그것은 죄가 된다. _P. 시루스(B.C. 1세기경) 로마 시인
- 한 가지 잘못이 여러 가지 잘못을 저지르게 한다. _W. 셰익스피어(1564~1616) 영국 극작가, 시인
- 현자들에게 과오가 없었다면 어리석은 자들은 온통 절망할 수밖에 없을 것이다. _J. W. 괴테(1749~1832) 독일 시인, 소설가, 극작가 《격언과 반성》

속담

- 고름이 살 되랴. (이미 그릇된 일이 다시 잘 될 리 없다는 말) _한국
- 과거 잘못을 염두에 두지 않는다. _일본
- 까마귀 똥 헤치듯. (일을 잘못하는 것을 이르는 말) _한국
- 나는 바담 풍 해도 너는 바람 풍 해라. (자기는 잘못해도 다른 사

람에게는 잘 하라고 요구하는 사람을 이르는 말) _한국

- 남의 말 하기는 식은 죽 먹기. (남의 잘못을 드러내어 말하는 것은 아주 쉬운 일이라는 뜻) _한국
- 말이 많으면 잘못도 많다. _영국
- 방귀 뀐 놈이 성낸다. (잘못을 저지른 쪽에서 오히려 남에게 성냄을 비꼬는 말) _한국
- 사람은 누구나 잘못을 한다. _로마
- 자기의 잘못을 기억하고 남의 잘못을 잊어버려라. _영국
- 자기의 잘못을 자진해서 인정하는 자는 없다. _영국
- 잘못을 고치는 데는 너무 늦었다는 것이 없다. _서양
- 잘못을 부인하면 두 번 잘못하는 것이다. _서양
- 잘못하면서 익힌다. (사람은 잘못이나 실패를 하는 동안에 많이 배우고 성장한다는 말) _이탈리아
- 젊을 때 과오는 늙어서 약점이 된다. _독일
- 제 똥 구린 줄 모른다. (자기의 잘못을 깨닫지 못한다는 말) _한국
- 한 번 잘못을 숨기면 다음번에 고칠 수 없다. _서양

한자 숙어

관리도역(冠履倒易) 갓과 신의 위치를 바꾼다는 뜻으로, 앞뒤 순서를 뒤바꾸어 일을 그르친다는 뜻.
관내어환성(官怠於宦成) 관직에서 일하는 사람은 출세함에 따라 점점 태만한 마음이 생겨 잘못을 저지른다는 말.
기왕불구(旣往不咎) 이미 지나간 일은 탓하지 않는다는 뜻.
책인즉명(責人則明) 남을 탓하는 데 밝다는 뜻으로, 자기 잘못은 생각하지 않고 남의 잘못만 나무람을 이르는 말.

고사성어

▷ 두찬(杜撰)

두묵이 지은 작품이라는 뜻으로, 격식이 어울리지 않거나 틀린 곳이 많은 작품을 말한다. 요즈음은 특히 오류가 많은 저작물을 가리킬 때 쓰인다. 송나라 때 시인 두묵은 한때 구양수와 어깨를 나란히 할 정도였다. 그러나 그의 시는 잘못된 부분이 많았기 때문에 일이 격식에 맞지 않는 경우를 가리킬 때 두찬이라고 하게 되었다. _《야객총서》

장점 長點

좋거나 잘하거나 긍정적인 점.

명언 명문

▶ 매력은 눈을 자극하지만 장점은 영혼을 얻는다.

_A. 포프(1688~1744) 영국 시인 《머리카락을 훔친 자》

▶ 미덕에는 사람들이 경의를 표하지만, 장점에 대해서는 호감을 갖는다.

_J. 주베르(1754~1824) 프랑스 작가, 평론가 《팡세》

▶ 사람은 누구나 남들보다 뛰어난 면이 있다.

_P. 시루스(B.C. 1세기경) 로마 시인

▶ 사람이나 사물에 대한 올바른 평가를 하기 위해서는 그의 단점을 지적하기 전에 그의 장점들을 먼저 파악하는 것이 유익하고도 필수적이라는 격언을 우리는 굳게 믿는다.

_T. 칼라일(1795~1881) 영국 사상가, 역사가

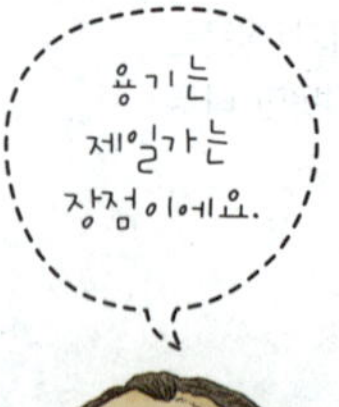

▶ 용기는 다른 모든 장점을 보장하기 때문에 제일가는 장점이다.

_W. L. S. 처칠(1874~1965) 영국 정치가

▶ 자기 장점을 안다면 누구나 특정 분야에서는 뛰어날 것이다.

_B. 그라시안이모랄레스(1601~1658) 에스파냐 작가

▶ 자기의 약점을 들여다보고 비관하는 것보다는 자기의 장점을 키우기에 힘쓰는 것이 필요하다.

_F. D. 루스벨트(1882~1945) 미국 제32대 대통령

W. L. S. 처칠

속담

▶ 너의 장점을 활용하라. _서양

▶ 자기가 제일 잘 아는 것을 가장 많이 사용해야 한다. _서양

▶ 작은 것은 나름대로 장점이 있다. _로마

才能 재능

재주와 능력. 개인이 타고난 능력과 훈련에 의하여 획득된 능력을 아울러 이름.

명언 명문

▶ 교육 없는 재능은 한탄스럽고, 재능 없는 교육은 무익하다.

_사디(1213?~1291) 페르시아 시인

▶ 남이 하기 어렵다고 하는 것을 쉽게 하는 것, 그것이 재능이다.

_H. F. 아미엘(1821~1881) 스위스 철학자, 문학가 《일기》

▶ 단순히 노래를 잘 부른다거나 춤을 잘 춘다거나 하는 것만으로는 세상에서 빼어날 수 없다.

_J. J. 루소(1712~1778) 프랑스 작가, 사상가 《고백록》

▶ 덕망이 없으면서도 높은 자리를 차지하는 것은 지혜롭지 못하고, 재능이 있으면서도 지위를 사양하는 것은 어질지 못하다.

_소식(1036~1101) 중국 북송 문학가

▶ 무엇이든 한 가지 재능을 가진 어리석은 사람처럼 성가신 존재는 없다.

_F. 라로슈푸코(1613~1680) 프랑스 작가

▶ 성공한 사람들은 천재가 아니라 자신의 평범한 재능을 평범한 수준 이상으로 발전시킨 사람일 뿐이다.

_T. 루스벨트(1858~1919) 미국 제26대 대통령

▶ 숨은 재능은 이름을 팔지 않는다.

_D. 에라스뮈스(1466~1536) 네덜란드 철학자 《우신예찬》

▶ 우리들을 기쁘게 하는 데 필요한 재능의 정도는, 우리들이 가진 재능을 측정해 주는 정확한 척도이다.

_C. A. 엘베시우스(1715~1771) 프랑스 철학자 《정신론》

▶ 인간이 자기 자신 속에서 재능을 만들지 않고 이것을 타인으로부터 얻을 수 있다고 생각하는 것은 잘못된 생각이다. 이것은 마치 의사와 가끔 만찬을 같이 하는 것으로 건강해지리라고 생각하는

*용빼다 | 큰 힘을 쓰거나 큰 재주를 부리다.

것과 같다. _M. 프루스트(1871~1922) 프랑스 소설가 《잃어버린 시간을 찾아서》

- 재능과 자신감은 정복되지 않는 군대다. _G. 허버트(1593~1633) 영국 시인
- 재능은 고독 속에서 이루어지며, 인격은 세상의 거친 파도 속에서 이루어진다. _H. 하이네(1797~1856) 독일 시인
- 재능은 오랜 동안의 노력으로 얻은 노력의 선물이다. _G. 플로베르(1821~1880) 프랑스 소설가
- 재능을 감추지 마라. 재능은 사용하기 위해 있는 것이다. 그늘에 있는 해시계가 무슨 소용이 있겠는가. _B. 프랭클린(1706~1790) 미국 정치가, 과학자
- 재능을 많이 갖고 있는 편이 재능이 적은 것보다 위험하다. _F. W. 니체(1844~1900) 독일 철학자, 시인
- 재능이란 것은 자기 자신을, 즉 자기의 힘을 믿는 것이다. _M. 고리키(1868~1936) 러시아 작가 《밤 주막》
- 재능이란 종기처럼 저절로 터지는 것이다. _M. 프루스트(1871~1922) 프랑스 소설가
- 정신과 재능 사이에는 전체와 부분의 차이가 있다. _J. 라브뤼예르(1645~1696) 프랑스 작가 《사람은 가지가지》
- 좋은 활은 당기기 힘들고, 좋은 말은 타기에 힘들다. _묵자(B.C. 480~B.C. 390) 중국 춘추 전국 시대 노나라 사상가
- 평범한 자는 자기 수준 이상을 모르지만 탁월한 재능이 있는 자는 즉시 천재를 알아본다. _A. C. 도일(1859~1930) 영국 의사, 소설가
- 하나의 재능을 갖고, 하나의 재능을 위해 태어난 자는, 그곳에서 그의 가장 아름다운 생존을 발견해 낸다. _J. W. 괴테(1749~1832) 독일 시인, 소설가, 극작가 《빌헬름 마이스터의 수업시대》

속담

- 고양이 달걀 굴리듯. (어떤 일을 재치 있고 교묘하게 해 나감을 뜻하는 말) _한국
- 너 자신의 날개로 날아라. _프랑스
- 너는 *용빼는 재주가 있느냐. (뾰족한 재주도 없으면서 남을 흉보는 사람을 꾸짖는 말) _한국

- ▶ 노래 잘 부르는 새가 둥지를 잘 만든다고는 할 수 없다. (한 가지를 잘한다고 해서 다른 것도 잘하는 것은 아니라는 말) _자메이카
- ▶ 명필은 붓을 가리지 않는다. _일본
- ▶ 뱀장어는 숙련된 어부의 손에서도 빠져나온다. _프랑스
- ▶ 사람을 웃기는 신의 재능. (사람을 웃기는 자는 사람들에게 사랑받는 재능인이라는 말) _칠레
- ▶ 재능은 칼과 같다. 잘 쓰면 몸을 지킬 수 있고 잘 쓰지 못하면 몸을 해친다. _독일
- ▶ 재능은 하늘에서 주어진 것으로 약국에서는 살 수 없다. (재능은 타고나는 것이지 후천적으로 얻을 수 있는 것이 아니라는 말) _체코
- ▶ 재능이란 인간의 힘 속에 있는 것이다. _영국

한자 숙어

감정선갈(甘井先竭) 물맛이 좋은 우물이 먼저 마른다는 뜻으로, 재능이 뛰어난 자는 일찍 쇠함을 이르는 말.

궁마지재(弓馬之才) 활 쏘고 말 타는 재주.

고사성어

▷ 낭중지추(囊中之錐)

주머니 속의 송곳이라는 뜻으로, 재능이 뛰어난 사람은 숨어 있어도 저절로 사람들에게 알려짐을 이르는 말이다. 전국 시대 진나라의 침략을 받은 조나라의 평원군은 초나라에 지원 요청을 하러 가게 되었다. 평원군은 자신과 함께 갈 사람들을 뽑았는데, 그때 모수라는 사람이 자기에게 기회를 달라고 요청하자 평원군은 이렇게 말했다. "인재는 주머니 속의 송곳과 같아서 그 끝이 밖으로 튀어나오게 마련인데 지금까지 당신의 이름은 들어 보지 못했으니 곤란하오." _《사기》 평원군열전

▷ 문일지십(聞一知十)

한 가지를 들으면 열 가지를 미루어 안다는 뜻으로, 재능이나 학문이 아주 뛰어난 사람을 가리킨다. 공자의 제자 중에 재주와 재치가 뛰어난 자공이라는 제자가 있었다. 어느 날 공자가 자공에게 물었다. "너와 안회 둘 중에 누가 낫다고 생각하느냐?" 그러자 자공이 망설임 없이 "제가 어찌 안회와 비교되겠습니까? 저는 하나를 들으면 둘을 알 뿐이지만 안회는 하나를 들으면 열을 압니다."라고 대답한 데서 유래한다. _《논어》 공야장 편

적
敵

서로 싸우거나 해치고자 하는 상대. 또는
경기나 시합 따위에서 서로 승부를 겨루는 상대편.

명언 명문

▶ 내 편이 아닌 사람은 나의 적이다. 적이라는 것은 내 마음의 한 귀퉁이를 점령하고 있는 존재로 그것은 내가 저항하고 다스려야 할 부분, 내 마음속에 있다는 것을 말하는 것이다.

_C. 힐티(1833~1909) 스위스 사상가, 법률가

▶ 너의 적을 사랑하라. 그들이 너의 결점을 알려 주기 때문이다.

_B. 프랭클린(1706~1790) 미국 정치가, 과학자 《가난한 리처드의 책력》

▶ 너의 최대의 적은 너 이외에는 아무도 없다.

_H. W. 롱펠로(1807~1882) 미국 시인

▶ 만일 우리가 적의 공개되지 않은 인생의 이력서를 읽을 수가 있다면 그 속에는 적잖이 슬픔과 고통이 담겨져 있어 우리로 하여금 적개심을 잊게 할 것이다. _H. W. 롱펠로(1807~1882) 미국 시인

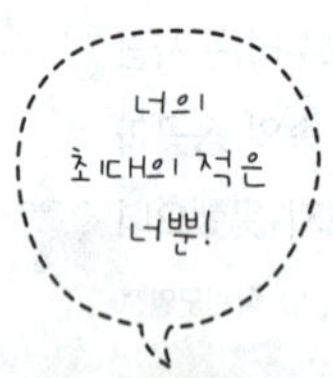

H. W. 롱펠로

▶ 사람에 따라서는 정다운 듯한 친구보다 얄미운 적에게 더 많은 신세를 지기 일쑤다. 적은 곧잘 진실을 말해 주지만 친구는 절대로 바른 소리를 하지 않기 때문이다.

_M. P. 카토(B.C. 234~B.C. 149) 로마 정치가, 문인

▶ 산속의 적은 무찌르기 쉬워도, 마음속의 적을 무찌르기는 어렵다.

_왕양명(1472~1528?) 중국 명나라 유학자

▶ 서로가 익숙해져 버린 적만큼 해로운 것은 없다.

_G. 초서(1342?~1400) 영국 시인

▶ 싸우기도 전에 적을 얕보는 것은 어리석고, 이긴 뒤에 쫓아가 치는 것은 비열하다. _J. W. 괴테(1749~1832) 독일 시인, 소설가, 극작가

▶ 언젠가는 적도 벗이 될 수 있다고 생각하면서 미워하고, 벗도 적

이 될지 모른다고 생각하면서 사랑해야 한다.

_소포클레스(B.C. 496~B.C. 406) 그리스 시인 《아이아스》

▶ 인간은 자기의 적을 선택하는 데에는 너무나 부주의하다.

_O. F. O. W. 와일드(1854~1900) 아일랜드 시인, 극작가 《도리언 그레이의 초상》

▶ 적을 격파하는 최선의 수단은 적을 자기 편으로 만드는 일이다.

_앙리 4세(1553~1610) 프랑스 왕

▶ 적이 강하면 강할수록 얻는 승리도 크다.

_W. 셰익스피어(1564~1616) 영국 극작가, 시인 《헨리 6세》

▶ 적이 불행할 때에는 나에게 적이 아니다.

_V. M. 위고(1802~1885) 프랑스 시인, 극작가

속담

▶ 각각의 매에게는 독수리가 있다. (누구나 반드시 적이 있게 마련이라는 말) 콜롬비아

▶ 도망가는 적에게 황금 다리를 놓아 주어라. (도망가거나 항복하는 적은 끝까지 공격하거나 쫓지 말라는 뜻) _서양

▶ 세 사람이 적이면 두 사람의 적과는 화해해야 한다. _독일

▶ 어제의 친구는 오늘의 적. (친했던 사람이 갑자기 적이 되었다는 말) _일본

▶ 적을 무시하면 곧 패배한다. _포르투갈

지식 쑥쑥

한자 숙어

이이공이(以夷攻夷) 오랑캐로써 오랑캐를 제어한다는 뜻으로, 적을 이용하여 적을 물리친다는 말.

적불가가(敵不可假) 적은 반드시 전멸시켜 버려야지 용서해서는 안 된다는 말.

고사성어

▷ 지피지기 백전불태(知彼知己百戰不殆)

적을 알고 나를 알면 백 번 싸워도 위태롭지 않다는 뜻이다. 즉, 전투에서나 경쟁에서나 상대를 아는 것이 승리의 지름길이라고 말할 때 쓰인다. 한편 손자는 적을 알지 못하지만 나를 알면 한 번 지고 한 번 이기며, 적도 모르고 자신도 모르면 싸울 때마다 패한다고 말했다.

_《손자병법》

적응 適應

일정한 조건이나 환경 따위에 맞추어 응하거나 알맞게 됨.

명언 명문

▶ 로마에 있으면 로마 인처럼 행동하라.

_A. 아우구스티누스(354~430) 로마 신학자, 성인 《1월 1일을 위한 편지》

▶ 모든 생물의 성질은 지상의 상태 및 그들이 살아야 할 장소에 적응해 있다.

_V. 볼링브룩(1678~1751) 영국 정치가

▶ 뱃사람은 돛을 바람에 맞춘다.

_T. M. 플라우투스(B.C. 254?~B.C. 184) 로마 극작가, 시인

▶ 사람은 모든 것에 적응할 수 있는 동물이다.

_F. M. 도스토옙스키(1821~1881) 러시아 소설가

▶ 사람은 배고플 때 식당으로 찾아가는데 이것은 외부의 환경에 자기를 적응시키는 것을 의미한다.

_K. A. 메닝거(1893~1990) 미국 정신 분석학자

▶ 산이 내게 오지 않는다면 내가 산에 다가가겠다.

_마호메트(570?~632) 이슬람교 창시자

▶ 쑥대는 삼밭에서 자라면 부축해 주지 않아도 곧게 자라고 흰 모래는 개펄에 있으면 모두 검게 된다.

_순자(B.C. 298?~B.C. 238?) 중국 전국 시대 조나라 사상가

▶ 어리석기 짝이 없는 공허한 생활을 보내고 있는 바보 같은 인간이라도 제 욕망이나 이해관계에 연관된 경우, 당장 끝없이 복잡한 톱니바퀴 장치에 자기를 적응시킬 수 있게 된다.

_M. 프루스트(1871~1922) 프랑스 소설가

▶ 우리는 습관으로 모든 것에 적응한다.

_E. 버크(1729~1797) 영국 정치가, 사상가

F. M. 도스토옙스키

▶ 우리는 옷감에 맞추어 옷을 만들어야 하고 변화에 적응해야 한다.

_W. R. 잉(1860~1954) 영국 신학자

▶ 인간은 유순한 동물이며 어떤 데에도 길들어 버리는 존재다.

_F. M. 도스토옙스키(1821~1881) 러시아 소설가

▶ 인간이 적응할 수 없는 환경이란 없다.

_L. N. 톨스토이(1828~1910) 러시아 소설가, 사상가

▶ 저 골짜기에 흐르는 물을 보라. 그의 앞에 있는 모든 장애물에 대해서 스스로 굽히고 적응함으로써 줄기차게 흘러 마침내는 바다에 이른다. 적응하는 힘이 자유로워야 사람도 그가 부닥친 운명에 유연하게 대처할 수 있는 것이다. _《노자도덕경》

▶ *적자생존이란 다윈이 자연 선택 또는 생존 경쟁에서의 적당한 종류의 보존이라고 부른 것이다.

_H. 스펜서(1820~1903) 영국 철학자, 사회학자

*적자생존 | 환경에 적응하는 생물만이 살아남고, 그렇지 못한 것은 도태되어 멸망하는 현상.

▶ 청년들은 어느 곳이든 자리를 잡고 적응한다.

_R. W. 에머슨(1803~1882) 미국 사상가, 시인 《사회와 고독》

▶ 합리적 인간은 자신을 세상에 적응시키지만 비합리적 인간은 세상을 자신에게 적응시키려 애쓴다.

_G. B. 쇼(1856~1950) 아일랜드 극작가, 평론가

▶ 혼자만 현명한 것보다 남들과 함께 미치는 편이 낫다.

_B. 그라시안이모랄레스(1601~1658) 에스파냐 작가 《신탁필휴》

속담

▶ 꾸어다 놓은 보릿자루. (여럿이 모여 웃고 이야기하는 가운데 혼자서만 가만히 앉아 어울리지 못하는 사람을 이르는 말) _한국

▶ 늑대와 함께 뛰려면 늑대와 같이 짖어야 한다. _서양

▶ 왕이 대낮에 "밤이다."라고 하면 별을 쳐다보라. _페르시아

▶ 이리 떼 속에서는 짖는 편이 낫다. _영국

▶ 절에 가면 중이 되라. (환경에 적응하라는 말) _한국

지식 쑥쑥

한자 숙어

하석상대(下石上臺) 아랫돌을 빼서 윗돌에 괴고 윗돌을 빼서 아랫돌에 괸다는 말로, 임시변통으로 이리저리 둘러맞춤을 이름.

절망 絶望

바라볼 것이 없게 되어 모든 희망을 끊어 버림. 또는 그런 상태.

명언 명문

▶ 대부분의 사람들이 고요한 절망 속에서 인생을 살아간다.

_H. D. 소로(1817~1862) 미국 사상가, 수필가 《겨울》

▶ 사람을 절망에서 구출해 주는 기쁨을 이해하려면 절망의 늪에 빠졌던 경험이 있어야 한다. _B. 프랭클린(1706~1790) 미국 정치가, 과학자

▶ 삶에 대한 절망 없이는 삶에 대한 희망도 없다.

_A. 카뮈(1913~1960) 프랑스 소설가, 극작가

▶ 세상은 나쁘지만 절망적인 것은 아니다. 그것은 절대적 기준으로 판단할 때만 절망적이다. _F. 뒤렌마트(1921~1990) 스위스 극작가

▶ 인간의 생활은 절망의 저편에서 시작된다.

_J. P. 사르트르(1905~1980) 프랑스 소설가, 철학자

▶ 인간이 절망하는 곳에는 어떠한 신도 살 수 없다.

_J. W. 괴테(1749~1832) 독일 시인, 소설가, 극작가

▶ 절망 속에 시들지 않기 위해서는 일에 몰두해서 나 자신을 잊어야 한다. _A. 테니슨(1809~1892) 영국 시인

▶ 절망으로부터 벗어날 유일한 피난처는, 세상에 자아를 포기하는 것이다. _J. W. 괴테(1749~1832) 독일 시인, 소설가, 극작가

▶ 절망은 단지 사람을 비참하게 만들 뿐만 아니라, 연약한 마음에 상처를 주어 더욱 참지 못하게 만든다.

_L. C. 보브나르그(1715~1747) 프랑스 도덕주의자, 수필가

▶ 절망은 용서받을 수 없는 죄였다.

_G. 그린(1904~1991) 영국 소설가 《권력과 영광》

S. A. 키르케고르

▶ 절망이란 것보다 더한 신에 대한 불신은 없다. 아무리 작은 일, 혹

은 아무리 큰일이라도 그것은 위대한 신의 계획의 일부이기 때문에 어렵다고 하더라도 따라가지 않으면 안 되는 것이다.

_F. M. 뮐러(1823~1900) 영국 언어학자 《독일인의 사랑》

- 절망이란 싸워야 할 이유를 모르면서 정말 싸우지 않으면 안 되는 것이다. _A. 카뮈(1913~1960) 프랑스 소설가, 극작가 《수첩》
- 절망인 것을 모르는 절망. 그것은 곧 남이 자기를, 그것도 영원한 자기를 갖고 있다는 것을 모르는 절망적인 무지와 같다.

  _S. A. 키르케고르(1813~1855) 덴마크 철학자 《죽음에 이르는 병》
- 절망하지 마라. 심지어 네가 절망하지 않는다는 사실에 대해서조차 절망하지 마라. _F. 카프카(1883~1924) 독일 소설가
- 희망에서 샘솟는 똑같은 힘이 절망에서도 샘솟는다.

  _호메로스(?~?) 그리스 시인
- 희망이 없다는 것이 반드시 절망을 뜻하는 것은 아니다.

  _A. 카뮈(1913~1960) 프랑스 소설가, 극작가

속담

- 강물에 빠진 사람은 뱀이라도 매달린다. _터키
- 광대 끈 떨어졌다. (의지할 데가 없어 꼼짝하지 못하는 절망적인 상태를 이르는 말) _한국
- 배가 뒤집히지도 않았는데 투신하려고 한다. _중국
- 볶은 콩에 싹이 날까. (절망적인 경우를 이르는 말) _한국
- 절망은 비겁한 자에게 용기를 가져다준다. _영국
- 절망적인 병에는 절망적인 치료법을 쓴다. _로마

고사성어

▷ 자포자기(自暴自棄)

자신을 해치고 자신을 저버리는 행위라는 뜻으로, 정확히 말하면, 예의를 비난하는 것을 '자포'라 하고, 인의에 입각한 행동을 하지 못하는 것을 '자기'라 한다. 좌절하거나 실의에 빠졌을 때 자기 자신을 아무렇게나 다루는 것을 말한다. 맹자가 "스스로를 해치는 사람과는 함께 대화를 할 수 없으며, 스스로를 저버리는 사람과는 함께 행동할 수 없다."고 말한 데서 유래한다.

_《맹자》 이루 편

인생

젊음

젊은 상태. 또는 젊은 기력.

명언 명문

*방종 | 제멋대로 행동하여 거리낌이 없음.

▶ 나는 모든 것을 알 만큼 젊지는 않다.

_R. 롤랑(1866~1944) 프랑스 소설가, 사상가 《피에르와 뤼스》

▶ 너는 젊은 시절에 마음을 기쁘게 하고, 원하는 길로 걸으며, 보는 대로 행동하라. 그러나 하느님이 이 모든 일 때문에 너를 심판하실 줄 알라.

_《성경》

▶ 마음을 순결하게 하고, 모든 증오의 감정을 멀리하면 젊음을 오랫동안 간직할 수 있다. 아름다운 부인들도 거의가 얼굴부터 나이를 먹는 법이다.

_스탕달(1783~1842) 프랑스 소설가 《적과 흑》

▶ 마음이 고요하고 만족한 상태인 사람은 나이의 중압을 거의 느끼지 않지만, 그렇지 않은 사람에게는 젊음도 노년기도 똑같이 무거운 짐이 된다.

_플라톤(B.C. 428?~B.C. 347?) 그리스 철학자

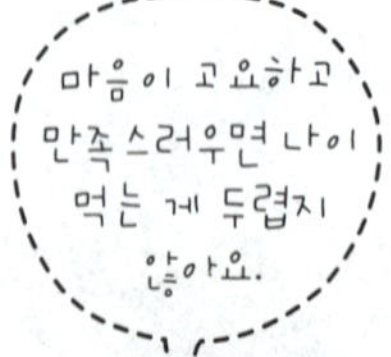

▶ 만약 내가 신이었다면, 청춘을 인생의 끝에 배치했을 것이다.

_A. 프랑스(1844~1924) 프랑스 작가

▶ 젊어서는 너무 어려워서 손을 대지 못하는 것이란 없다.

_소크라테스(B.C. 469~B.C. 399) 그리스 철학자

▶ 젊어서는 슬픔 없는 눈물을, 늙어서는 눈물 없는 슬픔을 맛본다.

_J. 루(1834~1905) 프랑스 성직자, 작가

▶ 젊었을 때 너무 *방종하면 마음의 윤기가 없어지고, 또 너무 절제하면 머리의 융통성이 없어 잘 돌아가지 않게 된다.

_C. A. 생트뵈브(1804~1869) 프랑스 시인, 소설가 《나의 독》

플라톤

▶ 젊은 피는 낡은 명령을 따르지 않는다.

_W. 셰익스피어(1564~1616) 영국 극작가, 시인

▶ 젊은이는 항상 미래를 내다보고, 노인은 미래가 없기 때문에 항상 과거를 되돌아보게 마련이다. _B. S. 라즈니시(1931~1990) 인도 철학자

▶ 젊은이들은 사랑에도 서투르고 사람과 세상에 대한 증오도 서투르다. _F. W. 니체(1844~1900) 독일 철학자, 시인

▶ 젊을 때의 실수는 장년기의 승리나 노년기의 성공보다 더 낫다. _B. 디즈레일리(1804~1881) 영국 정치가, 소설가

▶ 젊음에는 이상이 필요하다고 말하는 자는 바보다. 젊음 자체, 그리고 실질적이고 자유로우며 다양한 사생활을 누리는 것이 젊음의 이상이다. _J. 아누이(1910~1987) 프랑스 극작가

▶ 젊음은 오늘만 누릴 수 있고 늙을 시간은 언제나 있다. _G. 버클리(1685~1753) 영국 철학자, 성직자

▶ 젊음은 일생에 단 한 번뿐이다. _H. W. 롱펠로(1807~1882) 미국 시인

▶ 젊음은 지속적 *도취, 이성의 열병이다. _F. 라로슈푸코(1613~1680) 프랑스 작가

*도취 | 어떠한 것에 마음이 쏠려 취하다시피 됨.

▶ 젊음의 특징은 아마도 손쉬운 행복을 누릴 수 있는 타고난 자질일지도 모른다. 그러나 젊음이란 무엇보다 거의 낭비에 가까울 정도로 성급한 삶에 대한 충동이다. _A. 카뮈(1913~1960) 프랑스 소설가, 극작가 《알제의 여름》

▶ 한창 젊었을 때는, 늙고 쇠약해졌을 때의 괴로움을 마음에 깊이 새겨 두어야 한다. _《채근담》

속담

▶ 젊고 건강하면 가만히 앉아 있을 수 없다. (젊은이는 힘이 넘치니 일을 하여야 한다는 말) _아일랜드

▶ 젊은 군사는 늙은 말이 필요하다. _서양

▶ 젊은 시절의 노동은 노년기에 안락을 가져온다. _영국

▶ 젊음보다 더 큰 재산은 없다. _한국

▶ 젊음은 거칠고 노년은 온화하다. _독일

▶ 젊음은 광기의 일부를 형성한다. _아라비아

▶ 젊음은 다시 오지 않는다. _영국

▶ 젊음의 반은 전투다. _영국

정열 情熱

가슴속에서 맹렬하게 일어나는 적극적인 감정.

명언 명문

- 격렬한 정열은 몸을 태워 버린다.
  _W. 셰익스피어(1564~1616) 영국 극작가, 시인 《리처드 2세》
- 당신의 정열을 지배하라. 그러지 않으면 정열이 당신을 지배할 것이다.
  _Q. 호라티우스(B.C. 65~B.C. 8) 로마 시인
- 모든 정열이란 해가 갈수록 소멸한다. _볼테르(1694~1778) 프랑스 사상가
- 사람은 그 마음속에 정열이 불타고 있을 때가 가장 행복하다. 정열이 식으면 퇴보하고 아무것도 이루지 못하게 된다.
  _F. 라로슈푸코(1613~1680) 프랑스 작가
- 어떤 일이든 정열적으로 수행하려면 삶을 사랑해야만 한다.
  _S. 존슨(1709~1784) 영국 시인, 평론가
- 우리는 정열을 느끼기 이전에 모두 행동으로 발산해야 한다.
  _J. P. 사르트르(1905~1980) 프랑스 소설가, 철학자
- 위대한 것 중에 정열 없이 성취된 것은 하나도 없다.
  _G. W. F. 헤겔(1770~1831) 독일 철학자
- 이성을 사용할 줄 모르는 자는 정열을 사용하게 하라.
  _M. T. 키케로(B.C. 106~B.C. 43) 로마 정치가, 학자
- 인간이 참으로 위대한 것은 오로지 정열로 행동할 때뿐이다.
  _B. 디즈레일리(1804~1881) 영국 정치가, 소설가
- 재 속에 깊이 묻힌 정열의 불이 가장 사납다.
  _P. N. 오비디우스(B.C. 43~A.D. 17) 로마 시인
- 젊은 사람들의 정열도 노인에게는 악덕이다.
  _J. 주베르(1754~1824) 프랑스 작가, 평론가 《팡세》

위대한 것은 모두 정열로 이루어져요.

G. W. F. 헤겔

- 정열과 삶의 원천은 우리 내면에 있다. 그것을 바깥에서 얻기를 바라서는 안 된다. _S. T. 콜리지(1772~1834) 영국 시인, 평론가
- 정열은 대단한 설득력을 지닌 유일한 웅변가다. _F. 라로슈푸코(1613~1680) 프랑스 작가
- 정열은 돛을 부풀게 하는 바람이다. 그것은 때로 배를 침몰시키지만 바람이 없으면 바다로 나가지 못한다. _볼테르(1694~1778) 프랑스 사상가 《자디그》
- 정열은 보편적인 인간성이다. 정열이 없는 종교, 역사, 로맨스, 예술은 가치가 없다. _H. 발자크(1799~1850) 프랑스 소설가
- 정열은 우리들이 거기에 대해서 명확한, *판별된 관념을 가질 때에는 정열이 아니다. _B. 스피노자(1632~1677) 네덜란드 철학자
- 정열은 이성조차도 정복한다. _A. 포프(1688~1744) 영국 시인 《도덕론》
- 정열이 없는 곳에는 가치 있는 인생도 사업도 없다. _C. 힐티(1833~1909) 스위스 사상가, 법률가
- 정열이 지배하는 곳에서는 얼마나 이성이 약한 것인지 입증된다. _J. 드라이든(1631~1700) 영국 시인, 극작가
- 정열이란 관념이 최초로 발전된 것 외에 아무것도 아니다. 그것은 마음의 청춘인 것이다. _M. Y. 레르몬토프(1814~1841) 러시아 시인, 소설가
- 정열이란 인생의 한 우연으로 이루어진 일에 지나지 않는다. 이 우연은 뛰어난 인간의 마음에서만 일어난다. _스탕달(1783~1842) 프랑스 소설가 《적과 흑》
- 지혜는 목숨을 오래 이어 가게 하고, 정열은 삶을 살게 한다. _S. R. N. 샹포르(1741~1794) 프랑스 극작가 《격언과 사상》
- 참된 정열이란 것은 아름다운 꽃과 같은 것으로서, 피어 나온 땅이 시원찮으면 그만큼 보는 눈에도 유쾌하지 않다. _H. 발자크(1799~1850) 프랑스 소설가 《골짜기의 백합》

*판별 | 판단하여 구별하는 것. 또는 그 구별.

속담

- 열정에는 날개가 있다. (정열은 잘 식지 않는다는 뜻) _미국, 영국
- 정열은 진실을 꺼 버리는 바람이다. (정열에 불타면 진실을 보는 냉정함을 잃어버리게 된다는 뜻) _그리스

정직 正直

마음에 거짓이나 꾸밈이 없이 바르고 곧음.

명언 명문

*요행 | 행복을 바람. 또는 뜻밖에 얻는 행운.

▶ 나의 표어는 정직, 근면, 그리고 정신 집중이다.

_A. 카네기(1835~1919) 미국 실업가

▶ 다른 사람을 속이지 말고 다른 사람에게 속지도 마라. 정직한 것은 괜찮겠지만 세상 물정을 모른다고 인정받아서는 안 된다.

_E. 프롬(1900~1980) 독일 정신 분석학자, 사회학자 《소유냐 삶이냐》

▶ 사람은 정직하게 살아야 한다. 정직하지 않은 삶은 *요행으로 해를 면하고 있는 것이다. _공자(B.C. 551~B.C. 479) 중국 춘추 시대 노나라 사상가

▶ 아이들을 정직한 사람으로 만드는 것이 교육의 시작이다.

_J. 러스킨(1819~1900) 영국 미술 평론가

▶ 오래 가는 행복은 정직한 것 속에서만 발견할 수 있다.

_G. C. 리히텐베르크(1742~1799) 독일 물리학자, 작가

▶ 이 세상 사람들아, 조심하라. 솔직하고 정직하다는 것은 안전한 것만은 아니다. _W. 셰익스피어(1564~1616) 영국 극작가, 시인 《오셀로》

▶ 자기 자신을 속이지 않는 것만큼 어려운 일은 없다.

_L. J. J. 비트겐슈타인(1889~1951) 영국 철학자

▶ 정직은 도덕의 핵심이다. _T. H. 헉슬리(1825~1895) 영국 동물학자

▶ 정직하게 시중들고 가만히 있는 자는 요구하는 것도 크다.

_W. 셰퍼(1868~1952) 독일 작가 《속인의 기도서》

▶ 정직하면 정직할수록 남들은 정직하지 않을 것이라는 생각을 하기가 어려워진다. _M. T. 키케로(B.C. 106~B.C. 43) 로마 정치가, 학자

▶ 정직한 것만큼 풍부한 유산은 없다.

_W. 셰익스피어(1564~1616) 영국 극작가, 시인 《끝이 좋으면 다 좋다》

▶ 정직한 사람들 말고는 아무도 진실한 사람들을 믿어 주지 않는다.

_K. 지브란(1883~1931) 미국 소설가, 화가, 시인

*박약 | 지능 따위가 정상적인 상태에 미치지 못함.

▶ 정직한 사람들의 유일한 결점은 쉽게 믿는 것이다.

_P. 시드니(1554~1586) 영국 시인, 정치가

▶ 정직한 사람은 낮도 밤도 두려워하지 않는다.

_T. 풀러(1608~1661) 영국 성직자, 역사가

▶ 정직한 사업은 어렵기는 해도 불가능하지는 않다. 정직은 엄청난 재산 축적과 양립하지 못하는 것도 사실이다.

_M. K. 간디(1869~1948) 인도 정치가, 민족 운동 지도자

▶ 정직한 인간은 신이 창조한 가장 기품이 높은 작품이다.

_A. 포프(1688~1744) 영국 시인 《인간론》

▶ 정직함은 가장 좋은 정책이다.

_M. 세르반테스(1547~1616) 에스파냐 소설가 《돈키호테》

▶ 정직함을 잃은 사람은 더 이상 잃을 것이 없다.

_J. 릴리(1554~1606) 영국 작가

▶ 지식 없이 정직한 자는 *박약하여 쓸모가 없고, 정직하지 않고 지식이 있는 자는 위험하여 조심하여야 한다.

_S. 존슨(1709~1784) 영국 시인, 평론가

속담

▶ 누더기를 입었어도 정직한 사람은 정직하다. _영국

▶ 신은 정직한 사람의 마음속에 있다. _영국

▶ 정직은 바보의 다른 이름. _일본

▶ 정직은 일생의 보배. _한국

▶ 정직한 사람의 말은 그의 차용 증서와 같다. _서양

▶ 정직함이 가장 오래 남는다. _독일

▶ 천둥이 칠 때는 도둑이 정직해진다. _이탈리아

▶ 하늘은 정직한 자를 지킨다. _영국

▶ 한쪽으로 기울어진 짐은 목적지까지 갈 수 없다. (삐뚤어진 마음으로는 결코 일을 성취할 수 없다는 말로 정직하게 살라는 뜻)

_아프가니스탄

조상

祖上

돌아간 어버이 위로 대대의 어른. 또는 자기 세대 이전의 모든 세대.

명언 명문

▶ 국가에 충성을 다하는 자에게 조상은 필요없다.

_볼테르(1694~1778) 프랑스 사상가

▶ 나는 살면 살수록 우리의 선조들에게 좋았던 것들 중에서, 어떤 것은 더 이상 우리에게는 좋지 않다는 것을 절실히 느낀다.

_O. F. O. W. 와일드(1854~1900) 아일랜드 시인, 극작가

▶ 나쁜 씨에서는 나쁜 열매가 나온다.

_J. C. F. 실러(1759~1805) 독일 시인, 극작가 《메시나의 신부》

▶ 나의 아버지는 혼혈아였다. 아버지의 친부는 흑인이었다. 그리고 그 선조는 원숭이였다. _A. 뒤마(1802~1870) 프랑스 소설가, 극작가

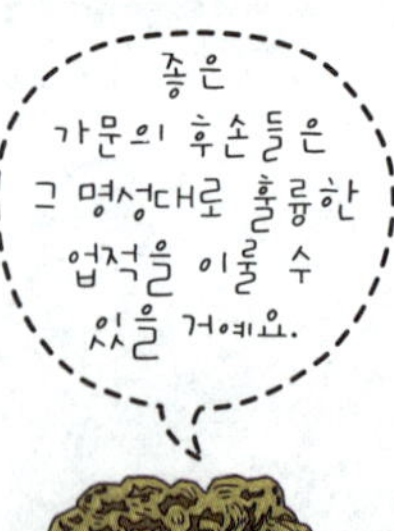

▶ 너의 위대한 조상을 본받아 행동하라.

_J. 드라이든(1631~1700) 영국 시인, 극작가

▶ 노예를 조상으로 두지 않은 왕은 없고 왕을 조상으로 두지 않은 노예도 없다. _H. A. 켈러(1880~1968) 미국 저술가, 사회사업가

▶ 사람의 조상이 원숭이라고 해서 부끄러워할 이유는 하나도 없다.

_T. H. 헉슬리(1825~1895) 영국 동물학자

▶ 우리는 조상들이 바보고 우리가 그들보다 더 지혜롭다고 여긴다. 우리보다 더 지혜로운 후손들도 우리와 똑같이 생각할 것이다.

_A. 포프(1688~1744) 영국 시인

J. 주베르

▶ 전 인류는 단지 한 선조밖에 갖고 있지 않다. 그러므로 어느 인간이 어느 인간보다 뛰어나다고 할 수는 없다. _《탈무드》

▶ 조상 숭배자들이란 대개 그들이 칭송하는 조상들의 좋은 면은 빠뜨리고 있다. _J. E. 스타인벡(1902~1968) 미국 소설가 《불만의 겨울》

▶ 조상에 대한 자랑은, 거리가 멀수록 강해진다.

_C. P. 커티스(1891~1959) 미국 법률가, 교육가

▶ 조상을 뒤돌아보지 않는 사람들은 후손에 대해서도 생각하지 않는다. _E. 버크(1729~1797) 영국 정치가, 사상가 《프랑스 혁명의 영향》

▶ 조상의 영광은 후손의 등불이다.

_G. 살루스티우스(B.C. 86~B.C. 35?) 로마 역사가

▶ 조상의 은덕이 무엇인가? 바로 내 몸이 누리고 있는 것이다. 그것을 쌓기가 어렵다는 것을 마땅히 생각해야 한다. _《채근담》

▶ 좋은 가문에서 태어나는 것은 바람직하지만 영광은 조상들에게 돌아간다. _플루타르코스(46?~120?) 그리스 철학자, 작가 《플루타르크 영웅전》

▶ 좋은 가문의 명성은 조상들과 마찬가지로 후손들도 훌륭한 업적을 이룩할 것이라는 추측에서 나온다.

_J. 주베르(1754~1824) 프랑스 작가, 평론가

*원류 | 강이나 내의 본줄기.

속담

▶ 가문 덕에 대접받는다. (자신이 변변치 못해도 잘난 조상 덕으로 대접을 받는다는 말) _한국

▶ 꾸어 온 조상은 자기네 자손부터 돕는다. (조상이 훌륭했던 것처럼 꾸미는 것은 아무 쓸데없는 일이라는 뜻) _한국

▶ 노새들은 자기 조상이 말이라고 크게 자랑한다. _독일

▶ 산소 등에 꽃이 피었다. (조상의 무덤 위에 꽃이 피었다는 뜻으로, 자손이 번성하고 부귀공명하게 되었음을 이르는 말) _한국

▶ 신주 밑구멍을 들먹인다. (조상들까지 들추어내어 떠들어 댐을 이르는 말) _한국

▶ 조상들의 모범을 따른다. _로마

▶ 조상을 잊음은 *원류가 없는 시냇물이고, 뿌리가 없는 나무이다. _중국

▶ 조상이 신 포도를 먹으면 자손의 이가 흔들린다. (선조가 저지른 잘못이 자손에게 이어진다는 말) _프랑스

지식 쑥쑥

한자 숙어

추원보본(追遠報本) 조상의 덕을 생각하여 제사에 정성을 다하고 자기가 태어난 근본을 잊지 않고 은혜를 갚음.

문장 반짝

관용어

조상같이 알다 - 어떤 물건을 끔찍이 소중하게 여기다.

존경

尊敬

남의 인격, 사상, 행위 따위를 받들어 공경함.

명언 명문

▶ 가장 훌륭한 인격마저도 존경을 받거나 존경할 만한 것이 되기 위해서는 어느 정도의 위엄 있는 태도가 절대적으로 필요하다.

_P. D. S. 체스터필드(1694~1773) 영국 정치가, 작가

▶ 그대가 얼마나 많은 사람들에게 존경받는가 하는 것보다도, 어떠한 사람들한테서 존경을 받는지가 더 중요하다.

_L. A. 세네카(B.C. 4?~A.D. 65) 로마 철학자, 극작가

▶ 남을 존경하지 않으면 자기도 존경받지 못한다.

_R. W. 에머슨(1803~1882) 미국 사상가, 시인

▶ 누군가를 존경한다는 것은 그를 자기와 동등하게 본다는 것이다.

_J. 라브뤼예르(1645~1696) 프랑스 작가 《사람은 가지가지》

▶ 미덕을 지닌 사람은 존경할 만하지만 실제로 존경을 받는 사람은 성공한 사람이다.

_J. 주베르(1754~1824) 프랑스 작가, 평론가

▶ 본성을 따르는 모든 것은 존경할 만한 가치가 있다.

_M. T. 키케로(B.C. 106~B.C. 43) 로마 정치가, 학자

▶ 수치로 여기는 것이 많을수록 사람은 더욱 존경받는 사람이 된다.

_G. B. 쇼(1856~1950) 아일랜드 극작가, 평론가

▶ 여성을 존경하라. 여성들은 하늘 나라의 장미를 지상의 일생에 엮어 넣는다.

_J. C. F. 실러(1759~1805) 독일 시인, 극작가

▶ 우리는 산 사람들에게는 존경을, 죽은 자들에게는 진실을 바쳐야 한다.

_볼테르(1694~1778) 프랑스 사상가

▶ 우리를 두려워하는 사람들로부터 받는 존경은 존경이 아니다.

_M. E. 몽테뉴(1533~1592) 프랑스 사상가

- 존경받을 가치가 없는 부모를 억지로 존경하라고 강요하는 것보다 한 아이의 성격을 그르치는 것은 없다.

_A. P. G. 지드(1869~1951) 프랑스 소설가, 평론가 《즈느비에브》

- 존경의 어원에 따른다면, 존경이란 사람을 있는 그대로 바라보며 그의 고유의 개성에 *유의하는 능력을 말한다.

_E. 프롬(1900~1980) 독일 정신 분석학자, 사회학자 《사랑의 기술》

- 존경이 없으면 참다운 사랑은 성립하지 않는다.

_J. G. 피히테(1762~1814) 독일 철학자

- 존경하지 않는 유일한 사람은 생산보다 소비가 더 많은 자다.

_E. G. 허버드(1856~1915) 미국 작가, 화가

- 참으로 존경해야 할 것은, 명성이 아니라 그 명성에 걸맞은 참된 가치이다. _A. 쇼펜하우어(1788~1860) 독일 철학자

- 평소에 스승과 윗사람을 존경하지 않는 자는 훗날 임금과 부모를 존경하지 않을 것이다. _이황(1501~1570) 조선 시대 문신, 유학자

*유의 | 마음에 새겨 두어 조심하며 관심을 가짐.

속담

- 나를 존경하는 자를 존경하고, 경멸하는 자를 경멸하라. _몽골
- 늙은 염소는 수염 때문에 더 존경을 받지는 않는다. _서양
- 아이를 존경하라. 그러면 그가 너를 존경할 것이다. _나이지리아
- 존대하고 뺨 맞지 않는다. (누구한테나 존대하고 공손히 대하면 욕이 돌아오지 않는다는 말) _한국

고사성어

▷ 태산북두(泰山北斗)

태산과 북두칠성을 아울러 이르는 말로, 모든 사람들로부터 존경을 받을 만한 사람을 뜻한다. 줄여서 '산두' 또는 '태두'라고도 한다. 중국 당나라의 문인이자 정치가인 한유는 훌륭한 업적을 많이 남겼다. 그 결과 후대의 학자들에게 존경과 찬사를 받게 되었는데, 그를 태산북두처럼 우러러보았다고 한다. 태산은 중국 사람들이 신성시하는 산이다. _《당서》 한유전

죽음

죽는 일. 생물의 생명이 없어지는 현상.

명언 명문

▶ 나는 이 세상의 삶을 사랑하기 때문에 죽음도 사랑할 것이다.

_R. 타고르(1861~1941) 인도 시인, 사상가

▶ 당장에 죽는 것은 늘 죽는다는 걱정에 싸여 사는 것보다 낫다.

_플루타르코스(46?~120?) 그리스 철학자, 작가 《플루타르크 영웅전》

▶ 마치 죽은 것이나 다름없는 사람이 가장 죽음을 싫어한다.

_J. 라퐁텐(1621~1695) 프랑스 시인, 우화 작가

▶ 명예로운 죽음은 수치스러운 삶보다 낫다.

_C. 타키투스(56?~120?) 로마 역사가, 정치가

▶ 사람은 다만 혼자서 죽을 것이다.

_B. 파스칼(1623~1662) 프랑스 사상가, 수학자, 물리학자

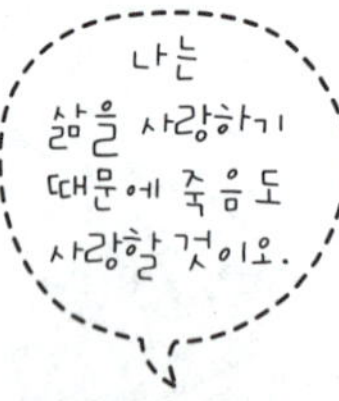

▶ 사람이 언제나 죽음을 걱정하고 질병을 염려한다면 헛된 일을 버린 채 덕을 쌓는 마음을 기를 수 있다. _《채근담》

▶ 생을 다 알지도 못하면서 어찌 죽음을 말하겠는가. _《논어》

▶ 영광 속에서의 죽음은 신이 내리는 선물이다.

_아이스킬로스(B.C. 525~B.C. 456) 그리스 시인 《아가멤논》

▶ 우리들은 늘 죽음과 마주치면서도 그 얼굴을 본 일은 없다.

_G. 모파상(1850~1893) 프랑스 소설가

▶ 이 세상의 부나 권력이 끝끝내 이겨 내지 못하는 한계, 그것이 죽음이다. _Q. 호라티우스(B.C. 65~B.C. 8) 로마 시인

▶ 인간은 죽어서야 비로소 완전히 태어난다.

_B. 프랭클린(1706~1790) 미국 정치가, 과학자

R. 타고르

▶ 인간이 느끼는 죽음의 공포는 모두 자연에 대한 인식이 부족해서

생긴다. _T. 루크레티우스(B.C. 94?~B.C. 55?) 로마 시인, 철학자

▶ 인생의 모순이 심할수록 죽음은 더욱 견디기 힘들어진다.

_J. P. 사르트르(1905~1980) 프랑스 소설가, 철학자

▶ 죽음에 대한 조심성이 죽음을 무서운 것으로 만들고 죽음의 접근을 재촉한다. _J. J. 루소(1712~1778) 프랑스 작가, 사상가 《에밀》

▶ 죽음은 감각의 휴식, 충동의 실이 끊어진 것, 마음의 만족, 혹은 비상소집 중의 휴식, 육체에 대한 봉사의 해방에 지나지 않는다.

_마르쿠스 아우렐리우스(121~180) 로마 황제 《명상록》

▶ 죽음은 밤의 취침이나 아침의 기상이라는 일상적인 과정과 별로 본질적인 차이가 없는 큰 과정이다.

_C. 힐티(1833~1909) 스위스 사상가, 법률가

▶ 죽음은 불가피하고 일상적인 것이다.

_W. 셰익스피어(1564~1616) 영국 극작가, 시인

▶ 죽음은 삶에 있어서 단 하나의 확실한 것이다.

_E. 프롬(1900~1980) 독일 정신 분석학자, 사회학자 《인간의 마음》

▶ 죽음은 삶이라는 책에 마지막 마침표를 찍는 것이 아니다. 다만 한 페이지를 넘길 따름이다. _A. 프레보(1697~1763) 프랑스 소설가

▶ 죽음은 세상의 모든 고통의 끝이다. _G. 초서(1342?~1400) 영국 시인

▶ 죽음은 이 땅에서 병든 사람과 건강한 사람, 부자와 가난한 사람들을 구별하지 않고 쓸어 간다. 그러면서 죽음에 대비해서 살아갈 것을 우리에게 가르친다. _A. 잭슨(1767~1845) 미국 제7대 대통령

▶ 죽음을 배운 자는 *굴종을 잊고, 죽음의 깨달음은 온갖 예속과 구속에서 우리들을 해방한다. _M. E. 몽테뉴(1533~1592) 프랑스 사상가 《수상록》

▶ 죽음의 공포는 해결되지 않는 삶의 모순에 지나지 않는다.

_L. N. 톨스토이(1828~1910) 러시아 소설가, 사상가 《인생론》

▶ 죽음이 바꾸어 놓은 것은 단지 우리의 얼굴을 덮고 있는 가면밖에 없다. _K. 지브란(1883~1931) 미국 소설가, 화가, 시인 《시인의 정원》

▶ 죽음이 악이 아닌 것은 큰 복이다.

_P. 시루스(B.C. 1세기경) 로마 시인 《격언집》

▶ 죽음이란 우리의 모든 비밀, 음모, *간계의 장막을 벗기는 것이다.

_F. M. 도스토옙스키(1821~1881) 러시아 소설가

*굴종 | 제 뜻을 굽혀 남에게 복종함.
*간계 | 간사한 꾀.

*단불 | 세게 타오르는 불.

▶ 진실한 죽음의 자태도 현자의 눈에는 공포로 여겨지지 않으며, 경건한 사람의 눈에는 종말로 비치지 않는다.

_J. W. 괴테(1749~1832) 독일 시인, 소설가, 극작가

▶ 평화를 가져다주지 않는 죽음은 죽음이 아니다.

_J. 드라이든(1631~1700) 영국 시인, 극작가

▶ 한 사람의 죽음은 비극이고 백만 명의 죽음은 통계다.

_I. V. D. 스탈린(1879~1953) 소련 정치가

▶ 훌륭한 죽음은 일생을 명예롭게 만든다.

_F. 페트라르카(1304~1374) 이탈리아 시인, 학자

속담

▶ 꺾이지 않는 쇠 없다. (생명이 있는 것은 언젠가는 반드시 죽게 마련이라는 뜻) _카자흐스탄

▶ 노인들은 눈앞에, 젊은이들은 등 뒤에 죽음을 두고 있다. _서양

▶ 누구나 죽음으로부터의 해방을 갈망하면서 삶에서 해방되는 방법은 모른다. _중국

▶ *단불에 나비 죽듯. (힘없이 쓰러지는 듯한 죽음을 이르는 말) _한국

▶ 대문 밖이 저승이라. (사람은 언제 죽을지 모른다는 뜻) _한국

▶ 도끼는 날을 달아 써도 사람은 죽으면 그만. _한국

▶ 모든 문은 닫혀도 죽음의 문은 닫히지 않는다. _서양

▶ 불에 든 나비와 솥에 든 고기. (이미 그 운명이 결정되어 당장 죽게 된 처지를 이르는 말) _한국

▶ 사람은 태어나자마자 죽음이 시작된다. _독일

▶ 살아 있는 동안은 적더라도 친구가 있지만, 죽으면 친구가 한 사람도 없다. _프랑스

▶ 이제부터 백 년 뒤엔 모두가 죽은 사람. _에스파냐

▶ 익은 감도 떨어지고 선 감도 떨어진다. (늙어서 죽는 사람도 있고 젊어서 죽는 사람도 있다는 뜻으로, 사람은 자기 명에 따라 죽게 마련임을 이르는 말) _한국

▶ 죽은 소는 파리도 쫓지 못한다. (어떠한 죽음도 사는 것보다는 못하다는 말) _마다가스카르

▶ 죽음과 손님은 피할 수 없다. (죽음과 손님은 언제든지 올 수 있다는 말) _이란

▶ 죽음에 들어 노소가 없다. (늙은이나 젊은이나 죽는 것은 매한가지라는 말) _한국

▶ 죽음은 언덕 저편에 있지 않고 어깨 너머에 있다. (죽음의 위험성은 언제나 가까운 곳에 있다는 말) _러시아

▶ 죽음은 왕이나 거지나 모두 용서하지 않는다. _영국

▶ 죽음을 치유하는 약은 없다. (죽음에는 방법이 없다는 뜻) _러시아

▶ 한번 태어난 자는 한 번은 죽지 않으면 안 된다. _영국

▶ 한식에 죽으나 청명에 죽으나. (한식과 청명은 하루 사이니 하루 먼저 죽으나 하루 뒤에 죽으나 같다는 말) _한국

▶ 행복한 사람은 가장 알맞은 때에 죽는다. 그가 죽지 않으면 행복이 죽는다. _스웨덴

한자 숙어

개관사시정(蓋棺事始定) 어떤 사람인지는 그가 죽은 뒤에 비로소 알 수 있음.

생자필멸(生者必滅) 생명이 있는 것은 반드시 죽음.

유아이사(由我而死) 자기로 인하여 남이 죽음.

인생일사 도무사(人生一死都無事) 사람은 한번 죽으면 그만이라는 뜻.

키워드 정보 BOX

피닉스

피닉스는 고대 이집트 신화에 나오는 전설상의 새로 '불사조'라고도 한다. 독수리만 한 크기의 피닉스는 아름다운 소리를 내며 화려한 황금빛과 진홍빛 깃털을 가진 새로, 아라비아 사막에 산다고 전해진다. 세상에 단 한 마리뿐이라고 하는 피닉스는 보통 600년을 살다가 죽을 때는 사막 한복판에 향기 나는 나무를 쌓아 태양 광선으로 불을 붙이고 스스로 불 속에 몸을 던져 죽는다. 하지만 그 재에서 다시 어린 피닉스로 태어난다고 한다. 원래 피닉스는 태양을 상징하는 '태양의 새'인데, 종교나 예술이나 문학 세계에서는 '불멸' 혹은 '재생'을 상징한다.

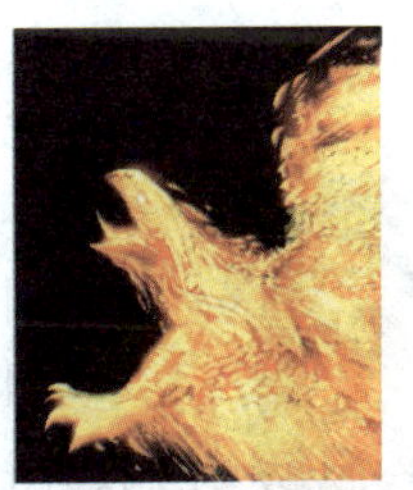
영원히 죽지 않는다는 전설의 새, 피닉스.

진실 眞實

거짓이 없이 참되고 바름.

명언 명문

- 논쟁에서 이기는 가장 좋은 방법은 진실에서 출발하는 것이다.
  _L. 헤일샴(1907~2001) 영국 정치가
- 무엇보다도 너 자신에게 진실한 사람이 되라. 그러면 남들을 속일 수 없을 것이다. _W. 셰익스피어(1564~1616) 영국 극작가, 시인
- 보는 것은 믿게 되지만 느끼는 것은 진실이 된다.
  _T. 풀러(1608~1661) 영국 성직자, 역사가
- 사랑보다도 돈보다도 명성보다도 우리에게 진실을 주어라.
  _H. D. 소로(1817~1862) 미국 사상가, 수필가
- 어떤 것을 전혀 의심이 들지 않을 정도로 내가 알 때까지는 절대 진실로 받아들이지 않는 것이 첫째 원칙이다.
  _R. 데카르트(1596~1650) 프랑스 철학자, 수학자
- 온전한 잘못도 없고, 온전한 진실도 없다. 어떠한 잘못 속에도 아직 진실의 껍질은 있다. 어떠한 진실 속에도 무릇 그릇된 씨앗은 있는 것이다. _F. 뤼케르트(1788~1866) 독일 시인, 동양학자
- 인간은 진실에 대해서 얼음같이 차지만, 허위에 대해서는 불처럼 뜨거워진다. _J. 라퐁텐(1621~1695) 프랑스 시인, 우화 작가
- 절대적인 선은 진실이며, 진실은 결코 말하는 사람을 다치게 하지 않는다. _R. 브라우닝(1812~1889) 영국 시인
- 종교에 있어서는 신성한 것만이 진실이다. 철학에 있어서는 진실한 것만이 신성이다. _L. A. 포이어바흐(1804~1872) 독일 철학자 《종교의 본질》
- 진실에게 가장 좋은 친구는 시간이고 가장 큰 적은 편견이며 변함없는 동료는 겸손이다. _C. C. 콜턴(1780~1832) 영국 작가, 성직자

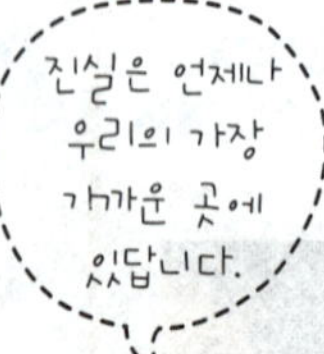

B. 파스칼

▶ 진실은 늘 우리의 가장 가까운 곳에 있다. 다만 사람들이 그것에 주의하지 않을 뿐이다. 언제나 진실을 찾으라. 진실은 우리를 기다리고 있다. _B. 파스칼(1623~1662) 프랑스 사상가, 수학자, 물리학자

▶ 진실은 사람들이 그것을 추구할 자유가 있을 때 발견된다.
_F. D. 루스벨트(1882~1945) 미국 제32대 대통령

▶ 진실은 사람이 가지고 있는 최고의 것이다.
_G. 초서(1342?~1400) 영국 시인 《켄터베리 이야기》

▶ 진실은 악마의 얼굴을 붉히게 한다.
_W. 셰익스피어(1564~1616) 영국 극작가, 시인

▶ 진실은 웅변과 미덕의 비결이며, 윤리적 권위의 기초이며, 예술과 인생의 극치다. _H. F. 아미엘(1821~1881) 스위스 철학자, 문학가 《일기》

▶ 진실은 진실처럼 보이지 않을 때가 있다.
_N. 부알로(1636~1711) 프랑스 시인, 평론가 《시법》

▶ 진실은 진실한 행동을 통해서만 남에게 전해진다.
_L. N. 톨스토이(1828~1910) 러시아 소설가, 사상가 《나의 종교》

▶ 진실은 행진하고 있다. 이제 아무것도 그것을 막을 수 없다.
_E. 졸라(1840~1902) 프랑스 소설가, 평론가

▶ 진실을 거칠게 다룬다고 겁낼 필요는 없다. 진실은 결코 허약하지 않다. _O. W. 홈스(1809~1894) 미국 소설가, 의학자

▶ 진실을 이야기할 때, 그것이 너무나 진실일 때는 화산에서 용암이 분출하듯 우리는 거리낌 없이 이야기를 다 털어놓을 수 있다.
_C. V. 게오르규(1916~1992) 루마니아 작가

▶ 진실이라고 어느 것이나 다 믿어도 좋은 것은 아니다.
_P. A. C. 보마르셰(1732~1799) 프랑스 극작가 《피가로의 결혼》

속담

▶ 말의 참된 용도는 진실을 말하는 데 있다. _프랑스

▶ 진실은 불에도 견딘다. (진실만큼 강한 것은 없다는 말) _파키스탄

▶ 진실은 쓴 약이다. (진실은 받아들이기 힘들 때가 있지만 잘못된 생각이나 행동을 바로잡는 데 좋은 약이 될 수 있다는 말) _독일

▶ 진실한 것이 안전하다. _로마

질투

嫉妬

다른 사람이 잘되거나 좋은 처지에 있는 것 따위를 공연히 미워하고 깎아내리려 함.

명언 명문

*침식 | 외부의 영향으로 세력이나 범위 따위가 점점 줄어듦.

- 가장 비참하고 가장 비천하다고 여겨지는 사람들이 일반적으로 야망과 시기심이 가장 강하다. _B. 스피노자(1632~1677) 네덜란드 철학자
- 거지는 거지를, 시인은 시인을 질투한다. _헤시오도스(B.C. 8세기경) 그리스 시인
- 교육을 받다 보면 누구나 질투가 곧 무지라는 확신을 얻게 된다. _R. W. 에머슨(1803~1882) 미국 사상가, 시인
- 극도에 이른 질투는 아무것도 누그러뜨릴 수 없다. _C. 클라우디아누스(370?~404?) 로마 시인
- 나의 피는 질투 때문에 끓는다. 내가 만일 남의 행복을 볼 때에는, 너희는 증오의 빛에 싸여 있는 나를 볼 것이다. _A. 단테(1265~1321) 이탈리아 시인 《신곡》
- 녹이 쇠를 *침식하는 것처럼 질투는 질투하는 사람을 침식한다. _안티스테네스(B.C. 445~B.C. 365) 그리스 철학자
- 미덕이 없는 사람은 미덕을 갖춘 사람을 질투한다. _F. 베이컨(1561~1626) 영국 정치가, 철학자 《질투》
- 사람의 마음에 질투만큼 강하게 뿌리내린 감정은 없다. _R. B. 셰리든(1751~1816) 영국 극작가, 정치가
- 조금도 질투하지 않고 친구의 성공을 기뻐하는 성격을 가진 사람은 한 사람도 없다. _아이스킬로스(B.C. 525~B.C. 456) 그리스 시인 《단편》
- 질투는 사랑 왕국의 폭군이다. _M. 세르반테스(1547~1616) 에스파냐 소설가
- 질투는 사랑과 함께 태어나지만, 반드시 사랑과 함께 사그라지지는 않는다. _F. 라로슈푸코(1613~1680) 프랑스 작가 《도덕적 반성》

▶ 질투는 소유라는 데에서 오는 나쁜 버릇이다.

_J. 샤르돈(1884~1968) 프랑스 소설가 《사랑, 사랑보다 풍부한 것》

▶ 질투는 속이 빈 곡물 창고에는 숨어들지 않는다.

_J. W. 괴테(1749~1832) 독일 시인, 소설가, 극작가 《잠언과 성찰》

▶ 질투는 스스로 얼마나 불행하게 느끼고 있는가를 알리는 것으로서, 남의 행위에 끊임없이 주목하고 있는 것은 얼마나 그들 스스로가 무료해 있는가를 보여 주는 것이다.

_A. 쇼펜하우어(1788~1860) 독일 철학자 《행복을 위한 금언》

▶ 질투는 인간이 나면서부터 갖추어지는 것이다.

_헤로도토스(B.C. 484?~B.C. 430?) 그리스 역사가

▶ 질투는 자신의 열등을 인정하는 일이다.

_G. 플리니우스 2세(61?~113?) 로마 법률가, 정치가 《서한집》

▶ 질투는 증오보다도 더욱 *배타적이다.

_F. 라로슈푸코(1613~1680) 프랑스 작가

▶ 질투심이 많은 인간은 자기가 갖고 있는 것으로 즐거워하는 대신에 남이 갖고 있는 것으로 괴로워한다.

_B. A. W. 러셀(1872~1970) 영국 철학자, 수학자

▶ 질투하는 자에게는 결코 휴일이 없다.

_F. 베이컨(1561~1626) 영국 정치가, 철학자

*배타적 | 남을 따돌리거나 거부하여 밀어 내치는.

*샘 | 남의 처지나 물건을 탐내거나 자기보다 나은 처지에 있는 사람을 미워함.

속담

▶ 며느리 *샘에 발뒤꿈치 희어진다. (참을성 없고 질투가 심한 여자를 이르는 말) _한국

▶ 질투가 없는 곳에는 사랑도 없다. _독일

▶ 질투는 가장 무서운 병이다. _영국

▶ 질투는 부러움에 가까운 감정이다. _서양

▶ 질투는 영혼의 심술. _서양

▶ 질투심 많은 자는 죽지만 질투는 절대 죽지 않는다. _프랑스

▶ 질투심만큼 사람들의 시각을 예민하게 하는 것은 없다. _서양

▶ 훌륭한 사람을 비난하는 것은 도덕적인 면에서가 아니라 질투심에서 그러는 것이다. _서양

천재 天才

선천적으로 타고난, 남보다 훨씬 뛰어난 재주. 또는 그런 재능을 가진 사람.

명언 명문

*마구 | 말을 타거나 부리는 데 쓰는 기구.

▶ 광기가 조금도 없는 천재는 결코 없다.

_아리스토텔레스(B.C. 384~B.C. 322) 그리스 철학자

▶ 뛰어난 천재들은 남들이 이미 걸어간 길을 싫어하고 개척되지 않은 영역을 찾는다. _A. 링컨(1809~1865) 미국 제16대 대통령

▶ 사람은 모두 열 살까지는 천재다.

_A. L. 헉슬리(1894~1963) 영국 소설가, 평론가

▶ 위대한 천재는 높은 건물을 닮았다. 적당한 거리를 두고 보아야 한다. _L. G. A. 보날(1754~1840) 프랑스 정치가

▶ 재능과 천재의 차이는 석공과 조각가의 차이와 같다.

_R. G. 잉거솔(1833~1899) 미국 정치가

▶ 재능이란 인간의 지배 안에 있는 것이고, 천재적인 소질이란 인간이 그 지배 안에 있는 것이다.

_J. R. 로웰(1819~1891) 미국 시인, 평론가 《나의 장서 중에서》

▶ 참된 천재는 일정한 궤도에 올려놓고 그려 낼 수 없다.

_H. 하이네(1797~1856) 독일 시인 《북해》

▶ 천재? 그런 것은 결코 없다. 다만 공부와 방법과 끊임없이 계획하는 것이 있을 뿐이다. _F. A. R. 로댕(1840~1917) 프랑스 조각가

▶ 천재는 노력을 하기 때문에 어떤 일에도 탁월하다. 그러나 그들이 탁월하기 때문에 그 일에 노력하는 것이다.

_W. 해즐릿(1778~1830) 영국 평론가, 수필가

▶ 천재는 언제나 *마구를 허락하지 않는다. 그 야성의 피가 길들여지는 일은 어렵기 때문이다. _O. W. 홈스(1809~1894) 미국 소설가, 의학자

천재란 노력과 정신이라는 칼만 있다면 무엇이든 조각할 수 있는 대리석이죠.

O. E. L. 비스마르크

▶ 천재는 적어도 두 가지를 더 갖지 않으면 안 된다. 그것은 감사와 순결함이다. _F. W. 니체(1844~1900) 독일 철학자, 시인 《선악의 피안》

▶ 천재는 타고나는 것이지 주어지는 것은 아니다.
_O. F. O. W. 와일드(1854~1900) 아일랜드 시인, 극작가

▶ 천재는 타고난 마음의 소질이며, 그것에 의해서 자연은 예술에 규칙을 부여한다. _I. 칸트(1724~1804) 독일 철학자

▶ 천재는 평범한 사람들이 중도에 단념하고 마는 일을 끝까지 포기하지 않고 열중해서 결국에는 완성하는 사람을 말한다.
_B. 그라시안이모랄레스(1601~1658) 에스파냐 작가

▶ 천재도 불멸은 아니라고 하는 것만큼 평범한 사람에게 위로가 되는 말은 없다. _J. W. 괴테(1749~1832) 독일 시인, 소설가, 극작가

▶ 천재란 근면의 결과일 뿐이다. _W. 해밀턴(1788~1856) 영국 철학자

▶ 천재란 무엇보다도 고생을 마다하지 않는 *비상한 능력가이다.
_T. 칼라일(1795~1881) 영국 사상가, 역사가

▶ 천재란 오랜 시간에 걸친 인내의 결과다.
_G. L. L. 뷔퐁(1707~1788) 프랑스 박물학자, 사상가

▶ 천재란 자기 자신을 불태우는 힘이다.
_E. M. 포스터(1879~1970) 영국 소설가

▶ 천재란 자기를 믿는 자이다. _M. 고리키(1868~1936) 러시아 작가 《밤 주막》

▶ 천재란 한 덩어리의 대리석이다. 여기에 노력, 정신이라는 칼끝을 가하면 무엇이든지 된다. _O. E. L. 비스마르크(1815~1898) 독일 정치가

▶ 천재를 알아보는 자는 천재다. _G. W. F. 헤겔(1770~1831) 독일 철학자

▶ 천재의 특징은, 평범한 사람이 깐 철로에 자기의 사상을 싣지 않는 데 있다. _스탕달(1783~1842) 프랑스 소설가 《적과 흑》

▶ 천재이긴 하나 교육을 못 받은 사람은 캐내지 못한 광산의 은과 같다. _B. 프랭클린(1706~1790) 미국 정치가, 과학자

*비상 | 예사롭지 아니함. 평범하지 않고 뛰어남.

속담

▶ 재주가 뛰어난 사람은 일을 하고 천재는 창조한다. _독일

▶ 천재는 고통을 감당할 수 있는 무한한 능력이다. _서양

▶ 천재는 대개 노력가였다. _서양

인생

청년

青年

신체적 · 정신적으로 한창 성장하거나 무르익은 시기에 있는 사람.

명언 명문

*기성세대 | 현재 사회를 이끌어 가는 나이 든 세대.

- 경솔함은 한창때인 청년기의 특징이고, 신중함은 추수기인 노년기의 특징이다. _L. A. 세네카(B.C. 4?~A.D. 65) 로마 철학자, 극작가
- *기성세대는 전쟁을 선포하지만 싸우고 죽는 것은 젊은이들이다. _H. C. 후버(1874~1964) 미국 제31대 대통령
- 실망은 청년의 죽음이고, 청년이 죽으면 민족이 죽는다. _안창호(1878~1938) 독립운동가, 교육자
- 애벌레가 고생스러운 과정을 거쳐 성충이 되듯 대부분의 젊은이들은 꿈과 예술에 빠져 자기 자신의 이상을 실현시킬 수 있을 때까지 자신을 드러내지 않고 지내게 마련이다. _R. 롤랑(1866~1944) 프랑스 소설가, 사상가 《피에르와 뤼스》
- 우리는 젊은이들을 위해 미래를 항상 건설할 수는 없지만 미래를 위해 젊은이들을 양성할 수는 있다. _F. D. 루스벨트(1882~1945) 미국 제32대 대통령
- 위대한 일의 대부분은 청년기에 이루어진다. _B. 디즈레일리(1804~1881) 영국 정치가, 소설가
- 절대로 시계를 보지 마라. 이것은 젊은이들에게 하고 싶은 나의 충고다. _T. A. 에디슨(1847~1931) 미국 발명가
- 젊은이가 젊은이를 인도하는 것은 장님이 장님을 인도하는 것과 같아서 둘 다 도랑에 빠진다. _P. D. S. 체스터필드(1694~1773) 영국 정치가, 작가
- 젊은이들은 밤중에 태어나서 이튿날 아침 해돋이를 처음 보는 갓난애들 같기 때문에 어제란 으레 없었던 것처럼 생각하기 쉽다.

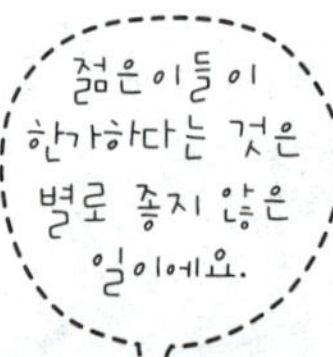

M. 대처

_W. S. 몸(1874~1965) 영국 소설가, 극작가

*타산적 | 자신에게 도움이 되는지를 따져 헤아리는. 또는 그런 것.

- 젊은이들은 *타산적일 만큼 많이 알지 못한다. 그렇기 때문에 젊은 세대는 항상 불가능한 일에 도전하며 그것을 이룩한다.

_P. C. 벅(1892~1973) 미국 소설가

- 젊은이들은 한가해서는 안 된다. 그것은 그들에게 매우 나쁜 영향을 준다. _M. 대처(1925~) 영국 총리
- 젊은이란 분별이 없게 마련이다. _호메로스(?~?) 그리스 시인
- 청년기에는 하루하루가 짧고 한 해 한 해는 길다. 노년기에는 한 해 한 해가 짧고 하루하루는 길다. _K. A. 페딘(1892~1977) 소련 소설가
- 청년들은 판단하는 것보다 발명하는 것, 의논하는 것보다 실천하는 것, 정해진 일보다 새로운 기획에 더 적합하다.

_F. 베이컨(1561~1626) 영국 정치가, 철학자 《수필집》

- 청년에게 결점이 있다 하더라도, 그것은 얼마 안 가서 없어질 것이다. _J. R. 로웰(1819~1891) 미국 시인, 평론가
- 청년에게 내가 줄 충고는 다음 세 마디뿐이다. 청년이여, 일하라. 좀 더 일하라. 끝까지 열심히 일하라.

_O. E. L. 비스마르크(1815~1898) 독일 정치가

- 청년은 가르침을 받는 것보다 자극을 받기 원한다.

_J. W. 괴테(1749~1832) 독일 시인, 소설가, 극작가 《시와 진실》

- 청년은 미래가 있다는 것만으로도 행복하다.

_N. V. 고골(1809~1852) 러시아 작가 《죽은 혼》

- 한 청년을 적절히 훈련하는 노력은, 성 하나를 얻는 것보다 가치 있는 일이다. _P. 멜란히톤(1497~1560) 독일 신학자, 종교 개혁가

속담

- 젊은이 어깨 위에 있는 것이 현명한 두뇌만은 아니다. (힘이 넘치더라도 머리가 반드시 명석하고 지혜롭지는 않다는 뜻) _아일랜드
- 젊은이는 패기가 넘치고 젊은 개는 이가 강하다. _몽골
- 젊은이들에게 물어보라. 그들은 모든 것을 안다. _프랑스
- 청년은 저축 은행과 같아야 한다. _영국
- 한창 자라는 젊은이는 뱃속에 늑대가 들어 있다. _서양

최고

最高

가장 높음. 또는 으뜸인 것이나 으뜸이 될 만한 것.

명언 명문

▶ 가장 높은 곳에 올라가려면 가장 낮은 곳에서 시작하라.

_P. 시루스(B.C. 1세기경) 로마 시인

▶ 가장 높은 곳에 있는 자들의 승패가 곧 가장 낮은 곳에 있는 자들을 위한 승패인 것은 아니다.

_B. 브레히트(1898~1956) 독일 시인, 극작가

▶ 가장 높이 솟은 나무가 번개를 두려워해야 할 이유가 가장 많다.

_C. 롤랭(1661~1741) 프랑스 역사가

▶ 가장 잘 익은 복숭아는 나무에서 가장 높이 매달려 있다.

_J. 릴리(1554~1606) 영국 작가

▶ 가장 좋은 것은 보존하기 어렵다.

_묵자(B.C. 480~B.C. 390) 중국 춘추 전국 시대 노나라 사상가

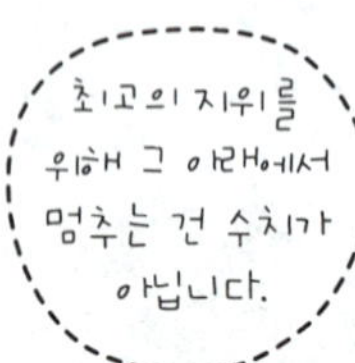

▶ 그대가 최고의 지위를 열망한다면 제2 또는 제3의 지위에서 멈추는 것은 수치가 아니다.

_M. T. 키케로(B.C. 106~B.C. 43) 로마 정치가, 학자 《웅변가》

▶ 나는 모든 나의 위대함의 최고점에 도달했다. 그리고 그 영광의 최고점에서 이제 나는 파멸로 줄달음질하고 있다.

_W. 셰익스피어(1564~1616) 영국 극작가, 시인 《헨리 8세》

M. T. 키케로

▶ 인생의 최고 순간은 전투에서 승리했을 때다.

_O. W. 홈스(1809~1894) 미국 소설가, 의학자

▶ 최고 경지에 이르는 것은 지능이 아니라 정신이다.

_H. W. 롱펠로(1807~1882) 미국 시인

▶ 최고 권력은 실패한 정치로 잃을 수 있다.

_P. 시루스(B.C. 1세기경) 로마 시인 《격언집》

- 최고는 차선의 적이다. _볼테르(1694~1778) 프랑스 사상가 《철학사전》
- 최고로 손꼽히는 사람이 되고자 하는데도 좀처럼 쉽지 않아 조바심을 내는 사람은, 옆에서 치켜세우는 겉치레에 더 잘 속아 넘어가는 법이다. _B. 스피노자(1632~1677) 네덜란드 철학자
- 최고의 지위에서 최고의 권력을 쥐고 있는 사람들은 최소한의 자유밖에 누릴 수 없다. 그들은 가장 많이 주목을 받기 때문이다. _J. 틸럿슨(1630~1694) 영국 성직자 《회상록》
- 평화의 종교를 가진 자에게 최고의 가치는 사랑이며, 전쟁의 종교를 가진 자에게 최고의 가치는 투쟁이다. _G. L. 디킨슨(1862~1932) 영국 수필가 《우리 앞에 놓인 선택》

속담

- 가장 높이 선 사람은 가장 멀리 떨어진다. _미국, 영국
- 제1인자가 되라. 최고는 최고다. _서양
- 최고의 목수는 톱밥을 가장 적게 낸다. _미국, 영국
- 최고의 상태는 최하의 상태에서 생긴다. _로마
- 최고의 지위에는 두 사람이 앉을 수 없다. _로마

키워드 정보 BOX

《기네스북》

피부가 15.8센티미터까지 늘어나 《기네스북》에 이름을 올린 영국의 게리 터너.

《기네스북》은 영국의 기네스 맥주 회사가 전 세계의 최고 기록만을 모아 해마다 발행하는 세계 기록집이다. 기네스 사의 설립자인 기네스 백작의 4대손인 휴 비버 경은 1954년에, 기록광으로 널리 알려진 노리스 맥허터 형제에게 진기한 세계 기록들을 모은 책을 편집해 줄 것을 제안하였고, 맥허터 형제는 책을 만들기로 결심했다. 1년 동안의 조사 과정을 거친 후 1955년 8월 27일에 마침내 최초의 《기네스북》이 탄생했다. 일상생활에 관한 것부터 지리, 역사, 과학 등 심오한 학문 영역에 이르기까지 다양한 분야에서 수천 항목의 기록을 수록하고 있다.

출세

出世

사회적으로 높은 지위에 오르거나 유명하게 됨.

명언 명문

*말로 | 사람의 일생 가운데에서 마지막 무렵.

- 과거 급제가 재앙의 시작이 아니라는 것을 어찌 알 수 있겠는가.

_이규보(1168~1241) 고려 시대 문신

- 권력가가 몰락하면 추종자들은 달아나고, 가난한 자가 출세하면 그의 원수들도 친구가 된다.

_W. 셰익스피어(1564~1616) 영국 극작가, 시인

- 남의 세력을 업고 출세하는 선비는 *말로가 좋을 리 없고, 자신의 글과 행동으로 출세하면 기쁜 결과를 얻는다.

_최충(984~1068) 고려 시대 학자, 문신

- 세상에서 출세하기 위한 두 가지 방법이 있다. 자기 자신의 노력에 의존하든가 다른 사람의 어리석음을 이용하는 것이다.

_J. 라브뤼예르(1645~1696) 프랑스 작가

- 악행을 하고도 출세한 자는 사람들이 처벌하지 못한다 해도 하늘이 그를 처벌할 것이다.

_장자(B.C. 369?~B.C. 289?) 중국 전국 시대 송나라 사상가

- 정치는 이제 출세의 수단에 불과하다.

_S. 존슨(1709~1784) 영국 시인, 평론가

- 지금은 누구나 출세만을 노려 땀을 흘리고, 일단 목적이 달성되면 즉시 봉사하기를 그만둔다.

_W. 셰익스피어(1564~1616) 영국 극작가, 시인

- 출세에는 반드시 죽음이 뒤따른다.

_에우리피데스(B.C. 484?~B.C. 406?) 그리스 시인

- 출세의 길에는 배신당한 우정이 널려 있고 또 그래야만 한다.

_H. G. 웰스(1866~1946) 영국 작가, 문명 비평가

- 출세하기 위해서는 정신보다도 습관이나 경험이 필요하다. 사람

들은 그것을 너무나 늦게 깨닫게 된다.

_J. 라브뤼예르(1645~1696) 프랑스 작가

▶ 현세에서의 출세에는 실제 수입이 올라간다는 것과 이 출세와 결부된 웃옷이나 조끼로부터 독특한 가치나 위엄을 낳는 것이 있다.

_C. J. H. 디킨스(1812~1870) 영국 소설가 《올리버 트위스트》

속담

▶ 고생은 출세의 사다리. _영국

▶ 높이 오를수록 더 심하게 추락한다. _서양

▶ 닭의 볏이 될지언정 소의 꼬리는 되지 마라. (훌륭한 사람의 꽁무니를 쫓아다니기보다는 차라리 작고 보잘것없는 데서 우두머리가 되는 것이 낫다는 뜻) _한국

▶ 미꾸라지 용 됐다. _한국

▶ 뱀이 용 되어 큰소리한다. (변변찮거나 하찮은 사람이 신분이 귀하게 되어 아니꼽게 큰소리를 친다는 말) _한국

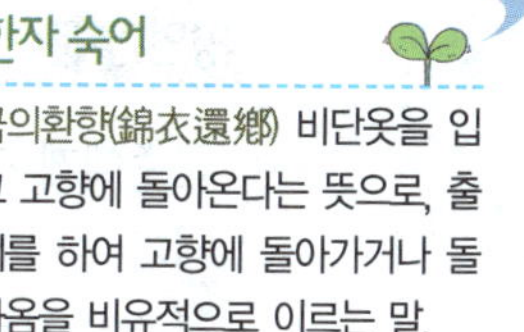

한자 숙어

금의환향(錦衣還鄕) 비단옷을 입고 고향에 돌아온다는 뜻으로, 출세를 하여 고향에 돌아가거나 돌아옴을 비유적으로 이르는 말.

입신양명(立身揚名) 출세하여 이름을 세상에 떨침.

출장입상(出將入相) 나가서는 장수요, 들어와서는 재상이 됨. 문무를 다 갖추어 두 가지 벼슬을 모두 지낸다는 뜻.

고사성어

▷ 계림일지(桂林一枝)

계수나무 숲의 나뭇가지 하나라는 뜻으로, 대수롭지 않은 출세를 이르는 말이다. 중국 진나라의 극선이라는 사람이 현량과에 첫 번째로 올랐다. 그러나 여기에 만족하지 않은 극선이 겨우 계수나무 숲에서 나뭇가지 하나를 얻었을 뿐이라고 말한 데서 유래한다. _《진서》

▷ 등용문(登龍門)

용문에 올라간다는 뜻으로, 출세하기 위한 어려운 관문을 말한다. 모든 어려움을 극복하고 목적한 바를 이루었을 때 쓰는 말로, 옛날에는 과거 급제에, 오늘날에는 입시나 고시 등의 시험에 합격했을 때 주로 쓴다. 용문이란, 황허 상류에 있는 골짜기인데, 이 근처는 물의 흐름이 매우 빨라서 큰 물고기도 여간해서는 여기에 오르지 못한다고 한다. 하지만 일단 오르기만 하면 순식간에 용으로 변한다는 전설에서 유래한다. _《한서》 이응전

충고

忠告

남의 결함이나 잘못을 진심으로 타이름. 또는 그런 말.

명언 명문

▶ 군주에게 자주 건의하면 피해를 입고, 친구에게 자주 충고하면 거리가 멀어진다. _공자(B.C. 551~B.C. 479) 중국 춘추 시대 노나라 사상가

▶ 굶주린 사람에게 배고픔의 고통을 참아야 한다는 충고를 대식가가 어찌 진지하게 얘기할 수 있겠는가.

_K. 지브란(1883~1931) 미국 소설가, 화가, 시인

▶ 나는 오로지 침묵만 충고할 것이다.

_J. 헤이우드(1497?~1580?) 영국 시인, 극작가

▶ 노인의 충고는 겨울 햇빛 같아서 과열하지 않고 비추어 준다.

_L. C. 보브나르그(1715~1747) 프랑스 도덕주의자, 수필가 《성찰과 잠언》

▶ 많은 사람이 충고를 받지만, 이로 인해 이득을 보는 사람은 현명한 사람뿐이다. _P. 시루스(B.C. 1세기경) 로마 시인 《격언집》

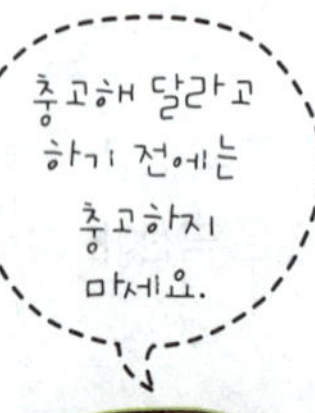

▶ 사랑한다면 상대방을 위해 애쓰고, 충성을 바친다면 상대방을 깨우쳐 주어라. _공자(B.C. 551~B.C. 479) 중국 춘추 시대 노나라 사상가

▶ 아주 솔직하게 진솔한 충고를 하라.

_M. T. 키케로(B.C. 106~B.C. 43) 로마 정치가, 학자

▶ 어려운 일은 어떤 것인가? 자기 자신을 아는 것이다. 그러면 쉬운 일은 어떤 것인가? 남에게 충고하는 것이다.

_탈레스(B.C. 624?~B.C. 546?) 그리스 철학자

D. 에라스뮈스

▶ 어려운 일을 당해서는 남의 충고를 믿지 마라.

_이솝(B.C. 620?~B.C. 560?) 그리스 우화 작가 《이솝 이야기》

▶ 어리석은 사람은 제 잘난 멋에 살고, 슬기로운 사람은 충고를 받아들인다. _《성경》

▶ 우리가 충고는 해 주지만 상대방이 행동하게 만들 수는 없다.

_F. 라로슈푸코(1613~1680) 프랑스 작가

▶ 자기 자신의 충고를 따르는 자는 훌륭한 목사다.

_W. 셰익스피어(1564~1616) 영국 극작가, 시인 《베니스의 상인》

▶ 좋은 충고보다 더 값진 선물은 없다.

_D. 에라스뮈스(1466~1536) 네덜란드 철학자

▶ 질책보다 충고가 낫다. 충고는 잘못을 고쳐 주지만 질책은 단죄할 뿐이기 때문이다. _에픽테토스(55?~135?) 로마 철학자

▶ 충고는 그만두어라. 같은 불행을 겪은 사람의 위로가 아닌 한 내 귀에는 들리지 않는다. _W. 셰익스피어(1564~1616) 영국 극작가, 시인

▶ 충고는 눈과 같아서, 조용히 내리면 내릴수록 마음에 오래 걸리고, 마음에 먹혀 들어가는 것도 깊어진다.

_C. 힐티(1833~1909) 스위스 사상가, 법률가 《서간》

▶ 충고는 좀처럼 환영받지 못한다. 충고를 가장 필요로 하는 사람이 항상 그것을 꺼려 한다.

_P. D. S. 체스터필드(1694~1773) 영국 정치가, 작가 《아들에게 주는 편지》

▶ 충고란 가장 보잘것없는 유통 화폐다.

_A. G. 비어스(1842~1914) 미국 소설가, 신문 기자 《악마의 사전》

▶ 충고를 하게 될 때 나는 가능하면 짧게 하라고 충고한다.

_Q. 호라티우스(B.C. 65~B.C. 8) 로마 시인

▶ 충고해 달라고 하기 전에는 충고하지 마라.

_D. 에라스뮈스(1466~1536) 네덜란드 철학자 《격언집》

▶ 충언과 정직한 주장은 신하의 이익이 아니라 나라의 행운이다.

_이언적(1491~1553) 조선 시대 성리학자

▶ 친구의 충고는 자기가 자신에게 하는 아첨에 대한 가장 좋은 처방이다. _F. 베이컨(1561~1626) 영국 정치가, 철학자

속담

▶ 꿀도 약이라면 쓰다. (좋은 말이라도 충고라면 듣기 싫어함을 비유하는 말) _한국

▶ 바른말 하는 사람 귀염 못 받는다. _한국

▶ 병아리가 어미 닭에게 충고한다. _영국

▶ 소금과 충고는 요구하는 사람에게만 주어진다. _이탈리아

▶ 올바른 충고는 현자의 마음속 깊이 스며들지만 악인들의 귀는 스치고 지나간다. _중국

▶ 일이 끝난 뒤에 충고해야 아무 소용이 없다. _로마

한자 숙어

담언미중(談言微中) 완곡하게 상대방의 급소를 찌르는 말을 이름.

정문일침(頂門一鍼) 정수리에 침 한 대를 놓는다는 뜻으로, 따끔한 충고를 말함.

충언역이(忠言逆耳) 충직한 말은 귀에 거슬림.

▶ 일이 끝난 뒤의 충고는 비 그친 뒤의 우비와 같다. _루마니아

▶ 책은 가장 훌륭한 충고자다. _로마

▶ 충고는 노인에게 들어라. (경험이 많은 연장자의 말을 잘 따르라는 말) _에스파냐

▶ 충고를 듣지 않는 자는 낭패를 당한다. _미국, 영국

▶ 충고에 귀를 기울이지 않는 사람은 도움 받을 수 없다. _독일

고사성어

▷ 마이동풍(馬耳東風)

동녘에서 불어오는 바람이 말의 귀를 스쳐 간다는 뜻으로, 남의 말을 전혀 귀담아 듣지 않고 흘려 버리는 것, 또는 말하는 사람의 의도를 전혀 알지 못함을 이르는 말이다. '쇠귀에 경 읽기'와 같은 의미다. 당나라 문인 왕거일은 세상 사람들이 자신을 알아주지 않자, 자신의 불우한 처지를 담아 이백에게 시를 보냈다. 이백이 "마치 동풍이 말의 귀를 스치는 것처럼 세상 사람들이 우리를 알아주지 않는구나."라고 위로하며 회답한 시에서 유래한다. _이백의 시 〈답왕십이한야독작유회〉

▷ 절함(折檻)

난간을 부러뜨린다는 뜻으로, 충성스럽고 강경한 충고를 말한다. 중국 전한의 충신 주운은 황제 성제에게 대신들의 횡포를 바로잡아야 한다는 충고를 서슴지 않았다. 그의 무례함에 화가 난 성제는 주운을 당장 끌어내라고 명령했다. 무관들이 주운을 끌어내려고 하자 주운은 끝까지 난간에 매달려 호소했는데, 그때 난간이 부서진 것에서 유래한다. _《한서》 주운전

衝動

순간적으로 어떤 행동을 하고 싶은 욕구를 느끼게 하는 마음속의 자극.

명언 명문

- 남을 해치고 싶은 충동은 자신의 보호 본능보다 강하다.

  _B. 그라시안이모랄레스(1601~1658) 에스파냐 작가

- 다른 사람들보다 뛰어난 사람에게는 악의 충동도 그만큼 강하다.

  _《채근담》

- 마음속에 불쑥 일어나는 감정은 인간의 힘으로는 어찌할 수 없다.

  _M. 세르반테스(1547~1616) 에스파냐 소설가 《돈키호테》

- 만약 당신이 악의 충동에 사로잡힌다면 그것을 내쫓기 위해서 무엇인가를 배우기 시작하라. _《탈무드》

- 사진기의 장점은 사진사를 예술가로 만드는 힘이 아니라 그에게 계속 관찰하려는 충동을 주는 것이다.

  _B. 앳킨슨(1894~1984) 미국 극작가, 평론가

- 인간 속에 있는 나쁜 충동은, 열세 살부터 점점 선의 충동보다도 강하게 된다. _《탈무드》

- 인간에게는 두 가지 충동이 있다. 하나는 창조 충동, 다른 하나는 소유 충동이다. _B. A. W. 러셀(1872~1970) 영국 철학자, 수학자

- 최초의 충동은 믿지 마라. 그것은 언제나 좋게만 여겨진다.

  _P. C. M. 탈레랑(1754~1838) 프랑스 정치가

- 충동적으로 행동하지 마라. 그리고 지쳤다고 하더라도 일을 미완성인 채 내버려 두지 마라. _《채근담》

- 충동적인 약속이나 변덕이 심한 결심으로는 바람직한 인생을 만들 수 없다는 사실을 명심해야 한다.

  _B. 그라시안이모랄레스(1601~1658) 에스파냐 작가

충실

忠實
충직하고 성실함.

명언 명문

▶ 값진 성과를 얻으려면 한 걸음 한 걸음이 힘차고 충실하지 않으면 안 된다. _A. 단테(1265~1321) 이탈리아 시인

▶ 나는 성공을 위해서가 아니라 충실함을 위해 기도한다. _테레사(1910~1997) 인도 수녀

▶ 너 자신에게 충실하라. 그 결과는 밤이 낮에 이어지듯 너는 그 아무에게 대해서나 부실할 리가 없을 것이다. _W. 셰익스피어(1564~1616) 영국 극작가, 시인 《햄릿》

▶ 돈으로 얻은 충실은 돈으로 인해 배반당한다. _L. A. 세네카(B.C. 4?~A.D. 65) 로마 철학자, 극작가 《아가멤논》

▶ 삶이 충실하면 인생은 길다. _L. A. 세네카(B.C. 4?~A.D. 65) 로마 철학자, 극작가

▶ 아, 충실의 거룩한 이름이 더럽혀짐이여! 누구에 대한 충성인가, 너희의 반역자에 대해서인가. _J. 밀턴(1608~1674) 영국 시인 《실락원》

▶ 유명해지는 것보다 충실한 사람이 되는 것이 낫다. _T. 루스벨트(1858~1919) 미국 제26대 대통령

▶ 자기 자신에 대한 정신적 충실은 행복의 필수 조건이다. _T. 페인(1737~1809) 미국 정치 평론가, 작가

테레사

속담

▶ 충실한 친구는 불사조와 같다. _미국, 영국

▶ 충직한 개는 좋은 뼈를 얻는다. _영국

▶ 충직함은 돈보다 더 가치가 있다. _서양

친구

親舊

가깝게 오래 사귄 사람.

명언 명문

▶ 가장 귀중한 재산은 사려가 깊고 헌신적인 친구이다.

_다리우스 1세(B.C. 549~B.C. 486) 페르시아 왕

▶ 강한 적이 약한 친구보다 낫다. _E. 달버그(1900~1977) 미국 소설가

▶ 그 사람을 모르겠거든 그 사람의 친구를 보라.

_메난드로스(B.C. 342?~B.C. 292?) 그리스 극작가

▶ 네가 누구하고 사귀고 있는가를 말하라. 그러면 네가 어떠한 사람인가를 말해 주마. _M. 세르반테스(1547~1616) 에스파냐 소설가 《돈키호테》

▶ 네가 아무리 용감할지라도 온화한 사람을 친구 중에 두어야 한다.

_석가모니(B.C. 563?~B.C. 483?) 불교 창시자

▶ 다정한 친구를 찾기 위해서라면 천 리 길도 멀지 않다.

_L. N. 톨스토이(1828~1910) 러시아 소설가, 사상가

▶ 번영할 때는 친구들이 우리를, 역경에 처하면 우리가 친구들을 알아본다. _J. C. 콜린스(1848~1908) 영국 교육자, 수필가

▶ 슬기로운 사람과 어울리면 슬기로워지고 어리석은 자와 어울리면 해를 입는다. _《성경》

▶ 아버지는 보배이고, 형제는 위로가 된다. 친구는 그 둘 다이다.

_B. 프랭클린(1706~1790) 미국 정치가, 과학자 《가난한 리처드의 책력》

▶ 어느 정도의 나이가 되면 친구를 고르기보다 친구로 선택되는 경우가 많다. _A. P. G. 지드(1869~1951) 프랑스 소설가, 평론가

▶ 우리들이 벗에게 구하는 것은 우리들의 행동에 대한 찬성하는 마음이 아니고 이해이다. _H. 하이네(1797~1856) 독일 시인

▶ 인생의 길을 꽤 멀리까지 걸어와 보니, 이전에는 우연한 길동무에

지나지 않다고 여긴 많은 사람들이 실은 성실한 친구였다는 것을 알게 된다. _H. 카로사(1878~1956) 독일 소설가, 시인, 의사 《지도와 신종》

▶ 자기 속을 털어놓을 친구가 없는 사람은 자기 자신의 마음을 잡아먹는 식인종이다. _F. 베이컨(1561~1626) 영국 정치가, 철학자

▶ 정직한 친구, 성실한 친구, 박식한 친구는 세 가지 유익한 친구며, 아첨하는 친구, 굽실대는 친구, 말만 번지르르하게 하는 친구는 세 가지 해로운 친구다. _공자(B.C. 551~B.C. 479) 중국 춘추 시대 노나라 사상가

▶ 좋은 친구와의 사귐에서는 대화에서 배우고 침묵으로 맺어진다.

_J. W. 괴테(1749~1832) 독일 시인, 소설가, 극작가 《잠언과 성찰》

▶ 참다운 친구는 불행에 부딪쳤을 때 비로소 알게 된다.

_이솝(B.C. 620?~B.C. 560?) 그리스 우화 작가 《이솝 이야기》

▶ 참된 친구는 가장 큰 행운인데 우리는 그것을 얻을 생각을 가장 적게 한다. _F. 라로슈푸코(1613~1680) 프랑스 작가

▶ 친구가 많다는 것은 친구가 전혀 없다는 것이다.

_아리스토텔레스(B.C. 384~B.C. 322) 그리스 철학자 《니코마코스 윤리학》

▶ 친구는 또 하나의 나다. _M. T. 키케로(B.C. 106~B.C. 43) 로마 정치가, 학자

▶ 친구들에게 기대하는 것을 친구들에게 베풀어야 한다.

_아리스토텔레스(B.C. 384~B.C. 322) 그리스 철학자

▶ 친구란 내 시간을 훔쳐 가는 사람이다.

_F. 베이컨(1561~1626) 영국 정치가, 철학자 《학문의 진보》

▶ 친구란 무엇인가 ? 두 사람의 신체에 사는 하나의 영혼이다.

_아리스토텔레스(B.C. 384~B.C. 322) 그리스 철학자

▶ 친구를 믿지 않는 것은, 친구에게 속는 것보다도 더 부끄러운 일이다. 친구가 그대 일로 노하거든 그대에 대하여 친절을 베풀 수 있는 기회를 만들어 주라. 그러면 그 친구의 마음은 풀어지지 않을 수 없게 되고, 그는 또다시 그대를 사랑하게 될 것이다.

_장 파울(1763~1825) 독일 소설가 《초저녁의 밝은 별》

▶ 평생에 친구가 하나면 그것으로 족하다. 둘이면 과하고, 셋은 불가능하다. _H. B. 애덤스(1838~1918) 미국 역사가, 사상가

▶ 한 사람의 친구도 만족시키지 못한 사람은 인생에 성공했다고 할 수 없다. _H. D. 소로(1817~1862) 미국 사상가, 수필가 《일기》

속담

- 결점이 없는 친구를 찾는 사람은 친구를 얻지 못한다. _터키
- 똑똑한 사람에게는 친구가 없다. _일본
- 모든 사람의 친구는 그 누구의 친구도 아니다. _영국

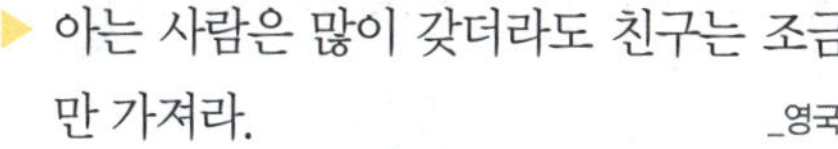

- 아는 사람은 많이 갖더라도 친구는 조금만 가져라. _영국
- 참된 친구를 발견하기보다는 바다가 마르는 것을 기다리는 것이 더 쉽다. _필리핀
- 친구는 옛 친구가 좋고 옷은 새 옷이 좋다. (오래 사귄 친구일수록 정의가 두텁다는 말) _한국
- 친구를 얻기는 어렵고 잃기는 쉽다. _영국
- 친구와 포도주는 오래될수록 좋다. _서양
- 한 사람의 오랜 친구가 열 사람의 새로운 친구보다 낫다. _서양

한자 숙어

붕우책선(朋友責善) 벗끼리 서로 좋은 일을 하도록 권함.

삼익우(三益友) 사귀어서 이로운 세 가지의 벗. 즉 정직한 사람, 믿음직한 사람, 견문이 넓은 사람을 이르는 말.

송무백열(松茂柏悅) 소나무가 무성하면 잣나무가 기뻐한다는 뜻으로, 벗이 잘되는 것을 기뻐함을 비유적으로 이르는 말.

지란지교(芝蘭之交) 지초와 난초의 교제라는 뜻으로, 벗 사이의 맑고도 고귀한 사귐을 이르는 말.

고사성어

▷ 백아절현(伯牙絶絃)

백아가 거문고 줄을 끊는다는 뜻으로, 친한 친구의 죽음이나 그 죽음에 대한 슬픔을 표현할 때 쓰인다. 중국 춘추 시대 때, 백아는 거문고를 매우 잘 탔다. 그러나 그 소리를 알아주는 사람은 그의 절친한 친구 종자기뿐이었다. 그런데 종자기가 일찍 죽자, 백아가 그의 죽음을 슬퍼하여 거문고 줄을 끊어 버리고 다시는 거문고를 타지 않았다는 데서 유래한다. _《순자》 권학 편, 《열자》 탕문 편

▷ 죽마고우(竹馬故友)

대나무말을 함께 타고 놀던 옛 친구라는 뜻으로, 어릴 때부터 함께 사귀어 온 절친한 친구를 말한다. '죽마지우'라고도 한다. 진나라 무제는 오나라에 인질로 잡혀 갔다 돌아온 어릴 적 친구 제갈정을 만나고 싶어 했다. 간신히 그를 만난 자리에서 무제가 "예전에 죽마를 타고 놀던 시절이 생각나지 않는가."라고 말한 데서 유래한다. _《세설신어》 품조 편

인생

친절

親切

대하는 태도가 매우 정겹고 고분고분함. 또는 그런 태도.

명언 명문

*이해관계 | 서로 이익과 손해가 걸려 있는 관계.

▶ 관대하고 친절한 마음이 하느님을 가장 많이 닮았다.

_R. 번스(1759~1796) 영국 시인

▶ 그릇이 큰 사람은 남에게 호의와 친절을 베푸는 것을 자기의 기쁨으로 여긴다. 또 자기가 남에게 의지하고 호의를 받는 것을 부끄럽게 생각한다. 그것은 친절을 베푸는 것이 우월의 상징이며 친절을 받는 것은 열등의 표시이기 때문이다.

_아리스토텔레스(B.C. 384~B.C. 322) 그리스 철학자

▶ 나는 당신의 지식이 아니라 당신의 친절한 마음씨 때문에 당신을 사랑한다.

_W. H. 데이비스(1871~1940) 영국 시인

▶ 남에게 친절하고 관대하게 대할 것을 배우기 전에, 우선 어느 정도 자기 자신에 대해 친절하고 관대하지 않으면 안 된다.

_린위탕(1895~1976) 중국 작가 《음식과 약에 관하여》

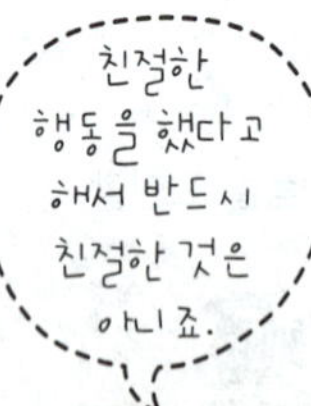

▶ 당신의 친절한 태도가 다른 사람을 유쾌하게 한다면, 그 유쾌함은 다시 되돌아오며 가끔 이자까지 붙어서 돌아오는 법이다.

_A. 스미스(1723~1790) 영국 경제학자, 철학자

▶ 사람들은 잔인하지만 인간 본성은 친절한 것이다.

_R. 타고르(1861~1941) 인도 시인, 사상가

▶ 사람에게 친절하게 하는 좋은 말은 솜옷보다 따뜻하다.

_순자(B.C. 298?~B.C. 238?) 중국 전국 시대 조나라 사상가

▶ 이 세상에서 제대로 친절을 베풀기 위해서는 약간 지나치게 친절해야 한다.

_P. C. 마리보(1688~1763) 프랑스 극작가, 소설가

A. 포프

▶ 자기와 *이해관계가 있을 때만 남에게 친절하고 어질게 대하지

마라! 좀 더 슬기로운 사람은 이해관계를 떠나서 누구에게나 친절하고 어질게 대한다. _B. 파스칼(1623~1662) 프랑스 사상가, 수학자, 물리학자

- 지속적인 친절은 악인을 정복한다. _L. A. 세네카(B.C. 4?~A.D. 65) 로마 철학자, 극작가
- 진정한 친절은 남의 고통과 기쁨을 자기 것으로 여기는 능력을 전제로 한다. _A. P. G. 지드(1869~1951) 프랑스 소설가, 평론가
- 친절은 미모보다 더 가치 있다. _J. 다라스(14세기경) 프랑스 시인
- 친절은 사회를 움직이는 황금의 쇠사슬이다. _J. W. 괴테(1749~1832) 독일 시인, 소설가, 극작가
- 친절은 친절을 낳는다. _M. T. 키케로(B.C. 106~B.C. 43) 로마 정치가, 학자
- 친절은 햇빛이며 그 속에서 미덕이 자란다. _R. G. 잉거솔(1833~1899) 미국 정치가 《평신도의 설교》
- 친절한 행동은 아무리 사소한 것이라도 결코 헛되지 않다. _이솝(B.C. 620?~B.C. 560?) 그리스 우화 작가 《이솝 이야기》
- 행동이 반드시 인격을 드러내는 것은 아니다. 친절한 행동을 한 사람이 반드시 친절한 것은 아니다. _A. 포프(1688~1744) 영국 시인

속담

- 꼬리를 흔드는 개는 얻어맞지 않는다. (친절하고 온순한 사람은 남에게 해를 입지 않는다는 말) _일본
- 남한테는 친절하게. 그러나 내장마저 내줄 필요는 없다. (남에게 친절해야 하나 지나쳐서는 안 된다는 뜻) _수리남
- 장님 손 보듯 한다. (장님이 손님을 보듯이 도무지 친절한 맛이 없거나 본체만체하는 것을 이르는 말) _한국
- 조금이라도 친절을 베풀면 그는 기어오를 것이다. _서양
- 친절한 말은 왕관보다 낫다. _영국
- 친절한 사람은 친절을 기대한다. _프랑스
- 파리를 잡는 데는 식초보다 꿀. (엄격함보다는 친절과 부드러움이 사람의 마음을 움직이게 한다는 말) _남아프리카 공화국
- 한 잔의 커피에 40년 추억이 있다. (조그만 친절도 오랫동안 잊혀지지 않는다는 말) _터키

칭찬

稱讚

좋은 점이나 착하고 훌륭한 일을 높이 평가함. 또는 그런 말.

명언 명문

▶ 경솔한 칭찬이나 경솔하게 헐뜯고 욕하는 것은 많은 해악을 가져올 수 있다.
_J. 러스킨(1819~1900) 영국 미술 평론가

▶ 공허한 칭찬은 저주하라.
_A. 포프(1688~1744) 영국 시인

▶ 나는 행위를 칭찬하지 않는다. 내가 칭찬하는 것은 인간의 정신이다. 행위는 정신의 겉옷에 지나지 않는다.
_H. 하이네(1797~1856) 독일 시인 《기지 · 영지 · 정열》

▶ 모든 사람을 칭찬하는 것은 아무도 칭찬하지 않는 것이다.
_S. 존슨(1709~1784) 영국 시인, 평론가

▶ 무작정 칭찬만 해 주는 사람이 나를 가장 크게 해친다.
_C. 처칠(1731~1764) 영국 시인

▶ 비방을 당해도 화내지 말고 칭찬을 받아도 기뻐하지 마라.
_소옹(1011~1077) 중국 북송 학자

▶ 사람들은 때때로 거짓말인 줄 알면서도 칭찬을 즐긴다.
_L. C. 보브나르그(1715~1747) 프랑스 도덕주의자, 수필가

▶ 사람들은 비평을 해 달라고 하지만 사실은 칭찬을 원한다.
_W. S. 몸(1874~1965) 영국 소설가, 극작가

▶ 아무도 칭찬을 하지 않을 때 스스로 칭찬을 하는 것은 당연하다.
_D. 에라스뮈스(1466~1536) 네덜란드 철학자 《우신예찬》

▶ 욕을 먹든가 모함을 받으면 기뻐하라. 칭찬을 받으면 조심하라.
_L. N. 톨스토이(1828~1910) 러시아 소설가, 사상가

▶ 인간은 칭찬을 갈망하면서 살고 있다.
_W. 제임스(1842~1910) 미국 철학자, 심리학자

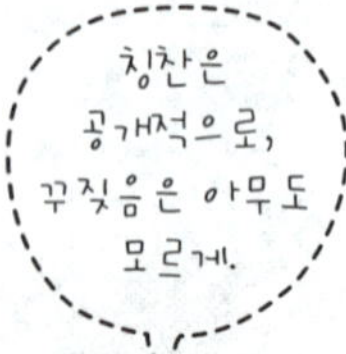

P. 시루스

▶ 일반적으로 우리들이 남을 칭찬하는 것은 결국 우리 자신이 칭찬 받으려는 기대에서 비롯되는 것이다.

_F. 라로슈푸코(1613~1680) 프랑스 작가

*동헌 | 벼슬아치들이 나랏일을 처리하던 중심 건물.

▶ 자발적인 것이 아니면 칭찬은 가치가 없다.

_C. 시버(1671~1757) 영국 배우, 극작가

▶ 친구는 은밀히 꾸짖고 공개적으로 칭찬하라.

_P. 시루스(B.C. 1세기경) 로마 시인

▶ 칭찬 한 마디에 두 달은 살 수 있다. _M. 트웨인(1835~1910) 미국 소설가

▶ 칭찬만 받고 좋아하는 것은 못난이의 일이지만 잘난 이도 칭찬을 받으면 좋아하는 법이오. 그러니까 여러분도 당국자를 공격만 말고 칭찬도 해 주시오. _안창호(1878~1938) 독립운동가, 교육자 《육대사업》

▶ 칭찬받았을 때 우쭐거리는 사람은 사실 칭찬받을 자격이 없는 사람이다. _R. L. 프로스트(1874~1963) 미국 시인

▶ 칭찬은 고매한 정신의 소유자에게는 자극이 되지만, 심약한 사람에게는 그 자체가 목적이 되고 목표가 된다.

_C. C. 콜턴(1780~1832) 영국 작가, 성직자

▶ 칭찬은 생명이 짧은 정열이다. 길들게 되면 삽시간에 사라진다.

_J. 애디슨(1672~1719) 영국 수필가, 시인, 정치가 《스펙테이터》

▶ 칭찬은 이해를 뜻한다. _K. 지브란(1883~1931) 미국 소설가, 화가, 시인

속담

▶ 나를 칭찬하는 자는 나의 적이다. (자기를 칭찬하는 사람을 조심하라는 말) _한국

▶ *동헌에서 원님 칭찬한다. (실속 없이 겉치레로 칭찬함을 비유적으로 이르는 말) _한국

▶ 사람을 칭찬하라. 밑천 안 들고 이득을 얻는다. _에스파냐

▶ 올바르게 칭찬해 주는 것은 비난하는 것보다 어렵다. _영국

▶ 자기 칭찬은 악취가 풍긴다. (자기 칭찬은 남의 경멸을 산다는 뜻) _미국, 영국

한자 숙어

주마가편(走馬加鞭) 달리는 말에 채찍질한다는 뜻으로, 잘하는 사람을 더욱 장려함을 이름.

파멸 破滅

파괴되어 없어짐.

명언 명문

*물욕 | 재물을 탐내는 마음.

- 거짓말에 의존하는 자는 진실 때문에 파멸할 것이다.
  _G. 허버트(1593~1633) 영국 시인
- 게으름과 무식은 어리석은 자를 파멸시키는 가장 좋은 수단이다.
  _J. 크리소스토무스(347?~407) 그리스 설교가
- 남의 파멸을 도모하는 자는 오히려 자신이 파멸하는 경우가 많다.
  _G. J. 파이드루스(B.C. 15~A.D. 50) 로마 우화 시인
- 높이 올라서면 반드시 더 심하게 넘어진다. _《홍루몽》
- 만일 듣기 좋은 말만 듣고 하고 싶은 일만 한다면, 이것은 자기 몸을 잡아 독약 속에 파묻는 것이다. _《채근담》
- 미루는 사람은 언제나 파멸과 씨름하고 있다.
  _헤시오도스(B.C. 8세기경) 그리스 시인
- 번영은 바보들을 파멸시키고 현자들을 위험하게 만든다.
  _H. G. 본(1796~1884) 영국 출판업자
- 소인은 *물욕으로, 군자는 명예욕으로 파멸한다.
  _장자(B.C. 369?~B.C. 289?) 중국 전국 시대 송나라 사상가
- 우리는 자주 우리의 적에게 우리 자신이 파멸되게 하는 수단을 제공하기도 한다. _이솝(B.C. 620?~B.C. 560?) 그리스 우화 작가 《이솝 이야기》
- 운명이 누군가를 파멸시키려 할 때는 그의 이해력의 눈부터 멀게 만든다. _J. G. 프레이저(1854~1941) 영국 인류학자
- 위대한 인물이거나 평범한 인물이거나 모두 자기 자신을 파멸로 이끄는 것은 자기 손이다.
  _O. F. O. W. 와일드(1854~1900) 아일랜드 시인, 극작가 《옥중기》

- 일반 사람은 정신을 억누르는 육체 때문에, 학자는 육체를 지나치게 억누르는 정신 때문에 파멸한다.

  _G. C. 리히텐베르크(1742~1799) 독일 물리학자, 작가

- 작은 구멍이 배를 침몰시키고, 죄 한 가지가 사람을 파멸시킨다.

  _J. 버니언(1628~1688) 영국 성직자, 작가

- 진리를 위해 죽어야만 할 때 안전하게 지내는 것은 영혼이 파멸한 것이다. _R. 바인스(1600?~1656?) 영국 성직자
- 흥하는 것은 모두 망할 것이다.

  _G. 살루스티우스(B.C. 86~B.C. 35?) 로마 역사가

속담

- 개미는 사탕으로 죽는다. (자신이 좋아하는 것이 지나치면 그로 인해 자신을 파멸시킬 수 있다는 뜻) _프랑스
- 돈은 많은 사람을 파멸시킨다. _서양
- 바보가 성공하면 성공이 그를 파멸시킨다. _서방
- 신이 어떤 사람을 파멸시키려고 할 때는 우선 그 사람을 미치게 만든다. _서양
- 진리를 말해서 파멸한 사람은 없다. _인도

키워드 정보 BOX

파멸에 이르는 문, 게이트

'문'이란 뜻의 게이트에는 또 다른 의미가 있다. 1972년 6월, 미국 닉슨 대통령의 재선을 위해 대통령 보좌관의 비밀 공작팀이 워싱턴의 워터게이트 호텔에 있는 상대 정당의 본부에 도청 장치를 설치하려다 실패했다. 이 사실이 드러나서 결국 닉슨은 대통령직에서 물러났다. 이로부터 게이트가 정부나 정치가들이 권력을 차지하기 위해 정치적으로 올바르지 못한 행동을 하는 경우를 뜻하는 말이 되었다. 게이트는 파멸로 가는 지름길인 셈이다.

워터게이트 사건으로 대통령 자리에서 물러난 닉슨.

판단

判斷

사물을 인식하여 논리나 기준 등에 따라 판정을 내림.

명언 명문

*졸속 | 어설프고 빠름. 또는 그런 태도.

- 개개인에 대한 후세의 판단이 당시의 판단보다 옳은 이유는 그들이 이미 죽어 버렸기 때문이다. _F. 카프카(1883~1924) 독일 소설가
- 냉철한 판단 하나는 *졸속으로 이루어진 천 번의 회의보다 낫다. _T. W. 윌슨(1856~1924) 미국 제28대 대통령
- 다수의 판단이 항상 옳은 것은 아니다. 그들은 소수와 마찬가지로 잘못 판단한다. _J. 드라이든(1631~1700) 영국 시인, 극작가
- 사람들은 대체로 그 내면의 심성보다 외모로 판단하기 쉽다. 눈은 누구에게나 다 있지만, 통찰력을 가진 사람은 드물기 때문이다. _N. 마키아벨리(1469~1527) 이탈리아 사상가, 역사학자
- 사람들은 자기 일보다 남의 일을 더 잘 보고 더 잘 판단한다. _P. 테렌티우스(B.C. 185?~B.C. 159?) 로마 극작가
- 사람은 누구나 자신의 기억력에 관해서는 불평하지만, 아무도 자신의 판단에 관해서는 불평하지 않는다. _F. 라로슈푸코(1613~1680) 프랑스 작가 《잠언과 고찰》
- 사람은 타인에게서 아무것도 얻으려고 하지 않을 때에만 대체로 그를 정확하게 관찰하고 판단한다. _C. 힐티(1833~1909) 스위스 사상가, 법률가
- 어떤 사건을 당해서 판단력이 결핍되지 않았으면 기억력이 쇠퇴해도 큰일은 없다. _J. W. 괴테(1749~1832) 독일 시인, 소설가, 극작가
- 우리의 판단은 시계와 같다. 시계마다 같은 시각을 가리키지 않는데 누구나 자기 시계를 믿고 있다. _A. 포프(1688~1744) 영국 시인 《비평에 대하여》

▶ 적은 슬픔은 많은 사랑을 드러내지만 지나친 슬픔은 판단력의 결핍을 드러낸다. _W. 셰익스피어(1564~1616) 영국 극작가, 시인

▶ 추리하는 능력은 모두 갖고 있지만, 판단하는 능력은 소수 사람들만 갖고 있다. _A. 쇼펜하우어(1788~1860) 독일 철학자

▶ 친구를 보고 그 사람을 판단할 수 있는 것과 같이 적을 알면 그 사람도 판단할 수 있다. _J. 콘래드(1857~1924) 영국 소설가

▶ 판단을 내리기 위해서는 우리가 선택할 수 있는 몇 가지 방법이 제시되어 있어야 한다. 어느 하나를 두고 단순히 '네', '아니오' 밖에 할 수 없는 것이면 도저히 판단이라고는 할 수 없다.

_P. F. 드러커(1909~2005) 미국 경영학자 《경영자의 조건》

▶ 판단을 보류하는 것을 배우는 가장 좋은 훈련은 철학이다.

_B. A. W. 러셀(1872~1970) 영국 철학자, 수학자

속담

▶ 껍질을 보고 나무를 판단할 수는 없다. _이탈리아

▶ 눈은 있어도 망울이 없다. (사물을 보고도 선악 및 옳고 그름을 올바로 판단할 줄 모른다는 말) _한국

▶ 덮어놓고 열넉 냥 금. (내용을 살피지 않고 아무렇게나 판단하는 행동을 이르는 말) _한국

▶ 뜨거운 국에 맛 모른다. (급한 경우에는 정확하게 판단을 내리기가 어렵다는 뜻) _한국

▶ 마음을 보고 사람을 판단하라. _서양

▶ 사람은 누구나 자기를 척도로 해서 남을 판단한다. _영국

▶ 잎이 아니라 열매를 보고 나무를 판단하라. _로마

▶ 자기 의견에만 전적으로 의존하지 않는 사람은 훌륭한 판단력이 있는 사람이다.

_서양

▶ 판단을 내리기 위해서는 양쪽에 같은 귀를 가져야 한다. _독일

▶ 한 가지 행위로 그 사람의 좋고 나쁨을 결정짓지 못한다. _영국

지식 쑥쑥

한자 숙어

부지경중(不知輕重) 무겁고 가벼운 것을 모른다는 뜻으로, 판단을 그르침을 이름.

속단(速斷) 신중을 기하지 않고 서둘러 내리는 판단.

패배 敗北

싸움이나 겨루기에서 짐.

명언 명문

- 가장 위대한 승리는 패배다. _H. J. 입센(1828~1906) 노르웨이 극작가
- 만일 머리에 패배감이 떠오르거든 그런 생각에서 몸을 피해 버려라. 패배를 생각하면 실제로도 패배당하기 쉽기 때문이다. 패배란 있을 수 없다는 태도가 중요하다. _N. V. 필(1898~1993) 미국 성직자
- 모든 승리는 패배로 변한다. _S. 보부아르(1908~1986) 프랑스 소설가, 평론가
- 선한 사람은 사악한 수단으로 불의를 물리치기보다는 자신이 패배하는 쪽을 선호한다. _G. 살루스티우스(B.C. 86~B.C. 35?) 로마 역사가
- 승리는 천 명의 아버지가 있지만 패배는 고아다. _J. F. 케네디(1917~1963) 미국 제35대 대통령
- 승리만 알고 패배를 모르면 자기 몸을 해친다. _도쿠가와 이에야스(1543~1616) 일본 에도 시대 장군
- 승리와 패배는 우리의 마음에 있다. _H. W. 롱펠로(1807~1882) 미국 시인
- 승리하면 조금 배울 수 있고, 패배하면 모든 것을 배울 수 있다. _C. 매튜슨(1880~1925) 미국 야구 선수
- 알맞은 시간 안에 필요한 사전 조치를 취하지 않은 사람에게는 패배가 있을 뿐이다. _R. 아문센(1872~1928) 노르웨이 탐험가
- 앞을 내다보지 못하는 자는 이미 패배자다. _나폴레옹 1세(1769~1821) 프랑스 황제
- 어떤 패배에는 승리 이상의 승리가 있다. _M. E. 몽테뉴(1533~1592) 프랑스 사상가 《수상록》
- 우리는 전쟁 없는 패배를 견디어 왔다. _W. L. S. 처칠(1874~1965) 영국 정치가

J. F. 케네디

- 우리는 패배의 가능성에 관심이 없다. 패배란 존재하지 않는다.

  _빅토리아(1819~1901) 영국 왕

- 인간은 패배하도록 만들어지지는 않았다. 인간은 죽을 수는 있어도 패배하지는 않는다. _E. M. 헤밍웨이(1899~1961) 미국 소설가
- 전쟁에서는 어느 편이 스스로를 승자라고 부를지라도 승리자는 하나도 없고 모두 패배자뿐이다. _A. N. 체임벌린(1869~1940) 영국 수상
- 전쟁은 이겨야 한다. 왜냐하면 패배는 전쟁에서 일어날 수 있는 어떤 사태보다도 더 비참한 사태를 초래하기 때문이다.

  _E. M. 헤밍웨이(1899~1961) 미국 소설가

- 패배가 축복이라면 그것은 참으로 잘 위장된 것이다.

  _W. L. S. 처칠(1874~1965) 영국 정치가

- 패배는 분별과 집중을 가져다준다. 그것은 고상하게 하며 강하게 해 준다. _H. H. 엘리스(1859~1939) 영국 심리학자
- 패배를 극복하는 방법을 배워야 한다. 그럴 때에 당신의 인격이 향상된다. _R. 닉슨(1913~1994) 미국 제37대 대통령

속담

- 끈기 있게 기다리는 자는 패배자가 아니다. _서양
- 망설이는 자는 패배한다. _서양
- 승부에 강한 사람도 패배하면 그만이다. _영국
- 패배한 자에게 비참함 외에 무엇이 있겠는가? _로마

고사성어

▷ 패군지장 불가이언용(敗軍之將不可以言勇)

싸움에 진 군대의 장수는 용기에 대해 말하지 않는다는 뜻으로, 실패한 사람은 그 일에 대해 구구하게 변명하지 않는다는 말이다. 한신은 포로로 잡혀 온 조나라 이좌거의 인물됨을 알고 그를 스승으로서 극진하게 대우하였다. 어느 날 한신이 연나라와 제나라를 정복하기 위한 대책을 이좌거에게 물었다. 그러자 이좌거가 "패배한 나라의 장군은 용기에 대해 말하지 않는 법인데, 어찌 중대사를 논할 자격이 있겠습니까?"라고 대답한 데서 유래한다.

_《사기》 회음후열전

인생

편견 偏見

공정하지 못하고 한쪽으로 치우친 생각.

명언 명문

*인습 | 이전부터 전하여 내려오는 습관. 또는 예전의 풍습, 습관, 예절 따위를 그대로 따름.

▶ 같은 일을 정당하게 보는 사람이 있는가 하면 부당하게 느끼는 사람이 있고, 아름답게 보는 사람이 있는가 하면 추하게 느끼는 사람이 있다. 어떤 사람에게 슬기로운 것도 다른 사람에게는 어리석게 보인다. _R. W. 에머슨(1803~1882) 미국 사상가, 시인 《수필집》

▶ 내가 약속할 수 있는 것은 편견이 없는 사람이 아니라 정직한 사람이 되겠다는 것이다. _J. W. 괴테(1749~1832) 독일 시인, 소설가, 극작가

▶ 누구나 자신의 시야의 한계를 세계의 한계로 간주한다.

_A. 쇼펜하우어(1788~1860) 독일 철학자

▶ 당신의 편견을 강조하기 위해서 남의 말을 엉터리로 인용하지는 마라. _B. 클라크(1932~) 영국 극작가

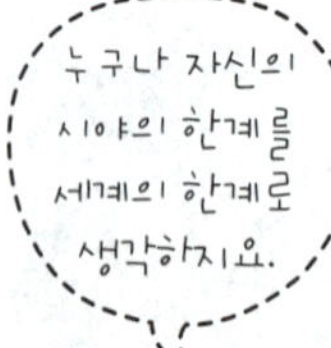

▶ 묵은 편견은 새 편견보다 덜 해롭다. 묵은 것은 햇수를 거듭할수록 닳고 지워져서 거의 죄 없는 것이 되었기 때문이다.

_A. 프랑스(1844~1924) 프랑스 작가 《에피쿠르의 정원》

▶ 사람들은 모두 편견을 비난하지만 누구나 편견에 물들어 있다.

_H. 스펜서(1820~1903) 영국 철학자, 사회학자

A. 쇼펜하우어

▶ 사람들은 자기가 좋아하는 것은 신기한 것이고 싫어하는 것은 썩은 것이라고 하지만 썩은 것이 신기한 것으로, 신기한 것이 썩은 것으로 변하고 만다. _장자(B.C. 369?~B.C. 289?) 중국 전국 시대 송나라 사상가

▶ 사람을 크고 작은 방에 비유한다면 대부분은 자기 방의 한 구석밖에 모른다. _R. M. 릴케(1875~1926) 독일 시인

▶ 세상에는 가끔 편견과 *인습의 사슬에 얽매인 사람들이 있다. 이러한 인간이 지배권을 잡으면 자기들의 위치를 확보하고, 다른 사

람들을 배척한다. _V. W. V. 고흐(1853~1890) 네덜란드 화가

- 인간들의 편견만큼 끈질긴 것은 없다. _W. 필립스(1811~1884) 미국 개혁가
- 자기의 고향을 한 번도 떠나 보지 못한 사람은 편견덩어리이다. _C. 골도니(1707~1793) 이탈리아 극작가
- 정의를 따른다면 가난한 자들에 대한 동정이나 부자들에 대한 옹호라는 편견을 가져서는 안 된다. _M. 헤일(1609~1676) 영국 법률가
- 편견은 무지의 자식이다. _W. 해즐릿(1778~1830) 영국 평론가, 수필가
- 편견은 문명을 떠받치는 기둥이다. _A. P. G. 지드(1869~1951) 프랑스 소설가, 평론가 《사전꾼》
- 편견은 아무 때 버려도 늦지 않다. _H. D. 소로(1817~1862) 미국 사상가, 수필가
- 편견은 판단을 갖지 않는 의견이다. _볼테르(1694~1778) 프랑스 사상가 《철학사전》
- 편견이란 어리석음의 으뜸이다. _볼테르(1694~1778) 프랑스 사상가
- 편견이란 이렇다 할 뚜렷한 생활 수단이 없는 방랑자와 같은 의견이다. _A. G. 비어스(1842~1914) 미국 소설가, 신문 기자 《악마의 사전》

속담

- 각자의 안경으로 세상을 본다. _네덜란드
- 검은 안경 끼고 흰 눈을 보면 희지 않다. _중국
- 고운 사람 미운 데 없고, 미운 사람 고운 데 없다. _한국
- 당나귀에게는 당나귀가, 돼지에게는 돼지가 아름답다. _영국
- 먼저 들어간 것이 중요한 것이다. (어떤 말이나 사상을 받아들인 다음에는 꼭 그것만을 옳은 것으로 생각한다는 뜻) _중국
- 무식한 자는 논쟁에 지지 않는다. (무식한 사람은 자기의 편견을 가지고 남의 의견을 잘 받아들이지 않으며 억지를 부린다는 말) _일본
- 색안경을 끼고 있다. (편견을 가지고 사람을 대하거나 일을 처리한다는 뜻) _중국
- 안경이 두꺼우면 두꺼울수록 진실은 희미해진다. _독일

지식 쑥쑥

한자 숙어

선입견(先入見) 어떤 대상에 대하여 이미 마음속에 가지고 있는 고정적인 관념이나 관점.

평안 平安

걱정이나 탈이 없음. 또는 무사히 잘 있음.

명언 명문

*평온 | 조용하고 평안함.
*두렁 | 논이나 밭 가장자리에 두두룩하게 쌓아 만든 것.

- 마음의 참된 평안은 욕정에 굴복하는 것이 아니라 대항해야 얻어진다. _T. 켐피스(1380?~1471) 독일 사상가, 수도사
- 마음이 온화하고 기질이 *평온한 사람에게는 모든 복이 저절로 몰려온다. _《채근담》
- 명성의 나팔이 가련한 사람의 이름을 널리 알리면 그는 평온함을 영영 잃는다. _볼테르(1694~1778) 프랑스 사상가
- 우리가 남의 말과 행동에 아랑곳하지 않는다면 마음은 훨씬 평온해질 것이다. _T. 켐피스(1380?~1471) 독일 사상가, 수도사
- 참다운 마음의 평화는 최악의 상태를 감수하는 데서 얻어지며, 이는 또 심리학적으로 에너지의 해방을 의미한다. _린위탕(1895~1976) 중국 작가 《생활의 발견》
- 평온한 상태 밑에는 정복된 자들의 불행이 언제나 깔려 있다. _D. 그레이슨(1870~1946) 미국 언론인, 평론가

한자 숙어

국태민안(國泰民安) 나라가 태평하고 백성이 편안함.
안여반석(安如磐石) 마음이 반석과 같이 편안하고 든든하여 위태함이 없음.
포식난의(飽食暖衣) 배불리 먹고 따뜻하게 입는다는 뜻으로, 근심 없이 편안하게 지냄을 이르는 말.

- 행복은 마음이 평안해야 유지된다. _M. T. 키케로(B.C. 106~B.C. 43) 로마 정치가, 학자

속담

- 나라가 편해야 신하가 편하다. _한국
- 다리 뻗고 잔다. (걱정이 없다는 말) _한국
- *두렁에 누운 소. (평안하고 팔자가 좋다는 말) _한국
- 평온한 것이 흰 빵보다 낫다. _스위스

拋棄 포기

하려던 일을 도중에 그만두어 버림.

명언 명문

- 다음으로 연기하는 것은 절반은 포기하는 것이다.

  _P. 코르네유(1606~1684) 프랑스 시인, 극작가

- 달성하겠다고 결심한 목적을 단 한 번의 패배 때문에 포기하지는 마라. _W. 셰익스피어(1564~1616) 영국 극작가, 시인

- 도끼의 날이 없어졌다고 자루마저 버리지 마라.

  _J. A. 바이프(1532~1589) 프랑스 시인 《세태인정, 교훈, 속담》

- 사람이 어떤 입장을 포기하는 것은, 또 하나의 다른 입장을 취함으로써 무엇을 느낄 것인가를 알아보기 위해서이다.

  _C. P. 보들레르(1821~1867) 프랑스 시인 《발가숭이의 마음》

- 사소한 일시적 안전을 도모하기 위해 기본적 자유를 포기하는 사람은 자유도 안전도 누릴 자격이 없다.

  _B. 프랭클린(1706~1790) 미국 정치가, 과학자

- 사회를 개혁하는 임무를 포기하는 것은 자유인의 책임을 포기하는 것이다. _A. S. 페이턴(1903~1988) 남아프리카 공화국 소설가

- 실패한 뒤에 혹시 성공을 거두는 경우도 있으니, 일이 뜻대로 안 되는 경우에도 곧 포기해서는 안 된다. _《채근담》

속담

- 기도하기를 그만두는 사람은 더 이상 번영하지 못한다. _서양
- 말에 같이 타면 집까지, 도와주려면 끝까지. _몽골
- 일을 결코 중도에서 멈추지 마라. _서양
- 자기 자리를 떠나는 사람은 그 자리를 잃는다. _프랑스

표리

表裏

물체의 겉과 속 또는 안과 밖을 통틀어 이르는 말. 또는 겉으로 드러나는 언행과 속으로 가지는 생각을 통틀어 이르는 말.

명언 명문

- 겉으로는 위엄을 차리지만 속으로 비겁한 자는 도둑이나 다름없는 소인배다. _공자(B.C. 551~B.C. 479) 중국 춘추 시대 노나라 사상가
- 나는 겉은 뚱뚱하지만 속은 홀쭉하다. 커다란 돌덩이마다 그 안에 석상이 있듯이 뚱뚱한 사람은 누구나 그 안에 홀쭉한 사람이 들어 있다. _G. 오웰(1903~1950) 영국 소설가
- 사람들은 겉보기와 항상 일치하는 것은 아니다. _G. E. 레싱(1729~1781) 독일 극작가, 평론가
- 야망 때문에 많은 사람이 겉과 속이 달라져서 생각과 말이 서로 달랐다. _G. 살루스티우스(B.C. 86~B.C. 35?) 로마 역사가

속담

- 겉 다르고 속 다르다. (행동과 생각이 다르다는 말) _한국
- 금돈도 안팎이 있다. (아무리 훌륭한 것이라도 좋고 나쁨의 구별이 있다는 말) _한국
- 솥은 검어도 밥은 검지 않다. (겉이 훌륭해 보이지 않아도 속은 훌륭한 경우를 이르는 말) _한국
- 한 장의 종이에도 겉과 속이 있다. (사물에는 겉뿐 아니라 속사정이 있으므로 살펴볼 필요가 있다는 말) _일본
- 호랑이 얼룩은 겉에 있고 사람 모습은 속에 있다. _티베트

한자 숙어

표리부동(表裏不同) 마음이 음흉하고 불량하여 겉과 속이 다름.

관용어

표리가 없다(있다) _ 말과 행동이 속마음과 똑같다(다르다).

핑계

내키지 않는 사태를 피하거나 사실을 감추려고 방패막이가 되는 다른 일을 내세움.

명언 명문

- 배우려 해도 시간이 없다고 하는 자는 시간이 있어도 배우지 못할 것이다. _《회남자》
- 시간을 탓하는 것은 핑계를 대는 것에 불과하다. _T. 풀러(1654~1734) 영국 의사, 작가
- 자살하는 사람은 누구나 그럴듯한 핑계가 있다. _C. 파베세(1908~1950) 이탈리아 시인, 소설가
- 전쟁의 유일한 핑계는 우리가 온전한 몸으로 평화롭게 살겠다는 것이다. _M. T. 키케로(B.C. 106~B.C. 43) 로마 정치가, 학자
- 핑계를 대려고 하면 얼마든지 있다. _C. 골도니(1707~1793) 이탈리아 극작가
- 핑계를 잘 대는 사람은 거의 좋은 일을 하나도 해내지 못한다. _B. 프랭클린(1706~1790) 미국 정치가, 과학자

속담

- 늑대는 양을 잡아먹을 구실이 언제나 있다. _서양
- 물고기가 말하기를 "할 말은 많은데 입에 물이 가득 들어서 못 한다."라고 한다. _그루지야
- 춤추기 싫은 사람은 땅이 질다고 한다. _말레이시아
- 타조는 날아야 할 때는 "나는 낙타다."라고 하고, 짐을 져야 할 때는 "나는 새다."라고 한다. _터키
- 핑계 없는 무덤이 없다. _한국
- 활을 당기어 콧물을 씻는다. (꼭 하고 싶은 일이 있던 차에 좋은 핑계가 생겨 그 일을 한다는 말) _한국

한계

限界

사물이나 능력, 책임 따위가 실제 작용할 수 있는 범위. 또는 그런 범위를 나타내는 선.

명언 명문

*광증 | 정신에 이상이 생겨 일어나는 미친 증세.

- 가능성의 한계를 발견하는 유일한 방법은 그 한계를 넘어 불가능으로 들어가는 것이다. _A. C. 클라크(1917~2008) 영국 공상 과학 소설 작가
- 가장 뛰어난 지능은 그 자체의 한계 때문에 가장 큰 괴로움을 당한다. _A. P. G. 지드(1869~1951) 프랑스 소설가, 평론가
- 경험은 한계도 끝나는 법도 결코 없는 것이다. _H. 제임스(1843~1916) 미국 소설가
- 고통에는 한도가 있으나 공포에는 한도가 없다. _G. 플리니우스 2세(61?~113?) 로마 법률가, 정치가 《서한집》
- *광증과 고통은 한계를 모른다. _G. 산타야나(1863~1952) 미국 철학자, 시인
- 보답이 가능하다고 보이는 범위 안에서만 남의 혜택을 받아들이는 것이 좋다. 그 한계를 넘으면 혜택은 오히려 감사 대신에 증오를 부채질한다. _C. 타키투스(56?~120?) 로마 역사가, 정치가
- 불운은 행운이 깃들이는 곳이고 행운은 불운이 숨어 있는 곳이니 누가 그 한계를 알 수 있겠는가? _노자(B.C. 604?~?) 중국 춘추 시대 초나라 사상가
- 사람이 불행을 견디는 데는 어떤 한계가 있는데 그 한계를 넘은 불행은 그를 파멸 또는 마비시킨다. _J. W. 괴테(1749~1832) 독일 시인, 소설가, 극작가
- 어느 누구든 그의 지식은 자기 경험의 한계를 넘을 수 없다. _J. 로크(1632~1704) 영국 철학자
- 어느 지점에서부터는 결코 되돌아갈 수 없다. 그 지점에 이르러야 한다. _F. 카프카(1883~1924) 독일 소설가

F. 카프카

▶ 어떠한 일에 대해서든지 희망을 갖는 것은 절망하는 것보다는 낫다. 가능한 것의 한계를 재는 일은 아무나 할 수 없는 일이니까.

_J. W. 괴테(1749~1832) 독일 시인, 소설가, 극작가

▶ 여성은 사랑에 한계가 없다고 주장하고, 남성은 사랑에 한계가 있다고 주장한다. _H. M. 몽테를랑(1896~1972) 프랑스 소설가, 극작가 《젊은 아씨들》

▶ 인간은 새장 속의 새처럼 자유롭다. 어떤 한계 안에서 움직일 수가 있기 때문이다. _J. K. 라바터(1741~1801) 스위스 신학자, 시인

▶ 자기의 무가치함, 적은 힘을 자각하는 데도 *오욕의 일정한 한계가 있어서 그보다 앞으로는 걸어 나갈 수가 없다. 이 한계를 벗어나기만 하면 인간은 자신의 오욕 속에 위대한 쾌감을 느끼기 시작한다. _F. M. 도스토옙스키(1821~1881) 러시아 소설가 《백치》

▶ 자연은 인간에게 사물들의 한계에 관하여 어떠한 인식도 주지 않았다. _M. T. 키케로(B.C. 106~B.C. 43) 로마 정치가, 학자

▶ 즐기는 것도 한계가 있어야만 한다. *격정에 휩쓸려 지나치면 수치를 당하므로 조심해야만 한다.

_M. T. 키케로(B.C. 106~B.C. 43) 로마 정치가, 학자

*오욕 | 명예를 더럽히고 욕되게 함.
*격정 | 강렬하고 갑작스러워 누르기 힘든 감정.
*굴우물 | 아주 깊은 우물.
*범벅 | 곡식 가루를 된풀처럼 쑨 음식.

속담

▶ *굴우물에 돌 넣기. (무슨 일을 아무리 하여도 한이 없다는 뜻으로 이르는 말) _한국

▶ 돈이면 무엇이나 다 살 수 있는 것은 아니다. _이탈리아

▶ 뻗어 가는 칡도 한이 있다. (무엇이든 일정한 한계가 있음을 이르는 말) _한국

▶ 아비 아들 *범벅 금 그어 먹어라. (아무리 가까운 사이라도 한계를 분명히 해야 함을 이르는 말) _한국

▶ 토끼는 달릴 수는 있으나 안장을 놓을 수는 없다. (사람의 능력에는 한계가 있다는 말) _세네갈

▶ 하늘도 끝 갈 날이 있다. (무엇이나 끝이 있다는 말) _한국

지식 쑥쑥

한자 숙어

모연추초(暮烟秋草) 저녁 연기와 가을 풀이라는 뜻으로, 한계에 이르렀음을 비유한 말.

분토지기 불성기고(畚土之基 不成其高) 한 삼태기의 흙으로 닦은 터에 높은 집을 지을 수 없듯이 무엇이나 한계가 있다는 말.

인생

행복

幸福

마음에 차지 않거나 모자라는 것이 없어 기쁘고 넉넉하고 푸근함. 또는 그런 상태.

명언 명문

▶ 가장 큰 행복은 불행의 원천을 아는 것이다.

_F. M. 도스토옙스키(1821~1881) 러시아 소설가

▶ 가장 큰 행복은, 한 해의 마지막에 지난해의 처음보다 훨씬 나아진 자신을 느끼는 것이다. _L. N. 톨스토이(1828~1910) 러시아 소설가, 사상가

▶ 가장 행복한 사람이란 가장 적게 고통을 받고 있는 사람이며, 가장 비참한 사람이란 가장 적게 쾌락을 느끼고 있는 사람이다.

_J. J. 루소(1712~1778) 프랑스 작가, 사상가 《에밀》

▶ 건강과 지능은 삶의 두 가지 행복이다.

_메난드로스(B.C. 342?~B.C. 292?) 그리스 극작가

▶ 나는 미래에 대해서 행복보다는 오히려 그곳에 도달하기 위한 노력을 구하였으며, 이미 행복과 덕을 하나로 생각하고 있었다.

_A. P. G. 지드(1869~1951) 프랑스 소설가, 평론가 《좁은 문》

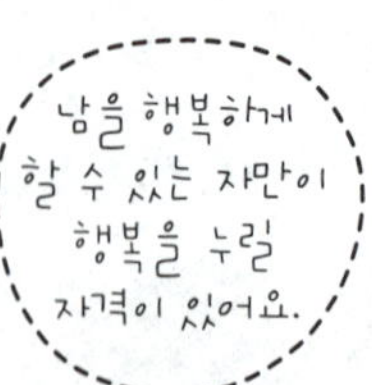

▶ 남을 행복하게 할 수 있는 자만이 또한 행복을 얻는다.

_플라톤(B.C. 428?~B.C. 347?) 그리스 철학자

플라톤

▶ 누구의 행복이든 모두 남의 불행 위에 이루어진 것이다.

_I. S. 투르게네프(1818~1883) 러시아 소설가

▶ 능력과 욕망이 평형을 이루고 있는 사람일수록 절대적으로 행복한 사람이라고 할 수 있다. _J. J. 루소(1712~1778) 프랑스 작가, 사상가

▶ 모두 함께 행복한 운명이란 없다. _Q. 호라티우스(B.C. 65~B.C. 8) 로마 시인

▶ 모든 사람이 행복해질 때까지는 아무도 완전히 행복해질 수 없다.

_H. 스펜서(1820~1903) 영국 철학자, 사회학자

▶ 미래의 행복을 확보하는 가장 확실한 방법은 오늘 허락된 행복을

오늘 한껏 누리는 것이다. _C. W. 엘리엇(1834~1926) 미국 교육자

▶ 사람들이 행복한 것은 몸이나 돈 때문이 아니라 올바른 마음과 지혜로움에 있다. _데모크리토스(B.C. 460?~B.C. 370?) 그리스 철학자

▶ 사람은 행복해지기로 결심하고 있는 한 행복하다. 아무것도 그를 막지 못한다. _A. I. 솔제니친(1918~2008) 러시아 소설가

▶ 사소한 것들이 유한한 인생의 행복이나 불행을 초래한다.

_A. 스미스(1723~1790) 영국 경제학자, 철학자

▶ 우리들의 시야, 활동 범위, 접촉 범위가 좁을수록 우리들의 행복은 크다. 반대로 그것들이 넓을수록 우리는 고뇌와 불안을 많이 느낀다. _A. 쇼펜하우어(1788~1860) 독일 철학자 《행복을 위한 금언》

▶ 인간만이 자신의 행복을 창조한다.

_A. P. 체호프(1860~1904) 러시아 소설가, 극작가

▶ 인간의 더없는 행복은 어쩌다 있을까 말까 하는 큰 행운으로 이루어지는 것이 아니라 매일 일어나는 작고 기쁜 일에서 얻는다.

_B. 프랭클린(1706~1790) 미국 정치가, 과학자 《자서전》

▶ 인간의 최대 행복은 날마다 덕에 대해 말을 주고받는 것이다.

_소크라테스(B.C. 469~B.C. 399) 그리스 철학자

▶ 일에서 행복을 얻으려면 그 일이 자기에게 맞아야 하고 일이 너무 많아서는 안 되며 일에서 성취감을 느껴야 한다.

_J. 러스킨(1819~1900) 영국 미술 평론가

▶ 자기 자신을 있는 그대로 아는 사람은 행복하다.

_T. 풀러(1654~1734) 영국 의사, 작가

▶ 참다운 행복은 우리들이 어떻게 끝을 맺느냐 하는 것이 아니라 어떻게 시작하느냐 하는 문제이다. 또 우리들이 무엇을 소유하느냐가 아니라 무엇을 바라느냐의 문제이다.

_R. L. B. 스티븐슨(1850~1894) 영국 소설가, 시인

▶ 참된 행복은 잘 정착하지 않는다. 좀처럼 발견되지 않지만 어느 곳에나 있다. 돈으로도 살 수 없지만 언제든 구할 수는 있다.

_A. 포프(1688~1744) 영국 시인

▶ 쾌락은 몽상으로 얻을 수 있지만 행복은 현실에 뿌리박혀 있다.

_S. R. N. 샹포르(1741~1794) 프랑스 극작가 《성찰 · 잠언 · 일화》

*권태 | 어떤 일이나 상태에 시들해져서 생기는 게으름이나 싫증.

▶ 행복에는 날개가 있다. 따라서 붙들어 둘 수가 없다.

_J. C. F. 실러(1759~1805) 독일 시인, 극작가

▶ 행복은 머물러 있지 않고 지나가 버린다.

_에우리피데스(B.C. 484?~B.C. 406?) 그리스 시인

▶ 행복은 자기 안에 있다.

_A. M. T. S. 보에티우스(470?~524) 이탈리아 신학자, 철학자 《철학의 위안》

▶ 행복은 자기의 분수를 알고 그것을 사랑하는 것이다.

_R. 롤랑(1866~1944) 프랑스 소설가, 사상가

▶ 행복은 재산이 가져다주는 것이 아니라 재산을 사용함으로써 얻는 것이다. _M. 세르반테스(1547~1616) 에스파냐 소설가 《돈키호테》

▶ 행복을 잃기는 너무 쉽다. 왜냐하면 행복이란 언제나 분에 넘치는 것이기 때문이다. _A. 카뮈(1913~1960) 프랑스 소설가, 극작가

▶ 행복을 잃을 수 있는 한 그래도 우리는 행복을 가지고 있다는 말이 된다. _N. B. 타킹턴(1869~1946) 미국 소설가, 극작가

▶ 행복을 자기 집에서 찾기는 어렵지만 그것을 다른 곳에서 찾기는 불가능하다. _S. R. N. 샹포르(1741~1794) 프랑스 극작가 《성격과 일화》

▶ 행복을 추구하는 것도 중요하지만 행복을 누릴 자격이 있는 사람이 되는 것이 더 중요하다. _I. 칸트(1724~1804) 독일 철학자 《인생을 말한다》

▶ 행복의 두 가지 적은 고통과 *권태다.

_A. 쇼펜하우어(1788~1860) 독일 철학자

▶ 행복의 빛은 광선과 마찬가지로 깨져서 흩어지기 전에는 무색 투명하다. _H. W. 롱펠로(1807~1882) 미국 시인

▶ 행복의 원칙은 첫째, 어떤 일을 할 것, 둘째, 어떤 사람을 사랑할 것, 셋째, 어떤 일에 희망을 가질 것이다. _I. 칸트(1724~1804) 독일 철학자

▶ 행복의 크나큰 장애는 너무 크게 행복을 기대하는 데에 있다.

_B. B. 퐁트넬(1657~1757) 프랑스 사상가, 문학가 《행복론》

▶ 행복이란 습관이 된다. 그 습관을 키워라.

_E. 허버트(1583~1648) 영국 군인, 정치가, 철학자 《경구》

▶ 행복한 사람은 남을 행복하게 만들어 줄 수 있다. 남을 행복하게 해 주면 자기의 행복도 한층 더해진다.

_J. L. C. 그림(1785~1863) 독일 언어학자, 문헌학자

- 행복해지기만 바란다면 그것은 쉽게 될 수 있다. 그러나 다른 사람보다 더 행복해지기를 바란다면 그것은 언제나 어렵다.

_C. L. S. 몽테스키외(1689~1755) 프랑스 사상가

- 행복해지는 데는 두 가지 길이 있다. 욕심을 줄이거나 소유물을 늘리거나 하는 것이다. 어느 편이든 좋다.

_B. 프랭클린(1706~1790) 미국 정치가, 과학자 《자서전》

속담

- 사람은 누구나 자기 행복의 개척자이다. _서양
- 자기 스스로 행복하다고 생각하는 사람은 행복하다. _영국
- 행복은 사라진 뒤에 빛을 낸다. _영국
- 행복은 시간이 가는 줄도 모른다. _서양
- 행복은 잃고 나서 안다. _에스파냐
- 행복은 지배하지 않으면 안 되고, 불행은 극복하지 않으면 안 된다. _독일
- 행복의 계단은 미끄러지기 쉽다. _로마

한자 숙어

복과화생(福過禍生) 지나친 행복은 도리어 재앙을 가져오는 원인이 된다는 말.

키워드 정보 BOX

행복을 상징하는 파랑새

행복과 이상을 상징하는 파랑새.

〈파랑새〉는, 벨기에의 시인이며 극작가인 마테를링크가 쓴 동화극이다. 크리스마스 전날 밤, 가난한 나무꾼의 남매 치르치르와 미치르가 꿈에서 '파랑새'를 찾아다니는 이야기이다. 치르치르와 미치르 남매는 마법사 할머니로부터 병든 딸을 위해 파랑새를 찾아 달라는 부탁을 받고 회상의 나라, 밤의 숲, 행복의 나라, 미래의 나라를 모험한다. 그러나 파랑새를 끝내 찾지 못하고 꿈에서 깨어나는데, 자신들이 기르던 새장 속의 비둘기가 파랑새로 변해 있었다. 그때 남매는 행복이란 가까이에 있으며, 남을 행복하게 해 주는 데에 있다는 것을 깨닫는다. 이 동화극이 알려지면서 사람들이 추구하는 이상과 행복을 '파랑새'라고 부르게 되었다.

행운

幸運

좋은 운수. 또는 행복한 운수.

명언 명문

▶ 넘치는 행운의 순간만큼 사람이 자신의 사람됨을 드러내 보이는 때가 없다.
_L. 월리스(1827~1905) 미국 소설가 《벤허》

▶ 누구나 자기 행운의 건축가지만 이웃들이 그 건축을 감독한다.
_G. 에이드(1866~1944) 미국 극작가

▶ 당신이 행운을 잡으면 반드시 불행에 빠지는 사람도 있다.
_B. 그라시안이모랄레스(1601~1658) 에스파냐 작가

▶ 사람들의 사랑은 그들의 행운이 변하면 따라서 변한다.
_W. 셰익스피어(1564~1616) 영국 극작가, 시인

▶ 순풍에 돛 단 것과 같은 행운은 항상 위태롭게 느껴진다. 행운은 드문드문 찾아올 때 훨씬 더 안전한 것 같다.
_H. J. C. 그리어슨(1866~1960) 영국 문학가, 평론가

▶ 운명을 비웃는 자만이 행운을 손에 넣을 것이다.
_B. 디즈레일리(1804~1881) 영국 정치가, 소설가

▶ 인생을 지배하는 것은 행운이지 결코 지혜가 아니다.
_M. T. 키케로(B.C. 106~B.C. 43) 로마 정치가, 학자

▶ 행운과 사랑은 용기 있는 자와 함께 있다.
_P. N. 오비디우스(B.C. 43~A.D. 17) 로마 시인

▶ 행운은 눈먼 장님이 아니다. 대개는 부지런한 사람을 찾아가고 있다. 행운은 앉아서 기다리는 사람에게는 영원히 찾아오지 않을 것이다. 걷는 자만이 앞으로 갈 수 있다.
_G. 클레망소(1841~1929) 프랑스 정치가

M. 세르반테스

▶ 행운은 물레방아처럼 돌아서 어제 제일 높은 곳에 있던 사람이 오

늘은 밑바닥에 있다. _M. 세르반테스(1547~1616) 에스파냐 소설가

*개똥밭 | 땅이 메마른 밭.

▶ 행운은 사람에 따라서 맛있는 음식도 되지만 소화 불량에 걸리기도 한다. _B. 그라시안이모랄레스(1601~1658) 에스파냐 작가

▶ 행운은 용기 있는 자의 편이다. _P. 베르길리우스(B.C. 70~B.C. 19) 로마 시인 《전원시》

▶ 행운을 지속하기 위해서는 불행을 견디어 가는 것 이상의 큰 용기가 필요하다. _F. 라로슈푸코(1613~1680) 프랑스 작가

▶ 행운의 날은 추수하는 날과 같다. 곡식이 익었을 때 우리는 바쁘게 움직여야만 한다. _J. W. 괴테(1749~1832) 독일 시인, 소설가, 극작가

▶ 행운의 선물은 벽에 비친 그림자처럼 지나간다. _G. 초서(1342?~1400) 영국 시인

▶ 현명하고 용감한 사람은 자기 행운의 건축가이다. _T. 타소(1544~1595) 이탈리아 시인

속담

▶ *개똥밭에 이슬 내릴 때가 있다. (아무리 천하고 가난한 사람이라도 행운을 만날 날이 있다는 뜻) _한국

▶ 굴러 온 호박. (뜻밖의 좋은 물건이나 행운을 얻었다는 말) _한국

▶ 모험을 하지 않는 자는 행운을 잡지 못한다. _서양

▶ 잠자는 사람의 그물에 물고기가 걸린다. _서양

▶ 주린 고양이가 쥐를 만났다. (좋은 운수를 만났다는 뜻) _한국

▶ 지나친 행운은 불운이다. _독일

▶ 행운은 계속해서 오지 않는다. _영국

▶ 행운은 누구에게나 한 번쯤 찾아온다. _영국

▶ 행운은 자갈을 뿌려서 감자를 캐내는 것과 같다. _영국

▶ 행운의 여신은 거저 주지 않고 빌려 준다. (노력을 해야 비로소 행운을 얻을 수 있다는 말) _스웨덴

▶ 행운이 문을 두드리면 문을 열어 주어라. _독일

한자 숙어

맹귀우목(盲龜遇木) 눈먼 거북이 우연히 뜬 나무를 붙잡았다는 뜻으로, 어려운 형편에 우연히 행운을 얻게 됨을 이르는 말.

허영

虛榮

자기 분수에 넘치고 실속이 없이 겉모습뿐인 영화. 또는 필요 이상의 겉치레.

명언 명문

▶ 모든 것의 근본은 허영이다. 우리들이 양심이라고 부르는 것조차 결국은 허영의 숨겨진 싹 이외에 아무것도 아니다.

_G. 플로베르(1821~1880) 프랑스 소설가

▶ 사람은 누구나 예외 없이 허영심이 있기 때문에 남의 허영심을 몹시 미워한다.

_P. D. S. 체스터필드(1694~1773) 영국 정치가, 작가

▶ 사람은 허영심이 작용하는 경우가 아니면 말을 별로 하지 않는다.

_F. 라로슈푸코(1613~1680) 프랑스 작가

▶ 사랑보다는 허영이 여자들을 더 많이 파멸시킨다.

_데팡(1697~1780) 프랑스 문학가

▶ 어리석은 행실과 허영심은 헤어질 수 없는 반려자이다.

_P. A. C. 보마르셰(1732~1799) 프랑스 극작가 《죄 있는 어머니》

▶ 우리가 허영심을 건드리면 언제나 우리 자신이 드러나고 만다.

_C. 프라이(1907~2005) 영국 극작가

▶ 이 세상에서 가장 손상되기 쉬우면서도 정복되기 어려운 것은 인간의 허영심이다.

_F. W. 니체(1844~1900) 독일 철학자, 시인

▶ 잔혹함은 고대의 악습이고, 허영은 현대의 악습이다. 허영은 인류 최후의 질병이다.

_G. E. 무어(1873~1958) 영국 윤리학자, 철학자 《인상》

▶ 정치가는 누구나 허영심이 있다. 어떤 사람들은 다른 사람보다 그것을 노골적으로 드러내지 않을 뿐이다.

_D. M. S. 스틸(1938~) 영국 정치가, 언론인

▶ 지식인은 자신의 허영심에 항상 속고 있다.

_A. M. 린드버그(1906~2001) 미국 작가

- 티끌만 한 허영심이 산더미 같은 미덕을 무너뜨린다.
_W. G. 베넘(1859~1943) 영국 언론인
- 허영심으로 겪는 슬픔은 아무도 동정하지 않는다.
_S. 존슨(1709~1784) 영국 시인, 평론가
- 허영심은 명예가 무엇인지를 말하고, 양심은 정의가 무엇인지를 말한다. _W. S. 랜더(1775~1864) 영국 시인, 수필가
- 허영심은 모든 인간적인 것 가운데 가장 인간적인 것이다.
_미키 기요시(1897~1945) 일본 철학자, 평론가
- 허영심은 자존심이 아니라 비굴함의 표시다.
_J. 스위프트(1667~1745) 영국 소설가
- 허영심은 좀처럼 없어지지 않는다. 그것이 죽은 후에도 남아 있는 매우 끈질긴 경우들도 있다.
_R. L. B. 스티븐슨(1850~1894) 영국 소설가, 시인
- 허영심이 없는 삶은 거의 불가능하다.
_L. N. 톨스토이(1828~1910) 러시아 소설가, 사상가
- 허영은 어떤 한계를 넘으면 온갖 활동의 기쁨을 없애 버린다. 그래서 반드시 우울과 권태로 끝난다. 대체로 자신이 없는 데서 허영이 생긴다. _B. A. W. 러셀(1872~1970) 영국 철학자, 수학자 《행복의 철학》
- 허영이란 말의 뜻은 *저속한 사람에게는 떠오르지 않는다.
_G. 산타야나(1863~1952) 미국 철학자, 시인 《수필집》
- 화려한 장례식은 죽은 자의 명예보다 살아 있는 자의 허영을 위한 것이다. _F. 라로슈푸코(1613~1680) 프랑스 작가

*저속 | 품위가 낮고 속됨.

속담

- 가난할수록 기와집 짓는다. (가난한 사람이 남에게 잘 보이려고 허영을 부린다는 말) _한국
- 공작새 깃털로 몸을 치장하다. (남에게 빌린 물건으로 겉을 꾸미고 허세를 부린다는 말) _프랑스
- 아무리 격렬한 감정도 때로는 우리를 쉬게 해 주지만 허영심만은 우리의 마음을 결코 쉬게 하지 않는다. _서양
- 허영은 꽃을 피울 수 있을지언정 열매를 맺지는 못한다. _영국

인생

혈연 血緣

같은 핏줄에 의하여 연결된 인연.

명언 명문

*육친 | 할아버지나 할머니, 아버지와 어머니, 형제 등과 같이 혈족 관계가 있는 사람.

▶ 나는 할아버지가 누구인지 모른다. 나는 그의 손자가 어떤 인물이 될지에 대해 관심이 더 많다. _A. 링컨(1809~1865) 미국 제16대 대통령

▶ 내 웃옷은 내 외투보다 나에게 더 가깝다. _T. M. 플라우투스(B.C. 254?~B.C. 184) 로마 극작가, 시인

▶ 너는 조상의 죄를 속죄할 자격이 없다. _Q. 호라티우스(B.C. 65~B.C. 8) 로마 시인 《서정시집》

▶ 부모 형제 등 *육친이 갑작스러운 사고를 당했을 때는 격한 감정을 품지 말고 침착해야 한다. _《채근담》

▶ 우리 둘 사이의 차이는, 내 가문은 나로부터 시작되고 당신 가문은 당신에게서 끝난다는 것이다. _E. 버크(1729~1797) 영국 정치가, 사상가

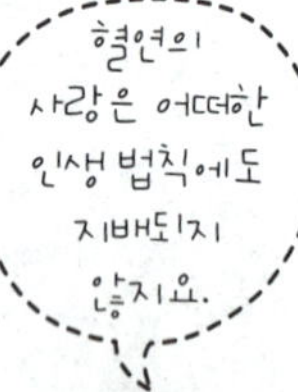

▶ 콩과 식물이 모양을 그 종자로부터 이어받고 있듯이, 우리는 혈통으로부터 사는 관념이나 죽음에 이르는 병까지 똑같이 이어받고 있다. _M. 프루스트(1871~1922) 프랑스 소설가

▶ 피는 물보다 진하다. _W. 스콧(1771~1832) 영국 시인, 소설가

▶ 피는 물보다 진하다. 어려움이 닥치면 친척들의 도움을 구하는 것이 제일 낫다. _에우리피데스(B.C. 484?~B.C. 406?) 그리스 시인

▶ 한 핏줄인 형제끼리의 싸움만큼 끔찍한 것도 없다. _아리스토텔레스(B.C. 384~B.C. 322) 그리스 철학자

H. J. 입센

▶ 혈연은 애정이 가해지면 강해진다. _아이스킬로스(B.C. 525~B.C. 456) 그리스 시인

▶ 혈연의 사랑만은 인생 변화의 법칙에 지배되지 않는 유일한 관계이다. _H. J. 입센(1828~1906) 노르웨이 극작가

- 혈통, 재산, 가문을 자랑하면서도 친척들을 경멸하는 것은 파멸에 이르는 문이다. _《수타니파타》

속담

- 가을볕에는 딸을 쬐고 봄볕에는 며느리를 쬔다. (봄볕을 쬐면 살이 타고 거칠어지므로 며느리보다 딸을 더 위한다는 말) _한국
- 모든 핏줄은 똑같이 오래된 것이다. _서양
- 몽둥이로 쳐도 물은 갈라지지 않는다. (피로 맺어진 관계는 그 결집력이 강해 떨어질 수 없다는 뜻) _파키스탄
- 물은 잘라도 잘라지지 않는다. (물을 자를 수 없듯이 혈연도 끊을 수 없다는 뜻) _캄보디아
- 뿌리 없는 나무가 없다. (모든 나무에 뿌리가 있듯이 사람은 누구나 그 뿌리인 혈통이 있다는 말) _한국
- 수세미씨는 무가 되지 않는다. (핏줄은 어쩔 수 없다는 뜻) _일본
- 씨도둑은 못 한다. (부모의 혈통을 속일 수 없다는 말) _한국
- 정승 날 때 강아지 난다. (훌륭한 사람이 나면 훌륭하지 못한 사람도 따라서 난다는 말) _한국
- 좋은 개는 혈통대로 사냥을 한다. _프랑스
- 친구는 땀을 닦아 주지만 피는 닦아 주지 않는다. (혈연은 우정보다 확고하다는 뜻) _코트디부아르
- 팔이 안으로 굽지 밖으로 굽나. (자기 혹은 가까운 사람에게 정이 다 쏠리거나 유리하게 일을 처리함은 당연하다는 말) _한국
- 피가 말할 것이다. (혈통이 좋고 나쁨에 따라 사람의 성품이나 행동이 좌우된다는 뜻) _미국, 영국
- 피는 물이 될 수 없다. (혈연으로 맺어진 친족 간의 사랑은 매우 강하다는 뜻) _그리스
- 피를 나눈 자식. _일본
- 핏줄은 속일 수 없다. (훌륭한 혈통은 훌륭한 자손을 낳는다는 뜻) _프랑스
- 혈통은 부인할 수 없다. _프랑스
- 혈통이 아니라 정신이 사람을 고귀하게 만든다. _독일

형제 兄弟

형과 아우를 아울러 이르는 말.

명언 명문

▶ 사납고 험한 파도를 함께 넘은 뒤에야 비로소 형제의 참된 마음을 알게 된다. _루쉰(1881~1936) 중국 작가

▶ 생사는 운명에, 부귀는 하늘에 달려 있다고 한다. 군자에게는 모든 사람이 다 형제다. _《논어》

▶ 서로 형제가 되기를 바란다면 무기를 버려라.

_요한 바오로 2세(1920~2005) 교황

▶ 자유는 형제애를 통해서 보존된다.

_V. M. 위고(1802~1885) 프랑스 시인, 극작가

▶ 좋은 형제는 너그럽게 지낸다. _《시경》

▶ 착한 우리 형제들은 / 마음 넉넉하고 탈 없지만 / 못된 형제 날랜 입은 / 저들끼리 헐뜯는구나. _《시경》

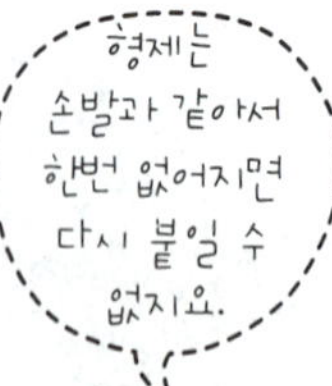

▶ 형제가 고통을 당하면 다른 형제는 동정하게 된다.

_J. 애디슨(1672~1719) 영국 수필가, 시인, 정치가

▶ 형제는 몸은 달라도 기운을 같이 타고났으니 비록 조그만 분함이 있더라도 근친의 우애를 버리지 않는 것이다.

_권근(1352~1409) 고려~조선 시대 문신, 학자 《양촌집》

▶ 형제는 세상에서 가장 얻기 어려운 것이고 재산은 얻기가 쉬운 것이다. 재산을 얻는다 해도 형제의 마음을 잃는다면 무슨 소용이 있는가. _소하(?~B.C. 193) 중국 전한 정치가

▶ 형제는 수족과 같고 부부는 의복과 같다. 의복은 다른 옷으로 바꾸어 입을 수 있어도 수족은 한번 없어지면 다시 붙일 수 없다.

_장자(B.C. 369?~B.C. 289?) 중국 전국 시대 송나라 사상가

장자

- 형제는 자연이 준 친구다. _P. 르구베(1764~1812) 프랑스 극작가
- 형제는 집 안에서는 싸워도 밖에서 모욕을 당하면 함께 힘을 합해서 막는다. _《시경》
- 형제애는 모든 선의 최고봉이며 삶의 마지막 별이다. _E. 마컴(1852~1940) 미국 시인

*갈모 | 비가 올 때 갓 위에 덮어 쓰던 고깔과 비슷하게 생긴 물건.

속담

- *갈모 형제라. (위가 좁고 아래가 넓은 갈모의 모양에서, 아우가 잘나고 형이 아우보다 못한 형제를 이르는 말) _한국
- 동생 줄 것은 없어도 도둑 줄 것은 있다. _한국
- 몸은 형제라 해도 그들의 호주머니는 형제 사이가 아니다. _터키
- 어떠한 친구도 형제만 못하다. _중국
- 친구도 형제도 없는 사람은 팔에도 손에도 힘이 없다. _이탈리아
- 형님 먼저 아우 먼저. _한국
- 형만 한 아우 없다. _한국
- 형제는 잘 두면 보배 못 두면 원수. _한국
- 형제들처럼 살고 낯선 사람들처럼 사업을 하라. _아라비아
- 형제라도 주머니는 다르다. _영국

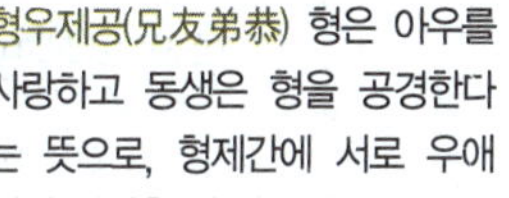

한자 숙어

동기일신(同氣一身) 형제자매는 한 몸이나 다름없음을 이르는 말.
동기지친(同氣之親) 형제자매 사이의 친애를 이르는 말.
안항(雁行) 기러기의 행렬이라는 뜻으로, 남의 형제를 높여 이르는 말.
형우제공(兄友弟恭) 형은 아우를 사랑하고 동생은 형을 공경한다는 뜻으로, 형제간에 서로 우애 깊게 지냄을 이르는 말.

고사성어

▷ 자두연기(煮豆燃萁)

콩을 삶기 위하여 콩꼬투리를 태운다는 뜻으로, 같은 부모에게서 난 형제끼리 서로 시기하고 다툼을 비유하는 말이다. 조조는 아들 조비, 조식과 더불어 삼조라 불리면서 중국 후한 시대의 문학을 꽃피웠다. 그러나 조비, 조식 형제는 서로 시기하면서 자주 부딪쳤다. 특히 조비가 위나라의 왕 문제가 된 뒤 더 심해졌는데, 하루는 조비가 조식에게 일곱 보를 걷는 동안 시 한 수를 짓지 못하면 엄벌에 처하겠다고 했다. 이때 조식이 형을 원망하는 마음을 담아 지은 시에서 유래한다. _《세설신어》

인생

후회 後悔

이전의 잘못을 깨치고 뉘우침.

명언 명문

*만성 | 버릇이 되다시피 하여 쉽게 고쳐지지 아니하는 상태나 성질.

▶ 꿈은 짧고 후회는 길다. _J. C. F. 실러(1759~1805) 독일 시인, 극작가

▶ 내가 원자탄 개발에 기여할 줄 알았더라면 나는 차라리 시계 만드는 사람이 되었을 것이다. _A. 아인슈타인(1879~1955) 미국 물리학자

▶ 돌이킬 수 없는 것에 대해서는 후회하지 마라. _S. 존슨(1709~1784) 영국 시인, 평론가

▶ *만성적인 후회는 정신적으로 해롭다. _C. 프라이(1907~2005) 영국 극작가

▶ 사람들에게 항상 잘못을 인정시키지는 않더라도 잘못을 후회하도록 만들어야 한다. _F. 라로슈푸코(1613~1680) 프랑스 작가

▶ 사람들은 말을 너무 적게 했다고 후회하는 경우는 결코 없지만, 말을 너무 많이 했다고 후회하는 경우는 많다. _P. 코민(1447~1511) 프랑스 작가, 정치가

▶ 사람들이 평생 가장 크게 후회하는 어리석은 짓들은 좋은 기회를 만났으면서도 저지르지 않았던 것들이다. _H. A. 롤런드(1848~1901) 미국 물리학자

▶ 서둘러 판단하면 곧 후회한다. _P. 시루스(B.C. 1세기경) 로마 시인

▶ 세상에는 과거의 행위에 대하여 후회하는 사람이 많으나, 그보다도 오히려 해야 할 것을 하지 않은 행위에 대해 후회해야 하지 않겠는가. _R. 브라우닝(1812~1889) 영국 시인

▶ 손에 넣고 나서 나중에 후회할 그런 것은 추구하지 마라. _L. A. 세네카(B.C. 4?~A.D. 65) 로마 철학자, 극작가

▶ 실패한 일을 후회하는 것보다 해 보지도 못하고 후회하는 것이 훨씬 더 바보스럽다. _《탈무드》

- 투구를 쓴 뒤에는 싸움을 후회해야 이미 늦다.

_D. J. 유베날리스(50?~130?) 로마 시인

- 화났을 때 입을 열면 최고의 연설을 하겠지만 언제나 나중에 후회할 것이다. _A. G. 비어스(1842~1914) 미국 소설가, 신문 기자
- 후회는 자기 자신에게 내린 판결이다.

_메난드로스(B.C. 342?~B.C. 292?) 그리스 극작가 《단편》

- 후회를 최대한 이용하라. 깊이 후회한다는 것은 새로운 삶을 산다는 것이다. _H. D. 소로(1817~1862) 미국 사상가, 수필가 《일기》
- 후회할 만한 일은 시작도 하지 않도록 조심하라.

_P. 시루스(B.C. 1세기경) 로마 시인

- 후회해 봐야 소용이 없다는 말이 있지만 후회한다고 이미 늦은 것은 아니다. _L. N. 톨스토이(1828~1910) 러시아 소설가, 사상가

속담

- 빨리 결정하면 후회가 길다. _에스피냐
- 자르고 나서 후회하느니 여러 번 재는 것이 낫다. _에스파냐
- 쥐가 고양이 앞발 속에서 후회할 때는 이미 늦다. _미국, 영국
- 지난 일은 돌이킬 수 없고 뉘우칠 수 있을 뿐이다. _미국, 영국
- 지혜는 듣는 데서 오고, 후회는 말한 데서 온다. _영국

고사성어

▷ 서제막급(噬臍莫及)

배꼽을 물려 해도 입이 미치지 못한다는 뜻으로, 일이 그릇된 뒤에는 후회해도 소용이 없다는 말이다. 신나라 공격에 나선 초나라 문왕이 등나라를 지나게 되었는데, 등나라의 왕 기후는 조카인 문왕을 잘 대접하였다. 그러나 기후의 신하 세 사람은 "문왕은 분명 등나라도 쳐들어올 것입니다. 그러니 지금 문왕을 죽이지 않으면 나중에 배꼽을 물려 해도 입이 미치지 않는 것처럼, 후회해도 소용이 없을 것입니다."라며 진언했다. 하지만 기후는 이를 문제 삼지 않고 무시해 버렸고, 나중에 등나라는 신하들이 예상한 대로 문왕에 의해 멸망되었다. _《춘추좌씨전》 장공 편

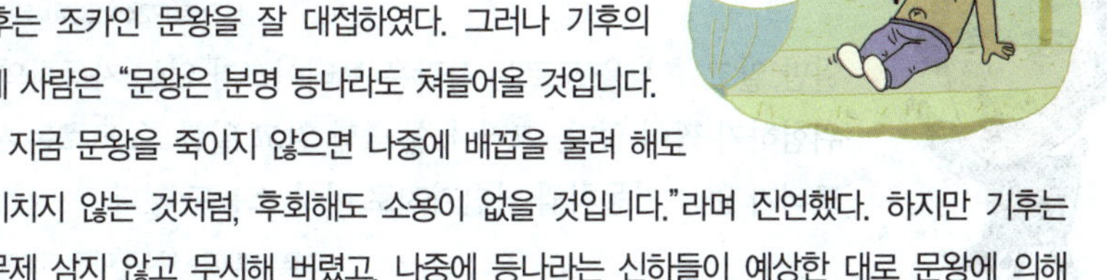

인생

휴식

休息

하던 일을 멈추고 잠깐 쉼.

명언 명문

▶ 내가 여든 살인 오늘까지 원기 왕성하고 연구를 쉬지 않고 계속할 수 있는 비결이란 다른 것이 아니다. 나는 다만 쓸데없이 몸을 피로하게 안 했을 뿐이다. _T. A. 에디슨(1847~1931) 미국 발명가

▶ 너무 긴 휴식은 고통이다. _호메로스(?~?) 그리스 시인 《오디세이》

▶ 영원한 휴식은 견딜 수 없는 것이다. _M. T. 키케로(B.C. 106~B.C. 43) 로마 정치가, 학자

▶ 우리는 휴식을 얻으려고 장애물과 싸우지만 일단 휴식을 얻고 나면 그것은 견딜 수 없는 것이 된다. _H. B. 애덤스(1838~1918) 미국 역사가, 사상가

▶ 우리는 휴식이 쓸데없는 시간 낭비가 아니라는 것을 알아야 한다. 휴식은 곧 회복인 것이다. 짧은 시간의 휴식일지라도 회복시키는 힘은 상상 이상으로 큰 것이니, 단 5분 동안이라도 휴식으로 피로를 풀어야 한다. _A. 카네기(1835~1919) 미국 실업가

▶ 인간은 노동 없이 휴식에 도달하는 일이 없고, 전투 없이 승리를 얻는 일도 없다. _T. 켐피스(1380?~1471) 독일 사상가, 수도사

▶ 인간이 느끼는 순수한 기쁨의 하나는 일한 뒤의 휴식이다. _I. 칸트(1724~1804) 독일 철학자

▶ 일만 알고 휴식을 모르는 사람은 브레이크가 없는 자동차와 같이 위험하기 짝이 없다. 그러나 쉴 줄만 알고 일할 줄 모르는 사람은 모터가 없는 자동차와 마찬가지로 아무 소용도 없다. _H. 포드(1863~1947) 미국 기술자, 실업가

▶ 일은 하루하루를 풍부하게 하며, 휴식은 피곤한 나날을 더욱 값지

I. 칸트

게 한다. 뿐만 아니라 일한 뒤의 휴식은 큰 기쁨 속에 감사를 불러 일으킨다. _C. P. 보들레르(1821~1867) 프랑스 시인

- 일한 뒤의 휴식과 기쁨은 그 일이 격렬하고 쓰라릴수록 더 크다. _L. N. 톨스토이(1828~1910) 러시아 소설가, 사상가
- 좀 더 빨리 끝내려면 조금 쉬어라. _G. 허버트(1593~1633) 영국 시인 《지혜의 투망》
- 지나치게 많은 휴식은 지나치게 적은 휴식과 같이 피로하게 한다. _C. 힐티(1833~1909) 스위스 사상가, 법률가 《잠 못 이루는 밤을 위하여》
- 휴식은 좋은 일이지만 권태가 그 형제다. _볼테르(1694~1778) 프랑스 사상가
- 휴식의 참맛은 일하는 사람만이 안다. _J. 포드(1586~1639?) 영국 극작가
- 휴식이 길면 곰팡이가 생긴다. _W. 스콧(1771~1832) 영국 시인, 소설가 《약혼자》
- 휴식이란 다름 아닌 행위의 부재를 의미한다. _B. S. 라즈니시(1931~1990) 인도 철학자
- 힘들고 어려운 일을 할 때에는 일하는 만큼의 휴식도 필요하다. _M. 세르반테스(1547~1616) 에스파냐 소설가

속담

- 바쁘게 찧는 방아에도 손 놀 틈이 있다. (아무리 분주한 때라도 쉴 사이는 있다는 말) _한국
- 비옥한 땅도 안 쉬면 메마른 땅. (땅뿐만 아니라 사람이나 동물도 적당히 쉬게 해 주는 배려가 필요하다는 뜻) _에스파냐
- 일이 끝난 뒤에는 휴식이 달콤하다. _미국, 영국
- 점심 뒤에는 잠시 앉아 쉬고, 저녁을 먹은 뒤에는 오 리를 걸어라. _영국
- 하늘에는 휴식이 있다. _로마
- 활시위를 당긴 채로 있을 수는 없다. (계속 일만 할 것이 아니라 때로는 휴식이 필요하다는 뜻) _네덜란드
- 휴식과 성공은 동료다. _서양

지식 쑥쑥

한자 숙어

완대(緩帶) 허리띠를 늦추어 맨다는 뜻으로, 마음을 놓고 편히 쉬며 지내는 것을 이름.

천류불식(川流不息) 냇물은 쉬지 않고 흘러감.

희망 希望

앞일에 대하여 어떤 기대를 가지고 바람.

명언 명문

▶ 내 비장의 무기는 아직 손 안에 있다. 그것은 희망이다.

_나폴레옹 1세(1769~1821) 프랑스 황제

▶ 누가 희망 없이 살 수 있는가. _C. 샌드버그(1878~1967) 미국 시인

▶ 목숨이 있는 한 희망이 있다.

_M. T. 키케로(B.C. 106~B.C. 43) 로마 정치가, 학자

▶ 무슨 일에든지 희망을 갖는다는 것은 절망하는 것보다 낫다.

_J. W. 괴테(1749~1832) 독일 시인, 소설가, 극작가 《타소》

▶ 비록 내일 세계의 종말이 온다 할지라도, 나는 오늘 한 그루의 사과나무를 심겠다. _B. 스피노자(1632~1677) 네덜란드 철학자

▶ 비참한 사람의 유일한 약은 희망뿐이다.

_W. 셰익스피어(1564~1616) 영국 극작가, 시인

▶ 사람의 마음에서 희망을 제거하면 그는 맹수가 된다.

_위다(1839~1908) 영국 소설가

▶ 위대한 희망이 가라앉는 것은 해가 지는 것과 같다. 인생의 빛이 사라진 것이다. _H. W. 롱펠로(1807~1882) 미국 시인 《히페리온》

▶ 이 세상을 움직이는 힘은 희망이다. 얼마 후 성장하여 새로운 종자를 얻을 수 있다는 희망이 없다면 농부는 밭에 씨를 뿌리지 않는다. 아이가 태어난다고 하는 희망이 없다면 젊은이는 결혼을 할 수가 없다. 이익을 얻게 된다는 희망이 없다면 장사꾼은 장사를 할 수가 없다. _M. 루터(1483~1546) 독일 종교 개혁가

▶ 태양은 또다시 떠오른다. _E. M. 헤밍웨이(1899~1961) 미국 소설가

▶ 희망과 두려움은 뗄 수 없는 관계에 있다. 희망이 들어 있지 않은

B. 스피노자

두려움도, 두려움이 들어 있지 않은 희망도 없다.

_F. 라로슈푸코(1613~1680) 프랑스 작가

▶ 희망은 강한 용기이며 새로운 의지이다.

_M. 루터(1483~1546) 독일 종교 개혁가

▶ 희망은 대단한 사기꾼이지만 적어도 우리를 삶이 끝날 때까지 즐거운 길로 인도해 준다. _F. 라로슈푸코(1613~1680) 프랑스 작가

▶ 희망은 우리가 알고 있는 절망적 여건 속에서도 쾌활해질 수 있는 힘이다. _G. K. 체스터턴(1874~1936) 영국 소설가, 평론가

▶ 희망은 일상의 시간이 영원한 것과 속삭이는 대화이다. 희망은 멀리 있는 것이 아니다. 바로 내 곁에 있다.

_R. M. 릴케(1875~1926) 독일 시인

▶ 희망은 잠자고 있지 않은 인간의 꿈이다.

_아리스토텔레스(B.C. 384~B.C. 322) 그리스 철학자

▶ 희망은 현명한 자에게 기운을 주고, 자만심이 강한 사람이나 게으른 사람을 달콤하게 유혹한다.

_L. C. 보브나르그(1715~1747) 프랑스 도덕주의자, 수필가 《성찰과 잠언》

▶ 희망을 품지 않은 사람은 살아 있는 사람 중에 가장 가련하다.

_T. 풀러(1654~1734) 영국 의사, 작가

▶ 희망이 없어지면 절망할 필요도 없다.

_L. A. 세네카(B.C. 4?~A.D. 65) 로마 철학자, 극작가 《메데아》

▶ 희망이란 무엇인가. 가냘픈 풀잎에 맺힌 아침 이슬이거나 좁디좁은 위태로운 골목에서 빛나는 거미줄이다.

_W. 워즈워스(1770~1850) 영국 시인

속담

▶ 두더지 혼인 같다. (분수에 넘치는 희망을 가짐을 이르는 말) _한국

▶ 최상의 것을 희망하라. _서양

▶ 훌륭한 희망은 하찮은 소유보다 낫다. _에스파냐

▶ 희망은 가난한 자의 빵이다. _영국

▶ 희망은 사람을 살린다. _프랑스

문장 반짝

관용어

희망의 등대 _ 앞날에 대한 희망을 주는 마음의 기둥이나 지탱점을 비유한 말.

희생

犧牲

다른 사람이나 어떤 목적을 위하여 자신의 목숨, 재산, 명예, 이익 따위를 바치거나 버림. 또는 그것을 빼앗김.

명언 명문

- 가장 큰 희생은 시간을 바치는 것이다.

  _안티폰(B.C. 480?~B.C. 411) 그리스 웅변가, 정치가

- 나는 언제든지 내 친구나 조국을 위해 목숨을 바치기를 두려워하지 않노라.

  _Q. 호라티우스(B.C. 65~B.C. 8) 로마 시인

- 모든 위대한 사람들의 발자취를 보라. 그들이 걸어온 길은 하나같이 괴로움의 길이며 자기희생의 길이었다. 자기를 희생할 줄 아는 사람만이 위대해질 수 있는 것이다.

  _G. E. 레싱(1729~1781) 독일 극작가, 평론가

- 모든 형태의 자기희생은 만일 그것이 진실하다면 궁극적인 목표를 갖지 않으면 안 됩니다. 그것은 자기 자신으로부터 남을 위한 삶으로 나아가는 자유의 목표입니다.

  _M. K. 간디(1869~1948) 인도 정치가, 민족 운동 지도자

- 사랑은 그것이 자기희생일 때가 아니고는 사랑의 이름에 적합하지 않다.

  _R. 롤랑(1866~1944) 프랑스 소설가, 사상가

- 자기를 희생하는 것만큼 행복한 일은 없다.

  _F. M. 도스토옙스키(1821~1881) 러시아 소설가

- 자기를 희생하는 사람은 결코 그르지 않다.

  _E. 벌워리턴(1803~1873) 영국 소설가, 극작가

- 자기희생을 하는 사람들에 의해서만 인류 사회는 개선될 수 있습니다.

  _L. N. 톨스토이(1828~1910) 러시아 소설가, 사상가

- 큰 희생을 하는 것은 어렵지 않지만 작은 희생을 계속하는 것은 힘이 든다.

  _J. W. 괴테(1749~1832) 독일 시인, 소설가, 극작가 《친화력》

- 한 알의 밀이 땅에 떨어져 죽지 아니하면 한 알 그대로 있고 죽으면 많은 열매를 맺느니라. _예수(B.C 4?~A.D. 30?) 기독교 창시자
- 희생 없이는 풍족한 것을 창조할 수 없다. _R. 롤랑(1866~1944) 프랑스 소설가, 사상가
- 희생이 너에게 즐거움이 아니라 슬픔이 된다면 희생할 필요가 없다. 너에게 그런 자격이 없는 것이다. _R. 롤랑(1866~1944) 프랑스 소설가, 사상가

*꺽저기 | 갈색 바탕에 붉은 가로줄이 있는 꺽짓과의 민물고기.

속담

- *꺽저기탕에 개구리 죽는다. (아무 까닭 없이 억울하게 희생되는 경우를 이르는 말) _한국
- 달걀을 깨뜨리지 않고 오믈렛을 만들 수 없다. (한 가지 일을 이루려면 희생이 따른다는 말) _미국, 영국
- 미운 풀이 죽으면 고운 풀도 죽는다. (좋지 않은 것을 없애 버리려면 그 일에 적지 않은 희생도 따르게 된다는 뜻) _한국
- 부자 하나면 세 동네가 망한다. (무슨 큰 일을 하나 이루려면 많은 희생이 따른다는 뜻) _한국
- 싸움을 말리려는 자는 매를 3분의 2나 맞는다. (무슨 일을 실행에 옮기려면 얼마쯤의 희생을 각오해야 한다는 말) _아라비아
- 초는 자기 몸을 태워 불을 밝힌다. _영국

한자 숙어

왕척직심(枉尺直尋) 짧은 것을 굽히고 긴 것을 펴는 것. 즉 작은 것을 희생하고 큰 것을 살림.
치서이괴리려(治鼠而壞里閭) 쥐를 잡느라고 마을의 집을 파괴한다는 뜻으로, 작은 것을 위해 큰 것을 희생함을 비유한 말.

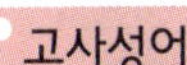

고사성어

▷ 일장공성 만골고(一將功成萬骨枯)

장수 한 사람의 공적을 세우기 위해 만 명의 뼈가 시든다는 뜻으로, 높은 자리에 있는 자가 공적을 이루었을 때 그 밑에서 일한 수많은 사람들의 노고와 희생이 있다는 말이다. 당나라 때 시인 조송이 윗사람 혼자 공을 독차지하는 세태를 한탄하며 쓴 시에서 유래한다. _조송의 시 〈기해세〉

힘

사람이나 동물이 스스로 움직이고 또 다른 것을 움직일 수 있는 근육의 작용. 또는 능력이나 역량.

명언 명문

*회유 | 어루만지고 잘 달래어 시키는 말을 듣도록 함.
*압제 | 권력이나 폭력으로 남을 강제로 누름.

▶ 나아가는 것이 빠른 자는 물러나는 것 또한 빠르다. 일시적으로 힘을 너무 내게 되면 그 힘은 빨리 쇠퇴한다.

_맹자(B.C. 372~B.C. 289) 중국 전국 시대 추나라 사상가

▶ 덕망으로는 *회유할 수 있지만 힘으로는 굴복시키기 어렵다.

_《삼국지》

▶ 백성의 소리는 막강한 힘이다.

_아이스킬로스(B.C. 525~B.C. 456) 그리스 시인

▶ 비폭력주의는 진리에 충실한 것, 정의의 힘, 사랑의 힘, 영혼의 힘이다.

_M. K. 간디(1869~1948) 인도 정치가, 민족 운동 지도자

▶ 선에도 강하고 악에도 강한 것이 가장 강력한 힘이다.

_F. W. 니체(1844~1900) 독일 철학자, 시인

▶ 우리를 굴복시킨 힘만큼 우리는 강해진다.

_R. W. 에머슨(1803~1882) 미국 사상가, 시인 《인생의 방법》

▶ 일반적으로 인간의 힘이란 것은 분명히 이익이 될 만한 미래를 얻기 위한 오늘의 수단이다.

_T. 홉스(1588~1679) 영국 철학자, 법학자 《리바이어던》

▶ 지혜 없는 힘은 그 자체의 무게 때문에 쓰러진다.

_Q. 호라티우스(B.C. 65~B.C. 8) 로마 시인

▶ 힘과 권리가 모든 것을 지배하는데, 힘은 권리가 준비될 때까지 지배한다.

_J. 주베르(1754~1824) 프랑스 작가, 평론가

▶ 힘없는 정의는 무능하며, 정의 없는 힘은 *압제다. 악인은 끊임없이 나오므로 힘없는 정의는 저항을 받는다. 정의 없는 힘은 소멸

B. 파스칼

된다. 따라서 정의와 힘을 결합시키지 않으면 안 된다.

_B. 파스칼(1623~1662) 프랑스 사상가, 수학자, 물리학자 《팡세》

- 힘은 육체적인 능력에서 나오는 것이 아니라 불굴의 의지에서 솟아나는 것이다. _M. K. 간디(1869~1948) 인도 정치가, 민족 운동 지도자
- 힘은 희망을 가진 사람들에게 주어지고, 용기는 가슴속의 의지에서 일어나는 것이다. _P. C. 벅(1892~1973) 미국 소설가
- 힘이 명성을 쉽게 쟁취하는 것이지, 명성이 힘을 쟁취하는 것은 아니다. _N. 마키아벨리(1469~1527) 이탈리아 사상가, 역사학자
- 힘이란 무한한 것이 아니다. _《손자병법》

속담

- 개미가 모여서 나무를 뒤흔든다. (작은 힘이라도 모이면 큰 힘이 된다는 뜻) _일본
- 달고 치는데 안 맞는 장사가 있나. (아무리 강력한 자라도 여럿이 힘을 합하면 당할 수 없다는 뜻) _한국
- 범에게 날개. (힘이 세고 사나운 범이 날개까지 돋쳐 하늘을 날게 되었으니 아무것도 무서울 것이 없게 되었다는 뜻으로, 힘이나 능력이 있는 사람이 더욱 힘을 얻게 된 경우를 이르는 말) _한국
- 소가 크면 왕 노릇 하나. (힘만 가지고는 결코 큰일을 못한다는 뜻) _한국
- 젖 먹던 힘이 다 든다. (무슨 일이 몹시 힘이 듦을 이르는 말) _한국
- 힘과 마음을 합치면 하늘을 이긴다. (여러 사람이 힘을 모으면 하지 못할 일이 없다는 말) _한국
- 힘을 이기는 논리는 없다. _이탈리아
- 힘이 곧 정의다. _영국
- 힘이 주인인 곳에서 정의는 하인이다. _독일
- 힘이 항상 답은 아니다. _서양

지식 쑥쑥

한자 숙어

강노지말(強弩之末) 아무리 강한 힘이라도 마지막에는 결국 힘이 약해진다는 뜻.

삼두육비(三頭六臂) 머리가 셋, 팔이 여섯이라는 뜻으로, 힘이 엄청나게 센 사람을 이르는 말.

절인지력(絕人之力) 남보다 훨씬 뛰어난 힘.

문장 반짝

관용어

힘을 돌리다 _ 어떤 일을 이루려고 거기에 노력을 들이다.

힘을 올리다 _ 힘을 내어 돋우다.

우리는 행복해지려고 노력하기보다
남들이 우리를 행복하다고 믿게 만드는 데
더 관심이 많다.

F. 라로슈푸코

Section 2

철학의 본질은 진리를 소유하는 것이 아니다.
오히려 진리를 탐구하는 것이다. 철학이란 과정에 있는 것을 의미한다.
철학에서의 질문은, 그 대답보다도 더욱 중요하며,
또한 모든 대답은 새로운 질문이 된다.

K. 야스퍼스

철학과 종교

가짜

거짓을 참인 것처럼 꾸민 것.

명언 명문

*도스토옙스키 | 러시아의 소설가.

▶ 가짜 지식인들은 근본 원리를 들으면 몹시 비웃는다.

_노자(B.C. 604?~?) 중국 춘추 시대 초나라 사상가

▶ 공손한 태도와 예의는 어떠한 장점이든 재능이든 장식하는 데 반드시 필요하다. 그것이 없다면 학자는 가짜 학자고, 철학자는 비웃는 자이며, 군인은 난폭한 짐승이고, 모든 사람은 불쾌한 자들일 뿐이다. _P. D. S. 체스터필드(1694~1773) 영국 정치가, 작가

▶ 내가 위인이면 역사상 수많은 위인들이 다 가짜다.

_A. B. 로(1858~1923) 영국 정치가

▶ *도스토옙스키 소설들은 모두 멋진 우화에다 가짜 예술에 불과하다. 등장인물들은 모두 타락한 천사, 심지어 인간쓰레기들이다. 그러나 현실의 사람들은 타락한 천사가 아니라 오로지 살아 있는 인간일 뿐이다. _D. H. 로렌스(1885~1930) 영국 소설가, 시인

▶ 일관성은 하찮은 사람들만이 귀중하게 여기는 가짜 보석이다.

_W. A. 화이트(1868~1944) 미국 언론인

속담

▶ 가장 지겨운 원수도 가짜 친구보다는 낫다. _인도

▶ 가짜 금에는 도금을 하지만 진짜 금에는 도금을 하지 못한다. (실력이 높은 사람은 실력이 낮은 사람을 가르칠 수 있으나 실력이 낮은 사람은 실력이 높은 사람을 가르칠 수 없다는 말) _중국

▶ 가짜가 병이라. (무엇이나 가짜라는 것은 차라리 없는 것보다 못함을 비유한 말) _한국

- 마흔 살에도 바보는 진짜 바보다. _서양
- 물 먹은 배만 튀긴다. (가난하면서 잘 사는 체한다는 말) _한국
- 어사는 가짜 어사가 더 무섭다. (진짜 권세를 가진 사람보다도 어떤 세력을 빌려 위협하는 사람이 더 악한 짓을 한다는 말) _한국

고사성어

▷ 사이비(似而非)

비슷해 보이지만 전혀 다르다는 뜻으로, 겉으로는 그것과 같아 보이나 속은 완전히 다르거나 아닌 것을 이르는 말이다. 겉으로는 훌륭한 사람처럼 행동하지만, 실제로는 거짓을 일삼는 사람들을 가리킬 때 주로 쓴다. 원말은 '사시이비(似是而非)' 또는 '사이비자(似而非者)'이다. 한 제자가 맹자에게 한 마을 사람들이 모두 향원을 훌륭한 사람이라고 칭찬하는데, 유독 공자만 그를 '덕을 해치는 사람'이라고 하는 이유를 물었다. 향원을 비난하려고 해도 비난할 것이 없고 일반 풍속에 어긋남도 없지만 요임금과 순임금과 같은 도에 들어설 수 없기 때문에 '덕을 해치는 사람'이라고 맹자가 답한 데서 유래한다. _《맹자》 진심 편

키워드 정보 BOX

악어의 눈물

이집트 나일 강에 사는 악어는 사람을 잡아먹고 난 뒤에 그를 위해 눈물을 흘린다는 고대 전설이 있다. 실제로 악어는 눈물샘이 없어서 눈물을 흘릴 수 없는데, 눈물처럼 보이는 것은 물 밖으로 나왔을 때 눈이 건조하지 않도록 분비되는 점액 성분이다. 특히 악어는 입을 크게 벌리면 점액 분비가 많아져, 마치 눈물을 흘리며 먹이를 먹는 것처럼 보인다. 그래서 악어의 눈물은 '가짜 눈물, 위선적인 눈물'이라는 의미로 사용된다. 악어의 눈물은 의학 용어로도 쓰이는데, 얼굴 신경 마비 환자 가운데 침샘과 눈물샘의 신경이 엉켜서, 음식을 먹을 때 침의 분비와 함께 눈물이 나오는 병을 '악어 눈물 증후군'이라고 부른다.

악어는 눈에서 점액이 나와 마치 눈물을 흘리는 것처럼 보인다.

가치 價値

사물이 지니고 있는 쓸모.

명언 명문

▶ 가장 귀중한 사랑의 가치는 희생과 헌신이다.

_B. 그라시안이모랄레스(1601~1658) 에스파냐 작가

▶ 가치는 명성보다 존귀하다. _F. 베이컨(1561~1626) 영국 정치가, 철학자

▶ 고통과 노동 없이는 참으로 가치 있는 것을 얻을 수 없다.

_J. 애디슨(1672~1719) 영국 수필가, 시인, 정치가

▶ 교육은 타고난 가치를 높이고 올바른 훈련은 정신을 강화한다.

_Q. 호라티우스(B.C. 65~B.C. 8) 로마 시인 《서정시집》

▶ 누구나 시간의 가치를 알지만 시간을 가치 있게 사용하는 사람은 없다. _P. D. S. 체스터필드(1694~1773) 영국 정치가, 작가

▶ 느닷없이 떠오르는 생각이 가장 귀중한 것이며, 보관해야 할 가치가 있는 것이다. 메모하는 습관을 갖자.

_F. 베이컨(1561~1626) 영국 정치가, 철학자

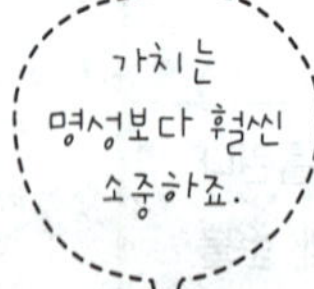

▶ 모든 문제가 대답할 가치가 있는 것은 아니다.

_P. 시루스(B.C. 1세기경) 로마 시인

▶ 모든 지식은 나름대로 가치가 있다. _S. 존슨(1709~1784) 영국 시인, 평론가

▶ 무지개가 15분이나 지속되면 사람들은 더 이상 쳐다보지 않는다.

_J. W. 괴테(1749~1832) 독일 시인, 소설가, 극작가 《잠언과 성찰》

▶ 세속에서 활용할 수 없는 지식은 가치가 없다.

_B. 그라시안이모랄레스(1601~1658) 에스파냐 작가

▶ 오만한 사람은 자기 가치의 절대적인 높이만을, 허영심이 많은 사람은 자기 가치의 상대적인 높이만을 중요시한다.

_G. 지멜(1858~1918) 독일 사회학자, 철학자

F. 베이컨

▶ 의미 있는 것들 중 가장 작은 것은 무의미한 것 중 가장 큰 것보다 현실에서 더 가치 있다. _C. G. 융(1875~1961) 스위스 심리학자, 정신 의학자

▶ 인간의 가치는 그가 갖고 있는 진리로써 잴 수 없다. 그가 그 진리를 발견하기까지 겪은 어려움으로 재는 것이다.

_G. E. 레싱(1729~1781) 독일 극작가, 평론가

▶ 인간의 참된 가치는 운명에 굴복하지 않는다는 것이다.

_W. 셰익스피어(1564~1616) 영국 극작가, 시인

▶ 인생은 가치 있는 것을 목적으로 삼았을 때에만 그 가치가 있다.

_G. W. F. 헤겔(1770~1831) 독일 철학자

▶ 자기가 그만한 힘이 없으면서도 큰 존재라고 생각하는 사람은 거만하다. 또 자기의 가치를 실제보다 적다고 생각하는 사람은 비굴하다. _아리스토텔레스(B.C. 384~B.C. 322) 그리스 철학자

▶ 좋은 말은 비싼 가치가 있으며, 비용이 거의 들지 않는다.

_G. 허버트(1593~1633) 영국 시인

▶ 진주는 진흙 속에 있어도 녹아 없어지지 않는다.

_V. M. 위고(1802~1885) 프랑스 시인, 극작가 《레 미제라블》

▶ 한순간의 판단은 때로 평생의 경험과 맞먹을 만큼의 가치가 있다.

_O. W. 홈스(1809~1894) 미국 소설가, 의학자

*길맛가지 | 소나 말 위에 얹는 안장의 몸체를 이루는 말굽 모양의 나뭇가지.

속담

▶ 거품에도 그늘이 있다. (아무리 하찮은 사물이나 인간에게도 존재의 가치가 있다는 말) _크로아티아

▶ 굽은 나무는 *길맛가지가 된다. (세상의 그 어떤 것도 버릴 것이 없다는 말) _한국

▶ 먼 데 있는 물로는 불을 끌 수 없다. _영국

▶ 사물은 많으면 천하게 된다. (물건이 많으면 가치가 떨어지고 값이 싸지게 된다는 말) _일본

▶ 잃어버린 뒤에야 그 가치를 안다. _영국

▶ 코끼리는 제 가치만큼 먹는다. (비싼 것은 그만큼 유지비가 많이 든다는 말) _네팔

지식 쑥쑥

한자 숙어

금자탑(金字塔) '金' 자 모양의 탑이라는 뜻으로, 후세에 전할 만한 가치가 있는 뛰어난 업적을 이르는 말.

감정

感情

어떤 현상이나 일에 대하여 일어나는 마음이나 느끼는 기분.

명언 명문

*감상주의 | 슬픔, 동정, 연민 따위의 감상을 지나치게 작품에 드러내려는 경향.

*부표 | 물 위에 띄워 어떤 표적으로 삼는 물건.

*미혹 | 무엇에 홀려 정신을 차리지 못함. 또는 정신이 헷갈리어 갈팡질팡 헤맴.

▶ *감상주의는 잘못된 방향으로 사람을 부추기는 감정에 불과하다.

_W. S. 몸(1874~1965) 영국 소설가, 극작가

▶ 감정에는 모두 자기만 체험하는 감정인 양 느끼게 하는 독특한 면이 있다. _장 파울(1763~1825) 독일 소설가 《꽃 · 과실 · 가시》

▶ 감정은 깊이 가라앉았다. 표면에 뜨는 말은, 분노가 감추어져 있는 곳을 가리키는 *부표다. _H. W. 롱펠로(1807~1882) 미국 시인 《에반젤린》

▶ 감정은 언제나 이성을 짓밟아 버리는 경향이 있다. 감정에 충실하게 행동하면, 모든 것이 광기로 흐르기 쉽다.

_B. 그라시안이모랄레스(1601~1658) 에스파냐 작가

▶ 감정은 이성이 모르는 곳에, 그 자신의 도리를 갖고 있다.

_B. 파스칼(1623~1662) 프랑스 사상가, 수학자, 물리학자 《팡세》

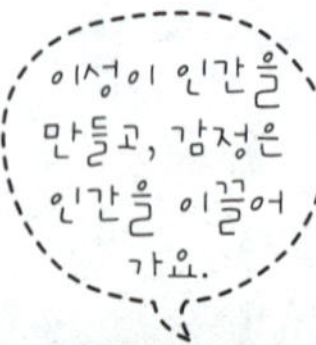

J. J. 루소

▶ 감정의 장점은 우리를 *미혹으로 이끄는 것이고, 과학의 장점은 그것이 감정적이 아니라는 점에 있다.

_O. F. O. W. 와일드(1854~1900) 아일랜드 시인, 극작가 《도리언 그레이의 초상》

▶ 감정이란 것은 끝이 없는 것인지도 모른다. 왜냐하면 감정은 표현하면 할수록 더욱 그것을 표현할 수밖에 없기 때문이다.

_E. M. 포스터(1879~1970) 영국 소설가

▶ 감정이란 그 자체가 불 같아서 그 연료를 소모할 뿐 재를 남기지는 않는다. 그것은 창의력이 없다. _R. 타고르(1861~1941) 인도 시인, 사상가

▶ 강건한 인간은 실제로 감정이 예민한 인간보다 많은 것을 얻지 못한다. _F. 카프카(1883~1924) 독일 소설가

▶ 나의 인생을 지배한 단순하면서도 강력한 세 가지 감정은 사랑에

대한 갈망, 지식의 탐구, 그리고 인류의 고통에 대한 엄청난 동정이다. _J. 러셀(1792~1878) 영국 정치가

▶ 마음속 감정을 감추는 것은 마음에 없는 감정을 가장하는 것보다 훨씬 어렵다. _F. 라로슈푸코(1613~1680) 프랑스 작가 《잠언과 고찰》

▶ 모든 비열한 감정 중에서 공포심이 가장 저주받을 감정이다.
_W. 셰익스피어(1564~1616) 영국 극작가, 시인 《헨리 6세》

▶ 서로에게 이끌리는 자연스러운 감정에서 비롯된 사랑은 더욱 고귀하고 더욱 진실하다. _B. 그라시안이모랄레스(1601~1658) 에스파냐 작가

▶ 염세주의는 고통에서 나오는 감정이어서는 안 된다. 그런 것은 쾌락에서 나오는 낙천주의와 마찬가지로 천박하다.
_구라다 하쿠조(1891~1943) 일본 극작가, 평론가

▶ 우리는 자기 자신 속에서 일어나는 순수한 감정과, 자기 자신은 그렇게 믿고 있다 하더라도 사실은 자기 자신의 것이 아닌 가짜 감정을 구별해야 한다. _E. 프롬(1900~1980) 독일 정신 분석학자, 사회학자

▶ 이성이 인간을 만들어 낸다고 하면 감정은 인간을 이끌어 간다.
_J. J. 루소(1712~1778) 프랑스 작가, 사상가 《신엘로이즈》

▶ 인간은 행동을 약속할 수는 있으나 감정은 약속할 수 없다. 감정은 변덕스럽기 때문이다. _F. W. 니체(1844~1900) 독일 철학자, 시인

▶ 인간이 그 감정을 지배하고 억제하는 무력함, 이것을 나는 노예 상태라 부른다. 감정에 좌우되는 인간은, 스스로 주인이 될 수 없다. 그 이유는 우연의 힘에 지배되기 때문이다.
_B. 스피노자(1632~1677) 네덜란드 철학자 《에티카》

▶ 자신을 이길 수 있는 사람은 기쁨을 꾸며 낼 수 있듯 슬픔의 감정 또한 쉽게 끝낼 수 있는 사람이다.
_O. F. O. W. 와일드(1854~1900) 아일랜드 시인, 극작가

▶ 희로애락의 격렬함은 그 감정과 함께 행동까지도 마비시키고 만다. 기쁨에 빠지는 사람은 슬픔에도 빠지는 것이 그 버릇이다. 잘못하면 슬픔이 기뻐하고 기쁨이 슬퍼한다.
_W. 셰익스피어(1564~1616) 영국 극작가, 시인 《햄릿》

문장 반짝

관용어

감정을 잡다 _ 연기를 하거나 노래를 할 때 등장인물의 성격이나 노래의 분위기에 맞는 감정을 충분히 소화하여 감정을 표현하다.
감정을 해치다 _ 남을 불쾌하게 하다.

거짓

사실과 어긋남. 또는 사실이 아닌 것을 사실처럼 꾸밈.

명언 명문

*허위 | 진실이 아닌 것을 진실인 것처럼 꾸민 것.

▶ 거짓 겸손은 있어도 거짓 자존심은 없다.

_J. 르나르(1864~1910) 프랑스 소설가, 극작가

▶ 거짓된 사람은 형체만 갖추었지 참된 주인은 이미 없다. _《채근담》

▶ 거짓은 천성의 악덕이 아니라 이성의 걸작이다.

_L. C. 보브나르그(1715~1747) 프랑스 도덕주의자, 수필가 《성찰과 잠언》

▶ 거짓이란 무엇인가. 그것은 변장한 진실에 지나지 않는다.

_G. G. 바이런(1788~1824) 영국 시인 《돈 후안》

▶ 남이 나를 속인다고 하지 마라! 늘 자기가 자신을 속이고 있는 것이다. 그대의 생각이 올바른 중심을 벗어나서 자기를 괴롭히고 있는 것이다. _J. W. 괴테(1749~1832) 독일 시인, 소설가, 극작가

▶ 모두가 기만이다. 즉 거짓의 최소한을 찾느냐, 그냥 그대로 있느냐, 거짓의 최대한을 찾느냐가 문제이다.

_F. 카프카(1883~1924) 독일 소설가

▶ 모든 악덕 중에서 *허위와 불성실을 인정받는 것만큼 그 사람에게 치욕감을 주는 것은 없다. _F. 베이컨(1561~1626) 영국 정치가, 철학자

▶ 무식한 것을 두려워하지 마라. 거짓 지식을 가지고 있음을 두려워하라. _J. W. 괴테(1749~1832) 독일 시인, 소설가, 극작가

▶ 설령 거짓이라도 입 밖에 내는 슬픈 말에는 고유한 애처로움이 있어, 우리 마음속 깊이 슬픔을 불어넣는다.

_M. 프루스트(1871~1922) 프랑스 소설가

▶ 오늘 우리가 배척하는 허위들이 예전에 한때는 진리였다.

_J. G. 휘티어(1807~1892) 미국 시인

▶ 우리들은 먼저 허위의 탈을 벗어던지지 않으면 안 된다. 진실은 허위를 벗어던지면 저절로 나타나게 되어 있다.

_G. 마르셀(1889~1973) 프랑스 철학자, 극작가

*번영 | 번성하고 영화롭게 됨.
*부대 | 종이, 천, 가죽 따위로 만든 큰 자루.

▶ 원수나 적이 하는 일이 어떻다 해도, 거짓으로 향하는 내 마음이 내게 짓는 해악보다는 못하다. _《법구경》

▶ 죽어 가는 자의 양심은 그의 일생의 거짓을 드러낸다.

_L. C. 보브나르그(1715~1747) 프랑스 도덕주의자, 수필가

▶ 진리는 반드시 따르는 자가 있고, 정의는 반드시 이루는 날이 있다. 죽더라도 거짓이 없어라. _안창호(1878~1938) 독립운동가, 교육자

▶ 진실에 대항할 때 허위는 아무 힘도 없다.

_J. 리드게이트(1370?~1450?) 영국 시인

▶ 진실은 빛과 같이 눈을 어둡게 한다. 반대로 거짓은 아름다운 저녁노을처럼 모든 것을 멋지게 보이게 한다.

_A. 카뮈(1913~1960) 프랑스 소설가, 극작가

▶ 허위 안에 진실이, 진실 안에 허위가 있다.

_R. 브라우닝(1812~1889) 영국 시인

속담

▶ 거짓으로 *번영을 누리는 것보다는 차라리 진리를 위해 고생하는 편이 낫다. _덴마크

▶ 거짓은 앞서서 가고, 진실은 뒤따라간다. _불가리아

▶ 거짓은 진실의 소금이다. (거짓 속에서 드러나는 진실은 참맛이 더한다는 뜻) _그리스

▶ 검은 강아지로 돼지 만든다. (얕은수로 남을 속이려 한다는 말) _한국

▶ 눈 가리고 아웅. (넘어가지 않을 얕은수로 남을 속이려 한다는 뜻) _한국

▶ 벼락 치는 하늘도 속인다. (악한 자에게 벼락을 내리는 하늘도 속인다는 뜻으로, 사람을 잘 속인다는 말) _한국

▶ 빈 *부대를 똑바로 세우기는 어렵다. _영국

한자 숙어

양광양취(佯狂佯醉) 거짓으로 미치고 취한 체함.
천진협사(天眞挾詐) 어리석은 가운데 거짓이 끼임.
혹세무민(惑世誣民) 세상 사람을 미혹하여 속임.

▶ 약간의 진리가 들어 있지 않은 거짓 가르침은 없다. _로마

▶ 원수가 거짓 친구보다 낫다. _서양

고사성어

▷ 지록위마(指鹿爲馬)

사슴을 가리켜 말이라 한다는 뜻으로, 윗사람을 속이고 위세를 마음대로 하는 것을 말한다. 또는 옳지 못한 것을 위압적으로 강요하여 사람을 함정에 빠뜨리는 것을 말한다. 진나라의 시황제가 죽자, 환관 조고의 책략으로 맏아들 대신 어린 호해가 황제에 올랐다. 조고는 호해를 이용하여 권세를 휘둘렀다. 마침내 권력을 확실히 잡기로 생각한 조고는 조정의 대신들이 자기를 잘 따르는지 확인할 필요가 있었다. 어느 날, 조고는 사슴을 황제에게 바치면서 말이라고 하였다. 황제가 이상하게 여겨 신하들에게 묻자, 몇몇 신하는 말이라고 하며 조고에게 아첨을 했으나 사슴이라고 바른말을 하는 신하도 있었다. 조고는 바른말을 하는 이들을 기억했다가 나중에 누명을 씌워 죽였다. 그 뒤부터 모든 신하들이 조고를 두려워하게 되었다.

_《사기》 진시황본기

키워드 정보 BOX

만우절

샤를 9세.

4월 1일은 가벼운 장난을 치고, 악의 없는 거짓말로 사람을 속이거나 헛걸음을 시키는 만우절이다. 만우절의 기원에는 여러 가지 설이 있으나, 달력에서 유래되었다는 설이 일반적이다. 16세기초 프랑스에서는 오늘날과 달리, 달력의 3월 25일이 새해 첫날이었다. 그날부터 4월 1일까지 신년 축제를 벌였는데, 마지막 날에는 선물을 주고받았다. 1564년, 프랑스 샤를 9세는 새해를 1월 1일로 바꾼다는 법령을 발표했다. 하지만 이 사실이 온 국민한테 널리 알려지지 못했다. 사람들은 예전 습관대로 4월 1일에 악의 없는 장난을 치며 즐겼는데, 이것이 시초가 되어 온 유럽에 퍼졌으며, 오늘날에 이르렀다.

걱정

안심이 되지 않아 속을 태움.

명언 명문

▶ 걱정 없는 인생을 바라지 말고, 걱정에 물들지 않는 연습을 하라.

_알랭(1868~1951) 프랑스 철학자, 평론가

▶ 걱정거리는 게으름에서 나오고, 힘든 일은 불필요한 *안일에서 나온다. _B. 프랭클린(1706~1790) 미국 정치가, 과학자

*안일 | 편안하고 한가로움. 또는 편안함만을 누리려는 태도.

▶ 걱정이 없을 때 경계하여 법도를 지키고 안일이나 방탕에 빠지지 마라. _《서경》

▶ 근심 걱정은 기성 세계에 대한 불신을 나타내는 것이다.

_S. 보부아르(1908~1986) 프랑스 소설가, 평론가 《제2의 성》

▶ 근심은 생명의 적이다. _W. 셰익스피어(1564~1616) 영국 극작가, 시인

▶ 나의 일생 동안에는 걱정거리가 많았다. 그러나 최악의 것들은 실제로 일어나지 않았다.

_J. A. 가필드(1831~1881) 미국 제20대 대통령 《어느 대화 속에서》

▶ 내일 일은 걱정하지 마라. 내일 걱정은 내일에 맡겨라. 하루의 괴로움은 그날에 겪는 것만으로 족하다. _《성경》

▶ 너무 재주가 많은 자는 수고가 많고, 너무 영리한 자는 쓸데없는 걱정으로 고생이 많다.

_장자(B.C. 369?~B.C. 289?) 중국 전국 시대 송나라 사상가

▶ 우리는 실제로 벌어진 일보다는 앞으로의 일을 걱정하면서 마음의 고통을 겪는다. _T. 제퍼슨(1743~1826) 미국 제3대 대통령

▶ 위험의 한가운데에서도 사람은 인간의 걱정을 그저 지니고 있는 것이어서 나는 목도 마르고 배도 고팠다.

_A. M. R. 생텍쥐페리(1900~1944) 프랑스 소설가, 비행사 《인간의 대지》

*탐욕 | 지나치게 탐하는 욕심.
*헐하다 | 대수롭지 않다.

▶ 일보다 걱정이 사람을 더 많이 죽이는 이유는 사람들이 일보다 걱정을 더 많이 하기 때문이다. _R. L. 프로스트(1874~1963) 미국 시인

▶ *탐욕은 근심과 두려움을 낳는다. _《법구경》

▶ 항상 준비만 충분히 해 두고 있으면 결코 걱정할 것이 없다. _《서경》

속담

▶ 걱정도 팔자. (하지 않아도 될 걱정을 하거나 관계도 없는 남의 일에 참견하는 사람을 놀림조로 이르는 말) _한국

▶ 걱정을 사서 하다. (스스로 찾아서 하지 않아도 될 걱정을 함을 이르는 말) _한국

▶ 걱정이 많으면 빨리 늙는다. (쓸데없는 잔걱정을 하지 말라는 말) _한국

▶ 걱정이 반찬이면 상발이 무너진다. (쓸데없이 걱정만 하고 밥도 제대로 먹지 않음을 두고 이르는 말) _한국

▶ 근심은 치료할 방법이 없다. _영국

▶ 남 떡 먹는데 팥고물 떨어지는 걱정한다. (남의 일에 쓸데없는 걱정을 할 때 쓰는 말) _한국

▶ 마음이 풀어지면 하는 일이 가볍다. (마음에 맺혔던 근심과 걱정이 없어지고 화가 풀리면 하는 일도 전혀 힘들지 않고 쉽게 이루어짐을 뜻하는 말) _한국

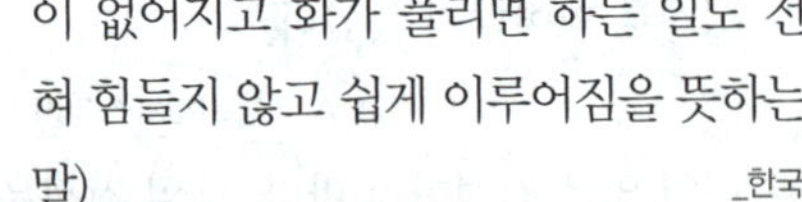

▶ 모든 기쁨에는 더 많은 근심이 따른다. _스코틀랜드

▶ 배만 부르면 제 세상인 줄 안다. (배불리 먹기만 하면 아무런 근심 걱정도 모른다는 말) _한국

▶ 비싼 밥 먹고 *헐한 걱정한다. (쓸데없는 걱정 말라는 뜻) _한국

▶ 풍년 개 팔자. (아무 근심 걱정 없고 편한 처지라는 뜻) _한국

한자 숙어

식자우환(識字憂患) 학식이 있는 것이 오히려 근심을 사게 됨.

관용어

걱정을 잡아매다 _ 걱정을 하지 않거나 그만두다.
걱정이 태산이다 _ 해결해야 할 일이 너무 많거나 복잡해서 걱정이 태산처럼 크다.

고사성어

▷ 고침이와(高枕而臥)

베개를 높이 베고 잔다는 뜻으로, 걱정 없이 편히 잠잘 수 있음을 비유한 말이다. 전국 시대 때 소진은 한, 위, 조, 연, 제, 초 여섯 나라가 힘을 모아 진나라에 대항해야 한다고 주장했다. 반면에 장의는 여섯 나라가 손잡고 진나라를 섬겨야 한다고 주장했다. 그래야 편안하게 잠을 잘 수 있고 나라에도 근심이 없을 것이라고 위나라 애왕을 설득한 뒤 나머지 다섯 나라도 차례로 설득했다. 그러나 이는 여섯 나라를 진에 넘기려는 장의의 계책에 불과할 뿐이었다. _《사기》 장의열전

▷ 기인지우(杞人之憂)

기나라 사람의 근심이라는 뜻으로, '쓸데없는 걱정'을 말한다. '기우'라고도 하는데, '기우에 불과하다', '기우에 지나지 않는다'라고 쓰인다. 기나라의 어떤 사람이 늘 하늘이 무너지고 땅이 꺼질까 걱정하여 몸져 누웠다. 다른 사람이 하늘과 땅은 절대 무너지거나 꺼지지 않는다고 말하자, 그제야 안심했다고 한다. _《열자》 천서 편

▷ 배중사영(杯中蛇影)

잔 속의 뱀 그림자라는 뜻으로, 쓸데없는 걱정으로 스스로 병을 만드는 것을 말한다. 진나라 악광의 친구 한 사람이 벽에 걸린 활 그림자가 술잔에 비친 것을 뱀으로 잘못 알고 뱀을 삼켰다고 생각하여 병이 들었다. 그러나 악광이 그렇지 않음을 자세히 설명해 주자 곧 병이 나았다. _《진서》

▷ 양호유환(養虎遺患)

호랑이를 길러서 근심 걱정을 남긴다는 뜻으로, 어떤 일을 깨끗이 마무리하지 못하고 화근을 남기는 것을 말한다. 진나라가 멸망한 뒤 한나라 유방과 초나라 항우가 천하를 차지하기 위한 싸움을 벌이고 있었다. 싸움은 한나라에 유리했지만 유방은 포로가 된 아버지와 아내를 돌려받기 위해 천하를 나누기로 약속하고 뒤돌아섰다. 그때 신하 장량과 진평이 "초나라 군대는 지쳤으니 멸망시킬 수 있는 절호의 기회입니다. 지금 공격하지 않으면 이는 호랑이를 길러 근심을 남기는 것이 되옵니다."라고 말했다. 이 말에 유방은 즉시 공격에 나섰다. _《사기》 항우본기

결과 結果

열매를 맺음. 또는 어떤 원인으로 결말이 생김.

명언 명문

*이면 | 겉으로 나타나거나 눈에 보이지 않는 부분.

▶ 거친 결과의 *이면에 섬세한 원인이 있다. 원인과 결과는 한 사실의 양면을 이룬다. _R. W. 에머슨(1803~1882) 미국 사상가, 시인 《수필집》

▶ 결과가 행위를 정당화시킨다. _헤로도토스(B.C. 484?~B.C. 430?) 그리스 역사가

▶ 결과를 받아들이기로 작정만 한다면 이 세상에서 무엇이든지 할 수 있다. _W. S. 몸(1874~1965) 영국 소설가, 극작가

▶ 끝이 좋은 것은 다 좋다. _W. 셰익스피어(1564~1616) 영국 극작가, 시인 《햄릿》

▶ 내 손을 찌른 가시는 내가 심은 관목 숲에서 자란 것이다. _G. G. 바이런(1788~1824) 영국 시인 《차일드 해럴드》

▶ 네가 진정 원하거든 행동으로 옮겨라. 그러나 결과에 대한 책임은 네게 있음을 알아라. _R. W. 에머슨(1803~1882) 미국 사상가, 시인 《위대한 사람들》

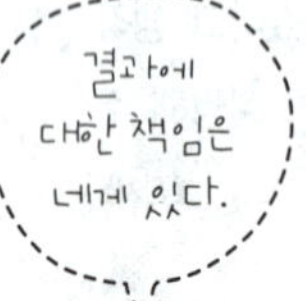

▶ 단 한 사람의 칭찬이 중대한 결과를 낳는다. _S. 존슨(1709~1784) 영국 시인, 평론가

▶ 보다 많이 구하면 많이 얻을 것이며, 보다 많이 노력하면 많은 결과를 얻을 것이다. _A. 카네기(1835~1919) 미국 실업가

▶ 악행의 결과는 본인에게 되돌아간다. _J. 밀턴(1608~1674) 영국 시인

▶ 우리가 결과라고 부르는 것은 시작이다. _R. W. 에머슨(1803~1882) 미국 사상가, 시인

▶ 위대한 결과는 위대한 출발에서 나온다. _B. 그라시안이모랄레스(1601~1658) 에스파냐 작가

▶ 좋은 의도도 지나치게 발휘되면 매우 나쁜 결과를 초래하는 경우가 많다. _M. E. 몽테뉴(1533~1592) 프랑스 사상가

R. W. 에머슨

속담

▶ 꿀은 적어도 약과만 달면 쓴다. (힘이나 재료가 적게 들어가도 결과만 좋으면 됨을 이르는 말) _한국

▶ *끝머리가 모든 것에 관을 씌운다. _영국

*끝머리 | 어떤 일이나 사물 따위의 끝이 되는 부분.

▶ 도깨비 대동강 건너듯. (일의 진행이 눈에 띄지는 않으나 그 결과가 빨리 나타남을 비유한 말) _한국

▶ 둘러치나 메어치나. (이러나저러나 결과는 같다는 뜻) _한국

▶ 떫은 배도 씹어 볼 만하다. (무슨 일이나 처음에는 좋지 않더라도 정을 붙이고 지내다 보면 점차 좋아짐을 이르는 말) _한국

▶ 심은 대로 거둔다. _영국

▶ 씨를 뿌리면 거두게 마련이다. (일한 보람이나 결과는 반드시 나타나게 된다는 말) _한국

▶ 씨를 뿌리지 않으면 추수할 것이 없다. _영국

▶ 옳은 일을 하고 어떠한 결과가 나오든 기다려라. _서양

▶ 처음과 끝이 같을 때는 거의 없다. _영국

지식 쑥쑥

한자 숙어

도원지기(道遠知驥) 천 리를 달리는 말의 재능은 먼 길을 간 뒤에 비로소 알 수 있음을 이름.

고사성어

▷ 용두사미(龍頭蛇尾)

용 머리와 뱀 꼬리라는 뜻으로, 시작은 화려하고 그럴듯하지만 끝으로 갈수록 흐지부지되어 보잘것없어짐을 이르는 말이다. 송나라 때 이름난 스님 진존숙이 상대방의 도를 알아보기 위해 선문답을 주고받으려고 이야기를 꺼냈다. 그러자 상대방은 "에잇!" 하고 큰소리를 쳤다. 이는 불교에서 스승이 수행자를 꾸짖는 소리였다. 진존숙이 "아차, 이거 한번 당했는걸." 하고 말하자 상대방은 다시 큰소리를 내며 진존숙의 기를 꺾으려 했다. 그러나 진존숙이 그를 살펴보니 그럴듯해 보이긴 하지만 참으로 도를 깨친 것 같지는 않아 '단지 용의 머리에 뱀의 꼬리가 아닐까?' 라는 의심이 들었다. 그래서 상대방에게 "그대의 호령하는 위세는 좋은데, 소리를 친 뒤에는 무엇으로 마무리를 지을 것인가?"라고 묻자 상대방은 조용히 입을 다물었다. _《벽암록》

겸손

謙遜
남을 존중하고 자기를 내세우지 않는 태도가 있음.

명언 명문

▶ 겸손은 거만의 해독제다. _볼테르(1694~1778) 프랑스 사상가 《철학사전》

▶ 겸손은 모든 사람이 설교하지만 아무도 실천하지 않고 다만 누구나 듣는 것에 만족하는 미덕이다.

_J. 셀던(1584~1654) 영국 법학자, 정치가, 역사가

▶ 겸손은 미덕 중에서도 가장 얻기 힘든 것이다.

_T. S. 엘리엇(1888~1965) 영국 시인, 평론가, 극작가

▶ 겸손은 법이 금지하지 않는 것을 금지한다.

_L. A. 세네카(B.C. 4?~A.D. 65) 로마 철학자, 극작가

▶ 겸손은 윗사람들에 대해서는 의무고, 대등한 사람들에 대해서는 예의며, 아랫사람들에 대해서는 고상함이다.

_B. 프랭클린(1706~1790) 미국 정치가, 과학자

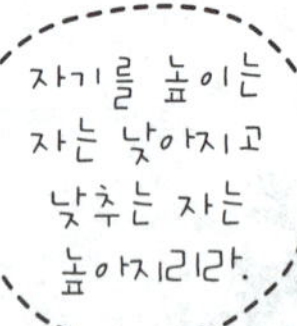

▶ 겸손은 칭찬을 낚는 유일하고 확실한 미끼다.

_P. D. S. 체스터필드(1694~1773) 영국 정치가, 작가

▶ 겸손은 힘에 바탕을 두고, 거만은 무력에 바탕을 둔다.

_F. W. 니체(1844~1900) 독일 철학자, 시인

예수

▶ 겸손하고 양보하는 마음은 인격을 완성하는 데 있어서 절대 필요한 양식이다. _J. 러스킨(1819~1900) 영국 미술 평론가

▶ 겸손하라! 진실로 겸손하라! 그대는 아직 위대하지 못하므로. 진실로 겸손함은 자기완성의 토대이다.

_L. N. 톨스토이(1828~1910) 러시아 소설가, 사상가

▶ 겸손하면 형통한다. 겸손한 덕을 지니고 있으면 높은 지위에 있는 자는 더욱 빛나고 낮은 자리에 있는 자는 남이 업신여기지 못한

다. 그러므로 겸손의 덕을 지니고 있으면 유종의 미를 거둘 수가 있다. _《주역》

▶ 겸손한 사람은 남에게 칭찬을 들었을 때나 험담을 들었을 때나 언제나 변함이 없다. _장 파울(1763~1825) 독일 소설가

▶ *겸양은 천국의 문을 열고 *굴욕은 지옥의 문을 연다. _A. P. G. 지드(1869~1951) 프랑스 소설가, 평론가

*겸양 | 겸손한 태도로 남에게 양보하거나 사양함.
*굴욕 | 남에게 억눌리며 업신여김을 받음.

▶ 공작새는 자기 발 밑을 돌아볼 때는 깃털을 접는다. _M. 세르반테스(1547~1616) 에스파냐 소설가 《돈키호테》

▶ 남에게서 좋은 말을 듣고 싶으면, 자기의 장점을 남에게 너무 많이 말하지 마라. _B. 파스칼(1623~1662) 프랑스 사상가, 수학자, 물리학자 《팡세》

▶ 누구든지 자기를 높이는 사람은 낮아지고 자기를 낮추는 사람은 높아진다. _예수(B.C 4?~A.D. 30?) 기독교 창시자

▶ 먼저 겸손부터 배우지 않는 자는 아무것도 배우지 못할 것이다. _O. 메러디스(1831~1891) 영국 정치가, 시인

▶ 신분이 높아짐에 따라 겸허하게 행동하지 않으면 안 된다. _M. T. 키케로(B.C. 106~B.C. 43) 로마 정치가, 학자 《의무에 대해서》

▶ 오만하면 손해를 보고 겸손하면 이익을 본다. _《서경》

▶ 우리는 자기의 힘을 깨달으면 겸손해진다. _P. 세잔(1839~1906) 프랑스 화가

▶ 인생은 겸양이라는 긴 교훈이다. _P. 발레리(1871~1945) 프랑스 시인, 사상가, 평론가

▶ 자신의 공적을 과대평가해서도 안 되지만 과소평가하거나 숨겨서도 안 된다. 겸손은 미덕이지만 겸손한 척하는 것은 미덕이 아니다. _W. 펜(1644~1718) 영국 정치가

▶ 참다운 겸손은 모든 미덕의 어머니이다. _A. 테니슨(1809~1892) 영국 시인 《성배》

▶ 행운을 만나면 겸손해지고 불운을 만나면 신중해져라. _페리안드로스(?~B.C. 588?) 그리스 귀족

속담

▶ 가난한 사람에게 겸손은 아무 소용이 없다. _로마

▶ 겸손은 모든 덕의 근본이다. _영국

▶ 겸양이 지나치면 오만이 된다. _영국

▶ 구부러지는 것은 부러지는 것보다 낫다. _영국

▶ 벼 이삭은 익을수록 고개를 숙인다. _한국

▶ 병에 찬 물은 저어도 소리가 나지 않는다. (학식이 많은 사람은 아는 체 떠들고 다니지 않는다는 말) _한국

▶ 산이 높을수록 풀은 더욱 낮아진다. _영국

▶ 자신에게는 엄격하게, 타인에게는 겸손하라. 그러면 적이 있을 수 없다. _중국

한자 숙어

소납(笑納) 자기가 보내는 물건이 보잘것없는 것이니 웃으며 받아 달라는 뜻으로 겸손하게 하는 말.

고사성어

▷ 망양지탄(望洋之嘆)

드넓은 바다를 바라보고 감탄한다는 뜻으로, 다른 사람의 위대함을 보고서 자신의 부족함을 부끄러워한다는 말이다. 옛날 중국 황하에 하백이라는 물의 신이 있었다. 하백은 늘 금빛 찬란한 강물을 보며 그 넓고 풍부함에 감탄을 했다. 그러던 중 가을에 쏟아진 홍수로 인해 강물이 불어 강의 폭이 굉장히 넓어졌다. 하백이 사방을 둘러보니 물이 어디로 흐르는지, 끝이 어디인지 모를 정도였다. 하백은 강의 끝을 보기 위해 동쪽으로 따라 내려가다 넓은 바다를 보았다. 그제야 하백은 부끄러움을 느껴 탄식했다. "지금까지는 내가 제일인 줄 알았는데, 넓디넓은 바다를 보니 내 생각이 얼마나 짧았는지 알게 되었다." _《장자》 추수 편

▷ 양고심장(良賈深藏)

어진 상인은 물건을 깊숙이 숨긴다는 뜻으로, 지혜로운 사람은 겸손하여 자신의 학식과 덕행을 자랑하지 않는다는 말이다. 공자가 주나라의 노자를 찾아가 예에 대한 의견을 물은 적이 있다. 그때 노자는 예에 관해서는 한 마디도 하지 않고 다만 이렇게 말하였다. "장사를 잘하는 상인은 물건을 깊이 간직해 두고서 겉으로 마치 아무 물건이 없는 것처럼 하고, 군자는 안에 훌륭한 덕이 있으면서 용모는 어리석은 사람 같다고 하던데, 자네도 그 교만과 욕심과 점잖지 못한 태도를 버리는 게 좋겠네." _《사기》 노자열전

經驗 경험

자신이 실제로 해 보거나 겪어 봄. 또는 거기서 얻은 지식이나 기능.

명언 명문

▶ 강물을 거슬러서 헤엄쳐 본 사람은 물살이 얼마나 센지 안다.

_T. W. 윌슨(1856~1924) 미국 제28대 대통령

▶ 거의 모든 일에 있어서 교훈보다는 경험이 더 유익하다.

_M. F. 퀸틸리아누스(35?~95?) 로마 웅변가, 수사학자

▶ 경험에는 아무런 윤리적 가치도 없다.

_O. F. O. W. 와일드(1854~1900) 아일랜드 시인, 극작가 《도리언 그레이의 초상》

▶ 경험은 가장 좋은 선생이지만 그 수업료가 비싸다.

_T. 칼라일(1795~1881) 영국 사상가, 역사가

▶ 경험은 기술을 낳고, 경험의 결핍은 우연을 낳는다.

_B. 존슨(1572~1637) 영국 극작가, 시인, 평론가

▶ 경험은 부지런해야 쌓이고, 분주하게 시간을 보내는 사이에 완성된다.

_W. 셰익스피어(1564~1616) 영국 극작가, 시인 《베로나의 두 신사》

▶ 경험은 좋은 약이지만 병이 고쳐진 뒤가 아니면 얻을 수가 없다.

_장 파울(1763~1825) 독일 소설가

▶ 경험을 쌓은 사람은 일이 이렇다는 것을 알고 있지만 왜 그렇다는 것을 모른다.

_M. 하이데거(1889~1976) 독일 철학자 《근거의 본질에 관하여》

▶ 경험이 없는 사람에게는 중요한 일을 맡기지 마라.

_B. 그라시안이모랄레스(1601~1658) 에스파냐 작가

▶ 경험이 없는 의욕은 위험하지만, 의욕이 없는 경험은 무력하고 불완전하다.

_P. D. S. 체스터필드(1694~1773) 영국 정치가, 작가

▶ 경험이란 말의 *공허함. 경험이란 실험적인 것이 아니다. 사람은 경험을 걸 수는 없다. 경험을 당하는 것이다. 경험을 하고 나면

*공허 | 아무것도 없이 텅 빔. 또는 실속이 없이 헛됨.

W. 셰익스피어

*졸렬하다 | 옹졸하고 천하여 서투르다.

사람은 유식해지는 것이 아니라 노련해진다.

_A. 카뮈(1913~1960) 프랑스 소설가, 극작가 《비망록》

▶ 경험이란 사람이 지식에 있어 진보하면 할수록 그 필요를 느끼게 하는 것이다. _R. 데카르트(1596~1650) 프랑스 철학자, 수학자

▶ 경험이란 인간이 자신들의 잘못에 붙이는 별명이다.

_O. F. O. W. 와일드(1854~1900) 아일랜드 시인, 극작가

▶ 수치는 한때 어리석었다는 경험에 있지 않고, 그 어리석음을 곧 버리지 못함에 있다. _Q. 호라티우스(B.C. 65~B.C. 8) 로마 시인

▶ 어떤 사람도 남의 경험에서 얻어 배울 만큼 영리하지는 않다.

_볼테르(1694~1778) 프랑스 사상가

▶ 인간이란 줄곧 경험과 공상 사이를 오락가락한다.

_M. 프루스트(1871~1922) 프랑스 소설가

▶ 인생은 경험이다. 경험이 많을수록 인생은 더욱 훌륭해진다.

_R. W. 에머슨(1803~1882) 미국 사상가, 시인

▶ 지혜는 경험의 딸이다. 경험에 근거하지 않은 사색가의 교훈을 피하고, 경험을 바탕으로 지혜의 탑을 쌓아 가도록 하라.

_L. 다빈치(1452~1519) 이탈리아 화가, 건축가, 조각가

▶ 진리는 경험의 시험을 견디어 내는 것이다.

_A. 아인슈타인(1879~1955) 미국 물리학자

▶ 책보다는 관찰이, 지위보다는 경험이 더 훌륭한 스승이다.

_A. B. 올컷(1799~1888) 미국 작가, 철학자

▶ 책에서 얻은 학문은 인생의 여러 가지 문제를 해결하는 데 있어서는 *졸렬한 수단이다. 인생 문제를 해결하려면 풍부한 책들보다 끊임없이 사실과 접촉하는 편이 낫다.

_J. H. 파브르(1823~1915) 프랑스 곤충학자

속담

▶ 경험은 지혜의 어머니다. _서양

▶ 경험은 최상의 스승이다. _영국

▶ 구관이 명관이다. (무슨 일이든 경험이 많거나 익숙한 사람이 더 잘하는 법임을 비유적으로 이르는 말) _한국

▶ 깊고 얕은 물은 건너 보아야 안다. (겪어 보아야 알 수 있다는 말) _한국

▶ 노루 본 놈이 그물 짊어진다. (무슨 일이나 직접 당한 사람이 맡아 하기 마련임을 비유적으로 이르는 말) _한국

▶ 단맛 쓴맛 다 보았다. (세상의 온갖 일을 다 겪어 보았다는 말) _한국

▶ 대장간 집 아이는 불꽃을 무서워하지 않는다. _덴마크

▶ 먼 곳을 보려면 높이 올라가야 한다. _몽골

▶ 바닷가 개는 호랑이 무서운 줄 모른다. (상대에 대해 아는 것이 없으면 무서운 줄도 모른다는 뜻) _한국

▶ 산전수전 다 겪었다. (세상일을 골고루 겪어서 무슨 일에나 노련하다는 뜻) _한국

▶ 오늘은 어제의 학생이다. (경험의 중요성을 강조한 말) _영국

▶ 학식 없는 경험이 경험 없는 학식보다 낫다. (경험이 중요하다는 말) _서양

한자 숙어

당구풍월(堂狗風月) 서당에서 기르는 개가 풍월을 읊는다는 뜻으로, 어떤 분야에 경험이 없는 사람이라도 오래 있으면 얼마간의 경험과 지식이 쌓인다는 말.

산전수전(山戰水戰) 산과 물에서 모두 전투를 했다는 뜻으로, 세상 일에 경험이 많음을 이름.

고사성어

▷ 백문불여일견(百聞不如一見)

백 번 듣는 것이 한 번 보느니만 못하다는 뜻으로, 말로만 듣는 것보다는 직접 경험해 보는 것이 가장 확실하다는 뜻이다. 전한의 9대 황제인 선제 때 서북쪽에 사는 티베트계 유목 민족인 강족이 쳐들어왔다. 한나라 군사는 필사적으로 싸웠으나 크게 지고 말았다. 선제는 일찍이 큰 공을 세운 조충국에게 토벌군의 책임자를 누구로 하면 좋을지 물었다. 그러자 일흔 살을 넘은 백전노장 조충국은 바로 자신이 적임자라고 대답했다. 그러고는 '백 번 듣는 것이 한 번 보는 것보다 못한 법'이라며 자신이 직접 현지를 살펴본 다음 계책을 아뢰겠다고 말했다. 이윽고 현장 조사를 마치고 돌아온 조충국은 기병보다는 그 지역에 살게 하여 평상시에는 농사도 짓는 둔전병을 두는 것이 좋다는 방책을 내놓았다. 이 방책을 채택한 이후 강족의 반란도 점점 줄었다고 한다. _《한서》 조충국전

고독 孤獨

세상에 홀로 떨어져 있는 듯이 매우 외롭고 쓸쓸함.

명언 명문

▶ 고귀한 사상을 몸에 지니고 있는 사람은 결코 고독하지 않다.

_P. 시드니(1554~1586) 영국 시인, 정치가

▶ 고독과 자신이 불필요한 존재라는 느낌은 가장 견디기 어려운 가난이다.

_테레사(1910~1997) 인도 수녀

▶ 고독은 뛰어난 정신을 가진 사람의 운명이다.

_A. 쇼펜하우어(1788~1860) 독일 철학자 《의지와 표상으로서의 세계》

▶ 고독은 삶에 대한 두려움에 불과하다. _E. G. 오닐(1888~1953) 미국 극작가

▶ 고독이 정신에 미치는 영향은 음식이 육체에 미치는 영향과 같다.

_L. C. 보브나르그(1715~1747) 프랑스 도덕주의자, 수필가 《성찰과 잠언》

▶ 나쁜 친구들과 어울리기보다는 혼자 지내는 것이 낫다.

_G. 워싱턴(1732~1799) 미국 초대 대통령

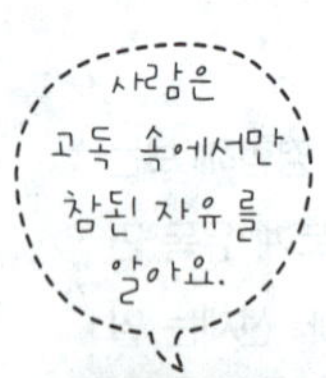

▶ 누구 한 사람 아는 사람이 없는 군중 속을 헤치고 갈 때만큼 심하게 고독을 느낄 때는 없다.

_J. W. 괴테(1749~1832) 독일 시인, 소설가, 극작가 《이탈리아 기행》

▶ 사람들은 고독을 견딜 수 없어서 자아를 상실하는 길을 택한다.

_E. 프롬(1900~1980) 독일 정신 분석학자, 사회학자 《자유로부터의 도피》

▶ 사회가 인격 형성에 필요하듯이 고독은 상상력을 기르는 데 없어서는 안 될 요소이다.

_J. R. 로웰(1819~1891) 미국 시인, 평론가

▶ 생각의 영역의 위대한 결정, 획기적인 발견과 문제 해결은 오로지 고독 속에서 일하는 개인에게만 가능한 것이다.

_S. 프로이트(1856~1939) 오스트리아 심리학자, 의사

M. E. 몽테뉴

▶ 생명이 또 다른 생명과 그렇게도 잘 어울리고, 바람이 몰아치는

가운데서도 꽃들이 꽃들과 섞이고, 백조가 다른 모든 백조들을 알고 있는 이 세상에서, 유일하게 사람들만이 고독을 만들어 내고 있다. _A. M. R. 생텍쥐페리(1900~1944) 프랑스 소설가, 비행사 《인간의 대지》

▶ 어느 정도의 고독은 정신의 발전을 위해서나 진실한 행복을 위해서 필요하다. _C. 힐티(1833~1909) 스위스 사상가, 법률가

▶ 오로지 고독 속에서만 사람은 참된 자유를 안다. _M. E. 몽테뉴(1533~1592) 프랑스 사상가

▶ 우리들이 고독하다고 느꼈을 때는 오히려 고독한 것이 아니다. _M. T. 키케로(B.C. 106~B.C. 43) 로마 정치가, 학자

▶ 우리의 모든 고민은 우리가 고독하게 존재할 수 없다는 데서 생기는 것이다. _J. 라브뤼예르(1645~1696) 프랑스 작가

▶ 이 세상에서 가장 강한 인간이란 고독 속에서 오직 홀로 선 인간이다. _H. J. 입센(1828~1906) 노르웨이 극작가 《민중의 적》

▶ 인간 생활이 무엇인가를 조금이라도 인식하는 사람이면 누구나 언젠가는 각각 떨어진 영혼의 이상한 고독감을 반드시 느낀다. _B. A. W. 러셀(1872~1970) 영국 철학자, 수학자 《사랑이 있는 기나긴 대화》

속담

▶ 개밥에 도토리. (외톨이로 고립된 사람을 이르는 말) _한국

▶ 거대한 도시는 거대한 고독을 의미한다. _로마

▶ 까마귀 게 발 던지듯. (볼일 다 보았다고 내던져져서 외롭게 된 모양을 비유적으로 이르는 말) _한국

▶ 끈 떨어진 뒤웅박. (조금도 의지할 데가 없는 처지를 이르는 말) _한국

▶ 날 샌 올빼미 신세. (외롭고 의지할 곳 없는 사람을 이르는 말) _한국

▶ 무 밑동 같다. (홀로 외로운 처지임을 비유한 말) _한국

▶ 짝 잃은 기러기 같다. _한국

▶ 천국일지라도 혼자 살려면 견디기 힘들 것이다. _러시아

지식 쑥쑥

한자 숙어

고신척영(孤身隻影) 외로운 몸과 그 몸의 그림자 하나뿐이라는 뜻으로, 의지할 데 없이 외로이 떠도는 신세를 이름.

형영상조(形影相弔) 자기 몸과 그림자가 서로 불쌍하게 여긴다는 말로, 매우 외로워 의지할 곳이 없음을 이름.

고통 苦痛

몸이나 마음의 괴로움과 아픔.

명언 명문

▶ 고통은 곧 생활이니까, 고통이 없는 인생에는 아무런 쾌락도 있을 수 없다. _F. M. 도스토옙스키(1821~1881) 러시아 소설가 《카라마조프의 형제들》

▶ 고통은 사람을 강하게 만든다. 그러나 고통으로 강해지지 못한 사람은 죽고 만다. _C. 힐티(1833~1909) 스위스 사상가, 법률가

▶ 고통은 사람을 고상하게 만드는 것이 아니라 비열하게 만든다. _W. S. 몸(1874~1965) 영국 소설가, 극작가

▶ 고통은 짧고, 기쁨은 영원하다. _J. C. F. 실러(1759~1805) 독일 시인, 극작가 《오를레앙의 처녀》

▶ 고통을 겪어야 강하게 된다는 것이 얼마나 숭고한 일인가를 알라. 인내할 수 있는 사람은 그가 바라는 것은 무엇이든지 손에 넣을 수가 있다. _B. 프랭클린(1706~1790) 미국 정치가, 과학자

▶ 고통을 두려워하는 사람은 이미 그 두려움 때문에 고통을 당하고 있다. _M. E. 몽테뉴(1533~1592) 프랑스 사상가

▶ 고통이 남기고 간 것을 맛보라! 고난도 지나고 나면 감미롭다. _J. W. 괴테(1749~1832) 독일 시인, 소설가, 극작가 《격언과 반성》

▶ 나무가 허다한 고통을 겪은 후에 열매 맺을 철이 오게 마련입니다. 겨울은 늘 봄 속에서 끝납니다. 나는 증언해야 합니다. 그러고 나면 계절의 순환이 다시 되풀이될 것입니다. _A. 카뮈(1913~1960) 프랑스 소설가, 극작가 《비망록》

▶ 세상에 육체의 고통보다 더 나쁜 것은 없다. 고통 앞에서는 영웅도 없다. _G. 오웰(1903~1950) 영국 소설가 《1984년》

▶ 스스로 십자가의 고통을 없애려고 하면 할수록 점점 더 고통은 커

지게 된다. _H. F. 아미엘(1821~1881) 스위스 철학자, 문학가 《일기》

▶ 악이 우리에게 선을 알게 해 주듯, 고통은 우리에게 기쁨을 알게 해 준다. _B. H. W. 클라이스트(1777~1811) 독일 극작가, 소설가 《논문집》

▶ 약간의 근심, 고통, 고난은 항시 누구에게나 필요한 것이다. 바닥에 짐을 싣지 않은 배는 안전하지 못하며 곧장 갈 수 없으리라.
_A. 쇼펜하우어(1788~1860) 독일 철학자

▶ 우리가 즐겨 하는 일은 고통이 될 것이 없다.
_W. 셰익스피어(1564~1616) 영국 극작가, 시인

▶ 인생은 고통이다. 그리고 두 사람 사이의 유일한 차이는 그 사람이 겪고 있는 괴로움의 정도 차이에 불과하다.
_G. B. 쇼(1856~1950) 아일랜드 극작가, 평론가

▶ 죽는 것보다는 고통받는 것이 더 낫다.
_J. 라퐁텐(1621~1695) 프랑스 시인, 우화 작가

▶ 죽는 것이 괴로우니 태어나지 말고 태어나는 것도 괴로우니 죽지도 마라. _원효(617~686) 신라 시대 승려

▶ 즐거움과 마찬가지로 괴로움도 미리 생각하면 더 커진다.
_E. G. 허버드(1856~1915) 미국 작가, 화가

▶ 한 사람의 고통은 타인의 *고뇌로 감소된다.
_W. 셰익스피어(1564~1616) 영국 극작가, 시인 《로미오와 줄리엣》

*고뇌 | 괴로워하고 번뇌함.

속담

▶ 고통스러워도 남에게 말하지 마라. 신음하는 부상자에게는 매나 독수리가 덤벼든다. _아라비아

▶ 고통이 없는 삶은 없다. _프랑스

▶ 사람은 자신이 준 고통은 잊지만 타인이 준 아픔은 결코 잊어버리지 않는다. _인도

한자 숙어

은인자중(隱忍自重) 괴로움을 마음속에 감추어 참고 견디면서 몸가짐을 신중하게 행동함.

체통자구 불능불호(體痛者口不能不呼) 몸이 아프면 자연 신음 소리가 나옴.

고사성어

▷ 도탄지고(塗炭之苦)

진흙 수렁에 빠지고 숯불에 타는 듯한 고통이란 뜻으로, 가혹한 정치에 시달리는 백성들의

심한 고통을 가리키는 말이다. 하나라 걸왕이 포악한 정치를 일삼다가 은나라 탕왕에게 망하였다. 탕왕은 무력으로 왕위를 얻은 것을 부끄럽게 생각하였다. 그러자 왕을 모시고 있던 중훼가 말했다. "하늘이 백성을 내신 것은 그 하고자 하는 바가 있고, 임금이 없으면 곧 어지러워집니다. 하나라는 덕이 부족해 백성들이 도탄에 빠지므로 하늘이 곧 왕에게 용기와 지혜를 주어 만방에 올바름을 나타나게 하셨으니 그 떳떳함을 따라 하늘이 시키는 바를 행해야 합니다." 백성들을 괴로움에서 구하기 위해 무력을 사용한 것은 정당하며 임금은 하늘을 대신하여 백성을 사랑해야 한다는 뜻이다. _《서경》 중훼지고 편

▷ 사면초가(四面楚歌)

사방에서 초나라의 노래가 들린다는 뜻으로, 아무에게도 도움을 받지 못하는, 외롭고 곤란한 지경에 빠진 형편을 이르는 말이다. 옛날 중국 초나라 항우가 한나라 유방의 군사들에게 포위되었을 때, 유방이 꾸민 꾀에 빠져, 사방을 에워싼 한나라 군사 속에서 초나라 노랫소리가 들려오자 다른 지역의 초나라 군사가 모두 항복한 줄 알고 깜짝 놀랐다는 데서 유래한다. _《사기》 항우본기

키워드 정보 BOX

스트레스

몸에 해로운 정신적, 육체적 자극이 가해졌을 때 몸에 나타나는 반응으로, 캐나다의 내분비학자 H. 셀리에가 처음으로 이 말을 사용했다. 사람은 주로 외부 자극과 내부 자극에 의해 스트레스가 생긴다. 외부 자극은 인간관계에서 일어나는 모든 문제들, 즉 가까운 사람과의 이별이나 죽음, 학교나 직장에서 느끼는 모욕감 등이고, 내부 자극은 남에게 의존하려는 욕구나 공격적 본능 등을 포함한 내부의 욕망을 가리킨다. 스트레스는 이 같은 자극을 감당하기 어려울 때 생기는데, 지속되면 심장병, 고혈압 따위의 신체적 질환이나 불면증, 우울증과 같은 정신적 장애가 나타난다. 그러나 적당한 긴장감은 오히려 신체와 정신에 활력을 준다.

觀念 관념

어떤 일에 대한 견해나 생각.

명언 명문

▶ 관념은 자연 속에 있다. _F. A. R. 로댕(1840~1917) 프랑스 조각가

▶ 사람들은 일정한 관념을 가지게 되면 어떠한 수단을 써도 영원히 그 관념을 떠날 수가 없다. _F. 카프카(1883~1924) 독일 소설가

▶ 세계는 우리의 관념에 의해서만 우리에게 흥미가 있다. 관념이 사라지면 만사가 헛되고 *섞갈리고 허무하게 된다. _J. H. 파브르(1823~1915) 프랑스 곤충학자

*섞갈리다 | 갈피를 잡지 못하게 여러 가지가 한데 뒤섞이다.

▶ 아무리 낡은 관념이라도 한 번은 새로운 관념이었던 적이 있었고, 아무리 새로운 관념이라도 언젠가는 낡은 관념이 되는 법이다. _E. 글래스고(1873~1945) 미국 소설가

▶ 애정은 마음의 젊음이고, 관념은 마음의 성숙함이지만 웅변은 마음이 늙어 노망을 부리는 것이다. _K. 지브란(1883~1931) 미국 소설가, 화가, 시인

▶ 우리 자신이 스스로 입장을 확립하지 못하고 있는 어떤 관념에 대해 반대할 때 우리는 화를 내거나 흥분하기 쉬우며, 그 반대쪽을 택하고 싶어 한다. _T. 만(1875~1955) 독일 소설가, 평론가 《부덴브로크가》

▶ 일반적이고 추상적인 관념들은 사람들이 저지르는 가장 큰 오류의 원천이다. _J. J. 루소(1712~1778) 프랑스 작가, 사상가

▶ 진리와 허위를 구별하려는 사람은 진리와 허위에 대한 적절한 관념을 갖고 있어야 한다. _B. 스피노자(1632~1677) 네덜란드 철학자 《에티카》

▶ 하나의 관념을 계속 마음에 지니기 위해 그대가 말하는 것은 옳고 그 이외의 것은 다 그르다고 고집하지 마라. _소포클레스(B.C. 496~B.C. 406) 그리스 시인 《안티고네》

관용

寬容

남의 잘못을 너그럽게 받아들이거나 용서함. 또는 그런 용서.

명언 명문

▶ 공사 감독이 관용을 베푸는 것은 무책임한 것이다. 공사를 잘못하는 자보다 관용을 베푸는 자의 책임이 더 크다.

_안창호(1878~1938) 독립운동가, 교육가

▶ 공손함이 사소한 것에 대한 관용이라는 정의는 옳다.

_T. B. 매콜리(1800~1859) 영국 역사가, 정치가

▶ 관용 속에는 늘 자부심이 있다. 그대가 굳이 아니라고 하더라도 그렇다고 한 것과 동일한 위치에 서는 것이다. 그러나 만일 그대가 그를 너그럽게 용서한다면 그대는 그의 은인이 되는 것이다.

_G. 지멜(1858~1918) 독일 사회학자, 철학자

▶ 관용은 모든 사람에게 좋거나 아무에게도 좋지 않다.

_E. 버크(1729~1797) 영국 정치가, 사상가

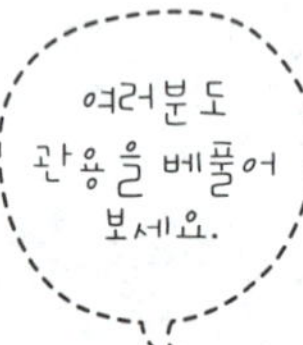

▶ 관용은 미덕이 입고 있는 의상이다.

_J. P. C. 플로리앙(1755~1794) 프랑스 소설가

▶ 관용은 유일한 문명의 테스트다. _A. 헬프스(1813~1875) 영국 역사가

▶ 관용은 정신의 가장 큰 재능이다.

_H. A. 켈러(1880~1968) 미국 저술가, 사회사업가

H. A. 켈러

▶ 관용이란 무엇인가, 그것은 인간애의 소유이다. 우리는 모두 약함과 과오로 만들어져 있다. 우리는 어리석음을 서로 용서한다.

_볼테르(1694~1778) 프랑스 사상가

▶ 교육의 최대 성과는 관용이다.

_H. A. 켈러(1880~1968) 미국 저술가, 사회사업가

▶ 남의 잘못을 너그럽게 용서하라! 오늘 저지른 남의 잘못은 어제의

내 잘못이었던 것을 생각하라. _W. 셰익스피어(1564~1616) 영국 극작가, 시인

▶ 마음이 후하다는 것은 대체로 베풀어 주는 데에 대한 허영에 지나지 않는다. _F. 라로슈푸코(1613~1680) 프랑스 작가

▶ 마음이 후한 사람은 충고보다는 구원의 손길을 내민다.
_L. C. 보브나르그(1715~1747) 프랑스 도덕주의자, 수필가

▶ 마음이 후한 사람은 항상 자기가 부자인 것처럼 생각하고 있다.
_P. 시루스(B.C. 1세기경) 로마 시인 《격언집》

▶ 모든 종교에 대한 동일한 관용은 무신론이나 마찬가지다.
_레오 13세(1810~1903) 교황

▶ 사람들은 자기가 사랑하는 사람보다 두려워하는 사람에게 더 큰 관용을 베푼다. _E. W. 하우(1853~1937) 미국 소설가, 수필가

▶ 사람들이 미덕으로 여기는 관용은 때로는 허영 때문에, 또는 나태와 공포 때문에 감추어져 있을 때가 많다.
_F. 라로슈푸코(1613~1680) 프랑스 작가

▶ 사람은 누구나 자기 양심에 따라 자유롭게 종교를 믿을 권리가 있고, 기독교적 관용과 사랑과 박애를 남에게 실천할 의무가 있다.
_P. 헨리(1736~1799) 미국 정치가

▶ 여행은 관용을 가르친다. _B. 디즈레일리(1804~1881) 영국 정치가, 소설가

▶ 왕후의 관용은 국민의 충성을 빼앗는 하나의 *책략에 지나지 않는다. _F. 라로슈푸코(1613~1680) 프랑스 작가 《반도덕적 반성》

▶ 용서는 좋은 일이다. 그러나 잊어버려 주는 것이 더 좋은 일이다.
_E. B. 브라우닝(1806~1861) 영국 시인

*책략 | 어떤 일을 꾸미고 이루어 나가는 교묘한 방법.

속담

▶ 관용은 면제가 아니다. (너그럽게 봐주는 것은 죄나 과실을 용서하는 것이 아니라는 뜻으로, 눈감아 준다 해도 죄는 역시 죄라는 말) _영국

▶ 손아귀에 들어오지 않는 세 가지가 있다. 나이팅게일의 울음소리와 시의 재능과 관대한 마음이다. _아일랜드

지식 쑥쑥

한자 숙어

거거(渠渠) 너그럽지 못한 모양.
관인대도(寬仁大度) 너그럽고 어질며 도량이 넓음을 이름.
해활천공(海闊天空) 바다가 광활하고 하늘이 창창하여 끝없는 것과 같이 마음이 넓음을 이름.

교만

驕慢

잘난 체하며 뽐내고 건방짐.

명언 명문

*거만 | 잘난 체하며 남을 업신여김.
*모반 | 자기 나라를 배반하고 남의 나라를 좇기를 꾀함.

▶ *거만은 인간이 자기를 남보다 뛰어나다고 생각하는 잘못된 견해에서 생기는 기쁨이다. _B. 스피노자(1632~1677) 네덜란드 철학자 《윤리학》

▶ 거만은 항상 천사가 신이 되려고 하는 것과 같다. 신이 되려고 한 천사는 떨어졌지만, 천사가 되려고 한 인간은 *모반을 일으킨다. _A. 포프(1688~1744) 영국 시인 《인간론》

▶ 거만하고 불손한 성격은, 자기에 대한 분노와 남에 대한 격노와는 종이 한 장의 차이이다. _스탕달(1783~1842) 프랑스 소설가 《적과 흑》

▶ 교만과 사랑은 같은 지붕 밑에 살지 못한다. _P. N. 오비디우스(B.C. 43~A.D. 17) 로마 시인 《변형담》

▶ 교만은 자신을 제외한 모든 사람에 대한 경멸이다. _J. 라브뤼예르(1645~1696) 프랑스 작가 《사람은 가지가지》

▶ 교만한 마음이 천사를 타락시켰다. _R. W. 에머슨(1803~1882) 미국 사상가, 시인 《스핑크스》

▶ 교만한 사람은 멸시받고 겸손한 사람은 존경받는다. _《성경》

▶ 남의 위에 서서도 교만하지 않으면 아무리 높은 지위에 있어도 위험이 다가오는 일은 없다. _《효경》

▶ 사람의 성품 중 가장 뿌리 깊은 것은 교만이다. 나는 지금 누구에게나 겸손할 수 있다고 자랑하고 있는데, 이것도 하나의 교만이다. 자기가 겸손을 의식하는 동안에는 아직 교만의 뿌리가 남아 있는 증거이다. _P. D. S. 체스터필드(1694~1773) 영국 정치가, 작가

▶ 우리들이 자기의 결점을 하나씩 극복할 때마다 거만함은 그만큼 부풀어 오른다. _F. 라로슈푸코(1613~1680) 프랑스 작가 《도덕적 반성》

▶ 인간에게는 불행하거나 빈곤이 따르든가 혹은 병을 앓는 것이 필요하다. 그렇지 않으면 인간은 곧 교만해지고 만다.

_I. S. 투르게네프(1818~1883) 러시아 소설가 《그 전날 밤》

▶ 자기가 알고 있는 것은 자만하고 모르는 것에 대해서는 거만한 자가 적지 않다. _J. W. 괴테(1749~1832) 독일 시인, 소설가, 극작가 《격언과 반성》

▶ 좋은 평판에 대한 경멸은 건방진 짓이다.

_T. 홉스(1588~1679) 영국 철학자, 법학자

▶ 천국은 교만한 자들이 있을 자리가 아니다. _《코란》

속담

▶ 교만 뒤에는 부끄러움이 뒤따른다. (교만하게 되면 모욕을 당하게 된다는 뜻) _영국, 미국

▶ 교만한 사람은 손해만 본다. _프랑스

▶ 교만한 자는 오래 가지 못한다. _중국

▶ 나온 말뚝은 두들겨 맞는다. _일본

▶ 노루 꼬리가 길면 얼마나 길까. (작은 재주를 지나치게 믿고 잘난 체하는 사람을 비꼬아 이르는 말) _한국

▶ 맛없는 국이 뜨겁기만 하다. (사람답지 못한 자가 교만하고 까다롭게 군다는 뜻) _한국

▶ 머리를 너무 높이 들지 마라. 모든 입구는 낮은 법이다. _독일

▶ 못된 송아지 엉덩이에 뿔이 난다. (되지 못한 사람이 건방지고 좋지 못한 짓을 한다는 뜻) _한국

▶ 무지한 자는 떠들고 현명한 자는 미루어 헤아린다. _파키스탄

▶ 저는 잘난 백정으로 알고 남은 헌 정승으로 안다. (대단치 않은 사람이 거만하여 사람을 만만히 보거나 자기보다 나은 사람을 업신여기는 경우를 이르는 말) _한국

▶ 해가 저물면 반딧불이는 자신들이 세상에 빛을 준다고 생각한다. _인도

한자 숙어

각자이위대장(各自以爲大將) 저마다 자기가 잘났다고 나섬.
고만(高慢) 뽐내어 건방짐.
교사자존(驕奢自尊) 교만하고 사치하며 스스로 높임.
유아독존(唯我獨尊) 세상에서 자기 혼자 잘났다고 뽐내는 태도.
일호교기(一毫驕氣) 털끝만 한 교만스런 태도.

구원 救援

어려움이나 위험에 빠진 사람을 구하여 줌. 또는 기독교에서 인류를 고통과 죽음에서 건져 내는 것.

명언 명문

▶ 구원과 가장 심하게 상충되는 것은 죄가 아니라 습관이다.

_C. P. 페기(1873~1914) 프랑스 시인, 평론가

▶ 구원의 길은 어디에도 없다. 오직 자기 자신의 마음에 이르는 길뿐이다. 거기에만 하느님이 있고 평화가 있다.

_H. 헤세(1877~1962) 독일 소설가, 시인

▶ 기도는 음악처럼 신성하고 구원이 된다. 또한 기도는 신뢰이며 확인이다.

_H. 헤세(1877~1962) 독일 소설가, 시인

▶ 낙타가 바늘귀로 들어가는 것이 부자가 하느님의 나라에 들어가는 것보다 쉬우니라.

_예수(B.C 4?~A.D. 30?) 기독교 창시자

▶ 무엇을 믿어야 할 것인가, 무엇을 바랄 것인가, 그리고 무엇을 해야 할 것인가를 아는 것은 인간의 구원을 위해 필요하다.

_T. 아퀴나스(1225?~1274) 이탈리아 신학자, 철학자 《박수에 대한 두 가지 교훈》

▶ 복병이 숨은 곳은 수도 없이 많으며 구원은 하나밖에 없다. 그러나 구원의 가능성은 복병이 숨은 장소의 수만큼은 된다.

_F. 카프카(1883~1924) 독일 소설가

T. 아퀴나스

▶ 어떠한 고통의 외침도 한 인간의 고통의 외침보다 크지는 못하다. 한 인간의 고통은 무한히 큰 고통이며, 그래서 그에게 필요한 구원도 무한히 커지는 것이다.

_L. J. J. 비트겐슈타인(1889~1951) 영국 철학자

▶ 우리는 지구보다 더 높은 목적지를 위해 태어났다.

_E. 벌워리턴(1803~1873) 영국 소설가, 극작가

▶ 이성은 우리를 구원할 수 없지만 삶의 잔인성은 완화할 수 있다.

_P. 리프(1922~2006) 미국 작가, 사회학자

- ▶ 인류의 구원은 오로지 모든 것을 모든 사람의 관심사로 만드는 데 있다.
  _A. I. 솔제니친(1918~2008) 러시아 소설가
- ▶ 인류의 구원은 창조적인 불우한 사람들 손에 달려 있다.
  _M. L. 킹(1929~1968) 미국 목사, 흑인 해방 운동가
- ▶ 종교는 영혼의 지배다. 그것은 인생의 희망, 안전한 닻, 영혼의 구원이다.
  _나폴레옹 1세(1769~1821) 프랑스 황제
- ▶ 종교를 단순히 개인의 구원 문제로 전락시키는 종교의 개인화를 우리는 반대해야 한다.
  _R. 런시(1921~2000) 영국 성공회 대주교
- ▶ 죄가 전혀 없는 예수는 원수를 포함한 다른 사람들의 구원을 위한 희생물로 자기 자신을 바쳤다. 그것은 완전한 행위였다.
  _M. K. 간디(1869~1948) 인도 정치가, 민족 운동 지도자
- ▶ 죄를 아는 것은 구원의 시작이다.
  _에피쿠로스(B.C. 341~B.C. 270) 그리스 철학자
- ▶ 죽음은 사람을 없애지만 죽음의 개념은 그를 구한다.
  _E. M. 포스터(1879~1970) 영국 소설가

키워드 정보 BOX

노아의 방주

노아의 방주가 마지막에 도착했다는 높이 5165미터의 아라라트 산.

노아의 방주는 노아가 120년 동안 만든 거대한 잣나무 배로, '구원' 혹은 '예수'를 상징한다. 《성경》에 의하면, 노아가 살던 시대의 사람들이 죄악에 빠져 있었기 때문에 하느님은 대홍수로 심판하기로 계획하였다. 하느님은 이 일을 미리 노아에게 알리고 방주를 만들라고 명하였다. 결국 방주에 탄 노아와 그의 가족, 여러 짐승들만이 대홍수를 피해 구원받을 수 있었다. 방주의 크기는 어마어마하게 커서, 길이는 오늘날의 축구장보다도 긴 약 135미터, 폭은 약 23미터, 높이는 약 14미터이며, 3층으로 되었다고 한다. 노아의 방주는 '아라라트 산'에서 멈추었다고 하는데, 오늘날의 과학자들은 실제로 이 산에서 노아의 방주로 보이는 배의 흔적을 발견하기도 했다.

군자 君子

행실이 점잖고 어질며 덕과 학식이 높은 사람.

명언 명문

*파벌 | 개별적인 이해관계에 따라 따로 갈라진 사람의 집단.

▶ 군자가 잘못을 저지르면 누구나 알고 그것을 고치면 누구나 그를 우러러본다. _자공(B.C. 520?~B.C. 456?) 중국 춘추 시대 위나라 유학자

▶ 군자는 고요한 물이 아니라 다른 사람을 자신의 거울로 삼는다. _묵자(B.C. 480~B.C. 390) 중국 춘추 전국 시대 노나라 사상가

▶ 군자는 교제가 끊어져도 나쁜 말을 입 밖에 내지 않으며, 충신은 나라를 떠나도 그 이름을 깨끗이 한다. _사마천(B.C. 145?~B.C. 86?) 중국 전한 역사가 《사기》

▶ 군자는 글로 친구들을 모으고 친구들을 통해서 인의를 펼친다. _《증자》

▶ 군자는 긍지를 지닐 뿐 남과 다투지 않고 남들과 어울려도 *파벌을 만들지 않는다. _공자(B.C. 551~B.C. 479) 중국 춘추 시대 노나라 사상가

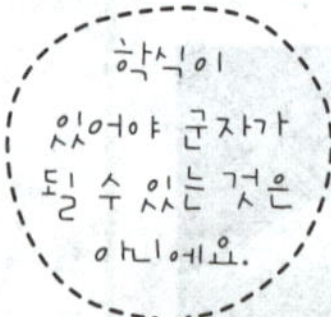

▶ 군자는 기회가 없다고 불평하지 않는다. _R. W. 에머슨(1803~1882) 미국 사상가, 시인

▶ 군자는 남이 자기를 알아주지 않아도 화내지 않는다. _공자(B.C. 551~B.C. 479) 중국 춘추 시대 노나라 사상가

▶ 군자는 두루 사귀어 한쪽으로 치우치지 않고, 소인은 한쪽으로 치우쳐 두루 사귀지 못한다. _《논어》

▶ 군자는 마음이 평안하고 넓으며 소인은 항상 근심에 잠겨 있다. _공자(B.C. 551~B.C. 479) 중국 춘추 시대 노나라 사상가

▶ 군자는 말을 아끼고, 소인은 말을 먼저 앞세운다. _《예기》

▶ 군자는 모든 일을 자기 자신을 위하여 구하고, 소인은 모든 일을 남의 이목을 위하여 구한다. _《논어》

공자

▶ 군자는 사람을 지나치게 믿지 않고 또 지나치게 의심하지 않는다. _《채근담》

▶ 군자는 사람의 도를 가지고 사람을 다스린다. 이것이 최상의 정치다. 잘못된 것을 고쳐서 올바로 되는 것을 사람 다스리는 한도로 한다. _《중용》

▶ 군자는 세 가지 두려워하는 일이 있다. 천명을 두려워하며 대인을 두려워하며 성인의 말씀을 두려워한다. 소인은 천명을 알지 못하여 두려워하지 않고 대인을 존경하지 않으며 성인의 말씀을 업신여긴다. _《논어》

▶ 군자는 움직이지 않아도 존경받고 말하지 않아도 믿는다. _《중용》

▶ 군자는 이익을 볼 기회가 생기면 그것을 얻는 것이 정의로운지 먼저 살핀다. _공자(B.C. 551~B.C. 479) 중국 춘추 시대 노나라 사상가

▶ 군자는 자기의 과오를 잘 고친다. _《주역》

▶ 군자는 재앙이 닥쳐도 두려워하지 않으며 복이 와도 기뻐하지 않는다. _《공자가어》

▶ 군자는 태연해도 교만하지 아니하고, 소인은 교만할 뿐 태연하지 못하다. _《논어》

▶ 군자는 학문을 배움으로써 도리를 깨닫는다. _자하(B.C. 507~B.C. 420?) 중국 춘추 시대 유학자

▶ 군자는 한가할 때에도 위기에 대비하는 마음가짐이 필요하고, 바쁠 때에는 한가롭고 여유 있는 취향을 갖추어야만 한다. _《채근담》

▶ 군자는 활쏘기 이외에는 남과 경쟁하지 않는다. _공자(B.C. 551~B.C. 479) 중국 춘추 시대 노나라 사상가

▶ 군자의 덕은 바람이고, 소인의 덕은 풀이다. _《논어》

▶ 군자의 재능과 지혜는 숨겨진 옥과 진주처럼 감추어야지 남들이 쉽게 알도록 해서는 안 된다. _《채근담》

▶ 대인을 가히 두려워할 것이니 대인을 두려워하면 방종한 마음이 없어질 것이요, 백성도 또한 두려워할 것이니 백성을 두려워하면 *횡포하다는 말을 듣지 않으리라. _《채근담》

▶ 마음을 바로잡아 모든 사물을 대한다면 학식이 없어도 군자가 될 수 있다. _《명심보감》

*횡포 | 제멋대로 굴며 몹시 난폭함.

*윤택 | 광택에 윤기가 있음. 또는 살림이 풍부함.

▶ 부는 집을 *윤택하게 하고 덕은 몸을 윤택하게 한다. 마음이 넓어지매 몸도 편안하나니, 그러므로 군자는 반드시 그 뜻을 성실하게 한다. _《대학》

▶ 예를 지키면 공손하지 않을 수 없고 바른 도리를 지키면 결백하지 않을 수 없다. 그러므로 예와 의 두 가지 다 완전하면 온화하고 예에 맞을 것이니 이를 군자라고 한다.

_정약용(1762~1836) 조선 시대 문신, 학자 《목민심서》

속담

▶ 군자 말년에 배추씨 장사. (평생 동안 남을 위해 어질게 살아온 사람이 말년에 가서는 매우 어렵게 사는 경우를 비유한 말) _한국

▶ 군자도 시속을 따른다. (어떤 사람이라도 그 시대의 풍습을 따라야 한다는 말) _한국

▶ 남의 집 불구경 않는 군자 없다. (사람의 행동이 도덕적인 일보다 흥미로운 일에 더 많이 지배됨을 이르는 말) _한국

▶ 성현이 나면 기린이 나고 군자가 나면 봉이 난다. (어진 이나 임금이 나와 나라를 잘 다스리면 기린이나 봉황이 나타나는 것과 같은 상서로운 일도 있게 된다는 말) _한국

▶ 열흘 굶어 군자 없다. (누구나 굶주리게 되면 점잖지 않고 옳지 못한 일까지 하게 된다는 말) _한국

고사성어

▷ 군자삼락(君子三樂)

군자에게는 세 가지 즐거움이 있다는 뜻이다. 즉, 군자의 첫 번째 즐거움은 부모님이 모두 살아 계시고 형제가 평안한 것이고, 두 번째 즐거움은 우러러 하늘에 부끄럽지 않고 굽어보아 사람들에게 부끄럽지 않은 것이고, 세 번째 즐거움은 천하의 뛰어난 인재를 얻어서 교육하는 것을 말한다. _《맹자》 진심 편

한자 숙어

군자불기(君子不器) 군자는 그릇이 아니라는 뜻으로, 참된 인물은 편협하지 않다는 말.

군자표변(君子豹變) 군자는 표범의 무늬처럼 선명하게 변한다는 뜻으로, 군자는 잘못을 깨달으면 아주 빠르고 분명하게 고침을 이르는 말.

대인군자(大人君子) 인자하고 덕이 높은 사람.

유비군자(有斐君子) 학식과 인격이 훌륭한 사람.

인현군자(仁賢君子) 인자와 현자와 군자. 어진 군자를 이르는 말.

詭辯 궤변

상대편의 사고를 혼란시키거나 감정을 격앙시켜 거짓을 참인 것처럼 꾸며 대는 논법.

명언 명문

▶ 궤변가는 자기의 길고 산만한 말에 *도취한다.

_B. 디즈레일리(1804~1881) 영국 정치가, 소설가

*도취 | 어떠한 것에 마음이 쏠려 취하다시피 됨.

▶ 궤변가들은 능히 사람의 입은 이길 수 있어도 사람의 마음은 이기지 못한다. _장자(B.C. 369?~B.C. 289?) 중국 전국 시대 송나라 사상가

▶ 나는 궤변이 나라와 집안을 망치는 것을 미워한다.

_공자(B.C. 551~B.C. 479) 중국 춘추 시대 노나라 사상가

▶ 눈에 보이는 세상은 환상 또는 궤변이다. 거울과 출산은 이 환상을 증가 또는 확대시키기 때문에 지겨운 것이다.

_J. L. 보르헤스(1899~1986) 아르헨티나 시인, 소설가

▶ 대학은 재치를 궤변과 허세로 변질시킨다.

_F. 베이컨(1561~1626) 영국 정치가, 철학자

▶ 전쟁은 평화이고 자유는 노예 상태이며 무지는 힘이다.

_G. 오웰(1903~1950) 영국 소설가

고사성어

▷ 견백동이(堅白同異)

단단하고 흰 돌은 동일한 물건이 아니라는 뜻으로, 중국 전국 시대 조나라의 학자 공손룡이 주장한 일종의 궤변이다. 단단하고 흰 돌은 눈으로 보았을 때 그것이 흰 것임을 알 수 있으나 단단한지는 모른다. 또한 손으로 만져 보았을 때는 그것이 단단한 것은 알 수 있으나 빛깔이 흰지는 모르므로, 단단한 돌과 흰 돌은 동일한 물건이 아니라고 하였다. _《사기》 맹가전

귀신

鬼神
사람이 죽은 뒤에 남는다는 넋.

명언 명문

*상선벌악 | 착한 사람에게 상을 주고 악한 사람에게 벌을 주는 일.
*자로 | 중국 춘추 시대 노나라 유학자로, 공자의 제자.

▶ 귀신의 이치는 듣고 보아서 알거나 헤아려 상상할 수 있는 것이 아니다. _이황(1501~1570) 조선 시대 문신, 유학자 《퇴계집》

▶ 귀신이란 아마 평화와 명랑의 천사가 오기만 하면 쫓아낼 수 있는, 우리의 생명 속에 있는 가라앉지 못한 천성인지도 모릅니다. _K. 지브란(1883~1931) 미국 소설가, 화가, 시인 《사람의 아들 예수》

▶ 높고 큰 집에는 귀신이 그 집 안방까지 내려다보게 된다. _《문장궤범》

▶ 단호하게 일을 행하면 귀신도 길을 피해 그 사람의 의지에 따르는 것이다. _《사기》

▶ 만일 모든 사람들이 귀신은 능히 *상선벌악한다고 믿는다면 감히 그 누구도 나쁜 일을 저지르지 않을 것이며, 천하는 곧 혼란하지 않을 것이다. _묵자(B.C. 480~B.C. 390) 중국 춘추 전국 시대 노나라 사상가

▶ 산천의 신령으로 천하에 규율과 법도가 될 만한 것이 귀신이다. _《공자가어》

▶ 쇠퇴한 시대에 사람들은 귀신을 믿기 좋아하고 어리석은 자들은 행운을 빌기 좋아한다. _왕충(30?~100?) 중국 후한 사상가

▶ *자로가 귀신 섬기는 일을 묻자, 공자가 대답하였다. "사람도 제대로 섬기지 못하는데 어찌 귀신을 섬길 수 있겠느냐?" _《논어》

▶ 지혜는 도의를 세우는 데 힘쓰고 귀신을 섬기면서도 멀리하는 것이다. _공자(B.C. 551~B.C. 479) 중국 춘추 시대 노나라 사상가

속담

▶ 귀신 대접하여 그른 데 있느냐. (탈이 될 만한 일에는 미리 손을

쓰는 것이 좋다는 말) _한국

*씻나락 | 볍씨.

▶ 귀신 듣는 데 떡 소리 한다. (듣고 썩 좋아할 이야기를 그 사람 앞에서 함을 비유적으로 이르는 말) _한국

▶ 귀신 *씻나락 까먹는 소리. (분명하지 않게 우물우물 말하는 소리를 이르거나, 조용하게 몇 사람이 수군거리는 소리를 비꼬는 말, 또는 이치에 닿지 않는 엉뚱하고 쓸데없는 말) _한국

▶ 귀신 피하려다 호랑이 만난다. (한 가지 재앙을 피하려다 도리어 더 큰 화를 당함을 비유하는 말) _한국

▶ 귀신같이 먹고 장승같이 간다. (걸음을 잘 걷는 사람을 두고 이르는 말) _한국

▶ 귀신도 경문에 매어 산다. (귀신도 사람이 외는 경문에 불려 온다는 뜻으로, 아무리 권세가 등등한 사람도 기를 펴지 못하는 데가 있음을 비유적으로 이르는 말) _한국

▶ 귀신도 사귈 탓. (성품이 흉악한 사람도 사귀기에 따라서는 잘 지낼 수 있음을 비유적으로 이르는 말) _한국

▶ 귀신도 아는 귀신이 낫다. _서양

▶ 귀신에 복숭아나무 방망이. (귀신이 복숭아나무 방망이를 무서워한다는 데서, 무엇이든 그것만 보면 꼼짝 못하게 되는 경우를 비유하는 말) _한국

▶ 귀신이 곡할 노릇. (신기하고 기묘하여 그 속내를 알 수 없음을 비유하는 말) _한국

▶ 귀신이 탄복할 노릇. (너무나 묘하고 신통함을 비유하는 말) _한국

▶ 돈만 있으면 귀신도 사귄다. _한국

▶ 두려워할수록 귀신이 있다. (무서워하면 오히려 나쁜 일이 생긴다는 말) _중국

▶ 말 안 하면 귀신도 모른다. (마음속으로만 애태울 것이 아니라 시원스럽게 말을 하여야 한다는 뜻) _한국

▶ 사람도 귀신도 다 모른다. _중국

▶ 이 세상에 귀신은 없다. _일본

지식 쑥쑥

한자 숙어

신출귀몰(神出鬼沒) 귀신처럼 자유자재로 나타나기도 하고 숨기도 한다는 뜻으로, 날쌔게 나타났다가 숨었다 하는 모양을 말함.

문장 반짝

관용어

귀신(이) 씌다 _ 사람이 귀신에 홀려서 정신을 차리지 못하다.
귀신도 모르다 _ 아주 감쪽같다.
귀신이 되다 _ 어떤 일에 기가 막히게 능하게 되다.

근본 根本

초목의 뿌리. 또는 사물의 본질이나 본바탕.

명언 명문

*매양 | 매 때마다.
*근원 | 사물이 비롯되는 근본이나 원인.

▶ 고기가 썩으면 벌레가 생긴다. 근본이 부서지게 되면 화근이 생기는 것이다. _순자(B.C. 298?~B.C. 238?) 중국 전국 시대 조나라 사상가

▶ 고요히 마음을 가다듬어 동요하지 않음이 마음의 근본이다. _이황(1501~1570) 조선 시대 문신, 유학자

▶ 국가의 기본 방침은 배의 키와 나침반과 같아서 국가가 나아갈 방향을 정한다. _캉유웨이(1858~1927) 중국 청나라 정치가, 학자

▶ 군자는 근본적인 것을 중요시하고 근본적인 것이 확립되면 거기서 도리가 나온다. _《논어》

▶ 굼벵이는 더럽지만 변해서 매미가 되나니 가을바람에 이슬을 마신다. 썩은 풀은 빛이 없거늘 화해서 반딧불이 되나니 여름밤에 빛을 낸다. 조촐함은 항상 더러움에서 나오고 밝음은 *매양 어둠에서 생겨나는 것임을 알 것이다. _《채근담》

▶ 귀향이란 *근원으로 가까이 돌아가는 일이다. _M. 하이데거(1889~1976) 독일 철학자

▶ 근본 원리가 의지할 곳은 마음뿐이고 마음이 의지할 곳은 성실함뿐이다. _조광조(1482~1519) 조선 시대 문신, 성리학자

▶ 근본 원리는 만물이 존재하는 근거다. _《회남자》

▶ 근본이 상하게 되면 가지도 죽게 된다. 먼저 근본을 튼튼히 해야 한다. _《소학》

▶ 근본이 흐려 있으면 그 흐름은 맑을 수가 없다. 행동의 근본에 신의가 없으면 반드시 망한다. _묵자(B.C. 480~B.C. 390) 중국 춘추 전국 시대 노나라 사상가

▶ 나라의 근본은 백성이고 백성의 근본은 먹고사는 것이다.

_하위지(1412~1456) 조선 시대 문신, 학자

▶ 농사는 천하 사람들이 먹고사는 양식을 짓는 것이기 때문에 큰 근본이다. _《한서》

▶ 도의 근본은 하늘에서 나왔으나, 이는 모두 사람의 마음속에 갖추어져 있는 것이다. _이황(1501~1570) 조선 시대 문신, 유학자

▶ 독서는 집안을 일으키는 근본이고, 이치를 따르는 것은 보존의 근본이며, 근면과 검소는 다스리는 근본이고, 화목과 온순함은 구제의 근본이다. _《명심보감》

▶ 마음이 들떠 허황함은 패망의 근본이고 착실함은 성공의 기초다.

_안창호(1878~1938) 독립운동가, 교육자

▶ 모양이 바른데 그림자가 비뚤어질 수는 없다.

_열자(?~?) 중국 전국 시대 사상가

▶ 사랑의 근본을 하찮은 것으로 여기는 사람은 바로 그 수준에 걸맞은 사랑밖에는 얻을 수 없다.

_B. 그라시안이모랄레스(1601~1658) 에스파냐 작가

▶ 우리에게 가장 근본적인 것은 우리 자신 속에 빛을 가지려고 노력하는 것이다. 그러면 남들은 우리의 노력을 인정할 것이다.

_A. 슈바이처(1875~1965) 독일 신학자, 철학자, 의사

▶ 정치는 그 근본을 잘하게 되면 옷을 드리우고 팔짱을 끼고 앉아 아무 일을 하지 않아도 천하는 다스려지는 것이다. _《서경》

▶ 큰 나무도 작은 싹에서 나며 9층이나 되는 높은 *누대도 그 처음은 한 줌의 흙을 쌓아 올려 완성된 것이다. _《노자도덕경》

*누대 | 누각과 큰절과 같이 높은 건물.
*낙락장송 | 가지가 길게 축 늘어진 키가 큰 소나무.

속담

▶ *낙락장송도 근본은 종자. (아무리 훌륭한 사람이라도 처음에는 보통 사람과 다름이 없었음을 이르는 말) _한국

▶ 맑은 샘에서 맑은 물이 난다. (근본이 좋아야 훌륭한 후손도 나온다는 말) _한국

▶ 풀을 베면 뿌리를 없이하라. (나쁜 일을 없애려면 그 근본까지 없애야 한다는 말) _한국

기쁨

욕구가 충족되었을 때의 즐거운 마음이나 느낌.

명언 명문

▶ 가장 큰 행복도 가장 순수한 기쁨도 결국은 사라지고 만다.

_J. W. 괴테(1749~1832) 독일 시인, 소설가, 극작가

▶ 가장 훌륭한 사람은 괴로움을 극복하고 기쁨을 얻는다.

_L. 베토벤(1770~1827) 독일 작곡가

▶ 기쁨에는 괴로움이, 괴로움에는 기쁨이 없으면 안 된다.

_J. W. 괴테(1749~1832) 독일 시인, 소설가, 극작가 《파우스트》

▶ 기쁨은 우리가 우리 자신이 된다는 목표에 점점 접근해 가는 과정에서 경험하는 것이다.

_E. 프롬(1900~1980) 독일 정신 분석학자, 사회학자 《소유냐 삶이냐》

▶ 기쁨은 인생의 요소이며, 인생의 욕구이며, 인생의 힘이며, 인생의 가치이다. 인간은 누구나 기쁨에 대한 욕구를 갖고 기쁨을 요구할 권리를 갖고 있다. _J. 케플러(1571~1630) 독일 천문학자 《더 기쁨을》

▶ 기쁨은 자연을 움직이게 하는 강한 용수철, 기쁨이야말로 대우주의 시계 장치의 수레바퀴를 돌리는 것이다.

_J. C. F. 실러(1759~1805) 독일 시인, 극작가 《기쁨을 노래한다》

J. C. F. 실러

▶ 기쁨을 주는 사람만이 더 많은 기쁨을 즐길 수 있다.

_A. 뒤마(1802~1870) 프랑스 소설가, 극작가

▶ 기쁨을 추구해서는 안 된다. 그것은 생활만 바르고 옳으면 자연히 생긴다. 가장 단순하고, 비용이 들지 않는, 필요에 따라 얻어지는 기쁨이 가장 좋다. _C. 힐티(1833~1909) 스위스 사상가, 법률가

▶ 기쁨이 지나가면 슬픔이 오고 기쁨과 슬픔은 사소한 계기로 뒤바뀐다. _W. 셰익스피어(1564~1616) 영국 극작가, 시인

▶ 기쁨이 짧다면 슬픔도 길지 못할 것이다.

_L. C. 보브나르그(1715~1747) 프랑스 도덕주의자, 수필가

▶ 마을과 숲속, 낮은 곳이나 높은 곳 어디든 *성자가 머무는 곳에는 기쁨이 있다. _《법구경》

*성자 | 지혜와 덕이 매우 뛰어나 길이 우러러 본받을 만한 사람.

▶ 마음의 기쁨은 사람에게 힘찬 기운을 주고 쾌활함은 그의 수명을 연장시킨다. _《집회서》

▶ 배우고 기회 있을 때마다 몸에 익히면 기쁘지 아니한가? 먼 곳에서 벗이 찾아오면 또한 즐겁지 아니한가?

_공자(B.C. 551~B.C. 479) 중국 춘추 시대 노나라 사상가

▶ 사람들을 억지로 설득할 수는 있어도 기쁘게 만들 수는 없다.

_S. 존슨(1709~1784) 영국 시인, 평론가

▶ 슬픔은 저절로 가라앉을 수 있지만 기쁨은 함께 나눌 사람이 있어야만 그 가치를 완전히 맛볼 수 있다. _M. 트웨인(1835~1910) 미국 소설가

▶ 이 세상에는 여러 가지 기쁨이 있지만, 그 가운데서 가장 빛나는 기쁨은 가정의 웃음이다. _J. H. 페스탈로치(1746~1827) 스위스 교육학자

▶ 인생의 기쁨은 다른 사람들이 할 수 없는 일을 하는 데 있다.

_W. 배젓(1826~1877) 영국 경제학자, 사회학자, 문예 평론가 《문학 연구》

▶ 작곡은 나의 유일한 열정이자 기쁨이다.

_W. A. 모차르트(1756~1791) 오스트리아 작곡가

▶ 한 번의 기쁨에 천 개의 고통이 달려 있다. _F. 비용(1431~1484?) 프랑스 시인

속담

▶ 기쁨은 드러내고 슬픔은 감추어야 한다. _서양

▶ 기쁨은 등에 고통을 업고 있다. _그리스

▶ 땀 흘리지 않으면 기쁨도 없다. _에스파냐

▶ 뜻하지 않은 기쁨이 훨씬 크다. _프랑스

▶ 머리에 꽃이 핀다. (말할 수 없는 기쁨을 나타내는 말) _스리랑카

▶ 위험 없이는 기쁨이 없다. _영국

▶ 한 가지 기쁨은 백 가지 슬픔을 없앤다. _서양

지식 쑥쑥

한자 숙어

환천희지(歡天喜地) 하늘도 즐거워하고 땅도 기뻐한다는 뜻으로, 아주 즐거워하고 기뻐함을 이르는 말.

기적

奇跡

상식으로는 생각할 수 없는 기이한 일.

명언 명문

*개심 | 잘못된 마음을 바르게 고침.

▶ 기적들이 없었더라면 그리스도를 믿지 않는 것이 죄가 되지는 않았을 것이다. _B. 파스칼(1623~1662) 프랑스 사상가, 수학자, 물리학자

▶ 기적들이 없었더라면 나는 기독교인이 되어서는 안 된다. _A. 아우구스티누스(354~430) 로마 신학자, 성인

▶ 기적으로 사람을 *개심시키려고 하는 것은 영혼에 대한 모독이다. _R. W. 에머슨(1803~1882) 미국 사상가, 시인

▶ 기적은 고대의 역사로서 존재할 따름이다. 기적은 신앙 안에도, 사회의 열망 안에도 없다. _R. W. 에머슨(1803~1882) 미국 사상가, 시인

▶ 기적은 그 자연적 원인들이 너무 복잡해서 쉽게 이해가 되지 않는 유익한 사건이다. _G. 산타야나(1863~1952) 미국 철학자, 시인 《스피노자 윤리학 입문》

▶ 기적은 불가능한 것을 증명할 수 없고 가능한 것을 확인하는 데에만 유용하다. _M. 마이모니데스(1135~1204) 유대 철학자, 의학자, 천문학자

▶ 기적은 신앙의 가장 사랑스러운 자녀다. _J. W. 괴테(1749~1832) 독일 시인, 소설가, 극작가 《파우스트》

▶ 나는 이 세상에서 나 자신보다 더 큰 기적을 본 적이 없다. _M. E. 몽테뉴(1533~1592) 프랑스 사상가 《수상록》

▶ 나에게는 모든 시간의 명암은 하나의 기적이며 1세제곱 인치의 공간도 기적이다. _W. 휘트먼(1819~1892) 미국 시인 《풀잎》

▶ 말이 많은 것은 노년기의 병이기 때문에 말 없는 노인을 보기란 기적과 같다. _B. 존슨(1572~1637) 영국 극작가, 시인, 평론가

▶ 사람 전체, 즉 육체와 영혼을 확신시키는 것이 필요하기 때문에

기적과 진리는 필요하다.

_B. 파스칼(1623~1662) 프랑스 사상가, 수학자, 물리학자 《팡세》

▶ 사랑은 기적이며, 사랑은 *은총이다. 하늘에서 떨어지는 이슬과 같이. _E. 가이벨(1815~1884) 독일 시인 《청춘시집》

▶ 삶의 기적은 우리가 공유하는 우리 공동의 것이요, 그 신비 또한 그러하다. _A. G. 가드너(1865~1946) 영국 수필가, 언론인 《동승객》

▶ 신앙을 갖고 있는 자는 기적을 체험할 수 없다. 낮에는 별이 안 보이는 법이다. _F. 카프카(1883~1924) 독일 소설가

▶ 신앙을 심어 주는 사건은 사기가 아니라 기적이다.

_G. B. 쇼(1856~1950) 아일랜드 극작가, 평론가

▶ 우리가 할 수 있는 최선을 다할 때, 우리의 삶에, 아니 타인의 삶에 어떤 기적이 일어나는지 아무도 모를 것입니다.

_H. A. 켈러(1880~1968) 미국 저술가, 사회사업가

▶ 인간이란 기적 없이는 살 수 없소. 그래서 멋대로 기적을 만들어 내고 마침내는 기도사의 기적이나 무당의 요술까지도 믿게 되는 거요. _F. M. 도스토옙스키(1821~1881) 러시아 소설가 《카라마조프의 형제들》

▶ 정열은 천재와 같다. 정열에 의해 기적이 생기기 때문이다.

_R. 롤랑(1866~1944) 프랑스 소설가, 사상가

▶ 하느님은 무신론을 반박하기 위해 기적을 일으킨 적이 결코 없다. 그의 평범한 업적들이 무신론을 반박하기 때문이다.

_F. 베이컨(1561~1626) 영국 정치가, 철학자

▶ 하느님을 믿는 사람은 누구나 하느님의 기적이다.

_P. J. 베일리(1816~1902) 영국 시인

속담

▶ 기적이란 기적을 믿는 사람에게만 온다. _영국

▶ 땅에서 솟았나 하늘에서 떨어졌나. (전혀 기대하지 않던 것이 갑자기 나타남을 이르는 말) _한국

▶ 썩은 *새끼로 범 잡기. (허술한 준비로 큰일을 하겠다고 덤비는 어리석음을 이르는 말) _한국

▶ 언제나 기적은 일어날 수 있다. _영국

*은총 | 높은 사람에게서 받는 특별한 은혜와 사랑.
*새끼 | 짚으로 꼬아 만든 줄.

꿈

잠자는 동안에 실제처럼 여러 가지 사물을 보고 듣는 정신 현상. 또는 실현하고 싶은 희망이나 이상.

명언 명문

▶ 걱정이 많으면 꿈자리가 사나워지고 말이 많으면 어리석은 소리가 나온다. _《성경》

▶ 건전한 정신은 유용하게 사용되는 광기이고 깨어 있는 삶은 통제된 꿈이다. _G. 산타야나(1863~1952) 미국 철학자, 시인

▶ 꿈 이야기에는 독특한 매력이 있다. 그것은 우리를 매혹시키고 우리에게 영감을 불어넣어 주는 한 폭의 그림과도 같다.
_L. J. J. 비트겐슈타인(1889~1951) 영국 철학자 《반철학적 단장》

▶ 꿈에는 꽃다발을 두르고 노래하는 외투를 걸치고 / 환상의 나래로 하늘 높이 날아오르는 시인. _J. 밀턴(1608~1674) 영국 시인

▶ 꿈에서 깨어난 사람만이 꿈 이야기를 할 수 있다.
_L. A. 세네카(B.C. 4?~A. D. 65) 로마 철학자, 극작가

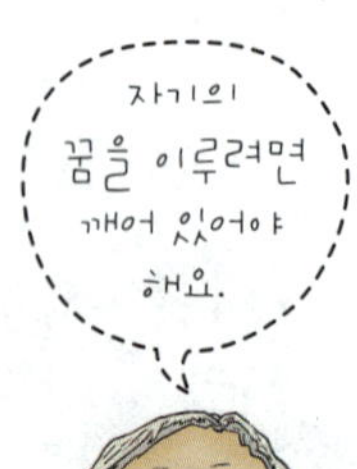

▶ 꿈은 꿈꾸는 사람이 낮에 생각했던 것들로 주로 이루어진다.
_헤로도토스(B.C. 484?~B.C. 430?) 그리스 역사가

▶ 꿈은 밤마다 겪는 불길한 모험이다.
_C. P. 보들레르(1821~1867) 프랑스 시인 《내면일기》

▶ 꿈은 병적인 상태에 놓여 있을 때는 유달리 두드러진 인상과 선명함과 지극히 현실과 흡사한 특색을 지니는 법이다.
_F. M. 도스토옙스키(1821~1881) 러시아 소설가 《죄와 벌》

▶ 꿈은 불만족에서 나온다. 만족한 인간은 꿈을 꾸지 않는다.
_H. M. 몽테를랑(1896~1972) 프랑스 소설가, 극작가

▶ 꿈을 품고 무언가 할 수 있다면 그것을 시작하라.
_J. W. 괴테(1749~1832) 독일 시인, 소설가, 극작가

P. 발레리

- 꿈을 품어라. 꿈이 없는 사람은 생명력 없는 인형과 같다.
  _B. 그라시안이모랄레스(1601~1658) 에스파냐 작가
- 꿈이 많을수록 믿는 것이 적다. _H. L. 멘켄(1880~1956) 미국 언론인, 작가
- 대낮에 꿈을 꾸는 자들은 위험하다. 그들은 꿈을 실현하려고 행동하기 때문이다. _T. E. 로렌스(1888~1935) 영국 군인, 고고학자
- 세계의 절반은 나머지 절반이 꿈을 꿀 수 있도록 땀을 흘리고 신음해야 한다. _H. W. 롱펠로(1807~1882) 미국 시인
- 인간의 꿈이 있는 한 이 세상은 도전해 볼 만하다. 어떠한 일이 있더라도 꿈을 잃지 말자. 꿈은 희망을 버리지 않는 사람에게 선물로 주어진다. _아리스토텔레스(B.C. 384~B.C. 322) 그리스 철학자
- 인생에서 사랑의 젊은 꿈만큼 달콤한 것은 없다.
  _T. 무어(1779~1852) 아일랜드 시인 《사랑의 젊은 꿈》
- 자기의 꿈을 이루려는 자는 도리어 깨어 있지 않으면 안 된다.
  _P. 발레리(1871~1945) 프랑스 시인, 사상가, 평론가 《작가론》
- 현실이 꿈과 일치할 경우는 드물다. 그러나 오로지 꿈만이 복석을 고귀하게 만든다. _L. B. 존슨(1908~1973) 미국 제36대 대통령
- 희망은 깨어 있는 사람들의 꿈에 불과하다.
  _M. 프라이어(1664~1721) 영국 시인, 외교관

*노루잠 | 깊이 들지 못하고 자꾸 놀라 깨는 잠.

속담

- 꿈보다 해몽이 좋다. _한국
- 꿈자리가 사납더니. (일이 뜻대로 되지 않고 방해되는 것이 끼어들 때 한탄조로 이르는 말) _한국
- *노루잠에 개꿈이라. (아니꼽고 같잖은 꿈 이야기나 격에 맞지 않는 말을 함을 비유적으로 이르는 말) _한국
- 마음에 있어야 꿈도 꾸지. (생각이나 뜻이 없으면 이루어지는 것이 없음을 이르는 말) _한국
- 잠을 자지 않으면 꿈도 없다. _나이지리아

한자 숙어

동상이몽(同床異夢) 한자리에 자면서 다른 꿈을 꾼다는 뜻으로, 겉으로는 같이 행동하면서 속으로는 딴생각을 하고 있다는 말.
만사개여몽(萬事皆如夢) 이 세상의 모든 일이 꿈과 같이 허무하다는 말.
몽리청춘(夢裡靑春) 꿈속의 젊음.
주상야몽(晝想夜夢) 낮에 생각한 바가 그 밤의 꿈에 나타남.

고사성어

▷ 남가일몽(南柯一夢)

남쪽 가지 밑에서 꾼 짧은 꿈이라는 뜻으로, 평생 동안의 재산이나 지위, 영광 등이 한낱 꿈에 지나지 않는다는 말이다. 당나라 덕종 때 순우분이라는 사람이 있었다. 어느 날 술에 취한 순우분은 자신의 집 남쪽에 있는 느티나무 밑에서 잠이 들었다. 꿈속에서 순우분은 괴안국 왕의 사위가 되어 나라를 다스리며 부귀영화를 누렸다. 그러나 잠에서 깨어 보니 나무 밑둥에 커다란 구멍이 있고, 그 속에는 개미집이 있었다. 결국 순우분은 자신이 본 것이 개미의 세계였음을 알고, 인생이라는 것이 한바탕 꿈 같은 것임을 깨닫게 되었다.

_《남가태수전》

▷ 호접지몽(胡蝶之夢)

호랑나비가 된 꿈이라는 뜻으로, 나와 사물은 결국 하나라는 말이다. 장자가 꿈속에서 나비가 되어 즐겁게 놀다가 꿈에서 깬 순간, 자신이 나비 된 꿈을 꾼 건지 나비가 자신이 된 꿈을 꾼 건지 애매하였다. 이 경험으로 장자는 자연과 하나가 된 경지를 깨닫게 되었다.

_《장자》 제물론 편

키워드 정보 BOX

《꿈의 해석》

1900년에 오스트리아의 심리학자 프로이트가 꿈에 대한 견해를 모두 모은 책으로, 정신 분석 이론에서 중요한 위치를 차지하고 있다. '꿈의 해석'이란 프로이트가 설명한 꿈에 관한 심리학 용어이기도 한데, 꿈속에 숨어 있는 욕망이나 불안을 자유 연상에 의해 찾아내는 일을 말한다. 잠을 잘 때에는 자기 자신에 대한 의식이나 관념이 깨어 있을 때보다 약해지므로 억압된 욕망이나 불안이 변형된 의식으로 떠오른다. 이 책에서 프로이트는 꿈이 인간의 무의식적인 정신 생활을 이해하는 지름길이라고 밝혔다.

정신을 분석하는 방법을 발견한 프로이트.

樂園 낙원

아무런 괴로움이나 고통 없이 안락하게 살 수 있는 즐거운 곳.

명언 명문

▶ 낙원에서 남자를 끌어 낸 사람이 여자라면, 그곳으로 다시 데리고 들어갈 수 있는 사람도 여자뿐이다.

_E. G. 허버드(1856~1915) 미국 작가, 화가

▶ 낙원이란 아름다운 색들의 세계이다.

_G. 바슐라르(1884~1962) 프랑스 철학자 《꿈꿀 권리》

▶ 남의 불행을 바라기보다 자기 행복을 더 바라는 사람들이 많다면 우리는 몇 년 안에 낙원에서 살 수 있을 것이다.

_B. A. W. 러셀(1872~1970) 영국 철학자, 수학자

▶ 마음이 물들지 않고 집착이 없으면 속세도 신선의 세계이고, 마음이 구애받고 *탐닉하면 낙원도 고통의 바다가 된다. _《채근담》

▶ 습관은 집의 앞문도, 뒷문도 낙원에 이르는 길을 열어 주지는 않는다. _N. 호손(1804~1864) 미국 소설가 《주홍글씨》

▶ *유토피아란 가짜가 하나도 없는 사회를 말한다. 아니면 진실이 하나도 없는 사회라 해도 무방할 것이다.

_T. 모어(1478~1535) 영국 정치가 《유토피아》

▶ 잃어버린 낙원이란 자기 자신 속에서밖에 되찾을 수 없다.

_M. 프루스트(1871~1922) 프랑스 소설가

▶ 젊은 사람들은 경험이 부족해서 마음대로 공상 속에서 유토피아를 만들어 내고 있다. _T. 노스(1535~1603) 영국 번역가

*탐닉 | 어떤 일을 몹시 즐겨서 거기에 빠짐.

*유토피아 | 이상향. 즉 인간이 생각할 수 있는 최선의 상태를 갖춘 완전한 사회.

속담

▶ 인내는 낙원의 열쇠다. _터키

내세

來世

죽은 뒤에 다시 태어나 산다는 미래의 세상을 이름.

명언 명문

*기만 | 남을 속여 넘김.

▶ 고려할 가치가 있는 우리의 모든 희망과 두려움의 원천, 그것은 내세다. _J. 버틀러(1692~1752) 영국 신학자

▶ 내세가 없다고 한다면 기독교의 교의는 영원히 남는 세계의 *기만이다. _W. 스콧(1771~1832) 영국 시인, 소설가 《종교와 상식》

▶ 내세가 현세보다 더 편안할 것이라는 확실한 보장은 없다. _N. P. 카워드(1899~1973) 영국 극작가, 배우

▶ 내세는 꼭 있어야만 한다. 우리는 현세의 이 고통을 겪기 위해 창조된 존재일 수는 없다. _J. 키츠(1795~1821) 영국 시인

▶ 내세의 신앙이란 이성의 갈망이다. _W. S. 랜더(1775~1864) 영국 시인, 수필가

▶ 누구나 가지고 있는 세 가지 친구는 자녀들, 돈, 선행인데 선행만이 내세에서 그를 돕는다. _《탈무드》

▶ 보이지 않는 나라의 존재를 부인하는 것은 좋지 않다. _S. 버틀러(1835~1902) 영국 소설가

▶ 어리석은 자는 탐욕의 포로가 되어 내세를 구하지 않는다. 탐욕은 남도 자기도 해친다. _《법구경》

▶ 우리는 악몽에서 깨어나는 순간 안도하는 경우가 적지 않다. 죽음 직후의 순간도 그럴지 모른다. _N. 호손(1804~1864) 미국 소설가

▶ 죽은 뒤에 너는 태어나기 전의 너 자신이 될 것이다. _A. 쇼펜하우어(1788~1860) 독일 철학자

▶ 천문학은 영혼이 위를 쳐다보도록 강요하고 우리를 현세에서 내세로 인도한다. _플라톤(B.C. 428?~B.C. 347?) 그리스 철학자

論理 논리

말이나 글에서 사고나 추리 따위를 이치에 맞게 이끌어 가는 과정이나 원리.

명언 명문

▶ 낡은 논리는 사상에 쇠고랑을 채우지만, 새로운 논리는 사상에 날개를 달아 준다. _B. A. W. 러셀(1872~1970) 영국 철학자, 수학자

▶ 논리는 말의 지식 이외에 아무것도 아니다. _C. 램(1775~1834) 영국 평론가, 수필가 《토마스 만에게 보낸 편지》

▶ 논리는 사기 자신을 조심해야만 한다. _L. J. J. 비트겐슈타인(1889~1951) 영국 철학자

▶ 논리로만 가득 찬 정신은 칼날만 있는 칼이다. 그것을 사용하는 손은 피를 흘린다. _R. 타고르(1861~1941) 인도 시인, 사상가

▶ 논리를 외면하는 자는 완고하고, 전개할 수 없는 자는 바보며, 감히 전개하지 못하는 자는 노예다. _W. 드러먼드(1585~1649) 영국 시인

▶ 논리를 전개하는 힘이 약할수록 상상력은 더욱 강해진다. _G. 비코(1668~1744) 이탈리아 철학자

▶ 논리와 수사학은 논쟁할 수 있는 힘을 길러 준다. _F. 베이컨(1561~1626) 영국 정치가, 철학자 《학문에 관하여》

▶ 논리의 결핍은 괴롭다. 지나친 논리는 싫증나게 한다. 인생은 논리를 회피한다. 논리만으로 이루려 한다면 인위적이며 어색하게 된다. _A. P. G. 지드(1869~1951) 프랑스 소설가, 평론가

▶ 논리의 체계는 존재할 수 있다. 그러나 인생의 체계는 존재할 수 없다. _S. A. 키르케고르(1813~1855) 덴마크 철학자 《철학적 단편의 후서》

▶ 논리적 결론은 바보들에게는 허수아비고 지혜로운 사람들에게는 등대다. _T. H. 헉슬리(1825~1895) 영국 동물학자

▶ 논리학이여, 인간을 내쫓아 보렴. 그래도 역시 인간은 다시 돌아

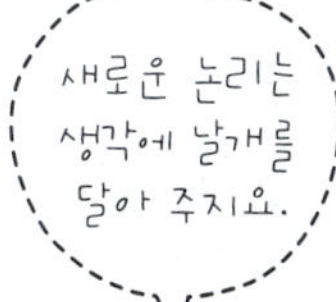

B. A. W. 러셀

올 것이다. _J. C. F. 실러(1759~1805) 독일 시인, 극작가 《휴머니즘》

▶ 대중들은 논리보다도 자기 눈으로 본 것으로 판단한다. _W. 셰익스피어(1564~1616) 영국 극작가, 시인

▶ 마음속에 의심이 있는 자는 그 논리가 일관되지 않고 *지리멸렬한 곳이 나타나게 된다. _《주역》

*지리멸렬 | 이리저리 흩어지고 찢기어 갈피를 잡을 수 없음.

▶ 마음의 논리란 모순되는 말이다. _J. 레스피나스(1732~1776) 프랑스 문학가

▶ 사랑하는 여자와 갈등이 생겼을 때 여자를 논리적으로 따져 설득할 수는 없다. 남자가 위로해 주면 된다. 침묵을 지키면 된다. 참으면 된다. _A. 모루아(1885~1967) 프랑스 소설가, 평론가

▶ 삶이란 사랑과 같아서 모든 논리가 거기에 반대하고 모든 건강한 본능은 찬성한다. _S. 버틀러(1835~1902) 영국 소설가

▶ 애정이 시들면 논리적으로 따지려고 한다. _K. 지브란(1883~1931) 미국 소설가, 화가, 시인

▶ 어떤 철저한 논리라 할지라도 살려고 몸부림치는 한 인간 앞에서는 반항하지 못한다. _F. 카프카(1883~1924) 독일 소설가

▶ 열정에 타는 인간의 논리는 가장 정당하게 적용되는 경우라도 냉정한 인간의 비난은 면치 못한다. _M. 프루스트(1871~1922) 프랑스 소설가

▶ 웅변가는 말은 홍수 같지만 논리는 한 방울뿐이다. _B. 프랭클린(1706~1790) 미국 정치가, 과학자

▶ 자연은 논리를 무시한다. _I. S. 투르게네프(1818~1883) 러시아 소설가

▶ 종교는 논리가 아니라 시라는 것을 기억하라. 그것은 철학도 아니요 예술이다. _B. S. 라즈니시(1931~1990) 인도 철학자

속담

▶ 살아갈 때 우리는 논리보다 모범을 더 많이 따라간다. _로마

▶ 삶은 무에 이 안 들 소리. (사리에 어긋난다는 말) _한국

▶ 웅변은 버리고 논리적으로 말하라. _스코틀랜드

▶ 익은 밥 먹고 선소리 한다. (이치에 맞지 않는 소리를 한다는 말) _한국

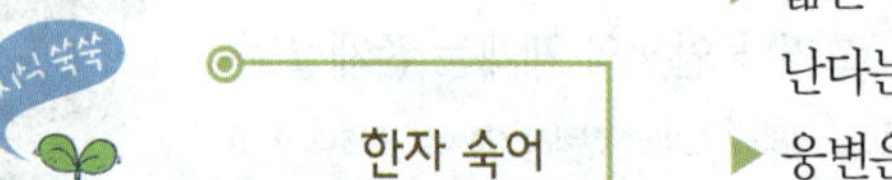

한자 숙어

견강부회(牽强附會) 이치에 맞지 않는 말을 억지로 끌어다 붙여서 자기 주장의 조건에 맞도록 함.

德 덕

도덕적, 윤리적 이상을 실현해 나가는 인격적 능력. 또는 공정하고 남을 이해하고 받아들이는 마음이나 행동.

명언 명문

▶ 가장 빠르게 덕이 높은 인간이 되기 위한 최선의 방법은 그렇게 되도록 수양을 쌓는 일이다. 덕이 높은 사람들을 보면 그들은 모두 스스로 노력하여 위대해졌다는 사실을 알게 될 것이다.

_소크라테스(B.C. 469~B.C. 399) 그리스 철학자

▶ 거룩한 덕을 쌓으려면 자제심이 필요하다. 자제심은 어릴 때부터 습관이 되어 있어야 한다. 만일 어릴 때부터 자제하는 훈련이 되어 있다면 더 많은 덕을 갖출 수 있을 것이다.

_노자(B.C. 604?~?) 중국 춘추 시대 초나라 사상가

▶ 나는 완고한 덕보다는 융통성이 있는 악덕을 좋아한다.

_몰리에르(1622~1673) 프랑스 극작가, 배우

▶ 남을 희생시켜서 자기만 덕성스러운 체하지 마라.

_M. 프루스트(1871~1922) 프랑스 소설가

▶ 너희들은 저 *원주의 덕을 길러야 한다. 원주는 위로 오를수록 점점 아름답고 내부는 점점 강하고 힘이 강해진다.

_F. W. 니체(1844~1900) 독일 철학자, 시인 《자라투스트라는 이렇게 말했다》

▶ 늙어서 덕성을 기르는 사람은 악마가 버린 찌꺼기로 신에게 제물을 드리는 것에 불과하다.

_A. 포프(1688~1744) 영국 시인

▶ 덕성은 재주의 주인이고, 재주는 덕성의 노예다. 재주만 있고 덕성이 없으면 주인은 없고 노예가 일을 처리하는 집과 같다.

_《채근담》

▶ 덕은 아는 것만으로 충분하지 않다. 우리들은 그것을 가지려고, 또 이용하려고, 혹은 우리들을 선하게 만들어 줄 어떤 방법을 알

*원주 | 둘레를 둥그렇게 깎아 만든 기둥. 또는 수학의 원기둥.

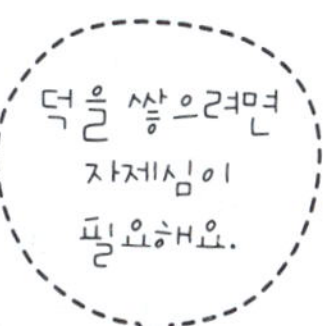

노자

*아량 | 너그럽고 속이 깊은 마음씨.
*식견 | 학식과 견문이라는 뜻으로, 사물을 분별할 수 있는 능력을 이르는 말.

아내려고 애쓰지 않으면 안 된다.

_아리스토텔레스(B.C. 384~B.C. 322) 그리스 철학자

▶ 덕은 *아량에 따라서 발전하고 아량은 *식견으로 자란다. 따라서 덕을 많이 쌓으려면 아량을 넓혀야만 하고, 아량을 넓히려면 식견을 크게 가져야만 한다. _《채근담》

▶ 덕은 어떤 목표를 위한 수단이라고 생각된다. 목적을 위한 수단은, 그 목적이 가치 있는 것에 한에서만 가치를 갖는다.

_D. 흄(1711~1776) 영국 철학자, 역사가 《인간오성론》

▶ 덕은 일종의 건강이며 아름다움이며 영혼의 좋은 존재 형식이다. 거기에 반해 악덕은 병이며 추함이며 영혼의 나쁜 존재 형식이다.

_플라톤(B.C. 428?~B.C. 347?) 그리스 철학자 《국가론》

▶ 덕을 갖춘 사람은 외롭지 아니하니, 반드시 뜻을 같이하고 따르는 사람이 있게 마련이다. _《논어》

▶ 덕을 닦지 않고, 배운 것을 가르치지 않고, 의로움을 들으면서 행동으로 옮기지 못하고, 옳지 않은 것을 고치지 못하는 것, 이것이 내가 걱정하는 것이다. _공자(B.C. 551~B.C. 479) 중국 춘추 시대 노나라 사상가

▶ 덕이 있으면 스스로 사람이 모여들게 되고 사람이 모여들게 되면 국토를 보전할 수가 있다. 국토를 보전할 수가 있으면 재물이 모이게 되고 재물이 모이면 그 쓰는 곳이 생기게 된다. _《대학》

▶ 모든 사람은 동등하다. 그것을 다르게 만드는 것은 타고나는 것이 아니고, 덕이 있을 뿐이다. _볼테르(1694~1778) 프랑스 사상가

▶ 부드럽고 겸손한 태도에서 모든 덕이 생긴다.

_M. E. 몽테뉴(1533~1592) 프랑스 사상가

▶ 악에 이르는 길에는 군중이 매우 많고, 그 길은 평탄하고 또한 매우 가깝다. 그러나 덕의 정상에 오르려면 땀과 괴로움으로 하지 않으면 안 된다. _헤시오도스(B.C. 8세기경) 그리스 시인

▶ 여자를 교만하게 하는 것은 그 미모이며 찬양받게 하는 것은 그 덕성이다. 그러나 덕성과 미모를 겸비하면 신성을 가진 것이다.

_W. 셰익스피어(1564~1616) 영국 극작가, 시인

▶ 원망은 덕 때문에 드러난다. 나의 덕을 남에게 인정받기보다는 덕도 원망도 모두 잊어버리게 하는 것이 더 낫다. _《채근담》

▶ 진실과 신의를 지키고 정의를 향하여 나아가는 것이 덕을 높이는 길이다. _공자(B.C. 551~B.C. 479) 중국 춘추 시대 노나라 사상가

▶ 힘으로써 사람을 복종시키지 말고 덕으로써 사람을 복종시켜라. _맹자(B.C. 372~B.C. 289) 중국 전국 시대 추나라 사상가

*압제 | 권력이나 폭력으로 남을 꼼짝 못하게 강제로 누름.

속담

▶ 경건함은 모든 덕의 기초이다. _로마

▶ 금강산 그늘이 관동 팔십 리. (덕망 있는 사람 밑에서 지내면 그의 덕이 미치고 도움을 받게 된다는 뜻) _한국

▶ 덕은 *압제 아래 생긴다. _영국

▶ 덕은 힘을 정복한다. _영국

▶ 물이 깊어야 고기가 모인다. (자기에게 덕이 있어야 사람들이 따르게 됨을 비유적으로 이르는 말) _한국

▶ 미는 멸망해도 덕은 멸망하지 않는다. _서양

▶ 알뜰하고 덕 있는 며느리가 들어와야 집안이 흥한다. _한국

▶ 자기에게 덕이 없는 자는 타인의 덕을 시기한다. _서양

고사성어

▷ 군자지덕풍(君子之德風)

군자의 덕은 바람과 같아서 백성은 모두 그 풍화를 입는다는 뜻으로, 윗사람이 부당한 욕심을 부리지 않는다면 아랫사람도 따라서 양심에 가책되는 일을 하지 않는다는 말이다. 또한 권력을 가진 사람이 수단과 방법을 가리지 않고 제 욕심만 채우려 하면서, 백성들에게만 착해지라고 하면 소용이 없다는 뜻이다. 노나라의 계강자가 공자에게 한 "죄지은 자를 죽임으로써 백성들을 올바른 길로 인도한다면 어떻겠습니까?"라는 물음에, 공자가 대답한 데서 유래한다. _《논어》 암연 편

▷ 덕불고필유린(德不孤必有隣)

덕을 갖추거나 덕망이 있는 사람은 외롭지 않아 반드시 이웃이 있게 마련이라는 뜻이다. 덕을 지닌 사람은 때로는 외로운 순간이 있을지라도 반드시 함께 참여하는 사람이 있으므로, 덕을 쌓는 데 정진하라는 공자의 말이다. _《논어》 이인 편

덕행 德行

어질고 너그러운 행실.

명언 명문

*허울 | 실속이 없는 겉모양.

▶ 가장 위대한 덕행들은 *허울 좋은 범죄에 불과하다.

_A. 아우구스티누스(354~430) 로마 신학자, 성인

▶ 공자는 학문, 덕행, 충성, 신의를 가르쳤다. _《논어》

▶ 근면은 덕행의 기본이다. _T. 칼라일(1795~1881) 영국 사상가, 역사가

▶ 덕행과 진리는 가장 아름답고, 더욱이 사랑할 만한 두 천사이다.

_F. 베이컨(1561~1626) 영국 정치가, 철학자

▶ 덕행은 고귀한 인물들의 기념비다.

_에우리피데스(B.C. 484?~B.C. 406?) 그리스 시인

▶ 덕행은 스스로를 정당화하면 가치가 떨어진다.

_볼테르(1694~1778) 프랑스 사상가

▶ 덕행은 영혼의 아름다움이다. _T. 풀러(1654~1734) 영국 의사, 작가 《격언집》

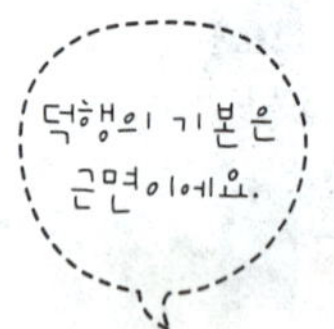

▶ 덕행은 인간을 인간 이상으로 높여 줄 수 있고, 사악한 행동은 인간을 인간으로서의 조건과 가치 이하로 떨어뜨린다.

_A. M. T. S. 보에티우스(470?~524) 이탈리아 신학자, 철학자

▶ 덕행이 보잘것없는데도 지위만 높거나 지혜가 하찮은데도 큰일을 도모하는 자는 재앙을 당하지 않는 경우가 드물다. _《주역》

▶ 묵묵한 가운데 말하지 않아도 사람들의 신망을 받는다. 이것은 그 사람의 덕행에 의한 것이다. _《주역》

▶ 사람은 숭고한 말을 한다고 해서 올바르고 거룩한 것이 아니라 덕행을 실천해야만 하느님의 사랑을 받는다.

_T. 켐피스(1380?~1471) 독일 사상가, 수도사

T. 칼라일

▶ 욕망을 억제하는 것은 덕행이 아니다. 그것은 악행에 대한 조심성

의 결과에 불과하다. _G. B. 쇼(1856~1950) 아일랜드 극작가, 평론가

- 지혜로운 사람의 최고의 덕행과 의무는 외모를 믿지 않는 것이다. _M. T. 키케로(B.C. 106~B.C. 43) 로마 정치가, 학자
- 큰 덕행의 한계를 벗어나지 않는 한 사소한 행동에는 융통성을 보여도 좋다. _자하(B.C. 507~B.C. 420?) 중국 춘추 시대 유학자
- 학문을 하는 데에도 덕행을 하는 데에도 순서라는 것이 있다. _《서경》
- 현명한 사람은 재물을 천하게, 덕행을 소중하게 여긴다. _장구령(673~740) 중국 당나라 정치가, 시인
- 호화로운 임금의 수레도 부서지듯 우리 몸도 늙으면 허물어진다. 오로지 덕행을 쌓아 가는 일만이 이 괴로움에서 벗어나는 길이다. _《법구경》

*배은망덕 | 남에게 입은 은혜를 배신함.

속담

- 감사는 가장 작은 덕행이고 *배은망덕은 가장 큰 악습이다. _서양
- 덕행은 그 자체가 보수이다. (덕행은 어떤 대가를 바라고 하는 것이 아니라는 뜻) _서양
- 아버지의 덕행은 최상의 유산이다. _영국
- 옳은 일을 하고, 어떠한 결과가 나오든 기다려라. _서양

고사성어

▷ 음덕양보(陰德陽報)

남이 모르게 덕행을 쌓은 사람은 훗날 그 보답을 반드시 받는다는 뜻이다. 춘추 전국 시대 초나라의 재상 손숙오가 어렸을 때, 밖에서 놀다가 집으로 돌아와서는 눈물을 흘리며 걱정에 빠졌다. 그 모습을 본 어머니가 까닭을 묻자 손숙오는 "제가 오늘 머리가 둘 달린 뱀을 보았는데, 다른 사람이 볼까 봐 죽여서 땅에 묻었습니다."라고 말했다. 그러자 어머니가 "남모르게 덕행을 쌓은 사람은 그 보답을 받는다고 들었다. 다른 사람이 볼까 봐 걱정되는 마음으로 뱀을 죽인 것은 음덕이니, 그 보답으로 너는 죽지 않을 것이다."라고 말한 데서 유래한다.

_《일기고사》

도

道

마땅히 지켜야 할 도리. 또는 종교적으로 깊이 깨우친 이치.

명언 명문

*체득 | 몸소 체험하여 알게 됨. 또는 뜻을 깊이 이해하여 실천으로써 본뜸.

▶ 글은 서툴러서 진보하고 도는 서툴러서 이루어진다. _《채근담》

▶ 도는 만물을 낳게 하는 것이라서 만물의 처음이 되고 옳고 그름과 선악의 판단을 내리는 근본이 된다. _《한비자》

▶ 도는 만물의 극치다. 언어나 침묵을 초월해야만 도의 극치를 *체득할 수 있다. _장자(B.C. 369?~B.C. 289?) 중국 전국 시대 송나라 사상가

▶ 도는 본래 있는 것도 아니고 없는 것도 아니다. 도란 이름은 억지로 빌려 쓴 명칭이다. _장자(B.C. 369?~B.C. 289?) 중국 전국 시대 송나라 사상가

▶ 도는 사람한테서 멀리 떨어져 있지 않다. _공자(B.C. 551~B.C. 479) 중국 춘추 시대 노나라 사상가

▶ 도는 큰길과 같은데 어찌 알기가 어렵겠는가? 사람들이 그것을 찾지 않는 것이 문제일 뿐이다. _《맹자》

▶ 도에 이른 사람은 도를 논하지 않고 도를 논하는 사람은 도에 이르지 못한 것이다. _장자(B.C. 369?~B.C. 289?) 중국 전국 시대 송나라 사상가

▶ 만 가지 이치, 하나의 근원은 단번에 깨쳐지는 것이 아니므로 참 마음, 진실된 본체는 애써 연구하는 데 있다. _이황(1501~1570) 조선 시대 문신, 유학자

▶ 물이 모여 도랑을 이루고 참외가 익으면 꼭지가 떨어지니 도를 깨달으려는 사람은 하늘의 작용에 모두 내맡겨야 한다. _《채근담》

▶ 사람이 거리낌이 없고 솔직하면 천지간의 도와 합치되는 것이요, 아심이 있으면 도에서 멀어진다. _《동의보감》

▶ 사람이 만일 바른 도를 모르면 그 늙음은 소의 늙음과 같다. 단지 자라나 살만 더할 뿐, 하나의 지혜도 붙은 것 없나니. _《법구경》

▶ 성실은 하늘의 도이고, 성실하려고 하는 것은 인간의 도이다.

_《중용》

▶ 스승의 본분은 도를 전하는 것이다. 도를 터득한 사람이 있다면 그곳에 스승이 있는 것이 된다. 나이의 많고 적음, 신분의 귀하고 천함과는 아무 관계가 없는 것이다. _《문장궤범》

▶ 정지한 구름과 고요한 물 같은 마음속에는 반드시 솔개가 치솟고 물고기가 펄떡이는 기상이 있어야만 하는데, 바로 이것이 도를 깨달은 마음의 본질이다. _《채근담》

▶ 주역의 이치를 깨닫고 이것을 본받을 만한 사람이 아니라면 주역의 도는 제 스스로 헛되게 행해지는 것은 아니다. _《주역》

▶ 하늘과 땅의 도는 넓음이요, 두터움이요, 높음이요, 밝음이요, 오래감이다. 사람은 천명을 받아 살아가는 존재이므로 이 천지의 도에 따라서 가야 하는 것이다. _《중용》

▶ 하늘이 시키는 것은 본성이고 본성을 따르는 것은 도며 도를 배우는 것은 가르침이다.

_자사(B.C. 483?~B.C. 402?) 중국 춘추 시대 노나라 학자

▶ 현명한 사람은 도를 들으면 부지런히 행한다. 평범한 사람은 도를 들었으나 기억하는 듯 잊어버린 듯한다. 어리석은 사람은 도를 들으면 크게 웃는다. _《노자도덕경》

한자 숙어

안빈낙도(安貧樂道) 가난한 생활을 하면서도 편안한 마음으로 도를 즐겨 지킴.

관용어

도(를) 닦다 _ 깨달음의 경지를 얻기 위하여 수양에 힘쓰다.

고사성어

▷ 조문도 석사가의(朝聞道夕死可矣)

아침에 도를 들으면 저녁에 죽어도 좋다는 뜻으로, 참된 이치를 깨달을 수만 있다면 죽어도 여한이 없다는 말이다. 여기서 도는 주나라의 문물과 제도, 그리고 그 밑바탕이 되는 도덕의 회복을 말한다. 공자는 인(仁), 의(義), 예(禮) 악(樂)에 따른 도덕 정치로 이루어 낸 주나라의 문화를 회복시키기 위해 평생 동안 노력하였다. _《논어》 이인 편

도덕

道德

사회의 구성원들이 양심, 사회적 여론, 관습 따위에 비추어 스스로 마땅히 지켜야 할 행동 준칙이나 규범의 총체.

명언 명문

*구애 | 거리끼거나 얽매임.

▶ 관념들이나 한 가지 이상에 기초를 둔 도덕은 순수해지지 않은 악이다. _D. H. 로렌스(1885~1930) 영국 소설가, 시인

▶ 낡은 도덕은 위험을 회피할 것을 명령했다. 그러나 새로운 도덕은 위험을 무릅쓰지 않으면 아무것도 얻지 못한다.

_R. 롤랑(1866~1944) 프랑스 소설가, 사상가 《매혹된 영혼》

▶ 도덕 교육은 악이 사람의 마음을 점령하기 전에 일찍 시작해야 한다. 만일 밭에 좋은 씨를 뿌리지 않는다면 잡초만이 자랄 것이기 때문이다. _J. A. 코메니우스(1592~1670) 체코슬로바키아 교육자

▶ 도덕 철학은 모든 종교의 시녀에 불과하다.

_F. 베이컨(1561~1626) 영국 정치가, 철학자

▶ 도덕과 인의에 *구애를 받지 않아야만, 비로소 성인의 경지에 들어간다. _《채근담》

▶ 도덕에 있어서 어떤 장점을 지니고 있으면, 가령 그 사람의 용모나 체격 따위가 이상하더라도 세상 사람이 곧 잊어버리고 만다.

_장자(B.C. 369?~B.C. 289?) 중국 전국 시대 송나라 사상가

▶ 도덕은 개인적 행동을, 명예는 공적인 행동을 규제한다.

_E. 에체베리아(1805~1851) 아르헨티나 시인, 소설가

▶ 도덕은 개인적인 일이다. 누가 옳은지 다툴 때 각자는 자기를 위해 싸운다. _R. L. B. 스티븐슨(1850~1894) 영국 소설가, 시인

▶ 도덕은 그것이 견디기 힘들 때 더 희열을 준다.

_M. A. 루카누스(39~65) 로마 시인

▶ 도덕은 나라를 다스리는 근본이다. _《충경》

▶ 도덕은 당신의 친구들을 싱긋 웃게 해 주지만 부도덕은 그들을 찌푸리게 만든다. _E. G. 허버드(1856~1915) 미국 작가, 화가

▶ 도덕은 오로지 선택의 용기에 달려 있을지도 모른다는 생각을 나는 자주 했다. _L. 블룸(1872~1950) 프랑스 정치가, 평론가

▶ 도덕은 우리들이 선이 무엇인가를 앎으로써 선을 행하고, 그리고 선을 의심함으로써 이루어진다.

_J. H. 페스탈로치(1746~1827) 스위스 교육학자

▶ 도덕은 종교에서 독립하지 못한다. 왜냐하면 도덕은 종교의 결과이기 때문이다. _I. 칸트(1724~1804) 독일 철학자

▶ 도덕은 지리적 경계선이나 인종의 차이를 전혀 모른다.

_H. 스펜서(1820~1903) 영국 철학자, 사회학자

▶ 도덕은 투쟁 속에 크게 성장한다.

_L. A. 세네카(B.C. 4?~A.D. 65) 로마 철학자, 극작가

▶ 도덕은 훌륭한 인간이 되기 위한 기본 항목이다.

_J. H. 페스탈로치(1746~1827) 스위스 교육학자

▶ 도덕은 희생이 매우 큰 개인적인 사치다.

_H. B. 애덤스(1838~1918) 미국 역사가, 사상가

▶ 도덕을 제대로 지키지 못하는 자는 백성을 다스릴 수 없다.

_《전국책》

▶ 도덕의 기초는 거짓말을 영원히 버리는 것이다.

_T. H. 헉슬리(1825~1895) 영국 동물학자

▶ 도덕의 시기는 사계절과 같이 변한다.

_J. W. 괴테(1749~1822) 독일 시인, 소설가, 극작가 《나의 인생》

▶ 도덕의 시초는 의논과 깊은 생각에 있고, 목표와 완성은 꿋꿋한 의지에 있다. _데모스테네스(B.C. 384~B.C. 322) 그리스 정치가, 웅변가

▶ 도덕의 최고 수준은 우리가 생각을 억제해야만 한다고 인정하는 것이다. _C. R. 다윈(1809~1882) 영국 생물학자

▶ 도덕이란 전쟁할 때 금지해야 할 품목이다.

_M. K. 간디(1869~1948) 인도 정치가, 민족 운동 지도자

L. A. 세네카

▶ 도덕적이라는 것은 우리가 좋게 느끼는 것이요, 부도덕이라는 것은 우리가 나쁘게 느끼는 것이다. 이것이 도덕에 대해 내가 아는

*숭앙 | 공경하여 우러러봄.
*도덕률 | 도덕적 행위의 기준이 되는 보편타당한 법칙.
*근신 | 말이나 행동을 조심함.

전부이다. _E. M. 헤밍웨이(1899~1961) 미국 소설가

▶ 때때로 그리고 오래도록 생각에 잠겨 보면 볼수록 더욱 새롭고 더욱 쌓이는 감탄과 *숭앙하는 마음으로 가득 차는 두 가지가 있다. 그것은 내 머리 위에서 반짝이고 있는 하늘의 별과 내 마음속에 자리 잡은 *도덕률이다. _I. 칸트(1724~1804) 독일 철학자 《실천 이성 비판》

▶ 법과 형벌로 다스리면 백성은 처벌을 피하면서도 부끄러운 줄을 모른다. 그러나 도덕과 예의로 다스리면 부끄러움을 알고 올바른 사람이 될 것이다. _공자(B.C. 551~B.C. 479) 중국 춘추 시대 노나라 사상가

▶ 부귀와 명예가 도덕으로 인하여 주어진 것은 수풀 속의 꽃과 같이 저절로 잎이 피고 무성해질 것이다. _《채근담》

▶ 정직, 친절, 우정 등 평범한 도덕을 굳게 지키는 사람이야말로 위대한 사람이다. _A. 프랑스(1844~1924) 프랑스 작가

▶ 종교는 많이 있지만 도덕은 하나뿐이다. _J. 러스킨(1819~1900) 영국 미술 평론가 《미술 강의》

▶ 한 순간도 도덕을 떠나서는 안 된다. 떠날 수 있다면 그것은 도덕이 아니다. 군자는 남이 보지 않는 데서 *근신하고 남이 듣지 않는 데서 깨끗이 한다. _《중용》

한자 숙어

방편도덕(方便道德) 도덕 자체를 목적으로 생각하지 않고 뜻하는 어떤 일의 수단으로 다루는 도덕.

키워드 정보 BOX

삼강오륜

삼강오륜은 유교의 도덕 사상에서 기본이 되는 세 가지 강령과 실천해야 할 다섯 가지 도리이다. 삼강은 군위신강(君爲臣綱), 부위자강(父爲子綱), 부위부강(夫爲婦綱)으로, 각각 임금과 신하, 어버이와 자식, 남편과 아내 사이에 마땅히 지켜야 할 도리를 말한다. 오륜은 부자유친(父子有親, 아버지와 아들 사이에는 친애가 있어야 함), 군신유의(君臣有義, 임금과 신하 사이에는 의리가 있어야 함), 부부유별(夫婦有別, 남편과 아내 사이에는 분별이 있어야 함), 장유유서(長幼有序, 나이가 많은 사람과 적은 사람 사이에는 차례가 있어야 함), 붕우유신(朋友有信, 친구 사이에는 믿음이 있어야 함)을 말한다.

動機 동기

어떤 일이나 행동을 일으키게 하는 계기.

명언 명문

▶ 내가 인생에서 배워야 할 네 가지는 서두르거나 혼동하지 않고 명료하게 생각하는 것, 모든 사람을 진지하게 사랑하는 것, 모든 것에 대해 최고의 동기를 가지고 행동하는 것, 주저 없이 하느님을 사랑하는 것이다. _A. 슈바이처(1875~1965) 독일 신학자, 철학자, 의사

▶ 다른 사람이 우리의 동기를 모두 안다면 우리는 자신의 가장 훌륭한 행동에 대해서도 부끄러워해야 할 경우가 많다.

_F. 라로슈푸코(1613~1680) 프랑스 작가

▶ 무슨 일의 동기가 남을 미워하지 않고 남을 부러워하지 않고 남을 해치지 않으며 또 명예나 이익을 좇는 것이 아니라면, 즉 동기가 결백하다면 그때에는 무엇을 하든지 상관없다.

_L. N. 톨스토이(1828~1910) 러시아 소설가, 사상가

▶ 바르지 못한 동기로써 결합된 자들은 오래 되어 헤어지지 않는 자가 없다. _《근사록》

▶ 어떤 높고 이상적인 동기로 행동하지 않는 시대의 역사는 위대한 적이 없었고 또한 그럴 수도 없다.

_A. N. 화이트헤드(1861~1947) 영국 철학자, 수학자 《대화록》

▶ 어떤 확고한 원칙에 기초하지 않은 채 매우 어리석은 짓을 한 사람은 하나도 없다. _멜버른(1779~1848) 영국 정치가

▶ 연애 과정에서는 방해가 더 열렬한 *연정의 동기가 된다.

_W. 셰익스피어(1564~1616) 영국 극작가, 시인

▶ 죽음에 대한 투쟁, 즉 살려고 하는 조건 없는 자발적 결의는 위인들의 생애와 활동의 가장 큰 동기다. _H. 헤세(1877~1962) 독일 소설가, 시인

*연정 | 이성을 그리워하고 사모하는 마음.

두려움

어떤 대상을 무서워하여
마음이 불안한 느낌.

명언 명문

▶ 가장 높은 곳에 올라가는 사람은 추락을 가장 두려워한다.

_J. 리드게이트(1370?~1450?) 영국 시인

▶ 결백함은 아무것도 두려워할 것이 없다.

_J. B. 라신(1639~1699) 프랑스 시인, 극작가

▶ 공포는 뒤꿈치에 날개가 돋는다.

_P. 베르길리우스(B.C. 70~B.C. 19) 로마 시인 《아이네이스》

▶ 공포는 큰 눈을 가지고 있다.

_M. 세르반테스(1547~1616) 에스파냐 소설가 《돈키호테》

▶ 공포에는 공포에 대한 공포밖에 없다.

_알랭(1868~1951) 프랑스 철학자, 평론가 《인간어록》

▶ 공포와 용기가 얼마나 가까운지는 적을 향해 돌진하는 자가 가장 잘 알고 있을 것이다. _C. 모르겐슈테른(1871~1914) 독일 시인 《단계》

▶ 군주는 언론을 맡은 관리들이 자기에게 바른말을 솔직하게 하지 못하는 것을 두려워해야 한다. _조광조(1482~1519) 조선 시대 문신, 성리학자

조광조

▶ 남보다 앞서려는 열정은 남보다 뒤떨어질까 두려워하는 마음에서 때때로 생긴다. _E. 호퍼(1902~1983) 미국 철학자

▶ 내가 두려워하는 것은 사람 안에 든 원숭이나 호랑이가 아니라 당나귀다. _W. 템플(1881~1944) 영국 종교 철학자

▶ 두려움은 마음의 무신론이다. _R. 타고르(1861~1941) 인도 시인, 사상가

▶ 두려움은 모든 미덕의 장애물이다. _P. 시루스(B.C. 1세기경) 로마 시인

▶ 두려움은 신앙을 낳고 의심은 철학을 낳는다.

_장자(B.C. 369?~B.C. 289?) 중국 전국 시대 송나라 사상가

▶ 두려움의 매력에 취한 자는 강한 자뿐!

_C. P. 보들레르(1821~1867) 프랑스 시인 《악의 꽃》

▶ 매일매일 두려움을 극복해 가지 않는 사람은 인생의 교훈을 배우지 못한 사람이다. _R. W. 에머슨(1803~1882) 미국 사상가, 시인

▶ 모든 권력을 가진 자는 모든 것을 두려워해야만 한다.

_P. 코르네유(1606~1684) 프랑스 시인, 극작가

▶ 사람은 삶이 두려워서 사회를 만들었고, 죽음이 두려워서 종교를 만들었다. _H. 스펜서(1820~1903) 영국 철학자, 사회학자

▶ 사랑을 두려워함은 인생을 두려워함이다. 그리고 인생을 두려워하는 자가 있다면 그는 이미 십중팔구는 죽은 것이나 다름없다.

_J. 러셀(1792~1878) 영국 정치가

▶ 우리가 두려워해야 할 것은 오직 하나, 공포 그 자체다.

_F. D. 루스벨트(1882~1945) 미국 제32대 대통령

▶ 인간의 마음에 오는 최초의 두려움은 신에게서 버림받는 일이다.

_F. M. 뮐러(1823~1900) 영국 언어학자 《독일인의 사랑》

▶ 인생에는 두려운 일이 적어도 두 가지 있다. 하나는 공포심에 사로잡히는 것이고, 또 하나는 두려운 것을 모를 정도로 교만해지는 것이다. _J. W. 괴테(1749~1832) 독일 시인, 소설가, 극작가

▶ 죽음을 겁내지 않는 자에게 무엇을 겁내라는 거야!

_J. C. F. 실러(1759~1805) 독일 시인, 극작가 《군도》

▶ 죽음의 공포는 죽음 그 자체보다 무섭다. _P. 시루스(B.C. 1세기경) 로마 시인

▶ 한번 사건에 부닥뜨리면 사람들은 두려움이 없어진다는 것을 알고 있다. 오직 *미지의 것만이 사람들을 두렵게 하는 것이다. 그러나 그것을 무릅쓰면 그것은 이미 미지의 것이 아니다.

_A. M. R. 생텍쥐페리(1900~1944) 프랑스 소설가, 비행사 《인간의 대지》

▶ 희망을 버려라. 그러면 더는 두려워하지 않을 것이다.

_헤카테이우스(B.C. 550~B.C. 476) 그리스 역사가

*미지 | 아직 알지 못함.

속담

▶ 고양이 앞에 쥐걸음. (무서운 사람 앞에서 설설 기면서 꼼짝 못한다는 말) _한국

▶ 공포는 가끔 위험보다 크다. _영국

▶ 근거 있는 두려움은 훌륭한 충고보다 더 낫다. _서양

▶ 불에 놀란 놈이 부지깽이만 봐도 놀란다. (어떤 일에 몹시 혼이 난 경험이 있는 사람은 그에 관련 있는 물건만 봐도 겁을 낸다는 뜻) _한국

▶ 전쟁에 대한 두려움은 전쟁 자체보다 더 나쁘다. _이탈리아

▶ 푸줏간에 들어가는 소 걸음. (무서워하거나 마음에 내키지 아니하는 것을 억지로 하는 모양을 이르는 말) _한국

한자 숙어

국척(跼蹐) 허리를 굽히고 조심해서 걷는다는 뜻으로, 두려워서 조심한다는 말.

후생가외(後生可畏) 뒤에 난 사람은 두려워할 만하다는 뜻.

고사성어

▷ 상궁지조(傷弓之鳥)

한번 화살에 맞은 새는 구부러진 나무만 보아도 놀란다는 뜻으로, 한번 혼이 난 일로 늘 의심과 두려운 마음을 품는 것을 이르는 말이다. 중국 전국 시대 말, 초 · 조 · 연 · 제 · 한 · 위 등 여섯 나라가 강대국인 진나라에 대항하기 위해 동맹을 맺었다. 조나라에서는 위가를 초나라에 보내 초나라의 춘신군과 군사 문제를 협의하게 했다. 위가는 협상 중에 초나라의 총지휘관으로 진나라와의 싸움에서 패한 적이 있는 임무군을 정하였다는 말을 듣고 합당하지 않다고 생각했다. 그래서 위가는 춘신군에게 이렇게 말했다. "옛날 위나라에 활을 잘 쏘는 사람이 왕과 같이 있을 때, 날아가는 기러기떼를 보고 시위만 당겼는데 맨 뒤에 날아가던 기러기 한 마리가 땅에 떨어졌지요. 왕이 그 까닭을 묻자 떨어진 놈은 전에 자신이 쏜 화살에 맞아 다친 적이 있는 기러기라고 답했지요. 그때의 상처가 아물지 않았기 때문에 활 시위만 당기는 소리에도 놀라 높이 날려다가 상처가 터져서 떨어진 것입니다." _《전국책》

▷ 풍성학려(風聲鶴唳)

바람소리와 학의 울음소리를 뜻하며, 겁을 먹으면 사소한 일에도 놀란다는 말이다. 흔히 '풍성학려에 놀란다'고 한다. 중국 전진의 3대 임금인 부견이 비수에서 동진의 명장에게 크게 지고 도망갈 때, 바람소리와 학의 울음소리를 듣고 적군이 따라온 줄 알고 놀랐다는 데에서 나온 말이다. _《진서》 사현재기

뜻

무엇을 하겠다고 속으로 먹는 마음.

명언 명문

▶ 뜻을 세우는 데 있어 너무 늦다는 것은 없다.

_J. M. 볼드윈(1861~1934) 미국 심리학자

▶ 뜻을 원대하게 세운 다음에야 비로소 일을 이룰 수가 있다.

_권근(1352~1409) 고려~조선 시대 문신, 학자

▶ 뜻이 견고한 사람은 행복하다. 그는 고통을 겪지만 오래 지속되지 않고, 또 잘못되어 고통을 겪는 일이 없다.

_A. 테니슨(1809~1892) 영국 시인

▶ 뜻이 단단하면 이루어지지 않는 것이 없고, 의심만 하고 힘쓰지 않으면 되는 것이 하나도 없다. _《포박자》

▶ 뜻이 서지 않으면 만사가 성공하지 못한다.

_이이(1536~1584) 조선 시대 문신, 학자

▶ 뜻이 있는 사람은 오히려 진리에서 멀어지고, 마음을 두지 않은 사람은 저절로 진리에 가까워진다. _《채근담》

▶ 무릇 사람에게 사사로운 욕심이 생기는 것은 *사려가 없기 때문이다. _이황(1501~1570) 조선 시대 문신, 유학자

*사려 | 여러 가지 일에 대하여 깊게 생각함.

▶ 인생에 뜻을 얻으면 모름지기 기쁨을 다 할 일이다. _이백(701~762) 중국 당나라 시인

▶ 한 가지 뜻을 세우고 그 길로 가라. 잘못도 있으리라. 실패도 있으리라. 그러나 다시 일어나서 앞으로 나아가라. 반드시 빛이 그대를 맞이할 것이다.

_I. 칸트(1724~1804) 독일 철학자

문장 반짝

관용어

뜻(을) 받다 _ 남의 뜻을 이어받아서 그대로 따라하다.
뜻(을) 세우다 _ 장래의 목표를 마음에 품고 결심하다.
뜻(이) 맞다 _ 서로 생각이 같다. 또는 서로 마음에 들다.

마음

사람이 본래부터 지닌 성격이나 품성.
또는 사람이 다른 사람이나 사물에 대하여 감정이나 의지, 생각 따위를 느끼거나 일으키는 작용이나 태도.

명언 명문

- 관대한 마음은 비방하는 혀를 치료한다. _호메로스(?~?) 그리스 시인
- 내 마음의 변덕을 없애 버릴 수만 있다면 가슴속은 훈훈한 기운으로 가득 차고 가는 곳마다 봄바람이 불 것이다. _《채근담》
- 내가 즐겨 찾아가는 신전은 겸손한 마음이다. _P. J. 베일리(1816~1902) 영국 시인
- 대부분의 사람은 마음이 몸과 함께 늙는다. _G. 모파상(1850~1893) 프랑스 소설가
- 두 마음을 품으면 한 사람도 얻지 못하지만 한 마음을 품으면 백 사람을 얻을 수 있다. _《회남자》
- 마음에서 나오는 것은 마음에게 간다. _S. T. 콜리지(1772~1834) 영국 시인, 평론가
- 마음은 내가 있는 곳이다. _J. 밀턴(1608~1674) 영국 시인 《실락원》
- 마음은 머무를 줄을 알게 된 뒤에야 정해지고, 정해진 뒤에야 조용해질 수 있고, 조용해진 뒤에야 편안해질 수 있고, 편안해진 뒤에야 사고할 수 있고, 사고할 수 있게 된 뒤에야 터득할 수 있게 된다. _《대학》
- 마음은 사고팔지는 못하지만, 줄 수 있는 재산이다. _G. 플로베르(1821~1880) 프랑스 소설가
- 마음은 언제나 이성을 속인다. _F. 라로슈푸코(1613~1680) 프랑스 작가
- 마음은 정신 이상의 것이다. 마음은 정신이 꽃향기처럼 사라져도 계속 뿌리로 남기 때문이다. _F. 뤼케르트(1788~1866) 독일 시인, 동양학자 《브라만의 지혜》

이황

▶ 마음의 바탕이 밝으면 캄캄한 방에도 푸른 하늘이 있고, 마음속이 어두우면 밝은 대낮에도 도깨비가 나온다. _《채근담》

▶ 마음의 수양에 힘써라. 네가 아무것도 하지 않으면 만물은 저절로 자란다. _장자(B.C. 369?~B.C. 289?) 중국 전국 시대 송나라 사상가

▶ 마음의 평온함을 얻은 자는 자기 자신에게나 타인에게도 문제를 일으키지 않는다. _에피쿠로스(B.C. 341~B.C. 270) 그리스 철학자 《단편》

▶ 마음이 불화하면 자연히 몸이 따라서 *궤도를 잃어버리고 행동과 사물 처리가 모두 다 그 절차를 잃게 된다.

_정약용(1762~1836) 조선 시대 문신, 학자

▶ 마음이란 광대하고 텅 비고 밝은 것이며 온갖 이치를 모두 갖추고 있다. _이언적(1491~1553) 조선 시대 성리학자

▶ 바다보다 더 큰 것은 하늘, 하늘보다 더 큰 것은 사람의 마음이다.

_V. M. 위고(1802~1885) 프랑스 시인, 극작가

▶ 사람은 누구나 그 마음속에 숨은 미치광이를 가지고 있다. 그러므로 그 미치광이가 날뛰지 않게 조심해야 한다.

_R. W. 에머슨(1803~1882) 미국 사상가, 시인

▶ 사람의 마음은 거칠고 격렬한 충격을 가하지 않더라도 쉽게 감동할 수 있다. _W. 워즈워스(1770~1850) 영국 시인 《서정민요집》

▶ 사람의 마음은 부유해지면 오만해지고, 오만해지면 해이해지고 게을러진다. _《관자》

▶ *사리사욕은 마음을 좀먹는 도둑이고 모든 악의 근본이다.

_이황(1501~1570) 조선 시대 문신, 유학자

▶ 선한 마음을 지니는 것으로는 충분하지 않다. 그 마음을 잘 사용하는 것이 중요하다. _R. 데카르트(1596~1650) 프랑스 철학자, 수학자

▶ 애정은 마음의 젊음이고, 관념은 마음의 성숙함이지만, 웅변은 마음이 늙어 노망을 부리는 것이다.

_K. 지브란(1883~1931) 미국 소설가, 화가, 시인

▶ 어리석은 자의 마음은 그 입 속에 있다. 그러나 착한 사람의 입은 그 마음속에 있다.

_B. 프랭클린(1706~1790) 미국 정치가, 과학자 《가난한 리처드의 책력》

▶ 열 길 물속은 알 수 있으나 사람의 마음속은 알기 어렵다. 친구의

*궤도 | 일이 발전하는 정상적이며 본격적인 방향과 단계.

*사리사욕 | 사사로운 이익과 욕심.

*불모지 | 식물이 자라지 못하는 거칠고 메마른 땅.
*시장 | 배고픔.

경우도 마찬가지다. _《관자》

▶ 우리는 외모가 아니라 마음을 보아야 한다.

_이솝(B.C. 620?~B.C. 560?) 그리스 우화 작가 《이솝 이야기》

▶ 우리의 마음은 종종 우리의 귀에 의하여 더럽혀진다.

_W. 셰익스피어(1564~1616) 영국 극작가, 시인 《루크리스의 겁탈》

▶ 우리의 몸은 정원이고 마음은 정원사입니다. 게을러서 *불모지가 되든 부지런히 거름을 주어 가꾸든 그것에 대한 권한은 다 우리의 마음에 달려 있지요. _W. 셰익스피어(1564~1616) 영국 극작가, 시인 《오셀로》

▶ 자기 마음이 밝아져야 비로소 군자와 소인을 구별할 수 있다.

_조광조(1482~1519) 조선 시대 문신, 성리학자

▶ 지식인은 자기 마음을 스스로 살피는 사람이다.

_A. 카뮈(1913~1960) 프랑스 소설가, 극작가

▶ 행복과 불행은 모두 마음에 달려 있는 것이다.

_데모크리토스(B.C. 460?~B.C. 370?) 그리스 철학자

문장 반짝

관용어

마음에 두다 _ 잊지 아니하고 마음속에 새겨 두다.
마음에 못을 박다 _ 마음속 깊이 원통한 생각이 맺히게 하다.
마음에 없다 _ 무엇을 하거나 가지고 싶은 생각이 없다.
마음에 있다 _ 무엇을 하거나 가지고 싶은 생각이 있다.
마음(을) 붙이다 _ 어떤 것에 마음을 자리 잡게 하거나 전념하다.
마음(을) 사다 _ 관심을 가지게 하다.
마음(을) 주다 _ 마음을 숨기지 아니하고 기꺼이 내보이다.
마음이 가볍다 _ 일이 깨끗이 처리되거나 잘되어 마음이 유쾌하고 근심이 없다.
마음이 돌아서다 _ 가졌던 마음이 아주 달라지다. 또는 틀어졌던 마음이 정상적인 상태로 되다.
마음이 무겁다 _ 마음이 유쾌하지 못하고 침울하다.
마음이 통하다 _ 서로 생각이 같아 이해가 잘되다.
마음이 풀리다 _ 마음속에 맺히거나 틀어졌던 것이 없어지다.

속담

▶ 마음 없는 염불. (하고 싶지 아니한 일을 마지못해 하는 것을 이르는 말) _한국

▶ 마음 한번 잘 먹으면 북두칠성이 굽어보신다. (마음을 바르게 쓰면 하늘도 알아 보살핀다는 말) _한국

▶ 마음을 빼앗기면 눈은 아무것도 볼 수 없다. _영국

▶ 마음이 꺼림칙하면 나무라지 않아도 괴롭다. _영국

▶ 마음이 맞으면 삶은 도토리 한 알 가지고도 *시장 멈춤을 한다. (가난하더라도 서로 마음이 맞으면 어려움을 이겨 낼

수 있음을 비유적으로 이르는 말) _한국

- 마음이 흔들 비쭉이라. (의지가 굳지 못하고 감정에 좌우되어 주견 없이 행동하는 사람을 이르는 말) _한국
- 마음처럼 간사한 건 없다. (사람의 마음이란 이해관계에 따라서 간사스럽게 변함을 이르는 말) _한국
- 머리가 다르면 마음도 다르다. _영국
- 사람의 마음은 하루에도 열두 번. (사람의 마음이란 아주 변하기 쉽다는 말) _한국
- 얼굴은 알아도 마음은 모른다. _한국
- 폭풍 속의 맹세는 고요 속에서 없어진다. _서양

고사성어

▷ 명경지수(明鏡止水)

깨끗한 거울과 고요한 물이란 뜻으로 흔들림 없이 고요하고 깨끗한 마음을 가리키는 말이다. 춘추 시대 노나라에 죄를 지어 다리를 잘린 왕태라는 사람이 있었다. 그의 덕행을 따르는 사람이 공자의 제자 수만큼 되었다. 공자의 제자가 사람들이 왕태에게 모여드는 까닭을 묻자, 공자는 다음과 같이 대답하였다. "그분의 마음이 고요하기 때문이다. 사람은 흘러가는 물에는 비춰 볼 수가 없고 고요한 물에 비춰 보아야 한다. 오직 고요한 것만이 고요하기를 바라는 모든 것을 고요하게 할 수 있다." _《장자》 덕충부 편

▷ 빈자일등(貧者一燈)

가난한 사람의 등불 하나라는 뜻으로, 물질의 많고 적음보다는 정성이 담긴 마음이 더 소중하다는 말이다. 난타라는 가난한 여인이 온종일 구걸한 돈으로 기름을 사서 등을 만들어 정성스럽게 석가모니에게 바쳤다. 그런데 수많은 등불 속에서 그녀의 등불만이 밤새도록 꺼지지 않고 밝게 타고 있었다는 일화에서 유래했다. _《현우경》

▷ 이심전심(以心傳心)

마음에서 마음으로 전한다는 뜻으로, 불교의 심오한 진리를 말이나 글에 의지하지 않고, 직접 대면하여 마음에서 마음으로 전한 데서 비롯되었다. 오늘날에도 굳이 말이 필요 없는 사이, 즉 서로 마음과 마음이 통하는 사이일 경우 흔히 이 말을 쓴다. _《전등록》

모순

矛盾

어떤 사실의 앞뒤, 또는 두 사실이 이치상 어긋나서 서로 맞지 않음을 이르는 말.

명언 명문

*역설 | 어떤 주의나 주장에 반대되는 이론이나 말.

▶ 모순은 모든 운동과 생명력의 근원이다. 사물은 그 자체에 모순이 내포되어 있기 때문에 운동할 수 있게 된다.

_G. W. F. 헤겔(1770~1831) 독일 철학자

▶ 모순은 스스로 이론가라고 공언하는 사람의 유일한 생명이다.

_A. 쉬아레스(1868~1948) 프랑스 평론가

▶ 모순은 조그만 몸뚱이에 커다란 발자국과 같다. _〈팔만대장경〉

▶ 모순이란 신과 함께 한다면 모든 것이 가능하다는 것이다.

_S. A. 키르케고르(1813~1855) 덴마크 철학자

▶ 모순이란 인간의 변화하는 능력에서 생겨나는 것이다.

_B. 그라시안이모랄레스(1601~1658) 에스파냐 작가

▶ 사람들에게 모순이 없는 유일한 경우는 그들이 모순에 빠져 있을 때다. _H. 스미스(1779~1849) 영국 시인

▶ 사람은 *역설의 화신이며 모순 덩어리다.

_C. C. 콜턴(1780~1832) 영국 작가, 성직자

▶ 사람은 지능을 가진 동물이므로 자기 자신과 영원히 모순된다.

_W. 해즐릿(1778~1830) 영국 평론가, 수필가

▶ 아름다움 속에는 양쪽 극단이 하나로 되고 여러 가지 모순이 함께 어울려 살고 있다.

_F. M. 도스토옙스키(1821~1881) 러시아 소설가 《카라마조프의 형제들》

▶ 영원한 삶이라는 모순된 관념은 희망과 두려움, 유치한 믿음, 그리고 비겁함으로 유지된다. _C. 대로(1857~1938) 미국 법률가, 정치 평론가

▶ 용기의 모순은 인간이 자신의 생명을 힘을 다해 지킬 때조차도 반

쯤은 목숨을 걸어야 한다는 점이다.

_G. K. 체스터턴(1874~1936) 영국 소설가, 평론가

▶ 우리들은 한마디로 허위, 무책임함, 모순덩어리일 뿐이다. 그렇기 때문에 스스로 자신을 숨기거나 위장하는 것이다.

_B. 파스칼(1623~1662) 프랑스 사상가, 수학자, 물리학자

▶ 인생에서 허다한 모순이 있지만 그것을 해결하는 길은 오직 사랑뿐이다. _L. N. 톨스토이(1828~1910) 러시아 소설가, 사상가 《인생론》

▶ 인생은 무한한 모순들로 가득 차 있다. 이상하게도 그 모순들은 진실하기 때문에 그럴듯하게 보일 필요조차 없다.

_L. 피란델로(1867~1936) 이탈리아 극작가, 소설가

▶ 자본주의는 그 자체 내의 모순 때문에 붕괴된다.

_K. H. 마르크스(1818~1883) 독일 경제학자, 철학자

▶ 중간에 장애물이 있다면 두 점 사이의 가장 짧은 선은 곡선일 것이다. _B. 브레히트(1898~1956) 독일 시인, 극작가

속담

▶ 바늘보다 실이 굵다. (커야 할 것이 작고 작아야 할 것이 크다는 뜻으로, 사리에 어긋남을 비유하는 말) _한국

▶ 죄를 꾸짖는 사탄. _스코틀랜드

지식 쑥쑥

한자 숙어

자가당착(自家撞着) 같은 사람의 말과 행동이 앞뒤가 서로 맞지 않고 모순됨.

고사성어

▷ 모순(矛盾)

창과 방패를 뜻하며, 서로 다른 주장이 동시에 있을 수 없거나 말이나 행동의 앞뒤가 맞지 않는 것을 말한다. 중국 초나라 상인이 방패와 창을 팔고 있었다. 그는 방패를 내보이며 "이 방패는 매우 견고해서 어떤 것으로도 뚫을 수 없소."라고 말했다. 그러고는 창을 들고 말했다. "이 창은 날카로워 어떤 물건도 뚫을 수 있소." 이 말에 한 사람이 물었다. "그렇다면 그 창으로 그 방패를 찌른다면 어떻게 된다는 말이오?" 그러자 상인은 말문이 막혀 버렸다. _《한비자》 난세 편

무신론 無神論

종교적 신의 존재를 부정하고 신앙을 거부하는 이론.

명언 명문

*가설 | 어떤 사실을 설명하기 위해 설정한 가정.

▶ 그는 원한을 품은 무신론자였다. 말하자면 신을 믿지 않는다기보다는 신을 개인적으로 싫어하는 사람이었다.

_G. 오웰(1903~1950) 영국 소설가

▶ 나에게는 하느님이라는 *가설이 필요 없다.

_P. S. 라플라스(1749~1827) 프랑스 수학자, 천문학자

▶ 나의 무신론은 스피노자와 마찬가지로 우주에 대한 진정한 신념이며, 다만 인간들이 자기들의 형상에 따라 그들의 인간적 이해관계의 노예가 되도록 만든 신들을 부정할 뿐이다.

_G. 산타야나(1863~1952) 미국 철학자, 시인

▶ 내가 아주 싫어하는 사람이 세상에 둘 있다. 학자로서 신을 믿지 않는 자와 무지로 미신에 빠져 있는 자이다.

_마호메트(570?~632) 이슬람교 창시자

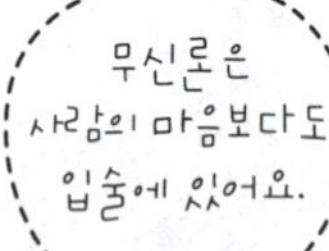

▶ 무신론은 사람의 마음보다도 입술에 있다.

_F. 베이컨(1561~1626) 영국 정치가, 철학자

▶ 무신론은 유신론의 마지막 말이다. _H. 하이네(1797~1856) 독일 시인

▶ 무신론을 공격하기 위해 신이 기적을 일으킨 적은 결코 없다. 왜냐하면 신의 일상적인 업적이 무신론을 공격하기 때문이다.

_F. 베이컨(1561~1626) 영국 정치가, 철학자

F. 베이컨

▶ 무신론자가 되고 싶은 사람이 곧 무신론자는 아니다.

_나폴레옹 1세(1769~1821) 프랑스 황제

▶ 무신론자가 하느님을 부정하는 것은 하느님께 대한 최고의 찬미라고 한다. 그는 모든 피조물이 너무나 완전하여 창조주가 없어도

그만이라고 생각하기 때문이다. _M. 프루스트(1871~1922) 프랑스 소설가

▶ 무신론자는 하느님도 종교도 부정하지 않고, 그런 것들을 생각하는 일조차도 없다. _J. 라브뤼예르(1645~1696) 프랑스 작가 《사람은 가지가지》

▶ 무신론자란 자신이 의지할, 눈에 보이지 않는 수단이 없는 사람이다. _J. 부컨(1875~1940) 영국 정치가, 작가

▶ 무질서의 해결책은 복종이 아니라 자유이고, 미신의 해소책은 무신론이 아니라 종교다. _E. 버크(1729~1797) 영국 정치가, 사상가

▶ 밤이 되면 무신론자의 절반이 신을 믿게 된다.

_E. 영(1683~1765) 영국 시인 《밤의 수상》

▶ 세상에는 아무것도 희망하지 않으며, 아무것도 두려워하지 않고, 살기를 싫어하면서도 삶을 팽개칠 힘조차 없는 사람이 있다. 바로 신을 믿지 않는 자들이다.

_R. 마르탱뒤가르(1881~1958) 프랑스 소설가, 극작가 《티보가의 사람들》

▶ 신이란 세상을 설명하기 위해 만들어 낸 말에 불과하다.

_A. 라마르틴(1790~1869) 프랑스 시인, 정치가

▶ 악마는 세상을 무신론과 미신으로 갈라놓는다.

_G. 허버트(1593~1633) 영국 시인

▶ 오로지 이기주의만이 진짜 무신론이고 오로지 열망과 이타심만이 참된 신앙이다. _I. 쟁윌(1864~1926) 영국 소설가, 극작가

▶ 일인용 *참호에 무신론자는 없다.

_E. E. 커밍스(1894~1962) 미국 화가, 시인, 소설가

▶ 젊어서 무신론자가 늙어서도 무신론자인 경우는 하나도 없었다.

_플라톤(B.C. 428?~B.C. 347?) 그리스 철학자

▶ 종교가 없는 것. 세계 속의 위대한 신앙 중에서 가장 중요한 신앙이다. _A. G. 비어스(1842~1914) 미국 소설가, 신문 기자 《악마의 사전》

▶ 지독한 *위선자들이 진짜 무신론자들이다.

_F. 베이컨(1561~1626) 영국 정치가, 철학자

*참호 | 몸을 숨기면서 적과 싸우기 위하여 방어선을 따라 판 구덩이.
*위선자 | 겉으로만 착한 체하는 사람.

속담

▶ 날씨가 좋은 날만 무신론자가 되는 사람이 있다. _영국

▶ 무신론자는 악마보다 한 걸음 더 앞서 간다. _서양

무한

無限

수, 양, 공간, 시간 따위에 제한이나 한계가 없음.

명언 명문

*무한자 | 눈에 보이지도 않고 설명될 수도 없는 만물의 근원.

▶ 나도 어쩔 수 없는 일인데, 무한은 나를 괴롭힌다.

_A. 뮈세(1810~1857) 프랑스 시인, 극작가

▶ 만물은 허무에서 나와서 무한을 함께 움직인다. 이 놀라운 행진을 누가 따를 수 있으랴. 이 불가사의한 일을 만든 분만이 알고 있다. 그 밖의 다른 누구도 알 수 없다.

_B. 파스칼(1623~1662) 프랑스 사상가, 수학자, 물리학자

▶ 모든 욕망을 충족시키는 것은 삶의 가장 매력적인 방법으로 보이지만 조심성보다는 향락을 앞세우는 것이기 때문에 곧 처벌을 자초하고 만다. _S. 프로이트(1856~1939) 오스트리아 심리학자, 의사

▶ 무한한 선은 자신에게 오는 것은 무엇이든지 받아들일 만큼 그 품이 넓다. _A. 단테(1265~1321) 이탈리아 시인

▶ 사람의 욕심은 무한하기 때문에 천하를 가지고도 한 사람의 욕심을 만족시킬 수 없다. _이언적(1491~1553) 조선 시대 성리학자

▶ 여러분이 영원을 위해 씨 뿌리려 한다면 무한한 인간의 능력 속에 씨를 뿌려라. _T. 칼라일(1795~1881) 영국 사상가, 역사가 《의상 철학》

▶ 올바른 모범을 보여 주는 것은 무한한 자선보다 낫다.

_N. 마키아벨리(1469~1527) 이탈리아 사상가, 역사학자

▶ 우리는 무한을 목표로 한다. 그리고 우리의 화산이 지상에 떨어질 때 그것은 불타오른다. _O. W. 홈스(1809~1894) 미국 소설가, 의학자

▶ 우리를 움직이는 *무한자는 일률성 속에서 다양성을 지각하는 존재이다. _G. 산타야나(1863~1952) 미국 철학자, 시인 《미의 감각 기능》

▶ 우리의 정신은 한정되어 있다. 그러나 이러한 제한된 상황 속에서

도 우리는 무한한 가능성에 둘러싸여 있다.

_A. N. 화이트헤드(1861~1947) 영국 철학자, 수학자

*자비 | 남을 깊이 사랑하고 가엾게 여김.

▶ 유한한 목숨에 무한한 욕망을 지닌 인간은 하늘나라를 기억하는, 그리고 거기서 추방된 신이다. _A. 라마르틴(1790~1869) 프랑스 시인, 정치가

▶ 이 무한한 세계에서 자신은 유한한 존재라는 의식, 그리고 죄의식은 영원히 존재할 것입니다. _L. N. 톨스토이(1828~1910) 러시아 소설가, 사상가

▶ 인간은 무한한 정신을 지니고 있는 존재이다. 그러므로 인간은 고뇌와 기쁨을 똑같이 맛보게 마련이다. 그런 사람 가운데 몇 사람쯤은 기쁨은 고뇌를 통해서만 얻을 수 있다고 말하게 될 것이다.

_L. 베토벤(1770~1827) 독일 작곡가

▶ 인간은 항상 시간이 모자란다고 불평을 하면서 마치 시간이 무한정 있는 것처럼 행동한다. _L. A. 세네카(B.C. 4?~A.D. 65) 로마 철학자, 극작가

▶ 인생의 목적에 대한 의문은 무한이라고 해도 좋을 만큼 제기되었지만, 아직까지 대답이 주어진 일은 없다. 그처럼 답은 결코 허용되지 않는 모양이다. _S. 프로이트(1856~1939) 오스트리아 심리학자, 의사

▶ *자비를 받고 싶을 때 하느님의 무한한 자비를 믿는 것은 매우 편하지만 동시에 그분의 무한한 정의도 기억하라.

_B. R. 헤이든(1786~1846) 영국 화가

▶ 자연은 변하지 않으며 오직 무한합니다. 그런데 상상은 한순간에 돌 수 있을 정도의 조그만 동그라미에 불과해요. 이러한 상상이 어떤 인종의 핏속을 지나갈 때, 그 인간들에게서 나오는 것은 모두 아름답습니다. _F. A. R. 로댕(1840~1917) 프랑스 조각가

▶ 희망의 가치는 무한하다. _T. 풀러(1654~1734) 영국 의사, 작가

속담

▶ 가능성이란 무한한 것이다. _서양

▶ 머리 간 데 끝 간 데 없다. (한계가 없다는 말) _한국

▶ 바다는 메워도 사람의 욕심은 못 채운다. (사람의 욕심이란 한이 없음을 비유적으로 이르는 말) _한국

지식 쑥쑥

한자 숙어

무궁무진(無窮無盡) 끝이 없고 다함이 없음.

일망무제(一望無際) 아득하게 멀고 넓어서 끝이 없음.

미신 迷信

비과학적이고 종교적으로 망령되다고
판단되는 신앙. 또는 그런 신앙을 가지는 것.

명언 명문

▶ 가장 야만적인 미신의 하나는, 오늘날 대다수의 학자가 믿는, 인간이 신앙 없이 살아갈 수 있다는 미신이다.

_L. N. 톨스토이(1828~1910) 러시아 소설가, 사상가 《독서의 수레바퀴》

▶ 공포는 미신 때문에 생기며, 잔인성을 유발하기도 한다.

_B. A. W. 러셀(1872~1970) 영국 철학자, 수학자

▶ 굶주림 앞에서는 어떠한 두려움도, 인내도, 염치도, 미신도, 신념도, 원칙들도 전혀 맥을 못 춘다. _J. 콘래드(1857~1924) 영국 소설가

▶ 대중적 인기를 누리는 종교가 되기 위해 필요한 것은 오로지 미신이 철학을 지배하는 것뿐이다. _W. R. 잉(1860~1954) 영국 신학자

▶ 무사함이란 미신이다. 그것은 세상에 존재하지 않는다. 인생이란 모험을 무릅쓰지 않으면 아무것도 없을 뿐이다.

_H. A. 켈러(1880~1968) 미국 저술가, 사회사업가

▶ 무엇보다 나쁜 것은 신이 아닌 것을 신이라 믿는 일이다.

_P. 테렌티우스(B.C. 185?~B.C. 159?) 로마 극작가

▶ 미신과 종교는 원숭이와 인간의 차이와 같다.

_F. 베이컨(1561~1626) 영국 정치가, 철학자 《학문의 진보》

▶ 미신은 공포와 연약함과 무지의 산물이다.

_프리드리히 2세(1712~1786) 프로이센 국왕

▶ 미신은 모든 마음의 평화를 파괴한다.

_M. T. 키케로(B.C. 106~B.C. 43) 로마 정치가, 학자

▶ 미신은 신들에 대한 무의식적인 공포에서, 종교는 신들에 대한 경건한 숭배에서 이루어진다. _M. T. 키케로(B.C. 106~B.C. 43) 로마 정치가, 학자

▶ 미신은 신이 없는 종교, 신심 깊은 모독이다.

_J. 홀(1811~1898) 미국 지질학자

▶ 미신은 연약한 마음을 가진 자의 종교다.

_E. 버크(1729~1797) 영국 정치가, 사상가 《프랑스의 혁명론》

▶ 미신은 온 세상을 불태우고 철학은 그 불을 끈다.

_볼테르(1694~1778) 프랑스 사상가

▶ 미신은 하찮은 일에도 신을 들먹거린다.

_T. 리비우스(B.C. 59?~A.D. 17) 로마 역사가 《로마 건국사》

▶ 미신을 믿기보다는 벙어리가 되는 것이 낫다.

_B. 존슨(1572~1637) 영국 극작가, 시인, 평론가

▶ 미신을 품고 있으면 결국 불행한 구렁텅이에 빠지기 쉽다.

_H. 발자크(1799~1850) 프랑스 소설가

▶ 미신의 지배자는 군중이다. 어느 미신의 경우이든 지혜로운 사람들이 바보들을 따라간다.

_F. 베이컨(1561~1626) 영국 정치가, 철학자

▶ 신앙의 형식과 미신의 형식이 어느 민족이나 시대를 막론하고 항상 동일하다는 것은 극히 주목할 만한 일이다.

_J. W. 괴테(1749~1832) 독일 시인, 소설가, 극작가

▶ 하느님의 말씀 다음으로 자연 철학이 미신에 대한 가장 효과적인 치료제다.

_F. 베이컨(1561~1626) 영국 정치가, 철학자

키워드 정보 BOX

샤머니즘

자연 현상이나 사람의 일이 모두 신의 뜻에 의한 것이라고 생각하는 원시적 종교의 한 형태이다. 초자연적인 존재와 교류를 할 수 있는 샤먼(주술사)이 주로 병을 치료하고 죽은 사람의 영혼을 인도하는 역할을 한다. 세계 여러 민족에서 찾아볼 수 있으며, 특히 동남아시아, 시베리아, 중앙아시아 등의 민족에서 흔히 볼 수 있다.

신령과 교류할 수 있는 무당도 샤먼에 속한다.

믿음

어떤 사실이나 사람을 믿는 마음.

명언 명문

▶ 결국 진리가 정복할 것이라고 나는 믿는다.

_J. 위클리프(1330?~1384) 영국 종교 개혁가

▶ 그릇된 믿음이 우리의 모든 불행을 자초합니다.

_L. N. 톨스토이(1828~1910) 러시아 소설가, 사상가

▶ 나는 이해하기 위해서 믿는다.

_A. 아우구스티누스(354~430) 로마 신학자, 성인 《잠언》

▶ 눈에 보인다고 다 믿지 마라.

_M. T. 키케로(B.C. 106~B.C. 43) 로마 정치가, 학자 《복점론》

▶ 믿는 것도 믿지 않는 것도 모두 위험하다.

_G. J. 파이드루스(B.C. 15~A.D. 50) 로마 우화 시인 《우화》

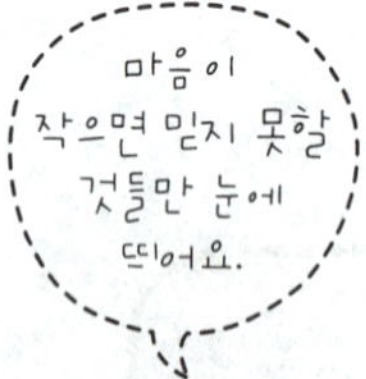

▶ 믿는 데에는 세 가지 방법이 있다. 곧 이성과 습관과 영감이다.

_B. 파스칼(1623~1662) 프랑스 사상가, 수학자, 물리학자 《팡세》

▶ 믿음이란 것은 임금의 큰 보배이니, 나라는 백성에게서 보존되고 백성은 믿음에서 보존됩니다. _정몽주(1337~1392) 고려 시대 문신, 유학자

▶ 믿음이란 마음속의 앎이요, 증거의 테두리를 넘어서는 앎이다.

_K. 지브란(1883~1931) 미국 소설가, 화가, 시인

O. W. 홈스

▶ 믿음이란 큰 뜻을 이루어 보려는 마음이 깃들어 있는 사랑이다.

_W. E. 채닝(1780~1842) 미국 목사 《노트북》

▶ 사람은 다른 사람으로부터 믿음과 신뢰를 잃었을 때 가장 비참해진다. _B. 프랭클린(1706~1790) 미국 정치가, 과학자

▶ 사람은 믿고 싶은 것을 믿는다.

_데모스테네스(B.C. 384~B.C. 322) 그리스 정치가, 웅변가 《제3의 오린토스 연설》

▶ 사람은 알지 못하는 것을 쉽게 믿는다.

_C. 타키투스(56?~120?) 로마 역사가, 정치가 《역사》

▶ 사람은 어떤 것이 사실이기를 바랄 때 그것을 다른 것보다 더 믿으려고 한다. _F. 베이컨(1561~1626) 영국 정치가, 철학자

▶ 사람을 믿지 않으면 속아도 속은 것이 옳다는 얘기가 된다.

_F. 라로슈푸코(1613~1680) 프랑스 작가 《잠언과 고찰》

▶ 알지 못하는 것만큼 굳게 믿는 것도 없다.

_M. E. 몽테뉴(1533~1592) 프랑스 사상가 《수상록》

▶ 작은 마음에는 믿어야 할 큰 것은 보이지 않고 믿지 못할 것만 눈에 띈다. _O. W. 홈스(1809~1894) 미국 소설가, 의학자 《아침 식탁의 독재자》

▶ 종교는 아는 것이 아니라 믿는 것이다. _손병희(1861~1922) 독립운동가

속담

▶ 너 자신을 믿는 것은 좋지만 믿지 않는 것은 더 좋다. _이탈리아

▶ 눈으로 보면 믿게 된다. _서양

▶ 듣는 것은 아무것도 믿지 말고 보는 것은 절반만 믿어라. _서양

▶ 많이 알수록 적게 믿는다. _이탈리아

▶ 믿는 나무에 곰이 핀다. (잘되리라고 믿었던 일에 생각지 못한 변화가 생김을 비유적으로 이르는 말) _한국

▶ 믿는 사람은 행복하고 의심하는 사람은 현명하다. _헝가리

▶ 자기 믿음대로 살지 않는 자는 믿음이 없다. _서양

고사성어

▷ 미생지신(尾生之信)

미생의 믿음이란 뜻으로, 한 번 약속을 하면 어떤 일이 있어도 그 약속을 굳게 지키는 것을 말하는데, 고지식하고 융통성이 없음을 뜻하기도 한다. 노나라의 미생은 남과의 약속을 반드시 지키고야 마는 사람이었다. 어느 날 미생은 여자와 다리 밑에서 만나기로 약속했다. 그러나 약속 시간이 되어도 여자가 나타나지 않았다. 그래도 그는 계속 기다렸다. 어느덧 강물이 불어나는데도 미생은 떠나지 않다가, 끝내 물에 빠져 죽고 말았다. _《사기》 소진전

번민 煩悶

마음이 번거롭고 답답하여 괴로워함.

명언 명문

*번뇌 | 마음이 시달려서 괴로워함.

▶ 마음의 괴로움은 육체의 고통보다 더 견디기 힘들다. 마음의 목마름은 물을 마셨다고 해서 해결되지 않는다.

_R. 데카르트(1596~1650) 프랑스 철학자, 수학자

▶ 번민 없이는 사랑을 할 수도 없고, 괴로움을 겪지 않고서는 진리를 배울 수도 없을 만큼 부족한 인간은 그 생을 끝내 삭막하게 마치리라.

_M. 프루스트(1871~1922) 프랑스 소설가

▶ 번민할 것은 없다. 인생은 무의미한 것이다.

_W. S. 몸(1874~1965) 영국 소설가, 극작가 《인간의 굴레》

▶ 변덕스러운 마음은 가난하고 천한 사람보다 부귀한 사람이 더 심하다. 시기, 질투하는 마음은 남들보다 집안 사람끼리 더 심하다. 이런 경우, 냉정한 마음과 평온한 기질로 억제하지 않으면 번민하지 않는 날이 거의 하루도 없을 것이다.

_《채근담》

▶ 사람의 괴로움이 그다지 크지 않을 때는 그것에 대한 말을 꺼낼 수 있지만 그 괴로움이 너무 크면 아예 입을 열 수조차 없다.

_L. A. 세네카(B.C. 4?~A.D. 65) 로마 철학자, 극작가

▶ 사랑은 우리의 행복을 위해서 있는 것이 아니라, 우리가 *번뇌와 인내에 대하여 얼마만큼 강해질 수 있는지를 시험하기 위해서 있는 것이다.

_H. 헤세(1877~1962) 독일 소설가, 시인

▶ 세상에는 번민 없는 자가 없다. 번민은 욕심에서 생긴다.

_A. 아우구스티누스(354~430) 로마 신학자, 성인

▶ 심하게 속이 썩는 것보다는 약간 꾸짖는 편이 낫다.

_W. 셰익스피어(1564~1616) 영국 극작가, 시인

- 어느 정도로 깊이 괴로워하는가에 따라 인간의 위치가 결정된다.
  _F. W. 니체(1844~1900) 독일 철학자, 시인
- 어려움 속에서 번민하는 것은 어려움을 두 배로 겪는 것이다.
  _D. 디포(1660~1731) 영국 소설가
- 이 세상 모든 것은 헛된 것이니 구태여 가지려 허덕이지 말며, 잃었다 하여 번민하지 말라. _《법구경》
- 인생을 달관한 선비는 마음에 꺼리는 것을 즐거움으로 삼아 결국 괴로운 마음이 변해서 즐거움을 얻을 수 있다. _《채근담》
- 일반적으로 번뇌는 위대한 자각과 깊은 사색에 잠긴 사람에게 항상 필연적인 것이다. _F. M. 도스토옙스키(1821~1881) 러시아 소설가 《죄와 벌》
- 지혜가 많으면 괴로운 일도 많고 아는 것이 많으면 걱정도 많아지는 법이다. _《성경》

속담

- 벙어리 냉가슴 앓듯. (답답한 사정이 있어도 남에게 말하지 못하고 혼자만 속을 태우며 괴로워한다는 말) _한국
- 솜뭉치로 가슴을 칠 일이다. (아무리 쳐도 가슴이 시원해지지 않을 정도로 몹시 답답하고 원통하다는 말) _한국

키워드 정보 BOX

백팔 번뇌

불교에서 108가지로 분류한 사람들의 번뇌를 말한다. 일반적으로 중생의 눈, 귀, 코, 혀, 몸, 뜻(마음) 등의 감각 기관이 대상을 접할 때 저마다 '좋다, 나쁘다, 그저 그렇다'라는 서로 다른 세 가지 감정이 18가지 번뇌를 일으키고, 또 '괴로움, 즐거움, 괴로움도 즐거움도 아닌 것'이 18가지 번뇌를 일으킨다. 이들을 합한 36가지 번뇌가 다시 각각 과거, 현재, 미래를 갖기 때문에 108가지 번뇌가 되는 것이다. 백팔 번뇌를 끊는 길은 번뇌의 근원인 본래 자기, 즉 일심(一心)을 잃지 않아야 하고, 잃더라도 빨리 되찾는 것이다.

본능

本能

어떤 생물체가 선천적으로 가지고 있는 동작이나 운동. 또는 그런 억누를 수 없는 감정이나 충동.

명언 명문

▶ 모방 본능과 용기의 결핍은 군중의 특징이다.

_M. 프루스트(1871~1922) 프랑스 소설가

▶ 법은 자기 보존의 본능에서 나온다. _R. G. 잉거솔(1833~1899) 미국 정치가

▶ 본능은 배우지 않고도 갖춘 능력이다. _A. 베인(1810~1877) 영국 전기학자

▶ 본능은 후년을 위해서 축적된 과거의 경험과 지식의 본질이다.

_H. 포드(1863~1947) 미국 기술자, 실업가

▶ 본능이란 사고에 앞서는 모든 감정과 행위이다.

_볼테르(1694~1778) 프랑스 사상가

▶ 본능이란 생명을 가진 유기체에 내재하는 충동이며 보전되어 있는 상태를 다시금 실현하고자 하는 것이다.

_S. 프로이트(1856~1939) 오스트리아 심리학자, 의사

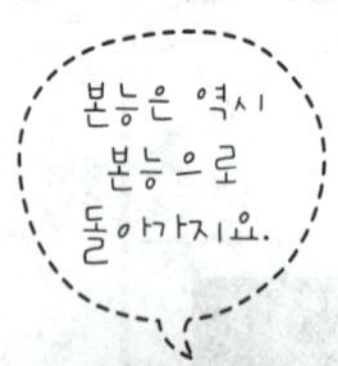

▶ 비교적 고상한, 즉 영적 생활을 지향하는 본능과 원시적인 야비하고 야만적인 생활을 지향하는 또 하나의 본능을 나 자신에게서 발견하였고 또 지금도 발견하고 있는데 나는 둘 다 존중하고 있다. 나는 야성을 선에 못지않게 사랑한다.

_H. D. 소로(1817~1862) 미국 사상가, 수필가 《월든》

▶ 비록 한때 끊어지는 경우가 있더라도 본능은 역시 본능으로 되돌아간다. 결국 만족성은 영원히 그 원천을 잃지 않는다.

_F. A. R. 로댕(1840~1917) 프랑스 조각가 《두 사람을 만나다》

▶ 사람에게는 자신을 떠나가는 모든 것을 뒤쫓아 가고 반대로 자신을 쫓아오는 모든 것에서는 도망치는 야릇한 본능이 있다.

_볼테르(1694~1778) 프랑스 사상가

F. A. R. 로댕

*환대 | 기쁘게 맞아 정성껏 대접함.

▶ 사람의 본능은 건전하고 진실한 것으로 향하지 않고 허황되고 거짓된 것으로 향한다. _H. L. 멘켄(1880~1956) 미국 언론인, 작가

▶ 생명 있는 모든 것을 사랑하는 것은 내 정신의 본능입니다. 그것이 비록 나에게 선을 행하든 악을 행하든, 그리하여 좀 더 많은 생명 있는 것을 좀 더 많이 사랑하는 것입니다.

_R. 롤랑(1866~1944) 프랑스 소설가, 사상가

▶ 신비의 신앙은 본능이다. 그것은 두 발로 걷는 것과 같이 인간이 날 때부터 갖추고 있는 것이다.

_G. C. 리히텐베르크(1742~1799) 독일 물리학자, 작가 《도덕적 각서》

▶ 신앙은 증거 없는 확신이다. 그것은 희망이기 때문에 감정이다. 또한 모든 외부적 지시보다 선행하기 때문에 본능이다.

_H. F. 아미엘(1821~1881) 스위스 철학자, 문학가 《일기》

▶ 싸움의 본능은 한 사람의 불행에서 다른 사람의 이익을 얻는 야만적 충동이다. _G. 산타야나(1863~1952) 미국 철학자, 시인

▶ 여성에게는 본능적으로 모성애가 있다.

_J. H. 페스탈로치(1746~1827) 스위스 교육학자

▶ 인간은 강제적인 여러 본능으로부터 자유롭게 되는 첫 순간에 전 인간적인 단계에서 벗어나게 된다.

_E. 프롬(1900~1980) 독일 정신 분석학자, 사회학자 《자유로부터의 도피》

▶ 인간의 가장 큰 장점은 본능의 충동을 억제하는 데 있다.

_S. 존슨(1709~1784) 영국 시인, 평론가

▶ 자기 가족에 대한 사랑은 동물적 본능이다. 그것은 본능의 한계 안에 머물러 있는 경우에만 좋은 것이다.

_L. N. 톨스토이(1828~1910) 러시아 소설가, 사상가

▶ *환대의 본능은 전적으로 이타주의적인 것이 아니라 거기에 오만과 이기주의가 섞여 있다. _M. 비어봄(1872~1956) 영국 작가

속담

▶ 난파 당한 사람은 바람에 흔들리는 밧줄에라도 매달린다. _페르시아

▶ 물에 빠진 사람은 지푸라기 하나라도 잡으려고 한다. _아르메니아

▶ 좁은 길에서는 형제도 없고 친구도 없다. _아라비아

본성 本性

사람이 본디부터 가진 성질. 또는 사물이나 현상에 본디부터 있는 고유한 특성.

명언 명문

*공민 | 국가 사회의 일원으로서 그 나라 헌법에 의한 모든 권리와 의무를 가지는 자유민.

▶ 교육이란 자연의 성, 즉 천성에 따르는 것이어야 한다. 국가 또는 사회를 위한 것을 목표로 하고 국민이라든가 *공민에게 베푸는 교육은 사람의 본성을 다치게 하는 것이다.

_J. J. 루소(1712~1778) 프랑스 작가, 사상가 《에밀》

▶ 나는 나의 가족보다 모국을 사랑한다. 나는 모국보다 인간의 본성을 사랑한다. _F. 페늘롱(1651~1715) 프랑스 종교가, 소설가 《텔레마크》

▶ 나라를 세우고 법을 제정하는 사람은, 모든 사람이 악하며 기회 있을 때마다 악한 본성을 드러낼 준비가 되어 있다고 가정해야만 한다. _N. 마키아벨리(1469~1527) 이탈리아 사상가, 역사학자

▶ 바쁠 때 본성을 어지럽히지 않으려면 한가할 때 마음을 맑게 길러야만 한다. _《채근담》

▶ 백조는 매일 목욕을 하지 않아도 희고 까마귀는 매일 검게 칠하지 않아도 검다. _노자(B.C. 604?~?) 중국 춘추 시대 초나라 사상가

▶ 법의 기초는 이론이 아니라 본성이다.

_M. T. 키케로(B.C. 106~B.C. 43) 로마 정치가, 학자

▶ 본성은 감추어진 경우가 많고 가끔 극복되지만 결코 없어지지는 않는다. _F. 베이컨(1561~1626) 영국 정치가, 철학자

▶ 사람의 본성에 관해 우리가 정말 아는 유일한 것은 그것이 변한다는 사실뿐이다. _O. F. O. W. 와일드(1854~1900) 아일랜드 시인, 극작가

▶ 사람의 본성은 일정하지 않고, 물과 같다. 동쪽으로 터뜨리면 물은 동쪽으로 흐르고, 서쪽으로 터뜨리면 물은 서쪽으로 흐른다.

_순자(B.C. 298?~B.C. 238?) 중국 전국 시대 조나라 사상가

▶ 사람이 스스로 선하게 되기를 원한다면 그것은 사람의 본성이 악하기 때문이다. 사람은 자기 안에 없는 것을 자신의 바깥에서 얻으려고 한다. _순자(B.C. 298?~B.C. 238?) 중국 전국 시대 조나라 사상가

▶ 오리 다리가 비록 짧아도 길게 늘여 주면 슬픈 것이고 학의 다리가 길다 해도 짧게 잘라 준다면 슬픈 것이다. 본래 길게 타고난 것은 잘라 줄 필요가 없고 본래 짧게 타고난 것은 길게 해 줄 필요가 없다. _장자(B.C. 369?~B.C. 289?) 중국 전국 시대 송나라 사상가

▶ 완전한 인간, 즉 인간의 사색과 감정에 호소하여 자기 자신을 *자각하고 자신에게 충실하도록 노력하라. 그리고 다시 완전한 인간의 본성에 숨어 있는 힘에 의지하라. 우리의 경험은 이 점을 보증한다. _A. 슈바이처(1875~1965) 독일 신학자, 철학자, 의사

▶ 인간은 그 본성에 있어서 서로 비슷하나, 그 습관에 있어서는 서로 거리가 멀다. _《논어》

▶ 인간은 그 좁은 본성 속에 사랑과 미움이란 이중의 감정을 필요로 한다. _J. W. 괴테(1749~1832) 독일 시인, 소설가, 극작가 《타소》

▶ 인간의 본성은 선이다. _맹자(B.C. 372~B.C. 289) 중국 전국 시대 추나라 사상가

▶ 인간의 본성은 어느 경우에서나 다 똑같지만 다른 것이 있다면 단지 그것이 나타나는 방법의 차이다. _P. D. S. 체스터필드(1694~1773) 영국 정치가, 작가

▶ 인자함, 정의, 예의, 지혜는 사람이 본래부터 지니고 있는 것이다. 그것은 구하면 얻고 버려두면 잃는다. _《맹자》

▶ 행복이나 조화, 사랑, 자유 등을 추구하는 것은 인간의 고유한 본성이다. _E. 프롬(1900~1980) 독일 정신 분석학자, 사회학자 《건전한 사회》

*자각 | 현실을 판단하여 자기의 입장이나 능력 따위를 스스로 깨달음.

*노닥노닥 | 해지고 찢어진 곳을 여기저기 깁거나 덧붙인 모양.

속담

▶ 궁한 뒤에 행세를 본다. (어렵게 된 때에야 비로소 그 사람의 참다운 행실을 알 수 있음을 이르는 말) _한국

▶ 까마귀는 씻어도 희게 되지 않는다. _영국

▶ *노닥노닥해도 비단일세. (본바탕이 좋은 것은 아무리 낡고 헐어도 그 볼품을 지니고 있음을 이르는 말) _한국

▶ 본성은 속이지 못한다. _프랑스

본질 本質

본디부터 갖고 있는 사물 스스로의 성질이나 모습.

명언 명문

*속성 | 사물의 특징이나 성질.
*삼단논법 | 두 전제와 하나의 결론으로 이루어진 추리법. 예를 들면 '새는 동물이다. 비둘기는 새이다. 따라서 비둘기는 동물이다.' 따위.

▶ 감정, 욕망, 기호가 없다면 마음의 본질은 이루어지지 않는다.
_《채근담》

▶ 눈에 보이거나 보이지 않는 지상의 모든 것은 그 본질이 정신적인 것이다.
_K. 지브란(1883~1931) 미국 소설가, 화가, 시인

▶ 늦게 일어나서 아침 시간을 줄이지 마라. 아침 시간은 삶의 본질, 어떤 면에서는 신성한 것으로 생각하라.
_A. 쇼펜하우어(1788~1860) 독일 철학자

▶ 대체로 어느 사물에나 들어맞는 것을 우리는 본질이라고 한다.
_M. 하이데거(1889~1976) 독일 철학자 《언어는 말한다》

▶ 말이나 *속성이야말로 사물의 본질에 일치해야 할 것이며, 반대로 본질을 말에 따르게 해서는 안 된다. 그것은 최초에 사물이 존재하고 말은 그 뒤를 따르는 것이기 때문이다.
_G. 갈릴레이(1564~1642) 이탈리아 천문학자, 물리학자 《태양흑점론》

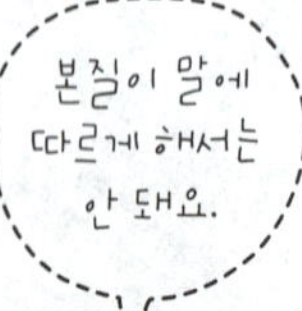

G. 갈릴레이

▶ 본질적으로 옳다는 것이 철학 체계의 막강한 장점이다.
_G. 산타야나(1863~1952) 미국 철학자, 시인

▶ 사랑은 하느님의 본질이고 힘은 그의 속성이다. 따라서 그의 사랑은 힘보다 더 강하다.
_R. 가넷(1835~1906) 영국 문학가, 문헌학자

▶ 사랑의 마음 없이는 어떤 본질도 진리도 파악하지 못한다.
_G. 슈바프(1792~1850) 독일 시인, 작가

▶ 사랑의 본질은 정신적 불이다.
_E. 스베덴보리(1688~1772) 스웨덴 과학자, 철학자

▶ *삼단논법으로 사물의 본질을 파악하려는 것은 갈고랑이로 악어

를 낚으려는 것과 같이 되지 않을 이야기다.

_G. K. 체스터턴(1874~1936) 영국 소설가, 평론가 《피고》

▶ 시인은 자신의 본질을 우리에게 주지만 산문은 몸과 정신의 껍데기만 취한다. _V. 울프(1882~1941) 영국 작가

▶ 이성이 인간에게 요구하는 것은 무엇인가? 그것은 별것 아니다. 자기 자신의 본질에 따라 사는 것이다.

_L. A. 세네카(B.C. 4?~A.D. 65) 로마 철학자, 극작가

▶ 죽을 때 마음이 흔들리지 않으려면 살아 있을 때 사물의 본질을 간파해야만 한다. _《채근담》

▶ 참고 견디는 게 아니라 자진해서 하는 것, 이것이 유쾌한 것의 본질이다. _아리스토텔레스(B.C. 384~B.C. 322) 그리스 철학자

▶ 참된 인간이 평범한 인간과 다른 본질적인 차이는 역경을 견디어 낸다는 점이다. _L. 베토벤(1770~1827) 독일 작곡가

▶ 화폐는 인간의 노동과 생존의 양도된 본질이다. 이 본질은 인간을 지배하며, 인간은 이것을 숭배한다

_K. H. 마르크스(1818~1883) 독일 경제학자, 철학자

속담

▶ 개 꼬리 삼 년 묵어도 황모 되지 않는다. (본바탕이 좋지 아니한 것은 어떻게 해도 그 본질을 바꾸지 못함을 이르는 말) _한국

▶ 고양이 털 낸다. (아무리 모양을 내더라도 제 본색을 감추지 못한다는 뜻) _한국

▶ 굽은 지팡이는 그림자도 굽어 비친다. (본디의 모습이 좋지 않은 것은 아무리 하더라도 숨기지 못함을 이르는 말) _한국

▶ 나무 뚝배기 쇠 양푼 될까. (본시 제가 타고난 대로밖에는 아무리 하여도 안 됨을 비유적으로 이르는 말) _한국

▶ 독수리는 늙어도 젊은 까마귀보다 낫다. _영국

▶ 황금은 진흙 속에 파묻혔어도 역시 황금이다. _영국

지식 쑥쑥

한자 숙어

사화위룡 불변기문(蛇化爲龍不變其文) 작은 뱀이 용이 되어도 그 무늬는 변하지 않는다는 뜻으로, 본바탕은 변함없이 남아 있음을 뜻함.

부재 不在

그곳에 있지 아니함.

명언 명문

▶ 부재는 우리의 사랑의 마음을 높이고 애정을 강하게 한다. 부재는 눈에 보이지 않고 실체 없는 어머니다.

_W. S. 랜더(1775~1864) 영국 시인, 수필가 《가상대화집》

▶ 부재는 중간 정도의 정열은 감소시키지만 큰 정열은 증대시킨다. 마치 바람이 촛불은 끄지만 불난 불을 부채질하는 것과 같다.

_F. 라로슈푸코(1613~1680) 프랑스 작가 《도덕적 반성》

▶ 아무도 부재자에 대한 악평을 못 하게 하라.

_S. 프로페르티우스(B.C. 50?~B.C. 16?) 로마 시인

▶ 우정은 사랑과 같이 잠시 동안의 단절로 더 굳어질는지 모르지만, 오랜 부재에 의해서 파괴된다.

_S. 존슨(1709~1784) 영국 시인, 평론가 《게으른 자》

▶ 하느님이 우리 안에 없다면 그는 지금까지 전혀 존재하지 않았다.

_볼테르(1694~1778) 프랑스 사상가

▶ 함께 그 자리에 없는 사람이 악담을 도맡아 듣는다.

_P. 스카롱(1610~1660) 프랑스 소설가

▶ 함께 있는 친구들은 잘 접대하고 부재중인 친구들은 칭찬해야만 한다. _에픽테토스(55?~135?) 로마 철학자

속담

▶ 사랑은 부재로부터 생겨난다. _아라비아

▶ 죽은 사람과 부재자에 대해서는 좋게 말하라. 그렇지 않으면 아무것도 말하지 마라. _영국

不條理 부조리

도리에 어긋나거나 이치에 맞지 아니함.

명언 명문

▶ 만일 부조리의 사상이 정녕 미래의 문학을 이루게 되면 그것은 독자적인 우주관을 보여 줄 것이다. 세계는 다만 비극적, 낭만적, 종교적일 뿐 아니라 또한 부조리한 것임에 틀림없다.

_G. K. 체스터턴(1874~1936) 영국 소설가, 평론가 《피고》

▶ 부조리란 본질적인 관념이고 제1의 진리이다.

_A. 카뮈(1913~1960) 프랑스 소설가, 극작가

▶ 어떠한 여자도 결혼해야 하며, 어떠한 남자도 결혼해서는 안 된다고 생각하고 있다.

_B. 디즈레일리(1804~1881) 영국 정치가, 소설가

▶ 합리적인 생물에게는 부조리한 것은 지지될 수 없지만 합리적인 것은 모두 지지될 수 있다.

_에픽테토스(55?~135?) 로마 철학자 《담화》

▶ 환경의 변화로 생기는 의견의 부조리는 종종 정당화될 수 있다.

_D. 웹스터(1782~1852) 미국 정치가

고사성어

▷ 연목구어(緣木求魚)

나무에 올라 물고기를 얻으려고 한다는 뜻으로, 목적과 수단이 맞지 않아 불가능한 일을 굳이 하려 함을 비유하는 말이다. 제나라의 선왕이 무력으로 중국을 통일하려 하자 맹자가 왕도 정치의 중요성을 강조하며 한 말이다. 맹자는 제나라가 영토를 확장하여 진과 초와 같은 대국으로 하여금 허리를 굽히게 하고, 전 중국을 지배하여 사방의 오랑캐를 따르게 하는 것은 나무에 올라가서 물고기를 구하려는 것과 같은 일이라고 하였다.

_《맹자》 공손추 편

부활 復活

죽었다가 되살아남.

명언 명문

▶ 나는 부활이요 생명이니 나를 믿는 자는 죽어도 살겠고 무릇 살아서 나를 믿는 자는 영원히 죽지 아니하리니.

_예수(B.C 4?~A.D. 30?) 기독교 창시자

▶ 다시 살기를 바라면서 살라. 그것이 너의 의무다. 어쨌든 너는 다시 살 것이다. _F. W. 니체(1844~1900) 독일 철학자, 시인

▶ 모든 이별은 죽음을, 모든 재회는 부활을 미리 맛보게 한다.

_A. 쇼펜하우어(1788~1860) 독일 철학자 《염세주의의 연구》

▶ 바야흐로 죽을 사람들 가운데는 갑자기 다시 살아나게 되면 화를 몹시 낼 사람이 많을 것이다. _C. 파베세(1908~1950) 이탈리아 시인, 소설가

▶ 부활은 묵은 생명의 회복이 아니라 새로운 창조의 시작이다.

_W. 카스퍼(1933~) 독일 신학자

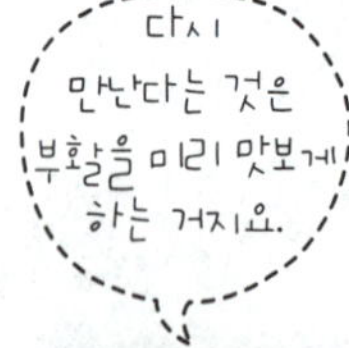

▶ 신이 우리에게 절망을 주는 것은 우리를 죽게 하려는 것이 아니라, 오히려 새로운 생명을 깨닫게 하기 위해서이다.

_H. 헤세(1877~1962) 독일 소설가, 시인

▶ 이 땅의 사람들은 최고의 소망을 구하고, 승천한 그리스도는 최상의 소망을 제공한다. _J. 웨슬리(1703~1791) 영국 신학자

A. 쇼펜하우어

▶ 인간의 영혼이나 육체는 결코 완전히 없어지지는 않는다. 악한 자는 다시 일어나 처벌을 받을 것이며, 선한 자는 부활하여 영원한 생명을 누리게 될 것이다.

_A. 아우구스티누스(354~430) 로마 신학자, 성인 《기독교의 신조》

▶ 인생은 죽음과 부활의 연속이다.

_R. 롤랑(1866~1944) 프랑스 소설가, 사상가 《장 크리스토프》

憤怒 분노

분하여 몹시 성을 냄.

명언 명문

▶ 강한 사람의 분노는 항상 그 시기를 기다린다.

_J. 러스킨(1819~1900) 영국 미술 평론가

▶ 남과 다툴 때 화를 내기 시작하면 그때는 벌써 진리를 위한 다툼이 아니라 자기 자신을 위한 다툼이 되고 만다.

_T. 칼라일(1795~1881) 영국 사상가, 역사가

▶ 너희가 화낸 날들을 생각해 보라. 나는 매일같이 화를 냈었다. 그러던 것이 이틀 만에, 그 다음엔 사흘 만에 화를 내게 되었다. 그리하여 너희가 성냄을 한 달 동안 잊게 되거든 그때는 신께 감사의 제물을 올려라.

_에픽테토스(55?~135?) 로마 철학자

▶ 네가 선행을 하면 사람들의 감사가 깃털보다 가볍지만 네가 잘못을 저지르면 사람들의 분노가 납처럼 무겁다.

_T. M. 플라우투스(B.C. 254?~B.C. 184) 로마 극작가, 시인

▶ 노여움은 항상 어리석어서 종종 후회로 끝난다.

_피타고라스(B.C. 580?~B.C. 500?) 그리스 철학자, 수학자

▶ 노한 감정에 내맡기는 것은 일종의 *방종이다.

_R. 타고르(1861~1941) 인도 시인, 사상가

*방종 | 제멋대로 행동하여 거리낌이 없음.

▶ 논쟁할 때 성내지 마라. 우리들은 이미 진리를 위해서가 아니라, 성을 내서 다툰다.

_B. 프랭클린(1706~1790) 미국 정치가, 과학자 《가난한 리처드의 책력》

▶ 부드러운 말은 분노를 가라앉히고 거친 말은 노여움을 일으킨다.

_《성경》

▶ 분노는 기묘한 무기다. 다른 모든 무기는 인간이 이를 사용하지

*골 | 비위에 거슬리거나 언짢은 일을 당하여 벌컥 내는 화.

만, 분노라는 무기는 반대로 인간을 사용한다.

_M. E. 몽테뉴(1533~1592) 프랑스 사상가 《수상록》

▶ 분노는 영혼의 한 가지 힘이다. 분노가 없는 마음은 불구다.

_T. 풀러(1654~1734) 영국 의사, 작가

▶ 분노는 정치에 걸맞은 정신 상태가 못 된다.

_O. E. L. 비스마르크(1815~1898) 독일 정치가

▶ 분노는 종종 도덕과 용기의 무기이다.

_아리스토텔레스(B.C. 384~B.C. 322) 그리스 철학자

▶ 분노는 타인에게도 해롭지만, 자신에게 더욱 해롭다.

_L. N. 톨스토이(1828~1910) 러시아 소설가, 사상가 《독서의 수레바퀴》

▶ 분노로부터 자기를 억제하려면, 타인이 노했을 때 그것을 자세히 관찰해 볼 것이다. _L. A. 세네카(B.C. 4?~A.D. 65) 로마 철학자, 극작가

▶ 분노를 꺾기는 무척 어려운 일이어서 죽음이 앞을 막을지라도 부수고 나간다. _플루타르코스(46?~120?) 그리스 철학자, 작가 《플루타르크 영웅전》

▶ 사람은 슬플 때는 아무것도 하지 않지만, 분노하면 변하게 된다.

_맬컴 엑스(1925~1965) 미국 인권 운동가

▶ 인간의 노여움은 명예심에서 오는 것이다. 명예심은 개인의 의식과 뗄 수 없는 것이다. 노여움에 있어서 인간은 무의식적이지만 자기가 개인이라는 것, 독립적인 인격이라는 것을 나타내려고 한다. 거기에 노여움의 윤리가 숨겨져 있다.

_미키 기요시(1897~1945) 일본 철학자, 평론가

▶ 일시적 분노를 참으면 오랫동안 걱정을 면한다. _《명심보감》

▶ 참을성이 있는 사람이 내는 분노의 폭발에 조심하라.

_J. 드라이든(1631~1700) 영국 시인, 극작가

▶ 화가 나거든, 말하거나 행동하기 전에 열까지 세어라. 그래도 화가 사그라지지 않거든 백까지 세어라. 그래도 안 되거든 천까지 세어라. _T. 제퍼슨(1743~1826) 미국 제3대 대통령

속담

▶ *골이 상투 끝까지 났다. (매우 화가 났다는 뜻) _한국

▶ 노여움을 적으로 알라. _일본

▶ 느린 소도 성낼 적이 있다. (성미가 느리고 무던해 보이는 사람도 성나면 무섭다는 뜻) _한국

▶ 뜬쇠도 달면 어렵다. (성질이 온화하고 점잖은 사람도 한번 노하면 무섭다는 뜻) _한국

▶ 분노는 어리석음으로 시작하여 후회로 끝난다. _영국

▶ 분노는 좋은 의논 상대가 되지 못한다. _프랑스

▶ 성나 바위 차기. (성이 난다고 앞뒤를 가리지 못하고 분별없이 화를 내다가 자기에게 해가 될 부질없는 행동을 하는 경우를 비꼬는 말) _한국

▶ 화를 낼 줄 모르는 것은 바보이고 화를 내지 않는 것은 현명한 사람이다. _영국

한자 숙어

교아절치(咬牙切齒) 몹시 분하여 어금니를 악물고 갊.

불승분노(不勝憤怒) 분노를 참지 못함.

절치부심(切齒腐心) 몹시 분하여 이를 갈며 마음을 썩임.

고사성어

▷ 노발충관(怒髮衝冠)

화가 나서 일어선 머리카락이 관을 추켜올린다는 뜻으로, 몹시 성이 난 모양을 이르는 말이다. 중국 전국 시대 때, 조나라 혜문왕이 화씨지벽이라는 귀중한 보물을 얻게 되었다. 그 보물이 탐이 난 진나라 소양왕은 열다섯 개의 성과 보물을 맞바꾸자며 사신을 보내라 하였다. 작은 나라의 임금인 혜문왕은 거절할 수 없어 인상여를 진나라에 보냈다. 소양왕이 큰 나라의 위세를 부리며 성도 내주지 않고 화씨지벽만 빼앗으려 하자, 인상여는 몹시 화가 나 소양왕의 무례한 행동을 크게 꾸짖었다. _《사기》 염파인상여열전

▷ 역린(逆鱗)

거꾸로 난 비늘이라는 뜻으로, 임금의 노여움을 일컫는 말이다. 용은 잘 길들이면 올라탈 수도 있지만, 목 아래에 있는 역린을 건드리면 성을 내서 사람을 죽인다고 한다. 임금을 용에 비유한 말로, 말하는 사람이 임금의 역린만 건드리지 않으면 목적을 이룰 수 있다고 하였다. 임금의 분노를 샀을 때 '역린을 건드렸다'고 말했는데, 요즈음은 상대의 아픈 곳을 건드린다는 뜻으로 쓰인다. _《한비자》

사랑

어떤 사물이나 대상을 몹시 아끼고 귀중히 여기는 마음. 남을 돕고 이해하려는 마음.

명언 명문

▶ 고통 없이는 사랑 안에 사는 삶도 없다.

_T. 켐피스(1380?~1471) 독일 사상가, 수도사

▶ 구해서 얻은 사랑은 좋은 것이다. 그러나 구하지 않고 얻은 것은 더욱 좋다.

_W. 셰익스피어(1564~1616) 영국 극작가, 시인

▶ 군주는 사랑보다는 두려움의 대상이 되는 것이 때로는 더 낫다.

_G. G. 바이런(1788~1824) 영국 시인

▶ 나를 사랑하는 사람은 나의 개도 사랑한다.

_C. 베르나르(1091~1153) 프랑스 신학자 《설교집》

▶ 내 인생을 지배한 세 가지 단순하면서도 강력한 감정은 사랑에 대한 갈망, 지식의 탐구, 인류의 고통에 대한 엄청난 동정이다.

_B. A. W. 러셀(1872~1970) 영국 철학자, 수학자

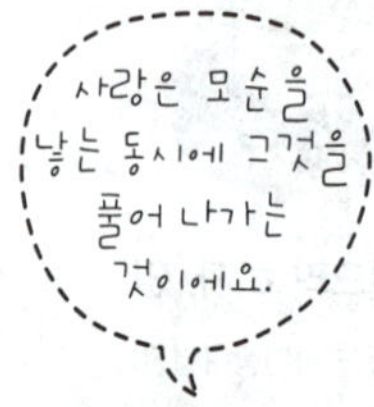

G. W. F. 헤겔

▶ 내가 너희를 사랑한 것처럼 너희도 서로 사랑하여라.

_예수(B.C 4?~A.D. 30?) 기독교 창시자

▶ 사람은 사랑을 하면 현명할 수가 있지만, 현명하면 사랑을 하지 못한다.

_P. 시루스(B.C. 1세기경) 로마 시인

▶ 사랑에는 세 종류가 있다. 첫째, 아름다운 사랑, 둘째, 헌신적인 사랑, 셋째, 활동적인 사랑.

_L. N. 톨스토이(1828~1910) 러시아 소설가, 사상가 《청년시대》

▶ 사랑에는 한 가지 법칙밖에 없다. 그것은 사랑하는 사람을 행복하게 만드는 것이다.

_스탕달(1783~1842) 프랑스 소설가

▶ 사랑은 가장 달고 가장 쓴 것.

_에우리피데스(B.C. 484?~B.C. 406?) 그리스 시인 《히폴리투스》

▶ 사랑은 규칙을 알지 못한다. _M. E. 몽테뉴(1533~1592) 프랑스 사상가

▶ 사랑은 그림자같이 실체가 없고 쫓아가면 달아나고 달아나면 쫓아온다. _W. 셰익스피어(1564~1616) 영국 극작가, 시인

▶ 사랑은 남을 위해 자신의 *안락을 희생하고 지옥의 절망 속에도 천국을 건설한다. _W. 블레이크(1757~1827) 영국 시인, 화가

*안락 | 몸과 마음이 편안하고 즐거움.

▶ 사랑은 눈으로 보지 않고 마음으로 본다.
_W. 셰익스피어(1564~1616) 영국 극작가, 시인 《한여름 밤의 꿈》

▶ 사랑은 돈으로 살 수도 없고 그 값도 없다.
_E. 히에로니무스(347?~419?) 로마 신학자

▶ 사랑은 명성처럼 한번 날아가면 결코 돌아오지 않는다.
_A. 벤(1640~1689) 영국 극작가, 소설가

▶ 사랑은 모든 것을 참으며 모든 것을 믿으며 모든 것을 바라며 모든 것을 견디느니라. _《성경》

▶ 사랑은 무엇보다도 자기 자신을 선물하는 것이다.
_J. 아누이(1910~1987) 프랑스 극작가

▶ 사랑은 삶을 죽음에서 구할 수는 없지만 삶의 목적을 달성시킬 수는 있다. _A. J. 토인비(1889~1975) 영국 역사가, 문명 비평가

▶ 사랑은 외투보다도 추위를 잘 막아 준다. 사랑은 음식과 옷의 역할을 한다. _H. W. 롱펠로(1807~1882) 미국 시인 《에스파냐 학생》

▶ 사랑은 인간의 주성분이다. 인간의 존재와 같이 사랑은 완전무결하게 존재하고 있으며, 무엇 하나 더 보탤 필요가 없는 것이다.
_J. G. 피히테(1762~1814) 독일 철학자 《독일 국민에 고함》

▶ 사랑은 젊은이를 사로잡고, 늙은이를 분별없게 만들고, 어리석은 사람은 현명하게 하고, 현명한 사람은 어리석게 하는구나.
_W. 셰익스피어(1564~1616) 영국 극작가, 시인 《비너스와 아도니스》

▶ 사랑은 치료할 수 없는 병이다. _J. 드라이든(1631~1700) 영국 시인, 극작가

▶ 사랑은 판관보다 더 정의롭다. _H. W. 비처(1813~1887) 미국 신학자

▶ 사랑은 홍역과 같다. 그것은 인생에서 늦게 올수록 더 나쁘다.
_D. W. 제럴드(1803~1857) 영국 극작가, 언론인

▶ 사랑은 환상의 아들이며, 환멸의 부모다.
_M. 우나무노(1864~1936) 에스파냐 철학자, 작가 《인생의 비극적 감정》

*자기희생 | 남을 위하여 자기의 수고나 목숨을 아끼지 아니함.

▶ 사랑을 이야기하면 사랑을 하게 된다.

_W. G. 베넘(1859~1943) 영국 언론인

▶ 사랑의 고뇌처럼 달콤한 것은 없고, 사랑의 슬픔처럼 즐거운 것은 없으며, 사랑의 괴로움처럼 기쁜 것은 없고, 사랑 때문에 죽는 일처럼 행복한 것은 없다. _E. M. 아른트(1769~1860) 독일 시인, 역사가

▶ 사랑의 마음에는 모든 것이 포근히 안길 수 있는 힘이 있다. 사랑은 인간 생활의 최후의 진리이며 최후의 본질이다.

_G. 슈바프(1792~1850) 독일 시인, 작가

▶ 사랑의 불길은 그것을 알아차리기 전에 이미 마음을 태우고 있다.

_마르그리트 드나바르(1492~1549) 프랑스 작가, 시인 《엡타메롱》

▶ 사랑의 첫째 의무는 귀를 기울이는 것이다.

_P. J. 틸리히(1886~1965) 미국 신학자

▶ 사랑이 많은 기적을 낳지 않았다면 사람들은 사랑을 신성하게 여기지 않았을 것이다. _A. 프레보(1697~1763) 프랑스 소설가 《마농 레스코》

▶ 사랑이란 *자기희생이다. 이것은 우연에 의존하지 않는 유일한 행복이다. _L. N. 톨스토이(1828~1910) 러시아 소설가, 사상가

▶ 사랑한다는 것은 둘이 서로 마주 보는 것이 아니라 함께 같은 방향을 바라보는 것이다. _A. M. R. 생텍쥐페리(1900~1944) 프랑스 소설가, 비행사

▶ 사랑한다는 것은 자기를 초월하는 것이다.

_O. F. O. W. 와일드(1854~1900) 아일랜드 시인, 극작가 《도리언 그레이의 초상》

▶ 아무도 사랑하는 것을 가르쳐 주는 사람은 없다. 사랑이란 우리의 생명과 같이 날 때부터 가지고 태어나는 것이다.

_F. M. 뮐러(1823~1900) 영국 언어학자 《독일인의 사랑》

▶ 우리는 위대한 일을 할 수가 없고 다만 위대한 사랑으로 작은 일을 할 수 있을 뿐이다. _테레사(1910~1997) 인도 수녀

▶ 전에 한 사람도 사랑해 보지 않았던 사람이 전 인류를 사랑하기란 불가능하다. _H. J. 입센(1828~1906) 노르웨이 극작가

▶ 정신은 무력이 아니라 사랑과 관용으로 정복된다.

_B. 스피노자(1632~1677) 네덜란드 철학자

▶ 죽음보다 강한 것은 이성이 아니라 사랑이다.

_T. 만(1875~1955) 독일 소설가, 평론가

- 진정한 사랑은 인격을 높이고, 심정을 견실케 하고, 또 생활을 정화한다. _H. F. 아미엘(1821~1881) 스위스 철학자, 문학가

속담

- 반하면 곰보도 보조개. _일본
- 반해서 찾아가면 천 리 길도 한 걸음. 못 만나고 돌아오면 다시 천 리 길. _일본
- 사랑과 연기는 감출 수 없다. _서양
- 사랑은 내리사랑. (윗사람이 아랫사람 사랑하기는 보통 있는 일이나, 아랫사람이 윗사람을 사랑하기는 어렵다는 뜻) _한국
- 사랑은 마음속에서 자란다. (사랑은 생활을 같이하는 가운데 마음속에서 움트고 자라남을 이르는 말) _한국
- 사랑은 온몸이 눈이지만 아무것도 보지 못한다. _중국
- 사랑은 칼 없이 왕국을 지배한다. _영국
- 사랑을 따르면 사랑은 도망가고, 자유롭게 놓아 두면 그대를 따를 것이다. _영국
- 사랑하는 자식일수록 매로 다스리라. (사랑하는 자식일수록 엄하게 키워야 훌륭한 사람으로 자라날 수 있다는 말) _한국
- 어머니의 사랑은 최선의 사랑, 신의 사랑은 최고의 사랑이다. _독일

관용어

사랑을 속삭이다 _ 이성 간에 사랑의 말을 주고받다. 또는 이성 간에 애정을 갖고 사귀다.

사랑의 보금자리 _ 서로 사랑하는 사람끼리 만드는 새 가정을 이르는 말.

고사성어

▷ 연리지(連理枝)

서로 이어진 두 나무의 가지라는 뜻으로, 부모에 대한 지극한 효성 또는 부부나 남녀 사이의 깊은 사랑을 가리키는 말이다. 한나라 말기의 문인 채옹은 효성이 지극했다. 병든 어머니를 정성껏 간호하고 어머니가 돌아가신 뒤에도 무덤 곁에 초막을 짓고 상을 치렀다. 그 뒤 그의 집 앞에 두 그루의 나무 싹이 돋더니 점점 자라면서 가지가 서로 맞닿아서 이어졌다. 사람들은 이를 두고 채옹의 효성 때문이라고 했다. _《후한서》 채옹전

사상

思想

어떠한 사물에 대하여 가지고 있는 구체적인 사고나 생각.

명언 명문

*직관 | 감각, 판단, 추리 등의 사고 과정을 거치지 않고 대상을 파악하는 작용.

▶ 가장 간단하고 가장 명백한 사상이야말로 가장 이해하기 어려운 사상이다.

_F. M. 도스토옙스키(1821~1881) 러시아 소설가

▶ 각 시대를 지배하는 사상은 언제나 지배 계급의 사상이었다.

_K. H. 마르크스(1818~1883) 독일 경제학자, 철학자

▶ 개념 없는 *직관은 맹목적이며, 직관 없는 개념은 공허하다.

_I. 칸트(1724~1804) 독일 철학자 《순수 이성 비판》

▶ 교육이 사상의 자유와 지성에 대해 주요 장해물이 되었다는 것은 역설적 사실이다.

_B. A. W. 러셀(1872~1970) 영국 철학자, 수학자

▶ 궁핍은 사상에 자극이 되고, 사상은 행동에 자극이 된다.

_J. E. 스타인벡(1902~1968) 미국 소설가 《분노의 포도》

▶ 깊이 생각하라. 그리고 먼저 그대의 사상을 풍부히 하라. 천하 만물이 모두 인간의 사상에서 생긴 것이다.

_T. 칼라일(1795~1881) 영국 사상가, 역사가

▶ 몇몇 위대한 사상만은 정말로 자기 것으로 만들어 두어야 한다. 밝아지리라고는 생각지도 못했던 먼 곳까지 그것이 빛을 던져 주기 때문이다.

_G. 지멜(1858~1918) 독일 사회학자, 철학자

▶ 모든 위대한 사상은 위험한 것이다.

_O. F. O. W. 와일드(1854~1900) 아일랜드 시인, 극작가 《옥중기》

▶ 사상은 눈에 보이지 않는 자연, 자연은 눈에 보이는 사상.

_H. 하이네(1797~1856) 독일 시인

▶ 사상은 모든 말보다 더 깊고, 느낌은 모든 사상보다 더 깊다.

_C. P. 크랜치(1813~1892) 미국 성직자, 화가

▶ 사상은 인간을 노예 상태로부터 자유롭게 하는 것이다.

_R. W. 에머슨(1803~1882) 미국 사상가, 시인

▶ 사상의 생명은 전적으로 개인의 생명에서 나오는 것이다. 사상에 생명이 깃드는 것은 오직 정열 때문이다.

_H. J. 입센(1828~1906) 노르웨이 극작가

▶ 사상의 역사는 과오의 역사다. 그러나 온갖 과오를 통해서 그것은 또한 행위가 천천히 *순화되는 역사이기도 하다.

_A. N. 화이트헤드(1861~1947) 영국 철학자, 수학자 《아이디어의 모험》

*순화 | 불순한 것을 제거하여 순수하게 함.

▶ 사상의 자유는 영혼의 생명이다.

_볼테르(1694~1778) 프랑스 사상가 《서사시에 관한 에세이》

▶ 사상이라도 익지 않으면 나무에서 떨어진 설익은 과일과 같다.

_L. J. J. 비트겐슈타인(1889~1951) 영국 철학자 《반철학적 단장》

▶ 여러 가지 위대한 사상은 마음에서 나온다.

_L. C. 보브나르그(1715~1747) 프랑스 도덕주의자, 수필가 《성찰과 잠언》

▶ 오로지 현명한 사람들만이 사상을 지배하고 나머지 대부분의 사람들은 사상에 지배된다.

_S. T. 콜리지(1772~1834) 영국 시인, 평론가

▶ 우리의 사상은 발전됨과 동시에 보존되어야 한다. 사상이란 극단적인 사람들에 의해 진보되기도 하지만, 반면에 중용을 지키는 자들에 의해 존속되는 법이다.

_P. 발레리(1871~1945) 프랑스 시인, 사상가, 평론가 《유럽 정신의 위기》

▶ 위대한 사상은 반드시 커다란 고통의 밭을 갈아서 이루어진다. 갈아 두지 않은 밭에서는 잡초만 무성할 뿐이다. 사람도 고통을 겪지 않고서는 언제까지나 평범하고 천박함을 면하지 못한다.

_C. 힐티(1833~1909) 스위스 사상가, 법률가

▶ 인간은 말하는 것을 익혔다. 사상을 감추기 위해서가 아니라 사상을 갖고 있지 않음을 감추기 위하여.

_S. A. 키르케고르(1813~1855) 덴마크 철학자 《이것이냐 저것이냐》

▶ 항상 새로운 사상이 있고 우리들의 마음은 날씨와 함께 변한다.

_M. E. 몽테뉴(1533~1592) 프랑스 사상가 《수상록》

▶ 훌륭한 사상은 비록 사람들이 잊어버린다 할지라도 사라지지는 않는다.

_P. 시루스(B.C. 1세기경) 로마 시인

사색 思索

어떤 것에 대하여 깊이 생각하고 이치를 따짐.

명언 명문

▶ 나무에는 해마다 같은 열매가 달려도 그것은 매번 새로운 열매다. 사색도 마찬가지여서 모든 변하지 않고 오래가는 가치 있는 사상이 늘 새롭게 나타나지 않으면 안 된다.

_A. 슈바이처(1875~1965) 독일 신학자, 철학자, 의사 《나의 생애와 사상》

▶ 몇 세기 이래 찬란한 것으로 우러러보이던 이성이라는 것이 사실은 가장 완고한 사색의 적이었다는 것을 깨달았을 때 비로소 사색이라는 것이 시작된다. _M. 하이데거(1889~1976) 독일 철학자 《숲속에의 길》

▶ 사색을 할 동안 인간은 신과 같이 됩니다. 행동과 욕망에서는 환경의 노예일 뿐입니다.

_B. A. W. 러셀(1872~1970) 영국 철학자, 수학자 《사랑이 있는 기나긴 대화》

▶ 사색하고 관찰하며 탐구하는 인생은 본래 최고의 것입니다. 그러나 그와 같은 인생은 꽤 나이를 먹고 난 후가 아니면 완전히 즐길 수 없습니다. _K. W. F. 훔볼트(1767~1835) 독일 철학자, 언어학자

▶ 사색하는 것을 포기하는 것은 정신적 파산 선고와 같은 것이다.

_A. 슈바이처(1875~1965) 독일 신학자, 철학자, 의사

▶ 사색하는 사람으로서 행동하고, 행동하는 사람으로서 사색하지 않으면 안 된다. _H. L. 베르그송(1859~1941) 프랑스 철학자

▶ 생각하고 생각하는 것을 매일 싸움에 나갔을 때와 같이 하고, 마음은 늘 다리를 건널 때와 같이 조심해야 하느니라.

_손사막(581~682) 중국 당나라 의학자

▶ 세상의 비밀을 풀어 나갈 수 있는 것은 사색의 힘이다.

_B. 그라시안이모랄레스(1601~1658) 에스파냐 작가

B. A. W. 러셀

- 시간은 사색하는 자에게는 짧고 욕망하는 자에게는 끝이 없다.
_알랭(1868~1951) 프랑스 철학자, 평론가
- 아무리 많이 끌어 모아도 스스로 사색해 낸 지식이 아니면 가치는 없으며, 양으로는 보잘것없어도 몇 번이고 골똘히 사색해 낸 지식이라면 가치는 훨씬 크다. _A. 쇼펜하우어(1788~1860) 독일 철학자
- '어찌할까? 어찌할까?' 하고 깊이 생각하지 않는 사람은 나도 어찌할 수가 없다. _《논어》
- 오로지 사색하고 검증하기 위해 책을 읽어라.
_F. 베이컨(1561~1626) 영국 정치가, 철학자
- 오랜동안 사색하고 있는 사람이 언제나 최선의 것을 선택한다고는 할 수 없는 것이다. _J. W. 괴테(1749~1832) 독일 시인, 소설가, 극작가
- 우리는 사색하기보다 더 많이 행동하도록 되어 있다. 우리가 자연이 명하는 대로 좇아간다면 우리는 행동을 위하여 사색해야 한다.
_H. L. 베르그송(1859~1914) 프랑스 철학자
- 우리는 혼자 있을 때라도 남 앞에 있는 것 같이 생활하지 않으면 안 된다. 우리들은 마음의 구석구석에 남의 눈이 비치더라도 두려울 것이 없도록 사색하여야 한다.
_L. A. 세네카(B.C. 4?~A.D. 65) 로마 철학자, 극작가
- 진정한 사색가는 군주와 같다. 그는 남의 힘을 빌리지 않고 자신만의 지위를 가지며, 자기 위에 서려는 자는 누구라도 인정하지 않는다. _A. 쇼펜하우어(1788~1860) 독일 철학자
- 청년기에는 주관이 지배하고 노년기에는 사색이 지배한다. 다시 말하면 청년기는 작가로서 알맞은 시기요, 노년기는 철학에 적합한 시기다. _A. 쇼펜하우어(1788~1860) 독일 철학자

속담

- 둔한 사람도 천 번 생각하면 반드시 하나를 얻는다. _중국
- 많이 사색하고 조금 말하라. _이탈리아
- 말하기 전에 백 번 생각하라. _독일
- 밤은 사색의 어머니이다. _영국

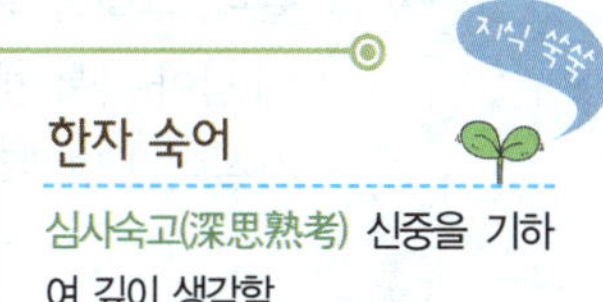

한자 숙어

심사숙고(深思熟考) 신중을 기하여 깊이 생각함.

사실 事實

실제로 있었던 일이나 현재에 있는 일.

명언 명문

*억측 | 이유와 근거가 없이 짐작함. 또는 그런 짐작.

▶ 대체로 어른들은 사실의 문제에 있어서는 꽤 정확하다. 그러나 그들이 갈망하는 것은 더 높은 상상력 속에 있다.

_K. 그레이엄(1859~1932) 영국 아동 문학가 《황금시대》

▶ 돌무더기가 집이 아닌 것과 같이 사실을 모아 놓은 것은 과학이 아니다. _J. H. 푸앵카레(1854~1912) 프랑스 수학자, 물리학자, 천문학자

▶ 사람들은 사실이라는 것을 창문 밖으로 걷어찼다 하더라도 다시 집 안으로 들어왔을 때 그 팽개쳐 버린 것이 벽난로 옆에 웅크리고 있는 것을 보고 놀라게 된다. _R. W. 에머슨(1803~1882) 미국 사상가, 시인

▶ 사실은 무시한다고 해서 없어지지 않는다.

_A. L. 헉슬리(1894~1963) 영국 소설가, 평론가

▶ 사실은 스스로 입을 연다.

_T. M. 플라우투스(B.C. 254?~B.C. 184) 로마 극작가, 시인 《황금 항아리》

▶ 사실은 존재하지 않는다. 해석만이 존재한다.

_F. W. 니체(1844~1900) 독일 철학자, 시인

▶ 사실을 솔직하게 말하는 것은 미래에 대한 절망도 과거에 대한 고발도 아니다. _J. F. 케네디(1917~1963) 미국 제35대 대통령

▶ 사실이란 것이 속이 비어 있을 때는 우뚝 서 있지 못하는 포대와 같다. 그것을 우뚝 설 수 있게 하려면 우리의 이성과 생각을 그 속에 담아 가득 채워야 한다. _L. 피란델로(1867~1936) 이탈리아 극작가, 소설가

▶ 사실이란 명백하고 냉혹한 것이다.

_P. 발레리(1871~1945) 프랑스 시인, 사상가, 평론가 《유럽 정신의 위기》

▶ 상상이나 *억측에 비한다면 사실이라는 것이 얼마나 단순하고 마

음에 편안한 것인가. _R. M. 릴케(1875~1926) 독일 시인 《말테의 수기》

▶ 실제 있는 일에서 올바른 이치를 찾는다.

_김정희(1786~1856) 조선 시대 문신, 서화가 《실사구시설》

▶ 아무것도 변명하지 마라. 아무것도 지우지 마라. 있는 그대로 보고 말하라. 그러면 당신에게는 사실을 새롭게 조명해 주는 것들이 보일 것이다. _L. J. J. 비트겐슈타인(1889~1951) 영국 철학자 《반철학적 단장》

▶ 인간은 사실을 보아야 한다. 사실이 인간을 보고 있기 때문이다.

_W. L. S. 처칠(1874~1965) 영국 정치가

▶ 젊은이들은 늘 그렇듯이 사소한 일을 엄청난 예외적 사실로 지나치게 생각하고 있다. _F. 카프카(1883~1924) 독일 소설가

▶ 해석은 자유지만 사실은 존중되어야 한다.

_C. P. 스콧(1846~1932) 영국 언론인

속담

▶ 사실은 때때로 명성을 배반한다. _영국

▶ 사실은 사람이 감추려고 입을 다물고 있어도 자기가 혼자서 찾아온다. _그리스

▶ 사실이 거짓보다 더 이상할 때가 있다.

_서양

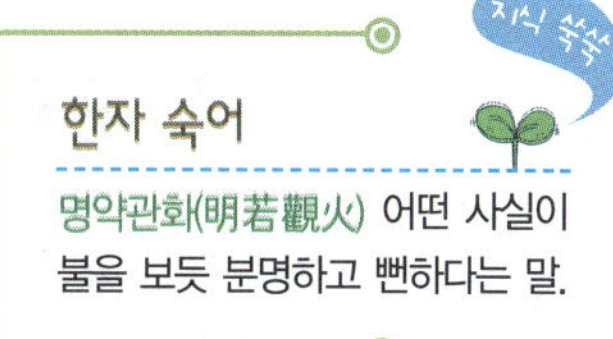

한자 숙어

명약관화(明若觀火) 어떤 사실이 불을 보듯 분명하고 뻔하다는 말.

고사성어

▷ 실사구시(實事求是)

사실에 토대를 두어 올바름을 구한다는 뜻으로, 학문을 탐구할 때 관념적인 논의에만 머물지 않고 사실을 확인하고 경험함으로써 진리를 탐구하는 태도를 말한다. 중국 청나라 초기에 고증학을 내세우는 학자들이 실천은 하지 않고 공리공론만을 일삼자 그러한 행동을 배격하여 내세운 말이다. 이와 같은 과학적이고 객관적인 학문 태도는 실학이라는 학풍을 낳게 했고, 이 실학 사상은 조선 중기에 우리나라에 들어와 실학 문화를 꽃피우고, 많은 실학자를 배출하게 했다. 특히 조선 후기의 문신이자 서화가인 김정희는 학문 연구에 있어서 실사구시의 실천을 주장한 것으로 유명하다. _《후한서》 하간헌왕덕전

생각

사람이 머리를 써서 사물을 헤아리고 판단하는 작용.

명언 명문

*사고 | 생각하고 궁리함. 심상이나 지식을 사용하는 마음의 작용.

▶ 경험은 생각의 산물이고 생각은 행동의 산물이다. 우리는 책에서 인간을 배울 수 없다. _B. 디즈레일리(1804~1881) 영국 정치가, 소설가

▶ 내 생각이 바로 나다. 나는 생각을 못 하게 막을 수 없다.

_J. P. 사르트르(1905~1980) 프랑스 소설가, 철학자

▶ 모든 사람이 똑같이 생각을 한다면 누군가는 생각을 하지 않고 있는 것이다. _G. S. 패턴(1885~1945) 미국 장군

▶ 무엇을 해도 좋은지가 아니라 무엇을 해야만 하는지 생각하라.

_C. 클라우디아누스(370?~404?) 로마 시인

▶ 배우기만 하고 깊은 생각이 없다면 깨닫지 못하고, 배우지는 않고 멋대로 생각에 잠기면 위태롭게 된다.

_공자(B.C. 551~B.C. 479) 중국 춘추 시대 노나라 사상가

▶ 본래 이 세상에 좋은 것이나 나쁜 것은 없다. 다만 생각을 어떻게 하느냐에 따라 그렇게 느낄 뿐이다.

_W. 셰익스피어(1564~1616) 영국 극작가, 시인 《햄릿》

▶ *사고는 수염과 같은 것이다. 성장할 때까지는 생기지 않는다.

_볼테르(1694~1778) 프랑스 사상가

▶ 사고란 하나의 기술이지 결코 과학은 아니다.

_린위탕(1895~1976) 중국 작가 《생활의 발견》

▶ 사고에도 밭을 일굴 때와 수확을 거둘 때가 있다.

_L. J. J. 비트겐슈타인(1889~1951) 영국 철학자 《반철학적 단장》

▶ 사람과 세계를 움직이는 것은 흐르는 생각의 물결이다.

_W. 필립스(1811~1884) 미국 개혁가

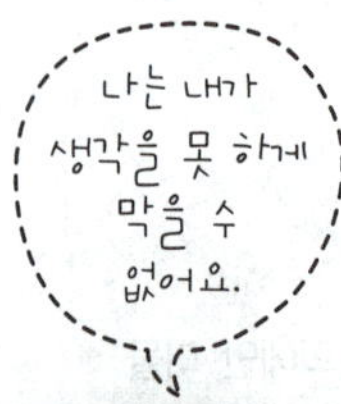

J. P. 사르트르

▶ 사람은 자기 생각을 사용하는 것밖에 자기 고유한 것이 없다.

_에픽테토스(55?~135?) 로마 철학자

▶ 새벽에 일어나면 아침에 할 일을 생각하고, 조반을 먹은 뒤에는 낮에 할 일을 생각하며, 잠자리에 들 때에는 내일 할 일을 생각할 것이다. _이이(1536~1584) 조선 시대 문신, 학자

▶ 생각에 생각이 솟아올라 더해지면, 앞에 한 생각의 힘이 약해지고, 사람은 그 목적에서 멀어지는 버릇이 있다.

_A. 단테(1265~1321) 이탈리아 시인 《신곡》

▶ 생각은 그 결과가 나와 보기 전에는 꿈에 지나지 않는다.

_W. 셰익스피어(1564~1616) 영국 극작가, 시인 《루크리스의 겁탈》

▶ 생각은 이성의 노동이며 공상은 그 즐거움이다.

_V. M. 위고(1802~1885) 프랑스 시인, 극작가 《레 미제라블》

▶ 생각은 행동의 씨앗이다.

_R. W. 에머슨(1803~1882) 미국 사상가, 시인 《사회와 고독》

▶ 생각은 현명하게 하고 행동은 어리석게 하여 나는 평생의 나날을 보냈다. _F. 그릴파르처(1791~1872) 오스트리아 극작가 《잠언과 경구》

▶ 생각을 한 곳에 모아 욕심이 동하게 하지 말고, 뜨거운 쇳덩이를 입에 머금고 목이 타는 괴로움을 스스로 만들지 마라. _《법구경》

▶ 생각의 씨앗을 뿌리면 행동의 열매가 열리고, 행동의 씨앗을 뿌리면 습관의 열매가 열리고, 습관의 씨앗을 뿌리면 성격의 열매가 열리고, 성격의 씨앗을 뿌리면 운명의 열매가 열린다.

_나폴레옹 1세(1769~1821) 프랑스 황제

▶ 생각이란 사물에 대한 방향 제시 또는 지시이다.

_I. A. 리처즈(1893~1979) 영국 문예 평론가 《시의 분석》

▶ 생각하는 것은 자기 자신과 대화하는 것이다.

_M. 우나무노(1864~1936) 에스파냐 철학자, 작가 《인생의 비극적 감정》

▶ 생각하는 것은 자유다. _M. T. 키케로(B.C. 106~B.C. 43) 로마 정치가, 학자

▶ 세상에서 가장 어려운 일이란 무엇인가? 그것은 바로 생각하는 일이다. _R. W. 에머슨(1803~1882) 미국 사상가, 시인 《수필집》

▶ 올바른 사고야말로 신이 내린 최상의 선물이다.

_아이스킬로스(B.C. 525~B.C. 456) 그리스 시인 〈아가멤논〉

*효율 | 들인 노력과 얻은 결과의 비율.
*서캐조롱 | 불행을 막기 위해 어린아이들이 주머니 끈이나 옷 끈에 차는 호리병 모양의 작은 물건.
*비비송곳 | 두 손바닥으로 비벼서 구멍을 뚫는 송곳.

▶ 우리는 생각할 수 없는 일을 감히 생각해야만 한다. 사태가 생각할 수 없는 지경으로 벌어지면 생각이 멈춰지고, 생각 없는 행동이 나오기 때문이다. _J. W. 풀브라이트(1905~1995) 미국 정치가

▶ 인간은 생각하기 위하여 태어났다. 그러므로 사람은 한시도 생각하지 않고는 살 수 없다.
_B. 파스칼(1623~1662) 프랑스 사상가, 수학자, 물리학자 《연애의 정념에 관하여》

▶ 인간은 자연에서 가장 연약한 갈대에 지나지 않는다. 그렇지만 그는 생각하는 갈대이다.
_B. 파스칼(1623~1662) 프랑스 사상가, 수학자, 물리학자 《팡세》

▶ 인류의 가장 위대한 생각은, 돌을 빵으로 바꾼다는 것이다.
_F. M. 도스토옙스키(1821~1881) 러시아 소설가 《미성년》

▶ 지식인이란 자기 생각이 다른 사람의 가치보다 더 중요하다고 믿는 자다. _G. 브레넌(1894~1987) 영국 작가

▶ 진리를 깨우치려는 사람은 생각을 단 하루라도 중단하지 않아야 한다. _원효(617~686) 신라 시대 승려

▶ 행동은 주의 깊게, 말은 분명하게 하고, 생각은 집중하라.
_마르쿠스 아우렐리우스(121~180) 로마 황제

▶ 행동하기 전에 생각해야 한다는 것이 사실이라면, 마찬가지로 행동할 기회가 없을 경우 생각이 메마르게 되는 것도 사실이다. 다르게 말하면, *효율적으로 행동할 수 없을 경우에는 또한 생산적으로 생각할 수도 없는 것이다.
_E. 프롬(1900~1980) 독일 정신 분석학자, 사회학자 《건전한 사회》

속담

▶ 나중에야 나오는 생각은 바보 생각이다. _영국

▶ 남산 소나무를 다 주어도 *서캐조롱 장사를 하겠다. (생각이 좁고 옹졸함을 비유적으로 이르는 말) _한국

▶ 대부분의 사람이 실패하는 것은 생각이 부족해서 그렇다. _서양

▶ 모든 것은 생각하기 나름이다. _서양

▶ 미장이의 *비비송곳 같다. (깊은 생각에 빠져 고민함을 이르는 말)
_한국

- 생각 없이 말하는 것은 겨냥하지 않고 쏘는 것이다. _서양
- 생각은 많이 하고, 말은 적게 하고, 글은 그보다 더 적게 써라. _영국
- 생각은 우물을 파는 것과 닮았다. 처음에는 흐려져 있지만 차차 맑아진다. _중국
- 생각이 적을수록 말이 많다. _프랑스
- 생각하는 것은 아는 것이 아니다. _포르투갈
- 생각하는 것은 얼굴에 나타난다. _영국
- 우렁이 속에도 생각이 들었다. (아무리 어리석고 못난 사람이라도 다 나름대로의 생각을 갖고 있다는 말) _한국
- 한 번 더 생각해 보는 것이 가장 좋다. _이탈리아
- 한잠 자고 나서 생각하는 것이 더욱 효과적이다. _영국
- 행동은 빨리하고 생각은 천천히 하라. _그리스

한자 숙어

기상천외(奇想天外) 보통 사람이 쉽게 짐작할 수 없을 정도로 엉뚱하고 기발한 생각.
무념무생(無念無生) 사념하는 바도 없고 생명을 아끼지도 않고 일심이 되는 것.
백계무책(百計無策) 어려운 일을 당하여 온갖 꾀를 생각해 내도 해결할 방도를 찾지 못함.

문장 반짝

관용어

생각(이) 돌다 _ 그때그때마다 생각이 잘 되거나 잘 떠오르다.
생각에서 깨어나다 _ 어떤 골똘한 생각에서 벗어나서 본래의 정신으로 되돌아오다.
생각이 꿀떡 같다 _ 무엇을 하고 싶은 생각이 매우 간절하다.
생각이 팔자 _ 늘 원하고 골똘히 생각하는 대로 운명이 결정된다는 말.

키워드 정보 BOX

생각하는 갈대

프랑스의 사상가 파스칼이 인간을 비유한 말이다. 파스칼은 그의 대표작 《팡세》의 서두에서, "인간은 자연 속에서도 가장 약한 한 줄기의 갈대에 불과하다. 하지만 그것은 생각하는 갈대이다."라고 말했다. 이 말은, 인간은 넓고 커서 끝이 없는 우주에 비하면 없는 것과 같고, 한 줄기의 갈대와 같이 매우 약하고 불안한 존재이지만, 생각하는 바에 따라서 우주를 포용할 수 있는 위대함도 지니고 있다는 뜻을 담고 있다.

선

善

올바르고 착하여 도덕적 기준에 맞음. 또는 그런 것.

명언 명문

▶ 내가 인식하는 바 선이란 행복이며, 그것은 자기의 뜻을 추구하는 기쁨이고 창조적 자극에 따라 일하는 기쁨이다.

_G. 산타야나(1863~1952) 미국 철학자, 시인 《영국에서의 독백》

▶ 만일 선에 원인이 있다면 그것은 이미 선이 아니다. 만일 그것이 결과를 갖는다면 역시 선이라 할 수 없다. 그러므로 선은 인과의 연쇄 테두리 밖에 있다.

_L. N. 톨스토이(1828~1910) 러시아 작가, 사상가 《안나 카레니나》

▶ 사람들이 결정하자마자 그들의 선은 그 사악함과 구별이 되지 않게 된다. _C. H. 도슨(1889~1970) 영국 종교 철학자, 문화사가

▶ 선은 결코 실패하지 않는 유일한 투자이다.

_H. D. 소로(1817~1862) 미국 사상가, 수필가

H. D. 소로

▶ 선은 오직 하나밖에 없다. 그것은 자기 양심에 따라 행동하는 일이다. _S. 보부아르(1908~1986) 프랑스 소설가, 평론가

▶ 선은 초조하지 않다. 구김살이 없다. 움츠러들지 않는다. 선은 유유하다. 명랑하다. 자유롭다. _《법구경》

▶ 선을 행하는 데는 나중이라는 말이 필요 없다.

_J. W. 괴테(1749~1832) 독일 시인, 소설가, 극작가

▶ 수천 가지의 악 속에서도 단 한 가지라도 있을지 모를 선을 찾아내는 사람이 되라. _B. 그라시안이모랄레스(1601~1658) 에스파냐 작가

▶ 악은 쉽게 행할 수 있지만 선은 많은 노력을 필요로 한다.

_테오그니스(B.C. 6세기경) 그리스 시인

▶ 인간은 선이기 때문에 욕구하는 것이 아니라 욕구하기 때문에 선

이다. _B. 스피노자(1632~1677) 네덜란드 철학자

▶ 지혜와 선이 악인에게는 나쁘게 보인다.

_W. 셰익스피어(1564~1616) 영국 극작가, 시인

▶ 하느님과 똑같이 선하거나 사랑하기를 바라는 것은 사람에게도 천사에게도 결코 죄가 아니었고 또한 앞으로도 그럴 것이다.

_F. 베이컨(1561~1626) 영국 정치가, 철학자

▶ 한 가지 선을 얻으면 늘 마음에 지니고 정성껏 간직하여 잊지 않고 지켰다. _《중용》

▶ 행복이란 최고의 선이다.

_아리스토텔레스(B.C. 384~B.C. 322) 그리스 철학자 《니코마코스 윤리학》

속담

▶ 마음을 잘 가지면 죽어도 옳은 귀신이 된다. (언제나 착한 마음씨를 가지고 살면 죽어도 유감됨이 없다는 말) _한국

▶ 선이 악에 대항하도록 하라. _서양

▶ 선한 사람이 되라. 그러면 세상은 선한 세상이 될 것이다. _인도

▶ 악을 선으로 갚는 자는 승리한다. _영국

한자 숙어

권선징악(勸善懲惡) 착한 행실을 권장하고 악한 행동을 징계함.
종선여등(從善如登) 착한 일을 하는 것은 매우 힘들다는 뜻.
지어지선(止於至善) 지극히 착한 지경에 이름.

키워드 정보 BOX

성선설

사람은 선한 본성을 타고난다는 맹자의 학설이다. 맹자는 사람은 본성에서 비롯되는 네 가지 마음씨를 가진다고 한다. 네 가지 마음씨란, 불쌍히 여기는 마음(측은지심), 부끄러워하는 마음(수오지심), 양보하는 마음(사양지심), 옳고 그름을 가리는 마음(시비지심)이다. 맹자는 이 네 가지 마음씨를 '인의예지'를 실천하는 네 가지 실마리라는 뜻에서 '사단'이라고 불렀다. 맹자는 인간이 착한 마음으로 태어나도 환경의 영향이나 물욕 때문에 악한 일을 저지르게 된다고 주장했는데, 그 주장은 훗날 유교에 큰 영향을 주었다.

선악 善惡

착한 것과 악한 것을 아울러 이르는 말.

명언 명문

*옹색 | 형편이 넉넉하지 못하여 생활에 필요한 것이 없거나 부족함. 또는 그런 형편.

▶ 사람은 선보다도 악에 기울어진다.

_N. 마키아벨리(1469~1527) 이탈리아 사상가, 역사학자 《피렌체사》

▶ 사람의 선악은 그의 의지에 달려 있다.

_에픽테토스(55?~135?) 로마 철학자

▶ 사랑하여 그 악을 알고, 미워하여 그 선을 안다. _《예기》

▶ 선악을 구별하는 기준은 도덕적 목적에 달려 있다.

_에픽테토스(55?~135?) 로마 철학자

▶ 선악의 관념이라는 악마를 알기 위하여 그렇게도 희생을 치러야만 한다면, 어째서 그걸 알 필요가 있겠는가?

_F. M. 도스토옙스키(1821~1881) 러시아 소설가 《카라마조프의 형제들》

▶ 선은 삶에 이바지하는 모든 것이고, 악은 죽음에 이바지하는 모든 것이다. 선은 삶을 존중하는 것이고 삶과 성장과 전개를 드높이는 모든 것이다. 악은 삶을 질식시키고 삶을 *옹색하게 만들고 삶을 조각나게 하는 모든 것이다.

_E. 프롬(1900~1980) 독일 정신 분석학자, 사회학자 《자유로부터의 도피》

▶ 선은 악을 상상할 수 있지만 악은 선을 상상할 수 없다.

_W. H. 오든(1907~1973) 미국 시인

▶ 선을 보기를 목마른 듯이 하고 악을 보기를 눈먼 사람같이 하라.

_강태공(?~?) 중국 주나라 정치가

▶ 선을 행하는 데는 노력이 필요하다. 그러나 악을 억제하는 데는 더 많은 노력이 필요하다.

_L. N. 톨스토이(1828~1910) 러시아 소설가, 사상가 《이 사람을 보라》

▶ 선이든 악이든, 우리에게 쾌락과 고통을 준다는 것 외에 아무것도 아니다. _J. 로크(1632~1704) 영국 철학자 《수필집》

▶ 선한 사람은 어리석어도 여전히 선할 수 있지만 악한 사람은 지능을 반드시 갖추어야 한다. _M. 고리키(1868~1936) 러시아 작가

▶ 악은 그 사람이 죽은 다음에도 살아남고, 선은 그 사람과 함께 묻힌다. _W. 셰익스피어(1564~1616) 영국 극작가, 시인 《줄리어스 시저》

▶ 악은 선을 알고 있으나 선은 악을 모른다.

_F. 카프카(1883~1924) 독일 소설가

▶ 악은 처음에는 달콤하고 나중에는 쓰며, 선은 처음에는 쓰고 나중에는 달다. _《탈무드》

▶ 어떤 것도 자연이란 조물주의 손에서 나올 때에는 선이다. 인간의 손에 넘어와서 악이 된다. _J. J. 루소(1712~1778) 프랑스 작가, 사상가 《에밀》

▶ 우리들은 결코 악을 선택할 수가 없다. 우리들이 선택하는 것은 항상 신이다.

_J. P. 사르트르(1905~1980) 프랑스 소설가, 철학자 《실존주의는 휴머니즘이다》

▶ 유일한 선은 지식이고 유일한 악은 무지이다.

_소크라테스(B.C. 469~B.C. 399) 그리스 철학자

▶ 인류의 본분은 완성을 향하여 전진하는 것밖에 없다. 자연의 역사는 선에서 시작한다. 이 역사는 신의 일이기 때문이다. 자유의 역사는 악에서 시작한다. 이 역사는 인간의 일이기 때문이다.

_I. 칸트(1724~1804) 독일 철학자 《인류 역사의 추측적 기원》

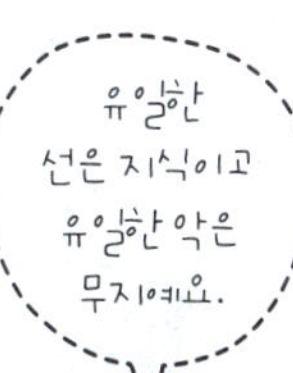

▶ 하루라도 선을 생각하지 않으면 악이 저절로 일어난다.

_장자(B.C. 369?~B.C. 289?) 중국 전국 시대 송나라 사상가

▶ 한 가지가 동시에 선도 되고 악도 되고, 아니면 그 어느 쪽도 되지 않는 일이 있을 수 있다. 예컨대, 음악은 우울한 사람에게는 선이지만, 초상을 당한 사람에게는 악이며, 귀머거리에게는 선도 아니고 악도 아닌 것이다. _B. 스피노자(1632~1677) 네덜란드 철학자 《윤리학》

소크라테스

속담

▶ 선량한 자에게는 분별이 필요하고, 악한 자에게는 몽둥이가 필요하다. _몽골

선행 善行

착하고 어진 행실.

명언 명문

*영원불멸 | 영원히 없어지지 아니하고 계속됨.

▶ 가장 작은 선행은 불가능한 것에 대한 거창한 약속보다 낫다.

_T. B. 매콜리(1800~1859) 영국 역사가, 정치가

▶ 남에게 선을 베푼 자는 자기 자신에게 선을 베푼 것이다.

_L. A. 세네카(B.C. 4?~A.D. 65) 로마 철학자, 극작가

▶ 남에게 선을 행할 때 인간은 자기 자신에게 최선을 다하고 있는 것이다.

_B. 프랭클린(1706~1790) 미국 정치가, 과학자

▶ 다른 사람들에게 선행을 하는 것이 신들에게 가장 가까이 가는 방법이다.

_M. T. 키케로(B.C. 106~B.C. 43) 로마 정치가, 학자

▶ 사람은 누구나 착한 일을 행하여 자기 자신을 높게 발전시키지 않으면 안 된다. 신은 우리에게 충분한 선을 준 것은 아니다. 그것은 다만 우리가 올바르게 살 수 있는 가능성을 보증하였을 뿐이다. 그렇기 때문에 누구나 자기의 힘으로 자기를 더욱 좋게 이끌어 가도록 노력하지 않으면 안 된다. 그 목적을 달성하는 것이 인생이기 때문이다.

_I. 칸트(1724~1804) 독일 철학자

▶ 선행은 결코 연기가 되어 사라지지 않습니다. 선행이야말로 *영원불멸의 가장 빛나는 미덕인 것입니다.

_I. S. 투르게네프(1818~1883) 러시아 소설가 《햄릿과 돈키호테》

▶ 선행은 반드시 소문이 나고 악행은 반드시 드러난다.

_한유(768~824) 중국 당나라 문인, 정치가

▶ 선행을 계속 쌓는 집안에는 자손 대대에 이르기까지 반드시 경사가 있고, 악행을 거듭하는 집안에는 자손 대대에 이르기까지 반드시 재앙이 오는 것이다.

_《주역》

▶ 선행을 위해서 선을 행하는 자는 칭찬이나 대가를 구하지 않더라도, 최후에는 그 두 가지를 다 얻는다. _W. 펜(1644~1718) 영국 정치가

▶ 선행을 하고도 나쁜 말을 듣는 사람은 행복하다.
_마르쿠스 아우렐리우스(121~180) 로마 황제 《명상록》

▶ 선행이란 악행을 조심하는 것이 아니라 바라지 않는 것이다.
_G. B. 쇼(1856~1950) 아일랜드 극작가, 평론가

▶ 선행이란 타인의 얼굴에 미소를 가져오는 행위다.
_마호메트(570?~632) 이슬람교 창시자

▶ 악행을 몰래 하지 말고 선행을 하고 미덕을 쌓고 욕심을 버리며 마음을 단련하라. _허균(1569~1618) 조선 시대 문신, 소설가

▶ 오늘 하루 이 시간은 당신의 것이다. 하루를 선행으로 장식하라.
_F. D. 루스벨트(1882~1945) 미국 제32대 대통령

▶ 진정한 교육의 목적은, 모든 것에 착한 일을 하게끔 하는 것일 뿐만 아니라, 동시에 그 기쁨을 발견시키는 일이다.
_J. 러스킨(1819~1900) 영국 미술 평론가

▶ 착한 일을 하려는 사람은 선을 행한다고 하여 사람들이 그가 가는 길에 돌을 치워 줄 것이라고 생각해서는 안 된다. 아니 오히려 그들이 자기가 가는 길에 돌을 굴려 놓으리라고 예상하고 그것을 숙명적인 것이라고 각오해야 한다.
_A. 슈바이처(1875~1965) 독일 신학자, 철학자, 의사 《나의 생애와 사상》

▶ *청렴은 관리의 의무이고 모든 선행의 원천이며 모든 미덕의 뿌리다. _정약용(1762~1836) 조선 시대 문신, 학자

*청렴 | 성품과 행실이 높고 맑으며, 탐욕이 없음.

속담

▶ 선행은 모래 위에 쓰이고 악행은 바위에 새겨진다. _폴란드

▶ 선행은 이익을 가져다 준다. _독일

▶ 선행의 씨를 뿌리면 기쁨을 추수한다. _서양

▶ 세 좋아 인심 얻어라. (세력 있을 때에 뽐내지 말고 그 세력으로 좋은 일을 해서 인심을 얻어 두어야 한다는 말) _한국

▶ 한 가지 선행은 다른 선행을 부른다. _서양

▶ 한 주먹의 선행은 한 마디의 학문보다 낫다. _영국

성격 性格

개인이 가지고 있는 고유의 성질이나 품성.

명언 명문

*방자하다 | 어려워하거나 조심스러워하는 태도가 없이 무례하고 건방지다.

▶ 남이 뭐라고 말하든 자신의 성격대로 살라.

_K. H. 마르크스(1818~1883) 독일 경제학자, 철학자

▶ 넘어진 자를 또다시 차 버리는 것이 인간이 타고난 성질이다.

_아이스킬로스(B.C. 525~B.C. 456) 그리스 시인 《아가멤논》

▶ 누구나 자신의 성격에 한계가 있다. 그 성격의 한계를 벗어나 향상되기는 어렵다. 그러나 인격은 노력으로 고칠 수 있다.

_J. 몰리(1838~1923) 영국 정치가

▶ 둥근 사람이 금방 네모난 구멍에 맞춰 들어가지 못한다. 모습을 바꿀 시간이 필요하다. _M. 트웨인(1835~1910) 미국 소설가

▶ 모진 성격은 나이가 들어도 전혀 누그러지지 않고, 험한 말투는 사용할수록 홀로 더 예리해지는 칼날이다.

_W. 어빙(1783~1859) 미국 소설가

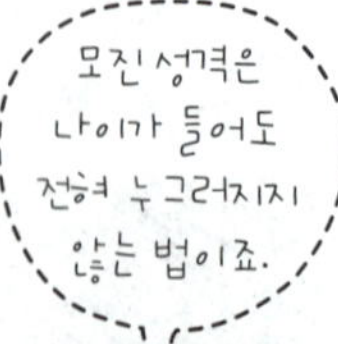

▶ 밝은 성격은 어떤 재산보다 귀중한 것이다.

_A. 카네기(1835~1919) 미국 실업가

▶ *방자하면서 강직하지 않고, 무식하면서 성실하지 않고, 무능하면서 신의마저 없는 사람은 어찌해야 좋을지 모르겠다. _《논어》

▶ 사람들은 자신의 생각을 말하는 것이 자신의 성격을 드러내게 되는 것인데도 의외로 그것을 잘 모르는 눈치다.

_R. W. 에머슨(1803~1882) 미국 사상가, 시인

W. 어빙

▶ 사람은 누구나 마음속에 호랑이, 돼지, 당나귀, 나이팅게일이 들어 있다. 성격이 서로 다른 것은 이 네 가지의 활동이 서로 다르기 때문이다. _A. G. 비어스(1842~1914) 미국 소설가, 신문 기자

▶ 사람은 자신이 우습다고 여기는 것에서 성격을 가장 잘 드러낸다.

_J. W. 괴테(1749~1832) 독일 시인, 소설가, 극작가

*매혹 | 남의 마음을 사로잡아 호림.

▶ 성격은 굳지도 불변하지도 않고 활동하고 변화하며 육체처럼 병들기도 한다. _G. 엘리엇(1819~1880) 영국 소설가

▶ 성격은 사람을 안내하는 운명의 지배자이다.

_헤라클레이토스(B.C. 540?~B.C. 480?) 그리스 철학자

▶ 성격은 우리들의 관념과 감정으로 되어 있다. 감정이나 관념은 우리의 의지에 의하는 것은 아니다. 만일 성격이 우리의 의지에 의한다면 완전하지 않은 것이 없을 것이다.

_볼테르(1694~1778) 프랑스 사상가 《철학사전》

▶ 성격이란 하나의 관습이다. 그것은 깊이 생각하는 것이 아니라 혼으로부터 배어 나오는 일정한 행위이다.

_아비센나(980~1037) 이슬람 철학자, 의사 《키타브 알 나자트》

▶ 성공은 모든 인간의 나쁜 성질을 유도해 내고, 성공에 실패하면 좋은 성질을 기른다. _C. 힐티(1833~1909) 스위스 사상가, 법률가 《행복론》

▶ 아름다움은 눈을 즐겁게 할 뿐이지만, 아름다운 성격은 혼을 *매혹시킵니다. _볼테르(1694~1778) 프랑스 사상가

▶ 예술에 있어서는 성격을 갖고 있는 것만이 아름답다. 성격이란 아름다움이나 추함이나 자연의 엄숙한 진실이다. 위대한 예술가에 있어서는 자연 속의 모든 것이 성격을 표현한다.

_F. A. R. 로댕(1840~1917) 프랑스 조각가

▶ 우리의 성격은 우리 행위의 결과이다.

_아리스토텔레스(B.C. 384~B.C. 322) 그리스 철학자 《니코마코스 윤리학》

▶ 인간의 성격을 판단하는 최선의 방법은, 어떤 지적 또는 도덕적 태도를 취할 때에 본인이 가장 깊게 움직여지고 살아 있다는 실감을 맛볼 수 있는가를 찾아내는 것이다.

_W. 제임스(1842~1910) 미국 철학자, 심리학자

▶ 자신의 성격을 잘 알려면 다른 사람의 성격을 논하는 것밖에 방법이 없다. _장 파울(1763~1825) 독일 소설가

▶ 조용한 성격을 가진 사람은 자기 자신과 타인을 다 같이 행복하게 만든다. _알랭(1868~1951) 프랑스 철학자, 평론가

*괄기 | 성질이 세고 급한 기세.

▶ 천진하면서도 쾌활한 성격은 미모를 매력적인 것으로, 지식을 즐거운 것으로, 재치를 선의의 것으로 만든다.

_J. 애디슨(1672~1719) 영국 수필가, 시인, 정치가

속담

▶ 가랑잎에 불붙듯. (성격이 조급하고 도량이 좁은 사람을 비유적으로 이르는 말) _한국

▶ 강의 성격을 바꾸는 것보다 강을 이동시키는 것이 쉽다. _중국

▶ *괄기는 인왕산 솔가지다. (성격이 너그럽지 못하고 몹시 깐깐함을 비유적으로 이르는 말) _한국

▶ 까불기는 촉새 같다. (행동이나 말이 가볍고 조심성이 없는 사람을 가리켜 하는 말) _한국

▶ 놀부 심사다. (남이 잘못되기를 바라는 심술궂은 사람을 이르는 말) _한국

▶ 부처님 가운데 토막. (성질이 온순하고 마음이 어진 사람을 이르는 말) _한국

▶ 사람들이 좋아하고 싫어함은 너의 성격에 달려 있다. _튀니지

▶ 소 죽은 귀신 같다. (몹시 고집 세고 질긴 사람의 성격을 이르는 말) _한국

한자 숙어

경세도량(經世度量) 세상을 잘 다스릴 수 있는 품성.
외유내강(外柔內剛) 겉으로는 부드럽고 순한 듯이 보이나 속은 꿋꿋하고 곧음.
질박천진(質朴天眞) 꾸민 데가 없이 순박하고 거짓 없음.

키워드 정보 BOX

〈십인십색〉

사람의 모습이나 성격, 생각 등이 저마다 다름을 이르는 말 '십인십색'은 영국의 극작가이자 시인인 벤 존슨의 희곡 작품이기도 하다. 작품 〈십인십색〉은 1598년 글로브 극장에서 처음으로 공연되었는데, 도시로 나온 시골 청년이 아름다운 애인을 사귀게 되는 이야기를 중심으로 허세, 질투 등 인간의 여러 가지 성질 때문에 일어나는 우스꽝스러운 사건을 묘사한 작품이다. 예리한 풍자나 조소를 영국 희극에 도입한 대표작으로 평가받고 있다.

성인

聖人

지혜와 덕이 매우 뛰어나 길이 우러러 본받을 만한 사람.

철학과 종교

명언 명문

- 가장 위대하다는 성인도 알고 보면 아직 밑바닥까지 타락하지 않은 죄인인지도 모른다. _O. W. 홈스(1809~1894) 미국 소설가, 의학자
- 거짓말을 하지 않고, 도리에 맞는 진실한 말만 하며, 함부로 말을 하여 사람들을 성내게 하지 않는 사람은 성자이다. _《법구경》
- 도시관은 고대 성인들의 모든 유해가 보존되고 쉬는 신전이다. _F. 베이컨(1561~1626) 영국 정치가, 철학자
- 만일 학문에 뜻을 두면 도덕을 완성하는 것을, 사람됨에 뜻을 두면 성인에 도달하는 것을 목표로 삼아야 한다. _《근사록》
- 명예나 실리 앞에는 성인이라도 이기기 어려운 것이다. _장자(B.C. 369?~B.C. 289?) 중국 전국 시대 송나라 사상가
- 백성에게 널리 혜택을 베풀고 많은 사람을 구제한다면 그는 성인이다. _공자(B.C. 551~B.C. 479) 중국 춘추 시대 노나라 사상가
- 사랑은 인간을 성자로 만드는 힘이 있다. _O. F. O. W. 와일드(1854~1900) 아일랜드 시인, 극작가
- 성인은 고정된 마음이 없고 백성의 마음을 자기의 마음으로 삼는다. _《노자도덕경》
- 성인은 모든 일에 있어서 자기 자신의 일은 뒤로 하고 타인의 일을 먼저 생각한다. _《노자도덕경》
- 성인은 일반 민중과 같은 것을 바라고, 같은 것을 사랑한다. _《춘추좌씨전》
- 성인은 자신의 현명함을 드러내려고 하지 않는다. _노자(B.C. 604?~?) 중국 춘추 시대 초나라 사상가

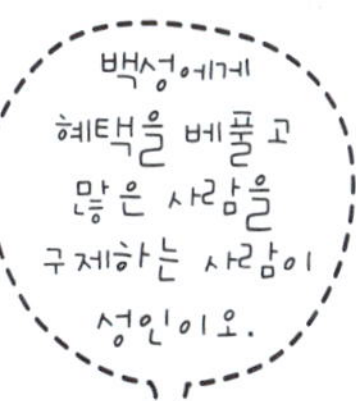

공자

*곤궁 | 가난하여 살림이 구차함.

▶ 성인은 하늘의 모습을 배우기를 바라고, 현인은 성인의 모습을 배우기를 바라고, 선비는 현인의 모습을 배우기를 바란다. _《근사록》

▶ 성인의 가르침은 귀로 들어서 마음에 보존해야만 한다.

_김시습(1435~1493) 조선 시대 학자, 문인

▶ 성인의 공덕은 하늘과 땅을 감싸고 그의 혜택은 천하에 미친다.

_장자(B.C. 369?~B.C. 289?) 중국 전국 시대 송나라 사상가

▶ 성인의 길은 높고 아름답다. 그래서 거기에 도달한다는 것은 거의 하늘에 오르는 것처럼 어려운 일이다. _《맹자》

▶ 성인의 도는 넓고 커서 만물을 발육시키고 하늘 끝에 닿을 만큼 높고 크기도 하다. _《중용》

▶ 성인의 도에 통달한 자는 *곤궁하면 그 곤궁을 즐기고, 처지가 뜻대로 되면 그것 또한 즐긴다.

_장자(B.C. 369?~B.C. 289?) 중국 전국 시대 송나라 사상가

▶ 성인이 다스리는 세 가지 수단은 이익, 위엄, 명분이다. _《한비자》

▶ 성인이란 일월에 의지하고 우주를 옆구리에 끼고 노니는 이다. 그뿐 아니라 만물과 하나가 되어 몸을 혼돈 속에 둔다. 그리고 천한 자도 존귀하게 여겨 일체의 차별을 없애고 만다.

_장자(B.C. 369?~B.C. 289?) 중국 전국 시대 송나라 사상가

▶ 성자가 덕행을 쌓을 때는 사람들의 눈을 피하려 하는 법이다. 그리고 그것을 아무도 모름을 슬퍼하지 않는다.

_공자(B.C. 551~B.C. 479) 중국 춘추 시대 노나라 사상가

▶ 오로지 성인만이 욕망을 버리고 자기 본성을 회복할 수 있다.

_《회남자》

▶ 자신의 사랑으로 바람 소리를 변화시켜 즐거운 노래가 되게 하는 사람. _K. 지브란(1883~1931) 미국 소설가, 화가, 시인 《예언자》

▶ 재앙이 지나가면 성인은 금방 잊혀진다.

_F. 라블레(1483?~1553) 프랑스 극작가 《팡타그뤼엘》

▶ 처음부터 끝까지 모든 것을 깨달을 수 있는 사람은 오로지 성인뿐이다. _자하(B.C. 507~B.C. 420?) 중국 춘추 시대 유학자

▶ 천 리의 영토를 얻기보다 성인 한 명을 얻는 것이 더 낫다.

_《여씨춘추》

▶ 천지는 만물에 대하여 봄으로써 낳고 가을로써 이루며, 성인은 만민에 대하여 인으로써 낳고 의로써 절제한다. 그러므로 성인이 하늘을 대신하여 만물을 다스려 그 정령과 베푸는 데에 한결같이 천지의 운행에 근본한다.

_정도전(1342~1398) 고려~조선 시대 문인, 학자 《삼봉집》

▶ 크게 어려운 일을 당해도 두려워하지 않는 것은 성인의 용기이다.

_장자(B.C. 369?~B.C. 289?) 중국 전국 시대 송나라 사상가

▶ 한 시대의 *이단자들은 다음 세대에 칭송 받는 성인들이 되었다.

_R. G. 잉거솔(1833~1899) 미국 정치가

*이단자 | 이단의 사상이나 학설, 종교 따위를 주장하거나 믿는 사람. 또는 전통이나 권위, 세속적인 상식에 반항하여 자기 개성을 강하게 주장하여 고립되어 있는 사람.

속담

▶ 성인 그늘이 팔십 리를 간다. (성인의 덕이 널리 미침을 비유적으로 이르는 말) _한국

▶ 성인 못 된 기린. (전설에 성인이 이 세상에 나면 기린이 나타난다는 데서 나온 말로, 성인이 되지 못한 기린의 신세와 같이 쓸모없고 보람 없는 처지에 있는 사람을 비유한 말) _한국

▶ 성인 벼락 맞는다. (세상인심이 사나워서 착하고 어진 사람이 도리어 근심과 재난을 입기 쉬움을 비유한 말) _한국

▶ 성인도 시속을 따른다. (성인군자도 시대적 풍속을 따르며 산다는 뜻으로, 보통 사람은 더 말할 나위가 없이 그러함을 비유하여 이르는 말) _한국

▶ 성인도 제 그름을 모른다. (보통 사람이 자기의 결점을 알기란 매우 어려움을 비유한 말) _한국

▶ 성인도 하루에 죽을 말을 세 번 한다. (훌륭한 사람이라도 실수는 하는 법이니 실수했다고 너무 걱정하지 말라는 말) _한국

▶ 성인은 미치광이 말도 가려 쓴다. (누구의 말이든 귀담아듣고 옳은 말은 받아들여야 함을 비유적으로 이르는 말) _한국

▶ 열린 문은 성인마저 유혹한다. _서양

한자 숙어

백세지사(百世之師) 오랜 후세까지 모든 사람에게 본보기가 될 만큼 훌륭한 사람.

불치하문(不恥下問) 지위, 학식, 나이 등이 자기만 못한 사람에게 모르는 것을 묻는 일을 부끄럽게 여기지 않음.

성인무몽(聖人無夢) 성덕이 있는 사람은 심신이 평안하여 번잡한 걱정과 괴로움이 없으므로 밤에 편히 잘 수 있어 꿈을 꾸지 않음.

소인 小人

도량이 좁고 간사한 사람.

명언 명문

*낙관주의 | 세상과 인생을 희망적으로 밝게 보는 생각이나 태도.

▶ 군자는 미덕과 법을, 소인은 토지와 혜택을 생각한다.

_공자(B.C. 551~B.C. 479) 중국 춘추 시대 노나라 사상가

▶ 군자는 자기의 이상이 실현되는 것을 기뻐하고, 소인은 눈앞의 일이 이루어지는 것을 기뻐한다. _강태공(?~?) 중국 주나라 정치가

▶ 군자는 표범의 무늬가 아름답고 훌륭한 것처럼 날마다 선으로 변해 간다. 소인은 마음에도 없이 얼굴만 윗사람의 뜻에 따르는 태도를 취한다. _《주역》

▶ 군자의 사귐은 담담함이 물과 같고, 소인의 사귐은 달콤함이 단술과 같다. _장자(B.C. 369?~B.C. 289?) 중국 전국 시대 송나라 사상가

▶ *낙관주의는 높은 자리를 차지한 소인의 만족감이다.

_F. S. K. 피츠제럴드(1896~1940) 미국 소설가

▶ 사소한 일에 너무 매달리는 사람은 큰 일을 할 수 없다.

_F. 라로슈푸코(1613~1680) 프랑스 작가

▶ 상대방이 소인임을 알고도 물리치지 않는다면 나중에 해를 입고야 만다. 따라서 소인은 빨리 물리치는 것이 좋다.

_조광조(1482~1519) 조선 시대 문신, 성리학자

▶ 소인으로 더불어 원수를 맺지 마라. 소인은 제대로 상대가 있다. 군자를 향하여 아첨하지 마라. 군자는 본디 사사로운 은혜를 베풀지 않는다. _《채근담》

▶ 소인은 가난할 때에는 나약하지만 부유하게 되면 교만하게 된다.

_《예기》

▶ 소인은 반드시 허물을 덮으려 한다. _《논어》

▶ 소인은 불행에 굴복하고 좌우되지만 위인은 불행을 초월한다.

_W. 어빙(1783~1859) 미국 소설가

*생이 | 민물 새우.

▶ 소인은 하찮은 일도 크게 생각한다.

_B. 디즈레일리(1804~1881) 영국 정치가, 소설가 《시빌》

▶ 소인의 학문은 귀로 들어오고 입으로 나간다.

_순자(B.C. 298?~B.C. 238?) 중국 전국 시대 조나라 사상가

▶ 소인이 사람을 사랑하는 방법은 당장 편안하고 일시적인 임시변통적인 것으로 한다. _《채근담》

▶ 소인이 아첨하는 것은 자기에게나 남에게나 저열한 평가를 받기 때문이다. _J. 라브뤼예르(1645~1696) 프랑스 작가 《사람은 가지가지》

▶ 자만은 소인에게 베푼 하느님의 선물이다.

_B. 바턴(1886~1967) 미국 작가, 정치가

▶ 작은 일을 가지고 자랑하는 것은 소인이 늘 하는 짓이다.

_W. 셰익스피어(1564~1616) 영국 극작가, 시인 《헨리 6세》

▶ 차라리 소인의 시기와 비방을 받는 것이 낫지, 소인들이 아첨하고 좋아하는 대상은 되지 마라. _《채근담》

속담

▶ 미꾸라짓국 먹고 용트림한다. (하잘것없는 사람이 잘난 체하는 것을 비유적으로 이르는 말) _한국

▶ *생이 벼락 맞던 이야기를 한다. (여기저기서 함부로 이야기하는 소인을 빗대어 하는 말) _한국

▶ 작은 냄비는 빨리 뜨거워진다. (소인은 화를 잘 낸다는 뜻) _영국

고사성어

▷ 소인한 거위불선(小人閑居爲不善)

소인은 한가할 때 나쁜 짓을 한다는 뜻으로, 군자는 홀로 있을 때 더 삼가고 조심하는 데 비해, 소인은 남이 보지 않는 것을 기회로 나쁜 짓을 도모한다는 말이다. _《대학》

지식 쑥쑥

한자 숙어

반복소인(反覆小人) 줏대 없이 언행을 이랬다저랬다 하여 그 마음을 헤아릴 수 없는 옹졸한 사람.

빙탄불상용(氷炭不相容) 얼음과 숯은 서로 어울리지 못한다는 뜻으로, 군자와 소인이 같이 있지 못함을 이르는 말.

슬픔

슬픈 마음이나 느낌, 또는 정신적 고통이 지속되는 일.

명언 명문

*애통 | 슬퍼하고 가슴 아파함.

▶ 가벼운 슬픔은 말이 많고, 큰 슬픔은 말이 없다.

_L. A. 세네카(B.C. 4?~A.D. 65) 로마 철학자, 극작가 《히폴로토스》

▶ 가장 *애통이 적은 자가 가장 소란스럽게 비판한다.

_C. 타키투스(56?~120?) 로마 역사가, 정치가

▶ 극단적인 슬픔은 오래는 계속되지 않는다. 어떤 사람이든지 슬픔에 지고 말든가, 그것에 익숙해지든가 어느 한 쪽이 된다.

_P. 메타스타시오(1698~1782) 이탈리아 시인, 극작가

▶ 누구나 남의 슬픔은 잘 참을 수 있다.

_W. 셰익스피어(1564~1616) 영국 극작가, 시인

▶ 모든 인간들이 공통적으로 갖고 있는 수많은 화 가운데 가장 큰 것은 슬픔이다. _메난드로스(B.C. 342?~B.C. 292?) 그리스 극작가 《단편》

▶ 바쁜 꿀벌은 슬퍼할 시간이 없다. _W. 블레이크(1757~1827) 영국 시인, 화가

▶ 비참할 때 과거의 행복한 시절을 회상하는 것보다 더 큰 슬픔은 없다. _A. 단테(1265~1321) 이탈리아 시인

▶ 사랑을 받지 못하는 것은 슬프지만 사랑을 할 수가 없는 것은 더욱 슬프다. _M. 우나무노(1864~1936) 에스파냐 철학자, 작가

▶ 슬플 때 또한 너희 가슴속을 들여다보라. 그러면 알게 되리라, 너희는 너희에게 즐거움이 되었던 그것을 위해 울고 있음을.

_K. 지브란(1883~1931) 미국 소설가, 화가, 시인 《예언자》

L. A. 세네카

▶ 슬픔에는 두 가지가 있다는 것을 깨달았다. 하나는 덜 수 있는 슬픔이고, 또 하나는 덜 수 없는 슬픔이다.

_P. C. 벅(1892~1973) 미국 소설가 《통행교》

▶ 슬픔은 가장 좋은 친구이며, 사람에게 엉뚱한 기쁨을 준다.

_R. 롤랑(1866~1944) 프랑스 소설가, 사상가 《밀레》

▶ 슬픔은 버릴 것이 아니다. 우리가 살아 있는 한, 그것은 빛나는 기쁨과 같은 정도로 강력한 생활의 일부이다.

_F. A. R. 로댕(1840~1917) 프랑스 조각가 《예술과 자연》

▶ 슬픔은 인간의 정서 가운데 최고이며 모든 예술의 *전형이요, *시금석임을 이제야 알았다.

_O. F. O. W. 와일드(1854~1900) 아일랜드 시인, 극작가 《옥중기》

▶ 슬픔은 자기 부정에서 오는 표현이다.

_장자(B.C. 369?~B.C. 289?) 중국 전국 시대 송나라 사상가

▶ 슬픔은 지식이다. 많이 아는 자는 무거운 진실을 깊이 한탄하지 않는다. 지식의 나무는 생명의 나무가 아니므로.

_B. 파스칼(1623~1662) 프랑스 사상가, 수학자, 물리학자 《팡세》

▶ 슬픔이란 자기 연민의 표출이다. 그러나 우리는 계속 싸워 나가야 한다. _R. F. 케네디(1925~1968) 미국 정치인

▶ *우유부단함에는 슬픔이 있다.

_M. T. 키케로(B.C. 106~B.C. 43) 로마 정치가, 학자

▶ 지나간 슬픔에 새 눈물을 낭비하지 마라.

_에우리피데스(B.C. 484?~B.C. 406?) 그리스 시인

▶ 지혜로운 사람은 슬픔을 스승으로 삼아야 한다.

_G. G. 바이런(1788~1824) 영국 시인

▶ 진심으로 슬퍼하는 사람은 남몰래 슬퍼한다.

_M. V. 마르티알리스(40?~103?) 로마 시인

▶ 참된 슬픔은 고통의 지팡이다. _아이스킬로스(B.C. 525~B.C. 456) 그리스 시인

▶ 하늘이 고칠 수 없는 슬픔, 그런 것은 이 세상에 없다.

_T. 모어(1478~1535) 영국 정치가 《유토피아》

*전형 | 기준이 되는 모양. 또는 같은 부류의 특징을 가장 잘 나타내고 있는 본보기.

*시금석 | 어떤 사물의 가치나 어떤 사람의 능력 등을 평가하는 데 기준이 될 만한 사물을 비유하여 이르는 말.

*우유부단 | 어물어물 망설이기만 하고 결단하지 못함.

속담

▶ 고뇌를 같이할 사람이 있으면 슬픔이 엷어진다. _영국

▶ 물만밥이 목이 메다. (매우 슬픈 감정을 이르는 말) _한국

▶ 방 안에 기쁨이 있을 때 슬픔은 대문에서 기다리고 있다. _덴마크

▶ 병들어야 설움을 안다. _한국

▶ 손톱은 슬플 때마다 돋고, 발톱은 기쁠 때마다 돋는다. (기쁨보다는 슬픔이 더 많음을 이르는 말) _한국

▶ 슬픔은 사랑 없이도 생겨난다. 그러나 사랑은 슬픔 없이는 생겨날 수 없다. _독일

▶ 슬픔을 나누면 반으로 줄고, 기쁨을 나누면 두 배가 된다. _영국

▶ 슬픔의 새가 머리 위를 나는 것을 막지는 못하지만 내 머리에 둥지를 트는 것은 막을 수 있다. _중국

▶ 슬픔의 아침 뒤에 즐거운 저녁이 기다리고 있다. _영국

▶ 쌍가마 속에도 설움은 있다. (사람은 누구나 걱정과 설움이 있다는 뜻) _한국

▶ 즐거움과 슬픔은 오늘과 내일이다. _영국

▶ 하늘이 무너지고 땅이 갈라진다. (예기치 못했던 슬픈 소식에 충격을 받아 가슴이 아픈 상태를 표현하는 말) _한국

한자 숙어

맥수지탄(麥秀之歎) 보리만 무성하게 자란 것을 탄식한다는 뜻으로, 고국의 멸망을 한탄함을 이르는 말.

천붕지통(天崩之痛) 하늘이 무너지는 것 같은 아픔이라는 뜻으로, 제왕이나 아버지의 죽음을 당한 슬픔을 이르는 말.

고사성어

▷ 단장(斷腸)

창자가 끊어진다는 뜻으로, 마음이 몹시 슬프다는 말이다. 더할 수 없는 깊은 슬픔을 표현할 때 '단장의 슬픔'이라고 한다. 진나라의 환온이 촉나라를 정벌하기 위해 배 여러 척에 군사를 나누어 태우고 양쯔강 중류의 협곡인 삼협이라는 곳을 지날 때의 일이다. 한 병사가 새끼 원숭이 한 마리를 잡아와 배에 올라탔다. 그러자 새끼를 잃은 어미 원숭이는 슬피 울며 환온이 탄 배를 좇았다. 어미 원숭이는 강의 언덕길을 달려 백여 리를 뒤따라오다 강기슭에서 몸을 날려 배 위로 뛰어올랐다. 하지만 배에 오르자마자 죽고 말았다. 병사들이 죽은 어미의 배를 가르자 창자가 토막토막 끊어져 있었다. 자식을 잃은 슬픔 때문이었다. 이 말을 전해 들은 환온은 새끼 원숭이를 풀어 주고, 새끼 원숭이를 잡아온 병사를 벌주었다. _《세설신어》 출면 편

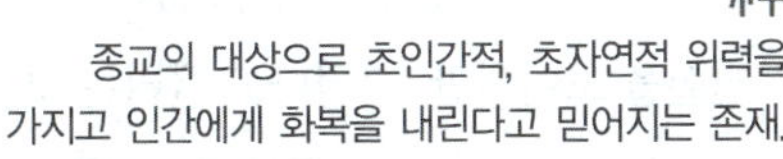

신

神

종교의 대상으로 초인간적, 초자연적 위력을 가지고 인간에게 화복을 내린다고 믿어지는 존재.

명언 명문

▶ 마음 반짝거리고 소박한 사람은 신과 자연을 믿는 법이다.

_H. W. 롱펠로(1807~1882) 미국 시인 《하이어워서의 노래》

▶ 모든 선한 사람 속에는 각각 신이 살고 있다.

_L. A. 세네카(B.C. 4?~A.D. 65) 로마 철학자, 극작가

▶ 사랑이 있는 곳에 신의 은총이 있다. _H. B. 스토(1811~1896) 미국 소설가

▶ *속중의 신들을 부정하는 것이 모독이 아니고, 속중의 견해를 신들에게 적용하는 것이 모독이다.

_플라톤(B.C. 428?~B.C. 347?) 그리스 철학자

*속중 | 일반 사람을 승려에 상대하여 이르는 말.

▶ 신과 자연을 떠난 행동은 곤란하며 위험하다. 우리는 자연을 통해서만 신을 인식하기 때문이다.

_J. W. 괴테(1749~1832) 독일 시인, 소설가, 극작가 《슈트라스부르크 시대의 감상》

▶ 신들은 일러둔 바를 잊지 않고 있을 것을 항상 바란다.

_호메로스(?~?) 그리스 시인 《오디세이》

▶ 신들의 노여움은 완만하지만 무섭다.

_D. J. 유베날리스(50?~130?) 로마 시인 《풍자시집》

▶ 신은 스스로 돕는 자를 돕는다. _P. 시드니(1554~1586) 영국 시인, 정치가

▶ 신은 영원한 휴식이 아니라 영원한 생명인 것이다.

_F. M. 뮐러(1823~1900) 영국 언어학자 《독일인의 사랑》

▶ 신은 우리들의 성벽이다. _M. 루터(1483~1546) 독일 종교 개혁가

▶ 신은 인간의 가슴속에 스스로의 모습을 비춘다.

_A. 포프(1688~1744) 영국 시인 《인간론》

▶ 신은 인간의 본질을 천사와 짐승의 중간에 존재하는 것으로 만들

*계율 | 지켜야 할 규범.

어 주었다. _A. 아우구스티누스(354~430) 로마 신학자, 성인 《신의 나라》

▶ 신은 절대로 군중이나 집단을 상대로 이야기하지 않는다.

_C. V. 게오르규(1916~1992) 루마니아 작가 《키라레사의 학살》

▶ 신은 진실을 보이지만, 그렇다고 빨리는 보이지 않는다.

_L. N. 톨스토이(1828~1910) 러시아 소설가, 사상가 《바보 이반》

▶ 신은 하나인데 온갖 이름으로 불리고 있다. _《리그베다》

▶ 신을 공경하는 마음은 인간의 죽음과 함께 멸하지 않는다. 인간의 생사에 아랑곳없이 그것은 불멸이다.

_소포클레스(B.C. 496~B.C. 406) 그리스 시인 《피로크테토스》

▶ 신을 두려워하라. 그리고 다른 누구도 두려워하지 마라.

_O. E. L. 비스마르크(1815~1898) 독일 정치가

▶ 신을 버리는 사람은, 종이로 만든 등을 가지고 계속 걷기 위해서 태양의 빛을 지우는 것과 같다.

_C. 모르겐슈테른(1871~1914) 독일 시인 《단계》

▶ 신을 부인하는 사실 속에 신에 대한 의식이 있다.

_E. 브루너(1889~1966) 스위스 신학자 《인간》

▶ 신을 안다는 것과 신을 사랑하는 것은 참으로 거리가 먼 일이다.

_B. 파스칼(1623~1662) 프랑스 사상가, 수학자, 물리학자 《팡세》

▶ 신의 *계율을 지키지 않으면 안 되는 것은 신에 대한 사랑 때문이지 신에 대한 두려움 때문은 아니다. _《탈무드》

▶ 신의 분노는 일시적인 것이며, 신의 자비는 영원한 것이다.

_J. 주베르(1754~1824) 프랑스 작가, 평론가 《팡세》

▶ 신이란 것이 존재하지 않으면 신을 창조할 필요가 있다.

_볼테르(1694~1778) 프랑스 사상가 《철학서간》

▶ 우리들은 신을 믿음으로써 악 속에서 선을, 암흑에서 빛을, 절망에서 희망을 찾을 수 있다. _D. 에라스뮈스(1466~1536) 네덜란드 철학자

▶ 이상하고 신기한 행동을 할 때 신의 계시에 따라 움직이는 것으로 보인다. 그러나 신은 인간의 의사를 꺾지는 않고 그 방향을 가리켜 주는 것으로 보인다. 그리고 또 신은 직접 어떤 결정을 내리는 것이 아니라 결정에 도움이 되는 생각을 인간에게 넣어 준다.

_플루타르코스(46?~120?) 그리스 철학자, 작가 《플루타르크 영웅전》

▶ 인간에 대한 신의 *섭리의 올바름을 입증하자.

_J. 밀턴(1608~1674) 영국 시인 《실락원》

▶ 신은 죽었다. 그러나 오늘날의 인류의 상황을 보면 신의 그림자가 긴 세월 동안 비치는 동굴들이 아직 남아 있다.

_F. W. 니체(1844~1900) 독일 철학자, 시인

*섭리 | 자연계를 지배하고 있는 원리와 법칙. 기독교에서는 세상과 우주 만물을 다스리는 하느님의 뜻.

속담

▶ 모든 것은 신의 뜻이다. _서양

▶ 무사태평한 때에는 신을 믿지 않는다. _영국

▶ 사람은 사람의 얼굴을 보지만 신은 사람의 마음을 본다. _터키

▶ 신은 새에게 먹이를 준다. 그러나 새는 그것을 얻기 위해 날지 않으면 안 된다. _영국

▶ 신의 도움을 받는 사람은 무서울 것이 전혀 없다. _영국

▶ 신의 힘을 믿고 있는 자는 모든 것을 가지고 있다. _영국

▶ 작은 잎 하나하나에도 신은 머문다. _영국

관용어

신(이) 내리다 _ 신이 무당에게 붙어 신령스러운 행동을 하다.

신(이) 지피다 _ 사람에게 신이 내려 신묘한 영이 통하다.

키워드 정보 BOX

올림포스의 제왕, 제우스

그리스 신화에 나오는 신들의 왕이다. 천둥 · 번개 · 비 · 바람을 일으키며 벼락을 무기로 사용한다. 제우스는 하마터면 신이 되지 못할 뻔했다. 왜냐하면 제우스의 아버지 크로노스는 아들한테 쫓겨날 것이라는 예언을 듣고는 겁이 나서 아기가 태어나면 그 즉시 삼켜 버렸기 때문이다. 크로노스의 부인 레아는 남편이 아이를 번번이 먹어 치우자 여섯째인 제우스를 낳았을 때는 남편을 속이고 아기를 다른 곳에서 몰래 키우게 했다. 청년이 된 제우스는 아버지 크로노스에게 독풀을 먹여 그의 뱃속에 있던 형과 누이들을 토해 내게 하고, 아버지와 벌인 싸움에서 이겨 신들의 왕이 되었다.

신념 信念

굳게 믿어 의심하지 않는 마음.

명언 명문

▶ 가령 악마 수가 많다 하더라도 나는 갈 것이다.

_M. 루터(1483~1546) 독일 종교 개혁가

▶ 그대의 신념에 따라 결정을 내리고 행동하는 것이 좋다.

_B. 그라시안이모랄레스(1601~1658) 에스파냐 작가

▶ 내가 비난을 받을까 두려워서 나와 가장 가깝고 친한 사람들이 수난을 당하고 있을 때, 공개적으로 나의 신념을 밝히지 않는다면 나는 진실하지 못하고 비겁한 사람이 될 것이다.

_M. K. 간디(1869~1948) 인도 정치가, 민족 운동 지도자 《하리잔》

▶ 모든 신념은 거짓말보다 더 큰 진리의 위험한 적이다.

_F. W. 니체(1844~1900) 독일 철학자, 시인

▶ 물론 나는 내 신념을 위해 죽을 각오는 되어 있지 않다. 어쨌든 내가 잘못인지도 모르기 때문이다.

_B. A. W. 러셀(1872~1970) 영국 철학자, 수학자

M. K. 간디

▶ 비폭력주의는 내 신념의 제1조이자 마지막 조항이다.

_M. K. 간디(1869~1948) 인도 정치가, 민족 운동 지도자

▶ 사람들의 마음을 움직이는 수많은 신념은 모두 헛된 것이다. 완전히 헛되고 시든 잡초처럼 아무 소용도 없다.

_E. J. 브론테(1818~1848) 영국 소설가, 시인

▶ 사람은 자신이 하는 일에 신념을 가져야만 한다. 그리고 자신이 하는 일이 옳다고 굳게 믿는다면 실행에 옮겨야 한다.

_J. W. 괴테(1749~1832) 독일 시인, 소설가, 극작가

▶ 생각은 다시 떠오르고 신념은 지속되지만 사실은 지나가고 다시

돌아오지 않는다. _J. W. 괴테(1749~1832) 독일 시인, 소설가

- 신념만으로 할 수 있는 일은 매우 적지만 그것이 없이는 아무것도 할 수 없다. _S. 버틀러(1835~1902) 영국 소설가
- 신념은 연애와 같은 것이어서 강요할 수 없는 것이다. _A. 쇼펜하우어(1788~1860) 독일 철학자
- 신념을 갖지 않는 한 남에게 신념을 줄 수는 없다. 스스로 납득이 가지 않는 한 남을 설득할 수 없다. _M. 아널드(1822~1888) 영국 시인, 평론가
- 신념을 위해 죽는 것은 분명히 고귀하다. 그러나 참된 신념을 위해 죽는 것은 얼마나 더 고귀한가. _H. L. 멘켄(1880~1956) 미국 언론인, 작가
- 신념을 지닌 사람만이 남에게도 충실할 수 있다. _E. 프롬(1900~1980) 독일 정신 분석학자, 사회학자
- 신념이 강한 사람이 성공한다. _J. 슐러(1839~1920) 미국 법률가, 역사가
- 오늘날 사람들의 마음을 괴롭히는 병은 신념의 결핍이다. _R. W. 에머슨(1803~1882) 미국 사상가, 시인
- 우리는 올바른 것이 강한 것이 된다는 신념을 지닌 채 의무를 끝까지 이행합시다. _A. 링컨(1809~1865) 미국 제16대 대통령
- 우리의 신념은 수의 무게에 압도되어 버리는 경우가 많다. 상당수가 반대하면 우리는 확실히 자기 판단력을 가지고 있으면서도 자신을 잃든가 자신감이 떨어진다. _D. 카네기(1888~1955) 미국 저술가
- 자기가 할 일을 발견하고 자기가 하는 일에 신념을 가진 자는 행복하다. _T. 칼라일(1795~1881) 영국 사상가, 역사가
- 현대인들은 지혜와 신념 그리고 자기의 신념에 따라 행동하는 용기를 가진 인간을 동경한다. _E. 프롬(1900~1980) 독일 정신 분석학자, 사회학자

속담

- 사람의 한결같은 마음은 하늘로 통한다. _일본
- 신념은 산도 움직인다. _영국

지식 쑥쑥

한자 숙어

도모시용(道謀是用) 길 가는 사람과 어떻게 집을 지을지 상의하면 그들의 생각이 모두 달라 집을 지을 수 없다는 뜻으로, 주관 없이 남의 말만 좇아서는 성사할 수 없음을 비유한 말.

부화뇌동(附和雷同) 자신의 뚜렷한 소신 없이 그저 남이 하는 대로 따라 움직임.

신비

神秘

일이나 현상 따위가 사람의 힘이나 지혜 또는 보통의 이론이나 상식으로는 도저히 이해할 수 없을 만큼 신기하고 묘함.

명언 명문

*성찰 | 자기의 마음을 반성하고 살핌.

▶ 내가 두 가지 사물을 여러 번 또 오랜 시간 *성찰하면 할수록, 더욱 새롭고 더욱 커지는 감탄과 외경으로 내 마음은 가득 찬다. 그 두 가지 사물이란 내 머리 위의 별이 총총한 하늘과 내 마음속의 도덕법이다. _I. 칸트(1724~1804) 독일 철학자 《실천 이성 비판》

▶ 불가사의한 것은 수두룩하다. 그러나 인간만큼 불가사의한 것은 없다. _소포클레스(B.C. 496~B.C. 406) 그리스 시인

▶ 사랑은 끝없는 신비다. 왜냐하면 아무것도 사랑을 설명할 수 없기 때문이다. _R. 타고르(1861~1941) 인도 시인, 사상가

▶ 신비가 시작될 때 정의는 끝난다.

_E. 버크(1729~1797) 영국 정치가, 사상가 《자유로운 사회의 변호》

▶ 신비로운 것은 모든 참된 예술과 과학의 원천이다.

_A. 아인슈타인(1879~1955) 미국 물리학자

▶ 신비로운 것이 반드시 기적은 아니다.

_J. W. 괴테(1749~1832) 독일 시인, 소설가, 극작가 《산문의 격언》

▶ 신비로움이란 것은 마치 분위기와 같은 것으로, 예술의 가장 아름다운 작품은 모두 그것을 지니고 있다.

_F. A. R. 로댕(1840~1917) 프랑스 조각가

▶ 신비를 밝혀내기 위해서 건강이나 행운을 희생시키는 것은 어리석은 짓이다. 왜냐하면 그런 신비 따위는 언젠가는 관심 밖의 일이 되기 마련이다. _M. 프루스트(1871~1922) 프랑스 소설가

▶ 신비주의가 없이는 인간은 위대한 일을 결코 이룰 수 없다.

_A. P. G. 지드(1869~1951) 프랑스 소설가, 평론가

▶ 신비주의는 그 본질에 있어서 근본적인 사고이다. 오늘날 신비주의는 우리의 정신 생활에서 멀리 떨어져 있다. 그것은 인간을 세계와의 정신적인 관계에 도달하도록 하기 위해 노력하고 있기 때문이다. _A. 슈바이처(1875~1965) 독일 신학자, 철학자, 의사 《나의 생애와 사상》

▶ 신비주의는 그것이 믿는 진리를 창조하며 그 때문에 근본적인 여러 사실을 느끼는 것이네. 이를 테면 시와 죽음 앞에 인간은 무력하다느니, 인생의 신이 우리의 숭배를 요구할 때까지 이상스러운 깊은 감정이 잠재해 있다느니 하는 사실 말이네.

_B. A. W. 러셀(1872~1970) 영국 철학자, 수학자 《사랑이 있는 기나긴 대화》

▶ 신비주의자는 말로 표현할 수 없는 것을, 정신과 의사는 말로 표현해서는 안 되는 것을 본다. _W. S. 몸(1874~1965) 영국 소설가, 극작가

▶ 신비함을 비웃는 자는 못난이다. _나폴레옹 1세(1769~1821) 프랑스 황제

▶ 어떤 가설을 가지고도 파헤칠 수 없으며 어떤 추측으로도 알아낼 수가 없는 신비들이 영혼의 내부에 존재한다.

_K. 지브란(1883~1931) 미국 소설가, 화가, 시인

▶ 오늘날의 과학은 종교만은 부인하지 못했다. 하지만 운과 요술이 가진 신비만은 완전히 잃게 하였다.

_D. H. 로렌스(1885~1930) 영국 소설가, 시인

▶ 육체는 사랑의 책이며, 사랑의 신비로움은 영혼 속에서 자란다.

_J. 던(1572~1631) 영국 시인, 성직자

▶ 인류보다 더 고귀한 것은 없다. 이것은 거룩한 신비다.

_《마하바라타》

▶ 인류의 번식은 매우 놀랍고 신비로운 일이다. 만약 신이 내게 인간을 많이 만들어 낼 방법을 물었다면 나는 진흙으로 계속해서 사람을 빚으라고 대답했을 것이다. _M. 루터(1483~1546) 독일 종교 개혁가

▶ 처음으로 보는 것, 듣는 것, 맛보는 것 등은 아름답고 위대하고 상쾌한 일이다. 그러나 그것은 신기함으로 우리를 놀라게 할 뿐 안정성이 없고 *향락하려는 노력이 향락 자체보다도 더 크다.

_F. M. 뮐러(1823~1900) 영국 언어학자 《독일인의 사랑》

▶ 행복은 종교와 같이 신비로운 것이기 때문에 논리로 설명하려고 해서는 안 된다. _G. K. 체스터턴(1874~1936) 영국 소설가, 평론가

*향락 | 쾌락을 누림.

신앙 信仰

믿고 받드는 일.

명언 명문

*사도 | 거룩한 일을 위하여 헌신하는 사람.

▶ 가벼운 믿음은 신앙의 문 바로 옆에 서 있다. 그러나 의혹은 절망으로 이끈다. _F. 뤼케르트(1788~1866) 독일 시인, 동양학자 《브라만의 지혜》

▶ 나는 신앙이 없는 지식인들과 신심이 깊은 바보들을 혐오한다. _마호메트(570?~632) 이슬람교 창시자

▶ 비판 정신은 철학가를 만들 수 있으나, *사도를 만들 수 있는 것은 오로지 신앙뿐이다. 신앙은 애정과 같은 것이어서 강제로 할 수 없다. 그러므로 국가의 법률로써 그것을 채용하든가 구속하려고 함은 잘못된 것이다. _A. 쇼펜하우어(1788~1860) 독일 철학자

▶ 사람은 결코 죽음을 생각해서는 안 된다. 오직 삶을 생각하라. 이것이 참된 신앙이다. _B. 디즈레일리(1804~1881) 영국 정치가, 소설가

▶ 신앙과 마음의 관계는 시와 상상력의 관계와 같다. _J. 주베르(1754~1824) 프랑스 작가, 평론가 《팡세》

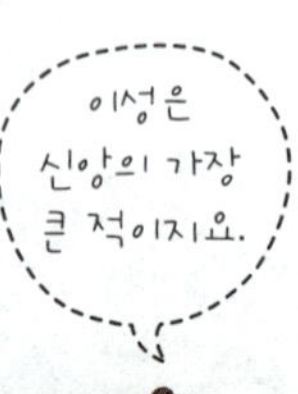

▶ 신앙도 신의 선물이다. 평화와 사랑을 주는 데서 신앙도 또한 일어나는 것이다. _A. 아우구스티누스(354~430) 로마 신학자, 성인 《견인의 선물》

▶ 신앙은 권력, 관습, 법률이 만들어 낸 것이 아니고 모든 사람의 지속적이고 보편적인 합의로 유지되는 것이다. _M. T. 키케로(B.C. 106~B.C. 43) 로마 정치가, 학자

M. 루터

▶ 신앙은 단두대와 같은 것이다. 그것처럼 어려우면서도 쉬운 것은 없다. _F. 카프카(1883~1924) 독일 소설가

▶ 신앙은 모든 지식의 시작이 아니라 끝이다. _J. W. 괴테(1749~1832) 독일 시인, 소설가, 극작가

▶ 신앙은 인생의 힘이다. _L. N. 톨스토이(1828~1910) 러시아 소설가, 사상가 《고백》

▶ 신앙은 지식이 아니기 때문에 광신적인 힘을 이끌어 낸다. 신앙은 맹목적이고 정열적이고 완고하고 어리석다. 신앙이 말하는 것은 무조건적이고, 반이성적이고, 반역사적이며, 모든 *반증을 무시한다. _S. 보부아르(1908~1986) 프랑스 소설가, 평론가 《제2의 성》

*반증 | 어떤 사실이나 주장이 옳지 아니함을 그에 반대되는 근거를 들어 증명함.

▶ 신앙은 항상 더 큰 사실을 위해서 더 작은 사실을 믿지 않는다는 것을 포함하고 있다.

_O. W. 홈스(1809~1894) 미국 소설가, 의학자 《아침 식탁의 독재자》

▶ 신앙을 통해서 보는 것은 이성에 대해서 눈을 감는 것이다.

_B. 프랭클린(1706~1790) 미국 정치가, 과학자 《가난한 리처드의 책력》

▶ 신앙이 존재하는 곳에 신은 존재한다.

_M. 세르반테스(1547~1616) 에스파냐 소설가

▶ 신앙이란 눈으로 보지 못한 것에 대한 믿음이 아니고 무엇이랴.

_A. 아우구스티누스(354~430) 로마 신학자, 성인

▶ 이성은 신앙의 가장 큰 적이다. _M. 루터(1483~1546) 독일 종교 개혁가

▶ 인간의 참된 신앙이란 휴식을 취하기 위한 것이다. 그것은 오로시 삶에 대한 힘을 얻기 위해서이다. _J. 러스킨(1819~1900) 영국 미술 평론가

▶ 있을 수 있는 일만을 믿는 것은 신앙이 아니라 단순한 철학에 불과하다. _T. E. 브라운(1830~1897) 영국 시인

▶ 중용은 뻔뻔스러움을, 수치는 음행을, 신앙심은 죄를 감춘다.

_L. A. 세네카(B.C. 4?~A.D. 65) 로마 철학자, 극작가 《파이드로스》

▶ 진심으로 믿을 때 사람은 옳게 되며 정의로워질 것이다.

_M. 루터(1483~1546) 독일 종교 개혁가 《기독교도의 자유》

▶ 진정한 신앙인은 자기가 하루에도 열 번이나 신을 증오하고 부인하는 것을 의식한다. _알랭(1868~1951) 프랑스 철학자, 평론가

속담

▶ 교회에 가까울수록 신앙심이 약하다. (교회에 가까이 살면 오히려 게을러지고 믿는 마음이 약해질 수 있다는 말) _서양

▶ 사람을 구원하는 것은 신앙밖에 없다. _일본

▶ 신앙은 산을 움직일 수 있다. _서양

▶ 신앙이 없는 사람은 고삐가 없는 말과 같다. _영국

실재 實在

실제로 존재함. 또는 인간의 의식으로부터 독립하여 객관적으로 존재하는 물질 세계.

명언 명문

*은폐 | 덮어 감추거나 가리어 숨김.

▶ 가장 무서운 실재는 고통과 함께 위대한 발견의 기쁨을 가져다 준다. 왜냐하면 그것은 우리들이 오랫동안 알지 못하고 이리저리 생각만 해 온 것에 새롭고 명확한 형태를 부여하기 때문이다.

_M. 프루스트(1871~1922) 프랑스 소설가 《과거의 기억》

▶ 나는 오로지 *은폐함이 없이 실재에 마주치기만을 구하고 있다.

_T. W. 윌슨(1856~1924) 미국 제28대 대통령

▶ 모든 개인적인 것의 배후에는 비개인적인 것, 신적인 것이 있다. 그리고 거기에 비로소 실재가 생기고 삶이 태어난다.

_H. 헤세(1877~1962) 독일 소설가, 시인 《서간》

▶ 신앙은 소망하는 것들의 실재요, 보이지 않는 것들의 증거니, 이것이 그 본질이 된다. _A. 단테(1265~1321) 이탈리아 시인

▶ 신의 무한한 정신에 대하여 만물은 동시적이고 영원하기 때문에 시간에는 아무런 실재성이 없다. _B. 스피노자(1632~1677) 네덜란드 철학자

▶ 실재는 오직 하나지만, 현명한 사람들은 이것을 여러 가지로 부른다. _《리그베다》

▶ 실재의 완전한 본질은 지각의 흐름 속에서 부여된다.

_H. 제임스(1843~1916) 미국 소설가 《철학의 근본 문제》

▶ 우리 내면에 간직한 실재 이외에는 다른 실재가 없다. 그렇기 때문에 무수한 사람이 비현실적 삶을 산다.

_H. 헤세(1877~1962) 독일 소설가, 시인

▶ 합리적인 것은 실재하고, 실재하는 것은 합리적이다.

_G. W. F. 헤겔(1770~1831) 독일 철학자

실존

實存

실제로 존재함. 또는 그런 존재. 사물의 본질이 아닌, 그 사물이 존재하는 그 자체.

명언 명문

▶ 도덕적 의지는 원래 자연법칙을 차단하는 자유에 그 근거를 두고 있다. 그런데 이것이 한번 법칙화되어 고정되면 이번에는 자유를 구속한다. 그러므로 가치 창조적인 실존에 의해서 돌파되어야 할 것이 된다. _K. 야스퍼스(1883~1969) 독일 철학자 《철학》

▶ 세상의 본질은 짜을 지으려는 의지적 행위다. 바로 그것에 모든 실존의 목적이 있다. _A. 쇼펜하우어(1788~1860) 독일 철학사

▶ 실존의 밑바닥에는 무(無)가 있다. 그러므로 죽음에 대한 불안이 있다. 인간이 이 세상에 산다는 것은 곧 불안이다.

_M. 하이데거(1889~1976) 독일 철학자

▶ 실존적 인간이란 영원한 반항아다.

_A. 카뮈(1913~1960) 프랑스 소설가, 극작가

▶ 실존한다는 것은 죽음 앞에 서는 것을 의미한다.

_E. 블로흐(1885~1977) 독일 철학자

▶ 인간만이 실존한다. 나무는 존재하지만 실존하지는 않는다. 말은 존재하지만 실존하지는 않는다. 천사는 존재하지만 실존하지는 않는다. _M. 하이데거(1889~1976) 독일 철학자

▶ 인간은 먼저 실존한 다음 세계 안에서 서로 만나고 세계 속에서 문득 모습을 나타냈다가 그 후에 정의지어진다.

_J. P. 사르트르(1905~1980) 프랑스 소설가, 철학자 《실존주의는 휴머니즘이다》

▶ 인간은 자신이 스스로 형성하는 것 이외에 아무것도 아니다. 이것이 실존주의의 첫째 원칙이다.

_J. P. 사르트르(1905~1980) 프랑스 소설가, 철학자

A. 카뮈

실천

實踐

생각한 바를 실제로 행함. 철학적 개념으로는 인간의 윤리적 행위, 또는 자연이나 사회를 변혁하는 계획적인 모든 활동.

명언 명문

- 군자는 말에는 더디고 실천에는 민첩하고자 한다. _《논어》
- 군자는 말함이 행함보다 지나침을 부끄러워한다. _《논어》
- 나는 스스로 실행할 수 있는 일에 결코 타인의 손을 빌리지 않을 것을 좌우명의 하나로 해 왔다.
  _C. L. S. 몽테스키외(1689~1755) 프랑스 사상가
- 나의 사상에 행동의 관을 씌우기 위해서, 생각해 내면 곧바로 실천한다. _W. 셰익스피어(1564~1616) 영국 극작가, 시인 《맥베스》
- 말한 것을 즉시 실천하는 사람이 가치가 있다.
  _Q. 엔니우스(B.C. 239~B.C. 169) 로마 시인, 극작가
- 배운 것을 실제로 사용하는 사람이 가장 현명한 사람이다. 학문은 그 사용법까지 가르쳐 주지는 않는다. 학문을 이용한다는 것은 학문을 떠나 한 걸음 높은 지혜이다.
  _F. 베이컨(1561~1626) 영국 정치가, 철학자
- 부드러운 것이 단단한 것을, 약한 것이 강한 것을 이긴다는 것은 누구나 알지만 아무도 실천하지는 않는다.
  _노자(B.C. 604?~?) 중국 춘추 시대 초나라 사상가
- 부드럽게 계획하라. 그러나 열렬하게 밀고 나가라.
  _C. A. 비어드(1874~1948) 미국 역사가
- 빛깔은 아름답지만 향기가 없는 꽃처럼 실천이 없는 교묘한 말은 무익하다. _《법구경》
- 사람은 이론을 통해서는 아무것도 알 수 없다. 항상 실천이 필요하다. _J. W. 괴테(1749~1832) 독일 시인, 소설가, 극작가 《격언과 반성》

▶ 선비에게 학식이 중요하지만 가장 중요한 것은 실천이다.

_묵자(B.C. 480~B.C. 390) 중국 춘추 전국 시대 노나라 사상가

▶ 실천은 언제나 이론에 관한 충분한 지식에 기초를 두고 있어야만 한다.

_L. 다빈치(1452~1519) 이탈리아 화가, 건축가, 조각가

▶ 실천하기 어려운 것은 말하기도 어렵다.

_공자(B.C. 551~B.C. 479) 중국 춘추 시대 노나라 사상가

▶ 아이에게는 비평보다는 몸소 실천해 보이는 모범이 더 필요하다.

_J. 주베르(1754~1824) 프랑스 작가, 평론가

▶ 알면서 실천하지 않는 것은 참된 앎이 아니다.

_이황(1501~1570) 조선 시대 문신, 유학자

▶ 우물물을 길어 올리려면 줄이 있어야 하듯 학자에게는 실천이 필요하다.

_A. 자마크샤리(1075~1144) 《코란》 주석가 《황금목걸이》

▶ 자기가 믿는 것을 죽을 때까지 실천할 용기가 없다면 글을 단 한 줄이라도 쓰려는 사람은 아무도 없을 것이다.

_H. V. 밀러(1891~1980) 미국 소설가

▶ 진실의 실천에는 특정된 시간이 없다. 그것은 항상 지금이다.

_A. 슈바이처(1875~1965) 독일 신학자, 철학자, 의사

▶ 진정한 애국심은 말보다 실천에 있음을 알아야 한다.

_안창호(1878~1938) 독립운동가, 교육자

속담

▶ 말이 앞서지 일이 앞서는 사람 본 일 없다. (실천하는 사람은 드물다는 뜻) _한국

▶ 실천은 온전하게 만든다. _미국

▶ 실천은 이론보다 낫다. _독일

▶ 실천이 말보다 더 크게 말한다. _영국

▶ 지식보다는 실천이다. _그리스

▶ 지식은 보물이지만 실천은 그 열쇠다. _서양

▶ 한 가지 실천이 백 가지 설교보다 낫다. _서양

한자 숙어

눌언민행(訥言敏行) 말하기는 쉽고 행하기는 어려우니 말을 먼저 내세우지 말고 민첩하게 행동하라는 말.

실천궁행(實踐躬行) 몸소 실천함.

작심삼일(作心三日) 마음 먹은 것이 사흘을 가지 못함.

악

惡
인간의 도덕적 기준에 어긋나는 나쁨.
또는 그런 것.

명언 명문

*잠식 | 누에가 뽕잎을 먹듯이 점차 조금씩 침략하여 먹어 들어감.

▶ 마음속에 싹튼 악은 그 몸을 해치는데 이것은 쇠에 생긴 녹이 그 쇠를 *잠식하는 것과 같다. _《법구경》

▶ 사람들은 타인의 악에 대해서는 화를 내고 싸우지만, 자기 속의 악과는 싸우려고 하지 않는다. _마르쿠스 아우렐리우스(121~180) 로마 황제

▶ 사물이 인간의 역할을 하고, 인간이 사물의 역할을 하는 것이야말로 악의 근원이다. _S. 베유(1909~1943) 프랑스 철학자 《노동일기》

▶ 악은 사람이 인간성이라는 짐을 벗으려고 비극적으로 노력하다가 자기 자신을 상실하는 것이다.

_E. 프롬(1900~1980) 독일 정신 분석학자, 사회학자 《인간의 마음》

▶ 악은 승리하는 경우는 많지만 결코 정복하지는 못한다.

_J. 루(1834~1905) 프랑스 성직자, 작가

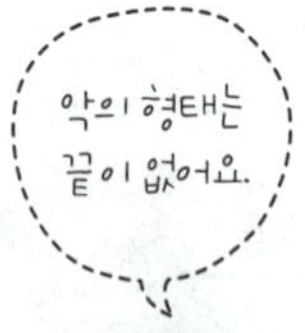

▶ 악은 즐거움 속에서도 괴로움을 주지만, 덕은 고통 속에서도 우리를 위로해 준다. _C. C. 콜턴(1780~1832) 영국 작가, 성직자 《라콘》

▶ 악은 행하기 쉽다. 그리고 그 형태는 끝이 없다.

_B. 파스칼(1623~1662) 프랑스 사상가, 수학자, 물리학자

▶ 악을 수동적으로 받아들이는 사람은 조장하는 사람과 똑같이 악에 개입되어 있다. _M. L. 킹(1929~1968) 미국 목사, 흑인 해방 운동가

▶ 악이 물질에서 오는 것이라면, 우리들에게는 필요 이상의 물질이 있다. 또 만일 악이 정신에서 오는 것이라면, 우리들에게는 지나치게 많을 만큼의 정신이 있다. _볼테르(1694~1778) 프랑스 사상가

▶ 악이라 불리는 것은 상실에 의한 선의 결여 이외의 무엇이겠는가.

_A. 아우구스티누스(354~430) 로마 신학자, 성인 《믿음 · 희망 · 사랑》

B. 파스칼

▶ 알고도 하는 것이 악함이요, 알지 못하고 하는 것은 *허물이니, 만일 이 두 가지를 능히 깨닫고 고치면 허물 없는 데로 돌아가는 것인데, 과연 누가 허물이 없으리오.

_조광조(1482~1519) 조선 시대 문신, 성리학자 《정암집》

*허물 | 잘못 저지른 실수.
*고리다 | 썩은 냄새와 같다.

▶ 이 세상에서 가장 훌륭한 일은 악과 싸우는 일이다. 우리는 먼저 진리에 대해서 정열을 갖는 공부부터 해야 된다.

_B. A. W. 러셀(1872~1970) 영국 철학자, 수학자

속담

▶ *고린 장이 더디 없어진다. (나쁜 것이 도리어 빨리 없어지지 않고 오래감을 이르는 말) _한국

▶ 나쁜 말뚝은 항상 깊이 박혀 있다. _영국

▶ 못된 나무에 열매가 많다. (세상에는 못된 것은 번성하고 아름다운 것은 도리어 적다는 말) _한국

▶ 악으로 모은 살림 악으로 망한다. (나쁜 짓을 하여 모은 재산은 오래가지도 못할 뿐 아니라 도리어 해롭게 된다는 말) _한국

▶ 악은 금세 천 리를 간다. _일본

▶ 악은 물들기 쉽다. _영국

한자 숙어

이혈세혈(以血洗血) 피로써 피를 씻으면 더욱 더러워진다는 뜻으로, 악을 악으로 갚거나 거듭 나쁜 일을 함을 이름.

조걸위학(助桀爲虐) 폭군을 부추기어 악을 저지르게 함을 이르는 말로, 악인을 도와 악한 짓을 더 하게 한다는 뜻.

키워드 정보 BOX

성악설

중국 전국 시대의 사상가 순자가 주창한 학설로서, 사람의 타고난 본성을 이기적이고 악하다고 생각하는 윤리 사상이다. 순자는 "사람의 타고난 본성은 누구나 이익을 좋아하고 손해를 싫어하며, 좋은 목소리와 예쁜 용모를 바라는 성향이 있기 때문에 만일 사람이 있는 그대로 본성에 따르고 욕구를 따른다면, 반드시 다툼이 일어나고 사회 질서가 어지러워져 혼란을 가져오게 될 것이다. 그러므로 반드시 스승이 있어 법으로써 교화하고 예의로써 인도해야 도덕적이 된다."고 했다.

악마 惡魔

사람에게 재앙을 내리거나, 나쁜 길로 유혹하는 마물.

명언 명문

*사탄 | 절대자라는 뜻으로, 하느님과 대립하여 존재하는 악을 인격화하여 이르는 말.
*향료 | 향기를 내는 데 쓰는 물질.

▶ 게으름뱅이는 악마가 자기를 유혹하도록 유혹한다.

_R. 킹스턴(17세기경) 영국 정치가, 작가

▶ 만약 악마가 존재하지 않는다면 결국 인간이 그것을 만들어 낸 것이 된다. 인간은 기어코 자기 모습과 닮은 악마를 만들어 냈을 것이다.

_F. M. 도스토엡스키(1821~1881) 러시아 소설가 《카라마조프의 형제들》

▶ 사람을 낚아 올리는 악마는 여러 가지 맛있는 미끼를 보인다.

_J. W. 괴테(1749~1832) 독일 시인, 소설가, 극작가

▶ *사탄은 항상 범죄를 일으키기 위하여 한가한 사람을 찾는다.

_J. 라브뤼예르(1645~1696) 프랑스 작가

▶ 세상은 악마의 *향료를 사랑한다.

_H. W. 롱펠로(1807~1882) 미국 시인 《히페리온》

▶ 신과 악마가 싸우고 있다. 그리고 그 전쟁터가 바로 인간의 마음이다.

_F. M. 도스토엡스키(1821~1881) 러시아 소설가

▶ 십자가 뒤에 악마가 도사린다.

_M. 세르반테스(1547~1616) 에스파냐 소설가 《돈키호테》

▶ 악마가 우리를 유혹하는 것이 아니고 우리에게 좋은 기회를 주는 그의 재주를 믿고 우리가 그를 유혹하는 것이다.

_G. 엘리엇(1819~1880) 영국 소설가

▶ 악마는 위대한 예술가요 위대한 학자다. 적어도 세계의 반은 악마가 만든 것이다.

_A. 프랑스(1844~1924) 프랑스 작가 《에피퀴르의 정원》

▶ 악마는 이론가다. 악마는 현세의 좋은 것이나 관능의 기쁨이나 육체 등을 대표하는 데 그치지 않고, 그는 한 인간이며 성의 대표자

이기도 하다. _H. 하이네(1797~1856) 독일 시인 《정령고》

*간계 | 간사한 꾀.

▶ 악마는 타락한 천사일 뿐이다. 하느님이 사탄을 잃은 것은 자신의 가장 유능한 부하 하나를 잃은 것이다.

_W. 리프먼(1889~1974) 미국 시사 평론가, 언론인

▶ 악마를 굴복시키려는 사람은 먼저 자기 마음을 굴복시켜라. 마음이 굴복하고 나면 수많은 악마의 소리도 들리지 않게 된다.

_《채근담》

▶ 악마의 가장 능숙한 *간계는 악마란 없다고 믿게 하는 것이다.

_C. P. 보들레르(1821~1867) 프랑스 시인

▶ 악마의 협력 없이는 예술 작품은 불가능하다.

_A. P. G. 지드(1869~1951) 프랑스 소설가, 평론가

▶ 야유는 일반적으로 악마의 언어다.

_T. 칼라일(1795~1881) 영국 사상가, 역사가

▶ 자유를 위협하고 압박하고 빼앗고 속이고 짜 내는 것은 악마의 자유다.

_J. K. 라바터(1741~1801) 스위스 신학자, 시인 《국민에 대한 자유스러운 한 스위스인의 말》

▶ 죄를 짓는 것은 인간적인 일이지만 죄에 오래 머물러 있는 것은 악마의 짓이다. _G. 초서(1342?~1400) 영국 시인

속담

▶ 게으름뱅이의 머릿속은 악마의 일터다. _영국

▶ 나쁜 친구는 악마의 그물이다. _서양

▶ 사람이 흥청거리고 놀고 있는 것을 악마가 발견하면 악마는 그에게 나쁜 짓을 시킨다. _영국

▶ 악마가 문을 두드리면 문을 열지 마라. _서양

▶ 악마는 악마를 만든다. _영국

▶ 전쟁이 시작되면 악마는 지옥을 더 크게 짓는다. _독일

▶ 중대한 위기에 처한 경우에는, 고비를 넘길 때까지만은 악마와 함께 가도 좋다. _불가리아

▶ 진실을 말해서 악마를 부끄럽게 하라. _서양

▶ 천사처럼 이해하면서도 악마가 되는 사람도 있다. _서양

악행 惡行

악독한 행위.

명언 명문

▶ 격에 맞지 않는 선행은 악행이라고 생각한다.

_Q. 엔니우스(B.C. 239~B.C. 169) 로마 시인, 극작가

▶ 남에게 악을 행하는 것은 곧 자기 자신에게 악행을 하는 것이다.

_헤시오도스(B.C. 8세기경) 그리스 시인

▶ 누구도 편의를 위해서 악을 행할 수는 없다.

_T. 루스벨트(1858~1919) 미국 제26대 대통령 《힘드는 인생》

▶ 돈에 대한 사랑은 모든 악행의 어머니다.

_디오게네스(B.C. 412?~B.C. 323?) 그리스 철학자

▶ 모든 악행은 공개되면 그 위험성이 줄어든다.

_L. A. 세네카(B.C. 4?~A.D. 65) 로마 철학자, 극작가

▶ 비열한 자는 이익이나 지위를 잃지 않으려고 못하는 짓이 없다.

_공자(B.C. 551~B.C. 479) 중국 춘추 시대 노나라 사상가

▶ 사람들은 선생이 없어도 악행을 배운다.

_T. 풀러(1654~1734) 영국 의사, 작가

▶ 선행은 평생 해도 오히려 부족하고 악행은 하루만 해도 저절로 남아 있게 된다. _마원(B.C. 14~A.D. 49) 중국 후한 장군

▶ 세상에 악을 위해 악을 행하는 자는 없다. 사람들은 이익, 쾌락, 영예를 얻으려고 악을 행한다. _F. 베이컨(1561~1626) 영국 정치가, 철학자

▶ 소수의 악행은 모든 사람들의 재해가 된다.

_P. 시루스(B.C. 1세기경) 로마 시인

▶ 악행은 비록 온 천하가 덮어 준다 해도 세상 사람들의 눈에 드러나는 법이다. _W. 셰익스피어(1564~1616) 영국 극작가, 시인 《햄릿》

T. 풀러

▶ 악행은 숨길수록 더욱 자라고 왕성해진다.

_P. 베르길리우스(B.C. 70~B.C. 19) 로마 시인

▶ 어리석은 자는 몸을 위태롭게 만드는 악행은 하기 쉽지만 몸을 가장 안전하게 만드는 선행은 하기 어렵다. _《법구경》

▶ 우리는 오래 겪은 악행은 참지만, 새로운 악행은 비난한다.

_P. 시루스(B.C. 1세기경) 로마 시인

▶ 인간은 악을 행하는 자유는 있어도 악을 행하지 않는, 악에서 벗어나는 자유는 없다. _A. 아우구스티누스(354~430) 로마 신학자, 성인

▶ 자신의 모든 악행을 충분히 아는 사람은 아무도 없다.

_F. 라로슈푸코(1613~1680) 프랑스 작가

속담

▶ 가지 따 먹고 *외수한다. (나쁜 짓을 하고 시치미를 뗀다는 말) _한국

▶ 듣기 좋은 말은 악행을 숨긴다. _서양

▶ 악행은 선행의 장막에 싸여 있다. _서양

▶ 어떠한 악행도 부인할 수 있다. _프랑스

*외수 | 속임수.

한자 숙어

인면수심(人面獸心) 얼굴은 사람의 모습을 하였으나 마음은 짐승과 같다는 뜻으로, 마음이 몹시 흉악함을 이르는 말.

키워드 정보 BOX

악의 근거지, 복마전

복마전이란 마귀가 숨어 있는 집이란 뜻으로, 중국 명나라의 소설가 시내암이 쓴 《수호전》에서 비롯된 말이다. 중국 북송 때, 나라에 전염병이 돌자 황제는 신하를 보내어 도를 닦은 도사에게 전염병이 물러나도록 기도할 것을 명령했다. 신하는 도사를 찾아갔다가, '복마지전'이란 간판이 달린 건물을 보고 호기심에 그 안으로 들어가 안에 있는 돌비석을 뽑았다. 그러자 큰 소리가 나면서 검은 연기가 치솟더니 사방으로 흩어졌다. 그때 도사가 나타나 "그곳은 마왕 108명을 가두어 둔 곳이오. 이제 그들이 세상에 나왔으니 소동을 일으킬 것이오."라고 말했다. 그 후 농민 반란이 일어났다고 한다. 이처럼 복마전은 나쁜 일이나 음모가 끊임없이 행해지는 악의 근거지라는 뜻으로, 부정부패와 비리가 생겨나는 곳을 뜻하기도 한다.

양심 良心

사물의 가치를 변별하고 자기의 행위에 대하여 옳고 그름과 선과 악의 판단을 내리는 도덕적 의식.

명언 명문

▶ 각자의 가슴속의 양심은 가장 무서운 증인이자 고발자다.

_폴리비오스(B.C. 200?~B.C. 118?) 그리스 역사가

▶ 몸에만 꼭 맞는 옷을 입기보다는 양심에도 꼭 맞는 옷을 입는 것이 좋다.

_L. N. 톨스토이(1828~1910) 러시아 소설가, 사상가

▶ 사람은 자기의 양심이 이르는 일을 거역하고 배반할수록 천상의 신을 더럽힐 뿐만 아니라 이 지상의 신도 더럽히는 것이 된다.

_J. 러스킨(1819~1900) 영국 미술 평론가

▶ 세상 사람들을 속이기는 쉬워도 자기 양심을 속이기는 어렵다.

_여곤(1536~1618) 중국 명나라 학자

▶ 양심 없는 지식은 인간의 영혼을 멸망시킨다.

_F. 라블레(1483?~1553) 프랑스 극작가 《가르강튀아와 팡타그뤼엘》

▶ 양심! 양심! 신성한 본능이여! 불편의 하늘의 소리여, 지성 있고 자유로운 한 존재의 확고한 안내자여, 선악에 대한 올바른 심판자여, 인간을 신과 닮게 하는 자여, 그대야말로 인간의 본성의 우수성과 행위의 도덕성을 낳게 하는 자다.

_J. J. 루소(1712~1778) 프랑스 작가, 사상가 《에밀》

▶ 양심과 명성은 두 개의 사물이다. 양심은 너희 자신에게 돌려야 할 것이고, 명성은 너희 이웃에게 돌려야 할 것이다.

_A. 아우구스티누스(354~430) 로마 신학자, 성인 《고백》

▶ 양심은 개인이 자기 보존을 위해서 개발한, 사회의 질서를 지켜보는 수호신이다.

_W. S. 몸(1874~1965) 영국 소설가, 극작가 《달과 6펜스》

▶ 양심은 누군가 남이 보고 있을지도 모른다고 경고하는 내면의 목

소리다. _H. L. 멘켄(1880~1956) 미국 언론인, 작가

▶ 양심은 스스로 돌아보아 부끄럽지 않다는 *자각을 갑옷 삼아, 아무것도 두렵게 하지 않는 좋은 친구다. _A. 단테(1265~1321) 이탈리아 시인

▶ 양심은 우리들의 영혼을 꾸짖고, 항상 예리한 재난을 떨쳐버린다. _D. J. 유베날리스(50?~130?) 로마 시인 《풍자시》

▶ 양심은 천 명의 증인과 맞먹는다. _M. F. 퀸틸리아누스(35?~95?) 로마 웅변가, 수사학자 《변론술 교정》

▶ 양심은 항상 침묵이라는 형태로 말한다. _M. 하이데거(1889~1976) 독일 철학자 《존재와 시간》

▶ 양심이란 우리 내면에서 작용하는 특정한 요구의 반발에 대한 내면적 인식이다. _S. 프로이트(1856~1939) 오스트리아 심리학자, 의사

▶ 오늘날 양심의 자유란 인간이 그가 좋아하는 것을 믿을 수 있는 자유일 뿐만 아니라 그 신념을 가능한 한 널리 선전하기 위해 노력할 수 있는 자유로 이해되고 있다. _J. 스위프트(1667~1745) 영국 소설가 《양심의 증언에 관한 설교》

▶ 운명은 화강암보다 견고하지만, 인간의 양심은 운명보다 더 견고하다. _V. M. 위고(1802~1885) 프랑스 시인, 극작가 《석재의 산》

▶ 인간을 비추는 유일한 불빛은 이성이며, 생의 어두운 길을 인도하는 유일한 지팡이는 양심이다. _H. 하이네(1797~1856) 독일 시인 《독일의 종교와 철학》

▶ 자녀에게 황금보다는 양심이라는 훌륭한 유산을 남겨야 한다. _플라톤(B.C. 428?~B.C. 347?) 그리스 철학자 《법률》

▶ 정의는 결국은 끝나지 않으면 안 되는 일시적인 것이지만 양심은 영원하며 결코 죽지 않을 것이다. _M. 루터(1483~1546) 독일 종교 개혁가

*자각 | 현실을 판단하여 자기의 입장이나 능력 따위를 스스로 깨달음.

속담

▶ 깨끗한 양심은 잠을 잘 들게 하는 부드러운 베개다. _영국

▶ 수치를 모른다는 것은 양심이 없다는 것이다. _서양

▶ 양심에 물어 부끄러운 데가 없으면 매일이 축제다. _영국

▶ 양심은 죄의 고발자다. _영국

▶ 양심이 없는 자는 아무것도 가진 것이 없다. _서양

영혼

靈魂

죽은 사람의 넋. 육체에 깃들어 마음의 작용을 맡고 생명을 부여한다고 여겨지는 비물질적 실체.

명언 명문

▶ 건강한 육체는 영혼의 응접실이고 병든 육체는 영혼의 감옥이다.

_F. 베이컨(1561~1626) 영국 정치가, 철학자

▶ 나는 두 개의 보물을 가지고 있다. 그것은 바로 나의 벗과 나의 영혼이다.

_R. 롤랑(1866~1944) 프랑스 소설가, 사상가

▶ 내 가슴속에는 두 개의 혼이 살고 있다. 하나는 억센 애욕에 사로잡혀서 현세에 집착하고, 또 하나는 이 현세를 떠나서 영혼의 세계를 지향한다.

_J. W. 괴테(1749~1832) 독일 시인, 소설가, 극작가 《파우스트》

▶ 눈에는 빛이, 허파에는 공기가, 마음에는 사랑이 있는 것처럼, 인간의 영혼에는 자유가 있어야 한다.

_R. G. 잉거솔(1833~1899) 미국 정치가 《진보》

▶ 마음의 움직임 중 일부인, 기쁨 또는 근심을 느끼는 것이 깊으면 영혼도 모두 여기 모여 다른 능력을 돌아볼 여유가 없게 된다.

_A. 단테(1265~1321) 이탈리아 시인 《신곡》

▶ 사람이 우스꽝스럽게 보이거나 초라해 보인다 하더라도 우리는 그 사람의 인격을 존중해야만 한다. 왜냐하면 사람의 영혼이란 누구나 같기 때문이다.

_A. 쇼펜하우어(1788~1860) 독일 철학자

▶ 영혼, 그것은 지상의 온갖 것으로부터 인간을 떨어져 있게 하는 영원한 불꽃의 반짝임이다.

_J. F. 쿠퍼(1789~1851) 미국 소설가 《바다에서, 물가에서》

▶ 영혼과 육체, 사람은 이 두 가지를 자기의 것으로 알고, 늘 그 모순에 허덕인다. 그러나 진정한 당신의 본질은 영혼에 있는 것을 깨달아야 한다.

_A. 아우구스티누스(354~430) 로마 신학자, 성인

A. P. G. 지드

▶ 영혼은 미묘해서 아주 작은 입자로 이루어졌으며, 입자는 물의 흐름과 구름이나 연기보다도 훨씬 미세하다.

_T. 루크레티우스(B.C. 94?~B.C. 55?) 로마 시인, 철학자 《사물의 본성에 관하여》

▶ 영혼은 불의 정력을 가지며 그 근원은 하늘에 있다.

_P. 베르길리우스(B.C. 70~B.C. 19) 로마 시인 《아이네이스》

▶ 영혼을 더럽히는 것은 모두 죄다.

_A. P. G. 지드(1869~1951) 프랑스 소설가, 평론가

▶ 영혼을 육체에서 분리시키는 것은 삶이지 죽음은 아니다.

_P. 발레리(1871~1945) 프랑스 시인, 사상가, 평론가

▶ 영혼의 가치는 높이 올라가는 것에 있는 것이 아니라 오히려 올바르게 행동하는 것에 있다. 그것이야말로 참된 학문이다.

_M. E. 몽테뉴(1533~1592) 프랑스 사상가

▶ 우리는 영혼이 우리들의 몸과 함께 태어나며 성장하고 늙는 것을 느낀다. T. 루크레티우스(B.C. 94?~B.C. 55?) 로마 시인, 철학자 《사물의 본성에 관하여》

▶ 우리의 영혼 속에는 우리가 자신도 모르게 집작하는 것들이 존재한다. _M. 프루스트(1871~1922) 프랑스 소설가

▶ 인간의 영혼은 영원불변한 것이다.

_플라톤(B.C. 428?~B.C. 347?) 그리스 철학자

▶ 인간의 영혼은 항상 경작되는 밭과 같은 것이다.

_J. W. 괴테(1749~1832) 독일 시인, 소설가, 극작가 《쿠네벨에게》

▶ 인생 경쟁에 있어서 육체가 아직 입장을 지키고 있는데 영혼이 기절하는 것은 영혼의 *치욕이다.

_마르쿠스 아우렐리우스(121~180) 로마 황제 《명상록》

*치욕 | 수치와 모욕을 아울러 이르는 말.

▶ 지혜는 사악한 마음에 들어가지 않고, 양심이 없는 학문은 영혼을 파멸한다. _F. 라블레(1483?~1553) 프랑스 극작가

▶ 지혜와 영혼의 관계는 건강과 육체의 관계와 같다.

_F. 라로슈푸코(1613~1680) 프랑스 작가 《도덕적 반성》

속담

▶ 눈은 영혼의 창문이다. _서양

▶ 인간의 영혼 또한 일종의 우주다. _서양

예언 豫言

앞으로 다가올 일을 미리 알거나 짐작하여 말함.

명언 명문

▶ 가장 훌륭한 예언은 상식, 즉 우리가 원래부터 가진 지혜다.

_에우리피데스(B.C. 484?~B.C. 406?) 그리스 시인

▶ 거짓 예언자들을 삼가라. 그들은 양의 탈을 쓰고 너희에게 나오지만 속에는 사나운 이리가 들어 있다. _예수(B.C 4?~A.D. 30?) 기독교 창시자

▶ 경험은 지혜로운 사람들의 유일한 예언이다.

_A. 라마르틴(1790~1869) 프랑스 시인, 정치가

▶ 나는 미리 예언하는 것을 항상 피한다. 사건이 일어난 뒤에 예언하는 것이 더 안전하기 때문이다. _W. L. S. 처칠(1874~1965) 영국 정치가

▶ 미래를 예언하는 유일한 방법은 미래를 형성할 수 있는 힘을 갖는 것이다. _E. 호퍼(1902~1983) 미국 철학자

▶ 미래에 관한 최고의 예언자는 과거다. _G. G. 바이런(1788~1824) 영국 시인

▶ 민족에 대한 예언이 나무에 달린 열매와 같다는 사실을 깨닫는다면 삶의 연관성을 터득하게 된다.

_K. 지브란(1883~1931) 미국 소설가, 화가, 시인

▶ 세상 사람들은 자신을 멸망시키는 자들은 칭송하고 은인들은 박해한다. 그래서 살아 있는 악당들에게는 궁전을 지어 주고 오래 전에 죽은 예언자들에게는 무덤을 만들어 준다.

_W. R. 잉(1860~1954) 영국 신학자

▶ 역사가는 과거에 대한 예언자다.

_F. 슐레겔(1772~1829) 독일 시인, 철학자, 역사가

▶ 역사는 펼쳐지지 않은 예언의 두루마리에 불과하다.

_J. A. 가필드(1831~1881) 미국 제20대 대통령

▶ 예언은 오류 가운데 가장 근거가 없는 것이다.

_G. 엘리엇(1819~1880) 영국 소설가

▶ 예언자나 지도자들이 말하거나 소망한 대로 이 세상에 이루어진 적은 한 번도 없었다. 그러나 이들이 없었다면 전혀 아무것도 행해지지 않았을 것이다. _G. 지멜(1858~1918) 독일 사회학자, 철학자

▶ 예언자는 어디에서나 존경받지만 고향과 집안에서만은 존경받지 못한다. _예수(B.C 4?~A.D. 30?) 기독교 창시자

▶ 예언자의 시대는 없어졌지만 속는 사람의 시대는 절대로 없어지지 않는다. _J. L. C. 그림(1785~1863) 독일 언어학자, 문헌학자

▶ 우리가 우리들의 예언을 기계에 내맡긴 이래로 모든 예언은 그 가치를 상실하였습니다. _E. 카네티(1905~1994) 영국 작가 《말의 양심》

▶ 이 예언의 말씀을 읽는 자와 듣는 자와 그 가운데에 기록한 것을 지키는 자는 복이 있나니 때가 가까움이라. _《성경》

▶ 이전에는 예언사였던 문학이 오늘날에는 인생을 추종하고 있다.

_R. 롤랑(1866~1944) 프랑스 소설가, 사상가

▶ 점쟁이 두 사람이 얼굴을 맞대면 서로 웃음을 터뜨리지 않고선 못 배길 것이다. _M. T. 키케로(B.C. 106~B.C. 43) 로마 정치가, 학자 《점에 관하여》

▶ 조짐이 언제나 예언을 증명하는 것은 아니다. 가장 지혜로운 예언자는 적어도 사건을 먼저 확인한다. _H. 월폴(1717~1797) 영국 소설가

▶ 지나간 일을 밝혀 그것을 근본으로 하여 미래의 일을 예언한다.

_《주역》

▶ 탁월한 *선견지명은 시, 예언, 종교를 합친 것이다.

_J. 러스킨(1819~1900) 영국 미술 평론가

▶ 희망적 기질은 예언자가 되는 유일한 자격이 아니다.

_W. L. S. 처칠(1874~1965) 영국 정치가

*선견지명 | 어떤 일이 일어나기 전에 미리 앞을 내다보고 아는 지혜.

속담

▶ 민족마다 그 예언자가 있다. _아라비아

▶ 역사는 최선의 예언이다. _서양

▶ 예언자는 조국에서는 배고프다. (예언자는 그 어렸을 때 모습을 잘 아는 조국 사람들에게 소홀히 대접 받는다는 말) _영국

예의

禮儀

존경의 뜻을 표하기 위하여 예로써 나타내는 말투나 몸가짐.

명언 명문

▶ 군자가 예절이 없으면 역적이 되고, 소인이 예절이 없으면 도적이 된다. _《명심보감》

▶ 군주는 예의를 갖추어 신하를 부리고 신하는 충성으로 군주를 섬겨야 한다. _공자(B.C. 551~B.C. 479) 중국 춘추 시대 노나라 사상가

▶ 꼴불견은 무식이 아니라 버릇없는 사람이다.

_C. A. 엘베시우스(1715~1771) 프랑스 철학자 《잠언과 고찰》

▶ 남에게 호의를 베푸는 데에 참다운 예의가 있다.

_J. J. 루소(1712~1778) 프랑스 작가, 사상가 《잠언과 격언》

▶ 낯선 사람들에게 친절하고 예의 바르면 그는 세계의 시민이다.

_F. 베이컨(1561~1626) 영국 정치가, 철학자

▶ 대대로 사람이 사람다운 것은 예의가 있기 때문이다. 예의의 시작은 얼굴과 몸을 바르게 하고, 얼굴빛을 온화하게 하며, 말소리를 순하게 하는 데 있다. _《소학》

▶ 문명은 예의 바른 사람들을 만든다.

_J. 러스킨(1819~1900) 영국 미술 평론가

▶ 병이 상호간에 전염되는 것과 같이, 예의도 사람들이 서로 보고 따라 배운다. _F. 베이컨(1561~1626) 영국 정치가, 철학자

▶ 사람들은 하찮은 일로 여겨 예법을 천대하지만, 선인과 악인의 구별이 예의를 알고 모르고에 의해 결정되는 일이 흔히 있다.

_J. 라브뤼예르(1645~1696) 프랑스 작가 《사람은 가지가지》

▶ 세상이 원하는 것은 감정이 아니라 예의다.

_J. W. 괴테(1749~1832) 독일 시인, 소설가, 극작가

정약용

▶ 숭고한 예의는 아름다운 마음의 외투다. 이 마음이 없이는 참되게 위대한 것이 없다. _A. B. 올콧(1799~1888) 미국 작가, 철학자

▶ 시대의 *고금이 다른 것과 마찬가지로 예절을 행하는 것도 실정에 알맞게 헤아려야 할 바가 있는 법입니다.

_정약용(1762~1836) 조선 시대 문신, 학자 《소》

▶ 예가 아니거든 보지 말며, 예가 아니거든 듣지 말며, 예가 아니거든 말하지 말며, 예가 아니거든 움직이지 마라.

_공자(B.C. 551~B.C. 479) 중국 춘추 시대 노나라 사상가

▶ 예를 바르게 하여 남과 접촉하는 것은 군자가 조심하여 지켜야 할 일이다. 공손하게 하여 예에 가깝게 되면 치욕을 멀리할 수 있을 것이다. _정약용(1762~1836) 조선 시대 문신, 학자 《목민심서》

▶ 예의 바른 행동은 고귀한 성품의 최종적인 완성의 꽃이다.

_W. 윈터(1836~1917) 미국 연극 평론가, 시인 《행동하는 이와 그의 책임》

▶ 예의 바른 행동이란 다른 사람의 감정에 대한 배려를 표현하는 방법이다. _A. 밀러(1915~2005) 미국 극작가, 소설가

▶ 예의는 감정이 진실하고 자상할수록 더욱 필요하다.

_알랭(1868~1951) 프랑스 철학자, 평론가

▶ 예의는 남과 화목함을 으뜸으로 삼는다. _《논어》

▶ 예의는 법률보다도 위대하다. 그 섬세함으로 아무도 침해하지 못하는 방어벽을 둘러싼다.

_R. W. 에머슨(1803~1882) 미국 사상가, 시인 《공립교육 및 사학》

▶ 예의는 스스로를 낮추어 남을 존경하는 것이다. _《예기》

▶ 예의는 자기 자신을 비추는 거울이다.

_J. W. 괴테(1749~1832) 독일 시인, 소설가, 극작가

▶ 예의는 현실에 맞아야 가치가 있고 일은 과거에 얽매이지 말아야 한다. _왕안석(1021~1086) 중국 북송 정치가, 학자

▶ 예의범절이란 일을 즐겁게 하는 방법이다. 그것이 겉치레에 지나지 않는다고 한다면 아침 초원에 깊이를 주는 이슬도 필요가 없다는 말이다. _R. W. 에머슨(1803~1882) 미국 사상가, 시인 《인생의 방법》

▶ 예의에는 매력도 있고 이익도 있다.

_에우리피데스(B.C. 484?~B.C. 406?) 그리스 시인 《히폴리토스》

*고금 | 예전과 지금을 아울러 이르는 말.

▶ 예의와 정신의 관련성은 우아함과 얼굴 생김새의 관계와 같다.

_볼테르(1694~1778) 프랑스 사상가

▶ 예절, 이것은 친절함과 독립심의 결합이다.

_R. W. 에머슨(1803~1882) 미국 사상가, 시인 《인생의 방법》

▶ 예절은 다른 사람들도 예절을 지켜 주어야 구실을 한다.

_R. W. 에머슨(1803~1882) 미국 사상가, 시인 《인생의 방법》

▶ 예절이란 자신을 얼마나 많이 생각하고 있는가, 남을 얼마나 생각하지 않고 있는가를 감추는 것이다. _M. 트웨인(1835~1910) 미국 소설가

▶ 올바른 행동이라도 예의가 뒷받침해 주지 않으면 존경을 받을 수 없다. _B. 그라시안이모랄레스(1601~1658) 에스파냐 작가

▶ 장점과 훌륭한 예의는 어디에서나 번영할 것이다.

_P. D. S. 체스터필드(1694~1773) 영국 정치가, 작가

▶ 점잖음은 인위적인 즐거운 마음에서 우러나온다. 그것은 천성적인 점잖음을 대신해 준다. 그러다가 마침내 참다운 미덕에 비길 만한 습관을 만들어 놓는다.

_T. 제퍼슨(1743~1826) 미국 제3대 대통령 《문서집》

▶ 정성이 깃든 예의에는 정다움이 느껴진다.

_J. W. 괴테(1749~1832) 독일 시인, 소설가, 극작가 《잠언과 성찰》

▶ 정중함도 예가 지나치면 고통이 되고, 신중함도 예가 지나치면 비겁함이 된다. 용맹에 예가 없으면 난폭하게 되며, 정직한 것에 예가 없으면 잔혹하게 된다. _《논어》

속담

▶ 다른 사람에게 머리를 숙일 때는 깊이 숙여라. _중국

▶ 예의는 자주 행운을 가져온다. _영국

▶ 예의를 지키는 데 돈은 안 든다. _영국

▶ 친한 친구일수록 예의를 지킨다. _영국

▶ 호박잎에 청개구리 뛰어오르듯. (나이 어린 자가 버릇없이 행동하거나 건방진 말을 함부로 내뱉을 때를 이르는 말) _한국

한자 숙어

극기복례(克己復禮) 자기의 욕심을 버리고 예의범절을 따름.
번문욕례(繁文縟禮) 번거롭고 까다로운 규칙과 예절.
허례허식(虛禮虛飾) 예절, 법식 등을 정성이 없이 겉으로만 번지르르하게 꾸밈.

誤謬 오류

그릇되어 이치에 맞지 않는 일.

명언 명문

▶ 나는 원칙에는 무엇인가 오류가 있다고 항상 의심한다. 그래서 원칙이 아니라 많은 사실에서 출발하여 최대한으로 *연역을 해야만 하는 것이다. _C. R. 다윈(1809~1882) 영국 생물학자

*연역 | 논리 규칙에 따라 결론을 이끌어 내는 것.

▶ 내 생각은 추상의 세계로부터 오고 내가 하는 말은 연관성의 세계로부터 오기 때문에 나는 오류를 범하지 않고는 결코 이야기를 할 수가 없다. _K. 지브란(1883~1931) 미국 소설가, 화가, 시인

▶ 무지는 우리가 글을 쓸 수 있는 백지지만 오류는 글을 쓰기 전에 먼저 지워야만 하는 낙서다. _C. C. 콜턴(1780~1832) 영국 작가, 성직자

▶ 비이성적으로 유지되는 진실이 논리적인 오류보다 더 해로울 수 있다. _T. H. 헉슬리(1825~1895) 영국 동물학자

▶ 사랑에 빠지는 것은 오류를 범할 수 있는 신을 믿는 종교를 만드는 것이다. _J. L. 보르헤스(1899~1986) 아르헨티나 시인, 소설가

▶ 애매모호한 것은 오류의 영역에 속한다. _L. C. 보브나르그(1715~1747) 프랑스 도덕주의자, 수필가

▶ 이성이 그릇된 견해와 자유롭게 싸우도록 허용된 곳에서는 그릇된 견해가 허용될 수 있다. _T. 제퍼슨(1743~1826) 미국 제3대 대통령

▶ 인간은 때로는 오류를 범하면서도 다리를 삔고 비틀거리면서도 전진한다. _J. E. 스타인벡(1902~1968) 미국 소설가

▶ 인간의 판단은 오류에 빠지기 쉽다. _P. N. 오비디우스(B.C. 43~B.C. 17) 로마 시인

▶ 인생과 마찬가지로 예술에서도 대부분은 진실의 발견이 아니라 오류의 노출이다. _H. L. 멘켄(1880~1956) 미국 언론인, 작가

J. E. 스타인벡

우상

偶像

신처럼 숭배의 대상이 되는 물건이나 사람.

명언 명문

▶ 로마 제국의 다양한 종교를 백성들은 모두 진실하다고 여겼고, 철학자들은 모두 허위라고 보았고, 관리들은 모두 유용하다고 보았다. 그래서 상호 용납뿐만 아니라 종교적 합의로도 관용이 베풀어졌다. _E. 기번(1737~1794) 영국 역사가 《로마 제국 쇠망사》

▶ 부의 축적은 최악의 우상 숭배다. 그보다 더 천한 우상은 없다. _A. 카네기(1835~1919) 미국 실업가

▶ 사람은 대단히 미친 존재다. 그들은 구더기 한 마리조차 만들어 내는 법은 배우려고도 하지 않으면서 수십 종류의 신들은 만들어 낸다. _M. E. 몽테뉴(1533~1592) 프랑스 사상가

▶ 사람의 마음을 혼란시키는 네 종류의 우상이 있는데 그것은 종족, 동굴, 시장, 극장이다. _F. 베이컨(1561~1626) 영국 정치가, 철학자

▶ 살았을 때의 생생한 추억을 소중히 함으로써 죽은 사람을 숭상해야 한다. _J. 크리소스토무스(347?~407) 그리스 설교가

▶ 삼각형이 신을 만들어 냈다면 신은 삼각형의 모습일 것이다. _C. L. S. 몽테스키외(1689~1755) 프랑스 사상가

▶ 에티오피아 인들은 자기네 신들이 코가 납작한 흑인이라고 말하고, 트라키아 인들은 자기네 신들이 푸른색 눈에 붉은 머리카락을 가졌다고 말한다. _크세노파네스(B.C. 560?~B.C. 478?) 그리스 시인, 철학자

▶ 오늘의 우상은 어제의 영웅을 우리의 기억에서 몰아내지만 내일의 우상에게 또다시 밀려날 것이다. _W. 어빙(1783~1859) 미국 소설가

▶ 오래 사는 우상적 인물보다 더 불행한 사람은 없다. _J. 애디슨(1672~1719) 영국 수필가, 시인, 정치가

▶ 왕을 죽이는 자도 왕을 위해 죽는 자도 똑같이 우상을 숭배하는 자들이다. _G. B. 쇼(1856~1950) 아일랜드 극작가, 평론가

▶ 우리가 신의 존재를 증명할 수 있게 신이 허락한다면 그 신은 우상이다. _D. 본회퍼(1906~1945) 독일 신학자

▶ 유용성은 시대의 거대한 우상이다. 모든 권력은 그것을 섬기고 모든 재능은 그것에게 충성을 맹세해야 한다.

_J. C. F. 실러(1759~1805) 독일 시인, 극작가

▶ 육체를 신성시하고 어리석은 여자를 여신으로 보는 것은 우상 숭배다. _W. 셰익스피어(1564~1616) 영국 극작가, 시인

▶ 진정으로 위대한 것들에 대한 숭배는, 우리가 그것을 너무 잘 알게 되면 거기에 대해 약간은 불손해지게 마련이다.

_E. 카네티(1905~1994) 영국 작가 《말의 양심》

▶ 통치 기술은 우상 숭배의 조직화다. 백성은 국가의 우상들을 숭배할 수 있을 뿐이다. _G. B. 쇼(1856~1950) 아일랜드 극작가, 평론가

키워드 정보 BOX

베이컨의 우상론

베이컨은 잘못된 편견들을 네 가지 우상으로 정리하였다.

영국의 철학자 베이컨은 신의 질서가 지배했던 중세의 비합리적인 사고방식을 비판하기 위해 진리를 파악하는 데 방해가 되는 인간 지성의 다양한 편견과 망상을 '우상'이라고 했으며, 이를 네 가지로 나누었다. 첫째는 종족의 우상으로, 모든 사물을 인간 중심으로 해석하려는 보편적인 편견과 맹목적인 생활 습관, 감정, 신앙에서 오는 편견을 가리킨다. 둘째는 동굴의 우상으로, 개인적인 취미, 성격, 환경, 교육, 습관, 경험에서 오는 편견 때문에 사실을 있는 그대로 파악하지 못하는 것을 말한다. 셋째는 시장의 우상으로, 사물이나 현상에 대해 부적합한 언어를 사용함으로써 실체가 왜곡되는 편견이다. 시장에서 있지도 않은 풍설이 나도는 것과 같다. 넷째는 극장의 우상으로, 전통이나 역사, 권위를 지닌 사람의 학설이나 주장을 아무 비판 없이 그대로 믿는 편견을 말한다.

원인 原因

어떤 사물이나 상태를 변화시키거나 일으키게 하는 근본이 된 일이나 사건.

명언 명문

*피상 | 어떤 일이나 현상이 겉으로 나타나 보이는 모양. 또는 그런 현상.

▶ 만일 내 무지의 원인이 무엇인지를 알았다면 나는 현인이 되리라.

_K. 지브란(1883~1931) 미국 소설가, 화가, 시인

▶ 모든 원인은 제각기 한 가지 이상의 결과를 초래한다.

_H. 스펜서(1820~1903) 영국 철학자, 사회학자 《교육론》

▶ 불행의 원인은 늘 나 자신에게 있다.

_B. 파스칼(1623~1662) 프랑스 사상가, 수학자, 물리학자

▶ 사건 자체보다는 그 원인이 훨씬 더 흥미로운 것이다.

_M. T. 키케로(B.C. 106~B.C. 43) 로마 정치가, 학자

▶ 사물의 원인을 배워 모든 공포를 자기 발 아래 굴복시키는 사람은 행복하다.

_P. 베르길리우스(B.C. 70~B.C. 19) 로마 시인 《농예학》

▶ 세상의 모든 일에는 왜, 어째서라는 이유와 원인이 있다.

_W. 셰익스피어(1564~1616) 영국 극작가, 시인

▶ 아! 얼마나 작은 원인이 사랑하는 사람들의 가슴속에 불화의 씨를 뿌릴 수 있는 것인가?

_T. 무어(1779~1852) 아일랜드 시인 《랄라 루크》

▶ 역사를 분석할 때 너무 깊이 파고들지 마라. 원인들이 *피상적인 경우가 많기 때문이다.

_R. W. 에머슨(1803~1882) 미국 사상가, 시인

▶ 운명은 어떤 원인에서 오는 결과일 것이다. 그러므로 그에 대한 불평 불만은 그 원인이 자기 스스로 만든 원인이라는 것을 자각하지 못한 데서 오는 것이다.

_《법구경》

▶ 인간의 육체와 마찬가지로 국가 조직은 태어날 때부터 죽기 시작하며 그 자체에 멸망의 원인이 있다.

_J. J. 루소(1712~1778) 프랑스 작가, 사상가

▶ 자기를 믿지 못하는 것은 우리들이 실패하는 대부분의 원인이다.

_E. M. 헤밍웨이(1899~1961) 미국 소설가

▶ 전쟁의 다섯 가지 원인은 명성, 이익, 악정, 내란, 기근이다. _《오자》

▶ 하느님은 원인이고 자연은 그 결과다. _W. 쿠퍼(1731~1800) 영국 시인

▶ 황금과 권력은 전쟁의 중요한 원인이다.

_C. 타키투스(56?~120?) 로마 역사가, 정치가

속담

▶ 가시나무에 가시가 난다. (모든 일은 근본에 따라 거기에 걸맞은 결과가 나타나는 것임을 비유적으로 이르는 말) _한국

▶ 갈대가 있는 곳에 물이 있다. _영국

▶ 드는 돌에 낯 붉는다. (돌을 들고 나면 얼굴이 붉어지듯이, 무슨 일이나 결과가 있으면 반드시 그 원인이 있다는 말) _한국

▶ 아니 땐 굴뚝에 연기 날까. (어떤 일이 생겨난 데에는 반드시 원인이 있다는 말) _한국

▶ 헌 배에 물 푸기. (근본이 되는 원인을 처리하지 않고 드러난 문제만 형식적으로 처리한다면 해결되지 않음을 이르는 말) _한국

▶ 현자는 자기 과실의 원인을 스스로에게 묻지만 어리석은 자는 그 원인을 타인에게 묻는다. _중국

고사성어

▷ 발본색원(拔本塞源)

뿌리를 뽑고 근원을 막는다는 뜻으로, 좋지 않은 일의 원인이 되는 요소를 완전히 없애 버려서 다시는 그러한 일이 생길 수 없도록 한다는 말이다. 오늘날에는 범죄나 사회 문제를 일으키는 근원을 뿌리 뽑겠다는 뜻으로 주로 사용되고 있다. 중국 상나라의 마지막 왕 주왕이, "나에게 큰아버지는 마치 의복에 갓을 갖춘 것과 같고, 나무와 물에 근원이 있는 것과 같으며, 백성에게 지혜로운 임금이 있는 것과 같다. 큰아버지께서 만약 갓을 찢어 버리고 뿌리를 뽑고 근원을 틀어막아 지혜로운 임금이 되는 것을 포기하신다면 비록 오랑캐라 할지라도 어찌 한 사람이라도 남아 있겠는가?"라고 말한 데에서 유래되었다. _《춘추좌씨전》 채옹전

원칙 原則

어떤 행동이나 이론 따위에서 일관되게 지켜야 하는 기본적인 규칙이나 법칙.

명언 명문

*기강 | 규율과 법도를 이르는 말.

▶ 개인적으로나 국가적으로나 우리는 우리에게 요구되는 어떠한 희생이든 감수해야 합니다. 특권을 원리 원칙보다 더 중히 여기는 사람은 오래지 않아서 양쪽을 다 잃게 됩니다.

_D. D. 아이젠하워(1890~1969) 미국 제34대 대통령

▶ 거짓되고 정신을 유혹하는 원칙보다 더 위험한 것은 없다.

_F. 라살(1825~1864) 독일 노동 운동가 《노동자 계획》

▶ 그른 것이 원칙이고 옳은 것은 그른 것의 우연한 산물이다.

_G. 뒤아멜(1884~1966) 프랑스 소설가, 평론가

▶ *기강은 스스로 설 수는 없고 현자가 나타난 뒤에 서며, 스스로 시행될 수는 없고 공정한 원칙이 세워진 뒤에 시행된다.

_이언적(1491~1553) 조선 시대 성리학자

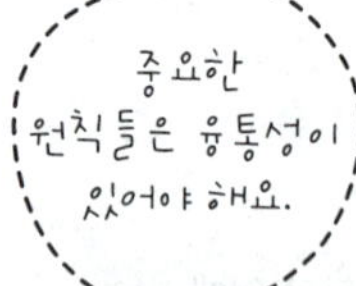

▶ 대개 원칙을 지키는 것보다 원칙을 위해서 싸우는 것이 쉽다.

_A. E. 스티븐슨(1900~1965) 미국 정치가

▶ 목적 없이 행동하지 마라. 처세를 위한 바르고 훌륭한 원칙이 명하는 데 따라 행동하는 것 이외의 어떤 행위도 하지 마라.

_마르쿠스 아우렐리우스(121~180) 로마 황제

A. 링컨

▶ 법은 정직한 일은 명령하고 부정직한 것은 금지하는 올바른 원칙에 불과하다. _M. T. 키케로(B.C. 106~B.C. 43) 로마 정치가, 학자

▶ 선례는 원칙을 빛나게 한다. _B. 디즈레일리(1804~1881) 영국 정치가, 소설가

▶ 옳은 원칙에 따른 모든 행동이 항상 성과를 내지 못한다 해도 위축되거나 포기하거나 절망하지 마라.

_마르쿠스 아우렐리우스(121~180) 로마 황제

- 우리가 항상 명심해야 하는 두 가지 원칙은 인간의 의지를 떠나서는 선도 악도 없다는 것과 우리는 사태를 이끄는 것이 아니라 따라간다는 것이다. _에픽테토스(55?~135?) 로마 철학자
- 원칙은 진리로 나아가고자 하는 정열이다. _W. 해즐릿(1778~1830) 영국 평론가, 수필가 《스케치와 에세이》
- 원칙을 위해 싸우는 것은 원칙에 따라 사는 것보다 쉽다. _A. 아들러(1870~1937) 오스트리아 정신 분석가
- 위대한 행동은 위대한 기회에서, 위대한 기회는 위대한 원칙에서 나온다. _W. 해즐릿(1778~1830) 영국 평론가, 수필가
- 자신의 원칙을 지나치게 고집하는 사람은 아무도 만나지 않게 될 것이다. _A. 크리스티(1890~1976) 영국 추리 소설 작가
- 자유든 평등이든 모두 그릇된 원칙이다. 인류의 참된 원칙은 정의뿐이다. _H. F. 아미엘(1821~1881) 스위스 철학자, 문학가
- 주면 받는다는 원칙이 있다. 그러므로 남을 저주하면 나한테 저주가 올 것은 틀림없다. R. W. 에머슨(1803~1882) 미국 사상가, 시인
- 중요한 원칙들은 융통성이 있을 수 있고 또 있어야 한다. _A. 링컨(1809~1865) 미국 제16대 대통령
- 큰 사건들의 소용돌이 속에서는 일반적인 원칙은 조금도 도움이 되지 못한다. _G. W. F. 헤겔(1770~1831) 독일 철학자 《역사철학》
- 태도는 재산에 따라, 원칙은 시대에 따라 변한다. _A. 포프(1688~1744) 영국 시인
- 항상 다른 사람에게 양보하는 사람은 결국 자기 원칙을 지니지 못하고 만다. _이솝(B.C. 620?~B.C. 560?) 그리스 우화 작가 《이솝 이야기》
- 혼자 생활을 하든 다른 사람들과 관계를 맺으며 생활을 하든 한 가지 지켜야 할 원칙이 있다. 인생을 가치 있게 살고자 한다면 기꺼이 자신을 희생할 준비가 되어 있어야 한다는 것이다. _L. N. 톨스토이(1828~1910) 러시아 소설가, 사상가

속담

- 베는 석 자라도 틀은 틀대로 해야 된다. (사소하거나 급하다 하여 기본 원칙을 무시할 수는 없다는 뜻) _한국

윤리 倫理

사람으로서 마땅히 행하거나 지켜야 할 도리.

명언 명문

*향상심 | 나아지고자 하는 마음.

▶ 사람은 고립된 동물이 아니다. 사회 생활이 지속되는 한 자기 완성은 윤리의 최고 원칙이 될 수 없다.

_B. A. W. 러셀(1872~1970) 영국 철학자, 수학자

▶ 생명을 향한 경건하고도 절대적인 윤리는 인간 속에서 현실과 대결한다. _A. 슈바이처(1875~1965) 독일 신학자, 철학자, 의사

▶ 윤리와 과학은 악수해야만 한다. _R. C. 캐벗(1868~1939) 미국 의사

▶ 윤리와 도덕 의식을 갖지 못한 민족은 멸망한다.

_A. J. 토인비(1889~1975) 영국 역사가, 문명 비평가

▶ 윤리적 인간은 에이스 카드 넉 장을 쥔 기독교 신자다.

_M. 트웨인(1835~1910) 미국 소설가

▶ 윤리적 *향상심에는 결코 오만이 없다.

_H. F. 아미엘(1821~1881) 스위스 철학자, 문학가 《일기》

▶ 인간은 살려 줄 수 있는 모든 생명을 살려 주고 싶다는 내적 욕구가 있다. 이에 따라 그것이 자신에게 해를 끼칠 것을 겁낼 때에만 참으로 윤리적이다. _A. 슈바이처(1875~1965) 독일 신학자, 철학자, 의사

▶ 자신의 행동을 윤리적 규범으로 억제하려는 사람은 앙증맞게 노래하는 새를 새장 안에 가두어 놓는 것과 같다.

_K. 지브란(1883~1931) 미국 소설가, 화가, 시인

▶ 지상에서 행복과 불행의 분배는 윤리와 아랑곳없이 행해지고 있는 것이 사실이다. _W. 빈델반트(1848~1915) 독일 철학자 《철학개론》

▶ 행복의 첫째 조건은 윤리적 세계 질서에 대한 확고한 신앙이다.

_C. 힐티(1833~1909) 스위스 사상가, 법률가

恩惠 은혜

고맙게 베풀어 주는 신세나 혜택.

명언 명문

▶ 남에게 받은 은혜는 깊은 것이라 해도 갚지 않지만, 남에 대한 원한은 사소한 것마저도 갚는다. _《춘추좌씨전》

▶ 남에게 베푼 은혜는 잊어버리고 남이 베푼 은혜는 잊어서는 안 된다. _《채근담》

▶ 누구에게나 은혜를 베푸는 자는, 남으로부터 사랑을 받기보다도 스스로를 많이 사랑한다.
_아리스토텔레스(B.C. 384~B.C. 322) 그리스 철학자 《니코마코스 윤리학》

▶ 대개 사랑이 깊으면 도리어 원수가 되고, 사소한 은혜도 경우에 들어맞으면 오히려 큰 기쁨이 된다. _《채근담》

▶ 덕을 삼가려면 모름지기 아주 작은 일에도 삼가고, 은혜를 베풀 때는 갚지 못할 사람에게 힘써 베풀라. _《채근담》

▶ 만약 부모의 은혜를 느끼지 않는다면 그대의 친구가 될 사람은 하나도 없을 것이다. 왜냐하면 부모의 은혜를 느끼지 않는 사람에게는, 친절을 베풀어도 무의미함을 알기 때문이다.
_소크라테스(B.C. 469~B.C. 399) 그리스 철학자

▶ 많은 돈으로도 한때의 환심을 사기 어렵고, 한 끼 밥도 평생의 은혜가 될 수 있다. _《채근담》

▶ 받은 상처는 모래에 기록하라. 받은 은혜는 대리석에 새겨라.
_B. 프랭클린(1706~1790) 미국 정치가, 과학자

▶ 배은망덕은 받은 은혜를 부인하거나 숨기거나 갚지 않는 것이다. 가장 심한 것은 받은 은혜를 잊는 것이다.
_L. A. 세네카(B.C. 4?~A.D. 65) 로마 철학자, 극작가

B. 프랭클린

▶ 부모의 은혜에 보답하겠다는 생각은 대개 부모가 죽은 뒤에 든다.

_캉유웨이(1858~1927) 중국 청나라 정치가, 학자

▶ 부모의 하늘 같은 은혜는 갚을 길이 없다.

_정철(1536~1593) 조선 시대 문신, 시인

▶ 사랑은 미움의 시작이고 은혜는 원망의 원인이다. _《관자》

▶ 은혜를 모르는 자식을 두는 것은, 독사에게 물리는 것보다 더 고통스럽다. _W. 셰익스피어(1564~1616) 영국 극작가, 시인

▶ 은혜를 받을 줄만 알고 갚을 줄을 모르는 자는 무가치하다.

_T. M. 플라우투스(B.C. 254?~B.C. 184) 로마 극작가, 시인

▶ 은혜를 베푸는 사람이 굳이 의식하지도 않고 남에게도 드러내지 않는 것은, 한 말의 곡식으로도 일만 가마를 베푸는 은혜와 같을 수 있다. _《채근담》

▶ 은혜를 베풀 줄 모르는 자는 그것을 기대할 권리도 없다.

_P. 시루스(B.C. 1세기경) 로마 시인

▶ 은혜를 베풀면 천하를 보존할 수 있지만, 은혜를 베풀지 않으면 자기 처자식도 보존할 수 없다.

_맹자(B.C. 372~B.C. 289) 중국 전국 시대 추나라 사상가

▶ 은혜만큼 빨리 늙어 버리는 것은 없다.

_메난드로스(B.C. 342?~B.C. 292?) 그리스 극작가 《단편》

▶ 인간이란 위험을 끼칠 것으로 믿고 있던 사람에게서 은혜를 받으면 보통 때보다 두 배로 은혜를 느끼게 된다.

_N. 마키아벨리(1469~1527) 이탈리아 사상가, 역사학자 《군주론》

▶ 자기 능력껏 모든 사람에게 은혜를 베풀어야 한다. 자기보다 못한 사람의 도움을 받을 필요가 종종 있기 때문이다.

_J. 라퐁텐(1621~1695) 프랑스 시인, 우화 작가

▶ 자기가 은혜를 베푼 사람을 만나면, 곧 그 일을 생각하게 되는 법이다. 그런데 자기에게 은혜를 베풀어 준 사람을 만나서는 그것을 생각해 내지 못하는 일이 얼마나 많을까?

_J. W. 괴테(1749~1832) 독일 시인, 소설가, 극작가

▶ 죄를 지은 자를 용서하는 것은 막대한 은혜를 베푸는 것이고 훗날 반드시 도움을 얻을 것이다. _정도전(1342~1398) 고려~조선 시대 문인, 학자

▶ 주어도 되고 주지 않아도 될 때 주는 것은 은혜를 헛되게 베푸는 것이다. _《맹자》

*앙분 | 분하게 여겨 앙갚음을 할 마음을 품음.

속담

▶ 내 밥 먹은 개가 발뒤축을 문다. (자기에게 은혜를 입은 사람이 도리어 자기에게 해를 끼쳤을 때 하는 말) _한국

▶ 뉘 덕으로 잔뼈가 굵었기에. (남의 은덕을 입고 자라났음에도 그 은덕을 모름을 이르는 말) _한국

▶ 말로 온 공을 갚는다. (말을 잘 하면 말만으로도 은공을 갚을 수 있다는 말) _한국

▶ 사람은 구하면 *앙분을 하고 짐승은 구하면 은혜를 한다. (은혜를 쉽게 잊어버리는 사람을 짐승만도 못하다고 비난하는 말) _한국

▶ 은혜는 물에 새기고 원한은 돌에 새긴다. (사람들이 은혜는 쉽게 잊고 원한은 오래 기억한다는 뜻) _한국

▶ 은혜를 모르는 것은 가장 큰 죄다. _이집트

▶ 은혜를 원수로 갚는다. (감사로써 은혜에 보답해야 할 자리에 도리어 해를 끼침을 이르는 말) _한국

지식 쑥쑥

한자 숙어

각골난망(刻骨難忘) 남에게 입은 은혜가 뼈에 새길 만큼 커서 잊혀지지 아니함.

반포보은(反哺報恩) 까마귀 새끼가 자란 뒤에 늙은 어미에게 먹이를 물어다 준다는 뜻으로, 자식이 부모의 은혜에 보답하는 일을 말함.

고사성어

▷ 결초보은(結草報恩)

풀잎을 엮어서 은혜를 갚는다는 뜻으로, 죽어서도 은혜를 잊지 않고 갚음을 이르는 말이다.

중국 춘추 시대 진나라의 위과는 아버지가 세상을 떠난 뒤에 새어머니 서모를 아버지와 함께 묻어 순장하라는 아버지의 유언을 따르지 않았다. 그런 다음 다른 사람과 결혼을 시켰다. 그랬더니 그 뒤 싸움터에서 서모 아버지의 혼이 나타나, 적군의 앞길에 풀을 묶어 적을 넘어뜨려 위과가 공을 세울 수 있도록 하였다는 데서 유래한다. _《채근담》

의미

意味

말이나 글의 뜻. 또는 행위나 현상이 지닌 뜻.

명언 명문

▶ 너무 많다는 것은 부족하다는 것을 의미한다. 너무 건강한 사람은 심한 병자다. _R. 롤랑(1866~1944) 프랑스 소설가, 사상가

▶ 믿음이야말로 삶의 의미를 깨닫게 하는 것이며, 삶과 관련된 의무와 책임을 받아들이게 하는 것입니다.

_L. N. 톨스토이(1828~1910) 러시아 소설가, 사상가

▶ 삶의 의미보다 삶 그 자체를 더 사랑해야 한다.

_F. M. 도스토옙스키(1821~1881) 러시아 소설가

▶ 아름다운 글을 즐기고, 글 속에 담긴 의미를 그대의 것으로 만들어야 한다. _B. 그라시안이모랄레스(1601~1658) 에스파냐 작가

▶ 음악과 연애는 인류의 행위 가운데 절대적인 의미로서 쓸모없는 수단에 의한 시도라고 불러서는 안 되는 유일한 것이다.

_G. 지멜(1858~1918) 독일 사회학자, 철학자

▶ 자기 인생의 의미를 모르는 사람은 불행하다. 그것을 알 수 없다고 확신하고, 또한 모르는 것이 예지라고 떠벌리는 사람은 더욱 불행하다. _B. 파스칼(1623~1662) 프랑스 사상가, 수학자, 물리학자

▶ 자신을 가지라는 것은 인생을 적극적인 면에서 포착하라는 의미이다. _N. V. 필(1898~1993) 미국 성직자

▶ 행동과 학문이 의미가 있어야 한다면 인생도 그에 따른 의미가 있어야 한다. _R. 롤랑(1866~1944) 프랑스 소설가, 사상가 《피에르와 뤼스》

▶ 행복이나 절망의 의미란 자근자근 손수건을 씹어서 너덜너덜해질 때까지 미리 마음속으로 충분히 씹어 본 뒤에야 알 수 있는 것이다. _M. A. 아스투리아스(1899~1974) 과테말라 소설가 《대통령 각하》

R. 롤랑

意識 의식

사회적, 역사적으로 형성되는 사물이나 일에 대한 개인적이고 집단적인 감정이나 견해나 사상.

철학과 종교

명언 명문

▶ 범상치 않은 현실 앞에서는 의식이 상상력을 대신한다.

_W. 스티븐슨(1879~1955) 미국 시인 《아다지아》

▶ 선의에 대한 의식은 불행할 때 가장 큰 위로가 된다.

_M. T. 키케로(B.C. 106~B.C. 43) 로마 정치가, 학자

▶ 우리는 자신이 꿈을 꾸고 있다고 꿈속에서 의식할 때 잠에서 거의 깬 것이다.

_노발리스(1772~1801) 독일 시인, 소설가

▶ 우리의 삶의 모습은 우리 의식과 이성의 요구와 반드시 일치하지 않는다.

_L. N. 톨스토이(1828~1910) 러시아 소설가, 사상가

▶ 의식이란 어떤 것에 관한 의식이다. 즉 의식은 자기 자신이 아닌 어떤 존재를 바탕으로 하고 태어난다는 뜻이다.

_S. A. 키르케고르(1813~1855) 덴마크 철학자 《존재와 허무》

▶ 인간의 아름다움은 사물의 그것과는 달리, 의식과 의지를 가진 독특한 생물의 아름다움이다.

_M. 프루스트(1871~1922) 프랑스 소설가

▶ 인간의 의식이란 여러 가지의 *망상, 욕망, 의도가 한 곳에 모여 있는 곳이며, 헛된 생각의 단지이며 부끄러워해야 할 사고의 소굴이다.

_V. M. 위고(1802~1885) 프랑스 시인, 극작가 《레 미제라블》

▶ 자신이 의식하고 있는 겸손은 죽어 있는 것이다.

_W. 에센바흐(1170~1220) 독일 시인

▶ 진정한 웅변은 웅변을, 진정한 도덕은 도덕을 의식하지 않는다. 철학을 의식하지 않는 것이 참으로 철학을 하는 것이다. 철학을 비웃는 것이 참으로 철학을 하는 것이다.

_B. 파스칼(1623~1662) 프랑스 사상가, 수학자, 물리학자

*망상 | 이치에 맞지 아니한 망령된 생각을 함.

이론

理論

사물의 이치나 지식 따위를 해명하기 위하여 논리적으로 정연하게 일반화한 명제의 체계.

명언 명문

▶ 가설은 한 가지 가능한 설명이고 이론은 올바른 설명이다.

_M. H. 피셔(1879~1962) 미국 작가

▶ 기원적으로 말하면 실천은 이론에 앞선다. 그러나 한번 사람이 이론의 입장에까지 자기를 높이면 이론은 실천을 선행할 수 있다.

_L. A. 포이어바흐(1804~1872) 독일 철학자 《남겨진 잠언》

▶ 나는 가설을 만들지 않는다. _I. 뉴턴(1642~1727) 영국 물리학자, 천문학자, 수학자

▶ 나의 새로운 이론이 정치와 감정에 충분히 *동화되어 혼합되었을 때, 행동과 시대에 미치는 그 효과가 마지막에 어떤 결과를 낳을지 나는 예측할 수가 없지만, 커다란 변화가 일어날 것입니다.

_J. M. 케인스(1883~1946) 영국 경제학자, 언론인

*동화 | 성질, 양식, 사상 따위가 다르던 것이 서로 같게 됨.

▶ 모든 이론은 의지의 자유에 반대하고 모든 경험은 의지의 자유에 찬성한다. _S. 존슨(1709~1784) 영국 시인, 평론가

▶ 사람은 한쪽으로 치우친 이론에 지배되면 큰 이치를 모르게 된다. 이것이 사람이 빠지기 쉬운 과오가 된다.

_순자(B.C. 298?~B.C. 238?) 중국 전국 시대 조나라 사상가

▶ 어떠한 이론도 결국은 심정에 따르게 마련이다.

_B. 파스칼(1623~1662) 프랑스 사상가, 수학자, 물리학자 《팡세》

▶ 오로지 이론적인 마음은 날만 있는 칼과 같다. 그것을 쓰다가는 손에 피가 흐르게 된다. _R. 타고르(1861~1941) 인도 시인, 사상가

▶ 이론 중 진실한 이론은, 처음으로 단순히 지식을 위한 도움이 될 뿐 아니라 생활을 위해서도 아주 유효한 것이 된다.

_아리스토텔레스(B.C. 384~B.C. 322) 그리스 철학자 《니코마코스 윤리학》

▶ 이론과 실천은 분리될 수 없다. 구원 또는 자유에 도달하기 위해서는 우리는 알아야 하고 올바른 이론을 갖고 있어야 한다. 그러나 우리가 행동하고 투쟁하지 않는 한 알 수 없다.

_E. 프롬(1900~1980) 독일 정신 분석학자, 사회학자 《인간의 마음》

▶ 이론은 장교이며 실천은 병사이다.

_L. 다빈치(1452~1519) 이탈리아 화가, 건축가, 조각가

▶ 이론은 현명한 사람의 *도표, 사례는 어리석은 사람의 도표.

_H. G. 웰스(1866~1946) 영국 작가, 문명 비평가

▶ 이론이라는 것은 표현과 표정의 움직임을 '감정'에다 연결시켜 보는 시도에 불과하다.

_L. J. J. 비트겐슈타인(1889~1951) 영국 철학자 《반철학적 단장》

▶ 이론이란 결국 진리의 거죽에다 솜을 넣고 세워 놓은 박제에 불과하다.

_H. W. 비처(1813~1887) 미국 신학자 《일생을 두고 하는 생각》

▶ 자기 작품을 이론화하는 예술가는 더 이상 예술가가 아니라 비평가다.

_H. G. 웰스(1866~1946) 영국 작가, 문명 비평가

*도표 | 여러 가지 자료를 분석하여 그 관계를 일정한 양식의 그림으로 나타낸 표.

고사성어

▷ 지상담병(紙上談兵)

종이 위에서 병법을 말한다는 뜻으로, 이론에만 밝을 뿐 실제적인 쓰임에서는 필요 없음을 비유한 말이다. 춘추 전국 시대 조나라에 조괄이라는 사람이 있었다. 그의 아버지는 유명한 장군이었는데, 조괄은 아버지의 영향을 받아 병법에 능통했다. 그런데 조괄의 아버지는 아들에게 병사의 지휘권을 맡기지는 않았다. 그러자 조괄의 어머니가 어찌하여 아들을 홀대하느냐고 따지자, 조괄의 아버지는 "군대를 다스리는 것은 나라의 존망과 관련된 일이거늘, 그 놈은 전투를 너무 가볍게 생각하고 있으니, 만일 그에게 지휘권을 주면 나라를 망하게 할 것이오."라고 말하였다. 조괄의 아버지가 죽고, 얼마 후에 진나라가 공격해 오자, 조나라 조정에서는 마땅한 인물을 고르다가 결국 조괄을 대장으로 삼았다. 조괄의 어머니는 조정으로 달려가 조괄은 대장의 그릇이 못되니 철회해 달라고 간청했고, 당시 재상이던 인상여도 간언했으나 왕은 그 말을 듣지 않았다. 결국 조괄은 자신만만하게 싸움에 나섰으나 그의 부하들과 함께 전사하고 말았다.

_《사기》

이상

理想
생각할 수 있는 범위 안에서 가장 완전하다고 여겨지는 상태.

명언 명문

▶ 경영자의 이상은 노동자 없는 생산이고 노동자의 이상은 노동 없는 소득일 것이다. _E. F. 슈마허(1911~1977) 영국 경제학자

▶ 고상하고 이상적인 동기에 따라 행동하지 않은 시대는 결코 위대한 적도 없고 또 위대해질 수도 없다. _A. N. 화이트헤드(1861~1947) 영국 철학자, 수학자

▶ 내가 지지하는 이상들은 나의 것이 아니라, 소크라테스에게서 빌리고 체스터필드와 예수에게서 훔쳐다가 내 책에 집어넣은 것들이다. _D. 카네기(1888~1955) 미국 저술가

▶ 돈이 있어도 이상이 없는 사람은 몰락의 길을 밟는다. _F. M. 도스토옙스키(1821~1881) 러시아 소설가

▶ 모든 이상주의는 필요 앞에서 허위다. _F. W. 니체(1844~1900) 독일 철학자, 시인

▶ 별은 우리 손이 닿지 않는, 나뭇가지의 황금 열매다. _G. 엘리엇(1819~1880) 영국 소설가

▶ 불완전 자체마저도 완전한 상태를 이상으로 삼고 있다. _T. 드퀸시(1785~1859) 영국 평론가, 작가

I. 칸트

▶ 사상을 갖고 이상을 갖는다는 것은 영원한 기쁨이며, 즐거움의 꽃이다. _R. W. 에머슨(1803~1882) 미국 사상가, 시인

▶ 아무도 자기 발치를 쳐다보지 않는다. 우리는 누구나 별들을 바라본다. _Q. 엔니우스(B.C. 239~B.C. 169) 로마 시인, 극작가

▶ 이상은 우리 자신 내부에 있다. _T. 칼라일(1795~1881) 영국 사상가, 역사가

▶ 이상은 정치가들이 권력에 대한 의지를 감추기 위해 걸치는 고상

한 외투다. _A. L. 헉슬리(1894~1963) 영국 소설가, 평론가

▶ 이상이란 가능한 것 가운데 바람직한 것에 대한 가상적 이해다.

_W. 리프먼(1889~1974) 미국 시사 평론가, 언론인

▶ 이상주의자는 남들이 번영하도록 도와주는 사람이다.

_H. 포드(1863~1947) 미국 기술자, 실업가

▶ 젊은이들은 인생에서 큰 잘못을 저지르는데 그 가운데 하나는 사랑을 지나치게 이상적인 것으로 만드는 것이다.

_B. 조잇(1817~1893) 영국 교육자

▶ 좀 더 높은 이상이 없었다면 인류는 쉬지 않고 일만 하는 개미 떼와 무슨 차이가 있었을 것인가. _G. W. F. 헤겔(1770~1831) 독일 철학자

▶ 좋은 친구와 좋은 책, 그리고 살아 있는 양심이야말로 가장 이상적인 생활이다. _M. 트웨인(1835~1910) 미국 소설가

▶ 진리는 다른 모든 이상과 마찬가지로 접근하기 어려운 이상입니다. 훌륭한 사람들에게 요구할 수 있는 것은 진리를 향해 노력한다는 것뿐입니다. _R. 롤랑(1866~1944) 프랑스 소설가, 사상가

▶ 행복은 이성의 이상이 아니라 상상력의 이상이다.

_I. 칸트(1724~1804) 독일 철학자

키워드 정보 BOX

무릉도원

자연 경관이 뛰어나 중국의 무릉도원으로 일컬어지는 장자제.

무릉도원은 '복숭아꽃 피는 아름다운 곳'이란 뜻으로, 걱정 없이 행복하게 사는 별천지를 말하며, 다른 말로는 '이상향' 또는 '유토피아'라고도 한다. 중국 동진의 시인 도연명이 쓴 《도화원기》에서 유래하였다. 한 어부가 고기를 잡으러 갔다가 복숭아꽃이 만발한 곳에 작은 동굴이 있는 것을 발견하여 들어가니, 넓은 세상이 나왔다. 그곳의 사람들은 행복하게 살고 있었다. 그곳에서 어부는 융숭한 대접을 받고 나왔는데, 이후에 아무도 그곳을 찾지 못했다고 한다.

이성

理性

개념적으로 사유하는 능력을 감각적 능력에 상대하여 이르는 말.

명언 명문

*격정 | 강렬하고 갑작스러운 감정.

▶ *격정과 편견이 세상을 지배하는데, 다만 이성의 이름을 내세울 뿐이다. _J. 웨슬리(1703~1791) 영국 신학자

▶ 너 자신의 이성이야말로 하느님이 너에게 주신 유일한 신탁이다. 따라서 네가 내린 결정에 있어서 너는 그것이 옳다기보다 그것이 도덕적으로 바른 것이어야 한다는 점에 대해 책임을 져야 한다.

_T. 제퍼슨(1743~1826) 미국 제3대 대통령 《문서집》

▶ 두 가지 길이 있다. 이성을 배제하는 것, 이성만을 용인하는 것.

_B. 파스칼(1623~1662) 프랑스 사상가, 수학자, 물리학자 《팡세》

▶ 모든 것을 네게 굴복시키려 한다면 너 자신을 이성에게 굴복시켜야 한다. _L. A. 세네카(B.C. 4?~A.D. 65) 로마 철학자, 극작가

▶ 생각이 일어날 때 조금이라도 욕망의 길로 향한다고 깨달으면 이성의 길을 따르도록 곧 인도하라. _《채근담》

▶ 어떠한 역경과 고난 속에서도 냉철한 이성으로써 과감히 일을 처리하는 사람이 위대한 것이다.

_L. A. 세네카(B.C. 4?~A.D. 65) 로마 철학자, 극작가

▶ 우리는 이성에게 절대적으로 복종할 만큼 강하지 못하다.

_F. 라로슈푸코(1613~1680) 프랑스 작가

▶ 우리는 환상을 동료로 삼을 수도 있지만 이성을 인도자로 삼아 따라가야만 한다. _S. 존슨(1709~1784) 영국 시인, 평론가

▶ 이성과 정의와 공평은 이 지구상에서 인간들의 회의를 지배할 만큼의 무게를 가져 본 적이 없다.

_T. A. 에디슨(1847~1931) 미국 발명가 《골든 북》

▶ 이성은 나침반이며 욕망은 폭풍이다.

_P. 포르(1872~1960) 프랑스 시인, 극작가 《인간론》

▶ 이성은 위험한 양날의 칼이다. _M. E. 몽테뉴(1533~1592) 프랑스 사상가

▶ 이성은 인간의 육체에 깃든, 신의 정신의 일부에 불과하다.

_L. A. 세네카(B.C. 4?~A.D. 65) 로마 철학자, 극작가

▶ 이성은 중간 계급의 미덕을 어느 정도 가르쳐 주지만 영웅이나 성인을 만들어 내지는 않는다. _M. 우나무노(1864~1936) 에스파냐 철학자, 작가

▶ 이성은 지능의 승리고 신앙은 마음의 승리다.

_J. 슐러(1839~1920) 미국 법률가, 역사가

▶ 이성은 크기나 높이가 아닌 원칙으로 측정된다.

_에픽테토스(55?~135?) 로마 철학자

▶ 이성의 활동 영역은, 모순이 전부 회피되지 않으면 안 된다는 것 이외에 아무것도 제한되어 있지 않다. 그러나 이성의 능력은 경험에서 동기를 제공시켜 비로소 발휘된다.

_J. H. 푸앵카레(1854~1912) 프랑스 수학자, 물리학자, 천문학자 《과학과 가설》

▶ 이성이 정신을 지배하는 곳에서는 평화가 시대를 지배한다.

_W. 콜린스(1721~1759) 영국 시인

▶ 인간을 만드는 것이 이성이라면 인간을 이끄는 것은 감정이다.

_J. J. 루소(1712~1778) 프랑스 작가, 사상가 《신엘로이즈》

▶ 인간의 의지는 이성이 좌우한다.

_W. 셰익스피어(1564~1616) 영국 극작가, 시인

▶ 인간이 이성적으로 생각하는 것은 새가 하늘을 나는 것처럼 자연스러운 일이다. _M. F. 퀸틸리아누스(35?~95?) 로마 웅변가, 수사학자

▶ 지혜로운 사람의 가장 중요한 일은 항상 이성의 지배를 받기 때문에 그는 운명의 간섭을 받는 일이 없다.

_에피쿠로스(B.C. 341~B.C. 270) 그리스 철학자

속담

▶ 사람의 눈은 멀리까지 바라볼 수 있다. 그러나 인간의 이성은 그보다 훨씬 더 멀리까지 볼 수 있다. _몽골

▶ 이성을 사용할 수 없는 자는 본능을 사용하게 하라. _서양

이유

理由

어떠한 결론이나 결과에 이른 까닭이나 근거.

명언 명문

▶ 그럴 만한 이유가 들어 있지 않는 한 아무것도 영원히 즐거울 수가 없다. _S. 버틀러(1835~1902) 영국 소설가

▶ 마음에는 이성이 전혀 알 수 없는 이유들이 있다. _B. 파스칼(1623~1662) 프랑스 사상가, 수학자, 물리학자

▶ 백성이 일단 이유를 따지기 시작하면 누구나 지고 만다. _볼테르(1694~1778) 프랑스 사상가

▶ 어느 민족이든 자기들이 가장 우수하다고 생각할, 현재나 미래의 이유들을 가지고 있다. _P. 발레리(1871~1945) 프랑스 시인, 사상가, 평론가

▶ 어떤 것도 이유 없이 해서는 안 된다. _L. A. 세네카(B.C. 4?~A.D. 65) 로마 철학자, 극작가

▶ 옳다고 여길 만한 아무런 근거가 없는 명제를 믿는 것은 바람직하지 않다. _B. A. W. 러셀(1872~1970) 영국 철학자, 수학자

▶ 이유 없는 분노는 없지만 정당한 이유가 있는 경우는 거의 없다. _B. 프랭클린(1706~1790) 미국 정치가, 과학자

▶ 이유는 옷을 수선하는 것과 달라서 많이 댈수록 사태가 더욱 나빠진다. _R. D. 에섹스(1567~1601) 영국 백작, 정치가

▶ 자기 자신에 대해 곰곰 생각하는 사람은 불행해질 수 있는 수많은 이유를 항상 발견할 수 있을 것입니다. _A. 모루아(1885~1967) 프랑스 소설가, 평론가

지식 쑥쑥

한자 숙어

필유곡절(必有曲折) 반드시 어떠한 까닭이 있음.

속담

▶ 모르는 일에는 이유가 있다. _서양

因果 인과

원인과 결과를 아울러 이르는 말.
또는 선악의 행동에 따라 받는 행복이나 불행.

명언 명문

*응보 | 행동의 대가로 나타나는 결과.
*모략 | 남을 해치려고 속임수를 써서 일을 꾸밈.

▶ 귀리를 심은 밭에서 밀을 추수할 수 없다.

_W. 셰익스피어(1564~1616) 영국 극작가, 시인

▶ 그물을 치는 자는 스스로 걸려든다. _《집회서》

▶ 금요일에 웃는 자는 토요일에 울 것이다.

_J. B. 라신(1639~1699) 프랑스 시인, 극작가

▶ 금이 묻힌 산은 파헤쳐지고 벌레가 많은 나무는 갉아 먹히듯이 사람은 자기가 저지른 일로 자기를 해친다. _《회남자》

▶ 나쁘게 얻은 것은 나쁜 *응보를 가져 온다.

_W. 셰익스피어(1564~1616) 영국 극작가, 시인 《헨리 6세》

▶ 나쁜 과일이 아직 익지 않은 동안은 악인도 가끔 행운을 만난다. 하지만 나쁜 과일이 익을 때에 이르면 악을 만난다. _《법구경》

▶ 남에게 덫을 걸려고 하는 자는 스스로 그 덫에 걸려든다.

_이솝(B.C. 620?~B.C. 560?) 그리스 우화 작가 《이솝 이야기》

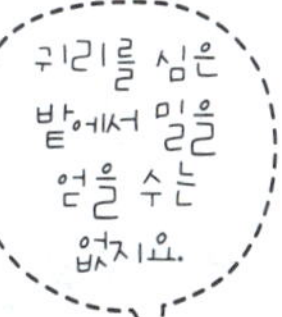

▶ 남에게 욕하면 너도 욕을 먹을 것이다.

_T. M. 플라우투스(B.C. 254?~B.C. 184) 로마 극작가, 시인

▶ 남을 *모략하면 남도 나를 모략한다. _《춘추좌씨전》

▶ 너에게서 나오는 것은 너에게로 되돌아간다. _《맹자》

▶ 네가 죽이려고 하는 상대는 실은 너 자신이다. 그러므로 이 사실을 깨닫고 생활하는 올바른 인간은 죽여서는 안 되고 또 죽이려고 해서도 안 된다.

_마하비라 바르다마나(B.C. 599~B.C. 527) 자이나교 창시자 《아노야아란가》

W. 셰익스피어

▶ 누구나 자기 행동의 결과를 반드시 겪는다. 악행을 저지르는 자

*삼라만상 | 우주 속에 존재하는 온갖 사물과 모든 현상.

는 다이아몬드가 구슬을 부수듯 자기 몸을 망친다. _《법구경》

▶ 막대기가 곧으면 그림자도 곧고 샘이 흐리면 물줄기도 탁하다.

_이언적(1491~1553) 조선 시대 성리학자

▶ 불이 없는 곳에는 연기도 없다.

_T. M. 플라우투스(B.C. 254?~B.C. 184) 로마 극작가, 시인

▶ 사람은 자기 손에 들었던 몽둥이로 자주 얻어맞는다.

_J. A. 바이프(1532~1589) 프랑스 시인 《세태인정, 교훈, 속담》

▶ *삼라만상 중에 인과 관계가 가장 긴밀한 상태는 행복과 덕성과의 관계다. 덕성이 있는 곳에 가장 자연적인 행복이 있고, 행복이 있는 곳에 필연적으로 덕성이 있다.

_L. A. 세네카(B.C. 4?~A.D. 65) 로마 철학자, 극작가

▶ 샘이 깊어야 강물이 흐르고 강물이 흘러야 물고기가 모인다. 뿌리가 깊어야 나무가 자라고 나무가 자라야 열매를 맺는다.

_강태공(?~?) 중국 주나라 정치가

▶ 스스로 악을 행해 그 죄를 받고 스스로 선을 행해 그 복을 받는다. 죄도 복도 내게 매였거늘, 누가 그것을 대신해 받을 것인가.

_《법구경》

▶ 악을 심으면 재난을 거두고 홧김에 남을 때리면 그 몽둥이에 자기가 맞는다. _《성경》

▶ 어버이의 인과가 자식에게 갚아진다. _《화엄경》

▶ 오이씨를 심으면 오이를 얻고 콩을 심으면 콩을 얻는다. _《명심보감》

▶ 우리가 자초하지 않은 것은 하나도 없다.

_R. W. 에머슨(1803~1882) 미국 사상가, 시인 《자연의 종교》

▶ 원인과 결과, 수단과 목적, 씨앗과 열매는 분리될 수 없다. 결과는 이미 원인 속에 피어 있고, 목적은 방법 속에, 씨앗은 과일 속에 박혀 있기 때문이다. _R. W. 에머슨(1803~1882) 미국 사상가, 시인

▶ 원인은 숨겨져 있지만 결과는 잘 알려진다.

_P. N. 오비디우스(B.C. 43~A.D. 17) 로마 시인

▶ 전쟁은 전쟁을 낳고, 복수는 복수를 가져온다. 여기 반하여 호의는 호의를 낳고 선행은 선행을 가져온다.

_D. 에라스뮈스(1466~1536) 네덜란드 철학자 《평화의 호수》

- 지식은 학문에 힘쓰는 자에게, 부유함은 조심성 있는 자에게, 권력은 용감한 자에게, 하늘나라는 덕행이 있는 자에게 있다.

_B. 프랭클린(1706~1790) 미국 정치가, 과학자 《가난한 리처드의 책력》

- 천박한 자들은 행운을, 강한 자들은 인과 관계를 믿는다.

_R. W. 에머슨(1803~1882) 미국 사상가, 시인

- 하늘을 향해 침을 뱉으면 침이 자기 얼굴에 떨어진다.

_G. 허버트(1593~1633) 영국 시인

- 현재는 오로지 과거만 내포하고 있듯이 결과에서 드러나는 것은 이미 원인 속에 있던 것이다. _H. L. 베르그송(1859~1941) 프랑스 철학자
- 흉측한 계획은 그것을 생각해 낸 사람에게 특히 위험하다.

_헤시오도스(B.C. 8세기경) 그리스 시인 《일과 나날》

속담

- 굽은 막대기는 굽은 그림자가 생긴다. _영국
- 먼지를 불면 제 눈으로 들어간다. _영국
- 바람을 향해서 침을 뱉으면 자기의 수염을 더럽힌다. _영국
- 뿌리 없는 나무가 없다. (원인이 없이 결과만 있을 수 없음을 이르는 말) _한국
- 연기가 조금도 나지 않는 불은 없다. _서양
- 왕대밭에 왕대 난다. (모든 일은 근본에 따라 거기에 알맞은 결과가 나타나는 것임을 이르는 말) _한국
- 외덩굴에 가지 열릴까. (모든 일은 인과의 법칙을 어길 수 없다는 말) _한국
- 잠을 자야 꿈을 꾸지. (원인 없이 결과를 바랄 수 없음을 이르는 말) _한국
- 하늘로 돌을 던지면 제 머리에 떨어진다. _영국
- 항아리가 깨지지 않으면 물도 새지 않는다. _서양
- 해를 주려고 계획하는 자는 해를 받는다. _영국

한자 숙어

인과응보(因果應報) 전생에 지은 선악에 따라 현재의 행과 불행이 있는 일.

형왕영곡(形枉影曲) 물체가 구부러지면 그 그림자도 구부러진다는 뜻으로, 원인과 결과가 반드시 일치한다는 말.

인식

認識

사물을 분별하고 판단하여 앎.

명언 명문

▶ 나는 인식에 있어서는 비관론적이지만, 의욕과 희망에 있어서는 낙관론적이다. _A. 슈바이처(1875~1965) 독일 신학자, 철학자, 의사

▶ 본래의 자신을 지키면서 자기 속에 있는 타인의 존재를 조금도 인식하지 않는 사람이야말로 훌륭한 사람이다. _R. W. 에머슨(1803~1882) 미국 사상가, 시인

▶ 사람은 악보다는 선을 인식하는 힘이 더 약하다. _T. 리비우스(B.C. 59?~A.D. 17) 로마 역사가

▶ 사람은 자연, 영혼, 사랑, 그리고 신을 이성으로 인식하는 것이 아니라 마음으로 인식한다. _F. M. 도스토옙스키(1821~1881) 러시아 소설가

▶ 신과 자연을 떠난 행동은 곤란하며, 또한 위험하다. 왜냐하면 우리는 자연을 통해서만 신을 인식할 수 있기 때문이다. _J. W. 괴테(1749~1832) 독일 시인, 소설가, 극작가

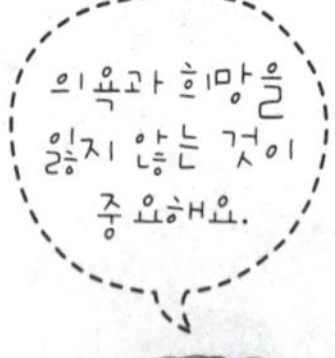

▶ 인간의 욕망은 인식의 제한을 받는다. 인식되지 않은 것은 욕망의 대상이 될 수 없다. _W. 블레이크(1757~1827) 영국 시인, 화가

▶ 인식은 신앙의 보수다. 그러므로 믿기 위해서 인식하려 하지 말고, 인식하기 위해서 믿으라. _A. 아우구스티누스(354~430) 로마 신학자, 성인

▶ 인식의 창이 깨끗하면 모든 것이 있는 그대로, 즉 무한한 것으로 나타난다. _W. 블레이크(1757~1827) 영국 시인, 화가

▶ 자기가 아는 것이 적다는 것을 인식하기 위해서 많은 것을 배워야 한다. _M. E. 몽테뉴(1533~1592) 프랑스 사상가

▶ 희극적인 것을 인식하는 것은 다른 사람들과 공감하는 방법이다. _R. W. 에머슨(1803~1882) 미국 사상가, 시인

A. 슈바이처

因緣 인연

사람들 사이에 맺어지는 관계. 또는 어떤 사물과 관계되는 연줄.

명언 명문

▶ 깊은 물속에 잠기듯이 감정의 밑바닥까지, 인연이 쉬고 있는 밑바닥에 이르기까지 깊은 생각에 잠기었다. 인연을 아는 것은 사고요, 사고를 통해서만 감각은 인식이 되어 소멸되지 않을 뿐 아니라 본질적인 것이 되어 그 속에 있는 것이 빛날 수 있다고 생각되는 것이있다. _H. 헤세(1877~1962) 독일 소설가, 시인 《싯다르타》

▶ 만일 그대가 가난하다면 인간을 부유함의 잣대로 재려고 하는 자들과 인연을 맺지 마라. _K. 지브란(1883~1931) 미국 소설가, 화가, 시인

▶ 세상에 나타나는 모든 인연은 잘 쓰는 사람에게는 유익하지만, 잘못 쓰는 사람에게는 해롭다. _《채근담》

▶ 재앙이나 손해가 닥칠 때, 값진 구슬처럼 이익 때문에 맺어진 인연의 경우에는 서로 버리지만, 어린 자녀처럼 하늘이 맺어 준 인연인 경우에는 서로 구해 준다. _장자(B.C. 369?~B.C. 289?) 중국 전국 시대 송나라 사상가

속담

▶ 가재는 게 편. (모양이 비슷하고 서로 인연이 있는 것끼리 서로 잘 어울리고, 감싸 주기 쉽다는 말) _한국

▶ 길 위의 돌도 연분이 있어야 찬다. (아무리 하찮은 일이라도 인연이 있어야 이루어진다는 말) _한국

▶ 짚신도 제짝이 있다. _한국

지식 쑥쑥

한자 숙어

월하빙인(月下氷人) 월하노인과 빙상인의 줄임말로, 남녀의 인연을 맺어 주는 사람을 이르는 말.

문장 반짝

관용어

인연이 멀다 _ 관련이 적거나 전혀 없다.

인의

仁義

남을 사랑하고 어질게 행동하는 일.
공자가 주장한 유교의 도덕 이념. 또는 정치 이념.

명언 명문

▶ 강직하고 과감하며 소박하고 입이 무거운 사람은 인의에 거의 도달한 것이다. _공자(B.C. 551~B.C. 479) 중국 춘추 시대 노나라 사상가

▶ 그가 재산을 내세우면 나는 인을 내세우고, 그가 지위를 내세우면 나는 정의를 내세운다. 군자는 군주나 대신들의 꼭두각시가 되지 않는다. _《채근담》

▶ 나라를 존속시키는 것은 인의이고 개인의 삶을 유지시키는 것은 선행이다. _《회남자》

▶ 널리 배워서 뜻을 독실히 하며 간절히 묻고 가까운 것부터 생각하면 인이 저절로 그 가운데 있다. _《논어》

▶ 널리 사랑한다. 이것을 인이라고 한다. _한유(768~824) 중국 당나라 문인, 정치가

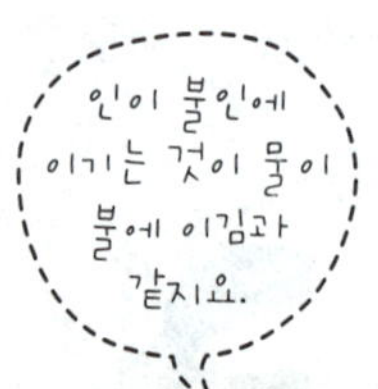

▶ 사람들에게는 인이 물과 불보다 더 중요한 것이다. 나는 물과 불을 밟고 죽는 사람은 보았으나 지금껏 인을 밟고 죽은 사람은 보지 못했다. _《논어》

▶ 사람은 인의와 하나다. _김시습(1435~1493) 조선 시대 학자, 문인

▶ 어진 사람은 인의를 기꺼이 베풀고 지혜로운 사람은 그것을 이용한다. _공자(B.C. 551~B.C. 479) 중국 춘추 시대 노나라 사상가

▶ 인간 본심의 완전한 덕이 인이다. _주자(1130~1200) 중국 송나라 유학자

▶ 인은 먼 데 있는 것이 아니다. 내가 인을 원하면 인은 곧 나를 따른다. _《논어》

▶ 인을 베풀면 거기서부터 인자가 생겨난다. _소포클레스(B.C. 496~B.C. 406) 그리스 시인

맹자

▶ 인의는 세상의 원리며 선행의 근본이다.

_주자(1130~1200) 중국 송나라 유학자

▶ 인의를 몸소 실천하고 백성을 사랑하며 정의를 세우는 것이 왕도인 반면, 거짓 인의를 내세우고 온갖 방법으로 사리사욕을 채우는 것은 *패도다. _이이(1536~1584) 조선 시대 문신, 학자

*패도 | 인의를 가볍게 여기고 무력이나 권모술수로써 공명과 사사로운 욕심만을 꾀하는 일.

▶ 인의를 실천함에 있어서는 스승에게도 양보하지 않는다.

_공자(B.C. 551~B.C. 479) 중국 춘추 시대 노나라 사상가

▶ 인의를 이루려면 좋은 스승과 친구들을 만나야 한다.

_공자(B.C. 551~B.C. 479) 중국 춘추 시대 노나라 사상가

▶ 인의를 좋아하면서도 즐겨 배우지 않으면 어리석어진다.

_공자(B.C. 551~B.C. 479) 중국 춘추 시대 노나라 사상가

▶ 인이 불인에 이기는 것이 물이 불에 이김과 같다.

_맹자(B.C. 372~B.C. 289) 중국 전국 시대 추나라 사상가

▶ 인이라는 것은 먼저 고난을 겪고 난 뒤에 얻게 되는 것으로, 그래야 인이라 할 수 있다. _《논어》

▶ 인자하고 어진 마음씨를 갖추면 하늘과 땅 사이에 부드러운 기운을 빚어낼 수 있다. _《채근담》

▶ 자기에게 이겨 예에 돌아온 것을 인으로 삼는다. 일단 자기에게 이겨 예에 돌아오면 천하가 인으로 돌아온다. _《논어》

▶ 잘하는 정치는 민심을 얻는다. 그러나 인의의 교육이 민심을 얻는 것만은 못하다. 인의의 교육은 백성을 깊이 감동시키기 때문이다.

_맹자(B.C. 372~B.C. 289) 중국 전국 시대 추나라 사상가

▶ 즐겨 배우면 지혜에, 힘써 실천하면 인자함에, 수치를 알면 용기에 가까워진다. _《예기》

▶ 천지가 물을 낳음으로써 마음을 얻어 세상에 태어났다. 그러므로 사람은 모두가 차마 하지 못하는 마음이 있으니, 이것이 바로 인이다.

_정도전(1342~1398) 고려~조선 시대 문인, 학자 《삼봉집》

▶ 큰 도가 없어지니 인의가 생겼고, 지혜가 생기니 큰 거짓이 생겼다. _《노자도덕경》

한자 숙어

인자무적(仁者無敵) 어진 사람은 모든 사람을 사랑하므로 천하에 적이 없다는 뜻.

적인자위지적(賊仁者謂之賊) 사람으로서 인을 해치는 자가 진짜 도적이라는 뜻.

자비 慈悲

남을 깊이 사랑하고 가엾게 여김. 또는 그렇게 여겨서 베푸는 혜택.

명언 명문

*유마 | 인도 비사리국의 장자. 석가모니의 제자로서 대승 불교의 경전인 유마경의 주인공.

▶ 너그럽게 베푸는 자비는 고귀한 인물의 참된 징표다.

_W. 셰익스피어(1564~1616) 영국 극작가, 시인

▶ 도량과 자비는 인간의 가장 고상한 특성이다.

_A. G. 가드너(1865~1946) 영국 수필가, 언론인 《동승객》

▶ 비겁한 자들은 잔인하지만 용감한 자들은 자비를 사랑하고 구출해 주기를 좋아한다. _J. 게이(1685~1732) 영국 시인, 극작가

▶ 비범한 자비는 사랑하지 않는 것이 없고 비범한 효도는 공경하지 않는 것이 없다. _지눌(1158~1210) 고려 시대 승려

▶ 사람은 누구나 큰 자비심이 있어서, *유마 보살이나 백정이나 마음이 서로 다르지 않다. _《채근담》

▶ 사람이 건강을 잃고 친구를 잃고 명예를 잃는다는 것은 그 어느 것이나 다 커다란 손실이다. 그러나 사람으로서 자비심을 잃는다는 것은 무엇보다도 가장 큰 손실이다.

_석가모니(B.C. 563?~B.C. 483?) 불교 창시자

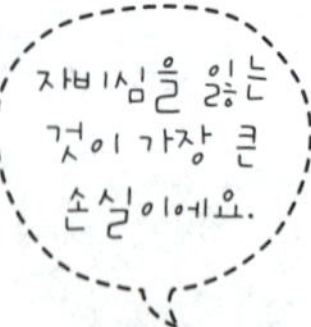

석가모니

▶ 아무에게도 하느님을 심판할 능력은 없다. 우리는 그분의 무한한 자비의 바다에 있는 물방울들이다.

_M. K. 간디(1869~1948) 인도 정치가, 민족 운동 지도자

▶ 언제나 자비롭기만 한 신은 불공정한 신이다.

_E. 영(1683~1765) 영국 시인

▶ 자비는 강요받아 베푸는 것이 아니다. 그것은, 하늘에서 단비가 땅 위에 떨어져 내리듯 그렇게 내리는 것이다.

_W. 셰익스피어(1564~1616) 영국 극작가, 시인 《베니스의 상인》

▶ 자비는 자비로운 사람들을 위한 것이다.

_G. G. 바이런(1788~1824) 영국 시인

▶ 자비에게는 인간의 마음이, 연민에게는 인간의 얼굴이 있다.

_W. 블레이크(1757~1827) 영국 시인, 화가

▶ 자비의 작은 불꽃. 우리는 그것 없이 살아서는 안 되는 것일세. 살기가 어려울 때 그것은 사람을 강하게 해 주는 것이니 말이야.

_E. M. 레마르크(1898~1970) 독일 소설가 《개선문》

▶ 하느님은 무게를 달아서 분노를 표시하고 무게를 달지 않고 자비를 베푼다. _G. 허버트(1593~1633) 영국 시인

속담

▶ 자비가 짚 벙거지. (겉으로는 자비로운 체하나 사실은 그렇지 못하다는 말) _한국

▶ 자비는 자비를 낳는다. _서양

▶ 자비로운 사람은 자비를 얻게 될 것이다. _영국

▶ 자비의 문은 여는 것도 힘들지만 닫는 것도 어렵다. _중국

지식 쑥쑥

한자 숙어

대자대비(大慈大悲) 넓고 커서 끝이 없는 자비. 특히 관세음보살이 중생을 사랑하고 불쌍히 여기는 마음.

석안유심(釋眼儒心) 석가의 눈과 공자의 마음이라는 뜻으로, 매우 자비롭고 어진 마음으로 사랑함.

키워드 정보 BOX

푸드 뱅크

식품의 생산 · 유통 · 판매 · 소비의 각 단계에서 발생하는 남은 먹거리들을 식품 제조 업체나 개인에게서 제공받아 이를 필요로 하는 복지 시설이나 개인에게 무료로 제공하는 식품 지원 복지 서비스 단체이다. 우리말로는 '식품 은행'이라 하며, 부모 없는 아이들, 혼자 사는 노인들, 몸이 불편한 사람들이나 무료 급식소 · 노숙자 쉼터 · 사회 복지 시설 등에 있는 소외 계층을 돕고, 동시에 먹거리 자원을 효율적으로 활용할 목적으로 설립되었다. 이 서비스는 1967년 미국에서 처음 시작되었으며, 우리나라에서는 1998년에 시범 사업을 실시한 이후 계속 운영되고 있다.

자아 自我

자기 자신에 대한 의식이나 관념. 대상의 세계와 구별된 인식과 행위의 주체이며 의식의 통일체.

명언 명문

*도피 | 도망하여 몸을 피함.

▶ 가장 천한 노예 상태는 자신의 노예가 되는 것이다.

_L. A. 세네카(B.C. 4?~A.D. 65) 로마 철학자, 극작가 《자연학 문제집》

▶ 그 당시의 그는 자기의 정신적인 방면의 존재를 진실한 자기라고 생각하고 있었다. 그에 반해서 현재의 그는 건강하고 힘센 동물적인 자기를 자기의 본체라고 생각하고 있었다.

_L. N. 톨스토이(1828~1910) 러시아 소설가, 사상가 《부활》

▶ 그것은 자아였다. 그 의미와 본질을 알려던 자아였다. 내가 피하려고도 하고 정복하려고도 하던 자아였다. 그러나 나는 그것을 정복할 수는 없었으나 속일 수는 있었다. 다만 그것을 *도피하여 한때 숨을 수 있을 뿐이었다. 실제 세상에서 이 자아같이 나의 생각을 괴롭혔던 물건은 없었다. _H. 헤세(1877~1962) 독일 소설가, 시인 《싯다르타》

▶ 누구에게나 자기 자신은 둘도 없이 소중한 것이다.

_F. 라블레(1483?~1553) 프랑스 극작가 《서한》

▶ 동물적 자아의 부정이야말로 인간 생활의 법칙이다.

_L. N. 톨스토이(1828~1910) 러시아 소설가, 사상가 《인생론》

▶ 본능적인 충동이 있었던 곳에는 자아가 있을 것이다.

_S. 프로이트(1856~1939) 오스트리아 심리학자, 의사

▶ 사람은 우주는 이해할 수 있을지 몰라도 자기 자신은 결코 이해할 수 없다. 누구에게나 자기 자신은 그 어느 별보다 먼 것이다.

_G. K. 체스터턴(1874~1936) 영국 소설가, 평론가

▶ 세상에서 가장 중요한 일은 어떻게 자기가 완전히 자기 자신의 주인이 되느냐를 아는 것이다. _M. E. 몽테뉴(1533~1592) 프랑스 사상가 《수상록》

▶ 우리 속의 자아를 존중하라. 그 자아는 곧 우주다.

_E. A. 로빈슨(1869~1935) 미국 시인 《밤의 아이들》

*붙임성 | 남과 잘 사귀는 성질.

▶ 우리의 육체적 자아의 요구와 정신적 자아의 목표는 서로 충돌될 수 있다. 즉 사실상 우리가 정신적 자아의 완전성을 확보하기 위하여 우리의 육체적 자아를 희생시켜야 한다는 것은 인생의 비극 가운데 하나다.

_E. 프롬(1900~1980) 독일 정신 분석학자, 사회학자 《자유로부터의 도피》

▶ 이 세상에는 전 세계를 알고 자기 자신을 모르는 자가 있다.

_J. 라퐁텐(1621~1695) 프랑스 시인, 우화 작가 《우화》

▶ 인간은 자기 자신과 싸우기 시작할 때 비로소 나름대로 가치를 지닌다. _R. 브라우닝(1812~1889) 영국 시인

▶ 인간의 영혼은 참된 자아이다. 그렇기 때문에 손가락 따위로 이러쿵저러쿵 지적할 수 있는 존재가 아니다.

_M. T. 키케로(B.C. 106~B.C. 43) 로마 정치가, 학자

▶ 인생에 있어 가장 큰일은 자기를 발견하는 일이다. 그렇기 때문에 제군은 고독과 사색이 때때로 필요하다.

_F. 난센(1861~1930) 노르웨이 동물학자, 탐험가 《일기》

▶ 자기에 대해서 말을 많이 하는 것은 자기를 숨기는 하나의 수단이기도 하다. _F. W. 니체(1844~1900) 독일 철학자, 시인 《선악의 피안》

▶ 자아란 것은 그 자신을 부정한 것이다. 왜냐하면 자아는 자기가 만물의 중심이라고 생각하려 하기 때문이다. 또 자아는 타인에게 있어서도 *붙임성이 없는 것이다. 자아는 타인을 복종시키고 싶어 하지 않기 때문이다.

_B. 파스칼(1623~1662) 프랑스 사상가, 수학자, 물리학자 《팡세》

▶ 자아를 부인하는 사람에게만 진리의 가르침이 보인다. _《탈무드》

속담

▶ 가장 가까운 것은 자기 자신이다. _이탈리아

▶ 나의 자아는 나의 친구인 동시에 적이다. _인도

▶ 자아는 우상의 어머니. _아라비아

지식 쑥쑥

한자 숙어

자아성찰(自我省察) 자기 자신이 나 자신이 한 일을 마음속으로 되돌아보고 살피는 것.

절제

節制

정도에 넘지 아니하도록 알맞게 조절하여 제한함.

명언 명문

*경거망동 | 경솔하여 생각 없이 망령되게 행동함.

▶ 가난은 절제의 어머니다. _팔라다스(4세기경) 그리스 시인

▶ 내 몸이 귀엽거든 결코 *경거망동하지 말고 몸을 삼가야 한다. 삼간다는 것은 무엇보다도 내 몸을 지켜주는 방패이다. _강태공(?~?) 중국 주나라 정치가

▶ 마음을 즐겁게 하는 일은 모두 몸을 망치고 덕을 잃게 하는 수단이니 중간에 그만두어야 후회하지 않게 된다. _《채근담》

▶ 모든 병을 막는 가장 튼튼한 벽은 절제다. _R. 헤릭(1591~1674) 영국 시인, 목사

▶ 무엇보다도 즐겨 노는 오락의 자리를 절제하라. 향락을 절제하면 그만큼 당신은 풍부해질 것이다. _I. 칸트(1724~1804) 독일 철학자

▶ 부절제가 쾌락에는 독이다. 절제는 쾌락의 화가 아니고 그 약이다. _M. E. 몽테뉴(1533~1592) 프랑스 사상가 《수상록》

▶ 스스로의 힘을 갖는 자가 가장 센 힘을 갖는다. _L. A. 세네카(B.C. 4?~A.D. 65) 로마 철학자, 극작가 《서간집》

▶ 음식을 절제하라. 그러면 당신은 건강하게 될 것이다. _B. 프랭클린(1706~1790) 미국 정치가, 과학자

▶ 절제가란 욕망의 중용을 찾은 사람을 일컫는다. _플라톤(B.C. 428?~B.C. 347?) 그리스 철학자

▶ 절제는 건강에 대한 사랑 또는 지나친 탐닉의 불가능성이다. _F. 라로슈푸코(1613~1680) 프랑스 작가

▶ 절제는 격정과 그 외의 옳지 않은 충동에 대한 이성의 단호하고도 적절한 지배다. _M. T. 키케로(B.C. 106~B.C. 43) 로마 정치가, 학자

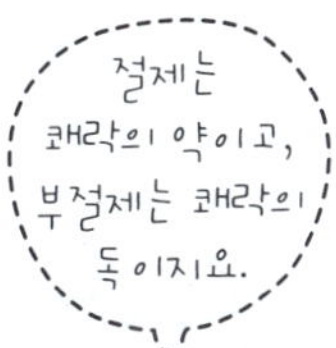

M. E. 몽테뉴

▶ 절제는 모든 미덕의 진주 목걸이를 꿰는 비단실이다.

_J. 홀(1811~1898) 미국 지질학자

▶ 절제는 비참한 것입니다. 충분이라는 것은 하루 세 끼의 식사와 같고요, 충분 이상이야말로 *향연만큼 훌륭하지요.

_O. F. O. W. 와일드(1854~1900) 아일랜드 시인, 극작가 《도리언 그레이의 초상》

*향연 | 특별히 정중하고 극진하게 손님을 대접하는 잔치.

▶ 절제는 즐거움을 늘리고, 쾌락을 한층 크게 한다.

_데모크리토스(B.C. 460?~B.C. 370?) 그리스 철학자 《단편》

▶ 절제는 황금으로 된 고삐다. _R. 버턴(1577~1640) 영국 목사, 작가

▶ 절제와 일은 인간에게 진실된 의사들이다. 일은 그의 식욕을 돋우고 절제는 식욕의 남용을 방지한다.

_J. J. 루소(1712~1778) 프랑스 작가, 사상가

▶ 즐거움에도 기쁨에도 정도가 있다. 정도를 넘으면, 인간을 노하게 하고 추행이라 불리어져 여러분은 복수당하게 된다.

_C. A. 생트뵈브(1804~1869) 프랑스 시인, 소설가 《나의 독》

▶ 즐기기 위해 절제하는 것이 이성적 향락주의다.

_J. J. 루소(1712~1778) 프랑스 작가, 사상가

▶ 참된 행복은 절제에서 나온다.

_J. W. 괴테(1749~1832) 독일 시인, 소설가, 극작가

▶ 행복한 사람들의 절제는, 좋은 운이 그들의 기질에 준 평온함에서 온다. _F. 라로슈푸코(1613~1680) 프랑스 작가 《도덕적 반성》

속담

▶ 먹고 마시는 것을 절제하고 의사들을 배척하라. _서양

▶ 모든 것에 절제하라. _서양

▶ 번영을 누리고 있을 때는 절제를 잊지 말아야 하고 역경에 처했을 때는 신중을 기해야 한다. _서양

▶ 잘 생각하고 돈을 쓰는 사람은 어느 결에 부자가 된다. _프랑스

▶ 적게 먹으면 약주요, 많이 먹으면 망주다. (모든 일은 정도에 맞게 해야 한다는 뜻) _한국

▶ 절제는 가장 좋은 약이다. _영국

▶ 할 때는 하고, 놀 때는 놀아라. _영국

정신

精神

육체나 물질에 대립되는 영혼이나 마음. 사물을 느끼고 생각하며 판단하는 능력. 또는 그런 작용.

명언 명문

▶ 가장 고귀한 정신이 최고의 만족을 얻는다.

_H. 스펜서(1820~1903) 영국 철학자, 사회학자

▶ 고대의 언어들은 정신의 칼을 보존하는 칼집이다.

_J. W. 괴테(1749~1832) 독일 시인, 소설가, 극작가

▶ 누구나 정신적 쓰레기통을 마련해야만 한다. 늙어갈수록 찢어서 버릴 것이 더욱 많아진다. _S. 버틀러(1835~1902) 영국 소설가

▶ 대개 정신적 영양물은 육체의 그것과 같아서 섭취한 것의 겨우 50분의 1쯤만이 동화되고 나머지는 증발, 호흡, 그 밖의 작용에 의하여 없어지고 만다. _A. 쇼펜하우어(1788~1860) 독일 철학자

▶ 바라는 것은 별로 없는데 두려워하는 것이 많으면 그것은 정신의 비참한 상태다. _F. 베이컨(1561~1626) 영국 정치가, 철학자

▶ 본다는 것은 보는 사람 속에 있고, 사고는 사고하는 사람 속에 있으며, 또 생명은 정신 속에 있으므로 행복 역시 정신 속에 있다고 말할 수 있다. _아리스토텔레스(B.C. 384~B.C. 322) 그리스 철학자 《형이상학》

▶ 사람을 서로 가깝게 만드는 것은 의견의 공통이 아니라 정신의 연결이다. _M. 프루스트(1871~1922) 프랑스 소설가

▶ 사악함은 원자 속이 아니라 오직 인간의 정신 속에만 들어 있다.

_A. E. 스티븐슨(1900~1965) 미국 정치가

▶ 생각을 줄이면 정신이 소모되지 않고, 총명함을 줄이면 본성을 보존할 수 있다. _《채근담》

▶ 설령 신체는 노예일지라도 정신은 자유다.

_소포클레스(B.C. 496~B.C. 406) 그리스 시인 《단편》

R. W. 에머슨

▶ 세상에서 유일하게 가치 있는 것은 활발한 정신이다.

_R. W. 에머슨(1803~1882) 미국 사상가, 시인

▶ 우리는 어떠한 지배자 밑에 있는 것이 아니다. 자기 정신의 지배하에 있다. 자기 힘으로 하라! _L. A. 세네카(B.C. 4?~A.D. 65) 로마 철학자, 극작가

▶ 우리는 육체적 게으름보다 정신적 게으름이 더 많다.

_F. 라로슈푸코(1613~1680) 프랑스 작가

▶ 우리는 정신이 약으로 치유되고 회복이 가능하다는 것을 본다.

_T. 루크레티우스(B.C. 94?~B.C. 55?) 로마 시인, 철학자

▶ 위대한 정신은 고요하고 흔들리지 않으며 모욕과 불행도 경멸한다. _L. A. 세네카(B.C. 4?~A.D. 65) 로마 철학자, 극작가

▶ 위대한 정신은 위대한 정신에 의해서 형성된다. 다만 그것은 동화에 의해서라기보다는 좀 더 많은 대립에 의해서다. 다이아몬드가 다이아몬드를 갈고 닦는 것이다.

_H. 하이네(1797~1856) 독일 시인 《독일의 종교와 철학》

▶ 인간은 정신이다. 정신이란 무엇인가. 정신이란 자기다 자기란 자기 자신에 대한 하나의 관계이다.

_S. A. 키르케고르(1813~1855) 덴마크 철학자 《죽음에 이르는 병》

▶ 재물과 명예와 즐거움을 앞세우고 간다면 우리는 참된 정신 활동을 잃어버리고 말 것이다. _B. 스피노자(1632~1677) 네덜란드 철학자

▶ 정신으로 창조된 것은 물질보다 훨씬 강한 생명력이 있다.

_C. P. 보들레르(1821~1867) 프랑스 시인

▶ 정신은 극히 일부만 수면 위에 드러난 빙산과 같다.

_S. 프로이트(1856~1939) 오스트리아 심리학자, 의사

▶ 정신은 육체에게 주는 것만큼 육체로부터 받는다.

_W. 휘트먼(1819~1892) 미국 시인 《풀잎》

▶ 정신의 자연스러운 과정은 쉽게 믿는 상태에서 의심하는 상태로 넘어가는 것이다. _T. 제퍼슨(1743~1826) 미국 제3대 대통령

▶ 정신의 최고 기능은 전달자의 기능이다.

_D. H. 로렌스(1885~1930) 영국 소설가, 시인

▶ 정신이 담긴 토기가 사람이다. _N. 호손(1804~1864) 미국 소설가

▶ 정신이 만족하는 것은 그것이 위축해 있거나 피로해 있다는 징조

*뜨물 | 곡식을 씻어 내 부옇게 된 물.

이다. 고귀한 정신은 자기의 뒤에 멈추지 않는다. 그것은 항상 자기의 능력 이상을 바라고 나아간다.

_M. E. 몽테뉴(1533~1592) 프랑스 사상가 《수상록》

▶ 진리의 정신과 자유의 정신은 사회의 기둥들이다.

_H. J. 입센(1828~1906) 노르웨이 극작가

▶ 행복은 육체에 유익하다. 그러나 정신의 힘을 길러 주는 것은 슬픔이다. _M. 프루스트(1871~1922) 프랑스 소설가

▶ 훌륭한 정신을 가진 것으로는 충분치 않고 그것을 잘 사용하는 것이 더 중요하다. _R. 데카르트(1596~1650) 프랑스 철학자, 수학자

속담

▶ 냉수 먹고 속 차려라. (정신을 차리라는 뜻으로 하는 말) _한국

▶ 대통 맞은 병아리 같다. (의외의 일을 당하여 정신이 멍함을 이르는 말) _한국

▶ *뜨물에 빠진 바퀴 눈 같다. (정신이 혼미하고 눈망울이 기운 없이 희미함을 이르는 말) _한국

▶ 물에 빠져도 정신을 차려야 산다. (역경에 처하더라도 정신만 차리면 잘 수습이 된다는 말) _한국

▶ 범에게 물려 가도 정신만 차리면 산다. (아무리 위급한 일을 당하더라도 정신만 똑바로 차리면 위기를 벗어날 수 있다는 말) _한국

▶ 인간의 기초는 물질이 아니고 정신이다. _한국

▶ 정신은 꽁무니에 차고 다닌다. (정신이 아주 없다는 말) _한국

▶ 정신은 빼어서 개 주었나. (정신이 없고 잘 잊어버리는 경우를 이르는 말) 한국

한자 숙어

정신일도 하사불성(精神一到何事不成) 정신을 가다듬어 힘쓰면 무슨 일인들 이루지 못하랴.

관용어

정신(을) 차리다 _ 잃었던 의식을 되찾다. 또는 잘못이나 실패의 원인을 알아서 뉘우치며 정신을 다잡다.

정신(이) 나가다 _ 정신이 정상적인 상태에서 벗어나 어리벙벙하여져서 무엇을 잘 알아차리지 못하다.

정신(이) 들다 _ 잃었던 의식이 돌아오다.

정신(이) 빠지다 _ 바른 정신을 가지지 못하고 비정상적으로 생각하거나 행동하다. 어떤 일에 몰두하여 다른 일을 잊어버리다.

정신(이) 팔리다 _ 자신이 해야 할 일을 잊을 정도로 다른 데에 정신이 쏠리다.

정의

正義

진리에 맞는 올바른 도리.

명언 명문

▶ 결국에 가서 정의는 동정심보다 더욱 자비롭다. 정의는 선량한 시민이 되는 적극적인 품성을 *함양시키기 때문이다.

_J. R. 로웰(1819~1891) 미국 시인, 평론가 《나의 장서 중에서》

*함양 | 능력이나 품성을 기르고 닦음.

▶ 군자는 때를 만나 관리가 되어도 정의를 실천한다. _《회남자》

▶ 군자는 정의를 가장 중요하게 생각한다. 용맹하지만 정의가 없으면 군자는 반란을 일으키고 소인은 도둑이 된다.

_공자(B.C. 551~B.C. 479) 중국 춘추 시대 노나라 사상가

▶ 극단적인 정의는 극단적인 부정이다.

_P. 테렌티우스(B.C. 185?~B.C. 159?) 로마 극작가 《자책자》

▶ 남들이 다 하는 것이라 해도 정의가 아니면 따르지 마라.

_변계량(1369~1430) 고려~조선 시대 문신

▶ 무슨 일이든지 성공이나 실패보다 옳고 그른 것을 먼저 분별할 줄 알아야 한다. _한용운(1879~1944) 승려, 시인, 독립운동가

▶ 불의 속 평화보다는 정의를 위해 전쟁하는 것이 더 낫다.

_C. P. 페기(1873~1914) 프랑스 시인, 평론가

▶ 사람으로 태어나서 정의를 실천하지 못한다면 그는 말이나 소와 같다. _정철(1536~1593) 조선 시대 문신, 시인

▶ 사람은 완전해지면 동물 가운데 제일 좋은 것이지만, 법과 정의를 떠나면 제일 나쁜 것이다.

_아리스토텔레스(B.C. 384~B.C. 322) 그리스 철학자

▶ 연기된 정의는 거부된 민주주의다.

_R. E. F. 케네디(1890~1995) 미국 케네디 대통령의 어머니

*평정 | 평안하고 고요함.

▶ 인간이 죽은 뒤에도 길동무가 되는 것은 정의라는 친구밖에 없다. 어떠한 정도 육체와 함께 사라지는 것이니까. _《마누 법전》

▶ 인자함으로 남을 안정시키고, 정의로 나를 바로잡는다.

_동중서(B.C. 176?~B.C. 104?) 중국 전한 철학자

▶ 자선은 자기 집에서, 정의는 자기 이웃집에서 시작한다.

_C. J. H. 디킨스(1812~1870) 영국 소설가

▶ 정의가 다스리는 곳에서는 복종이 곧 자유다.

_J. 몽고메리(1771~1854) 영국 시인

▶ 정의가 없다면 국가는 도둑들의 소굴이나 다름없다.

_A. 아우구스티누스(354~430) 로마 신학자, 성인

▶ 정의가 주는 최대의 열매는 마음의 *평정이다.

_에피쿠로스(B.C. 341~B.C. 270) 그리스 철학자 《단편》

▶ 정의는 사랑보다 먼저 와야 한다.

_C. P. 보들레르(1821~1867) 프랑스 시인 《내밀의 일기》

▶ 정의는 사회의 질서다. _아리스토텔레스(B.C. 384~B.C. 322) 그리스 철학자

▶ 정의는 진실의 실현이다. _J. 주베르(1754~1824) 프랑스 작가, 평론가 《팡세》

▶ 정의란 무기와 비슷하다. 무기는 돈만 내면 적도 살 수 있고 내 편도 살 수 있는 것이다. 정의도 핑계만 내세우면 적도, 내 편도 살 수 있는 것이다. _아쿠타가와 류노스케(1892~1927) 일본 소설가 《난쟁이의 어록》

▶ 정의란 자기에게 어울리는 것을 소유하고 자기에게 어울리게끔 행동하는 것이다. _플라톤(B.C. 428?~B.C. 347?) 그리스 철학자

▶ 정의란 충성, 세금, 개인적인 봉사에 대한 보수로서, 얼마간에 차이는 있더라도 한 나라의 정부가 국민에게 파는 품질 나쁜 상품.

_A. G. 비어스(1842~1914) 미국 소설가, 신문 기자 《악마의 사전》

▶ 정의를 굳게 지키면 생명에 이르지만 악한 일을 좇으면 죽음을 불러들인다. _《성경》

▶ 지혜로운 사람은 계획하고, 정의로운 사람은 실천하며, 인자한 사람은 지킨다. _《춘추》

▶ 평화의 달성은 신을 두려워하는 인간에게 있어서 고귀한 작업이다. 그것은 정의의 길이며, 정의는 국민을 높이 선양한다.

_J. F. 케네디(1917~1963) 미국 제35대 대통령 《보도의 자유》

▶ 한 사람에게 정의가 되는 것이 다른 사람에게는 불의가 되고, 한 사람에게 아름다운 것이 다른 사람에게는 추한 것이 되며, 한 사람에게 지혜가 되는 것이 다른 사람에게는 어리석음이 된다.

_R. W. 에머슨(1803~1882) 미국 사상가, 시인

속담

▶ 군주의 정의로움이 백성에게는 풍작보다 중요하다. _아라비아

▶ 법이 많을수록 정의는 더욱 적어진다. _독일

▶ 신은 정의를 지킨다. _영국

▶ 정의가 지배하는 곳에서는 무기의 필요성을 느끼지 않는다. _프랑스

▶ 정의는 힘에 앞선다. _독일

▶ 정의와 함께라면 세계 일주도 가능하지만 부정과 함께라면 집 문턱도 넘지 못한다. _러시아

▶ 하늘이 무너져도 정의를 지켜라. _영국

▶ 황금의 대포를 쏘아 붙이면 정의도 힘이 빠진다. _이탈리아

한자 숙어

사필귀정(事必歸正) 모든 일은 결국에 가서 반드시 바른 이치에 맞아 들어간다는 뜻.

고사성어

▷ 대의멸친(大義滅親)

대의를 지키기 위해서는 친족도 죽인다는 뜻으로, 국가나 사회의 큰 정의를 세우기 위해서라면 혈육의 정마저 끊어 버린다는 말이다. 춘추 시대 위나라의 장공은 충신 석작의 반대에도 불구하고, 환공을 후계자로 세웠다. 장공이 죽고 환공이 즉위하자, 석작은 은퇴했다. 얼마 뒤 환공의 이복 동생 주우는 환공을 죽이고 스스로 군주에 올랐지만, 백성들은 그를 잘 따르지 않았다. 그러자 주우는 친구 석후를 불러 이 문제를 해결하라고 했다. 석후는 아버지 석작에게 도움을 청했다. 석작은 석후에게 왕실과 사이가 좋은 진나라를 찾아가 보라고 했다. 그리하여 주우와 석후가 진나라로 떠나자, 석작은 진나라로 밀사를 보내어 주우와 석후가 군왕을 죽인 반역자이므로 붙잡아 처형해 달라고 했다. 석작은 군신 간의 대의를 위해 아들까지도 죽인 것이다. _《춘추좌씨전》

존재 存在

현실에 실제로 있음. 또는 그런 대상.

명언 명문

*피조물 | 조물주에 의하여 만들어진 모든 것. 삼라만상을 이름.

▶ 나는 아무것도 하고 싶지 않다. 무엇인가 하는 것은 새로운 존재를 만드는 것이다. 지금 존재하는 것만으로도 충분하다.

_J. P. 사르트르(1905~1980) 프랑스 소설가, 철학자

▶ 나는 존재한다. 나는 그 존재의 이유를 발견하고 싶다. 왜 내가 살고 있는지를 알고 싶은 것이다.

_A. P. G. 지드(1869~1951) 프랑스 소설가, 평론가

▶ 나는 하나하나의 존재가 지닌 가능성을 눈앞이 어지러울 정도로 굽어보고, 도덕의 테두리 속에서 숨 못 쉬고 있는 그 모든 것을 위하여 눈물을 흘린다. _A. P. G. 지드(1869~1951) 프랑스 소설가, 평론가 《사전꾼》

▶ 만일 존재가 비존재보다 좋지 않았다면 존재는 존재하지 않았을 것이다. _K. 지브란(1883~1931) 미국 소설가, 화가, 시인

▶ 목적 없이 존재하는 것은 아무것도 없다.

_C. P. 보들레르(1821~1867) 프랑스 시인

▶ 불완전한 존재는 완전한 존재를 향해서 자기를 초월한다.

_R. 데카르트(1596~1650) 프랑스 철학자, 수학자 《방법서설》

▶ 생활한다는 것은 이 세상에서 가장 드문 일이다. 대다수 사람들은 존재하고 있을 뿐이다. _O. F. O. W. 와일드(1854~1900) 아일랜드 시인, 극작가

▶ 소유하는 것은 없다. 있는 것은 존재뿐이다. 마지막 숨결을, 아니 질식을 찾고 있는 존재뿐이다. _F. 카프카(1883~1924) 독일 소설가

▶ 이 세계는 정의에 의해 존재한다. 정의가 없다면 이 세상의 어떤 *피조물도 존재할 수 없다. _소크라테스(B.C. 469~B.C. 399) 그리스 철학자

▶ 인간은 내던져진 존재다. _M. 하이데거(1889~1976) 독일 철학자 《존재와 시간》

▶ 인간은 자기가 존재하고 있는 이유를 알고 있다. 인간은 자기를 의식하고, 자기 세계를 탈주하며, 계획을 세웠다가는 변경한다.

_K. 야스퍼스(1883~1969) 독일 철학자

▶ 인간이 이 세상에 존재하는 것은, 부자가 되기 위해서가 아니라 행복하게 되기 위해서이다. _스탕달(1783~1842) 프랑스 소설가 《문예여론》

▶ 인간이 존재하는 유일한 목적은 존재의 암흑 속에 촛불을 켜는 것이다. _C. G. 융(1875~1961) 스위스 심리학자, 정신 의학자

▶ 자기가 존재한다고 말할 수 있는 사람은 극히 적다. 사람들은 자기를 과거 속에서 찾든지 미래 속에서만 본다.

_W. 블레이크(1757~1827) 영국 시인, 화가

▶ 존재 양식을 가진 학생들의 학습 과정은 살아 있는 과정이다. 그들은 관심을 가지고 귀를 기울이며, 교수가 강의하는 것을 들으며, 자발적으로 그들이 듣는 것에 응답하면서 그 지식을 되살려 낸다. _E. 프롬(1900~1980) 독일 정신 분석학자, 사회학자 《소유냐 삶이냐》

▶ 존재가 없는 것은 *진여가 없기 때문이고, 허무가 없는 것은 진여가 있기 때문이다. _원효(617~686) 신라 시대 승려

▶ 존재는 언어로 표현될 수 없고, 다만 나와 경험을 나누어 가짐으로써만이 상대방에게 전달될 수 있다.

_E. 프롬(1900~1980) 독일 정신 분석학자, 사회학자 《소유냐 삶이냐》

▶ 존재하는 것은 모두 정당하다.

_데모크리토스(B.C. 460?~B.C. 370?) 그리스 철학자

▶ 존재하는 모든 훌륭한 것은 독창력의 열매이다.

_J. S. 밀(1806~1873) 영국 철학자, 경제학자

▶ 죽음은 존재하지 않는다. 왜냐하면 우리들이 존재하는 한, 죽음의 존재는 없고, 죽음의 존재가 있을 때 우리들은 존재할 것을 그만두기 때문이다. _에피쿠로스(B.C. 341~B.C. 270) 그리스 철학자 《단편》

*진여 | 사물의 있는 그대로의 모습이라는 뜻으로, 우주에 존재하는 모든 것의 본체인 평등하고 차별이 없는 절대의 진리를 이르는 말.

속담

▶ 생각과 꿈은 우리 존재의 기초다. _나이지리아

▶ 소용 없는 물건은 없다. (어떤 물건이더라도 존재 가치 또는 존재 이유가 있다는 말) _영국

종교 宗教

신이나 초자연적인 절대자에 대한 믿음을 통해 마음의 안식을 얻고 삶의 의미를 깨닫고자 하는 문화 체계.

명언 명문

- 거짓 종교는 자연과 대립한다. _J. J. 루소(1712~1778) 프랑스 작가, 사상가
- 기쁨이 없는 종교, 그것은 종교가 아니다. _T. 파커(1810~1860) 미국 신학자, 개혁가 《의식적인 종교》
- 모든 종교는 도덕을 전제로 한다. _I. 칸트(1724~1804) 독일 철학자 《윤리학 강의》
- 사람들은 종교를 위해 노력도 하고 글도 쓰고 싸우기도 할 것이다. 그러나 종교를 위해서는 절대로 살지 않을 것이다. _C. C. 콜턴(1780~1832) 영국 작가, 성직자
- 여러 종류의 사람들이 모인 자리에서는 종교를 결코 화제로 삼지 마라. _P. D. S. 체스터필드(1694~1773) 영국 정치가, 작가
- 예전이나 지금이나 종교 없는 나라는 하나도 없었다. 그리고 미래에도 결코 없을 것이다. _G. G. 바이런(1788~1824) 영국 시인
- 인생이 살 보람이 있어 보이도록 하기 위해서 종교가 필요하다는 생각은 잘못이라고 나는 믿는다. _C. S. 루이스(1898~1963) 영국 작가, 학자
- 종교 없는 과학은 절름발이고, 과학 없는 종교는 맹인이다. _A. 아인슈타인(1879~1955) 미국 물리학자
- 종교는 강력한 힘, 세상의 유일한 원동력이다. 그러나 남을 이해하려면 자기 종교가 아니라 상대방의 종교를 통해서 그를 이해해야만 한다. _G. B. 쇼(1856~1950) 아일랜드 극작가, 평론가
- 종교는 모든 사람에게 이해될 수 있는 철학이며, 철학은 또한 종교를 증명한다. _I. 칸트(1724~1804) 독일 철학자
- 종교는 생명이고 철학은 사상이다. 우리에게는 생명과 사상 둘 다

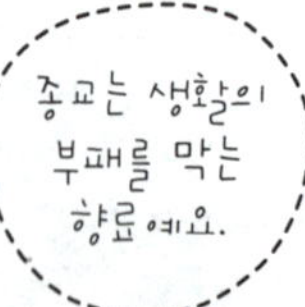

F. 베이컨

필요할 뿐만 아니라 둘이 조화를 이루어야 한다.

_J. F. 클라크(1810~1888) 미국 성직자 《위대한 종교들》

▶ 종교는 생활의 부패를 막는 향료다.

_F. 베이컨(1561~1626) 영국 정치가, 철학자

▶ 종교는 성자가 그것을 말했다고 해서 진리라고 하지 않는다. 진리이니까 성자가 그것을 말한 것이다.

_G. E. 레싱(1729~1781) 독일 극작가, 평론가

▶ 종교는 우리가 처해 있는 감각 세계를 우리 내부의 희망적 세계를 통해 지배하려는 시도다. _S. 프로이트(1856~1939) 오스트리아 심리학자, 의사

▶ 종교란 생명의 소금이며 힘이다.

_C. 힐티(1833~1909) 스위스 사상가, 법률가 《잠 못 이루는 밤을 위하여》

▶ 종교란 우리들의 의무의 모든 것을 신의 명령으로 받아들이는 것이다. _I. 칸트(1724~1804) 독일 철학자

▶ 종교의 영원한 가치는 그것이 소망에 대한 도전을 이끌어 주고, 사람의 마음에 희망을 안겨 주는 데에 있다.

_G. M. 홉킨스(1844~1889) 영국 시인

▶ 종교적 의무는 정의를 실천하고 자비를 사랑하며 다른 사람들을 행복하게 하려고 노력하는 것이라고 나는 믿는다.

_T. 페인(1737~1809) 미국 정치 평론가, 작가

▶ 참된 종교란, 인간이 그들을 둘러싼 무한의 큰 생명에 대하여, 그들의 생활을 이 큰 무한에 결합시켜, 그것에 의해서 자기의 행위를 지도한다는 관계를 확립한다.

_L. N. 톨스토이(1828~1910) 러시아 소설가, 사상가 《종교란 무엇인가》

▶ 학문과 예술을 갖고 있는 자는 동시에 종교도 갖고 있다. 학문과 예술을 가지고 있지 않는 자는 종교를 가져라.

_J. W. 괴테(1749~1832) 독일 시인, 소설가, 극작가 《온순한 쿠세니엔》

속담

▶ 종교가 없는 사람은 고삐 풀린 말과 같다. _로마

▶ 종교는 말이 아니고 실행이다. _영국

▶ 종교는 모든 문명의 어머니다. _영국

중용

中庸

지나치거나 모자라지도 아니하고 한쪽으로 치우치지도 아니한, 떳떳하며 변함이 없는 상태나 정도.

명언 명문

▶ 너무 많든 너무 적든 도를 넘으면 흥이 깨진다.

_P. 테렌티우스(B.C. 185?~B.C. 159?) 로마 극작가 《안드로스 섬의 처녀》

▶ 백성들은 중용을 오랫동안 유지하는 경우가 드물다.

_공자(B.C. 551~B.C. 479) 중국 춘추 시대 노나라 사상가

▶ 사실상 도덕을 제외한 모든 인간 문제는 회색에 속한다. 모든 일이 흑이나 백에 속하는 것은 아니다. 타협이 있어야 한다.

_D. D. 아이젠하워(1890~1969) 미국 제34대 대통령

▶ 성품에 관한 중용은 언제나 미덕이지만 원칙에 관한 중용은 언제나 악덕이다. _T. 페인(1737~1809) 미국 정치 평론가, 작가

▶ 어떤 경우든 중용이 최상이다. 지나친 것은 모두 고통을 준다.

_T. M. 플라우투스(B.C. 254?~B.C. 184) 로마 극작가, 시인

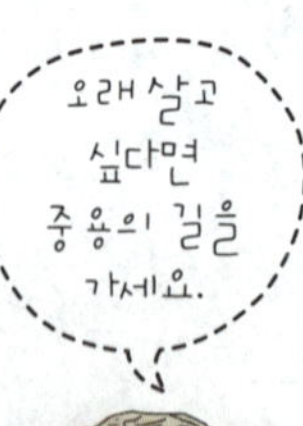

▶ 오래 살 것을 소망한다면 중용의 길을 밟으라.

_M. T. 키케로(B.C. 106~B.C. 43) 로마 정치가, 학자

▶ 위대한 것을 멸시하고 과도함보다는 중용을 택하는 것이 군자의 특징이다. _L. A. 세네카(B.C. 4?~A.D. 65) 로마 철학자, 극작가

▶ 임금을 섬기되 충성이 지나치면 미움을 받으며, 벗과 사귀되 정이 지나치면 귀찮게 여긴다. _《논어》

M. T. 키케로

▶ 중용, 그것은 바로 지혜를 열어 가는 비밀의 문이다.

_B. 그라시안이모랄레스(1601~1658) 에스파냐 작가

▶ 중용은 가장 큰 미덕이다.

_공자(B.C. 551~B.C. 479) 중국 춘추 시대 노나라 사상가

▶ 중용은 세상의 근본이다. _주자(1130~1200) 중국 송나라 유학자

▶ 중용을 지켜라. 어떠한 경우든 균형이 최상이다.

_헤시오도스(B.C. 8세기경) 그리스 시인

▶ 중용을 지킬 필요가 있다는 것은, 어떤 점에서 노력과 체념 사이의 균형과 관계가 있다.

_B. A. W. 러셀(1872~1970) 영국 철학자, 수학자 《행복의 정복》

▶ 지나친 것은 모두가 자연을 거스른다.

_히포크라테스(B.C. 460?~B.C. 377?) 그리스 의학자

▶ 지나침과 모자람은 악의 특색이고, 중용은 덕의 특색이다.

_아리스토텔레스(B.C. 384~B.C. 322) 그리스 철학자 《니코마코스 윤리학》

▶ 희로애락이 아직 발하지 않음을 '중'이라 하고, 발하여 모두 법도에 스며든 것을 '화'라 한다. _《중용》

속담

▶ 가장 안전하게 가려면 한가운데 길을 택하라. _영국

▶ 모든 일에 중용을 지켜라. _서양

▶ 밧줄을 너무 잡아당기면 끊어진다. _로마

▶ 지나친 것은 위험하다. _서양

▶ 화살을 과녁보다 멀리 쏜 사람은 과녁에 미치지 못하게 쏜 사람과 같다. _서양

▶ 훨훨 타오르는 커다란 불길보다 몸을 녹이는 훈훈한 모닥불이 더 좋다. _영국

한자 숙어

절장보단(絶長補短) 긴 것은 끊고 짧은 것은 더 보탠다는 뜻으로, 알맞게 맞춘다는 말.

고사성어

▷ 과유불급(過猶不及)

지나친 것은 부족한 것보다 못하다는 뜻으로, 모든 사물이 정도를 지나치면 도리어 안 한 것만 못하니 중용을 지키라는 말이다. 자공이 공자에게 "자장과 자하 중 어느 쪽이 어집니까?" 하고 물었다. 공자는 "자장은 지나치고, 자하는 미치지 못합니다." 하고 대답했다. 이에 자공이 "그럼 자장이 낫단 말씀입니까?" 하고 되묻자, 공자는 "지나친 것은 미치지 못한 것과 같습니다." 하고 대답했다. _《논어》 선진 편

즐거움

마음에 거슬림이 없이 흐뭇하고
기쁜 느낌이나 마음.

명언 명문

*심금 | 외부의 자극에 따라 미묘하게 움직이는 마음을 비유적으로 이르는 말.

▶ 고통 뒤의 즐거움이 감미로운 것이다.

_J. 드라이든(1631~1700) 영국 시인, 극작가

▶ 기쁜 일이 있으면 슬픈 일이 있고, 즐거운 일이 있으면 괴로운 일이 있다. 이같이 희로애락이 오고 가고 뒤엉키어 *심금에 닿아서 그윽한 인생의 교향악은 연주되는 것이다.

_H. W. 롱펠로(1807~1882) 미국 시인

▶ 내가 아는 가장 큰 즐거움은 선행을 몰래 하고 그것이 우연히 발견되도록 하는 것이다. _C. 램(1775~1834) 영국 평론가, 수필가

▶ 누구나 오래 살기를 바라면서도 고요함 속의 즐거움을 모른다.

_서경덕(1489~1546) 조선 시대 학자

▶ 마음이 즐거우면 앓던 병도 낫고, 마음속에 걱정이 있으면 뼈도 마른다. _《성경》

▶ 무슨 일이든 즐거움이 극도에 이르면 곧 싫증이 따라온다.

_M. T. 키케로(B.C. 106~B.C. 43) 로마 정치가, 학자

▶ 사람은 삶의 즐거움을 알아야만 하고, 헛되게 사는 것을 걱정하지 않으면 안 된다. _《채근담》

▶ 세상에 즐거움만 있다면 우리는 용기와 인내를 결코 배우지 못했을 것이다. _H. A. 켈러(1880~1968) 미국 저술가, 사회사업가

▶ 식탁의 즐거움을 주는 것은 음식이 아니라 만족감이다.

_R. 헤릭(1591~1674) 영국 시인, 목사

▶ 신에 의해 부여된 인생은 짧지만, 즐겁게 보낸 인생의 기억은 영원하다. _M. T. 키케로(B.C. 106~B.C. 43) 로마 정치가, 학자

*태산 | 높고 큰 산.

▶ 인생의 즐거움은 인생을 사는 인간에게 달려 있다. 하는 일이나 장소에 좌우되는 것은 아니다.

_R. W. 에머슨(1803~1882) 미국 사상가, 시인 《인생의 방법》

▶ 적절한 즐거움은 정신의 긴장을 풀어 주고 안정시킨다.

_L. A. 세네카(B.C. 4?~A.D. 65) 로마 철학자, 극작가

▶ 즐거울 때 누리는 즐거움은 참된 즐거움이 아니고, 괴로울 때 얻을 수 있는 즐거움이 바로 마음의 참된 모습을 보는 것이다. _《채근담》

▶ 즐거움은 다른 사람과 함께 나눌 때 더 큰 기쁨을 준다. 홀로 즐거움을 누리는 것은 지겨운 짓이다.

_J. 크리소스토무스(347?~407) 그리스 설교가

▶ 즐거움은 모든 사람의 대상, 의무, 목표다.

_볼테르(1694~1778) 프랑스 사상가

▶ 즐거움은 행복한 삶의 시작이자 끝이다.

_에피쿠로스(B.C. 341~B.C. 270) 그리스 철학자

▶ 즐거움을 주는 기술은 즐거움을 누리는 데 있다.

_W. 해즐릿(1778~1830) 영국 평론가, 수필가

▶ 즐거움이란 일부러 찾으면 만나는 경우가 거의 없다.

_S. 존슨(1709~1784) 영국 시인, 평론가

▶ 침대에 누울 때, 내일 아침 일어나는 것을 즐거움으로 여기는 사람은 행복하다. _C. 힐티(1833~1909) 스위스 사상가, 법률가

속담

▶ 고생 끝에 낙이 있다. (어려운 일, 괴로운 일을 겪고 나면 즐겁고 좋은 일도 있다는 말) _한국

▶ 모든 즐거움에는 근심이 따른다. _서양

▶ 일시적인 즐거움은 곧 슬픔의 어머니가 된다. _로마

▶ *태산을 넘으면 평지를 본다. (고생을 한 다음에는 즐거운 일이 있다는 말) _한국

▶ 한 가지 즐거움은 백 가지 괴로움보다 낫다. _영국

한자 숙어

고진감래(苦盡甘來) 쓴 것이 다하면 단 것이 온다는 뜻으로, 고생 끝에 즐거움이 옴을 이르는 말.

증오 憎惡

아주 사무치게 미워함. 또는 그런 마음.

명언 명문

▶ 남이 너에게 정당한 증오를 품지 않도록 조심하라.

_P. 시루스(B.C. 1세기경) 로마 시인

▶ 다른 사람으로부터 미움을 받고 있다고 생각하나 그 사람에게 미움 받을 원인을 준 기억이 없다고 믿는 사람은 자기도 그를 미워할 것이다.

_B. 스피노자(1632~1677) 네덜란드 철학자 《에티카》

▶ 문학적인 목적의 미움이란 훌륭한 테마가 되는 것이다.

_B. A. W. 러셀(1872~1970) 영국 철학자, 수학자 《사랑이 있는 기나긴 대화》

▶ 사람들이 남을 증오하는 것에 집착하는 이유는, 증오를 떨쳐 버릴 경우 그들은 고통과 씨름해야 한다고 느끼기 때문이다.

_J. M. 볼드윈(1861~1934) 미국 심리학자

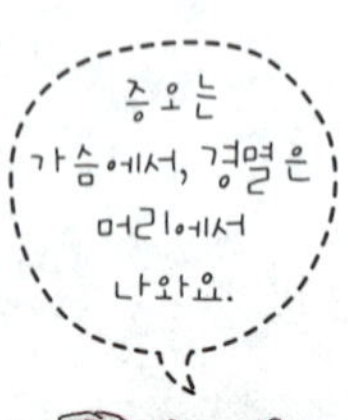

▶ 사랑을 눈에 보이는 효과로 판단한다면 우정보다는 증오에 더 가까워 보인다.

_F. 라로슈푸코(1613~1680) 프랑스 작가

▶ 사랑의 증오만큼 억압할 수 없는 일은 없다.

_S. 프로페르티우스(B.C. 50?~B.C. 16?) 로마 시인

▶ 사랑이 많으면 증오에 이른다.

_경상자(?~?) 중국 춘추 시대 노나라 사상가

▶ 사회적 증오는 종교적 증오보다도 훨씬 강렬하고 심각하다.

_M. A. 바쿠닌(1814~1876) 러시아 혁명가 《정치철학》

▶ 어떤 대상에 대한 공동의 증오는 사랑, 우정, 존경보다 사람들을 더욱 단결시킨다.

_A. P. 체호프(1860~1904) 러시아 소설가, 극작가

▶ 우리들이 인생에서 부딪히는 증오의 대부분은, 단순히 질투거나 모욕 받은 사랑에 지나지 않는다.

_C. 힐티(1833~1909) 스위스 사상가, 법률가 《잠 못 이루는 밤을 위하여》

A. 쇼펜하우어

▶ 우정보다 증오를 부채질하는 선전이 훨씬 효과적인 것은 어째서인가? 현대 문명을 만들어 낸 인간의 심정이 우정보다 증오 쪽으로 기울기 쉽기 때문이다.

_B. A. W. 러셀(1872~1970) 영국 철학자, 수학자 《자연의 정복》

▶ 정치는 언제나 증오의 체계적 조직이다.

_H. B. 애덤스(1838~1918) 미국 역사가, 사상가

▶ 증오, 그것은 사랑과 근원을 같이하고 있는 것이 아닌가.

_H. 카로사(1878~1956) 독일 소설가, 시인, 의사 《루마니아 일기》

▶ 증오는 가라앉은 분노다. _L. A. 세네카(B.C. 4?~A.D. 65) 로마 철학자, 극작가

▶ 증오는 가치의 *소멸로 이끄는 감정이다.

_J. 오르테가이가세트(1883~1955) 에스파냐 철학자, 정치가

*소멸 | 사라져 없어짐.

▶ 증오는 감정에서, 경멸은 지성에서 유래한다. 어떤 감정도 완전히 통제되지는 않는 것이다. _A. 쇼펜하우어(1788~1860) 독일 철학자

▶ 증오는 그 마음을 품는 자에게 다시 돌아온다.

_L. 베토벤(1770~1827) 독일 작곡가

▶ 증오는 두려움의 딸이다. _Q. S. F. 테르툴리아누스(160?~220?) 카르타고 신학자

▶ 증오는 사람을 장님으로 만든다.

_O. F. O. W. 와일드(1854~1900) 아일랜드 시인, 극작가

▶ 증오는 증오로써 막는 것이 아니라 사랑으로써 막는 것이다.

_석가모니(B.C. 563?~B.C. 483?) 불교 창시자

▶ 증오는 위협당한 데 대한 비겁한 자의 복수이다.

_G. B. 쇼(1856~1950) 아일랜드 극작가, 평론가

속담

▶ 가장 큰 증오는 가장 큰 사랑에서 나온다. _서양

▶ 모난 돌이 정 맞는다. (학식이나 재능이 뛰어난 사람이 미움을 받게 된다는 말) _한국

▶ 미운 강아지 우쭐거리면서 똥 싼다. (미운 사람이 유난히도 보기 싫고 미운 짓만 한다는 뜻) _한국

▶ 사랑은 미움을 숨긴다. _영국

▶ 증오는 애정과 마찬가지로 맹목적이다. _미국

지옥

地獄

큰 죄를 짓고 죽은 사람들이 구원을 받지 못하고 끝없이 벌을 받는다는 곳.

명언 명문

▶ 바보의 천국은 지혜로운 사람의 지옥이다.

_T. 풀러(1654~1734) 영국 의사, 작가

▶ 지옥에서 그들은 죽음조차 바랄 수 없다.

_A. 단테(1265~1321) 이탈리아 시인

▶ 지옥으로 내려가는 길은 쉽다. _P. 베르길리우스(B.C. 70~B.C. 19) 로마 시인

▶ 지옥은 명예, 의무, 정의, 그 밖에 무서운 덕의 고향인 것이다. 지상의 나쁜 일은 모두 이러한 이름 아래 범해진다.

_G. B. 쇼(1856~1950) 아일랜드 극작가, 평론가 《인간과 초인》

▶ 지옥은 슬픔과 눈물을 통하지 않고 들어갈 수 없는 곳이다.

_A. 단테(1265~1321) 이탈리아 시인 《신곡》

▶ 지옥은 아마추어 음악가로 가득 차 있다.

_G. B. 쇼(1856~1950) 아일랜드 극작가, 평론가

▶ 지옥은 평화도 휴식도 희망도 없는 곳이다.

_J. 밀턴(1608~1674) 영국 시인

▶ 지옥은 하느님의 분노, 죄에 대한 그의 증오다.

_P. J. 베일리(1816~1902) 영국 시인

▶ 지옥이란 사람이 노예일 때입니다. 지옥이란 자유가 없고 정의가 지켜지지 않을 때입니다. 사람이 평등하지 못할 때 그것이 바로 지옥입니다. _맬컴 엑스(1925~1965) 미국 인권 운동가

▶ 평생 행복한 상태란 아무도 감당할 수 없다. 그것은 지상의 지옥이다. _G. B. 쇼(1856~1950) 아일랜드 극작가, 평론가

▶ 현대인에게 인생은 영원한 지옥이 되어 버렸다. 낙원에 이를 수

있다는 희망을 완전히 잃어버린 그 한 가지 이유만으로.

_H. V. 밀러(1891~1980) 미국 소설가 《암살자의 시》

▶ 현재를 체험한 자만이 지옥이 무엇인지를 진실로 알 수 있다.

_A. 카뮈(1913~1960) 프랑스 소설가, 극작가

속담

▶ 극락길 버리고 지옥 길 간다. (착한 일은 하지 않고 나쁜 짓만을 일삼는다는 말) _한국

▶ 지옥과 법정은 언제나 열려 있다. _영국

▶ 지옥에 있는 자는 천국이 어떤지를 알지 못한다. _영국

▶ 지옥은 네가 가기 전까지는 가득 차지 않는다. _영국

▶ 지옥은 은혜를 모르는 자들이 간다. _서양

한자 숙어

무간지옥(無間地獄) 불경의 팔열지옥의 하나로, 끊임없이 고통을 받는 지옥을 이름.

키워드 정보 BOX

단테의 《신곡》

단테의 생가에 있는 단테의 흉상.

《신곡》은 이탈리아의 시인 단테가 쓴 장편 서사시로, 1307년 무렵부터 쓰기 시작하여 그가 죽은 해인 1321년에 완성되었다. 단테가 죽음의 세계를 여행한 내용을 담고 있는데, 〈지옥 편〉, 〈연옥 편〉, 〈천국 편〉의 3부로 이루어졌다. 단테가 서른세 살 되던 해의 어느 날 밤에 길을 잃고 어두운 숲속을 헤매며 괴로운 하룻밤을 보낸 뒤, 빛이 비치는 언덕 위로 다가가려 했으나 세 마리의 야수가 길을 가로막아 올라갈 수가 없었다. 그때 베르길리우스가 나타나 그를 구해 주고 길을 인도하였다. 그는 먼저 단테를 지옥으로, 다음에는 연옥의 산으로 안내하고는 꼭대기에서 단테와 작별하고 베아트리체에게 그의 앞길을 맡겼다. 단테는 베아트리체와 지고천에까지 이르고, 그곳에서 한순간 신의 모습을 우러러보게 되었다는 줄거리이다.

지혜 智慧

사물의 이치를 빨리 깨닫고 사물을 정확하게 처리하는 정신적 능력.

명언 명문

▶ 결코 후회하지도 남을 비난하지도 않는 것이 지혜의 첫걸음이다.

_D. 디드로(1713~1784) 프랑스 철학자

▶ 남이 나를 속이리라 지레짐작하지 말고 남이 나를 믿지 않으리라 억측하지 마라. 남의 올바름을 먼저 깨닫는 자가 슬기로우니라.

_《논어》

▶ 너무 게을러서 생각을 못하고 너무 허영심이 강해서 실수를 용납할 수 없고 너무 비겁해서 잘못을 인정하지 못한다면 결코 지혜를 얻을 수 없을 것이다. _C. V. 코널리(1903~1974) 영국 평론가, 소설가

▶ 모든 인간의 지혜는 기다림과 희망이란 두 가지 말로 요약된다.

_A. 뒤마(1802~1870) 프랑스 소설가, 극작가 《몽테크리스토 백작》

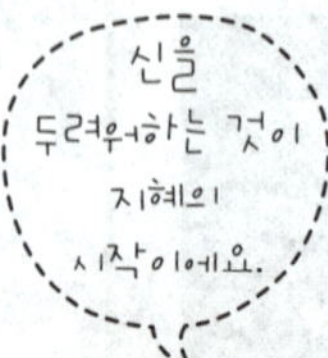

▶ 무모한 일을 하지 않는 것이 지혜의 특징이다.

_H. D. 소로(1817~1862) 미국 사상가, 수필가

▶ 무슨 일이든지 어느 한 가지 일에 능통하라! 한 가지 일에 능통하지 못하고는 한 가지 지혜도 자라지 못한다. _《명심보감》

▶ 백성을 다스리기 어려운 것은 그들이 지혜가 많기 때문이다.

_노자(B.C. 604?~?) 중국 춘추 시대 초나라 사상가

▶ 사랑은 바보들의 지혜이고 지혜로운 사람들의 어리석음이다.

_S. 존슨(1709~1784) 영국 시인, 평론가

▶ 생각이 온전하면 지혜가 생기고 생각이 흩어지면 지혜를 잃나니, 이 두 갈래 길을 밝게 알아서 지혜를 따르면 도를 이룬다. _《법구경》

▶ 신을 두려워하는 것이 지혜의 시작이다.

_B. 스피노자(1632~1677) 네덜란드 철학자 《에티카》

B. 스피노자

▶ 어리석은 짓을 피하는 것이 지혜의 시작이다.

_Q. 호라티우스(B.C. 65~B.C. 8) 로마 시인

▶ 우리들은 타인의 지식에 의해서 아는 사람이 된다고는 해도, 지혜로운 자가 되는 것은 우리들 자신의 지혜에 의해서이다.

_M. E. 몽테뉴(1533~1592) 프랑스 사상가 《수상록》

▶ 인자함이란 사람을 사랑하는 것이고, 지혜는 사람을 알아보는 것이다. _공자(B.C. 551~B.C. 479) 중국 춘추 시대 노나라 사상가

▶ 일반적으로 사람의 본성에는 지혜보다 어리석음이 더 많다.

_F. 베이컨(1561~1626) 영국 정치가, 철학자

▶ 자기를 아는 것은 지혜의 시작이며 그것으로 미루어 남을 알 수가 있다. _왕안석(1021~1086) 중국 북송 정치가, 학자

▶ 지식은 남들의 생각으로 가득 찬 머릿속에 있고, 지혜는 독단적인 생각에 몰두하는 정신 속에 있다. _W. 쿠퍼(1731~1800) 영국 시인

▶ 지혜가 있는 자는 아직 형체가 나타나기 전에 보게 되고, 어리석은 자는 아무 일이 없을 것이라 하여 태연하게 근심하지 않다가 *환난이 닥친 뒤에 비로소 마음을 태운다.

_이인로(1152~1220) 고려 시대 학자 《파한집》

▶ 지혜가 풍부한 자는 흥망성쇠를 알고 있어서 행운을 얻어도 기뻐하지 않고 잃어도 근심하지 않으며 운명의 *무상을 안다.

_장자(B.C. 369?~B.C. 289?) 중국 전국 시대 송나라 사상가

▶ 지혜는 경험의 딸이다. 경험에 근거하지 않은 사색가의 교훈을 피하라. _L. 다빈치(1452~1519) 이탈리아 화가, 건축가, 조각가

▶ 지혜는 매일 쓰지 않으면 안 된다. 쓰지 않으면 그만큼 손해이다.

_B. 프랭클린(1706~1790) 미국 정치가, 과학자

▶ 지혜는 붙잡는 자에게 생명의 나무가 되고 지혜를 잡는 사람에게는 행복을 준다. _《성경》

▶ 지혜는 생동하는 반응이다. 인간은 상황을 보고 그 상황에 따라 반응한다. _B. S. 라즈니시(1931~1990) 인도 철학자 《마음으로 가는 길》

▶ 지혜는 슬픔이다. 가장 많이 아는 자는 숙명적인 진리를 가장 깊이 한탄하지 않으면 안 된다. 지혜의 나무가 생명의 나무는 아닌 것이다. _G. G. 바이런(1788~1824) 영국 시인

*환난 | 근심과 재난을 통틀어 이르는 말.

*무상 | 일정하지 않고 늘 변함.

*향유 | 누리어 가짐.

▶ 지혜는 의견에서 드러나고 교양은 말투에서 드러난다. _《집회서》

▶ 지혜는 진리 속에만 있다. _J. W. 괴테(1749~1832) 독일 시인, 소설가, 극작가

▶ 지혜란, 구해야 할 것과 피해야 할 것에 대한 지식이다.

_M. T. 키케로(B.C. 106~B.C. 43) 로마 정치가, 학자 《의무론》

▶ 지혜를 갖는 것은 최대의 덕이다. 지혜란, 사물의 본성에 따라서 이해하고, 진실을 말하고, 행하는 것이다.

_헤라클레이토스(B.C. 540?~B.C. 480?) 그리스 철학자 《단편》

▶ 지혜를 넓게 쓰지 못하는 자는 공을 이룰 수 없다.

_여불위(?~B.C. 235) 중국 전국 시대 진나라 재상

▶ 지혜를 찾으면 얼마나 행복하랴! 슬기를 얻으면 얼마나 행복하랴! 지혜를 얻는 것이 은보다 값있고 황금보다 유익하다. _《성경》

▶ 지혜의 마지막 결론은 이렇다. 대개 생활에서나 자유에서나, 나날이 이것들을 쟁취해서 처음으로 그것을 *향유하는 자격이 있는 것이다. _J. W. 괴테(1749~1832) 독일 시인, 소설가, 극작가 《파우스트》

▶ 짧은 말이 때로는 많은 지혜를 담고 있다.

_소포클레스(B.C. 496~B.C. 406) 그리스 시인

▶ 피난처 없이 홀로 세상을 대하는 것이 지혜와 용기의 시초이기도 합니다. _B. A. W. 러셀(1872~1970) 영국 철학자, 수학자 《사랑이 있는 기나긴 대화》

▶ 하느님께서 벌을 내리실 때는 우선 그 사람의 지혜부터 빼앗는다.

_F. M. 도스토옙스키(1821~1881) 러시아 소설가 《백치》

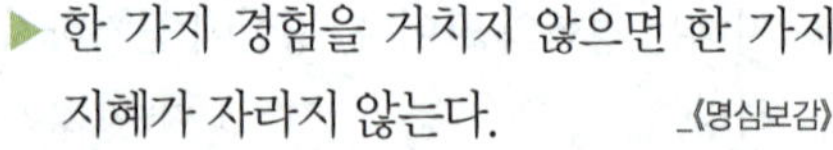

▶ 한 가지 경험을 거치지 않으면 한 가지 지혜가 자라지 않는다. _《명심보감》

▶ 현실에 꿈과 유머를 보탠 것이 지혜다.

_린위탕(1895~1976) 중국 작가 《지혜의 중요성》

한자 숙어

공생명(公生明) 공평한 마음이 있어야만 비로소 밝은 지혜가 생김.

반야항(般若航) 지혜의 배라는 뜻으로, 괴로움 많은 인생의 바다를 건너려면 슬기로워야 함을 이름.

지과만인(智過萬人) 지략이 보통 사람보다 뛰어남.

칠종칠금(七縱七擒) 일곱 번 놓아주고 일곱 번 잡는다는 말로, 지혜로써 상대를 마음대로 함.

속담

▶ 사람이 오래면 지혜요, 물건이 오래면 귀신이다. (경험이 많은 노인의 지혜로움을 이르는 말) _한국

▶ 지나치게 많은 지혜는 어리석음이다.

_독일

- ▶ 지혜는 시간이 아니라 명석함이 가져다준다. _로마
- ▶ 지혜로운 자는 귀가 길고 혀가 짧다. _영국
- ▶ 지혜의 첫걸음은 거짓을 알아보는 것이다. _로마
- ▶ 타인의 지혜로 멀리까지 갈 수는 없다. _리투아니아

고사성어

▷ 노마지지(老馬之智)

늙은 말의 지혜라는 뜻으로, 아무리 하찮은 미물이나 사람이라도 저마다 특기나 장점을 지니고 있음을 이르는 말이다. 풍부한 경험을 쌓은 사람이 갖춘 지혜라는 뜻으로 사용된다. 춘추 시대 제나라 환공이 관중과 습붕과 힘을 합쳐 고죽국을 정벌하였다. 그런데 전쟁이 길어져 혹독한 겨울에야 끝이 난 데다가 귀국하다가 길을 잃고 말았다. 이때 관중이 "이런 때에 늙은 말의 지혜가 필요합니다."라고 말하고는 즉시 늙은 말 한 마리를 풀어 놓고 그 뒤를 따라 행군하여 길을 찾았다. _《한비자》

키워드 정보 BOX

미네르바의 부엉이

독일 철학자 헤겔이 쓴 《법철학》의 서문에서 '미네르바의 부엉이는 황혼이 짙어지자 날기 시작한다.'에서 온 말이다. 미네르바는 로마 신화에 나오는 지혜의 여신인데, 항상 부엉이를 데리고 다녔으며, 부엉이는 해가 질 무렵에 날아다니며 그날 일어난 일들을 그녀에게 알렸다고 한다. 이 때문에 미네르바의 부엉이는 이성적인 철학이나 진리에 대한 인식이 시대에 앞선다기보다는 일이 다 끝날 무렵에야 알게 된다는 뜻으로, '무슨 일을 하다가 한참 후에야 비로소 깨닫게 된다.' 또는 '지혜란 현실을 꼼꼼히 살필 때 얻어진다.'라는 의미로 해석되기도 한다.

철학, 지혜, 합리적 사고를 상징하는 미네르바.

진리

眞理

참된 이치 또는 참된 도리. 또는 언제 어디서나 누구든지 받아들일 수 있는 보편적인 법칙이나 사실.

명언 명문

*내밀 | 어떤 일이 겉으로 드러나지 아니함. 또는 그런 일.

▶ 가장 위대하고 심오한 진리는 가장 단순하고 소박합니다.

_L. N. 톨스토이(1828~1910) 러시아 소설가, 사상가

▶ 객관적 진리보다는 오히려 사물을 보고 생각하는 방법이 더 중요하다.

_린위탕(1895~1976) 중국 작가 《생활의 발견》

▶ 겉으로 내세우지 마라. 너희 자신에 서라. *내밀한 사람에게만이 진리는 머무르느니라.

_A. 아우구스티누스(354~430) 로마 신학자, 성인 《참된 종교》

▶ 경험보다는 믿음이 진리를 더 빨리 파악한다.

_K. 지브란(1883~1931) 미국 소설가, 화가, 시인

▶ 나는 진리의 바다가 온통 미지의 상태로 눈앞에 펼쳐져 있는 동안 바닷가에서 가끔 조약돌이나 조가비를 줍는 소년과 같았다.

_I. 뉴턴(1642~1727) 영국 물리학자, 천문학자, 수학자

▶ 나보다 먼저 태어났든 뒤에 태어났든, 먼저 진리를 배운 사람이라면 모두가 나의 스승이다.

_한유(768~824) 중국 당나라 문인, 정치가

▶ 단순함, 선행, 진리가 없는 곳에는 위대함도 없다.

_L. N. 톨스토이(1828~1910) 러시아 소설가, 사상가

▶ 당신이 최후의 승리를 원한다면 진리를 따라야 한다. 한때 불리하고 비참한 처지에 빠지더라도 그것은 치료를 받을 수 있는 상처이니 겁내지 마라.

_A. P. G. 지드(1869~1951) 프랑스 소설가, 평론가

▶ 모른다는 사람은 진리를 깊이 알지만 안다는 사람은 깊이 알지 못한다. 모른다는 사람은 안을, 안다는 사람은 겉을 아는 것이다.

_장자(B.C. 369?~B.C. 289?) 중국 전국 시대 송나라 사상가

▶ 사람에게 유익한 것은 모두 진리다. _T. 만(1875~1955) 독일 소설가, 평론가

▶ 사람은 진리를 안 뒤에야 자기를 사랑할 줄 알고, 자기를 사랑할 줄 안 뒤에야 남을 사랑할 줄 알며, 남을 사랑할 줄 안 뒤에야 나라를 지킬 줄 안다. _소철(1039~1112) 중국 북송 문학가

▶ 역경은 진리에 이르는 지름길이다. _G. G. 바이런(1788~1824) 영국 시인

▶ 우리는 삶에서 멀리 가면 갈수록 그만큼 진리에 접근하는 것이다. _소크라테스(B.C. 469~B.C. 399) 그리스 철학자

▶ 우리는 진리를 이성뿐 아니라 마음으로도 안다. _B. 파스칼(1623~1662) 프랑스 사상가, 수학자, 물리학자

▶ 자기 자신에게 억지로 진리를 말하지는 못한다. 이미 진리 속에 *안주하고 있는 자만이 진리를 말할 수 있기 때문이다. _L. J. J. 비트겐슈타인(1889~1951) 영국 철학자 《반철학적 단장》

*안주 | 한곳에 자리를 잡고 편안히 삶.

▶ 절대적인 진리는 쉽게 붙잡을 수 있는 가까운 곳에 있다. 그것은 타인의 손을 통해 붙드는 것이 아니고 자기 스스로 붙드는 것이다. _J. P. 사르트르(1905~1980) 프랑스 소설가, 철학자

▶ 진리는 가까운 데 있다. 그런데 이것을 먼 데서 구하려 한다. 일은 쉬운 데 있다. 그런데 이것을 어려운 데서 구하려 한다. _맹자(B.C. 372~B.C. 289) 중국 전국 시대 추나라 사상가

▶ 진리는 경험이어서 가르칠 수가 없다. 그것은 지식이 아니라 존재하는 것이다. _B. S. 라즈니시(1931~1990) 인도 철학자

▶ 진리는 등불과 같은 것이다. 진리는 아무리 작더라도 커다란 공포에서 우리를 건져 낼 수 있다. _R. 타고르(1861~1941) 인도 시인, 사상가

▶ 진리는 우리가 가지고 있는 것 중에서 가장 값진 것이다. 아껴서 활용하자. _M. 트웨인(1835~1910) 미국 소설가

M. 트웨인

▶ 진리는 우리에게 신념을 준다. 진리를 구한다는 것은 우리에게 무엇보다도 마음의 평화를 주는 것이다. _B. 파스칼(1623~1662) 프랑스 사상가, 수학자, 물리학자

▶ 진리는 인간 사회에게는 생명의 숨결이고 불멸의 정신에게는 양식이다. _O. W. 홈스(1809~1894) 미국 소설가, 의학자

▶ 진리는 인간의 내면에 존재하는 신의 의지요 목적이다. _K. 지브란(1883~1931) 미국 소설가, 화가, 시인

▶ 진리는 자연에 대한 사랑과 성실이다.

_F. A. R. 로댕(1840~1917) 프랑스 조각가

▶ 진리는 자연을 본받는다. _노자(B.C. 604?~?) 중국 춘추 시대 초나라 사상가

▶ 진리는 추악하다. 진리에 의해 멸하지 않기 위해서 우리는 예술을 가지는 것이다. _F. W. 니체(1844~1900) 독일 철학자, 시인 《권력에의 의지》

▶ 진리는 횃불이다. 그것도 거대한 횃불이다. 그러므로 우리는 모두 화상 입을 것을 겁내면서 실눈을 뜨고 그 옆을 지나치려고 한다.

_J. W. 괴테(1749~1832) 독일 시인, 소설가, 극작가 《격언과 반성》

▶ 진리라는 것은 보편적인 것을 뽑아내는 언어이다. 증명되는 그것이 진리가 아니고 간단하게 만드는 그것이 진리이다.

_A. M. R. 생텍쥐페리(1900~1944) 프랑스 소설가, 비행사 《인간의 대지》

▶ 진리란 무엇인가. 타성인 것이다. 정신의 힘을 가장 적게 소비한다는 만족을 낳는 가설, 바로 그런 것이 진리인 것이다.

_F. W. 니체(1844~1900) 독일 철학자, 시인

▶ 진리란 오류의 반대이다. _R. 데카르트(1596~1650) 프랑스 철학자, 수학자

▶ 진리란 인간에게서 떠나서는 안 된다. 만약 진리라고 인정되는 것이 인간으로부터 떠난다면, 그것을 진리로서 인정해서는 안 되느니라. _공자(B.C. 551~B.C. 479) 중국 춘추 시대 노나라 사상가

▶ 진리를 나타내는 말은 간결하다.

_에우리피데스(B.C. 484?~B.C. 406?) 그리스 시인 《페니키아의 여자들》

▶ 진리를 등불로 하고, 진리를 의지할 곳으로 하라. 다른 것을 의지삼지 마라. _석가모니(B.C. 563?~B.C. 483?) 불교 창시자

▶ 진리를 모르고 사는 사람의 백 년은 진리를 깨닫고 사는 이의 하루보다 못하다. _《법구경》

▶ 진리를 위한 수난은 숭고한 승리를 위한 용기다.

_J. 밀턴(1608~1674) 영국 시인 《실락원》

▶ 진리를 찾는 자가 횃불을 밝힌다. _R. G. 잉거솔(1833~1899) 미국 정치가

▶ 진리를 추구하는 사람은 흙보다도 겸허를 더 요구해야 한다.

_M. K. 간디(1869~1948) 인도 정치가, 민족 운동 지도자

▶ 진리에 대한 사랑만이 우리들을 결코 배신하지 않는 유일한 사랑이다. _R. 롤랑(1866~1944) 프랑스 소설가, 사상가 《사랑과 죽음의 장난》

▶ 진리, 오로지 진리만이 오류를 갖지 않는, 지하 감옥과 고통과 맞서 이길 수 있는, 고유한 힘을 가지고 있다는 것은 하나의 헛된 감상이다. _J. S. 밀(1806~1873) 영국 철학자, 경제학자

▶ 진리의 발견은 어찌 보면 너무나 어려운 일이다. 그러나 달리 보면 아주 쉬운 일이다. _아리스토텔레스(B.C. 384~B.C. 322) 그리스 철학자

▶ 천재에게 언제나 요구되는 것은 진리에 대한 사랑이다.
_J. W. 괴테(1749~1832) 독일 시인, 소설가, 극작가

속담

▶ 돈이 위세를 부릴 때 진리는 침묵을 지킨다. _러시아

▶ 진리는 당신을 자유롭게 한다. _영국

▶ 진리는 듣는 사람에게는 유익하고 말하는 사람에게는 해로운 것이다. _독일

▶ 진리는 때로 악마의 입에서 나온다. _영국

▶ 진리는 많은 말이 필요치 않다. _영국

▶ 진리는 모든 것을 정복한다. _로마

▶ 진리는 언제까지나 진리이다. _영국

▶ 진리는 적과 자기 편을 초월한다. _독일

▶ 진리의 길은 가시덤불의 길이다. _영국

▶ 진리와 기름은 항상 위에 있다. _영국

지식 쑥쑥

한자 숙어

동귀이수도(同歸而殊塗) 천하의 진리는 하나이지만 그것을 추구하는 방법은 여러 가지라는 말.
수진지만(守眞志滿) 진리를 추구하여 그 도리를 잘 지키면 마음이 편안해진다는 말.

고사성어

▷ 사자후(獅子吼)

사자의 우렁찬 울부짖음이란 뜻으로, 진리나 정의를 분명하고 당당하게 설파하는 것 또는 열변을 토하는 것을 비유한 말이다. 처음에는 석가모니의 위엄 있는 설법을, 모든 짐승들이 두려워하는 사자의 울부짖음에 비유한 말이었다. 현재는 열변을 토해 내는 연설을 이르는 말로 흔히 사용된다. 불교 경전인 《유마경》에는 '석가모니의 설법은 마치 사자가 부르짖는 것과 같은 위엄이 있으며, 그 해설은 우레가 울려 퍼지는 것처럼 청중들의 마음을 사로잡았다.' 라고 되어 있다. _《유마경》

질문 質問

모르거나 의심나는 점을 물음.

명언 명문

▶ 나는 적절하지 않은 질문을 수없이 하게 됩니다. 원컨대 이 질문의 숲을 빠져나갈 수 있게 해 주옵소서.

_L. J. J. 비트겐슈타인(1889~1951) 영국 철학자 《반철학적 단장》

▶ 내일 무슨 일이 일어날지 묻지 마라. 하루하루를 운명이 네게 허락하는 이익으로 여겨라. _Q. 호라티우스(B.C. 65~B.C. 8) 로마 시인

▶ '누가 나를 만들었느냐' 라는 질문에는 대답할 수가 없다. 왜냐하면 이 질문은 '누가 신을 만들었느냐' 라는 질문을 암시하기 때문이다. _J. S. 밀(1806~1873) 영국 철학자, 경제학자 《자서전》

▶ 대부분의 사람은 삶의 의미가 무엇인지 질문하지 않는다. 아무도 질문하지 않으면 아무도 대답할 필요가 없다.

_C. G. 융(1875~1961) 스위스 심리학자, 정신 의학자

▶ 망설이며 던진 질문에는 항상 자신만만한 대답이 온다.

_J. N. 달링(1876~1962) 미국 만화가

▶ 묻는 것을 즐겨 하면 너그럽다. 군자의 배움은 묻는 것을 주저하지 않는 것이다. _순자(B.C. 298?~B.C. 238?) 중국 전국 시대 조나라 사상가

▶ 바보는 가장 현명한 사람이 대답할 수 있는 것보다 더 많은 질문을 던질 것이다. _J. 스위프트(1667~1745) 영국 소설가

▶ 사람들이 질문을 하면 비록 하찮은 말이라도 반드시 잘 생각하였다가 답하고, 아무 생각 없이 곧장 대답해서는 안 된다.

_이황(1501~1570) 조선 시대 문신, 유학자

▶ 세상은 질문하는 학교에 불과하다. _M. E. 몽테뉴(1533~1592) 프랑스 사상가

M. E. 몽테뉴

▶ 신은 아무에게도 그가 삶을 받아들일 것인지 묻지 않는다. 유일한

선택은 삶의 방식뿐이다. _H. W. 비처(1813~1887) 미국 신학자

▶ 어디 출신이냐는 질문에 소크라테스는 세계의 시민이라고 대답했다. 그는 자신을 우주의 시민으로 여겼던 것이다.

_M. T. 키케로(B.C. 106~B.C. 43) 로마 정치가, 학자

▶ 우리들은 이 세상에서 물어보는 일에 종사하고 있지만, 우리들은 물어보고 있는 그 자체요 그 자신을 물어보는 것을 피한다.

_K. 야스퍼스(1883~1969) 독일 철학자 《이성과 실존》

▶ 자기가 남보다 못한 것을 부끄럽게 여겨서 자기보다 나은 사람에게 질문하지 않으면 무지와 *고루함에서 평생 벗어나지 못한다.

_박지원(1737~1805) 조선 시대 실학자, 소설가

▶ 질문은 결코 무례한 것이 아니다. 대답이 때로는 무례한 것이다.

_O. F. O. W. 와일드(1854~1900) 아일랜드 시인, 극작가

▶ 질문을 하고 그 대답을 다그치는 것은 질문을 안 하는 것과는 다른 태도, 다른 생활 방식을 나타낸다.

_L. J. J. 비트겐슈타인(1889~1951) 영국 철학자 《반철학적 단장》

▶ 질문하는 용기는 자신의 무지를 드러내는 용기다.

_R. W. 에머슨(1803~1882) 미국 사상가, 시인

▶ 현명하고자 한다면 현명하게 질문을 하는 방법, 주의 깊게 듣는 태도, 그리고 더 이상 할 말이 없을 때 말을 그치는 방법을 알아야만 한다. _L. N. 톨스토이(1828~1910) 러시아 소설가, 사상가

*고루하다 | 낡은 생각이나 습관에 젖어 새로운 것을 잘 받아들이지 아니하다.

속담

▶ 길을 잃는 것보다 묻는 것이 낫다. _이탈리아

▶ 모르는 것은 좋지 않으며, 묻지 않는 것은 더욱 나쁘다. _세네갈

▶ 모르면 남에게 물어라. _일본

▶ 묻는 것은 일시적인 창피, 묻지 않는 것은 일생의 창피. _일본

▶ 묻는 자는 헤매지 않는다. _폴란드

▶ 아무 질문도 하지 않는 사람은 아무것도 배우지 못한다. _서양

▶ 어리석은 질문을 하면 어리석은 대답을 듣는다. _서양

지식 쑥쑥

한자 숙어

동문서답(東問西答) 물음과는 전혀 상관없는 엉뚱한 대답.

천국 天國

하느님이나 신불이 있다는 이상 세계. 또는 어떤 제약도 받지 아니하는 자유롭고 편안한 곳.

명언 명문

*박해 | 못살게 굴어서 해롭게 함.

▶ 누구도 작정을 했다고 해서 천당에 가게 되는 것은 아니다.

_D. L. 무디(1837~1899) 미국 종교가 《천당》

▶ 모든 잘못에 대해 서로 용서하는 것이 천국의 문이다.

_W. 블레이크(1757~1827) 영국 시인, 화가

▶ 미래는 천국과 같다. 누구나 천국을 찬미하지만 당장 그곳에 가려는 사람은 하나도 없다.

_J. M. 볼드윈(1861~1934) 미국 심리학자

▶ 신의 나라는 눈으로 볼 것이 아니고, 또 말할 것도 아니다. 신의 나라는 여기도 있고 저기도 있고, 그렇기 때문에 우리들 마음속에 있다.

_L. N. 톨스토이(1828~1910) 러시아 소설가, 사상가 《우리는 무엇을 해야 하나》

▶ 아이들은 천국의 열쇠들이다.

_R. H. 스토더드(1825~1903) 미국 평론가, 시인

▶ 어디서 출발하든 천국에 이르는 길은 그 거리가 모두 똑같다.

_T. 모어(1478~1535) 영국 정치가

▶ 옳은 일을 하다가 *박해를 받는 자는 복이 있나니 천국이 그들의 것이다.

_예수(B.C 4?~A.D. 30?) 기독교 창시자

▶ 천당에서 혼자 지낸다면 그것은 내게 가장 큰 고통이다.

_J. W. 괴테(1749~1832) 독일 시인, 소설가, 극작가

▶ 한 알의 모래에서 하나의 세계를 보고, 한 송이의 들꽃에서 천국을 본다.

_W. 블레이크(1757~1827) 영국 시인, 화가

속담

▶ 비단옷을 입고 지옥에 가는 것보다 누더기를 걸치고 천국에 가는 편이 낫다.

_영국

天使 천사

종교적 신화에서, 천국에서 인간 세계에 보내져서 신과 인간의 중간에서 신의 뜻과 인간의 기원을 전하는 심부름꾼.

명언 명문

▶ 사람은 천사도 짐승도 아니다. _R. 브라우닝(1812~1889) 영국 시인

▶ 사랑을 받기 위해 사랑하는 것은 인간적 행동이지만 사랑 자체를 위해 사랑하는 것은 천사와 같은 행동이다.
_A. 라마르틴(1790~1869) 프랑스 시인, 정치가

▶ 어리석은 자는 천사들도 두려워서 들어가지 않는 곳에 돌진해서 들어간다. _A. 포프(1688~1744) 영국 시인

▶ 음악을 천사들의 언어라고 하는 것은 타당하다.
_T. 칼라일(1795~1881) 영국 사상가, 역사가

▶ 지나친 권력욕은 천사를, 지나친 지식욕은 인간을 파멸시킨다.
_F. 베이컨(1561~1626) 영국 정치가, 철학자

▶ 천사는 체중이 지극히 가벼운 존재다. 그들의 가벼움은 지상에서의 이탈을 의미한다. _C. V. 게오르규(1916~1992) 루마니아 작가

▶ 천사는 추운 계절이 온다고 제비처럼 날아가 버리지는 않는다.
_C. V. 게오르규(1916~1992) 루마니아 작가

▶ 천사들은 야망의 죄로 파멸했다. 그런데 창조주의 형상에 불과한 인간이 어떻게 야망으로 성공하기를 기대하는가?
_W. 셰익스피어(1564~1616) 영국 극작가, 시인

▶ 천사들이 지상에는 너무 적고 천국에는 너무 많다.
_S. T. 콜리지(1772~1834) 영국 시인, 평론가

T. 칼라일

속담

▶ 천사의 말을 하면 천사들의 날갯소리가 들릴 것이다. _서양

천성 天性

본래 타고난 성격이나 성품.

명언 명문

*비옥 | 땅이 걸고 기름짐.

▶ 고결한 천성이라도 바르게 기르지 않으면 선하고 악한 성질이 같이 자라서, 마치 *비옥한 땅을 잘 일구지 않으면 잡초와 좋은 열매가 함께 자라는 것과 같아진다.

_플루타르코스(46?~120?) 그리스 철학자, 작가 《플루타르크 영웅전》

▶ 기능은 한 벌의 옷을 만들겠지만, 천성은 인간을 만든다.

_T. E. 흄(1883~1917) 영국 철학자, 평론가 《수필집》

▶ 모든 생물은 천성적으로 전쟁의 상태로 살아가고 있다.

_J. 스위프트(1667~1745) 영국 소설가

▶ 물오리는 날 적부터 헤엄을 치듯이, 어린이들은 나면서부터 착한 일을 할 수 있는 천성을 지니고 있다. 어린이들이 하는 일에 일일이 간섭하는 것은 물오리가 헤엄치지 못하게 하는 것이나 다름없다. 어린이들을 가르치려면 그 천성을 옆에서 도와주는 것이 무엇보다 중요하다.

_G. 플로베르(1821~1880) 프랑스 소설가

▶ 사람은 천성과 직업이 맞을 때 행복하다.

_F. 베이컨(1561~1626) 영국 정치가, 철학자

▶ 사람의 성품은 가르치면 착하게 된다.

_동중서(B.C. 176?~B.C. 104?) 중국 전한 철학자

▶ 사람의 천성은 좋은 풀을 낳느냐 잡초를 낳느냐 중 어느 한쪽이다. 그러므로 시기에 맞추어 좋은 풀에는 물을 주고 잡초는 뽑아야 한다.

_T. 칼라일(1795~1881) 영국 사상가, 역사가 《수필집》

▶ 사람이란 불운을 당하면 타고난 마음마저 달라진다.

_플루타르코스(46?~120?) 그리스 철학자, 작가 《플루타르크 영웅전》

*봉 | 봉황.

- 스스로 천성이 우수하다고 믿기 때문에, 교육을 안 받아도 된다는 생각은 잘못이다. 천성이 우수한 사람이야말로 더욱더 교육이 필요하다. _소크라테스(B.C. 469~B.C. 399) 그리스 철학자
- 습관은 제2의 천성으로서 최초의 천성을 파괴한다. _B. 파스칼(1623~1662) 프랑스 사상가, 수학자, 물리학자 《팡세》
- 우리들이 갖고 있는 천성으로서는, 덕이 될 수 없는 결점은 없고, 결점이 될 수 없는 덕도 없다. _J. W. 괴테(1749~1832) 독일 시인, 소설가, 극작가 《빌헬름 마이스터》
- 진리는 영원히 절대적인 것이지만, 사람의 견해란 그의 기분, 기질, 성향에 따라 걸러진 진리다. _W. 필립스(1811~1884) 미국 개혁가
- 참지 못하는 천성을 가진 사람에게는 아무 일도 일어나지 않는다. _마르쿠스 아우렐리우스(121~180) 로마 황제
- 천성은 항상 교육보다 더 큰 영향력을 갖는다. _볼테르(1694~1778) 프랑스 사상가 《몰리에르의 생애》
- 천성이 조용하고 유쾌한 자는 나이가 주는 압박을 느끼지 못할 것이다. _플라톤(B.C. 428?~B.C. 347?) 그리스 철학자
- 타고난 선량함은 더없는 행운이고 큰 재산이다. _J. 주베르(1754~1824) 프랑스 작가, 평론가 《팡세》

속담

- 게 새끼는 집고 고양이 새끼는 할퀸다. (누구나 제가 타고난 천성대로 행동한다는 말) _한국
- 게를 똑바로 기어가게 할 수는 없다. (무엇이나 그 본래의 성질을 아주 뜯어고치지는 못한다는 말) _한국
- 고양이는 쥐를 잡는다. _영국
- 늑대 새끼는 늑대가 된다. _영국
- 닭의 새끼 *봉이 되랴. (본래 타고난 성품은 고칠 수 없다는 말) _한국
- 천성은 노는 것과 쾌락에 빠지라고 하지 않는다. _서양

한자 숙어

곡불욕이백(鵠不浴而白) 따오기는 목욕을 하지 않아도 희다는 뜻으로, 천성이 아름다운 사람은 배우지 않아도 착하다는 뜻.

동성이속(同聲異俗) 사람의 천성은 본래 한 가지인데 습관에 따라서 변한다는 말.

철학 哲學

인간과 세계에 관한 근본 원리를 연구하는 학문. 또는 세계관이나 인생관을 비유하는 말.

명언 명문

▶ 경이로움은 철학자의 느낌이고, 철학은 경이로움에서 시작한다.

_소크라테스(B.C. 469~B.C. 399) 그리스 철학자

▶ 나는 철학을 가르치지 않는다. 철학하는 것을 가르칠 뿐이다.

_I. 칸트(1724~1804) 독일 철학자

▶ 내가 보기에, 철학은 모든 것을 위험에 빠뜨리는 무시무시한 폭탄이다.

_F. W. 니체(1844~1900) 독일 철학자, 시인

▶ 시란 성숙한 자연이며, 철학이란 성숙한 이성이다.

_J. W. 괴테(1749~1832) 독일 시인, 소설가, 극작가 《격언과 반성》

▶ 아는 것이 없다는 겸손한 고백은 철학이 성숙한 마지막의 깨우침이다.

_R. D. 히치콕(1817~1887) 미국 교육자 《영원의 속죄》

▶ 어느 세기의 철학은 다음 세기의 상식이 된다.

_H. W. 비처(1813~1887) 미국 신학자

▶ 우리들이 철학 없이 살 수 없는 것은 그 안에 우리가 반드시 알아야 할 모든 의미가 숨겨져 있기 때문이다.

_M. 고리키(1868~1936) 러시아 작가

▶ 위대한 철학은 결함이 없는 철학이 아니라 두려움을 모르는 철학이다.

_C. P. 페기(1873~1914) 프랑스 시인, 평론가

▶ 인간의 심오한 철학보다는 그의 육체 안에 더 많은 지혜가 있다.

_F. W. 니체(1844~1900) 독일 철학자, 시인

▶ 일을 하다가 '이 정도로 끝내자' 고 하게 되는 것은 인간의 육체적인 요구에서다. 우리는 철학을 할 때 항상 이러한 욕구와 싸우면서 계속 생각해 나가야 한다.

_L. J. J. 비트겐슈타인(1889~1951) 영국 철학자

소크라테스

▶ 정신의 진정한 약은 철학이다.

_M. T. 키케로(B.C. 106~B.C. 43) 로마 정치가, 학자

▶ 존재자의 존재에 응답하여 이야기하는 것이 바로 철학이다.

_M. 하이데거(1889~1976) 독일 철학자 《철학이란 무엇인가》

▶ 종교나 철학의 공허함을 먼저 경험하지 않고서는 아무도 그 위안을 받을 수 없다. _A. L. 헉슬리(1894~1963) 영국 소설가, 평론가

▶ 진정한 자유를 누리기 위해서는 철학의 노예가 되어야만 한다.

_에피쿠로스(B.C. 341~B.C. 270) 그리스 철학자

▶ 진정한 철학에 의해서만 국가도 개인도 정의에 도달할 수가 있다.

_플라톤(B.C. 428?~B.C. 347?) 그리스 철학자

▶ 철학은 모든 학문의 어머니다.

_M. T. 키케로(B.C. 106~B.C. 43) 로마 정치가, 학자

▶ 철학은 본래 인간 자체에 관한 것으로, 인간의 자신에 대한 이해이다. _L. J. J. 비트겐슈타인(1889~1951) 영국 철학자 《반철학적 단장》

▶ 철학은 사고의 현미경이다.

_V. M. 위고(1802~1885) 프랑스 시인, 극작가 《레 미제라블》

▶ 철학은 우리들의 눈앞에 펼쳐지고 있는 이 거대한 책, 즉 우주에 쓰여 있다. _G. 갈릴레이(1564~1642) 이탈리아 천문학자, 물리학자

▶ 철학은 최고의 음악이다. _플라톤(B.C. 428?~B.C. 347?) 그리스 철학자

▶ 철학을 한다는 것은 사는 방법을 배우는 것이다.

_B. 스피노자(1632~1677) 네덜란드 철학자

▶ 철학의 가치는 철학자의 가치에 의해서 결정된다. 인간이 위대하면 위대할수록 그 철학도 진실하다.

_A. 카뮈(1913~1960) 프랑스 소설가, 극작가 《작가수첩》

▶ 철학의 본질은 진리를 소유하는 것이 아니다. 오히려 진리를 탐구하는 것이다. _K. 야스퍼스(1883~1969) 독일 철학자

▶ 철학의 핵심은 말할 필요도 없을 만큼 단순한 것에서 시작해서 아무도 믿지 않을 만큼 매우 *역설적인 것으로 끝나는 것이다.

_B. A. W. 러셀(1872~1970) 영국 철학자, 수학자

▶ 철학이란 상식을 알아듣기 어렵게 표현한 학문이다.

_J. W. 괴테(1749~1832) 독일 시인, 소설가, 극작가

*역설적 | 어떤 주장이나 이론이 겉보기에는 모순되는 것 같지만, 사실은 그 속에 중요한 진리가 들어 있는. 또는 그런 것.

철학자

哲學者
철학을 전문적으로 연구하는 사람.

명언 명문

*명료성 | 뚜렷하고 분명한 성질.

▶ 국가를 통치하는 데 있어서 이론가, 다시 말해서 철학자는 적합하지 않다. _B. 스피노자(1632~1677) 네덜란드 철학자

▶ 농부처럼 일하고 철학자처럼 사색하자. _J. J. 루소(1712~1778) 프랑스 작가, 사상가

▶ *명료성은 철학자의 성실성을 드러낸다. _L. C. 보브나르그(1715~1747) 프랑스 도덕주의자, 수필가

▶ 소크라테스는 외모를 보면 괴물 같은 얼굴을 가진 바보요, 누구한테나 무뚝뚝하지만, 마음속에는 듣는 사람의 눈물을 자아내며 심금을 울리는 의미심장한 생각이 충만하였다. _플루타르코스(46?~120?) 그리스 철학자, 작가 《플루타르크 영웅전》

▶ 이성적 철학자란, 여성의 미를 이해하되 예절을 잃지 않고, 인생을 깊이 사랑하되 절도가 있으며, 속세의 성공과 실패의 허망함을 알고 속세를 초월하여 달관에 이르지만 그것을 적대시하지 않는 선비를 말한다. _린위탕(1895~1976) 중국 작가

▶ 인류 역사에서 행복한 철학자가 있었다는 기록은 없다. _H. L. 멘켄(1880~1956) 미국 언론인, 작가

▶ 진리는 철학의 대상이지만 언제나 철학자들의 대상은 아니다. _J. C. 콜린스(1848~1908) 영국 교육자, 수필가

▶ 철학자가 된다는 것은 교묘한 사상을 갖는다거나 학파를 세운다거나 하는 일이 아니라, 예지를 사랑하여 그 예지가 명령하는 대로 간소하고 독립적이고 관대하고 믿음에 찬 생활을 꾸려 나간다는 것이다. _H. D. 소로(1817~1862) 미국 사상가, 수필가 《월든》

철학 교수들은 많지만 진정한 철학자는 없는 것 같아요.

H. D. 소로

▶ 철학자가 왕이 되거나 현재의 왕들이 철학적 정신과 힘을 갖게 되기 전까지는 국가도 인류도 결코 재난을 면치 못할 것이다.

_플라톤(B.C. 428?~B.C. 347?) 그리스 철학자

▶ 철학자는 바닷속의 커다란 가오리와 같은 존재이다. 가까이 가서 만져 보려 하면 언제나 깊이 잠들어 버린다.

_플라톤(B.C. 428?~B.C. 347?) 그리스 철학자

▶ 철학자는 자연의 배를 유도하는 길잡이다.

_G. B. 쇼(1856~1950) 아일랜드 극작가, 평론가 《인간과 초인》

▶ 철학자들은 감정과 상상력의 대상이 되는 사물들에 전혀 관심을 기울이지 않는다. _D. 흄(1711~1776) 영국 철학자, 역사가

▶ 철학자들은 달나라에서 산다. _J. 포드(1586~1639?) 영국 극작가

▶ 철학자들은 야망을 경멸하라고 우리에게 지시하는 바로 그 책에 자기 이름을 써 넣고, 선전을 경멸한다고 하는 바로 그 페이지에서 자기 자신을 선전한다. _M. T. 키케로(B.C. 106~B.C. 43) 로마 정치가, 학자

▶ 철학자란 무엇인가? 항상 심상치 않은 사물을 경험하고 보고 듣고 의심하고 희망하고 꿈꾸는 인간이다.

_F. W. 니체(1844~1900) 독일 철학자, 시인 《선악의 피안》

▶ 철학자는 야심가가 출세하기 위해 시간을 소비하는 것처럼 인간이 되기 위해 시간을 소비한다. _J. 루(1834~1905) 프랑스 성직자, 작가

▶ 철학자의 생애는 죽음의 준비 과정이다.

_M. T. 키케로 (B.C. 106~B.C. 43) 로마 정치가, 학자

▶ 철학자의 전 생애는 진정으로 죽음에 이르는 것과 그 죽음을 성취하는 것이나 다름없다. _플라톤(B.C. 428?~B.C. 347?) 그리스 철학자 《파이돈》

▶ 철학적 연구의 임무는 올바른 *식별에 있다. 한편 이 식별이라는 것은 분류가 아니라는 것을 항상 염두에 두어야 한다는 것이 철학자의 특권이다. _S. T. 콜리지(1772~1834) 영국 시인, 평론가 《시의 철학적 정의》

▶ 현대식 철학 교수들은 있어도 철학자들은 없다.

_H. D. 소로(1817~1862) 미국 사상가, 수필가

*식별 | 분별하여 알아봄.

속담

▶ 철학자처럼 말하지만 바보처럼 사는 사람이 많다. _서양

침묵

沈默

아무 말도 없이 잠잠히 있음. 어떤 일에 대하여 그 내용을 밝히지 아니하거나 비밀을 지킴.

명언 명문

*기교 | 아주 교묘한 기술이나 솜씨.

▶ 가장 깊은 감정이란 항상 침묵 가운데 있다.

_T. 무어(1779~1852) 아일랜드 시인

▶ 군자는 떠들기보다 침묵하고, *기교를 부리기보다 서툰 척한다.

_《채근담》

▶ 마음속에서도 침묵을 지켜라. 말이 신체의 고통을 가져오게 되는 것처럼 생각은 마음의 고통을 가져온다.

_W. 펜(1644~1718) 영국 정치가 《자녀들에게 주는 교훈》

▶ 말 없는 표정에 목소리와 말이 담긴 경우가 많다.

_P. N. 오비디우스(B.C. 43~A.D. 17) 로마 시인

▶ 말해서 후회하는 적은 자주 있어도 침묵을 지켜서 후회하는 일은 절대 없다.

_시모니데스(B.C. 556?~B.C. 468?) 그리스 시인

▶ 사람은 자기 안에 바다의 침묵, 지상의 소음, 공중의 음악을 가지고 있다.

_R. 타고르(1861~1941) 인도 시인, 사상가

▶ 세 가지 침묵이 있다. 첫째는 말의 침묵, 둘째는 욕망의 침묵, 셋째는 생각의 침묵이다.

_H. W. 롱펠로(1807~1882) 미국 시인 《모리노스의 세 가지 침묵》

▶ 아는 자는 말하지 않고 말하는 자는 알지 못한다. 따라서 성인은 말없이 가르친다.

_장자(B.C. 369?~B.C. 289?) 중국 전국 시대 송나라 사상가

▶ 이 무한한 공간의 영원한 침묵은 나에게 공포를 느끼게 한다.

_B. 파스칼(1623~1662) 프랑스 사상가, 수학자, 물리학자 《팡세》

▶ 인간은 그가 말하는 것에 의해서보다는 침묵하는 것에 의해서 더욱 인간답다.

_A. 카뮈(1913~1960) 프랑스 소설가, 극작가

▶ 입을 다물고 있는 사람에게는 사람들도 일체 입을 열지 않는다. 그 침묵에 대한 보답을 하는 것이다.

_F. 베이컨(1561~1626) 영국 정치가, 철학자 《학문의 진보》

▶ 적당히 말하는 데는 많은 기교가 필요하지만, 침묵하고 있는 데에는 그 이상의 기교가 필요하다.

_F. 라로슈푸코(1613~1680) 프랑스 작가 《도덕적 반성》

▶ 침묵은 경멸을 나타내는 가장 완전한 표현이다.

_G. B. 쇼(1856~1950) 아일랜드 극작가, 평론가

▶ 침묵은 승낙의 표시이다.

_에우리피데스(B.C. 484?~B.C. 406?) 그리스 시인 《오레스테스》

▶ 침묵은 자기를 불신하는 자에게 가장 안전한 수단이다.

_F. 라로슈푸코(1613~1680) 프랑스 작가

▶ 침묵은 현명한 사람에게는 충분한 대답이다. 침묵은 동의를 나타낸다.

_메난드로스(B.C. 342?~B.C. 292?) 그리스 극작가 《단편》

▶ 행복한 사람은 불행한 사람이 말없이 자신의 무서운 심을 짊어지고 걷고 있기 때문에 행복을 즐기고 있는 것이다. 이 불행한 사람의 침묵이 없었던들 행복 따위가 있을 리 만무하다.

_A. P. 체호프(1860~1904) 러시아 소설가, 극작가

속담

▶ 꿀 먹은 벙어리. (어떤 일에 대하여 아무 말이 없는 사람을 두고 하는 말) _한국

▶ 말없이 있는 것도 한 가지 답변이다. _서양

▶ 말하지 않는 자의 욕구는 알기 어렵다. _노르웨이

▶ 쓰다 달다 말이 없다. _한국

▶ 웅변은 은이고 침묵은 금이다. _서양

▶ 입을 다물고 눈을 열어라. _영국

▶ 입을 다물고 있으면 파리가 들어가지 않는다. _아라비아

▶ 조용한 개가 제일 먼저 문다. (필요 이상으로 침묵을 지키는 사람을 조심하라는 말) _독일

▶ 짖지 않는 개와 과묵한 사람은 조심하라. _에스파냐

쾌락 快樂

감성의 만족, 욕망의 충족에서 오는 유쾌하고 즐거운 감정.

명언 명문

*만용 | 분별없이 함부로 날뛰는 용맹.

▶ 고통은 실제로 있는 것이지만 모든 쾌락은 공상의 산물이다.

_S. 버틀러(1835~1902) 영국 소설가

▶ 고통을 주지 않는 것은 쾌락도 주지 않는다.

_M. E. 몽테뉴(1533~1592) 프랑스 사상가

▶ 과도한 쾌락은 우리의 건강을 해친다.

_B. 파스칼(1623~1662) 프랑스 사상가, 수학자, 물리학자

▶ 그 냄새가 아무리 감미롭다고 해도 쾌락은 부패보다 고통에 훨씬 더 가깝다. _K. 지브란(1883~1931) 미국 소설가, 화가, 시인

▶ 미덕을 실천하는 사람은 살아 있지만, 쾌락에 빠져 의무를 저버린 사람은 살아 있는 것이 아니라 목숨을 이어갈 뿐이다.

_R. 헤릭(1591~1674) 영국 시인, 목사

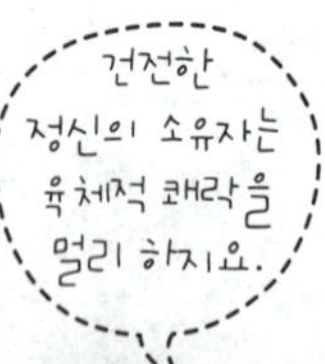

▶ 뱃사공이 암초를 피하는 것처럼 건전한 정신의 소유자는 육체적 쾌락을 멀리한다. _나폴레옹 1세(1769~1821) 프랑스 황제

▶ 사람들은 재산과 권력을 끊임없이 탐내고, 생활이 편안하면 쾌락에 빠지고, 체력이 붙으면 *만용을 부려 난폭해지니 모두 병이 들었다. _장자(B.C. 369?~B.C. 289?) 중국 전국 시대 송나라 사상가

▶ 사람이 쾌락을 알 때 쾌락은 이미 그 고개를 넘어서고 있다. 그러나 비애는 그때에야 겨우 그 고개에 이른다.

_G. 지멜(1858~1918) 독일 사회학자, 철학자

나폴레옹 1세

▶ 세상의 많은 사람들이 무엇보다도 쾌락을 구하지만 그 쾌락조차 넉넉히 얻지 못한다. _소크라테스(B.C. 469~B.C. 399) 그리스 철학자

▶ 신은 공정하다. 우리의 부당한 쾌락을 가지고 우리를 벌하는 도구

로 삼는다. _W. 셰익스피어(1564~1616) 영국 극작가, 시인

▶ 아름다운 육체를 위해서는 쾌락이 있지만, 아름다운 영혼을 위해서는 고통이 있다. _O. F. O. W. 와일드(1854~1900) 아일랜드 시인, 극작가

▶ 우정보다 기품 있는 쾌락은 인생에 없다.

_S. 존슨(1709~1784) 영국 시인, 평론가

▶ 인간은 그가 받은 고통보다도 쾌락의 감각이 적은 것이다.

_T. 리비우스(B.C. 59?~A.D. 17) 로마 역사가

▶ 지혜로운 사람은 쾌락을 물리치지만 어리석은 사람은 쾌락의 노예가 된다. _에픽테토스(55?~135?) 로마 철학자

▶ 쾌락은 늪과 같다. 멈추지 말고 그 위를 가볍게 달려가야 한다.

_B. B. 퐁트넬(1657~1757) 프랑스 사상가, 문학가

▶ 쾌락은 일시적이지만 명예는 영원하다.

_페리안드로스(?~B.C. 588?) 그리스 귀족

▶ 쾌락을 경멸하라. 고통으로 얻는 쾌락은 해로운 것이다.

_Q. 호라티우스(B.C. 65~B.C. 8) 로마 시인 《서정시집》

▶ 쾌락을 놓아두는 것에 있지 않고, 쾌락에 이기는 것이 최상이다.

_아리스티포스(B.C. 435?~B.C. 366?) 그리스 철학자

▶ 쾌락을 좇는 사람은 가장 중요한 일조차도 잊어버린다.

_M. T. 키케로(B.C. 106~B.C. 43) 로마 정치가, 학자

▶ 쾌락이나 복수는 독사보다 더 귀가 멀어, 어떠한 진실된 결정에도 귀를 기울이지 않는다. _W. 셰익스피어(1564~1616) 영국 극작가, 시인

속담

▶ 고통 없는 쾌락은 없다. _서양

▶ 부자가 가지는 쾌락은 가난한 자의 눈물로 얻어진다. _서양

▶ 사람은 생과 쾌락 중 하나를 선택하지 않으면 안 된다. _영국

▶ 쾌락 뒤에는 슬픔이 온다. _로마

▶ 쾌락에 빠져서 당신의 의무를 잊어서는 안 된다. _아라비아

▶ 쾌락에는 반드시 후회가 따른다. _영국

지식 쑥쑥

한자 숙어

양주지학(揚州之鶴) 모든 세속적인 즐거움을 자기 한 몸에 다 모으려는 짓을 비유함.

타락

墮落

올바른 길에서 벗어나 잘못된 길로 빠지는 일.

명언 명문

*물질주의 | 물질적 만족을 최고의 가치로 삼는 윤리학의 한 경향.

▶ 군중은 스스로 이성을 버린 육체들이 모인 것이며, 스스로 짐승의 본성 수준으로 타락한 자다. _R. W. 에머슨(1803~1882) 미국 사상가, 시인

▶ 깊이 생각한다는 말은 악마의 충고일지도 모른다. 그래도 그것은 좋은 일이며 인간적이라 할 수 있다. 그것이 없다면 우리는 타락할 것이다. _F. 카프카(1883~1924) 독일 소설가

▶ 로마인들을 최초로 타락시킨 자는 최초로 그들을 접대하고 공짜 선물을 준 자다. _플루타르코스(46?~120?) 그리스 철학자, 작가 《플루타르크 영웅전》

▶ 만물을 창조하는 신의 손 안에 있을 때 모든 것은 선하지만, 인간의 손에 넘어오면 모든 것이 타락한다.

_J. J. 루소(1712~1778) 프랑스 작가, 사상가 《에밀》

▶ 모든 사치는 품행도 취미도 타락시킨다.

_J. 주베르(1754~1824) 프랑스 작가, 평론가 《팡세》

▶ *물질주의는 국민의 정신이 시들고 각 개인이 창의력을 잃어 거기에 빠져 버릴 때에만 퇴폐적이고 타락한다.

_B. 앳킨슨(1894~1984) 미국 극작가, 평론가

▶ 부귀도 그의 마음을 혼란시켜 타락시키지 못하고, 빈천함도 그의 의로운 뜻을 변하게 하지 못하며, 어떤 위력이나 무력도 그를 굴복시키지 못하는 이런 사람을 대장부라고 하는 것이다.

_맹자(B.C. 372~B.C. 289) 중국 전국 시대 추나라 사상가

▶ 비정상적인 마음은 모든 것을 타락시킬 수 있다.

_P. N. 오비디우스(B.C. 43~A.D. 17) 로마 시인

▶ 사람들은 누구나 극히 자연스럽게 타락되어 있었으므로, 합리적

인 계급 제도가 성립되는 것보다 세상 전체가 *저하되는 것이 낫다고 생각된다. _C. P. 보들레르(1821~1867) 프랑스 시인

*저하 | 정도, 수준, 능률 따위가 떨어져 낮아짐.

▶ 사람들은 자기 친구들에게 유리하게 또는 자기 적들에게 불리하게 종교를 타락시킨다. _B. 파스칼(1623~1662) 프랑스 사상가, 수학자, 물리학자

▶ 악인들을 용서해 주는 자는 선한 사람들의 타락을 도모한다. _D. M. 아우소니우스(310?~395?) 로마 시인, 정치가

▶ 자기 자신을 부인하는 타락 이상의 타락은 없다. _F. 모리아크(1885~1970) 프랑스 시인, 소설가 《테레즈 데케이루》

▶ 지혜와 학식을 증대시키려는 욕망이야말로 인간 타락의 첫걸음이었다. 이 길 때문에 인간은 영원의 가책으로 떨어졌다. _M. E. 몽테뉴(1533~1592) 프랑스 사상가 《수상록》

▶ 타락의 원인은 너희가 보듯이 우주의 모든 것의 무게에 눌린 자의 저주받을 거만이다. _A. 단테(1265~1321) 이탈리아 시인 《신곡》

속담

▶ 높이 오르면 오를수록 타락할 확률이 높다. _영국

키워드 정보 BOX

타락한 욕심쟁이, 미다스

그리스 신화에 나오는 미다스의 이야기는 황금만능주의에 눈이 먼 타락한 인간의 탐욕을 보여 주는 아주 좋은 예다. 미다스는 디오니소스 신의 친구이자 숲의 신인 실레노스를 사로잡았으나 매우 친절하게 대해 주었다. 그러자 디오니소스가 그 보답으로 무슨 소원이든 한 가지만 말하면 들어주겠다고 하였다. 미다스는 자기의 손이 닿는 모든 것을 황금으로 변하게 해 달라고 청하였다. 디오니소스가 그 소망을 이루어 주어 미다스의 손에 닿는 것은 모두 황금이 되었다. 하지만 먹는 음식까지도 황금으로 변하는 바람에 굶어 죽게 된 미다스는 크게 후회하여 신에게 자기의 소원을 거두어 달라고 요청하여 겨우 그 힘을 버렸다고 한다.

탐욕 貪慾

지나치게 탐하는 욕심.

명언 명문

*파초 | 파초과의 여러해살이 풀.
*궁형 | 중국에서 행하던 형벌로, 죄인의 생식기를 없애는 형벌.

▶ 가난은 많은 것을 원하고, 탐욕은 모든 것을 원한다.

_P. 시루스(B.C. 1세기경) 로마 시인

▶ 논과 밭은 잡초로 인해 손상되고, 사람은 탐욕에 의해 손상된다.

_《법구경》

▶ 돈이 많아질수록 더 많이 가지려는 초조와 탐욕이 뒤따른다.

_아리스토텔레스(B.C. 384~B.C. 322) 그리스 철학자

▶ 만족을 모르는 것은 가장 큰 불행이고, 남의 것을 얻으려는 것은 가장 큰 잘못이다. _《노자도덕경》

▶ 사냥개 한 마리로 토끼 두 마리를 잡을 생각은 마라.

_B. 프랭클린(1706~1790) 미국 정치가, 과학자

▶ 열매를 맺는 *파초는 말라 죽고 북쪽으로 피는 갈대는 마르나니, 노새는 새끼를 배어서 죽고 사람은 탐욕으로 망한다. _〈팔만대장경〉

▶ 인간은 태어나면서부터 허영심이 강하고, 타인의 성공을 질투하기 쉬우며, 자신의 이익에 대해서는 무한한 탐욕을 지닌 자다.

_N. 마키아벨리(1469~1527) 이탈리아 사상가, 역사학자

▶ 재산이 너무 많은 것은 탐욕의 원인이다.

_C. 말로(1564~1593) 영국 극작가, 시인

▶ 탐욕보다 더 큰 재앙은 없고, *궁형보다 더 큰 치욕은 없다.

_사마천(B.C. 145?~B.C. 86?) 중국 전한 역사가

▶ 탐욕에서 걱정이 생기고 탐욕으로부터 두려움이 생긴다. 탐욕 없는 곳에 걱정이 없거늘, 또 어디에 두려움이 있겠는가. _《법구경》

▶ 탐욕은 결코 만족에 이를 수 없는 욕구를 만족시키기 위해서 끝없

이 노력하는 가운데 그를 지쳐 버리게 하는 바닥 없는 함정과 같은 것이다. _E. 프롬(1900~1980) 독일 정신 분석학자, 사회학자 《자유로부터의 도피》

- 탐욕은 노년기에 걸려드는 악덕이다. _G. 밴크로프트(1800~1891) 미국 역사학자, 정치가 《미국 역사》
- 탐욕은 모든 것을 얻으려고 욕심을 부려 도리어 모든 것을 잃어버리게 한다. _M. E. 몽테뉴(1533~1592) 프랑스 사상가
- 탐욕은 얻은 것을 다 삼키고는 입만 더 크게 벌리는 것, 제아무리 큰 은혜를 받을지라도 탐욕의 갈증은 더해 가니 그 누가 끝없는 욕망을 제어하랴. _A. M. T. S. 보에티우스(470?~524) 이탈리아 신학자, 철학자
- 탐욕을 제거하려면 먼저 그 어미가 되는 사치를 제거해야 한다. _S. A. 키르케고르(1813~1855) 덴마크 철학자
- 허술한 지붕은 비가 오면 새듯이 수양이 부족한 마음에는 탐욕이 스며든다. _《법구경》

속담

- 고양이 기름 종지 노리듯. (무엇에 눈독을 들여 탐내는 것을 이르는 말) _한국
- 도망치는 고기는 더 크게 보인다. _영국
- 모든 것을 탐내면 모든 것을 잃는다. _서양
- 자기 것이 너무 많다고 생각하는 자는 없다. _독일
- 탐욕은 얇다. 왜냐하면 그것은 물기만 하고 절대로 먹지는 못하는 것이기 때문이다. _에스파냐

고사성어

▷ 득롱망촉(得隴望蜀)

농서 지방을 얻고 나서 촉 지방마저 얻기를 바란다는 뜻으로, 사람의 욕심은 끝이 없어 하나를 얻으면 또 하나를 얻으려 한다는 말이다. 중국 한나라 때 광무제가 뤄양을 도읍으로 삼고 한나라를 다시 일으켜 세웠을 무렵, 광무제는 농서와 촉을 제외한 모든 세력을 제압했다. 이후 광무제는 농서 땅을 얻어 내고, 4년 뒤에는 촉 지방마저 얻어 천하를 평정했다. _《후한서》

행동 行動

몸을 움직여 동작을 하거나 어떤 일을 함. 내적, 또는 외적 자극에 대한 생물체의 반응을 통틀어 이르는 말.

명언 명문

▶ 결코 하지 않는 것보다는 늦게라도 하는 것이 낫다.

_T. 리비우스(B.C. 59?~A.D. 17) 로마 역사가

▶ 경쟁심에서는 훌륭한 행동이, 자만심에서는 고상한 행동이 결코 나올 수 없다. _J. 러스킨(1819~1900) 영국 미술 평론가

▶ 극단적인 행동은 허영 탓으로, 일상적인 행동은 습관 탓으로, 비열한 행동은 두려움 탓으로 돌린다면 사람에게는 잘못이 거의 없는 셈이 될 것이다. _F. W. 니체(1844~1900) 독일 철학자, 시인

▶ 너의 신념을 행동으로 옮겨라. _R. W. 에머슨(1803~1882) 미국 사상가, 시인

▶ 마음이 비뚤어진 사람은 그 행실로 쓴맛을 되씹고, 착한 사람은 그 행동으로 단맛을 한껏 즐긴다. _《성경》

▶ 말도 행동이고, 행동도 말의 일종이다.

_R. W. 에머슨(1803~1882) 미국 사상가, 시인

▶ 말만 하고 행동하지 않는 사람은 잡초로 가득 찬 정원과 같다.

_J. 하우얼(1594?~1666) 영국 수필가

▶ 말은 행동의 거울이다. _솔론(B.C. 640?~B.C. 560?) 그리스 정치가, 시인

▶ 모든 경우, 활동할 때는 민첩하게 또는 자기가 최선이라고 판단한 대로 행동하고, 후회 없이 그 결과를 감수하라.

_R. 데카르트(1596~1650) 프랑스 철학자, 수학자

▶ 모든 행동은 그 자체 내에 정당성을 내포하고 있다. 최소한 어떤 행동을 실천할 수 있는 사람은 빛나는 힘을 천부적으로 타고난 것이다. _A. 브르통(1896~1966) 프랑스 시인 《쉬르리얼리즘 선언》

▶ 미덕은 행동을 통해 형성되어야만 한다. _A. 테니슨(1809~1892) 영국 시인

B. 스피노자

▶ 사람들은 좋은 의견은 말하지만 훌륭한 행동은 보여 주지 않는다.

_B. 프랭클린(1706~1790) 미국 정치가, 과학자 《가난한 리처드의 책력》

▶ 생각을 많이 할수록 행동은 더욱 줄어든다.

_핼리팩스(1661~1715) 영국 정치가

▶ 신은 스스로 행동하지 않는 자를 결코 돕지 않는다.

_소포클레스(B.C. 496~B.C. 406) 그리스 시인 《단편》

▶ 아무리 훌륭하고 아름다운 말도 행동하지 않으면 보람이 없다.

_석가모니(B.C. 563?~B.C. 483?) 불교 창시자

▶ 애교 있는 행동은 사람의 눈을 즐겁게 하고 거짓 없는 행동은 사람의 마음을 지배한다. _A. 포프(1688~1744) 영국 시인

▶ 어떠한 행동도 그 자체가 선하거나 악한 것은 아니다. 다만 *관습에 따라 그렇게 정해지는 것이다. _W. S. 몸(1874~1965) 영국 소설가, 극작가

*관습 | 어떤 사회에서 오랫동안 지켜 내려와 그 사회 성원들이 널리 인정하는 질서나 풍습.

▶ 어떤 인간을 판단함에는 그 사람의 말보다는 행동을 보는 편이 낫다. 행동은 좋지 않으나 말은 놀라운 인간이 많이 있기 때문이다.

_M. 클라우디우스(1740~1815) 독일 시인 《양심에 대하여》

▶ 우리 행동의 절반은 운명에 돌리는 것이 옳지만 동시에 나머지 절반은 적어도 인간의 자유 의지 활동에 있다고 인정해야 한다.

_N. 마키아벨리(1469~1527) 이탈리아 사상가, 역사학자 《군주론》

▶ 위대한 행동은 위대한 정신의 표현이다. _J. 플레처(1579~1625) 영국 극작가

▶ 인간은 편안한 가운데 만족을 발견해야 한다고 해도 소용이 없다. 인간에게 필요한 것은 행동이며, 그 행동을 찾을 수 없을 때면 인간은 그것을 만들어 낼 것이다. _C. 브론테(1816~1855) 영국 소설가

▶ 인간은 행동에 의해서 자기 자신을 만들어 나아가는 것이다.

_J. P. 사르트르(1905~1980) 프랑스 소설가, 철학자

▶ 인간을 서로 구별 지어 주는 것은 이른바 사상이라는 것이 아니라 행동이다. _J. 그르니에(1898~1917) 프랑스 소설가, 철학자 《고양이 물루》

▶ 인간의 행동은 모두 다음 일곱 개 원인 중 하나 이상의 것을 가진다. 기회, 본능, 강제, 습관, 이성, 정열, 희망이 곧 그것이다.

_아리스토텔레스(B.C. 384~B.C. 322) 그리스 철학자 《수사학》

▶ 인간의 행동은 사고의 최상의 통역자라고 나는 항상 생각했다.

_J. 로크(1632~1704) 영국 철학자 《인간오성론》

*숭상 | 높여 소중히 여김.

▶ 인생에서 우리가 가질 수 있는 유일한 재산은 우리 자신의 행동뿐이다. _C. C. 콜턴(1780~1832) 영국 작가, 성직자

▶ 자기 자신을 정리하지 않은 행동은 주인 없이 멋대로 달리는 말이나 다름없다. _피타고라스(B.C. 580?~B.C. 500?) 그리스 철학자, 수학자

▶ 지나치게 뛰어난 격렬한 행동은 그것이 선한 행동일지라도 이것을 *숭상, 장려하여서는 안 된다.

_정약용(1762~1836) 조선 시대 문신, 학자 《목민심서》

▶ 착한 행동이란 나쁜 행동을 삼가는 것이 아니라 나쁜 행동을 바라지 않는 것이다. _G. B. 쇼(1856~1950) 아일랜드 극작가, 평론가

▶ 행동은 말보다 더 소리가 크다. _《탈무드》

▶ 행동은 인생의 4분의 3을 차지하며 인생의 가장 큰 관심사이다.

_F. M. 도스토옙스키(1821~1881) 러시아 소설가 《문학과 독단》

▶ 행동은 자신의 모습을 보여 주는 거울이다.

_J. W. 괴테(1749~1832) 독일 시인, 소설가, 극작가

▶ 행동은 지식의 적절한 열매다. _T. 풀러(1654~1734) 영국 의사, 작가 《잠언집》

▶ 행동이 없는 생각도, 생각이 없는 행동도 무가치하다.

_G. 베르나노스(1888~1948) 프랑스 소설가

▶ 행동한다는 것은 곧 고뇌하는 것이고 고뇌한다는 것은 곧 행동하는 것이다. _T. S. 엘리엇(1888~1965) 영국 시인, 평론가, 극작가 《대성당의 살인》

▶ 현명한 사고보다도 신중한 행동이 필요하다.

_M. T. 키케로(B.C. 106~B.C. 43) 로마 정치가, 학자

▶ 효율적으로 행동하는 것은 천성이 아니라 노력으로 몸에 배어야 할 습관이다. 달리 좀 더 정확하게 표현하면, 그것은 습득할 수 있는 기법인 것이다. _P. F. 드러커(1909~2005) 미국 경영학자 《경영자의 조건》

속담

▶ 개구리 주저앉는 뜻은 멀리 뛰자는 뜻이다. (어떤 결과를 얻기 위해서는 준비 행동이 있어야 한다는 말) _한국

▶ 남이 네게 해 주기를 바라는 것을 네가 남에게 하라. _서양

▶ 낮에는 밤의 꿈자리가 평안하도록 행동하라. 그리고 청춘 시대에는 노년에 평화롭도록 행동하라. _인도

▶ 누울 자리 봐 가며 발을 뻗어라. (시간과 장소를 가려서 행동하라는 말) _한국

▶ 등에 풀 바른 것 같다. (등이 빳빳하다는 뜻으로, 몸의 움직임이 자유롭지 못함을 이르는 말) _한국

▶ 로마에서는 로마인처럼 행동하라. _영국

▶ 말하기는 쉬워도 행동하기는 어렵다. _서양

▶ 알고 있다고 모조리 말할 것은 아니고, 들은 것을 모조리 믿지는 말 것이며, 할 수 있는 일이라고 모조리 할 것은 아니다. _포르투갈

▶ 재치 있는 말은 사람을 웃기고 훌륭한 행동은 사람의 입을 다물게 한다. _영국

▶ 정수리에 부은 물이 발뒤꿈치까지 흐른다. (윗사람의 행동은 아랫사람에게 본보기로 영향을 미친다는 말) _한국

▶ 학도 아니고 봉도 아니고. (행동이 분명하지 않거나 사람이 뚜렷하지 못함을 비웃는 말) _한국

지식 쑥쑥

한자 숙어

경거망동(輕擧妄動) 경솔하여 생각 없이 망령되게 행동함.
용지약사(容止若思) 모든 동작을 사물을 생각하듯이 신중하게 함.
자행자처(自行自處) 스스로 자각하여 행동하고 처리함.
호시우행(虎視牛行) 판단은 호랑이처럼 예리하게, 행동은 소처럼 신중하게 함.

고사성어

▷ 일거수일투족(一擧手一投足)

손 한 번 들고 발 한 번 옮긴다는 뜻으로, 아주 쉽게 할 수 있는 일을 말한다. 오늘날에 와서는 사소한 하나하나의 동작이나 행동을 이르는 말로 쓰인다. 중국 당나라와 송나라 때의 여덟 명의 뛰어난 문장가 중 한 사람인 한유가 쓴 '과거 시험에 응함에 있어 시험관에게 띄우는 편지'라는 글에서 나오는 한 구절이다. 당시 당나라의 과거 시험은 2단계로 되어 있었다. 예부에서 시험을 치러 합격한 사람은 이부의 시험을 통과해야만 했다. 한유는 예부를 통과한 뒤 이부의 시험에서 몇 차례 떨어졌다. 당시 과거를 치르던 서생들은 미리 글을 지어 시험관에게 보내 자기 실력을 알아주기를 바랐는데, 한유도 "힘이 있는 그대가 나를 궁한 처지에서 구해 주는 것은 손이나 발을 잠깐 움직이는 것과 같은 손쉬운 노력에 지나지 않는다."라는 편지를 써서 감독관에 보냈다고 한다. _《문장궤범》

허무

虛無

아무것도 없이 텅 빔. 또는 무가치하고 무의미하게 느껴져 매우 허전하고 쓸쓸함.

명언 명문

▶ 나는 하나의 법칙, 즉 분명해야 한다는 것만 안다. 내가 분명하지 않다면 모든 내 세계는 무(無)로 허무하게 사라진다.

_스탕달(1783~1842) 프랑스 소설가

▶ 나는 허무와 영원히 싸우는 생명이다. 나는 허무가 아니라 허무를 태우는 불이다.

_R. 롤랑(1866~1944) 프랑스 소설가, 사상가

▶ 내 마음속에 어떤 공허감이 있다면 그것은 자기가 어떤 것을 찾고 있다는 증거이다. 내 마음속의 공허는 내 마음속의 생명력을 불러 일으킴으로써만 메울 수 있을 뿐이다.

_B. 파스칼(1623~1662) 프랑스 사상가, 수학자, 물리학자

▶ 만물은 존재에서 나오고, 존재는 허무에서 나온다.

_노자(B.C. 604?~?) 중국 춘추 시대 초나라 사상가

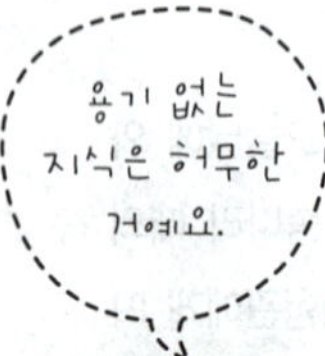

▶ 모든 길은 허무의 문인 무덤에서 끝난다.

_G. B. 쇼(1856~1950) 아일랜드 극작가, 평론가

▶ 몸은 마른나무와 같고 마음은 식은 재와 같으니 완고한 허무주의에 떨어지지 않을 수 없다.

_《채근담》

▶ 오! 도처를 샅샅이 뒤져 보았으나 어떤 곳도 영원히 나타나지 않으니, 오! 영원한 허무여.

_F. W. 니체(1844~1900) 독일 철학자, 시인

▶ 용기 없는 지식은 허무한 것이다.

_B. 그라시안이모랄레스(1601~1658) 에스파냐 작가

▶ 이 세상의 행복이란 무엇인가. 그림자에 지나지 않는다. 이 세상의 명성이란 무엇인가. 꿈에 지나지 않는다.

_F. 그릴파르처(1791~1872) 오스트리아 극작가 《금빛 양가죽》

B. 그라시안이모랄레스

- 인생을 살면서 허무감을 느껴 본 적이 없다면 그 사람은 인생을 헛되이 보낸 것이다 _M. 세르반테스(1547~1616) 에스파냐 소설가
- 자연 속의 인간 존재는 무한에 비하면 허무하고, 허무에 비하면 일체이니, 무와 일체 사이의 중간물이다. _B. 파스칼(1623~1662) 프랑스 사상가, 수학자, 물리학자
- 젊음의 소멸, 기력과 경쾌함이 넘치는 인간의 파괴는 이미 허무를 향한 첫걸음이다. _M. 프루스트(1871~1922) 프랑스 소설가
- 허무에서는 아무것도 나오지 않을 것이다. _W. 셰익스피어(1564~1616) 영국 극작가, 시인
- 허무주의는 어떠한 방식으로 보더라도 일체는 '무'라고 하는 것을 의미한다. _M. 하이데거(1889~1976) 독일 철학자 《삼림에의 길》
- 허무주의란 무엇인가? 최고의 여러 가치가 보잘것없이 되어 버리는 것, 목표라고 하는 것이 없어지는 것, '왜' 하는 물음에 대해서 대답이 없는 것이다. _F. W. 니체(1844~1900) 독일 철학자, 시인
- 허무주의자는 어떠한 권위 앞에서도 머리를 숙이지 않고 어떠한 원칙도 자신의 신조로 삼지 않는다. _I. S. 투르게네프(1818~1883) 러시아 소설가

*구만리장천 | 아득히 높고 먼 하늘.
*홍안 | 붉은 얼굴이라는 뜻으로, 젊어서 혈색이 좋은 얼굴을 이름.
*평초 | 개구리밥과의 수초.

속담

- *구만리장천이 지척. (사람은 이승에 있으나 언제 죽을지 몰라 허무하다는 뜻) _한국
- 돈이 없으면 모든 것이 허무하다. _영국
- 모든 것은 헛수고이고 먼지며 아무것도 아니다. _로마
- 오늘의 *홍안 내일의 백골. (오늘의 젊고 건강한 얼굴이 내일이면 흰 뼈로 변하는 것이 인생이라는 뜻으로, 모든 것이 한결같이 잠깐이라는 말) _영국
- 인생은 뿌리 없는 *평초. (인생이란 연못을 떠다니는 수초처럼 허무하고 믿을 수 없는 것임을 이르는 말) _한국

한자 숙어

공수래공수거(空手來空手去) 빈손으로 왔다가 빈손으로 간다는 뜻으로, 사람이 세상에 태어났다가 허무하게 죽는다는 말.
일취지몽(一炊之夢) 인생은 믿기 어렵고 세상은 덧없음.
초로인생(草露人生) 풀잎에 맺힌 이슬과 같은 인생. 즉, 허무하고 덧없는 인생을 비유한 말.

현실 現實

현재 실제로 존재하는 사실이나 상태.

명언 명문

*촉발 | 어떤 일을 당하여 감정, 충동 따위가 일어남. 또는 닿거나 부딪쳐 폭발함.

▶ 각자 계획적인 행동을 통해 현실을 바꾸려고 하지 않는 한 여러 가지 현실적인 제약으로 그들의 일상생활은 자칫 수동적인 것이 되어 버리기 쉽다. _P. F. 드러커(1909~2005) 미국 경영학자 《경영자의 조건》

▶ 꿈을 지녀라. 그러면 어려운 현실을 이길 수 있다. _R. M. 릴케(1875~1926) 독일 시인

▶ 나의 시는 모두가 참여시다. 현실에 의해서 *촉발된 것이며 현실에 기초하고 있다. _J. W. 괴테(1749~1832) 독일 시인, 소설가, 극작가

▶ 내가 대학생이었을 때 비행기로 날아가는 것은 꿈과 같았지만 그 꿈이 이제는 현실이 되었다. _C. A. 린드버그(1902~1974) 미국 비행사

▶ 마음이 현실을 만들어 낸다. 우리는 마음을 바꿈으로써 현실을 바꿀 수 있다. _플라톤(B.C. 428?~B.C. 347?) 그리스 철학자

▶ 말은 현실 세계의 강력한 적이다. _J. 콘래드(1857~1924) 영국 소설가

▶ 무대 위에서만이 아니라 현실 세계에서도 그 사람의 진정한 성격은 무심코 내뱉은 말 한 마디 또는 혼잣말 속에 가장 잘 나타난다. _A. 스미스(1723~1790) 영국 경제학자, 철학자

▶ 삶은 말 없는 현실 속에서 쓸려가 버린다. _J. 바르쥔(1907~) 미국 작가, 교육자

▶ 시간을 가장 효과적으로 이용하는 일이 가장 시급하며 가장 신나는 현실적 문제입니다. _N. V. 필(1898~1993) 미국 성직자

▶ 악서는 읽지 않으려 해도 자주 접촉하게 되지만, 양서는 꼭 읽으려 해도 기회가 뒤로 밀린다는 것이 일반적인 독자들의 현실이다. _A. 쇼펜하우어(1788~1860) 독일 철학자

▶ 어른들이 청년들에게 가르쳐야 할 처세에 대한 지식은, 그들의 이상에 따라 현실을 살아야 하며 이상을 생활에 뺏기지 않도록 하라는 것이다. _A. 슈바이처(1875~1965) 독일 신학자, 철학자, 의사

▶ 역설적인 것에 대항하는 사람은 현실과 맞서는 것이다.

_F. 뒤렌마트(1921~1990) 스위스 극작가

▶ 오늘 당신이 느끼는 현실을 과대평가해서는 안 된다. 그것이 어제의 현실처럼 내일은 환상이 될지도 모르기 때문이다.

_L. 피란델로(1867~1936) 이탈리아 극작가, 소설가

▶ 우리 시대의 확장과 그 목표도 알지 못한 채 신속하게 커져 가는 현실은 또한 우리 시대의 혼란이기도 하다.

_E. 카네티(1905~1994) 영국 작가 《말의 양심》

▶ 우리에게 있어서 현실의 삶은 대개 우리가 의도하지 않은 삶이다.

_O. F. O. W. 와일드(1854~1900) 아일랜드 시인, 극작가

▶ 이상향적인 목표가 오늘날 지도자들의 현실주의보다도 훨씬 더 현실적이다. _E. 프롬(1900~1980) 독일 정신 분석학자, 사회학자

▶ 항상 사람들은 '옛 사람을 연구하라.' 라고 말한다. 그런데 그것은 '현실 세계에 주의하고 그것을 표현하도록 힘써라!' 라는 말과 다를 바가 없다. 왜냐하면 옛 사람도 그들의 생존 중에 그렇게 한 것이기 때문이다. _J. W. 괴테(1749~1832) 독일 시인, 소설가, 극작가

▶ 현실의 공포는 마음에 그리는 공포만큼 두렵지 않다.

_W. 셰익스피어(1564~1616) 영국 극작가, 시인

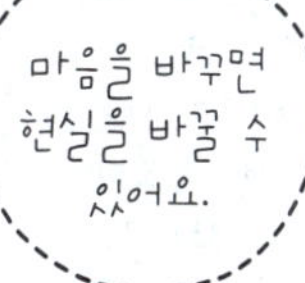

▶ 현실이라는 것은 사상의 그림자에 지나지 않는다.

_T. 칼라일(1795~1881) 영국 사상가, 역사가

▶ 현실이란 가장 교묘한 적이다. 현실은 우리의 심정 속에, 우리가 예기치 못하고 방어도 준비해 두지 않는 지점에 공격을 선언한다.

_M. 프루스트(1871~1922) 프랑스 소설가

플라톤

속담

▶ 달을 바라보다 도랑에 빠진다. (이상만 추구하고 현실을 생각하지 않으면 실패한다는 뜻) _영국

▶ 산 사람을 버리지 말고 죽은 사람을 찾지 마라. _영국

현인 賢人

어질고 총명하여 성인에 다음가는 사람.

명언 명문

- 가장 현명한 사람은 소크라테스처럼 자기 지혜가 무가치하다는 것을 깨닫는 사람이다. _플라톤(B.C. 428?~B.C. 347?) 그리스 철학자
- 내일을 위해 오늘 분수를 지키는 것이 현자의 도리이다. _M. 세르반테스(1547~1616) 에스파냐 소설가
- 먼지 많은 거리에 있으면서 그 먼지에 물들지 않은 것이 진정 깨달은 사람이다. 연꽃은 진흙 속에 있으면서 그 아름다움을 변치 않는다. 속에 있으면서 속되지 않는 것이 중요하다. _《채근담》
- 명성을 좇는 자는 남의 행동에 자기 자신의 선을 둔다. 쾌락을 좇는 자는 선을 자기의 관능에 둔다. 그러나 현인은 자기의 행동에 선을 둔다. _마르쿠스 아우렐리우스(121~180) 로마 황제 《명상록》
- 바보들은 서로 물어뜯지만 현자들은 화합한다. _G. 허버트(1593~1633) 영국 시인
- 지혜 있는 사람은 욕심을 버려 한 가지 물건도 가지지 않고 스스로 자기를 깨끗이 하여 모든 번뇌를 지혜로 돌이킨다. _《법구경》
- 진정한 현자는 자기 자신을 알 수 있는 사람이다. _G. 초서(1342?~1400) 영국 시인
- 현명한 사람들은 항상 최고의 백과사전이다. _J. W. 괴테(1749~1832) 독일 시인, 소설가, 극작가 《격언과 반성》
- 현인과 바보의 사이를 갈라놓는 벽은 거미줄보다도 얇다. _K. 지브란(1883~1931) 미국 소설가, 화가, 시인
- 현인은 자기의 적으로부터 많은 것을 배운다. _아리스토파네스(B.C. 448?~B.C. 380?) 그리스 시인 《새》

K. 지브란

▶ 현인의 목표는 환락의 획득에 있지 않고 고통의 회피에 있다.

_아리스토텔레스(B.C. 384~B.C. 322) 그리스 철학자

▶ 현인이란, 법에 대해서 자연을, 관습에 대해서 이성을, 여론에 대해서 자기의 양심을, 오류에 대해서 자기의 판단을 대립시키는 인간이다. _S. R. N. 샹포르(1741~1794) 프랑스 극작가

▶ 현자는 인생의 후반부를 과거의 어리석은 짓, 편견, 그릇된 견해를 고치는 데 보낸다. _J. 스위프트(1667~1745) 영국 소설가

▶ 현자는 자기에게 없는 것을 슬퍼하지 않고 자기가 가진 것에 대해 기뻐한다. _에픽테토스(55?~135?) 로마 철학자

▶ 현자란 모든 것에 감탄하는 사람이다.

_A. P. G. 지드(1869~1951) 프랑스 소설가, 평론가

▶ 현자의 노력은 어떻게 죽느냐 하는 것보다는 어떻게 사느냐 하는 것에 있다. _B. 스피노자(1632~1677) 네덜란드 철학자

속담

▶ 현인에게 처음을 말하면 그 끝을 안다. _앙골라

▶ 현인은 자기가 알고 있는 것을 말하지 않으며, 어리석은 자는 자기가 무엇을 말하고 있는지를 모른다. _터키

▶ 화를 낼 줄 모르는 사람은 어리석지만 화를 내기를 원치 않는 사람은 현자이다. _중국

고사성어

▷ 백락일고(伯樂一顧)

백락이 한 번 돌아본다는 뜻으로, 백락이 천리마를 알아보듯이, 알아주는 사람이 있어야 능력을 발휘한다는 말이다. 지혜로운 신하가 있어도 이를 알아보는 현명한 군주가 있어야만 그 재능이 발휘될 수 있다는 뜻이다. 주나라의 백락은 좋은 말을 잘 구별하는 재주가 있었다. 어느 날, 말 장수가 백락에게 찾아와 자기에게 훌륭한 말이 있으나 며칠째 팔리지 않는다면서 말 감정을 부탁했다. 백락은 말의 주위를 돌며 요모조모 살펴보고, 돌아가려다가 다시 돌아와서 살피었다. 이것을 본 사람들은 그 말이 명마인 것을 알고서 서로 다투어 사려고 했다. _《전국책》

형식 形式

사물이 외부로 나타나 보이는 모양. 또는 일을 할 때의 일정한 절차나 양식.

명언 명문

*합 | 음식을 담는 놋그릇의 하나. 그리 높지 않고 둥글넓적하며 뚜껑이 있다.

▶ 내용이 형식을 결정하는 대신 형식 또한 내용에 영향을 주는 것을 잊지 마라. 헤진 양복을 입고 있으면 상쾌하던 기분도 그 때문에 침울해진다. _알랭(1868~1951) 프랑스 철학자, 평론가

▶ 예술은 선전의 형식이 아니라 진리의 형식이다.

_J. F. 케네디(1917~1963) 미국 제35대 대통령

▶ 음악의 혁신은 나라에 매우 위험하다. 음악의 양식이 바뀌면 법률도 언제나 바뀌기 때문이다. _플라톤(B.C. 428?~B.C. 347?) 그리스 철학자

▶ 이유 없는 질책은 재치 있는 칭찬의 한 형식이다.

_W. 에셴바흐(1170~1220) 독일 시인

▶ 자유로운 형식이 자유를 보장하는 것은 아니다.

_W. 스티븐슨(1879~1955) 미국 시인 《시론》

▶ 책을 잘 읽는 사람은 독서가 손발이 저절로 춤추는 경지에 이르러야 하는데, 그래야 비로소 형식에 구애받지 않는다. _《채근담》

▶ 형식에 희망을 두는 것은 미신이다. 그러나 그것에 복종하려 하지 않는 것은 교만이다.

_B. 파스칼(1623~1662) 프랑스 사상가, 수학자, 물리학자 《팡세》

속담

▶ 떡도 떡이려니와 *합이 더 좋다. (내용도 물론 좋지만 형식이 더 잘 되어 있음을 이르는 말) _한국

▶ 뚝배기보다 장맛이 좋다. (겉모양은 보잘것없으나 내용은 훌륭하다는 말) _한국

形而上學 형이상학

사물의 본질의 근본 원리를
사유나 직관으로 탐구하는 학문.

명언 명문

▶ 사람은 형이상학적인 동물이다. _A. 쇼펜하우어(1788~1860) 독일 철학자

▶ 아무리 위장한다 해도 결국 윤리적 형이상학은 우리 욕망에 입법 권한을 부여하려는 시도일 뿐이다. _J. 러셀(1792~1878) 영국 정치가

▶ 형이상학은 세계가 가지고 있는 모든 것을 빼앗아 가고 대신 가지고 있지 않는 것을 이에 부여하는 놀라운 특징을 지니고 있다.
_A. 프랑스(1844~1924) 프랑스 작가 《에피쿠르의 정원》

▶ 형이상학은 수많은 철학의 난파선들이 흩뿌려진, 육지와 등대가 없는 어두운 대양이다. _I. 칸트(1724~1804) 독일 철학자

▶ 형이상학은 우리가 본능적으로 믿는 것들이 오류라는 이유를 찾아내는 것이다. _F. H. 브래들리(1846~1924) 영국 철학자

▶ 형이상학은 존재자로서의 존재자를 묻기 때문에, 그것을 존재자에 의뢰하여 존재자로서의 존재의 편에 몸을 향하지 않는다.
_M. 하이데거(1889~1976) 독일 철학자 《형이상학이란 무엇인가》

▶ 형이상학은 확실하지 않은 것을 확신하려는 기술에 불과하고, 논리학은 확신을 가지고 오류를 저지르는 기술에 불과하다.
_J. W. 크러치(1893~1970) 미국 평론가, 수필가

▶ 형이상학이란 결국 그렇지 않은 것을 그렇다고 믿는 기술이고, 논리학이란 자신을 갖고 잘못 생각하게 하는 기술이다.
_G. 바슐라르(1884~1962) 프랑스 철학자

▶ 형이상학자, 음악가, 괴테만은 흠이 없으며 파괴되지 않고 남을 것이다. 사상은 대포보다도 오래 보존되는 성벽이다.
_R. 롤랑(1866~1944) 프랑스 소설가, 사상가

환상

幻想

현실적인 기초나 가능성이 없는 헛된 생각이나 공상.

명언 명문

▶ 굶주린 가난한 사람에게는 빵보다 희망과 환상이 더 필요하다.

_G. 베르나노스(1888~1948) 프랑스 소설가

▶ 그들을 주저하게 하는 것은 그들이 혼자 힘으로는 걸을 수 없으리라는 환상, 그들이 소유하고 있는 물건에 지탱되지 않으면 쓰러져 버릴 것이라는 환상이다. _E. 프롬(1900~1980) 독일 정신 분석학자, 사회학자

▶ 많은 사람들은 거창한 것에 대해 환상을 품지만, 당신은 사소한 것에 대해 환상을 품고 있다. _E. 이오네스코(1912~1994) 프랑스 극작가

▶ 아름다움이 선이라는 생각은 참으로 기이한 환상이다.

_L. N. 톨스토이(1828~1910) 러시아 소설가, 사상가

▶ 우리들은 상처보다 더 자주 오싹하는 공포에 사로잡힌다. 그 이유는 우리들의 고뇌란 것이 현실보다도 공상이나 환상에서 많이 생기기 때문이다. _L. A. 세네카(B.C. 4?~A.D. 65) 로마 철학자, 극작가

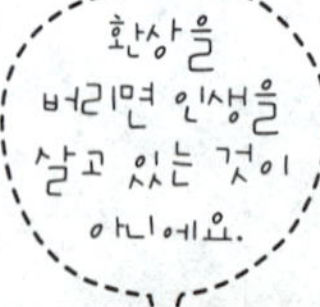

▶ 위험이라는 것은 환상적인 것이 아니라 실질적인 것이다.

_F. 카프카(1883~1924) 독일 소설가

▶ 젊은이에게 행복은 환상이다. _W. S. 몸(1874~1965) 영국 소설가, 극작가

▶ 종교는 환상이다. _S. 프로이트(1856~1939) 오스트리아 심리학자, 의사

▶ 죽음은 사람을 붙잡을 뿐이고, 산다는 것은 추구하는 것일 따름이다. 그러니 꿈을 가져라! 환상만큼 진정한 것은 없다.

_O. W. 홈스(1809~1894) 미국 소설가, 의학자 《올드 플레이어》

M. 트웨인

▶ 참다운 생활이 없을 때 인간은 환상을 좇으며 산다. 그것이나마 아무것도 없는 것보다는 낫기 때문이다.

_A. P. 체호프(1860~1904) 러시아 소설가, 극작가

▶ 청년은 희망의 환상을, 노인은 회상의 환상을 가지고 있다.

_S. A. 키르케고르(1813~1855) 덴마크 철학자 《죽음에 이르는 병》

▶ 환상은 모든 노예 제도의 뿌리라는 사실을 우리가 그렇게도 쉽게 잊어버릴 수가 있을까? _R. 타고르(1861~1941) 인도 시인, 사상가

▶ 환상을 버리지 마라. 환상이 없어진다 해도 너는 존재하기는 할 것이다. 그렇지만 인생을 살고 있는 것은 아니다.

_M. 트웨인(1835~1910) 미국 소설가 《얼간이 윌슨의 캘린더》

▶ 환상이란 과학이 우리에게 미칠 수 없는 것이 어딘가 다른 곳에서 손에 들어올 수 있는 것처럼 믿는 것이다.

_S. 프로이트(1856~1939) 오스트리아 심리학자, 의사

▶ 환상적인 사람은 자신이 보지 못하는 것이 너무나도 많기 때문에 환상적이 된다. _B. 라이스(1937~) 미국 작가

속담

▶ 물속에서 하늘을 보는 자는 나무 위에서 물고기를 본다. _중국

▶ 황금의 꿈에서 깨어나면 배가 고프다. _서양

키워드 정보 BOX

황금의 나라, 엘도라도

남아메리카 어딘가에 있다고 전해지는 황금의 나라이다. 아메리카 정복에 나선 에스파냐의 모험가들은 아마존 강 주변에 이 황금의 나라가 있다고 믿었다. 다른 설에 따르면, 마르코 폴로의 《동방견문록》에서는 지팡구(일본)가 황금의 나라였다. 콜럼버스도 이 황금의 나라에 끌려 탐험하다가 신대륙을 발견하였다. 남아메리카의 전설에서는 구아타비타 호수 근처에 황금 지붕이 늘어서 있는 마노아라는 거리가 있으며, 이곳에는 온몸에 금가루를 바른 왕이 있다고 했다. 엘도라도의 전설은 문학에도 영향을 주어, 에드거 앨런 포는 시 〈엘도라도〉를 썼고, 볼테르의 소설 《캉디드》에서는 주인공이 엘도라도를 찾기도 한다.

동양에 대한 관심을 불러 일으킨 《동방견문록》.

회개 悔改

잘못을 뉘우치고 고침.

명언 명문

*참회 | 자기의 잘못에 대하여 깨닫고 깊이 뉘우침.

▶ 고백은 회개의 첫 단계다. _E. 게이턴(1608~1666) 영국 작가

▶ 과실을 부끄러워하라. 그러나 과실을 회개하는 것은 부끄러워하지 마라. _J. J. 루소(1712~1778) 프랑스 작가, 사상가

▶ 너희가 죽기 전에 *참회하라. _J. C. F. 실러(1759~1805) 독일 시인, 극작가 《영지의 책》

▶ 다른 사람에게 참회하면 자기는 자신의 죄를 잊지만, 상대방은 대부분 그것을 잊지 않는다. _F. W. 니체(1844~1900) 독일 철학자, 시인 《인간적인, 너무나 인간적인》

▶ 모르고 악한 일을 하고 즉시 이를 후회하고 마음을 고쳐먹는다면, 신은 그 사람을 용서하리라. _《코란》

▶ 무덤 속에는 회개가 없다. _I. 워츠(1674~1748) 영국 신학자

▶ 자기 죄를 뉘우치는 사람은 죄가 없는 것과 거의 같다. _L. A. 세네카(B.C. 4?~A.D. 65) 로마 철학자, 극작가

▶ 잘못을 다시 저지르지 않는 것이 참된 회개다. _M. 루터(1483~1546) 독일 종교 개혁가

▶ 잘못하고도 뉘우치지 않는 자, 뉘우치면서도 잘못을 고치지 않는 자는 비열하다. _《소학》

▶ 죄를 짓는 것도 회개도 극단적인 것이 되어서는 안 된다. _W. 셰익스피어(1564~1616) 영국 극작가, 시인

▶ 참회하는 자에게, 그 전의 죄에 대해 생각하게 하지 마라. _《탈무드》

▶ 최고의 회개란 과거의 죄를 청산하고, 똑바로 행동하는 것이다. _W. 제임스(1842~1910) 미국 철학자, 심리학자

▶ 회개의 순간은 인지의 순간일 뿐 아니라 사람이 그의 과거를 바로 잡는 수단이기도 하다. _O. F. O. W. 와일드(1854~1900) 아일랜드 시인, 극작가

속담

▶ 고백한 죄의 절반은 이미 용서받은 것과 다름없다. _영국

▶ 뉘우치는 데는 너무 늦었다는 것이 없다. _영국

한자 숙어

음회세위(飮灰洗胃) 재를 마시고 창자의 더러움을 씻는다는 뜻으로, 악한 마음을 고쳐서 착하게 된다는 말.

고사성어

▷ 개과천선(改過遷善)

지난날의 잘못을 고쳐서 착하게 된다는 뜻으로, 자신의 잘못이나 허물을 주저 없이 고쳐 바른길로 들어서는 것을 말한다. 진나라 혜제 때 양흠 지방에 주처라는 사람이 있었는데, 그의 나이 열 살 때 아버지가 세상을 떠났다. 어느 누구의 가르침과 보살핌이 없었던 주처는 방탕한 생활을 하고, 걸핏하면 싸우는 포악한 사람이 되었다. 그러던 어느 날, 주처는 자신의 잘못을 깨닫고 지난날의 허물을 고쳐서 새사람이 되겠다는 결심을 하였고, 10여 년 동안 학문을 익히고 덕을 쌓아 마침내 훌륭한 학자가 되었다. _《진서》

키워드 정보 BOX

예수를 팔아넘긴 유다

예수의 열두 제자 중 한 명인 유다는 예수를 배반한 사람으로 유명하다. 그는 원로들에게 은화 30냥을 받고 예수의 거처를 알려 주었고, 원로들이 보낸 호위병들을 이끌고 예수가 최후의 만찬을 마치고 열한 명의 제자들과 기도하러 간 예루살렘 근처의 겟세마네 동산으로 갔다. 그러고는 예수에게 인사를 하며 입을 맞춤으로써 호위병들에게 누가 예수인가를 알렸다. 그 후, 유다는 예수가 사형 판결을 받는 것을 본 뒤에 크게 회개하여 은화를 돌려주고 나무에 목을 맸다.

효도 孝道

부모를 잘 섬기는 도리. 또는 부모를 정성껏 잘 섬기는 일.

명언 명문

*효제 | 부모에 대한 효도와 형제에 대한 우애.
*교화 | 가르치고 이끌어서 좋은 방향으로 나아가게 함.

▶ 가장 큰 효도는 어버이를 존중하고 공경하는 일이다. 그 다음은 어버이나 조상에 대해 욕되게 하지 않는 일이다. 가장 아래가 의복과 음식으로 어버이를 봉양하는 일이다. _《예기》

▶ 경으로써 효도하기는 쉬워도 사랑으로써 효도하기는 어렵다. 사랑으로써 효도하기는 쉬워도 부모를 잊기는 어렵다. 부모를 잊기는 쉬워도 부모 때문에 나를 잊기는 어렵다.

_장자(B.C. 369?~B.C. 289?) 중국 전국 시대 송나라 사상가

▶ 부모에게 효도하지 않으면 돌아가신 뒤에 후회한다.

_주자(1130~1200) 중국 송나라 유학자

▶ 선비의 온갖 행위 중에 *효제가 근본이고, 삼천 가지 죄목 중에 불효가 가장 크다. _이이(1536~1584) 조선 시대 문신, 학자 《율곡집》

▶ 성인의 도는 인에 근본을 두었고, 인은 반드시 효도에서 비롯하니, 효도는 백 가지 행실의 근본이요, 만 가지 *교화의 근원이다.

_권벌(1478~1548) 조선 시대 문신

▶ 신체발부를 부모로부터 받아, 이를 조금도 훼손하지 않음은 효의 근본이다. _《효경》

▶ 우리 부모들은 우리들의 어린 시절을 꾸며 주셨으니 우리는 그들의 말년을 아름답게 꾸며 드려야 한다.

_A. M. R. 생텍쥐페리(1900~1944) 프랑스 소설가, 비행사

▶ 자기 몸을 상하지 않는 것이 효도의 시작이고 올바른 삶으로 후세에 이름을 남기는 것이 효도의 완성이다.

_공자(B.C. 551~B.C. 479) 중국 춘추 시대 노나라 사상가

이이

▶ 자기 아내와 자녀들을 사랑하는 마음으로 부모를 섬긴다면 그 효도는 극진한 것이다. _《명심보감》

▶ 자녀들이 자기에게 해 주기를 바라는 그것을 부모에게 하라.
_소크라테스(B.C. 469~B.C. 399) 그리스 철학자

▶ 하늘과 땅 사이의 생물 가운데 사람이 가장 귀중하고, 사람의 행동 가운데 효도가 가장 중요하다.
_공자(B.C. 551~B.C. 479) 중국 춘추 시대 노나라 사상가

▶ 효도는 모든 행실의 근원이며 인을 행하는 근본이다.
_김인후(1510~1560) 조선 시대 문신, 유학자 《하서집》

▶ 효도란 부모를 잘 섬기고 임금을 잘 섬기며 입신출세하여 부모의 이름을 빛내는 것이다. _공자(B.C. 551~B.C. 479) 중국 춘추 시대 노나라 사상가

▶ 효와 자의 도리는 모든 선의 으뜸으로, 하늘의 본성에서 나온 것입니다. 그 은혜가 지극히 깊고, 그 윤리가 지극히 무겁고, 그 정이 가장 간절한 것입니다. _이황(1501~1570) 조선 시대 문신, 유학자 《퇴계집》

속담

▶ 부모가 착해야 효자 난다. (자식은 부모가 하는 것을 보고 따라 하게 된다는 뜻) _한국

고사성어

▷ 풍수지탄(風樹之嘆)

바람과 나무의 탄식이란 말로, 부모가 살아 있을 때 효도하지 않으면 뒤에 한탄하게 된다는 뜻이다. 공자가 자기의 뜻을 펴기 위해 여러 나라를 떠돌고 있을 때였다. 어디선가 몹시 슬피 우는 소리가 들려와 공자와 제자 일행이 가 보니, 고어라는 사람이 울고 있었다. 공자가 우는 까닭을 물으니, 고어는 "나무는 조용히 있고 싶어도 바람이 멎지 않으니 뜻대로 되지 않습니다. 마찬가지로 자식이 효도를 다하려고 해도 그때까지 부모는 기다려 주지 않습니다. 돌아가시고 나면 다시는 뵙지 못하는 것이 부모입니다. 저는 이제 이대로 서서 말라 죽으려고 합니다."라고 대답했다. 이에 공자는 제자들을 돌아보며, "이 말을 명심해 두어라. 교훈으로 삼을 만하지 않은가."라고 말했다. _《논어》

진리와 허위를 구별하려는 사람은
진리와 허위에 대한 적절한 관념을
갖고 있어야 한다.

B. 스피노자

Section 3

사람은 혼자 사는 것이 아니다.
우리의 교양이나 재능은 사회나 우주에 적응하도록 사용되어야 한다.
사회와 조화를 이루지 못하는 지식이나 주장은
자기 인격의 분열을 자아낼 뿐이다.

B. A. W. 러셀

사회

가능 可能

할 수 있거나 될 수 있음.

명언 명문

▶ 가능은 필요의 이웃이다.

_피타고라스(B.C. 580?~B.C. 500?) 그리스 철학자, 수학자 〈황금의 시구〉

▶ 과학은 많은 것을 할 수 있지만 무엇을 해야만 하는지는 결정할 수 없다.

_J. W. 크러치(1893~1970) 미국 평론가, 수필가

▶ 그들은 할 수 있다고 생각하기 때문에 할 수 있다.

_P. 베르길리우스(B.C. 70~B.C. 19) 로마 시인

▶ 나는 최대의 가능성을 확인하러 떠난다.

_F. 라블레(1483?~1553) 프랑스 극작가

▶ 나는 해야만 한다. 그러므로 할 수 있다.

_I. 칸트(1724~1804) 독일 철학자

▶ 네가 이루기 어려운 일이라고 해서 인간에게 불가능한 것이라고 여기지 마라. 오히려 인간이 할 수 있는 일이라면 너도 할 수 있다고 생각하라.

_마르쿠스 아우렐리우스(121~180) 로마 황제 《명상록》

▶ '네가 할 수 있는 것이 무엇인지 알라.' 는 말은 어느 정도 실현 가능한 교훈이지만, '너 자신을 알라.' 는 말은 실현 불가능한 교훈일 뿐이다.

_볼테르(1694~1778) 프랑스 사상가

▶ 모든 것은 가능한 한 최고의 세상에서 최선을 위해 존재한다.

_볼테르(1694~1778) 프랑스 사상가

▶ 모든 것은 불가능하다고 증명될 때까지는 가능한 것이다. 그리고 그 불가능하다는 것도 현재로서는 그렇다는 뜻이다.

_P. C. 벅(1892~1973) 미국 소설가

▶ 미래에 관한 한 그대가 할 일은 예견하는 것이 아니라 그것을 가능케 하는 것이다.

_A. M. R. 생텍쥐페리(1900~1944) 프랑스 소설가, 비행사

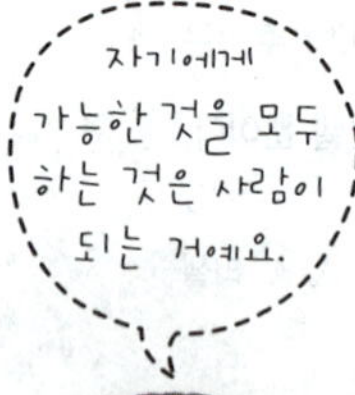

나폴레옹 1세

▶ 바라는 것이 이루어질 수 없을 경우에는 이루어질 수 있는 것을 바라라. _P. 테렌티우스(B.C. 185?~B.C. 159?) 로마 극작가

▶ 사람의 눈은 그가 현재 어떻다 하는 인품을 말하고, 사람의 입은 그가 무엇이 될 것인가 하는 가능성을 말한다. _M. 고리키(1868~1936) 러시아 작가

▶ 순진함과 모든 완전한 가능성을 지니고 있는 어린이들이 끊임없이 태어나지 않는다면, 세계는 얼마나 무시무시한 곳으로 변할까. _J. 러스킨(1819~1900) 영국 미술 평론가

▶ 실패할 가능성이란 없다고 빅토리아 여왕은 말했다. _M. 대처(1925~) 영국 총리

▶ 아! 내 영혼이여, 불사의 생을 구하지 말지어다. 차라리 가능의 영역을 아쉬워하라. _핀다로스(B.C. 518~B.C. 438) 그리스 시인

▶ 음악은 인간의 마음속에 존재하는 위대한 가능성을 인간에게 보이는 것이라고 한다. _R. W. 에머슨(1803~1882) 미국 사상가, 시인

▶ 의심스러운 가능성보다는 불가능해 보이는 것이 항상 더 낫다. _아리스토텔레스(B.C. 384~B.C. 322) 그리스 철학자

▶ 인간의 가능성은 무한하다. 이와 모순되게 보이나 인간의 불가능성도 무한하다. _G. 지멜(1858~1918) 독일 사회학자, 철학자

▶ 자기에게 가능한 것을 모두 하는 것은 사람이 되는 것이고, 자기가 원하는 것을 모두 하는 것은 신이 되는 것이다. _나폴레옹 1세(1769~1821) 프랑스 황제

▶ 행복을 위해서는 침묵으로 충분할 뿐더러 침묵이야말로 단 하나의 가능한 일이다. _F. 카프카(1883~1924) 독일 소설가

속담

▶ 네가 할 수 있는 일에 대해서는 부드러운 방법을, 할 수 없는 일에 대해서는 모든 수단을 다 사용하라. _로마

▶ 다른 사람이 이미 한 것은 지금 나도 할 수 있다. _서양

▶ 실행하면 모든 것을 할 수 있다. _유럽

한자 숙어

무소불위(無所不爲) 하지 못하는 일이 없음.

여반장(如反掌) 손바닥을 뒤집는 것과 같이 일이 매우 쉬움.

사회

가족

家族

부부와 같이 혼인으로 맺어지거나, 부모 · 자식과 같이 혈연으로 이루어지는 집단. 또는 그 구성원.

명언 명문

*걸작 | 매우 훌륭한 작품.

▶ 가장이 확고하게 지배하는 가족 속에는 다른 곳에서 찾아보기 힘든 평화가 깃든다. _J. W. 괴테(1749~1832) 독일 시인, 소설가, 극작가

▶ 가족은 자연의 *걸작들 가운데 하나다. _G. 산타야나(1863~1952) 미국 철학자, 시인

▶ 가족이 잘못했을 때 몹시 화를 내서도 안 되고, 가볍게 넘겨서도 안 된다. 봄바람의 따뜻한 기운이 얼음을 녹이듯 해야 한다. _《채근담》

▶ 모든 행복한 가족들은 서로 닮은 데가 많다. 그러나 모든 불행한 가족은 각자 독특한 방법으로 불행하다. _L. N. 톨스토이(1828~1910) 러시아 소설가, 사상가

▶ 본래 가족이 줄 수 있어야 할 근본적인 만족을, 가족이 줄 수 없다는 것이 현대의 어디서나 볼 수 있는 불행이며 불만의 가장 뿌리 깊은 원인이다. _B. A. W. 러셀(1872~1970) 영국 철학자, 수학자

▶ 아버지의 마음을 내 마음으로 생각하면, 내 자식이나 형의 자식이나 조금도 차이가 없을 것이다. _육유(1125~1209) 중국 남송 시인

▶ 자기 가족들과 즐겁게 어울리는 사람은 남들에게 지루한 사람일 리 없다. _T. M. 플라우투스(B.C. 254?~B.C. 184) 로마 극작가, 시인

속담

▶ 너 자신과 가족들에게 먼저 베푼 뒤 남들에게 베풀라. _이탈리아

▶ 자기 둥지를 더럽히는 새는 비열한 새다. _프랑스

▶ 함께 기도하는 가족들은 함께 머물러 있다. _서양

强制 강제

상대의 뜻을 거스르거나 그의 의사와 상관없이 억지로 하게 하는 것.

사회

명언 명문

▶ 강제력이 없는 법은 타지 않는 불이며 비추지 않는 등불이다.
_R. 예링(1818~1892) 독일 법률가

▶ 거짓말을 보편적, 의무적, 강제적으로 주입하는 것은 우리의 물질적 *궁핍이나 시민권의 상실보다 더 괴롭고 나쁜 것이다.
_A. I 솔제니친(1918~2008) 러시아 소설가

▶ 사람은 자기 입장이 옳다고 믿으면 믿을수록 다른 사람들도 자기와 똑같이 생각하도록 강요한다. _G. 오웰(1903~1950) 영국 소설가

▶ 인류의 *폭군인 법은, 우리에게 때때로 본성에 반대되는 것을 하게 강제한다. _플라톤(B.C. 428?~B.C. 347?) 그리스 철학자

▶ 자신감은 강제로 가지게 할 수 없으며, 사람에게 신뢰를 강제할 수도 없다. _D. 웹스터(1782~1852) 미국 정치가

▶ 정부가 생긴 이유는 강제되지 않는 한 인간의 감정이 이성과 정의를 따르지 않기 때문이다. _A. 해밀턴(1755?~1804) 미국 정치가

▶ 학교에서 아이들이 서로 닮는 것은 강제의 효과다. 강제하는 것은 졸업하자마자 끝난다. _C. A. 엘베시우스(1715~1771) 프랑스 철학자

*궁핍 | 몹시 가난함.
*폭군 | 사납고 악한 임금.

속담

▶ 나는 새에게 여기 앉아라 저기 앉아라 할 수 없다. (저마다 의지가 있는 사람의 자유를 구속할 수 없음을 이르는 말) _한국

▶ 사랑과 노래는 절대로 강요해서 될 일이 아니다. _독일

▶ 사람이 한 필의 말을 개울까지 몰고 갈 수는 있지만 강제로 물까지 마시게 할 수는 없다. _영국

개인 個人

국가나 사회, 단체 등을 구성하는 낱낱의 사람.

명언 명문

*섭리 | 세상과 우주 만물을 고르게 다스림.

▶ 개인, 국가, 그리고 신의 *섭리에 있어서 사람들은 그 가치와 중요성을 찾기보다는 결함을 찾아내기가 더 쉽다.

_G. W. F. 헤겔(1770~1831) 독일 철학자

▶ 고립된 개인이란 존재하지 않는다. 슬퍼하는 사람은 남들을 슬프게 만든다.

_A. M. R. 생텍쥐페리(1900~1944) 프랑스 소설가, 비행사

▶ 국가가 헌법을 지니지 않으면 안 되듯, 개개인도 자신의 규범을 갖지 않으면 안 된다.

_L. 베토벤(1770~1827) 독일 작곡가

▶ 나라가 크면 클수록 개인은 자신이 볼 때 더욱더 무의미한 것으로 보인다. 이러한 사태는 개인의 자유에 대해서는 별로 좋은 일이 아니다.

_J. 애디슨(1672~1719) 영국 수필가, 시인, 정치가

▶ 우리들은 누구나 다른 사람과 완전히 같은 사람은 없다. 그저 조금씩 닮아 있다는 것뿐이다.

_W. S. 몸(1874~1965) 영국 소설가, 극작가

▶ 우수성과 열등함은 민족이나 나라가 아니라 각 개인에게 달린 것이다.

_P. G. 와일리(1902~1971) 미국 작가

▶ 인간은 개인의 죄는 용서하지만, 개인이 단체의 죄악에 가담하는 것은 용서치 않는다.

_M. 프루스트(1871~1922) 프랑스 소설가

▶ 전체는 개인을 위해서, 개인은 전체를 위해서 존재한다.

_A. 뒤마(1802~1870) 프랑스 소설가, 극작가 《삼총사》

▶ 철학은 개인에서 시작될 뿐만 아니라 개인에서 끝난다. 개인은 생명의 궁극적 사실이기 때문이다. 인간은 그 자체가 목적이지, 인간 정신의 다른 것을 창조하기 위한 수단은 아니다.

_린위탕(1895~1976) 중국 작가

사회

개인주의

個人主義
개인의 권리와 자유를 존중하는 사고방식.

명언 명문

▶ 개인주의는 좋은 의미로는 사회적 *속박으로부터의 해방을 뜻하지만 나쁜 의미로는 자기 소유를 뜻한다. 즉, 자기의 에너지를 자신의 성공에 투자할 권리와 의무를 말한다.

_E. 프롬(1900~1980) 독일 정신 분석학자, 사회학자

*속박 | 어떤 행위나 권리의 행사를 하지 못하도록 강압적으로 얽어매거나 제한함.

▶ 예술은 인류에게 알려져 있는 개인주의 가운데 가장 극단적인 형태이다. _O. F. O. W. 와일드(1854~1900) 아일랜드 시인, 극작가

▶ 오늘날의 문화적, 정치적 위기는 개인주의가 성행해서 생긴 것이 아니라 오히려 개인주의가 공허한 껍질이 되어 생긴 것이다.

_E. 프롬(1900~1980) 독일 정신 분석학자, 사회학자

▶ 작가는 현대 사회의 파우스트, 즉 대중 시대에 살아남은 유일한 개인주의자다. _B. L. 파스테르나크(1890~1960) 소련 시인, 소설가

▶ 철저한 개인주의자야말로 사회의 가장 좋은 봉사자이다.

_T. S. 엘리엇(1888~1965) 영국 시인, 평론가, 극작가

키워드 정보 BOX

영국에서 발달한 개인주의 사상

완벽한 형태를 갖춘 개인주의 사상은 영국에서 처음 나타났다고 할 수 있다. 개인의 의지가 자연적으로 조화를 이룰 것이라는 깊은 신념에 바탕을 둔 스미스의 자유방임주의 이론과 각 개인을 똑같이 존중하는 벤담의 공리주의는 개인주의 사상의 발전이 이루어질 수 있는 시대를 열었다. 그러나 개인주의 사상은 19세기 후반과 20세기 전반에 대규모 사회 조직이 나타나면서 빛을 잃게 되었다.

사회

개혁 改革

제도나 기구 따위를 새롭게 뜯어고침.

명언 명문

▶ 개혁가는 매력적인 악습 대신에 매력적인 미덕을 내세우는 수단을 만들지 못하면 실패하고 만다.

_W. 리프먼(1889~1974) 미국 시사 평론가, 언론인

▶ 개혁은 외부가 아니라 내부에서 와야만 한다. 미덕을 강제하는 법을 만들 수는 없다. _J. 기번스(1834~1921) 미국 성직자

▶ 개혁을 급히 서두르는 것은 병을 고치려고 독약을 마시는 것과 같아서 몸만 심하게 해친다. _조광조(1482~1519) 조선 시대 문신, 성리학자

▶ 개혁의 시작은 재산의 공평한 분배가 아니라 상류층이든 하류층이든 욕망을 줄이도록 훈련시키는 것이다.

_아리스토텔레스(B.C. 384~B.C. 322) 그리스 철학자

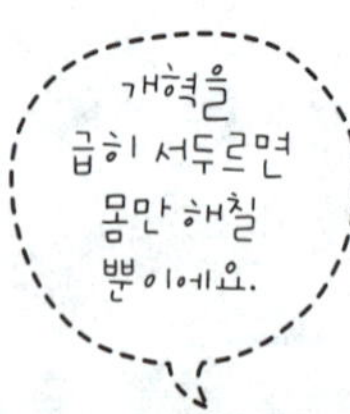

▶ 개혁이 승리를 얻기 위해서 알아 두어야 할 것은, 그것이 결코 성공을 거두어서는 안 된다는 사실이다.

_W. 해즐릿(1778~1830) 영국 평론가, 수필가 《인간에 관한 아포리즘》

▶ 굽은 지팡이를 바로 펴려면 반대 방향으로 굽혀라.

_M. E. 몽테뉴(1533~1592) 프랑스 사상가 《수상록》

▶ 네가 남을 걷어차면 그도 너를 걷어찬다. 따라서 지나치게 열성적으로 불의와 싸우지는 마라. _B. 브레히트(1898~1956) 독일 시인, 극작가

▶ 논쟁이나 토론은 이기기 위해서 하는 것이 아니고 개혁하기 위해서 하는 것이다. _J. 주베르(1754~1824) 프랑스 작가, 평론가

▶ 도덕 개혁 이외에는 모든 개혁이 헛된 것임이 증명될 것이다.

_T. 칼라일(1795~1881) 영국 사상가, 역사가

조광조

▶ 모든 개혁은 그것이 아무리 필요한 개혁이라도 신중히 생각해서

하지 않으면 도를 지나쳐서 다시 개혁하지 않으면 안 되게 된다.

_S. T. 콜리지(1772~1834) 영국 시인, 평론가 《문학평전》

▶ 모든 개혁은 한때 개인적 의견이었다. 그것은 다시 개인적 의견이 될 때 시대의 문제를 해결할 것이다.

_R. W. 에머슨(1803~1882) 미국 사상가, 시인

▶ 모든 개혁이란 아직은 이름이 붙여져 있지 않은 더 심각한 개혁이 그 밑에 숨겨져 진행되고 있는 한 가면에 지나지 않는다.

_R. W. 에머슨(1803~1882) 미국 사상가, 시인 《일기》

▶ 세상을 개혁하는 유일한 방법은 자기에게 가장 가까운 일은 하고 자기에게 벅차고 거창한 일에는 달려들지 않는 것이다.

_C. 킹즐리(1819~1875) 영국 성직자, 소설가

▶ 어떠한 나라든 개혁할 수 있으면 유지되고 개혁할 수 없으면 멸망한다. 전체를 개혁하면 강해지고 일부분만 개혁하면 멸망한다.

_캉유웨이(1858~1927) 중국 청나라 정치가, 학자

▶ 역설적이지만 성장과 개혁과 변화 속에 진정한 안전이 있다.

_J. A. 프루드(1818~1894) 영국 역사가, 작가

▶ 유권자의 무관심은 개혁가를 당황하게 만든다.

_L. 핸드(1872~1961) 미국 법률가

▶ 정치 개혁에 관한 계획은 대부분이 매우 가소로운 것이다.

_S. 존슨(1709~1784) 영국 시인, 평론가

▶ 정치는 너무나도 돈이 많이 드는 것이 되어서 심지어 개혁하는 데도 엄청난 돈이 든다. _W. 로저스(1879~1935) 미국 배우, 유머 작가

▶ 흔해 빠진 개혁을 약속해서 가난한 유권자를 설득하는 것은 그를 희망으로 타락시키는 것이다.

_J. N. 달링(1876~1962) 미국 만화가

속담

▶ 개혁은 강도 짓이 되어서는 안 된다. _서양

▶ 남들을 깨끗하게 만들려고 시도한다면 그 과정에서 너 자신은 비누처럼 녹아 없어질 것이다. _마다가스카르

한자 숙어

개두환면(改頭換面) 머리와 얼굴을 바꾼다는 뜻으로, 일의 근본은 고치지 않고 단지 그 겉만을 고침을 이르는 말.

개선광정(改善匡正) 고치고 바로잡아 올바르게 하다.

경쟁 競爭

같은 목적을 두고 서로 이기거나 앞서려고 다툼.

명언 명문

*선망 | 부러워하여 바람.

▶ 경쟁심은 재능의 양식이고, 질투는 마음의 독극물이다.

_볼테르(1694~1778) 프랑스 사상가 《서정시집》

▶ 경쟁은 경주마들의 일이지 예술가들의 일이 아니다.

_B. 버르토크(1881~1945) 헝가리 작곡가, 피아니스트

▶ 경쟁은 사람들에게 유익하다. _헤시오도스(B.C. 8세기경) 그리스 시인

▶ 경쟁은 인생의 법칙이다. _R. 버턴(1577~1640) 영국 목사, 작가

▶ 나는 인간이다. 그것은 경쟁하는 자라는 것을 뜻한다.

_J. W. 괴테(1749~1832) 독일 시인, 소설가, 극작가

▶ 나무는 다른 나무와 섞여 있을 때 더 잘 탄다.

_사디(1213?~1291) 페르시아 시인

▶ 뚜벅뚜벅 걷는 사람이 경쟁에 이긴다.

_이솝(B.C. 620?~B.C. 560?) 그리스 우화 작가 《이솝 이야기》

▶ 법의 처벌과 금지보다는 경쟁의 열의가 더욱 효과적이다.

_C. 타키투스(56?~120?) 로마 역사가, 정치가 《연대기》

▶ 사교 본능은 생존 경쟁과 똑같이 자연의 법칙이고, 상호 협조는 생존 경쟁과 똑같이 동물적 생활의 법칙이다.

_P. A. 크로포트킨(1842~1921) 러시아 혁명가, 지리학자

▶ *선망과 경쟁심의 차이는 악덕과 미덕의 차이와 같다.

_J. 라브뤼예르(1645~1696) 프랑스 작가

▶ 앞을 다투는 길은 좁으니 한 걸음 뒤로 물러서면 저절로 한 걸음이 넉넉하고 편안하게 된다. _《채근담》

▶ 언제나 남과 경쟁하려는 마음은, 자칫하면 습관이 되어 본래 경쟁

이 전혀 필요 없는 분야에도 쉽게 파고들어 간다.

_B. A. W. 러셀(1872~1970) 영국 철학자, 수학자 《행복의 정복》

- 자기 보존 본능을 제외하면 경쟁 욕구가 경제적 동기 가운데 가장 강하고 가장 심하고 가장 끈질길 것이다.

_T. B. 베블런(1857~1929) 미국 경제학자

속담

- 경쟁은 재능을 키우는 숫돌이다. _로마
- 고기잡이는 멀리서도 재빨리 다른 고기잡이의 모습을 발견한다. _러시아
- 날 잡은 놈이 자루 잡은 놈을 당하랴. (월등하게 유리한 조건에 있는 사람과는 경쟁이 되지 않는다는 말) _한국
- 아무리 수염을 잘 깎아도 다른 이발사가 흠을 못 잡는 일은 없다. _영국

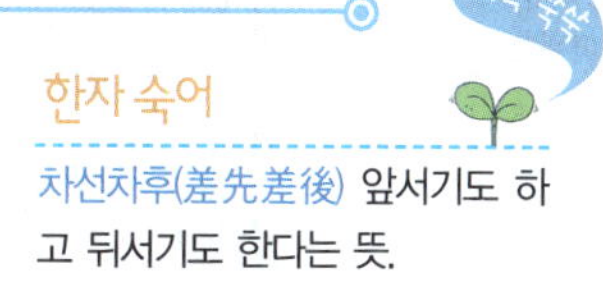

한자 숙어

차선차후(差先差後) 앞서기도 하고 뒤서기도 한다는 뜻.

고사성어

▷ 중원축록(中原逐鹿)

중원의 사슴을 쫓는다는 뜻으로, 서로 경쟁하여 어떤 지위나 권력을 얻고자 하는 일을 말한다. 한나라 초대 황제인 유방은 한신의 도움으로 전투에서 많은 승리를 거두게 되자 한신을 제왕에 봉하였다. 당시 제나라의 지략가였던 괴통은 한신에게 독립하여 황제가 될 것을 권했다. 훗날 한신은 난을 일으키려다 붙잡혀 처형당하게 되었는데, 처형되기 직전에 "내가 괴통의 말을 듣지 않은 것이 분하구나."라고 탄식하였다. 그 말을 들은 유방은 즉시 괴통을 잡아 왔다. 그러자 붙잡혀 온 괴통은 침착하게, "진나라가 중원(중국 또는 천하)에서 사슴(제왕의 자리)을 놓치자 천하 사람들이 모두 이것을 잡으려 쫓았는데, 능력이 뛰어난 폐하가 먼저 잡은 것입니다. 개는 그 주인을 따르는 법입니다. 당시 저는 한신만을 알았지 폐하를 알지 못했습니다. 그런데 천하가 평정된 지금에 폐하와 마찬가지로 천하를 노렸다 해서 죽이려 하신다면 이는 도리에 어긋나는 일이옵니다."라고 항변을 하여 유방은 괴통을 그냥 놓아줄 수밖에 없었다. _《사기》

사회

계급

階級

일정한 사회에서 신분, 지위가 비슷한 사람들로 형성된 집단. 또는 지위, 관직 등의 단계.

*모순 | 어떤 사실의 앞뒤, 또는 두 사실이 이치상 어긋나서 서로 맞지 않음.

*문란 | 도덕, 질서, 규범 따위가 어지러움.

명언 명문

▶ 결혼은 가장 예민한 자기 해방인 동시에 자립을 위한 시민 계급의 특권이다.
_F. 카프카(1883~1924) 독일 소설가

▶ 계급 선택은 자유에 의한 선택이다. 따라서 어느 계급에 소속되게 강요당하거나 어느 계급으로부터 쫓겨나거나 하는 일이 있어서는 안 된다.
_J. G. 피히테(1762~1814) 독일 철학자

▶ 계급 제도에서 사회악이 발생하고 재산을 모으려는 욕심 때문에 싸운다.
_장자(B.C. 369?~B.C. 289?) 중국 전국 시대 송나라 사상가

▶ 계급이 높아진다는 것은 자유로 나아가는 한 걸음이 아니고 속박으로 가는 한 걸음이다. 권력의 힘이 커지면 커질수록 의무는 더욱 엄격해진다.
_H. 헤세(1877~1962) 독일 소설가, 시인 《유리알 유희》

▶ 국가는 한 계급이 다른 계급을 압박하는 기계와 다름없다. 이것은 군주 제도에 있어서나 민주주의에 있어서나 진실이다.
_F. 엥겔스(1820~1895) 독일 경제학자, 철학자, 정치가

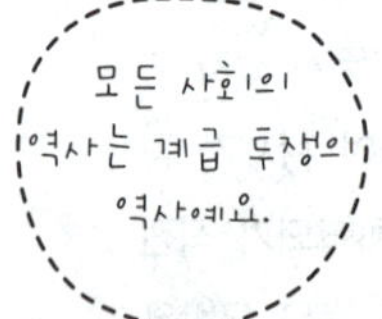

▶ 기존의 모든 사회의 역사는 계급 투쟁의 역사이다.
_K. H. 마르크스(1818~1883) 독일 경제학자, 철학자

K. H. 마르크스

▶ 높이가 있기 때문에 계급이 필요하고, 일정한 계급에 오르려는 사람들의 *모순이 필요한 것이다.
_F. W. 니체(1844~1900) 독일 철학자, 시인 《자라투스트라는 이렇게 말했다》

▶ 등급을 구분하는 것은 백성을 편안하게 하고 뜻을 안정시키는 요긴한 일이다. 등급에 따른 서열이 분명하지 않으면 지위의 계급이 *문란해져 백성들의 기강이 서지 않는다.
_정약용(1762~1836) 조선 시대 문신, 학자 《발》

▶ 많은 사람들은 자기들의 계급을 경멸하는 체하면서도 자기들의 계급에서 *두각을 나타낼 기회만 노린다.

_R. 롤랑(1866~1944) 프랑스 소설가, 사상가 《장 크리스토프》

*두각 | 뛰어난 학식이나 재능을 비유적으로 이르는 말.

▶ 사회란 사실상 민주화되어 감에 따라 은근히 계급을 형성한다.

_M. 프루스트(1871~1922) 프랑스 소설가

▶ 어느 한 계급의 사람들이 다른 계급의 잘못에 대해 고맙게 생각한다는 것은 불가능한 일이다. _E. 스탠턴(1815~1902) 미국 인권 운동가

▶ 영국인은 가장 자유로운 자유당원이라 해도 책임 있는 계급과 무책임한 계급의 근본적인 차이를 잘 모른다.

_D. H. 로렌스(1885~1930) 영국 소설가, 시인

▶ 우리의 건국 목적은 특정 계급이 되는 것이 아니라 모든 사람이 최대한 행복한 데 있다. _플라톤(B.C. 428?~B.C. 347?) 그리스 철학자

▶ 인간 상호의 존경을 맺는 노끈은 일반적으로 필요에서 생긴 것이다. 그것은 모든 인간이 지배자가 되고 싶지만 모두가 그렇게 될 수 없으므로 여기에 여러 가지 계급이 있지 않으면 안 된다.

_B. 파스칼(1623~1662) 프랑스 사상가, 수학자, 물리학자 《팡세》

▶ 인간은 태어난 계급의 사람들이 아닌, 속해 있는 정신적인 계급의 사람들처럼 표현하고 싶어 한다. _M. 프루스트(1871~1922) 프랑스 소설가

▶ 자유로운 나라의 법은 국민의 자유로운 의사에서 오고, 자유가 없는 나라의 법은 한 개인이나 계급에서 온다.

_김구(1876~1949) 독립운동가, 정치가

속담

▶ 머슴이 주인이 되면 과거도 미래도 다 잊어버린다. _몽골

▶ 신분이 높은 사람의 웃음과 푸른 하늘을 절대로 믿지 마라. 왜냐하면 눈 깜짝할 사이에 변해 버리기 때문이다. _유고슬라비아

▶ 신분이 높은 사람하고는 배를 나누어 먹지 마라. _에스파냐

▶ 어떤 사람은 은수저를 물고 태어나지만, 어떤 사람은 가난하게 태어난다. _영국

▶ 주인은 모든 종놈에게 명령을 내리고, 종놈들은 고양이에게 명령을 내리고, 고양이는 자기의 꼬리에게 명령을 내린다. _에스파냐

공동

共同

둘 이상의 사람이나 단체가 함께 일을 하거나, 같은 자격으로 관계를 가짐.

명언 명문

▶ 가장 좋은 생각은 공동의 재산이다.

_L. A. 세네카(B.C. 4?~A.D. 65) 로마 철학자, 극작가

▶ 가장 좋은 정치 공동체는 중류층 시민들이 만든다.

_아리스토텔레스(B.C. 384~B.C. 322) 그리스 철학자

▶ 공동 재산, 스스로 모순되는 낱말이다. 공동의 것은 아무런 가치도 지니지 못한다.

_F. W. 니체(1844~1900) 독일 철학자, 시인

▶ 국가는 사람들 자신이 아니라 사람들의 결합체다. 시민들은 사라질 수 있지만 사람은 남는다.

_C. L. S. 몽테스키외(1689~1755) 프랑스 사상가

▶ 도서관은 영혼의 공동묘지에 불과하며 유령들의 나라다.

_H. W. 비처(1813~1887) 미국 신학자

▶ 벌 떼에게 좋지 않은 것은 한 마리의 벌에게도 좋지 않다.

_마르쿠스 아우렐리우스(121~180) 로마 황제 《명상록》

▶ 사랑은 습관, 공동의 이익, 편의성 그리고 동반자를 얻으려는 갈망 등이 만들어 내는 것이다. 그것은 쾌감이기보다는 위안이다.

_W. S. 몸(1874~1965) 영국 소설가, 극작가

▶ 사회의 공동체는 배와 같아서 아무나 키를 잡을 준비가 되어 있어야 한다.

_H. J. 입센(1828~1906) 노르웨이 극작가

▶ 세력 균형보다는 세력 공동체가, 조직적 대립이 아니라 조직적 공동 평화가 이루어지지 않으면 안 된다.

_T. W. 윌슨(1856~1924) 미국 제28대 대통령

▶ 악의를 품은 사람들의 공동체에 불과한 가족들이 너무 많다.

_A. 포프(1688~1744) 영국 시인

▶ 인간의 공동 사회란 인간 개개인과 마찬가지로 건강한 시기가 있는가 하면 병약한 시기가 있다. 심지어는 젊음과 노쇠, 희망과 절망의 시기가 있다. _J. E. 스타인벡(1902~1968) 미국 소설가

속담

▶ 개가 두 마리 모이면 사자를 죽일 수 있다. _이스라엘

▶ 공동의 실패는 모든 사람들에게 위로가 된다. _유럽

▶ 공동의 위험은 합의를 이끌어 낸다. _로마

▶ 꼰 새끼를 자르기는 어렵고, 행동을 같이 하는 세 사람을 이기기는 어렵다. _러시아

▶ 동네 북인가. (여럿이서 한 사람을 두루 건드리는 것을 이르는 말) _한국

▶ 동냥 자루도 마주 벌려야 들어간다. (사소한 일도 서로 도와야 한다는 뜻) _한국

▶ 빵은 함께, 담배는 각자. (공동으로 할 수 있는 일과 할 수 없는 일이 있다는 말) _러시아

한자 숙어

삼삼오오(三三五五) 셋 또는 대여섯이 무리를 지어 함께 일을 하는 모양.

초록동색(草綠同色) 서로 같은 처지나 같은 부류의 사람들끼리 함께 어울리는 것을 이르는 말.

키워드 정보 BOX

비동맹주의, 제3세계의 형성

미국과 유럽의 선진국, 우리나라와 일본을 포함한 몇몇 공산 국가가 아닌 나라를 뜻하는 제1세계, 소련과 냉전기에 사회주의 국가가 된 동부 유럽을 뜻하는 제2세계, 그 외의 개발 도상국가들을 제3세계라고 한다. 제3세계 국가들은 대부분 서유럽 국가의 식민지로 있다가 1945년 이후 독립했다. 농업 외에는 발달한 산업이 없으며, 농업도 영세한 수준이어서 경제가 뒤떨어져 있다.

1960년대 이후 제3세계 국가들은 그들의 이익을 위해서 국제 연합을 이용하기 시작했다. 오늘날 제3세계 국가들은 국제 연합 총회의 절반 이상을 차지하고 있으며 그들의 이익을 위해 적극적으로 활동하고 있다. 1970년대 중반부터 이들 국가들은 공동의 경제적인 문제를 강조하며, 선진국의 우호적인 무역 협정과 지원을 요구하고 있다.

사회

관습

慣習

어떤 사회에서 오랫동안 지켜 내려와
그 사회 성원들이 널리 인정하는 질서나 풍습.

명언 명문

*경멸 | 깔보아 업신여김.

▶ 가장 혁명적인 사람들도 모르는 사이에 대개 가장 낡은 관습의 인간으로 변한다. _R. 롤랑(1866~1944) 프랑스 소설가, 사상가

▶ 가장 현명한 생활은 자기 시대의 관습을 *경멸하면서도 그것을 전혀 어기지 않고 사는 것이다. _아쿠타가와 류노스케(1892~1927) 일본 소설가 《난쟁이의 어록》

▶ 관습은 모든 것을 지배한다. _핀다로스(B.C. 518~B.C. 438) 그리스 시인

▶ 관습은 모든 것의 주인이다. _J. 카이사르(B.C. 100~B.C. 44) 로마 군인, 정치가

▶ 관습은 무분별한 대중을 지배한다. _W. 워즈워스(1770~1850) 영국 시인

▶ 관습은 법률만큼 현명하지는 않지만 언제나 법률보다 더 보편적이다. _B. 디즈레일리(1804~1881) 영국 정치가, 소설가

▶ 관습은 인생의 위대한 길잡이다. _D. 흄(1711~1776) 영국 철학자, 역사가

▶ 관습의 권위는 막강하다. _P. 시루스(B.C. 1세기경) 로마 시인

▶ 관직을 차지하려고 서로 아귀다툼하는 선거 운동은 가장 사악한 관습이다. M. T. 키케로(B.C. 106~B.C. 43) 로마 정치가, 학자

▶ '들어오기 전에 바깥에서 그대의 관습을 모두 떨쳐 버리시오.' 내가 문에다 이런 글을 써 붙였더니 나를 만나려거나 문을 열려고 하는 사람이 아무도 없었다. _K. 지브란(1883~1931) 미국 소설가, 화가, 시인

▶ 법은 관습에 복종한다. _T. M. 플라우투스(B.C. 254?~B.C. 184) 로마 극작가, 시인

▶ 사람들의 관습은 서로 다르지만 누구나 자신의 독특한 관습을 유지하기를 원한다. _플루타르코스(46?~120?) 그리스 철학자, 작가 《플루타르크 영웅전》

▶ 새로운 길에는 새로운 바큇자국이 생긴다. _G. K. 체스터턴(1874~1936) 영국 소설가, 평론가

▶ 생활 양식과 관습은 변하는 경우가 많지만 사람의 본성은 언제나 똑같다. _P. D. S. 체스터필드(1694~1773) 영국 정치가, 작가

▶ 오래된 관습은 깊은 의미가 있는 경우가 많다.

_J. C. F. 실러(1759~1805) 독일 시인, 극작가

▶ 오래된 관습은 막강해진다.

_M. T. 키케로(B.C. 106~B.C. 43) 로마 정치가, 학자

▶ 오랜 습관에 대해서도 현명한 판단을 내려야 한다. 승인은 약속이 아니며, 악수는 계약이 아니다.

_B. 그라시안이모랄레스(1601~1658) 에스파냐 작가

▶ 우리도 *속세의 관습에 물들지 않을 수 있다면 그 인품과 심성이 뛰어나지 않겠는가! _《채근담》

▶ 정부는 자연적 균형, 관습, 무력증의 정치적 대표이지 이성의 대표는 결코 아니다. _G. 산타야나(1863~1952) 미국 철학자, 시인

▶ 좋은 관습은 법보다 더 안전하다.

_에우리피데스(B.C. 484?~B.C. 406?) 그리스 시인

▶ 질서가 관습을 낳을 때 혼란이 생명을 낳는 경우가 많다.

_H. B. 애덤스(1838~1918) 미국 역사가, 사상가

▶ *풍습은 사소한 것이 아니다. _플라톤(B.C. 428?~B.C. 347?) 그리스 철학자

▶ 합리적 이유가 없는 관습은 오래된 잘못에 불과하다.

_T. 풀러(1608~1661) 영국 성직자, 역사가

*속세 | 불교의 관점에서 일반 사회를 이르는 말.

*풍습 | 풍속과 습관을 이르는 말.

속담

▶ 관습도 법이다. _로마

▶ 관습은 거부하지 못한다. (자기가 속한 사회의 관습을 따를 뿐 아니라 다른 곳에 가면 그곳의 관습을 따라야 한다는 말) _에스파냐

▶ 관습은 시행되지 않으면 사라진다. _서양

▶ 관습은 폭군이다. _로마

▶ 나라마다 고유한 풍속이 있다. _서양

▶ 로마에서는 로마의 법을 따르라. _서양

▶ 사람이 있는 곳에 관습이 있다. _로마

▶ 오래된 관습이 가장 좋다. _영국

지식 쑥쑥

한자 숙어

폐풍악습(弊風惡習) 폐해가 되는 나쁜 풍습.

교육

教育

사회생활에 필요한 지식과 기술을 가르치고, 인간의 잠재 능력을 일깨워 훌륭한 자질과 원만한 인격을 갖도록 이끌어 주는 일.

명언 명문

▶ 경험에서 얻은 교육이 가장 좋은 교육이다.

_J. R. 로웰(1819~1891) 미국 시인, 평론가

▶ 교육은 국가를 만들지는 못하지만 교육 없는 국가는 반드시 멸망하고 만다.

_F. D. 루스벨트(1882~1945) 미국 제32대 대통령

▶ 교육은 그대의 머릿속에 씨앗을 심어 주는 것이 아니라, 그대의 씨앗들이 자라나게 해 준다.

_K. 지브란(1883~1931) 미국 소설가, 화가, 시인

▶ 교육은 사회를 개혁하기 위한 수단이다.

_J. H. 페스탈로치(1746~1827) 스위스 교육학자

▶ 교육은 천성과 훈련을 필요로 한다. 사람은 젊을 때부터 배우기를 힘써야 한다.

_프로타고라스(B.C. 485?~B.C. 410?) 그리스 철학자

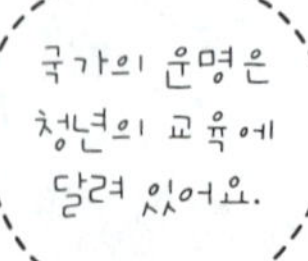

▶ 교육은, 책을 읽을 수는 있지만 가치 있는 책을 구별하지 못하는 사람들을 많이 만들어 냈다.

_G. M. 트리벨리언(1876~1962) 영국 역사가

▶ 교육의 뿌리는 쓰지만 그 열매는 달콤하다.

_아리스토텔레스(B.C. 384~B.C. 322) 그리스 철학자

아리스토텔레스

▶ 교육의 진정한 목표는 어린이의 독립심과 개성, 즉 그 성장과 완전성을 촉진시키는 데 있다.

_E. 프롬(1900~1980) 독일 정신 분석학자, 사회학자 《자유로부터의 도피》

▶ 교육의 최대 목표는 지식이 아니고 행동이다.

_E. 스펜서(1552?~1599) 영국 시인

▶ 나는 아이를 기를 때, 자기 자신을 근사한 인간이라고 생각하도록 만들어 주는 것이 중요하다고 생각한다.

_B. A. W. 러셀(1872~1970) 영국 철학자, 수학자

- 단지 교육만이 우리를 질적으로 무한한 즐거움 속으로 인도한다.

  _H. 만(1871~1950) 독일 소설가 《교육에 관한 강의와 보고》

- 배운다는 것은 예사로운 기쁨이 아니다. 그러나 배움의 사치스러운 기쁨도 가르치는 기쁨에는 비할 바가 못 된다.

  _R. D. 히치콕(1817~1887) 미국 교육자 《영원한 속죄》

- 배움이 없이 생각함은 사람을 *경망하게 만들고 이렇다 할 생각이 없이 배우기만 하면 몸을 망치느니라. _《논어》

- 사람은 사람에 의해서만 사람이 될 수 있다. 사람으로부터 교육을 받지 않으면 아무것도 남지 않을 것이다. _I. 칸트(1724~1804) 독일 철학자

- 우리들의 애매하고 산만한 교육이 인간을 불확실한 존재로 만드는 것이다. _J. W. 괴테(1749~1832) 독일 시인, 소설가, 극작가

- 이상이 없고 노력이 없고 학식이 없고 철학의 계속성이 없다면 교육이란 존재하지 않는다. _A. 플렉스너(1866~1959) 미국 교육학자

- 제대로 교육 받은 머리가 지식만 들어 있는 머리보다 낫다.

  _M. E. 몽테뉴(1533~1592) 프랑스 사상가 《수상록》

*경망 | 행동이나 말이 가볍고 조심성이 없음.

고사성어

▷ 맹모삼천지교(孟母三遷之敎)

맹자의 어머니가 맹자의 교육을 위해 세 번이나 이사했다는 뜻으로, 교육에는 환경이 중요함을 가리키는 말이다. 어려서 공동묘지 근처에 살던 맹자가 곡을 하며 장사 지내는 흉내를 내자 맹자의 어머니는 시장 근처로 이사를 했다. 그랬더니 이번에는 장사꾼의 흉내를 내며 노는 것이었다. 맹자의 어머니는 다시 글방 근처로 이사를 했다. 그랬더니 맹자가 예법에 관한 놀이를 하고 글 읽는 흉내를 냈다. 맹자의 어머니는 그곳이야말로 자식을 기르기에 좋은 곳이라 생각하고 머물러 살았다. _《열녀전》

▷ 정훈(庭訓)

뜰에서 가르친다는 뜻으로, 가정에서의 교육을 이르는 말이다. 공자가 아들 백어를 가르칠 때 자식이라고 해서 특별히 많은 교육을 하지 않고, 그저 뜰을 지나는 아들을 불러 몇 마디 가르침을 주었을 뿐이다. 이처럼 공자의 아들은 뜰을 걷다가 아버지에게 가르침을 받았는데, 이를 일러 정훈이라고 한다. _《논어》 계씨 편

구제 救濟

자연적인 재해나 사회적인 피해를 당하여 어려운 처지에 있는 사람을 도와줌.

명언 명문

*멸시 | 업신여기거나 하찮게 여겨 모욕을 주거나 깔봄.

▶ 가난한 사람을 모두 돕는다는 것은 개인의 능력으로는 불가능하다. 이들을 구제하는 것은 사회 전체가 맡아서 해야 한다.

_B. 스피노자(1632~1677) 네덜란드 철학자 《에티카》

▶ 남의 조언에 귀를 기울이지 않는 자는 구제가 불가능한 어리석은 자이다. _B. 그라시안이모랄레스(1601~1658) 에스파냐 작가

▶ 너는 구제할 때에 오른손이 하는 것을 왼손이 모르게 하여, 네 구제함을 은밀하게 하라. 은밀한 중에 보시는 너의 아버지께서 갚으시리라. _《성경》

▶ 선비와 군자는 가난해서 물질로는 남을 구제하지 못한다 해도 어리석음에 빠진 사람을 만나면 말 한 마디로 이끌어 깨우쳐 주고, 위급하고 어려운 처지의 사람을 만나면 말 한 마디로 해결하고 구해 준다. _《채근담》

▶ 어떠한 악이든 구제할 방법이 있다. _J. 산나차로(1458~1530) 이탈리아 시인

▶ 올바른 길을 좋아하고 방탕을 피하며 항상 마음을 보호하는 것이 자기 몸을 괴로움에서 건지는 것이다. _《법구경》

▶ 인간은 서로서로 도와주어야만 합니다. 친구나 형제로부터 도움을 받은 사람은 물질뿐만 아니라 사랑과 존경심과 감사하는 마음으로 되돌려 주어야만 합니다.

_L. N. 톨스토이(1828~1910) 러시아 소설가, 사상가

▶ 하늘이 개인을 부유하게 하는 것은 그것으로 많은 사람의 가난을 구제하려는 것인데, 사람들은 오히려 자기 재산을 믿고, 남의 가난함을 *멸시한다. _《채근담》

속담

- 검은 머리 가진 짐승은 구제 말란다. (사람을 도와주지 말라는 뜻으로, 사람이 은혜를 갚지 않는 것을 핀잔하는 말) _한국
- 구제할 것은 없어도 도둑 줄 것은 있다. (남을 구제할 생각만 있다면 얼마간이라도 도와줄 것은 있다는 말. 또는 아무리 가난한 집이라도 도둑맞을 물건은 있다는 말) _한국
- 물에 빠진 사람은 한 가닥의 지푸라기라도 붙잡는다. (위급한 때에는 무엇이나 닥치는 대로 잡고 늘어진다는 말) _영국
- 인간 구제는 지옥 밑이라. (사람을 곤경에서 구해 주고도 도리어 그로부터 해를 입게 되는 경우가 많다는 말) _한국

한자 숙어

경세제민(經世濟民) 세상을 다스리고 백성을 구제함.

구분증닉(救焚拯溺) 불에 타고 물에 빠진 사람을 구해 낸다는 뜻으로, 남을 재난에서 구해 줌을 비유적으로 이르는 말.

십시일반(十匙一飯) 밥 열 술이 한 그릇이 된다는 뜻으로, 여러 사람이 힘을 합하면 한 사람을 돕기는 쉽다는 말.

키워드 정보 BOX

구제 금융

구제 금융이란, 기업이 망하는 것을 막기 위해 금융 기관이 기업에 정책적으로 지원해 주는 자금을 말한다. 하지만 구제 금융을 받은 기업이 빌린 자금을 제때 갚지 못하면, 자금을 빌려 준 금융 기관까지 심각한 자금난을 겪게 될 수 있으므로 자칫하면 금융 기관도 어려움에 처할 위험성이 있다. 이렇듯 금융 기관과 기업의 부실이 심해져 한 국가의 외환 자금까지 부족해질 경우에는 일반적으로 국제 연합(UN)의 전문 기관인 '국제 통화 기금(IMF)'으로부터 구제 금융을 받게 된다. 우리나라도 1997년 12월에 심각한 외환 부족으로 인해 국가 부도의 위기에 처하자 IMF에 구제 금융을 요청하였다. 우리나라의 외환 위기는 기업의 무분별한 사업 넓히기와 금융 기관의 무분별한 대출이 주요 요인으로 작용해, 결국 IMF의 구제 금융을 받지 않으면 안 되는 지경까지 이르렀다.

사회

남편 男便

혼인을 하여 여자의 짝이 된 남자를 그 여자에 상대하여 이르는 말.

명언 명문

*권태 | 어떤 일이나 상태에 시들해져서 생기는 게으름이나 싫증.

▶ 가장 조용한 남편은 가장 난폭한 아내를 만든다.

_B. 디즈레일리(1804~1881) 영국 정치가, 소설가

▶ 고고학자는 여자가 얻을 수 있는 최고의 남편이다. 그는 아내가 늙을수록 아내에게 더욱 흥미를 느낀다.

_A. 크리스티(1890~1976) 영국 추리 소설 작가

▶ 그 남편에 그 아내. _A. 테니슨(1809~1892) 영국 시인

▶ 남자는 선량한 남편일 경우에는 무섭게 *권태로우며, 그렇지 않을 때는 너무나 자기도취에 빠진다.

_O. F. O. W. 와일드(1854~1900) 아일랜드 시인, 극작가

▶ 남편 노릇은 모든 시간을 다 바쳐야 하는 일이기 때문에 많은 남편들이 실패한다. 그들은 그 일에 전념할 수가 없는 것이다.

_E. A. 베넷(1867~1931) 영국 소설가

▶ 남편들은 대개 아내가 그리스어로 대화하는 것보다 푸짐한 저녁 식사를 차려 주기를 바란다. _S. 존슨(1709~1784) 영국 시인, 평론가

▶ 남편을 잃은 슬픔은 팔꿈치가 잠시 심하게 아픈 것과 같다.

_T. 풀러(1654~1734) 영국 의사, 작가

▶ 남편을 주인으로 모시지만 배신자처럼 경계하라.

_M. E. 몽테뉴(1533~1592) 프랑스 사상가 《수상록》

▶ 남편을 즐겁게 여겨라. 그러나 그를 완전히 알고 있다고는 절대 생각하지 마라. _L. B. 존슨(1908~1973) 미국 제36대 대통령

▶ 남편의 사랑이 지극할 때 아내의 소망은 조그마하다.

_A. P. 체호프(1860~1904) 러시아 소설가, 극작가

- 남편이라는 것은 아내에게서 보면 하늘처럼 우러러 바라보며 평생을 살 사람이다. 그러기 때문에 남편은 존경받을 만한 존재라야 한다. _《맹자》

*당대 | 사람의 한평생.

- 남편이란 능숙해질 뿐이지 나아지는 일이 없다.
  _H. L. 멘켄(1880~1956) 미국 언론인, 작가
- 다른 사람이 관찰하는 대로 자기 아내를 평가하는 남편은 본 적이 없다. _F. M. 도스토옙스키(1821~1881) 러시아 소설가
- 바보는 아내를 두려워하고 현명한 아내는 남편을 존경한다.
  _강태공(?~?) 중국 주나라 정치가
- 밤에 먼저 자고 아침에는 제일 늦게 일어나는 남편은 좋은 남편이 아니다. _H. 발자크(1799~1850) 프랑스 소설가
- 오늘날 모든 기혼 남자는 총각처럼, 모든 총각은 기혼 남자처럼 산다. _O. F. O. W. 와일드(1854~1900) 아일랜드 시인, 극작가
- 집안에서 억센 아내 밑에 단련된 남편들이 밖에서 가장 비굴하고 타협적이 되기 쉽다. _W. 어빙(1783~1859) 미국 소설가

속담

- 곯아도 젓국이 좋고, 늙어도 영감이 좋다. (아무리 늙었어도 오래 정 붙이고 산 자기 배우자가 좋다는 말) _한국
- 남의 좋은 남편보다 자신의 악한 남편이 낫다. _에티오피아
- 남편 복 없는 여자는 자식 복도 없다. (시집을 잘못 가서 평생 고생만 하는 신세를 한탄하여 이르는 말) _한국
- 남편에 따라 왕비, 남편에 따라 가난한 여자. (여자의 팔자는 남편에게 달려 있다는 말) _에스파냐
- 남편은 집안의 우두머리, 아내는 집안의 마음 _불가리아
- 남편을 잘못 만나면 *당대 원수, 아내를 잘못 만나도 당대 원수. (결혼을 잘못하면 일생 동안 불행하다는 말) _한국
- 남편이 집에 없으면 그 집안에는 아무도 없는 것이다. _서양
- 아내를 과부로 만든 남편은 아무 쓸모가 없다. _스코틀랜드
- 잔소리하지 않는 아내를 가진 남편은 천당에서 사는 것이다. _영국
- 훌륭한 남편이 훌륭한 아내를 만든다. _서양

노동

勞動

몸을 움직여 일을 함. 또는 생활에 필요한 물자를 얻기 위해서 체력과 정신을 쓰는 행위.

명언 명문

*향락 | 쾌락을 누리는 것.

▶ 노동은 가장 좋은 것이기도 하고 가장 나쁜 것이기도 하다. 자유로운 노동이라면 최선의 것이고 노예적인 노동이라면 최악의 것이다. _알랭(1868~1951) 프랑스 철학자, 평론가

▶ 노동은 고상한 정신의 영양분이다. _L. A. 세네카(B.C. 4?~A.D. 65) 로마 철학자, 극작가

▶ 노동은 모든 것을 정복한다. _P. 베르길리우스(B.C. 70~B.C. 19) 로마 시인

▶ 노동은 생명이요, 사상이요, 광명이다. _V. M. 위고(1802~1885) 프랑스 시인, 극작가

▶ 노동은 선한 마음을, 게으름은 교만한 마음을 낳는다. _정도전(1342~1398) 고려~조선 시대 문인, 학자

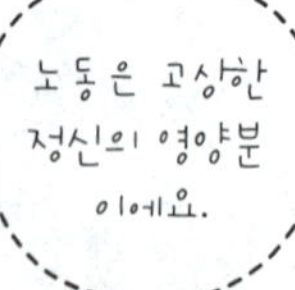

▶ 노동은 사람을 권태, 악덕, 욕심이라는 3대 악으로부터 멀어지게 한다. _볼테르(1694~1778) 프랑스 사상가

▶ 노동은 신의 저주가 아니라 축복이다. 신이 인간에게 땅을 지배하고 이용하도록 하신 것은 인간이 지성과 노력으로 신의 창조 행위를 계속해 나가게 하기 위해서다. _요한 바오로 2세(1920~2005) 교황

▶ 노동은 인류를 괴롭히는 온갖 질병과 비극에 대한 최고의 치료법이다. _T. 칼라일(1795~1881) 영국 사상가, 역사가

▶ 노동은 적당한 때에 시작해야 하고, *향락은 적당한 때에 끝맺어야 한다. _E. 가이벨(1815~1884) 독일 시인

▶ 노동을 사랑하라. 식량을 위해 노동할 필요가 없는 사람도 건강을 위해서 필요하다. 노동은 몸에도 좋고 정신에도 좋다. _W. 펜(1644~1718) 영국 정치가

L. A. 세네카

▶ 노동을 소중히 여기자. 노동의 빛은 아름다운 것이다. 노동은 온갖 덕의 원천이기 때문이다. _A. 링컨(1809~1865) 미국 제16대 대통령

▶ 노동을 위한 노동은 자연을 거스르는 것이다.

_J. 로크(1632~1704) 영국 철학자

▶ 노동을 하지 않는 사람은 부유한 자이거나 가난한 자이거나 모두 쓸모없는 존재들이다. _L. N. 톨스토이(1828~1910) 러시아 소설가, 사상가

▶ 노동을 함으로써 이 세상이 내 집이 된다. 노동하지 않는 자는 고향이 없다. _B. 아우어바흐(1812~1882) 독일 소설가

▶ 노동이 신체를 굳세게 함과 같이 가난은 정신을 굳세게 한다.

_L. A. 세네카(B.C. 4?~A.D. 65) 로마 철학자, 극작가

▶ 노동이란 사실 노동하는 과정이 중요한 것이지 그것에 수반된 보상이나 결과는 과정에 비할 바가 못 된다.

_J. 러스킨(1819~1900) 영국 미술 평론가

▶ 대지와 인간에게 필요한 것은 기도가 아니라 노동이다.

_M. 고리키(1868~1936) 러시아 작가

▶ 땀을 흘리지 않고 우수한 *투사가 될 수는 없다.

_에픽테토스(55?~135?) 로마 철학자

▶ 사람은 다른 종류의 노동을 시작해야만 현재의 노동에서 벗어나 쉴 수 있다. _A. 프랑스(1844~1924) 프랑스 작가

▶ 삶을 풍요롭게 하는 것은 노동이다.

_H. F. 아미엘(1821~1881) 스위스 철학자, 문학가

▶ 삶의 중노동을 끝마친 사람은 행복하다.

_에우리피데스(B.C. 484?~B.C. 406?) 그리스 시인

▶ 서서 일하는 농부는 앉아서 노는 신사보다 훨씬 거룩한 존재이다.

_B. 프랭클린(1706~1790) 미국 정치가, 과학자

▶ 성실한 일꾼은 자기 노동의 대가를 떳떳하게 받지만, 게으른 일꾼은 주인의 얼굴을 쳐다볼 수 없다. _A. 클레멘스(150?~215) 그리스 신학자

▶ 심리학자에게는 노동의 기쁨을 해명하기가 어렵다.

_F. 카프카(1883~1924) 독일 소설가

▶ 육체적 노동은 인간을 고상하게 만든다. 자기의 자식에게 노동을 가르치지 않는 것은 그를 강도로 키우는 것과 같다. _《탈무드》

*투사 | 싸움터나 경기장에서 싸움을 하는 사람.

*세계관 | 자연적 세계 및 인간 세계를 이루는 인생의 의의나 가치에 관한 견해.

▶ 위대한 사상가들은 모두 노동을 신성시하였다.

_H. D. 소로(1817~1862) 미국 사상가, 수필가 《월든》

▶ 인간은 그가 늘 종사하고 있는 노동 속에서 *세계관의 기초를 구하지 않으면 안 된다. _J. H. 페스탈로치(1746~1827) 스위스 교육학자

▶ 인간은 일생 동안 노동을 하며 죽음의 집을 짓는다.

_M. E. 몽테뉴(1533~1592) 프랑스 사상가 《수상록》

▶ 일어나라, 할 일에 전력을 다하라. 그 누구라도 일하지 않으면 안 될 밤이 올 것이니, 오늘이라고 부르는 이날에 열심히 일하라.

_T. 칼라일(1795~1881) 영국 사상가, 역사가

▶ 일하지 않아도 살 수 있다고 하여 일하지 않는 것은 죄악이다.

_L. N. 톨스토이(1828~1910) 러시아 소설가, 사상가

▶ 자신의 노동으로 먹지 않고 남이 나를 먹일 것을 강요하는 자는 식인종이나 마찬가지다. _R. 타고르(1861~1941) 인도 시인, 사상가

▶ 정직한 노동은 아름다운 얼굴을 만든다. _T. 데커(1572~1632) 영국 극작가

▶ 지치지 않는 노동은 자연을 다시 젊게 만드는 신이다.

_볼테르(1694~1778) 프랑스 사상가

속담

▶ 건강은 노동에서 생기고 만족은 건강에서 생긴다. _서양

▶ 노는 입에 염불하기. (할 일 없이 그저 노는 것보다 무엇이든 하는 것이 낫다는 뜻) _한국

▶ 노동은 바보를 천재로 만든다. _영국

▶ 노동은 신에게 드리는 기도이다. _에스파냐

▶ 배고픔, 일, 땀은 으뜸 가는 조미료이다. _아이슬란드

▶ 여가는 노동의 정당한 보수다. _영국

▶ 영원히 살아야 하는 것처럼 일하라. 오늘밤 죽은 듯이 기도하라.

_우크라이나

▶ 육체적인 노동으로는 돈을 많이 벌지 못한다. _서양

▶ 일하지 않으려면 먹지도 마라. _미국

▶ 젊을 때 열심히 일하면 안락하게 장수한다. _스위스

▶ 지나간 노동은 유쾌하다. _영국

勞動者 노동자

노동력을 제공하고 얻은 임금으로 생활을 유지하는 사람.

사회

명언 명문

▶ 기업은 노동자에게 기업의 공동 목표에 스스로 나서서 힘써 주기를 바란다. _P. F. 드러커(1909~2005) 미국 경영학자 《현대의 경영》

▶ 노동은 모든 기초이며 노동자들은 문명과 발전을 떠받치는 기둥이다. _R. G. 잉거솔(1833~1899) 미국 정치가

▶ 노동자 계층의 가장 큰 잘못은 자기 자녀들에게 그들이 앞으로 결코 성공하지 못할 것이라고 말하는 것이다.

_J. C. 모티머(1923~2009) 영국 극작가

▶ 노동자는 *부르주아처럼 생활할 수는 없다. 오늘날의 사회 조직 속에서는 노동자는 마지막까지 급여 생활자로서의 조건을 참고 받아들이지 않으면 안 된다.

_J. P. 사르트르(1905~1980) 프랑스 소설가, 철학자 《상황 II》

*부르주아 | 근대 사회에서 자본가 계급에 속하는 사람.

▶ 노동자들은 쇠사슬 이외에 잃은 것이 없다. 그들이 얻을 것은 이 세상이다. 전 세계의 노동자들이여, 단결하라!

_K. H. 마르크스(1818~1883) 독일 경제학자, 철학자

▶ 노동자의 굳은살 박인 손은 자존심과 용기를 대변한다. 그들의 모습은 활기를 잃은 손길보다 우리를 두근거리게 한다.

_H. D. 소로(1817~1862) 미국 사상가, 수필가 《월든》

▶ 슬픔 가운데서 행복을 구하라. 힘써 노동하라. 노동자의 행복은 일하는 데 있다.

_F. M. 도스토옙스키(1821~1881) 러시아 소설가 《카라마조프의 형제들》

▶ 참다운 노동자는 자기의 일을 마치 아내를 대하는 것처럼 애정을 갖고 대하는 사람이다. _J. R. 맥도널드(1866~1937) 영국 정치가

사회

논쟁 論爭

서로 다른 의견을 가진 사람들이 각각 자기의 주장을 말이나 글로 논하여 다툼.

명언 명문

▶ 논쟁에는 귀를 귀울여라. 그러나 논쟁에 끼어들지 않도록 해야 한다. 아무리 사소한 말이라 할지라도 분노나 격정이 일어난다는 것을 경계하라. _N. V. 고골(1809~1852) 러시아 작가

▶ 논쟁에서 상대방을 가장 불쾌하게 만드는 것은 참고 침묵하는 것이다. _F. W. 니체(1844~1900) 독일 철학자, 시인 《인간적인, 너무나 인간적인》

▶ 논쟁은 남성적이고 대화는 여성적이다. _A. B. 올콧(1799~1888) 미국 작가, 철학자

▶ 논쟁은 천천히, 행동은 빨리 하라. _B. 하트(1836~1902) 미국 소설가, 시인

▶ 논쟁이 과열되면 우리는 진실을 보기 힘들다. _P. 시루스(B.C. 1세기경) 로마 시인

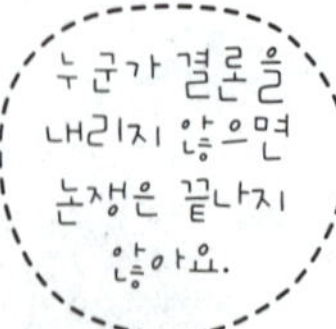

▶ 논쟁이란 한 명만 있어도 벌어진다. 늑대는 고기를 먹고 싶은데, 양들이 풀만 먹자고 옹호하는 결의안을 통과시켜 봤자 아무 소용이 없다. _W. R. 잉(1860~1954) 영국 신학자

▶ 논쟁하는 사람들은 지성적으로 패배한 사람들뿐이다. _O. F. O. W. 와일드(1854~1900) 아일랜드 시인, 극작가

A. 카뮈

▶ 논쟁하는 사람들이 상대방의 말을 서로 이해한다면 논쟁이 무의미하거나 결론이 없는 것임을 알게 된다. _J. H. 뉴먼(1801~1890) 영국 신학자

▶ 논쟁할 경우에는 상하도 신분도 연령도 성명도 없다. 진리 이외에는 아무것도 없고 진리 앞에서만 만인이 평등하다. _R. 롤랑(1866~1944) 프랑스 소설가, 사상가

▶ 논쟁할 때 비유는 사랑의 노래처럼 많은 것을 묘사하지만 아무것

도 증명을 하지는 못한다. _M. 프라이어(1664~1721) 영국 시인, 외교관

▶ 누군가 결론을 내리지 않으면 우리의 논쟁은 끝이 없을 것이다.
_A. 카뮈(1913~1960) 프랑스 소설가, 극작가

▶ 당신이 논쟁에서 한때 승리할 수 있겠지만, 그 결과 상대방과의 친교는 끊어지게 될 것이다. _B. 프랭클린(1706~1790) 미국 정치가, 과학자

▶ 딱딱한 논쟁에는 부드러운 말을 사용하라. _H. 본(1621~1695) 영국 시인

▶ 똑같은 이론을 어제 들은 자와 내일 들을 자 사이의 논쟁보다 더 격렬한 것은 없다. _C. D. 몰리(1890~1957) 미국 소설가, 언론인

▶ 반대할 여지가 있는 것을 논쟁하려면 끝이 없다.
_W. 펜(1644~1718) 영국 정치가 《고독의 과실》

▶ 배에는 귀가 없기 때문에 이것과 논쟁하기는 매우 힘들다.
_M. P. 카토(B.C. 234~B.C. 149) 로마 정치가, 문인

▶ 시대와 장소를 막론하고 같은 분야의 두 사람의 생각이 결코 같을 수 없다. _J. 게이(1685~1732) 영국 시인, 극작가

▶ 아무 가치가 없는 것이 논쟁이다.
_W. 셰익스피어(1564~1616) 영국 극작가, 시인

▶ 어느 쪽에도 확실한 증거가 없을 때 논쟁은 가장 치열하다.
_B. A. W. 러셀(1872~1970) 영국 철학자, 수학자

▶ 자기가 정말 옳다고 생각하더라도 격렬하고 시끄러운 논쟁은 계속하지 마라. _P. D. S. 체스터필드(1694~1773) 영국 정치가, 작가

▶ 진리는 논쟁의 대상이 되는 순간 *교리로 바뀐다.
_G. K. 체스터턴(1874~1936) 영국 소설가, 평론가

▶ 특정 *파벌에 속하는 자는 논쟁할 때 문제의 올바른 해답에는 전혀 관심도 없고 오로지 자기 주장을 위해서만 노력한다.
_플라톤(B.C. 428?~B.C. 347?) 그리스 철학자

*교리 | 종교적인 원리나 이치. 각 종교의 종파가 진리라고 규정한 신앙의 체계를 이름.

*파벌 | 개별적인 이해관계에 따라 따로 갈라진 사람의 집단.

속담

▶ 논쟁에서 이겼다고 해도 확신까지 생기는 것은 아니다. _서양

▶ 논쟁이 지나치면 진리를 잃는다. _프랑스

▶ 입맛에 관해서는 논쟁하지 마라. _로마

지식 쑥쑥

한자 숙어

재하자 유구무언(在下者有口無言)

아랫사람은 어른에 대하여 논쟁하지 못한다는 말.

뉴스 news

새로운 소식을 전하여 주는 방송의 프로그램.
또는 일반에게 잘 알려지지 않은 새로운 소식.

명언 명문

▶ 개가 사람을 물면 그러려니 하지만 사람이 개를 물면 훌륭한 뉴스가 된다. _C. A. 다나(1819~1897) 미국 언론인

▶ 그날의 뉴스는 의견의 양식이다. _T. W. 윌슨(1856~1924) 미국 제28대 대통령

▶ 나쁜 뉴스보다는 무소식이 더 낫다. _제임스 1세(1566~1625) 영국 왕

▶ 뉴스가 없다는 것은 반가운 뉴스다. 언론인들이 없다는 것은 더욱 반가운 뉴스다. _N. 벤틀리(1907~1978) 영국 작가, 만화가

▶ 뉴스는 듣는 것보다 만드는 게 더 낫다. _W. L. S. 처칠(1874~1965) 영국 정치가

▶ 뉴스란 어떤 것에 대해서도 크게 염려하지 않는 사람이 읽는 것이다. 그가 읽는 동안 뉴스는 이미 지나간 것이 되고 만다. _E. A. 워(1903~1966) 영국 소설가

▶ 문학은 뉴스로 남아 있는 뉴스다. _E. L. 파운드(1885~1972) 미국 시인

▶ 신문 기사는 생선처럼 신선할 때 먹어야 한다. _J. B. 레스턴(1909~1995) 미국 언론인

▶ 인쇄하기에 적당한 것은 모두 뉴스다. _J. T. 무어(1858~1929) 영국 작가

▶ 좋은 뉴스는 아무 때나 전해 주어도 좋지만 나쁜 뉴스는 오전에 전해 주는 것이 좋다. _G. 허버트(1593~1633) 영국 시인

W. L. S. 처칠

속담

▶ 나쁜 뉴스는 빨리 퍼진다. _서양

▶ 뉴스가 없는 것이 좋은 뉴스다. _서양

▶ 무소식이 희소식이다. _한국

多數
수효가 많음.

다수

명언 명문

▶ 가장 많은 사람들에게 공통적으로 해당되는 일은 가장 소홀하게 취급된다. _아리스토텔레스(B.C. 384~B.C. 322) 그리스 철학자

▶ 경박함과 무료함 이외의 것이라면 무엇이든 참을 수 있다. 그러나 대다수의 많은 사람들은 무엇이든 하나에 빠지는 일 없이 다른 하나를 피하는 것이 불가능하다 _G. 지멜(1858~1918) 독일 사회학자, 철학자

▶ 다수가 소수를 다스리는 것은 좋지 않다. 통치자는 한 명만 있어야 한다. _호메로스(?~?) 그리스 시인

▶ 다수결로 결정하는 것은 언제나 가장 좋은 해답이다. _B. 디즈레일리(1804~1881) 영국 정치가, 소설가

▶ 다수란 것은 아무래도 가장 무지하고, 가장 빈곤하고, 가장 무력한 사람들로써 이루어진다. _H. F. 아미엘(1821~1881) 스위스 철학자, 문학가 《일기》

▶ 다수파가 수적인 힘을 믿고 헌법상의 권리를 소수파로부터 뺏는다면 도덕적 관점에서 보아도 그 혁명은 정당화할 것이다. _A. 링컨(1809~1865) 미국 제16대 대통령 《연설집》

▶ 다수파가 우기면 평지를 숲이라고 하고 날개 없이 날아갈 수 있다고 한다. _《회남자》

▶ 대다수의 사람들 중에도 천재성은 존재한다. 그러나 천재는 대중과는 다른 길을 걷는다. _B. 그라시안이모랄레스(1601~1658) 에스파냐 작가

▶ 사람이 많으면 하늘도 이긴다. _맹자(B.C. 372~B.C. 289) 중국 전국 시대 추나라 사상가

▶ 어째서 사람은 다수를 따르는가? 도리가 많은 까닭인가? 아니다.

H. J. 입센

힘이 많기 때문이다. _B. 파스칼(1623~1662) 프랑스 사상가, 수학자, 물리학자

▶ 우리들은 누구나 다 힘을 찬양하지만 대다수의 사람들은 그 힘이 형태와 안정성을 갖추지 않았을 때 가장 강한 인상을 받는다. 힘이 뚜렷하게 윤곽을 드러내고 뜻깊은 목적들을 갖게 될 때 그 힘을 존중하는 사람들은 대부분 없어진다.

_K. 지브란(1883~1931) 미국 소설가, 화가, 시인

▶ 우리의 정치 체제는 소수가 아니라 다수가 지배하기 때문에 민주주의라고 말한다. _투키디데스(B.C. 5세기경) 그리스 역사가

▶ 인원이 너무 많을 경우 업무를 수행하는 일보다 사람들이 서로 영향을 끼치는 일에서 더 많은 시간을 보내게 된다.

_P. F. 드러커(1909~2005) 미국 경영학자

▶ 자유 사회가 가난한 다수를 도울 수 없다면 부유한 소수도 구원할 수 없다. _J. F. 케네디(1917~1963) 미국 제35대 대통령

▶ 진리와 자유의 가장 위험한 적은 밀집한 다수자다.

_H. J. 입센(1828~1906) 노르웨이 극작가 《민중의 적》

▶ 최대 다수의 최대 쾌락, 이 진리를 한번 터득하게 되면 다른 그 어떠한 것도 하잘것없는 나무둥치와도 같아진다.

_E. G. E. B. 리턴(1803~1873) 영국 소설가, 정치가 《아서 왕》

▶ 침묵하는 일만 명보다 입을 열어 말하는 열 명이 더 시끄럽다.

_나폴레옹 1세(1769~1821) 프랑스 황제

속담

▶ 개미도 많으면 바위를 굴릴 수 있다. _에티오피아

▶ 날고 치는데 아니 맞는 장수 있나. (강한 자라도 다수가 협력하여 대항하면 힘을 쓸 수 없다는 뜻) _한국

▶ 세 사람은 한 사람을 기다리지 않는다. (다수가 한 사람을 기다리는 법은 없다는 말) _불가리아

▶ 열두 마리의 암탉과 한 마리의 수탉은 말만큼의 먹이를 먹어 치운다. (여럿이 모이면 큰 힘을 발휘한다는 말) _에스파냐

한자 숙어

거재두량(車載斗量) 수레에 싣고 말로 된다는 뜻으로, 물건이나 인재가 매우 많음을 이르는 말.

大衆 대중

수많은 사람의 무리.

명언 명문

- 대중 매체가 주는 것은 대중 예술이 아니라 음식처럼 소비되고 금방 잊혀지는 오락이다. _W. H. 오든(1907~1973) 미국 시인
- 대중에게는 사랑이 증오의 시작이 되고 은덕이 원한이 된다. _《관자》
- 대중은 그들 가운데 가장 훌륭한 사람의 수준에는 결코 올라가지 못하지만 가장 비열한 자의 수준까지는 떨어진다. _H. D. 소로(1817~1862) 미국 사상가, 수필가 《월든》
- 대중은 덩치만 큰 어린아이다. _J. 러스킨(1819~1900) 영국 미술 평론가
- 대중은 비겁한 자를 발로 짓밟는다. _L. A. 세네카(B.C. 4?~A.D. 65) 로마 철학자, 극작가
- 대중을 믿지 마라. 대중은 생각이 다 제각각이다. _포킬리데스(B.C. 6세기경) 그리스 시인
- 대중의 박수갈채는 현기증을 일으키지만 합리적인 인물의 증언은 마음을 기쁘게 한다. _R. 스틸(1672~1729) 영국 수필가, 극작가, 정치가
- 대중의 어리석은 욕망과 비합리적인 생각을 알았다는 것은 매우 현명한 것이다. _D. 에라스뮈스(1466~1536) 네덜란드 철학자
- 대중의 여론을 업고 얻은 명예는 세심하게 보존하지 않으면 재빨리 사라진다. _A. 쇼펜하우어(1788~1860) 독일 철학자
- 미국에서 스포츠는 대중의 마약이다. _R. S. 베이커(1870~1946) 미국 언론인
- 변덕스러운 대중은 군주에 따라 시시각각 변한다. _C. 클라우디아누스(370?~404?) 로마 시인

*현실 도피 | 생각이나 행동에서 현실에 적극적으로 맞서기를 회피함.

▶ 사람들의 박수갈채가 가장 열렬할 때 가장 조심하라. 그것은 축복이기보다는 올가미인 경우가 많다. _E. 영(1683~1765) 영국 시인

▶ 안이하게 살고자 한다면 항상 군중 속에 머물러 있어라. 그리고 군중에 섞여 자기 자신을 잊어버려라. _F. W. 니체(1844~1900) 독일 철학자, 시인

▶ 여자들의 놀라운 잘못 가운데 하나는 대중을 자기 삶의 최고 재판관으로 삼는 것이다. _스탕달(1783~1842) 프랑스 소설가

▶ 자아를 버리고 대중에 아첨하는 글을 쓰는 것보다 대중을 버리고 자기 글을 쓰는 것이 더 낫다. _C. V. 코널리(1903~1974) 영국 평론가, 소설가

▶ 정치 활동을 하려면 언론이나 대중에게 절대로 화를 내지 말아야 한다. _C. H. 팽크허스트(1880~1958) 영국 사회 운동가

한자 숙어

일체중생(一切衆生) 이 세상에 살아 있는 모든 사람을 이름.
적우침주(積羽沈舟) 가벼운 것도 쌓이면 배를 가라앉힌다는 뜻으로, 대중의 힘이 무서움을 이름.
중인환시(衆人環視) 많은 사람들이 둘러싸고 봄.

▶ 큰 성공을 노리는 사람은 대중과 의논하지 않는다. _《전국책》

▶ 학교 선생이나 교수들이나 철학자나 신학자들보다 상업적 선전 담당자들이 대중들의 참된 교육자이다. _A. L. 헉슬리(1894~1963) 영국 소설가, 평론가

▶ *현실 도피가 세상에서 가장 어려운 일일 때도 대중은 그것을 쉽다고 여긴다. _J. 오르테가이가세트(1883~1955) 에스파냐 철학자, 정치가

고사성어

▷ 오합지중(烏合之衆)

까마귀 떼와 같은 무리라는 뜻으로, 임시로 모여서 규율이 없고 통솔이 잘 되지 않는 무질서한 병졸 또는 군중을 이르는 말이다. '오합지졸'이라고도 한다. 후한의 광무제 밑에는 경엄이라는 장군이 있었다. 경엄이 군대를 이끌고 왕랑을 물리치려고 할 때 부하 한 사람이 왕랑의 부하가 되자고 하자 그를 꾸짖으며 한 말이다. 경엄은 부하에게 칼을 빼들며, "우리 군대가 왕랑의 오합지중을 쳐부수기란 썩은 나뭇가지를 꺾는 것과 마찬가지다." 라고 하였다. _《후한서》 경엄전

사회

大學 대학

학술에 관한 이론과 그 응용 방법을 가르치고 연구하는 고등 교육 기관.

명언 명문

▶ 교양에는 관심이 없는 사람들의 부탁으로 대학은 이제 직업을 위한 훈련 학교로 변했다. _B. A. W. 러셀(1872~1970) 영국 철학자, 수학자

▶ 그대가 살아 있는 동안 대학에 기부하라. 그리고 죽을 때 이런 저런 유언으로 대학을 괴롭히려고 하지 마라. _O. W. 홈스(1809~1894) 미국 소설가, 의학자

▶ 대학에 들어가는 사람은 신성한 땅에 들어가는 것이다. _J. B. 코넌트(1893~1978) 미국 화학자, 교육가, 외교관

▶ 대학은 결코 지식을 수립하거나 전파하는 기계적인 곳이 되어서는 안 된다. _R. 타고르(1861~1941) 인도 시인, 사상가

▶ 대학은 완전한 인간에게 정신적인 자유와 궁극적으로 완성되려는 포부를 주며, 지적인 인간에게 생명을 주는 곳이다. _R. 타고르(1861~1941) 인도 시인, 사상가

▶ 대학은 정의, 자유, 학문의 장소가 되어야 한다. _B. 디즈레일리(1804~1881) 영국 정치가, 소설가

▶ 대학은, 자갈이 닦여서 빛나지만 다이아몬드는 오히려 광채를 잃는 곳이다. _R. G. 잉거솔(1833~1899) 미국 정치가

▶ 많이 모아 놓은 책들이 바로 진정한 대학교다. _T. 칼라일(1795~1881) 영국 사상가, 역사가

▶ 법의 대부분은 바보들에 관한 관용을 배우는 것인데, 대학에서는 이것을 가르쳐 주지 않는다. _D. 레싱(1919~) 영국 소설가

▶ 수도원이 성인을 미워하듯 대학은 천재를 미워한다. _R. W. 에머슨(1803~1882) 미국 사상가, 시인

R. 타고르

도둑

남의 물건을 훔치거나 빼앗는 따위의 나쁜 짓. 또는 그런 사람.

명언 명문

▶ 귀로 듣고 눈으로 보는 것은 바깥의 도둑이고 욕정과 물욕은 내부의 도둑이다. 다만 주인인 본심이 잠들지 않고 맑은 정신으로 홀로 깨어 있다면, 도둑들이 집안 식구로 변할 것이다. _《채근담》

▶ 김을 매지 않으면 곡식을 해치고 도둑을 없애지 않으면 백성이 피해를 입는다. _《관자》

▶ 나라에 법이 많아지면 도둑도 많아진다.

_노자(B.C. 604?~?) 중국 춘추 시대 초나라 사상가

▶ 남의 것을 훔치는 것보다 구걸하는 편이 안전하지만, 훔치는 것이 구걸하는 것보다 기분은 좋다.

_몰리에르(1622~1673) 프랑스 극작가, 배우 《사회주의 아래의 인간의 혼》

▶ 낮은 정직한 사람들을 위해, 밤은 도둑들을 위해 있다.

_에우리피데스(B.C. 484?~B.C. 406?) 그리스 시인

▶ 도둑맞아도 도둑맞은 줄 모르는 자에게는 가르쳐 주지 않는 것이 좋다. 그렇게 하면 도둑맞지 않은 것이나 다름없기 때문이다.

_W. 셰익스피어(1564~1616) 영국 극작가, 시인

▶ 도둑으로 도둑을 잡아라. _C. 시버(1671~1757) 영국 배우, 극작가

▶ 도둑은 다른 사람도 모두 도둑질을 한다고 생각한다.

_E. W. 하우(1853~1937) 미국 소설가, 수필가

▶ 도둑은 잠잘 때 도둑질해 온 것을 도둑맞지 않으려고 안전한 곳에 둔다. _L. A. 세네카(B.C. 4?~A.D. 65) 로마 철학자, 극작가

▶ 도둑은 추격하기는 쉬워도 완전히 없애기는 어렵다.

_소식(1036~1101) 중국 북송 문학가

▶ 도둑이 말을 훔쳐 간 뒤에 마구간 문을 닫아 보았자 소용없는 일이다. _J. 릴리(1554~1606) 영국 작가

▶ 도둑이든 공범이든 모두 다 똑같이 나쁘다. _J. 스위프트(1667~1745) 영국 소설가

▶ 도둑질로 부자가 된 사람도 있지만 부자가 반드시 도둑은 아니며, *청렴해서 가난한 사람도 있지만 가난한 사람이 꼭 청렴한 것은 아니다. _《회남자》

*청렴하다 | 성품과 행실이 높고 맑으며, 탐욕이 없다.

▶ 모든 악당이 도둑은 아니지만 도둑은 모두 악당이다. _아리스토텔레스(B.C. 384~B.C. 322) 그리스 철학자

▶ 백 개의 문 가운데 하나만 닫고 있다면 도둑은 막을 수 없다. _묵자(B.C. 480~B.C. 390) 중국 춘추 전국 시대 노나라 사상가

▶ 백성이 가난 때문에 도둑질을 한다면 그런 나라는 나라도 아니다. _김굉필(1454~1504) 조선 시대 문신, 학자

▶ 사람들 중에는 아직 피를 보지 않은 살인자들과 아무것도 훔치지 않은 도둑들과, 지금까지 진실만 얘기해 온 거짓말쟁이들이 존재한다. _K. 지브란(1883~1931) 미국 소설가, 화가, 시인

▶ 산속의 도둑을 잡기는 쉬워도 마음속 도둑은 잡기 어렵다. _증국번(1811~1872) 중국 청나라 정치가, 학자

▶ 자기가 한 도둑질을 자랑하는 도둑은 바보다. _W. 셰익스피어(1564~1616) 영국 극작가, 시인

속담

▶ 도둑 찌끼는 있어도 불 찌끼는 없다. (도둑맞은 자리는 남는 것이 있어도 화재가 났던 자리는 남는 것이 없다는 말) _한국

▶ 도둑 한 놈에 지키는 사람 열이 못 당한다. (도난을 방지하기가 어려움을 이르는 말) _한국

▶ 도둑을 뒤로 잡지 앞으로 잡나. (확실한 증거가 없이 추측만으로는 남을 의심할 수 없음을 비유한 말) _한국

▶ 도둑의 두목도 도둑이요 그 졸개도 또한 도둑이라. (윗자리에 앉아 시키는 놈이나 그대로 따라 하는 놈이나 다 마찬가지로 나쁜 놈임을 이르는 말) _한국

한자 숙어

개문읍도(開門揖盜) 문을 열어 놓고 도둑을 맞아들이듯 스스로 화를 불러들임.

계명구도(鷄鳴狗盜) 닭 우는 소리를 잘 내는 사람과 개 흉내를 잘 내는 좀도둑이라는 뜻으로, 하찮은 재주로 비굴하게 남을 속임을 이르는 말.

적반하장(賊反荷杖) 도둑이 매를 든다는 뜻으로, 잘못한 사람이 도리어 잘한 사람을 나무라는 경우를 이르는 말.

- 도둑의 씨가 따로 없다. (사람이란 주위의 환경과 조건에 따라 누구나 도둑이 될 수 있다는 말) _한국
- 도둑이 매를 든다. (잘못한 놈이 도리어 기세를 올림을 이르는 말) _한국
- 도둑이 제 발 저리다. (지은 죄가 있으면 자연히 마음이 조마조마하여짐을 이르는 말) _한국
- 도둑질도 한번 맛들이면 끊을 수 없게 된다. _서양
- 바늘 도둑이 소도둑 된다. (작은 나쁜 짓도 자꾸 하면 큰 죄를 저지르게 됨을 비유적으로 이르는 말) _한국
- 본 놈이 도둑질한다. (도둑질은 결국 내용을 잘 아는 사람이 하는 것임을 이르는 말) _한국
- 사다리를 남의 집 앞에 걸쳐 놓는 것은 도둑과 다를 바 없다. _독일

고사성어

▷ 양상군자(梁上君子)

대들보 위의 군자라는 뜻으로, '도둑'을 가리키는 말이다. 또한 대들보 위를 쥐들이 잘 다니기 때문에 쥐를 가리키기도 한다. 삼국지를 지은 진수의 아버지 진식이 태구현의 현령으로 있을 때의 일이다. 그는 학식이 뛰어나고 청렴결백하여 모든 사람의 존경을 받았다. 어느 날 밤, 도둑이 진식의 집에 몰래 들어와 대들보 위에 숨었다. 이를 눈치챈 진식은 모르는 척하고 아들과 손자들을 불러 모아 훈계를 시작하였다. "사람은 스스로 노력하지 않으면 안 된다. 악인이라 해도 처음부터 악한 사람은 없다. 평소의 잘못된 버릇이 어느덧 성품이 되어 악행을 하게 되는 것이다. 저 들보 위에 있는 군자도 그러한 사람이다."

도둑은 이 말에 깜짝 놀라 얼른 대들보 위에서 뛰어내려와 머리를 조아리며 사죄했다. 진식은 조용히 타이르고 비단 두 필을 주어 돌려보냈다. 이 일이 알려지자 고을 안에 도둑질하는 사람이 없어졌다고 한다.

_《후한서》 진식전

leadership 리더십

사회

무리를 다스리거나 이끌어 가는 지도자로서의 능력.

명언 명문

- 그대의 모든 재능과 지식은 남을 돕기 위한 수단이라고 생각하라. 힘센 자나 현명한 자에게는 그 힘과 총명이 약한 자를 지도하고 이끌기 위하여 주어진 것이다. 약한 자를 압박하기 위하여 주어진 것이 아니다. _J. 러스킨(1819~1900) 영국 미술 평론가
- 다스리는 자가 어떤 사람을 어떤 직무에 임명할 때, 그 직무에 더 적합한 다른 사람이 있다번, 그는 신과 국가에 대해서 죄를 범하는 것이다. _J. S. 밀(1806~1873) 영국 철학자, 경제학자 《자유론》
- 리더십은 천부의 자질이 없으면 발휘하지 못한다. _P. F. 드러커(1909~2005) 미국 경영학자
- 리더십이란 인간의 사이를 넓혀 주고 높은 업적을 달성케 하며, 보통의 수준을 넘어선 인격을 길러 주는 데 있는 것이다. _P. F. 드러커(1909~2005) 미국 경영학자 《현대의 경영》
- 병사들은 문제가 아니다. 중요한 것은 누가 지휘를 하느냐이다. _C. A. J. M. 드골(1890~1970) 프랑스 군인, 정치가
- 위인은 소인을 다루는 솜씨로써 그 위대함을 보여 준다. _T. 칼라일(1795~1881) 영국 사상가, 역사가
- 이성과 판단력은 지도자가 되는 요소다. _C. 타키투스(56?~120?) 로마 역사가, 정치가
- 지도력이란 내가 이루기를 원하는 일을 다른 사람이 하도록 만드는 기술이다. _D. D. 아이젠하워(1890~1969) 미국 제34대 대통령
- 진짜 리더는 사람을 이끌 필요가 없다. 다만 길을 제시하는 것으로 족하다. _H. V. 밀러(1891~1980) 미국 소설가

J. S. 밀

속담

- 능란한 선장은 폭풍의 때를 안다. _그리스
- 머리가 가는 데로 발도 따라간다. _터키
- 말은 고삐 다루는 솜씨로 기수를 알아차린다. _터키
- 백 개 열매도 하나의 가지에서 열린다. (한 지도자 밑에 모여 통솔을 받는다는 뜻) _미얀마
- 용감한 장군의 부하 중에는 약한 병사가 없다. _중국
- 우두머리가 되는 사람은 다리가 되어라. _영국
- 키잡이 없는 보트는 안 움직인다. (어느 곳에나 지도자가 있게 마련이라는 말) _수리남

키워드 정보 BOX

독일을 통일로 이끈 비스마르크

1871년에 독일을 통일한 비스마르크는 '철혈 재상'이라고도 불린다.

비스마르크는 독일의 초대 총리를 지냈다. 그의 아버지는 프로이센의 귀족이었고 어머니는 고급 관료의 딸이었다. 당당한 체구, 국가에 대한 헌신, 왕성한 식욕을 지녔던 비스마르크는 정신적인 면에서 놀랄 만큼 섬세하고 날카로운 지성과 통솔력을 갖추고 있었다. 당시 독일은 여러 개의 연방으로 나뉘어 있었고, 프랑스를 비롯해 오스트리아, 덴마크 등 주변 국가와 영토를 두고 자주 전쟁을 치렀다. 당시 프로이센 제국은 독일 연방의 주도권을 잡기 위해 힘쓰고 있었다. 이 시기에 비스마르크는 재상이 되었으며, 그는 나라의 위기를 주변 나라들과의 외교력으로 헤쳐 나가려 했다. 비스마르크는 1864년과 1870년 사이에 일어난 세 차례 전쟁에서 독일 연방이 승리할 수 있도록 큰 역할을 했다. 또한 1866년에 오스트리아 군대를 물리쳤다. 비스마르크는 독일을 통일하기 위해 주변국과의 관계를 이용해 프랑스와 전쟁을 치렀으며, 이 전쟁에서 크게 승리해 프랑스의 일부 지역을 차지했다. 이렇게 비스마르크는 냉철하고 효율적인 군사 정책과 뛰어난 통솔력, 그리고 외교 전술로 독일을 통일하고 강대국으로 키울 수 있었다.

無能 무능

능력이나 재능이 없음.

명언 명문

▶ 교활함은 무능의 어두운 도피처다.

_P. D. S. 체스터필드(1694~1773) 영국 정치가, 작가

▶ 그들은 결단했음을 주장하면서도 결단을 내리지 못하고, *용단을 말하면서도 *우유부단하며, 굳은 결의가 있으면서도 비틀거리는가 하면, 무능한 점에서는 모든 일을 다 할 수 있다.

_W. L. S. 처칠(1874~1965) 영국 정치가

*용단 | 용기 있게 결단을 내림.
*우유부단 | 어물어물 망설이기만 하고 결단성이 없음.

▶ 무능을 감추려고 비폭력으로 위장하기보다는 우리 마음속에 폭력이 있다면, 폭력을 휘두르는 것이 더 낫다.

_M. K. 간디(1869~1948) 인도 정치가, 민족 운동 지도자

▶ 무능한 사람이 관리로 출세하면 유능한 인재들이 갈 길이 없다.

_《신당서》

▶ 무능한 사람이 높은 자리를 차지하고 있는 것보다 더 부도덕한 것은 없다. _나폴레옹 1세(1769~1821) 프랑스 황제

▶ 부족함이 나의 출발의 바탕이고, 무능이 나의 근원이다.

_P. 발레리(1871~1945) 프랑스 시인, 사상가, 평론가

▶ 애매모호함은 무능의 은신처다.

_R. A. 하인라인(1907~1988) 미국 공상 과학 소설 작가

▶ 우주의 힘 앞에서 인간이 무능함을 깨달을수록 우리는 인간이 이룬 것에 놀라게 된다. _B. A. W. 러셀(1872~1970) 영국 철학자, 수학자

▶ 자기 무능 때문에 다른 사람의 재능을 시기하지 마라. _《채근담》

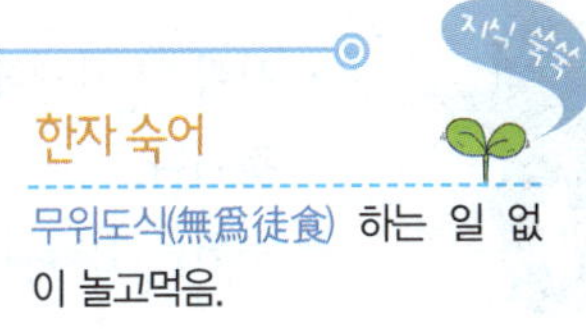

한자 숙어

무위도식(無爲徒食) 하는 일 없이 놀고먹음.

문제 問題

해답을 요구하는 물음. 또는 논쟁이나 연구의 대상이 되는 것. 해결하기 어렵거나 난처한 대상.

명언 명문

- 나는 노인이고 수많은 문제를 알고 있지만 문제의 대부분은 결코 일어나지 않았다. _M. 트웨인(1835~1910) 미국 소설가
- 내 인생에는 정치적인 문제와 경제적인 문제가 있다. 정치적인 문제는 내가 해결할 수 없고 경제적인 문제는 이해할 수가 없다. _D. 흄(1711~1776) 영국 철학자, 역사가
- 대부분의 사람은 문제 해결보다는 그것을 피하는 데 많은 시간과 정력을 소비한다. _H. 포드(1863~1947) 미국 기술자, 실업가
- 모든 문제에는 양면이 있다. _프로타고라스(B.C. 485?~B.C. 410?) 그리스 철학자
- 무지는 결코 문제를 해결하지 못한다. _B. 디즈레일리(1804~1881) 영국 정치가, 소설가
- 문제는 올바르게 해결하지 않는 한 결코 해결된 것이 아니다. _E. W. 윌콕스(1855~1919) 미국 시인
- 문제란 작업복을 입은 기회에 불과하다. _H. G. J. 카이저(1853~1940) 독일 물리학자
- 문제의 양면을 보는 사람은 절대로 아무것도 보지 못한다. _O. F. O. W. 와일드(1854~1900) 아일랜드 시인, 극작가
- 사느냐 죽느냐, 이것이 문제로다. _W. 셰익스피어(1564~1616) 영국 극작가, 시인
- 사랑 그 자체에는 문제가 없다. 문제는 사랑하는 사람들에게 있는 것이다. _F. 카프카(1883~1924) 독일 소설가
- 수면은 침묵의 동반자이다. 문제가 있으면 내일 생각하라. _B. 그라시안이모랄레스(1601~1658) 에스파냐 작가

H. 포드

- 19세기에는 신이 죽었다는 것이 문제였고, 20세기에는 인간이 죽었다는 것이 문제다. _E. 프롬(1900~1980) 독일 정신 분석학자, 사회학자
- 어떤 문제에 관해서 자기 입장만 아는 사람은 아무것도 모르는 것이다. _J. S. 밀(1806~1873) 영국 철학자, 경제학자
- 어려운 문제를 다루는 사람은 누구나 증오와 우정, 분노와 동정을 초월해야 한다. _G. 살루스티우스(B.C. 86~B.C. 35?) 로마 역사가
- 언짢은 문제가 일어났을 때도 결코 흥분하지 마라. 분별없이 충동적인 행동을 하지 마라. 언제나 충동적인 생각은 좋지 않다. _A. 카네기(1835~1919) 미국 실업가
- 오늘의 문제는 싸우는 것이요, 내일의 문제는 이기는 것이며, 모든 날의 문제는 죽는 것이다. _V. M. 위고(1802~1885) 프랑스 시인, 극작가
- 우리 시대의 중대한 정치적, 도덕적 문제들에 대한 해답은 비폭력주의이며, 그 기초에는 사랑이 있다. _M. L. 킹(1929~1968) 미국 목사, 흑인 해방 운동가
- 우리가 믿는 것이 반드시 옳은 것은 아니다. 또한 우리가 좋아하는 것이 반드시 선한 것도 아니다. 모든 문제는 어느 쪽으로도 열려 있다. _C. 벨(1774~1842) 영국 해부학자
- 우리의 문제는 인위적인 것이어서 인간이 해결할 수 있는 것이다. 인간 운명의 어떠한 문제도 인간의 능력을 초월하는 것은 없다. _J. F. 케네디(1917~1963) 미국 제35대 대통령
- 위대한 결정, 획기적인 발견과 문제 해결은 오직 고독하게 일하는 개인에게만 가능하다. _S. 프로이트(1856~1939) 오스트리아 심리학자, 의사
- 한 가지 문제를 해결하면 대개 또 다른 문제가 이어진다. _J. B. 레스턴(1909~1995) 미국 언론인

속담

- 걱정거리는 중도에서 내버려 두지 마라. _서양
- 머리를 삶으면 귀까지 익는다. (가장 중요한 문제를 처리하면 작은 부분은 저절로 해결된다는 뜻) _한국
- 모든 문제에는 양면이 있는데, 잘못된 쪽과 우리 쪽이다. _미국
- 문제를 바르게 파악하면 절반은 해결한 것이나 마찬가지다. _서양

반대

反對

두 사물이 위치 · 방향 · 순서 등에서 서로 맞섬.
또는 어떤 의견이나 제안 등에 찬성하지 않음.

명언 명문

▶ 강한 신앙을 동경하는 것은 강한 신앙의 증거가 아니라 그 반대이다. 사람이 강한 신앙을 지닌다면 그 사람은 회의론의 사치에 빠질 수 있다. _F. W. 니체(1844~1900) 독일 철학자, 시인

▶ 국민의 5분의 1은 무엇에 관해서든 반대한다. _R. E. F. 케네디(1890~1995) 미국 케네디 대통령의 어머니

▶ 다른 사람의 연설에 반대 의견을 제시하기는 쉽지만 그보다 더 나은 연설을 하기는 어렵다. _플루타르코스(46?~120?) 그리스 철학자, 작가

▶ 말하는 것의 반대는 듣는 것이 아니라 기다리는 것이다. _F. 레버위츠(1950~) 미국 작가

▶ 모든 변화에 반대하는 것은 어리석은 것이다. _J. A. 미치너(1907~1997) 미국 작가

▶ 반대는 그것을 박해라고 이름 붙인 사람에게는 달콤한 것이 될 수도 있다. _G. 엘리엇(1819~1880) 영국 소설가

▶ 반대되는 것이 없다면 진전도 없다. 사랑과 미움은 인류가 사는 데 필요하다. _W. 블레이크(1757~1827) 영국 시인, 화가

▶ 반대한다면, 상대방의 의견을 다 들을 때까지 판단하지 마라. _에우리피데스(B.C. 484?~B.C. 406?) 그리스 시인

▶ 신앙이 감정에 의해 지배받고 있는 사람은 종교를 큰소리로 반대한다. _L. 스턴(1713~1768) 영국 소설가

▶ 아! 얼마나 하찮은 일 때문에 서로 사랑하는 마음 사이에 반대가 싹트는 것인가! _T. 무어(1779~1852) 아일랜드 시인

▶ 야당의 의무는 여당의 의견에 반대하는 것이다.

J. 로크

_R. H. S. 처칠(1849~1895) 영국 정치가

▶ 이미 *통설이 되지 못했다는 이유로 새로운 견해는 항상 의심을 받고 대개 반대에 부딪친다. _J. 로크(1632~1704) 영국 철학자

▶ 자존심은 적의 손아귀에 든 사람을 좌절하지 않게 해 주고 모든 사람의 반대를 받는 사람이 자신이 옳다고 느낄 수 있게 해 준다.

_B. A. W. 러셀(1872~1970) 영국 철학자, 수학자

▶ 장래에 큰 인물이 되기를 원하는 젊은이나 죽은 뒤 큰 인물 축에 들고 싶은 젊은이는 헤아릴 수 없는 반대와 패배에 직면해서도 그 장애를 극복해 보려는 결심이 필요하다.

_F. D. 루스벨트(1882~1945) 미국 제32대 대통령

▶ 정열은 흔히 그것과는 반대되는 정열을 낳는다. 식욕은 때로는 낭비를, 낭비는 때로는 탐욕을 낳는 때가 있다. 사람은 흔히 약하기 때문에 꿋꿋하고, 겁쟁이이기 때문에 대담하다. _F. 라로슈푸코(1613~1680) 프랑스 작가

▶ 진실은 반대하는 사람들의 주장보다도 *옹호하는 사람들의 열성 때문에 왜곡되는 경우가 많다. _W. 펜(1644~1718) 영국 정치가

▶ 희망은 우리가 믿는 것과는 반대로 체념과도 같은 것이다. 그리고 삶을 체념하지 않는 것이다.

_A. 카뮈(1913~1960) 프랑스 소설가, 극작가

*통설 | 세상에 널리 알려지거나 일반적으로 인정되고 있는 견해나 학설.
*옹호 | 두둔하고 편들어 지킴.

지식 쑥쑥

한자 숙어

연홍지탄(燕鴻之歎) 봄과 가을에 엇갈리는 제비와 기러기처럼 서로 반대의 입장이 되어 만나지 못함을 한탄하는 말임.

천도지즉반(天道至則反) 사물이 그 극에 이르면 도리어 그 반대로 됨을 이르는 말.

키워드 정보 BOX

보이콧

부당한 행위에 대항하기 위해 정치, 경제, 사회, 노동 분야에서 조직적이며 집단적으로 벌이는 거부 운동이다. 이 말은 1880년 영국의 토지 관리인이었던 찰스 커닝햄 보이콧이라는 사람이 소작인들에게 지나치게 높은 토지 사용료를 요구하자, 소작인들이 저항하여 그를 물러나게 한 사건에서 비롯되었다. 주로 노동 운동에서 많이 쓰이는 말이지만, 때로는 국제 관계에서도 사용되어 어떤 나라의 정책 또는 행동에 제재나 보복을 하기 위해 공동으로 배척하는 것을 뜻하기도 한다.

변화 變化

사물의 모양, 성질, 상태 등이 달라짐.

명언 명문

*격변 | 상황 따위가 갑자기 심하게 변함.
*진부 | 사상, 표현, 행동 따위가 낡아서 새롭지 않은 것.

▶ 거처는 마음을 변화시키고, 수양은 몸을 변화시킨다.
_맹자(B.C. 372~B.C. 289) 중국 전국 시대 추나라 사상가

▶ 대부분의 여자는 남자를 변화시키려고 애쓰지만 막상 남자가 변하면 그를 싫어한다. _M. 디트리히(1901~1992) 독일 배우

▶ 모든 것은 흐르고 아무것도 머물러 있지 않다.
_헤라클레이토스(B.C. 540?~B.C. 480?) 그리스 철학자

▶ 모든 사람은 인류를 변화시킬 생각을 한다. 그러나 자기 자신을 변화시킬 생각을 하는 사람은 별로 없다.
_L. N. 톨스토이(1828~1910) 러시아 소설가, 사상가

▶ 모든 참다운 사상은 성장하고 변화하는 데에 그 생명이 있다. 그러나 그것은 구름처럼 급격히 변화하는 것이 아니라 나무처럼 서서히 변화해 나가는 법이다. _J. 러스킨(1819~1900) 영국 미술 평론가

▶ 문체는 고정된 법칙이 없고 사람들의 사용에 따라 언제나 변한다.
_L. A. 세네카(B.C. 4?~A.D. 65) 로마 철학자, 극작가

▶ 문화적 *격변은 위선으로 시작해서 *진부한 것으로 끝난다.
_J. 바르죈(1907~) 미국 작가, 교육자

▶ 미친 군중은 개선이 아니라 오로지 변화만을 바란다. 그래서 파리 대신에 벌의 침을 맞고, 결국은 벌보다 더 아픈 말벌들의 침에 쏘인다. _M. 루터(1483~1546) 독일 종교 개혁가

▶ 발전은 변화에 있기는커녕 우수한 기억력에 의존한다. 과거를 기억하지 못하는 사람들은 과거의 잘못을 반복하게 마련이다.
_G. 산타야나(1863~1952) 미국 철학자, 시인

W. R. 바그너

*공명 | 공을 세워서 자기의 이름을 널리 드러냄.

▶ 발전하는 나라는 항상 변화가 있고 지속적이다.

_B. 디즈레일리(1804~1881) 영국 정치가, 소설가

▶ 법은 성문법이 되었다 하더라도 변경 없이 항상 유지되어서는 안 된다.

_아리스토텔레스(B.C. 384~B.C. 322) 그리스 철학자

▶ 변할 수 없는 것은 조용히 받아들이는 힘, 변해야만 하는 것은 변화시키는 용기, 그리고 이 두 가지를 구별하는 지혜를 주십시오.

_R. 니부어(1892~1971) 미국 신학자

▶ 변화는 또 다른 변화를 마련한다.

_N. 마키아벨리(1469~1527) 이탈리아 사상가, 역사학자

▶ 변화에는 항상 불편이 있는데, 그것은 나쁜 것이 개선되는 경우에도 해당된다.

_R. 후커(1554~1600) 영국 성직자

▶ 변화와 발전은 전혀 다른 것이다. 변화는 과학적이고 발전은 윤리적이다.

_B. A. W. 러셀(1872~1970) 영국 철학자, 수학자

▶ 부귀와 *공명은 시대에 따라서 변하게 마련이지만 기개와 절개는 천년을 하루처럼 변하지 않는다.

_《채근담》

▶ 사람은 지금과 다른 어떤 변화를 싫어하고 두려워하는 잠재의식 때문에 더 발전할 수 있는 새로운 환경 앞으로 나아가지 못하고 있다. 그러나 인생은 한 자리에 서 있는 것이 아니고 앞으로 걸어가는 것이다.

_N. V. 필(1898~1993) 미국 성직자

▶ 사물이 변하지 않고 우리가 변한다.

_H. D. 소로(1817~1862) 미국 사상가, 수필가 《월든》

▶ 여행과 변화를 사랑한다는 것은 살아 있다는 증거이다.

_W. R. 바그너(1813~1883) 독일 음악가

▶ 영원한 것은 오로지 변화뿐이다.

_헤라클레이토스(B.C. 540?~B.C. 480?) 그리스 철학자

▶ 우리가 변화시킬 수 있는 것, 그리고 변화시켜야만 하는 것은 우리들 자신이다.

_H. 헤세(1877~1962) 독일 소설가, 시인

▶ 위험은 크지만 성과가 불확실한 격변을 사람들은 싫어한다.

한자 숙어

능곡지변(陵谷之變) 높은 언덕이 변하여 깊은 골짜기가 되고 골짜기는 변하여 언덕이 된다는 뜻으로, 세상일의 극심한 변천을 말함.

변화무상(變化無常) 변화가 심해 종잡을 수 없음.

우여곡절(迂餘曲折) 여러 가지로 뒤얽힌 복잡한 사정이나 변화.

_B. 디즈레일리(1804~1881) 영국 정치가, 소설가

*조짐 | 좋거나 나쁜 일이 생길 기미가 보이는 현상.

- 일기를 쓰는 것은 마음을 가라앉히고 맑게 하기 때문에 좋다. 뿐만 아니라 자신의 변화를 의식할 수 있기 때문에 더욱 좋다.

_F. 카프카(1883~1924) 독일 소설가

- 참된 변화는 물질적인 변화가 아니다. 참된 변화란 관점, 신념, 기대 등 내면에 있는 것이다. _P. F. 드러커(1909~2005) 미국 경영학자
- 창조는 괴로움의 구원인 동시에 삶의 위로인 것이다. 그러나 창조하기 위해서는 그 자신의 괴로움이 따르면서 많은 변화가 요구되는 것이다. _F. W. 니체(1844~1900) 독일 철학자, 시인
- 철학자들은 세상을 여러 가지로 해석해 왔지만 중요한 것은 세상을 변화시키는 것이다. _K. H. 마르크스(1818~1883) 독일 경제학자, 철학자
- 포유류가 치열한 생존 경쟁을 이기고 지금까지 생물의 영장으로 존립할 수 있었던 이유는 그들이 강해서도 아니고 지능이 뛰어나서도 아니다. 오직 그들이 변화에 가장 잘 적응했기 때문이었다.

_C. R. 다윈(1809~1882) 영국 생물학자

- 하루나 이틀이라는 짧은 사이에도 세상이 변화하는 *조짐은 무수하게 있는 것이다. _《서경》
- 하찮은 변화라도 단조로움이 지속되는 것보다 낫다.

_장 파울(1763~1825) 독일 소설가

고사성어

▷ 여세추이(與世推移)

세상과 더불어 움직인다는 뜻으로, 세상의 변화에 따라 함께 행동한다는 말이다. 후한 때 환제는 나라가 약해지는 것을 걱정하여 정의롭고 훌륭한 선비들을 널리 등용했다. 탁군에 사는 최식이라는 선비도 추천받았으나 극구 벼슬을 사양했다. 최식은 임금에게 '성인은 어떤 일에도 구애받음이 없이 세상의 변천에 따라 행동합니다. 그러나 평범한 사람은 융통성이 없어 마음으로만 괴로워하며 시대의 변천에 적응하지 못합니다. 그래서 현실에서 벗어난 말과 글로 나라를 그르치기도 합니다.'라는 글을 남기고 고향으로 떠났다. _《한비자》

사회

보상

報償

남에게 진 빚이나 받은 물건을 갚음.
또는 어떤 것에 대한 대가로 갚음.

명언 명문

▶ 만일 종교의 목적이 보상이라면, 만일 애국심이 자기 자신의 이해 관계와 얽혀 들어야 한다면, 그리고 만일 출세를 위해서 교육을 받아야 한다면, 그러면 차라리 나는 종교를 믿지 않고, 애국심도 없고, 미천하고 무식한 인간이 되고 싶다.

_K. 지브란(1883~1931) 미국 소설가, 화가, 시인

▶ 명예는 미덕의 보상이다. _M. T. 키케로(B.C. 106~B.C. 43) 로마 정치가, 학자

▶ 보상 없는 불행은 없다. _L. A. 세네카(B.C. 4?~A.D. 65) 로마 철학자, 극작가

▶ 보상을 받지 못해도 날마다 누군가를 위해 무엇인가를 하라.

_A. 슈바이처(1875~1965) 독일 신학자, 철학자, 의사

▶ 보상이란 생각을 아예 마음속에서 없애 버려라. 정신에 대한 커다란 장애가 거기에 있다. _A. P. G. 지드(1869~1951) 프랑스 소설가, 평론가

▶ 비용은 발전의 아버지이고 보상은 그 어머니이다.

_J. G. 홀런드(1819~1881) 미국 작가

▶ 사람들은 미덕보다 명성을 더 갈망한다. 미덕에 대한 보상이 없으면 누가 미덕을 갖추려고 하겠는가? _D. J. 유베날리스(50?~130?) 로마 시인

▶ 사람들은 보상이 따르는 선행은 별로 중요시하지 않는다.

_P. N. 오비디우스(B.C. 43~A.D. 17) 로마 시인

▶ 성공은 고생에 대한 보상이다. _소포클레스(B.C. 496~B.C. 406) 그리스 시인

▶ 성공의 일순간은 실패의 수년을 보상해 준다.

_R. 브라우닝(1812~1889) 영국 시인

▶ 세상 어디를 가든 노력과 노동에는 보수와 기쁨이 있다.

_J. W. 괴테(1749~1832) 독일 시인, 소설가, 극작가

A. 슈바이처

▶ 실패를 걱정하지 말고 먼저 부지런히 목표를 향하여 노력하라. 노력한 만큼 보상을 받을 것이다. _N. V. 필(1898~1993) 미국 성직자

▶ 야망은 누구에게나 약간의 권력, 일시적인 명성, 휴식처인 무덤 그리고 곧 사라질 이름을 유일하게 보상으로 준다.
_W. 윈터(1836~1917) 미국 연극 평론가, 시인

▶ 예술은 힘든 것이고 그 보상은 일시적이다.
_J. C. F. 실러(1759~1805) 독일 시인, 극작가

▶ 인자함이란 어려움은 남보다 먼저 겪고 보답은 남보다 늦게 받는 것이다. _공자(B.C. 551~B.C. 479) 중국 춘추 시대 노나라 사상가

▶ 잘한 일에 대한 보상은 그 일을 이미 했다는 사실이다.
_R. W. 에머슨(1803~1882) 미국 사상가, 시인

▶ 진정한 자선은 보상을 바라지 않으며 남에게 도움을 주는 것이다.
_E. 스베덴보리(1688~1772) 스웨덴 과학자, 철학자

▶ 착하고 올바르게 사는 데 따른 보상이 무엇입니까? 그렇게 사는 가운데 기쁨을 누리는 것이 그 보상입니다. 그것 이외에 다른 것을 바란다면 기쁜 마음이 없어지는 법입니다.
_L. N. 톨스토이(1828~1910) 러시아 소설가, 사상가

▶ 착한 사람에 대한 하늘의 보상은 명예나 지위 또는 미덕이다.
_이색(1328~1396) 고려 시대 문신, 학자

▶ 후회에 의해서 은총을 보상할 수는 없다. 은총이라는 것은 보상할 수 없는 것이다. _H. 헤세(1877~1962) 독일 소설가, 시인 《동방 여행》

속담

▶ 되로 주고 말로 받는다. (조금 주고 그 대가로 몇 곱절이나 더 받는다는 뜻) _한국

▶ 모르게 준 선물은 드러난 보상을 받는다. (남이 모르게 선행을 해도 결국 다 알려져 상을 받게 된다는 뜻) _영국

▶ 보상을 동반하지 않는 환난은 없다. _영국

▶ 보상이 없는 헌신은 처벌이다. _서양

▶ 월계관은 군사적 승리의 보상이다. _로마

▶ 침묵의 보상은 확실하다. _로마

保護
위험이나 곤란 따위가 미치지 아니하도록 잘 보살펴 돌봄.

보호

사회

명언 명문

- *결백함은 보호막이 되지 못한다. _T. 풀러(1608~1661) 영국 성직자, 역사가
- 군주에 대한 신하의 의무는 군주의 힘이 자기를 보호할 수 있는 동안만 유지된다. _T. 홉스(1588~1679) 영국 철학자, 법학자
- 덕을 좋아하고 방탕을 피하여 항상 스스로 마음을 보호하라. 이것이 코끼리가 진창에서 벗어나듯이 괴로움에서 벗어나는 길이다. _《법구경》
- 몸을 망치는 향락은 있어도 몸을 보호하는 향락은 없다. _《법구경》
- 보호와 애국심은 서로 *호혜 관계에 있다. _J. C. 칼훈(1782~1850) 미국 정치가
- 신들은 가난한 사람들을 보호한다. _메난드로스(B.C. 342?~B.C. 292?) 그리스 극작가
- 입이란 잘못 말하면 수치를 당하게 되고, 몸을 보호하기 위한 갑옷과 투구는 잘못하면 전쟁을 일으키기 쉽다. _《서경》
- *자유무역도 보호주의도 원칙이 아니라 임기응변이다. _B. 디즈레일리(1804~1881) 영국 정치가, 소설가
- 힘과 폭력으로 정부를 뒤집어엎으려는 선동으로부터 사회를 보호하려면 언론, 출판, 집회의 헌법상의 자유를 완전히 보장해야 한다. _C. E. 휴스(1862~1948) 미국 법률가, 정치가

*결백 | 행동이나 마음씨가 깨끗함.
*호혜 | 서로 특별한 혜택을 주고받는 일.
*자유무역 | 국가가 외국 무역에 아무런 간섭이나 보호를 하지 않고 각 개인의 자유에 맡겨 하는 무역.

속담

- 누구나 자기를 보호해 주는 숲에게 절을 한다. _스코틀랜드

지식 쑥쑥

한자 숙어

전차후옹(前遮後擁) 많은 사람이 앞뒤로 보호하여 따름.

봉사 奉仕

나라나 사회 또는 남을 위하여 자신을 돌보지 아니하고, 힘을 바쳐 애씀.

*율법 | 종교적 · 사회적 · 도덕적 생활과 행동에 관하여 신의 이름으로 규정한 모범.

명언 명문

▶ 국가에 가장 잘 봉사하는 사람은 자기 정당에도 잘 봉사한다.

_W. H. 헤이스(1879~1954) 미국 정치가, 법률가

▶ 남을 위해 봉사하는 것으로써 자기 역량을 알 수 있다.

_H. J. 입센(1828~1906) 노르웨이 극작가

▶ 내가 제공할 수 있는 것은 다만 피와 눈물과 땀이 있을 따름이다.

_W. L. S. 처칠(1874~1965) 영국 정치가

▶ 너희는 남에게서 바라는 대로 남에게 해 주어라. 이것이 *율법과 예언서의 정신이다. _《성경》

▶ 많은 정치인들보다 농부 한 명이 나라에 더 많이 봉사한다.

_J. 스위프트(1667~1745) 영국 소설가

▶ 보상을 바라지 않는 봉사는 남을 행복하게 할 뿐만 아니라 우리 자신도 행복하게 만든다. 이것이 인간과 짐승의 다른 점이다.

_M. K. 간디(1869~1948) 인도 정치가, 민족 운동 지도자

▶ 사람들을 다스리려면 그들에게 봉사해라.

_V. 쿠쟁(1792~1867) 프랑스 철학자, 정치가

▶ 생명이 있는 모든 것에 봉사함으로써 나는 세계에 대하여 뜻있고 목적 있는 행동을 다하는 것이다.

_A. 슈바이처(1875~1965) 독일 신학자, 철학자, 의사

▶ 성실하게 근무하는 대사들도 많지만, 홍차나 마시며 시간이나 보내는 대사들은 나라에 봉사하기는커녕 자리만 지키는 자들이다.

_T. 루스벨트(1858~1919) 미국 제26대 대통령

▶ 예술의 가치와 과학의 가치는 만인의 이익에 대해 개인의 욕심 없

는 봉사에 있다. _J. 러스킨(1819~1900) 영국 미술 평론가

▶ 우리는 지배하는 데 정신을, 봉사하는 데 육체를 사용한다. _G. 살루스티우스(B.C. 86~B.C. 35?) 로마 역사가

▶ 종교는 *교리도 감정도 아니다. 그것은 봉사다. _R. D. 히치콕(1817~1887) 미국 교육자

▶ 최고의 도덕이란 끊임없이 남을 위한 봉사, 인류를 위한 사랑으로 일하는 것이다. _M. K. 간디(1869~1948) 인도 정치가, 민족 운동 지도자

*교리 | 종교적인 원리나 이치.

속담

▶ 남이 나에게 해 주기를 바라는 바를 남에게 해 주어라. _영국

▶ 다른 사람의 불로 따뜻하게 한다. _영국

▶ 모든 사람에게 봉사하는 사람은 아무에게도 임금을 받지 못한다. _영국

▶ 작은 도움이 큰 도움 된다. _프랑스

▶ 한 사람이 못을 박으면 다른 사람은 그 못에 모자를 건다. _영국

지식 쑥쑥

한자 숙어

기여보비(寄與補裨) 이바지하여 돕고 부족함을 보태어 줌.

고사성어

▷ 해의추식(解衣推食)

옷을 벗어 주고 음식을 나누어 준다는 뜻으로, 남을 각별히 친절하게 대하는 것을 비유하는 말이다. 중국 초나라와 한나라가 서로 다투던 시절, 한신은 한나라 왕 유방의 명으로 군사를 이끌고 제나라를 공격하였다. 제나라 왕 항우는 초나라에 구원을 요청하고 부하 장수를 보내 방어에 힘썼으나 한신이 이끈 한나라가 크게 이겼다. 항우는 한신의 뛰어난 능력을 알아보고 한신에게 신하를 보내 유방에게서 독립하여 스스로 황제가 되기를 권유했다. 그러나 한신은 "이전에 나는 항우의 부하였지만 직위가 낮은 내 말은 아무도 듣지 않았고 계책도 써 주지 않았습니다. 그래서 한나라에 귀순한 것이지요. 유방은 나를 장군으로 임명하여 수만 병력을 맡겼으며, 옷을 벗어 내게 입으라고 주었고, 자기 밥을 나누어 주었으며, 내 말도 모두 들어 주었고, 계책도 받아들였습니다. 이처럼 나를 신임하고 존중하는데 어찌 내가 그를 떠날 수 있겠습니까?"라며 거절했다. _《사기》 회음후열전

사회

불가능 不可能

가능하지 않음.

명언 명문

*수양 | 몸과 마음을 갈고닦아 품성이나 지식, 도덕 따위를 높은 경지로 끌어 올림.

▶ 가난한 사람이 남에게 의지하지 않기란 거의 불가능하다.

_W. 코벳(1763~1835) 영국 수필가, 정치가, 수학자

▶ 경험이 전진하면 불가능은 후퇴한다. _A. 헬프스(1813~1875) 영국 역사가

▶ 고뇌 없이 정신적 성장이란 있을 수 없고 인생의 향상도 불가능하다. 고뇌는 생활에 있어서 필요 불가결한 유익한 존재이다.

_R. W. 에머슨(1803~1882) 미국 사상가, 시인

▶ 관대하지 않은 사람이 올바른 사람이 되기는 불가능하다.

_J. 루(1834~1905) 프랑스 성직자, 작가

▶ 국민의 일부를 처음부터 마지막까지 속일 수는 있다. 또한 국민의 전부를 일시적으로 속이는 것도 가능하다. 그러나 국민 전부를 끝까지 속이는 것은 불가능하다.

_A. 링컨(1809~1865) 미국 제16대 대통령 《연설집》

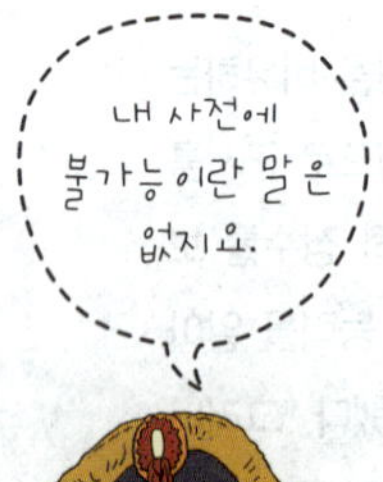

나폴레옹 1세

▶ 내가 결코 입 밖에 내지 않는 것은 불가능이라는 말이다.

_J. F. 콜랭다를빌(1755~1806) 프랑스 극작가

▶ 마음을 떠나 부처가 되려는 것은 있을 수 없는 일이다.

_지눌(1158~1210) 고려 시대 승려

▶ 모기는 산을 짊어질 수 없고 막대기는 큰 집을 버틸 수 없다.

_이황(1501~1570) 조선 시대 문신, 유학자

▶ 분노를 억제하지 못하는 것은 무절제와 *수양 부족의 표시다. 그러나 분노를 항상 억제하고 있기는 어렵고 어떤 사람들에게는 그것이 불가능하다. _플루타르코스(46?~120?) 그리스 철학자, 작가 《플루타르크 영웅전》

▶ 불가능한 것을 모두 제외하면, 남는 것은 아무리 가능성이 적더라

도 진실일 수밖에 없다. _A. C. 도일(1859~1930) 영국 의사, 소설가

- 불가능이란 말은 내 사전에는 없다. _나폴레옹 1세(1769~1821) 프랑스 황제
- 불가능한 것이기 때문에 확실하다. _Q. S. F. 테르툴리아누스(160?~220?) 카르타고 신학자
- 불가능한 일을 시도할 필요는 없다. _A. C. 켈수스(B.C. 30?~A.D. 45?) 로마 저술가
- 비겁하고 주저하는 자에게는 모든 것이 불가능하게 보이기 때문에 실제로 불가능한 것이다. _C. P. 스콧(1846~1932) 영국 언론인
- 사랑을 하면서 현명해지는 것은 불가능하다. _F. 베이컨(1561~1626) 영국 정치가, 철학자
- 일이 끝나기 전에는 결코 불가능한 것이라고 여기지 마라. _M. T. 키케로(B.C. 106~B.C. 43) 로마 정치가, 학자
- 자신부터 불가능하다고 믿고 있는 일은 가능할 수 없다. _J. 워너메이커(1838~1922) 미국 실업가
- 지혜의 특징은 가능성이 없는 일을 하지 않는 것이다. _H. D. 소로(1817~1862) 미국 사상가, 수필가 《월든》
- 피라미드는 결코 거꾸로 서 있을 수 없다. _E. 영(1683~1765) 영국 시인

속담

- 가시나무를 심은 자는 포도를 거두지 못한다. _서양

- 강물은 그 원천보다 더 높은 곳으로 흐를 수 없다. _서양
- 고양이가 알 낳을 일이다. _한국
- 근면하면 불가능한 것이 없다. _로마
- 돌은 물이 될 수 없다. _나이지리아
- 동지 때 개딸기. (철이 지나 도저히 얻을 수 없는 것을 바란다는 뜻) _한국
- 일을 해내려는 의지가 있는 사람은 불가능한 것이 없다. _서양
- 자진해서 일하는 사람에게 불가능한 것은 없다. _서양

지식 쑥쑥

한자 숙어

고빙구화(敲氷求火) 얼음을 두드려 불을 구한다는 뜻으로, 어떤 일의 불가능함을 비유함.

묘두현령(猫頭懸鈴) 고양이 목에 방울 달기라는 뜻으로, 불가능한 일을 의논한다는 말.

사상누각(沙上樓閣) 모래 위에 세운 다락집이라는 뜻으로, 기초가 약하여 무너질 염려가 있을 때나 실현 불가능한 일을 이름.

비판 批判

비평하여 판단함. 또는 좋고 나쁨, 옳고 그름을 따져 말함.

명언 명문

▶ 국가가 그 권위에 대한 비판을 어느 정도까지 허용하는가가 그 국가가 사회의 충성심을 어느 정도까지 쥐고 있는가에 대한 가장 확실한 지표다. _H. J. 래스키(1893~1950) 영국 정치학자

▶ 남의 심판을 받기 싫거든 남을 비판하지 마라. _A. 링컨(1809~1865) 미국 제16대 대통령

▶ 남의 책에 대해 지나치게 비판적인 것은 잘못이다. _M. V. 마르티알리스(40?~103?) 로마 시인

▶ 도와줄 마음이 있는 사람은 비판할 권리가 있다. _A. 링컨(1809~1865) 미국 제16대 대통령

▶ 물이 지나치게 맑으면 사는 고기가 없고, 사람이 지나치게 비판적이면 사귀는 벗이 없다. _맹자(B.C. 372~B.C. 289) 중국 전국 시대 추나라 사상가

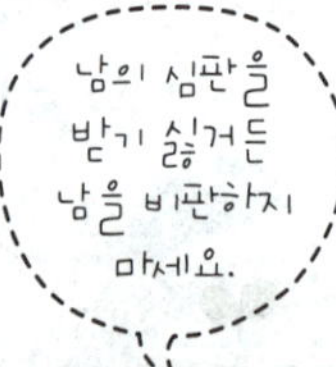

A. 링컨

▶ 비판이란 것이 별로 달가울 것이 아닐지 모르지만 경우에 따라서는 꼭 필요한 것이다. 그것은 인체에서 고통이 하는 일과 똑같은 기능을 하여, 잘못된 상황에 대해 주의를 환기시켜 주는 것이다. _W. L. S. 처칠(1874~1965) 영국 정치가

▶ 사람은 누구나 그가 하는 말에 의해 자기 자신을 비판한다. 원하든 원하지 않든 말 한 마디가 남 앞에 자기의 초상을 그려 놓는 셈이다. _R. W. 에머슨(1803~1882) 미국 사상가, 시인

▶ 어느 정도까지의 자기 비판은 정상이고 건설적이며 자기 개선을 위하여 필요하다. 하지만 정도가 지나치면 그것은 우리들의 적극적인 행동을 마비시킨다. _D. 카네기(1888~1955) 미국 저술가

▶ 올바른 주장을 하기보다는 비판하기가 더 쉽다.

_B. 디즈레일리(1804~1881) 영국 정치가, 소설가

▶ 외국에서는 모국을 절대로 비판하지 말고, 국내에서는 잠시도 정부를 비판하는 것을 멈추지 마라. _W. L. S. 처칠(1874~1965) 영국 정치가

▶ 이미 끝난 일은 비판하지 않으며, 지난 일은 탓하지 않는다.

_공자(B.C. 551~B.C. 479) 중국 춘추 시대 노나라 사상가

▶ 자기가 이웃 사람의 입장에 서지 않는 한 이웃 사람을 비판하지 마라. _《탈무드》

▶ 정확히 비판하려면 비판의 대상을 사랑하면서, 일정한 거리를 두고 대상에서 떨어지는 일이 중요하다. 나라의 일, 자기의 일을 비판하는 데도 마찬가지다. _A. P. G. 지드(1869~1951) 프랑스 소설가, 평론가

▶ 타인의 비판은 되도록 받아들이는 것이 좋지만 타인의 판단은 따로 두는 것이 현명하다. _W. 셰익스피어(1564~1616) 영국 극작가, 시인

속담

▶ 검다 희단 말 없다. (어떠한 일에 대해 좋다 나쁘다는 말을 하지 않는다는 뜻) _한국

▶ 모든 사람이 도끼를 가지러 달려가면 나무가 쓰러진다. _서양

분장 반짝

관용어

비판의 날을 세우다 _ 원칙적이면서도 날카롭게 비판하는 기풍을 세우다.

키워드 정보 BOX

대자보

어떤 사건이나 문제에 대한 의견이나 선전, 비방 등을 커다란 종이에 써서 벽이나 게시판에 붙이는 벽보를 말한다. 중국의 문화 대혁명 때 국민이 자기의 견해를 널리 알리기 위해 이용한 데서 비롯되었다. 옛날 우리나라에도 대자보와 비슷한 것으로 '방문'이 있었는데, 나라의 정책에 불만이 있는 사람들이 방문을 몰래 붙여 백성들을 선동하기도 하였다. 요즈음은 주로 대학교에서 학생들이 정치적인 사건이나 논쟁거리가 있을 때 자신의 의견을 적어서 붙인다.

사회

사건 事件

사회적으로 문제를 일으키거나 주목을 받을 만한 뜻밖의 일.

명언 명문

▶ 검사는 사람을 궁지로 몰아넣을 사건이 없으면 기뻐하지 않는다.
_장자(B.C. 369?~B.C. 289?) 중국 전국 시대 송나라 사상가

▶ 기적은 그것을 들은 사람이 본 적이 없는 사람들에게 설명하는 사건이다.
_E. 하워드(1850~1928) 영국 도시 계획가

▶ 모든 사건은 영원성의 관점에서 보면 똑같은 것이고 일정한 주기에 다시 일어난다.
_마르쿠스 아우렐리우스(121~180) 로마 황제 《명상록》

▶ 모든 사건의 처음은 작은 일이다.
_M. T. 키케로(B.C. 106~B.C. 43) 로마 정치가, 학자

▶ 모든 큰 사건과 위인들은 역사에 어떤 형태로든 다시 나타난다고 헤겔은 말했다. 그러나 처음에는 비극으로, 두 번째는 웃음거리로 나타난다고 말하는 것을 그는 잊어버렸다.
_K. H. 마르크스(1818~1883) 독일 경제학자, 철학자

▶ 사건에 앞서서 징조가 먼저 나타난다.
_M. T. 키케로(B.C. 106~B.C. 43) 로마 정치가, 학자

▶ 사건은 일어나는 것이 아니라 만들어지는 것이다.
_W. H. 헤이스(1879~1954) 미국 정치가, 법률가

▶ 사건을 일으켜서는 안 된다. 일어날 때까지 기다려야 한다.
_O. E. L. 비스마르크(1815~1898) 독일 정치가

▶ 시간은 지나가는 사건들이 떠내려가는 강이고 그 물결은 험하다.
_마르쿠스 아우렐리우스(121~180) 로마 황제

▶ 엄청난 사건에서는 일반적인 원칙은 도움이 되지 않는다.
_G. W. F. 헤겔(1770~1831) 독일 철학자

▶ 역사가는 실제로 일어난 사건보다도 자기가 믿고 싶은 것을 이야기한다. _B. 프랭클린(1706~1790) 미국 정치가, 과학자

▶ 20세기의 가장 혁명적인 사건은 여성 해방의 시작과 남성 우월성의 몰락이었다고 기록할 것이다. _E. 프롬(1900~1980) 독일 정신 분석학자, 사회학자 《소유냐 존재냐》

▶ 인간의 사건치고 염려하는 데 비용이 드는 것은 아무것도 없다. _플라톤(B.C. 428?~B.C. 347?) 그리스 철학자 《국가론》

▶ 인간에게는 세 가지 사건밖에 없다. 태어나고, 살고, 죽는다. 태어나는 것은 느끼지 못한다. 죽는 것은 괴로워한다. 그리고 사는 것은 잊고 있다. _J. 라브뤼예르(1645~1696) 프랑스 작가

▶ 일이란 당했을 때와 말할 때가 서로 같지 않은 법이다. _박지원(1737~1805) 조선 시대 실학자, 소설가

▶ 자기가 살아가는 목적은 자신의 이름을 우리 시대의 사건과 연결짓는 것이다. _A. 링컨(1809~1865) 미국 제16대 대통령

▶ 전쟁에서 중대한 사건은 아주 사소한 것이 원인이 된다. _J. 카이사르(B.C. 100~B.C. 44) 로마 군인, 정치가

▶ 주인공은 사건이 결정하고, 사건은 주인공을 드러내는 것에 불과하다. _H. 제임스(1843~1916) 미국 소설가

▶ 중대한 결과를 초래하는 사건은 사소한 사태에서 시작하는 경우가 많다. _T. 리비우스(B.C. 59?~A.D. 17) 로마 역사가

▶ 큰 사건의 가장 주된 원인은 큰 강의 원천처럼 대개는 시시한 일에 있다. _J. 스위프트(1667~1745) 영국 소설가

속담

▶ 사건에는 증인이 필요한 것과 그 자체가 이미 증인이 되어 있는 것이 있다. _아라비아

▶ 세상을 떠들썩하게 한 사건도 금방 잊혀진다. _서양

▶ 일 년 동안 무사해도 일순간에 생기는 사건이 있다. _영국

한자 숙어

난명지안(難明之案) 변명하기 어려운 사건.

일파만파(一波萬波) 한 사건이 그 사건에 그치지 않고 잇따라 많은 사건으로 번짐을 이르는 말.

평지풍파(平地風波) 평지에 바람과 물결이 일어난다는 뜻으로, 뜻밖에 일어나는 분쟁을 이르는 말.

사회 社會

같은 무리끼리 모여 이루는 집단. 또는 공동 생활을 하는 모든 형태의 인간 집단.

명언 명문

*급진주의 | 사회적 이상을 실현하기 위해 현재의 사회 제도와 정치 체제 따위를 급격하게 변혁하려는 주의.

▶ 공부 잘한 사람만이 사회에서 성공하는 것은 아니다. 배운 것을 응용할 줄 알아야 한다. _《손자병법》

▶ 교육은 한 사회의 영혼일 따름이다. 그래서 한 세대에서 다른 세대로 넘어간다. _G. K. 체스터턴(1874~1936) 영국 소설가, 평론가

▶ 구하면 얻을 수 있다. 사회는 원하지 않는 것을 결코 주지 않는다. 원하는 것은 필요한 방법을 쓰고 계속적이며 인내하는 행동이 뒤따라야 한다. _알랭(1868~1951) 프랑스 철학자, 평론가

▶ 굽어 있는 그릇에는 곧은 물건을 넣을 수가 없다. 사악한 자가 세력을 펴고 있는 사회에는 정직한 군자가 함께 있을 수 없다. _《회남자》

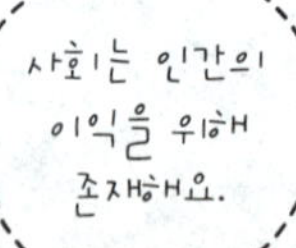

▶ *급진주의는 사회나 경제에 대한 자신의 지배력을 보존하는 데 몰두하면 급진적 성격을 잃고 만다. _E. 호퍼(1902~1983) 미국 철학자

▶ 내가 말하는 자유로운 사회란 인기가 없는 사람도 안전한 그런 사회다. _A. E. 스티븐슨(1900~1965) 미국 정치가

▶ 눈먼 나의 캄캄한 세계는 지성의 빛으로 가득 차 있다. 그런데 대낮의 밝은 세상에서 사람들은 사회적으로 눈이 멀어 사방을 더듬고 넘어지고 있다. _H. A. 켈러(1880~1968) 미국 저술가, 사회사업가

▶ 독창적으로 생각할 수 있는 사람들로만 이루어진 사회는 아무도 견딜 수 없는 사회일 것이다. 수많은 아이디어에 짓눌려 그 사회는 미치고 말 것이다. _H. L. 멘켄(1880~1956) 미국 언론인, 작가

▶ 모든 발전은 사회를 상대로 벌이는 전쟁이다. _G. B. 쇼(1856~1950) 아일랜드 극작가, 평론가

H. 스펜서.

▶ 문명사회는 진실, 아름다움, 모험, 예술, 평화라는 다섯 가지 특징을 보여 준다. _A. N. 화이트헤드(1861~1947) 영국 철학자, 수학자

▶ 부패한 사회에는 많은 법률이 있다. _S. 존슨(1709~1784) 영국 시인, 평론가

▶ 불안정한 사회와 세계에서는 어떠한 정부도 안정적인 정부로 지속될 수 없다. _L. 블룸(1872~1950) 프랑스 정치가, 평론가

▶ 사람들이 '사회적 *미덕' 혹은 '돈독한 *유대'라고 부르는 것은 체온을 유지하기 위해 몸을 바싹 대고 몰려 있는 돼지들의 유대에 불과하다. _H. D. 소로(1817~1862) 미국 사상가, 수필가

▶ 사람은 사회를 위해 만들어진 것이다.

_W. 블랙스톤(1723~1780) 영국 판사, 법학자

▶ 사람은 삶이 두려워서 사회를 만들었고 죽음이 두려워서 종교를 만들었다. _H. 스펜서(1820~1903) 영국 철학자, 사회학자

▶ 사람은 새나 짐승과 어울려서는 살지 못하고 세상 사람들과 어울려서 살아야 한다. _공자(B.C. 551~B.C. 479) 중국 춘추 시대 노나라 사상가

▶ 사회 발전이 없는 경제 발전은 대부분의 국민을 계속 빈곤 속에 머물게 하는 반면, 극소수의 특권층만 그 이익을 얻게 한다.

_J. F. 케네디(1917~1963) 미국 제35대 대통령

▶ 사회, 우정, 사랑은 신의 선물이다. _W. 쿠퍼(1731~1800) 영국 시인

▶ 사회가 가지고 있는 유일한 법은 *관습이다.

_P. G. 해머턴(1834~1894) 영국 미술가, 작가

▶ 사회가 그 구성원의 이익을 위해 있는 것이지 구성원들이 사회의 이익을 위해 있는 것은 아니다.

_H. 스펜서(1820~1903) 영국 철학자, 사회학자 《윤리학 원리》

▶ 사회가 너무 가난해서 삶의 올바른 질서를 찾을 수 없는 경우도 없고, 너무나 부유해서 그것을 찾을 필요가 없는 경우도 없다.

_R. H. 토니(1880~1962) 영국 경제학자, 역사가

▶ 사회가 부패해 감에 따라 도덕 관념은 점점 더 강조되어 간다.

_M. 프루스트(1871~1922) 프랑스 소설가

▶ 사회에서 사람들이 갖추어야 할 것은 지식이나 미덕이 아니라 예의다. _W. M. 새커리(1811~1863) 영국 소설가

▶ 올바른 사회는 오직 어린이들에게 참다운 교육을 실시함으로써

*미덕 | 아름답고 갸륵한 덕행.
*유대 | 끈과 띠라는 뜻으로, 둘 이상을 서로 연결하거나 결합하게 하는 것, 또는 그런 관계.
*관습 | 어떤 사회에서 오랫동안 지켜 내려와 그 사회 성원들이 널리 인정하는 질서나 풍습.

이루어질 수 있다. _J. H. 페스탈로치(1746~1827) 스위스 교육학자

▶ 위대한 사회란 사람들이 자기 소유물의 양보다 자기 목표의 질에 더 관심을 갖는 곳이다. _L. B. 존슨(1908~1973) 미국 제36대 대통령

▶ 의사는 가난한 사람들의 자연적 변호사다. 그는 사회 문제의 대부분을 해결해야 한다. _R. 피르호(1821~1902) 독일 병리학자, 인류학자

▶ 인간을 지혜의 힘으로만 교육시키고 도덕으로 교육시키지 않는다면, 사회에 대하여 위험을 기르는 꼴이 된다.

_F. D. 루스벨트(1882~1945) 미국 제32대 대통령

▶ 조직의 개인에 대한 지배는 조직이 사회에서의 기능을 수행하고 사회에 공헌하기 위해 필요한 최소한에 머물러야 한다.

_P. F. 드러커(1909~2005) 미국 경영학자

▶ 지금 우리 사회를 구성하는 것은 지루하게 만드는 자들과 지루함을 느끼는 자들뿐이다. _G. G. 바이런(1788~1824) 영국 시인

▶ 지상에는 단 하나의 위대한 사회가 존재한다. 그것은 살아 있는 고귀한 사람들과 죽은 고귀한 사람들의 사회다.

_W. 워즈워스(1770~1850) 영국 시인

▶ 풍요로운 사회에서는 사치품과 필수품의 차이가 없다.

_J. K. 갤브레이스(1908~2006) 미국 경제학자

속담

▶ 바다로 흘러들면 물방울도 차분해진다. _인도

▶ 사람은 남 어울림에 산다. (사람은 서로 어울리지 아니하고서는 사회생활을 할 수 없음을 이르는 말) _한국

▶ 사회는 바다와 같다. 헤엄칠 줄 모르는 자는 빠져 죽는다. _에스파냐

▶ 사회란 가고 오고 올라가고 내려가고 하는 그네뛰기에 지나지 않는다. _아라비아

▶ 식물은 뿌리가 받치고 인간은 사회가 받쳐서 살아 나간다. _그루지야

▶ 훌륭한 사회를 거느리지 못하는 하늘은 하늘일 수 없다. _서양

한자 숙어

화광동진(和光同塵) 빛을 부드럽게 하여 세상의 티끌에 같이한다는 뜻으로, 자기의 뛰어난 지덕을 나타내지 않고 세속을 따름을 이르는 말.

社會主義 사회주의

생산 수단을 사회화하여 자본주의 제도의 모순을 극복한 사회 제도를 실현하려는 사상.

명언 명문

▶ 너무나 비논리적이고 어리석은 이론인 마르크스의 사회주의가 사람들의 정신에, 그리고 역사의 사건들에 매우 강하고 지속적인 영향력을 발휘했다는 것은 역사가들에게 항상 불길한 조짐으로 남아 있어야 한다. _J. M. 케인스(1883~1946) 영국 경제학자, 언론인

▶ 마르크스에게 있어 사회주의는 개개인의 자유로운 발전이 전체의 자유로운 발전의 조건이 되는 공동생활이자 각 개인의 완전하고 자유로운 발전이 지도 원리가 되는 사회를 의미했다.

_E. 프롬(1900~1980) 독일 정신 분석학자, 사회학자

▶ 마르크스와 엥겔스가 부르짖은 *미화된 사회주의의 정의도 눈과 같다. 그것은 스탈린의 손에 들어가자 진흙이 됐다.

_C. V. 게오르규(1916~1992) 루마니아 작가

▶ 모든 사회주의는 노예 제도를 포함한다.

_H. 스펜서(1820~1903) 영국 철학자, 사회학자

▶ 배부른 노동자와 배를 움켜잡은 노동자는 각각 사회주의에 대해서 다른 태도를 취한다. _K. 바르트(1886~1968) 스위스 신학자, 교육자

▶ 사회주의 없는 자유는 특권이며 부정이지만, 자유 없는 사회주의는 노예와 같이 복종하는 것이다. _M. A. 바쿠닌(1814~1876) 러시아 혁명가

▶ 사회주의는 임금은 더 많이 받고 노동 시간은 줄이고 누구의 지시도 받지 않는 것이다. _G. 오웰(1903~1950) 영국 소설가

▶ 사회주의는 자체의 민족적 철학이 생기지 않는 나라, 즉 외부로부터 영향을 쉽게 받는 나라에 발붙일 곳을 만든다.

_M. 고리키(1868~1936) 러시아 작가 《적》

*미화 | 아름답게 꾸밈.

상속 相續

친족 관계에서, 한 사람의 죽음으로 인해 다른 사람이 재산에 관한 권리와 의무를 이어받는 일.

명언 명문

*명성 | 세상에 널리 퍼져 평판이 높은 이름.

- *명성은 제2의 상속 재산이다. _P. 시루스(B.C. 1세기경) 로마 시인
- 미국에는 상속된 부유함도 있고 상속된 가난도 있다. _J. F. 케네디(1917~1963) 미국 제35대 대통령
- 미덕은 상속되지 않는다. _T. 페인(1737~1809) 미국 정치 평론가, 작가
- 상속받는 자의 눈물은 가면을 쓴 웃음이다. _P. 시루스(B.C. 1세기경) 로마 시인
- 상속받을 사람은 언제나 의심과 미움을 받는다. _C. 타키투스(56?~120?) 로마 역사가, 정치가
- 상속인이라는 관계가 없다면 자식과 부모 관계는 훨씬 더 친밀할 것이다. _J. 라브뤼예르(1645~1696) 프랑스 작가
- 어떤 사람의 돈은 상속되지만, 어떤 사람의 돈은 공덕을 쌓는다. _O. 내시(1902~1971) 미국 시인
- 우리는 모든 세대의 상속자다. _A. 테니슨(1809~1892) 영국 시인

속담

- 군주를 섬기는 직책은 상속되지 않는다. _프랑스
- 땀 흘려 얻은 것은 상속받은 것보다 귀중하다. _프랑스
- 십 원을 상속받은 자는 백 원을 쓸 것이다. _독일
- 자식의 성격이 못됐으면 상속할 자격이 없고, 선량하고 근면하면 상속할 필요가 없다. _중국
- 황금을 헤아리는 상속인은 하느님이 보실 때 임금을 받고 있는 노동자보다도 풍족하지 못하다. _레바논

宣傳 선전

주장이나 어떤 사물의 존재 따위를 사람들에게 설명하고, 공감을 얻기 위해 널리 알림.

명언 명문

- 기독교의 경우와 마찬가지로, 사회주의를 가장 나쁘게 선전하는 것은 그 추종자들이다. _G. 오웰(1903~1950) 영국 소설가
- 모든 선전은 대중적이며 가장 지능이 낮은 사람들이 이해할 수 있어야 한다. _A. 히틀러(1889~1945) 독일 정치가 《나의 투쟁》
- 선전은 적이 아니라 친구들을 속이는 기술이다. _F. C. 콘퍼드(1886~1960) 영국 시인
- 선전은 힘없는 무기다. _J. 아누이(1910~1987) 프랑스 극작가
- 선전의 가장 큰 승리는 무엇인가를 해서가 아니라 하지 않아서 거둔 것이다. _A. L. 헉슬리(1894~1963) 영국 소설가, 평론가
- 선전의 목적은 특정 계층의 사람들에게 다른 사람들이 사람이라는 사실을 잊게 만드는 것이다. _A. L. 헉슬리(1894~1963) 영국 소설가, 평론가
- 위대한 사상도 위대한 행동도 나팔을 불며 선전할 필요는 없다. _P. J. 베일리(1816~1902) 영국 시인
- 정치 선전의 수단들은 고객에 대한 광고의 효과처럼 유권자 개인의 무력감을 증가시킨다. _E. 프롬(1900~1980) 독일 정신 분석학자, 사회학자

속담

- 물고기들은 미끼를 따라간다. _영국
- 어떠한 선전이든 모두 좋은 것은 아니다. _서양
- 좋은 포도주는 큰 소리로 선전할 필요가 없다. _에스파냐

지식 쑥쑥

한자 숙어

흑색선전(黑色宣傳) 터무니없이 또는 출처를 밝히지 않고 비밀리에 하는 선전.

소수 少數

적은 수효.

명언 명문

*폭정 | 사납고 악한 정치.

▶ 귀족층이나 소수의 엘리트가 없는 사회는 사회가 아니다.

_J. 오르테가이가세트(1883~1955) 에스파냐 철학자, 정치가

▶ 기회는 자기를 웃게 만들 줄 아는 소수의 사람들에게만 미소를 보내는 숙녀다. _E. M. 헤밍웨이(1899~1961) 미국 소설가

▶ 남녀노소에게 현실에서 고통을 주는 유일한 *폭정은 소수파의 폭정이다. _T. 루스벨트(1858~1919) 미국 제26대 대통령

▶ 다수파에게 힘은 있어도 정의는 없다. 소수파가 항상 옳다.

_H. J. 입센(1828~1906) 노르웨이 극작가

▶ 모든 사람을 사랑하고, 극소수의 사람만을 믿으며, 아무에게도 악을 행해서는 안 된다. _W. 셰익스피어(1564~1616) 영국 극작가, 시인

▶ 모든 역사는 소수파의 힘의 기록이며, 소수파에서도 특히 어느 한 사람의 기록이다. _R. W. 에머슨(1803~1882) 미국 사상가, 시인

▶ 소수는 대표자라는 임무를 떠맡게 되지만 종종 다수의 약탈자가 되는 경우도 있다. _G. W. F. 헤겔(1770~1831) 독일 철학자

▶ 어떠한 새로운 여론도 초기에는 소수자에 속해 있었다.

_T. 칼라일(1795~1881) 영국 사상가, 역사가 《영웅과 영웅 숭배설》

▶ 웅장한 도서관은 오히려 독자를 혼동하게 만든다. 아무것이나 읽기보다는 소수의 저자로 한정하는 편이 낫다.

_L. A. 세네카(B.C. 4?~A.D. 65) 로마 철학자, 극작가

▶ 자유 국가에서 국민 대부분은 자유인이 아니다. 이들은 소수자에 의해 자기 자신도 모르게 강제로 어떤 목적으로 향하고 있다.

_R. 타고르(1861~1941) 인도 시인, 사상가

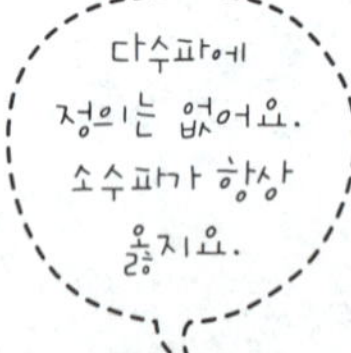

H. J. 입센

시험

試驗

재능이나 실력 따위를 검사하고 평가하는 일. 또는 사물의 성질이나 기능을 실제로 경험해 보는 일. 또는 사람의 됨됨이를 알기 위하여 떠보는 일.

사회

명언 명문

▶ 남의 빵이 얼마나 쓰고, 남의 사다리를 오르내리는 것이 얼마나 힘든지를 너 스스로 시험하라. _A. 단테(1265~1321) 이탈리아 시인

▶ 믿기 전에 시험해 보고 뛰어내리기 전에 살펴보라. _J. 트랩(1601~1669) 영국 성직자

▶ *번영은 친구들을 만들고 역경은 그들을 시험한다. _P. 시루스(B.C. 1세기경) 로마 시인

*번영 | 번성하고 영화롭게 됨.

▶ 사람의 인격을 시험하려면 그에게 권력을 주어 보아라. _A. 링컨(1809~1865) 미국 제16대 대통령

▶ 시험에 들지 않는 인생은 살 가치가 있다. _플라톤(B.C. 428?~B.C. 347?) 그리스 철학자

▶ 시험이란 준비가 가장 잘 된 사람에게도 힘든 것이다. 왜냐하면 가장 어리석은 자는 가장 지혜로운 사람이 대답할 수 있는 것보다 더 많은 질문을 하기 때문이다. _C. C. 콜턴(1780~1832) 영국 작가, 성직자

▶ 신은 인간 한명 한명을 시험한다. 곧 부자에게는 부자에게 맞는 방법으로, 가난한 사람에게는 가난한 사람에게 맞는 방법으로 시험한다. _《탈무드》

▶ 자유는 백성에게 주는 가장 가혹한 시험이다. 자유를 누릴 줄 아는 방법은 모든 사람과 모든 민족에게 똑같이 가르쳐 주어서는 안 된다. _P. 발레리(1871~1945) 프랑스 시인, 사상가, 평론가

▶ 지도자의 마지막 시험은 자기 일을 계속하려는 확신과 의지를 다른 사람들에게 물려주는 것이다. _W. 리프먼(1889~1974) 미국 시사 평론가, 언론인

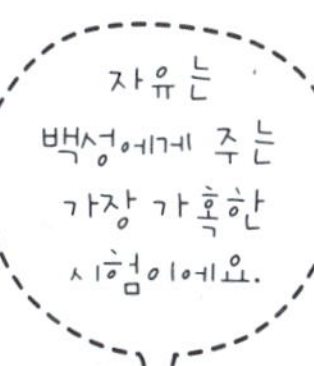

P. 발레리

사회

신문

新聞

사회에서 발생한 사건에 대한 사실이나 해설을 널리 신속하게 전달하기 위한 정기 간행물.

명언 명문

*적의 | 적으로 대하는 마음.

- 나는 신문 없는 정부보다 차라리 정부 없는 신문을 택할 것이다.
  _T. 제퍼슨(1743~1826) 미국 제3대 대통령 《연설집》
- 부정확하고 틀린 보도로 신문이 잃는 것은 명성뿐이다.
  _G. B. 쇼(1856~1950) 아일랜드 극작가, 평론가
- 성공적인 신문은 끊임없이 사회에 대해 불평하고 또 싸우기를 좋아한다.
  _H. L. 멘켄(1880~1956) 미국 언론인, 작가
- 세 개의 *적의 있는 신문은 천 개의 총칼보다도 무섭다.
  _나폴레옹 1세(1769~1821) 프랑스 황제
- 신문, 라디오, 영화, 독자가 많은 잡지를 지배하는 사람이 나라를 지배한다.
  _L. 핸드(1872~1961) 미국 법률가
- 신문에게는 광고 한 가지가 기사 40가지보다 더 유익하다.
  _W. 로저스(1879~1935) 미국 배우, 유머 작가
- 신문은 세계의 거울이다.
  _H. H. 엘리스(1859~1939) 영국 심리학자
- 신문은 항상 호기심을 자극한다. 그러나 실망감을 주지 않는 것은 하나도 없다.
  _C. 램(1775~1834) 영국 평론가, 수필가
- 신문을 읽지 않는 사람들은 축복받은 사람들이다. 왜냐하면 그들은 자연으로 눈을 돌리고, 자연을 통해서 하느님을 보기 때문이다.
  _H. D. 소로(1817~1862) 미국 사상가, 수필가
- 신문의 첫 번째 의무는 정확성이다. 정확하기만 하다면 공정성은 자연스럽게 뒤따라온다.
  _H. B. 스워프(1882~1958) 미국 언론인
- 좋은 신문이란 혼잣말을 하는 것이다.
  _A. 밀러(1915~2005) 미국 극작가, 소설가

實力 실력

실제로 갖추고 있는 힘이나 능력.

명언 명문

▶ 나의 실력이 불충분하다는 것을 알면 나의 실력은 나아진다.

_A. 아우구스티누스(354~430) 로마 신학자, 성인

▶ 어떤 시대라도 사랑이 실력을 높이는 데에 방해가 되지는 않는다.

_T. 칼라일(1795~1881) 영국 사상가, 역사가

▶ 언뜻 보기에 보잘것없는 일일지라도 전력을 다해야 할 것이다. 일은 성복할 때마다 실력이 붙는다. 작은 일을 훌륭히 해내면 큰일은 자연히 결말이 난다. _D. 카네기(1888~1955) 미국 저술가

▶ 자기 실력보다 더 영리하게 보이려고 하는 것은 결코 지혜롭지 못하다. 때로는 자기 실력보다 덜 영리하게 보이는 것이 지혜로운 것이다. _W. 화이틀로(1918~1999) 영국 정치가

▶ 자기의 실력을 감출 줄 아는 것이야말로 크나큰 실력이다.

_F. 라로슈푸코(1613~1680) 프랑스 작가

▶ 행동의 수단은 실력이어야 한다. 가문과 *문벌 같은 것은 소용없다.

_H. 발자크(1799~1850) 프랑스 소설가

*문벌 | 대대로 내려오는 그 집안의 사회적 신분이나 지위.

속담

▶ 걷기도 전에 뛰려고 한다. _한국

▶ 꿩 잡는 것이 매. (방법이 어떻든 간에 실력으로써 속히 목적을 이루는 것이 중요하다는 뜻) _한국

▶ 요리사는 칼로 증명된다. _서양

한자 숙어

막상막하(莫上莫下) 실력에 있어 낫고 못함이 없이 비슷함.
반문농부(班門弄斧) 자기의 실력을 생각지 않고 무모하게 덤비는 것을 말함.
안고수비(眼高手卑) 눈은 높으나 실력은 그에 미치지 못함을 뜻함.
허장성세(虛張聲勢) 헛되이 목소리의 기세만 높인다는 뜻으로, 실력이 없으면서 허세로만 떠벌림.

사회

아내

혼인하여 남자의 짝이 된 여자.

명언 명문

*반려자 | 짝이 되는 사람.

▶ 선량한 아내는 선량한 남편을 만든다.

_J. 헤이우드(1497?~1580?) 영국 시인, 극작가

▶ 아내는 남편의 결점에 대해 하나님께 감사해야 한다. 결점이 없는 남편은 위험한 감시자이기 때문이다.

_핼리팩스(1661~1715) 영국 정치가

▶ 아내는 남편의 인형이 아니다. _H. J. 입센(1828~1906) 노르웨이 극작가

▶ 아내는 젊은이에게는 연인이고, 중년 남자에게는 *반려자이며, 노인에게는 간호사이다. _F. 베이컨(1561~1626) 영국 정치가, 철학자

▶ 아내의 덕행은 모두 친절하게 보아 주어라. 아내의 과실은 못 본 체하여라. _W. C. 브라이언트(1794~1878) 미국 시인, 언론인

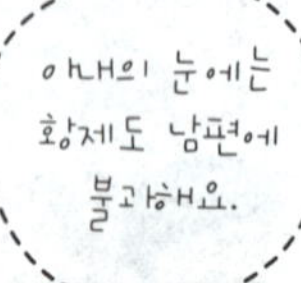

▶ 아름다운 아내를 갖고 있는 것은 지옥과 같은 것이다.

_W. 셰익스피어(1564~1616) 영국 극작가, 시인 《윈저의 유쾌한 아낙네》

▶ 어머니는 아들의 반을 완성하고, 남은 반은 아내가 완성한다.

_R. 롤랑(1866~1944) 프랑스 소설가, 사상가

▶ 어진 아내는 마음을 기쁘게 하고, 예쁜 아내는 눈을 즐겁게 한다.

_〈팔만대장경〉

▶ 엉덩이가 가벼운 아내에게는 엉덩이가 무거운 남편.

_W. 셰익스피어(1564~1616) 영국 극작가, 시인 《베니스의 상인》

▶ 이상적인 아내는 이상적인 남편을 가진 모든 여자다.

_N. B. 타킹턴(1869~1946) 미국 소설가, 극작가

▶ 정숙한 아내는 순종함으로써 남편을 뜻대로 움직인다.

_P. 시루스(B.C. 1세기경) 로마 시인

G. G. 바이런

▶ 좋은 아내란 남편이 비밀로 해 두고 싶어 하는 사소한 일을 항상 모르는 체한다. 그것이 결혼 생활의 기본 예의이다.

_W. S. 몸(1874~1965) 영국 소설가, 극작가

*비천하다 | 지위나 신분이 낮고 천하다.

▶ 집이 가난하면 착한 아내 생각이 간절해진다. _《사기》

▶ 친구를 고르려면 한 단계 올라가라. 아내를 고르려면 한 단계 내려가라. _《탈무드》

▶ 현명한 아내는 남편을 부귀하게, 어리석은 아내는 남편을 *비천하게 만든다. _《명심보감》

▶ 황제마저도 아내의 눈에는 남편에 불과하다.

_G. G. 바이런(1788~1824) 영국 시인 《돈 후안》

속담

▶ 나쁜 아내는 남편이 탄 배를 난파시킨다. _영국

▶ 눈보다 귀를 가진 아내를 고르라. _프랑스

▶ 아내 나쁜 것은 배 년 원수, 된장 신 것은 일 년 원수. (아내를 잘 못 맞으면 평생을 그르친다는 뜻) _한국

▶ 아내가 귀여우면 처갓집 말뚝 보고도 절한다. (아내가 좋으면 주위에 있는 보잘것없는 것도 좋게 보인다는 뜻) _한국

▶ 아내는 남편의 거울. _이란

▶ 아내는 눈으로 선택하지 말고 귀로 선택하라. _러시아

▶ 아내의 눈은 방을 깨끗이 한다. _네덜란드

▶ 좋은 아내를 갖는 것은 제2의 어머니를 갖는 것과 같다. _영국

▶ 좋은 아내와 건강은 가장 좋은 재산이다. _영국

▶ 집을 살 때는 대들보를 보고 아내를 맞을 때는 그 어머니를 보라. _중국

▶ 하녀는 멀리서 데려오고 아내는 가까이서 맞으라. _이탈리아

▶ 효자가 악처만 못하다. _한국

한자 숙어

거안제미(擧案齊眉) 밥상을 눈썹과 가지런하도록 공손히 들어 남편 앞에 가지고 간다는 뜻으로, 아내가 남편을 매우 공경함을 이르는 말.

계명지조(鷄鳴之助) 현숙한 왕비의 내조.

교부초래(教婦初來) 아내는 처음 시집왔을 때 가르쳐야 한다는 뜻.

부귀처영(夫貴妻榮) 아내는 남편 덕분에 영광스럽게 된다는 말.

사회

언론 言論

개인이 말이나 글로 자기의 생각을 발표하는 일. 또는 매체를 통하여 어떤 사실을 밝혀 알리거나 여론을 형성하는 활동.

명언 명문

*검열 | 사상을 통제하거나 치안을 유지하기 위해 언론, 출판, 보도, 연극, 영화, 우편물 따위의 내용을 사전에 심사하여 그 발표를 통제하는 일.

▶ *검열을 사용하여 언론을 통제하는 것은 권력자이며, 언론의 자유를 구하는 것은 신분이 낮은 사람들이다.

_J. W. 괴테(1749~1832) 독일 시인, 소설가, 극작가 《격언과 반성》

▶ 군주는 머리고, 대신들은 배며, 언론을 맡은 관리들은 눈과 귀다.

_이황(1501~1570) 조선 시대 문신, 유학자

▶ 대통령은 4년 동안만, 언론은 영원히 미국을 지배한다.

_O. F. O. W. 와일드(1854~1900) 아일랜드 시인, 극작가 《사회주의 아래의 인간의 영혼》

▶ 언론은 근대 사회의 가장 중요한 산물의 하나요, 또 근대 문화의 형성에 불가결한 조건이 되고 있다. _이상백(1886~1965) 독립운동가

▶ 언론은 독자들이 역사를 목격하게 하고 소설은 그들에게 역사를 체험하게 해 준다. _J. R. 허시(1914~1993) 미국 소설가, 언론인

▶ 언론의 자유가 보장되면 나라가 평안하고 그것이 짓밟히면 나라는 망한다.

_조광조(1482~1519) 조선 시대 문신, 성리학자

▶ 언론의 자유는 다시 이용될 수 있는 자유를 최대한 자극함으로써 인간의 지식에 더 많은 것을 가져다 준다.

_F. 베이컨(1561~1626) 영국 정치가, 철학자

▶ 언론의 가장 중요한 임무는 뉴스의 수집이다. 해설은 자유지만 사실 자체는 신성하다. _C. P. 스콧(1846~1932) 영국 언론인

▶ 언론인들은 사실이 아니라는 것을 알면

한자 숙어

곡필(曲筆) 바른 대로 쓰지 않고 사실을 왜곡해서 씀.

전영지론(雋永之論) 의미심장한 언론.

창언정론(昌言正論) 사리에 맞고 공명정대한 언론.

춘와추선(春蛙秋蟬) 봄철 개구리와 가을 매미의 시끄러운 울음소리라는 뜻으로 쓸모없는 언론을 비유한 말.

서도 사실인 것처럼 말한다. 그들은 그렇게 오랫동안 말하면 그 것이 사실이 될 것이라고 생각한다. _E. A. 베넷(1867~1931) 영국 소설가

▶ 언론이 자유롭고 누구나 글을 읽을 수 있는 곳에서는 모든 사람이 안전하다. _T. 제퍼슨(1743~1826) 미국 제3대 대통령

▶ 이 세상에서 가장 아름다운 것은 언론의 자유다. _디오게네스(B.C. 412?~B.C. 323?) 그리스 철학자

고사성어

▷ 목탁(木鐸)

나무로 만든 방울이란 뜻으로, 세상 사람들을 깨우쳐 바르게 인도할 만한 사람이나 기관을 이르는 말이다. 중국에서 새로운 법령을 공표할 때 목탁을 울려 사람을 모이게 한 데서, 사회의 주의와 관심을 불러 일으킨다는 뜻이 담겨 있다. 흔히 언론을 '사회의 목탁'이라고 하는 말이 여기에서 비롯되었다. 또한 불교에서 불공을 할 때나 사람들을 모이게 할 때 두드려 소리를 내는 기구로 널리 알려져 있다. 공자가 제자들과 함께 여행을 하던 때에 위나라에 갔다. 국경을 지키는 한 관원이 공자를 찾아와 몇 마디 이야기를 나누었는데, 그가 공자의 제자들에게 "하늘은 장차 여러분의 스승을 도를 전하는 목탁으로 삼으실 것입니다."라고 말한 데서 유래한다. _《논어》

키워드 정보 BOX

언론을 이용한 캠페인

캠페인이란 정치적, 사회적 목적을 위해 조직적이고도 지속적으로 벌이는 대중 운동으로, 평야나 평원을 뜻하는 라틴어 '캄푸스'에서 유래되었다. '캠프'나 '캠퍼스'도 어원이 같다. 공명 선거, 학교 폭력 추방 등과 같은 사회 문제를 연속적으로 다루어 사회 계몽을 하는 것이 목적이다. 오늘날은 신문이나 방송 등 언론을 통한 캠페인이 매우 큰 힘을 발휘한다. 하지만 대중을 계몽하는 긍정적인 면이 있는 반면에 여론을 나쁜 방향으로 몰아가는 부정적인 면도 있다.

학교 폭력 추방을 위한 캠페인 모습.

여론 輿論

사회 대중의 공통된 의견.

명언 명문

▶ 공론이란 것은 그 국민 다수의 공변된 의사를 가리킴이외다. 그러므로 인도자가 싸우므로 통일이 못 됨이 아니라 그 백성이 공론을 세우고 못 세움에 있다 합니다. _안창호(1878~1938) 독립운동가, 교육자

▶ 국민의 소리에는 막강한 힘이 있다.
_아이스킬로스(B.C. 525~B.C. 456) 그리스 시인

▶ 군중의 여론처럼 애매하거나 무가치한 것은 없다.
_T. 리비우스(B.C. 59?~A.D. 17) 로마 역사가

▶ 다른 사람의 의견, 비난, 오해 때문에 자신의 길을 바꾸는 사람은 공직을 맡을 자격이 없다. _Q. 파비우스(B.C 275?~B.C 203?) 로마 장군, 정치가

▶ 미국에서는 어떠한 집단도 들끓는 여론을 당해 낼 수 없다.
_F. D. 루스벨트(1882~1945) 미국 제32대 대통령

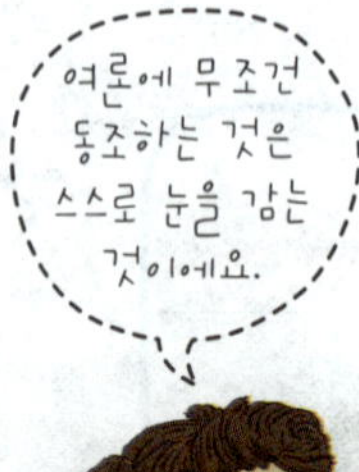

▶ 민심은 물과 같아서 막을수록 더욱 흐르는 것이다. 조선의 독립은 시간 문제다. _한용운(1879~1944) 승려, 시인, 독립운동가

▶ 민중만큼 정해지지 않은 것은 없고, 여론만큼 애매한 것은 없고, 선거인 전체 의견만큼 허위적인 것은 없다.
_M. T. 키케로(B.C. 106~B.C. 43) 로마 정치가, 학자

▶ 민중이 논의를 시작하면 곧 모든 것을 잃게 된다.
_볼테르(1694~1778) 프랑스 사상가

F. W. 니체

▶ 사람이 대부분의 일을 칭찬하거나 내리깎거나 하는 것은, 그것들을 칭찬하고 비난하는 것이 유행이기 때문이다.
_F. 라로슈푸코(1613~1680) 프랑스 작가

▶ 신하들이 모두 입을 다문다 해도 여론은 쇳덩어리를 녹인다.

_안영(?~B.C. 500) 중국 춘추 시대 제나라 정치가

- 아무리 좋은 뜻도 굳게 결심하지 않으면 욕심에 무너지거나 여론에 흔들린다. _정여창(1450~1504) 조선 시대 문신, 학자
- 아틀리에의 광선보다 광장의 광선을 두려워하라.

  _L. B. S. 미켈란젤로(1475~1564) 이탈리아 화가, 조각가, 건축가
- 여론 조사나 선거 속에서 표현되는 의견은, 인간이 내리는 판단의 최고 수준이 아니라 최하 수준을 이루는 것이다.

  _E. 프롬(1900~1980) 독일 정신 분석학자, 사회학자
- 여론보다 더 부당하거나 변덕스러운 것은 없다.

  _W. 해즐릿(1778~1830) 영국 평론가, 수필가
- 여론에 무작정 동조하는 것은 스스로 귀를 막고 눈을 감는 것과 같다. _F. W. 니체(1844~1900) 독일 철학자, 시인 《반시대적 고찰》
- 여론에 흔들리거나 인기가 없다고 해서 결정을 하지 않는 자는 나라의 복지를 책임질 수 없다. _H. S. 트루먼(1884~1972) 미국 제33대 대통령
- 여론은 바보들을 지배한다. _W. G. 베넘(1859~1943) 영국 언론인
- 여론은 어리석은 행동, 약점, 편견, 나쁜 감정, 정의감, 완고함, 신문의 선전으로 인해 만들어진다. _R. 필(1788~1850) 영국 정치가
- 여론은 의회보다 강하고, 그 힘은 십계명과 거의 맞먹는다.

  _C. D. 워너(1829~1900) 미국 수필가, 소설가, 편집자 《뜰에서의 나의 여름》
- 여론은 이른바 세계의 연인이지만 힘은 세계의 폭군이다.

  _B. 파스칼(1623~1662) 프랑스 사상가, 수학자, 물리학자
- 여론은 장애물이다. 가장 유리한 경우에는 동맹자이든가, 그렇지 않으면 위험한 적대자이다.

  _J. 네케르(1732~1804) 프랑스 정치가, 은행가
- 여론은 존경을 받고 모든 것을 해결한다. 그것이 신의 목소리라고 생각하는 사람들도 있다. _M. 트웨인(1835~1910) 미국 소설가
- 여론을 따르면 모든 일이 쉽다. 여론은 세상의 지배자다.

  _나폴레옹 1세(1769~1821) 프랑스 황제

지식 쑥쑥

한자 숙어

광순박채(廣詢博採) 널리 여러 사람의 의견을 물어서 채택함.

중구난방(衆口難防) 여러 사람의 말을 막기는 어렵다는 뜻으로, 막기 어려울 정도로 여럿이 마구 지껄임을 이르는 말.

중구삭금(衆口鑠金) 여러 사람이 다 같이 하는 말은 단단한 쇠도 녹인다는 뜻으로, 그만큼 여러 사람의 말은 무섭다는 뜻.

*부합 | 사물이나 현상이 서로 꼭 들어맞음.

▶ 여론을 위해 싸울 기회가 없다면 여론은 지속될 수 없다.

_T. 만(1875~1955) 독일 소설가, 평론가 《마의 산》

▶ 여론의 시대는 인간의 세대와 *부합하고 있으며, 번갈아 가며 좋았다가 나빴다가 한다. _L. C. 보브나르그(1715~1747) 프랑스 도덕주의자, 수필가

▶ 여론의 압박은 대기의 압력과 같다. _J. R. 로웰(1819~1891) 미국 시인, 평론가

▶ 여론의 힘에 따라 정부가 조직되는 만큼 여론은 반드시 공정해야 한다. _G. 워싱턴(1732~1799) 미국 초대 대통령

▶ 여론이 항상 법률을 앞선다. _M. 고리키(1868~1936) 러시아 작가

▶ 여론이란 사회의 영향 있는 사실에 관하여 사람들이 가진 의견을 한데 모은 것이다. _J. 브라이스(1838~1922) 영국 정치가

▶ 여론이란 오래된 성에 사는 유령처럼 실체가 없는데도 사람들은 두려워한다. _S. 그라프(1861~1948) 네덜란드 정치가

▶ 여론이란 현실적인 시사 문제에 대해서 같은 나라, 같은 시대, 같은 사회에 속한 사람들 사이에 나타난 무수한 판단으로서, 다소 논리적이며 일시적인 집합체이다.

_J. G. 타르드(1843~1904) 프랑스 사회학자, 범죄학자

▶ 우리가 여론이라 부르는 것은 대중의 감정이다.

_B. 디즈레일리(1804~1881) 영국 정치가, 소설가

▶ 차라리 여론을 따라가라. 개인의 의견은 많은 사람의 지혜를 못 따라간다. _장자(B.C. 369?~B.C. 289?) 중국 전국 시대 송나라 사상가

고사성어

▷ 물의(物議)

물의란 세상 사람들의 평판이나 비난을 이르는 말이다. 대개 부정적인 의미로 쓰이는데, 일반 사람들의 의견, 즉 여론을 가리키기도 한다. 오늘날에는 좋지 않은 행동을 하여 많은 사람들의 주목을 받아 이러쿵저러쿵 비평을 하는 상황에 흔히 사용되고 있다. 한나라 무제 때 좌승으로 있던 사기경은 성격이 대범하고 술을 좋아하여 조정의 규정에 마음 쓰지 않고 행동했다가 파면되었다. 하지만 그는 그 뒤로도 자유분방한 생활을 즐겨 술에 취하면 큰 방울을 흔들면서 노래를 부르는 등 세상 물의에 전혀 개의치 않았다고 한다. _《한서》

役割 **역할**

자기가 마땅히 해야 할 맡은 바 직책이나 임무.

사회

명언 명문

▶ 너에게 힘겨운 짐은 짊어지지 마라.

_Q. 호라티우스(B.C. 65~B.C. 8) 로마 시인 《서정시집》

▶ 사람은 자기가 맡은 역할에 *합당한 구실을 해야 한다.

_M. 레니에(1573~1613) 프랑스 시인 《풍자시집》

*합당하다 | 어떤 기준, 조건, 용도, 도리 따위에 알맞다.

▶ 아버지가 되는 것은 쉽지만 아버지 역할을 하는 것은 어렵다.

_W. 부슈(1832~1908) 독일 시인

▶ 의지가 약한 사람에게는 의지를 대신하는 역할을 할 의욕이 필요하다.

_M. 프루스트(1871~1922) 프랑스 소설가

▶ 인생에는 영웅, 순진한 처녀, 시녀, 악역 등 다양한 역할이 있게 마련이다.

_J. W. 크러치(1893~1970) 미국 평론가, 수필가 《현대적인 기질》

▶ 정신의 역할은 진실을 찾아내는 데 있다.

_M. 프루스트(1871~1922) 프랑스 소설가

▶ 종교를 강요하는 것은 종교의 진정한 역할이 아니다.

_디오게네스(B.C. 412?~B.C. 323?) 그리스 철학자

▶ 태양이 없을 때 그것을 창조하는 것이 예술가의 역할이다.

_R. 롤랑(1866~1944) 프랑스 소설가, 사상가

속담

▶ 거미는 작아도 줄만 잘 친다. (몸집은 작아도 자기 할 일은 다 한다는 뜻)

_한국

▶ 구멍을 파는 데는 칼이 끌만 못하고 쥐를 잡는 데는 천리마가 고양이만 못하다. (무엇이나 맡은 역할이 따로 있다는 말)

_한국

사회

연설

演說

많은 사람 앞에서 자기의 주장, 사상, 의견 따위를 말함.

명언 명문

*야합 | 좋지 못한 목적으로 서로 어울림.

▶ 경제에 관한 연설은 자기 다리에 오줌을 누는 것과 같다. 오줌이 뜨거운 것은 자기 이외에는 아무도 못 느낀다.

_L. B. 존슨(1908~1973) 미국 제36대 대통령

▶ 국회 의원은 대부분 무식한 사기꾼이며, 그들의 위선적인 연설은 정치적 *야합으로 가득 차 있다. _M. T. 매카시(1912~1989) 미국 소설가, 평론가

▶ 많은 연설가들은 연설의 깊이가 없는 것을 길이로 때운다.

_C. L. S. 몽테스키외(1689~1755) 프랑스 사상가

▶ 먼저 당신이 할 말의 의미를 잘 곱씹은 다음 연설해야 한다.

_에픽테토스(55?~135?) 로마 철학자

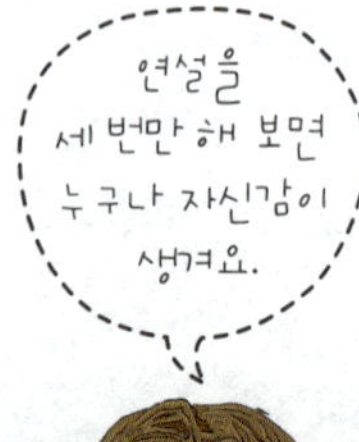

▶ 목적에 적합한 연설과 생각에 가장 적절한 옷을 입히는 노력을 동시에 하는 것은 쉬운 일이 아니다.

_플루타르코스(46?~120?) 그리스 철학자, 작가 《플루타르크 영웅전》

▶ 시기적절한 침묵은 지혜이며, 어떤 연설보다도 낫다.

_플루타르코스(46?~120?) 그리스 철학자, 작가 《플루타르크 영웅전》

▶ 어느 정부든 정권을 잡은 뒤에는 과거의 연설문들을 모두 태워 버리는 것이 바람직하다. _P. 스노든(1864~1937) 영국 정치가

▶ 연설은 목소리, 표정, 몸짓을 세련되게 하는 것이 좋다.

_M. T. 키케로(B.C. 106~B.C. 43) 로마 정치가, 학자

▶ 연설은 위대하지만 침묵은 더 위대하다.

_T. 칼라일(1795~1881) 영국 사상가, 역사가

▶ 연설은 펼쳐 놓아야만 무늬가 드러나는 수놓은 비단과 같다.

_테미스토클레스(B.C. 524?~B.C. 460?) 그리스 정치가

O. F. O. W. 와일드

- 연설을 세 번 하면 자신감이 생겨 항상 잘 할 수 있다. 이것은 장사꾼도 마찬가지다. _O. F. O. W. 와일드(1854~1900) 아일랜드 시인, 극작가
- 연설을 잘하는 사람도 처음에는 제대로 못했던 사람이다. _R. W. 에머슨(1803~1882) 미국 사상가, 시인
- 침묵보다 더 나은 연설을 하라. 그렇지 않으면 침묵하라. _디오니시오스(B.C. 40~B.C. 8) 그리스 역사가, 수사학자
- 탁월한 연설가라고 해서 꼭 탁월한 실천가인 것은 아니다. _T. 미들턴(1570?~1627) 영국 극작가

속담

- 사람들은 학식이 많은 사람의 연설보다도 바보를 통해 더 많이 배운다. _아라비아
- 연설은 마음의 그림이다. _영국
- 연설은 모든 인간 경험의 핵심이다. _영국
- 이야기를 길게 하는 것이 영리하다는 증거는 아니다. (연설이나 담화를 길게 하는 것이 결코 좋은 것은 아니라는 말) _프랑스

키워드 정보 BOX

링컨의 게티즈버그 연설

미국에서 남북 전쟁(1861~1865년)이 진행되던 1863년 11월 19일, 링컨은 미국 남북 전쟁의 최대 격전지인 게티즈버그에서 열린, 전사한 장병들을 추모하는 국립묘지 봉헌식에 참석했다. 게티즈버그 전투(1853년 7월 1~3일)는 그때까지 불리한 상황에 있던 북군이 전세를 역전시켜 승리하는 계기가 된 전투이다. 링컨은 식전에 불과 2~3분 간의 짧은 연설을 했는데, 그것이 바로 유명한 게티즈버그 연설이다. 원문으로 총 266개의 단어로 된 이 짧은 연설문에는 미국이라는 나라의 명분을 간결하게 압축하고, 남북 전쟁의 의미, 자유의 가치, 민주 정부의 원칙(국민의, 국민에 의한, 국민을 위한 정부)을 명확하게 제시하고 있다.

링컨 기념관에 있는 링컨 동상. 내부의 벽면에는 게티즈버그 연설문이 새겨져 있다.

예속 隷屬

남의 지배나 지휘 아래 매임.

*족쇄 | 죄인의 발목에 채우던 쇠사슬.
*금사망 | 금실로 얽어서 만든 그물.
*망건골 | 망건을 뜨거나 고치는 데에 쓰는 틀.

명언 명문

▶ 남에게 예속되는 것은 모두 괴로움이다. 모든 주권이야말로 즐거움이다. _《자설경》

▶ 사슬에 묶인 개처럼, 국가의 종교에 종속된 철학은 인간에게 가장 고귀하고 가장 숭고한 노력을 보기 흉하게 모방하는 것과 다르지 않다. _A. 쇼펜하우어(1788~1860) 독일 철학자

▶ 쇠사슬에 묶여 바르게 걷는 것보다 자유스럽게 잘못 걷는 편이 차라리 낫다. _A. L. 헉슬리(1894~1963) 영국 소설가, 평론가

▶ 쇠사슬을 비웃는 자가 모두 자유로운 자라고는 할 수 없다. _G. E. 레싱(1729~1781) 독일 극작가, 평론가

▶ 아무리 황금으로 만들어진 *족쇄라도 그것을 좋아할 사람은 아무도 없다. _J. 헤이우드(1497?~1580?) 영국 시인, 극작가

▶ 집안일의 중압과 예속 상태에서 해방된 오늘날에도 여자는 그 헌신의 노력을 우선 자기의 남자에게서부터 하려고 한다. _F. 알베로니(1929~) 이탈리아 사회학자

▶ 책임은 완전히 자유롭게 받아들인 것이 아닌 한 아무도 그것에 구속되지 않는다. _U. 베티(1892~1953) 이탈리아 극작가

속담

▶ *금사망을 썼다. (얽매임을 당하여 벗어나지 못한다는 뜻) _한국
▶ 금사슬은 쇠사슬보다 질기다. _영국
▶ *망건골에 앉았다. (어떤 일에 얽매여 꼼짝을 못한다는 뜻) _한국
▶ 목맨 송아지. (남에게 예속되어 끌려다닌다는 뜻) _한국

사회

의견

意見
어떤 사물에 대하여 마음에 일어난 생각.

명언 명문

▶ 가르치는 것보다 배우는 것이 더 안전하다. 자기 의견을 감추는 자는 책임질 것이 없다. _W. 펜(1644~1718) 영국 정치가

▶ 가장 강한 사람의 의견이 항상 가장 좋은 의견이다. _J. 라퐁텐(1621~1695) 프랑스 시인, 우화 작가

▶ 개인적인 아집을 버리고 남의 좋은 의견을 따르라. _《서경》

▶ 격렬한 의견은 항상 틀리다. _J. 드라이든(1631~1700) 영국 시인, 극작가

▶ 결말이 없는 의견은 말을 안 하느니만 못하다. _O. W. 홈스(1809~1894) 미국 소설가, 의학자

▶ 겸손하게 의견을 말하면 상대도 곧 납득을 하고 반대하는 사람도 줄어든다. 그리고 나의 잘못을 정직하게 인정하면, 나의 옳은 생각에 대해서도 상대방이 박수를 보내 준다. 늘 자기의 의견만 정당하다고 고집하지 마라. _B. 프랭클린(1706~1790) 미국 정치가, 과학자

▶ 국가는 관리들을 뽑을 때 그들의 의견은 고려하지 않아도 된다. 그들이 나라를 충실하게 섬길 의향만 있으면 충분하기 때문이다. _O. 크롬웰(1599~1658) 영국 정치가, 군인

▶ 그릇된 견해를 갖고 있는 사람은 현명하지는 않지만 적어도 인간적이긴 하다. _플루타르코스(46?~120?) 그리스 철학자, 작가 《플루타르크 영웅전》

▶ 나는 결코 *이단자가 되지 않을 것이며, 사람들의 의견에 *구애받지도 않을 것이다. _M. 루터(1483~1546) 독일 종교 개혁가

▶ 나는 나보다 더 똑똑한 사람들을 거느리고 그들의 의견을 듣기 때문에 발전한다. 누구나 어떤 문제에 관해서는 나보다 더 똑똑하다고 본다. _H. A. 키신저(1923~) 미국 정치가

*이단자 | 자기가 믿는 종교의 교리에 어긋나는 종교나 이론을 믿는 사람.
*구애 | 거리끼거나 얽매임.

▶ 누구의 말에나 귀는 기울이지만 네 의견은 그에게 알리지 마라.

_W. 셰익스피어(1564~1616) 영국 극작가, 시인

▶ 다수결은 눈에 보이며 사람들을 복종하게 하는 힘이 있기 때문에 가장 좋은 방법이다. 하지만 그것은 가장 무능한 사람들의 의견이다. _B. 파스칼(1623~1662) 프랑스 사상가, 수학자, 물리학자

▶ 다수파의 의견이라도 무엇이 가장 옳은지를 알려 주는 최종적인 증거는 아니다. _J. C. F. 실러(1759~1805) 독일 시인, 극작가

▶ 대부분의 사람은 먼저 자기의 마음을 정하고, 그 의견을 뒷받침할 근거를 찾는다. _E. G. 허버드(1856~1915) 미국 작가, 화가

▶ 마음이 넓은 사람은 자기 의견과 같거나 달라도 모든 의견을 허용할 줄 안다. _정도전(1342~1398) 고려~조선 시대 문인, 학자

▶ 많은 사람이 의심해도 자기 뜻을 굽히지 말고, 자기 의견만 옳다 하고 다른 사람의 의견을 무시하지 마라. _《채근담》

▶ 바꿀 수 없는 의견은 좋지 않다. _P. 시루스(B.C. 1세기경) 로마 시인 《격언집》

▶ 바보와 죽은 사람만 의견이 달라지지 않는다.

_J. R. 로웰(1819~1891) 미국 시인, 평론가

▶ 배우려는 욕구가 많은 곳에서는 필연적으로 많은 논의와 많은 저술, 많은 의견이 있을 것이다. 착한 사람들의 의견은 형성 중에 있는 지식에 불과한 것이다. _J. 밀턴(1608~1674) 영국 시인

▶ 사람들은 서로 자기 의견이 옳고 남의 의견은 옳지 않다고 한다. 또 남이 진리라 하는 것을 자기는 아니라고 우겨 댄다. _《법구경》

▶ 사람들이 많을수록 그만큼 의견도 많다.

_P. 테렌티우스(B.C. 185?~B.C. 159?) 로마 극작가

▶ 사람은 자기의 입장에 따라 의견을 말한다.

_마르그리트 드나바르(1492~1549) 프랑스 작가, 시인

▶ 세 사람이 한 자리에 모이면 그 의견이 모두 다르다. 당신의 의견이 비록 옳다고 하더라도 무리하게 남을 설득시키려고 하는 것은 현명하지 않다. 모든 사람들은 설득당하기를 싫어하기 때문이다.

_B. 스피노자(1632~1677) 네덜란드 철학자

▶ 아무리 뛰어난 의견이라 할지라도 머릿속에 떠오르는 것만으로는 아무 소용이 없다. _F. 카프카(1883~1924) 독일 소설가

- 어떠한 결말을 내지 못하는 의견은 말을 안 하는 것보다 못하다.

_O. W. 홈스(1809~1894) 미국 소설가, 의학자

- 언론은 교육 받지 못한 사람들의 의견을 보도하여 우리를 계속 무지하게 만든다. _O. F. O. W. 와일드(1854~1900) 아일랜드 시인, 극작가
- 여러 가지 의견을 고루 들으면 현명해지고 한쪽 말만 들으면 편협해진다. _《자치통감》
- 의견은 결국 이성이 아니라 감정에 따라 결정된다.

_H. 스펜서(1820~1903) 영국 철학자, 사회학자

- 의견을 일반화하는 것은 유익하지 못하다. 자기에게 필요한 정서나 맞는 도덕을 구하는 것은 각자가 할 일이다.

_R. 구르몽(1858~1915) 프랑스 평론가, 시인

- 의견이 일치하는 곳에 승리가 있다. _P. 시루스(B.C. 1세기경) 로마 시인
- 의견이란 못질과 같아서 두드리면 두드릴수록 자꾸 깊이 들어갈 뿐이다. 진리는 인내와 시간이 저절로 밝혀 준다.

_B. 스피노자(1632~1677) 네덜란드 철학자 《에티카》

- 인간을 불안하게 하는 것은 사물이 아니라, 사물에 대한 의견이다.

_에픽테토스(55?~135?) 로마 철학자

- 자신을 위한 이익이 사람의 의견을 인도하는 나침반이 된다.

_J. P. C. 플로리앙(1755~1794) 프랑스 소설가

속담

- 목수가 많으면 기둥이 기울어진다. (의견이 너무 많으면 일을 망친다는 말) _한국
- 무엇이든지 남의 의견을 따르는 자는 스스로 자기 일을 처리하지 못한다. _모로코
- 여럿의 말이 쇠도 녹인다. (여러 사람이 함께 모여 의견을 합치면 쇠도 녹일 만큼 큰 힘을 낼 수 있다는 말) _한국

한자 숙어

궁여지책(窮餘之策) 궁한 끝에 짜낸 계책.

독불장군(獨不將軍) 혼자서는 장군이 될 수 없다는 뜻으로, 남의 의견을 무시하고 혼자 모든 일을 처리하는 사람을 말함.

동성상응(同聲相應) 같은 소리는 서로 응대한다는 뜻으로, 의견을 같이 나누면 자연히 서로 합친다는 뜻.

육이부동모(六耳不同謀) 여섯 개의 귀로는 함께 도모할 수 없다는 뜻으로, 많은 사람이 모여도 의견이 일치하지 않아서 아무 일도 이룰 수 없음을 이르는 말.

혼연일치(渾然一致) 의견이나 주장 따위가 완전히 하나로 일치함.

회빈작주(回賓作主) 남의 의견이나 주장을 제쳐 놓고 제 마음대로 처리하거나 방자하게 행동함을 이르는 말.

사회

이기주의

利己主義

자신의 이익만을 꾀하고, 다른 사람의 이익은 생각하지 않으려는 태도.

명언 명문

▶ 관용이 없다는 것 자체가 이기주의의 한 형태이고, 이기주의를 가혹하게 단죄하는 것은 이기주의를 공유하는 것이다.

_G. 산타야나(1863~1952) 미국 철학자, 시인

▶ 근본 원리는 남을 위해서 있는 것이고 자기를 위해서 일하면 그것을 잃는다.

_묵자(B.C. 480~B.C. 390) 중국 춘추 전국 시대 노나라 사상가

▶ 동료 수백만 명의 죽음보다는 자기 손가락의 작은 상처가 더 아프고 큰 관심거리이다.

_W. 해즐릿(1778~1830) 영국 평론가, 수필가

▶ 모든 지각 있는 사람들은 이기주의자다.

_R. W. 에머슨(1803~1882) 미국 사상가, 시인

▶ 무모한 이기주의는 도덕적으로도 경제적으로도 좋을 것이 없다.

_F. D. 루스벨트(1882~1945) 미국 제32대 대통령

▶ 방앗간 주인은 생각한다, '보리는 내 풍차를 돌게 하기 위해서 자란다' 고.

_J. W. 괴테(1749~1832) 독일 시인, 소설가, 극작가 《격언과 반성》

▶ 사람은 누구나 자기 자신을 사랑하고 자기의 희망을 위해서 행동한다. 문제는 그 이기심이 남의 기쁨에까지 미치느냐 남의 기쁨을 짓밟느냐에 달린 일이다.

_D. H. 로렌스(1885~1930) 영국 소설가, 시인

▶ 사랑보다도 이기심이 사람을 더 방탕하게 만든다.

_J. J. 루소(1712~1778) 프랑스 작가, 사상가

▶ 상업이 너무 이기적으로 변해 도둑질과 사기와 거의 같아졌다.

_R. W. 에머슨(1803~1882) 미국 사상가, 시인

▶ 양심은 우리를 모두 이기주의자로 만든다.

_O. F. O. W. 와일드(1854~1900) 아일랜드 시인, 극작가

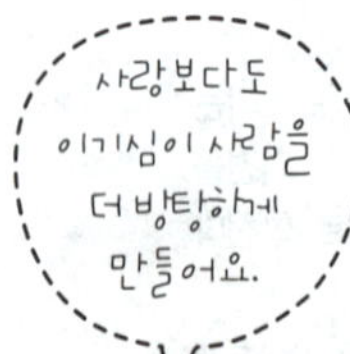

J. J. 루소

▶ 이기심은 인간성의 주된 동기이다. 우리들이 도저히 피할 수 없는 특징이어서 우리들의 존재는 이 특질에 의하여 결정된다.

_W. S. 몸(1874~1965) 영국 소설가, 극작가 《책과 인간》

▶ 이기주의가 아닌 *이타주의는 결실을 맺지 못한다.

_M. 프루스트(1871~1922) 프랑스 소설가

▶ 이기주의는 가장 지독한 아첨꾼이다.

_F. 라로슈푸코(1613~1680) 프랑스 작가

▶ 이기주의는 사랑의 감정을 불러일으키기 쉬운 속성 가운데 하나이다.

_N. 호손(1804~1864) 미국 소설가

▶ 이기주의는 인류의 가장 큰 저주다.

_W. E. 글래드스턴(1809~1898) 영국 정치가

▶ 이기주의는 자기가 원하는 대로 사는 것이 아니라, 자기가 원하는 대로 살라고 남들에게 요구하는 것이다.

_O. F. O. W. 와일드(1854~1900) 아일랜드 시인, 극작가

▶ 이기주의는 아름다운 사회적 결합을 변질시키고 부자연스럽게 한다.

_V. M. 위고(1802~1885) 프랑스 시인, 극작가 《사형인 최후의 날》

▶ 이기주의자는 남보다 자기 자신에게 관심이 더 많고 *저열한 취향을 가진 자다.

_A. G. 비어스(1842~1914) 미국 소설가, 신문 기자

▶ 이기주의자는 사회의 해충이다.

_R. W. 에머슨(1803~1882) 미국 사상가, 시인

▶ 이기주의자란 자기도 이기주의자일 수 있다는 생각을 전혀 해 보지 않은 사람이다.

_S. 프로이트(1856~1939) 오스트리아 심리학자, 의사

▶ 이 세상의 어느 것 하나도 나와 관계 없는 것은 없다. 인류의 문제도 나의 일이며, 도덕의 문제도 나의 일이다. 진리와 자유와 인도와 정의의 문제를 추궁함도 나의 일이다. 순전히 제 한 몸 제 일만 생각하는 이기주의자들은 부끄러워하라.

_A. 아우구스티누스(354~430) 로마 신학자, 성인

▶ 인간은 이기적이 될수록 그만큼 이기적인 인간에게 예속된다.

_J. W. 괴테(1749~1832) 독일 시인, 소설가, 극작가

▶ 자기 자신을 경멸하는 자들은 자신의 번영보다는 다른 사람의 몰락을 더 좋아한다. 자존심이 없는 곳에서는 이기심 대신에 질투가 판친다.

_E. 호퍼(1902~1983) 미국 철학자

*이타주의 | 사랑과 질서를 기초로 하여 자기를 희생함으로써 다른 사람의 행복을 증가시키려는 목적으로 하는 생각.

*저열하다 | 질이 낮고 변변하지 못하다.

▶ 자기가 배고프면 남에게 달라붙고 배부르면 떠나가며, 세력가에게는 달려가고 그가 세력을 잃으면 저버린다. 이것이 사람의 마음이 가진 공통된 결함이다. _《채근담》

▶ 자기가 좋아하는 것만 하려는 자는 악인이라고 불러야 한다.
_P. 시루스(B.C. 1세기경) 로마 시인 《격언집》

▶ 질투 속에는 사랑보다 이기심이 더 많다.
_F. 라로슈푸코(1613~1680) 프랑스 작가

▶ 집이 무너지기 전에 집을 떠나는 것은 쥐들이나 하는 짓이다.
_F. 베이컨(1561~1626) 영국 정치가, 철학자

▶ 하찮은 아첨꾼들이 모두 알고 있는 최고의 아첨꾼은 인간의 이기심이다. _플루타르코스(46?~120?) 그리스 철학자, 작가 《플루타르크 영웅전》

▶ 행복은 인간을 이기주의자로 만든다.
_L. N. 톨스토이(1828~1910) 러시아 소설가, 사상가

속담

▶ 각자의 손바닥은 자기 쪽을 향하고 있다. _에스파냐

▶ 내 돈 서 푼은 알아도 남의 돈 칠 푼은 모른다. _한국

▶ 내 말이 넘어졌을 때처럼 하지 않는다. (다른 사람의 불행에 대해서는 냉담하다는 말) _일본

▶ 누구든지 자기 물방아에 물을 뜬다. _영국

▶ 눈 어둡다 하더니 다홍 고추만 잘 딴다. (자기 일만 알고 남의 일은 조금도 도와주지 않는 사람을 이르는 말) _한국

▶ 부처를 위해 불공하나 제 몸을 위해 불공하지. (남을 위하여 하는 것 같지만, 결국은 자기를 위하여 하는 것임을 이르는 말) _한국

▶ 사람은 자기 거위를 백조로 생각한다. _영국

▶ 혼자만 빵을 먹는 사람은 자기 이빨로 무거운 짐을 들게 된다. _터키

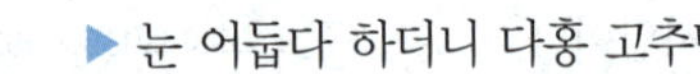

한자 숙어

감탄고토(甘呑苦吐) 달면 삼키고 쓰면 뱉는다는 뜻으로, 유리하면 나서고 불리하면 나서지 않는 이기적인 태도를 이르는 말.

독선기신(獨善其身) 남이야 어찌 되든 상관 않고 자기 한 몸의 편안함만을 꾀한다는 뜻.

아전인수(我田引水) 자기 논에 물 대기라는 뜻으로, 자기에게만 유리하도록 하는 이기적인 행동을 말함.

人間 인간

언어를 가지고 생각할 줄 알고 사회를 이루며 사는 지구상의 고등 동물.

명언 명문

▶ 고독은 인간의 가장 근본적인 조건이다. 오로지 인간만이 자신이 고독하다는 것을 안다. _O. 파스(1914~1998) 멕시코 시인, 평론가

▶ 궁지에 몰리면 사람들은 영웅적이 된다. _G. 오웰(1903~1950) 영국 소설가

▶ 그저 와서 박수만 치는 사람도 목적에 기여하는 데가 있다. _H. B. 애덤스(1838~1918) 미국 역사가, 사상가 《헨리 애덤스의 교육》

▶ 너희는 짐승처럼 살기 위해서 만들어진 것이 아니고 덕과 지식을 구하기 위해서 만들어진 것이다. _A. 단테(1265~1321) 이탈리아 시인 《신곡》

▶ 동일한 인간이라도 포도주처럼 달고 동시에 쓸 수도 있다. _플루타르코스(46?~120?) 그리스 철학자, 작가 《플루타르크 영웅전》

▶ 돼지가 되어 즐거워하는 것보다 사람이 되어 슬퍼하는 것이 낫다. _소크라테스(B.C. 469~B.C. 399) 그리스 철학자

▶ 모든 인간은 스스로 사색하는 세계관에 의해 성실한 인격을 지녀야 할 사명을 갖고 있다. _A. 슈바이처(1875~1965) 독일 신학자, 철학자, 의사

▶ 발전하지 않는 사람은 퇴보한다. _J. W. 괴테(1749~1832) 독일 시인, 소설가, 극작가

▶ 사람들은 의식적이든 무의식적이든 자기의 원칙, 자기의 이상, 즉 참되고 아름답고 선하다고 생각되는 것을 위해 살고 있다. _I. S. 투르게네프(1818~1883) 러시아 소설가 《햄릿과 돈키호테》

▶ 사람은 가장 뛰어난 존재다. _구양수(1007~1072) 중국 송나라 시인, 정치가

▶ 사람은 던져진 존재일 뿐이다. _M. 고리키(1868~1936) 러시아 작가

▶ 사람은 부덕이 없이 덕을, 미움이 없이 사랑을, 추함이 없이 미를 생각할 수 있을까? _A. 프랑스(1844~1924) 프랑스 작가 《에피쿠르의 정원》

A. 슈바이처

▶ 사람은 사람의 주인이 아니다. _에픽테토스(55?~135?) 로마 철학자

▶ 사람은 사회적인 존재로서 타인과 더불어 사는 것이 본성이다. _아리스토텔레스(B.C. 384~B.C. 322) 그리스 철학자 《니코마코스 윤리학》

▶ 사람은 생산하지 않으면서도 소비하는 유일한 동물이다. _G. 오웰(1903~1950) 영국 소설가

▶ 사람은 싫증을 낼 수 있는 유일한 동물이다. _E. 프롬(1900~1980) 독일 정신 분석학자, 사회학자

▶ 사람은 언뜻 보아 미래에 의해서 움직이고 있는 것 같으나 사실은 과거에 의해서 움직이고 있다. _A. 쇼펜하우어(1788~1860) 독일 철학자

▶ 사람은 여러 사람에게 호감을 사면 살수록 더 깊게 사랑받지는 못한다. _스탕달(1783~1842) 프랑스 소설가

▶ 사람은 일하기 위해서 이 세상에 태어난 것이다. 명상만 하고 꿈꾸기 위해서 존재하는 것이 아니다. 모든 사람은 자신의 능력에 따라 자기가 하고 싶은 일을 할 때에 가장 빛난다. _T. 칼라일(1795~1881) 영국 사상가, 역사가

▶ 사람은 자기 자신을 위해 사는 것보다 남을 위해 살 때에 더 큰 만족을 느낀다. _H. 헤세(1877~1962) 독일 소설가, 시인 《게르트루트》

▶ 사람은 태어나서 괴로워하고 그리고 죽는다. _W. S. 몸(1874~1965) 영국 소설가, 극작가 《인간의 굴레》

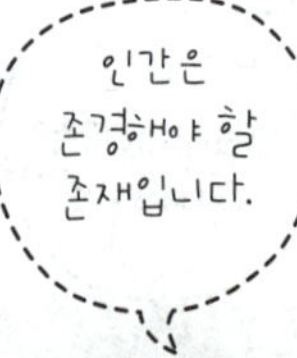

▶ 세상이 야속하다 말고 세상에서 없어서는 안 될 사람이 되어라. 세상이 찾는 사람이 되어라. _R. W. 에머슨(1803~1882) 미국 사상가, 시인

▶ 수치심을 버리면 사람은 짐승이 된다. _A. C. 스윈번(1837~1909) 영국 시인, 평론가

▶ 이 세상에서 활동하는 인간의 중심부에는 세 가지 종류가 있다. 두뇌와 심장과 복부. 두뇌는 생각하고, 심장은 사랑을, 그리고 복부는 부성과 모성을 지니고 있다. _V. M. 위고(1802~1885) 프랑스 시인, 극작가 《셰익스피어론》

M. 고리키

▶ 인간, 얼마나 위대한 걸작인가. 이성은 고귀하고, 능력은 무한하고, 행동은 천사와 같고, 이해는 신과 같다. 세계의 아름다움이요, 만물의 영장이다. _W. 셰익스피어(1564~1616) 영국 극작가, 시인 《햄릿》

▶ 인간에게 있어서 가장 놀란 만한 특성의 하나는 마이너스를 플러

스로 바꾸는 힘이다. _A. 아들러(1870~1937) 오스트리아 정신 분석가

▶ 인간에게는 증오나 불안을 잊어버리게 하는 성질이 있다.

_C. S. 채플린(1889~1977) 미국 배우, 영화감독

▶ 인간은 각자 인생이라는 선실에 앉아 *이승이라는 바다를 건너가고 있다. _E. B. 브라우닝(1806~1861) 영국 시인

▶ 인간은 누구나 그 몸속에 야수를 숨기고 있다.

_프리드리히 2세(1712~1786) 프로이센 국왕

▶ 인간은 단순히 괴로움을 참을 뿐만 아니라 이길 것입니다. 그는 죽지 않습니다. 동정과 희생과 인내를 할 수 있는 정신을 가지고 있기 때문입니다. _W. C. 포크너(1897~1962) 미국 소설가

▶ 인간은 때로는 오류를 범하면서도 다리를 뻗고, 비틀거리면서도 전진한다. _J. E. 스타인벡(1902~1968) 미국 소설가 《분노의 포도》

▶ 인간은 만물의 척도다. _프로타고라스(B.C. 485?~B.C. 410?) 그리스 철학자

▶ 인간은 불쌍히 여길 존재가 아니라 존경해야 할 존재이다.

_M. 고리키(1868~1936) 러시아 작가

▶ 인간은 인간성을 초월하지 않으면 비열하기만 하다.

_L. A. 세네카(B.C. 4?~A.D. 65) 로마 철학자, 극작가 《자연학 문제집》

▶ 인간은 자연을 지배하고 있는 것이 아니라 자연의 법칙과 비밀에 대한 얼마간의 지식에 기초하여 이러한 지식을 갖지 못한 다른 생물들의 주인으로서의 지위에 오르게 된 것이다.

_A. 히틀러(1889~1945) 독일 정치가 《나의 투쟁》

▶ 인간은 정신의 성숙, 양심의 성숙, 신과 이웃과의 관계의 성숙을 통하여 한 사람 몫을 합니다. _요한 바오로 2세(1920~2005) 교황

▶ 인간은 조상보다 동시대의 사람들을 더 많이 닮는다.

_R. W. 에머슨(1803~1882) 미국 사상가, 시인 《대표적 인물론》

▶ 인간은 죽음을 두려워한다. 이것은 삶을 사랑하기 때문이다.

_F. M. 도스토옙스키(1821~1881) 러시아 소설가

▶ 인간은 타인을 도울 때를 제외하고는 완전히 고독하다.

_E. 프롬(1900~1980) 독일 정신 분석학자, 사회학자 《사랑의 기술》

▶ 인간은 한 마리의 벌레도 만들지 못하면서 열둘이나 되는 신들을 만들고 있다. _M. E. 몽테뉴(1533~1592) 프랑스 사상가 《수상록》

*이승 | 지금 살고 있는 세상.

*방비 | 적의 침입이나 피해를 막기 위하여 미리 지키고 대비함.
*희구 | 바라고 구함.

▶ 인간을 통해서 사회를, 사회를 통해서 인간을 연구하지 않으면 안 된다. 정치와 도덕을 별개로 논하려고 하는 사람들은 그 어느 편에 대해서도 아무것도 이해하지 못하는 것이다.

_J. J. 루소(1712~1778) 프랑스 작가, 사상가 《에밀》

▶ 인간이 짐승이 되면 그는 짐승보다 더 나쁘다.

_R. 타고르(1861~1941) 인도 시인, 사상가

▶ 인간이라는 자는 창조하는 것에 의해서만 자기를 *방비할 수가 있다. _A. G. 말로(1901~1976) 프랑스 소설가, 정치가 《정복자》

▶ 인간이란 하나의 종합, 즉 무한과 유한, 시간적인 것과 영원한 것, 자유와 필연이다. _S. A. 키르케고르(1813~1855) 덴마크 철학자 《죽음에 이르는 병》

▶ 자연은 순환하지만 인간은 전진한다. _E. 영(1683~1765) 영국 시인

▶ 지상에는 사람보다 위대한 것이 없고 사람에게는 정신보다 위대한 것이 없다. _W. 해밀턴(1788~1856) 영국 철학자

▶ 희망은 튼튼한 지팡이며, 인내는 여행의 옷, 이 둘을 갖고 사람은 현세와 무덤을 지나 영원으로 걸음을 옮긴다.

_F. 로가우(1604~1655) 독일 시인 《격언시》

▶ 지상에서 호흡하고, 꿈틀거리고 있는 모든 살아 있는 것들 중에서 인간처럼 가련하고 비참한 것도 없다.

_호메로스(?~?) 그리스 시인 《오디세이》

속담

▶ 귀신보다 사람이 더 무섭다. (무엇보다도 사람의 증오와 음모가 가장 무섭다는 말) _한국

▶ 만약 당신이 사랑하고, *희구하고, 또 괴로움 속에 있다면, 그러함으로써 당신은 인간인 것이다. _인도

▶ 물은 건너 보아야 알고 사람은 지내 보아야 안다. (사람은 겉만 보고는 알 수 없으며, 오랫동안 겪어 봐야 알 수 있다는 말) _한국

▶ 사람 살 곳은 골골이 있다. (아무리 어려운 환경에서도 도와줄 사람은 어디든지 있다는 말) _한국

▶ 사람과 산은 멀리서 보는 게 낫다. (사람을 가까이 사귀면 멀리서 볼 때 안 보이던 결점이 다 드러나 실망하게 됨을 이르는 말) _한국

▶ 사람은 키 큰 덕을 입어도 나무는 키 큰 덕을 못 입는다. (나무는 큰 나무가 있으면 작은 나무가 오히려 자라지 못하나, 사람은 큰 사람이 나면 그 덕을 입는다는 말) _한국

▶ 사람은 하늘을 이긴다. (사람은 자연재해를 이겨 낼 수 있다는 뜻으로, 사람의 힘이 큼을 이르는 말) _한국

▶ 사람의 새끼는 서울로 보내고 마소 새끼는 시골로 보내라. (사람은 넓고 큰 곳에서 자라야 견문도 넓어지고 출세할 기회도 많다는 말) _한국

▶ 인간은 달걀보다 깨지기 쉽고 바위보다 단단하다. (인간은 약한 면과 강한 면이 있다는 말) _세르비아

▶ 인간은 저마다 무거운 짐을 짊어지고 있다. (사람은 모두 고생을 하며 살아간다는 말) _프랑스

▶ 하늘 밑의 벌레. (대자연 앞에 힘없는 사람을 두고 하는 말) _한국

한자 숙어

갑남을녀(甲男乙女) 갑이란 남자와 을이란 여자라는 뜻으로, 평범한 사람을 이름.

인비목석(人非木石) 사람은 목석이 아니라는 뜻으로, 사람은 누구나 감정과 사리를 분별하는 힘을 가지고 있다는 말.

장삼이사(張三李四) 장씨의 삼남과 이씨의 사남이란 뜻으로, 평범한 사람들을 이름.

창해일속(滄海一粟) 사람의 존재가 넓은 바다에 던져진 좁쌀같이 보잘것없다는 말.

키워드 정보 BOX

초인

'초인'이란 말은 괴테를 비롯한 여러 사람이 사용했지만, 프리드리히 니체가 그의 책 《자라투스트라는 이렇게 말했다》에서 의미심장하게 사용했다. 니체는 우수한 잠재력을 지닌 어떤 사람이 큰 권력으로 민중을 지배하면서 자신의 가능성을 끝까지 실현시킨 이상적인 인간을 '초인'이라고 했다. 그의 사상은 그후 독일 나치스 때문에 오해받기도 했지만 니체가 말한 초인은 '그리스도의 영혼을 가진 카이사르'를 말하는 것이므로 나치스의 사상과는 근본적으로 다르다. 영국의 극작가 조지 버나드 쇼는 '초인'이라는 용어를 자신의 희곡 《인간과 초인》을 통해 대중 속에 널리 퍼뜨렸다.

실존 철학의 선구자 프리드리히 니체.

사회

인권 人權

사람이라면 누구나 태어나면서부터 가지고 있는,
생명 · 자유 · 평등 등에 관한 기본적인 권리.

명언 명문

*일목요연하다 | 한 번 보고 금방 알 수 있을 만큼 분명하고 뚜렷하다.

▶ 모든 사람은 태어날 때부터 자유롭고, 존엄하며, 평등하다. 모든 사람은 이성과 양심을 가지고 있으므로 서로에게 형제애의 정신으로 대해야 한다. _〈세계 인권 선언문〉

▶ 모든 인간은 평등하며 누구나 창조자로부터 어떤 양도할 수 없는 권리를 받았다는 사실을 우리는 자명한 것으로 받아들인다.

_〈미국 독립 선언서〉

▶ 모든 인간이 자기 자신의 확신에 따라 숭배한다는 것은 기본적인 인권이며 본성의 특권이다.

_Q. S. F. 테르툴리아누스(160?~220?) 카르타고 신학자 《수도사를 위해》

▶ 사람들은 인권에 눈을 떴습니다. 과학의 광명은 모든 사람으로 하여금 *일목요연하게, 민중이라고 그 등에 안장을 업고 태어난 것이 아니며, 운 좋은 몇 사람이라고 해서 장화를 신고 박차를 달고 태어난 것이 아님을 보여 주고 있습니다. 누가 금방 누구의 등에 올라타도록 하느님의 은혜가 내려진 것이 아님을 다들 알고 있습니다. _T. 제퍼슨(1743~1826) 미국 제3대 대통령

▶ 인권은 인간의 존엄성에 의존한다. 인간의 존엄성은 쟁취할 만한 가치가 있으며, 이를 위해 목숨을 버릴 만한 것이다.

_A. 호프(1863~1933) 영국 소설가

▶ 인권은 평화보다 더 소중하다. _T. W. 윌슨(1856~1924) 미국 제28대 대통령

▶ 인권의 존재와 타당성은 별 속에 쓰여 있는 것은 아니다. 역사적 경험과 미와 조화의 추구에서 온 이상과 확신은 인간에 의해 이론적으로 쉽사리 받아들여졌다. _A. 아인슈타인(1879~1955) 미국 물리학자

사회

자격

資格

일정한 신분이나 지위.

명언 명문

▶ 각 나라는 그 자격에 맞는 정부를 가진다.

_J. M. 메스트르(1753~1821) 프랑스 정치가, 작가

▶ 관직을 얻지 못하는 것보다는 스스로 자격이 없는 것을 염려하라. 남이 알아주지 않는다고 염려하지 말고 사람들에게 알려질 수 있는 일을 하도록 힘써라. _공자(B.C. 551~B.C. 479) 중국 춘추 시대 노나라 사상가

▶ 권력을 가질 자격이 있는 사람은 하나도 없다. 단 한 명일지라도 남의 운명을 결정할 권력은 누구한테도 허용해서는 안 된다.

_C. P. 스노(1905~1980) 영국 소설가, 물리학자

▶ 나는 이 상을 받을 자격이 없다고 생각합니다.

_W. L. S. 처칠(1874~1965) 영국 정치가

▶ 나무 꼭대기에 있는 사람들은 밑바닥에 있을 자격이 없는 사람들이다. _P. 유스티노프(1921~2004) 영국 배우, 극작가

▶ 단지 박식하기만 하고 실행이 따르지 않는 자는 남의 스승이 될 자격이 없다. _《예기》

▶ 부지런히 일하여 손에 굳은살이 박인 사람은 식탁의 제일 윗자리에 앉아서 따뜻한 밥을 먼저 먹을 자격이 있지만, 그렇지 않은 사람은 먹다 남은 찬밥을 식탁의 제일 아랫자리에 앉아서 맨 나중에 먹어야 한다. _L. N. 톨스토이(1828~1910) 러시아 소설가, 사상가

▶ 사람이 아무 일도 하지 않게 되면 무능한 사람이 되고 만다. 그러나 한 가지 일에 열중하면 다른 일도 할 수 있게 되어 그 사람의 자격은 저절로 갖추어지게 되는 것이다.

_W. 해즐릿(1778~1830) 영국 평론가, 수필가

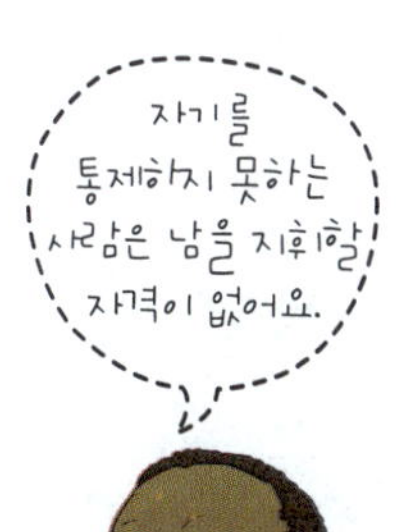

M. L. 킹

*공적 | 노력과 수고를 들여 이루어 낸 일의 결과.

▶ 수상이 갖추어야 할 자격은 인내다. _W. 피트(1708~1778) 영국 정치가

▶ 여성을 소중히 지킬 수 없는 남자는 여성의 사랑을 받을 자격이 없다. _J. W. 괴테(1749~1832) 독일 시인, 소설가, 극작가

▶ 자격이 없이 명예를 얻는 것보다 자격은 있지만 명예를 얻지 못하는 것이 더 낫다. _M. 트웨인(1835~1910) 미국 소설가

▶ 자기 지위가 자신의 자격에 못 미치는 낮은 것이라고 여기는 자는 반드시 그 지위조차 얻을 자격이 없는 자가 될 것이다. _핼리팩스(1661~1715) 영국 정치가

▶ 자기를 통제하지 못하는 사람은 남을 지휘할 자격이 없다. _M. L. 킹(1929~1968) 미국 목사, 흑인 해방 운동가

▶ 자기의 *공적을 자랑하지 않는 사람은 높은 지위를 가질 자격이 있다. _사마양저(B.C. 6세기경) 중국 춘추 시대 제나라 병법가

▶ 자신의 자격과 능력을 모른다면 정치의 핵심을 모르는 것이다. _《관자》

▶ 전쟁에서는 아무도 승리를 확신할 수 없다. 다만 자격이 있는 사람만 승리를 얻을 뿐이다. _W. L. S. 처칠(1874~1965) 영국 정치가

▶ 죄수들을 제대로 다루지 못하는 여왕이라면 죄수들을 거느릴 자격이 없다. _O. F. O. W. 와일드(1854~1900) 아일랜드 시인, 극작가

▶ 질서와 청결은 문명인의 자격이다. _안창호(1878~1938) 독립운동가, 교육자

▶ 칭찬 받을 만한 자격이 없는 사람에게 안겨 주는 칭찬은 이를 데 없는 조롱이다. _B. 프랭클린(1706~1790) 미국 정치가, 과학자

속담

▶ 개 귀에 방울. (옷차림이나 지닌 물건 따위가 제격에 맞지 않아 어울리지 않음을 이르는 말) _한국

▶ 돈 없는 놈이 큰 떡 먼저 든다. (자격을 갖추지 못한 자가 도리어 먼저 나댈 때 이르는 말) _한국

▶ 먼저 자격을 갖춘 뒤에 자리를 바라도록 하라. _영국

▶ 쓴맛을 보지 않으려는 자는 단맛을 볼 자격이 없다. _서양

▶ 자격 있는 자에게 승리의 월계관을 주라. _로마

▶ 좋은 개는 좋은 뼈를 얻을 자격이 있다. _서양

自立 자립

남에게 예속되거나 의지하지 아니하고 스스로 섬.

명언 명문

▶ 교사가 지나치게 엄격하면 학생은 자립의 의지를 잃는다.

_S. 스마일스(1812~1904) 영국 작가

▶ 남에게 의지하면 실망하는 수가 많다. 새는 자기의 날개로 날고 있다. 따라서 사람도 스스로 자립의 날개로 날아야 한다.

_J. E. 르낭(1823~1892) 프랑스 작가, 철학자

▶ 남에게 조금도 의존하지 않는 사람이 가장 행복하다.

_M. T. 키케로(B.C. 106~B.C. 43) 로마 정치가, 학자

▶ 남의 빛을 빌려서 나를 빛나게 하려 해서는 안 된다.

_모리 오가이(1862~1922) 일본 작가

▶ 높은 곳에 올라가고 싶다면 네 발로 걸어서 올라가라. 남의 등에 업히거나 남의 머리를 밟고 올라가지 마라.

_F. W. 니체(1844~1900) 독일 철학자, 시인

▶ 스스로를 의존하되 남을 의존하지 마라. _《한비자》

▶ 어른이 된다는 것은 자립한다는 것이다.

_J. 로스탕(1894~1977) 프랑스 작가, 생물학자

▶ 왕은 자기 나라에서 자립심이 가장 적고 오히려 거지는 자립심이 가장 많다. _A. 해어(1792~1834) 영국 성직자

▶ 자립이란 중류층이 사용하는 *모독의 말이다. 우리는 누구나 서로 의존하고 있는 것이다. _G. B. 쇼(1856~1950) 아일랜드 극작가, 평론가

*모독 | 말이나 행동으로 더럽혀 욕되게 함.

속담

▶ 우선 경제적으로 자립하고 그 다음에 미덕을 실천하라. _그리스

자선

慈善

남을 불쌍히 여겨 도와줌.

명언 명문

▶ 가난한 사람들에게 자기 재산을 나누어 주는 사람은 주는 것의 열 배를 가질 것이다. _J. 버니언(1628~1688) 영국 성직자, 작가

▶ 고통을 없애고 기쁨을 나누고자 하는 마음처럼 우리를 아름답게 하는 것은 없다. _R. W. 에머슨(1803~1882) 미국 사상가, 시인

▶ 남에게 선심을 쓰려거든 부탁하기 전에 주라. 부탁을 받고 나서 베푼다면 절반밖에 준 것이 아니다. _F. 뤼케르트(1788~1866) 독일 시인, 동양학자

▶ 대개 우리의 자선은 자기 집에서 시작해 자기 집에서 끝난다. _H. 스미스(1779~1849) 영국 시인

▶ 도둑에게 내가 가진 것을 줘 버리면 그는 훔친 일이 없게 돼서 더 이상 도둑이 아니다. _W. 사로얀(1908~1981) 미국 소설가, 극작가

▶ 두 마음 없이 주는 것은, 항상 우리들 자신에게 돌아온다. _W. T. 그렌펠(1865~1940) 영국 의사, 선교사

▶ 베푸는 즐거움을 맛보려면 사람은 가난해야 한다. _G. 엘리엇(1819~1880) 영국 소설가

▶ 부자가 가지고 있는 커다란 행복은 자선을 행할 수 있는 일이다. _H. 하이네(1797~1856) 독일 시인

▶ 사람의 발전을 방해하는 것 가운데 하나가 무차별적인 자선이다. _A. 카네기(1835~1919) 미국 실업가

▶ 우리는 베풀어 주는 사람을 별로 달갑게 생각하지 않는다. 우리 입에 음식을 떠 넣어 주는 사람은 손을 물릴 위험이 있다. _R. W. 에머슨(1803~1882) 미국 사상가, 시인

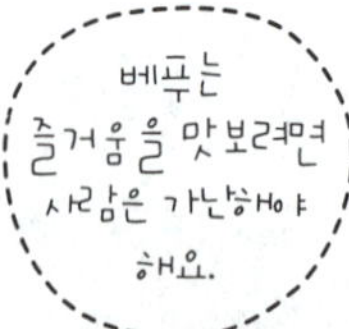

G. 엘리엇

- 용기는 남자의 덕에 적합하며, 자선은 여자의 덕에 적합하다.

_A. 쇼펜하우어(1788~1860) 독일 철학자

- 자기 시간을 하느님께 드리고 자기 돈을 가난한 사람들에게 주는 사람이 가장 탁월한 장사꾼이다. _J. 테일러(1613~1667) 영국 작가, 성직자
- 자선은 그것이 희생일 경우에만 자선이다.

_L. N. 톨스토이(1828~1910) 러시아 소설가, 사상가

- 자선은 기도의 자매이다. _V. M. 위고(1802~1885) 프랑스 시인, 극작가
- 자선은 모든 사람에게 인정을 받는 유일한 미덕이다.

_H. D. 소로(1817~1862) 미국 사상가, 수필가

- 자선은 오직 마음의 미덕일 따름이며, 손의 미덕은 아니다.

_J. 애디슨(1672~1719) 영국 수필가, 시인, 정치가 《후견인》

- 자선은 죽은 자들보다 살아 있는 사람들에게 더 필요하다.

_G. 아널드(1834~1865) 미국 시인

- 최상의 자선은 자선을 받은 사람이 다시는 자선을 요구하지 않도록 자립시키는 것이다.

_M. 마이모니데스(1135~1204) 유대 철학자, 의학자, 천문학자

속담

- 가난한 사람에게 자선을 베풀면 창고가 더욱 가득 찬다. _서양
- 거지 옷 해 입힌 셈 친다. (대가나 보답을 바라지 않고 남에게 자선을 베푼다는 뜻) _한국
- 부처님 공양 말고 배고픈 사람 밥을 먹여라. (보람도 없는 공양을 할 게 아니라 그 재물로 굶주린 사람을 조금이라도 도와서 밥을 먹이는 것이 참된 길이라는 뜻) _한국
- 자선은 건강할 때 하면 금이고, 병들었을 때 하면 은이며, 죽은 뒤에 하면 납이다. _이스라엘
- 자선은 결코 지갑을 가볍게 만들지 않는다. _에스파냐
- 자선은 자기 집에서 제일 먼저 시작한다. _로마
- 자선을 청하는 사람은 한 번 얼굴을 붉히고, 자선을 거절하는 사람은 두 번 얼굴을 붉힌다. _터키
- 하느님은 자선을 할 수 있도록 인간의 손을 만들었다. _아라비아

제도

制度

관습이나 도덕, 법률 따위의 규범이나 사회 구조의 체계.

명언 명문

*압제 | 권력이나 폭력으로 남을 꼼짝 못하게 누름.

▶ 나는 다른 제도가 다 나쁘기 때문에 민주주의를 좋게 생각한다.

_M. F. M. 로베스피에르(1758~1794) 프랑스 정치가

▶ 노예 제도는 무가치한 자들의 불의한 *압제로 생긴 것이다.

_J. 볼(?~1381) 영국 성직자

▶ 문명의 초기에는 역사가 매우 가치가 있었지만 나중에는 무의미한 신조와 제도로 가득 찼다.

_W. 배젓(1826~1877) 영국 경제학자, 사회학자, 문예 평론가

▶ 법률이나 제도가 있으면 백성을 제어하여 나라를 다스릴 수가 있으나, 이런 제도가 없으면 오히려 백성에게 견제당하게 된다.

_《회남자》

▶ 어떤 제도든지 그것을 정한 근거가 있게 마련이다. 자기의 얕은 지식으로 그 제도를 방해하는 일을 해서는 안 된다. _《서경》

▶ 우리의 생각과 달리 제도로 인간이 평등해질 수는 없습니다. 평등은 신을 사랑하며 인간을 사랑할 때만 가능하기 때문입니다. 그리고 이 사랑은 제도로서가 아니라 영혼을 살찌움으로써 얻어질 수 있는 것입니다. _L. N. 톨스토이(1828~1910) 러시아 소설가, 사상가

▶ 이 싸움에서 나의 최고 목적은 노예 제도의 보존이나 폐지가 아니라 이 나라의 보존이다. _A. 링컨(1809~1865) 미국 제16대 대통령

▶ 정치 제도는 경제적 기초 위에 세워진 구조다.

_V. 레닌(1870~1924) 소련 혁명가, 정치가

▶ 정치를 하는 데 없애야 할 제도도 있고 또 새로 제정해야 할 제도도 있다. 모두가 때에 따라서 해야 하는 것이다. _《서경》

주인

主人

대상이나 물건 따위를 소유한 사람.

명언 명문

▶ *고관이란 군주나 국가, 명성, 일 등 세 가지 주인을 모시는 하인이다. _F. 베이컨(1561~1626) 영국 정치가, 철학자

▶ 국민의 가장 우수한 하인들은 주인의 귀에 대고 불쾌한 진실을 속삭여야만 한다. 왕이 가장 잃기 싫어하는 것은 어리석은 신하들이 아니라 왕궁의 어릿광대다.

_W. 리프먼(1889~1974) 미국 시사 평론가, 언론인

▶ 나쁜 하인들이 주인의 평판을 해치기는 왕에서 *신기료장수에 이르기까지 모두 똑같다. _J. 게이(1685~1732) 영국 시인, 극작가

▶ 넓은 토지의 주인도 결국은 해골 하나밖에 가지지 못한다.

_W. 셰익스피어(1564~1616) 영국 극작가, 시인

▶ 노예에게는 한 사람의 주인밖에 없지만 야심가에게는 그가 출세하는 데 도움이 되는 사람의 수만큼의 주인이 필요하다.

_J. 라브뤼예르(1645~1696) 프랑스 작가

▶ 덕성은 재능의 주인이요, 재능은 덕성의 *노복이다. 재능은 있어도 덕성이 없으면 주인 없는 집안에 노복들끼리만 살림살이를 하는 것과 같을 것이니 어찌 도깨비가 놀아나지 않으리오. _《채근담》

▶ 믿음직한 심부름꾼은 그를 보내는 주인에게 무더운 추수철의 시원한 냉수와 같아서 주인의 마음을 기쁘게 해 준다. _《성경》

▶ 백성의 주인 되는 자는 그 지위에 상당하는 일을 부지런히 해야 한다. 그것이 백성을 편안하게 쉬게 하는 방법이다. _《춘추좌씨전》

▶ 불은 가장 좋은 하인이지만 가장 가혹한 주인이기도 하다.

_T. 칼라일(1795~1881) 영국 사상가, 역사가

*고관 | 지위가 높은 벼슬이나 관리.

*신기료장수 | 헌 신을 꿰매어 고치는 일을 직업으로 하는 사람.

*노복 | 나이 많은 사내종.

▶ 사람은 어떤 일이 생기면 신에게 빌지만 오히려 백성이야말로 신의 주인이 되어야 한다. 임금된 자는 백성을 위해 힘쓰고 그런 후에 신에게 제사를 지내야 하는 것이다. _《춘추좌씨전》

▶ 사람은 자기 운명의 사람이자 주인이다. _A. 테니슨(1809~1892) 영국 시인

▶ 사람은 주인과 손님 두 종류다. _M. 비어봄(1872~1956) 영국 작가

▶ 새로운 주인은 언제나 엄하다.

_아이스킬로스(B.C. 525~B.C. 456) 그리스 시인 《결박당한 프로메테우스》

▶ 아무도 두 주인을 섬길 수 없다. _《성경》

▶ 예술가는 대자연의 연인이다. 따라서 그는 자연의 하인이면서 주인이기도 하다. _R. 타고르(1861~1941) 인도 시인, 사상가

▶ 오로지 마음만이 자신의 주인이다. 스스로 주인이 된 사람은 참된 진리를 얻는다. _《법구경》

▶ 완고한 주인을 위하여 일하는 사람은 비참한 사람이다. 그러나 섬길 주인이 없는 사람은 더 비참한 사람이다.

_O. F. O. W. 와일드(1854~1900) 아일랜드 시인, 극작가

▶ 우리의 적은 우리의 주인이다.

_J. 라퐁텐(1621~1695) 프랑스 시인, 우화 작가 《노인과 당나귀》

▶ 자기 자신의 주인이 아니면 아무도 자유롭지 못하다.

_에픽테토스(55?~135?) 로마 철학자

▶ 자기가 사물을 부리는 사람은 얻어도 원래 기뻐하지 않고 잃어도 또한 근심하지 않는다. _《채근담》

▶ 자기가 소유하고 있는 것을 가장 풍부한 재산으로 여기지 않는 자는 누구나 비록 이 세상의 주인이라도 불행하다.

_에피쿠로스(B.C. 341~B.C. 270) 그리스 철학자

▶ 자신의 영혼에 안주하라. 자신이 스스로의 주인임을 명심하라. 한 남자로서, 인간으로서, 시민으로서, 그리고 궁극적으로는 죽음을 맞게 될 운명을 타고난 사람으로서 인생을 대하라.

_마르쿠스 아우렐리우스(121~180) 로마 황제

▶ 재치보다 돈을 먼저 얻는 사람은 잠시 동안만 돈의 주인이 될 것이다. _T. 풀러(1608~1661) 영국 성직자, 역사가

▶ 죄는 처음에는 손님처럼 겸손하다. 그러나 내버려 두면 주인을 내

쫓고 제가 주인이 된다. _《탈무드》

▶ 주인 된 자는 자기 집안 일이 어려운 경우에 빠질수록 그 집에 대한 염려가 더욱 깊어져서 그 어려운 경우에는 건져 낼 방침을 세우고야 맙니다. _안창호(1878~1938) 독립운동가, 교육자

▶ 주인들이 노예들에게 기꺼이 양보하는 유일한 재산은 미래이다.

_A. 카뮈(1913~1960) 프랑스 소설가, 극작가

▶ 주인은 겸손이 하인을 위해 좋은 것이라고 여기고, 성직자와 신자는 서로 상대방을 위해 좋은 것이라고 여긴다.

_J. 셀던(1584~1654) 영국 법학자, 정치가, 역사가

▶ 주인에게는 눈이 백 개 있다.

_G. J. 파이드루스(B.C. 15~A.D. 50) 로마 우화 시인 《수사슴과 황소》

▶ 주인은 온 집안에서 유일한 노예이다.

_메난드로스(B.C. 342?~B.C. 292?) 그리스 극작가 《단편》

▶ 주인의 눈은 그의 두 손보다도 더 많은 일을 한다.

_B. 프랭클린(1706~1790) 미국 정치가, 과학자 《가난한 리처드의 책력》

▶ 주인의 눈은 말을 살찌게 만든다.

_크세노폰(B.C. 431~B.C. 350?) 그리스 군인, 작가

▶ 주인이 되기 위해서는 노예처럼 행동하라.

_C. 타키투스(56?~120?) 로마 역사가, 정치가

▶ 주인이 집을 명예롭게 해야지 집이 주인을 명예롭게 해서는 안 된다. _M. T. 키케로(B.C. 106~B.C. 43) 로마 정치가, 학자

▶ 주인이 하인을 굶기면서 날마다 일을 시킨다면 주인의 재물을 훔치지 않는 하인은 드물 것이다. _박제가(1750~1805) 조선 시대 실학자

▶ 참된 물건이 아니라는 것을 아는 사람만이 물건의 주인이다.

_장자(B.C. 369?~B.C. 289?) 중국 전국 시대 송나라 사상가

▶ 하인들에게 존경을 받은 주인은 거의 없었다.

_M. E. 몽테뉴(1533~1592) 프랑스 사상가

▶ 하인을 두려워하는 주인은 그의 노예가 된다.

_P. 시루스(B.C. 1세기경) 로마 시인 《격언집》

▶ 하인을 부리는 자는 먼저 그의 굶주림과 추위를 염려하라.

_《명심보감》

속담

- 개도 닷새가 되면 주인을 안다. (짐승인 개도 자기를 돌봐 주는 주인을 안다는 뜻으로 배은망덕한 사람을 이르는 말) _한국
- 당신을 사랑하지 않는 자에게는 주인이 되고, 당신을 사랑하는 자에게는 노예가 되라. _터키
- 대중을 섬기는 사람은 변덕스러운 주인을 섬기는 것과 같다. _네덜란드
- 손님은 조심스런 것이 좋고 주인은 관대한 것이 좋다. (손님으로 가고 손님을 맞는 일은 사회 예절에 맞춰 적절하게 이루어져야 함을 이르는 말) _서양
- 주인 기다리는 개가 지리산만 바라본다. (공연히 무엇을 원하면서 멍하니 앉아 있는 사람을 조롱하는 말) _한국
- 주인 많은 나그네 밥 굶는다. (어떤 일에 관계된 사람이 많으면 서로 믿고 미루다가 결국 일을 그르치게 된다는 말) _한국
- 주인 모를 공사 없다. (무슨 일이든지 주장하는 사람이 알지 못하거나 참여하지 아니하면 안 된다는 말) _한국
- 주인 보탤 나그네 없다. (손님은 언제나 주인의 신세만 지게 마련이라는 말) _한국
- 주인보다 객이 많다. _한국
- 주인에게 작은 돌을 던지지 마라. 큰 돌로 얻어맞을 위험이 있다. _덴마크
- 주인은 그 집의 가장 큰 일꾼이다. _서양
- 주인은 손님의 편한 뜻을 따른다. (주인은 손님이 불편하지 않도록 잘 대접해야 한다는 말) _중국
- 주인인 사람은 행복하다. 원한다면 하인이 될 수도 있으니. _프랑스
- 한 주인을 섬기지 않으려는 자는 많은 주인을 섬기게 될 것이다. _이탈리아

한자 숙어

견마지심(犬馬之心) 개나 말이 주인을 위하는 마음이라는 뜻으로, 신하나 백성이 임금에게 충성을 다해서 몸을 바치는 자기 마음을 겸손하게 이르는 말.

세불양립(勢不兩立) 비슷한 두 세력은 동시에 존재할 수 없다는 뜻으로, 한 집에 두 명의 주인이 있을 수 없음을 이르는 말.

주객전도(主客顚倒) 주인은 손님처럼 손님은 주인처럼 행동을 바꾸어 한다는 뜻으로 입장이 뒤바뀐 것을 이르는 말.

풍월주인(風月主人) 맑은 바람과 밝은 달 등의 자연을 즐기는 사람을 이르는 말.

地位 지위

개인의 사회적 신분에 따르는 위치나 자리.

명언 명문

▶ 가장 높은 지위는 자유가 가장 적다.

_G. 살루스티우스(B.C. 86~B.C. 35?) 로마 역사가

▶ 가장 높은 탑은 가장 심하게 넘어진다.

_Q. 호라티우스(B.C. 65~B.C. 8) 로마 시인 《서정시집》

▶ 관리는 지위가 생기면 게으름을 피우게 된다. 병이 조금 나을 만하면 마음을 놓아 오히려 중하게 되기 쉽다. _《소학》

▶ 관직은 지키기도 버리기도 어렵고 정상에 도달하면 반드시 굴러 떨어진다. _W. 셰익스피어(1564~1616) 영국 극작가, 시인

▶ 군자는 자기 지위에 속하지 않는 일은 생각하지 않는다.

_공자(B.C. 551~B.C. 479) 중국 춘추 시대 노나라 사상가

▶ 군주의 명예와 나라의 흥망은 돌보지 않은 채 오로지 자기 지위의 보존을 위해 *야합과 교제에만 몰두하는 자는 역적이다.

_순자(B.C. 298?~B.C. 238?) 중국 전국 시대 조나라 사상가

*야합 | 좋지 못한 목적으로 서로 어울림.

▶ 나는 재산, 지위, 권력이 있지만 그것이 내가 가진 것의 전부라면 나는 얼마나 비참한가! _앨버트(1819~1861) 영국 빅토리아 여왕 남편

▶ 높은 데서 걸어가는 사람은 빨리 넘어진다. 따라서 높은 지위는 낮으면서도 항상 안전한 것보다 못한 것임을 안다. _《채근담》

▶ 높은 지위는 나의 본성과 무관하고 우연히 내게 온 것뿐이다. 그것은 올 때도 갈 때도 막을 필요가 없는 것이다.

_장자(B.C. 369?~B.C. 289?) 중국 전국 시대 송나라 사상가

▶ 높은 지위는 위인을 더욱 훌륭하게 하고, 소인배를 더욱 작게 만든다. _J. 라브뤼예르(1645~1696) 프랑스 작가 《사람은 가지가지》

▶ 높은 지위의 신분이 되어도 가족 관계의 모임에 있어서는 아버지나 형보다 윗자리에 앉아서는 안 되는 것이다. _《예기》

▶ 명예와 지위에 집착하면 훌륭한 신하가 못 된다. _《채근담》

▶ 사람들은 명성과 지위만이 즐거운 것이라고 알고, 명성도 지위도 없는 것이 최상의 참된 즐거움인 줄은 모른다. _《채근담》

▶ 사람의 지위는 곱고 따뜻한 마음씨보다 능력과 가치를 인정받음으로써 지켜질 수 있는 것이다.

_B. 그라시안이모랄레스(1601~1658) 에스파냐 작가

▶ 신은 훈장, 지위, 학위 등이 아니라 흉터들을 찾아내기 위해 너를 조사할 것이다. _E. G. 허버드(1856~1915) 미국 작가, 화가

▶ 신하의 지위에 있는 자는 임금의 신임을 얻지 못하면 백성의 위에 서서 다스릴 수가 없다. _맹자(B.C. 372~B.C. 289) 중국 전국 시대 추나라 사상가

▶ 여우의 머리보다는 사자의 꼬리가 되는 쪽을 택하라. _《탈무드》

▶ 연장자에게 자기 자리를 내주지 않으면 안 되는 때가 누구에게나 닥친다. _R. 몰딩(1917~1977) 영국 정치가

▶ 왕들의 신성한 권리란 최고 지위에 오를 수 있는 모든 사람의 신성한 권리를 의미한다. _E. 스펜서(1552?~1599) 영국 시인

▶ 우정은 지위와 애정 문제 이외의 모든 분야에서 변함이 없다.

_W. 셰익스피어(1564~1616) 영국 극작가, 시인

▶ 인간은 숫자와 같아서 지위로 평가받는다.

_나폴레옹 1세(1769~1821) 프랑스 황제 《잠언과 사상》

▶ 인생의 성공은 차지하고 있는 지위보다는 차지하고 있지 못하는 지위가 더 매력적으로 보이기 쉽다. _F. 라로슈푸코(1613~1680) 프랑스 작가

▶ 자기를 굽히는 자는 중요한 지위를 얻을 수 있지만 이기기를 좋아하는 자는 반드시 적을 만난다. _《명심보감》

▶ 자신의 원칙을 모두 버리면 권력도 없이 오로지 지위만 가진다.

_R. 토드(1927~2005) 영국 노동조합 지도자

▶ 지위가 높다고 해서 오만하지 않고 지위가 낮다고 해서 아첨하지도 않는다. _왕안석(1021~1086) 중국 북송 정치가, 학자

▶ 지위가 높은 자가 반드시 현명한 것은 아니고 지위가 낮은 자가 반드시 어리석은 것도 아니다. _백거이(772~846) 중국 당나라 시인

- 지위가 높아질수록 몸이 위태롭고 재산이 많아질수록 목숨이 위험하다. _《후한서》
- 지위는 너무 높아서는 안 된다. 너무 높으면 위태로워진다. _《채근담》
- 지위를 보고 접근하는 사람은 많으나, 사람됨을 보고 접근하는 사람은 적다. _B. 그라시안이모랄레스(1601~1658) 에스파냐 작가
- 지위와 재산은 하늘에서 떨어질 수도 있지만 지혜는 우리 자신이 추구해야만 하는 것이다. _E. 영(1683~1765) 영국 시인

속담

- 내 몸이 높아지면 아래를 살펴야 한다. (윗자리에 있으면 아랫사람을 조심해야 함을 이르는 말) _한국
- 높은 가지가 부러지기 쉽다. _영국
- 높은 나무일수록 바람이 세다. _영국
- 높은 자리에 있으면서 겸손해지기는 어렵다. _서양
- 높은 지위는 사람의 진가를 드러낸다. _영국
- 다시 긷지 아니한다고 우물에 똥을 눌까. (자기 지위나 지체가 월등해졌다고 이전 것을 다시 안 볼 듯이 괄시할 수는 없다는 말) _한국
- 사또 밥상에 간장 종지 같다. (한가운데 자리를 잡고 있음을 이르는 말로 중요한 직위에 있다는 뜻) _한국
- 지위가 높을수록 그에게 투쟁도 가깝다. _스코틀랜드
- 지위가 높을수록 마음은 낮추어 먹어야 한다. _한국
- 지위가 사람을 만든다. _유럽
- 지위는 태도를 변하게 한다. _영국

한자 숙어

등고자비(登高自卑) 높은 곳에 오르면 낮은 곳에서부터 오른다는 뜻으로, 일을 순서대로 해야 함. 또는 지위가 높아질수록 스스로를 낮춘다는 말.

부득기위(不得其位) 훌륭한 소질을 가지고도 그에 알맞은 지위를 얻지 못함.

영락소지(零落掃地) 지위나 부귀 따위가 땅에 떨어져 쓸어버린 듯이 없어짐.

장형부모(長兄父母) 맏형의 지위는 부모와 같다는 뜻.

포의지교(布衣之交) 벼슬이 없는 선비와 서민의 교제라는 뜻으로, 신분이나 지위를 떠나고, 이익 따위도 바라지 않는 교제를 비유해 이르는 말.

사회

직업 職業

생계를 유지하기 위하여 자신의 적성과 능력에 따라 일정한 기간 동안 계속하여 종사하는 일.

명언 명문

▶ 구두 수선공에게 그의 능력 이상을 요구하지 마라.

_아펠레스(B.C. 4세기경) 그리스 화가

▶ 글을 쓰는 직업이란 작가가 웃음거리가 되지 않고서는 돈을 벌 수 없는 유일한 직업이다. _J. 르나르(1864~1910) 프랑스 소설가, 극작가

▶ 나 자신의 직업은 언제나 지루해서 죽을 지경이다. 나는 다른 사람들의 직업을 원한다. _O. F. O. W. 와일드(1854~1900) 아일랜드 시인, 극작가

▶ 나는 감사하며 미안해 하는 새앙쥐처럼 '찍찍' 하지 않고, 나의 직업에 자만심을 가지고 사자처럼 외치고 싶다.

_J. E. 스타인벡(1902~1968) 미국 소설가

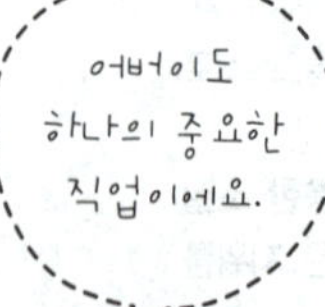

▶ 나는 직업이 하나가 아니라 두 개라고 생각할 때 더욱 크게 만족한다. _A. P. 체호프(1860~1904) 러시아 소설가, 극작가

▶ 남자들은 자기의 직업이 다른 어떤 직업보다도 소중하다고 믿지 않으면 자기가 하는 직업에 버틸 수 없다.

_F. W. 니체(1844~1900) 독일 철학자, 시인

▶ 농사는 사업이 아니라 직업이다. _W. E. 우드워드(1874~1950) 미국 작가

▶ 돈벌이는 사람의 마음을 즐겁게 한다.

_디오게네스(B.C. 412?~B.C. 323?) 그리스 철학자

▶ 동업자들은 심지어 오락을 위해서도 모이는 일이 거의 없지만, 그들의 대화는 일반 대중을 상대로 하는 음모나 가격 인상 계책으로 끝난다. _A. 스미스(1723~1790) 영국 경제학자, 철학자

▶ 두려워 마라. 자기 직업에 충분한 능력이 있는 사람은 취업을 못하지 않는다. _T. 제퍼슨(1743~1826) 미국 제3대 대통령 《문서집》

G. B. 쇼

▶ 모든 직업에서 가장 생산적이고 가장 즐겁고 자유스러운 직업은 농업이다. _M. T. 키케로(B.C. 106~B.C. 43) 로마 정치가, 학자

▶ 문학은 결코 직업으로 삼지 마라. _S. T. 콜리지(1772~1834) 영국 시인, 평론가

▶ 백성은 일정한 생활 근거가 없으면 일정한 마음이 없다. 죄를 지은 뒤에 따라가서 처벌한다면 그것은 그물로 백성을 잡는 것이다. _맹자(B.C. 372~B.C. 289) 중국 전국 시대 추나라 사상가

▶ 부자들을 비난하지 마라. 가난한 사람들이 언제 네게 직업을 주었던가? _L. J. 피터(1919~1990) 미국 작가

▶ 사람은 자기 가업으로 살아가야 한다. _J. 라퐁텐(1621~1695) 프랑스 시인, 우화 작가 《노인의 달력》

▶ 새 양복이 필요한 직업은 모두 조심하라. _H. D. 소로(1817~1862) 미국 사상가, 수필가

▶ 성공을 원하거든 자기 직업을 정확히 정하고 그것을 어디까지나 추구해야 한다. _B. 프랭클린(1706~1790) 미국 정치가, 과학자

▶ 성공의 비결은 어떤 직업에 있든 간에 그 분야에서 제1인자가 되려고 하는 데에 있다. _A. 카네기(1835~1919) 미국 실업가

▶ 수상의 일은 세상에서 가장 외로운 직업이다. _S. 볼드윈(1867~1947) 영국 정치가

▶ 어떠한 직업이나 장사든지 어느 정도의 정직함을 보이는 것이 그 사람을 부자로 만들어 줄 수 있는 가장 확실한 방법이다. _J. 라브뤼예르(1645~1696) 프랑스 작가

▶ 어떠한 직업이든 자기가 지배하면 즐겁고 복종하면 불쾌하다. _알랭(1868~1951) 프랑스 철학자, 평론가

▶ 어버이라는 것은 하나의 중요한 직업이다. 그러나 여지껏 아이들을 위해 이 직업의 *적성 검사를 한 적이 없다. _G. B. 쇼(1856~1950) 아일랜드 극작가, 평론가

▶ 영웅이 되기란 지상의 모든 직업 가운데 가장 그 수명이 짧다. _W. 로저스(1879~1935) 미국 배우, 유머 작가

▶ 인간이 자기 직업에서 보람을 느끼고 행복하려면 자기가 하고 있는 일을 좋아해야 하고, 그 일을 지나치게 해서는 안 되며, 꼭 성

*적성 검사 | 특정한 활동에 대하여 적합한 소질을 가지고 있는가를 측정하는 검사.

*사생아 | 법적으로 부부가 아닌 남녀 사이에서 태어난 아이.
*고역 | 몹시 힘들고 고되어 견디기 어려운 일.

공하리라는 신념을 가지고 있어야 한다.

_J. 러스킨(1819~1900) 영국 미술 평론가

▶ 일정한 생업이 없는 사람은 일정한 마음을 가질 수 없다.

_정도전(1342~1398) 고려~조선 시대 문인, 학자 《삼봉집》

▶ 우리들의 직업의 대부분은 연극이다. 어떤 이들은 맡은 배역이 바뀔 때마다 새로운 모습을 하고, 새로운 존재로 변한다.

_M. E. 몽테뉴(1533~1592) 프랑스 사상가

▶ 우리의 가장 큰 행복은 우연이 우리에게 부여한 생활 여건에 좌우되는 것이 아니라, 깨끗한 양심, 건강, 직업, 모든 정당한 추구의 자유에서 오는 것이다. _T. 제퍼슨(1743~1826) 미국 제3대 대통령

▶ 의술은 노예들의 직업이다. _B. 러시(1745?~1813) 미국 의학자

▶ 일생에서 직업의 선택은 가장 중요하다. 그런데 이것은 우연이 좌우한다. _B. 파스칼(1623~1662) 프랑스 사상가, 수학자, 물리학자 《팡세》

▶ 전쟁은 군주들의 직업이다. _J. 드라이든(1631~1700) 영국 시인, 극작가

▶ 정치가들 가운데 선천적 사생아보다 직업상 *사생아가 더 많다는 것은 안타까운 일이다. _K. 화이트혼(1899~1985) 미국 유머 작가

▶ 정치는 독성이 있는 공예품처럼 사람에게 해로운 직업이다.

_R. W. 에머슨(1803~1882) 미국 사상가, 시인

▶ 정치는 아무런 준비가 필요 없는 유일한 직업일 것이다.

_R. L. B. 스티븐슨(1850~1894) 영국 소설가, 시인

▶ 직업에 종사하는 사람은 일을 하며 *고역스럽고 지루한 것을 사랑해야 한다. _A. 스미스(1723~1790) 영국 경제학자, 철학자

▶ 직업으로 그 사람을 판단하는 것은 공정하지 않다.

_린위탕(1895~1976) 중국 작가

▶ 직업은 생활의 등뼈다. _F. W. 니체(1844~1900) 독일 철학자, 시인

▶ 직업은 세상을 변화시키고 부유하게 만든다.

_A. M. R. 생텍쥐페리(1900~1944) 프랑스 소설가, 비행사

▶ 직업은 자연의 의사이며, 인간의 행복에 있어서 가장 본질적인 것이다. _M. 클라우디우스(1740~1815) 독일 시인

▶ 직업을 전전하면 하나도 성공하지 못한다.

_플라톤(B.C. 428?~B.C. 347?) 그리스 철학자 《국가론》

- 직업이 같은 사람들끼리 참된 친구가 되기는 직업이 다른 사람들의 경우보다 훨씬 어렵다. _미키 기요시(1897~1945) 일본 철학자, 평론가
- 직업이 있는 사람은 누구나 기회가 있다. _E. G. 허버드(1856~1915) 미국 작가, 화가
- 평론가는 시 쓰기를 포기한 시인이고 경찰은 도둑질에서 손을 뗀 도둑인 것처럼, 어리석은 말을 너무 많이 하지 않는 의사는 절반쯤 치료된 환자다. _M. 프루스트(1871~1922) 프랑스 소설가
- 한 가지 일에 전념할 때만큼 좋은 성과를 올릴 때는 없다. _I. 로욜라(1491~1556) 에스파냐 성직자
- 행복을 주는 것은 재산이나 영광이 아니라 고요함과 직업이다. _T. 제퍼슨(1743~1826) 미국 제3대 대통령

속담

- 누구나 자기가 잘 아는 직업이 있다. _서양
- 메고 나면 상두꾼, 들고 나면 초롱꾼. (어떠한 천한 일을 해도 부끄러워할 것이 아니며, 경우에 따라서는 무슨 일이라도 할 수 있다는 말) _한국
- 모든 직업에 손대는 사람은 한 가지도 제대로 못한다. _서양
- 본업에 정성을 기울일 때 손이 더럽혀지지 않는다. _이탈리아
- 아들에게 일을 가르치지 않는 것은 도적을 만드는 것과 똑같다. _영국
- 아홉 개의 직업, 열 번째는 굶주림. (어느 직업도 몸에 익히지 않고 여기저기 옮겨 다니면 굶주리게 된다는 뜻) _라트비아
- 직업이 많은 자는 일요일에 빵을 구한다. _서양
- 천한 직업은 없다. 천한 사람들이 있을 뿐이다. (세상에 있는 직업은 모두 귀하고 보람 있는 것이라는 말) _프랑스

한자 숙어

백년종사(百年從事) 평생 한 가지 일을 좇음.

유리표박(流離漂泊) 일정한 직업을 가지지 아니하고 정처 없이 이리저리 떠돌아다니는 일.

칠자불화(漆者不畫) 칠장이는 그림을 그리지 않는다는 뜻으로, 한 사람이 두 가지 일을 하지 않음을 이르는 말.

항산항심(恒産恒心) 일정한 생산이 있으면 마음이 변하지 않는다는 뜻으로, 일정한 직업과 재산을 가진 사람은 마음에 그만큼 여유가 있다는 말.

사회

진보 進步

정도나 수준이 나아지거나 높아짐.

명언 명문

▶ 발명의 진보는 참으로 위협이다.

_R. W. 에머슨(1803~1882) 미국 사상가, 시인

▶ 불만을 갖는다는 것은 그 사람뿐 아니라 국민 전체의 진보를 이루어 주는 첫걸음이다. _O. F. O. W. 와일드(1854~1900) 아일랜드 시인, 극작가

▶ 사랑은 죽음보다도, 죽음의 공포보다도 강하다. 단지 사랑에 의해서만 인생은 주어지고 계속 진보한다.

_I. S. 투르게네프(1818~1883) 러시아 소설가

▶ 열중하는 마음이 없다면 이 세상에 진보란 있을 수 없다.

_T. W. 윌슨(1856~1924) 미국 제28대 대통령

▶ 오늘 할 수 있는 일에 최선을 다하라. 그러면 내일에는 한 발자국 더 진보하리라. _I. 뉴턴(1642~1727) 영국 물리학자, 천문학자, 수학자

▶ 자기 자신을 아는 것은 참된 진보이다.

_H. C. 안데르센(1805~1875) 덴마크 동화 작가

▶ 자유는 진보의 숨결이다.

_R. G. 잉거솔(1833~1899) 미국 정치가 《어떻게 해서 인류를 개선하는가》

▶ 진보는 우발적으로 되는 일이 아니고 필연적으로 해야 한다.

_H. 스펜서(1820~1903) 영국 철학자, 사회학자

▶ 진보는 참고 견딘 고통의 양으로 측정되어야 한다. 진보는 고통이 순수할수록 크게 발전한다.

_M. K. 간디(1869~1948) 인도 정치가, 민족 운동 지도자

▶ 진보로 통하는 가장 훌륭한 길은 자유의 길이다.

_J. F. 케네디(1917~1963) 미국 제35대 대통령

H. C. 안데르센

▶ 진보를 믿는다는 것은 이미 진보가 이루어졌다고 믿는 것을 말하는 것이 아니다. 그것은 신앙일 수 없다.

_F. 카프카(1883~1924) 독일 소설가 《죄 · 고뇌 · 희망 · 진실의 길에 대한 고찰》

▶ 진보의 크기는 그것이 요구하는 희생의 크기에 의하여 평가되는 것이다. _F. W. 니체(1844~1900) 독일 철학자, 시인

▶ 큰 성공이란, 결코 단숨에 이루어지는 것이 아니다. 우리들은 한 걸음 한 걸음 진보해 나가는 것으로 만족하지 않으면 안 된다.

_S. 스마일스(1812~1904) 영국 작가

▶ 필요가 발명의 어머니라면, 불만은 진보의 아버지.

_J. D. 록펠러(1839~1937) 미국 실업가

속담

▶ 개미 쳇바퀴 돌듯. (앞으로 나아가거나 발전하지 못하고 제자리걸음만 함을 이르는 말) _한국

▶ 띄엄띄엄 걸어도 황소걸음. (진보하는 것이 더디어도 믿음직스럽다는 말) _한국

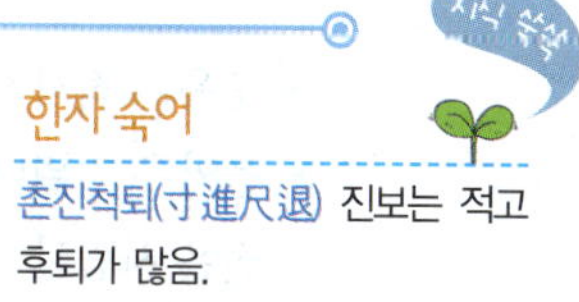

한자 숙어

촌진척퇴(寸進尺退) 진보는 적고 후퇴가 많음.

키워드 정보 BOX

보수주의와 진보주의

전통적인 가치, 제도, 사상을 중요시하는 태도나 철학을 보수주의라고 한다. 보수주의란 말은 대부분 전통, 질서, 안정을 강조하는 정부를 추구하는 정치적 보수주의를 뜻하는데, 보수주의자들은 대개 변화, 모험, 개혁을 믿지 않고 기존 규범과 신념을 유지하려는 경향이 있다.

반면에 진보주의 또는 혁신주의는 정치 · 경제 · 사회 체제의 개혁을 주장하는 정치 사상이다. 일반적인 의미로서 진보주의는 사회의 모순을 변화와 개혁을 통해 점진적으로 해결해 나가려는 사고방식 또는 그런 태도를 가리키는데, 이념적인 의미에서 현재 사회 체제를 개혁 혹은 변혁하는 데 중점을 두는지 두지 않는지 여부에 달려 있다.

사회

차별 差別

둘 이상의 대상을 각각 등급이나 수준 따위의 차이를 두어서 구별함.

명언 명문

*참호 | 몸을 숨기면서 적과 싸우기 위하여 방어선을 따라 판 구덩이.

▶ 사람을 가르치는 데 있어서 차별하지 마라.

_공자(B.C. 551~B.C. 479) 중국 춘추 시대 노나라 사상가

▶ 아이를 키울 때 차별하지 마라. _《탈무드》

▶ 영국은 차별, 내분, 증오로 항상 시달리고 있다.

_리처드 2세(1367~1400) 영국 국왕

▶ 웃음은 적과 아군의 차별을 없애 준다. _J. 밀턴(1608~1674) 영국 시인

▶ 음악은 지위나 신분을 떠나서 사람을 한마음으로 이끌게 하고, 예절은 사람과 사람 사이의 차별을 확실하게 하는 것으로 질서를 이룰 수가 있다. _순자(B.C. 298?~B.C. 238?) 중국 전국 시대 조나라 사상가

▶ 인종 차별을 없애는 것은 나라를 위해 무엇을 할 수 있는가를 묻는 모든 개인이, 그 사명을 다하고 또한 자진해서 사명을 다해야 할 사업이다. _J. F. 케네디(1917~1963) 미국 제35대 대통령

▶ 전쟁터의 *참호나 공동묘지에는 '백인 전용'이나 '흑인 전용'이 붙어 있지 않다. _J. F. 케네디(1917~1963) 미국 제35대 대통령

▶ 정의가 피부색을 차별하지 않을 때까지는 노예 해방이란 현실이 아니다. _L. B. 존슨(1908~1973) 미국 제36대 대통령

▶ 흑인을 증오하는 사람들만 흑인 안에서 증오를 본다.

_J. 마르티(1853~1895) 쿠바 시인, 정치가

공자

속담

▶ 우리는 평등하게 태어나지만 오직 미덕에 의해서만 차별받는다.

_로마

사회

찬성

贊成

어떤 행동이나 견해, 제안 따위가 옳거나 좋다고 판단하여 수긍함.

명언 명문

▶ 나는 당신의 말에 찬성하지 않지만 그러한 말을 할 당신의 권리를 목숨을 걸고 보호할 것이다. _볼테르(1694~1778) 프랑스 사상가

▶ 사람들이 내 말에 찬성하면 나는 내 말이 분명히 틀린 것이라고 항상 느낀다. _O. F. O. W. 와일드(1854~1900) 아일랜드 시인, 극작가

▶ 상대의 주장에 찬성하지 않으면서도 찬성한 것처럼 말한다. 그러나 그 얼굴빛을 보면 붉게 변해 있다. _《맹자》

▶ 아첨하거나 골칫거리를 피하기 위한 찬성보다는 깊은 확신에서 나오는 거부가 더 낫다. _M. K. 간디(1869~1948) 인도 정치가, 민족 운동 지도자

▶ 우리는 우리에게 찬성하는 사람 이외에는 아무도 상식이 없다고 여긴다. _F. 라로슈푸코(1613~1680) 프랑스 작가

▶ 찬성만 하는 사람에게는 허락해 주지 마라. _B. 프랭클린(1706~1790) 미국 정치가, 과학자

▶ 찬성하는 사람보다는 이견을 밝히는 사람에 대해서 더 많은 얘기가 나오기 마련이다. _K. 지브란(1883~1931) 미국 소설가, 화가, 시인

▶ 참된 인간은 여러 사람들 가운데서 홀로 찬성하기 위해, 또는 필요하다면 홀로 반대하기 위해, 독자적인 태도를 취하는 법을 배워야 한다. _R. 롤랑(1866~1944) 프랑스 소설가, 사상가

속담

▶ 나의 거절은 너의 찬성만큼이나 좋은 것이다. _이탈리아

지식 쑥쑥

한자 숙어

부즉불리(不卽不離) 사물의 관계가 붙지도 떨어지지도 않음. 찬성도 반대도 하지 않음.

사회

타협 妥協

어떤 일을 서로 양보하여 협의함.

명언 명문

▶ 가급적이면 타협하는 것이 가장 현명하다. 욕심을 너무 내면 손해 본다. _J. 라퐁텐(1621~1695) 프랑스 시인, 우화 작가 《우화》

▶ 공포로 인해 타협하지 말 것이며, 남이 나에게 타협하는 것을 두려워하지도 마라. _J. F. 케네디(1917~1963) 미국 제35대 대통령

▶ 나는 가능한 모든 경우에 명예로운 타협을 주장한다. 인생 자체가 죽음과 삶의 타협이다. 죽음이 최후의 승리를 거둘 때까지 거기에는 투쟁이 끊이지 않는다. 우리 모두의 운명의 허약함을 벗어나지 못한 사람은 아무도 타협을 멸시하지 못하게 하라. _H. 클레이(1777~1852) 미국 정치가

▶ 모든 분별 있는 행동뿐만 아니라, 인간의 모든 이익과 행복, 미덕, 현명한 행동도 타협에 기초를 둔다. _E. 버크(1729~1797) 영국 정치가, 사상가

▶ 모든 타협은 항복이었고 새로운 요구를 초래했다. _R. W. 에머슨(1803~1882) 미국 사상가, 시인

▶ 사나이가 되려면 타협을 거부하는 사람이 돼야 한다. _R. W. 에머슨(1803~1882) 미국 사상가, 시인

▶ 사람의 일에서 모든 중대한 변화는 타협의 산물이다. _S. 스미스(1771~1845) 영국 목사, 수필가

▶ 수척한 타협이 살찐 소송보다 낫다. _E. 허버트(1583~1648) 영국 군인, 정치가, 철학자

▶ 시간은 어느 누구의 사정도 봐주지 않는다. 나이를 한 살 더 먹는다는 사실을 생각하며, 투사로서 내 미래에 대해 깊이 성찰한다.

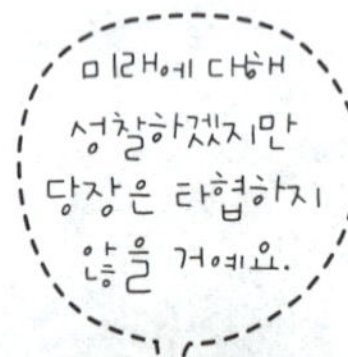

C. 게바라

그러나 당장은 타협하지 않겠노라고 결심한다.

_C. 게바라(1928~1967) 쿠바 혁명가

▶ 여러분은 악마와 타협함으로써 평화를 살 수 있습니다.

_J. 러스킨(1819~1900) 영국 미술 평론가

▶ 이 세상을 사는 데 최고의 처세술은 타협하는 일 없이 적응하는 것이다. 항상 타협하면서도 아무런 적응도 못 하는 것은 가장 불행한 것이다. _G. 지멜 (1858~1918) 독일 사회학자, 철학자 《단상》

▶ 인간의 권리가 포기된 것은 모두 타협에 의한 것이다.

_J. B. 섬너(1887~1955) 미국 생화학자

▶ 정치의 기본은 타협이다. _G. 프라이타크(1816~1895) 독일 소설가, 평론가

▶ 청년들은 판단하는 것보다는 생각해 내는 것이 어울리고, 타협보다는 실행이 적합하며, 안정된 직업보다는 새로운 기획이 더 잘 어울린다. _F. 베이컨(1561~1626) 영국 정치가, 철학자

▶ 타협에 의한 평화는 길게 지속되지 않는다.

_W. 스콧(1771~1832) 영국 시인, 소설가

▶ 타협은 빵이 전혀 없는 것보다 빵 반 덩어리라도 있는 것이 더 낫다는 말이다. 그런데 오늘날 정치인들은 빵 반 덩어리가 빵 한 덩어리보다 더 낫다고 여긴다. _G. K. 체스터턴(1874~1936) 영국 소설가, 평론가

▶ 타협은 좋은 우산은 될 수 있으나 지붕이 되기에는 약하다. 그것은 정책으로서는 현명하지만 정치적 *수완에 있어서는 보잘것없는 일시적인 방편에 불과하다. _J. R. 로웰(1819~1891) 미국 시인, 평론가

▶ 타협이 계속되면 혁명은 사라진다. _V. 레닌(1870~1924) 소련 혁명가, 정치가

▶ 타협한 혁명은 적당한 대치물 없이 전에 있었던 사회를 악화시키는 경향을 띤다. _P. 굿맨(1911~1972) 미국 사회 비평가

▶ *파시즘과 민주주의의 투쟁에는 타협이 있을 수 없다. 다만 우리냐 그들이냐의 양자택일이 있을 뿐이다.

_B. A. A. 무솔리니(1883~1945) 이탈리아 정치가

*수완 | 일을 꾸미거나 치러 나가는 재간.

*파시즘 | 자유주의를 부정하고 폭력적인 방법으로 독재를 주장하며 지배자에 대한 절대적인 복종을 강요하는 정치 이념.

속담

▶ 온순한 양은 우리 안에서 자기 있을 곳을 찾아낸다. _독일

지식 쏙쏙

한자 숙어

실력대결(實力對決) 대화나 타협, 설득 등 평화적 수단에 의하지 않고 힘으로 맞섬.

토론

討論

어떤 문제를 두고, 여러 사람이 의견을 말하여 옳고 그름을 따져 논의함.

명언 명문

*영감 | 창조적인 일의 계기가 되는 기발한 착상.

*앙분 | 분하게 여겨 앙갚음할 마음을 품음. 또는 그 마음

▶ 대립하는 정당들은 서로 싸워야만 한다. 그러나 그들은 칼, 총, 대포가 아니라 법안과 의회의 토론으로 싸운다.

_T. 칼라일(1795~1881) 영국 사상가, 역사가

▶ 마음속이 뒤틀린 논쟁을 좋아하면 아무리 토론을 해도 남는 것이 없다. _B. 그라시안이모랄레스(1601~1658) 에스파냐 작가

▶ 모순 없는 토론은 없다. _M. T. 키케로(B.C. 106~B.C. 43) 로마 정치가, 학자

▶ 상대의 의견을 잘 듣지 않는 사람은 이미 그 토론에서 진 것이다.

_F. 라로슈푸코(1613~1680) 프랑스 작가 《도덕적 반성》

▶ 선한 사람이 해야 할 일이 어떤 것인가 하고 토론할 때는 이미 지났다. 이제 선한 사람이 되어야 할 때다.

_마르쿠스 아우렐리우스(121~180) 로마 황제

▶ *영감은 진리의 어버이며, 분석과 토론은 사람들로 하여금 진리로부터 멀어지게 한다. _K. 지브란(1883~1931) 미국 소설가, 화가, 시인

▶ 입으로만 논해서는 항상 진리를 놓치게 된다.

_P. 시루스(B.C. 1세기경) 로마 시인 《격언집》

▶ 자기 자신이 옳다고 생각하더라도 결코 *앙분하고 거칠게 토론해서는 안 된다. _P. D. S. 체스터필드(1694~1773) 영국 정치가, 작가

▶ 자유롭다고 해서 반드시 현명한 것은 아니다. 지혜는 자유롭고 솔직한 토론에서 나온다. _T. W. 윌슨(1856~1924) 미국 제28대 대통령

▶ 자유의 적들은 토론을 하지 않는다. 그들은 고함치고 총을 쏜다.

_W. R. 잉(1860~1954) 영국 신학자

▶ 진리는 떠들며 토론한다고 얻어지는 것이 아니다. 진리는 오직 근

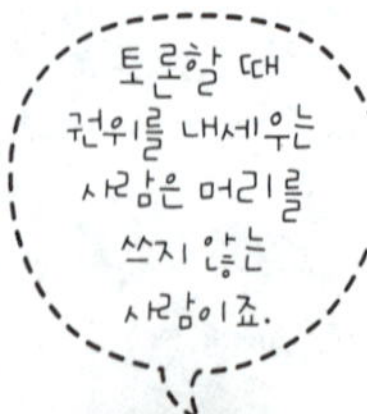

L. 다빈치

로와 자기 성찰에 의해서만 얻을 수 있는 것이다.

_J. 러스킨(1819~1900) 영국 미술 평론가

▶ 토론 없는 결정보다는 결정 없는 토론이 더 낫다.

_J. 주베르(1754~1824) 프랑스 작가, 평론가

▶ 토론은 신속한 처리를 방해한다. _J. 데넘(1615~1669) 영국 시인

▶ 토론의 목적은 승리가 아니라 개선에 있어야 한다.

_J. 주베르(1754~1824) 프랑스 작가, 평론가

▶ 토론할 때 격렬한 말을 많이 사용하는 사람은 자기 의견에 대한 근거가 약하다는 증거이다. _V. M. 위고(1802~1885) 프랑스 시인, 극작가

▶ 토론할 때 권위를 근거로 제시하는 사람은 지능이 아니라 기억력만을 사용한다.

_L. 다빈치(1452~1519) 이탈리아 화가, 건축가, 조각가

한자 숙어

난상토론(爛商討論) 낱낱이 들어 잘 토의함.

백가쟁명(百家爭鳴) 많은 학사나 문화인들이 자기의 학설이나 주장을 자유롭게 발표하여 논쟁하고 토론하는 일.

속담

▶ 바보와 토론하는 사람은 바보다. _에스파냐

▶ 어떠한 토론도 이득은 있다. _프랑스

▶ 어리석은 자는 슬기로운 자에게 있어 좋은 토론 상대가 된다. _영국

키워드 정보 BOX

심포지엄

공중 토론의 한 형식으로, 원래 그리스어로 '함께 술을 마신다'는 뜻의 심포시아(sympósia)와 '향연'이란 뜻의 심포시온(symposion)에서 라틴어의 심포지엄(symposium)으로 옮겨진 말이다. 오늘날에는 화기애애한 분위기에서 진행되는 학술 토론회나 그 밖에 신문, 잡지 등에서 특정한 주제를 놓고 두세 명이 각자의 견해를 밝히는 지상 토론회를 뜻하기도 한다. 심포지엄의 정신은 플라톤의 초기 저작인 《향연》에서 찾을 수 있는데, 이 책에 소크라테스를 중심으로 술잔을 나누면서 '사랑'을 주제로 하여 진지하게 담론하는 모습이 묘사되어 있다.

사회

투쟁 鬪爭

어떤 대상을 이기거나 극복하기 위한 싸움.

*피상적 | 본질적인 현상은 추구하지 않고 겉으로 드러나 보이는 현상에만 관계하는 것.

명언 명문

▶ 가장 악한 유혹 가운데 하나는 투쟁을 요청하는 것이다.

_F. 카프카(1883~1924) 독일 소설가 《죄 · 고뇌 · 희망 · 진실의 길에 대한 고찰》

▶ 권력 투쟁에서는 최고 지위에 올라가는 것과 파멸 사이에 중간 단계는 없다. _C. 타키투스(56?~120?) 로마 역사가, 정치가

▶ 모든 것은 투쟁과 필요성에서 나온다.

_헤라클레이토스(B.C. 540?~B.C. 480?) 그리스 철학자

▶ 민중 속에서 진리와 정의, 평등을 위해서 끊임없이 싸우는 것만큼 존귀한 생활은 결코 찾을 수 없다.

_P. A. 크로포트킨(1842~1921) 러시아 혁명가, 지리학자

▶ 법률의 목적은 평화이고 이에 도달하는 수단은 투쟁이다. 법률의 생명은 투쟁이다. 여러 국민의, 국가 권력의, 계급의, 개개인의 투쟁이다. _R. 예링(1818~1892) 독일 법률가

O. E. L. 비스마르크

▶ 사람은 일하지 않고 빈둥빈둥 살라고 태어난 것이 아니다. 정말 그렇다. 우리의 삶은 투쟁이다. 곧 선과 악의 투쟁, 진리와 오류의 투쟁, 자유와 구속의 투쟁, 사람과 증오의 투쟁이다.

_G. 마치니(1805~1872) 이탈리아 혁명가

▶ 생활을 위해 투쟁한다는 것은 정확하게 말해서 성공을 위한 투쟁에 불과하다. _B. A. W. 러셀(1872~1970) 영국 철학자, 수학자

▶ 선과 악이 뒤섞여 있는 곳에서는 임금이 끝없는 투쟁의 대상이다.

_J. H. 뉴먼(1801~1890) 영국 신학자

▶ 우리는 삶의 조건을 개선하려는 투쟁과 함께 *피상적인 것에 대한 투쟁을 펼쳐 나가야 한다. 이 투쟁은 각 개인의 영혼 속에서 이

루어져야 하기 때문에 정치적 투쟁보다도 훨씬 어렵다.

_H. 스펜서(1820~1903) 영국 철학자, 사회학자 《세계 속의 세계》

▶ 인간에게는 세 가지 싸움이 있다. 첫째는 자연과의 싸움이요, 둘째는 사회에 있어서의 싸움이요, 셋째는 마음과의 싸움이다.

_V. M. 위고(1802~1885) 프랑스 시인, 극작가

▶ 인간의 모든 투쟁 가운데 남성 예술가와 어머니인 여자의 투쟁만큼 잔인하고 비참한 것은 없다. _G. B. 쇼(1856~1950) 아일랜드 극작가, 평론가

▶ 인생은 평화와 행복만으로 가득찰 수는 없다. 괴로움이 필요하다. 노력이 필요하다. 그리고 투쟁이 필요하다.

_K. 맨스필드(1888~1923) 영국 작가

▶ 인생이라는 게임을 해 볼 가치가 있지만 그 상은 투쟁이다.

_W. R. 잉(1860~1954) 영국 신학자

▶ 자유나 생활이나, 이것을 빼앗으려는 자는 날마다 싸워서 빼앗지 않으면 안 된다. _J. W. 괴테(1749~1832) 독일 시인, 소설가, 극작가 《파우스트》

▶ 전쟁의 투쟁 후에 평화의 투쟁이 시작된다.

_C. 샌드버그(1878~1967) 미국 시인

▶ 정상을 향한 투쟁 그 자체가 인간의 마음을 충분히 만족시키는 것이다. _A. 카뮈(1913~1960) 프랑스 소설가, 극작가 《시시포스의 신화》

▶ 지적인 생명의 특징은 자기의 운을 자유롭게 따름에 있고, 동물의 특유하고 비굴한 투쟁에 있지 않음을 알라.

_M. 안토니우스(B.C. 82~B.C. 30) 로마 군인, 정치가

▶ 창조는 투쟁에 의해 생긴다. 투쟁 없는 곳에 인생은 없다.

_O. E. L. 비스마르크(1815~1898) 독일 정치가

▶ 투쟁이란 인간의 극렬한 본능이다. 달리 싸울 것이 없으면 사람들은 언어나 환상이나 여자를 두고 싸운다.

_G. 산타야나(1863~1952) 미국 철학자, 시인

▶ 평화의 종교를 지니는 인간에게 그 최고의 가치는 사랑이다. 전쟁의 종교를 지니는 인간에게 그 최고의 가치는 투쟁이다.

_C. J. H. 디킨스(1812~1870) 영국 소설가

▶ 혈연이 짙을수록 투쟁도 강하다.

_J. 스위프트(1667~1745) 영국 소설가 《걸리버 여행기》

사회

파업

罷業

노동 조건의 유지 및 개선을 위해 노동자들이 집단적으로 한꺼번에 작업을 중지하는 일.

명언 명문

*교섭 | 어떤 일을 이루기 위해 서로 의논하고 절충함.

▶ 경제적인 분쟁이 파업의 원인이 되는 경우는 드물다. *교섭에 실패해서 파업에 이르는 것이 아니라 파업이 일어날 상황에 이르니까 교섭에 실패하는 것이다. _P. F. 드러커(1909~2005) 미국 경영학자

▶ 공공의 안전을 위협하는 파업의 권리는 때와 장소를 막론하고 아무에게도 없다. _J. C. 쿨리지(1872~1933) 미국 제30대 대통령

▶ 과거의 고용주들이 직원들을 공정하게 대했다면 노동조합은 생겨나지 않았을 것이다. _S. 볼드윈(1867~1947) 영국 정치가

▶ 국가 재정을 위협하면 가정 경제도 힘겨워지는 것이 아닌가. 언제나 파업에 들어갈 수 있는 노동자는 자기 자녀에게 질서를 잘 지키는 사람으로 교육시키지는 못할 것이다.

_L. J. J. 비트겐슈타인(1889~1951) 영국 철학자 《반철학적 단상》

▶ 억압이 약해진다고 느끼는 순간, 수년 동안 소리 없이 쌓였던 힘, 고통, 모욕감, 슬픔이 속박에서 풀려나 폭발한다. 이것이 바로 파업의 역사이며, 다른 가능성은 없다. _S. 베유(1909~1943) 프랑스 철학자

▶ 파업이 없는 나라를 내게 알려 주십시오. 그러면 자유가 없는 나라를 보여 드리겠습니다. _S. 곰퍼스(1850~1924) 미국 노동 운동 지도자

▶ 총파업은 노동자들로 하여금 몇 년 동안 말로 해야 할 것을 4일 만에 해결하게 해 주었다. _A. J. 밸푸어(1848~1930) 영국 정치가, 철학자

▶ 총파업은 의회에 대한 도전이고 무정부 상태와 파멸로 치닫는 길이다. _S. 볼드윈(1867~1947) 영국 정치가

▶ 협상을 요구하는 자는 항상 약자이다. 강한 자는 결코 협상하려 하지 않는다. _E. G. 허버드(1856~1915) 미국 작가, 화가

暴力 폭력

남을 거칠고 사납게 제압할 때에 쓰는, 주먹이나 발 또는 몽둥이 따위의 수단이나 힘.

사회

명언 명문

- 공자는 기이한 일, 폭력, 반란, 귀신에 관해 말하지 않았다. _《논어》
- 나는 폭력에 대해서 하나의 무기밖에 갖고 있지 않다. 그것은 폭력이다. _J. P. 사르트르(1905~1980) 프랑스 소설가, 철학자
- 두 개의 평화로운 폭력이 있다. 법률과 예의범절이 곧 그것이다. _J. W. 괴테(1749~1832) 독일 시인, 소설가, 극작가 《격언과 반성》
- 모든 폭력은 싸우지 않고 상대를 굴복시킬 수는 있지만, 상대를 순종시킬 수는 없다. _L. N. 톨스토이(1828~1910) 러시아 소설가, 사상가 《폭력과 사랑과의 저항》
- 불의의 법은 그 자체가 일종의 폭력이다. 그런 법을 위반했다고 체포하는 것은 더 심한 폭력이다. _M. K. 간디(1869~1948) 인도 정치가, 민족 운동 지도자
- 비폭력은 사람으로서 할 수 있는 가장 완벽한 자기 *정화이다. _M. K. 간디(1869~1948) 인도 정치가, 민족 운동 지도자
- 비폭력은 강력하고 정당한 무기로서 상처 하나 없이 잘라 내며 그것을 휘두르는 사람을 고상하게 만들어 준다. 비폭력은 치료의 칼이다. _M. L. 킹(1929~1968) 미국 목사, 흑인 해방 운동가
- 비폭력이란, 악한 일을 하려는 의지를 복종시키는 것이 아니라 폭력자의 의지에 대해서 모든 영혼을 던지는 것이다. _M. K. 간디(1869~1948) 인도 정치가, 민족 운동 지도자
- 사기꾼은 토론 대신에 폭력을 사용하고 남들을 설득할 수 없을 때 침묵을 강요하며 자신의 주장을 칼로 전파한다. _주니어스(영국 신문의 공동 필명)

*정화 | 불순하거나 더러운 것을 깨끗하게 함.

*대의명분 | 사람으로서 마땅히 지키고 행하여야 할 도리나 본분.
*미명 | 그럴듯하게 내세우는 표면상의 이유나 구실.

▶ 사람은 사람이기 때문에, 사람은 사물이 아니기 때문에, 그리고 사람은 삶을 창조하지 못하면 삶을 파괴하려고 하지 않을 수 없기 때문에 파괴적이고 가학적인 폭력에 대한 잠재력을 갖는다.

_E. 프롬(1900~1980) 독일 정신 분석학자, 사회학자 《인간의 마음》

▶ 아이를 때릴 때는 분노해서 때리지 않도록 해라. 잔인한 매는 한 대도 용서받을 수 없고 용서되어서도 안 된다.

_G. B. 쇼(1856~1950) 아일랜드 극작가, 평론가

▶ 어떠한 불만도 폭력적인 군중의 힘으로 해결해서는 안 된다.

_A. 링컨(1809~1865) 미국 제16대 대통령

▶ 용감한 사람은 인기에 매달리지 않고, 비록 폭력에 압도되었다 해도 *대의명분을 버리지 않으며, 패배했다 해도 부끄러워하지 않은 채 최선을 다한다. 폭력은 야수의 것이고 명예는 인간의 것이다.

_J. 드라이든(1631~1700) 영국 시인, 극작가

▶ 인간은 이성을 가진 피조물입니다. 그런데 왜 인간은 사회 생활을 이성이 아닌 폭력으로 하려는 겁니까?

_L. N. 톨스토이(1828~1910) 러시아 소설가, 사상가

▶ 정의라는 *미명 아래 폭력으로써 사람들을 복종시킨다면 그 어떠한 경우라도 사람들을 복종시킨 것이 정의라고 할 수 없다.

_B. 파스칼(1623~1662) 프랑스 사상가, 수학자, 물리학자

▶ 참을성은 폭력 이상의 힘을 발휘한다. 그것은 매우 엄청나서 도저히 손쓸 방법이 없는 일이라 해도 조금씩 깨뜨려 제거한다면 끝내 스스로 무기를 버리지 않고는 못 배기기 때문이다.

_플루타르코스(46?~120?) 그리스 철학자, 작가 《플루타르크 영웅전》

▶ 타당성이 없는 법, 즉 정의롭지 않은 법은 법이 아니라 폭력이다.

_T. 아퀴나스(1225?~1274) 이탈리아 신학자, 철학자

▶ 폭력과 사치, 시기와 의심이 판치는 곳은 사람이 살 만한 곳이 아니다.

_이중환(1690~1752) 조선 시대 실학자

▶ 폭력은 사회를 파괴하고 동포 관계를 불가능하게 한다.

_M. L. 킹(1929~1968) 미국 목사, 흑인 해방 운동가

▶ 폭력은 언제나 반대되는 폭력을 불러일으키는 것이다.

_J. P. 사르트르(1905~1980) 프랑스 소설가, 철학자

▶ 폭력은 정의의 적이다. 평화만이 참다운 정의를 가져올 수 있다.

_요한 바오로 2세(1920~2005) 교황

▶ 폭력은 원래 말이 없는 것이다. 그것은 오로지 생각과 이성적 의사소통이 불가능한 곳에서만 시작될 수 있다.

_T. 머턴(1915~1968) 로마 성직자, 시인, 작가

▶ 폭력은 폭력을 낳는 버릇이 있다.

_아이스킬로스(B.C. 525~B.C. 456) 그리스 시인 《아가멤논》

▶ 폭력은 해결책이 아니다. _J. 브라이트(1811~1889) 영국 정치가

▶ 폭력이 이루지 못하는 것을 권력은 부드럽게 이룰 수 있다.

_C. 클라우디아누스(370?~404?) 로마 시인

▶ 해방시켜 주는 폭력과 굴복시키는 폭력이 있다.

_B. A. A. 무솔리니(1883~1945) 이탈리아 정치가

속담

▶ 폭력은 정의의 적이다. _서양

▶ 폭력이 폭군을 낳고, 온화한 권위가 왕을 낳는다. _프랑스

한자 숙어

무법천지(無法天地) 법이 없는 세상이라는 뜻으로, 폭력이 난무하고 질서가 무시되는 상황을 이르는 말.

키워드 정보 BOX

비폭력 저항 운동

간디는 물레에 실을 직접 자아 옷감을 만들거나 소금을 직접 만들면서 비폭력 저항 운동을 펼쳤다.

비폭력주의는 정부 또는 점령국의 부당한 요구나 명령에 대하여, 폭력 등의 적극적인 저항을 하지 않으면서 복종하기를 거부하는 것을 말한다. 비폭력 저항 운동은 원래 자이나교에서 말하는 모든 생물을 살해하지 말며, 또 남이 살해하고 있는 것을 인정하지도 않는다는 사상에서 나온 것이다. 인도의 정치가이자 민족 운동 지도자인 간디는 이 사상과 소련의 작가 톨스토이나 미국의 사상가 소로 등의 영향을 받고 비폭력 저항 운동을 펼쳐 영국으로부터 인도를 독립시키기 위해 노력했다.

피해

被害

생명이나 신체, 재산, 명예 따위에 손해를 입음.

명언 명문

▶ 게으름의 피해는 열심히 일하면 없앨 수 있다.

_L. A. 세네카(B.C. 4?~A.D. 65) 로마 철학자, 극작가

▶ 공적이 없는 자가 상을 받으면 공적이 있는 사람들이 떠나고 범죄자들이 사면을 받으면 선한 사람들이 피해를 본다.

_이황(1501~1570) 조선 시대 문신, 유학자

▶ 교활한 자들이 현명한 사람으로 통한다면 그것은 나라에 가장 큰 해를 끼치는 것이다.

_F. 베이컨(1561~1626) 영국 정치가, 철학자

▶ 남의 피해를 보고 조심하는 사람은 행복하다.

_R. 포스터(1589~1663) 영국 법률가

▶ 네가 줄 수 있는 모든 피해를 적에게 주지는 마라. 그가 나중에 너의 친구가 될지도 모르기 때문이다.

_사디(1213?~1291) 페르시아 시인

▶ 단순한 열광론자는 박해자가 될 수 있고 더 착한 인물들이 그 피해자가 된다.

_T. 제퍼슨(1743~1826) 미국 제3대 대통령

▶ 때때로 잘못했을 때, 잘못을 즉시 발견하면 피해가 없다.

_J. M. 케인스(1883~1946) 영국 경제학자, 언론인

▶ 물욕의 둑이 무너지면 그 피해는 막심하다.

_조광조(1482~1519) 조선 시대 문신, 성리학자

▶ 미치광이들 가운데서 혼자만 정상적인 것은 같이 미치광이가 되는 것보다 더 큰 피해를 입는다.

_D. 디드로(1713~1784) 프랑스 철학자

▶ 방탕하고 난폭한 자는 항상 위태롭고 피해를 본다.

_순자(B.C. 298?~B.C. 238?) 중국 전국 시대 조나라 사상가

▶ 불의한 것은 아무에게도 진정한 이익을, 정의로운 것은 아무에게

도 진정한 피해를 줄 수 없다. _H. 조지(1839~1897) 미국 경제학자

- 비록 많은 사람들을 웃기더라도 한 사람에게 상처를 주는 말이라면 나쁜 말이다. 남에게 피해를 주지 않고 사람들을 즐겁게 해 주는 사람은 훌륭하다고 칭찬받을 만하다. _M. 세르반테스(1547~1616) 에스파냐 소설가
- 사람들은 자신의 악습에서 벗어나는 것이 아니라 그 악습의 피해를 면하기를 바란다. _R. W. 에머슨(1803~1882) 미국 사상가, 시인
- 신화를 도덕의 기초로 삼은 것이 가장 큰 피해를 초래했다. 신화의 정체가 드러나서 사라지는 것은 시간 문제이기 때문이다. _H. 사무엘(1870~1963) 영국 정치가
- 악은 그늘을 꺼리고 선은 햇빛을 꺼린다. 드러난 악은 피해가 적고 숨은 악은 피해가 크며, 드러난 선은 공로가 적고 숨은 선은 공로가 많다. _《채근담》
- 피해를 복수하는 것은 참는 것보다도 대가가 더 비싸다. _T. W. 윌슨(1856~1924) 미국 제28대 대통령
- 친구 열 명이 주는 이익보다 원수 한 명이 주는 피해가 더 클 수 있다. _J. 스위프트(1667~1745) 영국 소설가

속담

- 가해자가 되기보다는 피해자가 되라. _영국
- 남 눈 똥에 주저앉고 애매한 두꺼비 떡돌에 치인다. (남이 잘못을 저질렀는데 애매하게 자기가 피해를 입게 됨을 이르는 말) _한국
- 남 잡으려다 제가 잡힌다. _한국
- 널도깨비가 복은 못 줘도 화는 준다. (사람 못된 것은 어딜 가나 해만 끼치고 다녔지 이롭게 하는 일은 없다는 말) _한국
- 모진 놈 옆에 있다가 벼락 맞는다. (마음씨가 매섭고 독한 사람과 가까이 하면 반드시 화를 입는다는 뜻) _한국
- 시원찮은 국에 입 데인다. (대단치 않은 일에 해를 당한다는 말) _한국

지식 쑥쑥

한자 숙어

창이미추(創痍未瘳) 칼에 맞은 상처가 아직 아물지 않았다는 뜻으로, 전란의 피해가 아직 회복되지 않았음을 이르는 말.

학교

學校

일정한 목적, 교육 과정 및 법규에 의하여 교사가 계속적으로 학생에게 교육을 실시하는 기관.

명언 명문

*교화 | 가르치고 이끌어서 좋은 방향으로 나아가게 함.

- 가정은 도덕의 학교이다. _J. H. 페스탈로치(1746~1827) 스위스 교육학자
- 공립학교는 모든 악습과 부도덕의 온상이다. _H. 필딩(1707~1754) 영국 소설가
- 군대는 인색한 자는 돈을 후하게 쓰고 돈을 후하게 쓰는 자는 탕진하게 되는 학교다. _M. 세르반테스(1547~1616) 에스파냐 소설가
- 백성을 배불리 먹인 뒤에 비로소 *교화가 가능하다. 교화의 가장 효과적인 수단은 학교다. _이이(1536~1584) 조선 시대 문신, 학자
- 영국인들은 감정이 없는 것이 아니라 느끼기를 두려워한다. 학교에서 감정을 표현하는 것은 나쁜 것이라고 가르쳤기 때문이다. _E. M. 포스터(1879~1970) 영국 소설가
- 우리는 학교를 최고 학교, 일류 학교, 좋은 학교, 학교의 네 등급으로 분류한다. _E. A. 워(1903~1966) 영국 소설가
- 우리는 학교를 자녀들이 공부를 배우는 곳으로 알고 있다. 그러나 학교도 많이 배울 필요가 있다. _L. B. 존슨(1908~1973) 미국 제36대 대통령
- 우주는 한 권의 커다란 책이고 인생은 커다란 학교다. _린위탕(1895~1976) 중국 작가
- 원숭이처럼 모방하지 않으면 공립학교 생활을 즐기지 못한다. _C. V. 코널리(1903~1974) 영국 평론가, 소설가
- 자기 반성은 지혜를 배우는 학교이다. _B. 그라시안이모랄레스(1601~1658) 에스파냐 작가
- 잘못 가르친 어린이는 잃은 것과 마찬가지다. _J. F. 케네디(1917~1963) 미국 제35대 대통령

이이

▶ 학교가 없는 도시에는 사람이 살지 못한다. _《탈무드》

▶ 학교나 대학이나 교회나 시장에서 너무 바쁜 것은 열등한 활력의 조짐이다. _R. L. B. 스티븐슨(1850~1894) 영국 소설가, 시인

▶ 학교는 교화의 터전으로서 인륜을 밝히고 인재를 양성한다. _정도전(1342~1398) 고려~조선 시대 문인, 학자 《삼봉집》

▶ 학교는 순진한 사람들에게 어떤 면에서는 감옥보다 냉혹하다. _G. B. 쇼(1856~1950) 아일랜드 극작가, 평론가

▶ 학교는 한 나라 정치의 근본이다. _구양수(1007~1072) 중국 송나라 시인, 정치가

▶ 학교라는 것은 스승에게서 배우는 곳이다. 스승이 있어야 학교가 있을 수 있는 것이다. 오랫동안 덕을 쌓은 사람을 초빙하여 스승을 삼은 뒤에야 학교의 규칙을 의논할 수 있다. _정약용(1762~1836) 조선 시대 문신, 학자

▶ 학교를 여는 자는 감옥을 닫는다. _V. M. 위고(1802~1885) 프랑스 시인, 극작가

▶ 학교에서 가르치는 것은 교육이 아니라 교육의 수단이다. _R. W. 에머슨(1803~1882) 미국 사상가, 시인

▶ 학교에서는 학생들을 인간 정신의 가장 높은 위업에 접하게 하려고 한다고 항상 주장하고 있다. 그러나 학교는 주장하는 것과는 반대로 종합적인 지식 상자를 생산하는 공장이다. _E. 프롬(1900~1980) 독일 정신 분석학자, 사회학자

속담

▶ 경험이 가장 좋은 학교지만 수업료가 비싸다. _서양

▶ 서당 개 삼 년에 풍월 한다. (어떤 분야에 지식과 경험이 전혀 없는 사람이라도 그 부문에 오래 있으면 얼마간의 지식과 경험을 갖게 됨을 이르는 말) _한국

▶ 학교 가까이에 있는 참새는 라틴어 입문서를 노래한다. _서양

▶ 학교를 다니지 못한 사람은 훈련을 받지 않은 사냥개와 같다. _모로코

문장 반짝

관용어

학교 구경도 못하다 _ 학교 교육을 전혀 받지 못하다.

해결

解決

제기된 문제를 해명하거나 얽힌 일을 잘 처리함.

명언 명문

▶ 과거는 잊어버리고 다른 일에 몰두하자. 이것이 고민의 해결이다.

_J. 뎀프시(1895~1983) 미국 권투 선수

▶ 과학은 언제나 잘못한다. 그것은 한 가지 문제를 해결하면 반드시 열 가지 문제를 만들어 낸다. _G. B. 쇼(1856~1950) 아일랜드 극작가, 평론가

▶ 말이 해결하지 못하는 것을 황금은 해결할 것이다.

_E. 워드(1667~1731) 영국 유머 작가

▶ 모든 것은 전쟁만으로 해결되는 것이 아니다. _《손자병법》

▶ 모든 사람과 관련된 문제는 모든 사람만이 해결할 수 있다.

_F. 뒤렌마트(1921~1990) 스위스 극작가

▶ 문제란 것은 있지도 않다. 있는 것은 해결뿐이다. 인간 정신이 그 다음에 문제를 만드는 것이다.

_A. P. G. 지드(1869~1951) 프랑스 소설가, 평론가

▶ 문제에 대한 해결책은 그 문제가 발생했을 때와 동일한 이해력 수준에서는 절대 나오지 않는다. _A. 아인슈타인(1879~1955) 미국 물리학자

▶ 사람은 계획하지만 신은 해결한다.

_T. 켐피스(1380?~1471) 독일 사상가, 수도사

▶ 상처는 찾아내지 않으면 치유할 수 없다.

_F. 베이컨(1561~1626) 영국 정치가, 철학자

▶ 어려운 일은 시간이 해결해 준다. _이솝(B.C. 620?~B.C. 560?) 그리스 우화 작가

▶ 언제나 해결해 주는 것은 사소한 일이지 큰일이 아니다. 큰일들은 연극적인 몸짓과 거짓의 유혹이 너무 가까이에 있다.

_E. M. 레마르크(1898~1970) 독일 소설가 《개선문》

▶ 인간은 어떤 문제를 자유로이 토론할 때 그 문제에 대한 가장 올바른 해결책을 얻게 된다.

_T. B. 매콜리(1800~1859) 영국 역사가, 정치가 《사우시의 담화》

▶ 정해진 해결법 같은 것은 없다. 인생에 있는 것은 진행 중의 힘뿐이다. 그 힘을 만들어 내야 하는 것이다. 그것만 있으면 해결법 따위는 저절로 알게 되는 것이다.

_A. M. R. 생텍쥐페리(1900~1944) 프랑스 소설가, 비행사

▶ 친절은 온갖 모순을 해결하면서 생활을 장식한다. 얽힌 것을 풀어 주고 어려워 보이는 일도 쉽게 만들어 주며, 우울한 마음도 함께 바꾸어 놓는다. _P. D. S. 체스터필드(1694~1773) 영국 정치가, 작가

▶ 폭동에 대한 해결책은 새로운 폭동이었다.

_C. 타키투스(56?~120?) 로마 역사가, 정치가

▶ 하소연한다고 해서 문제가 해결되는 것은 아니나. 이것을 깨달아야 어린아이의 유치한 단계를 비로소 벗어난다.

_C. 파베세(1908~1950) 이탈리아 시인, 소설가

속담

▶ 궁하면 통한다. (매우 가난하여 구차한 처지에 이르게 되면 도리어 펴 나갈 길이 생긴다는 말) _한국

▶ 문제 해결을 도중에 그만두지 마라. _서양

▶ 문제를 무리하게 해결하지 마라. _서양

▶ 숲을 베어 버릴 수 있다면 늑대를 잡을 것이다. _서양

▶ 슬픔을 숨기는 사람은 그에 대한 해결책을 찾아내지 못한다. _터키

▶ 앓던 이가 빠진 것 같다. (걱정되던 일이 해결되어 속이 시원하다는 뜻) _한국

▶ 연료를 치워 버리면 불을 끄는 것이다.

_서양

지식 쑥쑥

한자 숙어

결자해지(結者解之) 일을 맺은 사람이 풀어야 한다는 뜻으로, 일을 저지른 사람이 그 일을 해결해야 한다는 말.

미도불원(迷道不遠) 그리 멀지 않은 곳에서 길을 헤맨다는 뜻으로, 곧 올바른 방향으로 돌아감을 이르는 말.

암중모색(暗中摸索) 어둠 속에서 더듬어 찾는다는 뜻으로, 불확실한 일에 대한 해결의 실마리를 찾는 것을 말함.

암중방광(暗中放光) 어둠 속에서 빛이 비친다는 뜻으로, 뜻밖에 일이 잘 해결됨을 이르는 말.

영인자해(迎刃自解) 일이 저절로 아주 쉽게 해결됨.

팽두이숙(烹頭耳熟) 머리를 삶으면 귀까지 익는다는 뜻으로, 중요한 것만 해결하면 나머지는 저절로 해결됨을 이르는 말.

협력 協力

힘을 합하여 서로 도움.

명언 명문

▶ 강한 자가 약한 자를 도우면 양쪽이 다 살아난다.

_이솝(B.C. 620?~B.C. 560?) 그리스 우화 작가 《이솝 이야기》

▶ 국민의 자발적인 협조가 있을 때 능률이 가장 높다.

_T. W. 윌슨(1856~1924) 미국 제28대 대통령

▶ 두 다리나 두 손처럼 우리는 서로 협력하기 위해 태어났다.

_마르쿠스 아우렐리우스(121~180) 로마 황제

▶ 많은 사람이 협동해서 일하면 일의 부담은 가벼워진다.

_호메로스(?~?) 그리스 시인

▶ 미술은 손과 머리와 가슴이 함께 움직이는 것이다.

_J. 러스킨(1819~1900) 영국 미술 평론가

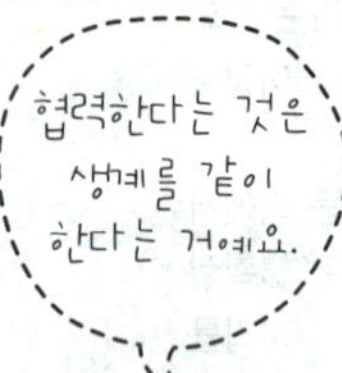

▶ 어진 자를 추천하여 유능한 이에게 자리를 양보하는 태도로 있으면 일반 관리들은 불평 없이 협력할 것이다. _《서경》

▶ 엄청난 위험은 낯선 사람들마저도 협동하게 만든다.

_V. M. 위고(1802~1885) 프랑스 시인, 극작가

▶ 인생의 법칙은 개인의 욕심을 다투는 것이 아니라 개개인의 선이 협동하여 많은 사람들의 선에 기여하는 협동에 있다.

_J. 네루(1889~1964) 인도 정치가 《신조》

▶ 중대한 일이든 작은 일이든 우리는 함께 뭉쳐서 앞으로 나아가야 합니다. 이 조그마한 지구상에서 우리에게 다른 길은 없습니다.

_L. B. 존슨(1908~1973) 미국 제36대 대통령

▶ 한 손이 다른 손을 씻고 두 손이 얼굴을 씻는다.

_J. 플로리오(1553~1625) 영국 번역가, 사전 편찬자

H. D. 소로

▶ 협력한다는 것은 가장 낮은 의미에서나 가장 높은 의미에서 생계를 같이 한다는 것이다. _H. D. 소로(1817~1862) 미국 사상가, 수필가 《월든》

*봉충다리 | 사람이나 물건의 한쪽이 짧은 다리.
*울력걸음 | 여러 사람이 나서는 데 덩달아 끼어서 함께 걷는 걸음.

속담

▶ 누가 턱을 받쳐 주면 헤엄치기는 쉽다. _프랑스

▶ 때리는 시늉을 하면 우는 시늉을 한다. (서로 의견이나 마음이 잘 맞는다는 뜻) _한국

▶ 백지장도 맞들면 낫다. (아무리 쉬운 일이라도 혼자서 하는 것보다 여럿이 힘을 모으면 훨씬 더 효과적이라는 뜻) _한국

▶ *봉충다리의 *울력걸음. (좀 모자라는 사람도 여럿이 어울려서 하는 일에는 덩달아 따라 할 수 있음을 이르는 말) _한국

고사성어

▷ 각자위정(各自爲政)

사람이 저마다 자기 멋대로 행동한다는 뜻으로, 각각의 사람들이 자기 마음대로 한다면 전체와의 조화나 타인과의 협력을 생각하기 어렵게 된다는 말이다. 중국 춘추 시대 송나라와 정나라 사이에 전쟁이 벌어졌다. 결전 전날, 송나라 장수 화원은 병사들의 사기를 돋우기 위해 양고기를 나누어 주었다. 그러나 자신의 마차를 모는 양짐에게는 전쟁과 아무런 관계가 없다는 이유로 양고기를 주지 않았다. 이튿날 전쟁이 시작되었고, 두 나라가 모두 잘 싸워 승패가 나지 않을 때였다. 화원은 양짐에게 적의 허술한 오른쪽으로 마차를 돌리라고 명령했으나 양짐은 정나라 병력이 밀집해 있는 왼쪽으로 마차를 몰았다. 결국 화원은 정나라 군사에게 붙잡히고, 송나라는 전쟁에 지고 말았다. _《춘추좌씨전》

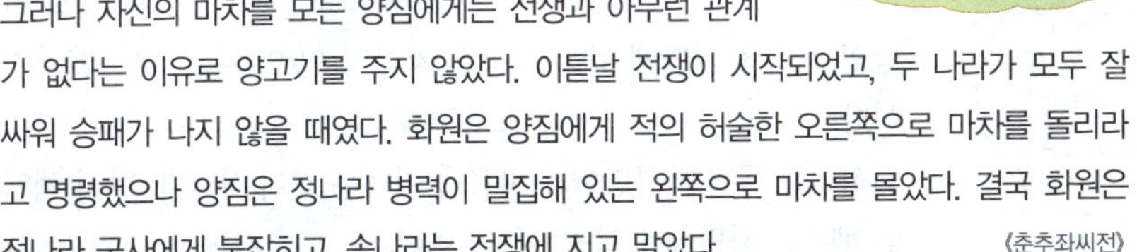

▷ 오월동주(吳越同舟)

오나라 사람과 월나라 사람이 같은 배에 타고 있다는 뜻으로, 어려운 상황에서는 원수라도 협력해야 함을 이르는 말이다. 또는 전혀 뜻이 다른 사람들이 한자리에 있게 됨을 말한다. 원수처럼 미워하는 사이인 오나라의 왕 부차와 월나라의 왕 구천이 같은 배를 탔는데 거센 파도를 만나 서로 협력할 수밖에 없었다는 데서 유래한다. _《손자병법》 구지 편

혜택 惠澤

은혜와 덕택을 아울러 이르는 말.

명언 명문

▶ 가장 이상적인 생활 태도는 물과 같은 것이다. 물은 만물에 혜택을 주면서 상대를 거역하지 않고 모두가 싫어하는 낮은 곳으로 흘러간다. 물처럼 거스름이 없는 생활 태도를 가져야 실패를 면할 수 있다. _노자(B.C. 604?~?) 중국 춘추 시대 초나라 사상가

▶ 고립된 신하나 첩에서 난 서자는 혜택받지 못한 까닭에 항상 조심하고 어떤 우환이 닥칠까 깊이 걱정한다. 그래서 언행을 조심하기 때문에 오히려 덕과 지혜를 갖추게 된다. _《맹자》

▶ 남에게 도움을 준 것은 금방 잊어버리고 남에게서 받은 혜택은 결코 잊지 마라. _킬론(B.C. 6세기경) 그리스 철학자

▶ 남에게 받은 혜택을 잊는 사람은 고귀한 사람이 아니다. _소포클레스(B.C. 496~B.C. 406) 그리스 시인

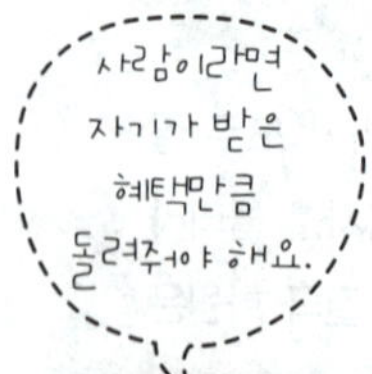

▶ 남의 혜택을 고맙게 받는 사람은 자기 빚의 일부를 우선 갚는 것이다. _L. A. 세네카(B.C. 4?~A.D. 65) 로마 철학자, 극작가

▶ 백성이란 특정한 사람에게 마음을 기대는 것이 아니다. 단지 혜택을 베푸는 사람에게 복종하는 것이다. _《서경》

▶ 보답이 불가능한 혜택은 너무나도 무거워서 거의 모욕에 가깝다. _P. 코르네유(1606~1684) 프랑스 시인, 극작가

▶ 사람이라면 자기가 받은 혜택만큼 돌려주어야 한다. _N. 마키아벨리(1469~1527) 이탈리아 사상가, 역사학자

▶ 세상은 왕이며 따라서 자기가 베푼 혜택에 대한 보답으로 아첨을 바란다. 그러나 참된 예술은 이기적이고 고집이 세서 아첨의 틀에 예속되지 않을 것이다. _L. 베토벤(1770~1827) 독일 작곡가

N. 마키아벨리

▶ 수고는 아랫사람이 윗사람을 섬기는 것이고 혜택은 윗사람이 아랫사람을 보살피는 것이니 이 두 가지는 서로 보답하는 것이다.

_정도전(1342~1398) 고려~조선 시대 문인, 학자

▶ 재물은 자신이 소유할 때보다 남이 소유하고 있을 때 즐거움을 준다. 지나치게 물질적인 혜택을 누리면 보이지 않는 적을 만든다.

_B. 그라시안이모랄레스(1601~1658) 에스파냐 작가

▶ 조상의 혜택이 무엇인가, 내 몸이 누리는 바가 바로 그것인즉 마땅히 그 쌓아올리기 어려웠던 일을 생각하라. _《채근담》

▶ 현재 인류에게 헤아릴 수 없는 물질적 혜택이 아낌없이 주어질 수 있다는 것이, 도리어 인류의 파멸을 가져올지도 모릅니다.

_W. L. S. 처칠(1874~1965) 영국 정치가

▶ 혜택과 의리를 널리 베풀어라. 사람이 살다 보면 어디선가는 만나게 될 것이다. 남의 원한을 사지 마라. 좁은 곳에서 만나면 피하기 어려울 것이다. _《명심보감》

▶ 혜택과 이익은 남보다 앞서지 말고, 덕행과 일은 남에게 뒤지지 마라. _《채근담》

▶ 혜택을 너무 많이 받으면 불쾌해진다. 사람은 빚을 다 갚고도 남을 그런 돈을 가지고 싶어 한다.

_B. 파스칼(1623~1662) 프랑스 사상가, 수학자, 물리학자

▶ 혜택을 받는 것은 자기 자유를 파는 것이다.

_P. 시루스(B.C. 1세기경) 로마 시인

▶ 혜택을 베푼 사람은 그것을 감추고, 받은 사람은 그것을 드러내라. _《명심보감》

속담

▶ 명주옷은 사촌까지 덥다. (가까운 사람이 부귀한 몸이 되면 그 혜택이 집안에 모두 미침을 이르는 말) _한국

▶ 피해는 모래 위에, 혜택은 대리석에 기록하라. _프랑스

▶ 혜택은 사람을 노예로 만든다. _서양

한자 숙어

백골남행(白骨南行) 과거를 치르지 않고 조상의 혜택으로 얻는 벼슬.

택급만세(澤及萬世) 혜택이 영원히 미침.

화피초목(化被草木) 풀과 나무마저도 어진 임금의 덕을 입음.

희휘랑요(曦暉朗耀) 태양빛과 달빛은 온 세상을 비추어 만물에 혜택을 줌.

환경

環境

생물에게 영향을 주는 자연적 조건이나 사회적 상황. 또는 생활하는 주위의 상태.

명언 명문

*교유 | 서로 사귀어 놀거나 왕래함.

▶ 군자는 사는 곳은 반드시 좋은 환경을 택하고, *교유하는 사람은 반드시 학덕이 있는 사람을 택해야 한다.

_순자(B.C. 298?~B.C. 238?) 중국 전국 시대 조나라 사상가

▶ 나는 환경의 지배를 믿지 않는다. 성공하는 사람들은 자신이 원하는 환경을 찾아내고, 찾아낼 수 없을 때는 스스로 그런 환경을 만든다.

_G. B. 쇼(1856~1950) 아일랜드 극작가, 평론가

▶ 무엇이든지 최종적인 것은 없다. 우리들은 언제나 환경으로부터 배워야 한다.

_V. 레닌(1870~1924) 소련 혁명가, 정치가

▶ 사람의 계획이 환경에 따라 조절되어야 하지 환경이 사람의 계획에 따라 조절되는 것은 아니다.

_T. 리비우스(B.C. 59?~A.D. 17) 로마 역사가

▶ 사람의 목적은 소득이 아니라 환경과 더불어 성장하고 또 환경과 결합되어 자기의 의식을 실현하고 확대하는 데 있다.

_R. 타고르(1861~1941) 인도 시인, 사상가 《인생의 실현》

▶ 우리는 우리의 자녀와 전 세계 사람들의 미래는 생각하지 않고 지구의 귀중하고 대체 불가능한 자원을 함부로 쓰며 살고 있다.

_M. 미드(1901~1978) 미국 인류학자

▶ 인간은 환경을 따르지 않으면 안 된다. 우리 주변의 힘을 사용하고 우리가 해야 할 일을 하며 대처해야 한다.

_A. 프랑스(1844~1924) 프랑스 작가

▶ 인간은 환경의 산물이다.

_R. 오언(1771~1858) 영국 사업가, 개혁가

▶ 인간의 소질은 모두 같다. 다만 환경이 차이를 낳을 따름이다.

_G. C. 리히텐베르크(1742~1799) 독일 물리학자, 작가 《자연의 대상에 관한 단편적 감상》

- 인간의 지능이 출현하면서 환경의 균형이 무너졌다. 지능은 환경의 가장 큰 오염자다. _C. D. 시마크(1904~1988) 미국 언론인
- 환경은 약한 자를 지배하지만 현명한 자의 목적을 이루는 수단이 되기도 한다. _F. 베이컨(1561~1626) 영국 정치가, 철학자 《수필집》
- 환경의 변화는 인격의 결함을 결코 고칠 수 없다. _R. W. 에머슨(1803~1882) 미국 사상가, 시인
- 환경! 내가 환경을 만든다. _나폴레옹 1세(1769~1821) 프랑스 황제
- 훌륭한 인간의 특징은 불행하고 쓰라린 환경에서도 끈기 있게 참고 견디는 것이다. _L. 베토벤(1770~1827) 독일 작곡가

속담

- 검은 데 가면 검어지고 흰 데 가면 희어진다. (주위 환경이 사람의 사상이나 성격에 큰 영향을 준다는 말) _한국
- 눈 먹던 토끼, 얼음 먹던 토끼 제가각. (사람은 환경이나 경우에 따라서 그 능력이 각기 다르다는 뜻) _한국
- 화분에 심어 놓으면 못된 풀도 화초라 한다. (사물은 그 환경에 따라 귀해지고 천해진다는 뜻) _한국
- 환경은 입장을 바꾼다. _영국

지식 쑥쑥

한자 숙어

마중지봉(麻中之蓬) 구부러진 쑥도 꼿꼿한 삼밭에서 나면 꼿꼿하게 자란다는 뜻으로, 사람도 주위 환경에 따라 선악이 다르게 될 수 있다는 말.

고사성어

▷ 귤화위지(橘化爲枳)

강남의 귤을 강북에 심으면 탱자가 된다는 뜻으로, 사람도 환경에 따라 성질이 변화함을 말한다. 중국 춘추 시대 제나라에 안영이란 재상이 있었다. 어느 날, 초나라 왕이 안영을 초대하였다. 초나라 왕은 제나라 죄수를 보여 주며 "제나라 사람은 원래 도둑질을 잘하나 보군요."라고 비꼬았다. 그러자 안영은 태연하게 "강 남쪽의 귤을 강 북쪽으로 옮겨 심으면 탱자가 되고 맙니다. 저 제나라 사람도 원래는 착했으나 초나라에 와서 도둑질을 한 것을 보면 오히려 초나라의 풍토가 좋지 않은 것 같습니다."라고 말했다. _《안자춘추》

모든 사람은 인류를 변화시킬 생각을 한다.
그러나 자기 자신을 변화시킬 생각을
하는 사람은 별로 없다.

L. N. 톨스토이

Section 4

대체로 정치란 너그럽게만 할 경우 백성들은 게을러지게 마련이니
백성이 게을러지면 반드시 이들을 모질게 다스려야 한다.
또 너무 모질게 다스릴 경우에는 백성들이 잔악해지는 것이니
백성들이 잔악할 때에는 이와 반대로 반드시 너그러운 정치를 해야 하는 법이다.

《공자가어》

정치와 경제

가격 價格

물건이 지니고 있는 가치를 돈으로 나타낸 것.

명언 명문

*냉소 | 쌀쌀한 태도로 비웃음. 또는 그런 웃음.

▶ 강을 건너가다가 배가 가라앉으면 표주박 하나의 값이 천 냥이나 된다.
_《갈관자》

▶ *냉소하는 자는 모든 것의 값은 알지만 그 가치는 모른다.
_O. F. O. W. 와일드(1854~1900) 아일랜드 시인, 극작가

▶ 로마의 모든 것에는 그 가격이 있다.
_D. J. 유베날리스(50?~130?) 로마 시인

▶ 물건 값은 속여도 품질은 속이지 마라.
_T. 풀러(1654~1734) 영국 의사, 작가

▶ 물건은 사는 사람이 내는 대가만큼의 값어치가 있다.
_P. 시루스(B.C. 1세기경) 로마 시인 《격언집》

▶ 상품의 가격이 결정되듯이 인간의 가치도 결정된다.
_E. 프롬(1900~1980) 독일 정신 분석학자, 사회학자 《건전한 사회》

▶ 선물의 가치는 그 가격보다도 적합성에 달려 있다.
_C. D. 워너(1829~1900) 미국 수필가, 소설가, 편집자

속담

▶ 값도 모르고 싸다 한다. (일의 속사정은 잘 알지도 못하면서 경솔하게 이러니저러니 말함을 이르는 말)
_한국

▶ 같은 값이면 은가락지 낀 손에 맞으랬다. (벌을 받더라도 이왕이면 덕 있는 사람에게 당하는 것이 좋음을 이르는 말)
_한국

▶ 내 물건이 좋아야 값을 받는다. (자기가 지킬 도리를 먼저 지켜야 남에게 대우받음을 이르는 말)
_한국

가난

살림살이가 넉넉하지 못하고 쪼들림. 또는 그런 상태.

명언 명문

▶ 가난에 대한 괴로움에서 벗어나는 길은 두 가지다. 재산을 늘리는 것과 자기의 욕망을 줄이는 것으로, 전자는 자신의 힘으로 해결되지 않지만 후자는 언제나 마음가짐으로써 가능하다.

_L. N. 톨스토이(1828~1910) 러시아 소설가, 사상가

▶ 가난은 가난하다고 느끼는 데 있다.

_R. W. 에머슨(1803~1882) 미국 사상가, 시인 《사회와 고독》

▶ 가난은 가정을 파괴하기보다 가족을 뭉치게 하는 경우가 많다.

_사키(1870~1916) 영국 소설가

▶ 가난은 불행이 아니라 불편함이다.

_W. 배젓(1826~1877) 영국 경제학자, 사회학자, 문예 평론가

▶ 가난은 사람을 겸손하게 만들기도 하지만, 간사하고 악하게 만드는 경우가 더 많다.

_E. 벌워리턴(1803~1873) 영국 소설가, 극작가

▶ 가난은 사람을 현명하게도 만들고 슬프게도 만든다.

_B. 브레히트(1898~1956) 독일 시인, 극작가

▶ 가난은 *수치가 아니지만 가난을 부끄러워하는 것은 수치다.

_T. 풀러(1654~1734) 영국 의사, 작가

*수치 | 다른 사람들을 볼 낯이 없거나 스스로 떳떳하지 못함. 또는 그런 일.

▶ 가난은 예술의 원천이며 시인에게 무한한 영감을 준다.

_G. E. 무어(1873~1958) 영국 윤리학자, 철학자

▶ 가난은 죄가 아니다.

_G. 허버트(1593~1633) 영국 시인

▶ 가난은 질병을 낳고 질병은 가난을 낳는다. 이 악순환의 고리는 닫혀 있다.

_H. E. 시게리스트(1891~1957) 미국 의학자

▶ 가난은 행복의 큰 적이다.

_S. 존슨(1709~1784) 영국 시인, 평론가

R. W. 에머슨

▶ 가난을 쫓아낼 수는 없지만 가난을 걱정하는 마음을 쫓아 버린다면 마음은 항상 안락한 집에서 살게 된다. _《채근담》

▶ 가난하다고 불명예로 여길 것이 아니다. 문제는 가난의 원인이다. 가난이 나태나 제멋대로의 고집, 어리석음 때문이라면 진실로 수치로 여겨도 괜찮다.

_플루타르코스(46?~120?) 그리스 철학자, 작가 《플루타르크 영웅전》

▶ 가난하다는 말은 너무 적게 가진 사람을 두고 하는 말이 아니라 더 많은 것을 바라는 사람을 두고 하는 말이다.

_L. A. 세네카(B.C. 4?~A.D. 65) 로마 철학자, 극작가

▶ 가난한 사람은 원래 변덕스럽다. 가난한 사람은 뒤틀린 성미를 가지고 있는 법이다.

_F. M. 도스토옙스키(1821~1881) 러시아 소설가 《카라마조프의 형제들》

▶ 가난한 사람이 제일이다. 누구도 그 가난을 훔치려 하지 않을 테니까. _W. 셰익스피어(1564~1616) 영국 극작가, 시인 《겨울밤 이야기》

▶ 가난한 사람이 진실을 말해도 사람들은 믿어 주지 않는다.

_메난드로스(B.C. 342?~B.C. 292?) 그리스 극작가

▶ 가난할지라도 인생을 사랑하라. _H. D. 소로(1817~1862) 미국 사상가, 수필가

▶ 고통 없는 가난이 고통을 주는 재산보다 낫다.

_메난드로스(B.C. 342?~B.C. 292?) 그리스 극작가

▶ 군자는 가난을 잘 견디지만 소인은 가난해지면 멋대로 행동한다.

_공자(B.C. 551~B.C. 479) 중국 춘추 시대 노나라 사상가

▶ 군자는 풍족한 상태보다 차라리 없는 상태에서 살고, 완전한 상태보다 차라리 부족한 상태에서 산다. _《채근담》

▶ 나는 가난해진 적은 없고 다만 망했을 뿐이다. 가난은 마음의 상태고 망하는 것은 일시적 현상이다.

_M. 토드(1909~1958) 미국 영화 제작자

▶ 물질적인 가난은 없애기가 쉽지만 영혼의 가난은 없앨 수가 없다.

_M. E. 몽테뉴(1533~1592) 프랑스 사상가 《수상록》

▶ 부자가 오만하지 않은 경우는 없지만 가난한 자가 가난을 원망하지 않는 경우는 있다. 그는 가난을 자기 스승으로 삼기 때문이다.

_안영(?~B.C. 500) 중국 춘추 시대 제나라 정치가

▶ 빈 부대가 똑바로 서기 어려운 것처럼 가난한 사람이 끊임없이 정직하게 지낸다는 것은 참으로 어려운 일이다.

_B. 프랭클린(1706~1790) 미국 정치가, 과학자 《자서전》

▶ 우리에게 재산은 허영의 도구가 아니라 목적 달성을 위한 기회다. 부끄러운 것은 가난이 아니라 그것을 극복하기 위해 아무런 노력도 하지 않는 것이다. _투키디데스(B.C. 5세기경) 그리스 역사가

▶ 재산은 사치와 게으름을, 가난은 비열함과 사악함을 낳는다. 결국 두 가지 모두 불만을 낳는다. _플라톤(B.C. 428?~B.C. 347?) 그리스 철학자

▶ 행복한 사람이란 신들의 선물인 재산을 지혜롭게 쓸 줄 아는 사람, 심한 가난을 잘 참을 줄 아는 사람, 불명예를 죽음보다 더 두려워하는 사람이다. _Q. 호라티우스(B.C. 65~B.C. 8) 로마 시인 《서정시집》

속담

▶ 가난 구제는 나라도 못한다. (남의 가난한 살림을 도와주는 일은 끝이 없어서 개인은 물론 나라의 힘으로도 하지 못한다는 말) _한국

▶ 가난 귀신이 문으로 들어오면 사랑의 신은 창문으로 달아난다. _영국

▶ 가난은 매섭지만 좋은 교사이다. _영국

▶ 가난은 사람을 분발하게 한다. _영국

▶ 가난은 친구를 멀어지게 한다. _영국

▶ 가난이라는 무거운 짐을 지는 것보다 쇠뭉치나 돌덩이를 지는 것이 훨씬 가볍다. _아라비아

▶ 가난한 집 제사 돌아오듯. (힘든 일이 자주 닥쳐옴을 비유적으로 이르는 말) _한국

▶ 가는 손님 뒤꼭지가 예쁘다. (가난하여 손님 대접하기가 어려운데, 손님이 빨리 돌아감을 고맙게 여긴다는 말) _한국

▶ 개 보름 쇠듯. (가난해서 명절에도 제대로 먹지 못하고 지냄을 이르는 말) _한국

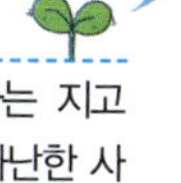

한자 숙어

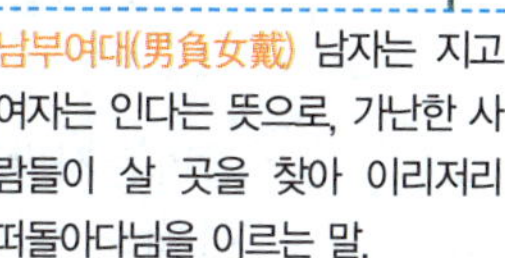

남부여대(男負女戴) 남자는 지고 여자는 인다는 뜻으로, 가난한 사람들이 살 곳을 찾아 이리저리 떠돌아다님을 이르는 말.

벽립지세(壁立之勢) 바람을 막는 벽만 있고 다른 세간은 없는 가난한 모양을 뜻함.

악의악식(惡衣惡食) 궁하여 허름하고 조잡한 옷을 입고 맛없는 음식을 먹음.

문장 반짝

관용어

가난(이) 들다 가난하게 되다. 또는 필요하거나 쓸 만한 것이 드물어 구하기 어렵게 되다. 또는 농작물의 수확이 여느 해보다 아주 적게 되다.

거래 去來

주고받음. 또는 사고팖.

명언 명문

- 물건을 사는 사람은 백 개의 눈이 필요하지만 파는 사람은 눈이 하나도 필요 없다. _G. 허버트(1593~1633) 영국 시인
- 물건을 팔려는 사람의 친절을 보고 그가 항상 그렇게 친절하다고는 생각하지 마라. _E. W. 하우(1853~1937) 미국 소설가, 수필가
- 쇼핑하러 가는 것은 가장 작은 낚시로 큰 고기를 잡으려고 낚시질을 가는 것과 같다. _H. W. 비처(1813~1887) 미국 신학자
- 싸게 살 때는 다시 생각해 보라. _H. W. 비처(1813~1887) 미국 신학자
- 아무도 이익을 보지 않는 거래는 어리석은 일이다. _T. 풀러(1654~1734) 영국 의사, 작가
- 팔려는 사람은 물건의 참신성을 미끼로 써라. 참신성은 모든 사람의 마음을 사로잡기 때문이다. _J. W. 괴테(1749~1832) 독일 시인, 소설가, 극작가
- 황금으로도 절대 살 수 없는 것을 황금을 얻기 위해 팔지 마라. _S. 존슨(1709~1784) 영국 시인, 평론가

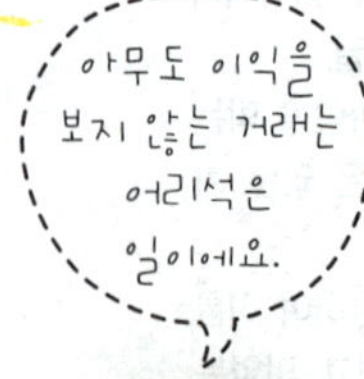

T. 풀러

속담

- 높게 값을 부르고 낮게 돈을 치른다. (거래할 때 한쪽은 돈을 많이 달라고 하고 다른 한쪽은 돈을 적게 주려고 한다는 말) _중국
- 부잣집 외상보다 비렁뱅이 맞돈이 좋다. (장사하는 데는 신용 있는 외상보다 현금 거래가 더 좋음을 이르는 말) _한국
- 원님에게 물건을 팔아도 *에누리가 있다. (대하기 어려운 윗사람과 거래를 할 때도 남는 것이 있다는 뜻) _한국

*에누리 | 물건 값을 받을 값보다 더 많이 부르는 일.

拒絕 거절

상대편의 요구, 제안, 선물, 부탁 따위를 받아들이지 않고 물리침.

명언 명문

- 가는 사람을 붙들지 않고 오는 사람을 거절하지 않는다. _《맹자》
- 달라는 사람에게 주고, 꾸려는 사람의 청을 거절하지 마라. _《성경》
- 마땅히 받을 가치가 있는 경의와 찬사를 거절하는 것은 예의 바른 일이 못 된다. _R. E. 라스페(1737~1794) 독일 학자, 모험가
- 마지못해 호의를 베풀기보다는 정중하게 거절하는 편이 낫다. _F. 라로슈푸코(1613~1680) 프랑스 작가
- 망설이면서 요구하면 거절을 초래한다. _L. A. 세네카(B.C. 4?~A.D. 65) 로마 철학자, 극작가
- *현인이라도 필요한 것은 결코 거절하지 않는다. _P. 시루스(B.C. 1세기경) 로마 시인
- 혜택을 거절하는 데는 마땅히 주의가 필요하다. 우리가 그것을 경멸하거나 또는 되갚아야 할 것을 두려워하여 거절하는 것처럼 보여서는 안 된다. _B. 스피노자(1632~1677) 네덜란드 철학자

*현인 | 어질고 총명하여 성인에 다음가는 사람.

속담

- 까마귀가 메밀을 마다한다. (본래 좋아하는 것을 싫다고 거절할 때 이를 비꼬는 말) _한국
- 언제는 외조할미 콩죽으로 살았나. (남의 은덕으로 살아온 것이 아니니 이제 새삼스럽게 남의 호의를 바라지 않는다고 단호히 거절하는 말) _한국
- 오랫동안 안 지키는 약속보다 즉석 거절이 더 낫다. _덴마크
- 좋은 제의는 절대로 거절하지 마라. _영국

F. 라로슈푸코

거지

남에게 빌어먹고 사는 사람.

명언 명문

- 거지 외에는 마음 편하게 사는 사람이 없다.

  _A. 해어(1792~1834) 영국 성직자

- 거지는 모두 사라져야 한다. 그들에게 동냥을 주는 것도, 주지 않는 것도 성가신 일이다. _F. W. 니체(1844~1900) 독일 철학자, 시인 《서광》
- 거지만이 진짜 왕이다. _D. 레싱(1919~) 영국 소설가
- 거지의 미덕은 인내다. _P. 매신저(1583~1640) 영국 극작가
- 나는 거지처럼 돈을 쓰는 왕이 되기보다는 차라리 왕처럼 마지막 한 푼을 쓰는 거지가 되겠다. _R. G. 잉거솔(1833~1899) 미국 정치가
- 넓은 길 옆에서 햇볕을 쬐고 있는 거지의 평화로움은 왕이라 하더라도 쉽게 얻을 수 있는 게 아니다.

  _A. 스미스(1723~1790) 영국 경제학자, 철학자 《감정론》

- 말 없는 거지는 두 배의 동정을 얻을 것이다.

  _L. S. 라우리(1887~1976) 영국 화가 《말 없는 연인》

- 왕은 자기 나라에서 자립성이 가장 부족하고, 거지는 자립성이 가장 강하다. _J. C. 해어(1795~1855) 영국 신학자, 편집자
- 죽은 황제보다는 산 거지로 지내는 편이 낫다.

  _J. 라퐁텐(1621~1695) 프랑스 시인, 우화 작가 《우화》

- 지극히 천한 거지가 갖고 있는 물건이 아무리 번듯하지 못하더라도 그중에는 필요 이상의 것이 있는 법이다.

  _W. 셰익스피어(1564~1616) 영국 극작가, 시인 《리어 왕》

- 하루아침에 거지가 되는 사람은 아무도 없다.

  _D. J. 유베날리스(50?~130?) 로마 시인

속담

- 거지 노릇 사흘만 하면 그만두지 못한다. _영국
- 거지가 논두렁 밑에 있어도 웃음이 있다. (가난하더라도 마음의 평온은 얼마든지 있을 수 있다는 말) _한국
- 거지가 말 얻은 격. (괴로운 중에 더욱 괴로운 일이 생겼음을 이르는 말) _한국
- 거지가 밥술이나 먹게 되면 거지 밥 한 술 안 준다. (가난하게 살던 사람이 좀 형편이 나아지면 도리어 어려운 사람을 생각할 줄 모른다는 말) _한국
- 거지도 손 볼 날이 있다. (아무리 가난해도 손님을 맞을 때가 있으니 깨끗한 옷가지를 마련해 두어야 한다는 뜻) _한국
- 거지에게는 가난이 없다. _일본
- *너울 쓴 거지. (배가 몹시 고파서 체면을 차릴 수 없게 된 처지를 이르는 말) _한국

*너울 | 예전에, 여자들이 나들이할 때 얼굴을 가리기 위해 쓰던 물건.

키워드 정보 BOX

각설이 타령

각설이패가 부르던 타령으로 '장타령'이라고도 한다. 옛날, 거지나 나환자들이 남의 집 앞이나 장터에서 구걸할 때 부르던 잡가로, 비애가 서려 있는 타령조다. 장타령이나 판소리 중 한 대목을 따 이것저것 뒤섞어 가며 자유롭게 부른다. 지방에 따라 늘어놓는 말이 조금씩 다른데, 청양 지방의 각설이 타령은 "얼씨구나 잘한다. 품바하고 잘한다. 작년에 왔던 각설이 죽지도 않고 또 왔네. 으흐 이 놈이 이래도 정승 판서 자제요. 팔도 감사 마다하고 돈 한 푼에 팔려서 각설이로만 나섰네. 지리구 지리구 잘한다……."로 되어 있으며, 부산 지방은 "일자나 한 장 들고 봐, 정월이라 대보름 온갖 세상 만나 보고, 이자 한 장 들고 봐, 이월이라 매화꽃 각시 타령하기 좋다……."라고 되어 있다.

경제 經濟

인간의 생활에 필요한 재화나 용역을 생산 · 분배 · 소비하는 모든 활동. 또는 그것을 통해 이루어지는 사회적 관계.

명언 명문

▶ 건강한 사람을 위한 건강한 경제를 건설하는 것이 우리의 과제다.

_E. 프롬(1900~1980) 독일 정신 분석학자, 사회학자

▶ 경기 침체가 없다고 해서 그것이 곧 경제 성장을 뜻하는 것은 아니다.

_J. F. 케네디(1917~1963) 미국 제35대 대통령

▶ *경제 공황은 경우에 따라 쓸모가 있으며, 피해를 주는 만큼 이익도 준다.

_T. 페인(1737~1809) 미국 정치 평론가, 작가

*경제 공황 | 자본주의 경제에서의 경제 순환 과정에서, 상품의 생산과 소비의 균형이 깨지고 산업이 침체하고 금융 상태가 좋지 않으며 파산이 속출하여 인심이 안정되지 못하는 상태가 어느 정도 지속되는 현상.

▶ 경제 발전의 최대 자원은 인간이다. 경제를 발전시키는 것은 인간이지 자본이나 원료가 아니다.

_P. F. 드러커(1909~2005) 미국 경영학자 《변모하는 산업 사회》

▶ 경제는 불필요한 지출을 피하는 학문일 뿐만 아니라 재산을 적절하게 관리하는 기술이다.

_L. A. 세네카(B.C. 4?~A.D. 65) 로마 철학자, 극작가

▶ 경제의 의미는 화폐를 소비하는 것도 그것을 절약하는 것도 아니다. 그것은 한 나라 한 가정의 경영과 처리를 뜻하는 것이다.

_J. 러스킨(1819~1900) 영국 미술 평론가 《예술의 경제학》

▶ 경제적으로 올바른 것은 도덕적으로도 올바르다. 좋은 경제와 좋은 도덕 사이에 모순은 있을 수 없다.

_H. 포드(1863~1947) 미국 기술자, 실업가

▶ 국가의 정치나 경제의 질서를 바꾸는 것보다 국민의 사고방식을 바꾸는 게 더 어렵다.

_I. G. 예렌부르크(1891~1967) 소련 소설가, 시인

▶ 물건이 풍부하게 생산되는 다른 한편에서는 설비가 가동되지 않고 실업자가 거리에 넘치고 있다.

_J. M. 케인스(1883~1946) 영국 경제학자, 언론인 《고용 · 이자 및 화폐의 일반이론》

▶ 불황의 유일한 원인은 호황이다.

_J. C. 쥐글라(1819~1905) 프랑스 의사, 경제학자

▶ 우리들은 생산을 너무나도 중시하고, 소비를 너무나도 경시한다.

_B. A. W. 러셀(1872~1970) 영국 철학자, 수학자 《게으름의 찬가》

▶ 우리의 경제가 강하게 버티고 있는 한 아무도 우리를 매장할 수 없고 윽박지르지도 못하며 *완력을 휘둘러 대지도 못한다.

_L. B. 존슨(1908~1973) 미국 제36대 대통령

*완력 | 팔의 힘. 또는 육체적으로 억누르는 힘.

▶ 이익 추구가 악덕이라고 하는 것은 사회주의적인 사고방식이지만, 나는 손실을 초래하는 것이야말로 악덕이라고 생각한다.

_W. L. S. 처칠(1874~1965) 영국 정치가

▶ 이익 추구라는 동기는 산업 혁명 이후 경제 발전을 이룩하는 가장 중요한 추진력이었다. _J. D. 록펠러(1839~1937) 미국 실업가

▶ 인간에 의한 인간의 이용은 없어져야 하며, 경제는 인간의 발전을 위한 하인이 되어야 한다. 자본은 노동에 봉사해야 하고, 물질은 생명을 위해 봉사해야 한다.

_E. 프롬(1900~1980) 독일 정신 분석학자, 사회학자 《건전한 사회》

▶ 자기 보존 본능을 제외하면, 경제적 동기 가운데 가장 강하고 가장 심하고 가장 끈질긴 것은 경제적 욕구일 것이다.

_T. B. 베블런(1857~1929) 미국 경제학자

속담

▶ 껍질 없는 털이 있을까. (무엇이나 바탕이 있어야 그 위에 무엇이 생길 수 있다는 말) _한국

▶ 버는 대로 써라. _영국

▶ 우선 경제적으로 자립하고 그 다음에 미덕을 실천하라. _그리스

고사성어

▷ 무항산자 무항심(無恒産者無恒心)

일정한 재산이 없는 사람은 일정한 마음도 없다는 뜻으로, 생활의 안정을 얻지 못하면 마음의 평화를 가질 수 없어 차분히 일을 할 수 없다는 말이다. 등문공이 맹자에게 나라를 다스리는 법을 묻자, 맹자가 대답한 말에서 유래한다. _《맹자》 등문공 편

공격 攻擊

나아가 적을 침.

명언 명문

*진지 | 언제든지 적과 싸울 수 있도록 설비 또는 장비를 갖추고 부대를 배치하여 둔 곳.

- 공격할 때 늑대는 송곳니를 드러내고 소는 뿔을 휘두른다.
  _Q. 호라티우스(B.C. 65~B.C. 8) 로마 시인 《서정시집》
- 누군가를 다치게 하고 때려 부수기 위해서만 공격하는 것은 아니다. 자기의 힘을 스스로 깨닫기 위해서 공격에 나서는 일도 있다.
  _F. W. 니체(1844~1900) 독일 철학자, 시인 《인간적인, 너무나 인간적인》
- 유일한 방어책은 공격하는 것이다. _S. 볼드윈(1867~1947) 영국 정치가
- 적군이 먼 길을 걸어왔고 그 대열이 정돈되지 못했을 때 공격해야 한다. _《오자》
- 적은 것으로 많은 것을 공격하지 마라. _《공양전》
- 적의 공격이 없기를 바라지 말고, 적이 쳐들어와도 절대로 공략할 수 없는 철통 같은 준비가 나에게 있음을 믿어야 한다.
  _손자(B.C. 6세기경) 중국 춘추 시대 오나라 전략가
- 최초의 일격으로 전투는 반이 끝난다.
  _O. 골드스미스(1730~1774) 영국 소설가 《지는 게 이기는 것이다》
- 피로에 지쳐서 *진지로 돌아가는 적을 치는 것은 아군 열 명으로 적군 백 명을 치는 수단이다. _강태공(?~?) 중국 주나라 정치가
- 힘이란 방어하는 데 있지 않고 공격하는 데 있다.
  _A. 히틀러(1889~1945) 독일 정치가

속담

- 적장을 죽이려면 우선 그의 말부터 쏘아야 한다. _영국
- 한 번도 공격당하지 않은 성은 지키기 쉽다. _서양

共産主義 공산주의

국가가 철폐되고 생산 수단의 사회화가 실현된 사회 경제 체제.

명언 명문

▶ 공산주의 이론은 '일체의 사유 재산을 없애라.' 라는 한마디로 요약된다.

_K. H. 마르크스(1818~1883) / F. 엥겔스(1820~1895) 독일 경제학자 《공산당 선언》

▶ 공산주의는 *금주법과 같아서 아이디어는 좋지만 시행되지 않는 것이다. _W. 로저스(1879~1935) 미국 배우, 유머 작가

*금주법 | 술을 만들거나 사고팔거나 운반하는 일을 금지하는 법.

▶ 공산주의는 인간을 국가의 도구로 만든다.

_J. 페르메이르(1632~1675) 네덜란드 화가

▶ 공산주의란 르네상스 이후의 고전적인 건물과 같아서 나름대로 아름답지만 성장이 불가능한 것이다. _M. H. 맥밀런(1894~1986) 영국 정치가

▶ 공산주의란 정의에 대한 꿈이 타락된 모습이다.

_A. E. 스티븐슨(1900~1965) 미국 정치가

▶ 공산주의자는 불평등한 소득의 평등한 분배를 바라는 자다.

_C. W. 엘리엇(1834~1926) 미국 교육자 《촌철언》

▶ 공산주의자들이 주는 치명적인 선물은 죄의식의 박탈이다.

_J. M. 켐프턴(1917~1997) 미국 언론인

▶ 그들은 '생산하라! 생산하라!' 고 끊임없이 외친다. 그리고 그 생산을 위해 인간을 도구화해 가고 있다.

_C. V. 게오르규(1916~1992) 루마니아 작가 《한국 찬가》

▶ 누구나 자기 능력대로 일하고 필요한 만큼 받는다.

_K. H. 마르크스(1818~1883) 독일 경제학자, 철학자

▶ 신문은 공산당의 가장 날카롭고 가장 강한 무기다.

_I. V. D. 스탈린(1879~1953) 소련 정치가

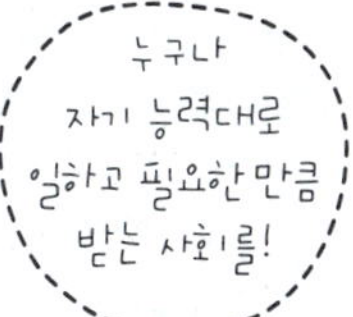

K. H. 마르크스

관리 官吏

관직에 있는 사람.

명언 명문

*청렴 | 성품과 행실이 높고 맑으며, 탐욕이 없음.
*왕도 | 어떤 일을 하는 데에 마땅히 거쳐야 하는 과정.

▶ 관리가 너무 의지가 강하면 부러지기 쉽고, 너무 의지가 약하면 일을 할 수가 없다. _반고(32~92) 중국 후한 역사가, 문학가 《한서》

▶ 관리가 모두 탐욕스러우면 탐욕이란 말을 쓸 필요가 없고, 관리가 모두 타락했다면 타락이란 말을 쓸 필요가 없다. 훌륭한 정치 밑에서도 *청렴한 관리, 부패한 관리 모두 있을 수 있다.

_린위탕(1895~1976) 중국 작가 《북경호일》

▶ 관리가 받는 보수는 백성의 기름을 짜낸 것이다. 백성을 학대하기는 쉬워도 하늘을 속이기는 어렵다. _태종(598~649) 중국 당나라 제2대 황제

▶ 관리는 공정하고 청렴하고 백성을 사랑해야 한다. 그렇지 않은 관리는 관리도 아니다. _강태공(?~?) 중국 주나라 정치가

▶ 관리는 국민에 의해 만들어진 법을 집행하는 국민의 심부름꾼이며 대리인이다. _S. G. 클리블랜드(1837~1908) 미국 제22 · 24대 대통령

▶ 관리는 말하는 법이지만 법은 말 없는 관리다.

_M. T. 키케로(B.C. 106~B.C. 43) 로마 정치가, 학자

▶ 관리들은 많아도 쓸 만한 인재는 없다.

_조광조(1482~1519) 조선 시대 문신, 성리학자

▶ 관리들이 요즈음 믿는 가장 심한 미신은 위선이 성공에 이르는 *왕도라는 것이다. _R. G. 잉거솔(1833~1899) 미국 정치가

▶ 관리로 재직할 때 명심할 두 마디 말은 '공정하기만 하면 명확한 판단이 서고, 청렴하기만 하면 위엄이 생긴다.' 는 것이다. _《채근담》

▶ 관리의 가혹한 착취는 독사보다 더 무섭다.

_유종원(773~819) 중국 당나라 문인

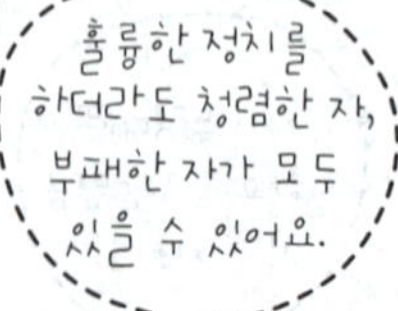

린위탕

- 교활한 아전은 형벌도 두려워하지 않고, 탐욕스러운 관리는 뇌물을 피하지 않는다. _피일휴(833?~883?) 중국 당나라 시인
- 나쁜 관리들은 투표하지 않은 선한 시민들이 선출한 자들이다. _M. T. 키케로(B.C. 106~B.C. 43) 로마 정치가, 학자
- 맡은 바 일을 다 하고 *공명을 누리고 나면 그 자리에서 물러나는 것이 하늘의 순리다. _노자(B.C. 604?~?) 중국 춘추 시대 초나라 사상가
- 백성들은 선하고 관리들은 부패하기 쉽다고 전제하지 않는 제도는 모두 나쁘다. _M. F. M. 로베스피에르(1758~1794) 프랑스 정치가
- 벼슬에 나가서는 도를 잃지 말고, 벼슬을 그만두고는 의를 잃지 마라. _《맹자》
- 예전 학자는 벼슬을 구한 적이 없으며, 학문이 성취되면 윗사람이 들어 썼으니, 대개 벼슬이라는 것은 남을 위하는 것이지 자기를 위하는 것이 아니다. _이이(1536~1584) 조선 시대 문신, 학자 《율곡집》
- 정부 관리는 국민의 하인이지 결코 주인이 아니다. _F. D. 루스벨트(1882~1945) 미국 제32대 대통령

*공명 | 공을 세워서 자기의 이름을 널리 드러냄. 또는 그 이름.
*청백리 | 재물에 대한 욕심이 없이 곧고 깨끗한 관리.

속담

- 개의 보호 밑에서 양들은 살찐다. (좋은 관리가 있어야 백성이 편하다는 뜻) _몽골
- 관리는 법을 집행할 뿐만 아니라 자기도 지켜야 한다. _서양
- 관리의 옷을 입을 사람은 사사로운 이익을 버려야 한다. _서양
- 법 모르는 관리가 볼기로 위세 부린다. (법 규정을 모르는 관리가 덮어놓고 우격다짐으로 일을 처리하는 경우를 이르는 말) _한국
- 벼슬아치 심부름꾼. (나라 살림을 하는 관리는 결국 백성을 위해 일한다는 말) _한국
- 새로 부임한 관리는 사흘 동안만 좋다. _이탈리아
- 시민들은 관리에게 복종하고 관리는 법을 지켜야 한다. _로마
- 알아야 면장을 하지. (어떤 일이든 그 일을 하려면 관련된 학식이나 실력을 갖추고 있어야 함을 이르는 말) _한국
- *청백리 똥구멍은 송곳 부리 같다. (청렴하기 때문에 재물을 모으지 못하여 지극히 가난함을 비유적으로 이르는 말) _한국

관직 官職

공무원 또는 관리가 국가로부터 위임받은 일정한 직무. 또는 그런 지위.

명언 명문

*공직 | 국가 기관이나 공공 단체의 일을 맡아보는 직무.

▶ 가장 훌륭한 선비는 관직을 어렵게 맡고 쉽게 물러나며, 그보다 못한 선비는 관직을 맡는 것도 물러나는 것도 쉬우며, 가장 못난 선비는 관직을 쉽게 맡고 어렵게 물러난다.

_안영(?~B.C. 500) 중국 춘추 시대 제나라 정치가

▶ 관직에 있으면서 백성을 사랑하지 않는다면 그는 관복을 입은 도둑이다. _《채근담》

▶ 관직은 그가 어떤 사람인지를 보여 준다.

_비아스(B.C. 6세기경) 그리스 철학자

▶ 관직은 사람의 태도를 변화시킨다.

_M. 세르반테스(1547~1616) 에스파냐 소설가

▶ 관직이 없으면 자기 자신을 돌보고, 관직을 얻으면 모든 백성을 돌보아야 한다. _《맹자》

▶ 국민이 *공직을 별로 좋아하지 않고 돈벌이에만 몰두하게 되면 그 나라는 곧 멸망할 것이다. _J. J. 루소(1712~1778) 프랑스 작가, 사상가

▶ 깨끗한 지조를 굳게 지키면 좋은 벼슬이 저절로 따라온다. _《천자문》

▶ 대체로 벼슬이란 것은 갑자기 올라가다가 떨어지기 쉬우며, 임금의 총애가 지나치게 높다가는 그 총애가 도리어 쇠퇴하기 쉬운 법이다. 내가 3품관에서 7품관으로 떨어진 것은 오히려 당연한 일이기도 하였다. _정약용(1762~1836) 조선 시대 문신, 학자 《기》

▶ 벼슬에 임하는 법도는 오직 세 가지가 있으니 청렴과 신중과 근면이다. 이 세 가지를 알면 몸가짐을 어찌할지 알리라.

_여본중(1084~1145) 중국 북송 학자, 시인

▶ 보물을 지닌 자는 밤에 다니지 않고 중대한 임무를 맡은 자는 적을 무시하지 않는다. _《전국책》

▶ 사람이 관직을 탐내며 바라볼 때 그의 행동은 부패하기 시작한다.

_T. 제퍼슨(1743~1826) 미국 제3대 대통령

▶ 옹졸한 사나이는 벼슬을 얻지 못하였을 때는 얻으려고 걱정하고, 벼슬을 한번 얻었을 때는 그것을 잃을까 걱정한다. 참으로 벼슬을 잃을까 걱정하는 사람은 그 수단으로 무슨 짓이라도 한다.

_이이(1536~1584) 조선 시대 문신, 학자

▶ 자기에게 가장 알맞을 때만 공직을 맡아라.

_W. L. S. 처칠(1874~1965) 영국 정치가

*파종 | 조선 선조 때 각 군영에 둔 종4품 무관 벼슬.

속담

▶ 관직을 사는 사람은 무엇인가 팔아야 한다. _서양

▶ *파종 벼슬에 김투 걱정한다. (별로 대단치 않은 일을 맡고도 시끄럽게 자랑하고 다니며 하지 않아도 될 걱정까지 하는 경우를 이르는 말) _한국

▶ 평양 감사도 저 싫으면 그만이다. (아무리 좋은 일이라도 당사자의 마음이 내키지 않으면 억지로 시킬 수 없음을 이르는 말) _한국

키워드 정보 BOX

백서(白書)

정부가 정치 · 경제 · 외교 등의 각 분야에 대하여 현상을 분석하고 미래를 전망하여 국민에게 알리기 위해 발표하는 보고서를 말한다. 이 말은 원래 영국 정부가 외교 정책의 내용을 국민에게 알리기 위한 문서의 표지를 흰색으로 한 데서 비롯되었다. 근래에는 경제에 관한 정부의 공식 보고서를 '경제 백서'라 하고, 노동 문제에 관한 것은 '노동 백서', 국방 정책을 알리기 위한 국방부의 보고서는 '국방 백서'라고 한다. 이와는 달리, 예산이 의회를 통과한 뒤에 일어난 경제 · 사회의 변경 사항과 추이 등을 국민에게 보고하기 위한 의회의 보고서는 '청서(靑書)'라고 말하는데, 이는 표지가 청색인 데서 비롯되었다.

교환

交換
어떤 재화나 용역을 다른 사람에게 주고,
그 가격만큼 다른 재화나 용역 또는 화폐를 얻는 일.

명언 명문

▶ 무역은 강자가 수행하고 대개 약자에게 불리하다.

_H. W. 비처(1813~1887) 미국 신학자

▶ 무역은 문명의 위대한 전파자다. 직물의 무역은 사상의 교류를 가져온다.

_R. G. 잉거솔(1833~1899) 미국 정치가 《인디애나폴리스의 성직자에게 보내는 답장》

▶ 무역을 해서 망한 나라는 아직까지 하나도 없다.

_B. 프랭클린(1706~1790) 미국 정치가, 과학자 《무역 문제에 관한 사고방식》

▶ *보호 무역과 애국심은 상호 보완 관계에 있다.

_여본중(1084~1145) 중국 북송 학자, 시인

▶ 상업과 무역은 합의된 속임수다. _T. 풀러(1654~1734) 영국 의사, 작가

▶ 인간이란 거래를 하는 동물이다. 개는 뼈를 교환하지 않는다.

_A. 스미스(1723~1790) 영국 경제학자, 철학자

▶ *자유 무역은 나라가 백성에게 줄 수 있는 가장 큰 축복이지만 거의 모든 나라에서 인기가 없다.

_T. B. 매콜리(1800~1859) 영국 역사가, 정치가

▶ 자유 무역이 원칙적으로는 아주 좋다고들 한다. 그러나 채택하기에는 언제나 시기상조다.

_R. W. 에머슨(1803~1882) 미국 사상가, 시인 《문학과 사회적 목적》

*보호 무역 | 자기 나라의 산업을 보호·육성하기 위하여 국가가 대외 무역을 간섭하고 수입에 여러 가지 제한을 두는 무역.

*자유 무역 | 국가가 외국 무역에 아무런 간섭이나 보호를 하지 아니하고 관세도 매기지 아니하며 각 개인의 자유에 맡겨 하는 무역.

속담

▶ 밥 군 것이 떡 군 것만 못하다. ('밥 군'과 '바꾼'의 음이 비슷한 데서, 물건을 바꾼 것이 좋지 않음을 이르는 말) _한국

國家 국가

일정한 영토와 거기에 사는 사람들로 구성되고,
주권에 의한 하나의 통치 조직을 가지고 있는 사회 집단.

명언 명문

- 개인과 마찬가지로 국가도 목표에 한계를 두든가 아니면 결과에 대한 책임을 져야 한다. _J. B. 레스턴(1909~1995) 미국 언론인
- 개인과 마찬가지로 국가도 성장기, 장년기, 노쇠기, 쇠망기가 있다. _W. S. 랜더(1775~1864) 영국 시인, 수필가
- 개인들은 그림자처럼 사라지지만 국가는 고정된 것이고 안정적이다. _E. 버크(1729~1797) 영국 정치가, 사상가
- 국가는 개인과 마찬가지로 살아 있고, 행동하며, 사람들은 국가를 구성하는 요소다. _J. G. 홀런드(1819~1881) 미국 작가
- 국가는 국민의 생존을 위해서만이 아니라 국민의 풍족한 삶을 위해서 존재한다. _아리스토텔레스(B.C. 384~B.C. 322) 그리스 철학자
- 국가는 국민의 주인이 아니라 그 하인이다. _J. F. 케네디(1917~1963) 미국 제35대 대통령
- 국가는 국민이 시련에 부닥치고 그것을 극복해 나감에 따라 형성되어 간다. _L. B. 존슨(1908~1973) 미국 제36대 대통령
- 국가는 내일을 위한 계획을 가지고 있다는 사실로 만들어지고 생명이 유지된다. _J. 오르테가이가세트(1883~1955) 에스파냐 철학자, 정치가
- 국가는 사람을 위해서 만들어진 것이지 사람이 국가를 위해서 태어난 것은 아니다. _A. 아인슈타인(1879~1955) 미국 물리학자
- 국가는 자유 없이 결코 존속할 수 없고, 자유는 미덕 없이 존속할 수 없다. _J. J. 루소(1712~1778) 프랑스 작가, 사상가
- 국가라는 이름에 걸맞은 국가에게는 *우방이란 없고 오직 이익만 있을 뿐이다. _C. A. J. M. 드골(1890~1970) 프랑스 군인, 정치가

*우방 | 서로 우호적인 관계를 맺고 있는 나라.

아리스토텔레스

*지략 | 어떤 일이나 문제든지 명철하게 포착하고 분석·평가하며 해결 대책을 능숙하게 세우는 뛰어난 슬기와 계략.

▶ 국가의 안전 보장은 국가의 부보다 더 중요하다.

_W. J. 듀랜트(1885~1981) 미국 교육가, 철학자

▶ 국가의 운명은 어떤 투표용지를 던지는가가 아니라 아침마다 집에서 어떤 자녀들을 거리로 내보내는가에 달려 있다.

_H. D. 소로(1817~1862) 미국 사상가, 수필가

▶ 국가의 운명은 청년의 교육에 달려 있다.

_아리스토텔레스(B.C. 384~B.C. 322) 그리스 철학자

▶ 긴 안목에서 본 국가의 가치는 그것을 구성하는 개인들의 가치다.

_J. S. 밀(1806~1873) 영국 철학자, 경제학자

▶ 나라에 바치는 보물 중에 현자와 선비를 추천하는 것보다 더 좋은 것은 없다.

_묵자(B.C. 480~B.C. 390) 중국 춘추 전국 시대 노나라 사상가

▶ 다른 나라를 심판할 자격이 있는 나라는 없다.

_T. W. 윌슨(1856~1924) 미국 제28대 대통령

▶ 모든 국가의 기본적인 바탕은 훌륭한 법률과 우수한 무력이다. 우수한 무력이 없는 국가에 훌륭한 법률이 있을 수 없다.

_N. 마키아벨리(1469~1527) 이탈리아 사상가, 역사학자 《군주론》

▶ 복지 국가란 국민이 스스로 생계를 유지하지 못하게 되었을 때 여러 가지 광범위한 경제적인 보호를 보장하는 국가다.

_A. 해커(1858~1919) 영국 화가

▶ 분할된 국가는 어쨌든 불행하다.

_볼테르(1694~1778) 프랑스 사상가

▶ 안정된 국가는 모든 국민이 법 앞에서 평등한 국가뿐이다.

_아리스토텔레스(B.C. 384~B.C. 322) 그리스 철학자 《정치학》

▶ 위에서 아래까지 모든 사람이 이익만 추구하면 그 나라는 위태롭게 된다.

_맹자(B.C. 372~B.C. 289) 중국 전국 시대 추나라 사상가

▶ 이 나라의 운명은 백성들의 교육에 달려 있다.

_B. 디즈레일리(1804~1881) 영국 정치가, 소설가

▶ *지략으로 나라를 얻어도 사람으로서 마땅한 도리를 지키지 않으면 그것을 반드시 잃게 된다.

_공자(B.C. 551~B.C. 479) 중국 춘추 시대 노나라 사상가

▶ 한 민족과 한 국가가 성숙하기까지는 많은 시련과 반성, 성찰의 교훈이 쌓여야 한다.

_A. J. 토인비(1889~1975) 영국 역사가, 문명 비평가

國民 국민

국가를 구성하는 사람.
또는 그 나라의 국적을 가진 사람.

정치와 경제

명언 명문

▶ 개인이 잘못하지 못하게 막는 것은 정부의 기능이 아니지만, 정부가 잘못하지 못하게 막는 것은 국민의 기능이다.

_R. H. 잭슨(1892~1954) 미국 법률가

▶ 국민은 각자 자기의 천직에 전력을 다하는 것이 좋다. 이것이 조국에 보답하는 길이다. _J. W. 괴테(1749~1832) 독일 시인, 소설가, 극작가

▶ 국민의, 국민에 의한, 국민을 위한 통치는 지상에서 사라지지 않을 것이다. _A. 링컨(1809~1865) 미국 제16대 대통령

▶ 국민이 주인이다. _E. 버크(1729~1797) 영국 정치가, 사상가

▶ 나는 자유가 없는 부유한 국가의 국민이 되기보다는 가난하지만 자유로운 국가의 국민이 되겠다. 우리가 자유를 사랑한다면 가난하게 될 리가 없는 것이다. _T. W. 윌슨(1856~1924) 미국 제28대 대통령

▶ 무엇이든지 말할 수 있는 국민은 무엇이든지 할 수 있게 된다.

_나폴레옹 1세(1769~1821) 프랑스 황제

▶ 백성은 아무리 허약한 것 같아도 꺾을 수 없고 아무리 어리석은 것 같아도 속일 수 없다. _《맹자》

▶ 어떤 형태의 통치 조직에서든 국민이 진정한 *입법자다.

_E. 버크(1729~1797) 영국 정치가, 사상가

▶ 정부가 국민보다 힘이 있고 국민보다 의지가 강할 수는 없습니다. 정부가 국민보다 더 끈질기게 일에 달라붙지는 못합니다.

_A. E. 스티븐슨(1900~1965) 미국 정치가

▶ 정치적으로 성숙한 국민만이 자주적인 국민이다.

_M. 베버(1864~1920) 독일 사회학자, 경제학자

*입법자 | 법을 만들어서 정하는 사람.

군대

軍隊

일정한 규율과 질서를 가지고 조직된 군인의 집단.

*군국주의 | 군사력에 의한 대외적 발전을 중시하여, 전쟁과 그 준비를 위한 정책이나 제도를 국가의 최상위에 두는 이념.

*보병 | 육군의 주력을 이루는 병사. 소총을 주 무기로 하며 최후의 단계에서 적에게 돌진하여 승패를 결정함.

명언 명문

▶ *군국주의의 목적은 침략을 위해 군대를 사용하는 것이다.

_T. W. 윌슨(1856~1924) 미국 제28대 대통령

▶ 군대는 나라의 방패며 군주의 무기이므로 하루도 소홀히 해서는 안 된다. _양성지(1415~1482) 조선 시대 문신, 학자

▶ 군대는 폭도의 토벌을 위한 것이지 폭도가 되기 위한 것은 아니다. _《회남자》

▶ 군대와 법은 함께 번영하지 않는다.

_J. 카이사르(B.C. 100~B.C. 44) 로마 군인, 정치가

▶ 군대의 주된 힘은 *보병에 있다.

_N. 마키아벨리(1469~1527) 이탈리아 사상가, 역사학자

▶ 군주를 보면 그 나라를, 장군을 보면 그 군대를 알 수 있다. _《관자》

▶ 나는 양 한 마리가 지휘하는 사자 백 마리의 군대보다 사자 한 마리가 지휘하는 양 백 마리의 군대를 더 두려워한다.

_P. C. M. 탈레랑(1754~1838) 프랑스 정치가

▶ 나라에는 언제나 군대가 있지만 싸움터에서 항상 이기는 군대는 없다. _《삼국지》

▶ 아무리 강한 군대도 지게 마련이고, 아무리 강한 나무도 부러지게 마련이다. _《노자도덕경》

속담

▶ 군대는 협동해야 하며 흩어지면 안 된다. _일본

▶ 장수가 없는 군대는 싸울 수 없다. _서양

군인

軍人
군대에서 복무하는 사람.

명언 명문

▶ 강한 장군 밑에 약한 병정 없다. _소식(1036~1101) 중국 북송 문학가

▶ 경찰은 단독으로 행동하는 군인이고, 군인은 집단으로 행동하는 경찰이다. _H. 스펜서(1820~1903) 영국 철학자, 사회학자

▶ 군사란 승리가 보이면 강해지지만 패배가 보이면 약해진다. _《손자병법》

▶ 군인에게 가장 필수적인 사실은 철저한 자신감이다. _G. S. 패턴(1885~1945) 미국 장군

▶ 군인으로 성공하려면 역사를 알아야 한다. 무기는 변하지만 사용하는 인간은 변하지 않는다. _G. S. 패턴(1885~1945) 미국 장군

▶ 군인은 자신이 고통을 당하고 전쟁의 가장 큰 상처를 지녀야 하기 때문에 다른 누구보다도 더 간절히 평화를 기원한다. _D. 맥아더(1880~1964) 미국 군인

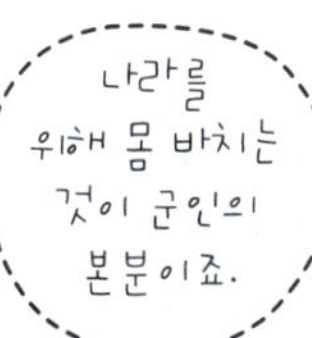

▶ 군인은 적을 용서할 수는 있으되, 적의 용서를 받을 수는 없다. _플루타르코스(46?~120?) 그리스 철학자, 작가 《플루타르크 영웅전》

▶ 군인이란 우리 주변에서 없어져야 할 시대착오적 산물이다. _G. B. 쇼(1856~1950) 아일랜드 극작가, 평론가

▶ 군주는 역경의 들판에서 가장 우수한 군사들을 얻는다. _C. H. 스펄전(1834~1892) 영국 성직자, 설교가

▶ 나라를 위해서 몸을 바치는 것이 군인의 본분이다. _안중근(1879~1910) 독립운동가, 교육가

▶ 노병은 결코 죽지 않는다. 다만 사라질 뿐이다. _D. 맥아더(1880~1964) 미국 군인

안중근

*부화뇌동 | 줏대 없이 남의 의견에 따라 움직임.

▶ 대규모 군대라도 그 장수를 빼앗을 수 있지만 하찮은 사내라도 그 사람의 지조를 빼앗을 수 없다.

_공자(B.C. 551~B.C. 479) 중국 춘추 시대 노나라 사상가

▶ 배가 잔뜩 부른 군인은 전투도 도주도 잘 하지 못한다.

_G. 허버트(1593~1633) 영국 시인

▶ 병사는 죽음에 고용되어 있다. 살기 위해서 죽으러 간다.

_메난드로스(B.C. 342?~B.C. 292?) 그리스 극작가

▶ 사람은 악할수록 더 우수한 군인이 된다.

_나폴레옹 1세(1769~1821) 프랑스 황제

▶ 삼 년 동안 기른 군사를 하루아침에 써 먹는다. _《수호전》

▶ 용감한 군사들이 전쟁에서 승리를 기뻐하듯 위대한 인물들은 역경을 헤쳐 나간 것을 기뻐한다.

_L. A. 세네카(B.C. 4?~A.D. 65) 로마 철학자, 극작가

▶ 용감한 장군은 뿌리와 같아서, 그로부터 가지가 되어 용감한 병졸이 나온다. _P. 시드니(1554~1586) 영국 시인, 정치가

▶ 지휘관에게 복종하면서 불평하는 자는 나쁜 군인이다.

_L. A. 세네카(B.C. 4?~A.D. 65) 로마 철학자, 극작가

▶ 지휘관이 *부화뇌동하면 부하들의 신뢰를 잃고, 독단적으로 행동하면 많은 부하를 죽이고, 자기 목숨을 아끼면 의심을 받는다.

_사마양저(B.C. 6세기경) 중국 춘추 시대 제나라 병법가

▶ 훈련을 마치지 않은 군인을 싸움터로 내보냄은 오로지 백성의 귀중한 목숨을 버릴 뿐이니라. _《논어》

▶ 훌륭한 장수는 병사들을 자기 몸처럼 보살핀다. _《삼략》

고사성어

▷ 읍참마속(泣斬馬謖)

울면서 마속을 벤다는 뜻으로, 큰 뜻을 위하여 자기가 아끼는 사람을 버림을 이르는 말이다. 중국 촉나라 제갈량의 두터운 신임을 받던 마속이란 자가 가정 싸움에서 군령을 어겨 참패하자, 제갈량이 눈물을 머금고 마속을 처형하였다는 데서 유래한다. _《삼국지》 마속전

권력

權力

남을 복종시키거나 지배할 수 있는 권리와 힘. 특히, 국가나 정부가 국민에 대하여 가지고 있는 강제력.

명언 명문

- 강자란 자기 자신에게 권력을 휘두르는 사람이다.
  _L. A. 세네카(B.C. 4?~A.D. 65) 로마 철학자, 극작가
- 국가 권력에 억압되어 주눅 든 사람들을 동원해서는 위대한 일을 이룰 수 없다.
  _J. S. 밀(1806~1873) 영국 철학자, 경제학자
- 권력과 이익 때문에 친해진 사람들은 권력과 이익이 없어지면 멀어진다.
  _사마천(B.C. 145?~B.C. 86?) 중국 전한 역사가 《사기》
- 권력과 정의가 함께 멍에를 맨다면 어느 단짝이 그보다 더 강하겠는가?
  _아이스킬로스(B.C. 525~B.C. 456) 그리스 시인
- 권력욕은 욕망 가운데 가장 맹렬한 것이다.
  _C. 타키투스(56?~120?) 로마 역사가, 정치가
- 권력은 결코 후퇴하지 않지만 자기보다 더 강력한 권력 앞에서만은 그렇지 않다.
  _맬컴 엑스(1925~1965) 미국 인권 운동가
- 권력은 과소평가될 때보다 과대평가될 때 오류가 많을 수 있다.
  _J. K. 갤브레이스(1908~2006) 미국 경제학자
- 권력은 난폭하고 오만한 자들을, 재산은 온순하고 겁 많은 자들을 기쁘게 한다. 따라서 젊은이는 권력을 잡으려 덤벼들고 늙은이는 재산을 얻으려고 비굴하게 군다.
  _S. 존슨(1709~1784) 영국 시인, 평론가
- 권력은 대등한 것을 받아들이지 않으며 우정을 버리고 아첨을 택한다.
  _E. 무어(1712~1757) 영국 우화 작가, 극작가
- 권력은 독이다.
  _H. B. 애덤스(1838~1918) 미국 역사가, 사상가
- 권력은 모든 인도적이며 온순한 미덕을 점차 마음에서 몰아낸다.
  _E. 버크(1729~1797) 영국 정치가, 사상가

▶ 권력은 사용할 줄 아는 사람에게 흘러간다.

_E. 허버트(1583~1648) 영국 군인, 정치가, 철학자

▶ 권력은 열등한 자의 손에서 가장 우수한 자의 손으로 항상 넘어가고 있다. _G. 살루스티우스(B.C. 86~B.C. 35?) 로마 역사가

▶ 권력은 오만하기 쉽고 자유는 건방지게 되기 쉽기 때문에 둘은 언제나 사이가 나쁘다. _핼리팩스(1661~1715) 영국 정치가

▶ 권력을 살 수 있는 것은 미덕뿐이다.

_C. 클라우디아누스(370?~404?) 로마 시인

▶ 권력을 상실한다는 두려움은 권력의 상실과 마찬가지로 괴롭다.

_W. 셰익스피어(1564~1616) 영국 극작가, 시인

▶ 권력을 잡았다고 멋대로 휘두르지 마라. 권력을 잃으면 원한에 찬 사람들을 만날 것이다. _《명심보감》

▶ 권력의 유일한 이점은 그것을 가진 사람이 더 많은 선행을 할 수 있다는 것이다. _B. 그라시안이모랄레스(1601~1658) 에스파냐 작가

▶ 권력의 토대는 육체적 폭력이다.

_L. N. 톨스토이(1828~1910) 러시아 소설가, 사상가

▶ 권력이 누구 손에 들어가든 상관없이 우리는 모든 권력을 항상 불신해야 한다. _W. 존스(1746~1794) 영국 동양학자, 법률가

▶ 권력이 법률 이상이어서는 안 된다.

_M. T. 키케로(B.C. 106~B.C. 43) 로마 정치가, 학자

▶ 권력이라는 것은 다만 그것을 잡기 위해서 몸을 굽힐 수 있는 사람에게 주어지는 것이다.

_F. M. 도스토옙스키(1821~1881) 러시아 소설가 《죄와 벌》

▶ 권력이란 강하면 강할수록 그 악용의 위험도 커진다.

_E. 버크(1729~1797) 영국 정치가, 사상가

▶ 권력자에게 불평을 늘어놓는 것보다 멀리 떨어져 있는 편이 이익일 때가 많다. _J. 라브뤼예르(1645~1696) 프랑스 작가

▶ 덕망은 높을수록 안전하지만 권력은 강할수록 위태롭다.

_사마천(B.C. 145?~B.C. 86?) 중국 전한 역사가 《사기》

▶ 모든 권력은 국민을 위해 맡겨진 것이며, 국민으로부터 나온다.

_B. 디즈레일리(1804~1881) 영국 정치가, 소설가

- 모든 권력은 무너지며 절대 권력은 절대적으로 무너진다.
  _액턴(1834~1902) 영국 역사가 《자유의 역사》
- 사람은 정상까지 올라갈 수는 있지만 오랫동안 머물 수는 없다.
  _G. B. 쇼(1856~1950) 아일랜드 극작가, 평론가
- 세상의 권력은 칼과 정신 두 가지뿐이다. 길게 보면 정신이 항상 칼을 이긴다. _나폴레옹 1세(1769~1821) 프랑스 황제
- 일부 위선적인 대신들이 뭐라 말하든 권력은 쾌락 중에서 제일가는 것이다. _스탕달(1783~1842) 프랑스 소설가 《연애론》
- 지나치게 권력이 강한 사람은 자기 권력보다 더 강한 권력을 추구한다. _L. A. 세네카(B.C. 4?~A.D. 65) 로마 철학자, 극작가

속담

- *금관자 서슬에 큰 기침한다. (나쁜 짓을 하고도 권세를 믿고 도리어 큰소리 친다는 뜻) _한국
- 나는 새도 떨어뜨리다. (권세가 대단하여 모든 일을 제 마음대로 할 수 있는 상태를 이르는 말) _한국
- 대리석과 권력자는 차갑고 딱딱하고 매끄럽다. _중국
- 듣는 귀가 없는 권력자는 통치하는 머리가 없다. _덴마크
- 말 꼬리에 파리가 천 리 간다. (남의 세력에 의지하여 기운을 편다는 말) _한국
- 몽둥이 가진 자가 물소를 잡는다. (권력자는 사물을 힘으로 빼앗는다는 뜻) _파키스탄
- 삿갓을 쓴다. (남의 권세를 등에 업고 으스대는 것 또는 자신의 권력을 이용하여 남에게 압력을 행사함을 이르는 말) _일본
- 시어머니가 죽으면 안방이 내 차지. (권력을 잡았던 사람이 없어지면 그 다음 자리에 있던 사람이 권력을 잡는다는 뜻) _한국
- 우물과 싸워 말라 죽는다. (권력자에게 반항하는 자는 죽게 된다는 뜻) _인도네시아
- 재판관의 나귀가 죽으면 많은 사람이 슬퍼하여 모여들지만, 본인인 재판관이 죽으면 아무도 장례식에 오지 않는다. _아라비아
- 큰 파리는 거미줄을 뚫는다. _영국

*금관자 | 금으로 만든 단추 모양의 고리. 정이품, 종이품의 벼슬아치가 달았다.

권리

權利

어떤 일을 행하거나 타인에 대하여
당연히 요구할 수 있는 힘이나 자격.

명언 명문

*혁명권 | 인민의 생명, 자유, 재산 따위를 파괴하는 정부에 대하여 인민은 이를 해체하고 새로운 정부를 창설할 권리를 가진다는 사상. 미국의 독립 운동에 큰 영향을 줌.

▶ 게으른 자들의 공통된 운명은 자기 권리가 활동적인 자들에게 짓밟히는 것을 보는 것이다. 신이 자유를 줄 때 내건 조건은 끊임없는 경계다. _J. P. 커런(1750~1817) 아일랜드 법률가

▶ 국가는 국민의 것이다. 국민은 기존의 정부를 해체 또는 타도하는 *혁명권을 언제나 행사할 수 있다. _A. 링컨(1809~1865) 미국 제16대 대통령

▶ 권리를 용감하게 주장하는 자가 권리를 갖는다. _J. R. 로웰(1819~1891) 미국 시인, 평론가

▶ 권리의 평등은 자연의 설계이며, 자연을 따르는 것은 인간의 발전이다. _H. 발로(1771~1852) 미국 성직자

▶ 나는 권리는 책임을, 기회는 의무를, 소유는 의리를 뜻한다고 믿는다. _J. D. 록펠러(1839~1937) 미국 실업가

▶ 나는 존재한다. 그것은 나의 권리다. _J. P. 사르트르(1905~1980) 프랑스 소설가, 철학자

▶ 모든 권리에는 책임이, 모든 기회에는 위험 부담이, 모든 재산에는 의무가 따른다. _J. D. 록펠러(1839~1937) 미국 실업가

▶ 모든 사람은 생명, 자유, 행복 추구에 대한 권리 등 넘겨줄 수 없는, 태어날 때부터 지닌 권리가 있다. _T. 제퍼슨(1743~1826) 미국 제3대 대통령 〈미국 독립 선언서〉

▶ 병든 사람은 의료 혜택을 받을 권리와 의무가 있다. _M. 마이모니데스(1135~1204) 유대 철학자, 의학자, 천문학자

▶ 사람들이 어떠한 권리를 위해 가장 큰 희생을 감수하려고 하는지에 따라 그들을 판단해야 한다. _C. S. 데이(1874~1935) 미국 수필가

▶ 사람은 누구나 태어나면서부터 자기 재산을 소유할 권리를 가지고 있다. _레오 13세(1810~1903) 교황

▶ 사람은 누구나 자기가 옳다고 생각하는 것을 말할 권리가 있으며, 다른 사람은 누구나 그렇게 말하는 사람을 반박할 권리가 있다.

_S. 존슨(1709~1784) 영국 시인, 평론가

▶ 여성의 권리 확대는 모든 사회 발전의 기본 원칙이다.

_F. M. C. 푸리에(1772~1837) 프랑스 사상가

▶ 여행자는 자기 모험담을 마음대로 꾸며서 이야기할 권리가 있다.

_R. E. 라스페(1737~1794) 독일 학자, 모험가

▶ 왕의 세 가지 권리는 조언을 받고, 격려하고, 경고하는 것이다.

_W. 배젓(1826~1877) 영국 경제학자, 사회학자, 문예 평론가

▶ 인간은 누구나 그가 가지고 있는 만큼의 권리가 있다.

_F. W. 니체(1844~1900) 독일 철학자, 시인 《인간적인, 너무나 인간적인》

▶ 자기 권리의 한계를 넘지 마라. 일단 한계를 넘으면 통제가 불가능해질 것이다. _J. J. 루소(1712~1778) 프랑스 작가, 사상가

▶ 자기 생각대로 말하는 것은 자유인의 권리다.

_호메로스(?~?) 그리스 시인

▶ 자유란 법이 허용하는 모든 것을 하는 권리다.

_C. L. S. 몽테스키외(1689~1755) 프랑스 사상가 《법의 정신》

▶ 참된 문명은 모든 사람이 각자 자기주장을 할 권리가 있다고 인정하는 것이다. _R. G. 잉거솔(1833~1899) 미국 정치가

▶ 하루의 정직한 노동에 대한 하루의 공정한 임금은 인간의 영원한 권리다. _T. 칼라일(1795~1881) 영국 사상가, 역사가

▶ 행복에 대한 권리는 기본적 인권이다. 인간은 수명이 너무 짧고 또 홀로 죽기 때문이다. _B. 브레히트(1898~1956) 독일 시인, 극작가

J. J. 루소

속담

▶ 당당한 권리도 도움을 필요로 한다. _프랑스

▶ 법이 많을수록 권리는 더욱 적다. _독일

▶ 피리 부는 사람에게 돈을 준 사람은 가곡을 주문할 권리가 있다.

_영국

권위

權威

남을 지휘, 감독하거나 통솔하여 따르게 하는 힘.

명언 명문

*종속 | 자주성이 없이 주가 되는 것에 딸려 붙음.

- 군주는 미덕과 권위를 구비해야 한다. 미덕이 없으면 신하들이 배반하고 권위가 없으면 실권을 잃는다. _《삼략》
- 권위가 없어서는 인간이 존재할 수 없다. 그러나 권위는 진리와 같이 오류를 동반하기도 한다.
  _J. W. 괴테(1749~1832) 독일 시인, 소설가, 극작가 《격언과 반성》
- 권위는 명예가 있다고 생기지 않고, 명예를 누릴 자격이 있어야 비로소 생긴다. _아리스토텔레스(B.C. 384~B.C. 322) 그리스 철학자
- 권위란 어떤 사람이 다른 사람을 더 우월한 자로 보는 인간 관계와 관련이 있다. _E. 프롬(1900~1980) 독일 정신 분석학자, 사회학자
- 돈이 지배하는 세상에서는 높은 지위의 권위는 땅에 떨어진다.
  _A. 아우구스티누스(354~430) 로마 신학자, 성인
- 막강한 권세는 정의와 법을 무너뜨릴 수 있다.
  _유우석(772~842) 중국 당나라 시인
- 믿는다는 것은 어떤 권위에 복종한다는 것이다. 일단 권위에 복종하면 권위에 반항하거나 그것이 믿을 만한 것인가 새삼 의심하지 못한다. _L. J. J. 비트겐슈타인(1889~1951) 영국 철학자
- 약소국일수록 관직의 권위는 높다.
  _A. L. 헉슬리(1894~1963) 영국 소설가, 평론가
- 합리적인 권위는 능력에 기초를 두고 있으며, 그것에 의존하는 사람을 성장시키는 데 도움을 준다. 비합리적인 권위는 힘에 기초를 두고 있으며, 그것에 *종속된 사람을 착취하는 데 봉사한다.
  _E. 프롬(1900~1980) 독일 정신 분석학자, 사회학자 《소유냐 삶이냐》

정치와 경제

規則 규칙

여러 사람이 다 같이 지키기로 작정한 법칙. 또는 제정된 질서.

명언 명문

▶ *규율이라는 것은 사람이 본심에서 하는 서약이며 보장이다.

_J. 네루(1889~1964) 인도 정치가 《자서전》

▶ 보고라든가 기타 절차는 그것이 시간과 노력의 절약을 가져올 때만 사용하여야 한다. _P. F. 드러커(1909~2005) 미국 경영학자 《현대의 경영》

▶ 약간의 예외도 허용하지 않는 규칙은 보편적으로 적용될 수 없다.

_R. 버턴(1577~1640) 영국 목사, 작가

▶ 행동할 때는 규칙에 따르고, 제재할 때는 예외를 참작하지 않으면 안 된다. _J. 주베르(1754~1824) 프랑스 작가, 평론가 《팡세》

▶ *현학은 규칙에 어긋나는 것을 자랑으로 여기지만, 상식은 규칙 없이도 올바른 것으로 만족한다. _C. C. 콜턴(1780~1832) 영국 작가, 성직자

*규율 | 질서나 제도를 유지하기 위해 정한, 행동의 준칙이 되는 본보기.
*현학 | 이론이 깊고 어려워 깨닫기 힘든 학문.

속담

▶ 고리 하나를 깨뜨리면 전체의 고리가 끊어진다. _독일

▶ 예외 없는 규칙은 없다. _프랑스

고사성어

▷ 교주고슬(膠柱鼓瑟)

비파나 거문고의 기러기발을 아교로 붙여 음조의 변화 없이 연주한다는 뜻으로, 고지식하고 융통성이 없음을 이르는 말이다. 조나라 왕은 진나라가 쳐들어오자, 조괄을 대장으로 삼으려 하였다. 그러자 인상여가 '조괄은 병서만 읽었을 뿐 실제 상황 변화에 적응할 줄 모른다.'며 반대하였다. 반대에도 불구하고 대장이 된 조괄은 병서에 있는 대로 군령을 뜯어고치고 참모들의 의견을 무시한 채 전투에 나갔다가 크게 패하였다. _《사기》 인상여전

낭비

浪費

시간이나 재물 따위를 헛되이 헤프게 씀.

명언 명문

▶ 건강을 사는 돈은 결코 낭비가 아니다.

_J. 웹스터(1580?~1625?) 영국 극작가

▶ 낭비가 없으면 부족도 없다. _T. 하디(1840~1928) 영국 소설가, 시인

▶ 낭비는 슬픔을 초래한다. _R. 그린(1558?~1592) 영국 극작가

▶ 낭비는 위대함이 아니다. _W. 메이슨(1724~1797) 영국 시인

▶ 낭비를 없앤다는 것은 배에 새어 들어오는 물을 퍼내는 작업과 같아 잠시라도 그 일에서 손을 뗄 수가 없다.

_L. B. 존슨(1908~1973) 미국 제36대 대통령

▶ 낭비와 탐욕은 모든 국가를 파멸시킨다.

_M. P. 카토(B.C. 234~B.C. 149) 로마 정치가, 문인

▶ 내가 존경하지 않는 단 한 사람은 생산보다 소비가 더 많은 자다.

_E. G. 허버드(1856~1915) 미국 작가, 화가

▶ 누가 자기의 돈을 남에게 맡기겠는가? 그러나 자기의 시간과 생명을 남에게 맡기고 돌아보지 않는 사람은 많다. 우리는 한 푼 돈에는 인색하면서도 시간과 생명은 한없이 낭비하고 돌아봄이 없다. 돈에 인색한 만큼 시간과 생명에 대해서 인색하다면 그것은 매우 유익한 일이며 칭찬할 일이라 할 것이다.

_M. E. 몽테뉴(1533~1592) 프랑스 사상가

▶ 버는 것을 모두 쓰는 자는 거지가 되는 중이다.

_S. 스마일스(1812~1904) 영국 작가

▶ 스스로 저지르는 낭비는 가난이라는 후회를 낳는다.

_E. 버크(1729~1797) 영국 정치가, 사상가

A. 단테

*태반 | 반 이상

▶ 시간 낭비를 가장 안타까워하는 사람이 가장 지혜로운 사람이다.

_A. 단테(1265~1321) 이탈리아 시인

▶ 시간 낭비보다 더 큰 범죄는 없다. _T. 터서(1524~1580) 영국 시인, 작가

▶ 아무리 엄격한 법이라 해도 게으른 자가 부지런히 일하도록, 낭비하는 자가 절약하도록, 주정뱅이가 술을 끊도록 만들 수는 없다.

_S. 스마일스(1812~1904) 영국 작가

▶ 우리는 가난과 전쟁을 해야 할 뿐만 아니라 낭비와도 싸워야 한다.

_L. B. 존슨(1908~1973) 미국 제36대 대통령

▶ 우리들은 스스로 원해서 인생의 *태반을 낭비하고 있다. 그러니 게으름뱅이가 뜻을 이루는 법은 절대로 없다.

_J. 로크(1632~1704) 영국 철학자

▶ 인색하다고 욕먹을까 봐 두려워서 이롭지 않은 데까지 돈을 쓰지는 마라. _J. A. 홉슨(1858~1940) 영국 경제학자

▶ 인생을 사랑한다면 시간을 낭비하지 마라. 인생은 시간이 모인 것이다. _B. 프랭클린(1706~1790) 미국 정치가, 과학자

▶ 탐욕스러운 사람들은 낭비 능력이 뛰어나다. 그들은 너무 많이 긁어모으기 때문에 틀림없이 낭비한다. _N. 메일러(1923~2007) 미국 소설가

▶ 하찮은 일에 시간이나 재능을 낭비하지 마라.

_J. 스토리(1779~1845) 미국 법률가

속담

▶ 가마가 많으면 모든 것이 헤프다. (일이나 살림을 여기저기 벌여 놓으면 결국 낭비가 많아진다는 말) _한국

▶ 돈을 물 쓰듯 한다. _일본

▶ 밑 빠진 독에 물 붓기. _한국

▶ 시간도 돈도 낭비하지 마라. _영국

▶ 잘못 베푼 호의는 큰 낭비다. _서양

▶ 지갑 끈을 목에 걸지 말고 마음에 걸어라. (돈을 도둑맞지 않도록 조심하는 것보다는 낭비하지 않도록 마음을 쓰라는 말) _일본

▶ 호박씨 까서 한입에 털어 넣는다. (고생해서 푼푼이 모은 것을 단번에 없앤다는 뜻) _한국

노예

奴隷

인간으로서 기본적인 권리나 자유를 빼앗겨 자기 의사나 행동을 주장하지 못하고 남에게 부림을 받는 사람. 또는 목적에 얽매인 사람.

*격정 | 강렬하고 갑작스러워 누르기 어려운 감정.

*예속 | 남의 지배나 지휘 아래 놓임.

명언 명문

▶ *격정의 지배를 받는 자는 아무도 자유로울 수 없다.

_피타고라스(B.C. 580?~B.C. 500?) 그리스 철학자, 수학자

▶ 과거의 위험은 사람이 노예가 되는 것이었지만 미래의 위험은 사람이 로봇이 될지도 모른다는 것이다.

_E. 프롬(1900~1980) 독일 정신 분석학자, 사회학자

▶ 노예는 더 이상 노예가 되지 않겠다고 결심하는 순간 스스로 해방되며 다른 노예들에게 그 방법을 가르쳐 준다. 자유와 *예속은 정신 상태다.

_M. K. 간디(1869~1948) 인도 정치가, 민족 운동 지도자

▶ 노예는 시간과 운명과 죽음을 숭배할 운명에 있는 자들이다.

_B. A. W. 러셀(1872~1970) 영국 철학자, 수학자

▶ 노예들이 권력을 잡는다면 폭군이 될 것이다.

_V. M. 위고(1802~1885) 프랑스 시인, 극작가

▶ 노예 제도가 불의가 아니라면 불의란 이 세상에 하나도 없다.

_A. 링컨(1809~1865) 미국 제16대 대통령

▶ 높은 자리에 있는 사람은 삼중으로 노예가 된다. 즉, 군주나 국가의 노예고, 명성의 노예며, 일의 노예다.

_F. 베이컨(1561~1626) 영국 정치가, 철학자 《수필집》

▶ 모든 인간은 오늘날에도 노예와 자유인으로 나뉜다. 자기를 위해서 하루의 3분의 2를 갖고 있지 않는 자는 노예다.

_F. W. 니체(1844~1900) 독일 철학자, 시인 《인간적인, 너무나 인간적인》

▶ 민중을 노예화하는 것은 왕후, 귀족이나 지주, 자본가가 아니라 민중 자신의 무지다.

_H. 조지(1839~1897) 미국 경제학자

▶ 소비 사회에는 두 가지 노예밖에는 없다. 하나는 중독의 포로들이고, 다른 하나는 선망의 포로들이다.

_I. 일리치(1926~2002) 오스트리아 사회학자

▶ 우리는 모두 나름대로 자기 소신의 노예다.

_W. 해즐릿(1778~1830) 영국 평론가, 수필가

▶ 일을 적극적으로 하라. 아니면 네가 일의 노예가 되고 말 것이다.

_B. 프랭클린(1706~1790) 미국 정치가, 과학자

▶ 자유가 아닌데도 자유라고 생각하고 있는 사람은 벌써 노예가 되어 있는 것이다. _J. W. 괴테(1749~1832) 독일 시인, 소설가, 극작가 《격언과 반성》

▶ 전쟁에서는 강자가 약자라는 노예를, 평상시에는 부자가 가난한 자라는 노예를 만든다.

_O. F. O. W. 와일드(1854~1900) 아일랜드 시인, 극작가 《젊은 국왕》

▶ 전제 군주의 또 다른 면은 노예다. 권력을 쥐고 있을 때는 제멋대로 일을 하지만, 권력을 잃으면 금세 100퍼센트 노예 근성을 발휘한다. _루쉰(1881~1936) 중국 작가 《남강북조십》

▶ 지혜로운 사람은 자기 마음의 주인이 되고, 바보는 자기 마음의 노예가 된다. _P. 시루스(B.C. 1세기경) 로마 시인

속담

▶ 돈의 노예가 진짜 노예다. _로마

▶ 몽둥이는 주인을 미워한다. (하인들이 흔히 제 상전에 대하여 불평을 품고 있는 경우가 많음을 비유적으로 이르는 말) _한국

▶ 유쾌한 아이들은 종이 될 수 없다. _영국

▶ 젊은이들은 신기한 것의 노예며, 노인들은 습관의 노예다. _영국

▶ 종과 상전은 한솥밥이나 먹지. (종과 주인의 차이보다 더하다는 뜻으로, 너무 차이가 나서 어울릴 수 없다는 뜻) _한국

▶ 종이 종을 부리면 식칼로 *형문을 친다. (남에게 눌려 지내던 사람이 귀하게 되면 전날을 생각지 않고 아랫사람을 더 심하게 누르고 모질게 대한다는 뜻) _한국

▶ 지켜진 비밀은 너의 노예지만 누설된 비밀은 너의 주인이다.

_아라비아

*형문 | 죄인의 정강이를 때리던 형벌.

뇌물

賂物

어떤 직위에 있는 사람을 매수하여 사사로운 일에 이용하기 위하여 넌지시 건네는 부정한 돈이나 물건.

명언 명문

*고질병 | 오랫동안 앓고 있어 고치기 어려운 병.

- 감상주의는 뇌물보다 더 위험하다. _G. 그린(1904~1991) 영국 소설가
- 너무 가난해서 뇌물을 바칠 수도 없고 너무 자존심이 강해서 남에게 부탁할 수도 없는 사람은 재산을 모을 길이 없다. _T. 그레이(1716~1771) 영국 시인 《그의 성격에 관해서》
- 뇌물로 얻은 충성은 뇌물로 잃는다. _L. A. 세네카(B.C. 4?~A.D. 65) 로마 철학자, 극작가
- 뇌물은 정치를 어지럽히고 나라를 망하게 하는 *고질병이다. _이이(1536~1584) 조선 시대 문신, 학자
- 누군들 뇌물을 주고받는 일을 비밀스럽게 하지 않겠는가마는 밤중에 한 일이 아침이면 이미 널리 퍼지게 마련이다. _정약용(1762~1836) 조선 시대 문신, 학자 《목민심서》
- 비열한 뇌물로 우리 손가락을 더럽힐 것인가? _W. 셰익스피어(1564~1616) 영국 극작가, 시인

L. A. 세네카

속담

- 개에게 뼈를 던져 주어라. (뇌물을 주어 매수한다는 뜻) _영국
- 기름을 치면 잘 달린다. (뇌물을 주면 일이 잘 풀린다는 말) _체코
- 뇌물은 노크도 하지 않고 들어갈 것이다. _영국
- 뇌물은 서약도 잊게 한다. _일본
- 쇠 먹은 똥은 삭지 않는다. (뇌물을 쓰면 반드시 효과가 있음을 비유적으로 이르는 말) _한국
- 신은 뇌물을 받은 재판관에게 좋은 꾀를 내려준다. _터키

대통령

大統領

외국에 대하여 국가를 대표하는 국가의 원수.

명언 명문

▶ 나는 대통령보다는 차라리 올바른 사람이 되겠다.

_H. 클레이(1777~1852) 미국 정치가

▶ 대다수의 대통령은 그들이 받는 충고를 미처 다 사용하지 못한다.

_F. D. 루스벨트(1882~1945) 미국 제32대 대통령

▶ 대통령은 전 국민의 대표며 전 국민의 이익을 위한 유일한 대변인이다.

_H. S. 트루먼(1884~1972) 미국 제33대 대통령

▶ 대통령은 최고의 충고와 최고의 판단을 선택할 수 있다. 그 다음에 생기는 일은 신의 섭리에 맡길 수밖에 없다.

_J. C. 쿨리지(1872~1933) 미국 제30대 대통령

▶ 대통령의 가장 어려운 임무는 옳은 일을 하는 것이 아니라 무엇이 옳은지 아는 것이다.

_L. B. 존슨(1908~1973) 미국 제36대 대통령

▶ 대통령이 되는 것은 호랑이를 타고 가는 것이다. 계속해서 타고 가거나 잡아 먹히는 것이다.

_H. S. 트루먼(1884~1972) 미국 제33대 대통령

▶ 대통령직은 대통령의 인간성과 지혜, 그리고 그의 힘을 측정하는 척도가 된다.

_T. W. 윌슨(1856~1924) 미국 제28대 대통령

▶ 모든 주장, 모든 제안, 모든 예언, 모든 대안, 그리고 자기 행동의 결과를 양심적으로, 마치 기도를 올리는 마음으로 음미해야 하는 것이 대통령이다.

_D. D. 아이젠하워(1890~1969) 미국 제34대 대통령

▶ 법안을 제출하는 것은 대통령의 의무고 그것을 처리하는 것은 의회의 특권이다.

_F. D. 루스벨트(1882~1945) 미국 제32대 대통령

▶ 정부를 운영하려면 대통령은 정치를 알아야만 한다. 그러나 정치를 몰라도 당선될 수는 있다.

_H. S. 트루먼(1884~1972) 미국 제33대 대통령

F. D. 루스벨트

대항 對抗

굽히거나 지지 않으려고 맞서서 버티거나 항거함.

명언 명문

*피조물 | 조물주에 의하여 만들어진 모든 것.

- 강력한 저항을 극복한 다음이 아니라면 정치적 변화는 결코 이루어져서는 안 된다. _H. 스펜서(1820~1903) 영국 철학자, 사회학자
- 나는 유혹 이외의 모든 것에 대항할 수 있다. _G. B. 쇼(1856~1950) 아일랜드 극작가, 평론가
- 나는, 내게 해로운 것은 절대로 나를 유혹하지 않는다는 것을 깨달았기 때문에 유혹에 전혀 대항하지 않는다. _O. F. O. W. 와일드(1854~1900) 아일랜드 시인, 극작가
- 나의 운명에 도전하고 싶다. 가령 그것 때문에 내가 신의 *피조물 가운데 가장 불행한 존재가 되더라도 내 운명에 대해 반항하고 싶다. _L. 베토벤(1770~1827) 독일 작곡가
- 마음의 참된 평온은 욕심에 굴복해서 얻어지는 것이 아니라 대항해야 얻어진다. _T. 켐피스(1380?~1471) 독일 사상가, 수도사
- 바람과 물살을 역행하는 것은 이롭지 못하다. _W. 셰익스피어(1564~1616) 영국 극작가, 시인
- 반항도 때로는 커다란 사업이다. _F. M. 도스토옙스키(1821~1881) 러시아 소설가
- 부모에게 효도하고 어른에게 공손한 사람 가운데 자기 윗사람에게 대드는 자는 거의 없다. _유자(B.C. 6세기경) 중국 노나라 유학자
- 불가피한 것에 대항하는 것은 이롭지 못하다. 찬바람에 대항하는 유일한 방법은 외투를 입는 것이다. _J. R. 로웰(1819~1891) 미국 시인, 평론가
- 사람은 반항의 진정한 산물이다. _W. 쿠퍼(1731~1800) 영국 시인

▶ 세상에서 가장 강한 자는 혼자 맞서 겨루는 자다.

_H. J. 입센(1828~1906) 노르웨이 극작가

*굴종 | 제 뜻을 굽혀 남에게 복종함.

▶ 신체와 정신의 질병, 범죄, 마약 중독, 이 모든 것은 강제와 권태에 대한 여러 형태의 저항이다.

_E. 프롬(1900~1980) 독일 정신 분석학자, 사회학자 《소유냐 삶이냐》

▶ 압제 정치는 설령 어떠한 종류의 것이라 하더라도 반드시 반항을 불러들인다. _J. L. F. 멘델스존(1809~1847) 독일 작곡가

▶ 우리들이 선택해야 할 길은 용감한 저항뿐이며, 그렇지 않으면 가장 비천한 *굴종밖에 없다. _G. 워싱턴(1732~1799) 미국 초대 대통령

▶ 자유의 역사는 저항의 역사다. 자유는 정부로부터 나온 적이 없고 항상 민중들로부터 나왔다. _T. W. 윌슨(1856~1924) 미국 제28대 대통령

▶ 처벌은 완고함과 무감각을 초래한다. 그것은 집중력을 낳고 소외감을 키우며 반항의 힘을 강화한다.

_F. W. 니체(1844~1900) 독일 철학자, 시인

▶ 칼은 부러졌다. 그러나 나는 부러진 칼의 끝을 쥐고 끝까지 싸울 것이다.

_C. A. J. M. 드골(1890~1970) 프랑스 군인, 정치가

한자 숙어

반골(反骨) 어떤 권력이나 권위에 따르지 아니하고 저항하는 기골. 또는 그런 기골을 가진 사람.

지사불굴(至死不屈) 죽을 때까지 항거하여 굽히지 않음.

고사성어

▷ 당랑거철(螳螂拒轍)

제 역량을 생각하지 않고, 강한 상대나 되지 않을 일에 덤벼드는 무모한 행동을 말한다. 중국 제나라 장공이 사냥을 나가는 데, 사마귀가 앞발을 들고 수레바퀴를 멈추려 했다는 데서 유래한다. _《장자》 인간세 편

▷ 중과부적(衆寡不敵)

많은 것에 적은 것은 적이 되지 못한다는 뜻으로, 적은 수효로는 많은 수효를 이기지 못한다는 말이다. 또는 상대의 실력이 내 실력보다 뛰어나서 대적할 수 없을 때에도 쓰인다. 전국 시대, 맹자가 천하를 유람하던 중에 제나라에서 선왕을 만나게 되었다. 맹자는 선왕에게 천하를 다스릴 수 있는 방법을 말하였는데, 그중에 약소국인 추나라와 강대국인 초나라의 승부를 비유한 데서 유래한다. _《맹자》 양혜왕 편

독립

獨立

다른 것에 예속하거나 의존하지 아니하는 상태로 됨. 또한 독자적으로 존재함.

명언 명문

*복리 | 행복과 이익을 함께 이르는 말.

- 내가 대한의 독립을 주장하는 것은 동양의 평화와 일본의 *복리까지 위한 것이다. _안창호(1878~1938) 독립운동가, 교육자
- 독립으로 나아가는 하나의 큰 단계는 쾌활한 기질을 성취하는 것이다. _L. A. 세네카(B.C. 4?~A.D. 65) 로마 철학자, 극작가
- 독립은 명예와 마찬가지로 배를 댈 해안이 없는 바위섬이다. _나폴레옹 1세(1769~1821) 프랑스 황제
- 독립은 선전이나 허풍만으로 이룩될 수 없다. _서재필(1864~1951) 독립운동가, 정치가
- 세습적 노예들이여! 자유를 얻으려면 스스로 쇠사슬을 끊어야 하지 않겠는가! _G. G. 바이런(1788~1824) 영국 시인
- 스스로를 의존하되 남을 의존하지 마라. _《한비자》
- 조선이 실력 없이 독립하는 것을 위험하다고 생각하는 것은 일본의 쓸데없는 걱정에 불과하다. _여운형(1886~1947) 독립운동가, 정치가
- 지상의 가장 큰 행운은 독립이다. _E. 기번(1737~1794) 영국 역사가
- 해방은 인간을 내부에서 변혁하는 것이며 진리를 터득한 결과다. _요한 바오로 2세(1920~2005) 교황

속담

- 농 속에 갇혔던 새. (새로 자유롭게 된 사람을 이르는 말) _한국
- 모든 사람들에게 자기의 꼬리로 그 파리를 쫓게 하라. _한국
- 오로지 자기의 힘으로 빛나는 사람만이 빛나는 사람이라고 할 수 있다. _영국

獨裁 독재

특정한 개인, 단체, 계급, 당파 따위가 어떤 분야에서 모든 권력을 차지하여 모든 일을 독단으로 처리함.

명언 명문

▶ 공화국의 *전제 정치는 독재 행위를 더 많이 저지른다. 누구나 거기에 참여하기 때문이다. _나폴레옹 1세(1769~1821) 프랑스 황제

*전제 | 국가의 권력을 개인이 장악하고 그 개인의 의사에 따라 모든 일을 처리함.

▶ 독재 권력은 강력하고 성공적인 정부가 아니라 약하고 무기력한 정부에서 생겨난다는 것을 역사는 증명한다.

_F. D. 루스벨트(1882~1945) 미국 제32대 대통령

▶ 독재는 지옥과 마찬가지로 쉽게 정복되지 않는다. 하지만 투쟁이 힘들수록 승리가 더욱 영광스럽다는 것이 우리들에게 큰 위안이 된다. _T. 페인(1737~1809) 미국 정치 평론가, 작가

▶ 무제한적인 권력은 그것을 가진 사람의 마음을 부패시키기 쉽다. 법이 끝나는 곳에서 독재는 시작된다. _W. 피트(1708~1778) 영국 정치가

▶ 바른 말을 막고 독재하는 나라는 망한다. _《후한서》

▶ 양이 몇 마리 있는가는 이리에게는 관계 없다.

_P. 베르길리우스(B.C. 70~B.C. 19) 로마 시인

▶ 여론이 거의 없거나 전혀 없는 곳에서는 나쁜 정부가 들어서기 쉽고, 그것은 곧 독재 정부로 변할 것이다.

_M. L. 킹(1929~1968) 미국 목사, 흑인 해방 운동가

▶ 인간의 존엄성과 평등을 원한다면 어떠한 독재 권력에도 굴복해서는 안 된다.

_D. D. 아이젠하워(1890~1969) 미국 제34대 대통령

▶ 자유인들의 공통된 의견의 독재보다 더 횡포를 부리는 독재는 없다.

_D. 파이엇(1819~1891) 미국 언론인

한자 숙어

겸천하지구(鉗天下之口) 세상 사람들의 입을 막아 발언을 못 하게 함.

독재자

獨裁者

절대 권력을 가지고
독재 정치를 하는 사람.

명언 명문

▶ 독재자가 친절을 베푸는 것은 사람들의 인격을 존중해서가 아니라 지조와 정기를 꺾으려는 것이다.

_플루타르코스(46?~120?) 그리스 철학자, 작가 《플루타르크 영웅전》

▶ 독재자는 호랑이를 타고 이리저리 돌아다닌다. 하지만 결코 호랑이 위에서 내리려 하지 않는다. 그런데 호랑이는 점점 배가 고파진다.

_W. L. S. 처칠(1874~1965) 영국 정치가

▶ 독재자란 처음 등장할 때는 백성의 보호자를 자처하는 법이다.

_플라톤(B.C. 428?~B.C. 347?) 그리스 철학자

▶ 독재자의 큰 결점은 유머의 결여에 있다. 독재자는 항상 엄숙하고 성난 얼굴을 하고 있다. 자기가 위대하다고 자만하기 때문에 조화라는 분별력을 잃고 있다.

_린위탕(1895~1976) 중국 작가 《평론》

▶ 미덕은 공화국에서, 그리고 명예는 군주국에서 필요한 것처럼 전제 정치를 하는 나라에서 필요한 것은 독재자에 대한 공포다.

_C. L. S. 몽테스키외(1689~1755) 프랑스 사상가

▶ 오랜 기간에 걸친 반역자는 독재자가 될 수밖에 없다.

_L. 더럴(1912~1990) 영국 시인, 극작가

▶ 온갖 권력을 갖고 있는 자는 오히려 모든 것을 겁낸다.

_P. 코르네유(1606~1684) 프랑스 시인, 극작가 《시나》

▶ 전제 군주가 간절히 바라는 것에는 강제를 동반한다.

_플라톤(B.C. 428?~B.C. 347?) 그리스 철학자

▶ 힘센 독재자가 되려면 지독한 야만인이 되어야만 한다.

_J. 콘래드(1857~1924) 영국 소설가

플라톤

독점 獨占

혼자서 모두 가지거나 누림. 또는 개인이나 한 단체가 생산과 시장을 지배하여 이익을 독차지함.

명언 명문

▶ 당신 혼자만 쥐고 놓지 않으려는 것 따위에는 흥미를 가지지 마라.

_L. J. J. 비트겐슈타인(1889~1951) 영국 철학자 《반철학적 단장》

▶ 독점적 재산은 자연을 거스르는 도둑질이다.

_J. P. 브리소(1754~1793) 프랑스 정치가, 혁명가

▶ 모든 독점과 배타적인 특권은 대중을 희생하여 허용되고 있다.

_A. 잭슨(1767~1845) 미국 제7대 대통령 《은행 대여 거부》

▶ 세상의 모든 재치가 한 사람의 머릿속에 들어 있지는 않다.

_W. G. 베넘(1859~1943) 영국 언론인

▶ 신문의 첫째 의무는 독점의 유혹을 피하는 것이다.

_C. P. 스콧(1846~1932) 영국 언론인

▶ 제국주의는 자본주의의 독점 단계다.

_V. 레닌(1870~1924) 소련 혁명가, 정치가

▶ 철학자들은 여자들만큼 질투가 심해서 누구나 칭찬을 독점하려고 한다.

_G. 산타야나(1863~1952) 미국 철학자, 시인

▶ 훌륭한 명성과 칭찬받는 *절개는 혼자 차지해서는 안 된다. 남에게도 주어야 재앙을 피하고 몸을 보존할 수 있다.

_《채근담》

*절개 | 신념, 신의 등을 굽히지 아니하고 굳게 지키는 꿋꿋한 태도.

속담

▶ 같이 우물 파고 혼자 먹는다. (여럿이 함께 노력하여 이룬 일의 성과를 혼자서 차지하는 것을 이르는 말)

_한국

▶ 친구 둘이 공동의 지갑을 가지고 있으면 한 명은 노래하고, 한 명은 운다.

_서양

돈

사물의 가치를 나타내며, 상품의 교환을 매개하고, 재산 축적의 대상으로도 사용하는 물건.

명언 명문

*철면피 | 쇠로 만든 낯가죽이라는 뜻으로, 염치가 없고 뻔뻔스러운 사람을 낮잡아 이르는 말.

- 검소하면 돈이 천해지고 사치하면 돈이 귀해진다. _《관자》
- 고생해서 돈을 벌어야만 돈의 가치를 배울 수 있다.
  _P. 에리아(1898~?) 프랑스 소설가, 극작가
- 권세란 강직한 곰이지만 때로는 돈에게 코가 잡혀 끌려간다.
  _W. 셰익스피어(1564~1616) 영국 극작가, 시인
- 내가 돈에서 얻으려고 하는 것은 안전과 한가로움이다. 전형적인 현대인의 목적은 돈을 더욱 많이 모으는 것인데, 그 이유는 허영과 명성, 타인에 대한 우월감 때문이다.
  _B. A. W. 러셀(1872~1970) 영국 철학자, 수학자 《행복의 철학》
- 더러운 손도 돈을 주면 칭찬을 받는다.
  _W. 셰익스피어(1564~1616) 영국 극작가, 시인
- 돈 없는 젊은이는 되어도 돈 없는 노인은 되지 마라.
  _T. 윌리엄스(1911~1983) 미국 극작가
- 돈과 교육은 대량 학살처럼 갑자기 해치는 것은 아니지만 길게 보면 한층 더 치명적이다. _M. 트웨인(1835~1910) 미국 소설가
- 돈과 사랑은 사람을 *철면피로 만든다.
  _P. N. 오비디우스(B.C. 43~A.D. 17) 로마 시인
- 돈벌이보다 사람들이 더 순진하게 따라가는 것은 없다.
  _S. 존슨(1709~1784) 영국 시인, 평론가
- 돈에 대한 욕심은 갖지 마라. 부를 사랑하는 것만큼 도량이 좁고 비천한 정신은 없다. _M. T. 키케로(B.C. 106~B.C. 43) 로마 정치가, 학자
- 돈에 대해 어느 정도 애착을 갖는 것은 항상 해로운 것은 아니지

M. 대처

만, 지나친 애착은 언제나 건강에 해롭다.

_C. S. 데이(1874~1935) 미국 수필가

- 돈은 나의 힘을 나타낸다. _J. P. 사르트르(1905~1980) 프랑스 소설가, 철학자
- 돈은 돈의 씨앗이다. 처음에 백 원을 버는 것이 때로는 나중에 백만 원을 버는 것보다 더 어렵다. _J. J. 루소(1712~1778) 프랑스 작가, 사상가
- 돈은 빌려 주지도 빌리지도 마라. 돈을 빌려 주면 돈도 친구도 모두 잃는 경우가 많다. _W. 셰익스피어(1564~1616) 영국 극작가, 시인
- 돈은 여섯 번째 감각과 같다. 그것이 없으면 오감도 완전히 사용할 수 없다. _W. S. 몸(1874~1965) 영국 소설가, 극작가 《인간의 굴레》
- 돈은 최선의 종이요, 최악의 주인이다.

  _F. 베이컨(1561~1626) 영국 정치가, 철학자
- 돈은 필요에 의해서만 돈을 구하는 무리들을 회피한다.

  _알랭(1868~1951) 프랑스 철학자, 평론가
- 돈은 하늘에서 떨어지지 않는다. 여기 지상에서 벌어야만 하는 것이다. _M. 대처(1925~) 영국 총리
- 돈은 힘, 자유, 지위, 모든 죄악이 뿌리, 행복의 합계다.

  _C. 샌드버그(1878~1967) 미국 시인
- 돈을 그냥 주면 돈은 잃어도 친구는 유지한다. 하지만 빌려 주면 돈은 되돌려 받는다 하더라도 친구는 잃을 수도 있다.

  _E. 벌워리턴(1803~1873) 영국 소설가, 극작가
- 돈을 벌고 싶으면 돈을 써야 한다.

  _T. M. 플라우투스(B.C. 254?~B.C. 184) 로마 극작가, 시인
- 돈을 소유할 권리와 자기 마음대로 쓸 권리는 전혀 다른 것이다.

  _레오 13세(1810~1903) 교황
- 돈을 쓸 때와 절약할 때를 알라. 그러면 결코 바쁠 필요도 없고 무일푼이 되는 경우도 없다. _T. 풀러(1654~1734) 영국 의사, 작가
- 돈의 가치는 다 써 버린 뒤에 안다. _O. 헨리(1862~1910) 미국 소설가
- 돈의 가치를 알고 싶다면 돈을 빌리러 가 보라.

  _B. 프랭클린(1706~1790) 미국 정치가, 과학자
- 돈이 무엇보다 천하지만 그리운 것은 그것이 인간에게 재능까지 부여하기 때문이다. _F. M. 도스토옙스키(1821~1881) 러시아 소설가 《백치》

B. 프랭클린

*매수 | 금품이나 그 밖의 수단으로 남의 마음을 사서 자기편으로 만드는 일.

▶ 돈이 불행을 만든다는 말을 곧잘 한다. 그러나 그것은 다른 사람의 경우를 말하는 것일 것이다. _S. 기트리(1885~1957) 프랑스 극작가, 배우

▶ 돈이 사람을 만든다. _아리스토텔레스(B.C. 384~B.C. 322) 그리스 철학자

▶ 돈이 없어도 행복해질 수 있다는 생각은 정신적 속물 기질에서 나온다. _A. 카뮈(1913~1960) 프랑스 소설가, 극작가

▶ 돈이 있으면 두렵고, 돈이 없으면 슬프다. _G. 허버트(1593~1633) 영국 시인

▶ 돈이란 인간에게 더할 나위 없는 독이다. 돈은 독약보다 더 많은 사람을 죽인다. _W. 셰익스피어(1564~1616) 영국 극작가, 시인

▶ 돈이란 지상의 모든 악의 근원이다. _H. 멜빌(1819~1891) 미국 소설가

▶ 많은 돈으로도 한때의 환심을 사기 어렵고, 한 끼 밥이라도 평생의 은혜가 될 수 있다. _《채근담》

▶ 불행한 가난뱅이가 불행한 부자보다 유리한 처지에 있다. 가난한 사람은 돈이 도움이 될 것이라는 희망이 있기 때문이다. _J. 커(1923~2003) 미국 극작가

▶ 악의 근원이 되는 것은 돈 자체가 아니라 돈에 대한 애착이다. _S. 스마일스(1812~1904) 영국 작가

▶ 약은 고관의 수명을 연장할 수 없고, 돈은 자손을 현명하게 만들 수 없다. _《명심보감》

▶ 어떤 인간이든 돈으로 *매수되지 않는 자는 없다. 문제는 그 금액이다. _M. 고리키(1868~1936) 러시아 작가 《불용인의 일생》

▶ 오로지 금전 때문에 결혼하는 것은 가장 나쁘고, 오로지 애정 때문에 결혼하는 것은 가장 어리석다. _S. 존슨(1709~1784) 영국 시인, 평론가

▶ 우정은 돈을 빌려 달라고만 하지 않는다면 평생 지속될 것이다. _M. 트웨인(1835~1910) 미국 소설가

▶ 지갑 속의 한 푼이 왕궁에 있는 친구보다 더 낫다. _S. 스마일스(1812~1904) 영국 작가

▶ 필요 이상의 재물은 필요 없는 것을 살 뿐이다. 영혼에게 필요한 것을 사는 데 돈은 필요하지 않다. _H. D. 소로(1817~1862) 미국 사상가, 수필가 《월든》

속담

- 개같이 벌어서 정승같이 쓴다. (돈을 벌 때는 천한 일이라도 하면서 벌고 쓸 때는 떳떳하고 보람 있게 씀을 이르는 말) _한국
- 꿀벌이 없으면 꿀이 없고 일을 하지 않으면 돈이 없다. _서양
- 남의 돈 천 냥이 내 돈 한 푼만 못하다. (아무리 적고 보잘것없는 것이라도 자기가 직접 가진 것이 더 나음을 이르는 말) _한국
- 내 돈 서푼은 알고 남의 돈 칠푼은 모른다. (제 것은 소중히 여기면서 남의 것은 대수롭지 않게 여기는 사람을 비꼬는 말) _한국
- 돈 나는 모퉁이 죽는 모퉁이. (세상에서 돈 벌기가 가장 어려운 일이라는 말) _한국
- 돈 떨어지자 입맛 난다. (무엇이 없어지는 것을 본 뒤면 그것이 더 애석하게 여겨지고 더 간절하게 생각난다는 말) _한국
- 돈만 있으면 귀신도 부릴 수 있다. (돈만 있으면 세상에 못 할 일이 없다는 말) _한국
- 돈을 받으면 자유를 잃는다. _독일
- 돈의 가치는 그것을 소유하는 데 있는 것이 아니라 그것을 사용하는 데 있다. _영국
- 돈이 그대의 하인이 되지 않는다면 그대의 주인이 될 것이다. _영국
- 돈이 돈을 번다. _한국
- 돈이 말을 하면 진실이 침묵한다. _로마
- 돈이면 무엇이든 다 살 수 있는 것은 아니다. _이탈리아
- 자기 돈은 꽃줄기다. 그러나 다른 사람의 돈은 잡초에 지나지 않는다. _인도
- 푼돈 아끼다 큰돈 잃는다. _서양
- 푼돈을 잘 간수하면 목돈은 저절로 들어온다. _서양
- 필요 이상으로 돈을 쓰는 사람은 자기가 원할 때 쓸 돈이 없다. _영국

한자 숙어

갹금(醵金) 어떤 목적을 위하여 여러 사람에게서 걷는 돈.
전본분토(錢本糞土) 돈은 원래 똥이나 흙같이 천한 것이라는 뜻.

관용어

돈(을) 굴리다 _ 돈을 여기저기 빌려 주어 이익을 늘리다.
돈을 만지다 _ 어떤 일을 하여 돈을 벌다.
돈을 먹다 _ 뇌물을 받다.

멸망 滅亡

망하여 없어짐.

명언 명문

▶ 곧 무너지려는 큰 집은 막대기 하나로 버틸 수 없다.

_왕통(584~617) 중국 수나라 학자

▶ 국가의 멸망은 대개 도덕의 퇴폐와 종교를 하찮게 여기는 것으로부터 이루어진다. _J. 스위프트(1667~1745) 영국 소설가

▶ 국가의 불의는 멸망의 지름길이다.

_W. E. 글래드스턴(1809~1898) 영국 정치가

▶ 나라도 개인도 자신의 장점 때문에 망하는 수가 있다. 따라서 수영을 잘하는 사람은 연못에서 익사하고 활을 잘 쏘는 사람은 들판에서 죽는다. _《관자》

▶ 나라를 세우는 데는 천 년도 모자라지만 멸망시키는 데는 한 시간으로 충분하다. _G. G. 바이런(1788~1824) 영국 시인

G. G. 바이런

▶ 나아갈 줄만 알고 물러설 줄을 모른다. 결국 존재하는 것만을 알고 멸망하는 것을 모른다. _《주역》

▶ 벼락과 같은 신의 무기 앞에서 거만한 궁전과 하늘을 찌를 듯 솟아 있는 나무들은 쓰러져 멸망하고 만다.

_헤로도토스(B.C. 484?~ B.C. 430?) 그리스 역사가

▶ 원칙이 없는 정치, 도덕이 없는 상업, 노동이 없는 재산, 인격이 없는 교육, 인간성이 없는 과학, 양심이 없는 향락, 희생이 없는 신앙, 이러한 상태에서는 국가가 희망이 없고 멸망의 길로 갈 것이다. _M. K. 간디(1869~1948) 인도 정치가, 민족 운동 지도자

▶ *육국을 멸망시킨 나라는 진이라고 하지만 실은 진나라가 아니고 육국 자신에게 멸망의 원인이 있다. _《문장궤범》

*육국 | 중국 전국시대의 제후국 가운데 초, 연, 제, 한, 위, 조나라 등 여섯 나라.

命令 명령

윗사람이나 상위 조직이 아랫사람에게나 하위 조직에 무엇을 하게 함. 또는 그런 내용.

명언 명문

▶ 땀이 몸 안으로 다시 돌아갈 수 없듯이 한번 내려진 명령은 거두어들일 수 없다. _태종(598~649) 중국 당나라 제2대 황제

▶ 백성은 군주의 모범을 따른다. 군주가 내린 명령은 군주의 실생활보다 그 효력이 적다. _C. 클라우디아누스(370?~404?) 로마 시인

▶ 부드러운 명령 속에 엄청난 힘이 숨어 있다. G. 허버트(1593~1633) 영국 시인

▶ 아래위가 화합하지 못하면 왕의 명령도 시행되지 않는다. _《관자》

▶ 양심의 명령은 운명의 목소리다. _G. 오웰(1903~1950) 영국 소설가

▶ 오늘 명령하고 내일 또 다른 명령을 내린다면 그 명령은 반드시 지켜지지 않고, 금지도 반드시 효력을 보지 못한다. _김인후(1510~1560) 조선 시대 문신, 유학자

▶ 올바르지 못한 지도자가 내린 명령은 백성들이 따르지 않는다. _공자(B.C. 551~B.C. 479) 중국 춘추 시대 노나라 사상가

▶ 윗사람의 명령이 지켜지지 않는다면 평상시에는 질서가 무너지고 전쟁에는 패배한다. _《오자》

▶ 임금의 임무는 명령을 내리는 것이 아니라 법을 집행하는 것이다. 그 일만 잘 해도 임금은 큰 공적을 세우는 것이다. _E. 버크(1729~1797) 영국 정치가, 사상가

공자

속담

▶ 망치가 가벼우면 못이 솟는다. (윗사람의 명령이 엄하지 않으면 아랫사람이 복종하지 않을 뿐만 아니라 반항하게 된다는 뜻) _한국

무기

武器
전쟁에 사용되는 기구를 통틀어 이르는 말.
또는 어떤 일을 이루기 위한 중요한
수단이나 도구를 비유적으로 이르는 말.

명언 명문

*순리 | 순한 이치나 도리.

▶ 가장 강력한 무기는 인쇄물을 퍼뜨리는 일이다.
_L. N. 톨스토이(1828~1910) 러시아 소설가, 사상가 《전쟁과 평화》

▶ 나쁜 아이디어를 죽이는 유일하고 확실한 무기는 더 좋은 아이디어다. _A. W. 그리스울드(1909~1963) 미국 역사가, 교육자

▶ 능숙한 혀는 우수한 무기다. _T. 풀러(1654~1734) 영국 의사, 작가

▶ 대포, 폭탄, 미사일, 군함은 우리에게 소중한 것들을 보호해 준다.
_L. B. 존슨(1908~1973) 미국 제36대 대통령

▶ 마음보다 더 잔인한 무기는 없다.
_장자(B.C. 369?~B.C. 289?) 중국 전국 시대 송나라 사상가

▶ 무기를 녹여 농기구를 만들고 소를 끌어 작은 밭을 갈고 싶다.
_두보(712~770) 중국 당나라 시인

▶ 무기만으로 평화를 지킬 수는 없다. 평화는 사람들이 지켜야 하는 것이다. _J. F. 케네디(1917~1963) 미국 제35대 대통령

▶ 무기에는 *순리가 없다. _P. 베르길리우스(B.C. 70~B.C. 19) 로마 시인 《아이네이스》

▶ 무력이 말을 하면 법률은 침묵한다.
_M. T. 키케로(B.C. 106~B.C. 43) 로마 정치가, 학자

▶ 분노는 누구에게나 무기를 준다. 분노한 사람이 피에 굶주리면 모든 것이 그에게 무기가 된다. _C. 클라우디아누스(370?~404?) 로마 시인

▶ 세계 모든 국가는 이제 현실적이고 정신적인 이유에서 무력 사용을 포기해야 할 때가 되었다. _〈대서양 헌장〉

▶ 신체적으로 약한 사람에게 무기는 언제나 기분을 강하게 해 주는 무엇이다. _S. 츠바이크(1881~1942) 독일 시인, 소설가, 극작가 《마음의 파멸》

▶ 우리는 무기가 우리를 *괴멸시키기 전에 무기를 폐기해야 된다.

_J. F. 케네디(1917~1963) 미국 제35대 대통령

*괴멸 | 조직이나 체계 따위가 모조리 파괴되어 멸망함.

▶ 이성간의 싸움에서 경솔함은 남성의 무기고 복수심은 여성의 무기다. _C. V. 코널리(1903~1974) 영국 평론가, 소설가

▶ 잘 잡은 기회만이 유리한 무기다. _J. 유델(1560?~1592) 영국 성직자

▶ 정신은 모든 것 중에 가장 강한 무기다.

_P. N. 오비디우스(B.C. 43~A.D. 17) 로마 시인

▶ 포탄은 진리에 도움을 줄 수 있기는 하지만 사상이야말로 가장 강력한 무기다. _C. 매케이(1814~1889) 영국 언론인, 시인

▶ 혀는 칼보다 더 날카로운 무기다. _포킬리데스(B.C. 6세기경) 그리스 시인

▶ 현명한 사람은 무력을 사용하기 전에 다른 모든 방법을 시도해야만 한다. _P. 테렌티우스(B.C. 185?~B.C. 159?) 로마 극작가

▶ 훌륭한 무기는 상서롭지 못한 도구다. 사람들은 언제나 그것을 미워하므로 도가 있는 사람은 무기의 사용을 좋아하지 않는다.

_노자(B.C. 604?~?) 중국 춘추 시대 초나라 사상가

속담

▶ 몽둥이를 들고 있는 사람은 개에게 물리지 않는다. _에스파냐

▶ 무기는 심지어 그것을 가진 자에게도 적이다. _터키

▶ 무기는 악의 증거다. _스웨덴

▶ 용감한 자는 무기가 따로 필요 없다. _서양

▶ 용기 있는 자는 무기를 원하지 않는다. _영국

▶ 칼로 사는 사람은 칼로 죽는다. _서양

고사성어

▷ 백발백중(百發百中)

백 번 쏘아 백 번 다 맞힌다는 뜻으로, 총이나 활 따위를 쏠 때마다 겨눈 곳에 모두 맞음을 이르는 말이다. 또는 무슨 일이든지 계획대로 틀림없이 잘 들어맞는 것을 이르는 말이다. 요즈음에는 시험에서 답을 모두 맞힌 경우나 게임이나 놀이를 할 때도 쓰인다. 중국 초공왕 때 사람인 양유기는 활을 매우 잘 쏘았는데, 백 보나 떨어진 거리에서 버드나무 잎사귀의 한가운데를 맞힐 정도였다고 한다. _《사기》

무죄 無罪

아무 잘못이나 죄가 없음.

명언 명문

▶ 고통은 죄가 없는 사람에게조차 거짓말을 강요한다.

_P. 시루스(B.C. 1세기경) 로마 시인

▶ 나이 칠십이 된 것은 죄가 아니다. _G. 메이어(1898~1978) 이스라엘 수상

▶ 너희 중에 죄 없는 사람이 먼저 저 여자를 돌로 쳐라.

_예수(B.C 4?~A.D. 30?) 기독교 창시자

▶ 누구나 유죄가 인정될 때까지는 무죄라고 여겨야 한다.

_W. 블랙스톤(1723~1780) 영국 판사, 법학자

▶ 모든 다른 사람들과 같은 행위를 자신도 따라 하고 있으면 죄가 되지 않는다. _G. 보카치오(1313~1375) 이탈리아 소설가 《필로스트라토》

▶ 모르고 저지른 것은 죄가 아니다. _《홍루몽》

▶ 미인을 쳐다보는 것은 죄가 아니다.

_L. N. 톨스토이(1828~1910) 러시아 소설가, 사상가

▶ 민족의 잘못들에 대해서 자신의 무죄를 내세우지 않는 사람은 덕망 있는 사람이다. _K. 지브란(1883~1931) 미국 소설가, 화가, 시인

▶ 법을 모르다고 해서 무죄인 것은 아니다.

_J. 셀던(1584~1654) 영국 법학자, 정치가, 역사가

▶ 사람이나 천사가 하느님과 똑같이 선하거나 사랑하기를 바라는 것은 결코 죄가 아니며 또한 앞으로도 그럴 것이다.

_F. 베이컨(1561~1626) 영국 정치가, 철학자

▶ 성인들은 무죄가 증명될 때까지는 항상 유죄라고 판단을 받아야만 한다. _G. 오웰(1903~1950) 영국 소설가

▶ 아무리 말을 꾸며 남을 해쳐도 죄 없는 사람을 더럽히지 못하나

예수

니, 바람 앞에서 흩어지는 티끌과 같이 재앙은 도리어 자기를 더럽힌다. _《법구경》

▶ 아무리 잘 드는 칼도 무죄한 사람은 베지 못한다.

_강태공(?~?) 중국 주나라 정치가

▶ 우리는 죄인이 되는 것 이외에 달리 선택의 여지가 없다. 우리가 무죄라면 신은 우리가 상상도 못할 존재다.

_A. 매클리시(1892~1982) 미국 시인, 극작가

▶ 인간은 제 자신이 욕망을 품는 것에 대해서는 무죄로 여기면서도 남이 욕망을 갖는 것은 추악하게 여긴다.

_M. 프루스트(1871~1922) 프랑스 소설가

▶ 자기 잘못의 고백은 무죄와 가장 가깝다. _P. 시루스(B.C. 1세기경) 로마 시인

▶ 자유와 민주주의는 그 손이 무죄한 피로 붉게 물들면 신성하지 않은 것이 된다. _M. K. 간디(1869~1948) 인도 정치가, 민족 운동 지도자

▶ 죄 없는 사람 한 명을 처벌하는 것보다는 죄 지은 열 명을 놓치는 편이 더 낫다. _W. 블랙스톤(1723~1780) 영국 판사, 법학자

▶ 죄가 없는 사람을 대변하는 자야말로 대단한 웅변가다.

_P. 시루스(B.C. 1세기경) 로마 시인

▶ 죄가 전혀 없는 예수는 원수를 포함한 다른 사람들의 구원을 위한 희생물로 자기 자신을 바쳤다. 그것은 완전한 행위였다.

_M. K. 간디(1869~1948) 인도 정치가, 민족 운동 지도자

▶ 죄인은 법을 두려워하고, 무고한 사람은 운명을 두려워한다.

_P. 시루스(B.C. 1세기경) 로마 시인

속담

▶ 등겨 먹던 개는 들키고 쌀 먹던 개는 안 들킨다. (크게 나쁜 짓을 한 자는 안 들키고, 그보다 덜한 자가 들켜 남의 죄까지 의심 받고 덮어씀을 이르는 말) _한국

▶ 먹은 죄는 없다. (남의 것을 가져다 먹었다 해도 그것을 죄 삼아 벌주지 않는다는 뜻) _한국

▶ 모르면 죄도 없다. _서양

▶ 잘못을 고치는 것은 죄가 아니다. _프랑스

물가

物價

물건의 값. 여러 가지 상품이나 서비스의 가치를 종합적이고 평균적으로 본 개념임.

명언 명문

- 꾸준한 물가 상승만큼 정부를 약화시키는 것은 없다.
  _J. K. 갤브레이스(1908~2006) 미국 경제학자
- 물건 값은 오를 대로 오르면 내려가고, 내려갈 대로 내려가면 올라간다. _사마천(B.C. 145?~B.C.86?) 중국 전한 역사가 《사기》
- 물건의 질이 다른데 물건의 값을 같게 한다면 이것은 곧 천하를 어지럽히는 일이다. 굵게 삼은 신과 가늘게 삼은 신의 값이 같다면 사람들이 어찌 그런 것들을 만들겠는가? _《맹자》
- 옷이 금실로 짠 것밖에 없다면 누더기 옷의 값이 올라갈 것이다.
  _W. S. 길버트(1836~1911) 영국 극작가
- 한 사람의 임금 인상은 다른 사람의 입장에서는 물가 상승이다.
  _H. M. 윌슨(1881~1964) 영국 육군 총사령관

속담

- 물건을 모르거든 값을 더 주라. (값은 물건의 품질에 따라 정하여지는 것이니 좋은 것을 사려거든 비싼 것으로 사면 된다는 말) _한국
- 시세도 모르고 값을 놓는다. (물건의 좋고 나쁨도 모르면서 평가한다는 뜻) _한국
- 싼 것이 비지떡. (값이 싼 물건은 품질도 그만큼 나쁘다는 말) _한국
- 흙 한 되에 금 한 되. (물건 값이 매우 비싼 것을 이르는 말) _일본

한자 숙어

천정부지(天井不知) 천장을 알지 못한다는 뜻으로, 물가 따위가 한없이 오르기만 함을 비유적으로 이르는 말.

민심

民心
백성의 마음.

명언 명문

▶ 나라를 다스리는 데 있어서 민심을 얻는 것보다 더 큰 것이 없고, 세상을 다스리는 데 있어서 민심을 순하게 하는 것보다 더 나은 것이 없다. _이준경(1499~1572) 조선 시대 문신

▶ 너그럽게 남을 포용하는 사람은 백성의 마음을 얻고, 권력과 무력으로 가혹하게 다스리는 사람은 백성의 분노를 산다.

_세종(1397~1450) 조선 제4대 왕

▶ 민심을 모으기는 어렵지 않다. 사랑하면 가까워지고, 이익을 주면 모여들고, 칭찬하면 부지런히 일하고, 비위를 거스르면 흩어진다.

_장자(B.C. 369?~B.C. 289?) 중국 전국 시대 송나라 사상가

▶ 백성의 마음을 알면 나라는 다스려지고 백성의 마음을 알지 못하면 나라는 어지러워진다.

_묵자(B.C. 480~B.C. 390) 중국 춘추 전국 시대 노나라 사상가

▶ 백성의 마음은 물과 같아서 막을수록 더욱 터진다. 조선 독립은 시간 문제다. _한용운(1879~1944) 승려, 시인, 독립운동가

▶ 백성의 마음을 얻으면 온 나라를 얻고 백성의 마음을 잃으면 온 나라를 잃는다. 이것은 아주 오랜 세월 동안 변하지 않는 정치의 핵심이다. _《대학》

▶ 백성의 마음을 잃으면 백성을 잃고 백성을 잃으면 천하를 잃는다.

_《맹자》

▶ 복숭아나무나 자두나무 열매는 말이 없지만 그 아래 자연히 오솔길이 생긴다. 인격이 훌륭한 사람은 아무 말 하지 않아도 민심이 자연히 그를 따른다. _《사기》

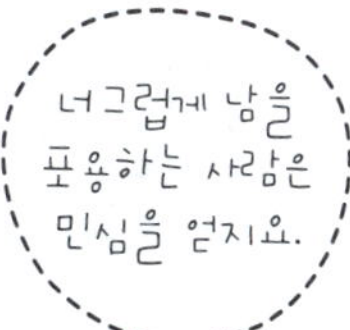

세종

*옥좌 | 임금이 앉는 자리. 또는 임금의 지위.
*천명 | 타고난 운명. 또는 하늘의 명령.
*대세 | 일이 진행되어 가는 결정적인 형세.

▶ 사람은 생활할 수 있는 재산이나 생업이 있으면 언제나 변하지 않는 떳떳한 마음을 지닐 수가 있다. 백성에게 일정한 재산이나 생업을 지니게 하는 것이 민심을 안정시키는 방법이다. _《맹자》

▶ 왕이 의지할 것은 오로지 백성의 마음뿐이다.
_소식(1036~1101) 중국 북송 문학가

▶ 은나라 탕왕이 하나라 걸왕을 멸망시키고 주나라 무왕이 은나라 주왕을 멸망시켰다. 이들 혁명은 모두 하늘의 뜻에 순종하고 민심에 호응해서 이루어진 것이다. _《주역》

▶ 임금이 *옥좌에 앉아 있는 기간은 그가 민심을 얻느냐 못 얻느냐 하는 데 달려 있다. _양성지(1415~1482) 조선 시대 문신, 학자

▶ 잘하는 정치는 민심을 얻지만 인의의 교육이 민심을 얻는 것에는 못 미친다. 인의의 교육은 백성을 깊이 감동시키기 때문이다.
_《맹자》

▶ 정치가 일어나게 되는 것은 위정자가 민심을 따르는 데 있고, 정치가 황폐하게 되는 것은 위정자가 민심을 거스르는 데 있다.
_《관자》

▶ 정치를 잘하기보다 백성을 잘 가르쳐서 민심을 얻는 것이 더 낫다.
_《맹자》

▶ *천명은 지혜로써 구할 수 없고 민심은 힘으로써 얻을 수 없는 것이다. _이곡(1298~1351) 고려 시대 학자

▶ 천하를 다투는 자들은 민심을 잡으려고 먼저 다툰다. *대세를 내다보는 자는 민심을 얻고 잔꾀를 부리는 자는 민심을 잃는다.
_《관자》

▶ 하늘의 명에 응하고 민심에 따라서 일을 행한다. 이것이 참된 임금이 가야 할 길이다. _《한서》

▶ 한 사람을 죽여서 천하의 민심을 잃는 일을 해서는 안 된다.
_《삼국지》

속담

▶ 민심은 천심. (백성의 마음이 곧 하늘의 마음과 같다는 뜻으로, 백성의 마음을 저버릴 수 없음을 이르는 말) _한국

민족

民族

일정한 지역에서 언어와 문화상의 공통성에 기초하여 역사적으로 형성된 사회 집단.

명언 명문

▶ 두 민족의 문명이 마주칠 때 어느 쪽이 낫고 못한지를 다투는 것은 역사에서 생존과 발전의 법칙이다. _B. H. 뷜로(1849~1929) 독일 정치가

▶ 모든 국가에서 온 개인들이 융합되어 하나의 새로운 민족이 된다. _M. 기욤(1300?~1377) 프랑스 시인, 음악가 《장드 크레브커》

▶ 모든 민족은 그 민족의 개개인이 하는 행동에 대해서 책임을 져야 한다. _K. 지브란(1883~1931) 미국 소설가, 화가, 시인

▶ 모든 사상도 가고 신앙도 변한다. 철학도 변하고 정치와 경제의 학설도 일시적이지만 민족의 혈통은 영구적이다. _김구(1876~1949) 독립운동가, 정치가

▶ 시가 자유를 잃으면 인류도 자유를 잃는다. 민족의 흥망은 그 민족의 시, 그림, 음악의 흥망에 비례한다. _W. 블레이크(1757~1827) 영국 시인, 화가

▶ 어느 민족이든 그 민족의 특성과 재치와 정신은 그 민족의 속담에서 발견된다. _F. 베이컨(1561~1626) 영국 정치가, 철학자

▶ 자기 민족이 없는 민족은 영원히 전진하고, 영원히 희망을 가질 수 있다. _루쉰(1881~1936) 중국 작가 《열풍》

▶ 하나의 민족이 파멸하고 정신적으로 타락할 때 거기서부터 악덕과 사치가 발생한다. _F. W. 니체(1844~1900) 독일 철학자, 시인 《우상의 박명》

속담

▶ 밭을 가는 일에서도 글을 쓰고 배우는 것과 같은 고귀함이 있다는 것을 깨닫는 민족은 반드시 번영할 것이다. _서양

민족주의

民族主義
민족의 독립과 통일을
가장 중시하는 사상.

명언 명문

*왜곡 | 사실과 다르게 해석하거나 그릇되게 함.
*국위 선양 | 나라의 권위를 널리 떨치게 함.

▶ 과거에 대한 감상과 복고적인 향수로써 역사를 *왜곡하고 민족과 인종에 대한 무조건적인 믿음으로써 민족의식을 왜곡하는 것이 민족주의의 단점이다. _B. 크로체(1866~1952) 이탈리아 철학자, 역사가

▶ 민족주의는 어린아이들의 질병이다. 그것은 인류의 홍역이다.
_A. 아인슈타인(1879~1955) 미국 물리학자

▶ 민족주의란 첫째로 공통된 향토, 종족, 언어, 역사적 문화에 대한 사랑, 둘째로 민족의 정치적 독립과 안정, *국위 선양에 대한 욕망, 셋째로 민족이라는 막연한 대상에 대한 신비로운 헌신, 넷째로 개인은 오직 국가만을 위해 존재한다는 독단, 다섯째로 자기 나라는 다른 나라보다 우월해야 한다는 목적을 위해 공격적 행동을 취해야 한다는 이론이다. _W. 셰퍼(1868~1952) 독일 작가

▶ 민족주의란 하나의 정신 상태다. 민족의 대다수에 침투하고, 모든 구성원에게 침투할 것을 요구하는 정신 상태다.
_H. 콘(1891~1958) 미국 영화 사업가

▶ 애국심은 집단적 책임에 대한 생생한 감각이지만, 민족주의는 자기 똥 무더기 위에서 우는 어리석은 수탉이다.
_R. 올딩턴(1892~1962) 영국 시인, 소설가

A. 아인슈타인

▶ 우리는 비겁한 공산주의로부터 사회주의를, 비겁한 중산층 정당들로부터 민족주의를 빼앗은 뒤, 이 두 가지를 녹여서 독일 사회주의를 만들어 냈다. _H. 괴링(1893~1946) 독일 정치가, 군인

▶ 자유와 민족주의의 바람이 아시아뿐만 아니라 전 세계에서 강하게 불고 있다. _S. 볼드윈(1867~1947) 영국 정치가

민주주의 民主主義

국민이 권력을 가지고 그 권력을 스스로 행사하는 제도.

정치와 경제

명언 명문

▶ 각자 한 표를 가져야 한다. _J. 카트라이트(1740~1824) 영국 사상가

▶ 나는 노예도 노예의 주인도 되고 싶지 않다. 이것이 민주주의에 관한 나의 의견이다. 이것과 다른 것은 민주주의가 아니다.

_A. 링컨(1809~1865) 미국 제16대 대통령

▶ 나는 민주주의에서 시민의 다수파가 소수파에게 가혹한 *압제를 가할 수 있다는 점을 확신하고 있다.

_E. 버크(1729~1797) 영국 정치가, 사상가 《프랑스 혁명에 관한 감상》

*압제 | 권력이나 폭력으로 남을 꼼짝 못하게 강제로 누름.

▶ 단결과 땀과 희생을 바탕으로 한 민주주의는 인류 역사상 가장 강력한 사상이다. _R. E. 버드(1888~1957) 미국 탐험가, 군인

▶ 모든 사람은 높은 교양을 지녀야 한다. 민주주의의 성공은 이것에 의존한다. _J. 듀이(1859~1952) 미국 철학자

▶ 민주주의 국가의 국민이 내려야 할 가장 어려운 결단은 국가의 이익을 위해서 개인의 이익을 버릴 것인가 말 것인가 하는 것이다.

_D. D. 아이젠하워(1890~1969) 미국 제34대 대통령

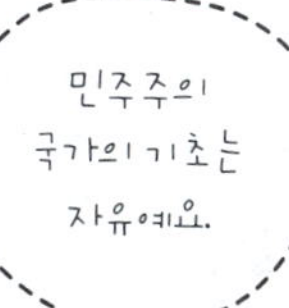

▶ 민주주의 국가의 기초는 자유다.

_아리스토텔레스(B.C. 384~B.C. 322) 그리스 철학자

▶ 민주주의가 빠지기 쉬운 최대의 위험은 국민의 총명이 아니라 지도자들이 국민의 총명을 과소평가하는 경향이다.

_B. A. W. 러셀(1872~1970) 영국 철학자, 수학자

▶ 민주주의가 의미하는 것은 가장 착하고 가장 현명한 사람의 지도 하에서 만인을 통한 만인의 진보를 말하는 것이다.

_G. 마치니(1805~1872) 이탈리아 혁명가 《유럽 민주주의의 감상》

아리스토텔레스

▶ 민주주의는 다양성과 무질서로 가득 차고, 신분의 차이를 떠나 모든 사람에게 똑같이 평등을 분배하는 매력적인 정치 형태다.

_플라톤(B.C. 428?~B.C. 347?) 그리스 철학자

▶ 민주주의는 다양성과 비판을 용납하기 때문에 갈채를 받아 마땅하다. _E. M. 포스터(1879~1970) 영국 소설가

▶ 민주주의는 모든 사람이 모든 면에서 평등하다는 개념에서 나온다. 모든 사람은 똑같이 자유롭고 누구나 절대적인 평등을 요구하기 때문이다. _아리스토텔레스(B.C. 384~B.C. 322) 그리스 철학자 《정치학》

▶ 민주주의는 무엇보다 우수한 통치 형태다. 왜냐하면 민주주의는 인간을 이성적 존재로서 존경하는 데 기초하기 때문이다.

_J. F. 케네디(1917~1963) 미국 제35대 대통령

▶ 민주주의는 인간이 갖고 있는 정의에 대한 잠재력 때문에 가능하고, 불의에 기우는 인간의 경향 때문에 필요하다.

_R. 니부어(1892~1971) 미국 신학자

▶ 민주주의는 일반 국민의 헌신적인 뒷받침을 얻지 못하면 발전하지 못한다. _F. D. 루스벨트(1882~1945) 미국 제32대 대통령

▶ 민주주의는 자유인들이 통치자가 되는 정치 형태다.

_아리스토텔레스(B.C. 384~B.C. 322) 그리스 철학자

▶ 민주주의는 저격병의 암살 때문이 아니라 냉담, 무관심, 영양 부족 때문에 천천히 죽을 것이다. _R. M. 허친스(1899~1977) 미국 교육가, 작가

▶ 민주주의는 정지된 것이 아니라 영원한 행진이다.

_F. D. 루스벨트(1882~1945) 미국 제32대 대통령

▶ 민주주의는 좋다. 다른 제도가 더 나쁘기 때문에 나는 이렇게 말하는 것이다. _J. 네루(1889~1964) 인도 정치가

▶ 민주주의는 토론에 따른 정치다. 그러나 사람들이 떠들지 못하게 막을 수 있을 때 비로소 효과적이다. _C. R. 애틀리(1883~1967) 영국 정치가

▶ 민주주의는 통치의 실험에 불과하고, 그 결점은 표의 무게를 재는 대신에 득표수만 센다는 것이다. _W. R. 잉(1860~1954) 영국 신학자

▶ 민주주의는 투표가 아니라 득표수의 계산이다.

_T. 스토파드(1937~) 영국 극작가

▶ 민주주의를 누릴 수 있는 능력은 그 사회에 기본적으로 존재하는

것이 아니다. 그것은 관습과 오랜 훈련의 결과로 얻어지는 것이며, 많은 시간과 많은 고통을 겪어야만 하는 것이다.

_T. 제퍼슨(1743~1826) 미국 제3대 대통령

▶ 민주주의에 대한 나의 개념은 그 체제 아래에서는 가장 약한 자가 가장 강한 자와 똑같은 기회를 가질 수 있다는 것이다.

_M. K. 간디(1869~1948) 인도 정치가, 민족 운동 지도자

▶ 민주주의에서 한 정당이 언제나 모든 노력을 기울이는 일은 다른 정당들이 통치할 자격이 없다는 것을 증명하는 일이다. 각 정당들은 모두 성공을 거두고 또 모두 옳다.

_H. L. 멘켄(1880~1956) 미국 언론인, 작가

▶ 민주주의의 *고질병 중 하나는 다수파의 독재, 또는 힘이나 속임수로 선거에 이기기는 했지만 다수파는 아닌 특정 정당의 독재다.

_액턴(1834~1902) 영국 역사가

▶ 민주주의의 단점 가운데 하나는 자기가 원하든 원하지 않든 당선된 사람에 대하여 참아 주어야 한다는 것이다.

_W. 로저스(1879~1935) 미국 배우, 유머 작가

▶ 민주주의의 모든 노력이란 인간의 힘을 일부 특정인을 위해서 쓰는 게 아닌 모든 인간을 위해서 유용하게 쓰는 데 있다.

_G. 클레망소(1841~1929) 프랑스 정치가

▶ 민주주의의 제일 원리는 개인의 가치와 존엄성이다. 인간성의 평등에서 유래하는 존엄성은 본질적으로 모든 개인에 있어서 동일하다. 따라서 평등은 민주주의의 매우 중요한 원리인 것이다.

_E. 벨러미(1850~1898) 미국 소설가

▶ 민주주의의 치유책은 더 많은 민주주의가 아니라 더 좋은 민주주의다.

_P. E. 모어(1864~1937) 미국 평론가, 고전학자

▶ 민주주의자는 나치스와 공산주의자가 그들의 이상을 위해 죽을 각오를 가진 것과 같이 민주주의 이상을 위해서 일하고 또 죽을 각오를 갖지 않으면 안 된다.

_S. 볼드윈(1867~1947) 영국 정치가

▶ *비례 대표제는 근본적으로 민주주의에 배치된다.

_N. G. 키녹(1942~) 영국 정치가

▶ 사상이 자유롭고 언론이 자유롭고 노동이 자유로우며 신앙이 자

*고질병 | 오래 되어 바로잡기 어려운 나쁜 버릇.

*비례 대표제 | 각 정당의 득표수에 비례하여 의원을 선출하는 선거 제도.

유로운 것, 이것이 민주주의의 이념이다.

_T. 파커(1810~1860) 미국 신학자, 개혁가

▶ 세계는 민주주의가 안전할 수 있도록 만들어져야 한다.

_T. W. 윌슨(1856~1924) 미국 제28대 대통령

▶ 순전히 민주적인 제도는 자유나 문명, 또는 두 가지 모두를 언젠가 파괴할 것이다. _T. B. 매콜리(1800~1859) 영국 역사가, 정치가

▶ 언론의 자유, 투표의 자유, 다수결에 대한 복종, 이 세 가지가 곧 민주주의다. _김구(1876~1949) 독립운동가, 정치가

▶ 오늘날 민주주의의 문제점은 선거권의 제한에 있는 것이 아니라 선거권이 행사되는 그 방법에 있다는 것이 분명해졌다.

_E. 프롬(1900~1980) 독일 정신 분석학자, 사회학자 《완전한 사회》

▶ 우리는 철저히 민주주의를 실천하고 계급 차별 없이 모든 사람을 보호해야만 한다. _G. B. 쇼(1856~1950) 아일랜드 극작가, 평론가

▶ 우리들이 어떤 군주제보다 민주주의를 좋아하는 것은 이 제도가 우리의 자유를 확보하고 우리의 행복을 증진시키려는 경향을 더 많이 가지고 있음을 확신하기 때문입니다.

_J. 마셜(1755~1835) 미국 법관

▶ 인류가 그동안 시행해 온 다른 모든 정치 체제를 제외하면 민주주의는 가장 나쁜 정치 형태다. _C. 처칠(1731~1764) 영국 시인

키워드 정보 BOX

권리 장전

영국이 전제 정치를 강화하려는 제임스 2세를 내쫓고 윌리엄 3세를 국왕으로 세웠는데, 이 과정에서 피를 흘리지 않고 평화적으로 혁명이 이루어졌다고 해서 '명예 혁명'이라고 한다. 이때 의회는 새 왕을 세우면서 왕관과 함께 권리 선언을 제출하여 승인받고 이를 토대로 의회의 입법권과 과세 승인권 따위를 공표하였는데, 이것이 '권리 장전'이다. 이때부터 영국의 의회 민주주의가 성립되었으며 권리 장전은 미국의 독립 선언, 버지니아 권리 장전, 매사추세츠 권리 선언, 프랑스 인권 선언에도 영향을 끼쳤다.

민중

民衆

국가나 사회를 구성하는 일반 국민. 피지배 계급으로서의 일반 대중을 이름.

명언 명문

▶ 고위직에 있을 때는 민중을 염려하고, 멀리 시골에 묻혀 살 때는 군주를 염려한다. _범중엄(989~1052) 중국 북송 정치가, 학자

▶ 교육 받은 민중은 통치하기 쉽다. _프리드리히 2세(1712~1786) 프로이센 국왕

▶ 국가는 다수의 민중으로 구성된다. 한 사람의 솜씨로 만든 단순한 요리보다 손님 각자가 가지고 온 음식이 훨씬 뛰어난 진미를 발휘하는 것처럼, 한 개인보다도 많은 사람들이 함께 내리는 판단이 훨씬 더 뛰어난 것이다. _아리스토텔레스(B.C. 384~B.C. 322) 그리스 철학자

▶ 군주가 역정을 부리면 그 대가를 지불하는 것은 민중이다. _Q. 호라티우스(B.C. 65~B.C. 8) 로마 시인

▶ 대부분의 민중이 원하는 이익과는 다른 이익을 추구하는 강력한 소수가 어디서나 정부를 지배한다. _G. L. 디킨슨(1862~1932) 영국 수필가

▶ 말라 버린 대지가 물을 바라고 있듯이, 민중은 지식을 바라고 있다. 그러나 민중에게는 빵 대신 돌이 주어지고 있다. _J. H. 페스탈로치(1746~1827) 스위스 교육학자

▶ 민중은 무리를 이루면 대담하게 행동하지만 개인으로서는 무력하다. _N. 마키아벨리(1469~1527) 이탈리아 사상가, 역사학자 《로마사론》

▶ 민중은 자기의 구원이 될 진리를 모르기 때문에, 민중 편에서 본다면 차라리 속고 있는 편이 낫다. _B. 파스칼(1623~1662) 프랑스 사상가, 수학자, 물리학자 《팡세》

▶ 민중은 점잖게 지배당하는 일 이외에 아무것도 바라는 것이 없다. _J. 괴벨스(1897~1945) 독일 정치가 《미카엘》

▶ 민중은 항상 누군가 한 사람을 자기들 선두에 세워 그 사람을 크

N. 마키아벨리

*공적 | 노력과 수고를 들여 이루어 낸 일의 결과.

게 성장시키는 습관을 갖는다.

_플라톤(B.C. 428?~B.C. 347?) 그리스 철학자 《국가론》

▶ 민중을 섬기는 자는 불쌍한 자다. 실컷 수고하고 나서도 어느 누구한테도 감사를 받지 못한다.

_J. W. 괴테(1749~1832) 독일 시인, 소설가, 극작가 《격언시》

▶ 민중의 목소리는 막강한 힘이다.

_아이스킬로스(B.C. 525~B.C. 456) 그리스 시인

▶ 민중의 복지를 위해 가장 큰소리로 불평하는 자가 그것을 가장 많이 걱정한다고 여기는 것은 일반적인 착각이다.

_E. 버크(1729~1797) 영국 정치가, 사상가 《출판에 대한 고찰》

▶ 민중의 안전을 지켜 주는 것이 지도자의 더 큰 *공적이다.

_L. A. 세네카(B.C. 4?~A.D. 65) 로마 철학자, 극작가

▶ 민중의 최대 욕구는 통치되는 일이며, 민중의 최대 행복은 잘 통치되는 일이다. _J. 주베르(1754~1824) 프랑스 작가, 평론가

▶ 민중이 갈망하는 것은 오로지 빵과 서커스뿐이다.

_D. J. 유베날리스(50?~130?) 로마 시인

▶ 민중이란 풍년에는 어질고 착하지만 흉년에는 인색하고 사악해서 한결같지 않다. _묵자(B.C. 480~B.C. 390) 중국 춘추 전국 시대 노나라 사상가

▶ 사람 한 명보다 민중을 속이는 편이 더 쉽다.

_헤로도토스(B.C. 484?~B.C. 430?) 그리스 역사가 《역사》

속담

▶ 굶주린 민중은 아무것도 두려워하지 않는다. _로마

▶ 민중과 같이 지내지 않으면 아무것도 모른다. _영국

▶ 민중은 가장 좋은 재판관이다. _영국

▶ 민중은 기회주의자다. _독일

▶ 민중은 노파다. 그녀가 투덜거리는 것을 내버려 두어라. _영국

▶ 민중은 많은 머리를 가진 한 마리의 동물이다. _스웨덴

▶ 민중의 마음은 성을 짓고 민중의 입은 쇠도 녹인다. _중국

▶ 민중의 소리는 신의 소리. _영국

▶ 호랑이와 물소가 싸우면 갈대들은 밟혀 짓이겨진다. _인도

반역 反逆

나라와 겨레를 배반함.

명언 명문

▶ 갈고리를 훔치는 자는 죽음을 당하고 나라를 훔치는 자는 제후가 된다. _사마천(B.C. 145?~B.C. 86?) 중국 전한 역사가

▶ 그릇된 명분을 위해 옳은 일을 한다는, 이 마지막 유혹이 가장 중대한 반역이다. _T. S. 엘리엇(1888~1965) 영국 시인, 평론가, 극작가

▶ 기만하고 배반하는 것이 인간 본래의 마음이다. _소포클레스(B.C. 496~B.C. 406) 그리스 시인

▶ 나는 반역을 좋아하지만 반역자를 칭찬하지는 않는다. _플루타르코스(46?~120?) 그리스 철학자, 작가 《플루타르크 영웅전》

▶ 낮은 지위에 있는 자는 동등한 지위를 위해, 동등한 지위에 있는 자는 더 우월한 지위를 위해 반란을 일으킨다. 이것이 혁명을 일으키는 심리다. _아리스토텔레스(B.C. 384~B.C. 322) 그리스 철학자 《정치학》

▶ 반란을 막는 가장 확실한 방법은 그 원인을 제거하는 일이다. _F. 베이컨(1561~1626) 영국 정치가, 철학자 《수필집》

▶ 반란을 선동하는 것은 실제로 당하는 고통이 아니라 개선된 상태에 대한 희망이다. _E. 호퍼(1902~1983) 미국 철학자

▶ 반란을 일으키는 데 대중은 필요 없다. 굳은 결의를 한 소수의 지도자와 건전한 이유만 있으면 된다. _H. L. 멘켄(1880~1956) 미국 언론인, 작가

▶ 반란의 불길을 칼로 부채질해서는 안 된다. _피타고라스(B.C. 580?~B.C. 500?) 그리스 철학자, 수학자

▶ 반역에는 번영이 절대로 없다. 번영을 누리는 반역에 대해서는 아무도 감히 그것을 반역이라고 부르지 못하기 때문이다. _J. 해링턴(1611~1677) 영국 사상가

*정략적 | 정치상의 일을 꾸미고 이루어 나가는 방법을 목적으로 하는 것.

▶ 반역을 좋아하는 사람은 많지만 반역자는 모든 사람의 미움을 받는다. _G. 그린(1904~1991) 영국 소설가

▶ 반역자는 그들이 혜택을 주는 사람한테까지도 미움을 받는다.
_C. 타키투스(56?~120?) 로마 역사가, 정치가 《연대기》

▶ 반역자는 다시 신임을 받아도 결국은 여우에 대한 신임밖에는 받지 못한다. 여우는 아무리 길들여지고 우리 속에서 귀여움을 받아도 천성적인 교활함을 버리지 못한다.
_W. 셰익스피어(1564~1616) 영국 극작가, 시인

▶ 성공만이 반역을 정당화시킬 수 있다.
_C. 리드(1814~1884) 영국 소설가

▶ 신하들이 원칙에 따라 반역하면 군주는 *정략적으로 폭군이 될 것이다. _E. 버크(1729~1797) 영국 정치가, 사상가

▶ 옛날에는 정치가 아래에서 위의 순서로 되었으나 지금은 그와 정반대로 위에서 아래이기 때문에, 아래에서 위로는 반역으로 되어 있다. _정약용(1762~1836) 조선 시대 문신, 학자

▶ 자기 조국에 대한 반역자는 인류에 대한 반역자와 같다.
_J. A. 앤드루(1818~1867) 미국 정치가, 인권 운동가

▶ 정치계에서 가끔 소규모 반란이 일어나는 것은 유익하며, 자연계에서의 폭풍처럼 필요하다고 본다.
_T. 제퍼슨(1743~1826) 미국 제3대 대통령

▶ 지금 이 세상에서의 행복에 대한 갈망은 반란을 일으키고자 하는 마음에 완전히 사로잡히게 된다.
_H. J. 입센(1828~1906) 노르웨이 극작가 《유령》

고사성어

▷ 문정경중(問鼎輕重)

솥의 크기와 무게를 묻는다는 뜻으로, 천하를 빼앗으려는 속셈이나 남의 실력을 의심하는 행위에 비유하는 말이다. 춘추 시대 때 제후의 한 사람인 초나라 장왕이 천하를 차지하려는 야심을 품고, 주나라 정왕의 사신에게 천자를 상징하는 거대한 솥, 즉 구정의 크기와 무게를 물은 데서 유래한다. _《춘추좌씨전》

犯罪 범죄

법규를 어기고 저지른 잘못.

명언 명문

▶ 가난과 질병을 섬기는 자들은 가장 나쁜 두 가지 범죄의 공범자들이다. _G. B. 쇼(1856~1950) 아일랜드 극작가, 평론가

▶ 가난이 범죄의 어머니라면 판단력의 결핍은 범죄의 아버지다. _J. 라브뤼예르(1645~1696) 프랑스 작가

▶ 가장 비열한 자들도 명성을 좋아한다. 그리고 범죄를 서슴지 않는 자들도 수치 앞에서는 몸을 사린다. _C. 처칠(1731~1764) 영국 시인

▶ 가장 좋은 법, 가장 훌륭한 모범은 선한 사람들의 이익을 위해 다른 사람들의 범죄로부터 나온다. _C. 타키투스(56?~120?) 로마 역사가, 정치가

▶ 굶주림과 아는 것이 없음은 근대 범죄의 아버지와 어머니다. _O. F. O. W. 와일드(1854~1900) 아일랜드 시인, 극작가 《심연에서》

▶ 노동자들한테 가장 큰 범죄는 회사가 흑자를 내지 못하는 것이다. _S. 곰퍼스(1850~1924) 미국 노동 운동 지도자

▶ 대담한 범죄일수록 더욱 성공한다. _F. M. 도스토옙스키(1821~1881) 러시아 소설가 《죄와 벌》

▶ 대중적인 인기를 애써 얻으려고 하는 것은 범죄 행위다. 본인이 원하든 원하지 않든 자연히 찾아오는 인기만이 미덕이다. _핼리팩스(1661~1715) 영국 정치가

▶ 많은 법이 논해지는 곳에 많은 범죄가 있다. _J. 밀턴(1608~1674) 영국 시인

▶ 모든 범죄는 그 안에 *인과응보와 지속적인 고통의 씨앗이 들어 있다. _H. W. 롱펠로(1807~1882) 미국 시인

*인과응보 | 이 세상에 태어나기 이전의 생애에 지은 선악에 따라 현재의 행복과 불행이 있고, 지금 이 세상에서의 선악의 결과에 따라 죽은 뒤에 다시 태어나 산다는 미래 세상에서 행복과 불행이 있는 일.

▶ 범죄 행위로 잡은 권력이 좋은 목적으로 사용된 적은 전혀 없다.

_C. 타키투스(56?~120?) 로마 역사가, 정치가

▶ 범죄는 어떤 성질의 것이든 피가 많으면 많을수록, 공포가 많으면 많을수록 그만큼 효과도 크다.

_F. M. 도스토옙스키(1821~1881) 러시아 소설가 《악령》

▶ 범죄는 역사를 기록하고 선행은 침묵한다.

_J. W. 괴테(1749~1832) 독일 시인, 소설가, 극작가

▶ 범죄는 처벌을 결코 면할 수 없다. 범죄 자체 안에 처벌이 있기 때문이다.

_L. A. 세네카(B.C. 4?~A.D. 65) 로마 철학자, 극작가

▶ 범죄로는 아무도 행복해지지 못하게 하늘이 감시한다.

_V. C. 알피에리(1749~1803) 이탈리아 비극 작가

▶ 범죄를 계획하고 있는 자는 조용한 곳에서 혼자 있기를 원하며, 가능한 한 남이 자기를 잊게 하기 위해 남의 눈에 띄지 않으려고 애쓴다. 이것은 하나의 본능이다.

_F. M. 도스토옙스키(1821~1881) 러시아 소설가

▶ 범죄를 처벌하지 않으면 너 자신이 그 죄의 책임을 진다.

_P. 시루스(B.C. 1세기경) 로마 시인

▶ 범죄에는 그것의 정도에 알맞은 처벌이 따라야 한다.

_W. S. 길버트(1836~1911) 영국 극작가

▶ 범죄의 오염은 전염병의 전파와 같다.

_나폴레옹 1세(1769~1821) 프랑스 황제

▶ 법은 범죄 때문에 증가하고 범죄를 처벌한다.

_J. 플로리오(1553~1625) 영국 번역가, 사전 편찬자

▶ 법을 어긴 사람들에 대한 처벌이 시행되지 않는다면 법도 정부도 무역도 끝장이다.

_J. 데넘(1615~1669) 영국 시인

▶ 사람은 범죄를 대신해서가 아니라 범죄 때문에 처벌된다.

_E. G. 허버드(1856~1915) 미국 작가, 화가

▶ 성공과 행운이 따른 범죄는 미덕이라 불린다.

_L. A. 세네카(B.C. 4?~A.D. 65) 로마 철학자, 극작가

▶ 신도 인간도 용서해 줄 수 없는 범죄가 있다.

_A. 테니슨(1809~1892) 영국 시인

J. 밀턴

▶ 어려서부터 범죄를 배우면 그것은 그의 본성의 일부가 된다.

_P. N. 오비디우스(B.C. 43~A.D. 17) 로마 시인

▶ 얼마나 많은 범죄가 '국가를 위해서' 라는 *명분 아래 행해졌는가.

_J. R. 맥도널드(1866~1937) 영국 정치가

▶ 인간은 어느 누구를 막론하고 자기 자신의 범죄를 즐긴다.

_L. A. 세네카(B.C. 4?~A.D. 65) 로마 철학자, 극작가 《서간집》

▶ 인간이 만드는 법이 모두 필요한 것이라면 인간은 엄청난 범죄자일 것이다. _J. N. 달링(1876~1962) 미국 만화가

▶ 자기는 누구에게도 사랑받지 않는다고 생각하는 것이 소년 범죄의 주요 원인이다. _J. 와이스(1818~1879) 미국 성직자, 작가

▶ 처벌 받는 것이 수치스러운 것이 아니라 범죄 자체가 수치스러운 것이다. _볼테르(1694~1778) 프랑스 사상가

▶ 최대의 범죄는 욕망에 의하지 않고 부유함에 의해서 야기된다.

_아리스토텔레스(B.C. 384~B.C. 322) 그리스 철학자 《정치학》

▶ 침묵은 매우 하찮은 미덕이지만 말해서는 안 되는 것을 말하는 것은 중대한 범죄다. _P. N. 오비디우스(B.C. 43~A.D. 17) 로마 시인

▶ 판단할 때 서두르는 것은 범죄다. _P. 시루스(B.C. 1세기경) 로마 시인

▶ 현대인의 최대의 정신적 범죄는 자기 자신에 대해서 불성실한 것이다. _F. 베이컨(1561~1626) 영국 정치가, 철학자

*명분 | 일을 꾀하는 데 있어 내세우는 구실이나 이유.

속담

▶ 귀를 막고 종을 훔친다. (양심의 목소리를 무시하고 나쁜 짓을 한다는 뜻) _일본

▶ 범죄는 그것에 물드는 자들을 똑같은 자로 만든다. _로마

▶ 범죄의 의도가 없는 한 그의 행동은 범죄가 되지 않는다. _유럽

▶ 법이 많을수록 법을 어긴 사람도 더 많아진다. _서양

▶ 어릴 때 새 집을 다친 놈은 늙어서 마을을 태운다. (말썽꾸러기는 나이가 들어서도 죄를 짓기 쉽다는 말) _스웨덴

▶ 죄는 막둥이가 짓고 벼락은 샌님이 맞는다. (나쁜 짓을 해서 이익을 얻는 사람과 그것에 대한 벌을 받는 사람이 따로 있다는 말)

_한국

법

法

국가의 강제력을 수반하는 사회 규범. 국가 및 공공 기관이 제정한 법률, 명령, 규칙, 조례 따위.

명언 명문

▶ 가장 엄격한 법률은 가장 나쁜 해를 끼친다.

_M. T. 키케로(B.C. 106~B.C. 43) 로마 정치가, 학자 《의무에 관하여》

▶ 너무 관대한 법은 아무도 지키지 않고 너무 가혹한 법은 집행되지 않는다.

_B. 프랭클린(1706~1790) 미국 정치가, 과학자

▶ 모든 법은 군주와 백성 사이의 계약이다. 따라서 반드시 지켜야만 한다.

_J. 셀던(1584~1654) 영국 법학자, 정치가, 역사가

▶ 모든 사람의 요구를 충족시킬 수 있는 법은 없다. 전반적이거나 대다수에게 이익이 되는 법이라면 우리는 만족해야 한다.

_T. 리비우스(B.C. 59?~A.D. 17) 로마 역사가

▶ 법은 거미줄과 같다. 가난하고 힘 없는 사람들은 거기에 걸려 꼼짝 못하고 부자와 권세 있는 사람들은 그것을 끊고 나간다.

_아나카르시스(B.C. 6세기경) 스키티아 철학자

▶ 법은 공동체를 돌보는 자가 만든, 공동의 이익을 위한 이성의 명령이다.

_T. 아퀴나스(1225?~1274) 이탈리아 신학자, 철학자

▶ 법은 도덕을 억지로 강요할 수 없지만 행동 양식을 규제할 수는 있다.

_M. L. 킹(1929~1968) 미국 목사, 흑인 해방 운동가

▶ 법은 모두 사악하다. 어느 법이든 자유를 구속하기 때문이다.

_J. 벤담(1748~1832) 영국 철학자, 법학자

▶ 법은 부자에게 항상 유리하고 빈털터리에게는 항상 해롭다.

_J. J. 루소(1712~1778) 프랑스 작가, 사상가 《사회계약론》

▶ 법은 안정되어야 하지만 멈추어 있어서는 안 된다.

_R. 파운드(1870~1964) 미국 법학자

▶ 법은 오래되면 폐단을 낳고, 폐단이 생기면 개정되어야 한다.

_이이(1536~1584) 조선 시대 문신, 학자

*유용성 | 이용할 만한 특성.

▶ 법은 인간을 지배하고 이성은 법을 지배한다.

_T. 풀러(1608~1661) 영국 성직자, 역사가

▶ 법은 주인이 아니라 하인이다. 법에 복종하는 사람이 법을 지배한다. _H. W. 비처(1813~1887) 미국 신학자 《플리머스 설교집》

▶ 법은 질서다. 따라서 좋은 법은 좋은 질서다.

_아리스토텔레스(B.C. 384~B.C. 322) 그리스 철학자

▶ 법을 만들기는 어렵지 않다. 그러나 법을 제대로 시행하여 간사한 자들과 범죄를 적발하여 국가의 이익을 도모하는 것은 어렵다.

_양성지(1415~1482) 조선 시대 문신, 학자

▶ 법을 집행하는 것은 법을 제정하는 것보다 더 중요하다.

_T. 제퍼슨(1743~1826) 미국 제3대 대통령

▶ 법의 그물은 하찮은 범죄자들만을 잡도록 짜여졌다.

_K. 지브란(1883~1931) 미국 소설가, 화가, 시인

▶ 법의 두 가지 기초는 오직 공평성과 *유용성뿐이다.

_E. 버크(1729~1797) 영국 정치가, 사상가

▶ 법이 완전하지 않은 나라는 도덕도 완전하지 못할 것이다.

_L. A. 세네카(B.C. 4?~A.D. 65) 로마 철학자, 극작가

▶ 법이 제정된 것은 강자들이 모든 것을 자기 마음대로 하지 못하게 하기 위한 것이다. _P. N. 오비디우스(B.C. 43~A.D. 17) 로마 시인

▶ 악법도 법이다. _소크라테스(B.C. 469~B.C. 399) 그리스 철학자

▶ 있어도 시행되지 않는 법은 차라리 없는 것만 못하다.

_정약용(1762~1836) 조선 시대 문신, 학자

속담

▶ 법은 사소한 일에 관여하지 않는다. _영국

▶ 법은 멀고 주먹은 가깝다. _한국

▶ 법을 만드는 사람은 엄격을, 법률을 다스리는 사람은 관대함을 신조로 해야 한다. _중국

▶ 새로운 군주는 새로운 법을 만든다. _영국

변호

辯護

남의 이익을 위하여 변명하고 감싸서 도와줌. 또는 법정에서, 검사의 공격으로부터 피고인의 이익을 옹호하는 일.

명언 명문

*변론 | 소송 당사자나 변호인이 법정에서 주장하거나 진술함.

▶ 가방을 든 변호사 한 명은 총을 든 천 명보다 더 많이 훔칠 수 있다.

_M. 푸조(1920~1999) 미국 소설가

▶ 나쁜 사람들이 없다면 훌륭한 변호사들도 없을 것이다.

_C. J. H. 디킨스(1812~1870) 영국 소설가 《낡고 기묘한 가게》

▶ 모든 분쟁이 변호사에게 가는 것은 아니다.

_G. 허버트(1593~1633) 영국 시인 《지혜의 투망》

▶ 법은 자신을 변호할 수 있다면 제일 먼저 변호사들을 고발할 것이다.

_P. D. S. 체스터필드(1694~1773) 영국 정치가, 작가

▶ 법정에서 *변론하는 목적은 가르치고, 기쁘게 하고, 감동시키는 것이다.

_M. T. 키케로(B.C. 106~B.C. 43) 로마 정치가, 학자

▶ 변호사 사무실에 들어서는 순간, 선불이든 후불이든 반드시 대가를 지불해야 한다는 사실을 명심하라.

_A. 트롤럽(1815~1882) 영국 소설가

포키온

▶ 변호사가 정말로 해야 할 일은 갈라져 있는 양쪽을 서로 합치게 하는 일이다. 변호사로 활동하던 이십 년간의 대부분은 사적 타협을 이룩하도록 노력하는 데 전념하였다.

_M. K. 간디(1869~1948) 인도 정치가, 민족 운동 지도자

▶ 변호사는 논리를 앞세우는 사람이다.

_B. S. 라즈니시(1931~1990) 인도 철학자

▶ 변호사는 사람을 곤경에서 구출하기보다는 거기에 빠뜨리려고 항상 더 준비되어 있다.

_O. 골드스미스(1730~1774) 영국 소설가

▶ 변호사는 의뢰인이 질문하고 그 질문에 정직하게 대답할 의무가 없는 한 소송 사건의 정당성 또는 부당성에 대해 상관할 필요가

없다. 그것은 판사가 결정할 일이다.

_S. 존슨(1709~1784) 영국 시인, 평론가

▶ 변호사의 해골은 무덤 파는 일꾼의 삽에 얻어맞아도 아무 소리 못 한다. _W. 셰익스피어(1564~1616) 영국 극작가, 시인

▶ 소송을 말려라. 이웃에게 가능한 한 양보하도록 설득하라. 이렇게 화해를 중재할 때 변호사는 선한 사람이 될 수 있는 더 좋은 기회를 얻는다. _A. 링컨(1809~1865) 미국 제16대 대통령

▶ 소송할 때 변호사의 역할은 식사 때의 요리사의 역할과 같다.

_아리스티포스(B.C. 435?~B.C. 366?) 그리스 철학자

▶ 아주 선한 법률가는 바르게 살고 부지런히 일하다가 가난하게 죽는다. _D. 웹스터(1782~1852) 미국 정치가

▶ 역사나 문학을 모르는 변호사는 단순한 기능공이다.

_W. 스콧(1771~1832) 영국 시인, 소설가 《사나이의 몸가짐》

▶ 오로지 변호사들만이 법을 몰라도 처벌되지 않는다.

_J. 벤담(1748~1832) 영국 철학자, 법학자

▶ *유토피아에는 변호사가 없다. 그곳 주민들은 변호사란 사실을 위장하는 것을 직업으로 삼는 자라고 여기기 때문이다.

_T. 모어(1478~1535) 영국 정치가 《유토피아》

▶ 의사와 변호사에게는 진실을 숨기지 마라.

_J. 플로리오(1553~1625) 영국 번역가, 사전 편찬자

▶ 착한 사람은 변호사가 필요 없다.

_포키온(B.C. 402?~B.C. 318) 아테네 장군, 정치가

▶ 훌륭한 변호사란 한 사건을 여러 각도에서 볼 수 있는 눈을 가진 사람이 아니라, 의뢰자의 입장에서 정성을 다해 헌신함으로써 의뢰자를 *분규에서 빠져나올 수 있게 하는 사람이다.

_R. W. 에머슨(1803~1882) 미국 사상가, 시인 《인생의 방법》

*유토피아 | 인간이 생각할 수 있는 최선의 상태를 갖춘 완전한 사회.

*분규 | 이해나 주장이 뒤얽혀서 말썽이 많고 시끄러움.

속담

▶ 변호사가 자기 자신을 변호하는 경우 그는 바보에게서 사건을 맡은 것이다. _서양

▶ 변호사의 의견은 돈을 지불하지 않는 한 아무 쓸모도 없다. _서양

보수 報酬

일한 대가로 주는 돈이나 물품.
또는 고맙게 해 준 데 대하여 보답을 함.

명언 명문

▶ 금전적인 보수에 대한 불만은 근로 의욕을 저하시키는 강력한 요인이 된다. 하지만 금적적인 보수에 대한 만족이 결코 근로 의욕을 적극적으로 높이는 요인이 되지는 않는다.

_P. F. 드러커(1909~2005) 미국 경영학자 《현대의 경영》

▶ 남에게 받는 보수는 분수를 넘지 않게 하고, 수양을 하는 일은 분수 이내로 줄이지 마라. _《채근담》

▶ 내 재능에 알맞은 보수를 달라. _P. N. 오비디우스(B.C. 43~A.D. 17) 로마 시인

▶ 내가 받는 월급을 다른 사람의 많은 월급과 비교하지 마라. 나보나 나은 사람을 볼 때는 불평불만이 생기게 마련이다.

_H. K. B. 몰트케(1800~1891) 프로이센 장군

▶ 미끼를 쓰면 고기를 잡을 수 있고, 보수를 주면 인재를 얻을 수 있다. _강태공(?~?) 중국 주나라 정치가

▶ 보수 없이 일을 하면 게으름뱅이가 된다.

_탈레스(B.C. 624?~B.C. 546?) 그리스 철학자

▶ 보수가 많고 적은 것을 너무 신경 쓰지 마라. 비록 현재 보수가 적고 대우는 빈약하더라도 그 일을 통하여 출세의 문이 열리는 수가 많다. 보수의 많고 적음이 출세를 좌우하지 않음을 알아야 한다.

_B. A. W. 러셀(1872~1970) 영국 철학자, 수학자

▶ 보수는 우리를 선량하게도 만들고 사악하게도 만든다.

_R. 헤릭(1591~1674) 영국 시인, 목사 《헤스페리데스》

▶ 선과 악이 뒤섞여 있는 곳에서는 임금이 끝없는 투쟁의 대상이다.

_J. H. 뉴먼(1801~1890) 영국 신학자

R. 타고르

▶ 세상의 세 가지 위험은, 미덕은 적은데 *총애는 많은 것, 재능은 모자라는데 지위는 높은 것, 공적은 없는데 보수는 많은 것이다.

_《회남자》

▶ 앉아서 일하는 사람들이 서서 일하는 사람들보다 더 많은 보수를 받는다. _O. 내시(1902~1971) 미국 시인

▶ 용감하게 충언하는 사람이 명성을 얻기 위해서 그런 것이라거나 부지런히 일하는 사람이 보수를 받기 위해 그런 것이라고 말하지 마라. _양성지(1415~1482) 조선 시대 문신, 학자

▶ 우리는 우리가 얻는 물질적 이득에 대해서 정신적 가치를 지불하지 않으면 안 될 것이다. _R. 타고르(1861~1941) 인도 시인, 사상가

▶ 임금 결정은 *조합의 정치적 여건보다는 경제적으로 합리적인 기준이 중시되어야 한다.

_P. F. 드러커(1909~2005) 미국 경영학자 《새로운 사회와 새로운 경영》

▶ 일을 하지 않았는데 보수를 얻었다면 반드시 일을 하고도 보수를 받지 못한 사람이 어디엔가 있다는 말이 된다. 노동이 먼저고 보수가 그 다음이 될 때 신이 당신의 주인이 될 것이다. 그러나 반대로 보수가 먼저고 노동이 그 다음이 될 때 당신은 보수의 노예가 되고 말 것이다. _J. 러스킨(1819~1900) 영국 미술 평론가

▶ 하인을 굶기면서 날마다 일을 시키는 주인이 있다면 주인의 재물을 훔치지 않는 하인은 드물 것이다. _박제가(1750~1805) 조선 시대 실학자

*총애 | 남달리 귀여워하고 사랑함.

*조합 | 여러 가지 공동 목적을 수행하기 위하여 일정한 자격이 있는 사람으로서 조직한 단체.

*파발 | 조선 후기에, 공문을 전달하는 일을 하던 사람.

속담

▶ 꿈을 따는 사람은 그 손을 핥는다. (일을 하는 사람에게는 보수나 보람이 있다는 뜻) _네팔

▶ 네 병이야 낫든 안 낫든 내 약값이나 내라. (남을 위하여 한 일의 결과는 덮어놓고 그 대가만을 요구한다는 뜻) _한국

▶ 먹기는 *파발이 먹고 뛰기는 역마가 뛴다. (정작 애쓴 사람은 보수를 받지 못하고 엉뚱한 사람이 받는다는 뜻) _한국

▶ 받은 돈은 값싸고 번 돈은 값비싸다. _러시아

▶ 여가는 노동의 정당한 보수다. _영국

▶ 일하지 않으면 보수도 없다. _서양

보수주의

保守主義

전통을 옹호하거나 점진적 개혁을 주장하는 경향이나 태도.

명언 명문

*극단주의 | 모든 생각이나 행동이 한 쪽으로 지나치게 치우치는 태도.
*반동주의 | 강압적인 수단을 통하여 구체제를 유지하거나 부활하려고 하는 태도.

▶ *극단주의자는 두 다리를 허공에 단단히 박아 놓고 있는 사람이고, 보수주의자는 두 다리가 튼튼하지만 걷는 법을 전혀 배우지 못한 사람이고, *반동주의자는 뒤로 후퇴하는 몽유병자고, 자유주의자는 자기 머리의 지시에 따라 두 다리와 두 손을 사용하는 사람이다. _F. D. 루스벨트(1882~1945) 미국 제32대 대통령

▶ 나는 늙어서 보수주의자가 되는 것이 두려워서, 젊었을 때 감히 극단주의자가 되려고 하지 못했다. _R. L. 프로스트(1874~1963) 미국 시인

▶ 나는 보수주의자란 결실을 맺지 못하는 것, 즉 아무것도 낳지 못하는 정치의 불행한 잡종이요, 외고집쟁이라고 생각한다.
_B. 디즈레일리(1804~1881) 영국 정치가, 소설가

▶ 나이 열여섯 살에 진보주의자가 아닌 사람은 심장이 없는 사람이고, 나이 예순 살에 보수주의자가 아닌 사람은 두뇌가 없는 사람이다. _B. 디즈레일리(1804~1881) 영국 정치가, 소설가

▶ 날마다 진보하지 않는 자는 반드시 날마다 퇴보한다. 진보하지도 않고 퇴보하지도 않는 것이란 있을 수 없다.
_주자(1130~1200) 중국 송나라 유학자

▶ 대다수의 사람들은 보수적이며 새로운 것을 여간해서는 믿으려 하지 않는다. 현실의 많은 실패에는 견디는 힘이 강하다.
_R. W. 에머슨(1803~1882) 미국 사상가, 시인 《보수주의자》

▶ 모든 보수주의자들은 개인적 결함들 때문에 보수주의자가 되었다. 그들은 불구자처럼 방어적 행동만 할 수 있을 뿐이다.
_R. W. 에머슨(1803~1882) 미국 사상가, 시인

▶ 무모한 변화에는 위험이 따른다. 하지만 *맹목적인 보수주의에는 훨씬 더 위험이 따른다. _H. 조지(1839~1897) 미국 경제학자 《사회문제》

*맹목적 | 주관이나 원칙이 없이 덮어놓고 행동하는. 또는 그런 것.

▶ 변화를 거부하는 보수주의자는 변화를 요구하는 급진주의자와 마찬가지로 가치 있는 사람들이다.

_W. J. 듀랜트(1885~1981) 미국 교육가, 철학자

▶ 보수 당원처럼 생각하고 급진 당원처럼 말하는 것이 오늘날 매우 중요하다. _O. F. O. W. 와일드(1854~1900) 아일랜드 시인, 극작가

▶ 보수주의는 여전히 남아 있는 야만성이 요구하는 강압적 제도를 옹호한다. _H. 스펜서(1820~1903) 영국 철학자, 사회학자

▶ 보수주의란 검증되지 않은 새로운 것을 반대하고 검증된 낡은 것에 매달리는 것이 아닌가? _A. 링컨(1809~1865) 미국 제16대 대통령

▶ 보수주의자는 너무 비겁해서 싸우지 못하고 너무 뚱뚱해서 뛰지 못하는 사람이다. _E. G. 허버드(1856~1915) 미국 작가, 화가 《천과 하나의 격언》

▶ 보수주의자는 반드시 어수룩한 사람들은 아니지만 대부분 어수룩한 사람들이다. _J. S. 밀(1806~1873) 영국 철학자, 경제학자

▶ 오로지 현재만 아는 것과 오로지 과거만 아는 것 가운데 어느 것이 사람을 더 보수적으로 만드는지 나는 모른다.

_J. M. 케인스(1883~1946) 영국 경제학자, 언론인

▶ 우리들의 대부분은 차라리 다수의 그늘 속에서 자신의 개성을 무시해 버려 의문도 품지 않고 이의도 주장하지 않는다. 그리고 양치기의 지도에 순종하여 양 떼 속의 한 마리로서 평온하게 무사히 이동하는 편을 택한다. _D. 카네기(1888~1955) 미국 저술가

▶ 인간은 가장 활기를 잃었을 때, 또는 가장 사치스러울 때 보수적이 된다. 그들은 저녁 식사 뒤에 보수주의자가 된다.

_R. W. 에머슨(1803~1882) 미국 사상가, 시인 《수필집》

▶ 인간적인 것은 모두 진보하지 않으면 퇴보해야 한다.

_E. 기번(1737~1794) 영국 역사가

▶ 자유주의는 사리분별에 길든 사람들의 확신이며, 보수주의는 공포에 길든 사람들의 불신이다. _W. E. 글래드스턴(1809~1898) 영국 정치가

▶ 한 세기의 급진주의자는 다음 세기의 보수주의자다.

_M. 트웨인(1835~1910) 미국 소설가

복종 服從

남의 명령이나 의사를 그대로 따라서 좇음.

명언 명문

▶ 남을 잘 다스리려면 자신이 먼저 복종해야 한다.

_M. T. 키케로(B.C. 106~B.C. 43) 로마 정치가, 학자

▶ 높은 지위와 후한 상은 명령에 복종시키려는 것이다.

_강태공(?~?) 중국 주나라 정치가

▶ 말은 자유, 행위는 침묵, 복종은 맹목이다.

_J. C. F. 실러(1759~1805) 독일 시인, 극작가 《발렌슈타인》

▶ 명령에 납득하여 따르는 것보다 남의 부탁에 납득하여 따르라.

_P. 시루스(B.C. 1세기경) 로마 시인

▶ 모든 일을 자기에게 복종시키려면 먼저 너 자신을 이성에 복종시켜라.

_L. A. 세네카(B.C. 4?~A.D. 65) 로마 철학자, 극작가 《서간집》

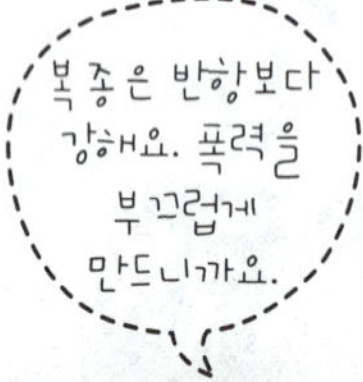

▶ 백성이 정부를 수립할 권한과 권리가 있다는 바로 그 생각 자체는 개인은 누구나 수립된 정부에 복종할 의무가 있다는 것을 전제로 한다.

_G. 워싱턴(1732~1799) 미국 초대 대통령

▶ 법에 복종하라. 법은 그 대가가 비싸기 때문이다.

_W. 캠던(1551~1623) 영국 역사가

R. M. 릴케

▶ 복종과 규율 없이는 결코 위대한 사람이 될 수 없다.

_A. P. G. 지드(1869~1951) 프랑스 소설가, 평론가 《가공회견기》

▶ 복종은 군주에게 마땅히 차려야 할 예의다.

_A. 테니슨(1809~1892) 영국 시인

▶ 복종은 모든 문을 여는 열쇠다. _G. 맥도널드(1824~1905) 영국 시인, 소설가

▶ 복종은 반항보다 오히려 강하다. 복종은 덤벼드는 폭력을 부끄럽게 만든다.

_R. M. 릴케(1875~1926) 독일 시인

▶ 복종은 성공의 어머니이며 안전의 아내다.

_아이스킬로스(B.C. 525~B.C. 456) 그리스 시인

▶ 복종을 증오하는 자는 지배할 수 없다.

_J. 플로리오(1553~1625) 영국 번역가, 사전 편찬자 《플로리오 최초의 성과》

▶ 불의한 사람들보다 정의로운 사람들을 *중용하면 백성이 진심으로 복종할 것이다. _공자(B.C. 551~B.C. 479) 중국 춘추 시대 노나라 사상가

*중용 | 중요한 자리에 임명함.

▶ 억지로 명령에 굴복하는 것은 복종이 아니다.

_P. 코르네유(1606~1684) 프랑스 시인, 극작가 《셀도리우스》

▶ 오로지 복종만이 남들을 지휘할 권리를 준다.

_R. W. 에머슨(1803~1882) 미국 사상가, 시인

▶ 이상적인 군인은 상관의 명령에 절대복종해야 한다. 절대복종은 절대로 책임을 지지 않는다는 것이다.

_아쿠타가와 류노스케(1892~1927) 일본 소설가

▶ 지배보다 복종이 훨씬 더 안전하다.

_T. 켐피스(1380?~1471) 독일 사상가, 수도사

▶ 지배하기 전에 복종하는 법을 배워라.

_솔론(B.C. 640?~B.C. 560?) 그리스 정치가, 시인

▶ 처벌은 사람을 고분고분하게 길들이지만 '더 선한 사람'으로 만드는 것은 아니다. _F. W. 니체(1844~1900) 독일 철학자, 시인

▶ 헌신은 복종의 어머니다. _S. 다니엘(1562?~1619) 영국 시인, 극작가

속담

▶ 구부러지는 것은 부러지는 것보다 낫다. _영국

▶ 남의 말 다 들으면 목에 칼 벗을 날 없다. (남의 말을 잘 듣고, 순종만 하면 낭패 보는 일이 많다는 뜻으로, 꼭 자기가 들어야 할 것만 들어야 한다는 말) _한국

▶ 배를 조종하는 키에 복종하지 않는 배는 암초에 복종해야만 할 것이다. _영국

▶ 소금 섬을 물로 끌라고 해도 끈다. (무슨 일이든 시키는 대로 맹목적으로 하는 경우를 이르는 말) _한국

▶ 지혜로운 사람에게 복종하면 많은 것을 배운다. _서양

부 富

많은 재물. 또는 넉넉한 생활.

*윤활유 | 기계가 맞닿는 부분의 마찰을 덜기 위하여 쓰는 기름.

명언 명문

▶ 가장 고귀한 것은 벼슬을 버리는 것이고, 가장 부유한 것은 재산을 버리는 것이며, 가장 바람직한 것은 명예를 버리는 것이다.

_장자(B.C. 369?~B.C. 289?) 중국 전국 시대 송나라 사상가

▶ 국민의 건강은 국가의 부유함보다 더 중요하다.

_W. J. 듀랜트(1885~1981) 미국 교육가, 철학자

▶ 마음이 풍요롭지 못하면 부는 추악한 거지에 지나지 않는다.

_R. W. 에머슨(1803~1882) 미국 사상가, 시인 《수필집》

▶ 부가 늘어나면 미덕은 곧 줄어든다. _A. 베벨(1840~1913) 독일 사회주의자

▶ 부가 인간을 위해서 존재하는 것이지 인간이 부를 위해서 존재하는 것은 아니다.

_E. 프롬(1900~1980) 독일 정신 분석학자, 사회학자 《자유로부터의 도피》

▶ 부는 바닷물과 같다. 마시면 마실수록 목이 마르다.

_A. 쇼펜하우어(1788~1860) 독일 철학자

▶ 부는 인생이라는 기계의 *윤활유다.

_P. 발레리(1871~1945) 프랑스 시인, 사상가, 평론가

▶ 부란 신에게 받은 것으로서, 마음속 깊이 만족을 느끼며 가장 사랑하는 나의 자식을 의미한다. _J. D. 록펠러(1839~1937) 미국 실업가

▶ 부를 멸시하는 사람은 꽤 많다. 그러나 부를 나누어 줄 줄 아는 사람은 거의 없다. _F. 라로슈푸코(1613~1680) 프랑스 작가

▶ 부유하다는 것은 훌륭한 일인지도 모른다. 왜냐하면 부는 권력과 여가와 자유를 의미하기 때문이다.

_J. R. 로웰(1819~1891) 미국 시인, 평론가

▶ 부유한 자는 고상한 출신의 사람들과 연줄이 있음을 내세우고, 고상한 출신의 사람은 부유한 자들과 인연을 맺으려 한다. 그리고 그들은 서로를 경멸한다. _K. 지브란(1883~1931) 미국 소설가, 화가, 시인

▶ 부유함과 일자리를 만들어 내는 유능한 기업가는 정치가들이나 군인들보다 역사적 주목을 받을 가치가 있다. _J. P. 게티(1892~1976) 미국 석유 재벌

▶ 부유함은 욕심을 낳고 욕심은 악행을 낳는다. _솔론(B.C. 640?~B.C. 560?) 그리스 정치가, 시인

▶ 부유함을 경멸하는 사람이 있다. 하지만 그것은 부자가 될 가망성이 없기 때문이다. _F. 베이컨(1561~1626) 영국 정치가, 철학자

▶ 부하면 어질지 않다. _《맹자》

▶ 불안한 마음으로 부유하게 사는 것보다는 슬픔과 두려움에서 해방된 채 굶어죽는 것이 더 낫다. _에픽테토스(55?~135?) 로마 철학자

▶ 우리의 부는, 물질은 물론이요 지식도 포함하는 것으로서, 그 자체를 얻는 데 있는 것이 아니라 우리 자신이 그것들을 얻을 수 있게 되는 독립적인 획득 수단을 갖추는 데 있는 것입니다. _M. K. 간디(1869~1948) 인도 정치가, 민족 운동 지도자

▶ 일찍 자고 일찍 일어나면 건강하고 부유하고 현명해진다. _B. 프랭클린(1706~1790) 미국 정치가, 과학자

▶ 제일의 부는 건강이다. _R. W. 에머슨(1803~1882) 미국 사상가, 시인

▶ 지나치게 많은 부는 총명함과 건강을 해친다. _B. 프랭클린(1706~1790) 미국 정치가, 과학자

속담

▶ 돈만 있으면 개도 멍첨지라. (아무리 천한 사람도 돈만 있으면 다른 사람들이 귀하게 대접한다는 뜻) _한국

▶ 부는 근심을 낳는다. _영국

▶ 부는 노고에 의해 얻어지고, 우려에 의해 보존되며, 잃어버리면 비탄이 많다. _스코틀랜드

▶ 부는 짧은 시일에 이루어지는 것이 아니다. _영국

▶ 사람을 부유하고 행복하게 하는 것은 정신의 부유함뿐이다. _서양

A. 쇼펜하우어

정치와 경제

부귀

富貴

재산이 많고 사회적 지위가 높음.

명언 명문

*부귀영화 | 재산이 많고 지위가 높으며 귀하게 되어서 세상에 드러나 온갖 영광을 누림.

*도의 | 사람이 마땅히 지키고 행하여야 할 도덕적 의리.

- 거친 음식을 먹고 냉수를 마시며 팔베개를 하고 자도 즐겁기만 하다. 불의한 *부귀영화는 나에게 뜬구름과 같다. _《논어》
- 도덕을 추구하는 사람은 공명에, 공명을 추구하는 사람은 부귀에 그 마음이 흔들리지 않는다. _노수신(1515~1590) 조선 시대 문신
- *도의가 무너진 나라에서 부귀를 누리는 것은 부끄러운 일이다. _공자(B.C. 551~B.C. 479) 중국 춘추 시대 노나라 사상가
- 부귀는 날개가 달렸고, 권세는 어느 날 밤의 꿈이다. _W. 쿠퍼(1731~1800) 영국 시인
- 부귀는 누구나 탐낸다. 그러나 올바른 방법으로 얻는 것이 아니면 누리지 마라. _공자(B.C. 551~B.C. 479) 중국 춘추 시대 노나라 사상가
- 부귀는 사람마다 원하지만 부정으로 얻은 부귀는 누리지 말며, 빈천은 사람마다 싫어하나 도의적인 빈천이면 기피하지 아니할지니라. _《논어》
- 부귀도 권력도 지배도 티끌에 불과하다. _W. 셰익스피어(1564~1616) 영국 극작가, 시인
- 부귀를 내 마음대로 구할 수 있다면 말채찍이라도 잡고 싶지만, 마음대로 구할 수 없는 것이라면 나 하고 싶은 대로 하리라. _《논어》
- 부귀를 누리면 친척들이 존경하고 두려워하지만 가난하고 지위가 낮아지면 경멸하고 푸대접한다. _소진(?~?) 중국 전국 시대 전략가
- 부귀영화를 겸손한 마음으로 맞이하라. 그리고 언제든지 아낌없이 보낼 준비를 하고 있으라. _마르쿠스 아우렐리우스(121~180) 로마 황제

▶ 부귀와 환락을 마음껏 누릴 때든 가난하고 초라할 때든 우리 집처럼 아늑한 곳은 없다. _J. H. 페인(1791~1852) 미국 배우, 극작가

▶ 부귀하다고 해서 남을 멸시하거나 천대하지 마라. _《명심보감》

▶ 부귀한 처지에 있을 때는 가난하고 비천할 때의 고통을 알아야 하고, 젊었을 때는 노쇠함의 고통을 생각해야 한다. _《채근담》

▶ 부유하고 지위가 높은 사람치고 이기주의자가 아닌 사람은 없다.

_L. N. 톨스토이(1828~1910) 러시아 소설가, 사상가

▶ 살아 있을 때 부귀는 풀잎에 맺힌 이슬이다.

_소식(1036~1101) 중국 북송 문학가

▶ 훌륭해지고 부자가 되고 싶다는 것은, 거짓말을 하고 머리를 숙이고 아첨하고 속일 것을 결심한 것이다.

_H. 발자크(1799~1850) 프랑스 소설가 《고리오 영감》

속담

▶ 명주옷은 사촌까지 덥다. (가까운 이웃이나 친척이 부귀한 몸이 되면 그 혜택이 주변 사람에게까지 미친다는 뜻) _한국

▶ 봄꽃도 한때. (부귀영화란 일시적인 것이어서 그 한때가 지나면 그만이라는 뜻) _한국

▶ 부귀빈천이 물레바퀴 돌듯 한다. _한국

▶ 사람 팔자 시간 문제. (사람의 팔자는 순식간에 달라질 수도 있으므로 그 앞날이 어떻게 될지 알 수 없다는 말) _한국

고사성어

▷ 한단지몽(邯鄲之夢)

한단에서 꾼 꿈이라는 뜻으로, 인생과 영화의 덧없음을 이르는 말이다. 당나라 현종 때 가난에 찌들어 살던 노생이 한단이란 곳에서 여옹의 베개를 빌려 잠을 잤다. 꿈속에서 노생은 80년 동안 온갖 부귀영화를 다 누리며 살았다. 노생이 잠에서 깨어 보니 잠들기 전 밥을 짓고 있던 집주인이 여전히 메조로 밥을 짓고 있었다는 데에서 유래한다. _《침중기》

부자 富者

재물이 많아 살림이 넉넉한 사람.

명언 명문

*오만 | 태도나 행동이 건방지거나 거만함. 또는 그 태도.
*증여 | 자기의 재산을 무상으로 상대편에게 줄 의사를 표시하고 상대편이 이를 승낙함으로써 성립하는 계약.

- 가난한 자가 원망을 품지 않기는 어렵지만 부자가 *오만하지 않기는 쉽다. _공자(B.C. 551~B.C. 479) 중국 춘추 시대 노나라 사상가
- 가난한 자라면 미덕으로, 부자라면 선행으로 명성을 얻어라. _J. 주베르(1754~1824) 프랑스 작가, 평론가
- 가진 것을 늘리는 사람은 걱정도 그만큼 늘리는 것이다. _B. 프랭클린(1706~1790) 미국 정치가, 과학자 《가난한 리처드의 책력》
- 내가 부자로 잘 지낼 수 있는 곳이면 어디나 나의 조국이다. _G. 페티(1548~1589) 영국 작가
- 대부분의 부자가 재산을 주로 사용하는 방법은 재산의 과시다. _A. 스미스(1723~1790) 영국 경제학자, 철학자
- 만족을 모르는 부자는 부유해도 더욱 가난하다. _W. 셰익스피어(1564~1616) 영국 극작가, 시인
- 만족할 줄 아는 사람은 부자다. _노자(B.C. 604?~?) 중국 춘추 시대 초나라 사상가
- 부유한 사람은 더 많이 요구하기 때문에 가난한 상태로 남게 된다. 그래서 정말로 부유한 사람을 발견하기란 어려운 일이다. _B. S. 라즈니시(1931~1990) 인도 철학자
- 부자가 곧 행복한 사람은 아니다. _Q. 호라티우스(B.C. 65~B.C. 8) 로마 시인
- 부자가 되는 길은 세 가지밖에 없다. 근면과 *증여와 도둑질이다. 그런데 근면한 자가 얻는 몫이 그렇게 적은 분명한 이유는, 거지와 도둑이 너무 차지하기 때문이다. _H. 조지(1839~1897) 미국 경제학자

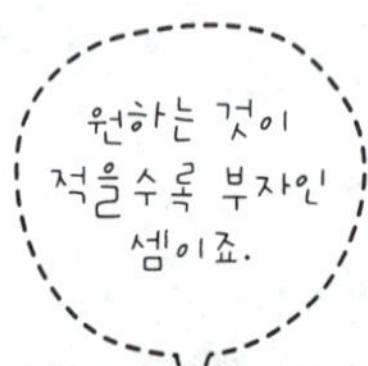

M. T. 키케로

▶ 부자가 자신의 재산을 자랑한다 하더라도 그가 재산을 어떻게 쓰는지 알기 전에는 그를 칭찬해서는 안 된다.

_소크라테스(B.C. 469~B.C. 399) 그리스 철학자

*치부 | 남에게 드러내고 싶지 아니한 부끄러운 부분.

▶ 부자는 가난한 자의 노동이 맺은 열매로 부를 누린다.

_A. 스미스(1723~1790) 영국 경제학자, 철학자 《국부론》

▶ 부자들의 *치부는 돈으로 가려진다. _T. 풀러(1654~1734) 영국 의사, 작가

▶ 부자들이 우리와 다른 점은 돈이 더 많다는 것이다.

_E. M. 헤밍웨이(1899~1961) 미국 소설가

▶ 부자로 사는 것이 부자로 죽는 것보다 낫다.

_S. 존슨(1709~1784) 영국 시인, 평론가

▶ 부자와 가난한 사람은 교류도 상호 이해도 없는, 서로 다른 종족이다. _B. 디즈레일리(1804~1881) 영국 정치가, 소설가

▶ 부자의 가장 큰 행복은 자선을 할 수 있다는 것이다.

_J. 라브뤼예르(1645~1696) 프랑스 작가

▶ 부자의 오만을 참는 것보다는 자신의 몰락을 참는 게 더 낫다.

_팔라다스(4세기경) 그리스 시인

▶ 부자의 즐거움은 가난한 자의 눈물로 얻은 것이다.

_T. 풀러(1654~1734) 영국 의사, 작가

▶ 비열한 부자가 가난한 귀족보다 더 행세를 한다.

_M. 레니에(1573~1613) 프랑스 시인 《풍자시집》

▶ 수많은 것 중에서 도저히 참을 수 없는 두 가지는 거짓말하는 부자와 오만한 가난한 자다. _R. 헤릭(1591~1674) 영국 시인, 목사

▶ 원하는 것이 가장 적은 사람이야말로 가장 큰 부자다.

_M. T. 키케로(B.C. 106~B.C. 43) 로마 정치가, 학자

▶ 자기 돈을 실제로 계산할 수 있는 사람은 진짜 부자가 아니다.

_J. P. 게티(1892~1976) 미국 석유 재벌

▶ 자기 집안보다 더 좋은 집안의 여자와 결혼하는 남자는 자기 자유를 팔아 버리는 것과 같다. _P. 매신저(1583~1640) 영국 극작가

▶ 자신을 속여 거지처럼 행동하는 부자는 재산은 유지할지 몰라도 별로 행복하지는 않을 것이다. _J. K. 갤브레이스(1908~2006) 미국 경제학자

▶ 착한 사람이 갑자기 부자가 되는 경우는 없다.

_P. 시루스(B.C. 1세기경) 로마 시인

▶ 하고 싶은 대로 행동하는 것이 부자의 행동이다.

_J. W. 괴테(1749~1832) 독일 시인, 소설가, 극작가 《사생의 딸》

속담

▶ 든 부자 난 거지. (사실은 부자이면서도 겉으로는 거지처럼 보이는 사람을 비유하여 이르는 말) _한국

▶ 부자가 더 무섭다. (부자가 더 인색하게 굶을 이르는 말) _한국

▶ 부자가 되는 한 가지 방법이 있다. 내일 할 일을 오늘 하고 오늘 먹을 것을 내일 먹어라. _이스라엘

▶ 부자가 된 가난한 자의 오만이 가장 지독하다. _프랑스

▶ 부자는 누가 자기의 참다운 친구인지 모른다. _영국

▶ 부자는 돈을 쓰지 않는다. _일본

▶ 부자는 많은 사람의 밥상. (부자는 여러 사람에게 많건 적건 덕을 끼치게 됨을 이르는 말) _한국

▶ 부자는 망해도 삼 년 먹을 것이 있다. _한국

▶ 부자는 자기 재산의 노예다. _서양

▶ 부자의 어리석은 말이 세상에서는 격언으로 통한다. _에스파냐

▶ 부잣집 떡개는 작다. (부자일수록 더 인색하다는 말) _에스파냐

▶ 부지런한 부자는 하늘도 못 막는다. (부지런하면 반드시 부자가 됨을 비유적으로 이르는 말) _한국

▶ 엄청난 부자라도 이승에서 가지고 갈 수 있는 것은 수의뿐이다. _프랑스

▶ 작은 부자는 노력이 만들고 큰 부자는 하늘이 만든다. _한국

▶ 재떨이와 부자는 모일수록 더럽다. (재물이 많이 모이면 모일수록 재물에 대한 욕심이 더욱더 생기고 마음씨가 인색해진다는 뜻) _한국

▶ 재산을 사용할 줄 아는 자가 진짜 부자다. _로마

▶ 하인이 부자가 되고 주인이 가난한 자가 되면 둘 다 쓸모없다. _독일

▶ 해변 개가 산골 부자보다 낫다. _한국

부정 不正

올바르지 아니하거나 옳지 못함.

명언 명문

▶ 고위층의 부정은 가장 큰 죄악이다.

_T. 아퀴나스(1225?~1274) 이탈리아 신학자, 철학자 《신학대전》

▶ 뇌물과 부정이 나라에 가득한데 재수 없는 사람만 법에 걸린다.

_《명심보감》

▶ 부징 때문에 억울함을 당하는 것보다 부정을 범하는 쪽이 훨씬 불행하다.

_소크라테스(B.C. 469~B.C. 399) 그리스 철학자

▶ 부정에 *직면하여 침묵을 지키는 사람은 누구나 자유의 상실을 감수할 수밖에 없다.

_H. J. 래스키(1893~1950) 영국 정치학자

*직면 | 어떠한 일이나 사물을 직접 당하거나 접함.

▶ 부정으로 얻은 것은 절대 오래가지 못한다.

_F. 비용(1431~1484?) 프랑스 시인 《유언집》

▶ 부정은 부정을 저지르는 본인 자신이 보아도 끔찍스럽다.

_S. 보부아르(1908~1986) 프랑스 소설가, 평론가

▶ 부정은 신을 더럽히는 행위다.

_마르쿠스 아우렐리우스(121~180) 로마 황제 《명상록》

▶ 부정은 어느 누구에게도 이로울 것이 없고, 정의는 어느 누구에게도 해로울 것이 없다.

_H. 조지(1839~1897) 미국 경제학자 《토지의 문제》

▶ 부정은 정의를 해치지 못한다.

_사마광(1019~1086) 중국 북송 학자 《자치통감》

▶ 부정을 저지르는 본인조차 부정을 미워하고 있다.

_P. 시루스(B.C. 1세기경) 로마 시인 《격언집》

▶ 부정을 저지르려는 사람은 불빛을 필요로 하지 않는다.

_G. C. 리히텐베르크(1742~1799) 독일 물리학자, 작가 《잠언》

T. 아퀴나스

*매수 | 금품이나 그 밖의 수단으로 남의 마음을 사서 자기편으로 만드는 일.

- 부정을 하고 있는 자가 다른 사람의 부정을 고쳐 준 예는 아직까지 없다. 먼저 자기 자신을 바르게 하지 않으면 안 되는 것이다.

  _《맹자》

- 부정이 번식하면 사회는 붕괴한다.

  _A. 스미스(1723~1790) 영국 경제학자, 철학자

- 부정한 것이 부정한 방법으로 없어지는 것보다는, 부정이 저질러져도 있는 편이 오히려 낫다.

  _J. W. 괴테(1749~1832) 독일 시인, 소설가, 극작가 《격언과 반성》

- 부정한 수단을 써서 정치를 문란하게 하는 자는 사형에 처해야 한다. _《예기》

- 부정한 욕심과 부정한 음모는 그 사람의 뛰어난 총명과 지혜를 망쳐 버린다. _이광수(1892~?) 시인, 소설가 《단종애사》

- 부정한 이득은 재앙을 불러온다.

  _소포클레스(B.C. 496~B.C. 406) 그리스 시인

- 사람은 어떠한 경우에 있어서도 부정한 일을 해서는 안 된다. 또 타인의 부정을 부정으로 갚아서도 안 된다.

  _소크라테스(B.C. 469~B.C. 399) 그리스 철학자

- 사람이 부정을 비난하는 것은 그것을 증오하기 때문이 아니라 자기가 그 해를 입고 싶지 않기 때문이다.

  _F. 라로슈푸코(1613~1680) 프랑스 작가 《도덕적 반성》

- 타락한 세상에서는 황금을 쥔 범죄자의 손이 정의를 밀어내고 부정부패로 얻은 돈이 법을 *매수한다.

  _W. 셰익스피어(1564~1616) 영국 극작가, 시인

속담

- 과실을 부인하는 것은 과실을 두 배로 만든다. _영국
- 도둑놈이 훔친 것으로 부자가 되는 일은 거의 없다. _영국
- 부정으로 얻은 것은 널리 나누어 가질 수 없다. _프랑스
- 부정한 방법으로 얻은 부는 무(無)로 돌아가는 법이다. _영국
- 임자 잃은 논밭에 돌피 성하듯. (일정한 관리나 감시, 통제가 없어 못된 것이 무성하게 된 경우를 이르는 말) _한국

腐敗 부패

정치, 사상, 의식 따위가 타락함.
또는 미생물의 작용으로 유기물, 특히 단백질이 악취를 내면서 분해되는 현상.

명언 명문

▶ 권력은 부패한다. 따라서 절대적인 권력은 절대적으로 부패한다.
_액턴(1834~1902) 영국 역사가 《자유의 역사》

▶ 권력이 부패할 때 시는 그것을 정화한다.
_J. F. 케네디(1917~1963) 미국 제35대 대통령

▶ 백성들 대부분이 부패한 속에서는 자유가 오래 존속할 수 없다.
_E. 버크(1729~1797) 영국 정치가, 사상가

▶ 부패는 헌법이 보장한 자유가 병들었다는 가장 확실한 증거다.
_E. 기번(1737~1794) 영국 역사가

▶ 부패의 영향은 모든 낭비와 모든 무질서의 영원한 원천이다. 이것 때문에 군대는 활력을, 의회는 지혜를, 헌법의 가장 중요한 부분들은 권위와 *신망을 잃는다. _E. 버크(1729~1797) 영국 정치가, 사상가

*신망 | 믿고 기대함. 또는 그런 믿음과 덕망.

▶ 부패한 나라일수록 법이 더욱 많다.
_C. 타키투스(56?~120?) 로마 역사가, 정치가

▶ 부패한 자유인들은 가장 천한 노예들이다. _D. 개릭(1719~1779) 영국 배우

▶ 사람들이 순수하면 법은 소용이 없고, 사람들이 부패하면 법을 어긴다. _B. 디즈레일리(1804~1881) 영국 정치가, 소설가

▶ 삼라만상이 조물주의 손에서는 모두 선이었으나 사람의 손에 넘어오면 부패한다. _J. J. 루소(1712~1778) 프랑스 작가, 사상가

▶ 썩은 나무에는 조각을 할 수 없다.
_공자(B.C. 551~B.C. 479) 중국 춘추 시대 노나라 사상가

▶ 썩은 백합은 잡초보다도 더 악취를 풍긴다.
_W. 셰익스피어(1564~1616) 영국 극작가, 시인 《소네트》

*황금만능주의 | 돈만 있으면 무엇이든지 마음대로 할 수 있다는 사고방식이나 태도.

▶ 썩은 사과들은 고를 여지가 없다.

_W. 셰익스피어(1564~1616) 영국 극작가, 시인

▶ 썩은 손발을 잘라 내면 다른 부분은 건강하지만 내버려 두면 다른 부분까지 못쓰게 된다. _W. 셰익스피어(1564~1616) 영국 극작가, 시인

▶ 아첨은 아첨하는 사람과 아첨을 받는 사람을 모두 부패시킨다.

_E. 버크(1729~1797) 영국 정치가, 사상가

▶ 오늘날 도덕은 *황금만능주의로 부패했다.

_M. T. 키케로(B.C. 106~B.C. 43) 로마 정치가, 학자

▶ 우리는 번영으로 부패한다. _C. 타키투스(56?~120?) 로마 역사가, 정치가

▶ 전쟁은 그 이전의 부패의 산물이자 새로운 부패의 생산자다.

_L. 멈퍼드(1895~1990) 미국 작가, 평론가

▶ 증오는 두려움이고, 두려움은 뿌리도 열매도 죽이는 부패 증상이다. 따라서 증오도 두려움도 버리고 당당히 싸워라.

_R. 그레이브스(1895~1985) 영국 시인, 소설가

▶ 확대는 복잡함을 의미하고, 복잡함은 부패를 의미한다.

_C. N. 파킨슨(1909~1993) 영국 역사학자 《파킨슨의 법칙》

속담

▶ 가장 좋은 것의 부패는 최악의 부패다. _로마

▶ 모든 석류에는 썩은 알이 있다. _로마

▶ 물은 흐르지 않으면 썩는다. _로마

▶ 세상이 아무리 썩어도 소금에서 벌레가 생기지는 않는다.

_나이지리아

▶ 썩어도 준치. (본래 좋고 훌륭한 것은 비록 상해도 그 본질에는 변함이 없음을 비유적으로 이르는 말) _한국

▶ 썩은 고기에 벌레 난다. (좋지 못한 원인이 있으면 반드시 그에 따른 좋지 못한 결과가 있다는 뜻) _한국

▶ 썩은 사과는 이웃을 해친다. _영국

▶ 썩은 생선들 가운데서는 고를 것도 없다. _서양

▶ 열매가 빨리 익으면 빨리 썩는다. _영국

▶ 파리들을 쫓아 버리려면 썩은 고기를 멀리 던져라. _잠비아

分配 분배

생산 과정에 참여한 개개인이 생산물을 사회적 법칙에 따라서 나누는 일.

명언 명문

▶ 공산주의자는 소득은 불평등한데 분배는 평등하기를 바라는 사람이다. _G. 엘리엇(1819~1880) 영국 소설가

▶ 남의 몫을 좋아하는 사람은 물론 자기 몫을 싫어하는 것이다. _Q. 호라티우스(B.C. 65~B.C. 8) 로마 시인

▶ 백인들은 모든 것을 만들 줄은 알지만 나누어 줄 줄은 모른다. _시팅 불(1831?~1890) 미국 인디언 추장

▶ 부끄러운 행동과 불명예를 모조리 남에게 미루어서는 안 된다. 조금은 끌어다 자기도 맡아야 지혜를 감추고 덕을 닦을 수 있다. _《채근담》

▶ 분배되지 않는 재산은 재산이 아니다. _F. 로하스(1465?~1541) 에스파냐 작가

▶ 잘사는 사람들로부터 재물을 거두어 가난한 사람들에게 나누어 주는 것은 노력하고 검소하게 사는 사람의 재물을 빼앗아서 사치하고 게으른 자에게 주는 것과 같다. _《한비자》

▶ 정의는 각자에게 각자의 정당한 몫을 주려는, 지속적이고 *영구적인 의욕이다. _유스티니아누스 1세(483~565) 동로마 황제

*영구적 | 오래도록 변하지 아니하는. 또는 그런 것.

▶ 천하에 물건이 없는 것은 걱정거리가 아니지만 물건을 분배해 줄 사람이 없는 것은 걱정거리다. _《관자》

속담

▶ 나간 사람 몫은 있어도 자는 사람 몫은 없다. (게으른 사람에게는 혜택이 돌아가지 않는다는 뜻) _한국

빈곤 貧困

가난하여 살기가 어려움.

명언 명문

*향락 | 유쾌하고 즐거운 감정을 누림.
*우둔 | 어리석고 둔함.

▶ 가장 참혹한 일은 가난한 나라들의 수백만 명 사람들이 우리 눈앞에서, 텔레비전 화면에서 굶어 죽어 가는 것이다.
_C. P. 스노(1905~1980) 영국 소설가, 물리학자

▶ 굶어 죽는 사람들은 서서히 죽어 가는 것이다.
_M. 헨리(1662~1714) 영국 성직자

▶ 굶주린 배는 귀가 없다. _J. 라퐁텐(1621~1695) 프랑스 시인, 우화 작가

▶ 굶주린 배를 움켜쥔 채 하느님을 숭배하거나 이웃을 사랑할 수 있는 사람은 아무도 없다. _T. W. 윌슨(1856~1924) 미국 제28대 대통령

▶ 굶주린 사람은 성난 사람이다. _J. 하우얼(1594?~1666) 영국 수필가

▶ 굶주린 사람은 이성에 귀를 기울이지 않고 정의도 무시한다.
_L. A. 세네카(B.C. 4?~A.D. 65) 로마 철학자, 극작가

▶ 궁핍이 오래 계속되면 지나친 *향락이 계속된 경우와 마찬가지로 인간이 *우둔해진다. _M. 에브너에셴바흐(1830~1916) 오스트리아 소설가

▶ 농부가 빈곤하면 왕도 빈곤하다. _F. 케네(1694~1774) 프랑스 경제학자, 의사

▶ 배고픈 사람에게 영양분이 되는 음식도 배부른 사람에게는 괴로운 일이다. _L. A. 세네카(B.C. 4?~A.D. 65) 로마 철학자, 극작가

▶ 빈곤은 부정한 것을 가르친다.
_L. A. 세네카(B.C. 4?~A.D. 65) 로마 철학자, 극작가

▶ 빈곤은 인간에게 불명예는 아니지만 지독하게 불편한 것이다.
_S. 스미스(1771~1845) 영국 목사, 수필가

▶ 빈곤이란 그다지 괴로운 것이 아님을 깨달았을 때 비로소 자기의 부를 마음껏 즐길 수 있다. _L. A. 세네카(B.C. 4?~A.D. 65) 로마 철학자, 극작가

M. E. 몽테뉴

▶ 사람은 한번 빈곤의 신의 손아귀에 사로잡히게 되면 마음대로 행동하지도 떠들지도 못하게 된다. 빈곤의 신은 사람의 혀까지도 얽어맨다. _디오게네스(B.C. 412?~B.C. 323?) 그리스 철학자

▶ 자기의 빈곤을 수치로 여김은 부끄러워할 일이다. 그러나 자신이 빈곤을 극복하려고 노력하지 않음은 더 불명예스러운 일이다.

_투키디데스(B.C. 5세기경) 그리스 역사가

▶ 재물의 빈곤은 쉽게 고칠 수 있지만, 영혼의 빈곤은 결코 고쳐지지 않는다. _M. E. 몽테뉴(1533~1592) 프랑스 사상가 《수상록》

▶ 지갑이 텅 비어 있으면 마음이 병든다.

_J. W. 괴테(1749~1832) 독일 시인, 소설가, 극작가

*불가심 | 물 따위를 머금어 볼의 안을 깨끗이 씻음. 또는 아주 적은 양의 음식으로 시장기나 궁금함을 면하는 일.

속담

▶ 굶기를 밥 먹듯 하다. _한국

▶ 굶주린 당나귀는 어떠한 밀짚도 다 먹는다. _이탈리아

▶ 빈곤은 사람을 부도덕하게 만든다. _영국

▶ 빈곤은 예리한 무기다. _영국

▶ 생쥐 *볼가심할 것도 없다. (먹을 것이라고는 아무것도 없고 몹시 가난함을 이르는 말) _한국

고사성어

▷ 조강지처(糟糠之妻)

술을 거르고 남은 찌꺼기와 쌀겨로 끼니를 이을 때의 아내라는 뜻으로, 몹시 가난하고 천할 때에 고생을 함께 겪어 온 아내를 이르는 말이다. 후한의 광무제는 일찍이 남편을 여의고 홀로 사는 누님이 쓸쓸히 지내는 것을 보고 마땅한 사람이 있으면 다시 시집을 보낼 생각으로 누님의 의향을 떠보았다. 그러자 누님은 송홍 같은 사람이라면 시집을 가겠다고 하였다. 광무제가 송홍에게 아내를 바꾸는 게 어떠냐고 마음을 떠보았다. 그랬더니 송홍은 "가난할 때 친했던 친구는 잊지 말아야 하고, 조강지처는 집에서 내보내지 않는다고 들었습니다."라고 말하며 공손히 거절하였다고 한다. _《후한서》 송홍전

빈부 貧富

가난함과 부유함. 또는 가난한 사람과 부유한 사람.

명언 명문

*과두 정치 | 적은 수의 우두머리가 국가의 최고 기관을 조직하여 행하는 독재적인 정치.
*검약가 | 돈이나 물건, 자원 따위를 낭비하지 않고 아껴 쓰는 사람.
*수전노 | 돈을 모을 줄만 알아 한번 손에 들어간 것은 도무지 쓰지 않는 사람.

- 가난한 자가 부자를 질투하고 부자가 가난한 자를 겁내는 것은 영원히 없어지지 않을 것이다. 사랑의 복음이니 하는 것은 그것과는 아랑곳없는 것이다. _G. 플로베르(1821~1880) 프랑스 소설가
- 부가 존재하는 사회에서는 반드시 빈부간의 투쟁이 생기게 마련이다. _A. 스미스(1723~1790) 영국 경제학자, 철학자
- 부는 나타낸다. 그러나 가난은 감춘다. _J. 애덤스(1735~1826) 미국 제2대 대통령
- 부자들이 싸울 때 죽는 쪽은 가난한 사람들이다. _J. P. 사르트르(1905~1980) 프랑스 소설가, 철학자
- 부자와 가난한 자 사이의 벽은 유리벽이어서 누구나 들여다볼 수 있다. _L. B. 존슨(1908~1973) 미국 제36대 대통령
- 빈곤은 가난한 사람을, 풍요로움은 부자를 쫓아다닌다. _《탈무드》
- 빈곤은 우리들의 욕망을 저해하며 또한 그것을 해친다. 부유는 우리들의 욕구를 늘이며 또한 그것을 채우는 보조도 해 준다. _L. C. 보브나르그(1715~1747) 프랑스 도덕주의자, 수필가
- 빈부 격차가 극도로 벌어지면 민주 정치는 극단적으로 흐르거나 절대적 *과두 정치가 될 수 있으며, 빈부 어느 한쪽의 독재가 출현할 것이다. _아리스토텔레스(B.C. 384~B.C. 322) 그리스 철학자
- 사람들 중에서 가장 부자는 *검약가이며, 가장 가난한 자는 *수전노이다. _S. R. N. 샹포르(1741~1794) 프랑스 극작가
- 사람들은 부자에게는 베풀고 가난한 자의 것은 빼앗는다. _G. 허버트(1593~1633) 영국 시인

▶ 서로 반대되는 두 집단, 즉 빈부가 균등하게 될 때 혁명은 화해되며 그들의 간격은 거의 또는 전혀 없어지게 된다.

_아리스토텔레스(B.C. 384~B.C. 322) 그리스 철학자 《정치학》

▶ 선한 사람이 가난하고 악한 사람이 부유한 경우가 많지만, 우리는 부자가 되려고 악인이 되어서는 안 된다.

_솔론(B.C. 640?~B.C. 560?) 그리스 정치가, 시인

▶ 세상에는 두 종류의 가문밖에 없다. 즉 재산이 있는 가문과 없는 가문이다. _M. 세르반테스(1547~1616) 에스파냐 소설가 《돈키호테》

▶ 오래 전부터 가난한 사람들이 부자들의 재산에 대해 아무런 권리도 없다는 것이 선언되고 잘 알려져 있다. 나는 부자들이 가난한 사람들의 재산에 대해 아무런 권리가 없다는 것이 선언되고 알려지기를 바란다. _J. 러스킨(1819~1900) 영국 미술 평론가

▶ 일단 사람이 배고픔에 직면하게 되면 부자나 가난한 자나 모두 마찬가지다. _에우리피데스(B.C. 484?~B.C. 406?) 그리스 시인 《엘렉트라》

속담

▶ 가난한 사람은 위 때문에 고기가 필요하나 부자는 고기 때문에 위가 필요하다. _영국

▶ 가난한 사람은 재물이 가능하게 해 주는 일을 알고 있지만 부자는 가난이 어떤 것인지 모른다. _중국

▶ 부자는 내년 일에, 가난한 사람은 오늘 일에 생각이 미친다. _중국

▶ 부자였다가 가난한 자가 되는 것보다는 그 반대의 경우가 더 낫다. _영국

▶ 쇠 힘은 쇠 힘이요, 새 힘은 새 힘이다. (소와 새의 힘이 각각 다르듯이 빈부의 차이도 서로 다르다는 뜻) _한국

▶ 악마는 부자가 사는 집에도 찾아가지만 가난한 사람의 집에는 두 번 찾아간다. _스웨덴

▶ 인색한 부자가 손쓰는 가난뱅이보다 낫다. (가난한 사람은 마음씨가 곱고 동정심 많아도 남을 도와주기란 쉽지 않음에 비하여, 부자는 인색하여도 남는 것이 있어 없는 사람이 물질적 도움을 입을 수 있음을 이르는 말) _한국

빚

남에게 갚아야 할 돈. 꾸어 쓴 돈이나 외상값, 은혜 따위.

명언 명문

▶ 가난하면 부자의 지배를 받고, 빚을 지면 빚쟁이의 종이 된다.
_《성경》

▶ 공손함은 매우 좋은 것이지만 빚을 청산하지는 못한다.
_C. H. 스펄전(1834~1892) 영국 성직자, 설교가

▶ 꿔 주고 빌린 것이 작건 크건 분명히 기한을 정하고 서면으로 해 둘 것이다.
_《코란》

▶ 남에게 진 빚으로 유지되는 가정 생활에는 자유도 보람도 있을 수가 없다.
_H. J. 입센(1828~1906) 노르웨이 극작가 《인형의 집》

▶ 두 번째 나쁜 습관은 거짓말이고, 첫 번째 나쁜 습관은 빚을 지는 일이다.
_B. 프랭클린(1706~1790) 미국 정치가, 과학자 《부로 가는 길》

▶ 마음이 착한 사람은 빚을 갚겠다는 결의가 얼굴에 드러나서 신용을 얻는다.
_R. W. 에머슨(1803~1882) 미국 사상가, 시인

▶ 빚과 거짓말은 대개 함께 어울린다.
_F. 라블레(1483?~1553) 프랑스 극작가

▶ 빚에서 벗어나는 자는 부자가 된다.
_G. 허버트(1593~1633) 영국 시인

▶ 빚은 가장 나쁜 가난이다.
_T. 풀러(1654~1734) 영국 의사, 작가

▶ 빚은 어리석은 짓과 범죄를 많이 낳는 어머니다.
_B. 디즈레일리(1804~1881) 영국 정치가, 소설가

▶ 빚은 자유로운 인간을 노예로 만든다.
_메난드로스(B.C. 342?~B.C. 292?) 그리스 극작가

▶ 빚을 갚는 것은 수입의 문제가 아니다. 그것은 인품의 문제다.
_L. P. 스미스(1865~1946) 미국 작가

W. 셰익스피어

▶ 빚을 지고 사는 자는 슬픔 속에서 산다.

_T. 터서(1524~1580) 영국 시인, 작가

▶ 빚을 지지도 말고 빚을 주지도 마라. 빚을 주면 돈과 사람을 다 잃고, 빚을 지면 절약하는 마음이 무디어진다.

_W. 셰익스피어(1564~1616) 영국 극작가, 시인 《햄릿》

▶ 적에게 돈을 꿔 주면 그를 얻고, 친구에게 돈을 꿔 주면 그를 잃게 된다.

_B. 프랭클린(1706~1790) 미국 정치가, 과학자 《가난한 리처드의 책력》

▶ 적은 빚은 탄환과 같다. 어디든지 서슴없이 날아오니 피하기가 힘들다. 많은 빚은 포탄이다. 소리와 위험성이 크다.

_S. 존슨(1709~1784) 영국 시인, 평론가

▶ 죽음은 우리 모두가 갚지 않으면 안 되는 빚이다.

_에우리피데스(B.C. 484?~B.C. 406?) 그리스 시인

▶ *채권자는 잔혹한 주인보다도 나쁘다. 주인은 몸을 빼앗을 뿐이지만 채권자는 체면을 파괴하고 *위신을 떨어뜨린다.

_V. M. 위고(1802~1885) 프랑스 시인, 극작가 《레 미제라블》

*채권자 | 특정한 사람에게 일정한 빚을 받아 낼 권리를 가진 사람.

*위신 | 위엄과 신망을 아울러 이르는 말.

속담

▶ 고슴도치 오이 걸머지듯. (남에게 진 빚이 많음을 비유적으로 이르는 말) _한국

▶ 남의 돈에는 날카로운 이빨이 돋아 있다. _러시아

▶ 대추나무에 연 걸리듯. (여러 곳에 빚을 많이 진 것을 비유적으로 이르는 말) _한국

▶ 돈을 꿔 주는 것은 허공에 내던지는 것과 마찬가지고, 꿔 준 돈을 받는 것은 거저 얻은 것과 마찬가지다. _중국

▶ 빌릴 때는 보살 얼굴, 갚을 때는 마귀 얼굴. _일본

▶ 빚을 갚은 사람은 앓고 있던 병은 낫지만 빈털터리. (빚을 갚으면 마음은 개운하나 돈은 남아 있지 않다는 말) _멕시코

▶ 빚진 죄인. (빚진 사람은 빚을 준 사람에게 죄인이나 종처럼 기를 펴지 못함을 이르는 말) _한국

▶ 허허 해도 빚이 열닷 냥이다. (겉으로 보기에는 아무렇지 않아 보이지만 사실 마음속에는 근심과 걱정이 쌓여 있다는 뜻) _영국

사업

事業

어떤 일을 일정한 목적과 계획을 가지고 짜임새 있게 지속적으로 경영함.

명언 명문

*난파 | 배가 폭풍우 따위를 만나 부서지거나 뒤집힘.

▶ 남이 네게 해 주듯 너도 남에게 하라. 이것은 사업의 철칙이다.

_C. J. H. 디킨스(1812~1870) 영국 소설가

▶ 내 사업 목적은 언제나 부끄럽지 않게 돈을 버는 일이라고 생각했다. 또한 선을 행하는 일을 내 인생의 목표로 삼아 왔다.

_A. P. 쿠퍼(1768~1841) 영국 의사, 해부학자

▶ 네가 사업을 몰고 가야지, 사업이 너를 몰고 가게 하지 마라.

_B. 프랭클린(1706~1790) 미국 정치가, 과학자

▶ 돈이 있거든 사업에 투자해 두어라. 참고 기다리면 언젠가는 이윤이 되어 돌아올 것이다. _《성경》

▶ 두 가지 사업을 두고 무엇을 할 것인가 망설이는 사람은 결국 아무 일도 하지 못한다. _W. 워즈워스(1770~1850) 영국 시인

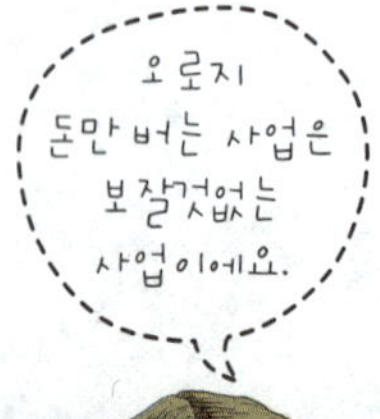

H. 포드

▶ 문명한 나라 사람은 사업에 대한 방법을 연구하고 통계적 관념 아래에서 하기 때문에 그들의 사업은 흥왕하고, 미개한 나라 사람은 이것이 없기 때문에 그 사업이 쇠퇴해지는 법이다.

_안창호(1878~1938) 독립운동가, 교육자

▶ 사람들은 사업의 번영이나 실패에 따라 오만하거나 겸손해진다.

_P. 테렌티우스(B.C. 185?~B.C. 159?) 로마 극작가

▶ 사업에는 세 단계가 있다. 준비, 실행, 완성이 그것이다.

_F. 베이컨(1561~1626) 영국 정치가, 철학자

▶ 사업은 처음 시작할 무렵과 목적이 거의 달성되어 갈 무렵에 실패할 위험이 가장 크다. 배는 해변가에서 잘 *난파한다.

_T. 베르나르(1866~1947) 프랑스 극작가

▶ 사업을 시작할 때는 어떠한 결과를 얻게 될지 잘 생각해야 한다.

_P. 시루스(B.C. 1세기경) 로마 시인

▶ 사업을 추진하는 엔진은 절약이 아니라 이익이다.

_J. M. 케인스(1883~1946) 영국 경제학자, 언론인

▶ 사업의 비결은 아무도 모르는 것을 자기만 아는 것이다.

_A. 오나시스(1906~1975) 그리스 사업가

▶ 사업이 돈을 가져다줄지 몰라도 친구는 결코 얻지 못한다.

_J. 오스틴(1775~1817) 영국 소설가

▶ 오로지 돈만 버는 사업은 보잘것없는 사업이다.

_H. 포드(1863~1947) 미국 기술자, 실업가

▶ 오로지 사업만 하는 사람은 사업을 잘하지 못한다.

_P. D. S. 체스터필드(1694~1773) 영국 정치가, 작가

▶ 자기가 실패했던 사업에서 *얼간이들이 성공하는 것을 보는 것만 큼 굴욕적인 것은 없다. _G. 플로베르(1821~1880) 프랑스 소설가

*얼간이 | 됨됨이가 변변하지 못하고 덜된 사람.

▶ 장사꾼들이 스스로 하도록 내버려 두면 둘수록 그들은 사업을 더욱 잘할 것이다. _B. 프랭클린(1706~1790) 미국 정치가, 과학자

▶ 재산과 자유가 지배하는 곳에서는 만족감이 사라지고, 사업이 오래 지배하는 곳에서는 명예가 사라진다.

_O. 골드스미스(1730~1774) 영국 소설가

▶ 큰 사업에 가장 필요한 것은 자신감이다.

_S. 존슨(1709~1784) 영국 시인, 평론가

▶ 훔치지 마라. 훔친다고 사업에 성공하는 것이 아니다. 차라리 속여라. _A. G. 비어스(1842~1914) 미국 소설가, 신문 기자

속담

▶ 비밀 유지는 사업의 생명이다. _에스파냐

▶ 사업에는 첫째도 대담, 둘째도 대담. _영국

▶ 사업의 뿌리는 쓰지만 그 열매는 달다. _독일

▶ 어물전 털어먹고 꼴뚜기 장사한다. (큰 사업에 실패하고 보잘것없는 작은 사업을 시작한다는 뜻) _한국

▶ 위대한 사업은 위대한 정신을 요한다. _영국

사치

奢侈

필요 이상의 돈이나 물건을 쓰거나 분수에 지나친 생활을 함.

명언 명문

*관혼상제 | 관례, 혼례, 상례, 제례를 아울러 이르는 말.

▶ 가장 슬픈 일은 사치에 익숙해지는 것이다.

_C. S. 채플린(1889~1977) 미국 배우, 감독

▶ 나라가 망하는 것은 모두 사치 때문이다.

_W. 셰익스피어(1564~1616) 영국 극작가, 시인

▶ 모든 사치는 본래 어리석은 자가 하는 어리석은 일이다.

_정약용(1762~1836) 조선 시대 문신, 학자 《목민심서》

▶ 내가 살아가는 데 있어서 버려도 좋은 것이 얼마나 많은가!

_소크라테스(B.C. 469~B.C. 399) 그리스 철학자

▶ 눈물은 오로지 행복한 사람에게만 사치스러운 것이다.

_T. 무어(1779~1852) 아일랜드 시인

▶ 대부분의 사치와 안락함은 필요하지 않을 뿐만 아니라 인류 발전에 분명한 장애물이다.

_H. D. 소로(1817~1862) 미국 사상가, 수필가

▶ 모든 사치는 품행도 취미도 타락시킨다.

_J. 주베르(1754~1824) 프랑스 작가, 평론가

▶ 분수에 지나치다는 것은 예의가 아닌 것이다. *관혼상제 모두 사치하는 것보다는 오히려 검소하게 하는 것이 예에 맞는 일이다.

_《논어》

▶ 사치가 부유에서 오는 권태를 없애 준다.

_L. A. 세네카(B.C. 4?~A.D. 65) 로마 철학자, 극작가

▶ 사치는 가난과 마찬가지로 악덕이다.

_K. H. 마르크스(1818~1883) 독일 경제학자, 철학자

▶ 사치는 비싼 대가를 치른다.

_A. 스미스(1723~1790) 영국 경제학자, 철학자

▶ 사치스러운 생활 속에서 행복을 구하는 것은 마치 그림 속의 태양이 빛을 발하기를 기다리는 것과 같다.

_나폴레옹 1세(1769~1821) 프랑스 황제

▶ 사치에 빠지면 결국은 재산을 모두 잃어버리고 만다.

_G. 비코(1668~1744) 이탈리아 철학자

▶ 사치에는 한계가 있다.

_A. P. 허버트(1890~1971) 영국 소설가, 정치가 《팔레스타인 사랑》

▶ 사치품을 가져 본 적이 없을 때는 없이 지낼 수가 있지만 일단 갖고 보면 스스로 포기하기가 힘든 게 누구나 갖는 마음이다.

_T. C. 핼리버턴(1796~1865) 캐나다 작가

▶ 사치하면 오만해지고 검소하면 *고루해진다. 오만한 것보다는 고루한 편이 낫다. _공자(B.C. 551~B.C. 479) 중국 춘추 시대 노나라 사상가

▶ 아름다운 것을 좋아한다고 해서 사치에 빠지는 것도 아니고, 정신적인 것을 좋아한다고 해서 나약해지는 것도 아니다.

_페리클레스(B.C. 495?~B.C. 429) 그리스 정치가, 군인

▶ 인생에서 교만과 사치는 시작은 있지만 대개의 경우 좋은 결말은 없다. _《명심보감》

▶ 자기가 번 것을 모두 몸에 걸치고 다니는 것은 얼마나 어리석은 짓인가! _P. N. 오비디우스(B.C. 43~A.D. 17) 로마 시인

▶ 자녀를 사치스럽게 키우는 것은 사랑 때문이라고 하지만 결국 자녀를 해친다. _이언적(1491~1553) 조선 시대 성리학자

▶ 진정한 사치는 한 가지밖에 없으니, 그것은 인간 관계의 사치다.

_A. M. R. 생텍쥐페리(1900~1944) 프랑스 소설가, 비행사 《인간의 대지》

*고루하다 | 낡은 관념이나 습관에 젖어 고집이 세고 새로운 것을 잘 받아들이지 아니하다.
*돌쩌귀 | 문짝을 문설주에 다는 데 쓰는 쇠붙이.
*주추 | 기둥 밑에 괴는 돌 따위의 물건.

속담

▶ 거적문에 *돌쩌귀. (짚으로 엮어 만든 보잘것없는 문에 돌쩌귀를 매다는 것처럼, 분에 넘치는 사치는 도리어 어색하다는 말) _한국

▶ 산호 기둥에 호박 *주추다. (매우 사치스럽고 호화롭게 꾸미고 사는 삶이라는 뜻) _한국

▶ 색시 짚신에 구슬감기가 웬일인고. (격에 어울리지 아니하게 많은 치장을 하면 도리어 보기에 어색하다는 말) _한국

사형 死刑

수형자의 목숨을 끊음. 또는 그 형벌.

명언 명문

- 많은 사람은 운명이 직접 집행하는 종신 징역을 피하기 위해 서슴지 않고 사형 선고를 택할 것이다.
  _T. E. 로렌스(1888~1935) 영국 군인, 고고학자
- 사람들은 각자 자신에게 가장 큰 적이고 자신의 사형 집행자다.
  _T. E. 브라운(1830~1897) 영국 시인
- 사람이 교수형을 당하는 것은 그가 저지른 말 도둑질 때문이 아니라 다른 사람의 말이 도둑맞지 않도록 하기 위한 것이다.
  _G. 새빌(1633~1695) 영국 정치가, 저술가
- 사형은 영혼의 모독이다. _F. M. 도스토옙스키(1821~1881) 러시아 소설가 《백치》
- 살인죄를 지은 사람을 죽이는 것은 그 범죄 이상의 형벌이다.
  _F. M. 도스토옙스키(1821~1881) 러시아 소설가 《백치》
- 이 세상은 거대한 감옥이고 여기서 날마다 몇 명씩 사형장으로 끌려 나간다. _W. 롤리(1554?~1618) 영국 탐험가, 작가
- 인간의 값어치를 올리는 데는 사형 선고 이외에는 없다. 돈으로 살 수 없는 것은 그것뿐이니까. _스탕달(1783~1842) 프랑스 소설가
- 죄가 있는 사람들은 모두 그들 자신의 사형 집행자이다.
  _L. A. 세네카(B.C. 4?~A.D. 65) 로마 철학자, 극작가

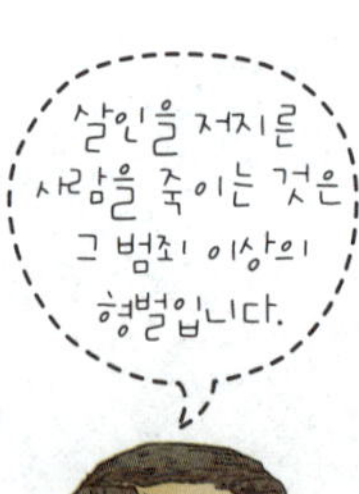

F. M. 도스토옙스키

속담

- 교수대는 그 권리를 잃지 않는다. _프랑스
- 도적은 교수형 당할 것만을 슬퍼하고, 자신이 도적이라는 사실은 슬퍼하지 않는다. _영국

생산

生産

인간이 생활하는 데 필요한 각종 물건을 만들어 냄. 또는 아이나 새끼를 낳음.

명언 명문

▶ 국가는 백성과 생산을 우선하면 발전하고, 귀족과 사치를 앞세우면 망한다. _《관자》

▶ 노동자의 생산 능력은 그것에 대한 기업의 기대 여하에 따라서 정해진다고 할 수 있다. _P. F. 드러커(1909~2005) 미국 경영학자 《현대의 경영》

▶ 사람들이 생활하고 또 생활할 수 있는 것은 물질의 교류에 의해서가 아니라 생산에 의해서다. 즉, 매매에 의해서가 아니라 근로에 의해서 살아온 것이다. _J. 러스킨(1819~1900) 영국 미술 평론가

▶ 생산하라. 그것이 생산품 가운데 가장 보잘것없는 조각에 불과하더라도 신의 이름으로 그것을 생산하라.

_T. 칼라일(1795~1881) 영국 사상가, 역사가 《계몽철학》

▶ 아무것도 만들어 내지 않으려는 자는 아무것도 발전시키지 못하고 아무것에도 쓸모가 없다. _P. A. C. 보마르셰(1732~1799) 프랑스 극작가

▶ 어머니는 자기 자녀들을 사랑한다. 왜냐하면 그들을 생산해 내기 위해 많은 고통을 겪었으며, 그들이 어머니의 소유라는 것이 확실하기 때문이다.

_아리스토텔레스(B.C. 384~B.C. 322) 그리스 철학자 《니코마코스 윤리학》

▶ 우리는 행복을 생산하지 않으면 소모할 권리가 없는 것과 마찬가지로 재산을 생산하지 않고 소모할 권리는 없다.

_G. B. 쇼(1856~1950) 아일랜드 극작가, 평론가

▶ 행복한 사람들은 무엇인가 생산한다. *권태에 젖은 사람들은 아무것도 생산하지 않은 채 많은 것을 소비한다.

_W. R. 잉(1860~1954) 영국 신학자

*권태 | 어떤 일이나 상태에 시들해져서 생기는 게으름이나 싫증.

선거

選擧

일정한 조직이나 집단이 대표자나 임원을 뽑는 일. 선거권을 가진 사람이 공직에 임할 사람을 투표로 뽑는 일.

명언 명문

- 가장 적게 공약하는 후보에게 찬성표를 던져라. 그가 가장 적게 실망시킬 것이다. _B. M. 바루크(1870~1965) 미국 정치가
- 대중에게 연설할 때 단순한 논리가 유식한 사람들보다 무식한 사람들을 더 효과적으로 움직인다. _아리스토텔레스(B.C. 384~B.C. 322) 그리스 철학자
- 대통령 선거에 승리하는 데 가장 중요한 요인은 행운이며, 인기와 매력은 수많은 요인 가운데 일부일 뿐이다. _H. S. 트루먼(1884~1972) 미국 제33대 대통령
- 민주 정치를 하려면 개인 투표자가 지적으로 현명해야 할 뿐 아니라 도덕적으로도 사심이 없어야 한다. _A. J. 토인비(1889~1975) 영국 역사가, 문명 비평가
- 선거권은 헌법의 핵심이다. _주니어스 (영국 신문의 공동 필명)
- 선거는 도덕적으로 참혹한 일이며, 피만 흘리지 않았지 전쟁처럼 사악한 것이다. 선거에 참여하는 자는 누구나 진흙탕에서 목욕하는 것이다. _G. B. 쇼(1856~1950) 아일랜드 극작가, 평론가
- 선거를 공명하게 치를 수 있는 사람들은 반란도 진압할 수 있다. _A. 링컨(1809~1865) 미국 제16대 대통령
- 선거에서 당선되는 사람은 그저 그런 사람들이다. 대부분의 사람들은 누구를 뽑기 위해서가 아니라 누구를 뽑지 않기 위해서 투표한다. _F. P. 애덤스(1881~1960) 미국 언론인, 번역가
- 요즈음 세상은 정치하는 데 큰돈이 드는 세상이며, 선거에서 지더라도 큰돈이 든다. _W. 로저스(1879~1935) 미국 배우, 유머 작가

G. B. 쇼

세금

稅金

국가 또는 지방 공공 단체가 필요한 경비로 사용하기 위하여 국민이나 주민으로부터 강제로 거두어들이는 돈.

명언 명문

▶ 과세의 기술은 가능한 한 아무런 잡음 없이 필요로 하는 최대량의 깃털을 오리에게서 뜯어내는 데 있다.

_J. B. 콜베르(1619~1683) 프랑스 정치가

▶ 국민이 빚 가운데 가장 물기 싫어하는 것은 세금이다.

_R. W. 에머슨(1803~1882) 미국 사상가, 시인 《수필집》

▶ 백성이 굶주리는 것은 군주가 세금을 많이 거두어 가기 때문이다.

_노자(B.C. 604?~?) 중국 춘추 시대 초나라 사상가

▶ 세금은 노동자 각자의 땀으로 지불하는 것이다.

_F. D. 루스벨트(1882~1945) 미국 제32대 대통령

▶ 세금은 문명사회에 대한 대가를 지불하는 것이다.

_O. W. 홈스(1809~1894) 미국 소설가, 의학자

▶ 세상에서 이해하기가 가장 어려운 것은 소득세다.

_A. 아인슈타인(1879~1955) 미국 물리학자

▶ 세입은 국가의 원동력이다.

_L. A. 세네카(B.C. 4?~A.D. 65) 로마 철학자, 극작가

▶ 우리는 결코 세금이 인기를 얻게 만들 수는 없지만 그것을 공정하게 만들 수는 있다.

_R. 닉슨(1913~1994) 미국 제37대 대통령

▶ 인간의 지혜는 완전히 공평하게 적용되는 과세 제도를 아직 고안하지 못했다.

_A. 잭슨(1767~1845) 미국 제7대 대통령

▶ 한 정권이 다른 정권으로부터 가장 빨리 배우는 것은 백성들의 주머니에서 돈을 모두 털어내는 기술이다.

_A. 스미스(1723~1790) 영국 경제학자, 철학자

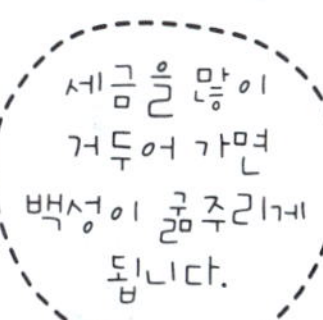

노자

소유 所有

자기의 것으로 가짐. 또는 가지고 있음.

명언 명문

▶ 가문과 조상, 그리고 자기 손으로 이룩하지 않은 것은 결코 자기 것이라고 할 수 없다. _P. N. 오비디우스(B.C. 43~A.D. 17) 로마 시인

▶ 구두쇠에게는 자기가 가지지 못한 것은 물론이고 가진 것마저도 모자란다. _P. 시루스(B.C. 1세기경) 로마 시인

▶ 내 집에서 내 것이라고 부를 수 있는 것은 오로지 나 자신뿐이다. _P. 테렌티우스(B.C. 185?~B.C. 159?) 로마 극작가

▶ 당신 마음속에서 얻은 것이 진정 당신의 소유물이다. _H. D. 소로(1817~1862) 미국 사상가, 수필가

▶ 많은 것을 갖고 있으면서도 더 많이 탐내는 사람은 가난한 거지다. _E. 다이어(1543~1607) 영국 시인

▶ 많은 것을 소유한 자는 더욱 많은 것을 손에 넣는다. 조금밖에 소유하지 않은 자는 그것마저 빼앗긴다. _H. 하이네(1797~1856) 독일 시인 《세상》

▶ 무엇보다도 관심과 사랑을 자극하는 두 가지 요인은 어떤 것이 너의 소유물이라는 점과 그것이 너의 유일한 소유물이라는 점이다. _아리스토텔레스(B.C. 384~B.C. 322) 그리스 철학자

▶ 부족함이 없는 상태가 가장 좋고, 가능한 한 적게 가지는 것이 그다음이다. _소크라테스(B.C. 469~B.C. 399) 그리스 철학자

▶ 사람들은 자기가 소유하는 것만 소유로 알고 남에게 주는 것이 곧 소유임을 모른다. _《후한서》

▶ 사람은 소유하지 않고 내버려둘 수 있는 것이 많을수록 그만큼 더 부유해진다. _H. D. 소로(1817~1862) 미국 사상가, 수필가

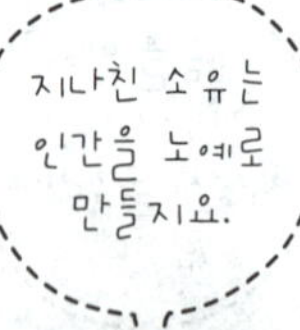

F. W. 니체

▶ 사람이 재산을 소유하는 것이 아니라 재산이 사람을 소유한다. _비온(B.C. 2세기경) 그리스 시인

▶ 소유의 본능은 인간 본성의 기초다. _H. 제임스(1843~1916) 미국 소설가

▶ 손아귀에 있는 참새가 멀리 나는 두루미보다 낫다. _M. 세르반테스(1547~1616) 에스파냐 소설가

▶ 아무것도 없는 것에 대해 만족하는 사람은 모든 것을 가진 사람이다. _N. 부알로(1636~1711) 프랑스 시인, 평론가

▶ 우리는 이미 가진 것에 대해서는 좀처럼 생각지 않고, 언제나 없는 것만 생각한다. _A. 쇼펜하우어(1788~1860) 독일 철학자

▶ 이해하고 있지 않은 것은 소유하고 있는 것이 아니다. _J. W. 괴테(1749~1832) 독일 시인, 소설가, 극작가

▶ 인생에서 가장 중요한 것은 무엇이든 너무 많이 소유하지 않는다는 것이다. _P. 테렌티우스(B.C. 185?~B.C. 159?) 로마 극작가

▶ 적당한 소유는 인간을 자유롭게 하지만 지나친 소유는 노예로 만든다. _F. W. 니체(1844~1900) 독일 철학자, 시인 《인간적인, 너무나 인간적인》

▶ 차지하고 있다는 것과 실제로 소유하는 것은 전혀 다르다. _P. C. 벅(1892~1973) 미국 소설가

▶ 하늘과 땅, 그리고 대기는 우리 모두의 것입니다. 그것은 소유의 대상이 될 수 없는 것입니다. _L. N. 톨스토이(1828~1910) 러시아 소설가, 사상가

▶ 힘과 소유는 같은 것이 아니다. 그렇지만 우리는 소유로 인해서 힘을 얻게 된다. _L. J. J. 비트겐슈타인(1889~1951) 영국 철학자

*개똥참외 | 길가나 들 같은 곳에 저절로 생겨난 참외.

속담

▶ *개똥참외는 먼저 맡은 이가 임자라. (임자 없는 물건은 무엇이든 먼저 발견한 사람이 차지하게 마련이라는 말) _한국

▶ 그 사람의 사치는 소유물로 결정된다. _영국

▶ 내 것도 내 것 네 것도 내 것. (자기 것은 물론 남의 것까지도 탐내며 남의 것을 함부로 제 것 쓰듯 함을 비유적으로 이르는 말) _한국

▶ 조그만 생선이라도 빈 접시보다 낫다. _영국

▶ 현명한 자는 자기가 가질 수 없는 것에 대해 염려하지 않는다. _서양

시장 市場

여러 가지 상품을 사고파는 일정한 장소.

명언 명문

*병기 | 전쟁에 쓰는 기구를 통틀어 이르는 말.
*탐닉 | 어떤 일을 몹시 즐겨서 거기에 빠짐.

▶ 누구나 무엇인가를 팔아서 산다.
_R. L. B. 스티븐슨(1850~1894) 영국 소설가, 시인

▶ *병기는 국가의 큰일에 쓰는 것이고, 일반 시장에서 매매해서는 안 되는 것이다. _F. 베이컨(1561~1626) 영국 정치가, 철학자

▶ 산림은 아름다운 곳이지만 일단 *탐닉하면 곧 시장 바닥이 된다.
_《채근담》

▶ 세상에 알려지기 위해 원고를 출판하는 자는 사람들의 시선을 끌기 위해 시장에 가는 바보와 같다. _J. 릴리(1554~1606) 영국 작가

▶ 시장 점유율로 우열을 판정한다는 일반적인 방법은 신빙성이 적다. 시장 점유율이 가장 높다고 할지라도 소규모인 경쟁 회사와 비교할 때 수익률이 훨씬 떨어지는 예는 얼마든지 있기 때문이다.
_P. F. 드러커(1909~2005) 미국 경영학자 《창조하는 경영자》

▶ 시장에 있는 친구가 금고 속의 돈보다 낫다.
_T. 풀러(1654~1734) 영국 의사, 작가

▶ 시장은 사람들이 서로 속여도 괜찮은 곳이다.
_아나카르시스(B.C. 6세기경) 스키티아 철학자

▶ 정신이 깃들지 않은 육체는 시장에 내놓은 석상과 같다.
_에우리피데스(B.C. 484?~B.C. 406?) 그리스 시인

속담

▶ 남이 장 간다고 하니 거름 지고 나선다. (자기 주견이 없이 남이 한다고 덩달아 따라함을 이르는 말) _한국

- 시장에는 풀이 돋아나지 않는다. _영국
- 시장은 최상의 정원이다. _영국
- 양반 못된 것이 장에 가 호령한다. (무능한 자가 자기 손아랫사람에게나 큰소리치며 윗사람 행세를 하려고 함을 비난조로 이르는 말) _한국
- 어느 시장에나 두 가지 바보, 즉 너무 적게 질문하는 자와 너무 많이 질문하는 자가 있다. _러시아

지식 쑥쑥

한자 숙어

조명시리(朝名市利) 명예는 조정에서 다투고 이익은 시장에서 다투라는 뜻으로, 무슨 일이든 알맞은 곳에서 해야 함을 이르는 말.

고사성어

▷ 문전성시(門前成市)

문 앞이 시장을 이룬다는 뜻으로, 권력가나 부자에게는 찾아오는 사람이 많아서 그 문 앞이 시장을 이룬 것처럼 붐비는 것을 이르는 말이다. '문전약시' 또는 '문정약시'라고도 한다. 한나라 애제 때 곧고 비른 마음을 가진 정숭이라는 신하가 있었다. 그런데 하루는 평소에 정숭을 미워하던 신하가 왕에게 이르기를, "정숭의 집에 언제나 많은 사람이 모여 논의를 하는 것으로 보아 좋지 않은 일을 꾸미고 있는 것이 분명합니다."라고 하였다. 이에 정숭은 "제 집 문 앞은 시장과 같지만 제 마음은 고요한 물과 같습니다."라며 결백을 주장하였다. _《한서》 정숭전

키워드 정보 BOX

마케팅 시대

생산자가 상품이나 서비스를 소비자에게 판매하는 데 관련된 모든 체계적인 활동을 '마케팅'이라고 한다. 마케팅은 제품 개발, 시장 거래, 판매, 판매 촉진, 종합 조정 등으로 나누며, 이 모든 것을 통괄하여 상품이나 서비스의 판매를 촉진하는 활동이다. 즉, 좋은 제품을 만들어도 마케팅이 뒷받침되지 않으면 아무 소용이 없게 된다.

안전 安全

위험이 생기거나 사고가 날 염려가 없음. 또는 그런 상태.

명언 명문

*안일 | 평화롭고 한가로움.
*중용 | 지나치거나 모자라지 아니하고 한쪽으로 치우치지도 아니한, 떳떳하며 변함이 없는 상태나 정도.

▶ 넓은 길을 걸어가면 안전할 것이다. _T. 풀러(1608~1661) 영국 성직자, 역사가

▶ 두려워하며 경계하는 것이 가장 안전하다.
_W. 셰익스피어(1564~1616) 영국 극작가, 시인

▶ 말보다 침묵이 더 안전하다. _에픽테토스(55?~135?) 로마 철학자

▶ 법은 개인의 안전보다 모든 사람의 안전을 우선으로 한다.
_M. T. 키케로(B.C. 106~B.C. 43) 로마 정치가, 학자

▶ 보증인이 되면 결코 안전하지 못하다.
_C. H. 스펄전(1834~1892) 영국 성직자, 설교가

▶ 비겁자는 안전한 때에만 위압적으로 나선다.
_J. W. 괴테(1749~1832) 독일 시인, 소설가, 극작가

▶ 사람들 대부분은 이 세상에서 자유가 아니라 안전을 원한다.
_H. L. 멘켄(1880~1956) 미국 언론인, 작가

▶ 사소하고 일시적인 안전을 얻기 위해 기본적 자유를 포기하는 자는 자유도 안전도 누릴 자격이 없다.
_B. 프랭클린(1706~1790) 미국 정치가, 과학자 《펜실베이니아의 역사적 고찰》

▶ 세력가와 한패가 되는 것은 결코 안전하지 않다.
_G. J. 파이드루스(B.C. 15~A.D. 50) 로마 우화 시인

▶ 신중함은 삶을 안전하게 만든다. 그러나 행복하게 만들지는 못하는 경우가 많다. _S. 존슨(1709~1784) 영국 시인, 평론가

▶ *안일하고 태평한 사람은 안전하지 못하다.
_B. 프랭클린(1706~1790) 미국 정치가, 과학자 《가난한 리처드의 책력》

▶ 안전은 *중용의 길이다. _P. N. 오비디우스(B.C. 43~A.D. 17) 로마 시인

▶ 안전의 보장 없는 자유란 있을 수 없으며, 법의 *지상권이나 정당한 정부의 권위가 없는 안전 보장 또한 있을 수 없다.

_W. G. 하딩(1865~1923) 미국 제29대 대통령

*지상권 | 더할 나위 없이 으뜸가는 권리.

▶ 애매함이 종종 안전을 가져온다. _이솝(B.C. 620?~B.C. 560?) 그리스 우화 작가

▶ 얇은 얼음 위에서 스케이트를 탈 때는 속도에 안전이 달려 있다.

_R. W. 에머슨(1803~1882) 미국 사상가, 시인

▶ 언제, 어디서, 누구든 간에 공공의 안전을 깨뜨릴 권리는 없다.

_J. C. 쿨리지(1872~1933) 미국 제30대 대통령

▶ 용감한 사람에게는 항상 안전이 따른다.

_R. W. 에머슨(1803~1882) 미국 사상가, 시인

▶ 자기 자신을 믿고 가치 있는 존재가 되는 것이 가장 안전하고 좋은 길이다. _L. B. S. 미켈란젤로(1475~1564) 이탈리아 화가, 조각가, 건축가

▶ 자신은 안전하다고 믿고 싶은 것이 망명자의 운명입니다. 그러나 그가 남겨 두고 온 다른 사람들이 구출되지 않은 상태이기 때문에 안전할 수가 없습니다. _E. 카네티(1905~1994) 영국 작가

▶ 즐거움은 결국 권리나 의무보다 더 안전한 길잡이다.

_S. 버틀러(1612~1680) 영국 시인

▶ 참된 안전은 개인적 노력보다는 아무래도 사회적 단결 속에서 발견된다. _F. M. 도스토옙스키(1821~1881) 러시아 소설가 《카라마조프의 형제들》

▶ 파업은 공공의 안전을 위협하므로 파업의 권리는 때와 장소를 막론하고 누구에게도 없다. _J. C. 쿨리지(1872~1933) 미국 제30대 대통령

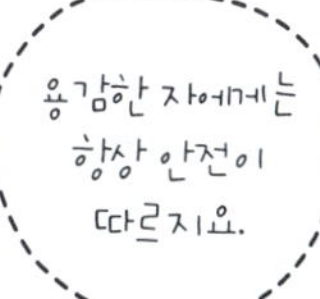

▶ 표범은 그 아름다운 털가죽으로 인해 재앙을 당하게 된다. 자신의 안전을 위해서는 재산 같은 것은 없애는 것이 좋다.

_장자(B.C. 369?~B.C. 289?) 중국 전국 시대 송나라 사상가

속담

▶ 돈이 많으면 걱정도 많고 가난하면 안전하다. _서양

▶ 돌다리도 두들겨 보고 건너라. (잘 아는 일이라도 세심하게 주의를 하라는 말) _한국

▶ 모든 사람에게 미움을 받으면 안전하지 못하다. _로마

▶ 허물을 들추는 사람에게는 아무것도 안전하지 않다. _서양

R. W. 에머슨

안정

安定

바뀌어 달라지지 아니하고 일정한 상태를 유지함.

*평반 | 다리가 달리지 않은 둥글고 납작한 그릇.

명언 명문

- 말함은 침착해야 한다. 침착함은 마음의 평정에서 비롯되는 것이다. 마음에 동요가 없으면 말도 자연히 안정되는 것이다. _《예기》
- 사람에게 음식 조절, 안정, 쾌활함은 세상에서 무엇보다 훌륭한 의사다. _J. 스위프트(1667~1745) 영국 소설가
- 안정이란 곧 좋은 질서를 가진 마음을 말한다. _마르쿠스 아우렐리우스(121~180) 로마 황제
- 어떠한 정부도 불안정한 사회와 세계 속에서는 안정을 유지할 수 없다. _L. 블룸(1872~1950) 프랑스 정치가, 평론가
- 어른이 안정감을 얻기 위해서는 외부의 힘보다는 자기에 대한 믿음을 기반으로 해야 한다. _D. H. 로렌스(1885~1930) 영국 소설가, 시인
- 확고한 원칙에서 나오는 것이 아니면 아무것도 안정할 수 없다. _M. T. 키케로(B.C. 106~B.C. 43) 로마 정치가, 학자

속담

- 밥은 열 곳에 가 먹어도 잠은 한 곳에서 자랬다. (사람은 거처가 일정해야 마음의 안정을 얻을 수 있다는 뜻) _한국
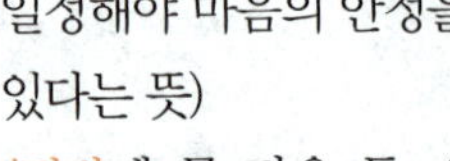
- *평반에 물 담은 듯. (안정되고 고요한 상태를 이르는 말) _한국
- 평화와 안정을 누리려면 좋은 것을 보고 듣고 말해야 한다. _영국
- 풀 끝에 앉은 새 몸이라. _한국

한자 숙어

조진모초(朝秦暮楚) 주거를 이곳저곳 옮겨 안정되지 못하거나 여기 붙었다 저기 붙었다 함을 비유적으로 이르는 말.

애국

愛國
자기 나라를 사랑함.

명언 명문

- 국민이 나라가 자기 집이라는 것을 깨닫기 전에는 아무도 나라를 구할 수 없다. _김구(1876~1949) 독립운동가, 정치가
- 규모가 큰 장기간의 전쟁은 애국심만으로는 지탱할 수 없고, 어떤 이익에 대한 전망이나 보상을 주어야 도움이 된다. _G. 워싱턴(1732~1799) 미국 초대 대통령
- 나는, 나 자신의 생명보다 더 큰 존경과 이성과 지혜, 엄숙함을 가지고 국가의 이익을 사랑한다. _W. 셰익스피어(1564~1616) 영국 극작가, 시인
- 나는 이미 국가와 결혼했다. _W. 피트(1708~1778) 영국 정치가
- 나라를 사랑한다면 본인부터 건전한 인격을 갖춘 사람이 되라. _안창호(1878~1938) 독립운동가, 교육자
- 나에게 있어서 애국심은 인류애와 동일하다. 나는 인간이며 인간적이기 때문에 애국자다. _M. K. 간디(1869~1948) 인도 정치가, 민족 운동 지도자
- 나의 모국보다 좋은 것은 없다. _J. 크리소스토무스(347?~407) 그리스 설교가 《설화》
- 말로만 애국하지 말고, 진심으로 조국을 사랑하는 사람은 나를 따르라. _G. 가리발디(1807~1882) 이탈리아 군인, 정치가
- 모국을 사랑하는 사람은 인류를 미워할 수 없다. _C. 처칠(1731~1764) 영국 시인 《고별》
- 신앙이 종교 안에 있듯이, 애국심은 정치 생활 안에 있다. _액턴(1834~1902) 영국 역사가
- 애국심은 감정치고는 사악하고 해로운 것이고, *신조치고는 어리석은 것이다. _L. N. 톨스토이(1828~1910) 러시아 소설가, 사상가

*신조 | 굳게 믿어 지키고 있는 생각.

김구

*고결 | 성품이 고상하고 순결함.

▶ 애국심은 사소한 이유로 살인을 하고 살인을 당할 수 있는 의지이다. _B. A. W. 러셀(1872~1970) 영국 철학자, 수학자

▶ 애국심은 악당의 마지막 피난처다. _S. 존슨(1709~1784) 영국 시인, 평론가

▶ 애국심은 일종의 종교다. 그것은 전쟁을 낳는 달걀이다.

_G. 모파상(1850~1893) 프랑스 소설가 《소테네스 아저씨》

▶ 애국심은 자선과 마찬가지로 가정에서 시작한다.

_H. 제임스(1843~1916) 미국 소설가

▶ 애국심은 조국이 다른 모든 나라보다 고귀하고 우월하다고 믿는 신앙을 말한다. _G. B. 쇼(1856~1950) 아일랜드 극작가, 평론가

▶ 애국심을 갖는 데는 정치가들이 불필요한 것과 마찬가지로 종교를 믿는 데는 성직자들이 불필요하다.

_J. H. 홈스(1722~1808) 스코틀랜드 작가

▶ 애국심의 가장 큰 매력 가운데 하나는 우리의 가장 저열한 욕망을 채운다는 것이다. 우리는 조국을 대신하여 남들을 괴롭히고 속일 수가 있다. _A. L. 헉슬리(1894~1963) 영국 소설가, 평론가

▶ 애국자는 어느 시대에서나 바보다. _A. 포프(1688~1744) 영국 시인

▶ 애국자들은 조국을 위해 죽는 것에 대해서는 항상 말하고, 조국을 위해 죽이는 것에 대해서는 전혀 말하지 않는다.

_J. 러셀(1792~1878) 영국 정치가

▶ 애국자들은 평소에는 저마다 자기 집에 틀어박혀 애국하고는 전혀 관계없는 일에 종사하다가 나라가 모욕을 당하는 사건이 생기면 마치 그물에 걸린 파리를 본 거미처럼 여기저기서 뛰어나와서 고래고래 소리친다. _N. V. 고골(1809~1852) 러시아 작가 《죽은 혼》

▶ 애국자들은 평화로울 때는 *고결하고 단호한 의지로 권력에 대항하면서 국민의 권리를 옹호한다. _J. 드라이든(1631~1700) 영국 시인, 극작가

▶ 없어지거나 사라지지 않는다는 희망 없이는 아무도 조국을 위해 죽으려고 하지 않을 것이다.

_M. T. 키케로(B.C. 106~B.C. 43) 로마 정치가, 학자

▶ 온 국가가 슬퍼하기보다는 개인이 고통을 당하는 것이 낫다.

_J. 드라이든(1631~1700) 영국 시인, 극작가

▶ 인간 최고의 도덕은 무엇인가, 애국심이다.

_나폴레옹 1세(1769~1821) 프랑스 황제

*영예 | 영광스러운 명예.

▶ 인간은 자기 자신만을 위해서가 아니라 조국을 위해 태어났다.

_플라톤(B.C. 428?~B.C. 347?) 그리스 철학자

▶ 인류로부터 애국심을 완전히 추방하기 전에는 결코 평온한 세상을 볼 수 없다. _G. B. 쇼(1856~1950) 아일랜드 극작가, 평론가

▶ 자신의 나라를 위해서 거짓말을 하는 것은 애국자의 의무이다.

_A. 아들러(1870~1937) 오스트리아 정신 분석가

▶ 자유의 나무에는 애국자들과 독재자들의 피를 가끔 비료로 주어야 한다. _T. 제퍼슨(1743~1826) 미국 제3대 대통령

▶ 조국애는 세계의 어떠한 이치보다도 강하다.

_P. N. 오비디우스(B.C. 43~A.D. 17) 로마 시인

▶ 조국을 구하는 사람은 어떠한 법도 어기지 않아야 한다.

_나폴레옹 1세(1769~1821) 프랑스 황제

▶ 조국을 위해 잃을 목숨이 하나밖에 없는 것이 유감이다.

_M. 헤일(1609~1676) 영국 법률가

▶ 조국을 위해 죽는 것은 기쁘고 *영예롭다.

_Q. 호라티우스(B.C. 65~B.C. 8) 로마 시인

▶ '조국을 위해 죽는 것은 기쁘고 영예롭다.' 는 말은 오래된 거짓말이다. _R. 오언(1771~1858) 영국 사업가, 개혁가

▶ 조국을 위해 피 흘린 사람은 나중에 정당한 보상을 받아야만 한다. 아무도 그 사람보다 더 많은 것을 받을 자격이 없다.

_T. 루스벨트(1858~1919) 미국 제26대 대통령

▶ 조국을 잃은 슬픔보다 더 큰 슬픔은 없다.

_에우리피데스(B.C. 484?~B.C. 406?) 그리스 시인

▶ 진정한 애국심은 말보다 실천에 있음을 알아야 한다.

_안창호(1878~1938) 독립운동가, 교육자

▶ 친애하는 국민 여러분! 여러분의 나라가 여러분을 위해 무엇을 해줄 수 있는가를 묻지 말고 여러분이 나라를 위해서 무엇을 할 수 있는지 물으시오. _J. F. 케네디(1917~1963) 미국 제35대 대통령

▶ 한 야망이 인간을 파멸시키거나 구출할 수 있고, 악당도 애국자가 될 수 있다. _A. 포프(1688~1744) 영국 시인

왕

王

군주 국가에서 나라를 다스리는 우두머리.

명언 명문

*옥좌 | 임금이 앉는 자리. 또는 임금의 지위.

- 가시가 없으면 *옥좌도 없고, 고난이 없으면 영광도 없고, 십자가가 없으면 왕관도 없다. _W. 펜(1644~1718) 영국 정치가
- 경건한 사람이란 왕이 무신론자면 자기도 무신론자가 되는 사람이다. _J. 라브뤼예르(1645~1696) 프랑스 작가
- 구더기는 왕을 뜯어 먹고, 물고기는 그 구더기를 먹고, 사람은 그 물고기를 잡아먹는다. _W. 셰익스피어(1564~1616) 영국 극작가, 시인
- 국왕의 권위는 민중의 이성과 어리석음 위에 기반을 갖고 있다는데, 후자 쪽이 더하다. _B. 파스칼(1623~1662) 프랑스 사상가, 수학자, 물리학자 《팡세》
- 국왕의 첫 번째 덕은 신하를 아는 데 있다. _M. V. 마르티알리스(40?~103?) 로마 시인
- 군주는 국가를 위해서 존재하지만, 국가는 군주를 위해서 존재하지 않는다. _D. 에라스뮈스(1466~1536) 네덜란드 철학자
- 군주는 어진 덕을 일일이 갖출 필요는 없다. 다만 갖추고 있는 것처럼 여기게 하는 것은 필요하다. _N. 마키아벨리(1469~1527) 이탈리아 사상가, 역사학자 《군주론》
- 군주는 오직 하늘을 대신하여 만물을 다스려야 하는데, 만일 사물이 질서를 잃고 혼란 상태에 빠졌음에도 이를 바로잡아 정리하지 못한다면 이는 군주의 직분을 다하지 못하는 것이다. _정약용(1762~1836) 조선 시대 문신, 학자
- 권력은 죽어 가는 왕을 잊어버린다. _A. 테니슨(1809~1892) 영국 시인
- 나는 모든 사람의 뜻이 아니라 모든 사람의 복지를 위해 다스릴

D. 에라스뮈스

것이다. _제임스 1세(1566~1625) 영국 왕

▶ 다른 사람의 미덕은 왕에게 항상 두려움을 준다. 따라서 악한 사람보다는 선한 사람이 항상 왕의 의심을 더 많이 받는다.

_G. 살루스티우스(B.C. 86~B.C. 35?) 로마 역사가

▶ 두 왕은 한 나라에 살 수 없다. _사디(1213?~1291) 페르시아 시인

▶ 두려움은 신들을, 대담성은 왕들을 만들어 냈다.

_P. J. 크레비용(1674~1762) 프랑스 극작가

▶ 만족이라는 것이 나의 왕관인데, 왕들은 이것을 결코 좋아하지 않는다. _W. 셰익스피어(1564~1616) 영국 극작가, 시인

▶ 모든 왕은 가장 난폭한 악당이다.

_M. 트웨인(1835~1910) 미국 소설가 《허클베리 핀》

▶ 백성과 싸우는 왕은 자기와 싸우는 것이다.

_A. 테니슨(1809~1892) 영국 시인

▶ 백성의 침묵은 왕들을 위한 교훈이다.

_S. 보부아르(1908~1986) 프랑스 소설가, 평론가

▶ 사악한 왕이 *해독을 더욱 많이 끼치도록 내버려 두는 것은 죄악이다. _W. 셰익스피어(1564~1616) 영국 극작가, 시인

▶ 선량한 왕은 국가의 심부름꾼이다.

_B. 존슨(1572~1637) 영국 극작가, 시인, 평론가

▶ 선을 행하고 악을 듣는 것이 왕의 일이다.

_안티스테네스(B.C. 445~B.C. 365) 그리스 철학자

▶ 아! 헛된 것 중에서도 헛된 것, 그것은 왕이 하는 고맙다는 말.

_H. W. 롱펠로(1807~1882) 미국 시인

▶ 어진 임금이 있다 해도 공로 없는 신하를 사랑하지 않고, 자비로운 아버지가 있다 해도 이익 없는 자식을 사랑하지 않는다.

_묵자(B.C. 480~B.C. 390) 중국 춘추 전국 시대 노나라 사상가

▶ 옥좌에 앉았다고 다 왕이 아니다. 다스릴 줄 아는 사람이 왕이다.

_R. W. 에머슨(1803~1882) 미국 사상가, 시인 《사회와 고독》

▶ 왕과 *제후는 사람들의 도움을 원하지만 자신을 능가하는 자는 원하지 않는다. _B. 그라시안이모랄레스(1601~1658) 에스파냐 작가

▶ 왕과 제후에게 과도한 찬사를 보내는 것은 처벌을 피하면서 왕과

*해독 | 좋고 바른 것을 망치거나 손해를 끼침. 또는 그 손해.

*제후 | 봉건 시대에 일정한 영토를 가지고 그 영내의 백성을 지배하는 권력을 가지던 사람.

제후를 매도하는 일이다. _F. 라로슈푸코(1613~1680) 프랑스 작가

- 왕관을 쓴 머리는 편안하게 잠들지 못한다. _W. 셰익스피어(1564~1616) 영국 극작가, 시인 《헨리 4세》
- 왕관을 엮는 일이 그것을 씌워 주기에 적격인 인물을 찾는 것보다 쉽다. _J. W. 괴테(1749~1832) 독일 시인, 소설가, 극작가 《잠언과 성찰》
- 왕들은 팔이 길다고 흔히 말하지만 나는 그들의 귀도 길기를 바란다. _J. 스위프트(1667~1745) 영국 소설가
- 왕은 결코 죽지 않는다. _W. 블랙스톤(1723~1780) 영국 판사, 법학자
- 왕은 날 때부터 왕이 아니라 모든 사람들의 환상이 만들어 내는 것이다. _G. B. 쇼(1856~1950) 아일랜드 극작가, 평론가
- 왕은 별과 같아서 뜨고 진다. 세상 사람들의 숭배를 받지만 안식은 없다. _M. W. 셸리(1797~1851) 영국 작가
- 왕은 아무것도 겁내지 않고 아무것도 바라지 않는 자다. _L. A. 세네카(B.C. 4?~A.D. 65) 로마 철학자, 극작가
- 왕은 약속을 하지만 자기가 지키고 싶은 것만 지킨다. _H. G. 본(1796~1884) 영국 출판업자
- 왕은 의회 없이는 통치가 불가능한 때에만 의회를 수단으로 삼아 통치한다. _C. J. 폭스(1749~1806) 영국 정치가
- 왕의 미덕은 주로 정의에 있는 것 같다. _M. E. 몽테뉴(1533~1592) 프랑스 사상가
- 왕의 악행은 지하에 숨길 수가 없다. _W. 셰익스피어(1564~1616) 영국 극작가, 시인
- 왕의 행위는 그가 죽은 후에 심판되지 않으면 안 된다. _M. E. 몽테뉴(1533~1592) 프랑스 사상가
- 왕이 가장 잃어버리기 싫어하는 것은 어리석은 신하들이 아니라 왕궁의 어릿광대다. _W. 리프먼(1889~1974) 미국 시사 평론가, 언론인
- 왕이 독단적으로 다스리는 나라는 분주하게 돌아가지만 재앙이 많다. _《관자》
- 왕이 어진 정치를 하려는 경우 형벌이 많거나 세금이 무거우면 그의 인자함을 해친다. _이언적(1491~1553) 조선 시대 성리학자
- 왕이 진실되고 올바르다는 것을 알 수 있는 확실한 증거는 모든

선한 사람들이 그의 생전뿐만 아니라 사후에도 그를 진심으로 *찬양할 수 있다는 것이다. _J. 크리소스토무스(347?~407) 그리스 설교가

*찬양 | 아름답고 훌륭함을 크게 기리고 드러냄.

- 인내는 왕을 위한 모범이다. _T. 데커(1572~1632) 영국 극작가
- 임금의 지위는 지극히 존귀하고 높다. 그러므로 그 책임이 심히 중하며 그 형세가 심히 위태하여 보존하기 어렵다. _정도전(1342~1398) 고려~조선 시대 문인, 학자 《삼봉집》
- 짐은 곧 국가다. _루이 14세(1638~1715) 프랑스 왕
- 천하는 왕의 것이 아니다. 천하가 왕에게 주인 노릇을 맡길 뿐이다. _소식(1036~1101) 중국 북송 문학가
- 하늘에 두 개의 태양을 생각할 수 없듯이, 땅에 두 임금은 존재하지 않는다. _알렉산더 대왕(B.C. 356~B.C. 323) 마케도니아 왕
- 훌륭한 군주와 뜻있는 선비는 군자를 난초처럼 대접하고 소인을 호랑이처럼 피한다. _B. 존슨(1572~1637) 영국 극작가, 시인, 평론가

속담

- 거두어갈 것이 전혀 없으면 왕마저도 자기 권리를 잃어야 한다. _영국
- 군주는 욕심이 없을 때 자신의 손바닥을 들여다보는 것처럼 수월하게 나라를 통치할 수 있다. _중국
- 그 왕에 그 법이고 그 법에 그 백성이다. _포르투갈
- 사람은 누구나 자기 집에서 왕이다. _프랑스
- 세계에는 세 종류의 왕이 있다. 땅을 지배하는 왕, 사람을 지배하는 왕, 그리고 자기를 지배하는 왕. _이스라엘
- 신하들의 미움을 받는 자는 왕이라고 할 수 없다. _스코틀랜드
- 왕도 홀로 있으면 개인에 불과하다. _서양
- 왕의 권한은 오로지 좋은 목적만을 위해서 주어진 것이다. _로마
- 왕의 재산은 신하들의 마음이다. _로마
- 왕의 최선의 벗은 진실이다. _러시아
- 왕이 바뀌면 법률도 바뀐다. _프랑스

무상백성일인(無傷百姓一人) 백성 한 사람도 다치지 말라는 뜻으로, 왕이 백성을 무척 아낌을 이르는 말.

애민적자(愛民赤子) 백성을 어린 애처럼 여기고 사랑함.

외교

外交

다른 나라와 정치적, 경제적, 문화적 관계를 맺는 일.

명언 명문

*대사 | 나라를 대표하여 다른 나라에 파견되어 외교를 맡아보는 최고 직급. 또는 그런 사람.

*덕망 | 어질고 너그러운 행실로 얻은 명성.

- 국민에게 진실을 알려서는 안 된다는 것이 외교의 원리라고 한다면, 결국 외교관은 거짓말을 잘하는 것이 된다.
  _G. B. 쇼(1856~1950) 아일랜드 극작가, 평론가
- 국제적 사건들이 외교 정책을 좌우해서는 안 되지만, 외교 정책은 국제적 사건들을 좌우해야 한다. _나폴레옹 1세(1769~1821) 프랑스 황제
- 나는 외교관을 속이는 법을 발견했다. 진실을 말하면 그는 결코 믿지 않는다. _J. B. 캐벌(1879~1958) 미국 작가
- *대사는 나라의 눈과 귀다.
  _F. 귀치아르디니(1483~1540) 이탈리아 역사가, 정치가
- 대사란 자기 나라를 위해 다른 나라에 가서 거짓말을 하도록 파견된, 가장 *덕망 있는 인물이다. _H. 워턴(1568~1639) 영국 외교관, 시인
- 대외 관계는 개인 관계처럼 끝이 없다. 한 가지 문제를 해결해도 다른 문제로 이어진다. _J. B. 레스턴(1909~1995) 미국 언론인
- 모든 외교는 다른 수단을 동원해서 벌이는 전쟁의 연속이다.
  _저우언라이(1898~1976) 중국 정치가
- 외교 관계를 유지하는 이유는 서로 칭찬을 나누기 위한 것이 아니고, 편의를 확보해 두기 위함이다. _W. L. S. 처칠(1874~1965) 영국 정치가
- 외교관은 맑은 날씨에만 필요하다. 비가 오자마자 빗방울마다 그들을 한 명씩 익사시킨다. _C. A. J. M. 드골(1890~1970) 프랑스 군인, 정치가
- 외교관은 정직한 중개인이다. _O. E. L. 비스마르크(1815~1898) 독일 정치가
- 외교는 가장 비열한 일을 가장 좋은 방식으로 말하고 행동하는 것이다. _A. J. 골드버그(1908~1990) 미국 법률가

▶ 외교는 조국을 위해서 거짓말을 하는 애국적 행위다.

_A. G. 비어스(1842~1914) 미국 소설가, 신문 기자

*수석 | 등급이나 직위 따위에서 맨 윗자리.

▶ 외교는 화려한 옷을 입은 정치다. _나폴레옹 1세(1769~1821) 프랑스 황제

▶ 요즈음의 외교관이란 가끔 자리에 앉아도 좋다는 허락을 받은 *수석 웨이터에 불과하다. _P. 유스티노프(1921~2004) 영국 배우, 극작가

▶ 전쟁을 벌이는 것보다 외교로 싸우는 게 더 낫다.

_W. L. S. 처칠(1874~1965) 영국 정치가

▶ 젊은이들이 죽는 것보다 늙은 외교관들이 지루해지는 것이 더 낫다. _W. 오슬러(1849~1919) 영국 의학자

▶ 정상 회담은 언제나 정중하다. 서로 욕하는 것은 외무 장관 회담의 몫이다. _W. A. 해리먼(1891~1986) 미국 정치가

▶ 정직은 가장 좋은 외교다. _O. E. L. 비스마르크(1815~1898) 독일 정치가

고사성어

▷ 원교근공(遠交近攻)

먼 나라와 친교를 맺고 가까운 나라를 공격한다는 뜻으로, 중국 전국 시대의 외교 정책이다. 위나라 범수는, 가까운 나라를 그대로 두고 먼 나라를 공격하는 진나라의 대외 정책은 실효를 거두기 어려우므로 반대로 먼 나라와 친교를 맺고 가까운 나라를 공격해야 한다고 역설하였다. _《사기》 범저채택전

▷ 준조절충(樽俎折衝)

'준조'는 '술잔과 도마'라는 뜻으로 연회를 비유하는 말이고, '절충'은 '적을 제압하여 승리한다.'는 뜻으로, 무력을 쓰지 않고 적을 굴복시키는 뛰어난 외교술을 비유하는 말이다. 춘추 시대 진나라의 범소는 평공의 명을 받아 제나라의 상황을 탐색하러 갔다. 범소를 위해 연회를 베푼 제나라 임금에게 범소는 일부러 무례한 행동을 계속했는데, 그럴 때마다 안영이 저지하였다. 범소는 진나라로 돌아와 제나라에는 안영과 같은 훌륭한 신하가 많으므로 공격하면 안 된다고 주장했다. 훗날 공자가 안영을 칭찬하며 "술잔과 도마 사이를 벗어나지 않고 천리 밖을 알았으니, 이는 가히 적을 물리쳤다고 할 수 있다."라고 말한 데서 유래한다.

_《안자춘추》

의무

義務

사람으로서 마땅히 하여야 할 일.
또는 규범에 의하여 부과되는 부담이나 구속.

명언 명문

- 건강 유지는 의무다. _H. 스펜서(1820~1903) 영국 철학자, 사회학자
- 공적이든 사적이든 삶에서 의무를 벗어날 수는 없다. _M. T. 키케로(B.C. 106~B.C. 43) 로마 정치가, 학자
- 공포심은 의무를 지속적으로 가르치지는 않는다. _M. T. 키케로(B.C. 106~B.C. 43) 로마 정치가, 학자
- 권력은 권력자의 칼이고, 의무는 약자의 방패다. _J. B. H. 라코르데르(1802~1861) 프랑스 신학자
- 나는 단 한 가지 의무를 알 뿐인데, 그것은 사랑하는 의무다. _A. 카뮈(1913~1960) 프랑스 소설가, 극작가 《비망록》
- 나는 전쟁의 규칙을 좇아야 했고, 국가 밑에서 의무를 다해야 했다. _K. A. 아이히만(1906~1962) 독일 군인 《유언》
- 나는 해야만 한다. 그러므로 할 수 있다. _I. 칸트(1724~1804) 독일 철학자
- 나에게 의무도 미래에 대한 기대도 없다면 나는 미인과 함께 급행마차를 타고 재빨리 달려가는 식으로 인생을 보낼 것이다. _S. 존슨(1709~1784) 영국 시인, 평론가
- 남의 주장을 존중하는 것이 의무라면 우리 주장을 굽히지 않는 것도 의무다. _P. 코르네유(1606~1684) 프랑스 시인, 극작가
- 네 의무를 다하라. 그리고 나머지는 신에게 맡겨라. _P. 코르네유(1606~1684) 프랑스 시인, 극작가
- 단정한 옷차림은 죄가 아니라 의무다. _J. 웨슬리(1703~1791) 영국 신학자
- 당연히 해야 할 일을 했을 때는 칭찬 받을 자격이 없다. 그것은 우리들의 의무이기 때문이다. _A. 아우구스티누스(354~430) 로마 신학자, 성인

A. 카뮈

▶ 사람은 모든 의무 가운데 행복해져야만 하는 의무를 가장 소홀히 여긴다. _R. L. B. 스티븐슨(1850~1894) 영국 소설가, 시인

▶ 사람의 첫 번째 의무는 말을 하는 것이고, 그것은 가장 중요한 의무다. _R. L. B. 스티븐슨(1850~1894) 영국 소설가, 시인

▶ 살아 나가는 것이 무거운 짐이라고 생각하고 그 짐을 피하려고 하지 마라. 살아 있는 한 내가 완수해야 할 의무의 짐인 것을 깨달아야 한다. 그 짐이야말로 우리가 이 세상에 살고 있는 *사명인 것이다. 무거운 짐에서 벗어날 수 있는 오직 하나의 방법은 자기에게 부과된 사명을 다하는 일이다. _R. W. 에머슨(1803~1882) 미국 사상가, 시인

*사명 | 맡겨진 임무.

▶ 삶을 연장시키는 것은 의사의 의무다. 그러나 죽어 가는 행위를 연장시키는 것은 의사의 의무가 아니다.

_L. T. 호더(1871~1955) 영국 정치가

▶ 어리석은 자는 부끄러운 짓을 할 때마다 그것이 자기 의무라고 주장한다. _G. B. 쇼(1856~1950) 아일랜드 극작가, 평론가

▶ 용감하지만 의무를 소홀히 하는 자는, 위험할 때 조국을 버리고 도망치는 자보다 조국을 위해 더 나을 것도 없다.

_A. 잭슨(1767~1845) 미국 제7대 대통령

▶ 우리 생활에서 의무라는 것이 없어지면 기둥이 빠져나간 건물처럼 존재할 수 없다. _J. 주베르(1754~1824) 프랑스 작가, 평론가

▶ 우리는 해야 할 일은 하지 않고 하지 말아야 하는 것은 한다. 그리고 우연이 그 일을 해결해 줄 것이라고 생각한다.

_M. 아널드(1822~1888) 영국 시인, 평론가

▶ 의무감은 일에는 유익하지만 인간관계에는 해롭다. 사람들은 남이 자기를 좋아하기를 바라지, 남이 체념하여 자기를 참아 주기를 바라지는 않는다. _J. 러셀(1792~1878) 영국 정치가

▶ 의무는 명예롭다! 우리는 앵무새처럼 우리가 원하는 것에는 어느 것에나 이 말을 한다. _A. 카뮈(1913~1960) 프랑스 소설가, 극작가

▶ 의무는 사람이 남으로부터 기대하는 것이다.

_O. F. O. W. 와일드(1854~1900) 아일랜드 시인, 극작가 《대수롭지 않은 여자》

▶ 의무를 이행하는 것 이외에는 성장이 없다.

_A. M. R. 생텍쥐페리(1900~1944) 프랑스 소설가, 비행사

▶ 의무에 대한 보상은 의무를 다한 행동 그 자체다.

_M. T. 키케로(B.C. 106~B.C. 43) 로마 정치가, 학자

▶ 인간 최고의 의무는 성실하게, 그리고 진지하게 진리를 탐구하는 데 있다. _E. M. 헤밍웨이(1899~1961) 미국 소설가

▶ 인간은 행복을 누리기 위해서가 아니라 의무를 이행하기 위해서 산다. _I. 칸트(1724~1804) 독일 철학자

▶ 자신에게 잘못한 사람들까지 사랑해야 하는 것은 인간의 고유한 의무다. _마르쿠스 아우렐리우스(121~180) 로마 황제 《명상록》

▶ 자유를 떠나서는 인생의 가치가 없다. 자유를 구하는 것이 인간의 의무이기도 하다. _A. S. 푸시킨(1799~1837) 러시아 시인, 소설가

▶ 조국에 대한 의무는 다른 모든 의무들을 질식시키는 것이다.

_M. T. 키케로(B.C. 106~B.C. 43) 로마 정치가, 학자

▶ 죄는 금지되었기 때문에 해로운 것이 아니라 해롭기 때문에 금지되는 것이다. 의무도 이행이 요구되기 때문에 유익한 것이 아니라 유익하기 때문에 이행이 요구된다.

_B. 프랭클린(1706~1790) 미국 정치가, 과학자

▶ 필요에 의해서 굳게 의무를 지키면 지금 이 세상에서도 행복한 길을 찾아낼 수 있다. _W. 워즈워스(1770~1850) 영국 시인 《의무에 주는 노래》

▶ 현대 국가는 권리만 가지고 의무는 더 이상 지지 않는다.

_G. 베르나노스(1888~1948) 프랑스 소설가

속담

▶ 고귀한 신분에는 의무가 따른다. _서양

▶ 선량한 사람의 약속은 법률적 의무가 된다. _로마

▶ 호의가 크면 클수록 의무도 커진다. _로마

▶ 의무는 사람에게 있고, 성패는 하늘에 있다. _영국

▶ 의무는 쾌락에 앞선다. _영국

▶ 의무를 알기는 쉬워도 완수하기는 싫어한다. _영국

▶ 의무의 길은 자기 곁에 있는데 사람들은 언제나 멀리 떨어진 곳에서 그것을 찾으려 한다. _중국

▶ 정직해질 의무는 있지만 부자가 될 의무는 없다. _영국

의회

議會
입법 및 기타 중요한 국가 작용에 참여하는 권능을 가진 합의체.

명언 명문

▶ 어느 누구도 일을 장난처럼 해서는 안 된다. 우리는 장난하러 여기에 모인 게 아니다. 어떤 법률에도 장난하라는 조항은 들어 있지 않다. _A. P. 허버트(1890~1971) 영국 소설가, 정치가

▶ 의회는 *만장일치에 기초를 두지 않는다. 민주적인 의회는 만장일치에 의해 행동하지 않는다. 과반수에 의해서 행동한다.

_W. L. S. 처칠(1874~1965) 영국 정치가

▶ 의회는 재미있는 희극이다. 그것은 오랫동안 지속되었고, 사람들이 아직도 그것을 보며 비웃기 때문이다.

_W. 로저스(1879~1935) 미국 배우, 유머 작가

▶ 의회는 좋은 법률을 통과시킬 뿐 아니라 악법을 저지시키는 일도 한다는 사실을 기억해야 한다. _W. L. S. 처칠(1874~1965) 영국 정치가

▶ 의회에서 심한 말을 해도 괜찮지만, 그와 같은 정도의 의견으로 대결하는 것도 허용되어야 한다. _W. L. S. 처칠(1874~1965) 영국 정치가

▶ 의회의 목적은 논쟁하고 타협하는 광장의 *대용품으로서 있는 것이다. _W. L. S. 처칠(1874~1965) 영국 정치가

▶ 이 나라의 법은 오로지 의회에서만 *개정할 수 있다.

_E. 쿡(1552~1634) 영국 법률가, 정치가

▶ 일생을 바쳐서 연구해도, 우리는 하원에서 한 회기에 펼쳐 내는 웃음거리의 반만큼도 생각해 내지 못할 것이다.

_W. 로저스(1879~1935) 미국 배우, 유머 작가

▶ 지금까지의 사실이나 통계에 의하면, 미국 고유의 범죄 집단은 의회뿐이다. _M. 트웨인(1835~1910) 미국 소설가

*만장일치 | 모든 사람의 의견이 같음.
*대용품 | 어떤 물품을 대신하여 쓰는 물품.
*개정 | 이미 정하였던 것을 고쳐 다시 정함.

이익

利益

물질적으로나 정신적으로 보탬이 되는 것. 또는 일정 기간의 총수입에서 그것을 위하여 들인 비용을 뺀 차액.

명언 명문

*처세술 | 사람들과 사귀며 세상을 살아가는 방법이나 수단.

▶ 가장 좋은 꾀는 남들의 어리석음을 이용해서 이익을 얻는 것이다.

_G. 플리니우스(23~79) 로마 장군, 정치가

▶ 가장 훌륭한 *처세술은 가장 좋은 기회를 마련하고 얻을 수 있는 모든 이익을 얻는 것이다. _S. 존슨(1709~1784) 영국 시인, 평론가

▶ 군자는 정의에 따라, 소인은 이익에 따라 움직인다.

_공자(B.C. 551~B.C. 479) 중국 춘추 시대 노나라 사상가

▶ 나무가 쓰러지면 모두 도끼를 들고 달려간다.

_G. 허버트(1593~1633) 영국 시인

▶ 네가 행운을 잡는 가장 빠르고 좋은 방법은 사람들이 너를 지원하는 것이 자기들에게 이익이라는 점을 분명히 깨닫게 하는 것이다.

_J. 라브뤼예르(1645~1696) 프랑스 작가

▶ 누구나 타인의 이익보다 자신의 이익을 택한다.

_P. 테렌티우스(B.C. 185?~B.C. 159?) 로마 극작가

▶ 모든 국민이 이익만 추구하면 그 나라는 위태롭게 된다. _《맹자》

▶ 미덕을 높이려면 일은 먼저 하고 이득은 나중에 얻어야 한다.

_공자(B.C. 551~B.C. 479) 중국 춘추 시대 노나라 사상가

▶ 백성 대다수가 원하는 이익과는 다른 이익을 추구하는 강력한 소수가 어디서나 정부를 지배한다. _E. E. 디킨슨(1830~1886) 미국 시인

▶ 백성의 이익이 최고의 법이다.

_M. T. 키케로(B.C. 106~B.C. 43) 로마 정치가, 학자

▶ 부당한 이익을 얻지 마라. 그것은 손해와 꼭 같은 것이다.

_헤시오도스(B.C. 8세기경) 그리스 시인

▶ 사람들은 우정으로 맺어질 수 있지만 국가들은 오로지 이익으로만 맺어진다. _R. 호흐후트(1931~) 독일 극작가

▶ 사람을 움직이는 힘은 공포와 이익, 이 두 가지뿐이다. _나폴레옹 1세(1769~1821) 프랑스 황제

▶ 사사로운 작은 이익 때문에 전체의 이익을 해치지 말고, 여론을 이용하여 사사로운 이익을 도모하지 마라. _《채근담》

▶ 생산상의 이익은 소비상의 이익이다. _S. 베유(1909~1943) 프랑스 철학자

▶ 성인이 선행을 하면 추구하지도 않는 명예가 따라오며 명예에는 기대하지도 않은 이익이 따른다. _《회남자》

▶ 손해도 보고 이익도 보는 것이 가장 바람직하다고 여겨라. _Q. 호라티우스(B.C. 65~B.C. 8) 로마 시인

▶ 수익성은 기업체의 기준이며 원리다. 수익성이란 기업체 자신과 사회에 대한 책임을 말하는 것이다. _P. F. 드러커(1909~2005) 미국 경영학자

▶ 수레를 만드는 사람은 사람들이 부유하기를 바라고 관을 만드는 사람은 사람들이 죽기를 바란다. 그것은 자신의 이익을 바라기 때문이다. _《한비자》

▶ 어떤 사람의 이득은 다른 사람의 손해가 된다. _M. E. 몽테뉴(1533~1592) 프랑스 사상가

▶ 옷을 적시지 않고서는 송어를 잡지 못한다. _M. 세르반테스(1547~1616) 에스파냐 소설가

▶ 우리는 모든 국가가 자신의 국가 이익에 따라 정책을 결정한다는 사실을 깨달아야 한다. _J. F. 케네디(1917~1963) 미국 제35대 대통령

▶ 이익 추구는 산업 혁명 이후 경제 발전을 이룩하는 가장 중요한 추진력이 되었다. _J. D. 록펠러(1839~1937) 미국 실업가

▶ 이익보다는 손해를 보는 것이 더 나을 때가 있다. _T. M. 플라우투스(B.C. 254?~B.C. 184) 로마 극작가, 시인

▶ 이익에 따라 행동하면 많은 원망을 받는다. _공자(B.C. 551~B.C. 479) 중국 춘추 시대 노나라 사상가

▶ 이익은 어디에서 오든 좋은 향기가 난다. _D. J. 유베날리스(50?~130?) 로마 시인

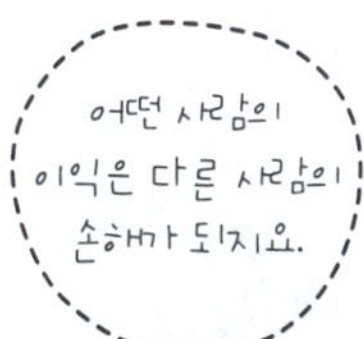

M. E. 몽테뉴

*도모 | 어떤 일을 이루기 위하여 대책과 방법을 세움.

▶ 이익을 얻으려면 남을 즐겁게 하는 법을 배워라.

_C. 처칠(1731~1764) 영국 시인

▶ 이익이 없어지면 기억도 없어진다.

_J. W. 괴테(1749~1832) 독일 시인, 소설가, 극작가 《잠언과 성찰》

▶ 잃는 것이 있으면 반드시 얻는 것이 있고, 얻는 것이 있으면 반드시 잃는 것이 있다. _R. W. 에머슨(1803~1882) 미국 사상가, 시인

▶ 자기 이익 때문에 너의 친구가 된 자는 역시 자기 이익 때문에 네게 등을 돌릴 것이다. _L. A. 세네카(B.C. 4?~A.D. 65) 로마 철학자, 극작가

▶ 자유로운 국민만이 공동 목표를 향하여 자신의 목적과 명예를 확고히 지키고, 자신의 사소한 이익보다 인류의 이익을 앞세울 수 있다. _T. W. 윌슨(1856~1924) 미국 제28대 대통령

▶ 작은 이익을 바라면 큰 이익을 잃는다. _《한비자》

▶ 적과 싸우는 것이 자기 삶의 수단인 자는 적의 생명을 보존해 주는 것이 자기 이익이다. _F. W. 니체(1844~1900) 독일 철학자, 시인

▶ 정치의 핵심은 무슨 일이든 서두르지 않고 작은 이익은 *도모하지 않는 것이다. _공자(B.C. 551~B.C. 479) 중국 춘추 시대 노나라 사상가

▶ 충고를 듣는 사람은 많지만 현명한 사람만이 그 덕을 본다.

_P. 시루스(B.C. 1세기경) 로마 시인

▶ 타인의 위험을 보고 자신에게 이익이 되는 교훈을 얻어라.

_P. 테렌티우스(B.C. 185?~B.C. 159?) 로마 극작가

▶ 한쪽에 손해를 입히는 것은 다른 쪽에 이익이 된다.

_D. 에라스뮈스(1466~1536) 네덜란드 철학자

속담

▶ 굿이나 보고 떡이나 먹지. (남의 일에 쓸데없는 간섭을 하지 말고 되어 가는 형편을 보고 있다가 이익이나 얻도록 하라는 말) _한국

▶ 꿩 먹고 알 먹는다. (한 가지 일을 하여 두 가지 이상의 이익을 보게 된다는 뜻) _한국

▶ 남의 군불에 밥 짓는다. (남의 덕택으로 거저 이익을 보게 됨을 이르는 말) _한국

▶ 누구나 이익이 있는 곳에 매달린다. _서양

▶ 누이 좋고 매부 좋다. (어떤 일에 있어 서로 다 이롭고 좋다는 말)

_한국

▶ 달걀이 갖고 싶으면 시끄러운 암탉의 우는 소리는 참아야 한다.

_덴마크

▶ 물고기는 먹이만 보고 낚싯바늘은 보지 못한다. (이익만 생각하고 위험을 깨닫지 못한다는 뜻)

_중국

▶ 보리밥 알로 잉어 낚는다. (작은 것을 주고 큰 것을 받거나 적은 밑천으로 많은 이익을 보는 경우를 이르는 말)

_한국

▶ 부모의 등이라도 대가 없이 긁어 주지 않는다.

_일본

▶ 암소가 만드는 것은 버터만이 아니다.

_영국

▶ 이익을 얻는 곳에서는 고통을 잊어버릴 수 있다.

_영국

▶ 이익이 없으면 아무도 움직이지 않는다.

_서양

▶ 항상 이익만 보는 자는 상인이 아니다.

_네덜란드

지식 쑥쑥

한자 숙어

어부지리(漁夫之利) 두 사람이 이해관계로 서로 싸우는 사이에 엉뚱한 사람이 애쓰지 않고 가로챈 이익을 이르는 말.

이석추호(利析秋毫) 이익에 대해서는 매우 작은 것이라도 따짐.

주장낙토(走獐落兎) 노루를 쫓다가 생각지도 않은 토끼가 걸려들었다는 뜻으로, 뜻밖의 이익이 생김을 이르는 말.

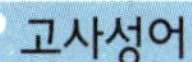

고사성어

▷ 일거양득(一擧兩得)

한 가지 일을 하여 두 가지 이익을 얻는다는 뜻으로, 몇 가지 유래가 있는데 그중 하나가 '변장자 이야기'다. 중국 춘추 시대 노나라 때, 담력이 세고 힘이 장사인 변장자가 여관에 투숙하였다. 밤이 깊자, 밖에서 호랑이가 나타났다는 소리가 들렸다. 이 말을 들은 변장자가 호랑이를 잡으러 나가려고 하자, 여관의 사동 아이가 말리면서 "지금 호랑이 두 마리가 나타나서 서로 소를 차지하려고 싸우고 있습니다. 잠시 후면 한 마리는 죽고, 한 마리는 상처를 입을 것입니다. 그러면 그때 가서 잡으십시오."라고 하였다. 사동의 말대로 변장자는 힘 안 들이고 한꺼번에 두 마리의 호랑이를 잡을 수 있었다.

_《춘추후어》

임무

任務

맡은 일. 또는 맡겨진 일.

명언 명문

*각료 | 한 나라의 내각을 구성하는 각 장관.

▶ *각료의 임무는 군주와 백성 사이에 다이아몬드 벽처럼 서 있는 것이다. _W. E. 글래드스턴(1809~1898) 영국 정치가

▶ 높은 벼슬에 있는 관리의 임무는 군주의 마음을 바로잡아 주고 세상의 악행을 막는 것이다. _정도전(1342~1398) 고려~조선 시대 문인, 학자

▶ 대통령의 가장 어려운 임무는 올바른 일을 하는 것이 아니고, 무엇이 옳은가를 식별하는 것이다. _L. B. 존슨(1908~1973) 미국 제36대 대통령

▶ 선을 행하는 것은 인간의 가장 영광된 임무다. _소포클레스(B.C. 496~B.C. 406) 그리스 시인

▶ 어떠한 임무라도 국가 이익을 위해 필요한 것이라면 그것만으로도 명예로운 임무가 되는 것이다. _M. 헤일(1609~1676) 영국 법률가

▶ 어쨌든 우리는 우리의 밭을 갈지 않으면 안된다. _볼테르(1694~1778) 프랑스 사상가

▶ 역사의 참된 임무는 해설과 함께 사건들 자체를 드러내고, 사건의 관찰과 평가는 각자의 판단의 자유와 능력에 맡기는 것이다. _F. 베이컨(1561~1626) 영국 정치가, 철학자

▶ 우리의 중대한 임무란 먼 곳에 있는 희미한 것을 찾는 일이 아니며 그것은 분명히 곁에 있는 것을 실행하는 일이다. _T. 칼라일(1795~1881) 영국 사상가, 역사가

▶ 정부가 해야 할 임무는 사람들에게 행복을 주는 것이 아니라 그들이 행복을 얻을 수 있는 기회를 주는 것이다. _J. 스토리(1779~1845) 미국 법률가

▶ 주는 것은 부자의 임무다. _J. W. 괴테(1749~1832) 독일 시인, 소설가, 극작가

資本 자본

장사나 사업 따위의 기본이 되는 돈. 또는 상품을 만드는 데 필요한 생산 수단이나 노동력.

명언 명문

▶ 노동은 자본보다 먼저 독자적으로 존재한다. 자본은 노동의 결실에 불과하다. _A. 링컨(1809~1865) 미국 제16대 대통령

▶ 사람의 *재화 가운데 수입을 지탱한다고 생각되는 부분을 '자본'이라고 부른다. _A. 스미스(1723~1790) 영국 경제학자, 철학자

*재화 | 돈이나 그 밖의 값나가는 모든 물건.

▶ 자기의 경험으로 얻은 작은 자본은 다른 사람의 경험으로 얻은 큰 자본보다 가치가 있다. _D. 레싱(1919~) 영국 소설가

▶ 자본과 노동의 유일한 공동 이익은 서로를 공격하는 것이다. _B. 앳킨슨(1894~1984) 미국 극작가, 평론가

▶ 자본은 노동의 결과다 . _H. 조지(1839~1897) 미국 경제학자

▶ 자본이란 더욱 많은 재산을 얻으려고 제공하는 재산의 일부다. _A. 마셜(1842~1924) 영국 경제학자 《경제학 원리》

▶ 자본이란 한 나라의 재산 중 생산에 사용되는 부분이며 음식, 피복, 도구, 원료, 기계 등의 노동에는 거의 이용되지 않는다. _C. 골도니(1707~1793) 이탈리아 극작가

▶ 장사꾼에게는 정직마저도 투기 자본이다. _C. P. 보들레르(1821~1867) 프랑스 시인

속담

▶ 밑알을 넣어야 알을 내어 먹는다. (어느 것이나 자본을 들여야만 생기는 것이 있다는 말) _한국

▶ 새우로 잉어를 낚는다. (적은 밑천으로 큰 이득을 얻으려는 경우를 이르는 말) _한국

자본주의

資本主義

자본가의 이윤 획득을 위한 생산 활동을 보장하는 사회 경제 체제.

명언 명문

*프롤레타리아 | 자본주의 사회에서, 노동력 이외에는 생산 수단을 가지지 못한 노동자.

▶ 자본주의 세계에 폭력과 억압이 없는 것은 결코 아니다. 나는 재물을 탐내는 욕심으로 굳어진 자본주의 사회와 재산 그 자체가 폭력이라는 사실을 깨닫게 되었다.

_J. 네루(1889~1964) 인도 정치가 《자서전》

▶ 자본주의 체제에서는 한 계급이 다른 계급을 억압하는 특수한 구조가 발생한다. _V. 레닌(1870~1924) 소련 혁명가, 정치가

▶ 자본주의가 발달한 나라보다는 경제적 후진국에서 *프롤레타리아는 더 빨리 권력을 잡을 수 있다. _L. 트로츠키(1879~1940) 러시아 혁명가

▶ 자본주의는 모든 계급 사회에서 찾아볼 수 있는 원칙, 즉 '인간이 인간을 이용한다.'는 원칙에 입각하고 있다.

_E. 프롬(1900~1980) 독일 정신 분석학자, 사회학자 《건전한 사회》

▶ 자본주의는 분명히 제1차 세계 대전의 원인이지만, 그에 앞선 평화 시대의 원인이기도 하다. _A. J. P. 테일러(1906~1990) 영국 역사가

▶ 자본주의는 인간을 전통적인 속박에서 해방시켰을 뿐 아니라, 적극적인 자유를 증대시켜 능동적이며 비판적이고 책임감이 있는 자아를 성장시키는 데 큰 기여를 했다.

_E. 프롬(1900~1980) 독일 정신 분석학자, 사회학자 《자유로부터의 도피》

▶ 자본주의의 악은 축복을 불평등하게 분배하는 것이며, 사회주의의 선은 빈곤을 평등하게 분배하는 것이다.

_W. L. S. 처칠(1874~1965) 영국 정치가

▶ 자본주의의 힘의 원천은 소유권이다. 소유권을 없애지 않으면 자본주의의 병폐를 뿌리째 없앨 수 없다. _N. G. 키녹(1942~) 영국 정치가

V. 레닌

自由 

외부적인 구속이나 무엇에 얽매이지 아니하고 자기 마음대로 행동함.

명언 명문

▶ 개인의 자유의 한계란 아무도 남에게 방해가 되어서는 안 된다는 것이다.
_J. S. 밀(1806~1873) 영국 철학자, 경제학자

▶ 개인의 진정한 자유는 경제적 안정과 자립 없이는 불가능하다. 굶주림과 실직 상태의 백성은 독재의 *온상이다.
_F. D. 루스벨트(1882~1945) 미국 제32대 대통령

▶ 건전한 정신을 가진 사람이라면 누구를 막론하고 노예보다는 자유를 선택하는 데 주저하지 않을 것이다.
_A. 해밀턴(1755?~1804) 미국 정치가

▶ 국민이 자유를 소중히 다루는 곳에만 자유가 있다.
_T. W. 윌슨(1856~1924) 미국 제28대 대통령

▶ 나는 모든 사람이 어디서나 자유롭기를 바란다.
_A. 링컨(1809~1865) 미국 제16대 대통령

▶ 나에게 자유를 다오. 그렇지 않으면 죽음을 다오.
_P. 헨리(1736~1799) 미국 정치가

▶ 남의 자유를 방해하지 않는 범위에서 자기의 자유를 넓히는 것, 이것이 자유의 법칙이다.
_I. 칸트(1724~1804) 독일 철학자

▶ 남의 자유를 부정하는 사람들은 자유를 누릴 자격이 없다.
_A. 링컨(1809~1865) 미국 제16대 대통령

▶ 내가 아는 유일한 자유는 정신 및 행동의 자유다.
_A. 카뮈(1913~1960) 프랑스 소설가, 극작가 《시시포스의 신화》

▶ 내가 하면 자유고 남이 하면 *방종이다.
_M. F. 퀸틸리아누스(35?~95?) 로마 웅변가, 수사학자

*온상 | 어떤 현상이나 사상, 세력 따위가 자라나는 바탕을 비유적으로 이르는 말.

*방종 | 제멋대로 행동하여 거리낌이 없음.

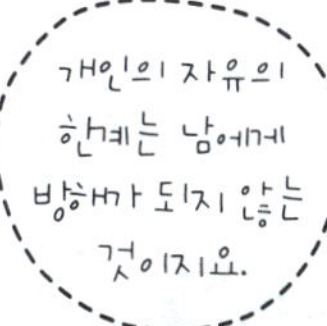

J. S. 밀

*심화 | 정도나 경지가 점점 깊어짐.
*내면화 | 사람의 정신적 · 심리적 측면이 밖으로 드러나지 않음.
*정화 | 더러운 것을 깨끗하게 함.

▶ 내면적 자유란 인간이 모든 고난을 극복하고, 이로 말미암아 *심화되고 *내면화되고 *정화되어 조용히 평화스럽게 살 힘을 가지게 된다는 것을 의미한다.

_A. 슈바이처(1875~1965) 독일 신학자, 철학자, 의사 《나의 생애와 사상》

▶ 독재를 벗어나 자유를 얻기란 편안한 침대에 누워서는 기대할 수 없다. _T. 제퍼슨(1743~1826) 미국 제3대 대통령

▶ 들판의 꿩은 아무리 먹이를 구하기가 힘들어도 새장에 갇히기를 바라지 않는다. _장자(B.C. 369?~B.C. 289?) 중국 전국 시대 송나라 사상가

▶ 명성을 잃기 전에는 그것이 얼마나 무거운 짐이었는지, 자유가 참으로 무엇인지 깨닫지 못한다. _M. M. 미첼(1900~1949) 미국 소설가

▶ 모든 인간은 자기 자신의 규율에 따라 자유롭게 살고 싶다고 생각한다. _J. C. F. 실러(1759~1805) 독일 시인, 극작가 《메시나의 신부》

▶ 모든 인간이 자유로워지기 전에는 그 누구도 완전히 자유로울 수 없고, 모든 인간이 도덕적으로 되기 전에는 그 누구도 도덕적일 수 없다. 또 모든 인간이 행복해지기 전에는 그 누구도 완전히 행복해질 수는 없다. _H. 스펜서(1820~1903) 영국 철학자, 사회학자

▶ 배움이 없는 자유는 언제나 위험하며 자유가 없는 배움은 언제나 헛된 일이다. _J. F. 케네디(1917~1963) 미국 제35대 대통령

▶ 사람은 위대하지 않아도 자유로워질 수 있다. 그러나 자유롭지 않고는 아무도 위대해질 수 없다.

_K. 지브란(1883~1931) 미국 소설가, 화가, 시인 《나는 네 행복을 기린다》

▶ 사람은 재산을 많이 가질 것인지 아니면 재산을 사용하는 자유를 많이 가질지 선택해야만 한다. _I. 일리치(1926~2002) 오스트리아 사회학자

▶ 사람이 자기가 원하는 대로 생각하고 생각대로 말하는 것은 최근의 드문 일이다. _C. 타키투스(56?~120?) 로마 역사가, 정치가

▶ 사람이 자유롭지 않다면 자신의 행동에 책임을 지지 않아도 되므로 사람은 자유롭다. _E. 프롬(1900~1980) 독일 정신 분석학자, 사회학자

▶ 세상에는 자유의 적절한 정의가 한 번도 없었다.

_A. 링컨(1809~1865) 미국 제16대 대통령

▶ 세상에서 가장 아름다운 것은 언론의 자유다.

_디오게네스(B.C. 412?~B.C. 323?) 그리스 철학자

▶ 신은 우리에게 생명을 줄 때 동시에 자유도 주었다.

_T. 제퍼슨(1743~1826) 미국 제3대 대통령

▶ 신은 인간을 자유롭게 창조했다. 인간은 자신의 힘을 현명하게 사용하는 방법을 배우기 위해 자유롭지 않으면 안 된다.

_I. 칸트(1724~1804) 독일 철학자 《영구평화론》

▶ 아무리 위대하고 아무리 강력한 사람도 물고기만큼 자유롭지는 못하다. _J. 러스킨(1819~1900) 영국 미술 평론가

▶ 애국자의 피는 자유라는 나무의 씨앗이다.

_P. 캠벨(1865~1940) 영국 배우

▶ 억압되었다가 다시 찾은 자유는 위험을 겪은 적이 없는 자유보다 더 강한 이빨로 물어뜯는다.

_M. T. 키케로(B.C. 106~B.C. 43) 로마 정치가, 학자

▶ 언론의 자유를 죽이는 것은 진리를 죽이는 것이다.

_J. 밀턴(1608~1674) 영국 시인

▶ 예술이든 정치든 모든 것에 자유가 없어서는 안 된다. 예술에서는 자유가 가장 필요하며, 정치에서는 자유가 없으면 바른 정치, 민중의 정치를 하지 못한다. _I. S. 투르게네프(1818~1883) 러시아 소설가

▶ 우리나라에는 말할 수 없이 소중한 것이 세 가지 있는데, 그것은 언론의 자유, 양심의 자유, 그리고 이 두 가지를 절대로 사용하지 않는 현명함이다. _M. 트웨인(1835~1910) 미국 소설가

▶ 우리는 평화를 간절히 바란다. 그러나 그 평화는 자유가 있는 것이어야 한다. _D. D. 아이젠하워(1890~1969) 미국 제34대 대통령

▶ 우리의 마지막 목적은 단 한 가지, 자유의 승리다.

_C. 처칠(1731~1764) 영국 시인

▶ 인간은 가만히 보면 어리석은 점이 하나 있다. 자기에게 있는 자유를 이용하려 하지 않고 자기에게 없는 자유만 원하고 있다.

_S. A. 키르케고르(1813~1855) 덴마크 철학자

▶ 인간은 자유다. 인간은 자유 그 자체다.

_J. P. 사르트르(1905~1980) 프랑스 소설가, 철학자 《존재와 무》

▶ 인간을 지배하는 세 개의 힘인 돈과 명예, *향락에 대한 애착을 끊었을 때 사람은 비로소 자유로워진다.

*향락 | 쾌락을 누림.

_C. 힐티(1833~1909) 스위스 사상가, 법률가

▶ 인간의 기본적인 자유는 말과 표현의 자유, 신앙의 자유, 결핍에서 벗어날 자유, 공포에서 벗어날 자유다.

_F. D. 루스벨트(1882~1945) 미국 제32대 대통령

▶ 자유가 없는 인간은 생명이 없는 인간이라고 할 수밖에 없다.

_L. N. 톨스토이(1828~1910) 러시아 소설가, 사상가

▶ 자유가 유지되려면 자유 또한 제한되지 않으면 안 된다.

_E. 버크(1729~1797) 영국 정치가, 사상가

▶ 자유가 있는 곳에 나의 조국이 있다.

_J. 오티스(1725~1783) 미국 변호사, 정치가

▶ 자유는 단순히 인권 선언으로 되는 것이 아니다. 그 선언을 구체적 행동으로 실천해야 한다. _T. W. 윌슨(1856~1924) 미국 제28대 대통령

▶ 자유는 사랑과 마찬가지로 집안에서 시작되어야 한다.

_J. B. 코넌트(1893~1978) 미국 화학자, 교육가, 외교관

▶ 자유는 언제나 위험하지만 우리가 가진 것 가운데 가장 안전한 것이다. _H. E. 포스딕(1878~1969) 미국 성직자

▶ 자유는 얻기보다 유지하기가 더 어렵다.

_J. C. 칼훈(1782~1850) 미국 정치가

▶ 자유는 정부로부터 나온 적이 없고 항상 백성들로부터 나왔다. 자유의 역사는 저항의 역사다.

_J. B. 코넌트(1893~1978) 미국 화학자, 교육가, 외교관

▶ 자유는 책임을 뜻한다. 이 때문에 대부분의 사람들이 자유를 두려워한다. _G. B. 쇼(1856~1950) 아일랜드 극작가, 평론가

▶ 자유는 하늘이 인간에게 베푼 가장 큰 축복 가운데 하나다.

_M. 세르반테스(1547~1616) 에스파냐 소설가

▶ 자유란 자기 책임에 대한 의지를 갖는 것이다.

_F. W. 니체(1844~1900) 독일 철학자, 시인

▶ 자유를 얻기 위해서는 어떠한 대가도 아깝지 않고 목숨마저도 버려야 한다. _한용운(1879~1944) 승려, 시인, 독립운동가

▶ 자유를 위해 싸우려고 하는 자는 인류의 큰 뜻을 위한 것이다.

_W. 쿠퍼(1731~1800) 영국 시인 《식탁담화》

L. N. 톨스토이

▶ 자유를 포기하는 것은 인간으로서의 자격을 포기하는 것이며, 그것은 인간의 권리와 의무마저 포기하는 것이다. 누구나 모든 것을 포기하는 사람에게는 어떤 보상도 주어지지 않는다.

_J. J. 루소(1712~1778) 프랑스 작가, 사상가

▶ 자유보다 우선하는 것은 없으며, 자유를 뒤틀거나 타락시킬 수 있는 것은 아무것도 없다. _W. 휘트먼(1819~1892) 미국 시인 《풀잎》

▶ 자유에는 의무라는 보증인이 필요하다. 그것이 없으면 단순한 방종에 불과하다. _I. S. 투르게네프(1818~1883) 러시아 소설가

▶ 지나친 자유는 개인과 국민을 지나친 노예 상태로 이끈다.

_M. T. 키케로(B.C. 106~B.C. 43) 로마 정치가, 학자

▶ 진리는 오류보다 강하고 자유는 강제보다 영원하다.

_J. F. 케네디(1917~1963) 미국 제35대 대통령

▶ 현명한 자들을 뽑아 그들에게만 직언의 자유를 주라.

_N. 마키아벨리(1469~1527) 이탈리아 사상가, 역사학자

속담

▶ 고삐 놓은 말. (매우 자유롭고 거침이 없음을 이르는 말) _한국

▶ 누군가에게 너의 비밀을 말하는 것은 그 사람에게 너의 자유를 맡기는 것이다. _에스파냐

▶ 돈을 받으면 자유를 잃는다. _독일

▶ 자유는 법이 허용하는 범위 안에 있다. _로마

고사성어

▷ 예미도중(曳尾塗中)

진흙 속에서 꼬리를 끌고 다닌다는 뜻으로, 부귀를 누리면서 구속된 생활을 하는 것보다 비록 가난해도 자유롭게 사는 게 낫다는 말이다. 장자가 복수에서 낚시를 하고 있는데 초나라 임금이 신하를 보내 초나라의 재상이 되어 줄 것을 청하라고 했다. 이때 장자가 "초나라에서 귀하게 여기는 3000년 묵은 죽은 거북보다 꼬리를 진흙 속에 끌며 다니는 거북이 낫다."고 거절한 데서 유래한다.

_《장자》 추수 편

자유인

自由人

정당한 행위에 대하여 자유권을 행사할 수 있는 국민.

명언 명문

*추종자 | 권력이나 권세를 가진 사람이나 자신이 동의하는 학설 따위를 별 판단 없이 믿고 따름.

*격정 | 강렬하고 갑작스러워 누르기 어려운 감정.

▶ 굶주린 사람은 자유인이 아니다. _A. E. 스티븐슨(1900~1965) 미국 정치가

▶ 민주 제도에서의 자유는 국가의 영광이다. 그러므로 자유인은 민주주의의 테두리 안에서만 살고자 한다.

_플라톤(B.C. 428?~B.C. 347?) 그리스 철학자 《국가론》

▶ 사람들은 자유인이 되기를 바라면서도 공정해질 줄은 모른다.

_E. J. 시에예스(1748~1836) 프랑스 정치가

▶ 생각을 하고 있는 한, 사람은 자유인이다.

_R. W. 에머슨(1803~1882) 미국 사상가, 시인

▶ 언제나 전쟁에 이기는 것은 지도자의 *추종자로서, 자유인이다.

_J. E. 스타인벡(1902~1968) 미국 소설가 《달은 진다》

▶ 우리는 자유인이 되기 위해서 법의 노예가 된다.

_M. T. 키케로(B.C. 106~B.C. 43) 로마 정치가, 학자

▶ 인간은 자유인으로 창조되었다. 비록 노예 신분으로 태어난다 해도 그는 자유인이다. _J. C. F. 실러(1759~1805) 독일 시인, 극작가

▶ 인내심을 가지고 노예의 짐을 지는 사람은 자유인이다.

_K. 지브란(1883~1931) 미국 소설가, 화가, 시인

▶ 자유인에게는 위협이 무력하다.

_M. T. 키케로(B.C. 106~B.C. 43) 로마 정치가, 학자

▶ 자유인은 자기의 *격정을 억제할 수 있으며, 결핍도 죽음도 쇠사슬도 두려워하지 않는다. 또 확고히 스스로의 욕망에 저항하고 세속의 명예를 버리고, 성격이 모나지 않은 사람이다.

_Q. 호라티우스(B.C. 65~B.C. 8) 로마 시인 《풍자시》

- 자유인이란 자기 생각을 끝까지 따르기를 두려워하지 않는 사람을 말한다. _L. 블룸(1872~1950) 프랑스 정치가, 평론가
- 자유인이란 죽음보다 삶에 대해 더 많은 것을 생각하는 사람이다. _B. 스피노자(1632~1677) 네덜란드 철학자
- 자제할 줄 모르는 사람은 자유인이라고 부를 수 없다. _피타고라스(B.C. 580?~B.C. 500?) 그리스 철학자, 수학자
- 잘 교육된 사람만이 진정한 자유인이다. _J. 매디슨(1751~1836) 미국 제4대 대통령
- 현명한 자만이 자유인이고, 비열한 인간은 노예다. _디오게네스(B.C. 412?~B.C. 323?) 그리스 철학자
- 철학의 최후 목표는 자유인이 되는 데 있다. _B. 스피노자(1632~1677) 네덜란드 철학자

속담

- 마른 자유인이 뚱뚱한 노예보다 낫다. _서양

키워드 정보 BOX

자유의 여신상

미국 뉴욕 항 리버티 섬에 우뚝 서 있는 거대한 여신상으로 1886년 미국 독립 100주년을 기념하여 프랑스에서 선물한 것이다. 정식 명칭은 '세계를 비추는 자유'지만, '자유의 여신상'으로 더 잘 알려져 있다. 1875년에 만들기 시작하여 1884년에 완성되었고, 1886년에 현재의 위치에 서게 되었다. 여신상은 조각이면서 동시에 내부에 계단과 엘리베이터가 설치된 건축물의 요소를 가지고 있다. 작가 프레데리크 오귀스트 바르톨디가 자신의 어머니를 모델로 조각했으며, 에펠 탑의 설계자이기도 한 귀스타브 에펠이 내부 철골 구조물에 대한 설계를 맡았다. 자유의 여신상은 자유를 상징할 뿐 아니라 더 나아가 자유와 압제로부터의 해방을 의미하는 상징물로 대표된다.

재산

財産

토지, 가옥, 가구, 금전, 귀금속 따위의 금전적 가치가 있는 것. 또는 소중한 것을 비유적으로 이르는 말.

명언 명문

*위탁물 | 일정한 계약 아래 남에게 맡겨둔 물건.
*불의 | 의리, 도의, 정의 따위에 어긋남.

▶ 가난이 자존심을 타락시킬 수 없고, 재물이 비열한 마음가짐을 높여 주지는 못한다. _L. C. 보브나르그(1715~1747) 프랑스 도덕주의자, 수필가

▶ 가난한 사람에게 자녀는 재산이다. _T. 풀러(1654~1734) 영국 의사, 작가

▶ 가장 큰 재산은 비록 가진 것이 적어도 만족하며 사는 것이다.
_T. 루크레티우스(B.C. 94?~B.C. 55?) 로마 시인, 철학자

▶ 개인의 재산을 안정적으로 보장받기 위한 가장 좋은 방법은 그것을 공공의 이해 관계에 어긋나지 않는 방법으로 얻는 것이다.
_W. L. S. 처칠(1874~1965) 영국 정치가

▶ 남는 재산이란 그것을 가진 사람이 공동체의 이익을 위해 일생 동안 관리할 의무가 있는 신성한 *위탁물이다.
_A. 카네기(1835~1919) 미국 실업가

▶ 도둑은 자기의 재산을 존중한다. 그는 자신의 재산을 더욱 존중하기 위해 남의 재산이 자기 것이 되기를 바랄 뿐이다.
_G. K. 체스터턴(1874~1936) 영국 소설가, 평론가

▶ 돈을 잘 버는 사람은 돈이 전혀 없는 경우라 할지라도 자기 자신이라는 재산을 가지고 있다. _알랭(1868~1951) 프랑스 철학자, 평론가

▶ 명성은 막대한 재산보다 낫다. _M. 세르반테스(1547~1616) 에스파냐 소설가

▶ 미덕은 세상에서 가장 즐겁고 귀중한 재산이다.
_플루타르코스(46?~120?) 그리스 철학자, 작가 《플루타르크 영웅전》

▶ 부자의 재산은 그의 건강의 가장 무서운 적이다.
_G. 휫스톤(1551?~1587) 영국 극작가, 시인

▶ *불의하게 얻은 재산은 끓는 물에 떨어진 눈이다. _《명심보감》

▶ 사람들은 모두 재물을 사랑하지만 나는 자손이 현명한 것을 사랑한다. _《명심보감》

▶ 사람은 누구나 그의 몸은 부모의 몸이다. 자기 몸도 자기 소유가 아닌데 재산을 어찌 자기 소유라고 할 수 있겠는가?

_사마광(1019~1086) 중국 북송 학자

▶ 사람은 쾌락을 누리기 위해 재산을 간절히 바란다.

_M. T. 키케로(B.C. 106~B.C. 43) 로마 정치가, 학자

▶ 생명 이외에 다른 재산은 없다. _J. 러스킨(1819~1900) 영국 미술 평론가

▶ *수치스러운 재산보다는 명예가 더 낫다.

_E. 데샹(1346~1406) 프랑스 시인, 우화 작가

▶ 엄청난 재산을 가진 사람들이 항상 행복하다고 여기는 것은 틀린 생각이다. _J. D. 록펠러(1839~1937) 미국 실업가

▶ 엄청난 재산을 가진 사람에게는 그것으로 무엇을 하는가가 문제다. _J. D. 록펠러 2세(1874~1960) 미국 자선 사업가

▶ 우리는 자유롭지 않고서는 행복할 수 없으며, 우리의 재산이 보장되지 못하면 자유로울 수가 없다. _C. J. H. 디킨스(1812~1870) 영국 소설가

▶ 의롭지 않게 얻은 재산은 헛되게 소비되고, 그 소유자 역시 타락한다. _M. 세르반테스(1547~1616) 에스파냐 소설가 《돈키호테》

▶ 인간은 재산에 대한 희망을 가지지 않으면 결코 일하려 하지 않는 법이다. _F. 케네(1694~1774) 프랑스 경제학자, 의사

▶ 자기가 가진 것에 만족하는 사람은 가장 안전하고 많은 재산을 가진 것이다. _P. 시루스(B.C. 1세기경) 로마 시인

▶ 재물은 똥오줌과도 같이 그것이 쌓여 있을 때에는 나쁜 냄새를 풍기고, 뿌려졌을 때에는 땅을 기름지게 한다.

_L. N. 톨스토이(1828~1910) 러시아 소설가, 사상가

▶ 재물은 불과 같은 것이다. 아주 유익한 머슴인가 하면, 제일 무서운 주인이기도 하다. _T. 칼라일(1795~1881) 영국 사상가, 역사가 《과거와 현재》

▶ 재물은 소유자를 섬기거나, 아니면 지배한다.

_Q. 호라티우스(B.C. 65~B.C. 8) 로마 시인

▶ 재물은 소유하는 것보다 사용하는 것이 더 낫다.

_F. 로하스(1465?~1541) 에스파냐 작가

*수치 | 다른 사람을 볼 낯이 없거나 스스로 떳떳하지 못함. 또는 그런 일.

*한눈 | 마땅히 볼 데를 보지 아니하고 딴 데를 보는 눈.
*철칙 | 바꾸거나 어길 수 없는 중요한 법칙.

▶ 재물은 *한눈 파는 동안에 날개가 돋아 하늘로 날아간 독수리처럼 사라지고 만다. _《성경》

▶ 재물을 땅에 쌓아 두지 마라. 땅에서는 좀먹거나 녹이 슬어 못 쓰게 되며 도둑이 뚫고 들어와 훔쳐 간다. 그러므로 재물을 하늘에 쌓아 두어라. 하늘에서는 좀먹거나 녹이 슬어 못 쓰게 되는 일도 없고 도둑이 뚫고 들어와 훔쳐 가지도 못한다. _《성경》

▶ 재물을 얻을 수 없다면 차라리 내가 좋아하는 일을 하면서 살겠다.
_공자(B.C. 551~B.C. 479) 중국 춘추 시대 노나라 사상가

▶ 재물을 옳게 사용하는 것은 무기를 옳게 사용하는 것보다 영광스러운 일이지만, 재물을 전혀 바라지 않는 것은 그것을 잘 사용하는 것보다 더 귀하다.
_플루타르코스(46?~120?) 그리스 철학자, 작가 《플루타르크 영웅전》

▶ 재산 때문에 자기 자신을 잃고 세상 때문에 본성을 잃는 자는 아래위가 거꾸로 된 자다.
_장자(B.C. 369?~B.C. 289?) 중국 전국 시대 송나라 사상가

▶ 재산에 대한 지나친 집착은 자유롭고 고상한 삶을 누리지 못하게 한다. _B. A. W. 러셀(1872~1970) 영국 철학자, 수학자

▶ 재산에는 권리와 동시에 의무도 따른다.
_W. 드러먼드(1585~1649) 영국 시인

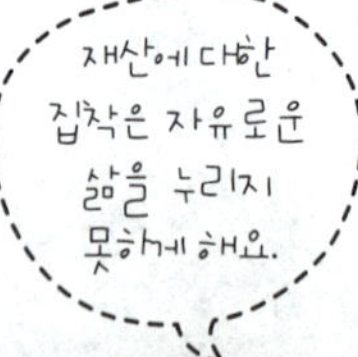

▶ 재산은 결국 불행과 경멸을 초래할 뿐이다.
_W. 셰익스피어(1564~1616) 영국 극작가, 시인

▶ 재산을 나눌 때는 가장 점잖은 사람들도 싸운다.
_R. W. 에머슨(1803~1882) 미국 사상가, 시인

▶ 재산을 쓰기 싫어하는 자는 그것을 가질 자격이 없다.
_T. 풀러(1654~1734) 영국 의사, 작가

B. A. W. 러셀

▶ 재산은 사람의 힘을 두 배로 만든다. _볼테르(1694~1778) 프랑스 사상가

▶ 재산이 탐이 난다면 오로지 만족만을 얻으려고 하라. 만족은 엄청난 재산이기 때문이다. _사디(1213?~1291) 페르시아 시인

▶ 재산이나 가문에 관계없이 유능한 인물들에게는 출세의 길이 열려 있다는 것이 나의 *철칙이었다. _나폴레옹 1세(1769~1821) 프랑스 황제

▶ 재산이란 것은, 인간의 도덕적 가치나 지능적 가치를 만드는 것이

아니다. 재산은 평범한 인간에게는 다만 타락의 요인이 될 뿐이지만 확고한 인간의 손에 있으면 좋은 연장이 된다.

_G. 모파상(1850~1893) 프랑스 소설가 《피에르와 장》

- 젊을 때는 노년기를 위해서, 노년기에는 죽음을 위해서 재산을 모은다. _J. 라브뤼예르(1645~1696) 프랑스 작가
- 지식은 사람을 웃게 만들지만 재산은 사람을 바보로 만든다. _G. 허버트(1593~1633) 영국 시인
- 큰 재산은 하늘에서, 작은 재산은 근면에서 온다. _《명심보감》
- 탐욕스러운 자는 재산이 크게 늘지 않으면 근심하고, 오만한 자는 권력이 크게 늘지 않으면 슬퍼한다. _장자(B.C. 369?~B.C. 289?) 중국 전국 시대 송나라 사상가

속담

- 개미 금탑 모으듯. (재물 따위를 조금씩 조금씩 알뜰히 모아 감을 이르는 말.) _한국
- 네 모든 재산을 한 배에 싣지 마라. _로마
- 네 재산을 자랑하지 마라. 아들이 다 써버릴지도 모른다. _마다가스카르
- 도깨비를 사귀었나. (까닭도 모르게 재산이 부쩍부쩍 늘어남을 비유적으로 이르는 말) _한국
- 북어 껍질 오그라들듯. (일마다 이루어지지 아니하거나 발전이 없고 점점 오그라들기만 한다는 뜻) _한국
- 원숭이 전 재산은 볼 주머니 안에 있다. (재산은 남에게 맡기는 것보다 자기 수중에 두는 것이 좋다는 말) _세네갈
- 재산은 욕망을 충족시키기는커녕 더욱 증가시킨다. _서양
- 재산을 뽐내는 사람은 그 외에는 자랑거리가 없는 사람이다. _로마
- 재산이 적으면 근심도 적다. _영국
- 정신의 재산만이 참된 재산이다. _그리스
- 죽을 때는 재산을 갖고 갈 수 없다. _서양
- 큰 재산은 가혹한 굴레다. _서양
- 황금 열쇠는 모든 문을 연다. _서양

지식 쑥쑥

한자 숙어

금옥만당(金玉滿堂) 금관자나 옥관자를 붙인 벼슬아치들이 많음.

재판

裁判

옳고 그름을 따져 판단함. 소송 사건을 해결하기 위해 법원 또는 법관이 공권적 판단을 내리는 일.

명언 명문

*매수 | 금품이나 그 밖의 수단으로 남의 마음을 사서 자기편으로 만드는 일.

*태연자약 | 마음에 어떠한 충동을 받아도 움직임이 없이 천연스러움.

*메피스토펠레스 | 중세 서양의 파우스트 전설에 나오는 악마.

▶ 나무를 벨 때는 받침대를 하고, 장작을 팰 때는 나무결을 따라 한다. 이처럼 사람을 재판할 때는 도리에 어긋나서는 안 되는 것이다.

_《시경》

▶ 범인은 속임수나 *매수된 판사의 호의로 재판에서 이긴다 해도 자기 양심의 재판소에서는 이길 수 없다.

_D. J. 유베날리스(50?~130?) 로마 시인

▶ 사람을 미워하지 않고 죄를 벌하는 것이 명재판관이다.

_L. A. 세네카(B.C. 4?~A.D. 65) 로마 철학자, 극작가

▶ 선량한 재판관의 정의는 칭찬에 지나지 않고, 야심 있는 재판관의 정의는 승진을 위한 것에 지나지 않는다.

_F. 라로슈푸코(1613~1680) 프랑스 작가 《도덕적 반성》

▶ 세상을 배우는 곳은 재판소와 군대뿐이다.

_P. D. S. 체스터필드(1694~1773) 영국 정치가, 작가

▶ 여우는 거위의 재판에 판사가 되어서는 안 된다.

_T. 풀러(1608~1661) 영국 성직자, 역사가

▶ 재판관에게는 네 가지가 필요하다. 친절하게 듣고, 빠진 것 없이 대답하고, 냉정하게 판단하고, 공평하게 재판하는 것이다.

_소크라테스(B.C. 469~B.C. 399) 그리스 철학자

▶ 재판관은 쌍방의 주장을 가늠하면서 *태연자약한 표정을 지어 보이고 나서 최선을 다해 결정을 내린다. 그런 다음, 정의에 어긋남이 없을 것을 바란다. _R. W. 에머슨(1803~1882) 미국 사상가, 시인 《인생의 방법》

▶ 재판관은 순진하고 단순한 사람일 경우가 많다. 그러면서도 *메

피스토펠레스적인 데도 있어야 한다.

_O. W. 홈스(1809~1894) 미국 소설가, 의학자 《법과 법정》

▶ 재판관은 역사가와 철학가와 예언자에게 요구되는 기능을 골고루 합쳐서 구비하고 있어야 한다. 그중에서 맨 나중의 것, 자신이 취한 조치에 대한 결과를 예측하는 것이 가장 어려운 일이다.

_F. 프랭크퍼터(1882~1965) 미국 법학자, 교육자

▶ 재판관은 젊어서는 안 된다. 재판관은 자기의 영혼에서가 아니라 타인의 약한 본질을 오랫동안 관찰함으로써 그 악을 배워 알아야 한다. 지식이라는 것은 그의 안내역이 되어야 하며, 개인적인 체험이 되어서는 안 된다. _플라톤(B.C. 428?~B.C. 347?) 그리스 철학자

▶ 재판소를 멀리하면 근심도 멀리하는 것이다.

_J. F. 클라크(1810~1888) 미국 성직자

▶ 재판을 일부러 받지 않는 자는 유죄를 고백하는 것과 다름없다.

_P. 시루스(B.C. 1세기경) 로마 시인 《격언집》

▶ 재판의 횟수가 늘어날수록 애정이 무디어 간다.

_S. R. N. 샹포르(1741~1794) 프랑스 극작가 《격언과 사상》

▶ 재판이, 돈에 따라 백을 흑이라고 말할 수 있는 기술이 있다는 것은 누구나 다 아는 바다.

_R. 롤랑(1866~1944) 프랑스 소설가, 사상가 《콜라 브뢰뇽》

속담

▶ 두 친구의 재판관이 될 때에는 한 친구를 잃게 마련이다. _스웨덴

▶ 법관이 옷을 입으면 사사로운 정을 잊으라. _영국

▶ 벙어리 재판. (옳고 그름을 판단하기 매우 어렵거나 곤란한 경우를 이르는 말) _한국

▶ 분별이 생기는 것은 재판이 끝나고 나서다. _프랑스

▶ 선물이 크면 재판관을 장님으로 만든다. _프랑스

▶ 어리석은 재판관은 판결이 짧다. _프랑스

▶ 재판관은 똑같은 귀를 둘 가져야 한다. _영국

▶ 재판은 서두르면 화를 남긴다. _서양

▶ 하느님에게는 진실을 고하고, 재판관에게는 돈을 건네라. _러시아

저축

貯蓄

절약하여 모아 둠. 소득 중에서 소비로 지출되지 않는 부분.

명언 명문

*가재 | 살림 도구나 돈 등 한 집안의 재물이나 재산.

▶ 다람쥐는 자기들이 쓸 수 있는 것보다 열 배나 많은 호두 열매를 저축한다. _J. E. 스타인벡(1902~1968) 미국 소설가 《불만의 겨울》

▶ 만들 수 있는 것을 모두 만들고, 저축할 수 있는 것을 모두 저축하며, 줄 수 있는 것은 모두 주어라. _J. 웨슬리(1703~1791) 영국 신학자

▶ 작은 것이 많이 모이면 큰 것이 된다는 속담이 있다. _G. 초서(1342?~1400) 영국 시인

▶ 조금씩 더해지는 것을 되풀이하면 얼마 안 가서 큰 것이 된다. _헤시오도스(B.C. 8세기경) 그리스 시인

▶ 지갑에 아무것도 넣지 않는 사람은 아무것도 꺼낼 것이 없다. _T. 풀러(1654~1734) 영국 의사, 작가

▶ 하루에 한 푼을 모으면 일 년이면 큰돈이 된다. _J. 애디슨(1672~1719) 영국 수필가, 시인, 정치가

J. E. 스타인벡

속담

▶ 굳은 땅에 물이 괸다. (아끼고 쓰지 않는 사람에게 재물이 모인다는 뜻) _한국

▶ 바늘이 모이면 도끼가 되고 도끼가 모이면 *가재 도구가 된다. _몽골

▶ 어려운 날을 위해 저축하라. _미국

▶ 저축에서 재산이 나온다. (낭비하지 않고 꾸준히 저축하면 재산이 모이게 된다는 뜻) _영국

▶ 절약해서 저축한 돈은 일해서 얻은 것과 동일하다. _독일

전쟁

戰爭

국가와 국가, 또는 교전 단체 사이에 무력을 사용하여 싸움. 극심한 경쟁이나 혼란을 비유적으로 이르는 말.

정치와 경제

명언 명문

▶ 사람들 대부분은 전쟁의 업적이 평화의 업적보다 더 중요하다고 믿지만 그것은 잘못된 생각이다.

_M. T. 키케로(B.C. 106~B.C. 43) 로마 정치가, 학자

▶ 사람들이 전쟁을 좋아하는 것은 그들이 잔인하기 때문이 아니라 전쟁이 흥미진진하기 때문이다. _H. W. 비처(1813~1887) 미국 신학자

▶ *성인이 선생을 하면 나라를 잃을 수는 있어도 민심을 잃지는 않는다. _장자(B.C. 369?~B.C. 289?) 중국 전국 시대 송나라 사상가

▶ 어쩔 수 없이 하는 싸움은 정당하며, 무기 이외에 희망이 없을 때는 무기 또한 신성하다. _N. 마키아벨리(1469~1527) 이탈리아 사상가, 역사학자

▶ 인간이 조금만 덜 돌았더라면 전쟁으로부터 생기는 비극에서 벗어났을 것이다. _A. P. G. 지드(1869~1951) 프랑스 소설가, 평론가 《지상의 양식》

▶ 인류는 전쟁을 없애야만 한다. 그렇지 않으면 전쟁이 인류를 없앨 것이다. _J. F. 케네디(1917~1963) 미국 제35대 대통령

▶ 전쟁도 비참한 평화보다는 낫다.

_C. 타키투스(56?~120?) 로마 역사가, 정치가

▶ 전쟁보다 더 나쁜 것은 전쟁에 대한 두려움이다.

_L. A. 세네카(B.C. 4?~A.D. 65) 로마 철학자, 극작가

▶ 전쟁에서 패배할지도 모른다는 이유 때문에 우리가 옳다고 믿는 *대의명분에 대한 지지를 포기해서는 안 된다.

_A. 링컨(1809~1865) 미국 제16대 대통령

▶ 전쟁에서는 승리를 대신할 수 있는 것이 없다.

_D. 맥아더(1880~1964) 미국 군인

*성인 | 지혜와 덕이 매우 뛰어나 길이 우러러 본받을 만한 사람.

*대의명분 | 어떤 일을 꾀하는 데 내세우는 합당한 구실이나 이유.

J. F. 케네디

*향연 | 특별히 손님을 대접하는 잔치.
*장본인 | 어떤 일을 꾀하여 일으킨 바로 그 사람.

▶ 전쟁은 개가 벼룩을 털듯이 지구가 인간을 털어 내는 자연적인 현상이다. _J. 콕토(1889~1963) 프랑스 시인, 소설가, 극작가

▶ 전쟁은 불과 같다. 멈추지 않으면 자기가 불에 탄다. _《삼국지》

▶ 전쟁은 빨리 끝내야 한다. 오래 끌어서 나라에 이익이 되는 경우는 없다. _손자(B.C. 6세기경) 중국 춘추 시대 오나라 전략가

▶ 전쟁은 사람들의 마음속에서 시작되기 때문에 평화의 방어도 사람들의 마음속에서 이루어져야 한다. _〈유네스코 헌장〉

▶ 전쟁은 어리석은 범죄이자, 악마의 미친 짓이다. _R. W. 서비스(1874~1958) 캐나다 시인, 소설가

▶ 전쟁은 오로지 전쟁을 통해서만 없앨 수 있다. 총을 없애려면 총을 들어야 한다. _마오쩌둥(1893~1976) 중국 정치가

▶ 전쟁은 인류를 괴롭히는 최대의 질병이다. _M. 루터(1483~1546) 독일 종교 개혁가

▶ 전쟁은 전쟁을 낳는다. _J. C. F. 실러(1759~1805) 독일 시인, 극작가

▶ 전쟁은 죽음의 *향연이다. _G. 허버트(1593~1633) 영국 시인

▶ 전쟁을 멈추게 할 목적이라면 전쟁을 해도 좋다. _사마양저(B.C. 6세기경) 중국 춘추 시대 제나라 병법가

▶ 전쟁을 벌이기에 앞서서 망설이지 않는 지도자는 지도자가 될 자격이 없다. _G. 메이어(1898~1978) 이스라엘 수상

▶ 전쟁을 위해 훈련시켜야 하는 것은 군대가 아니라 국민이다. _T. W. 윌슨(1856~1924) 미국 제28대 대통령

▶ 전쟁을 일으키는 *장본인은 바로 정치인들이다. 전쟁은 정치인의 악의보다는 그들이 맡은 문제를 서투르게 처리하는 데서 빚어진 경우가 흔하다. _E. 프롬(1900~1980) 독일 정신 분석학자, 사회학자 《건전한 사회》

▶ 전쟁의 시작과 수행에서는 정의가 아니라 승리가 문제다. _A. 히틀러(1889~1945) 독일 정치가

▶ 전쟁의 승패는 군대의 사기가 4분의 3을, 병력의 상대적 균형이 4분의 1을 좌우한다. _나폴레옹 1세(1769~1821) 프랑스 황제

▶ 전쟁이란 것은 가장 비천하고 죄 많은 무리들이 권력과 명예를 서로 빼앗는 상태를 말한다. _L. N. 톨스토이(1828~1910) 러시아 소설가, 사상가 《독서의 수레바퀴》

▶ 최상의 명장이란 싸우지 않고 이기는 장수며, 혹 싸우더라도 자기 나라의 피해를 최소한으로 줄일 수 있도록 천리 밖에서 싸우는 장수가 그 다음이다. _순자(B.C. 298?~B.C. 238?) 중국 전국 시대 조나라 사상가

▶ 칼로 사람을 죽이는 것보다 말로써 전쟁을 무너뜨리는 편이 명예스럽다. _A. 아우구스티누스(354~430) 로마 신학자, 성인

▶ 큰 나라도 호전적이면 망하고 태평한 천하도 전쟁을 잊으면 위태롭다. _사마천(B.C. 145?~B.C. 86?) 중국 전한 역사가

속담

▶ 그림과 전쟁은 멀리 떨어져서 보라. _영국

▶ 양보는 모든 전쟁을 막는다. _서양

▶ 전쟁 때는 꼬챙이도 칼이 된다. _이탈리아

▶ 전쟁 마당에서는 불행이 꽃핀다. _독일

▶ 전쟁에서는 두 번 실수란 허용되지 않는다. _로마

▶ 전쟁은 스스로 불을 붙인다. _에스파냐

▶ 전쟁이 시작되면 지옥의 문이 열린다. _영국

▶ 전쟁이 일어나면 악마는 지옥의 영역을 넓혀 간다. _에스파냐

▶ 평화를 원한다면 전쟁 준비를 하라. _로마

▶ 피할 수도 있는 전쟁을 부추기는 자는 악마의 사제다. _영국

고사성어

▷ 마혁과시(馬革裹屍)

말의 가죽으로 시체를 싼다는 뜻으로, 전쟁터에 나가 적과 싸우다 죽겠다는 장수의 각오를 비유한 말이다. 후한 광무제 때의 명장 마원은 주위 사람들에게 "옛날 한 장군은 공을 세우고도 겨우 작은 봉토밖에 받지 못하였는데, 나는 별로 큰 공을 세우지도 못했는데도 제후로 봉하여졌으니 상이 너무 과분하다."고 말하였다. 그러고는 북쪽 국경을 시끄럽게 하고 있던 흉노와 오환을 정벌하기 위해 떠나며 "대장부는 마땅히 싸움터에서 죽어 말가죽에 싸여 돌아와 장사를 지낼 뿐이다. 어찌 침대 위에 누워 여자의 시중을 받으며 죽을 수 있겠는가."라고 말한 데서 유래한다. _《후한서》 마원전

절약 節約

함부로 쓰지 아니하고 꼭 필요한 데에만 써서 아낌.

명언 명문

*검약 | 돈이나 물건, 자원 따위를 낭비하지 않고 아껴 씀. 또는 그런 데가 있음.

▶ 갖고 있는 것을 모두 소비하고 구걸하는 것보다는 절약하는 편이 더 낫다. _B. 프랭클린(1706~1790) 미국 정치가, 과학자

▶ *검약한 돈은 번 돈이다. _R. 레먼(1901~1990) 영국 소설가 《정치의 화원》

▶ 근면은 재산의 오른손이고 절약은 왼손이다. _J. 레이(1627~1705) 영국 생물학자

▶ 남에게 베풀 줄 모르는 절약은 탐욕을 낳고, 절약 없이 남에게 베푸는 것은 낭비를 낳는다. _W. 펜(1644~1718) 영국 정치가

▶ 늙었을 때와 궁할 때를 대비하여 가능할 때 절약하라. 아침 해는 온종일 비치는 것이 아니다. _B. 프랭클린(1706~1790) 미국 정치가, 과학자

▶ 돈을 모을 때까지는 돈을 쓰지 마라. _T. 제퍼슨(1743~1826) 미국 제3대 대통령

▶ 바닥난 지갑으로 절약하는 것은 이미 때가 늦었다. _L. A. 세네카(B.C. 4?~A.D. 65) 로마 철학자, 극작가

▶ 불우한 사람에게 언제나 25센트를 베풀어 주는 사람이 1센트를 갖고 아껴도 멋있게 보인다. _W. 메이슨(1724~1797) 영국 시인

▶ 절약만큼 확실한 이익의 샘은 없다. _P. 시루스(B.C. 1세기경) 로마 시인

▶ 절약 없이는 부자가 될 수 없다. 절약해서 가난한 사람이 되는 경우는 거의 없다. _S. 존슨(1709~1784) 영국 시인, 평론가

▶ 절약은 내일의 부족함에 대비해서 오늘 준비해야 하는 것이다. _이솝(B.C. 620?~B.C. 560?) 그리스 우화 작가 《이솝 이야기》

▶ 절약은 다른 모든 미덕을 포용한다. _M. T. 키케로(B.C. 106~B.C. 43) 로마 정치가, 학자

이솝

▶ 절약은 큰 수입이다. _D. 에라스뮈스(1466~1536) 네덜란드 철학자

▶ 절약은 행운을 가져다주고 사치는 재앙을 가져다주는 것이 하늘의 이치다. _이언적(1491~1553) 조선 시대 성리학자

▶ 절약하면서 편한 마음으로 사는 것이 크나큰 재산이다. _T. 루크레티우스(B.C. 94?~B.C. 55?) 로마 시인, 철학자

속담

▶ 가을 식은 밥이 봄 양식이다. (풍족할 때 함부로 낭비하지 않고 절약하면 뒷날의 궁함을 면할 수 있다는 뜻) _한국

▶ 강물도 쓰면 준다. (풍부하다고 여겨 함부로 헤프게 쓰지 말고 아끼라는 말) _한국

▶ 구둣방 주인은 늘 나쁜 구두를 신는다. _한국

▶ 근검 절약은 미덕의 근원이다. _영국

▶ 금화를 세 개 절약하라. 그러면 네 개가 손에 들어온다. _세르비아

▶ 동전 한 개도 두 개로 쓴다. (매우 절약한다는 말) _프랑스

▶ 딸의 집에서 가져온 고추장. (물건들을 몹시 아껴 두고 쓴다는 말) _영국

▶ 모자에는 손을 빨리 대고 지갑에는 천천히 대라. _덴마크

▶ 비 오는 날을 위해 무엇인가 준비해 두어라. _서양

▶ 사람은 고생스러운 일과 절약으로 부자가 된다. _터키

▶ 소같이 벌어서 쥐같이 먹어라. (일은 열심히 하여서 돈은 많이 벌고 생활은 아껴서 검소하게 하라는 말) _한국

▶ 양복점 아내는 나쁜 옷을 입는다. _영국

▶ 작은 것이 많아지면 큰 것이 된다. _서양

▶ 절약은 버는 것이다. _독일

▶ 절약은 부자의 시작이고, 낭비는 빚의 시작. _인도네시아

▶ 절약은 첫 번째 소득이다. _서양

▶ 큰 바다의 물도 한 방울씩 모여서 이루어진다. _영국

▶ 푼돈을 아끼면 큰돈이 모인다. _서양

▶ 한 푼의 절약은 한 푼의 이득. _서양

지식 쑥쑥

한자 숙어

식불이미(食不二味) 평소에 반찬을 두 가지 이상 놓지 아니한다는 뜻으로, 검약한다는 말.

정당

政黨

정치적인 주의나 주장이 같은 사람들이 정권을 잡고 정치적 이상을 실현하기 위해 조직한 단체.

명언 명문

*안식 | 편히 쉼.

▶ 당파는 낮은 것, 약한 것일수록 그 결합이 강하다.

_F. 베이컨(1561~1626) 영국 정치가, 철학자

▶ 매우 흥분한 당파의 부르짖음 속에서 진리의 소리를 드러내는 것은 어렵다. _J. C. F. 실러(1759~1805) 독일 시인, 극작가

▶ 모든 정당은 결국 자신의 거짓말들을 삼키고 죽는다.

_J. 아버스넛(1667~1735) 스코틀랜드 수학자, 작가

▶ 사람이 즐겨 당파에 참여하게 되는 것은, 설령 *안식은 없다 하더라도 거기에는 안심과 안전이 보이기 때문이다.

_J. W. 괴테(1749~1832) 독일 시인, 소설가, 극작가 《격언과 반성》

▶ 생각을 많이 하는 사람은 당원에 맞지 않는다. 왜냐하면 당파 따위를 벗어나 생각해 버리기 때문이다.

_F. W. 니체(1844~1900) 독일 철학자, 시인

▶ 아직까지 국가에 대해서 분노의 생각을 품지 않았던 정당은 없었던 것 같다. _P. 발레리(1871~1945) 프랑스 시인, 사상가, 평론가

▶ 어떤 사람들은 자기들의 주장을 위하여 당을 바꾸고, 또 어떤 사람들은 당을 위하여 자기들의 주장을 바꾼다.

_W. L. S. 처칠(1874~1965) 영국 정치가

▶ 역사의 흐름에 따라 변신하지 못하는 정당은 역사의 쓰레기통 속으로 들어간다. _V. 레닌(1870~1924) 소련 혁명가, 정치가

▶ 자유 국가에는 반드시 정당들이 있어야 한다.

_E. 버크(1729~1797) 영국 정치가, 사상가

▶ 정당 없이는 의회 정치가 불가능하다.

_B. 디즈레일리(1804~1881) 영국 정치가, 소설가

▶ 정당에 충성을 다하는 것은 위대한 인물을 하찮은 대중의 수준으로 끌어내리는 것이다. _J. 라브뤼예르(1645~1696) 프랑스 작가

▶ 정당은 정치적인 악이고, *파벌은 모든 정당 가운데 가장 나쁜 것이다. _V. 볼링브룩(1678~1751) 영국 정치가

▶ 정당은 조직화된 여론이다. _B. 디즈레일리(1804~1881) 영국 정치가, 소설가

▶ 정당의 정직성은 정당의 *임시방편이다.

_S. G. 클리블랜드(1837~1908) 미국 제22 · 24대 대통령

▶ 정치에 관한 글을 많이 읽을수록 어느 정당이든 다른 정당보다 더 나쁘다고 수긍하게 된다. _W. 로저스(1879~1935) 미국 배우, 유머 작가

▶ 정치적 집단은 인간의 육체와 마찬가지로 태어난 순간부터 죽어가기 시작하며, 그 자체 속에 *자멸의 요인을 지니고 있다.

_J. J. 루소(1712~1778) 프랑스 작가, 사상가

▶ 좋은 정당 하나는 이제까지 살았던 가장 훌륭한 인간보다 낫다.

_T. B. 리드(1839~1902) 미국 정치가

▶ 질서나 안정을 위한 정당, 진보나 개혁을 위한 정당은 모두 건전한 정치 활동의 필수 요소다. _J. S. 밀(1806~1873) 영국 철학자, 경제학자

*파벌 | 개별적인 이해관계에 따라 따로 갈라진 사람의 집단.

*임시방편 | 갑자기 터진 일을 우선 간단하게 둘러맞추어 처리함.

*자멸 | 스스로 자신을 망치거나 멸망하게 함.

고사성어

▷ 당동벌이(黨同伐異)

한 무리를 이루어 다른 무리를 친다는 뜻으로, 일의 옳고 그름은 따지지 않고 뜻이 같은 무리끼리는 서로 돕고 그렇지 않은 무리는 배척하는 것을 말한다. 후한 때에는 거의 대부분 어린 나이에 즉위한 황제 대신 황태후와 외척들이 실권을 잡고 나라를 다스렸다. 그러나 나중에 장성한 황제는 이들을 제거해 나가는데, 그 중심이 된 세력이 바로 환관이었다. 환관들은 집단의 결속력이 유달리 강하고 자신들의 이해에 민감하여 이들이 권력을 쥐면 부정과 부패가 만연하였다. 유교적 교양을 쌓은 선비들이 이를 보고만 있을 리 없었다. 이렇게 선비 집단과 외척, 환관 세력이 서로 물고 물리는 정권 다툼을 벌이는 과정에서, 옳고 그름을 떠나 다른 집단을 무조건 배격하였는데, 당동벌이는 여기서 유래하였다. _《후한서》 당동전

정부

政府

입법, 사법, 행정의 삼권을 포함하는 통치 기구를 통틀어 이르는 말.

명언 명문

*자치 | 저절로 다스려짐. 또는 자기 일을 스스로 다스림.

- 가장 좋은 정부는 우리에게 *자치를 가르쳐 주는 정부다.
  _J. W. 괴테(1749~1832) 독일 시인, 소설가, 극작가
- 간섭을 가장 적게 하는 정부가 가장 좋다는 말은 옳다. 가장 많은 것을 공급해 주는 정부가 가장 좋다는 말도 역시 옳다.
  _W. 리프먼(1889~1974) 미국 시사 평론가, 언론인
- 강력한 야당이 없다면 어떠한 정부도 오랫동안 안전하게 유지될 수 없다. _B. 디즈레일리(1804~1881) 영국 정치가, 소설가
- 국민의 정부란 국민을 위해, 국민에 의해 만들어지고, 국민에게 책임을 지는 정부다. _D. 웹스터(1782~1852) 미국 정치가
- 네가 원하는 모든 것을 줄 수 있을 만큼 거대한 정부는 모든 것을 빼앗아 갈 수도 있을 만큼 거대한 것이다.
  _B. M. 골드워터(1909~1998) 미국 정치가
- 모든 사람이 자기가 정부의 일부라고 느낄 때 그 정부는 가장 강하다. _T. 제퍼슨(1743~1826) 미국 제3대 대통령
- 모든 토론 끝에 최종 조치가 취하여질 때는 모든 시민이 거기에 찬성했건 찬성하지 않았건 정부를 지지해야 한다고 나는 믿는다.
  _W. J. 브라이언(1860~1925) 미국 정치가
- 사회의 행복이 정부의 목적이다. _J. 애덤스(1735~1826) 미국 제2대 대통령
- 어떠한 국민도 자기 나라의 나쁜 정부보다 남의 나라의 좋은 정부를 원하지는 않는다. _M. K. 간디(1869~1948) 인도 정치가, 민족 운동 지도자
- 오랜 기간에 걸친 공동의 경험과 노력의 결과가 아닌 정부는 뿌리를 내릴 수 없다. _나폴레옹 1세(1769~1821) 프랑스 황제

▶ 정부가 아주 없는 것보다는 어떤 정부라도 있는 편이 낫다.

_플루타르코스(46?~120?) 그리스 철학자, 작가 《플루타르크 영웅전》

▶ 정부는 국민이 스스로 할 수 없는 일만 해야 한다.

_R. 레이건(1911~2004) 미국 제40대 대통령

▶ 정부는 불만을 품는 자에게는 '세금을 부과하는 기계'고, 만족하는 자에게는 '재산을 보호해 주는 기계'다.

_T. 칼라일(1795~1881) 영국 사상가, 역사가

▶ 정부는 인간의 욕구를 충족시키려고 만들어 낸 지혜의 산물이다. 이 때문에 사람들은 정부를 통해 욕구를 충족할 권리가 있다.

_E. 버크(1729~1797) 영국 정치가, 사상가

▶ 정부는 자유를 보호하고 개인의 기회를 확대시켜 주기 위해서 존재한다.

_L. B. 존슨(1908~1973) 미국 제36대 대통령

▶ 정부는 조직된 여론이다. 여론이 전혀 또는 거의 없는 곳에서는 나쁜 정부가 들어서기 쉽고 그것은 곧 독재 정부로 변할 것이다.

_M. L. 킹(1929~1968) 미국 목사, 흑인 해방 운동가

▶ 정부란 국민과 최고 권력자 사이에서 서로 연락하며, 법의 집행과 시민적 자유와 정치적 자유의 유지를 맡은 중간 단체다.

_J. J. 루소(1712~1778) 프랑스 작가, 사상가 《사회계약론》

▶ 정부를 떠받치고 있는 네 개의 기둥은 종교, 정의, 협의, 그리고 재정이다.

_F. 베이컨(1561~1626) 영국 정치가, 철학자

▶ 정부에는 *필요악이 없다. 정부의 나쁜 행동은 오직 권력 남용뿐이다.

_A. 잭슨(1767~1845) 미국 제7대 대통령

▶ 정부의 기초는 국민의 권리에 두어야 하지만 행정은 전문가들에게 맡겨야 한다.

_쑨원(1866~1925) 중화민국 정치가

▶ 정부의 목적은 정의다.

_D. 디포(1660~1731) 영국 소설가

▶ 정부의 임무는 행복을 주는 게 아니라, 사람들에게 스스로 행복을 위해 일할 기회를 주는 것이다.

_J. 스토리(1779~1845) 미국 법률가

▶ 좋은 정부는 사람의 생명과 행복을 파괴하는 것이 아니라 보살펴 주는 정부이다.

_T. 제퍼슨(1743~1826) 미국 제3대 대통령

▶ 효과적인 정부는 국민의 신뢰를 기초로 한다.

_J. F. 케네디(1917~1963) 미국 제35대 대통령

*필요악 | 없는 것이 바람직하지만 사회적인 상황에서 어쩔 수 없이 요구되는 악.

정치 政治

나라를 다스리는 일.

명언 명문

▶ 개인 생활에 너무 자세히 간섭하는 것은 좋은 정치가 아니다.

_김구(1876~1949) 독립운동가, 정치가

▶ 국가의 기본 방침이 애매하면 민심이 쉽게 흔들리고, 정의가 무너지면 올바른 정치가 어렵다. _이이(1536~1584) 조선 시대 문신, 학자

▶ 뇌물이 판을 치고 조세 제도가 무너지는 것보다 더 나쁜 정치는 없다. _유종원(773~819) 중국 당나라 문인

▶ 덕으로 백성을 다스리는 것은 마치 북극성이 제자리에 있으면서 여러 별들이 한결같이 그것을 향하는 것과 같다. _《논어》

▶ 모든 정치는 다수의 무관심에 기초하고 있다.

_J. B. 레스턴(1909~1995) 미국 언론인

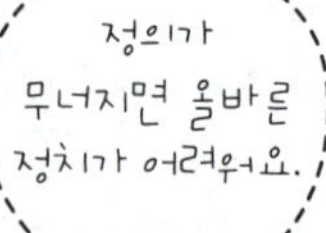

▶ 물이 흐리면 꼬리를 움직이는 물고기가 없고 정치가 가혹하면 편히 즐기는 선비가 없다. _등석(?~?) 중국 춘추 시대 정나라 학자 《등석자》

▶ 백성을 다스린다는 것은 백성을 기르는 것이다.

_정약용(1762~1836) 조선 시대 문신, 학자 《목민심서》

▶ 법률에만 복종하는 정치가 최상의 정치다.

_볼테르(1694~1778) 프랑스 사상가

▶ 여론이 세상을 지배한다는 말은 정치에서는 할 필요도 없는 것이다. _J. S. 밀(1806~1873) 영국 철학자, 경제학자

▶ 인간 본성에 대한 지식은 정치 교육의 시작이자 마지막이다.

_H. B. 애덤스(1838~1918) 미국 역사가, 사상가 《헨리 애덤스의 교육》

▶ 자유는 그보다 더 높은 정치적 목적을 위한 수단이 아니라 그 자체가 가장 높은 정치적 목표다. _액턴(1834~1902) 영국 역사가

이이

▶ 재물을 바라고 군주를 섬기는 자는 올바른 정치를 할 수 없다.

_유향(B.C. 77?~B.C. 6?) 중국 전한 학자

▶ 정치 세계에는 마음이란 없고 오직 머리만 있다.

_나폴레옹 1세(1769~1821) 프랑스 황제

▶ 정치는 가능한 것을 다루는 기술이다.

_R. A. 버틀러(1902~1982) 영국 정치가

▶ 정치는 때를 아는 것이 중요하고, 일은 성실하게 힘쓰는 것이 필요하다.

_이이(1536~1584) 조선 시대 문신, 학자

▶ 정치는 물리보다 더 어렵다. _A. 아인슈타인(1879~1955) 미국 물리학자

▶ 정치는 민심을 따르면 성공하고 민심을 거스르면 실패한다. _《관자》

▶ 정치는 바로잡는 것이다. 지도자가 올바르면 아무도 불의한 짓을 할 수 없을 것이다. _공자(B.C. 551~B.C. 479) 중국 춘추 시대 노나라 사상가

▶ 정치는 불을 대하듯이 할 일이다. 화상을 입지 않기 위해서는 가까이 가서는 안 되고, 동상을 입지 않기 위해서는 멀리 가서는 안 된다. _안티스테네스(B.C. 445~B.C. 365) 그리스 철학자

▶ 정치는 전쟁 못지않게 사람들을 흥분시키며, 전쟁만큼 위험한 것이다. 전쟁에서는 단 한 번 죽으면 되지만 정치에서는 여러 번 희생당해야 한다는 것이 다를 뿐이다. _W. L. S. 처칠(1874~1965) 영국 정치가

▶ 정치란 군주는 군주답고 신하는 신하다우며, 아버지는 아버지답고 아들은 아들다운 것이다.

_공자(B.C. 551~B.C. 479) 중국 춘추 시대 노나라 사상가

▶ 정치란 정열과 관찰력을 동시에 가지고 단단한 판자에 천천히 구멍을 뚫어 가는 작업이다.

_M. 베버(1864~1920) 독일 사회학자, 경제학자

▶ 정치란 지배자와 민중 사이에 맺어지는 단순한 계약이다.

_J. J. 루소(1712~1778) 프랑스 작가, 사상가 《사회계약론》

▶ 정치를 직업으로 가지면 정직한 사람으로 머물 수 없다.

_L. M. 하우(1871~1936) 미국 외교관

▶ 정치에서도 사람의 경우와 마찬가지로

지식 쑥쑥

한자 숙어

보국안민(輔國安民) 나랏일을 돕고 백성을 편안하게 함.

애민지치(愛民至治) 백성을 사랑하며 지성으로 다스림.

제세안민(濟世安民) 세상을 구제하고 백성을 편안하게 함.

주약신강(主弱臣强) 임금이 약하고 신하가 억셈.

*왕도 | 임금으로서 마땅히 지켜야 할 도리.

시기와 운이 중요하다. _J. B. 레스턴(1909~1995) 미국 언론인

▶ 정치에서도 실제 생활에서와 같이 무엇보다도 먼저 실현 가능한 것을 요구할 것이다. _H. 하이네(1797~1856) 독일 시인

▶ 정치의 목적은 선을 행하기는 쉽고 악을 행하기는 어려운 사회를 만드는 데 있다. _W. E. 글래드스턴(1809~1898) 영국 정치가

▶ 정치의 성공과 실패는 시기가 아니라 사람에게 달렸다. 시기는 윗사람이 만들면 된다. _이이(1536~1584) 조선 시대 문신, 학자

▶ 정치의 올바른 목적은 자유의 실현에 있다. _B. 스피노자(1632~1677) 네덜란드 철학자

▶ 정치적 자유도 우리의 마음이 자유롭지 않으면 우리에게 자유를 주지 못한다. _R. 타고르(1861~1941) 인도 시인, 사상가

▶ 정치할 때는 불평도 변명도 절대 하지 마라. _S. 볼드윈(1867~1947) 영국 정치가

▶ 천하의 인심에 위배되는 것이면 *왕도라 할 수 없다. _장자(B.C. 369?~B.C. 289?) 중국 전국 시대 송나라 사상가

▶ 현대 정치는 근본적으로 보면 사람들의 투쟁이 아니라 힘의 투쟁이다. _H. B. 애덤스(1838~1918) 미국 역사가, 사상가 《헨리 애덤스의 교육학》

▶ 현자의 정치는 겉으로만 복종하게 만들지만 성인의 정치는 진심으로 복종하게 만든다. _《삼략》

고사성어

▷ 가정맹어호(苛政猛於虎)

가혹한 정치는 호랑이보다 무섭다는 뜻으로, 혹독한 정치의 폐가 큼을 이르는 말이다. 공자가 노나라의 혼란 상태에 환멸을 느끼고 제나라로 가던 중 호랑이에게 잡아먹힌 시아버지, 남편, 아들의 무덤 앞에서 슬피 우는 여인을 만났다. 공자가 여인에게 이곳을 떠나서 사는 것이 어떠냐고 묻자, 여인은 무서운 세금 때문에 차라리 여기서 사는 것이 더 낫다고 대답했다고 한다. 옛날에는 호랑이가 늘 공포의 대상이었는데, 과중한 세금 부과와 강제 노역 등으로 백성들을 착취하는 것은 호랑이보다 더 무서운 해독을 끼친다는 것이다. _《예기》 단궁편

政治家 정치가

정치를 맡아서 하는 사람. 또는 정치에 관한 학식과 경험이 풍부한 사람.

명언 명문

▶ 가장 위대한 정치가는 가장 인간적인 정치가다.

_L. A. 포이어바흐(1804~1872) 독일 철학자

▶ 모든 정치가들이 지켜야 할 규칙은 단 한 가지, 즉 야당 때 한 말을 여당 때는 절대로 하지 않는 것이다.

_J. 골즈워디(1867~1933) 영국 소설가, 극작가

▶ 모든 정치적 생명은 행복한 도중에 끊지 않으면 결국은 실패로 끝난다.

_E. 파웰(1912~1998) 영국 정치가

▶ 민주 사회에 있어서 정치가의 지위는 항상 위험이 가득하다. 왜냐하면 백성의 뜻만 따르면 그들과 함께 망하고, 백성의 뜻을 거스르면 그들의 손에 망하게 되기 때문이다.

_플루타르코스(46?~120?) 그리스 철학자, 작가 《플루타르크 영웅전》

▶ 민주주의 제도 아래에 있는 사람들은 어리석은 자가 영리한 자보다 더 정직하다고 아직도 믿으며, 정치가들은 이러한 *편견을 이용한다. 정치가들은 선천적으로 어리석은 것보다 한층 더 어리석은 척한다.

_J. 러셀(1792~1878) 영국 정치가

*편견 | 공정하지 못하고 한쪽으로 치우친 생각.

▶ 어느 곳에서나 정치가들은 똑같다. 그들은 심지어 강이 없는 곳에 다리를 놓아 주겠다고 약속한다.

_N. S. 흐루쇼프(1894~1971) 소련 정치가

▶ 예전에는 왕에게 아첨하는 법을 배워야만 했던 정치인들이 이제는 유권자들에게 아양 떠는 법을 배워야 한다.

_G. B. 쇼(1856~1950) 아일랜드 극작가, 평론가

▶ 예전의 정치가는 백성이 따르지 않는 것을 걱정하지 않고, 자기 노력이 부족한 것을 걱정했다.

_김인후(1510~1560) 조선 시대 문신, 유학자

*정상배 | 정치가와 결탁하거나 정권을 이용하여 사사로운 이익을 꾀하는 무리.

*통찰력 | 예리한 관찰력으로 사물이나 현상을 꿰뚫어 보는 능력.

▶ *정상배는 다음 선거를 신경 쓰지만 정치가는 다음 세대를 신경 쓴다. _J. F. 클라크(1810~1888) 미국 성직자

▶ 정치가가 스스로를 높이 믿고 자기의 자존심이 용기와 양심의 길로 나아갈 것을 바랄 때에, 모든 것이 이롭게 되는 것이다. _J. F. 케네디(1917~1963) 미국 제35대 대통령

▶ 정치가는 자기 자신의 말도 믿지 않기 때문에 다른 사람들이 자기 말을 믿어 주면 놀란다. _C. A. J. M. 드골(1890~1970) 프랑스 군인, 정치가

▶ 정치가는 정열과 책임감, 그리고 *통찰력, 이 세 가지의 자질을 갖추어야 한다. _M. 베버(1864~1920) 독일 사회학자, 경제학자

▶ 정치가는 주인이 되기 위해 하인의 자세를 한다. _C. A. J. M. 드골(1890~1970) 프랑스 군인, 정치가

▶ 정치가들은 눈앞이 뿌옇게 보이는 동굴 속에서 사는 것과 같다. _R. 타고르(1861~1941) 인도 시인, 사상가

▶ 정치가를 만드는 것은 탁월한 통찰력이 아니라 그들의 성격이다. _볼테르(1694~1778) 프랑스 사상가

▶ 정치가의 90퍼센트가 나머지 10퍼센트에게 나쁜 평판을 준다. _H. A. 키신저(1923~) 미국 정치가

▶ 좋은 관료는 나쁜 정치가다. _M. 베버(1864~1920) 독일 사회학자, 경제학자

▶ 착한 목자의 의무는 양의 털을 깎는 것이지 가죽을 벗기는 것이 아니다. _티베리우스(B.C. 42~A.D. 37) 로마 황제

▶ 참된 정치가가 되는 것은 도덕적인 사람이 되는 것만큼 어렵고 고통스러운 일이다. _F. 베이컨(1561~1626) 영국 정치가, 철학자

▶ 참된 정치가는 국민에게 희망을 안겨 줄 수 있어야 한다. _W. L. S. 처칠(1874~1965) 영국 정치가

▶ 참된 정치가는 국민의 행복과 이익을 위해 자기를 희생하고, 그것을 아깝게 생각하지 않을 각오가 된 사람이다. _E. B. 브라우닝(1806~1861) 영국 시인

속담

▶ 악한 정치가는 투표하지 않은 선량한 시민에 의해서 선출된다. _미국

祖國
조상 때부터 대대로 살던 나라.
자기의 국적이 속하여 있는 나라.

조국

명언 명문

▶ 국가가 조국은 아니다. 그것을 혼동하는 것은 그것에 의해서 돈을 버는 무리들뿐이다. _R. 롤랑(1866~1944) 프랑스 소설가, 사상가

▶ 내가 인간인 한, 나의 조국은 세계다. _마르쿠스 아우렐리우스(121~180) 로마 황제

▶ 우리나라를 망하게 한 것은 일본도 *이완용도 아니고 바로 나 자신이다. _안창호(1878~1938) 독립운동가, 교육자

▶ 우리들이 때로는 조국보다 정의를 좋아한 것처럼 보였다 해도, 그것은 조국을 정의 속에서 사랑하고 싶었기 때문이다. _A. 카뮈(1913~1960) 프랑스 소설가, 극작가 《독일인 친구에게 보내는 편지》

▶ 우리의 조국은 고귀하다. 조국은 우리 자신의 정신의 표현이기 때문이다. _R. 타고르(1861~1941) 인도 시인, 사상가

▶ 조국에 봉사하기 위해 우리가 오로지 한 번만 죽을 수 있다는 것은 얼마나 안타까운 일인가! _J. 애디슨(1672~1719) 영국 수필가, 시인, 정치가

▶ 조국은 어머니보다도 아버지보다도, 또 그 밖의 모든 조상들보다도 더욱 귀하고 숭고하고 신성한 것이다. _소크라테스(B.C. 469~B.C. 399) 그리스 철학자

▶ 조국이 위험에 처했을 때 모든 것은 조국에 속한다. _G. 당통(1759~1794) 프랑스 정치가

*이완용 | 일제 강점기에, 일본과 친하게 지내며 그들의 조선 침략을 지지하여 따른 무리 중 한 사람.

속담

▶ 내가 잘 지낼 수 있는 그곳에 나의 조국이 있다. _로마

▶ 조국은 소중하다. 하지만 자유는 더욱 소중하다. _로마

죄 罪

양심이나 도리에 벗어난 행위. 법률에 위반되어 처벌을 면하지 못하는 불법 행위.

명언 명문

▶ 가슴속에 죄를 안고 있는 사람은 모든 눈이 자기의 비행을 지켜본다고 생각한다.
_W. 셰익스피어(1564~1616) 영국 극작가, 시인

▶ 금방 짜낸 쇠젖은 상하지 않듯, 재에 덮인 불씨는 그대로 있듯, 죄는 당장에는 안 보이나 그늘에 숨어서 그를 따른다.
_《법구경》

▶ 기도는 죄를 예방하고 이미 지은 죄를 용서해 주는 두 가지 효과가 있다.
_W. 셰익스피어(1564~1616) 영국 극작가, 시인

▶ 뉘우치지 않는 사람의 죄는 아무도 용서해 줄 수가 없다.
_A. 단테(1265~1321) 이탈리아 시인

▶ 모든 죄는 열등감, 즉 야망에서 나온다.
_C. 파베세(1908~1950) 이탈리아 시인, 소설가

▶ 모든 죄를 일으키는 두 가지 근본적인 죄는 인내의 부족과 게으름이다.
_F. 카프카(1883~1924) 독일 소설가

▶ 믿음이나 남의 용서를 받음으로써 죄를 벗을 수 있다고 생각한다면 큰 잘못이다. 죄는 무엇으로도 벗어날 수 없다. 다만 자기의 죄를 알고 그 죄를 되풀이하지 않도록 노력할 수만 있는 것이다.
_L. N. 톨스토이(1828~1910) 러시아 소설가, 사상가

▶ 불효보다 더 큰 죄는 없다.
_공자(B.C. 551~B.C. 479) 중국 춘추 시대 노나라 사상가

▶ 사람은 자기 탓이 아닌 외부에서 일어난 죄악이나 잘못에 대해서는 크게 분하게 여기면서도 자기가 저지른 죄악이나 잘못에 대해서는 분하게 여기지도 싸우려 하지도 않는다.
_B. 파스칼(1623~1662) 프랑스 사상가, 수학자, 물리학자

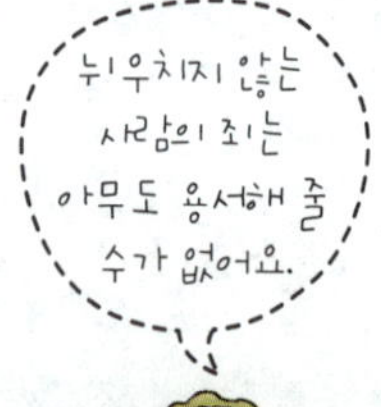

A. 단테

▶ 사람은 죄의식 때문에 범행을 멀리하게 된다.

_S. 프로이트(1856~1939) 오스트리아 심리학자, 의사

*무용지물 | 쓸모없는 물건이나 사람.

▶ 세상은 나쁜 짓의 향신료가 뿌려지는 것을 좋아한다.

_H. W. 롱펠로(1807~1882) 미국 시인

▶ 우리가 이성을 떠날 때 죄악을 범하기 쉽다. 우리가 이성에만 치우칠 때 역시 죄악을 범하기 쉽다.

_B. 파스칼(1623~1662) 프랑스 사상가, 수학자, 물리학자

▶ 자기 죄를 인정하고 뉘우치기는 힘들고 고통스러운 일이다.

_H. 아렌트(1906~1975) 미국 철학자

▶ 죄가 무거우면 무거울수록 형벌도 엄하다.

_볼테르(1694~1778) 프랑스 사상가

▶ 죄는 그것이 금지되어 있기 때문에 유해한 것이 아니라 유해하기 때문에 금지되는 것이다.

_B. 프랭클린(1706~1790) 미국 정치가, 과학자

▶ 죄는 드러날까 두려워할수록 다투어서 먼저 드러난다.

_W. 셰익스피어(1564~1616) 영국 극작가, 시인

▶ 죄는 취소될 수 없고 용서를 받을 수 있을 뿐이다.

_I. F. 스트라빈스키(1882~1971) 미국 작곡가

▶ 죄를 고백하면 절반은 이미 용서받은 것이다.

_J. 레이(1627~1705) 영국 생물학자

▶ 죄를 모르는 사람은 두려움을 알 수 없다.

_P. 매신저(1583~1640) 영국 극작가

▶ 죄를 잘 감출 수는 있지만 근심에서 벗어날 수는 없다.

_L. A. 세네카(B.C. 4?~A.D. 65) 로마 철학자, 극작가

▶ 죄를 지은 자가 판사에게 주는 돈은 *무용지물이다.

_P. 시루스(B.C. 1세기경) 로마 시인

▶ 죄를 짓는 것은 인간이 하는 일이지만 자기 죄를 정당화하는 것은 악마의 짓이다.

_L. N. 톨스토이(1828~1910) 러시아 소설가, 사상가

▶ 죄인은 벌을 두려워하고 무고한 사람은 운명을 두려워한다.

_P. 시루스(B.C. 1세기경) 로마 시인

▶ 하늘에 죄를 지으면 용서를 빌 곳이 없다.

_공자(B.C. 551~B.C. 479) 중국 춘추 시대 노나라 사상가

속담

- ▶ 가난이 죄다. (가난하기 때문에 여러 가지 범죄를 저지르거나 불행과 고통을 당하게 된다는 말) _한국
- ▶ 강아지 똥은 똥이 아닌가. (나쁜 짓을 조금 했다고 하여 안 했다고 발뺌을 할 수는 없다는 뜻) _한국
- ▶ 도둑질하는 사람은 생쥐의 발소리에도 깜짝 놀란다. _영국
- ▶ 오래 된 죄는 긴 그림자를 던진다. _서양
- ▶ 자기 죄를 부인하는 사람은 죄를 벗지 못한다. _로마
- ▶ 젊어서 저지른 죄는 늙어서 그 대가를 치른다. _유럽
- ▶ 죄는 미워하되 사람은 미워하지 마라. _이스라엘
- ▶ 죄는 지은 데로 가고 덕은 닦은 데로 간다. (죄를 지으면 벌을 받고 덕을 쌓으면 복을 받는다는 말) _한국
- ▶ 죄지은 놈 옆에 있다가 벼락 맞는다. _한국
- ▶ 지위가 높을수록 죄는 더욱 무겁다. _서양

한자 숙어

만사무석(萬死無惜) 죄가 무거워 만 번 죽어도 아까울 것이 없음.

석고대죄(席藁待罪) 거적을 깔고 엎드리어 처벌을 기다림.

일벌백계(一罰百戒) 한 사람을 벌주어 백 사람을 경계한다는 뜻으로, 본보기로 한 사람에게 엄한 처벌을 하는 일.

고사성어

▷ 포벽유죄(抱璧有罪)

백옥과 같은 귀한 것을 가지고 있는 것이 죄가 된다는 뜻으로, 본래 죄 없는 사람도 분수에 맞지 않는 보물을 지니면 재앙을 부르게 됨을 비유하여 이르는 말이다. 우나라 우공은 동생 우숙이 가지고 있는 옥을 몹시 탐냈다. 우숙은 "주나라의 속담에 '필부는 죄가 없어도 구슬을 가지고 있으면 그것이 곧 죄가 된다.' 고 했습니다. 내가 이것을 가져서 스스로 화를 불러들일 이유는 없습니다." 하며 형에게 구슬을 바쳤다. 얼마 후, 우공은 또 우숙에게 그가 가지고 있는 보검을 달라고 했다. 그러자 우숙은 '형은 만족을 모르는 사람으로 나중에는 내 목숨까지 달라고 할 것이다.' 라고 생각하여 반란을 일으켰다. _《춘추좌씨전》

중립

中立

어느 편에도 치우치지 아니하고 공정하게 처신함. 국가 사이의 분쟁이나 전쟁에 관여하지 아니하고 중간 입장을 지킴.

명언 명문

- *계급 투쟁에는 중립이란 있을 수 없다. 투쟁에 무관심하다는 것은 사실은 투쟁을 멀리하는 것도 아니요, 투쟁을 보류하는 것도 아니요, 중립을 지키는 것도 아니다. 그것은 강한 지배자를 드러내지 않은 채 지지하는 것이다. _V. 레닌(1870~1924) 소련 혁명가, 정치가
- 안에 있는 내 마음이 긍정도 부정도 하지 않는다. _F. 페트라르카(1304~1374) 이탈리아 시인, 학자
- 적극적 중립이란 모순된 말이다. 그것은 채식하는 호랑이가 있을 수 없는 것과 같다. _V. K. K. 메논(1897~1974) 인도 정치가
- 중립은 각자 동일한 저울추와 자를 가지는 데 있다. _나폴레옹 1세(1769~1821) 프랑스 황제
- 중립주의자나 *미온적인 사람은 역사를 만들지 못한다. _A. 히틀러(1889~1945) 독일 정치가
- 중립은 언제나 부도덕하다. _J. F. 덜레스(1888~1959) 미국 정치가
- 중립이란 전쟁 때 흔히 무시되는 말이며 휴지 조각에나 기록할 단어에 불과하다. _T. T. F. A. 베트만홀베크(1856~1921) 독일 정치가
- 친구와 적을 똑같이 대우하는 사람은 사랑도 정의도 없다. _R. G. 잉거솔(1833~1899) 미국 정치가

*계급 투쟁 | 서로 이해관계가 다른 지배 계급과 피지배 계급 사이에 정치적 · 경제적으로 일어나는 투쟁.

*미온적 | 태도가 맺고 끊는 데가 없이 흐리멍덩한. 또는 그런 것.

속담

- 비가 와도 좋고, 해가 나도 좋다. _서양
- 전쟁에 참가하지 않는다고 해서 위험에서 벗어난 것은 아니다. _서양

지식 쑥쑥

한자 숙어

무가무불가(無可無不可) 가한 것도 불가한 것도 없다는 말로, 좋을 것도 나쁠 것도 없다는 뜻.

증거

證據

어떤 사실을 증명할 수 있는 근거.
법원이 재판의 기초가 될 사실을 인정하기 위하여 필요로 하는 재료.

명언 명문

*입증 | 어떤 증거 따위를 내세워 증명함.

▶ 가장 단순한 사실을 *입증하는 데 필요한 증거의 종류와 분량에 관해 사람들은 일반적으로 전혀 모른다.
_P. M. 레이섬(1789~1875) 영국 의사, 작가

▶ 결과가 행동을 증명해 준다. _P. N. 오비디우스(B.C. 43~A.D. 17) 로마 시인

▶ 남을 해칠 줄 모른다는 것은 착한 사람이라는 증거다.
_P. 시루스(B.C. 1세기경) 로마 시인

▶ 모든 역사에 걸쳐서 강자가 약자를 끊임없이 잡아먹어 왔다는 확실한 증거가 있다. _E. 스펜서(1552?~1599) 영국 시인

▶ 이성이 증거를 제시하는 곳에서는 신앙은 의미가 없다.
_그레고리우스 1세(540?~604) 신학자, 교황

▶ 충고하기를 좋아하는 사람이 있다면 그것은 그 사람 자신이 그런 충고를 원한다는 확실한 증거다. _핼리팩스(1661~1715) 영국 정치가

▶ 한 사람의 목격은 열 사람의 증언보다 가치가 있다.
_M. J. 브루투스(B.C. 85~B.C. 42) 로마 정치가

▶ 현재 증명된 것은 한때 상상된 것에 불과하다.
_W. 블레이크(1757~1827) 영국 시인, 화가

속담

▶ 도둑을 뒤로 잡지 앞으로 잡나. (확실한 증거가 없이 추측만으로 남을 의심하거나 이렇다 저렇다 말할 수 없다는 말) _한국

▶ 예외가 법칙을 증명한다. _서양

▶ 오래되었다는 것이 반드시 진실의 증거는 아니다. _영국

支配 지배

어떤 사람이나 집단, 조직, 사물 등을
자기의 의사대로 복종하게 하여 다스림.

명언 명문

▶ 가장 크게 지배하는 사람들은 가장 작은 소리를 낸다.
_J. 셀던(1584~1654) 영국 법학자, 정치가, 역사가

▶ 국가의 지배자는 국민에게 법을 *준수시키게 하는 데 가장 뛰어난 자다.
_소크라테스(B.C. 469~B.C. 399) 그리스 철학자

*준수 | 규칙, 명령 따위를 그대로 좇아서 지킴.

▶ 나는 지배하는 것도 지배 당하는 것도 바라지 않는다.
_헤로도토스(B.C. 484?~B.C. 430?) 그리스 역사가 《역사》

▶ 나라를 빼앗은 사람들이 한때 지배한다 해도 하늘은 공정하고 세월은 악을 물리친다.
_W. 셰익스피어(1564~1616) 영국 극작가, 시인

▶ 남을 다스리려고 하는 자는 제명에 죽지 못한다.
_J. 카이사르(B.C. 100~B.C. 44) 로마 군인, 정치가

▶ 남을 지배하려고 하기보다 남의 지배에 따르는 것이 좋다.
_T. 루크레티우스(B.C. 94?~B.C. 55?) 로마 시인, 철학자

▶ 남을 지배하려고 하는 자는 먼저 자신의 주인이 되어야 한다.
_P. 매신저(1583~1640) 영국 극작가

▶ 남의 지배를 받지 않겠다는 것은 남을 지배하는 것 이상으로 곤란하다.
_F. 라로슈푸코(1613~1680) 프랑스 작가

▶ 남자다운 힘은 한때를 지배하고, 사상과 감정은 시대를 지배한다.
_R. W. 에머슨(1803~1882) 미국 사상가, 시인

▶ 누구나 주위 여건은 지배할 수 없어도 자기의 행동은 지배할 수 있다.
_B. 디즈레일리(1804~1881) 영국 정치가, 소설가

▶ 돈지갑을 지배하는 사람이 권력을 쥔다.
_O. E. L. 비스마르크(1815~1898) 독일 정치가

P. 매신저

*야망 | 크게 무엇을 이루어 보겠다는 희망.

▶ 물질을 지배하라. 그렇지 않으면 물질이 너를 지배한다.

_C. 힐티(1833~1909) 스위스 사상가, 법률가 《바우스타이네》

▶ 미덕은 단어에 불과하다. 재산이 모든 것을 지배한다.

_P. 매신저(1583~1640) 영국 극작가

▶ 바보들을 지배하는 것보다는 바보들에게 지배 당하는 편이 낫다.

_데모크리토스(B.C. 460?~B.C. 370?) 그리스 철학자

▶ 백성이 자유를 위해 싸울 때 승리의 결과를 얻는 것은 새로운 지배자들뿐이다. _핼리팩스(1661~1715) 영국 정치가

▶ 비록 지옥에서라도 지배하겠다는 *야망을 가질 가치가 있다. 천국에서 종이 되기보다는 지옥에서 왕이 되는 게 낫다.

_J. 밀턴(1608~1674) 영국 시인

▶ 사람은 덕보다는 악으로 더 쉽게 지배된다.

_나폴레옹 1세(1769~1821) 프랑스 황제

▶ 사람은 태어나는 그 순간부터 지배하는가, 지배 당하는가의 운명이 지워진다. _아리스토텔레스(B.C. 384~B.C. 322) 그리스 철학자 《정치학》

▶ 사랑하거나 미워하는 것은 우리 힘이 미치지 못한다. 우리의 의지는 운명의 지배를 받기 때문이다. _C. 말로(1564~1593) 영국 극작가, 시인

▶ 세상을 지배하는 것은 악이 아니라 평범함이다.

_N. 로럼(1923~) 미국 작곡가

▶ 스스로를 지배할 힘이 없을 때 우리의 정신을 해방시키는 것은 모두에게 해롭다. _J. W. 괴테(1749~1832) 독일 시인, 소설가, 극작가 《잠언과 성찰》

▶ 시간을 지배할 줄 아는 사람은 인생을 지배할 줄 아는 사람이다.

_W. 에센바흐(1170~1220) 독일 시인

▶ 오래 살고자 하는 자는 봉사해야 한다. 지배하려는 자는 오래 살지 못한다. _H. 헤세(1877~1962) 독일 소설가, 시인

▶ 오로지 무력에만 의존하면 그 지배는 일시적일 뿐이다.

_E. 버크(1729~1797) 영국 정치가, 사상가

▶ 우리를 지배하는 것은 법이 아니라 여론이다.

_E. G. 허버드(1856~1915) 미국 작가, 화가

▶ 인간이 환경을 지배하는 것이 아니라 환경이 인간을 지배한다.

_헤로도토스(B.C. 484?~B.C. 430?) 그리스 역사가

▶ 자신의 마음에 지배되면 너희는 왕이고, 육체에 지배되면 너희는 노예다. _M. P. 카토(B.C. 234~B.C. 149) 로마 정치가, 문인

▶ 지배권을 얻기 위해서는 몸을 굽히고 모든 것을 참는다. _C. 타키투스(56?~120?) 로마 역사가, 정치가

▶ 지배권을 얻는 것은 큰일이다. 그러나 그것을 유지하는 것은 더욱 큰일이다. _크세노폰(B.C. 431~B.C. 350?) 그리스 군인, 작가

▶ 지배하는 것은 쉽고 통치하는 것은 어렵다. _J. W. 괴테(1749~1832) 독일 시인, 소설가, 극작가 《잠언과 성찰》

▶ 현자는 남의 지배를 받지도, 남을 지배하려고도 하지 않는다. _J. 라브뤼예르(1645~1696) 프랑스 작가

속담

▶ 가장 강한 사람이란 자기 스스로를 지배할 수 있는 사람이다. _서양

▶ 말 없는 사람이 모든 것을 지배한다. _스코틀랜드

▶ 부드러운 지배에는 강력한 힘이 숨어 있는 법이다. _서양

▶ 자기를 지배하는 사람은 적을 지배할 수 있다. _영국

지식 쑥쑥

한자 숙어

좌지우지(左之右之) 이리저리 제 마음대로 휘두르거나 다룸.

고사성어

▷ 빈계지신(牝鷄之晨)

암탉이 새벽을 알리느라고 먼저 운다는 뜻으로, 부인이 남편을 제쳐 놓고 집안일을 마음대로 처리함을 말한다. 은나라 주왕이 달기의 미모에 빠져 주색으로 세월을 보내자 주나라 무왕은 주왕을 토벌할 결심을 세웠다. 무왕은 병사 수천 명을 이끌고 은나라의 목야 지역까지 진출하였다. 이곳에서 그는 병사들에게 "옛 사람이 말하기를 암탉은 새벽에 울지 않는다. 암탉이 울면 집안이 망하는 법이다. 지금 주왕은 여인의 색향에 빠져 백성을 학대하고 나라를 어지럽혔다." 하고 말했다. 신하인 무왕이 천자인 주왕을 정벌하기 위한 명백한 대의명분을 말한 것이다. 예부터 새벽에 우는 것은 수탉인데, 암탉이 새벽에 울면 불길하다고 여겼다. _《서경》 목서 편

질서

秩序

혼란 없이 순조롭게 이루어지게 하는 사물의 순서나 차례.

명언 명문

*압제 | 권력이나 폭력으로 남을 꼼짝 못하게 강제로 누름.

▶ 가정의 질서는 법의 질서와 같은 것이다. 그것은 결코 저절로 만들어지는 것은 아니며 의지로 만들어지고 유지되는 것이다.

_알랭(1868~1951) 프랑스 철학자, 평론가

▶ 낡은 질서는 변하고 새로운 것으로 바뀐다.

_A. 테니슨(1809~1892) 영국 시인

▶ 미적 질서는 다른 모든 질서를 포함하지만 거기에 한정되는 것은 아니다.

_W. 스티븐슨(1879~1955) 미국 시인 《아다지아》

▶ 바른 질서는 시간을 몇 배로 만든다. 그 사람의 시간 쓰는 방법을 도와 주고, 활동력을 몇 배로 늘리기 때문이다.

_J. 라퐁텐(1621~1695) 프랑스 시인, 우화 작가

▶ 사람들은 힘을 빌려서 질서를 유지하는 데 길들여져 있기 때문에 *압제가 없는 사회 조직은 생각할 수도 없다.

_L. N. 톨스토이(1828~1910) 러시아 소설가, 사상가 《독서의 수레바퀴》

▶ 사물에는 다 정해진 자리가 있다.

_S. 스마일스(1812~1904) 영국 작가

▶ 새로운 질서를 도입하는 데 앞장서는 것보다 시작하기가 더 어렵고 실행하기가 더 위험하며 성공하기가 더 불확실한 것은 없다.

_N. 마키아벨리(1469~1527) 이탈리아 사상가, 역사학자

▶ 질서 속에만 평화가 있다.

_H. F. 아미엘(1821~1881) 스위스 철학자, 문학가

▶ 질서가 관습을 낳을 때 혼란이 생명을 낳는 경우가 많다.

_F. P. 애덤스(1881~1960) 미국 언론인, 번역가

▶ 질서가 세상을 다스린다. 악마는 혼란을 만들어 낸다.

_H. V. 밀러(1891~1980) 미국 소설가

▶ 질서가 인류를 지배한다는 것은 이성과 덕이 강하다는 증거다.

_L. C. 보브나르그(1715~1747) 프랑스 도덕주의자, 수필가

*예속 | 남의 지배나 지휘 아래 매임.

▶ 질서는 언제나 경제적인 것이다. 최소의 비용으로 최대의 효과를 거둔다는 경제의 법칙은 질서의 법칙이기도 하다.

_미키 기요시(1897~1945) 일본 철학자, 평론가

▶ 질서는 사회가 외부로부터 받는 압력이 아니라 내부에서 생긴 균형이다. _J. 오르테가이가세트(1883~1955) 에스파냐 철학자, 정치가

▶ 질서는, 정신이 건전한 것이며 육체가 건강한 것이며 도시의 평화며, 나아가서는 국가의 안전이다. _R. 사우디(1774~1843) 영국 시인

▶ 질서는 하늘나라의 제1법칙이다. _A. 포프(1688~1744) 영국 시인

▶ 질서만이 자유를 만들어 낸다. 무질서는 *예속을 만들 뿐이다.

_C. P. 페기(1873~1914) 프랑스 시인, 평론가

▶ 천사는 힘에 있어서 신과 같이 되려고 소망하여 법을 깨뜨려 타락했고, 인간은 지식에 있어서 신과 같이 되려고 소망하여 법을 깨뜨려 타락했다. _F. 베이컨(1561~1626) 영국 정치가, 철학자 《학문의 진보》

▶ 최상의 질서, 즉 질서의 자동화 상태는 일종의 무질서라고 할 수 있다. _P. 발레리(1871~1945) 프랑스 시인, 사상가, 평론가

▶ 혼란이란 우리가 이해하지 못하는 질서를 가리키려고 만들어 낸 말이다. _H. V. 밀러(1891~1980) 미국 소설가

▶ 확립된 질서는 모든 좋은 것의 기초다.

_E. 버크(1729~1797) 영국 정치가, 사상가

속담

▶ 개판. (일에 질서가 없고 엉망이라는 뜻) _한국

▶ 강아지 갉아 먹던 송곳 자루 같다. (들쭉날쭉하여 보기 흉한 경우를 이르는 말) _한국

▶ 겨울이 지나지 않고 봄이 오랴. (세상일에는 일정한 순서가 있는 것이니 급하다고 하여 억지로 할 수 없음을 이르는 말) _한국

▶ 끝도 가도 없다. (일이 갈피를 잡을 수 없을 만큼 어지럽고 한이 없다는 뜻) _한국

▶ 요리사가 많으면 수프를 잘못 끓이게 된다. _영국

E. 버크

책임 責任

맡아서 해야 할 임무나 의무.

명언 명문

*추궁 | 잘못한 일에 대하여 엄하게 따져서 밝힘.

- 각자 자기의 문 앞을 쓸어라. 그러면 거리의 구석구석이 청결해진다. 각자 자기가 맡은 일을 완수하라. 그러면 사회는 할 일이 줄어든다. _J. W. 괴테(1749~1832) 독일 시인, 소설가, 극작가
- 강대국들의 책임은 세계의 지배가 아니라 세계를 위한 봉사다. _H. S. 트루먼(1884~1972) 미국 제33대 대통령
- 군자는 자기에게 책임을 *추궁하고 소인은 남에게 책임을 추궁한다. _공자(B.C. 551~B.C. 479) 중국 춘추 시대 노나라 사상가 《논어》
- 내 관심은 사람들이 어떻게 생각하느냐에 있는 게 아니라 내가 해야 하는 일에 있다. _R. W. 에머슨(1803~1882) 미국 사상가, 시인 《수필집》
- 무책임하지만 행실이 바른 것이 책임감은 있지만 부정한 것보다 나을지도 모른다. _W. L. S. 처칠(1874~1965) 영국 정치가
- 사람이 된다는 것은 바로 책임을 안다는 것이다. _A. M. R. 생텍쥐페리(1900~1944) 프랑스 소설가, 비행사
- 오로지 책임을 다한 데에만 진정한 삶이 있고, 오로지 노력을 다한 끝에만 휴식이 있다. _J. G. 휘티어(1807~1892) 미국 시인
- 위대함의 대가는 책임이다. _W. L. S. 처칠(1874~1965) 영국 정치가
- 일을 할 때는 그것이 마지막인 것처럼 완수하라. _마르쿠스 아우렐리우스(121~180) 로마 황제
- 자기의 책임을 남에게 돌리지 않고, 또한 그 책임을 소홀히 하지 않는 것은 고귀하다. _F. W. 니체(1844~1900) 독일 철학자, 시인
- 잠자고 꿈꾸었더니 인생은 아름다움이었다. 그러나 잠에서 깨어 세상을 보니 인생은 책임이었다. _E. 후퍼(1816~1841) 미국 시인

▶ 전문가로서 무엇보다 중요한 것은 자신이 한 일이 얼마만큼 성과를 거두고 얼마만큼 *공헌을 하였는가 하는 점에 대해서 책임을 지는 것이다. _P. F. 드러커(1909~2005) 미국 경영학자

*공헌 | 힘을 써 이바지함.

▶ 지도자란 책임을 지는 사람이다.

_A. M. R. 생텍쥐페리(1900~1944) 프랑스 소설가, 비행사

▶ 책임감이 마음을 괴롭힐지는 몰라도 그 마음은 뛰어난 일을 가능하게 한다. _H. L. 멘켄(1880~1956) 미국 언론인, 작가

▶ 책임은 남과 함께 지고, 공적은 남과 함께 차지하지 마라. 공적을 함께 차지하면 서로 시기하게 된다. _《채근담》

▶ 책임은 자신에게는 무겁게 지우고 남에게는 가볍게 지워야 한다.

_정약용(1762~1836) 조선 시대 문신, 학자

▶ 책임이 있는 곳에 주인이 있다. _안창호(1878~1938) 독립운동가, 교육자

▶ 행동은 생각이 아니라 책임을 지려는 각오에서 나온다.

_D. 본회퍼(1906~1945) 독일 신학자

속담

▶ 김 씨가 먹고 이 씨가 취한다. (좋지 못한 짓은 제가 하였으나 그 결과에 대해 남에게 책임을 지운다는 뜻) _한국

▶ 도둑의 때는 벗어도 자식의 때는 못 벗는다. (자식의 잘못은 어쩔 수 없이 부모가 책임져야 한다는 뜻) _한국

▶ 뱁새는 작아도 알만 잘 낳는다. (몸은 비록 작아도 능히 큰일을 감당함을 이르는 말) _한국

▶ 보지 못하는 소 멍에가 아홉. (능력 없는 사람에게 무거운 책임만 잔뜩 지워졌음을 이르는 말) _한국

▶ 스스로 지면 짐이 무겁지 않다. _영국

▶ 어떠한 일이 일어나더라도 자기가 해야 할 일은 하라. _프랑스

▶ 의무는 명심하고 있는 것보다 수행하는 것이 쉽다. _프랑스

▶ 자기가 뿌린 씨앗은 자기가 거두지 않으면 안 된다. _영국

한자 숙어

불심지책(不審之責) 자세히 살피어 알지 못한 데 대한 책임을 진다는 말.

임중도원(任重道遠) 맡은 책임은 무겁고 이를 수행할 길은 멀다는 뜻.

충성

忠誠
임금이나 국가에 대해 진정으로 우러나오는 정성.

명언 명문

*간사 | 나쁜 죄가 있어 거짓으로 남의 비위를 맞추는 태도가 있음.
*절개 | 신념 따위를 굽히지 아니하고 굳게 지키는 꿋꿋한 태도.

▶ *간사하고 아첨하는 신하와 충성스럽고 훌륭한 신하는 겉보기는 비슷하지만 그 마음은 서로 다르다.

_장구령(673~740) 중국 당나라 정치가, 시인

▶ 간사한 신하들은 서로 칭찬하여 군주의 올바른 판단을 방해하고 자기편만 감싸고돌아 군주가 충신을 잃게 만든다. _《삼략》

▶ 나라가 어지러울 때 충신이 나온다.

_노자(B.C. 604?~?) 중국 춘추 시대 초나라 사상가

▶ 나를 위해서 훔치는 사람은 나의 것을 훔쳐갈 것이다.

_T. 루스벨트(1858~1919) 미국 제26대 대통령

▶ 내가 말하는 충성은 정부 조직이나 관리들에 대한 충성이 아니라 자기 나라에 대한 충성이다. _M. 트웨인(1835~1910) 미국 소설가

▶ 문관은 충언하다가 죽고 무관은 싸우다가 죽는다. _《홍루몽》

▶ 백성을 이끄는 방법에는 위엄과 신의가 있을 뿐이다. 위엄은 청렴한 데서 생기고 신의는 충성된 데서 나온다. 충성되면서 청렴하기만 하면 백성을 복종시킬 수 있다. _정약용(1762~1836) 조선 시대 문신, 학자

▶ 백성을 잘 살게 하지 않으면 백성은 그를 위해 죽지 않는다. 군주가 베풀지 않으면 백성은 바치지 않는다. _《관자》

▶ 비록 백 번 죽는다 해도 나의 충성스러운 *절개는 변함이 없을 것이다. _정몽주(1337~1392) 고려 시대 문신, 유학자

▶ 아첨하기를 좋아하는 자는 충성심이 없고 충고하기를 좋아하는 자는 배신하지 않는다. _정약용(1762~1836) 조선 시대 문신, 학자

▶ 장부가 세상에 나서 쓰일진대 목숨을 다해 충성을 바칠 것이요,

만일 쓰이지 않으면 물러가 밭가는 농부가 된다 해도 또한 족할 것이다. _이순신(1545~1598) 조선 시대 무신

▶ 좋은 약은 입에 쓰지만 병에 이롭고, 충성된 말은 귀에 거슬려도 행함에 이롭다. _사마천(B.C. 145?~B.C. 86?) 중국 전한 역사가

▶ 진리에 대한 충성은 다른 모든 충성을 능가한다. _M. K. 간디(1869~1948) 인도 정치가, 민족 운동 지도자

▶ 충성심을 품지 않고 사는 것은 수치스러운 일이다. _R. W. 에머슨(1803~1882) 미국 사상가, 시인 《영국 국민성》

▶ 충성은 인간의 마음이 간직한 가장 거룩한 선이다. _L. A. 세네카(B.C. 4?~A.D. 65) 로마 철학자, 극작가

▶ 충언은 귀에 거슬리고 달콤한 말은 귀에 쉽게 들어간다. _장구령(673~740) 중국 당나라 정치가, 시인

▶ 충직하고 선한 하인은 하늘의 선물이지만 세상에서 매우 희귀한 새와 같다. _M. 루터(1483~1546) 독일 종교 개혁가

속담

▶ 개도 주인을 알아본다. (짐승인 개도 자기를 돌봐 주는 주인을 안다는 뜻으로, 남에게 입은 은덕을 저버리는 사람을 꾸짖어 이르는 말) _한국

▶ 충성스러운 마음은 절대로 거짓말을 하지 않는다. _스코틀랜드

▶ 충성은 돈보다 더 가치가 있다. _서양

지식 쑥쑥

한자 숙어

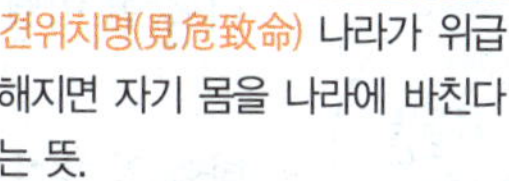

견위치명(見危致命) 나라가 위급해지면 자기 몸을 나라에 바친다는 뜻.

진충보국(盡忠報國) 충성을 다하여 나라의 은혜를 갚음.

고사성어

▷ 고굉지신(股肱之臣)

다리와 팔에 비길 만한 신하라는 뜻으로, 임금이 가장 믿는 신하를 가리키는 말이다. 어린 나이에 황제가 된 순임금이 신하들을 모아 놓고 자신이 성군이 되는 데는 신하들의 보좌가 필요하며, 나라가 잘 되기 위해서는 제도를 잘 지키고, 인애와 형벌이 모두 필요하다고 말한 데서 비롯되었다. _《서경》 익직 편

탄압

彈壓

권력이나 무력 따위로 억지로 눌러 꼼짝 못하게 함.

명언 명문

▶ 고삐를 뒤에서 당길 수 있도록 된 말은 결코 도망갈 수 없다.

_G. 허버트(1593~1633) 영국 시인

▶ 반란 초기에 유럽인을 한 명 쏘아 죽이는 것은 일석이조의 효과가 있다. 그것은 탄압하는 자와 그에게 탄압 받는 자를 동시에 죽이는 일이기 때문이다. 남는 것은 죽은 자와 자유인뿐이다.

_J. P. 사르트르(1905~1980) 프랑스 소설가, 철학자

▶ 반역을 위해서 사람들이 모이는 이유는 한 가지밖에 없다. 그것은 바로 탄압이다. _J. 로크(1632~1704) 영국 철학자 《종교적 관용에 대한 편지》

▶ 억압되었다가 다시 찾은 자유는 위험을 겪은 적이 없는 자유보다 더 강한 이빨로 물어뜯는다.

_M. T. 키케로(B.C. 106~B.C. 43) 로마 정치가, 학자

▶ 탄압은 자기의 질서를 넘어 절반을 지배하려고 하는 데에 존재한다. _B. 파스칼(1623~1662) 프랑스 사상가, 수학자, 물리학자 《팡세》

▶ 탄압은 탄압 받는 자들을 강력하게 하고 결합시키는 작용을 할 따름이다. _J. E. 스타인벡(1902~1968) 미국 소설가 《분노의 포도》

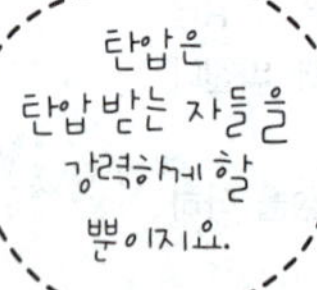

J. E. 스타인벡

속담

▶ 강한 말은 매 놓은 기둥에 상한다. (힘이 매우 센 말을 매 놓으면 말이 기둥에 상처를 입듯이, 사람을 너무 구속하면 오히려 좋지 않은 결과를 가져올 수 있다는 뜻) _한국

▶ 만만한 데 말뚝 박는다. (힘이나 세력이 없는 사람을 업신여기고 구박한다는 말) _한국

統治 통치

원수 또는 지배자가 주권을 행사하여 국토 및 국민을 다스림.

명언 명문

▶ 군주의 직책은 사람을 쓰는 것이 가장 중요하다. 현명한 사람을 *기용하고 어리석은 자를 물리치는 데 통치의 성공과 실패가 달려 있는 것이다. _이언적(1491~1553) 조선 시대 성리학자

▶ 나누어 통치하라는 말은 훌륭한 표어다. *합병하여 지도하라는 말은 더 나은 표어다. _J. W. 괴테(1749~1832) 독일 시인, 소설가, 극작가

▶ 나라를 다스리는 기본은 공평과 정직이다. _방현령(578~648) 중국 당나라 정치가

▶ 나라를 다스리는 데 법과 상과 벌을 사용하는 것은 길을 갈 때 튼튼한 수레와 좋은 말을 쓰는 것과 같다. _《한비자》

▶ 나라를 다스리는 데 있어서 인재의 활용보다 더 중요한 것은 없다. _김안국(1478~1543) 조선 시대 문신, 학자

▶ 나라를 잘 다스리고도 욕먹는 것이 군주의 운명이다. _안티스테네스(B.C. 445~B.C. 365) 그리스 철학자

▶ 남에게 봉사함으로써만 남을 통치할 수 있다. 이 법칙에는 예외가 없다. _V. 쿠쟁(1792~1867) 프랑스 철학자, 정치가

▶ 물이 흐리면 물고기가 괴롭고, 통치가 가혹하면 백성이 허덕인다. _《회남자》

▶ 백성들 자신이 통치한다고 생각하게 하라. 그러면 그들은 통치될 것이다. _W. 펜(1644~1718) 영국 정치가

▶ 사람을 통치하고자 할 때는 그들을 몰아세우지 말고 뒤를 따라가야 한다. _C. L. S. 몽테스키외(1689~1755) 프랑스 사상가

▶ 사회를 구성하는 모든 개인의 최대의 행복, 즉 최대 다수의 최대

*기용 | 인재를 높은 자리에 올려 씀.
*합병 | 둘 이상의 기구나 단체, 나라 따위를 하나로 합침. 또는 그렇게 만듦.

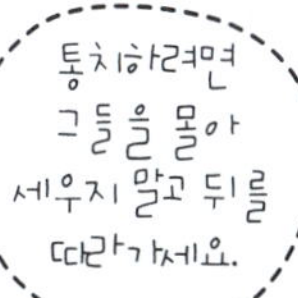

C. L. S. 몽테스키외

*위임 | 어떤 일을 책임 지워 맡김. 또는 그 책임.

행복이 나라를 다스리는 진정한 목표다.

_J. 벤담(1748~1832) 영국 철학자, 법학자

▶ 세상은 군주 한 사람의 것이 아니라 모든 사람의 것이다. 모든 사람과 이익을 함께 나누는 사람만이 온 세상을 얻을 수 있다.

_강태공(?~?) 중국 주나라 정치가

▶ 세상을 구하고 나라를 다스리는 데는 구름과 물처럼 담담한 자세가 어느 정도 필요하다. 일단 지위를 탐내고 집착하면 곧 위태로운 지경으로 굴러 떨어진다. _《채근담》

▶ 유일하고 합법적인 통치권은 통치 받는 사람들이 명백하게 *위임한 권력뿐이다. _W. H. 해리슨(1773~1841) 미국 제9대 대통령

▶ 의리, 도의, 정의에 벗어난 통치는 영원히 지속되지 못한다.

_L. A. 세네카(B.C. 4?~A.D. 65) 로마 철학자, 극작가

▶ 일반적으로 통치 기술은 어느 한 계층의 시민들에게 주기 위해 다른 계층의 시민들로부터 가능한 한 많은 돈을 쥐어짜 내는 것이다. _볼테르(1694~1778) 프랑스 사상가

▶ 착한 사람이 나라를 백 년 다스리면 살인마저 없앨 수 있다.

_공자(B.C. 551~B.C. 479) 중국 춘추 시대 노나라 사상가

▶ 천하 사람들의 주장을 한 가지로 통합하는 것이 통치의 핵심이다.

_묵자(B.C. 480~B.C. 390) 중국 춘추 전국 시대 노나라 사상가

▶ 통치는 법을 만드는 권력을 의미한다.

_A. 해밀턴(1755?~1804) 미국 정치가

▶ 통치의 목적은 인류의 행복에 있다. _J. 로크(1632~1704) 영국 철학자

▶ 통치를 필요로 하지 않도록 하는 것이 모든 통치의 목적이다.

_J. G. 피히테(1762~1814) 독일 철학자

지식 쑥쑥

한자 숙어

수공평장(垂拱平章) 옷자락을 늘어뜨리고 팔짱을 낀 채 나라를 공평하게 다스린다는 뜻.

이포역포(以暴易暴) 정치를 하는 데 있어 힘에 의지하는 것을 비유함.

▶ 힘을 쓰지 않고 통치하는 것이 가장 교묘한 것이다.

_L. C. 보브나르그(1715~1747) 프랑스 도덕주의자, 수필가

속담

▶ 자신을 다스릴 줄 모르는 사람은 다른 사람들을 다스릴 자격이 없다. _유럽

統治者 통치자

일정한 나라나 지역을 도맡아 다스리는 사람.

명언 명문

- 국민의 행복을 생각하지 않는 사람은 나라를 다스릴 자격이 없다.
  _W. 셰익스피어(1564~1616) 영국 극작가, 시인
- 나는 국가를 위해 가장 유익한 길을 알면서도 따르지 않는 통치자를 경멸한다. 백성의 이익보다 개인적 우정을 더 앞세우는 통치자도 나는 거들떠보지 않는다. _소포클레스(B.C. 496~B.C. 406) 그리스 시인
- 나라를 다스리는 자는 실천하기 어려운 말도 반드시 실천해야 하고, 얻을 수 있는 이익도 얻지 말아야 한다.
  _소식(1036~1101) 중국 북송 문학가
- 나라의 통치자는 신중해야만 한다. *편파적으로 행동하면 죽음을 당할 수 있다. _《대학》
- 민주주의의 최고 통치자는 대통령, 국회의원, 관리들이 아니라 바로 유권자들이다. _F. D. 루스벨트(1882~1945) 미국 제32대 대통령
- 통치자가 민중을 이끌려면 존경의 대상이 되거나 공포의 대상이 되어야 한다. _N. 마키아벨리(1469~1527) 이탈리아 사상가, 역사학자
- 통치자가 은덕을 베풀면 백성은 충성으로 보답할 것이고, 가혹하게 다스리면 백성은 원한으로 갚을 것이다.
  _김시습(1435~1493) 조선 시대 학자, 문인
- 통치자는 처벌은 느리고 포상은 빨리 해야 한다.
  _P. N. 오비디우스(B.C. 43~A.D. 17) 로마 시인
- 한 나라의 통치자들은 국내에서나 국외에서나 거짓말을 할 특권을 가진 유일한 사람들이다. 그들은 국가의 이익을 위해서라면 거짓말을 해도 허용될 수 있다. _플라톤(B.C. 428?~B.C. 347?) 그리스 철학자

*편파적 | 공정하지 못하고 어느 한 쪽으로 치우친. 또는 그런 것.

투자

投資
이익을 얻기 위하여 어떤 일이나 사업에 자본을 대거나 시간이나 정성을 쏟음.

명언 명문

*투기 | 큰돈을 벌기 위해 위험을 무릅쓰고 어떤 일에 한꺼번에 많은 돈을 들임.

- 늙은이들은 젊은이들에게 저축하라고 언제나 충고하지만 그 충고는 틀린 것이다. 한 푼도 저축하지 마라. 모든 돈은 너 자신에게 투자하라. 나는 마흔 살이 될 때까지 한 푼도 저축하지 않았다.

_H. 포드(1863~1947) 미국 기술자, 실업가

- 어떤 형태의 사회든 어린 아기에게 젖을 먹이는 일만큼 좋은 투자는 없다. 건강한 국민은 국가의 귀중한 재산이다.

_W. L. S. 처칠(1874~1965) 영국 정치가

- 일생에는 *투기해서는 안 되는 때가 두 번 있는데, 그것은 투기할 돈이 없을 때와 투기할 돈이 있을 때다.

_M. 트웨인(1835~1910) 미국 소설가 《얼간이 윌슨의 캘린더》

- 지식에 대한 투자에 가장 많은 이자가 나온다.

_B. 프랭클린(1706~1790) 미국 정치가, 과학자

- 투자가 많아지면 그만큼 생산성은 높아지고 수익도 증대된다.

_P. F. 드러커(1909~2005) 미국 경영학자

속담

- 같잖은 투전에 돈만 잃었다. (기를 쓰고 덤빈 투전도 아닌데 돈을 잃었다는 뜻으로, 사소한 일에 손해만 보았음을 이르는 말) _한국
- 손해를 보고 난 후에 또 돈을 투자한다. (실패한 뒤 다시 그것에 무리하게 돈을 투자하여 더욱더 손해를 본다는 뜻) _영국
- 한 장의 카드에 모든 돈을 걸지 마라. (재산을 운용할 때는 위험이 분산되도록 현명하게 투자해야 한다는 뜻) _영국

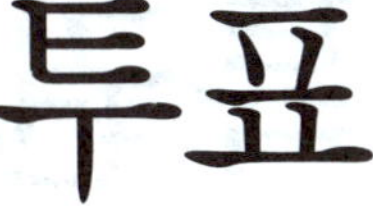

投票 투표

선거를 하거나 가부를 결정할 때에 투표용지에 의사를 표시하여 일정한 곳에 내는 일. 또는 그런 표.

명언 명문

▶ 국민들은 분노 때문에 투표하는 것이지 올바른 평가를 내려 투표하는 것이 아니다. 어떤 것에 찬성해서 투표하는 것이 아니라 무엇인가를 반대하여 투표하는 것이다. _J. 먼로(1758~1831) 미국 제5대 대통령

▶ 그대 혼자만이 투표한다고 하더라도 항상 원칙을 위해 투표하라. 그러면 그대의 투표가 헛되지 않았다는 좋은 *회상을 품게 될 것이다. _J. 애덤스(1735~1826) 미국 제2대 대통령

▶ 대부분의 사람은 누군가를 지지해서가 아니라 누군가에게 반대하기 위해 투표한다. _F. P. 애덤스(1881~1960) 미국 언론인, 번역가

▶ 여러분! 모든 투표자들은 대통령과 마찬가지로 *공신력을 행사하고 있습니다. _S. G. 클리블랜드(1837~1908) 미국 제22 · 24대 대통령

▶ 영국인은 자유롭다고 생각하지만 자유롭다는 것은 투표할 때 뿐이고, 일단 투표를 하고 나면 이전과 같이 노예가 된다. _J. J. 루소(1712~1778) 프랑스 작가, 사상가

▶ 오늘날 세계에서 자유는 탄환과 같이 투표로 인해서 총성 한 발 울리지도 않고 잃어버리게 된다. _J. F. 케네디(1917~1963) 미국 제35대 대통령

▶ 작은 사회가 큰 사회를 움직이기 시작하면 공공의 이익은 손상되고 적이 생긴다. 그러면 투표는 전체의 뜻이 될 수 없으며 논쟁이 벌어진다. _J. J. 루소(1712~1778) 프랑스 작가, 사상가

▶ 지상 투표는 단지 뜨거운 바람이 어느 쪽으로 부는가를 보여 줄 뿐이다. _O. 헨리(1862~1910) 미국 소설가 《구르는 돌》

▶ 투표는 불의를 퇴치하기 위해서 인간이 고안한 가장 강력한 수단이다. _L. B. 존슨(1908~1973) 미국 제36대 대통령

*회상 | 지난 일을 돌이켜 생각함. 또는 그런 생각.

*공신력 | 공적인 신뢰를 받을 만한 능력.

특권 特權

특정한 개인이나 집단에 대하여 인정하는 특별한 권리.

명언 명문

▶ 그들은 옛날처럼 자유가 아니라 특권을 보장해 주기를 국가에 요구한다. _소크라테스(B.C. 469~B.C. 399) 그리스 철학자

▶ 대기업은 큰 규모 때문이 아니라 부당한 특권과 면제로 부당하게 커졌기 때문에 위험한 것이다. _T. W. 윌슨(1856~1924) 미국 제28대 대통령

▶ 망각과 침묵은 죽은 사람의 특권이다. _그레고리우스 1세(540?~604) 신학자, 교황

▶ 명성은 재산과 특권에 이르는 지름길이다. _주니어스(영국 신문의 공동 필명)

▶ 병들면 군주의 특권을 누린다. _C. 램(1775~1834) 영국 평론가, 수필가

▶ 분별 있는 사람들을 비웃는 것은 바보들의 특권이다. _J. 라브뤼예르(1645~1696) 프랑스 작가

▶ 사람들이 세상에서 소중하게 여기는 것은 권리가 아니라 특권이다. _H. L. 멘켄(1880~1956) 미국 언론인, 작가

▶ 순진함의 가장 큰 특권은 누구의 눈도 두려워하지 않고 누구의 말도 의심하지 않는 것이다. _S. 존슨(1709~1784) 영국 시인, 평론가

▶ 아주 적은 사람들의 특권은 일반적인 법이 되지 못한다. _E. 히에로니무스(347?~419?) 로마 신학자

I. 칸트

▶ 원칙보다 특권을 더 아끼는 백성은 곧 이 두 가지를 모두 잃는다. _D. D. 아이젠하워(1890~1969) 미국 제34대 대통령

▶ 인간의 지성과 양심을 파괴하는 것은 특권과 모든 특권 계급의 특성이다. 정치적으로나 경제적으로나 특권을 가진 자는 지성과 양심이 타락한 자다. _M. A. 바쿠닌(1814~1876) 러시아 혁명가

- 자기의 특권을 가능한 한 남의 눈에 띄지 않게 하는 것이 특권을 가진 사람들의 지혜다. 그것은 이런 행운을 갖지 못한 주위 사람들이 이런 권리에 대해 이의를 갖지 않게 하기 위해서다.

_C. 램(1775~1834) 영국 평론가, 수필가 《엘리아 수필집》

- 자유란 모든 특권을 유효하게 발휘시키는 특권이다.

_I. 칸트(1724~1804) 독일 철학자

- 죽음은 인간 본성의 특권이다. 죽음이 없는 삶이란 우리가 살아갈 가치가 없는 것이다. _N. 로(1674~1718) 영국 극작가, 시인

- 터무니없는 소리를 하고도 존중 받는 것은 우정의 특권이다.

_C. 램(1775~1834) 영국 평론가, 수필가

- 특권을 규정하는 것은 인간의 법률이나 정치적 강령도 아니며 부동산 등기 증명서도 아니다. 그것은 다름 아닌 사물의 본질 그 자체이다. _S. 베유(1909~1943) 프랑스 철학자

- 허구는 시인의 특권이다. _G. 플리니우스 2세(61?~113?) 로마 법률가, 정치가

속담

- 특권층의 즐거움은 가난한 사람들의 눈물이다. _영국

키워드 정보 BOX

면책 특권

국회의원이 국회에서 직무상 행한 발언과 표결에 관하여 국회 밖에서 책임을 지지 않는 특권을 말한다. 이는 국회의원이 자유롭게 직무를 수행할 수 있도록 하기 위한 것으로, 국회 밖에서는 민사상 · 형사상 · 행정상의 법적 책임을 추궁 당하지 않는 특권이다. 하지만 국회 안에서는 자기가 한 말에 책임을 추궁 당하거나 소속 정당에서 징계를 받거나 선거구민에 대한 정치적 책임을 진다. 하지만 국회 안에서 한 발언을 국회 밖에서 다시 하게 되면 면책 특권이 적용되지 않는다.

파시즘

fascism

자유주의를 부정하고 폭력적인 방법에 의한 독재를 주장하며 지배자에 대한 절대적인 복종을 강요하는 정치 이념.

명언 명문

*냉혈 | 사람의 성품이 인정이 없고 냉정함을 비유적으로 이르는 말.

▶ 공산주의자는 파시스트의 찡그린 얼굴을 하고, 파시스트는 공산주의자의 미소를 띤다. _M. 스파크(1918~2006) 영국 소설가, 평론가

▶ 돈에 대한 사랑은 모두 파시즘의 기본이다. _M. M. 싱글턴(1843~1905) 영국 시인

▶ 무솔리니는 교활하고 *냉혈적이며 속이 시커먼 이탈리아 인이다. _W. L. S. 처칠(1874~1965) 영국 정치가

▶ 파시스트 국가는 국민을 조직하지만 개인의 자유는 포기시킨다. _B. A. A. 무솔리니(1883~1945) 이탈리아 정치가

▶ 파시스트들이 가장 미워하는 것은 지성이다. _M. 우나무노(1864~1936) 에스파냐 철학자, 작가

▶ 파시스트의 지배는 좀 더 악한 부정을 막는다. 만일 파시스트가 패배하면 그 무엇도 혼란에서 이 나라를 구해 줄 수 없다. _A. L. 헉슬리(1894~1963) 영국 소설가, 평론가

▶ 파시즘에서, 국가는 절대적이고 개인과 단체들은 상대적이다. _B. A. A. 무솔리니(1883~1945) 이탈리아 정치가

▶ 파시즘은 그것의 희생자 수가 아니라 그것이 사람을 죽이는 방법에 의해 정의된다. _J. P. 사르트르(1905~1980) 프랑스 소설가, 철학자

▶ 파시즘은 부패한 자본주의다. _V. 레닌(1870~1924) 소련 혁명가, 정치가

▶ 파시즘은 일종의 독재이며, 독재란 무책임한 권력을 소유하는 권위다. _C. A. 비어드(1874~1948) 미국 역사가

▶ 파시즘은 종교다. 20세기는 역사에서 '파시즘의 세기'라고 알려질 것이다. _B. A. A. 무솔리니(1883~1945) 이탈리아 정치가

파시즘은 사람을 죽이는 방법에 의해 정의되지요.

J. P. 사르트르

판결

判決

일의 옳고 그름을 판단하여 결정함. 또는 법원이 법률에 따라 어떤 소송 사건에 대하여 내린 판단.

명언 명문

- 당신이 *유력자인지 가난한 자인지에 따라서 법정의 판결은 당신을 무죄 또는 유죄로 할 것이다. _J. 라퐁텐(1621~1695) 프랑스 시인, 우화 작가

*유력자 | 세력이나 재산이 있는 사람.

- 분쟁 사건에서는 양쪽 말을 다 듣기 전에 절대로 판결을 내리지 마라. _에우리피데스(B.C. 484?~B.C. 406?) 그리스 시인
- 잘못한 것이 없는데 왜 판결을 두려워하겠는가? _W. 셰익스피어(1564~1616) 영국 극작가, 시인
- 중대한 범죄를 판결하는 요점은 밝고 신중하게 하는 것뿐이다. 사람이 죽고 사는 것이 내가 한번 살피는 데 달렸으니 어찌 밝게 살피지 않겠는가. _정약용(1762~1836) 조선 시대 문신, 학자 《목민심서》
- 판결 없는 처벌은 견딜 만하다. 게다가 그것은 우리의 무죄를 보장하는 명칭, 즉 불운이라는 명칭을 지닌다. _A. 카뮈(1913~1960) 프랑스 소설가, 극작가
- 판결은 자로 재어진 데에 따라야 한다. _테오그니스(B.C. 6세기경) 그리스 시인
- 판결하려면 조사하고, 통치하려면 명령하라. _L. A. 세네카(B.C. 4?~A.D. 65) 로마 철학자, 극작가

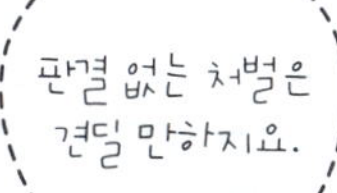

A. 카뮈

속담

- 귀에 걸면 귀걸이 코에 걸면 코걸이. (이런 것도 같고 저런 것도 같아 어느 한쪽에 치우쳐 결정하기 어렵다는 뜻) _한국
- 송사는 졌어도 재판은 잘하더라. (다투다가 비록 지기는 했으나 판결이 공평하여 조금도 억울하지 않음을 이르는 말) _한국

정치와 경제

판사 判事

대법원을 제외한 각급 법원의 법관.

명언 명문

*고리대금 | 부당하게 비싼 이자를 받는 돈놀이.
*단죄 | 죄를 처단함.
*배심원 | 일반 국민 가운데 선출되어, 재판에 참여하고 사실 인정에 대하여 판단을 내리는 사람.

▶ *고리대금하는 판사가 사기꾼에게 사형을 선고한다.

_W. 셰익스피어(1564~1616) 영국 극작가, 시인

▶ 공평함이란 허구다. 어떤 판사는 긴 자를, 어떤 판사는 짧은 자를 가지며, 또 어떤 판사는 자기가 가진 자에 대해 무관심하다. 판사의 양심도 이와 같다. _J. 셀던(1584~1654) 영국 법학자, 정치가, 역사가

▶ 명판사는 죄인의 범죄를 *단죄하지만 그 죄인은 미워하지 않는다.

_L. A. 세네카(B.C. 4?~A.D. 65) 로마 철학자, 극작가

▶ 배가 고픈 판사는 서둘러서 판결문에 서명하고, 가련한 죄수는 *배심원들의 저녁 식사를 위해 빨리 교수대에 선다.

_A. 포프(1688~1744) 영국 시인

▶ 선하고 충직한 판사는 유용성보다 정의를 더 선호한다.

_Q. 호라티우스(B.C. 65~B.C. 8) 로마 시인

▶ 재판관이 도둑질을 할 경우 도둑은 당연히 도둑질할 권리가 있다.

_W. 셰익스피어(1564~1616) 영국 극작가, 시인

▶ 죄인을 봐주면 판사가 심판을 받게 된다.

_F. 베이컨(1561~1626) 영국 정치가, 철학자

▶ 진실을 발견해 내는 것이 언제나 재판을 맡은 판사의 임무다.

_M. T. 키케로(B.C. 106~B.C. 43) 로마 정치가, 학자

▶ 판사는 말하는 법이지만 법은 말없는 판사다.

_M. T. 키케로(B.C. 106~B.C. 43) 로마 정치가, 학자

▶ 판사는 법조문을 떠나는 순간 판사가 아니라 입법자가 된다.

_F. 베이컨(1561~1626) 영국 정치가, 철학자

▶ 판사는 판사복을 입을 때 모든 사람과 관계를 끊고 *멜키세덱처럼 족보가 없는 사람이 된다. _T. 풀러(1654~1734) 영국 의사, 작가

*멜키세덱 | 하느님의 사제 직위에 있던 살렘 왕.

▶ 판사들은 그 수효가 많아야만 한다. 소수의 사람들은 항상 다른 소수의 사람들에게 지배 당하기 때문이다.

_N. 마키아벨리(1469~1527) 이탈리아 사상가, 역사학자

▶ 판사의 동정심이 증가할수록 법은 효력을 잃어 간다.

_P. 시루스(B.C. 1세기경) 로마 시인

▶ 판사의 임무는 법률을 제정하는 것이 아니라 법률을 해석하는 것이다. _F. 베이컨(1561~1626) 영국 정치가, 철학자 《수필집》

▶ 판사의 자격은 겸허하고, 언제나 선행을 거듭하고, 무엇인가 결정을 내릴만큼의 용기를 가지며, 지금까지의 경력이 깨끗한 사람이라야 한다. _《탈무드》

▶ 황금은 판사들을 매수하고 법을 지배한다.

_S. 프로페르티우스(B.C. 50?~B.C. 16?) 로마 시인

속담

▶ 돈으로 판사 자리를 산 자는 정의를 팔아야만 한다. _영국

▶ 두려워해야 할 것은 법이 아니고, 그것을 행사하는 판사다. _러시아

▶ 범죄자를 사면하면 판사가 처벌된다. _서양

▶ 젊은이는 판사가 될 수 없다. 나이를 먹어야 부정을 속속들이 알 수 있기 때문이다. _그리스

▶ 판사는 세 번 설명을 듣기 전에는 아무것도 모른다. _서양

▶ 훌륭한 판사는 생각은 빨리 하고 판결은 느리게 한다. _서양

고사성어

▷ 군맹무상(群盲撫象)

맹인 여럿이 코끼리를 만진다는 뜻이다. 보통 '장님 코끼리 만지는 식'이라고 하며, 사물을 전체적으로 보지 못하고 자기의 좁은 소견과 주관으로 그릇 판단함을 이르는 말이다. 맹인들이 코끼리를 만지고 저마다 자기가 만진 부분이 전부인 것처럼 말하는 이야기에서 유래한다. _《열반경》

정치와 경제

평등

平等

권리, 의무, 자격 등이 차별 없이 고르고 한결같음.

명언 명문

*민법 | 개인의 권리와 관련된 법규.

- 모든 인간은 선천적으로 평등하다. 오늘날에 볼 수 있는 불평등은 *민법에서 유래하는 것이다. _T. 홉스(1588~1679) 영국 철학자, 법학자
- 모든 인간의 평등한 권리는 공기를 호흡하는 평등한 권리나 마찬가지로 명백한 것이다. _H. 조지(1839~1897) 미국 경제학자
- 미국인들은 모든 사람은 평등하기 때문에 사람 위에 사람 없다고 생각한다. 그러나 사람 아래 사람 없다는 것은 아무도 인정하려 하지 않는다. _B. A. W. 러셀(1872~1970) 영국 철학자, 수학자
- 법 위에 아무도 없고 법 아래 아무도 없다. _T. 루스벨트(1858~1919) 미국 제26대 대통령
- 신 앞에서 우리들은 똑같이 현명하기도 하고 똑같이 어리석기도 하다. _A. 아인슈타인(1879~1955) 미국 물리학자
- 아무리 고급 시계라도 한 시간의 길이는 같으며, 아무리 위대한 사람에게도 한 시간의 길이는 다르지 않다. _《탈무드》
- 안전과 평등이 충돌할 때는 주저 없이 평등이 굴복해야 한다. _J. 벤담(1748~1832) 영국 철학자, 법학자
- 여자들은 이제 남자들과 조금도 다르지 않기 때문에 남자들과 평등하다. _E. 프롬(1900~1980) 독일 정신 분석학자, 사회학자
- 왕이나 나나 똑같은 사람이다. 제비꽃 향기는 그에게도 나에게도 똑같다. _W. 셰익스피어(1564~1616) 영국 극작가, 시인
- 인간은 원래 불평등하게 태어났다. 그렇기 때문에 그들을 평등하게 다루려 해도 그것은 무익하다. _S. 프로이트(1856~1939) 오스트리아 심리학자, 의사 《대문제에 관한 소연구》

A. 아인슈타인

▶ 인간은 평등하게 태어나지만 평등하게 성장하지는 못한다.

_C. L. S. 몽테스키외(1689~1755) 프랑스 사상가 《법의 정신》

▶ 잠은 그의 형인 죽음처럼 모든 사람을 평등하게 만든다.

_A. 슈니츨러(1862~1931) 오스트리아 소설가, 극작가

▶ 죽음의 순간에는 모두가 평등하다. _P. 시루스(B.C. 1세기경) 로마 시인

▶ 친구끼리는 완전한 평등 속에서 산다. 이 평등은 맨 먼저, 그들이 서로 만났을 때 사회적인 차이를 잊는다는 사실로부터 생긴다.

_A. 보나르(1883~1968) 프랑스 작가

▶ 평등은 모든 선의 근원이며, 극도의 불평등은 모든 악의 근원이다.

_M. F. M. 로베스피에르(1758~1794) 프랑스 정치가

▶ 평등은 민주주의의 중요한 원리다. _E. 벨러미(1850~1898) 미국 소설가

▶ 평등이란 자기와 같이 남에게도 같은 기회와 권리를 부여하는 일이다. _W. 휘트먼(1819~1892) 미국 시인 《감상》

▶ 평등주의자는 남을 그들 자신의 수준까지 끌어올리기를 바라지만 그들 자신 이상으로 끌어올리려고는 하지 않는다.

_S. 존슨(1709~1784) 영국 시인, 평론가

▶ 평등한 사회는 불평등한 사회를 무찌를 것이다.

_A. 링컨(1809~1865) 미국 제16대 대통령

속담

▶ 고양이가 왕을 쳐다볼 수 있다. _서양

▶ 모든 사람은 잠자리에 들었을 때만 평등하다. _영국

▶ 모든 사람은 평등하게 창조되었다. _영국

▶ 사람 위에 사람 없고 사람 밑에 사람 없다. _한국

▶ 신은 바보에게도 행운을 보낸다. _영국

▶ 어둠 속에서는 모든 고양이가 회색이다.

_서양

▶ 태양은 풀잎에도 삼목에도 비친다.

_페르시아

▶ 평등을 찾으려는 사람은 묘지로 가라.

_독일

지식 쑥쑥

한자 숙어

일시동인(一視同仁) 성인이 누구나 평등하게 똑같이 사랑함을 이르는 말.

평화 平和

평온하고 화목함. 또는 전쟁이나 분쟁 등이 없이 세상이 평온한 상태.

명언 명문

▶ 국제 문제에서 평화는 전쟁 기간 사이에 끼여 있는, 서로 속이는 기간이다. _A. G. 비어스(1842~1914) 미국 소설가, 신문 기자

▶ 나는 정의의 싸움보다도 사악한 평화를 좋아한다. _M. T. 키케로(B.C. 106~B.C. 43) 로마 정치가, 학자

▶ 나의 평화주의는 지식에서가 아니라 모든 형태의 잔인함과 증오에 대한 반감에서 나온다. _A. 슈바이처(1875~1965) 독일 신학자, 철학자, 의사

▶ 너에게 평화를 가져다 줄 수 있는 것은 오로지 너 자신뿐이다. _R. W. 에머슨(1803~1882) 미국 사상가, 시인

▶ 마음의 평화를 유지할 줄 안다면, 그가 아무것도 모르는 사람이라 해도 그의 지식은 충분하다. _M. 구아초(1496?~1556) 이탈리아 문학가

▶ 만약 평화가 명예롭게 유지될 수 없다면 이미 평화가 아니다. _B. A. W. 러셀(1872~1970) 영국 철학자, 수학자

▶ 사람은 누구나 행복을 구한다. 평화, 이것이야말로 이 지상에 있어서 행복에 가까워지는 최대의 지름길이며, 그것은 누구나 구할 수가 있는 것이다. _C. 힐티(1833~1909) 스위스 사상가, 법률가

▶ 어디에선가 평화가 무너지면 모든 나라의 평화는 어디서나 위험하다. _F. D. 루스벨트(1882~1945) 미국 제32대 대통령

▶ 올바른 사람만이 마음의 평화를 누린다. _에피쿠로스(B.C. 341~B.C. 270) 그리스 철학자

▶ 욕심이 적을수록 평화는 더욱 많아진다. _T. W. 윌슨(1856~1924) 미국 제28대 대통령

▶ 우리를 인간답게 대우하라. 그러면 위험은 없고 우리가 모두 함께

평화와 행복을 누릴 것이다. _J. J. 워커(1881~1946) 미국 정치가

▶ 전쟁이 없는 상태가 곧 평화는 아니다.

_J. F. 케네디(1917~1963) 미국 제35대 대통령

▶ 정의와 명예를 주는 평화는 가장 고귀하고 유익하지만, 불명예와 비겁함으로 얻은 평화는 가장 비열하고 해로운 것이다.

_폴리비오스(B.C. 200?~B.C. 118?) 그리스 역사가

▶ 평화는 사랑과 마찬가지로 가정에서 시작된다.

_F. D. 루스벨트(1882~1945) 미국 제32대 대통령

▶ 평화는 세상을 치료하고 향상시키는 세력이다.

_T. W. 윌슨(1856~1924) 미국 제28대 대통령

▶ 평화는 세상의 모든 축복 중에서 가장 가치 있는 것이다.

_S. T. 콜리지(1772~1834) 영국 시인, 평론가

▶ 평화는 항상 아름답다. _W. 휘트먼(1819~1892) 미국 시인

▶ 평화는 헌장과 *조약에만 달려 있는 것이 아니다. 사람들의 마음과 정신 속에 뿌리를 내려야 한다.

_J. F. 케네디(1917~1963) 미국 제35대 대통령

▶ 평화는 힘으로 유지될 수 없다. 그것은 다만 상호 이해로 이룰 수 있다. _A. 아인슈타인(1879~1955) 미국 물리학자

▶ 평화를 위해서가 아니면 싸우지 않는다.

_T. B. 매콜리(1800~1859) 영국 역사가, 정치가

▶ 평화를 유지하는 최선책은 전쟁 당사자가 자기를 교수형에 알맞은 자라고 느끼는 일이다. _T. 칼라일(1795~1881) 영국 사상가, 역사가

▶ 평화를 이루는 자는 행복하다. 그는 분노의 죄에서 벗어났기 때문이다. _A. 단테(1265~1321) 이탈리아 시인

▶ 평화에는 두 가지 힘이 있다. 그것은 정의와 예절이다.

_J. W. 괴테(1749~1832) 독일 시인, 소설가, 극작가

*조약 | 국가 간의 권리와 의무를 국가 간의 합의에 따라 법적 구속을 받도록 규정하는 행위. 또는 그런 조문.

속담

▶ 마음의 평화는 아무것도 바라지 않는 데 있다. _아라비아

▶ 마음이 평화로우면 어느 마을에 가서도 축제처럼 즐거운 일들을 발견한다. _인도

폭군

暴君
사납고 악한 임금.

명언 명문

*세도 | 정치상의 권세. 또는 그 권세를 마구 휘두르는 일.
*폭정 | 사납고 악한 정치.

▶ 거인이 힘을 가지는 것은 멋진 일이다. 하지만 그 힘을 거인처럼 사용하면 폭군이 된다. _W. 셰익스피어(1564~1616) 영국 극작가, 시인

▶ 공포는 폭군과 함께 *세도를 부린다. _H. W. 롱펠로(1807~1882) 미국 시인

▶ 나라를 망치는 세 가지 군주는 폭군, 어리석은 군주, 무능한 군주다. 폭군은 충신들을 배척하고 스스로 성군인 척한다. 어리석은 군주는 간신을 알아보지 못하고 무능한 자들을 기용한다. 무능한 군주는 나약하고 우유부단하다. _이이(1536~1584) 조선 시대 문신, 학자

▶ 모든 구실이 폭군에게는 유리할 것이다.
_이솝(B.C. 620?~B.C. 560?) 그리스 우화 작가 《이솝 이야기》

▶ 법과 정의를 내세우는 폭군 정치보다 더 잔혹한 것은 없다.
_C. L. S. 몽테스키외(1689~1755) 프랑스 사상가

▶ 법이 무력해지면 폭군 정치가 시작된다.
_W. 피트(1708~1778) 영국 정치가

▶ 사람들이 카이사르나 나폴레옹과 같은 폭군들을 숭배하는 한, 그러한 폭군들이 사람들을 비참하게 만들기 위해 나타날 것이다.
_A. L. 헉슬리(1894~1963) 영국 소설가, 평론가

▶ 사람은 누구나 폭군이 될 수만 있다면 그렇게 되기를 바라는 선천적인 기질 때문에 폭군이 될 것이다. _D. 디포(1660~1731) 영국 소설가

▶ 왕은 백성들의 이익을, 폭군은 자기 자신의 이익을 추구한다.
_R. 헤릭(1591~1674) 영국 시인, 목사

▶ 장기 집권은 *폭정을 낳는다.
_아리스토텔레스(B.C. 384~B.C. 322) 그리스 철학자

▶ 지금까지 있었던 폭군들도 자신을 위해서는 자유를 믿었다.

_E. G. 허버드(1856~1915) 미국 작가, 화가

▶ 탄압 받는 사람들의 가장 큰 위안은 자기가 폭군보다 더 우월하다는 생각일 것이다.

_J. H. 그린(1900~1998) 미국 작가

▶ 폭군들은 핑계가 모자라는 적이 결코 없다.

_E. 버크(1729~1797) 영국 정치가, 사상가

▶ 폭군의 귀만큼 듣자마자 금방 화내는 것도 없다.

_D. J. 유베날리스(50?~130?) 로마 시인

▶ 폭군의 통치 아래 있는 백성은 폭군보다 훨씬 거칠다. 폭군의 폭정은 대개 폭군의 통치 아래 있는 백성들의 욕망을 만족시킬 수 없다.

_루쉰(1881~1936) 중국 작가

▶ 폭군이 가면을 쓰고 키스하려고 다가올 때만큼 경계해야 할 때는 없다.

_W. 셰익스피어(1564~1616) 영국 극작가, 시인

▶ 힘으로 정신을 지배하려는 자는 폭군이고 그에게 굴복하는 자는 노예다.

_R. G. 잉거솔(1833~1899) 미국 정치가

한자 숙어

가렴주구(苛斂誅求) 세금을 가혹하게 거두어들이고, 무리하게 재산을 빼앗음.

위연구어(爲淵驅魚) 자신을 위해 한 일이 오히려 자신에게 손해가 되는 결과를 낳았다는 뜻으로, 폭군이 백성을 몰아내어 자애로운 왕한테 돌아가게 했음을 의미함.

키워드 정보 BOX

폭군 진시황

진시황은 춘추 전국 시대의 혼란을 수습하고 중국을 최초로 통일한 후, 강력한 중앙집권정책을 추진하여 법을 정비하고 문자 및 도량형을 통일하는 등 나라를 안정시켜 나갔다. 그러나 그는 자신의 정치에 대해 비판하는 학자들을 죽이고 책을 불사르는 분서갱유 사건을 저지르는 등 강압적인 통치를 하였고 아방궁, 만리장성 등 대규모 토목 공사를 무리하게 벌였다. 이 때문에 백성들의 생활을 어렵게 하고 원망을 사서 중국 역사상 최대의 폭군이라는 비판을 받게 되었다.

헌법

憲法

국가 통치 체제의 기초에 관한 각종 근본 법규의 총체.

명언 명문

*산물 | 어떤 것에 의하여 생겨나는 사물이나 현상을 비유적으로 이르는 말.

▶ 국민은 헌법을 만들었고 또 그것을 폐지할 수 있다. 그것은 국민의 의지의 *산물이다. _J. 마셜(1755~1835) 미국 법관

▶ 우리 헌법은 간결하고 실제적이어서 중대한 상황에 맞닥뜨리더라도 조정하거나 중점의 이동으로 기본적인 형태를 상실하지 않고 언제나 잘 대응을 할 수 있었다.

_F. D. 루스벨트(1882~1945) 미국 제32대 대통령

▶ 우리 헌법의 한 가지 기본 요소는 군대에 대한 민간인의 통제다.

_H. S. 트루먼(1884~1972) 미국 제33대 대통령

▶ 우리는 헌법 아래 있지만 헌법이란 판사들이 판결로 말하는 내용이다. _C. E. 휴스(1862~1948) 미국 법률가, 정치가

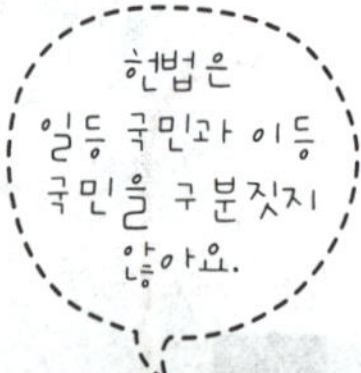

▶ 우리의 헌법은 다른 모든 나라의 기본적인 법률과 경제적, 사회적 또는 종교적 원칙을 규정하고 있지 않다는 점에서 특이하다.

_L. B. 존슨(1908~1973) 미국 제36대 대통령

▶ 통치자가 입법부 의원들을 임명하면 자유로운 헌법의 원칙들은 영영 사라진다. _E. 기번(1737~1794) 영국 역사가

▶ 헌법은 다수파의 성급한 행동을 견제하고 그들이 소수파의 권리를 존중하도록 하려는 억제 장치다.

_W. H. 태프트(1857~1930) 미국 제27대 대통령

▶ 헌법은 일등 국민과 이등 국민을 구분짓지 않는다.

_W. L. 윌키(1892~1944) 미국 정치가, 법률가 《미국의 계획》

W. L. 윌키

▶ 헌법을 거스르는 법은 무효고 자연적 형평성을 거스르는 법도 무효다. _J. 오티스(1725~1783) 미국 변호사, 정치가

혁명

革命

국가나 사회의 조직, 형태 따위를 폭력으로 급격하게 바꾸거나 비합법적으로 정치 권력을 잡는 일.

명언 명문

- 개혁보다는 혁명을 더 두려워해야 한다. 개혁이 초래하는 *반동이 혁명의 경우보다는 약하기 때문이다. _J. N. 달링(1876~1962) 미국 만화가
- 개혁은 *폐단을 바로잡는 것이고, 혁명은 권력을 이동하는 것을 말한다. _E. 벌워리턴(1803~1873) 영국 소설가, 극작가
- 낡은 주의나 낡은 법률을 인정하지 않고 이 두 가지를 부수고 새로운 것을 만드는 것이 혁명의 특성이다. _A. 링컨(1809~1865) 미국 제16대 대통령
- 대규모 혁명은 백성의 잘못이 아니며 오히려 정부의 잘못이다. _J. W. 괴테(1749~1832) 독일 시인, 소설가, 극작가
- 민주주의를 성취하기 위해서 혁명을 해서는 안 된다. 혁명을 하기 위해서 민주주의가 필요한 것이다. _G. K. 체스터턴(1874~1936) 영국 소설가, 평론가
- 사상가들은 혁명을 준비하고 강도들은 그것을 수행한다. _M. 아수엘라(1873~1952) 멕시코 소설가, 의사
- 성공한 혁명가는 정치가고, 실패한 혁명가는 범죄자다. _E. 프롬(1900~1980) 독일 정신 분석학자, 사회학자
- 성공한 혁명은 새로운 사회를 이룩한다. 실패한 혁명은 지속하는 사회를 빛나가게 만든다. _P. 굿맨(1911~1972) 미국 사회 비평가
- 자유를 얻기 위해 싸우는 사람들의 유일한 해결책은 무장 투쟁뿐이다. _C. 게바라(1928~1967) 쿠바 혁명가
- 정치에서 실험은 혁명을 의미한다. _B. 디즈레일리(1804~1881) 영국 정치가, 소설가

*반동 | 진보적이거나 발전적인 움직임을 반대하여 강압적으로 가로막음.
*폐단 | 어떤 일이나 행동에서 나타나는 옳지 못한 경향이나 해로운 현상.

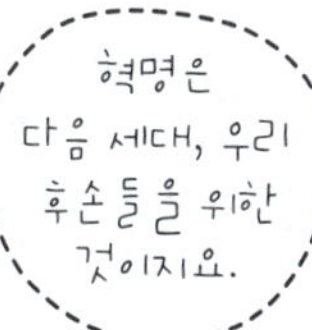

R. 롤랑

*봉기 | 벌떼처럼 떼지어 세차게 일어남.

▶ 통치권에 이르는 첫걸음은 권력 획득 수단인 혁명이다.
_E. 버크(1729~1797) 영국 정치가, 사상가

▶ 평화적 혁명을 불가능하게 만드는 자들은 폭력적 혁명을 피할 수 없게 만들 것이다. _J. F. 케네디(1917~1963) 미국 제35대 대통령

▶ 혁명 그 자체는 작은 일이 아니지만 작은 일에서 발생한다.
_아리스토텔레스(B.C. 384~B.C. 322) 그리스 철학자

▶ 혁명 전에는 모두가 노력이었다. 그러나 혁명 후에는 모두가 요구로 바뀌었다. _J. W. 괴테(1749~1832) 독일 시인, 소설가, 극작가

▶ 혁명가는 무덤 속에서만 평화를 발견한다.
_L. A. A. 생쥐스트(1767~1794) 프랑스 정치가

▶ 혁명에는 두 종류의 인간밖에 없다. 혁명을 일으키는 자와 그것으로 이익을 거두는 자다. _나폴레옹 1세(1769~1821) 프랑스 황제

▶ 혁명은 권력과 재산의 형태만 변화시킬 뿐, 국가 자체에는 아무런 변화도 주지 않는다. _M. 질라스(1911~1995) 유고슬라비아 정치가, 작가

▶ 혁명은 그 지도자들에게 오류를 저지른 적이 절대로 없다는 경력을 요구한다. 그것이 없다면 그들은 조작해 내어야 마땅하다.
_J. M. 켐프턴(1917~1997) 미국 언론인

▶ 혁명은 그들을 위해서도, 우리를 위해서도 아니다. 그것은 하루의 문제가 아니라 다음 세대, 우리의 후손들을 위한 것이다.
_R. 롤랑(1866~1944) 프랑스 소설가, 사상가

▶ 혁명은 기존 질서에 대항하는 *봉기가 아니라 전통적 질서와 반대되는 새 질서의 수립이다.
_J. 오르테가이가세트(1883~1955) 에스파냐 철학자, 정치가

▶ 혁명은 만찬도 수필도 그림도 한 폭의 자수도 아니다. 그것은 조용히 서서히 조심스럽게 앞뒤를 가리며 점잖게 순순히 성취될 수 있는 것이다. _마오쩌둥(1893~1976) 중국 정치가

▶ 혁명은 사람들의 마음과 정신 속에 있다. 원칙, 의견, 감정, 그리고 애정상의 이 근본적인 변화야말로 진정한 아메리카의 혁명이었다. _J. 애덤스(1735~1826) 미국 제2대 대통령

▶ 혁명은 사람들이 일으키는 것이 아니라 저절로 찾아온다. 그것은 참나무의 성장같이 자연스러운 것이다. _W. 필립스(1811~1884) 미국 개혁가

▶ 혁명은 장미 침대가 아니다. 그것은 미래와 과거 사이의 목숨을 건 투쟁이다. _F. 카스트로(1926~) 쿠바 정치가, 혁명가

▶ 혁명은 하나의 불행이다. 더욱 큰 불행은 실패한 혁명이다.

_H. 하이네(1797~1856) 독일 시인

▶ 혁명의 정신은 인간의 조건에 반대하는 인간의 항의 속에 있다.

_A. 카뮈(1913~1960) 프랑스 소설가, 극작가

▶ 혁명이 무엇인지 알고 싶다면 그것을 발전이라고 불러라. 발전을 알고 싶다면 그것을 내일이라고 불러라.

_V. M. 위고(1802~1885) 프랑스 시인, 극작가

▶ 혁명이 일어난 동기는 사소한 것일 수도 있지만 거기에는 막대한 이해관계가 걸려 있다.

_아리스토텔레스(B.C. 384~B.C. 322) 그리스 철학자

▶ 혁명이란 아무도 죽이지 않고 살리는 일이다. _루쉰(1881~1936) 중국 작가

지식 쑥쑥

한자 숙어

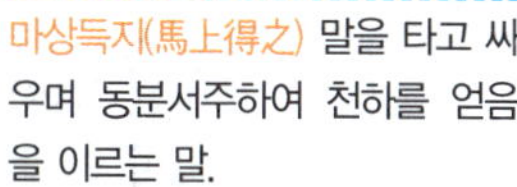

마상득지(馬上得之) 말을 타고 싸우며 동분서주하여 천하를 얻음을 이르는 말.

삼일천하(三日天下) 정권을 잡았다가 짧은 기간 내에 밀려남.

키워드 정보 BOX

프랑스 혁명

1789년부터 1794년까지 프랑스에서 일어난 시민 혁명이다. 처음에는 재정 위기로 혁명이 시작되었지만 개혁과 변혁을 요구하는 운동으로 발전하였다. 프랑스 혁명은 나폴레옹이 통치하면서 막을 내렸는데, 가장 전형적인 시민 혁명으로 평가되며 프랑스의 정치 · 사회 · 경제 등 여러 면에서 큰 변화를 가져왔다. 국왕의 절대 통치가 끝나고 시민 계급이 주체가 되는 근대 사회의 길을 열었으며, 경제적인 측면에서는 자유로운 근대 자본주의의 발전을 가능하게 했고, 사상적인 측면에서는 낡은 사고에서 벗어나 자유 · 평등의 이념을 중시하게 되었다. 프랑스 혁명 외에도 근대 국가에서 성공한 혁명으로는 영국의 청교도 혁명, 미국의 독립 혁명 등을 들 수 있다.

바스티유 감옥 습격 사건은 프랑스 혁명이 전국으로 퍼지는 데 큰 역할을 하였다.

형벌 刑罰

범죄에 대한 법률에 있어서의 효과로서
국가 따위가 범죄자에게 제재를 가함. 또는 그 제재.

명언 명문

*카인 | 구약 성경에 나오는 아담과 하와의 맏아들로, 동생을 돌로 쳐 죽인 인물.

- 교수형은 인간이 겪을 수 있는 가장 나쁜 형벌이다.
  _H. 워턴(1568~1639) 영국 외교관, 시인
- 그대들 가운데 누군가가 정의의 이름으로 벌을 내리려고 하면, 그리하여 악의 나무에 도끼를 대려 한다면 그로 하여금 그 나무의 뿌리를 살펴보게 하라.
  _K. 지브란(1883~1931) 미국 소설가, 화가, 시인
- 나라를 다스릴 때는 관리의 임명과 형벌을 신중하게 해야 한다.
  _소식(1036~1101) 중국 북송 문학가
- 법률이 없으면 형벌도 없다.
  _L. A. 포이어바흐(1804~1872) 독일 철학자 《형법 교과서》
- 사형 선고로 사형수가 얻는 보상은 죽을 시간을 정확하게 안다는 것이다. 그것은 대단한 사치지만 잘 얻은 것이다.
  _V. V. 나보코프(1899~1977) 미국 소설가, 평론가
- 상은 공적이 있는 사람이 되라고 권장하고, 형벌은 범죄자들을 처벌하는 것이다.
  _정도전(1342~1398) 고려~조선 시대 문인, 학자
- 악행에 대한 가장 큰 형벌은 범인을 더 나쁜 사람이 되게 만드는 것이다.
  _플라톤(B.C. 428?~B.C. 347?) 그리스 철학자
- 열쇠를 훔친 자는 벌 받고, 나라를 훔친 자는 제후가 된다.
  _장자(B.C. 369?~B.C. 289?) 중국 전국 시대 송나라 사상가
- 착한 사람들이 일반 문제를 무관심하게 대한 형벌은 악한 사람들에게 지배 당하는 것이다.
  _플라톤(B.C. 428?~B.C. 347?) 그리스 철학자
- *카인의 겨레여, 너의 형벌이 결단코 끝나는 날이 있으랴?
  _C. P. 보들레르(1821~1867) 프랑스 시인 《아벨과 카인》

플라톤

▶ 포상의 *장려와 형벌의 위협이 없다면 권력은 약화되고 법은 위축된다. _《한비자》

▶ 형벌로 관습을 바꿀 수 없고 사형으로 범죄를 근절시킬 수 없다. _《회남자》

▶ 형벌은 본보기다. 일단 형벌이 이루어지면 변경해서는 안 된다. 그래서 군자는 형벌에 마음을 써야 한다. _《예기》

▶ 형벌은 신분 높은 사람에게 오지 않는다. _《논어》

▶ 형벌을 만든 뜻은 그 사람을 미워하여 고통스럽게 하고자 함인가? 고통스럽게 하여 그로 하여금 허물을 고치고 착하게 하려는 데 있는 것이다. _정약용(1762~1836) 조선 시대 문신, 학자 《원》

▶ 형벌의 목적은 악을 예방하는 데 있다. 형벌로 선을 행하게 할 수는 없다. _H. 만(1871~1950) 독일 소설가

▶ 형벌이 아무리 엄해도 그것으로써 백성의 마음에 두려움을 줄 수는 없다. 또 *살육으로 다스려도 그것으로써 백성의 마음을 복종시킬 수는 없다. 백성의 마음을 얻을 수 있는 것은 덕의 힘뿐이다. _《관자》

▶ 형벌이 정당하다고 생각될 때는, 실제로 죄의 증거가 알려지고 스스로 고백하지 않고는 못 배기게 되었을 때뿐이다. _A. 슈바이처(1875~1965) 독일 신학자, 철학자, 의사

▶ 형틀이란 무서울 만큼 진실한 것이다. _O. F. O. W. 와일드(1854~1900) 아일랜드 시인, 극작가

*장려 | 좋은 일에 힘쓰도록 북돋아 줌.
*살육 | 사람을 마구 죽임.
*오라 | 도둑이나 죄인을 묶을 때에 쓰던, 붉고 굵은 줄.

속담

▶ 경치고 포도청 간다. (단단히 욕을 보고도 또 포도청에 잡혀가서 벌을 받는다는 뜻으로, 몹시 심한 욕을 당하거나 혹독한 형벌을 받음을 이르는 말) _한국

▶ 곤장에 대갈 바가지. (곤장으로 매를 무수히 맞으며 지독한 곤경을 치름을 이르는 말) _한국

▶ 도둑질은 내가 하고 *오라는 네가 져라. (나쁜 짓을 해서 이익은 자기가 차지하고 그것에 대한 형벌은 남보고 받으라는 경우를 이르는 말) _한국

황금 黃金

누런빛의 금. 돈이나 재물 또는 귀중하고 가치 있는 것을 비유적으로 이르는 말.

명언 명문

*재갈 | 말을 부리기 위하여 아가리에 가로 물리는 가느다란 막대.

- 가치 없는 돌 한 조각이 황금 술잔에 흠을 낸다 하더라도, 그 돌 조각의 가치는 증가하지 않으며 황금의 가치도 감소되지 않는다.
_사디(1213?~1291) 페르시아 시인
- 거위가 낳는 황금알을 한꺼번에 모두 얻으려고 그는 거위를 죽였지만 아무것도 얻지 못했다. _이솝(B.C. 620?~B.C. 560?) 그리스 우화 작가
- 나는 황금을 경멸한다. 그것은 무수한 사람을 설득하여 무수한 죄악을 저지르게 했다. _T. M. 플라우투스(B.C. 254?~B.C. 184) 로마 극작가, 시인
- 배가 가라앉을 때 황금은 그 소유자를 무겁게 짓누른다.
_페트로니우스(?~66) 로마 정치가, 작가
- *재갈이 금으로 되어 있다고 해서 그 말이 더 좋아지는 것은 아니다.
_L. A. 세네카(B.C. 4?~A.D. 65) 로마 철학자, 극작가
- 황금 자루를 지고 있다 해도 당나귀는 당나귀에 불과하다.
_T. 풀러(1654~1734) 영국 의사, 작가
- 황금 한 가마니나 건초 한 가마니나 마지막 날에는 모두 똑같은 것이다. _J. F. 클라크(1810~1888) 미국 성직자
- 황금은 눈에 보이지 않는 신이다. 못하는 말이 없고 못하는 짓이 없다. _W. 셰익스피어(1564~1616) 영국 극작가, 시인
- 황금이 목표가 되면 아버지와 아들도 서로 배반한다.
_W. 셰익스피어(1564~1616) 영국 극작가, 시인

속담

- 번쩍인다고 해서 모두 황금은 아니다. _서양

효과

效果

어떤 목적을 지닌 행위에 의하여 드러나는 보람이나 좋은 결과.

명언 명문

▶ 가장 중요한 내용은 단순하게 말해야 효과가 있고 강조하면 효과가 없다. _J. 라브뤼예르(1645~1696) 프랑스 작가

▶ 가장 효과적인 선물은 답례를 기대하지도 받지도 않는 경우일 것이다. _H. W. 롱펠로(1807~1882) 미국 시인

▶ 거짓말을 효과적으로 하고 싶다면 거의 하지 말아야 한다. _L. 허비(1696~1743) 영국 작가

▶ 무장 중립은 결국 효과가 없다. _T. W. 윌슨(1856~1924) 미국 제28대 대통령

▶ 체벌은 주는 사람에게나 받는 사람에게나 굴욕적이다. 수치도 고통도 체벌을 받는 사람을 완고하게 할 뿐 다른 효과는 없다. _E. K. S. 케이(1849~1926) 스웨덴 사상가

▶ 큰 노력 뒤에 보잘것없는 효과. _J. 오스틴(1775~1817) 영국 소설가

▶ 확신과 희망은 약보다 더 효과적이다. _갈레노스(129?~199?) 그리스 의학자

▶ 효과적인 약일수록 고통을 더 많이 준다. _F. 베이컨(1561~1626) 영국 정치가, 철학자

속담

▶ 가혹한 법률이 좋은 효과를 얻을 수 있다. _영국

▶ 물 위에 *수결 같다. (아무런 효력이나 결과가 없음을 이르는 말) _한국

▶ 언 발에 오줌 누기. (잠시의 효력은 얻으나 그 효력이 오래가지 못할 뿐만 아니라 결국에는 사태가 더 나빠짐을 이르는 말) _한국

*수결 | 예전에, 자기의 성명이나 직함 아래에 도장 대신 자기가 직접 쓴 글자.

권력과 이익 때문에 친해진 사람들은

권력과 이익이 없어지면 멀어진다.

사마천

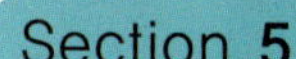

Section 5

자연은 끊임없이 우리들과 말하지만,
그 비밀을 고백하지는 않는다.
우리들은 항상 자연에 대들어 일해도
그것을 지배할 아무런 힘도 없다.

J. W. 괴테

자연과 과학

감각

感覺

눈, 코, 귀, 혀, 살갗을 통하여 바깥의 어떤 자극을 알아차림. 또는 사물에서 받는 인상이나 느낌.

명언 명문

▶ 감각은 거짓된 겉모양으로 이성을 흐리게 만든다.

_B. 파스칼(1623~1662) 프랑스 사상가, 수학자, 물리학자 《팡세》

▶ 감각이 기억으로 찾아들 때 그것은 경험이고, 행동으로 옮겨질 때 그것은 지식이고, 우리의 마음이 지식으로써 작용할 때 그것은 사상이다. _R. W. 에머슨(1803~1882) 미국 사상가, 시인 《문학과 사회적 목적》

▶ 감각이란 외부의 대상에 대한 감각적 반응이라는 범주 안에서 주관적인 경험을 기록하는 것이다.

_E. 프롬(1900~1980) 독일 정신 분석학자, 사회학자

▶ 대체 무엇이 우리의 감각 이상으로 우리에게 정보와 지식을 제공해 줄 수 있겠는가?

_T. 루크레티우스(B.C. 94?~B.C. 55?) 로마 시인, 철학자 《사물의 본성에 대해서》

▶ 뛰어난 감각과 좋은 맛의 관계는 원인과 결과의 관계와 같다.

_J. 라브뤼예르(1645~1696) 프랑스 작가

▶ 배에 기름기가 끼면 예민한 감각은 죽는다.

_E. 히에로니무스(347?~419?) 로마 신학자

▶ 사랑에 빠지는 것은 감각적 마비 상태에 빠지는 것으로, 보통 남자를 그리스 신으로 착각하고, 보통 여자를 여신으로 착각하는 것에 불과하다. _H. L. 멘켄(1880~1956) 미국 언론인, 작가

▶ 시각은 감각 중에서 가장 필요한 것이 아닐지 모르나, 적어도 가장 유쾌한 감각이다. _M. E. 몽테뉴(1533~1592) 프랑스 사상가 《수상록》

▶ 시각은 우리의 모든 감각 가운데 가장 완전하고 즐거운 것이다.

_J. 애디슨(1672~1719) 영국 수필가, 시인, 정치가

E. 프롬

▶ 여섯 번째 감각이라고 할 수 있는 용기는 승리로 가는 가장 빠른 길을 찾아내는 기능을 갖추었다.

_K. 지브란(1883~1931) 미국 소설가, 화가, 시인

▶ *오색의 찬란한 빛깔은 사람의 눈을 마비시켜 멀게 하고, *오음의 시끄러운 소리는 사람의 귀를 마비시켜 멀게 하고, *오미의 수많은 맛은 사람의 입을 마비시켜 미각을 잃게 한다.

_노자(B.C. 604?~?) 중국 춘추 시대 초나라 사상가

*오색 | 다섯 가지의 빛깔. 청색, 황색, 적색, 백색, 흑색. 또는 여러 가지 빛깔.

*오음 | 동양 음악에서 궁, 상, 각, 치, 우의 다섯 음률.

*오미 | 다섯 가지 맛. 신맛 · 쓴맛 · 매운맛 · 단맛 · 짠맛.

▶ 인간은 자연의 '감각 중추'며, 모든 가치가 교환되는 장소다.

_H. F. 아미엘(1821~1881) 스위스 철학자, 문학가 《일기》

▶ 인간이 사물의 사진을 찍는 것은 사물을 감각으로부터 추방하기 위한 것이다.

_F. 카프카(1883~1924) 독일 소설가

▶ 지금까지는 그대의 감각 때문에 많은 제약을 받아 왔지만 그래도 그 감각이 그대에게 있어서는 유일한 힘인 것이다.

_L. 베토벤(1770~1827) 독일 작곡가

▶ 평범한 감각은 우리를 잘못 인도하는 경우가 거의 없다.

_E. 영(1683~1765) 영국 시인

키워드 정보 BOX

감각으로 체험하는 '가상 현실'

가상 현실을 체험하고 있는 모습.

컴퓨터로 만들어 놓은 가상의 세계에서 사람이 실제와 같은 체험을 할 수 있도록 하는 최첨단 기술을 말한다. 다른 말로는 인공 현실, 사이버 공간, 가상 세계, 가상 환경이라고도 한다. 가상 현실에서는 상상의 세계를 현실과 같이 만들어 내며, 인체의 모든 감각 기관(눈, 귀, 살갗, 코, 혀)이 가상으로 창조된 세계에 몰입됨으로써 직접 그곳에 있는 것처럼 느낄 수 있다. 가상 현실은 일상적으로 경험하기 어려운 환경을 직접 체험하지 않고서도 그 환경에 들어와 있는 것처럼 보여 주기 때문에, 게임에서뿐만 아니라 의학 분야의 수술 및 해부 연습, 탱크나 항공기의 조종 훈련 등 다양한 곳에서 사용되고 있다.

곤충

昆蟲

곤충강에 속한 동물을 통틀어 이르는 말. 몸이 머리 · 가슴 · 배로 나뉘고, 두 쌍의 날개와 세 쌍의 다리를 가진 작은 동물.

명언 명문

- 개미는 그 자체로는 슬기로운 생물이지만 과수원이나 정원에서는 해로운 것이다. _F. 베이컨(1561~1626) 영국 정치가, 철학자
- 개미들은 한 치의 땅에서 왕국을 이룬다. _W. R. 베넷(1932~) 캐나다 정치가
- 개미들이 빈 창고로 다시 돌아가지 않듯이 어떤 친구도 재산이 떠난 곳은 방문하지 않을 것이다. _P. N. 오비디우스(B.C. 43~A.D. 17) 로마 시인
- 개미만큼 능란하게 설교하는 것은 없다. 그렇지만 개미는 말 한마디도 하지 않는다. _B. 프랭클린(1706~1790) 미국 정치가, 과학자
- 곤충은 나쁜 마음 때문이 아니라 살고 싶기 때문에 침을 쏜다. _F. W. 니체(1844~1900) 독일 철학자, 시인
- 곤충을 올바르게 판단하기 위해서 그들의 일과 그들의 사회를 응시하라. 그리고 이해하라. 그처럼 나약한 기관을 가지고 위대한 사업을 완성하는 그들을. _J. 미슐레(1798~1874) 프랑스 역사가
- 나비는 하늘의 자유가 누에고치의 안식처보다는 더 가치 있는 것이라고 설득당하지 않으면 안 될 것이다. _R. 타고르(1861~1941) 인도 시인, 사상가
- 노예부터 왕에 이르기까지 아무에게도 경멸의 말을 던지지 마라. 하찮은 벌도 침을 가지고 있고 또 그 침을 사용할 것이다. _B. 프랭클린(1706~1790) 미국 정치가, 과학자
- 매미는 공기를 마시고 이슬을 머금어 그 덕이 청결하다. _육운(262~303) 중국 진나라 문인 《한선부》

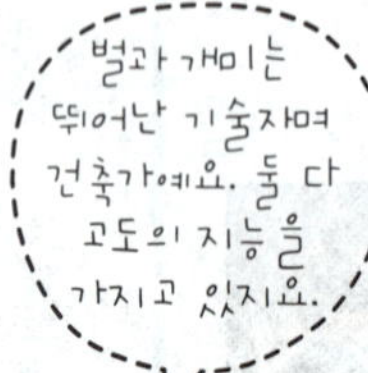

J. 미슐레

▶ 매미는 귀머거리여서 천둥 소리가 들리지 않는다. 매미가 노래를 부르는 것은 사랑을 구해서가 아니다.

_J. H. 파브르(1823~1915) 프랑스 곤충학자

▶ 바람을 마시고 사니 / 진정 마음은 비었겠네 / 이슬만 흡수한다니 / 몸 또한 조촐하구나 / 무슨 일로 진작 가을날의 새벽부터 / 슬피 우는 소리 그치지 않는가. _이인로(1152~1220) 고려 시대 학자

▶ 벌과 개미는 우리에게 곤충 세계의 높은 조화를 보여 준다. 둘 다 고도의 지능을 지니고 있고, 뛰어난 기술자며 건축가다. 또한 벌은 *기하학자로서, 개미는 교육가로서 탁월하다.

_J. 미슐레(1798~1874) 프랑스 역사가 《곤충기》

▶ 벌이 다른 동물보다도 좀 더 칭찬받아야 하는 이유는 벌이 단순히 일한다는 것 때문이 아니라, 다른 벌들을 위해 일한다는 것 때문이다. _J. 크리소스토무스(347?~407) 그리스 설교가

▶ 선량하고 지각 있는 벌은 자신의 일에 관해서 반대의 말을 듣지 않는다. _G. 허버트(1593~1633) 영국 시인

▶ 양배추 속에서만 사는 벌레는 양배추가 이 세상의 모두라고 생각한다. _《탈무드》

▶ 여름에 나서 가을에 죽는 매미는 일 년의 길이를 모른다.

_장자(B.C. 369?~B.C. 289?) 중국 전국 시대 송나라 사상가

▶ 우리는 적에게 주는 상처 속에 자신의 생명마저 던져 주는 벌이 되어서는 안 된다. _F. 베이컨(1561~1626) 영국 정치가, 철학자

속담

▶ 꽃 본 나비 담 넘어가랴. (그리운 사람을 본 이가 그대로 지나쳐 다른 데로 가 버릴 리가 없다는 말) _한국

▶ 꿀은 달아도 벌은 쏜다. (좋은 것을 얻으려면 그만한 어려움이 따름을 이르는 말) _한국

▶ 나비는 가시나무가 있는 시장에 모이지 않는다. _나이지리아

▶ 늙은 꿀벌은 꿀을 만들지 않는다. _영국

▶ 메뚜기도 유월이 한철이다. (제때를 만난 듯이 날뛴다는 뜻) _한국

▶ 잠자리 *부접대듯. (일을 오래 지속하지 못함을 이르는 말) _한국

*기하학자 | 도형 및 공간의 성질에 대해 연구하는 사람.
*부접대다 | 여기저기 옮겨 붙다. 사귀려고 잇따라 계속해서 접근하다.

공기

空氣

지구를 둘러싼 대기의 하층부를 구성하는 무색, 무취의 투명한 기체.

명언 명문

- 과학은 우리가 숨 쉬는 공기와 조금 같은 데가 있다.
  _D. D. 아이젠하워(1890~1969) 미국 제34대 대통령
- 낚시질은 영혼을 신선한 공기로 씻는 기회다.
  _H. C. 후버(1874~1964) 미국 제31대 대통령
- 마음은 영혼이 숨 쉬는 공기다. _J. 주베르(1754~1824) 프랑스 작가, 평론가
- 무수한 사람들 가운데 나와 뜻을 같이할 사람이 한둘은 있을 것이다. 그것으로 충분하다. 공기를 호흡하는 데는 들창문 하나로도 충분하다. _R. 롤랑(1866~1944) 프랑스 소설가, 사상가
- 신문은 공기처럼 허가받은 방탕아다. _W. 피트(1708~1778) 영국 정치가
- 의약품 전체의 효과는 인류에게 유익하기보다는 해로운 점이 많다. 내가 주로 사용하는 약이란 물, 공기, 청결함이다.
  _나폴레옹 1세(1769~1821) 프랑스 황제
- 물에 빠져 숨 쉴 공기를 원하듯이 지식을 원한다면 누구든지 얻을 수 있다. _소크라테스(B.C. 469~B.C 399) 그리스 철학자
- 주위에 온통 쏟아지는 아침, 그것은 공기 중의 금빛 영광이다.
  _H. W. 롱펠로(1807~1882) 미국 시인
- 질투하는 사람에게는 공기처럼 가벼운 사소한 일도 《성경》의 증거처럼 강력하고 확실한 증거가 된다.
  _W. 셰익스피어(1564~1616) 영국 극작가, 시인

관용어

공기가 팽팽하다 _ 분위기가 매우 긴장되어 있다.

속담

- 맑은 공기는 의사를 가난하게 만든다. _서양

科學 과학

보편적인 진리나 법칙의 발견을 목적으로 한 체계적인 지식. 좁은 뜻으로는 자연 과학을 이름.

명언 명문

▶ 과학 기술은 대규모의 인구를 가능하게 만들었고 대규모의 인구는 과학 기술을 필수적인 것으로 만들었다.

_J. W. 크러치(1893~1970) 미국 평론가, 수필가

▶ 과학에서 위대한 발전은 모두 새롭고 무모한 상상력에서 나온다.

_J. 듀이(1859~1952) 미국 철학자

▶ 과학에서 공적은 처음으로 아이디어를 낸 사람이 아니라 온 세상을 설득한 사람에게 돌아간다. _C. R. 다윈(1809~1882) 영국 생물학자

▶ 과학은 그 자체의 창조적이고 지적인 활동으로서, 우주에서의 인간의 위치를 밝혀 주는 빛의 역할로서, 그리고 인간 자신의 특성을 이해하는 근거로서 우리 문화에 많은 공헌을 하고 있다.

_J. F. 케네디(1917~1963) 미국 제35대 대통령

▶ 과학은 당신이 아는 것이고, 철학은 당신이 모르는 것이다.

_B. A. W. 러셀(1872~1970) 영국 철학자, 수학자

▶ 과학은 열광과 미신이라는 독약의 가장 좋은 해독제다.

_A. 스미스(1723~1790) 영국 경제학자, 철학자 《국부론》

▶ 과학은 존재하는 그대로의 세계에서 시작하고, 예술은 우리가 소유하기를 원하는 세계에서 시작한다.

_N. 프라이(1912~1991) 캐나다 교육자, 평론가

▶ 과학은 훈련되고 조직화된 상식 이외의 아무것도 아니다.

_T. H. 헉슬리(1825~1895) 영국 동물학자

▶ 과학을 모르고서 실천에 뛰어드는 사람은 키도 없고 나침반도 없이 배를 몰고 가는 것과 마찬가지로, 어디로 가야 할지 도무지 확

L. 다빈치

*삼위일체 | 세 가지가 하나의 목적을 위해 통합되는 일.

신할 수가 없다. _L. 다빈치(1452~1519) 이탈리아 화가, 건축가, 조각가

▶ 과학의 *삼위일체는 추론, 관찰, 실험이다.
_R. G. 잉거솔(1833~1899) 미국 정치가

▶ 과학의 진정한 목적이란 인간 생활에 새로운 힘과 발견을 주는 것이다. _F. 베이컨(1561~1626) 영국 정치가, 철학자

▶ 과학이 신앙 교리를 채택하면 그것은 과학의 자살이다.
_T. H. 헉슬리(1825~1895) 영국 동물학자

▶ 과학이 있으므로 그것에 의해서 다시금 진리를 찾아낸다.
_F. M. 도스토옙스키(1821~1881) 러시아 소설가 《우스운 인간의 꿈》

▶ 과학이나 예술은 일종의 사치, 허위의 장식에 지나지 않는다.
_J. J. 루소(1712~1778) 프랑스 작가, 사상가 《신엘로이즈》

▶ 대부분의 사람들은 과학이 생활 수단이 될 때에만 과학에 관심이 생겨, 그것이 돈벌이가 되면 오류마저도 숭배한다.
_J. W. 괴테(1749~1832) 독일 시인, 소설가, 극작가

▶ 문학과 과학은 빵과 물 같은 것이다.
_L. N. 톨스토이(1828~1910) 러시아 소설가, 사상가

▶ 사회 발전 없이 과학 기술만 발전하면 인간의 불행은 저절로 증가한다. _M. 해링턴(1928~1989) 미국 작가, 사회 비평가

▶ 의심하는 것이 과학의 시작이다. _유카와 히데키(1907~1981) 일본 물리학자

▶ 인간은 다섯 가지의 감각으로 자기 주변 세계를 탐험하면서 그 모험을 '과학' 이라고 부른다. _E. P. 허블(1889~1953) 미국 천문학자

▶ 인간의 불안은 과학의 발전에서 온다. 전진을 멈출 줄 모르는 과학은 우리에게 멈추기를 허용한 적이 없다.
_나쓰메 소세키(1867~1916) 일본 소설가, 영문학자

▶ 자연 과학은 가능한 필연성을 지향하고, 종교는 필연적인 가능성을 지향한다. _G. 지멜(1858~1918) 독일 사회학자, 철학자

▶ 자연 과학의 임무는 자연에서 이루어지는 현상을 될 수 있는 대로 완전하게, 될 수 있는 대로 간단하게 기술하는 것이다.
_G. R. 키르히호프(1824~1887) 독일 물리학자

▶ 지성과 과학만큼 자존심 높은 것은 이 지구상에 없다.
_R. D. 히치콕(1817~1887) 미국 교육자

科學者 과학자

과학을 전문으로 연구하는 사람. 주로 자연 과학을 연구하는 사람을 이름.

명언 명문

▶ 과학자는 명백한 사실에서 나온 발견이나 가정을 버리지 않는 것이 현명하다. _J. W. 괴테(1749~1832) 독일 시인, 소설가, 극작가

▶ 과학자의 지식을 높이는 최선의 방법은 과학자의 수를 줄이는 데 있다. _A. 카렐(1873~1944) 프랑스 의사, 생리학자

▶ 과학자가 말하는 진리는 역설의 모든 흔적을 씻어 버린 것이어야 한다. 그러니 시인이 말하는 신리는 역설을 통해서만 접근할 수 있는 것이다. _I. A. 리처즈(1893~1979) 영국 문예 평론가

▶ 성인, 과학자, 철학자, 시인은 인류 전체가 아니라 일부에 관해서 대가인데, 소설가로서 나는 그들보다 한층 우월하다고 본다. _D. H. 로렌스(1885~1930) 영국 소설가, 시인

▶ 실험실에서 위대한 과학자의 생활이란 물건에 대한, 주위에 대한 집요한 투쟁이다. _M. 퀴리(1867~1934) 프랑스 물리학자

▶ 우리 시대의 진정한 행동가, 즉 세상을 변혁시키는 사람은 정치가들이 아니라 과학자들이다. _W. H. 오든(1907~1973) 미국 시인

▶ 유령 이야기가 유령들을 위해 쓴 것이 아니듯 공상 과학 소설도 과학자들을 위해 쓴 것이 아니다. _B. W. 올디스(1925~) 영국 소설가

▶ 일을 열심히, 그리고 진지하게 하고, 자립해야만 하며, 즐겁게 지내는 데만 빠져서는 안 된다는 것이 우리 어머니의 교훈이었다. 어머니는 과학자의 길만이 보람 있는 것이라고는 하시지 않았다. _M. 퀴리(1867~1934) 프랑스 물리학자

▶ 진리에 이르는 또 하나의 방법은 면밀한 사실의 검토에 의한 방법, 즉 과학자의 방법이다. _J. 메이스필드(1878~1967) 영국 시인

관찰 觀察

사물이나 현상을 주의하여 자세히 살펴봄.

명언 명문

▶ 관찰자라는 명칭은, 스스로는 변화하지 않아서 자연이 주는 대로 수집한 현상의 연구에다가 단순하거나 복잡한 조사의 절차를 가하는 자에게 주어진다. _C. 베르나르(1813~1878) 프랑스 생리학자

▶ 교육을 받지 못한 사람들은 그들이 관계하고 있는 일이나 직접 관찰하는 일에 있어서 날카롭고 강력한 정신이 필요하지 않다. _W. 해즐릿(1778~1830) 영국 평론가, 수필가 《원탁》

▶ 나는 농담을 만들어 내지 않는다. 다만 정부를 관찰하고 사실을 보도한다. _W. 로저스(1879~1935) 미국 배우, 유머 작가

▶ 나의 사건 수사는 사소한 것들에 대한 관찰에 근거한다. _A. C. 도일(1859~1930) 영국 의사, 소설가

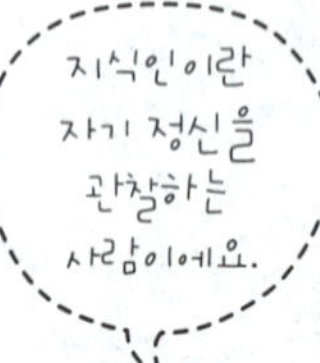

▶ 사물을 잘 관찰하는 사람은 관찰이 마음과 정신이 융합되는 경지에 이르러야 한다. 그래야 비로소 사물의 형태에 얽매이지 않게 된다. _《채근담》

▶ 새롭게 관찰된 당근 하나가 혁명을 일으킬 날이 올 것이다. _P. 세잔(1839~1906) 프랑스 화가

A. 카뮈

▶ 예술가란 관찰하는 사람이라는 뜻이다. _R. 롤랑(1866~1944) 프랑스 소설가, 사상가

▶ 인간 자신의 관찰, 즉 그가 건강에 이롭다거나 해롭다고 발견한 것은 건강을 지키는 최선의 처방이다. _F. 베이컨(1561~1626) 영국 정치가, 철학자 《양생법》

▶ 인생의 예리한 관찰자인 일반인들이 볼 때 지식인이란 곧 자기 아내에게 불충실한 자를 말한다. _W. H. 오든(1907~1973) 미국 시인

▶ 재능을 기르고 뛰어나게 하기 위해서는 무엇보다 관찰에 힘쓰고 경험을 쌓아야 한다. _S. 스마일스(1812~1904) 영국 작가

▶ 정밀한 관찰은 큰 공적을 이루는 밑바탕이 된다. _E. 스펜서(1552?~1599) 영국 시인

▶ 지식인이란 자기 정신이 자기 정신을 관찰하는 사람이다. _A. 카뮈(1913~1960) 프랑스 소설가, 극작가

▶ 지혜는 노년기가 아니라 관찰이 가져다 준다. _P. 시루스(B.C. 1세기경) 로마 시인

속담

▶ 찰찰이 불찰이다. (살핌이 지나쳐 오히려 살피지 않은 것보다 못함을 이르는 말) _한국

▶ 물 퍼런 것도 잘 보면 여러 가지라. (무엇이나 얼른 보아서 같은 것이라도 자세히 따져 보면 꼭 같은 것이란 없다는 뜻) _한국

▶ 학 다리 구멍을 들여다보듯. (어떤 사물을 골똘히 들여다보는 모양을 이르는 말) _한국

한자 숙어

주마간산(走馬看山) 말을 타고 달리며 산천을 구경한다는 뜻으로, 자세히 살피지 않고 대충대충 보고 지나감을 이르는 말.

키워드 정보 BOX

극미세 세계의 관찰을 가능케 한 나노 기술

나노는 난쟁이를 뜻하는 그리스어 '나노스(nanos)'에서 유래하였다. 나노 기술은 10억분의 1 수준의 정밀도를 필요로 하는 극미세 가공 과학 기술이다. 1나노미터(nm)는 10억분의 1미터로, 머리카락 굵기의 10만분의 1, 대략 원자 3~4개의 크기에 해당한다. 1981년 스위스 IBM연구소에서 원자와 원자의 결합 상태를 관찰할 수 있는 주사형 터널링 현미경(STM)을 개발하면서부터 본격적으로 등장하였다. 나노 기술로 인해 지금까지 알 수 없었던 미세한 세계에 대한 관찰이 가능해졌고, DNA구조를 이용한 동식물의 복제나 강철 섬유 등 새로운 물질도 만들 수 있게 되었다.

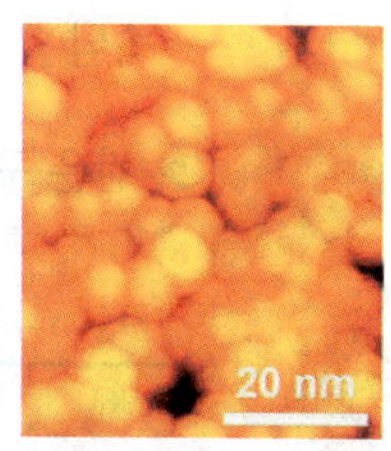

STM으로 금의 일부를 확대한 모습.

구름

공기 중의 수분이 엉기어서 미세한 물방울이나 얼음 결정의 덩어리가 되어 공중에 떠 있는 것.

명언 명문

*뜬구름 | 하늘에 떠다니는 구름. 또는 덧없는 세상일을 비유적으로 이르는 말.

▶ 구름 한 점이 태양 전체를 가리기에 충분하다.

_T. 풀러(1608~1661) 영국 성직자, 역사가

▶ 구름은 모두 방탕, 탐구, 원망, 향수의 영원한 상징이다.

_H. 헤세(1877~1962) 독일 소설가, 시인 《페터 카멘친트》

▶ 구름은 사람들보다 기분파가 아니다. 사람들의 마음이나 사상은 구름 못지않게 날아다닌다.

_F. A. R. 로댕(1840~1917) 프랑스 조각가

▶ 구름이 뒤덮였다고 해서 반드시 폭풍우가 일어나는 것은 아니다.

_W. 셰익스피어(1564~1616) 영국 극작가, 시인

▶ 삶은 한 조각 *뜬구름이 생기는 것이고, 죽음은 그것이 사라지는 것이다.

_기화(1376~1433) 조선 시대 승려

▶ 이름난 꽃은 열매가 없고 아름다운 구름은 흩어지기 쉽다.

_이인로(1152~1220) 고려 시대 학자

속담

▶ 검은 구름에 백로 지나가기. (정처 없이 떠돌아다님. 또는 어떤 일을 하더라도 그 자취가 남지 않음을 이르는 말) _한국

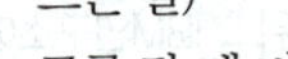

관용어

구름(을) 잡다 _ 뜬구름을 잡다. 막연하거나 허황된 것을 좇다.

구름같이 모여들다 _ 한꺼번에 많이 모여들다.

▶ 구름 갈 제 비가 간다. _한국

▶ 구름마다 폭우가 오지는 않는다. _영국

▶ 구름이 없다면 우리는 햇빛에도 기뻐할 줄 모를 것이다. _서양

▶ 어느 구름에서 비가 올지. _한국

기계

機械

동력을 써서 움직이거나 일을 하는 장치.

명언 명문

▶ 기계는 노동 계급에 대한 자본주의의 강한 무기다.

_F. 엥겔스(1820~1895) 독일 경제학자, 철학자, 정치가

▶ 기계는 대부분의 경우 소수의 사람이 자유인들을 지배할 수 있게 만드는 수단이다. _A. C. 클라크(1917~2008) 영국 공상 과학 소설 작가

▶ 기계는 아름답기 때문에 숭배되고, 힘을 공급하기 때문에 가치 있는 것으로 인정되며, 무섭기 때문에 증오되고, *예속을 강제 당하기 때문에 혐오된다. _B. A. W. 러셀(1872~1970) 영국 철학자, 수학자

▶ 기계는 인간을 *격하시킨다. 더군다나 지금과 같이 기계가 완전해지면 기술자는 아무것도 아니다.

_R. W. 에머슨(1803~1882) 미국 사상가, 시인 《사회와 고독》

▶ 기계는 자연의 중대한 문제로부터 인간을 분리하는 것이 아니라 더 깊이 빠지게 만든다. _A. M. R. 생텍쥐페리(1900~1944) 프랑스 소설가, 비행사

▶ 노동자는 수학을 배우지 않았기 때문에 그에게 기계란 하나의 불가사의다. 그는 기계에서 힘의 균형을 보지 못하며 기계로부터의 안전도 보장받을 수 없다. _S. 베유(1909~1943) 프랑스 철학자

▶ 아무리 우수한 기계라 할지라도 그것에게 인간이 창의력을 줄 수는 없다. _W. 리프먼(1889~1974) 미국 시사 평론가, 언론인

▶ 한 기계는 50명분의 일을 할 수 있다. 하지만 비범한 한 사람의 일을 할 수 있는 기계는 없다. _E. G. 허버드(1856~1915) 미국 작가, 화가

▶ 현대 문명의 가장 큰 과제는 기계를 인간의 주인이 아니라 노예로 만드는 것이다. 기계는 당연히 인간의 노예가 되어야만 한다.

_H. H. 엘리스(1859~1939) 영국 심리학자

*예속 | 남의 지배나 지휘 아래 매임.

*격하 | 자격이나 등급, 지위 따위의 격이 낮아짐.

기술

技術

과학 이론을 실제로 적용하여 자연의 사물을 인간 생활에 유용하도록 가공하는 수단.

명언 명문

▶ 기술은 그것으로 생계를 이어 가는 사람들의 작업장에서만 배울 수 있다. _S. 버틀러(1612~1680) 영국 시인

▶ 기술은 한편으로는 자연이 이룰 수 없는 것을 완성하고, 또 다른 한 편으로는 자연을 모방한다.

_아리스토텔레스(B.C. 384~B.C. 322) 그리스 철학자

▶ 기술이란 손재주 없는 사람이 2달러를 내서 겨우 해내는 일을 1달러로 깨끗하게 처리하는 방법이라고 말할 수 있다.

_A. W. 웰링턴(1769~1852) 영국 군인, 정치가

▶ 농사는 모든 기술 가운데 가장 중요하고도 가장 존경받는 것이다.

_J. J. 루소(1712~1778) 프랑스 작가, 사상가

▶ 대화는 한 사람이 다른 사람을 모두 자신의 경쟁자로 삼아서 발휘하는 기술이다. _R. W. 에머슨(1803~1882) 미국 사상가, 시인

▶ 모든 것에는 이용하고, 만들고, 모방하는 이 세 가지 기술이 관여한다. _플라톤(B.C. 428?~B.C. 347?) 그리스 철학자

▶ 발전의 기술은 변화 속에 질서를 보존하고 질서 속에 변화를 보존하는 것이다. _A. N. 화이트헤드(1861~1947) 영국 철학자, 수학자

▶ 번역의 기술은 외국어가 아니라 자기 모국어를 잘 아는 데 달려 있다. _N. 로럼(1923~) 미국 작곡가

▶ 사물에 대한 인간의 지배는, 기술과 과학 속에서만 수립된다.

_F. 베이컨(1561~1626) 영국 정치가, 철학자

▶ 삶의 기술은 고통을 피하는 기술이다.

_T. 제퍼슨(1743~1826) 미국 제3대 대통령

아리스토텔레스

▶ 식욕을 제외한 모든 것에는 기술이 필요하다.

_G. 허버트(1593~1633) 영국 시인

▶ 암시하는 법을 아는 것은 가르치는 데 매우 중요한 기술이다.

_H. F. 아미엘(1821~1881) 스위스 철학자, 문학가 《일기》

▶ 어떤 것을 아는 데도 기술이 있고, 그것을 가르치는 데도 역시 기술이 있다. _M. T. 키케로(B.C. 106~B.C. 43) 로마 정치가, 학자

▶ 어떤 기술이라도 타고난 재능이 없으면 익힐 수 없고, 타고난 재능도 기술적인 훈련으로 다듬지 않으면 못 쓰게 되고 만다. 따라서 이 두 가지가 하나가 될 때 비로소 성공할 수 있다.

_Q. 호라티우스(B.C. 65~B.C. 8) 로마 시인

▶ 웅변이란 청중이 자기 말에 기꺼이 귀를 기울이도록 말하는 기술이다. _B. 파스칼(1623~1662) 프랑스 사상가, 수학자, 물리학자

▶ 원래 기술이란 *과잉을 생산하는 것이다. 인간은 원래부터 기술로 과잉을 만들어 내는 존재다.

_J. 오르테가이가세트(1883~1955) 에스파냐 철학자, 정치가 《기술에 대한 성찰》

▶ 지혜는 늘지 않고 기술만 느는 데서 빈곤이 생긴다는 새 교훈을 인류는 알아야 한다. _B. A. W. 러셀(1872~1970) 영국 철학자, 수학자

▶ 필요는 기술보다 훨씬 더 강하다.

_아이스킬로스(B.C. 525~B.C. 456) 그리스 시인

▶ 학문을 닦는 일 없이는 기술이 없고, 기술 없이는 학문을 닦을 수 없다. _프로타고라스(B.C. 485?~B.C. 410?) 그리스 철학자

*과잉 | 예정하거나 필요한 수량보다 많아 남음.
*숙수 | 음식을 만드는 사람.
*안반 | 떡을 칠 때 쓰는 나무 판.

속담

▶ 기술과 지식은 빵과 명예를 가지고 온다. _서양

▶ 기술은 힘보다 강하다. _서양

▶ 기술이 나쁜 장인한테는 좋은 연장이 나타나지 않는다. _프랑스

▶ 기술이 있는 사람은 어디든지 갈 수 있다. _에스파냐

▶ 서투른 *숙수가 *안반만 나무란다. (자기 기술이나 능력이 부족한 것은 생각지 않고 도구만 탓한다는 말) _한국

▶ 솜씨 좋은 기술은 막대한 유산보다 낫다. _영국

▶ 어떠한 기술이든 거기에 통달한 스승이 있는 것이 좋다. _서양

꽃

꽃이 피는 식물을 통틀어 이르는 말.

명언 명문

▶ 가시에 찔리지 않고서는 장미꽃을 모을 수가 없다.

_필페이(?~?) 인도 우화 작가

▶ 꽃길이 영광으로 인도하는 것은 아니다.

_J. 라퐁텐(1621~1695) 프랑스 시인, 우화 작가

▶ 꽃봉오리는 쓸지 모르지만 꽃은 감미로울 것이다.

_W. 쿠퍼(1731~1800) 영국 시인

▶ 꽃은 갓난아이마저도 이해할 수 있는 말이다.

_A. C. 콕스(1818~1896) 미국 성직자, 시인

▶ 꽃은 사람이나 동물과 마찬가지로 얼굴 표정이 있다.

_H. W. 비처(1813~1887) 미국 신학자

▶ 꽃은 하느님이 지으신 가장 아름다운 것인데, 하느님은 영혼을 불어넣어 주시는 것을 깜박 잊으셨다. _H. W. 비처(1813~1887) 미국 신학자

▶ 꽃은 화분에 있으면 결국 생기를 잃고, 새는 새장 속에 있으면 자연스러운 멋이 훨씬 덜하다. _《채근담》

▶ 꽃의 매력 중 하나는 아름다운 침묵이다.

_H. D. 소로(1817~1862) 미국 사상가, 수필가

▶ 먼저 피는 꽃의 열매가 먼저 익는다.

_W. 셰익스피어(1564~1616) 영국 극작가, 시인

▶ 명성은 여름에 잠시 피었다가 시드는 꽃과 같다.

_A. 단테(1265~1321) 이탈리아 시인

▶ 미모는 주름살에게 잡아먹힐 꽃에 불과하다.

_T. 내시(1567~1601) 영국 시인, 극작가

▶ 별을 따려고 손을 뻗는 사람은 자기 발밑의 꽃을 잊어버린다.

_J. 벤담(1748~1832) 영국 철학자, 법학자

▶ 사람의 일생이란 아침 이슬처럼 사라진다. 지나간 세월은 다시 오지 않고 꽃은 다시 피지 못한다. _육기(260~303) 중국 진나라 문인

▶ 오래 엎드려 있던 새는 반드시 높이 날고 먼저 핀 꽃은 홀로 일찍 진다. 사람도 이런 이치를 알면 가히 발을 헛디딜 근심을 피할 수 있고, 초조한 생각을 없앨 수 있다. _《채근담》

▶ 장미꽃은 가시 사이에서 피어난다. _《탈무드》

▶ 진실이라는 꽃은 자기 주변의 모든 꽃들을 반드시 시들게 한다.

_E. M. 포스터(1879~1970) 영국 소설가

▶ 하나의 꽃잎, 한 마리의 벌레가 도서관의 책보다 훨씬 많은 것을 간직하고 있다. _H. 헤세(1877~1962) 독일 소설가, 시인

▶ 하나의 작은 꽃을 만드는 데도 오랜 세월의 노력이 필요하다.

_W. 블레이크(1757~1827) 영국 시인, 화가

▶ 한 송이의 꽃은 오직 한 번만 피어난다. 단지 한 번만 피어나는 것이기에 그 가치는 더욱 크다. 우리들의 인생도 그러하다.

_B. 그라시안이모랄레스(1601~1658) 에스파냐 작가

속담

▶ 그림의 꽃은 향기가 없다. _서양

▶ 꽃 없는 나비. (아무 보람도 없고 쓸데없게 된 처지라는 뜻) _한국

▶ 꽃 한 송이로 화환을 만들 수는 없다. _영국

▶ 꽃이 시들면 오던 나비도 안 온다. (사람의 처지가 보잘것없게 되면 아무도 찾아오지 않음을 비유적으로 이르는 말) _한국

▶ 꽃이 피지 않으면 열매가 없다. _독일

▶ 내일의 꽃은 오늘의 씨앗에 근거한다. _중국

▶ 매화도 한철, 국화도 한철. _한국

▶ 모든 꽃이 향기가 있는 것은 아니다. _서양

▶ 시드는 꽃을 좋아하는 사람은 없다. _서양

▶ 열매 있을 나무는 꽃을 보고 안다. _서양

한자 숙어

금상첨화(錦上添花) 비단 위에 꽃을 더한다는 뜻으로, 좋은 일 위에 또 다른 좋은 일이 더하여 진다는 말.

꿀

꿀벌이 꽃에서 빨아들여 벌집 속에 모아 두는,
달콤하고 끈끈한 액체.

명언 명문

▶ 꿀벌이 꽃에서 꿀을 창조하듯 사람은 습득한 남의 지식을 기초로 하여 새로운 자기 학문을 창조해야 한다.

_F. 베이컨(1561~1626) 영국 정치가, 철학자

▶ 꿀은 달지만 꿀벌은 침으로 쏜다. _G. 허버트(1593~1633) 영국 시인

▶ 나쁜 독약은 꿀 속에 도사리고 있다.

_P. N. 오비디우스(B.C. 43~A.D. 17) 로마 시인

▶ 말에 꿀을 발라 적에게도 기쁨을 주어라.

_B. 그라시안이모랄레스(1601~1658) 에스파냐 작가

속담

▶ 가시나무에서 꿀을 핥아 먹는 사람은 비싼 대가를 치른다.

_네덜란드

▶ 꿀 먹은 벙어리요, 침 먹은 지네라. (속에 있는 생각을 나타내지 못하는 사람을 비유적으로 이르는 말) _한국

▶ 꿀단지 겉 핥기. (내용을 모르면서 아는 체한다는 뜻) _한국

▶ 꿀보다 약과가 달다. (앞뒤가 바뀌어 사리에 어긋남을 이르는 말) _한국

▶ 꿀은 벌의 자랑거리, 사랑은 인간 영혼의 자랑거리. _핀란드

▶ 식초보다 꿀로 파리가 더 잘 잡힌다. (폭력보다 부드럽게 달래는 게 더 효과적이라는 말) _프랑스

한자 숙어

구밀복검(口蜜腹劍) 입에는 꿀이, 배에는 칼이 있다는 뜻으로, 겉으로는 친한 척하지만 속으로는 음흉한 생각을 하거나 돌아서서 헐뜯는 것을 말함.

나무

줄기나 가지가 목질로 된
여러해살이 식물.

명언 명문

▶ 곧 쓰러지려는 큰 나무는 밧줄 하나로 지탱할 수 없다. _《후한서》

▶ 그 아버지에 그 아들이듯 모든 좋은 나무는 좋은 열매를 맺는다.
_W. 랭런드(1330?~1400?) 영국 시인

▶ 나무는 바람을 맞고 강해진다.
_L. A. 세네카(B.C. 4?~A.D. 65) 로마 철학자, 극작가

▶ 나무는 신성한 것이다. 나무와 이야기하고, 나무에 귀를 기울이는 것을 아는 자는 진리를 안다. _H. 헤세(1877~1962) 독일 소설가, 시인

▶ 나무를 심는 사람은 자기를 위해서가 아니라 후손을 위해서 심는 것이다. _A. 스미스(1723~1790) 영국 경제학자, 철학자

▶ 나무를 심는 사람은 자기보다 타인을 사랑한다.
_T. 풀러(1654~1734) 영국 의사, 작가

▶ 나무를 심는 사람은 희망을 심는 것이다. _L. 라컴(1824~1893) 미국 시인

▶ 나무는 열매로 알려지지 잎으로 알려지지 않는다.
_J. 레이(1627~1705) 영국 생물학자

▶ 나무에 꽃이 피어 있는 동안에는 그 열매를 먹을 수 없다.
_B. 디즈레일리(1804~1881) 영국 정치가, 소설가

▶ 나무에는 해마다 같은 열매가 달리지만 실은 매번 새로운 열매다.
_A. 슈바이처(1875~1965) 독일 신학자, 철학자, 의사

▶ 남쪽의 가지 굽은 나무에 / 칡덩굴이 뒤엉켰네 / 즐거울사 군자들 / 복이 만사 이뤄 주네. _《시경》

▶ 높은 나무는 그늘이 없고 홀로 서 있는 나무는 숲이 되지 못한다.
_《후한서》

▶ 다른 세대를 위해 나무를 심으라.

_M. T. 키케로(B.C. 106~B.C. 43) 로마 정치가, 학자

▶ 떡갈나무는 어느 것이나 모두 예전에는 도토리였다.

_F. S. K. 피츠제럴드(1896~1940) 미국 소설가

▶ 물은 흘러가면 돌아오지 않고 소나무는 시대 흐름에 휩쓸리지 않는다.

_소식(1036~1101) 중국 북송 문학가

▶ 복숭아꽃과 자두꽃이 아무리 아름답다 해도 어찌 푸른 소나무와 잣나무의 굳은 절개에 비하겠는가.

_《채근담》

▶ 비록 어린 소나무의 뿌리가 자라는 것이 느리다고 비웃지 마라. 그것이 명당의 재목이 되면 수많은 공적이 거기에 새겨질 것이다.

_서경덕(1489~1546) 조선 시대 학자

▶ 뿌리가 깊은 나무는 바람에 흔들리지 않는다.

_정인지(1396~1478) 조선 시대 문신, 학자

▶ 사랑은 지구 깊은 곳까지 뿌리를 박고 하늘 높은 곳까지 가지를 뻗는 나무가 되어야 한다.

_B. A. W. 러셀(1872~1970) 영국 철학자, 수학자

▶ 새는 나무를 가려 앉을 수 있으나 나무야 어떻게 새를 가려서 앉게 한단 말인가.

_《공자가어》

▶ 싹트는 나뭇가지는 부채를 펴고 / 솔솔 부는 바람을 잡으려 하네.

_W. 워즈워스(1770~1850) 영국 시인

▶ 아름드리 나무도 제일 먼저 해야 할 일은 땅속에 뿌리를 내리는 일이다.

_《채근담》

▶ 은행나무는 살아 있는 화석이다.

_C. R. 다윈(1809~1882) 영국 생물학자

▶ 이론은 모두 회색이지만 삶의 황금 나무는 푸르다.

_J. W. 괴테(1749~1832) 독일 시인, 소설가, 극작가

▶ 인간은 나무와 같다. 나무는 키가 자라서 하늘 높이 밝은 곳으로 올라가면 그 뿌리는 점점 굳게 땅속에, 밑바닥 깊숙이 어두운 곳으로 향해 간다.

_F. W. 니체(1844~1900) 독일 철학자, 시인

▶ 인격은 나무와 같고 평판은 나무의 그림자와 같다. 나무는 실물이지만 그림자는 우리의 생각 속에 있는 나무에 불과하다.

_A. 링컨(1809~1865) 미국 제16대 대통령

▶ 좋은 나무가 나쁜 열매를 맺을 수 없고, 나쁜 나무가 좋은 열매를

맺을 수 없다. 좋은 열매를 맺지 못하는 나무는 모두 찍혀 불에 던져지는 것이다. _《성경》

▶ 줄기가 곧은 나무는 먼저 베어지고 물이 단 샘은 먼저 바닥이 드러난다. _장자(B.C. 369?~B.C. 289?) 중국 전국 시대 송나라 사상가

속담

▶ 거대한 나무들은 작은 열매보다 넓은 그늘을 준다. _이탈리아

▶ 굽은 나무가 선산을 지킨다. (쓸모없는 것이 도리어 소용이 된다는 뜻) _한국

▶ 나무 한 대를 베면 열 대를 심으라. (나무를 베면 그보다 몇 배 더 많은 나무를 심어 숲을 키워야 한다는 말) _한국

▶ 나무가 커야 그늘도 크다. (훌륭한 사람일수록 그가 미치는 영향이나 혜택도 크다는 말) _한국

▶ 나무는 잎이 아니라 열매로 판단하라. _로마

▶ 나무만 보고 숲을 보지 못한다. (일부만 보고 전체를 보는 안목이 없다는 뜻) _일본, 중국

▶ 높은 나무는 모든 바람을 맞는다. _남아프리카 공화국

▶ 열 번 찍어 안 넘어가는 나무 없다. _한국

고사성어

▷ 죽두목설(竹頭木屑)

대나무 조각과 나무 부스러기라는 뜻으로, 하찮은 것이지만 유용한 물건을 이르는 말이다. 중국 진나라 때 사람인 도간은 대장군을 지내기도 한, 매우 청렴하고 검소한 관리였다. 도간이 한번은 큰 배를 만드는 공사를 감독하였는데, 이때 공사에 쓰다 남은 나무 부스러기와 대나무 조각을 모두 거두어 간수하라고 명령을 내렸다. 사람들은 쓸모없는 것들을 왜 모아 두라고 하는지 궁금해 했다. 해가 바뀐 어느 날, 눈이 쌓였다가 녹아서 길이 진창이 되었을 때 도간은 보관해 두었던 톱밥과 나무 부스러기 등으로 진창이 된 길을 덮게 하였다. 또 전쟁에 필요한 배를 급히 만드는 데에 모아 둔 대나무 조각들을 못으로 사용하게 하였다. 이처럼 도간은 모든 일을 처리하는 데 치밀했다고 한다. _《진서》 도간전, 《세설신어》 정사 편

날개

새나 곤충의 몸 양쪽에 붙어서 날아다니는 데 쓰는 기관. 또는 비행기 동체의 양쪽 옆에 붙은 넓은 조각.

명언 명문

*계 | 죄를 금하고 제약하는 것.

▶ *계를 깨뜨리는 것은 새가 날개를 잘리는 것과 같다.

_원효(617~686) 신라 시대 승려

▶ 기쁨은 한 곳에 머물지 않고 날개를 달고 날아가 버린다.

_M. V. 마르티알리스(40?~103?) 로마 시인

▶ 불행은 날개를 달고 오고 걸어서 떠나간다.

_H. G. 본(1796~1884) 영국 출판업자

▶ 사랑과 욕망은 위대한 행동으로 날아가는 정신의 날개다.

_J. W. 괴테(1749~1832) 독일 시인, 소설가, 극작가

▶ 새는 제 날개로 날 수 있는 그 이상의 높이로는 결코 날지 않는다.

_W. 블레이크(1757~1827) 영국 시인, 화가

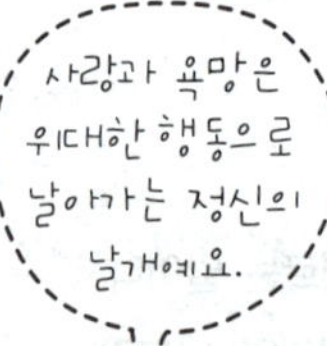

▶ 수양과 본성은 새의 두 날개와 같아서 하나라도 없어서는 안 된다.

_지눌(1158~1210) 고려 시대 승려

▶ 시간은 두 날개로 날아가 버린다.

_L. A. 세네카(B.C. 4?~A.D. 65) 로마 철학자, 극작가

▶ 알에 든 새는 껍질을 깨지 않으면 날아갈 수 없다.

_A. 테니슨(1809~1892) 영국 시인

▶ 우정은 날개 없는 사랑의 신이다. _G. G. 바이런(1788~1824) 영국 시인

▶ 우정의 날개는 결코 그 털을 갈지 않는다.

_C. J. H. 디킨스(1812~1870) 영국 소설가

▶ 크기가 충분한 날개를 몸에 잘 붙인 사람은 공기의 저항을 극복하고 날아갈 수 있을 것이다. _L. 다빈치(1452~1519) 이탈리아 화가, 건축가, 조각가

J. W. 괴테

▶ 호랑이에게 날개를 달아 주지 마라. 그렇게 하면 호랑이가 마을에

날아들어가 사람을 골라 잡아먹을 것이다. _《서경》

▶ 황금의 시간은 천사의 날개를 타고 나와 내 임을 넘어 날아갔다.
_R. 번스(1759~1796) 영국 시인

▶ 희망은 앞을 헤아릴 수 없는 상황이 아니면 결코 그 아름다운 날개를 펴지 않는다. _R. W. 에머슨(1803~1882) 미국 사상가, 시인

속담

▶ 날개 부러진 매. (기운을 못 쓰는 신세가 되었다는 말) _한국

▶ 날개가 없으면 날지 못한다. _영국

▶ 날개가 있다면 돼지도 날아갈지 모른다. _서양

▶ 너 자신의 날개로 날아라. _프랑스

▶ 새는 날개를 무겁게 생각하지 않는다. _영국

▶ 새도 날개가 생겨야 날아간다. _한국

▶ 옷이 날개라. (옷이 좋으면 사람이 돋보인다는 말) _한국

한자 숙어

모우미성(毛羽未成) 어린 새가 아직 깃이 다 나지 않아 날지 못한다는 뜻으로, 사람이 아직 어리거나 모자람을 말함.

관용어

날개(가) 돋치다 _ 상품이 시세를 만나 빠른 속도로 팔려 나가다. 또는 소문 같은 것이 먼 데까지 빨리 퍼져 가다.

날개(를) 펴다 _ 생각, 감정, 기세 따위를 힘차게 펼치다.

키워드 정보 BOX

이카로스의 날개

이카로스는 그리스 신화에 나오는 한 인물로, 뛰어난 건축가, 조각가, 발명가인 다이달로스의 아들이다. 미노스 왕의 미궁을 탈출하기 위해 밀랍으로 이어 붙인 날개를 달고 하늘을 향해 날아오르던 이카로스는 아버지 다이달로스의 충고를 무시하고 태양에 다가갔다가 밀랍이 녹아내리는 바람에 그만 바다로 추락하고 만다. '이카로스의 날개' 또는 '이카로스의 꿈'은 인간의 과도한 욕망, 추락한 야망을 비유하는 표현으로 많이 쓰이지만, 미지의 세계에 대한 동경을 상징하기도 한다.

자연과 과학

날씨

일정한 지역에서 그날그날의 비, 구름, 바람, 기온 따위 대기의 상태.

명언 명문

*제재 | 예술 작품이나 학술 연구의 바탕이 되는 재료.

▶ 기후가 늘 변하는 것은 털끝만큼 걸린 데가 있기 때문이고, 하늘이 늘 변하는 것은 털끝만큼 막힌 데가 있기 때문이다. 사람의 마음도 그 본질은 역시 이와 마찬가지다. _《채근담》

▶ 나는 죽어 봉래산 꼭대기 외로운 소나무가 되어 세상이 흰 눈에 덮였을 때 홀로 푸르게 남을 것이다.

_성삼문(1418~1456) 조선 시대 문신, 학자

▶ 날씨는 문학상의 *제재로서는 특수해서 익숙한 솜씨가 아니면 그것에 관해 훌륭한 글을 쓸 수 없다. _M. 트웨인(1835~1910) 미국 소설가

▶ 날씨는 자연의 감각이다. _R. L. B. 스티븐슨(1850~1894) 영국 소설가, 시인

▶ 날씨에 관해 말하는 것은 어리석다. 산 위에는 비가 오지만 계곡에는 해가 비치기 때문이다. _W. G. 베넘(1859~1943) 영국 언론인

▶ 대부분의 사람들은 날씨가 쾌청할 때만 무신론자다.

_E. 영(1683~1765) 영국 시인

▶ 여자 두 명을 한 곳에 두면 날씨가 싸늘해진다.

_W. 셰익스피어(1564~1616) 영국 극작가, 시인

▶ 영국인 둘이 만나면 첫 화제가 날씨다.

_S. 존슨(1709~1784) 영국 시인, 평론가

▶ 영원한 이야깃거리, 모든 병의 원인, 늘 불평을 듣고 있는 것이 날씨다. _G. 플로베르(1821~1880) 프랑스 소설가

▶ 천둥이 칠 때 도둑은 정직해진다. _G. 허버트(1593~1633) 영국 시인

▶ 태양이 빛나는 것과 폭풍우가 불어닥치는 것은 같은 하늘의 다른 표정에 지나지 않는다. _H. 헤세(1877~1962) 독일 소설가, 시인

영국은 날씨 변화가 심해서 날씨 얘기를 많이 하죠.

S. 존슨

▶ 폭풍이 지나가면 고요가 온다. _M. 헨리(1662~1714) 영국 성직자

속담

▶ 가뭄 끝은 있어도 장마 끝은 없다. (가뭄에 의한 재난보다 장마로 인한 재난이 더 무서움을 이르는 말) _한국

▶ 구름 없는 하늘에 비 올까. _한국

▶ 구름이 자주 끼면 비가 온다. (일정한 징조가 있으면 그에 따르는 결과가 있게 마련임을 비유적으로 이르는 말) _서양

▶ 눈 온 뒤에는 거지가 빨래를 한다. (눈 온 뒤에는 거지가 입고 있던 옷을 빨아 입을 만큼 따스하다는 뜻) _서양

▶ 백 일 장마에도 하루만 더 비가 왔으면 한다. (사람은 날씨를 자기 중심으로 생각하거나 바란다는 뜻) _한국

▶ 번개가 잦으면 천둥을 한다. _한국

▶ 보름달은 좋은 날씨를 가져온다. _서양

▶ 비가 온 뒤에 좋은 날씨가 온다. _영국

▶ 우박 끝에 서리가 내린다. _영국

▶ 일곱 시 이전에 비가 오면 열한 시 이전에 갠다. _서양

▶ 장마 도깨비 여울 건너가는 소리를 한다. (이치에 닿지 아니한 말을 하는 경우에 비꼬는 말) _한국

▶ 장마 뒤에 오이 자라듯. _한국

▶ 장마철에 비구름 모여들듯. _한국

▶ 장마철의 여우볕. (장마철 햇볕처럼, 잠깐 모습을 나타내었다가 곧 숨어 버리는 것을 이르는 말) _한국

▶ 저녁 노을은 목자들의 기쁨이고 아침 노을은 그들에 대한 경고다. _서양

▶ 천둥에 개 뛰어들듯. (놀라 어쩔 줄 모르고 허둥지둥하는 모양을 이르는 말) _한국

▶ 칠 년 가뭄에는 살아도 석 달 장마에는 못 산다. (가뭄보다는 장마가 더 무섭다는 뜻) _한국

지식 쑥쑥

한자 숙어

삼한사온(三寒四溫) 사흘 동안 춥고 나흘 동안 따뜻한 날씨라는 뜻으로, 한국을 비롯하여 아시아의 동부, 북부에서 나타나는 겨울 기온의 변화 현상.

세한송백(歲寒松柏) 추운 겨울의 소나무와 잣나무라는 뜻으로, 어떤 역경 속에서도 지조를 굽히지 않는 사람 또는 그 지조를 비유적으로 이르는 말.

눈

빛의 자극을 받아 물체를 볼 수 있는 감각 기관.
사물을 보고 판단하는 힘. 또는 무엇을 보는 표정이나 태도. 또는 사람들의 눈길.

명언 명문

▶ 가장 날카로운 눈은 증오의 눈이다.

_G. S. 힐러드(1808~1879) 미국 법률가, 작가

▶ 결혼하기 전에는 두 눈을 크게 뜨고 결혼한 뒤에는 눈을 절반쯤 감아라.

_F. 프랭크퍼터(1882~1965) 미국 법학자, 교육자

▶ 경험이라는 안경을 쓰고 다시 보면 똑똑히 보일 것이다.

_H. J. 입센(1828~1906) 노르웨이 극작가

▶ 공포에 떨고 있는 눈은 땅속에 있는 것까지 꿰뚫어 볼 수 있을 만큼 날카롭다. 그러니 하늘에 있는 것들이야 문제가 되겠는가.

_M. 세르반테스(1547~1616) 에스파냐 소설가

▶ 나는 많이 보고, 적게 말하고, 더욱 적게 행동한다.

_J. 헤이우드(1497?~1580?) 영국 시인, 극작가

▶ 눈 하나보다는 둘이 더 잘 보고 귀 하나보다는 둘이 더 잘 듣는다.

_묵자(B.C. 480~B.C. 390) 중국 춘추 전국 시대 노나라 사상가

▶ 눈과 귀와 입은 신중하게 지켜야만 한다. _《회남자》

▶ 눈동자로 상대방의 마음을 읽어라. 눈은 마음의 창이다.

_B. 그라시안이모랄레스(1601~1658) 에스파냐 작가

▶ 눈물은 눈의 고귀한 말이다. _R. 헤릭(1591~1674) 영국 시인, 목사

▶ 눈물을 흘리는 것은 어떤 절망에 의해서가 아니라 오히려 자기가 흘린 눈물에 의해 자기가 행복하다는 것을 느끼려는 것이다.

_F. M. 도스토옙스키(1821~1881) 러시아 소설가

▶ 눈으로 보지 않으면 가슴도 아프지 않다.

_M. 세르반테스(1547~1616) 에스파냐 소설가

헤라클레이토스

▶ 눈으로 시비를 분별하지 못하고 참과 거짓을 살피지 못한다면 비록 눈이 없다고 하더라도 옳을 것이다.

_박지원(1737~1805) 조선 시대 실학자, 소설가

▶ 눈은 귀보다 확실한 증인이다.

_헤라클레이토스(B.C. 540?~B.C. 480?) 그리스 철학자 《단편》

▶ 눈은 눈 자체를 볼 수 없다. _W. 셰익스피어(1564~1616) 영국 극작가, 시인

▶ 눈은 다른 것은 모두 보아도 자기 자신은 보지 못한다.

_T. 풀러(1654~1734) 영국 의사, 작가

▶ 눈은 말할 수도 있고 이해할 수도 있다.

_G. 채프먼(1559?~1634) 영국 시인, 극작가

▶ 눈은 몸의 등불이다. 그러므로 네 눈이 성하면 온 몸이 밝을 것이요, 눈이 성하지 못하면 온 몸이 어두울 것이다. _《성경》

▶ 눈은 혀가 말하는 것보다 덜 본다.

_W. 스티븐스(1879~1955) 미국 시인 《아다지아》

▶ 눈은 혀와 미친가지로 의사 표시를 많이 하는데, 그 장점은 사전이 필요 없고 세상 사람들이 모두 이해할 수 있다는 것이다.

_R. W. 에머슨(1803~1882) 미국 사상가, 시인

▶ 눈을 감아라. 그러면 보일 것이다. _S. 버틀러(1612~1680) 영국 시인

▶ 눈이 보지 못한 것은 마음에 욕심을 불러일으키지도 않는다.

_W. 펜(1644~1718) 영국 정치가 《십자가도 왕관도 없다》

▶ 더할 수 없는 가난과 마찬가지로 더할 수 없는 불행은 사람의 눈을 멀게 만든다. _E. 버크(1729~1797) 영국 정치가, 사상가

▶ 마음이 다른 곳에 쏠리면 눈은 먼다. _P. 시루스(B.C. 1세기경) 로마 시인

▶ 부자의 멸시하는 눈초리는 견뎌 내기 쉽다. 하지만 한 사람의 불행한 눈초리는 나의 마음속을 깊이 찌른다.

_A. P. G. 지드(1869~1951) 프랑스 소설가, 평론가 《일기》

▶ 사람들은 논리보다 자기 눈으로 본 것으로 판단한다.

_W. 셰익스피어(1564~1616) 영국 극작가, 시인

▶ 사람들은 자기 귀보다 눈을 더 신뢰한다.

_헤로도토스(B.C. 484?~B.C. 430?) 그리스 역사가

▶ 사람의 마음을 살피는 데는 눈동자보다 더 좋은 것은 없다. 마음

*선견지명 | 어떤 일이 일어나기 전에 미리 앞을 내다보고 아는 지혜.

이 바르면 눈동자가 맑고 마음이 바르지 못하면 눈동자가 어둡다.

_맹자(B.C. 372~B.C. 289) 중국 전국 시대 추나라 사상가

▶ 사물을 있는 그대로 보려면 두 눈을 떠야만 한다. 실제와 다르게 보려면 더 크게, 실제보다 더 좋게 보려면 완전히 두 눈을 떠야만 한다. _A. 마차도(1875~1939) 에스파냐 시인

▶ *선견지명은 눈에 보이지 않는 것을 보는 기술이다.

_J. 스위프트(1667~1745) 영국 소설가

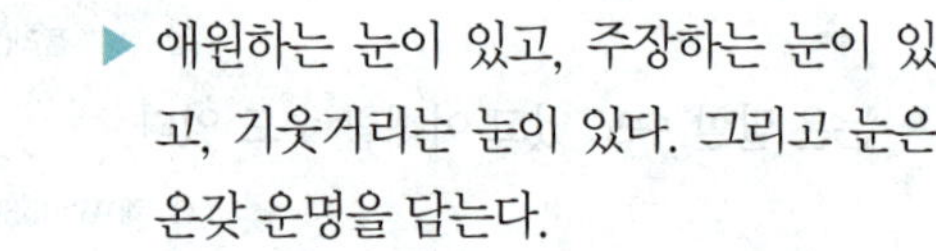

▶ 애원하는 눈이 있고, 주장하는 눈이 있고, 기웃거리는 눈이 있다. 그리고 눈은 온갖 운명을 담는다.

_R. W. 에머슨(1803~1882) 미국 사상가, 시인

▶ 이 눈으로 아름다움을 느낄 수 있는 기쁨이 나의 행복이다.

_J. W. 괴테(1749~1832) 독일 시인, 소설가, 극작가

▶ 인간의 눈은 속일 수 있어도 신의 눈은 속일 수 없다.

_L. N. 톨스토이(1828~1910) 러시아 소설가, 사상가

한자 숙어

목불식정(目不識丁) 아주 간단한 글자인 정(丁) 자를 보고도 그것이 고무래인 줄 모른다는 뜻으로, 아주 까막눈임을 이르는 말. '낫 놓고 기역 자도 모른다.'와 같은 의미.

관용어

눈 둘 곳을 모르다 _ 어리둥절하거나 어색하여 눈길을 어디에 두어야 할지 모르다.

눈 딱(꼭) 감다 _ 더 이상 다른 것을 생각하지 않다.

눈 뜨고 볼 수 없다. _ 눈앞의 광경이 참혹하거나 민망할 정도로 아니꼬워 차마 볼 수 없다.

눈 밖에 나다 _ 신임을 잃고 미움을 받게 되다.

눈(을) 돌리다 _ 관심을 돌리다.

눈(을) 붙이다 _ 잠을 자다.

눈에 밟히다 _ 잊혀지지 않고 자꾸 눈에 떠오르다.

눈이 낮다 _ 보는 수준이 높지 아니하다.

눈이 트이다 _ 사물이나 현상을 판단할 줄 알게 되다.

속담

▶ 넙치 눈은 작아도 먹을 것은 잘 본다. (눈 작은 사람이 잘 찾아 먹을 때를 이르는 말) _한국

▶ 눈 감고 따라간다. (아무 생각 없이 맹목적으로 뒤따르는 것을 비유적으로 이르는 말) _한국

▶ 눈에 콩깍지가 씌었다. (사물을 정확하게 보지 못함을 비유적으로 이르는 말)

_한국

▶ 눈에 헛거미가 보인다. (너무 굶어서 눈앞에 거미줄처럼 뿌연 줄이 오락가락함을 이르는 말) _한국

- 눈으로 보지 못하는 것은 마음이 갈망하지 않는다. _네덜란드
- 눈은 모든 언어를 말한다. 소개장을 기다릴 필요가 없다. _서양
- 눈은 얼굴의 진주다. _영국
- 눈은 영혼의 거울이다. _서양
- 눈은 자기를 믿고 귀는 다른 사람을 믿는다. _독일
- 눈이 보배다. (눈썰미가 있어서 한번 보면 잊지 않는다는 뜻) _한국
- 눈이 안정되어 있지 않은 사람은 마음도 안정되어 있지 않다. _영국
- 다른 사람의 두 눈보다 자기 눈 하나가 낫다. _폴란드
- 닦은 방울 같다. (빛나고 아름다운 눈을 가리키는 말) _한국
- 두 개의 눈보다 네 개의 눈이 더 많이 본다. _영국
- 물건을 사려고 할 때는 귀가 아니라 눈을 사용하라. _체코
- 미인의 눈물은 그 미소보다도 아름답다. _서양
- 주인의 눈 하나는 하인의 눈 열 개보다 더 많이 본다. _이탈리아
- 한쪽 눈이 아무리 커도 두 눈이 성한 것만 못하다. _수단

고사성어

▷ 괄목상대(刮目相對)

눈을 비비고 상대를 본다는 뜻으로, 상대방의 학식이나 처지가 놀랄 만큼 향상됨을 이르는 말이다. 중국 삼국 시대 오나라의 왕인 손권에게 여몽이라는 부하가 있었다. 여몽은 무예는 뛰어났지만 아는 것이 별로 없었는데, 손권이 학문을 권하자 그때부터 틈만 나면 책을 읽었다. 어느 날 여몽의 친구 노숙은 여몽과 이야기를 나누다가 그의 학식이 깊어진 것을 알고 그 까닭을 묻자, 여몽이 "선비는 헤어진 지 사흘만 지나면 눈을 비비고 다시 볼 정도로 달라지는 법이지."라고 말한 데서 유래한다. _《삼국지》

▷ 천리안(千里眼)

천 리 밖의 것을 볼 수 있는 눈이라는 뜻으로, 사물을 꿰뚫어 볼 수 있는 뛰어난 관찰력을 비유적으로 이르는 말이다. 기원전 6세기경 북위 말엽, 양일이라는 젊은이가 19세의 나이로 어느 지역의 군수로 부임하였는데 그는 민심과 지역 사정을 세세하게 꿰뚫고 있었다. 그래서 사람들이 "양군수는 천리안을 가졌다."라고 말한 데서 유래한다. _《위서》 양일전

달

지구의 둘레를 약 28일 동안에 한 번씩 도는 지구의 위성.

명언 명문

*노대 | 적에게 활이나 돌을 쏘려고 성 안에 높게 지은 대.

▶ 까마귀는 눈을 맞아 잠시 희어지는 듯하지만 도로 검어진다. 달이 밤이라 해서 어두워지겠는가? _박팽년(1417~1456) 조선 시대 문신

▶ 달은 사람의 본성이다. 그러므로 구름을 벗어난 달은 그렇게 환하고 밝다. _〈팔만대장경〉

▶ 달의 변화와 마찬가지로 운명의 변화도 현자를 해치지 못한다. _B. 프랭클린(1706~1790) 미국 정치가, 과학자

▶ 밝은 달이 하늘에 걸려 있으니 고요하든 시끄럽든 전혀 상관하지 않는다. _《채근담》

▶ 이내 밤의 어둠이 스며들자 / 달은 경이로운 이야기를 시작한다. // 그리하여 밤마다 경청하는 지구에게 그녀의 탄생 이야기를 계속한다. _J. 애디슨(1672~1719) 영국 수필가, 시인, 정치가

▶ 잘못을 저질러 악업을 짓더라도 뒤에 가서 다시 짓지 않고 선행을 하면 달이 구름에서 나오듯 능히 세상을 비출 수 있다. _《법구경》

▶ 청년 시절에 책을 읽는 것은 문틈으로 달을 바라보는 것 같고, 중년 시절에 책을 읽는 것은 자기 집 뜰에서 달을 바라보는 것 같고, 노년 시절에 이르러 책을 읽는 것은 창공 아래 *노대에 서서 달을 바라보는 것 같다. _린위탕(1895~1976) 중국 작가

▶ 태양도 한낮이 되면 기울고 달도 만월이 되면 이지러지기 시작한다. 차게 되면 비게 되고 비게 되면 또 차게 된다. 성하

한자 숙어

공산추야월(空山秋夜月) 사람 없는 산에 외로이 비치는 가을 달.
아미월(蛾眉月) 누에나방의 눈썹같이 예쁜 달을 이르는 말.
월명장안(月明長安) 달빛이 밝은 서울.

고 쇠퇴함은 자연의 현상이다. _《주역》

▶ 해와 달은 밤낮으로 분주히 달리지만, 그 밝은 빛은 영원히 변치 않는다. _《채근담》

▶ 해와 달이 아무리 밝더라도 엎어 놓은 항아리의 밑은 비추지 못하고, 칼날이 아무리 날카롭다 해도 죄 없는 사람은 베지 못하며, 뜻밖의 재앙도 조심하는 집 문 안에는 들어오지 못한다.

_강태공(?~?) 중국 주나라 정치가

속담

▶ 개가 짖어도 높은 달은 알 바 아니다. _로마

▶ 달 밝은 밤이 흐린 낮만 못하다. _한국

▶ 달 보고 짖는 개. (어리석은 사람이 남의 언행을 의심하여 소동을 일으킨다는 뜻) _한국

▶ 달도 차면 기운다. (세상의 온갖 것이 한번 번성하면 다시 쇠하게 마련이라는 뜻) _한국

▶ 달빛은 추석이 되면 유난히 밝아진다. _중국

▶ 달은 밀을 익게 한다. _스코틀랜드

▶ 달은 빛나건 빛나지 않건 간에 의연히 달이다. _서양

▶ 달을 쳐다보다가 하수도에 떨어진다. _영국

▶ 달을 향해 뛰는 자는 나무 꼭대기를 칠 수 있을지 모르나, 나무 꼭대기를 향해 뛰는 자는 땅에서 발을 떼기도 힘들 것이다. _서양

▶ 달이 빛을 낸다 하더라도 어딘가에 어둠이 있게 마련이다. _카메룬

▶ 해가 비치면 달은 보이지 않는다. _서양

고사성어

▷ 오우천월(吳牛喘月)

오나라의 소가 달만 보아도 숨을 헐떡인다는 뜻으로, 어떤 일에 한번 혼이 나면 비슷한 것만 보아도 미리 겁을 집어먹는다는 말이다. 오나라는 남쪽에 위치한 까닭에 무더위가 무척 심해 소들이 해만 뜨면 더위에 숨을 헐떡였는데, 밤에 달이 뜨는 것을 보고 해로 잘못 알고 숨을 헐떡거렸다고 한다. _《세설신어》 언어 편

도구

道具

일을 할 때 쓰는 연장을 통틀어 이르는 말.
어떤 목적을 이루기 위한 수단이나 방법.

명언 명문

▶ 나의 무한의 나라는 사고(思考)다. 그리고 나의 날개 있는 도구는 말이다. _J. C. F. 실러(1759~1805) 독일 시인, 극작가

▶ 날카로운 혀는 사용할수록 더욱 예리해지는 날이 선 도구다. _W. 어빙(1783~1859) 미국 소설가

▶ 도구는 사람의 손을 연장한 것에 불과하고 기계는 복잡한 도구에 불과하다. _H. W. 비처(1813~1887) 미국 신학자

▶ 이제 사람은 사람이 쓰고 있는 도구의 도구가 되고 말았다. _H. D. 소로(1817~1862) 미국 사상가, 수필가

▶ 인간은 도구를 만들어 내는 동물이다. _J. 보즈웰(1740~1795) 영국 작가

▶ 인간은 도구를 사용하는 동물이다. 도구가 없는 인간은 지극히 무력하지만 일단 도구를 손에 쥐면 만능이 된다. _T. 칼라일(1795~1881) 영국 사상가, 역사가

▶ 영리한 사람들이란 악인들이 사용하는 도구다. _W. 해즐릿(1778~1830) 영국 평론가, 수필가

▶ 일이 서툰 일꾼은 결코 좋은 도구를 얻지 못한다. _T. 풀러(1654~1734) 영국 의사, 작가

▶ 입은 사람을 해치는 도끼며 말은 혀를 베는 칼이다. _《명심보감》

▶ 재산은 사용하기 위한 도구에 불과한 것이지 숭배할 신은 아니다. _J. C. 쿨리지(1872~1933) 미국 제30대 대통령

▶ 텔레비전은 무수한 사람들이 같은 시간에 같은 농담을 듣게 만들지만 각자 외로운 사람으로 남게 하는 오락 도구다. _T. S. 엘리엇(1888~1965) 영국 시인, 평론가, 극작가

날카로운 혀는 사용할수록 더욱 예리해지지요.

W. 어빙

속담

- 개장수도 올가미가 있어야 한다. (무엇을 하든지 도구가 필요하다는 뜻) _한국
- 글 잘 쓰는 사람은 필묵을 탓하지 않는다. (능숙한 사람은 도구를 탓하지 않음을 이르는 말) _한국
- 날이 선 도구를 가지고 장난하지 마라. _서양
- 너무 바빠서 자기 건강을 돌볼 수 없는 사람은 너무 바빠서 자기 도구를 챙기지 못하는 기술자와 같다. _에스파냐
- 능숙한 일꾼은 연장을 탓하지 않는다. _서양
- 닭을 잡는 데 도끼를 쓴다. (불필요한 도구를 사용한다는 뜻) _서양
- 도끼 가진 놈이 바늘 가진 놈을 못 당한다. (도끼같이 큰 무기를 가지고 있다고 하여 상대편의 사정을 봐주다가는 바늘 같은 약한 무기를 가진 사람에게 오히려 지고 만다는 말) _한국
- 빈손으로는 새를 못 잡는다. _영국
- 서투른 무당이 장구만 나무란다. (자기 능력이 부족한 것은 생각하지 않고 애매한 도구만 나쁘다고 탓함을 비꼬는 말) _한국
- 현자든 바보든 도구가 없이는 일을 할 수 없다. _서양

고사성어

▷ 마부작침(磨斧作針)

도끼를 갈아서 바늘을 만든다는 뜻으로, 어려운 일도 참고 노력하면 언젠가 성공한다는 말이다. 또는 학문이나 일을 열심히 한다는 말이다. 중국 당나라 때 시인 이백이 학문을 닦기보다 유람하며 노는 것에 더 빠져 있었을 때의 일이다. 이백은 길을 가다가 어떤 할머니가 바위에 도끼를 갈고 있는 모습을 보았다. 이상하게 생각한 이백이 그 까닭을 묻자, 할머니는 "바늘을 만들려고 하지." 하고 대답하였다. 이백이 기가 막혀서 큰 소리로 웃자, 할머니는 "중도에 그만두지만 않는다면 언젠가는 이 도끼로 바늘을 만들 수가 있겠지." 하고 말하였다. 이 말을 들은 이백은 크게 깨달은 바가 있어 그 뒤로는 한눈팔지 않고 공부를 열심히 하였다고 한다. _《당서》 문예전

돌

흙 따위가 굳어서 된 광물질의 단단한 덩어리.

명언 명문

*비방 | 남을 비웃고 헐뜯어서 말함.

▶ 구르는 돌에 이끼가 끼지 않듯이 방황하는 마음에는 사랑이 깃들지 않는다. _A. 제임스(1848~1892) 미국 일기 작가

▶ 끊임없이 떨어지는 물방울은 돌에 구멍을 낸다. _T. 루크레티우스(B.C. 94?~B.C. 55?) 로마 시인, 철학자

▶ 네 창문이 유리창이면 이웃집 유리창에 돌을 던지지 마라. _B. 프랭클린(1706~1790) 미국 정치가, 과학자

▶ 들을 자세가 되어 있지 않은 사람에게 굳이 말하는 사람은 없다. 화살은 돌에 결코 꽂히지 않고 오히려 튀어서 활을 쏜 자에게 돌아가는 경우가 많다. _E. 히에로니무스(347?~419?) 로마 신학자

▶ 모난 돌이나 둥근 돌이나 모두 쓸모가 있으니 남의 성격이 나와 다르다고 해서 나무랄 필요가 없다. _안창호(1878~1938) 독립운동가, 교육자

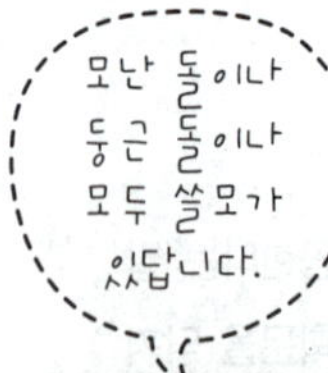

▶ 무정한 사람이 베푸는 호의는 돌로 만든 빵이다. _Q. 파비우스(B.C. 275?~B.C.203?) 로마 장군, 정치가

▶ *비방은 자기 자신에게 돌을 던진다. _T. 풀러(1654~1734) 영국 의사, 작가

▶ 사람들은 열매 맺은 나무에만 돌을 던진다. _W. G. 베넘(1859~1943) 영국 언론인

안창호

▶ 잠시라도 바위 속에서 살아 본다면, 우리는 얼마나 많은 약점들을 잊을 수 있겠는가. _G. 바슐라르(1884~1962) 프랑스 철학자

▶ 옥을 돌이라고 하는 자는 돌도 옥이라고 할 것이며, 지혜를 어리석음이라고 하는 자는 어리석음도 지혜라고 할 것이다. _《포박자》

▶ 인간의 모습을 천지 사이의 조약돌같이 생각하라. _장자(B.C. 369?~B.C. 289?) 중국 전국 시대 송나라 사상가

▶ 자르다가 그만두면 썩은 나무도 벨 수 없지만 쉬지 않고 자르면 쇠나 돌도 끊어진다. _순자(B.C. 298?~B.C. 238?) 중국 전국 시대 조나라 사상가

속담

▶ 같은 돌에 두 번 걸려 넘어지는 것은 수치다. _그리스

▶ 거친 돌도 사람들 손을 거치면 매끈해진다. _서양

▶ 경주 돌이면 다 옥석인가. (좋은 일 가운데는 꺼림칙하여 하기 싫은 일도 섞여 있다는 말) _한국

▶ 굴러 온 돌이 박힌 돌 뺀다. _한국

▶ 던진 돌이 자기 머리 위에 떨어진다. _미국, 영국

▶ 돌 하나로 새 두 마리를 잡는다. _영국

▶ 돌도 쌓이면 구름에 다다른다. _에스파냐

▶ 돌을 차면 발부리만 아프다. _한국

▶ 모난 돌이 정 맞는다. (너무 잘난 체하면 봉변을 당한다는 뜻) _한국

▶ 쓸모 있는 돌 가볍다. (돌은 본래 무거운 것이지만 실제로 사용하기에 편리한 돌은 가볍다는 말) _중국

▶ 아랫돌 빼서 윗돌 괴고, 윗돌 빼서 아랫돌 괴기. _한국

▶ 입에서 나간 말과 던진 돌은 돌이킬 수 없다. _서양

고사성어

▷ 수석침류(漱石枕流)

돌로 이를 닦고 흐르는 물을 베개로 삼는다는 뜻으로, 남에게 지기 싫어하는 강한 마음을 나타내는 말이거나 공연히 억지를 부린다는 말이다. 진나라 사람인 손초가 젊었을 때 속세를 떠나 산속에 은거하기로 마음먹고 친구인 왕제에게 그 마음을 털어놓으면서 "돌을 베개 삼아 눕고, 흐르는 물로 양치질하는 생활을 하고 싶네."라고 말할 것을 잘못하여 "돌로 양치질하고, 흐르는 물을 베개 삼겠네."라고 바꾸어 말했다. 왕제가 웃으며 잘못 말했음을 지적하자 자존심이 강한 손초는 "흐르는 물을 베개 삼겠다는 것은 쓸데없는 말을 들었을 때 귀를 씻으려는 것이고, 돌로 양치질을 한다는 것은 이를 연마하려는 것이네."라고 억지를 부렸다는 데서 유래한다. _《진서》 손초전

동물

動物
생물계를 두 갈래로 나눌 때, 식물계를 뺀 나머지 갈래.

명언 명문

*풍우 | 바람과 비를 아울러 이르는 말.
*천변 | 하늘에서 생기는 자연의 큰 변동. 번개, 일식, 월식 따위를 이름.

▶ 너의 동물적 본능에 충실한 훌륭한 동물이 되어라.

_D. H. 로렌스(1885~1930) 영국 소설가, 시인

▶ 동물과 아이들을 지나치게 사랑하면 사람들을 덜 사랑하게 된다.

_J. P. 사르트르(1905~1980) 프랑스 소설가, 철학자

▶ 동물도 *풍우를 알며 *천변을 깨친다. _나관중(?~?) 중국 명나라 소설가

▶ 동물들에게서 대지의 의술을 배워라. _A. 포프(1688~1744) 영국 시인

▶ 동물은 이름을 부르면 이쪽으로 온다. 사람과 꼭 닮았다.

_L. J. J. 비트겐슈타인(1889~1951) 영국 철학자 《반철학적 단장》

▶ 동물은 좋은 친구들이다. 그들은 질문도 하지 않거니와 비판도 하지 않는다. _G. 엘리엇(1819~1880) 영국 소설가 《글리필 씨의 사랑 이야기》

▶ 동물을 부러워해야 할 이유가 두 가지 있다. 하나는 미래의 불행을 모른다는 것이고, 또 하나는 사람들이 자기에 관해서 하는 말을 모른다는 것이다. _볼테르(1694~1778) 프랑스 사상가

▶ 모든 동물들의 가장 중요한 본능은 자기 보존이다.

_디오게네스(B.C. 412?~B.C. 323?) 그리스 철학자

디오게네스

▶ 모든 동물은 자신이 가졌던 것의 흔적을 남기지만 오로지 사람만이 자신이 창조한 것의 흔적을 남긴다.

_J. 브로노프스키(1908~1974) 영국 수학자, 작가

▶ 사람과 다른 동물을 구분하는 가장 큰 특징은 약을 먹으려는 욕망일 것이다. _W. 오슬러(1849~1919) 영국 의학자

▶ 사람은 동물 가운데 가장 영리하지만 가장 어리석기도 하다.

_디오게네스(B.C. 412?~B.C. 323?) 그리스 철학자

▶ 사람은 동식물에 대해서도 친절하지 않으면 안 된다. 이것도 역시 사랑을 배우는 과정이다. _C. 힐티(1833~1909) 스위스 사상가, 법률가

▶ 사람은 사악한 동물이다. _몰리에르(1622~1673) 프랑스 극작가, 배우

▶ 사람은 사회적 동물이다. _L. A. 세네카(B.C. 4?~A.D. 65) 로마 철학자, 극작가

▶ 사람은 완고한 머리를 가진 동물이라서 뒤에서 몰아가기는 어려워도 앞에서 끌고 가기는 쉽다. _S. 다니엘(1562?~1619) 영국 시인, 극작가

▶ 사람은 웃을 줄 아는 유일한 동물이다.

_A. N. 화이트헤드(1861~1947) 영국 철학자, 수학자

▶ 사람은 정도 차이는 있지만 모두 습관의 동물이다.

_P. D. S. 체스터필드(1694~1773) 영국 정치가, 작가

▶ 사람을 제외한 모든 동물은 삶을 즐기는 것이 삶의 가장 중요한 본질임을 알고 있다. _S. 버틀러(1612~1680) 영국 시인

▶ 아무리 야생 동물이라 해도 사람과 마찬가지로 편한 것과 따뜻함을 사랑하며, 그것을 얻으려고 충분히 마음을 쓰기 때문에 겨울을 지낼 수 있는 것이다. _H. D. 소로(1817~1862) 미국 사상가, 수필가 《월든》

▶ 여우는 많은 것을 알지만 고슴도치는 커다란 것 하나만 안다.

_아르킬로코스(675?~635?) 그리스 시인

▶ 우리가 동물을 사랑하지 않게 된다면 사람들도 사랑하지 않게 될 것이다. _A. I. 솔제니친(1918~2008) 러시아 소설가

▶ 인간 사회와 동물 농장은 실질적으로 차이가 없다.

_G. B. 쇼(1856~1950) 아일랜드 극작가, 평론가

▶ 인간은 다른 동물들과 마찬가지로 선천적으로 게으르다. 자극하는 것이 전혀 없다면 인간은 생각도 하지 않고 로봇처럼 습관적으로 행동할 것이다. _A. 아인슈타인(1879~1955) 미국 물리학자

▶ 인간은 모방하는 동물이다. _T. 제퍼슨(1743~1826) 미국 제3대 대통령

▶ 좋은 짐승은 친구를 선택한다. _나관중(?~?) 중국 명나라 소설가

속담

▶ 제일 좋은 금속은 쇠고, 제일 좋은 곡식은 밀이며, 제일 나쁜 동물은 사람이다.

_서양

지식 쑥쑥

한자 숙어

불원금수(不遠禽獸) 짐승과 같음.

야수산금(野獸山禽) 들에 사는 짐승과 산새.

두뇌

頭腦

신경 세포가 모여 신경계의 중심을 이루고 있는 부분. 뇌.

명언 명문

▶ 남의 두뇌를 빌려서 자기 두뇌를 향상시키는 것은 좋은 일이다.

_M. E. 몽테뉴(1533~1592) 프랑스 사상가

▶ 두뇌는 우리가 생각하는 데 사용하는 도구다.

_C. H. 파크허스트(1842~1933) 미국 성직자, 개혁가

▶ 배가 부르면 두뇌가 둔해진다.

_B. 프랭클린(1706~1790) 미국 정치가, 과학자 《가난한 리처드의 책력》

▶ 사람들은 종족이나 피부색 때문에 우월해지는 것이 아니다. 훌륭한 정신, 즉 가장 훌륭한 두뇌를 가진 자가 우월한 것이다.

_R. G. 잉거솔(1833~1899) 미국 정치가

▶ 상상은 근본적인 두뇌의 작용으로, 모든 예술에서 차이를 만들어 낸다.

_D. G. 로세티(1828~1882) 영국 시인, 화가

▶ 유머 감각이 없는 사람의 두뇌는 결코 명석할 리가 없다.

_S. T. 콜리지(1772~1834) 영국 시인, 평론가

▶ 진정한 바보가 되려면 두뇌가 필요하다.

_G. 맥도널드(1824~1905) 영국 시인, 소설가

▶ 책은 두뇌가 낳은 자녀들이다.

_J. 스위프트(1667~1745) 영국 소설가

B. 프랭클린

속담

▶ 공부를 너무 많이 하면 두뇌가 약해진다. _서양

▶ 두 사람의 두뇌가 한 사람의 두뇌보다 현명하다. _영국

▶ 사람마다 두뇌가 다르다. _이탈리아

▶ 지혜가 없다면 머리는 빈 항아리와 같다. _에스파냐

땅

강이나 바다와 같이 물이 있는 곳을
제외한 지구의 겉면.

명언 명문

▶ 가난뱅이든 왕자든 죽은 뒤에 차지하는 땅의 넓이는 똑같다.

_Q. 호라티우스(B.C. 65~B.C. 8) 로마 시인

▶ 가장 감미롭다 / 길이 있건 없건 / 눈을 위로 들지 않고 땅을 밟고 걷는 것은.

_W. 워즈워스(1770~1850) 영국 시인

▶ 가장 비옥한 땅도 갈지 않으면 무성한 잡초로 덮인다.

_플루타르코스(46?~120?) 그리스 철학자, 작가 《플루타르크 영웅전》

▶ 단어들은 대지의 딸들이고 사물들은 하늘의 아들들이다.

_S. 존슨(1709~1784) 영국 시인, 평론가

▶ 대지는 너의 맨발을 좋아하고, 바람은 너의 머리카락을 흩날리고 싶어 한다는 것을 잊지 마라.

_K. 지브란(1883~1931) 미국 소설가, 화가, 시인

▶ 대지는 모든 것을 생산하며 모든 것을 다시 거두어들인다.

_T. 풀러(1654~1734) 영국 의사, 작가

▶ 대지는 살아 있는 사람의 것이지, 죽은 자의 것이 아니다.

_T. 제퍼슨(1743~1826) 미국 제3대 대통령

▶ 대지는 아무것도 거부하지 않고 아무도 내쫓지 않는다.

_W. 휘트먼(1819~1892) 미국 시인

▶ 대지는 인간이 살아가기 위한 *보고다.

_T. 제퍼슨(1743~1826) 미국 제3대 대통령

▶ 대지는 책보다 많은 것을 가르쳐 준다. 대지는 우리에게 저항하기 때문이다.

_A. M. R. 생텍쥐페리(1900~1944) 프랑스 소설가, 비행사

▶ 대지에 반역하는 것이 가장 무서운 죄를 짓는 것이다.

_F. W. 니체 (1844~1900) 독일 철학자, 시인

*보고 | 귀중한 것이 많이 나거나 간직되어 있는 곳을 비유적으로 이르는 말.

*곡우 | 24절기의 하나로, 청명과 입하 사이의 절기. 봄비가 내려서 곡식이 풍부해진다고 함.

▶ 더러운 땅에는 초목이 많이 나고, 맑은 물에는 언제나 물고기가 없다. _《회남자》

▶ 만물은 대지에서 태어나고, 대지는 만물을 다시 거두어들인다.
_에우리피데스(B.C. 484?~B.C. 406?) 그리스 시인

▶ 아무리 넓은 땅도 경작하지 않으면 영토가 아니고 아무리 많은 백성도 화목하지 않으면 백성이 아니다. _《관자》

▶ 어느 땅이든 모든 것을 길러 낼 수 있는 것은 아니다.
_P. 베르길리우스(B.C. 70~B.C. 19) 로마 시인

▶ 온유한 사람은 행복하다. 그들은 땅을 차지할 것이다. _《성경》

▶ 우리는 대지를 우리의 소유물이라고 여기기 때문에 학대한다. 우리 자신이 대지라는 공동체에 속해 있다고 본다면 우리는 그것을 사랑과 존경으로 이용하기 시작할 것이다.
_A. 레오폴드(1886~1948) 미국 환경 운동가

▶ 이 땅에서는 나의 기쁨이 샘솟고 있다. 태양은 나의 모든 고통을 씻을 듯이 그 자비로운 빛과 함께 따스하게 감싸 준다. 나는 이 두 가지로 만족을 느낀다. _J. W. 괴테(1749~1832) 독일 시인, 소설가, 극작가

▶ 조상들이 우리에게 맡긴 이 땅을 우리는 후손에게 물려줄 것이다.
_W. 워즈워스(1770~1850) 영국 시인

▶ 천지는 만물의 부모다. 천지의 기운인 양과 음이 합하면 형체가 생기고, 흩어지면 본래의 상태로 돌아간다.
_장자(B.C. 369?~B.C. 289?) 중국 전국 시대 송나라 사상가

▶ 해안선을 오랫동안 보지 못하는 과정을 거치지 않으면 새 땅을 발견하지 못한다. _A. P. G. 지드(1869~1951) 프랑스 소설가, 평론가

▶ 현실의 땅 한 평이 가상 세계의 왕국보다 더 낫다.
_T. B. 매콜리(1800~1859) 영국 역사가, 정치가

▶ 흙과 공기, 물과 불은 만물의 요소다.
_엠페도클레스(B.C. 490?~B.C. 430?) 그리스 철학자

속담

▶ *곡우에 가물면 땅이 석 자가 마른다. (곡우 때 비가 내리지 않으면 농사를 망친다는 말) _한국

▶ 꽃나무가 자라지 못하는 곳은 나쁜 땅이다. _서양

▶ 다 팔아도 내 땅이다. _한국

▶ 단단한 땅에 물이 고인다. (아끼고 헤프게 쓰지 않는 사람에게는 재물이 모인다는 뜻) _한국

▶ 대지는 가장 좋은 보금자리다. _영국

▶ 대지는 도처에서 무덤을 제공한다. _중국

▶ 대지는 사나이의 것. (넓은 땅은 사나이의 일터라는 말) _서양

▶ 대지는 자연의 어머니며 그 묘지다. _서양

▶ 도깨비 땅 마련하듯. (실속은 없이 헛고생만 한다는 뜻) _한국

▶ 땅 넓은 줄은 모르고 하늘 높은 줄만 안다. (키만 홀쭉하게 크고 마른 사람을 놀림조로 이르는 말) _한국

▶ 땅 짚고 헤엄치기. (땅을 짚고 헤엄치는 것처럼 안전하고 쉬운 일을 이르는 말) _한국

▶ 땅 파다가 은 얻었다. (대단하지 않은 일을 하다가 의외로 이익을 얻었다는 뜻) _한국

▶ 땅은 사람을 부양하지만 땅도 마실 것과 먹을 것을 바란다. _러시아

▶ 땅을 열 길 파면 돈 한 푼이 생기나. (한 푼의 돈이라도 아껴 쓰라는 말) _한국

▶ 땅을 팔 노릇. (할 수 없는 것을 억지로 우기며 고집을 피울 때 하는 말) _한국

▶ 무른 땅에 말뚝 박기. (매우 쉽다는 뜻) _한국

▶ 벼룩 꿇어앉을 땅도 없다. (공간이 몹시 비좁다는 말) _한국

▶ 비 온 뒤에 땅이 굳어진다. (비 온 다음에 땅바닥이 단단해지는 것처럼, 시련을 겪고 나면 한결 성숙해진다는 말) _한국

▶ 용감한 사람에게는 모든 땅이 그의 고향이다. _그리스

▶ 하나의 흙덩이도 수많은 미지의 생명으로 만들어진 것이다. _서양

한자 숙어

광원면막(曠遠綿邈) 대지는 넓고 멀리 이어져서 아득함.

관용어

땅(이) 꺼지도록 _ 한숨을 쉴 때 몹시 깊고도 크게.

땅에 떨어지다 _ 명예나 권위 따위가 회복하기 어려울 정도로 손상되다.

땅을 칠 노릇 _ 몹시 분하고 애통함을 이르는 말.

물

자연계에 강, 호수, 바다, 지하수 따위의 형태로 널리 분포하는 액체.

명언 명문

▶ 때로는 산봉우리에 내리는 눈이 되어, 때로는 서리나 이슬이 되어 목적지를 향해 가는 것이 물의 성질이다. 아무도 그 뜻을 막을 수 없다. _C. V. 게오르규(1916~1992) 루마니아 작가

▶ 모든 냇물은 그 근원은 각기 다르나 최후에 돌아가는 곳은 바다라는 한 곳이 된다. _《회남자》

▶ 물, 너는 맛도 없고 빛깔도 향기도 없다. 너는 정의할 수가 없다. 너는 알지 못하는 채 맛보는 물건이다. 너는 생명에 필요한 것이 아니라 생명 그 자체다.
_A. M. R. 생텍쥐페리(1900~1944) 프랑스 소설가, 비행사 《인간의 대지》

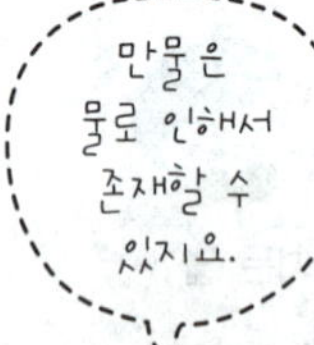

▶ 물에서 배워라! 물은 생명의 소리, 존재하는 것의 소리, 영원히 생성하는 것의 소리다. _H. 헤세(1877~1962) 독일 소설가, 시인 《싯다르타》

▶ 물은 그 근원에서 졸졸 솟아 밤낮 없이 흘러서 파인 웅덩이가 있으면 채우고 후에 넘쳐 흘러서 바다까지 흘러간다. 마치 근본을 속으로 기른 뒤에 활동하는 사람의 모습과 같다. _《맹자》

▶ 물은 만물의 근원이다. _탈레스(B.C. 624?~B.C. 546?) 그리스 철학자

▶ 물은 배를 다니게 할 수도 있고 배를 뒤집어엎을 수도 있다.
_순자(B.C. 298?~B.C. 238?) 중국 전국 시대 조나라 사상가

▶ 물은 아무리 순수한 경우라도 염분, 가스, 철분 등의 이물질과 섞여 있기 마련이다. _C. V. 게오르규(1916~1992) 루마니아 작가

▶ 물은 지구의 생명체며 영혼이다. _R. 타고르(1861~1941) 인도 시인, 사상가

▶ 물을 감상하는 데 방법이 있으니 반드시 그 물결을 보아야 한다.
_《맹자》

탈레스

▶ 물을 보고 이용하지 못하는 것은 물이 없는 것과 같다.

_박지원(1737~1805) 조선 시대 실학자, 소설가

▶ 샘이 깊은 물은 가뭄에도 마르지 않는다.

_정인지(1396~1478) 조선 시대 문신, 학자

▶ 세상 사람들은 흐르는 물과 같아서 막으면 멈추고 열어 주면 흘러가고 고요하면 맑아진다. _강태공(?~?) 중국 주나라 정치가

▶ 엎지른 물은 담을 수 없고 흘러간 구름은 찾아낼 수 없다.

_이백(701~762) 중국 당나라 시인

▶ 우물이 마르면 비로소 물의 가치를 안다.

_B. 프랭클린(1706~1790) 미국 정치가, 과학자

속담

▶ 가을 물은 소 발자국에 고인 물도 먹는다. (가을 물이 매우 맑고 깨끗함을 이르는 말) _한국

▶ 마실 수 없는 물은 그냥 흐르게 하라.

_멕시코

▶ 맑은 물에서 맑은 물 난다. _영국

▶ 물은 흘러도 여울은 여울대로 있다. (모든 게 변해도 변하지 않는 것이 있다는 뜻)

_한국

▶ 물이 흐르는 곳에 수로가 생긴다. _중국

한자 숙어

복수불수(覆水不收) 엎질러진 물은 다시 담지 못한다는 뜻으로, 한 번 저지른 일은 다시 돌이킬 수 없음을 이르는 말.

수청무대어(水清無大魚) 물이 맑으면 큰 고기가 없다는 뜻으로, 사람이 너무 똑똑하거나 엄격하면 남이 꺼려하여 친한 벗이 없음을 이르는 말.

원수근화(遠水近火) 먼 데 있는 물은 가까운 데의 불을 끄는 데는 쓸모가 없다. 무슨 일이든 멀리 있는 것은 급할 때에 소용이 없음을 이르는 말.

고사성어

▷ 수어지교(水魚之交)

물과 물고기의 관계라는 뜻으로, 아주 친밀하여 떨어질 수 없는 사이를 비유적으로 이르는 말이다. 중국 삼국 시대의 유비와 제갈량이 날이 갈수록 친밀해지고 사이가 좋아지자 관우와 장비가 불평을 했다. 이에 유비가 그들을 불러 "나에게 제갈량이 있다는 것은 고기가 물을 가진 것과 마찬가지니 다시는 불평을 하지 말도록 하게."라고 타일렀다. 그 뒤로는 관우와 장비가 불평을 하지 않았다고 한다. _《삼국지》 제갈량전

물건 物件

일정한 형체를 갖춘 모든 물질적 대상.

명언 명문

▶ 딱딱하고 거친 물건도 계속 사용하면 연하고 부드럽게 된다.

_B. 존슨(1572~1637) 영국 극작가, 시인, 평론가

▶ 사람들이 물건을 대함에 있어 욕심을 절제하지 못하면 도리어 물건이 사람을 끌어들여 물건이 되고 만다.

_정여창(1450~1504) 조선 시대 문신, 학자

▶ 사람은 물건만 파는 것이 아니라 자기 자신마저도 팔고 자기가 상품이라고 느낀다. _E. 프롬(1900~1980) 독일 정신 분석학자, 사회학자

▶ 산업 사회에서 문명인으로 살면서 우리는 물건들에 사로잡혀 있다. 물건 하나하나는 한 무더기 물건들의 대표자다.

_G. 바슐라르(1884~1962) 프랑스 철학자

▶ 우리는 시대에 뒤떨어진 것이든 아니든, 우리에게 낯익은 물건들을 보는 것에서 말없는 위안을 느끼며, 그 물건들의 존재가 더는 필요하지 않을 때라도 그것이 없어지면 서운해 하는 경향이 있다.

_R. 로젠블라트(1940~) 미국 시사 평론가

E. 프롬

속담

▶ 값은 속여도 물건은 속이지 마라. _인도

▶ 내 물건이 좋아야 값을 받는다. _한국

▶ 누구나 자기 물건을 칭찬한다. _영국

▶ 물건을 모르거든 금 보고 사라. (값은 물건의 질에 따라 정해지니 좋은 물건을 사려면 비싼 것을 사야 한다는 말) _한국

▶ 우리는 좋은 물건을 잃고 나서야 비로소 그 가치를 안다. _프랑스

바다

지구 위에서 육지를 제외한 부분으로 짠물이 괴어 하나로 이어진 넓고 큰 부분.

명언 명문

▶ 나 돌아가리 / 위대하고 상냥한 어머니 / 인간의 어머니며 애인인 바다로. _A. C. 스윈번(1837~1909) 영국 시인, 평론가

▶ 모든 강물은 바다로 흘러드는데, 바다는 넘치는 일이 없다. _《성경》

▶ 바다가 마르면 바닥이 보이지만 사람은 죽어도 그 마음을 알 수 없다. _《명심보감》

▶ 바다는 거대한 양어장이다. _T. 데커(1572~1632) 영국 극작가

▶ 바다는 세상의 더러움과 상처를 씻어 간다. _에우리피데스(B.C. 484?~B.C. 406?) 그리스 시인

▶ 바다는 잔인해질 수 있는데 왜 작은 새를 저 바다 위의 갈매기처럼 우아하고 아름답게 만든 것일까? 바다는 잔잔하고 몹시도 아름답지만 잔인해질 수 있다. _E. M. 헤밍웨이(1899~1961) 미국 소설가

▶ 바다로 가는 길을 모르는 자는 강을 친구로 삼아야만 한다. _T. M. 플라우투스(B.C. 254?~B.C. 184) 로마 극작가, 시인

▶ 바다로 들어간 강물처럼 사리사욕에 싸인 미덕은 없어지고 만다. _F. 라로슈푸코(1613~1680) 프랑스 작가

▶ 바다를 지배하는 자가 모든 것을 지배한다. _테미스토클레스(B.C. 524?~B.C. 460?) 그리스 정치가

▶ 바다만큼 사람을 압도하고 두렵게 하는 것은 없다. _호메로스(?~?) 그리스 시인 《오디세이》

▶ 바다와 공기는 만인이 공동으로 사용해야 하는 것이다. 어떠한 군주도 대양을 자유롭게 항해하는 것을 방해할 수는 없다. _엘리자베스 1세(1533~1603) 영국 여왕

▶ 바닷가에서 맞이하는 여름철의 아침은 언제나 세계의 탄생과 같은 모습이다. 그리고 여름철의 저녁은 언제나 세계의 종말과 같은 장엄한 표정을 짓는다. _A. 카뮈(1913~1960) 프랑스 소설가, 극작가

▶ 산을 찬미하면서도 평지에 살고, 바다를 찬미하면서도 육지에서 살라. _G. 허버트(1593~1633) 영국 시인

▶ 위험이 모두 지나간 뒤에만 항해하는 사람은 바다로 나가서는 안 된다. _T. 풀러(1608~1661) 영국 성직자, 역사가

▶ 잠이 꿈을 주듯 바다는 사람에게 희망을 준다. _C. 콜럼버스(1451~1506) 이탈리아 탐험가

▶ 첫 바닷바람에 파도가 희게 거품을 던지고, 그러다가 넓은 바다는 점점 팽창하여 거대한 파도를 밀어 올리며 바로 심연에서 하늘까지 솟아오른다. _P. 베르길리우스(B.C. 70~B.C. 19) 로마 시인

▶ 큰 것을 보고자 하는 자, 넓은 것을 보고자 하는 자, 기운찬 것을 보고자 하는 자, 끈기 있는 것을 보고자 하는 자는 가서 시원한 바다를 보아라. 마땅히 너희들이 평일에 바라던 것보다 더 큰 이상을 주리라. _최남선(1890~1957) 문화 운동가, 작가 《바다를 보라》

속담

▶ 강을 따라가면 바다를 발견할 것이다. _서양

▶ 대천 바다도 건너 봐야 안다. (무엇이든 바로 알려면 실제로 경험해 봐야 알 수 있다는 뜻) _한국

▶ 바다는 강을 거부하지 않는다. _영국

▶ 바다는 인간의 모든 불행을 씻어 가 버린다. _그리스

▶ 바다도 물 한 방울로부터 시작된다. _영국

▶ 바다에 가서 토끼 찾기. _영국

▶ 바다에서 고기를 잡아야 가장 많이 잡을 수 있다. _영국

▶ 바다에서 많은 경험을 해 보지 못한 왕은 강하지 않다. _영국

▶ 바다에서는 항해를 하고 땅에서는 정착을 하라. _서양

한자 숙어

만경유리(萬頃琉璃) 유리처럼 아름답고 반반한 바다.

만경창파(萬頃蒼波) 한없이 넓은 바다.

망망대해(茫茫大海) 한없이 넓고 큰 바다.

▶ 산에 가야 꿩을 잡고 바다에 가야 고기를 잡는다. (무슨 일을 하려면 발 벗고 나서서 힘들여 해야 함을 이르는 말) _한국

▶ 잔잔한 바다에서는 좋은 뱃사공이 만들어지지 않는다. _영국

▶ 전쟁에 나가려면 한 번 기도하라. 바다로 나가려면 두 번 기도하라. 결혼을 하려면 세 번 기도하라. _폴란드

고사성어

▷ 상전벽해(桑田碧海)

뽕나무 밭이 변하여 푸른 바다가 되었다는 뜻으로, 세상일의 변천이 심함을 비유적으로 이르는 말이다. 옛날 마고라는 선녀가 왕방평이라는 신선에게 "지금껏 곁에서 모시면서 저는 동해가 세 번이나 뽕나무밭으로 바뀌는 것을 보았습니다. 이번에 봉래산에 가 보았는데 바다가 다시 얕아져서 이전의 반밖에 되지 않았습니다. 또 육지가 되려는 것일까요?" 하고 묻자, 이에 왕방평이 "동해가 흙먼지를 일으킬 뿐이다."라고 한 데서 유래한다. _《신선전》

키워드 정보 BOX

배타적 경제 수역

국가와 국가가 인접해 있는 경우에는 배타적 경제 수역을 결정하기가 쉽지 않다.

자기 나라의 연안으로부터 200해리(약 370킬로미터)까지의 모든 자원에 대한 권리를 인정하는 국제 해양법이다. 배타적 경제 수역 안에서는 해저 자원에 대한 탐사와 개발, 해수나 해풍을 이용한 에너지 생산, 어업 활동 등의 모든 권리를 인정한다. 따라서 다른 나라 어선이 배타적 경제 수역 안에서 조업을 하려면 연안국의 허가를 받아야 하며, 이를 위반했을 때는 처벌을 받게 된다. 현재 세계 각국이 저마다 배타적 경제 수역을 선포하고 있으나, 주변 국가와 경제 수역이 겹쳐 마찰을 빚는 경우가 많다.

바람

기압의 변화 또는 사람이나 기계에 의하여 일어나는 공기의 움직임. 또는 사회적으로 일어나는 일시적인 분위기나 사상적인 경향.

명언 명문

*난파 | 배가 항해 중에 폭풍우 따위를 만나 부서지거나 뒤집힘.

▶ 그물 안에 바람을 잡아둘 수는 없다.

_C. H. 스펄전(1834~1892) 영국 성직자, 설교가

▶ 꽃 향기에 거슬러 부는 바람은 모든 탐욕과 고통과 죄악을 뜻한다. 그러므로 빠른 바람은 번뇌를 일으킨다. _〈팔만대장경〉

▶ 나는 물처럼 왔고 바람처럼 간다.

_F. S. K. 피츠제럴드(1896~1940) 미국 소설가

▶ *난파를 당해 본 사람은 바람이 잔잔해도 항해를 두려워한다.

_R. 헤릭(1591~1674) 영국 시인, 목사

▶ 높은 바람은 높은 산에서 분다. _T. 풀러(1654~1734) 영국 의사, 작가

▶ 바람과 파도는 언제나 유능한 항해사 편이다.

_E. 기번(1737~1794) 영국 역사가

▶ 바람은 불을 일으키기도 하고 끄기도 한다. 미풍은 불을 일으키고 강풍은 불을 끈다. _P. N. 오비디우스(B.C. 43~A.D. 17) 로마 시인

▶ 바람을 거슬러 모래를 뿌리면 바람은 모래를 제자리로 보낸다.

_W. 블레이크(1757~1827) 영국 시인, 화가

▶ 바람이 어느 방향에서 불어오든 돛은 그 방향에 따라 움직인다.

_T. M. 플라우투스(B.C. 254?~B.C. 184) 로마 극작가, 시인

▶ 바람이란 모든 것에 영향을 주는 세상일을 가리킨다.

_장자(B.C. 369?~B.C. 289?) 중국 전국 시대 송나라 사상가

▶ 벽은 큰 바위와 같아서 바람이 움직일 수 없고, 현자의 뜻은 무거워서 비방도 명예도 흔들 수 없다. _《법구경》

▶ 불어라, 불어라 / 차디찬 겨울 바람아 / 너는 은혜 모르는 사람보

다 / 무정하지는 않다. _W. 셰익스피어(1564~1616) 영국 극작가, 시인

*순풍 | 배가 가는 쪽으로 부는 바람.

▶ 솔밭에 불어오는 바람 소리가 우리에게 쾌감을 맛보게 하는 것은 그 바람이 가시가 없고 모가 나지 않았기 때문이다. _H. 미쇼(1899~1984) 프랑스 시인, 화가

▶ 어느 항구로 가고 있는지 모를 때는 어떤 바람도 *순풍이 아니다. _L. A. 세네카(B.C. 4?~A.D. 65) 로마 철학자, 극작가

▶ 여론 조사는 뜨거운 바람이 불어 가는 방향을 보여 줄 뿐이다. _O. 헨리(1862~1910) 미국 소설가

▶ 폭풍은 참나무가 더욱 뿌리를 깊게 박도록 한다. _E. G. 허버드(1856~1915) 미국 작가, 화가

속담

▶ 높은 가지 바람 더 탄다. (높은 것이 반드시 좋은 것은 아니라는 뜻) _한국

▶ 바람 부는 날 가루 팔러 가듯. (알맞은 기회를 잡지 못함을 이르는 말) _한국

▶ 바람 부는 대로 돛을 단다. (주관이나 결심 없이 세상 형편 돌아가는 대로 따른다는 뜻) _한국

▶ 바람도 올바람이 낫다. (같은 바람이라도 일찍 부는 바람이 덜 차고 피해도 적다는 뜻) _한국

▶ 바람은 불다 불다 지친다. (바람이 불다가 저절로 그치듯이 사납게 굴던 현상도 고비를 지나면 수그러든다는 뜻) _한국

▶ 바람이 불어야 배가 가지. _한국

▶ 하나의 지푸라기가 바람의 방향을 가르쳐 준다. _영국

▶ 하늬바람에 곡식이 모질어진다. (여름이 지나 서풍이 불게 되면 곡식이 여물고 대가 세진다는 말) _한국

한자 숙어

광풍제월(光風霽月) 비가 갠 뒤의 시원한 바람과 밝은 달이란 뜻으로, 고결한 인품을 이름.

만리동풍(萬里同風) 만 리나 떨어진 곳까지 같은 바람이 분다는 뜻으로, 천하가 통일되어 먼 곳까지 풍속이 같아짐을 이르는 말.

불폐풍우(不蔽風雨) 집이 허술하여 바람과 비를 가리지 못함.

청풍명월(淸風明月) 맑은 바람과 밝은 달.

관용어

바람(을) 넣다 _ 남을 부추겨서 무슨 행동을 하려는 마음이 생기게 만들다.

바람(을) 쐬다 _ 기분 전환을 위하여 바깥이나 딴곳을 거닐거나 다니다.

바람(을) 잡다 _ 허황된 짓을 꾀하거나 그것을 부추기다.

바람을 일으키다 _ 사회적으로 많은 사람에게 영향을 미치다. 또는 사회적으로 문제를 만들거나 소란을 일으키다.

발견

發見

미처 찾아내지 못하였거나 아직 알려지지 아니한 사물이나 현상, 사실 따위를 찾아냄.

명언 명문

- 바다만 보인다고 해서 육지가 없다고 생각하는 사람들은 서투른 발견자다. _F. 베이컨(1561~1626) 영국 정치가, 철학자
- 발견이란 누구나 보는 것을 보고 아무도 생각하지 못한 것을 생각하는 것이다. _A. 센트죄르지(1893~1986) 미국 생화학자
- 발견이란 대개 한 사람이 단독으로 이루는 것이 아니다. 발견 이전에 많은 사람의 두뇌와 손이 필요하고 발견의 공적은 한 사람에게 돌아가는 것이다. _H. E. 시게리스트(1891~1957) 미국 의학자
- 발견이란 식별이며 선택이다. _J. H. 푸앵카레(1854~1912) 프랑스 수학자, 물리학자, 천문학자
- 발견하는 민족만이 문화의 미래를 가진다. _B. 아우어바흐(1812~1882) 독일 소설가
- 사람은 누구나 발견의 항해를 하고 있는 발명가다. _R. W. 에머슨(1803~1882) 미국 사상가, 시인
- 새로운 요리의 발견은 새로운 별의 발견보다도 인류의 행복에 한층 공헌했다. _A. 브리야사바랭(1755~1826) 프랑스 법률가, 정치가
- 세상에는 단 한 번만 발견되는 것은 없다. _J. W. 괴테(1749~1832) 독일 시인, 소설가, 극작가
- 실수는 발견의 받침대다. _J. A. 조이스(1882~1941) 아일랜드 소설가
- 어떤 종류의 진리든 발견이 매우 어렵지만 의술에서 진리를 발견하기란 특히 어렵다. _P. M. 레이섬(1789~1875) 영국 의사, 작가
- 어른들은 자기가 겪은 많은 경험을 아이에게 가르쳐 주고 교훈을 주려 하지만 아직 경험을 통하지 않은 나이가 어린 아이들에게는

R. W. 에머슨

별로 실감이 가지 않는 법이다. 가장 좋은 것은 부모의 가르침이나 훈계보다 아이 자신이 발견하는 것이다.

_D. H. 로렌스(1885~1930) 영국 소설가, 시인

*역설 | 보통은 모순을 일으키지는 않지만 특정한 경우에 논리적 모순을 일으키는 이론이나 말.

▶ 우리는 과거에 많은 것을 발견해 왔다. 그러나 앞으로 발견할 수 있는 것은 한층 더 엄청나다. _B. 브레히트(1898~1956) 독일 시인, 극작가

▶ 우리는 원자핵의 구조를 밝혀냈지만 가장 큰 비밀인 생명은 결코 발견하지 못할 것이다. _E. 러더퍼드(1871~1937) 영국 물리학자, 화학자

▶ 위대한 행동과 위대한 발견은 상호 신뢰와 협조로 이루어진다.

_호메로스(?~?) 그리스 시인

▶ 자기 자신을 발견하는 사람은 비참함에서 벗어난다는 것을 알라.

_M. 아널드(1822~1888) 영국 시인, 평론가

▶ 지금까지 시인들과 철학자들이 무의식을 발견해 왔다. 나는 그것을 연구하는 과학적 방법을 발견했다.

_S. 프로이트(1856~1939) 오스트리아 심리학자, 의사

▶ 하나의 발견을 위해 *역설을 범하는 어리석음은 인간이 타고난 것이다. _P. 발레리(1871~1945) 프랑스 시인, 사상가, 평론가

키워드 정보 BOX

유레카

고대 그리스의 수학자이자 물리학자인 아르키메데스는 왕관에 은이 섞여 있다는 것을 증명하기 위해 고민하였다. 어느날, 목욕탕에 들어간 아르키메데스는 물 속에서는 자기 몸의 부피에 해당하는 만큼의 무게가 가벼워진다는 것을 문득 알아냈다. 너무나 감격한 그는 옷도 입지 않고 목욕탕에서 뛰어나와 "유레카! 유레카!(알았다! 알았다!)"라고 외쳤다. 그는 왕관과 똑같은 무게의 순금덩이를 물 속에서 달아 본 결과 순금덩이가 왕관보다 더 무겁다는 것을 알았다. 즉, 왕관에는 은이 섞여 있어 같은 무게의 순금보다 부피가 크고 그만큼 부력도 커진다는 원리를 발견해 왕관이 위조품이라는 것을 밝혀낸 것이다.

부력의 원리를 발견한 아르키메데스.

발명

發明

아직까지 없던 기술이나 물건을 새로 생각하여 만들어 냄.

명언 명문

▶ 노동을 덜어 주는 기구들의 발명 덕분에 현대인은 과거에 특권층만이 누리던 게으름과 싫증의 깊은 구렁을 만들었다.

_L. 멈퍼드(1895~1990) 미국 작가, 평론가

▶ 많은 발명품은 장난감으로부터 생겨난 것이다.

_E. 호퍼(1902~1983) 미국 철학자

▶ 모든 발명은, 지적 생활을 동반하는 여러 물질적인 힘을 주었으며, 인간 생활을 물질적인 힘으로 타락시켰다.

_K. H. 마르크스(1818~1883) 독일 경제학자, 철학자

▶ 발명가만이 기존의 것을 빌려 쓸 줄 안다. 그러니 모든 사람은 발명가고 발명가라야만 한다.

_R. W. 에머슨(1803~1882) 미국 사상가, 시인 《인용과 독창성》

▶ 발명가와 천재들은 언제나 처음에는 바보 취급을 받았고 끝까지 그런 취급을 받는 경우도 많다. _F. M. 도스토옙스키(1821~1881) 러시아 소설가

▶ 발명이 발명을 낳는다. _R. W. 에머슨(1803~1882) 미국 사상가, 시인

▶ 발명의 비결은 부단한 노력에 있다.

_I. 뉴턴(1642~1727) 영국 물리학자, 천문학자, 수학자

I. 뉴턴

▶ 인간은 단순히 발견할 따름이고, 결코 발명은 하지 못하며 할 능력도 없다. _K. 지브란(1883~1931) 미국 소설가, 화가, 시인

▶ 인간은 온갖 것을 발명할 수 있다. 단, 행복해지는 법은 예외다.

_나폴레옹 1세(1769~1821) 프랑스 황제

▶ 인간의 발명품 가운데 쟁기는 가장 오래되고 가장 유용한 것 가운데 하나다. 그러나 이미 지렁이가 땅속에서 쟁기의 역할을 해 왔

고 지금도 하고 있다. _C. R. 다윈(1809~1882) 영국 생물학자

*재갈 | 말을 부리기 위하여 아가리에 가로 물리는 가느다란 막대.

▶ 인류의 문명이 시작된 이래 가장 위대한 발명은 불, 바퀴, 그리고 중앙은행이다. _L. 더럴(1912~1990) 영국 시인, 극작가

▶ 인쇄술이 발명된 이후 권력은 지식을 자기 노예로 만들었다. _나폴레옹 1세(1769~1821) 프랑스 황제

▶ 최초의 발명자가 항상 영예를 짊어진다. _F. 엥겔스(1820~1895) 독일 경제학자, 철학자, 정치가 《잣나무와 잣》

▶ 필요는 발명의 어머니가 아니다. 발명은 한가로움 또는 게으름에서 나온다. _A. 크리스티(1890~1976) 영국 추리 소설 작가

▶ 필요는 주제이자 발명가고 대자연의 영원한 *재갈이자 법칙이다. _L. 다빈치(1452~1519) 이탈리아 화가, 건축가, 조각가

▶ 회의는 발명의 아버지다. _G. 갈릴레이(1564~1642) 이탈리아 천문학자, 물리학자

속담

▶ 발명과 완성이 동시에 이루어지는 것은 없다. _로마

▶ 타인의 발명에다 무엇을 덧붙이는 일은 쉽다. _서양

▶ 필요는 발명의 어머니다. _서양

키워드 정보 BOX

바퀴의 발명

바퀴살이 있는 바퀴는 원판 바퀴보다 가벼워서 조종이 쉽다.

세계에서 가장 오래된 바퀴는 기원전 3500년경의 것으로 메소포타미아 유적에서 발굴되었다. 이것은 통나무를 둥글게 잘라 만든 원판 바퀴다. 바퀴살이 있는 바퀴가 맨 처음 나타난 것은 기원전 2000년경의 북메소포타미아, 페르시아, 히타이트 등지에서이며, 기원전 1600년경에 힉소스인에 의해서 이집트로, 기원전 1500년경에는 크레타, 미케네 등지에도 전래되었다. 바퀴살이 있는 바퀴가 등장하면서 육상 교통이 급속히 발달했으며, 바퀴살의 수는 점점 많아졌다. 오늘날에는 고무바퀴, 고무타이어의 등장과 함께 바퀴는 비약적으로 발달하였다.

방법 方法

어떤 일을 해 나가거나 목적을 이루기 위하여 취하는 수단이나 방식.

명언 명문

▶ 남에게 칭찬을 받는 가장 좋은 방법은 칭찬받을 만한 일을 하는 것이다. _볼테르(1694~1778) 프랑스 사상가

▶ 내 방법 중 가장 중요한 것 하나는, 사상의 역사적인 전개를 현실의 순서와는 다른 형태에서 상상하는 방법이다. 그렇게 하면 문제는 아주 새로운 측면을 보여 준다.

_L. J. J. 비트겐슈타인(1889~1951) 영국 철학자

▶ 돈을 버는 방법이든 보존하는 방법이든 한 가지만 알면 부자가 될 수 있다. _L. A. 세네카(B.C. 4?~A.D. 65) 로마 철학자, 극작가

▶ 목적을 달성하기 위해서는 악마도 성서를 인용할 수가 있다.

_W. 셰익스피어(1564~1616) 영국 극작가, 시인

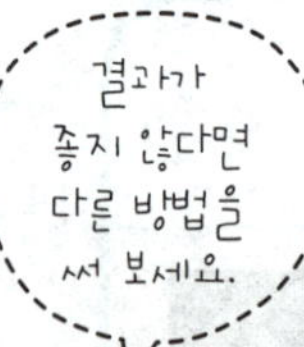

▶ 방법, 그것은 토양이다. 씨앗이 자연에 따라 발육하고 무성해지며 가장 잘 결실을 맺을 수 있는 여러 조건을 제공한다.

_C. 베르나르(1813~1878) 프랑스 생리학자

▶ 방법이 나쁘면 결과가 좋을 리 없다.

_W. 셰익스피어(1564~1616) 영국 극작가, 시인

W. 셰익스피어

▶ 사람들에게 결코 일의 방법을 지시하지 말고 할 일이 무엇인지만 지시하라. 그러면 그들이 창의력을 발휘하여 당신을 놀라게 만들 것이다. _G. S. 패턴(1885~1945) 미국 장군

▶ 사람은 제각기 자기의 기질이 있고, 자기만의 살아 나가는 방법이 있다. 한마디로 말하면 습관이란 것이다. 그러나 우리는 흔히 자기의 습관을 너무 고집하고 우기는 실수를 범한다. 사람의 생활이라는 것은 여러 가지 경우가 뒤엉키는 것이니, 꼭 한 가지 방법으

로만 살아 나간다는 것은 자연스러운 일이 아니다. 오직 하나의 방법에 구속을 당하고 있는 것은 한 자리에 놓인 물건이 움직이지 않고 그 자리에 있는 것과 같다. _M. E. 몽테뉴(1533~1592) 프랑스 사상가

- 지혜는 가장 좋은 방법으로 가장 좋은 목적을 추구하는 것이다. _F. 허치슨(1694~1746) 스코틀랜드 철학자
- 평생 동안 행복을 누리는 방법 가운데 가장 중요한 것은 친구들을 얻는 것이다. _에피쿠로스(B.C. 341~B.C. 270) 그리스 철학자
- 한 아름이나 반 아름이 되는 오동나무와 가래나무라도 사람이 기르려고만 하면 그 기르는 방법을 알게 된다. _맹자(B.C. 372~B.C. 289) 중국 전국 시대 추나라 사상가
- 학문하는 방법에는 끝이 있지만 학문 자체는 잠시도 버려서는 안 된다. _순자(B.C. 298?~B.C. 238?) 중국 전국 시대 조나라 사상가
- 행복해지는 방법은 다른 사람들을 행복하게 만드는 것이다. R. G. 잉거솔(1833~1899) 미국 정치가

속담

- 고양이 가죽을 벗기는 방법은 한 가지보다 많다. _서양
- 길로 가라니까 산으로 간다. (편하고 유리한 방법을 가르쳐 주었는데도 굳이 자기 고집대로만 함을 이르는 말) _한국
- 다리 없는 강은 건널 수 없다. (수단과 방법이 없으면 목적을 이룰 수 없다는 말) _일본
- 무엇인가 하고 싶은 사람은 방법을 찾아내고, 아무것도 하기 싫은 사람은 구실을 찾아낸다. _아라비아
- 문으로 나갈 수 없는 사람은 창문으로 나간다. _프랑스
- 쪽박을 쓰고 벼락을 피하랴. (어리석은 방법으로 난처한 상황을 벗어나려고 하는 경우를 비유적으로 이르는 말) _한국
- 푸석돌에 불난다. (잘 부서지는 푸석돌에 불이 날 리가 없으나 노력과 수단이 뛰어나면 가능하다는 뜻) _한국

지식 쑥쑥

한자 숙어

권모술수(權謀術數) 목적 달성을 위하여 수단과 방법을 가리지 아니하는 온갖 모략이나 술책.

이전투구(泥田鬪狗) 진흙탕에서 싸우는 개라는 뜻으로, 자기의 이익을 위해 수단과 방법을 가리지 않고 비열하게 다투는 것을 비유적으로 이르는 말.

법칙

法則

반드시 지켜야만 하는 규범.

명언 명문

*광증 | 정신에 이상이 생겨 일어나는 미친 증세.

▶ 개인의 *광증은 예외적인 것이다. 그러나 집단, 정당, 국가, 시대의 광증은 필연적인 법칙이다. _F. W. 니체(1844~1900) 독일 철학자, 시인

▶ 기도는 자칭 무가치한 인간이라고 고백하는 한 사람을 위해서 우주 전체의 법칙을 무효로 만들어 달라고 요청하는 것이다.
_A. G. 비어스(1842~1914) 미국 소설가, 신문 기자

▶ 나는 이 땅에 법칙과 정의를 확립했다. _〈함무라비 법전〉

▶ 나는 적어도 전쟁의 법칙에 의해 후퇴하는 법을 배운 적이 없는 사람치고서는 질서정연하게 루이지애나로 후퇴했다.
_M. 트웨인(1835~1910) 미국 소설가

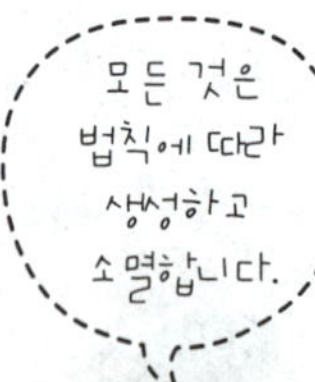

▶ 나의 머리 위에 있는 별이 가득한 하늘과 내 안에 있는 도덕의 법칙은 한없이 경이로운 것이다. _I. 칸트(1724~1804) 독일 철학자

▶ 노동은 삶의 법칙이자 가장 좋은 결실이다.
_D. 모리스(1928~) 영국 동물학자

▶ 노동은 행복의 법칙이다. _A. E. 스티븐슨(1900~1965) 미국 정치가

▶ 모든 것은 법칙에 따라 생성되고 소멸한다.
_J. W. 괴테(1749~1832) 독일 시인, 소설가, 극작가

J. W. 괴테

▶ 모든 수사학자들에게는 그의 도구에 이름을 붙이는 것 외에는 아무것도 가르치지 않는다는 법칙이 있다. _S. 버틀러(1612~1680) 영국 시인

▶ 모든 이상 따위는 버려라. 보편적 법칙이란 없다.
_D. H. 로렌스(1885~1930) 영국 소설가, 시인

▶ 법칙, 자연의 여러 법칙은 다른 것들과 마찬가지로 전적으로 그 대상에 달려 있다. _S. B. 베케트(1906~1989) 프랑스 극작가, 소설가

▶ 법칙을 위반하여 생명을 건지는 것보다는 법칙에 따라 죽는 편이 낫다. _몰리에르(1622~1673) 프랑스 극작가, 배우 《사랑의 의사》

▶ 부모에 대한 사랑은 자연의 제1법칙이다. _Q. 파비우스(B.C 275?~B.C. 203?) 로마 장군, 정치가

▶ 사람은 서로 도와야 한다. 그것은 자연의 법칙이다. _J. 라퐁텐(1621~1695) 프랑스 시인, 우화 작가

▶ 세상의 어떠한 것도 혼자가 아니며, 신의 법칙에 의해 모든 것은 한 영혼 속에서 만나고 섞인다. _P. B. 셸리(1792~1822) 영국 시인

▶ 이웃이 너의 울타리를 부술 때 법칙을 불러들여라. _R. 브라우닝(1812~1889) 영국 시인 《반지와 책》

▶ 인간을 법칙에 복종시킨다는 사상은 인간을 예속시키는 일이며, 신의 법칙에 따른다는 사상은 인간을 해방시키는 사상이다. _L. N. 톨스토이(1828~1910) 러시아 소설가, 사상가

▶ 인생은 영원한 현재의 전쟁터며, 그곳에서 과거와 미래가 끊임없이 싸우고 있다. 그리고 그 전쟁터에서는 낡은 법칙이 말살되고 새로운 법칙이 창조되며, 또 그 법칙도 그 속에서 파괴된다. _R. 롤랑(1866~1944) 프랑스 소설가, 사상가

▶ 인생의 법칙은 지혜 깊은 자에게도 이해되지 않는다. 그러나 그 사람이 그 법칙을 지켜 감에 따라서 차츰 확실하게 알게 될 것이다. 인생의 법칙은 범인에게도 이해된다. 그러나 그 사람이 그 법칙을 지키지 않음에 따라서 차츰 알 수 없게 될 것이다. _공자(B.C. 551~B.C. 479) 중국 춘추 시대 노나라 사상가

▶ 자기 보존은 자연의 제1법칙이다. _J. 버틀러(1692~1752) 영국 신학자

▶ 질서는 하늘의 제1법칙이다. _A. 포프(1688~1744) 영국 시인

속담

▶ 예외 없는 법칙은 없다. _영국

▶ 예외가 있다는 것은 곧 법칙이 있다는 증거다. _영국

▶ 자기를 보존하는 것은 대자연의 첫 번째 법칙이다. _서양

지식 쑥쑥

한자 숙어

금과옥조(金科玉條) 금이나 옥처럼 귀중히 여겨 꼭 지켜야 할 법칙이나 규정.

대경대법(大經大法) 공명정대한 큰 원리와 법칙.

자연과 과학

별

빛을 관측할 수 있는 천체 가운데 태양, 지구, 달을 제외한 천체.

명언 명문

▶ 너의 마차를 별을 향해 몰아라. _R. W. 에머슨(1803~1882) 미국 사상가, 시인

▶ 도시의 아이들같이 하얀 얼굴로 사방의 별들은 생각에 잠기고 있었다. _T. E. 흄(1883~1917) 영국 철학자, 평론가 《가을》

▶ 별들을 시험하지 마라. 너는 가혹한 운명과 장난할 수 없다. _J. 포드(1586~1639?) 영국 극작가

▶ 별빛이 배로 밝아진다면 우주는 영원히 암흑 속에 갇히게 되겠다. _J. W. 괴테(1749~1832) 독일 시인, 소설가, 극작가 《격언과 반성》

▶ 순결한 여인의 눈은 사랑의 진정한 별이다. _A. 테니슨(1809~1892) 영국 시인

▶ 어느 별에 대해 / 내 아는 모든 것은 / 이제는 붉은빛을 던지고 저제는 푸른빛을 던진다는 것뿐. _R. 브라우닝(1812~1889) 영국 시인 〈나의 별〉

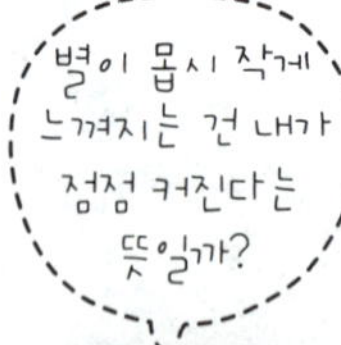

▶ 용기는 별을 향하여, 두려움은 죽음을 향하여 인도한다. _L. A. 세네카(B.C. 4?~A.D. 65) 로마 철학자, 극작가

▶ 우리는 모두 시궁창에 들어 있는데 그중 일부는 별들을 바라본다. _O. F. O. W. 와일드(1854~1900) 아일랜드 시인, 극작가

▶ 정의로운 사람들은 별처럼 빛날 것이다. _P. 베르길리우스(B.C. 70~B.C. 19) 로마 시인

▶ 조심스레 운반된 촛불 모양, 하나의 저녁별이 수줍은 듯이 떨며 조용히 반짝이기 시작한다. _I. S. 투르게네프(1818~1883) 러시아 소설가 《사냥꾼의 수기》

S. 달리

▶ 지상에서 별에 이르는 쉬운 길은 없다. _L. A. 세네카(B.C. 4?~A.D. 65) 로마 철학자, 극작가

▶ 천문학자들은 항상 과거를 가지고 일한다. 빛은 이동하는 데 시간이 걸리므로 그들이 보는 것은 현재의 별이 아니라 과거의 별이기 때문이다. _E. 하워드(1850~1928) 영국 도시 계획가

▶ 하늘에서 반짝이는 별을 쳐다보고 있으면 그것이 몹시도 작게 느껴진다. 그것은 내가 점점 커 가고 있는 것이 아니면 우주가 수축되고 있는 것이다. 그렇지도 않다면 이 둘의 동시적인 현상인 것이다. _S. 달리(1904~1989) 에스파냐 화가

속담

▶ 눈을 떠야 별을 보지. (일에는 순서가 있다는 말) _한국

▶ 별들은 대낮에 보이지 않는다. _서양

▶ 별을 따려면 모진 고생을 통해 노력해야 한다. _중국

▶ 지혜로운 사람은 별들을 지배할 것이다. _로마

▶ 태양에게 빛을, 하늘에게 별들을, 개구리에게 물을 빌려 준다. _로마

▶ 하늘의 별 따기. _한국

지식 쑥쑥

한자 숙어

진숙열장(辰宿列張) 별들은 각각 제자리가 있어서 하늘에 넓게 벌려져 있음.

키워드 정보 BOX

긴 꼬리를 가진 별, 핼리 혜성

혜성은 태양 주위를 타원으로 그리면서 도는 긴 꼬리를 가진 천체를 말한다. 혜성은 긴 꼬리를 가지고 있어서 '꼬리별'이라고 부르기도 하는데, 대표적인 혜성으로는 핼리 혜성이 있다. 길쭉한 궤도를 가진 핼리 혜성은 76.2년을 주기로 태양의 주위를 돌고 있으며, 핼리 혜성이라는 이름은 공전 주기와 다음 번 접근 시기를 예측한 영국의 천문학자 E. 핼리(1656~1742)의 이름을 따서 지어졌다. 혜성의 중심 지름은 불과 6킬로미터 정도지만, 코마(핵과 핵 주변의 대기)는 반지름이 약 1000만 킬로미터에 달한다. 핼리 혜성에 관한 가장 오래된 기록은 기원전 467년 중국 주나라 문서에 나타나 있다. 1910년에 이어 1986년에 나타난 핼리 혜성의 다음 접근 시기는 2062년이 될 것으로 예측하고 있다.

병 病

생물체의 전신이나 일부분에 이상이 생겨 정상적 활동이 이루어지지 않아 괴로움을 느끼게 되는 현상.

명언 명문

▶ 가끔 병드는 것이 건강한 것이다.

_H. D. 소로(1817~1862) 미국 사상가, 수필가

▶ 병들었을 때는 건강을, 건강할 때는 활동을 가장 중요시하라.

_F. 베이컨(1561~1626) 영국 정치가, 철학자

▶ 병에 걸리지 않기 위해 건강 관리를 잘한 덕분에 겨우 건강을 유지하고 있는 것은, 견디기 어려운 병을 앓고 있는 것과 같다.

_F. 라로슈푸코(1613~1680) 프랑스 작가

▶ 병은 우리들로 하여금 우리들의 우정을 잴 수 있게 하며, 건강의 가치와 쾌락을 알게 하여 위생과 보건에 기여할 수 있는 동기를 만들어 준다.

_A. 프랑스(1844~1924) 프랑스 작가

▶ 병은 정신적 행복의 한 형식이다. 병은 우리들의 욕망, 우리들의 불안에 확실한 한계를 설정하기 때문이다.

_A. 모루아(1885~1967) 프랑스 소설가, 평론가 《사랑의 풍토》

▶ 병이 너무 심하지 않고 또한 병이 나을 때까지 일하지 않아도 좋다면, 병에 걸리는 것은 인생의 가장 큰 즐거움이다.

_S. 버틀러(1835~1902) 영국 소설가

▶ 병이 신체의 장애더라도 마음에 두지 않는 한, 의지의 장애는 아니다.

_에픽테토스(55?~135?) 로마 철학자

▶ 병이나 이웃은 어떤 조직체를 가진 장애에 의해서만 자기의 실체를 드러낸다.

_R. M. 릴케(1875~1926) 독일 시인 《말테의 수기》

▶ 병자는 정상적인 사람보다도 자기 영혼에 한결 더 가까이 가는 사람이다.

_M. 프루스트(1871~1922) 프랑스 소설가

F. 베이컨

▶ 사람이 태연하게 죽어 가느냐, 혹은 맥없이 죽어 가느냐 하는 것은 죽음의 원인이 되는 병에 달려 있다.

_L. C. 보브나르그(1715~1747) 프랑스 도덕주의자, 수필가

▶ 세상에서 가장 비극적인 것은 병든 의사다.

_G. B. 쇼(1856~1950) 아일랜드 극작가, 평론가

▶ 알지 못하면서 안다고 하는 것은 병이다. 병을 병으로 알아야만 병이 되지 않는다. _노자(B.C. 604?~?) 중국 춘추 시대 초나라 사상가

▶ 양심의 마비라는 병은 온 세상의 모든 의사를 동원해도 고칠 수 없다. _W. E. 글래드스턴(1809~1898) 영국 정치가

▶ 육체의 질병은 정신적 질병으로 인한 증상에 불과하다.

_N. 호손(1804~1864) 미국 소설가

▶ 인류에게 닥치는 모든 질병과 불행의 강력한 치료약은 일이다.

_T. 칼라일(1795~1881) 영국 사상가, 역사가

▶ 인류에는 세 가지 큰 적이 있다. 즉, 열병과 기근과 전쟁이다. 이 세 가지 가운데 가장 크고 무서운 적은 열병이다.

_W. 오슬러(1849~1919) 영국 의학자

▶ 인생은 병이요, 세계는 병원이다. 그리고 죽음이 우리들의 의사인 것이다. _H. 하이네(1797~1856) 독일 시인

속담

▶ 긴병에 효자 없다. (무슨 일이든 시일이 너무 길어지면 정성이 소홀해질 수도 있다는 말) _한국

▶ 몸이 병들면 마음도 병든다. _독일

▶ 무병이 *장자다. (병을 앓으면 비용이 많이 드니 앓지 않고 사는 것이 곧 부자로 사는 것이라는 뜻) _한국

▶ 무슨 병인지 알면 절반은 나은 셈이다. _서양

▶ 병 주고 약 준다. (누군가를 해치거나 무슨 일을 방해하여 망쳐 놓고서 도와주는 체한다는 뜻으로, 교활하고 음흉한 사람의 행동을 비유적으로 이르는 말) _한국

▶ 병은 한 가지, 약은 천 가지. (한 가지 병에 많은 치료법이 있음을 이르는 말) _한국

*장자 | 큰 부자를 점잖게 이르는 말.

불

물질이 열이나 빛을 내면서 타는 현상이나 그때 생기는 열 · 빛 · 불꽃. 또는 어둠을 밝히는 빛.

명언 명문

*요마 | 요망하고 간사스러운 마귀.

▶ 꺼진 것같이 보이는 불은 재 밑에서 잠깐 잠자는 것에 불과한 경우가 종종 있다. _P. 코르네유(1606~1684) 프랑스 시인, 극작가

▶ 너의 원수 때문에 불을 뜨겁게 지피지 마라. 오히려 그 불이 너 자신을 태우리라. _W. 셰익스피어(1564~1616) 영국 극작가, 시인

▶ 닫혀져 있는 불이 가장 강하게 타는 것이다.

_W. 셰익스피어(1564~1616) 영국 극작가, 시인 《베로나의 신사》

▶ 무시해 버린 작은 불꽃이 큰 화재를 일으키는 경우가 많다.

_M. 카일리우스 루푸스(B.C 82~B.C 48) 로마 정치가

▶ 불에는 언제나 얼굴이 보인다. 노동자는 밤에 그것을 쳐다보며 하루 동안에 자기의 몸에 달라붙어 다닌 찌꺼기와 흙냄새로부터 자기의 생각을 순화하는 것이다. _H. D. 소로(1817~1862) 미국 사상가, 수필가

▶ 불은 금을, 역경은 강한 사람을 시험한다.

_L. A. 세네카(B.C. 4?~A.D. 65) 로마 철학자, 극작가

▶ 불은 딱딱하고 무거운 것보다 가볍고 우아한 것을 빨리 태운다.

_G. 보카치오(1313~1375) 이탈리아 소설가 《데카메론》

▶ 불은 밝지만 그 불을 밝게 만드는 것은 장작이다.

_이황(1501~1570) 조선 시대 문신, 유학자

▶ 불을 켜라. 나는 어둠 속에서 집으로 돌아가고 싶지는 않다.

_O. 헨리(1862~1910) 미국 소설가

▶ 불은 마치 피묻은 살을 맛있게 잘라 먹는 *요마의 혓바닥처럼 날름날름 집 한 채를 삽시간에 먹어 버리었다.

_나도향(1902~1927) 소설가 《벙어리 삼룡이》

L. A. 세네카

▶ 불은 햇빛이며 그것은 무한한 궤도 속에서 태양으로 돌아간다.

_K. 맨스필드(1888~1923) 영국 작가 《생명의 샘에서 흘러나오는 것》

▶ 사람들로 하여금 달리지 않을 수 없게 하는 것이 바로 불이며, 모든 것을 투명하게 보여 주는 것이 물입니다. 사람들은 불과 보조를 맞추기 위해서 달리고 얼음 속을 들여다보기 위해서 멈추어 섭니다.

_E. 카네티(1905~1994) 영국 작가 《말의 양심》

▶ 사람은 불로 꽉 들어찬 정신이다.

_W. 셰익스피어(1564~1616) 영국 극작가, 시인 《말괄량이 길들이기》

▶ 사람이란 태어나면서부터 불의 찬미자다.

_C. P. 보들레르(1821~1867) 프랑스 시인

▶ 양심은 하늘이 준 작은 불꽃이다. 그 불꽃이 너의 가슴에서 계속 타오르도록 노력하라.

_G. 워싱턴(1732~1799) 미국 초대 대통령

▶ 어떤 이는 세상은 불로 망한다고 주장하고, 또 다른 이는 얼음으로 망한다고 주장한다. 내가 맛본 욕망에 비추어 나는 불로 망한다는 사람들에게 동조한다.

_R. L. 프로스트(1874~1963) 미국 시인 《불과 얼음》

▶ 여러 가지 것으로부터 단 하나를 만드는 것, 그것은 순수하고 단순한 불이다.

_P. L. C. M. 클로델(1868~1955) 프랑스 외교관, 시인, 극작가

▶ 오래된 목초를 불 태우기는 힘들지만, 그 불을 끄는 것은 훨씬 힘들다.

_M. 세르반테스(1547~1616) 에스파냐 소설가

▶ *오만과 질투와 탐욕은 사람들의 마음을 태워 버리는 세 가지 불꽃이다.

_A. 단테(1265~1321) 이탈리아 시인

▶ 작은 불꽃에서 강한 불길이 나올 수 있다.

_A. 단테(1265~1321) 이탈리아 시인

▶ 작은 불씨 하나가 거대한 숲을 태우고, 말 한 마디 실수가 평생의 공덕을 무너뜨린다.

_고종(1107~1187) 중국 남송 초대 황제

▶ 작은 불은 밟아서 끌 수 있지만 그냥 내버려 두면 강물로도 끄지 못한다.

_W. 셰익스피어(1564~1616) 영국 극작가, 시인

*오만 | 태도나 행동이 건방지거나 거만함. 또는 그 태도나 행동.

속담

▶ 내 발등의 불을 꺼야 아들 발등의 불을 끈다. (사람이 급한 경우를 당하면 자기가 아무리 위하는 사람의 일이라도 자기에게 닥친 일

*노적가리 | 한데에 수북이 쌓아 둔 곡식 더미.

부터 먼저 한다는 말) _한국

▶ *노적가리에 불 지르고 낟알 주워 먹는다. (큰 것을 잃고 오히려 작은 것을 아끼는 사람을 비웃는 말) _한국

▶ 배는 물보다 불을 더 두려워한다. _서양

▶ 불난 끝은 있어도 물난 끝은 없다. (집에 불이 나면 못토막이라도 건질 수 있으나, 수재를 당해 한번 물에 씻겨 내려가 버리면 아무것도 남지 않는다는 말) _한국

▶ 불난 데 부채질한다. (화를 돋우어 더 화나게 한다는 뜻) _한국

▶ 불은 좋은 종이자 나쁜 주인이다. (불은 생활에 꼭 필요한 것으로 좋은 것이지만, 한편으로는 화재와 같이 불이 주인이 되는 경우에는 사람에게 해를 준다는 뜻) _영국

▶ 불이 없는 곳에는 연기도 없다. _서양

▶ 약한 불일지라도 따뜻하기만 하다면 거센 불에 화상을 입는 것보다 낫다. _영국

▶ 얼굴에 모닥불을 담아 부은 듯. (창피해서 얼굴이 화끈거림을 이르는 말) _한국

▶ 여름 불도 쬐다 나면 섭섭하다. _한국

▶ 작은 불도 큰 불꽃을 낼 때가 있다. _영국

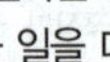

한자 숙어

구화투신(救火投薪) 불을 끄려고 장작을 던진다는 뜻으로, 급하게 행동하다가 일을 더욱 악화시킴.

키워드 정보 BOX

프로메테우스의 불

그리스 신화에 나오는 티탄 족의 영웅인 프로메테우스는 어떤 음식을 신에게 제물로 바칠 것인지를 결정하는 자리에 있었다. 그는 눈속임을 하여 제우스로 하여금 뼈와 기름 덩어리를 고르게 하고, 인간에게는 고기와 내장을 차지하게 했다. 또한 제우스가 감추어 놓았던 천상의 불을 인간에게 훔쳐다 주어 인간이 음식을 만들고 따뜻하게 지낼 수 있게 도와주었다. 그로 인해 제우스의 노여움을 산 프로메테우스는 코카서스의 바위에 묶여 날마다 독수리가 그의 간을 쪼는 고통을 받았다고 한다.

천상의 불을 훔치는 프로메테우스.

비

대기 중의 수증기가 높은 곳에서 찬 공기를 만나 식어서 엉기어 땅 위로 떨어지는 물방울.

명언 명문

▶ 끝없이 비가 온다. 지평은 달아난다. 비에 매맞는 이들의 언덕. 따분해 하는 숲을 싣고 이들 언덕의 행렬은 어디로 갈까?

_P. 포르(1872~1960) 프랑스 시인, 극작가 〈비〉

▶ 남편을 집 밖으로 나가게 만드는 것은 세 가지인데, 연기, 새어서 떨어지는 빗물, 그리고 고약한 아내다. _G. 초서(1342?~1400) 영국 시인

▶ 봄비는 독서에, 여름비는 장기 두기에, 가을비는 가방이나 다락방 정리에, 겨울비는 술 마시기에 좋다. _린위탕(1895~1976) 중국 작가

▶ 봄비는 보슬보슬 찬바람 스며들 제 / 뜬시름 못내 이겨 병풍을 기대 서니 / 담 위에 살구꽃 지며 갈길 몰라 하더라.

_허난설헌(1563~1589) 조선 시대 시인 〈봄비〉

▶ 비는 가장 큰 권위를 가지고 가장 좋은 기회를 줍니다. / 비는 해를 가리고 하늘을 가리고 세상 사람의 눈을 가립니다. / 그러나 비는 번개와 무지개를 가리지 않습니다.

_한용운(1879~1944) 승려, 시인, 독립운동가 〈비〉

▶ 비는 정의로운 사람에게도 불의한 자에게도 내린다. 그러나 불의한 자는 정의로운 사람의 우산을 뺏기 때문에 주로 정의로운 사람에게 내린다. _E. 보언(1899~1973) 아일랜드 소설가

▶ 비는 죽음이요, 탐욕이요, 욕심이다. 그러므로 궁전의 지붕을 잘 덮지 않아 비가 새면 들보와 기둥이 썩는 것처럼, 새는 비는 우리의 마음을 썩게 한다. _〈팔만대장경〉

▶ 빗방울은 힘이 아니라 자주 떨어짐으로써 돌에 구멍을 뚫는다.

_H. 래티머(1485?~1555) 영국 성직자, 종교 개혁자

*달무리 | 달 언저리에 둥그렇게 생기는 구름 같은 허연 테.

▶ 서양에서는 비 오는 날의 경치가 얼마나 아름다운지 잘 생각하지 않는 것 같습니다. 하지만 동양 사람들은 그런 미를 잘 감상한답니다. 논과 골짜기에 내리는 비의 묘한 모습뿐만 아니라 먼 산을 안개와 같은 비 속에서 보면 어떤 신비스러운 가치가 생기는 모양입니다. _R. 러트(1925~) 영국 성직자 《풍류한국》

▶ 시기 적절한 비는 산더미 같은 황금보다 더 가치가 있다.

_왕운(왕휘(1632~1717) / 운격(1633~1690) 중국 청나라 화가)

▶ 아직도 비가 쏟아지고 있다. 인간의 세계처럼 어둡게, 우리들의 상실처럼 검게. 아직도 비가 쏟아지고 있다.

_E. 시트웰(1887~1964) 영국 시인

속담

▶ 가랑비는 폭풍우가 가라앉는 증거. _영국

▶ 가랑비에 옷 젖는 줄 모른다. (아무리 사소한 것이라도 거듭되면 무시할 수 없을 정도가 된다는 말) _한국

▶ 개미 떼가 행렬을 하면 비가 온다. _한국

▶ *달무리한 지 사흘이면 비가 온다. (비가 오려고 하면 높은 구름이 하늘을 덮고 달무리가 나타나므로 머지 않아 비가 올 가능성이 있다는 뜻) _한국

▶ 비가 올 때는 모든 사람 위에 똑같이 비가 내린다. _인도

▶ 비는 한 지붕 위에만 내리지는 않는다. _카메룬

▶ 비 오는 것은 밥 짓는 부엌에서 먼저 안다. (비가 오려고 하면 아궁이에 불이 잘 안 붙으므로 부엌의 아낙네들이 비 오는 것을 먼저 알게 된다는 말) _한국

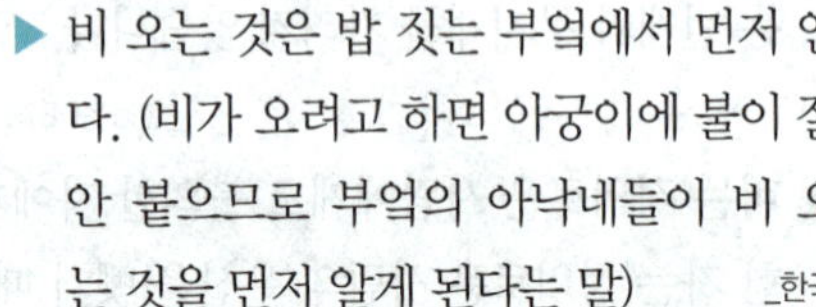

▶ 비 오는 날 나막신 찾듯 한다. (필요한 물건을 간절히 찾는다는 뜻) _한국

▶ 비 오는 날 머리를 감으면 큰일이 있을 때 비가 온다. (비 오는 날에는 머리를 감지 말라는 뜻) _한국

▶ 여름비는 잠비, 가을비는 떡비. _한국

한자 숙어

고우(膏雨) 농작물이 잘 자라게 제때에 내리는 비.

광풍대우(狂風大雨) 매우 세차게 부는 바람과 큰 비.

구한감우(久旱甘雨) 오랫동안 가물이 계속되다가 내리는 단비.

동풍세우(東風細雨) 봄바람이 불고 가랑비가 내림.

시신경을 자극하여 물체를 볼 수 있게 하는 일종의 전자기파. 태양이나 고온의 물질에서 발한다.

명언 명문

- 가장 고귀한 것은 감미로움과 빛이다. _J. 스위프트(1667~1745) 영국 소설가
- 공중에 빛이 있으나 그것은 정말 빛이 아니다. / 태양은 빛이 아니다. / 사람의 얼굴에 비로소 / 빛이 웃음으로 나는 것이다.
  _F. 베르펠(1890~1945) 독일 시인, 극작가 〈웃음쳐 걸음〉
- 모든 예술은 형제며 서로 빛을 비추어 준다.
  _볼테르(1694~1778) 프랑스 사상가
- 백 개의 별빛은 하나의 달빛만 못하다. _《회남자》
- 빛보다는 어둠이 숭고한 사상을 더 많이 만들어 낸다.
  _E. 버크(1729~1797) 영국 정치가, 사상가
- 빛은 비록 더러운 곳을 통과해도 더러워지지 않는다.
  _A. 아우구스티누스(354~430) 로마 신학자, 성인
- 빛이 가려지지 않도록 해 주시오, 알렉산더 대왕!
  _디오게네스(B.C. 412?~B.C. 323?) 그리스 철학자
- 빛이 많이 비치는 곳에는 그림자가 짙다.
  _J. W. 괴테(1749~1832) 독일 시인, 소설가, 극작가
- 빛이여 이 내 빛 세상을 채우는 빛 / 눈에 입 맞추는 빛 / 마음을 부드럽게 해 주는 빛이여! 아, 빛은 춤을 춥니다. 사랑하는 사람아 / 이 내 목숨 한가운데에 빛은 울립니다. 사랑하는 사람이여 이 내 사랑의 거문고 줄을. _R. 타고르(1861~1941) 인도 시인, 사상가
- 사람은 공기와 함께 빛을 마신다. 그렇기 때문에 밤에 일하는 것이 건강에 해롭다는 말은 옳은 말이다.
  _C. P. 보들레르(1821~1867) 프랑스 시인

J. W. 괴테

▶ 삶 자체는 죽음의 그림자고, 영혼들은 살아 있는 사람들의 그림자며, 빛은 하느님의 그림자일 뿐이다. _T. E. 브라운(1830~1897) 영국 시인

▶ 푸른 숲과 형제 같은 팔들 저 너머 / 막연한 시간의 따사한 빛이 존재한다. _P. 발레리(1871~1945) 프랑스 시인, 사상가, 평론가

▶ 하느님은 최초에 감각의 빛을, 마지막에 이성의 빛을 창조했다. _F. 베이컨(1561~1626) 영국 정치가, 철학자

한자 숙어

단가마이 불가탈기적(丹可磨而不可奪其赤) 단사(광물의 일종)를 갈아서 그 모양을 바꿀 수는 있지만 빛깔마저 빼앗을 수는 없다는 말.

수색가찬(秀色可餐) 빛의 아름다움을 이르는 말.

속담

▶ 달이 태양으로부터 빛을 얻는 것처럼 아내는 남편에 의하여 빛을 얻는다. _덴마크

▶ 모든 빛에는 그림자가 따른다. _서양

▶ 모든 빛이 태양인 것은 아니다. _영국

▶ 작은 불꽃이 어둠 속에서는 밝게 빛난다. _프랑스

▶ 횃불은 빛을 많이 낼수록 버티는 시간이 줄어든다. _서양

키워드 정보 BOX

빛을 운반하는 광섬유

광섬유는 빛이 전반사되는 성질을 이용한다.

광섬유란 소리나 데이터 등의 전기 신호를 레이저 광선으로 바꾸어 정보를 전달할 때 빛의 통로로 쓰이는 유리 섬유를 말하며, 광학 섬유라고도 한다. 똑바로 나아가던 빛은 성질이 다른 물질을 만나게 되면 경계면에서 꺾이는데, 이것을 굴절이라 한다. 빛은 특정한 각도에서 빛을 모두 반사하는데, 광섬유는 이런 원리를 이용한 것이다. 광섬유는 외부의 전자파에 의한 간섭이나 혼신이 없어 구리선보다 전송 속도가 빠르고, 좁은 공간에 많은 선을 설치할 수 있으며, 도청이 힘들다는 장점이 있다. 하지만 고장이 났을 때 어디가 고장이 났는지 찾아내기가 힘들다는 단점도 있다. 흔히 말하는 광케이블이란 광섬유를 묶어 굵은 줄로 만든 것을 말한다.

뿌리

식물의 밑동으로서 보통 땅속에 묻히거나 다른 물체에 박혀 수분과 양분을 빨아올리고 줄기를 지탱하는 작용을 하는 기관.

명언 명문

▶ 견고한 기초 위에 훌륭한 건설이 있고, 튼튼한 뿌리 위에 좋은 꽃과 열매가 있다. _안창호(1878~1938) 독립운동가, 교육자

▶ 미덕과 정직의 샘과 뿌리는 훌륭한 교육에 있다. _플루타르코스(46?~120?) 그리스 철학자, 작가 《플루타르크 영웅전》

▶ 뿌리 깊은 나무는 바람에 움직이지 않아 꽃 피고 열매를 많이 맺는다. _《용비어천가》

▶ 뿌리가 깊어야 나무가 자라고 나무가 자라야 열매를 맺는다. _강태공(?~?) 중국 주나라 정치가

▶ 아무리 높은 소나무도 뿌리가 썩으면 위에 있는 솔잎이 시든다. _《여씨춘추》

속담

▶ 똑바른 나무가 굽은 뿌리를 가지고 있다. _영국

▶ 뿌리 깊은 나무는 가뭄을 타지 않는다. (무엇이나 그 근본이 깊고 튼튼하면 어떤 시련도 오래 견딜 수 있다는 말) _한국

▶ 뿌리 없는 나무가 없다. (무엇이나 그 근본이 있다는 말) _한국

▶ 뿌리 없는 나무에 잎이 필까? (원인이 없이는 결과가 있을 수 없다는 말) _한국

▶ 풀을 없애려면 뿌리를 뽑아야 한다. _한국

한자 숙어

반근착절(盤根錯節) 구부러진 나무 뿌리와 얼크러진 나무의 마디라는 뜻으로, 복잡하게 얽혀서 해결하기가 매우 어려운 일을 뜻함.

관용어

뿌리가 깊다 _ 어떤 일이나 사물의 연유하는 바가 오래다.

뿌리가 빠지다 _ 근원까지 모두 없어져 아무것도 남은 것이 없게 되다.

뿌리를 뽑다 _ 어떤 것이 생겨나고 자랄 수 있는 근원을 없애 버리다.

사물

일과 물건. 물질 세계에 있는 모든 구체적이며 개별적인 존재를 통틀어 이르는 말.

명언 명문

*삿대 | 배를 댈 때나 띄울 때 쓰는 긴 막대.

▶ 광대한 우주에 비하면 사물은 크지도 않고 작지도 않다. 사물의 크고 작음은 단지 인간의 생각에 지나지 않는다.

_A. 프랑스(1844~1924) 프랑스 작가

▶ 꼿꼿한 *삿대는 물속에서 굽어 보인다. 사물은 본다는 것보다도 어떻게 보느냐가 문제다. _M. E. 몽테뉴(1533~1592) 프랑스 사상가

▶ 로마인들과 그리스인들은 모든 사물을 인간적인 것으로 보았다. 모든 사물이 사람의 얼굴과 목소리를 가지고 있다고 본 것이다.

_D. H. 로렌스(1885~1930) 영국 소설가, 시인

▶ 모든 사물은 고유한 운명의 끈으로 서로 묶여 있다.

_T. 루크레티우스(B.C. 94?~B.C. 55?) 로마 시인, 철학자

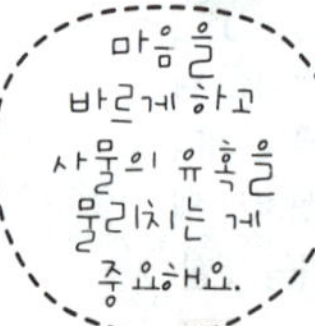

이이

▶ 몸과 마음을 수양하려면 반드시 마음을 바르게 하고 외부로부터 오는 사물의 유혹을 물리쳐야 한다. _이이(1536~1584) 조선 시대 문신, 학자

▶ 배우는 사람은 본심을 밝고 투명하게 닦고 가슴속을 찬란하게 비춰야 하며, 사물을 대할 때마다 마음에 깨닫는 바가 있어야 한다.

_《채근담》

▶ 사물들은 각기 자기 방식으로 발전한다. 그리고 모든 사물들은 자연의 변하지 않는 질서로 세워진 차이를 보존한다.

_T. 루크레티우스(B.C. 94?~B.C. 55?) 로마 시인, 철학자

▶ 사물들은 겉으로 보이는 것이 전부다. 그 뒤에는 아무것도 없다.

_J. P. 사르트르(1905~1980) 프랑스 소설가, 철학자

▶ 사물들은 변하지 않고 우리가 변한다.

_H. D. 소로(1817~1862) 미국 사상가, 수필가

▶ 사물에는 본래 좋고 나쁜 것이 없다. 오직 우리가 생각하기에 따라 좋고 나쁜 것이 구분되는 것이다.

_W. 셰익스피어(1564~1616) 영국 극작가, 시인

▶ 사물에도 인간처럼 법칙이 있다. 그러나 사물은 자신들의 법칙에 공포를 느끼지 않는다. _R. W. 에머슨(1803~1882) 미국 사상가, 시인 《수상록》

▶ 사물에서 멀리 떨어지기 위해서는 사물을 보지 않는 맹목성이 필요하다. _E. 카네티(1905~1994) 영국 작가

▶ 사물은 항상 겉보기와 일치하는 것은 아니다.

_G. J. 파이드루스(B.C. 15~A.D. 50) 로마 우화 시인

▶ 사물은 사람이 부여하는 가치밖에 없다.

_몰리에르(1622~1673) 프랑스 극작가, 배우

▶ 사물은 있는 그대로인 것이 아니라 겉으로 보이는 그대로이다.

_B. 그라시안이모랄레스(1601~1658) 에스파냐 작가

▶ 세상에 절대적 가치란 없다. 사람은 사물이 자기에게 지니는 가치를 평가할 뿐이다. _C. D. 워너(1829~1900) 미국 수필가, 소설가, 편집자

▶ 신은 위대한 사물을 만든 위대한 직공이며, 마찬가지로 작은 사물을 만든 위대한 직공이다. _A. 아우구스티누스(354~430) 로마 신학자, 성인

▶ 어떠한 사물도 *내재적 가치는 없다. 사물의 가치는 사람들이 부여하는 것이다. _J. 바스(1930~) 미국 소설가

*내재적 | 어떤 현상이 안에 존재하는. 또는 그런 것.

▶ 어떠한 사물에도 해결하기 어려운 것이 있는 법이다. 우리는 그것을 운명이니 영감이니 성격이니 하고 이름 짓고 있다. 그러나 어떠한 경우에도 나머지가 없이 인간의 행동을 분석할 수 있다고 믿고 있는 사람은 자신도 모르고 다른 사람도 모르는 무리이다.

_F. M. 뮐러(1823~1900) 영국 언어학자 《독일인의 사랑》

▶ 이 모든 사물은 인위적이다. 왜냐하면 자연은 신의 예술 작품이기 때문이다. _T. E. 브라운(1830~1897) 영국 시인

▶ 인간의 눈초리에는 사물에 가치를 부여하는 성질이 있다. 물론 그러할 경우 사물은 더욱더 값이 비싸진다.

_L. J. J. 비트겐슈타인(1889~1951) 영국 철학자

▶ 잠자는 영혼은 죽은 것이 아니며, 사물은 눈에 보이는 것과는 다르다. _H. W. 롱펠로(1807~1882) 미국 시인 《인생 예찬》

산 山

평지보다 높이 솟아 있는 땅의 부분.

명언 명문

▶ 강물이 푸를수록 물새는 더욱 희고 산이 푸를수록 꽃은 더욱 붉게 타는 듯하다. _두보(712~770) 중국 당나라 시인

▶ 높은 산맥은 정서다. 그러나 인간 도시의 소음은 고통이다. _G. G. 바이런(1788~1824) 영국 시인

▶ 높은 산에 올라가지 않으면 하늘이 높은 줄 모른다. _순자(B.C. 298?~B.C. 238?) 중국 전국 시대 조나라 사상가

▶ 마음의 초조함을 달래려면 아름다운 경치를 보거나 산을 오르라. _R. W. 에머슨(1803~1882) 미국 사상가, 시인

▶ 산, 그것은 너무나도 비인격적이며 너무나도 초연한 모습을 하고 있었으므로 그 고요함에 도리어 위협을 느꼈다. _J. E. 스타인벡(1902~1968) 미국 소설가 《빨간 망아지》

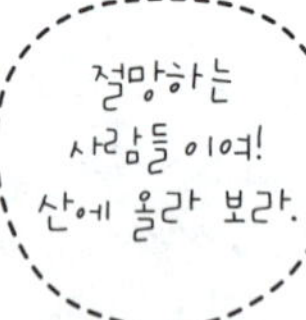

▶ 산 속에 묻혀 사는 즐거움을 말하는 사람은 산 속에서 사는 참맛을 깨닫지 못한 것이다. _《채근담》

▶ 산들은 음악의 소리로, 그것들이 천년 동안 불러온 노래들로 살아 있다. _O. 해머스타인(1895~1960) 미국 작사가

▶ 산은 모든 자연 풍경의 시작이자 끝이다. _J. 러스킨(1819~1900) 영국 미술 평론가

▶ 산은 반드시 올라오는 자에게만 정복당한다는 것을 잊지 마라. _알랭(1868~1951) 프랑스 철학자, 평론가

▶ 산은 지구의 부패하지 않은 기념물이다. _N. 호손(1804~1864) 미국 소설가

▶ 산을 오른 적이 없는 사람에게는 지구가 절망적인 모습으로 보일 것이다. _R. 타고르(1861~1941) 인도 시인, 사상가

R. 타고르

▶ 산이 높을수록 그림자가 더 길다.

_P. 베르길리우스(B.C. 70~B.C. 19) 로마 시인

▶ 지구상의 산들은 천연의 대사원이다. 참된 종교는 거의 이 산 속에서 이루어졌다. 들판이나 늪에서 사는 승려 또는 *은자들은 아무리 그 생활이 청빈하고 주거가 검소할지라도 산에서 사는 목자와 은자들의 경지를 따를 수 없다. _J. 러스킨(1819~1900) 영국 미술 평론가

▶ 학의 다리를 잘라서 오리 다리에 붙이거나 산을 깎아서 골짜기를 메워야만 평등이 되는 것은 아니다. _경한(1299~1374) 고려 시대 승려

*은자 | 산야에 묻혀 숨어 사는 사람. 또는 벼슬을 하지 아니하고 숨어 사는 사람.

속담

▶ 가자니 태산이요, 돌아서자니 숭산이라. (앞에도 높은 산이고 뒤에도 높은 산이라는 뜻으로, 이러지도 저러지도 못하는 난처한 입장을 비유적으로 이르는 말) _한국

▶ 세곡에 머물러 있으면 결코 산을 넘지 못한다. _영국

▶ 깊은 산에서 목마르다고 하면 호랑이를 본다. (물을 찾기 어려운 깊은 산에서는 목이 마르더라도 참으라는 말) _한국

▶ 높은 산에 올라가 보지 않은 사람은 평야를 알지 못한다. _중국

▶ 산 좋고 물 좋고 정자 좋은 데 없다. (자연의 경치와 인공의 운치가 모두 갖추어진 데는 없다는 말) _한국

▶ 산과 산은 섞이지 않는다. _로마

▶ 산보다 골이 더 크다. (주된 것보다 거기에 딸린 부분이 더 크다는 뜻으로, 사리에 맞지 않음을 이르는 말) _한국

▶ 산에 가야 범을 잡지. _한국

▶ 산에서 물고기 잡기. (도저히 불가능한 일을 하려고 애쓰는 어리석음을 비유적으로 이르는 말) _한국

▶ 산은 오를수록 높고 물은 건널수록 깊다. _한국

▶ 산이 깊어야 범이 있다. (사람은 덕망이 있어야 남이 따르게 됨을 비유적으로 이르는 말) _한국

▶ 산이 있으면 계곡이 있게 마련이다. _서양

지식 쑥쑥

한자 숙어

만학천봉(萬壑千峰) 여러 겹의 골짜기와 많은 산봉우리.

태산준령(泰山峻嶺) 큰 산과 험한 고개.

생명

生命

사람이 살아서 숨 쉬고 활동할 수 있게 하는 힘. 또는 동물과 식물이 생물로서 살아 있게 하는 힘.

명언 명문

▶ 나는 나무에서 잎사귀 하나라도 의미 없이 따지는 않는다. 한 송이 들꽃도 꺾지 않는다. 벌레도 밟지 않도록 조심한다. 여름밤 램프 밑에서 일할 때 많은 벌레가 날개가 타서 책상 위에 떨어지는 것을 보는 것보다는 차라리 창문을 닫고 무더운 공기를 호흡한다.

_A. 슈바이처(1875~1965) 독일 신학자, 철학자, 의사

▶ 내가 추구하는 것은 평화가 아니라 생명이다.

_R. 롤랑(1866~1944) 프랑스 소설가, 사상가

▶ 말은 거두어들일 수 있지만 생명은 도로 찾아낼 수 없다.

_L. N. 톨스토이(1828~1910) 러시아 소설가, 사상가

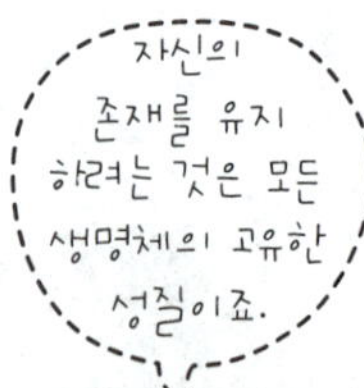

▶ 모든 생명은 채찍을 두려워한다. 모든 생명은 죽음을 무서워한다. 자기 생명에 이것을 견주어 남을 죽이거나 죽이게 하지 마라.

_《법구경》

▶ 사람들이 자기 생명만큼 오래 보존하고 싶어 하는 것도 없지만, 이것만큼 소중하게 다루지 않는 것도 없다.

_J. 라브뤼예르(1645~1696) 프랑스 작가

E. 프롬

▶ 사람의 목숨은 나무에 돋아난 나뭇잎과 같다. _호메로스(?~?) 그리스 시인

▶ 사람이 온 세상을 얻는다 해도 제 목숨을 잃으면 무슨 소용 있겠느냐? 사람의 목숨을 무엇과 바꾸겠느냐? _《성경》

▶ 생명만이 신성하다. 생명에 대한 사랑이 최고의 미덕이다.

_R. 롤랑(1866~1944) 프랑스 소설가, 사상가

▶ 생명은 기다려 주지 않는다. 생명은 되돌아오지도 않는다.

_G. 바슐라르(1884~1962) 프랑스 철학자

▶ 생명은 자연의 가장 아름다운 발명이며 죽음은 더 많은 생명을 얻기 위한 자연의 기교다. _J. W. 괴테(1749~1832) 독일 시인, 소설가, 극작가

▶ 생명은 황금으로도 살 수 없다. _호메로스(?~?) 그리스 시인

▶ 생명을 구해 주는 건 한 발을 내딛는 것일세. 그리고 또 한 걸음 언제나 같은 발걸음을 다시 시작하는 것일세.

_A. M. R. 생텍쥐페리(1900~1944) 프랑스 소설가, 비행사 《인간의 대지》

▶ 생명을 잃는다는 것은 아무것도 아니다. 나라도 필요한 경우 생명을 버릴 만한 용기는 있다. 그러나 이 생명의 의미가 없어지며 우리들의 생존의 이유가 소멸하는 것을 본다는 것은 참을 수 없다. 인간은 이유가 없이 살아갈 수는 없다.

_A. 카뮈(1913~1960) 프랑스 소설가, 극작가 《칼리굴라》

▶ 생명이 가장 강하다는 것, 이것은 진실이지만 동시에 모든 비열한 것의 근원이기도 하다. 이를 깊이 생각하여야 한다.

_A. 카뮈(1913~1960) 프랑스 소설가, 극작가 《비망록》

▶ 생명이 있는 한 희망도 있다. 죽고 난 뒤에는 아무것도 바랄 수가 없다. _데모크리토스(B.C. 460?~B.C. 370?) 그리스 철학자

▶ 성장은 유일한 생명의 증거이다. _J. H. 뉴먼(1801~1890) 영국 신학자

▶ 우리는 생명의 비밀을 발견했다. _F. H. C. 크릭(1916~2004) 영국 생물학자

▶ 우리들은 항상 생명이 짧음을 한탄하면서, 마치 생명이 다할 때가 없는 것처럼 날뛴다. _L. A. 세네카(B.C. 4?~A.D. 65) 로마 철학자, 극작가

▶ 우주 만물은 생명의 존재다. _A. J. 토인비(1889~1975) 영국 역사가, 문명 비평가

▶ 자기 목숨을 바칠 가치가 있는 대상을 찾지 못한 사람은 생명의 참된 가치를 모른다. _M. L. 킹(1929~1968) 미국 목사, 흑인 해방 운동가

▶ 자기 존재를 유지하려고 하는 것은 모든 생명체가 지닌 고유한 성질이다. _E. 프롬(1900~1980) 독일 정신 분석학자, 사회학자 《인간의 마음》

▶ 추위에 떨어 본 사람일수록 햇볕의 따스함을 강하게 느낀다. 인생의 고통을 겪은 사람일수록 생명의 존귀함을 안다.

_W. 휘트먼(1819~1892) 미국 시인

속담

▶ 따라지목숨. (남에게 매여 제 마음대로 활동할 수 없는 부자유한

형편을 이르는 말) _한국

▶ 사람의 생명 하나를 구해 주는 것은 7층탑을 세우는 것보다 값어치 있는 일이다. _중국

▶ 사람의 생명은 바람 속의 촛불과도 같다. _중국

▶ 생명보다는 차라리 다리 하나를 잃어라. _서양

▶ 생명은 소멸하는 것. (생명이 있는 것은 모두 죽는다는 말) _서양

▶ 생명은 하느님이 만드는 것. _자이르

▶ 생명이 없으면 잘못도 없다. _영국

▶ 시간을 가진 자는 생명을 유지한다. _프랑스

▶ 실낱 같은 목숨. (언제 죽을지도 모르는 가냘픈 목숨이라는 뜻) _한국

▶ 편안하고 고요한 마음과 사랑하는 아내, 이 두 가지가 그대의 생명을 길게 한다. _영국

▶ 파리 목숨 같다. (인생은 덧없고 생명이 보잘것없음을 뜻하는 말) _한국

지식 쑥쑥

한자 숙어

명재경각(命在頃刻) 거의 죽게 되어 생명이 위태로운 지경에 이름.

생령유한(生靈有限) 생명에는 한계가 있음.

어유부중(魚遊釜中) 물고기가 솥 안에서 노닌다는 뜻으로, 지금은 살아 있기는 해도 생명이 얼마 남지 않았음을 이르는 말.

키워드 정보 BOX

생명 공학이 미래를 바꾼다!

생명 공학은 자연 과학의 생물학 지식을 이용해서 인간의 삶에 도움이 되는 생물이나 제품 등을 만들어 내는 학문이다. 생명 공학의 발전으로 우리는 맛있는 음식을 보다 값싸고 쉽게 얻을 수 있으며, 불치병이나 유전병의 예방과 치료가 가능해져서 인간의 수명이 연장되기도 하였다. 당뇨병의 특효약인 인슐린도 생명 공학이 이룬 위대한 업적 중 하나다. 생명 공학은 의학뿐 아니라 화학, 환경, 식품, 전자, 에너지, 섬유 등 다양한 분야에서 연구가 진행되고 있다.

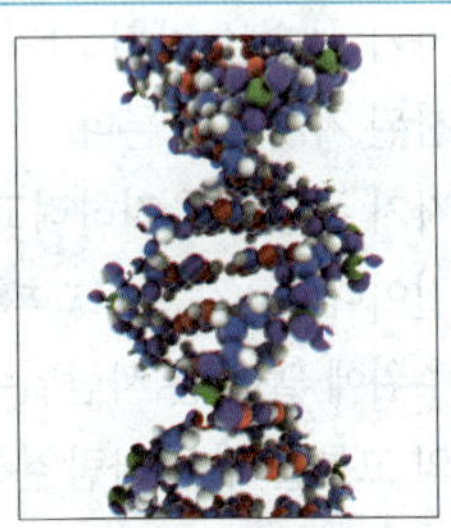

유전자를 인위적으로 조작하여 새로운 생명체를 탄생시킬 수도 있다. 사진은 유전자 모형.

소리

물체의 진동에 의하여 생긴 음파가 귀청을 울리어 귀에 들리는 것.

명언 명문

▶ 같은 종류끼리 어울리고 같은 소리끼리 호응하는 것은 자연의 이치다. _장자(B.C. 369?~B.C. 289?) 중국 전국 시대 송나라 사상가

▶ 물이 흘러도 그 주변에서는 소리가 없으니 시끄러운 곳에서 고요한 멋을 얻는다. _《채근담》

▶ 우리의 내부에는 늘 두 가지의 소리가 있다. 하나는 마음에서 나오는 소리, 다른 하나는 육체에서 나오는 소리다. 양심은 마음에서 나오는 소리이며, 정욕은 육체에서 나오는 소리이다. 육체의 소리는 쾌락을 찾고, 마음의 소리는 의무를 찾는다.

_J. J. 루소(1712~1778) 프랑스 작가, 사상가

▶ 인류 역사에서 가장 끈질기게 들리는 소리는 전쟁의 북소리다.

_A. 커스틀러(1905~1983) 영국 작가

▶ 자연의 가장 큰 소리는 침묵이다. _A. 코스텔라네츠(1901~1980) 미국 지휘자

장자

속담

▶ 가득 찬 그릇은 소리가 없다. _독일

▶ 개구리 소리도 들을 탓. (시끄럽게 우는 개구리 소리도 듣기에 따라 좋게도 들리고 나쁘게도 들린다는 뜻) _한국

▶ 내용이 없으면 아무리 멋있는 소리도 가치가 없다. _몽골

▶ 듣지 않는 솜틀은 소리만 요란하다. (어리석고 못난 사람일수록 잘난 체하고 나선다는 말) _한국

▶ 바이올린은 오래된 것일수록 소리가 감미롭다. _영국

▶ 소리 없는 벌레가 벽을 뚫는다. _한국

수 數

셀 수 있는 사물을 세어서 나타낸 값.

명언 명문

*벼리 | 그물의 위쪽 코를 꿰어 놓는 줄.

▶ 거기에서 나의 정신은 언제나 갑작스럽게 생긴 심한 현기증으로 허무를 느끼지 못하는 것을 부러워했다. 아! 수와 존재에서 어떻게 해서든 벗어날 수는 없을까? _C. P. 보들레르(1821~1867) 프랑스 시인

▶ 수가 많다고 강한 것은 아니다. _《손자병법》

▶ 수는 원래 대단히 다른 공간과 서로 닮았다. _B. 파스칼(1623~1662) 프랑스 사상가, 수학자, 물리학자 《팡세》

▶ 숫자들은 유일한 세계 언어다. _N. 웨스트(1903~1940) 미국 소설가

▶ 스파르타 인들은 적의 수효가 아니라 위치를 알려고 한다. _아기스 2세(?~B.C. 399?) 스파르타 왕

▶ 신은 기본 숫자들을 만들었고 그 이외에는 모두 인간이 만들어 낸 것이다. _L. 크로네커(1823~1891) 독일 수학자

▶ 아무리 큰 수도 하나부터 시작한다. _《태평어람》

한자 숙어

거만(鉅萬) 수가 매우 많음.
구충기수(苟充其數) 질은 따지지 않고 다만 수만 채움.
부지기수(不知其數) 너무 많아서 그 수효를 알 수가 없음.
비일비재(非一非再) 같은 현상이나 일이 한두 번이 아니고 많음.
영성(零星) 수효가 적어서 보잘것없음.

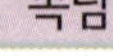

속담

▶ 그물이 삼천 코라도 *벼리가 으뜸. (사람이나 물건이 아무리 수가 많아도 주장되는 것이 없으면 소용없다는 뜻) _한국

▶ 숫자로 표시되는 사람은 사람이 아니다. _로마

▶ 숫자는 가공적인 것에 불과하다. _서양

▶ 수일, 수주, 수년으로서 일세기의 변화는 이루어졌다. _서양

數學 수학

수량 및 공간의 성질에 관하여 연구하는 학문. 대수학, 기하학, 해석학 및 이를 응용하는 학문을 통틀어 이르는 말.

명언 명문

- 기하학에는 조그만 실수가 거리를 아주 길게 늘여 놓기도 하고, 건물의 기초를 허약하게 만들기도 하며, 다리를 위험하게 만들기도 한다. 그러나 수학상의 착오가 도덕적 격언들에 의해 고쳐질 수는 없다. _R. 타고르(1861~1941) 인도 시인, 사상가
- 기하학적 진리는 우리에게 기쁨의 *정념이라든가 희망을 안겨 주지 않는다. _아리스토텔레스(B.C. 384~B.C. 322) 그리스 철학자
- 그리스의 기하학은 부패할 줄 모르는 모형이었으며, 완전한 상태를 노리는 모든 지식의 모범으로 삼을 만한 것이었다. 뿐만 아니라, 유럽 지성의 가장 전형적 성질을 표시해 주는 비할 데 없는 모형이기도 했다. 나는 고전 예술을 생각할 때 어쩔 수 없이 그 모범으로서 항상 그리스의 기하학이라는 불멸의 기념탑을 들 수밖에 없다. _P. 발레리(1871~1945) 프랑스 시인, 사상가, 평론가
- 내가 수학을 좋아하는 이유는 그것이 인간적인 것도 아니고 이 지구나 우연한 우주 전체와도 전혀 무관한 것이기 때문이다. _B. A. W. 러셀(1872~1970) 영국 철학자, 수학자
- 모든 학문에 수학이 필요하다. _F. 베이컨(1561~1626) 영국 정치가, 철학자
- 수학 공부는 나일 강 강물처럼 미세한 것에서 시작하여 엄청난 것으로 끝난다. _C. C. 콜턴(1780~1832) 영국 작가, 성직자
- 수학은 우리가 무엇을 말하는지도 모르고 우리가 말하는 것이 옳은지도 모르는 그런 분야다. _B. A. W. 러셀(1872~1970) 영국 철학자, 수학자
- 수학은 위선과 모호함을 받아들이지 않는다. _스탕달(1783~1842) 프랑스 소설가

*정념 | 감정에 따라 일어나는, 억누르기 어려운 생각.

F. 베이컨

*형이상학 | 사물의 본질이나 존재의 근본 원리를 탐구하는 학문.

▶ 수학은 진리뿐만 아니라 최고의 아름다움을 지니고 있다.

_B. A. W. 러셀(1872~1970) 영국 철학자, 수학자

▶ 수학은 학문의 여왕이다. _C. F. 가우스(1777~1855) 독일 수학자, 천문학자

▶ 수학은 *형이상학에서 시작한다. 그리고 그 궤도는 끊임없이 교차한다. _T. 드퀸시(1785~1859) 영국 평론가, 작가

▶ 수학의 법칙이 현실을 설명하는 것은 확실하지 않으며, 그것이 확실한 이상 수학은 현실을 언급하지 않는다.

_A. 아인슈타인(1879~1955) 미국 물리학자

▶ 순수 수학은 논리적 아이디어의 시와 같다.

_A. 아인슈타인(1879~1955) 미국 물리학자

▶ 순수 수학은 현대에 거둔 발전에 비추어 볼 때 인간 정신의 가장 독창적인 산물이라고 주장할 수 있다.

_A. N. 화이트헤드(1861~1947) 영국 철학자, 수학자

▶ 순수 수학의 개념 형태로 자연을 이해하고자 하는 우리의 노력은 이제껏 매우 성공적이라는 것이 입증되었다.

_J. H. 진스(1877~1946) 영국 물리학자, 수학자

▶ 이 세상에서 배우는 지식 중에 천국에까지 우리들과 함께 있다고 생각되는 것은 오직 수학이 있을 따름이다.

_J. J. 오즈번(1929~1994) 영국 배우, 극작가

키워드 정보 BOX

숫자 0의 발견

숫자 0의 발견은 인류의 역사에서 획기적인 사건이다. 1에서 9까지의 숫자와 0만 있으면 아무리 큰 숫자도 아주 간단하게 만들어 낼 수가 있기 때문에 이전의 불편했던 계산 방식은 모두 사라지게 되었다. 0이라는 수의 개념은 인도에서 처음으로 생겨나 아라비아와 유럽을 거쳐 오늘날 전세계인이 사용하고 있는데, 인도의 수학자들이 0을 발견하지 못했다면 0과 1만으로 모든 것을 표현하는 컴퓨터도 등장하지 못했을 것이다.

식물

植物

생물계를 둘로 분류한 것의 하나. 대부분 땅속에 몸의 일부를 붙박아서 이동하지 않으며, 뿌리, 줄기, 잎을 갖추고 있음.

명언 명문

- 계곡의 소나무는 추위 속에 곧게 자라고 들국화는 가을에 홀로 향기를 뿌린다. _왕적(585~644) 중국 당나라 시인
- 만약에 식물의 마음을 가진 동물이 존재한다면 퍽 기괴한 일이 아닐 수 없다. '식물의 마음을 가졌다'는 것은 '마음이 없다'는 말이다. _L. J. J. 비트겐슈타인(1889~1951) 영국 철학자 《반철학적 단장》
- 세상에 아름다운 것은 많으나 식물의 인식을 떠나 홀로 초연히 빛나는 것은 드물다. _이효석(1907~1942) 소설가 《화춘의 장》
- 식물은 인간이 보아 주기를 바라고, 보아 주는 것이 곧 구제다. _A. 아우구스티누스(354~430) 로마 신학자, 성인
- 식물은 하늘의 별처럼 땅 위의 여기저기에 뿌려져 있다. 인간이 자연을 연구하도록 즐거움과 호기심이라는 매력으로 유혹하기 위해서인 듯하다. _J. J. 루소(1712~1778) 프랑스 작가, 사상가
- 잡초란 줄을 맞춰 자라는 법을 제외한 모든 생존 기술을 숙달한 식물이다. _D. 라슨(1926~) 미국 만화가
- 풀은 대지의 자랑이며 행복이다. _J. L. 울란트(1787~1862) 독일 시인

속담

- 가장 좋은 사과는 가장 높은 가지에 있다. _스코틀랜드
- 나쁜 풀은 빨리 자란다. _한국
- 밀은 진흙땅에 뿌리고 포도나무는 모래땅에 심어라. _에스파냐
- 잎사귀는 줄기의 성질에 따른다. _서양
- 자주 옮겨 심는 나무는 잘 자라지 못한다. _아라비아

실험

實驗

과학에서 이론이나 현상을 관찰하고 측정함. 또는 새로운 방법이나 형식을 사용해 봄.

명언 명문

*현상 | 나타나 보이는 현재의 상태 또는 본질.
*가로놓이다 | 일의 진행이나 해결을 어렵게 하는 장애가 놓여 있다.

- 경험에 의한 진실을 경멸하지 마라. 실험실에서 증명하지 못한 수많은 것들이 실제로 작용하고 있다. _M. H. 피셔(1879~1962) 미국 작가
- 동물에 대한 생리학적 실험은 단순한 저주스런 호기심이 아니라 진정한 탐구다. _C. R. 다윈(1809~1882) 영국 생물학자
- 모든 인생은 일종의 실험이다. 실험을 많이 하면 할수록 좋다. _R. W. 에머슨(1803~1882) 미국 사상가, 시인
- 실험이란 결국 인위적으로 유발시킨 관찰에 지나지 않는다. _C. 베르나르(1813~1878) 프랑스 생리학자
- 실험자는 결론을 내려서는 안 된다. 왜냐하면 으레 실험 그 자체가 실험자 대신에 결론을 내려 주기 때문이다. _E. 졸라(1840~1902) 프랑스 소설가, 평론가
- 실험자란 자연계의 예심 판사다. _C. 베르나르(1813~1878) 프랑스 생리학자
- 실험하는 사람은 당연히 명예와 보상을 요구할 자격이 있다. _Q. 호라티우스(B.C. 65~B.C. 8) 로마 시인
- 아무리 많은 실험도 내 이론이 옳다고 증명할 수 없지만, 단 한 가지 실험으로도 내가 옳지 않다는 것을 증명할 수 있다. _A. 아인슈타인(1879~1955) 미국 물리학자
- 이론은 실험으로 증명할 수 있지만 실험에서 반드시 이론이 나오는 것은 아니다. _A. 아인슈타인(1879~1955) 미국 물리학자
- *현상 밑에 *가로놓여 있는 진리에 대해서 의심하지 않고 가지기를 원하는 자는 실험에 몰두할 수 있는 방법을 알아야 한다. _F. 베이컨(1561~1626) 영국 정치가, 철학자

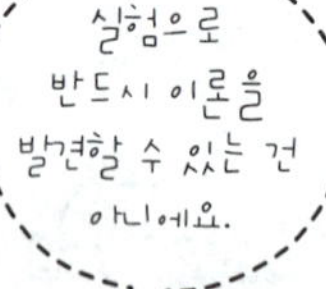

A. 아인슈타인

씨

식물의 열매 속에 있는, 장차 싹이 터서 새로운 개체가 될 단단한 물질. 또는 앞으로 커질 수 있는 근원.

명언 명문

- 만일 무지한 자들이 그대에게 영혼도 육신처럼 멸할 것이라고 말한다면, 꽃은 죽어도 씨앗은 남는다고 대답하라. 이것이 하늘의 법칙이다. _K. 지브란(1883~1931) 미국 소설가, 화가, 시인
- 미덕의 씨는 인간의 본성에 저절로 떨어진다. _M. T. 키케로(B.C. 106~B.C. 43) 로마 정치가, 학자
- 성장 자체에 행복의 씨가 들어 있다. _P. C. 벅(1892~1973) 미국 소설가
- 씨앗은 그 자체가 하나의 우주이다. _우장춘(1898~1959) 농학자
- 악행을 씨 뿌리는 자는 슬픔을 추수할 것이다. _T. 풀러(1654~1734) 영국 의사, 작가
- 인생에서는 얻는 일보다는 잃는 일이 더 필요하다. 씨앗은 죽어야만 비로소 싹이 튼다. _B. L. 파스테르나크(1890~1960) 소련 시인, 소설가

속담

- 나쁜 곡식에서는 좋은 씨를 얻을 수 없다. _영국
- 농사꾼은 굶어 죽어도 종자는 베고 죽는다. (굶어 죽으면서도 씨는 먹지 않고 남긴다는 뜻) _한국
- 씨 뿌린 자는 거두어야 한다. (일을 벌이면 그 결과를 감수해야 한다는 말) _에티오피아
- 씨를 적게 뿌리는 자는 추수도 적다. _서양
- 작은 씨앗을 비웃지 마라. 언젠가는 커다란 나무가 된다. _앙골라

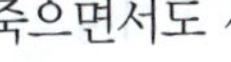

문장 반짝

관용어

씨(가) 먹다 _ 말이나 행동이 조리에 맞고 실속이 있다.

씨가 마르다 _ 어떤 것이 모조리 없어지다.

씨도 먹히지 않다 _ 의견이 받아들여지지 않다.

양서류

兩棲類

어류와 파충류의 중간으로, 땅 위나 물 속에서 사는 동물.

명언 명문

▶ 개구리는 황금 의자에 앉아 있어도 또다시 연못 속에 뛰어든다.

_G. 허버트(1593~1633) 영국 시인

▶ 너는 우물 안 개구리라 오직 하나만 알고 둘은 모르는도다.

_《별주부전》

▶ 아이들이 장난으로 던진 돌에 개구리는 맞아 죽는다.

_비온(B.C. 2세기경) 그리스 시인

속담

▶ 개구리 낯짝에 물 붓기. (물에 사는 개구리 얼굴에 물을 부어 봤자 개구리는 놀라지 않는다는 뜻으로, 소용없음을 이르는 말) _한국

▶ 개구리 주저앉은 뜻은 멀리 뛰자는 뜻이다. _한국

▶ 개구리들이 노려봐도 소는 물을 마신다. _나이지리아

▶ 두꺼비 꽁지만 하다. (학식과 재능이 없음을 뜻하는 말) _한국

▶ 두꺼비 씨름 같다. (승부가 안 난다는 뜻) _한국

▶ 두꺼비 파리 잡아먹듯. (무엇이나 닥치는 대로 늘름늘름 받아 먹음을 이르는 말) _한국

▶ 맹꽁이 결박한 것 같다. (키가 작고 몸이 뚱뚱한 사람이 옷을 잔뜩 입은 모양을 비유적으로 이르는 말) _한국

▶ 맹꽁이 통에 돌 들이친다. (매우 시끄럽게 떠들던 것이 갑자기 조용하게 됨을 비유적으로 이르는 말) _한국

▶ 청개구리 호박잎에 뛰어오르듯. (나이 어린 사람이 버릇없이 어른을 놀리는 경우를 두고 하는 말) _한국

에너지

energy

인간이 활동하는 근원이 되는 힘.

명언 명문

▶ 남성의 힘은 능동적이며 진보적이며 방어적입니다. 남성은 행위자이며 발견자이며 방어자입니다. 남성의 *지력은 사색과 발명에, 남성의 정력은 모험과 전쟁에 적합합니다. 그러나 여성의 힘은 통치에는 적합하나 전투에는 적합하지 않습니다. 그리고 여성의 지력은 발명이나 창조에는 적합하지 않으나 정연한 질서와 배열과 결정에 적합합니다. _J. 러스킨(1819~1900) 영국 미술 평론가 《참깨와 백합》

*지력 | 사물을 헤아리는 능력.

▶ 사실 우리 에너지의 상당 부분이 우리가 알고 있는 것을 우리 자신으로부터 감추기 위해 소비되고 있으며, 그런 억압된 지식의 정도는 거의 과소평가될 수 없을 정도로 엄청나다.

_E. 프롬(1900~1980) 독일 정신 분석학자, 사회학자 《소유냐 삶이냐》

▶ 세상을 발전시키는 원동력은 두 가지, 즉 세상을 이해하려는 욕망과 개혁하려는 욕망이다. 이것이 없으면 사회는 정체되거나 퇴보할 것이다. _B. A. W. 러셀(1872~1970) 영국 철학자, 수학자

▶ 어떤 사람이 그가 만나는 모든 비참한 사람들을 미워한다면 그에게는 다른 일을 할 수 있는 에너지가 별로 없을 것이다.

_A. 쇼펜하우어(1788~1860) 독일 철학자 《염세주의 연구》

▶ 에너지는 유일한 생명이며, 육체로부터 생겨나는 것이다. 그리고 이성은 에너지의 반작용, 혹은 겉으로 보이는 주변이다. 에너지는 영원한 기쁨이다. _W. 블레이크(1757~1827) 영국 시인, 화가

▶ 흔히 악이라고 불리는, 무서운 에너지는 인간성의 위대한 건축가이며 개척자다.

_F. W. 니체(1844~1900) 독일 철학자, 시인 《인간적인, 너무나 인간적인》

연구 研究

어떤 일이나 사물에 대하여서 깊이 있게 조사하고 생각하여 진리를 따져 보는 일.

명언 명문

▶ 과학적 연구의 성공 요소로서 나는 전문적인 기술보다도 도리어 열의를 그 위에 둔다. _T. G. 애플턴(1812~1884) 미국 작가

▶ 나의 유일한 연구 대상은 인간이라고 할 수 있다. _G. H. 보로(1803~1881) 영국 소설가, 언어학자

▶ 나의 저서는 모두 수년간에 걸친 과학적 연구를 필요로 했다. _F. 베이컨(1561~1626) 영국 정치가, 철학자

▶ 명상함으로써 현명해질 수는 있으나 지식을 얻기 위해서는 반드시 연구를 해야만 한다. _A. E. 뉴턴(1821~1889) 미국 작가

▶ 범죄의 연구는 자기 자신에 대한 지식에서 시작된다. _H. V. 밀러(1891~1980) 미국 소설가

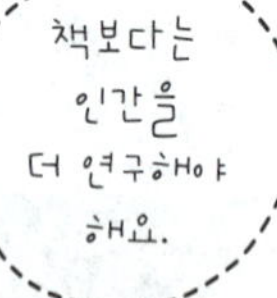

▶ 보편적 종교 경험은 과학 연구를 밀어 주는 가장 강하고 가장 고귀한 추진력이다. _A. 아인슈타인(1879~1955) 미국 물리학자

▶ 사실주의자는 자신의 연구 결과를 두려워하지 않는다. _F. M. 도스토옙스키(1821~1881) 러시아 소설가

▶ 선천적 재능은 식물과 같아서 연구라는 도구로 항상 가지를 쳐 주어야 한다. _F. 베이컨(1561~1626) 영국 정치가, 철학자

▶ 언제나 한 가지 주제만 연구하는 사람은 세상의 모든 일을 색안경을 끼고 볼 것이다. _B. 디즈레일리(1804~1881) 영국 정치가, 소설가

▶ 연구 과제가 많으면 많을수록 성과가 크다는 생각은 미신에 불과하다. _P. F. 드러커(1909~2005) 미국 경영학자

▶ 연구 역시 다른 업무들과 마찬가지로 경제적인 성과를 요구한다면 연구자도 최대한의 성과를 내려고 노력할 것이다. 아무런 구속

F. 라로슈푸코

도 하지 않으면 학문적인 면에서나 경제적인 면에서도 성과가 나타나지 않는다. _P. F. 드러커(1909~2005) 미국 경영학자 《경영의 새로운 차원》

▶ 연구에 너무 많은 시간을 바치는 것은 게으른 것이다.

_F. 베이컨(1561~1626) 영국 정치가, 철학자

▶ 우리 존재의 절반 이상이 모방으로 이루어진 것이다. 중요한 점은 훌륭한 모델들을 골라 열심히 연구하는 것이다.

_P. D. S. 체스터필드(1694~1773) 영국 정치가, 작가

▶ 인문 과학을 성실하게 연구하면 성격이 우아해지며 잔인해지지 않는다는 것을 주목하라. _P. N. 오비디우스(B.C. 43~A.D. 17) 로마 시인

▶ 저명한 의사일수록 연구할 시간이 더욱 적다.

_L. 파스퇴르(1822~1895) 프랑스 화학자, 미생물학자

▶ 책보다는 인간을 연구하는 것이 더 필요하다.

_F. 라로슈푸코(1613~1680) 프랑스 작가

▶ 하고자 하는 일은 시작하기 전에 충분히 연구하라. _D. 카네기(1888~1955) 미국 저술가

▶ 한 작가의 것을 훔치면 표절이고 많은 작가들의 것을 훔치면 연구다.

_W. 미즈너(1876~1933) 미국 작가

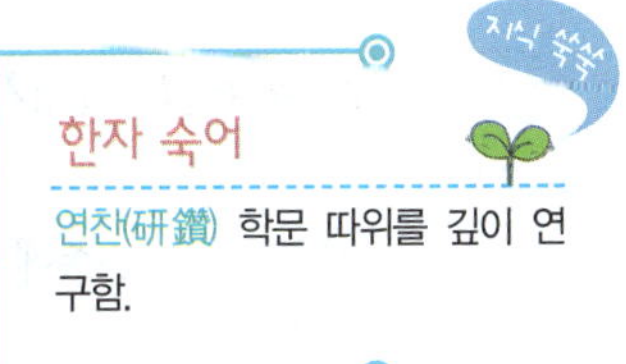

한자 숙어

연찬(硏鑽) 학문 따위를 깊이 연구함.

키워드 정보 BOX

노벨상의 영광

스웨덴의 화학자이자 발명가인 알프레드 노벨의 유언에 따라 설립된 노벨상은 세계적으로 권위 있는 상이다. 다이너마이트를 발명하여 부자가 된 노벨은 자신의 재산을 세계 평화와 발전에 가장 큰 공헌을 한 사람들에게 나누어 주라는 유언을 남기며, 자신의 막대한 유산을 스웨덴의 왕립 과학 아카데미에 기부하였다. 노벨상은 해마다 물리학, 화학, 생리·의학, 문학, 평화, 경제학의 6개 부문으로 나누어, 각 분야에서 선출된 사람 가운데 심사를 통해 결정하여 수여한다.

노벨상의 앞면에는 노벨의 모습이 새겨져 있다.

우주

宇宙

모든 천체를 포함하는 공간 또는 무한한 시간과 만물을 포함하고 있는 끝없는 공간.

명언 명문

*선의 | 착한 마음, 좋은 뜻.
*노고 | 힘들여 수고하고 애씀.

▶ 결국 우리는 태양을 우주의 중심에 놓을 것이다.

_N. 코페르니쿠스(1473~1543) 폴란드 천문학자

▶ 믿기 어려운 이 우주에서 절대적인 것이란 하나도 없다. 평행선마저도 무한히 뻗으면 어디선가 만날 것이다.

_P. C. 벅(1892~1973) 미국 소설가

▶ 사람들은 흘러가나 우주는 남는다.

_G. 바슐라르(1884~1962) 프랑스 철학자 《유년 시절을 향한 몽상》

▶ *선의는 우주에서 가장 강력하고 실질적인 힘이다.

_C. F. 돌(1845~1927) 미국 성직자, 작가

▶ 수학, 물리학과 마찬가지로 시도 우주의 일부다.

_E. C. 블런던(1896~1974) 영국 시인, 평론가

▶ 신은 우주 뒤에 그리고 안에 존재하는 창조력이다. 그는 에너지, 생명, 질서, 아름다움, 생각, 양심, 사랑인 자신을 드러낸다.

_H. S. 코핀(1877~1954) 미국 교육자, 성직자

N. 코페르니쿠스

▶ 영혼과 이성이 없이는 아무도 생명체를 생산할 수 없다. 우주는 우리들을 생산한다. 그러니 우주는 영혼과 이성을 가졌다.

_M. T. 키케로(B.C. 106~B.C. 43) 로마 정치가, 학자 《신의 본성에 관하여》

▶ 우주가 무한히 넓고 풍요하다는 생각은 *노고에 찬 창조와 자유로운 자기 성찰이 최후 지점에서 하나로 합쳐졌을 때 얻어진다.

_F. 카프카(1883~1924) 독일 소설가 《죄 · 고뇌 · 희망 · 진실의 길에 대한 고찰》

▶ 우주는 거대한 기계라기보다 거창한 사상에 가까워 보인다.

_J. H. 진스(1877~1946) 영국 물리학자, 수학자

▶ 우주는 단 하나의 물질과 또 하나의 영혼을 가진 하나의 생물로 늘 생각하라. _마르쿠스 아우렐리우스(121~180) 로마 황제 《명상록》

▶ 우주는 신의 생각이다. _J. C. F. 실러(1759~1805) 독일 시인, 극작가

▶ 우주는 영원하다. _T. 루크레티우스(B.C. 94?~B.C. 55?) 로마 시인, 철학자

▶ 우주는 인류의 공동 재산으로 보아야 마땅하다. _M. T. 키케로(B.C. 106~B.C. 43) 로마 정치가, 학자

▶ 우주는 정확하게 탄환의 무더기와 같다. _B. A. W. 러셀(1872~1970) 영국 철학자, 수학자

▶ 우주는 지능이나 생명에 대해 아무런 관심도 없다. 지능도 생명도 우연한 부산물이다. _A. C. 클라크(1917~2008) 영국 공상 과학 소설 작가

▶ 이 무한한 우주의 영원한 침묵은 나를 전율케 한다. _B. 파스칼(1623~1662) 프랑스 사상가, 수학자, 물리학자 《팡세》

▶ 인간은 하나의 소우주다. _B. 파스칼(1623~1662) 프랑스 사상가, 수학자, 물리학자

▶ 천체들은 행복 또는 불행을 초래하고 많은 숭배를 받지만 휴식할 틈은 없다. _F. 베이컨(1561~1626) 영국 정치가, 철학자

키워드 정보 BOX

지구는 우주의 중심?

서양에서는 16세기까지 지구가 우주의 중심이며, 태양과 달 등의 모든 천체가 지구 둘레를 돈다는 천동설을 믿었다. 그러나 그렇게 생각하지 않은 사람도 있었다. 폴란드의 천문학자 코페르니쿠스는 지구가 자전하면서 태양의 주위를 돈다고 주장하였고, 이탈리아의 천문학자 갈릴레오 갈릴레이도 지구가 태양 주위를 돈다는 지동설을 주장하였다. 그 뒤 1632년 70세에 이르러 갈릴레이는 지동설을 주장한 책을 냈지만 교황청은 이 책의 출판을 금지하고, 종교 재판을 열었다. 지동설을 주장하던 갈릴레이는 결국 교황의 권위에 눌려 천동설을 인정하고 풀려났지만 돌아서며 "그래도 지구는 돈다."고 말했다고 한다.

지구가 더 이상 우주의 중심이 아니라는 코페르니쿠스의 주장은 중세의 우주관을 뒤집어 놓았다.

운동

運動

사람이 몸을 단련하거나 건강을 위하여 몸을 움직이는 일. 또는 일정한 규칙과 방법에 따라 신체의 기량이나 기술을 겨루는 일.

명언 명문

*음양 | 우주 만물의 서로 반대되는 두 가지 기운.

- 강요된 육체적 운동은 육체에 해롭지 않지만, 강요된 지식은 정신에 유익하지 못하다. _플라톤(B.C. 428?~B.C. 347?) 그리스 철학자
- 건강은 행복의 기초고, 운동은 건강의 기초다. _J. 톰슨(1834~1882) 영국 시인
- 뚱뚱한 사람이 몸무게를 줄이려면 빈속으로 운동을 해야 한다. _히포크라테스(B.C. 460?~B.C. 377?) 그리스 의학자
- 본격적인 스포츠는 정당한 대결과 아무 상관없이, 증오 · 시기 · 자만이 난무한다. 그것은 총격 없는 전쟁이다. _G. 오웰(1903~1950) 영국 소설가
- 야생 동물은 스포츠로 다른 동물을 죽이는 법이 없다. 오로지 사람만이 다른 사람을 고문하고 죽이는 것 자체를 즐긴다. _J. A. 프루드(1818~1894) 영국 역사가, 작가
- 운동과 절제는 젊은 시절의 힘을 노년기에 이르기까지 어느 정도 보존해 준다. _M. T. 키케로(B.C. 106~B.C. 43) 로마 정치가, 학자
- 운동과 정지에는 끝이 없고 *음양은 시작이 없는데, 근본 원리를 모르면 이를 어떻게 알겠는가? _주자(1130~1200) 중국 송나라 유학자
- 운동은 무용지물이다. 건강할 때는 불필요하고 병들었을 때는 해서는 안 되는 것이다. _H. 포드(1863~1947) 미국 기술자, 실업가
- 운동은 식욕을 증진시키며 식욕은 또 운동을 필요로 한다. _P. 라클로(1741~1803) 프랑스 소설가, 군인 《여성교육론》
- 하루하루 규칙적인 운동을 하는 것은 하루하루 규칙적인 식사를 하는 것과 마찬가지로 필요하다. _F. B. 켈로그(1856~1937) 미국 정치가

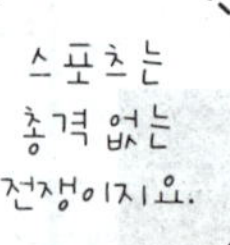

G. 오웰

原理 원리

사물의 근본이 되는 이치.

명언 명문

▶ 거짓 지식인들은 근본 원리를 들으면 몹시 비웃는다.

_노자(B.C. 604?~?) 중국 춘추 시대 초나라 사상가

▶ 교과서의 원리대로 나라를 다스리려는 사람들만큼 나라에 위험한 존재는 없다.

_A. J. 리슐리외(1585~1642) 프랑스 정치가

▶ 근본 원리는 사람과 멀리 떨어져 있지 않고 사람은 나라가 달라도 모두 똑같다.

_최치원(857~897?) 통일 신라 시대 학자, 문장가

▶ 근본 원리는 사람들에게 생활을 보장하고 이익을 줄 수 있는 것이므로 그것이 있는 곳으로 모든 사람이 모인다.

_강태공(?~?) 중국 주나라 정치가

▶ 근본 원리는 언제나 아무것도 하지 않지만 모든 것을 한다.

_노자(B.C. 604?~?) 중국 춘추 시대 초나라 사상가

▶ 도덕은 우리가 행복해질 수 있는 원리가 아니라 행복을 얻을 자격이 있게 만드는 원리다.

_I. 칸트(1724~1804) 독일 철학자

▶ 사람은 대지를, 대지는 하늘을, 하늘은 근본 원리를, 근본 원리는 자연을 따른다.

_노자(B.C. 604?~?) 중국 춘추 시대 초나라 사상가

▶ 원리가 없으면 곧 사물도 없으니, 사물을 버리고 원리에만 집착하는 것은 그림자를 버리고 형체만 머물러 있게 하려는 것과 같다.

_《채근담》

▶ 자기 보존은 인간 본성의 첫 번째 원리다.

_A. 해밀턴(1755?~1804) 미국 정치가

▶ 하늘과 땅이 생기기도 전인 아득한 옛날부터 근본 원리는 존재해 왔다.

_장자(B.C. 369?~B.C. 289?) 중국 전국 시대 송나라 사상가

원자 原子

물질의 기본적 구성 단위. 하나의 핵과 이를 둘러싼 여러 개의 전자로 이루어졌고, 한 개 또는 여러 개가 모여 분자를 이룸.

명언 명문

▶ 고삐 풀린 원자력은 우리의 사고방식을 제외하고는 모든 것을 바꿔 놓았다. 그래서 우리는 파멸을 향해 표류하고 있다.

_A. 아인슈타인(1879~1955) 미국 물리학자

▶ 기술자들을 감시해야만 한다. 그들은 재봉틀로 시작해서 원자탄으로 끝난다.

_M. 파뇰(1895~1974) 프랑스 극작가

▶ 신들은 태어나고 죽지만 원자는 영원히 존속한다.

_A. 체이스(1926~) 미국 언론인, 작가

▶ 우리는 과학의 신 앞에 무릎을 꿇었다. 그 신이 우리에게 준 것이라고는 공포와 불안의 원자탄뿐이다.

_M. L. 킹(1929~1968) 미국 목사, 흑인 해방 운동가

▶ 원자탄에 대해서는 적절한 군사적 방어도, 어느 한 나라의 독점적 사용도 불가능하다.

_H. S. 트루먼(1884~1972) 미국 제33대 대통령

▶ 원자탄이 없는 나라는 독립국이라고 자처할 수 없다.

_C. A. J. M. 드골(1890~1970) 프랑스 군인, 정치가

키워드 정보 BOX

아인슈타인 일화

어느 날 알버트 아인슈타인이 어떤 신문 기자로부터 질문을 받았다. "라스베이거스에서의 원자 폭탄 실험은 지구를 위태롭게 하지 않겠습니까?" 그러자 아인슈타인은 차분하게 이렇게 대답했다. "그럴지도 모르지. 그렇지만 걱정할 것은 없네. 지구는 태양계를 혼란시키기에는 너무도 작은 존재이니까."

遺傳 유전

어버이의 성격, 체질, 형상 따위의 형질이 자손에게 전해지는 현상.

명언 명문

- 개체의 성장은 그것이 속한 종족의 진화가 유전과 적응의 법칙에 따라 짧은 기간에 반복되는 것이다. _G. W. F. 헤겔(1770~1831) 독일 철학자
- 내가 어떻게 유전과 전통적 습관에 거스르는 행동을 할 수 있단 말인가. _R. W. 에머슨(1803~1882) 미국 사상가, 시인 《대표적 인물론》
- 독수리가 비둘기를 낳지 않는다. _Q. 호라티우스(B.C. 65~B.C. 8) 로마 시인
- 때로는 살인이 재능처럼 여러 가문에서 유전되는 듯하다. _G. H. 루이스(1817~1878) 영국 작가
- 배는 배나무, 무화과는 무화과나무가 된다. _아리스토텔레스(B.C. 384~B.C. 322) 그리스 철학자
- 사람은 문명을 유전자로 후세에 전하지 않는다. 우리가 유전자로 전하는 것은 인간의 능력이다. _M. 미드(1901~1978) 미국 인류학자
- 오늘날 우리는 유전자를 감별하고 성질을 연구하려고 한다. _W. S. 길버트(1836~1911) 영국 극작가
- 유전자는 자신의 실력을 바꿀 수 있는 발판을 마련해 준다. _J. M. 볼드윈(1861~1934) 미국 심리학자

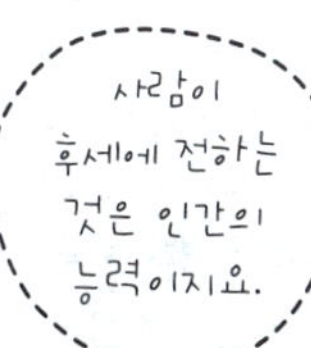

M. 미드

속담

- 부모 닮지 않은 자식은 도깨비 자식. _일본
- 씨도둑은 못한다. (유전은 절대로 속일 수 없다는 말) _한국
- 어미 말이 달리는데 새끼 말이 걷겠는가. _독일
- 용은 용을 낳고, 불사조는 불사조를 낳는다. _중국
- 참외 줄기에 가지가 열리지 않는다. _일본

의술

醫術

병이나 상처를 고치는 기술. 또는 의학에 관련되는 기술.

명언 명문

▶ 건강을 가져다주기 위해 의술은 질병을 조사해야만 한다.

_플루타르코스(46?~120?) 그리스 철학자, 작가 《플루타르크 영웅전》

▶ 나는 환자를 절대로 해치지 않고 그를 돕는 의술을 나의 능력과 판단에 따라 사용할 것이다.

_히포크라테스(B.C. 460?~B.C. 377?) 그리스 의학자

▶ 낙관적 거짓말은 엄청난 치료 효과가 있는 것이기 때문에 자신 있게 거짓말을 할 수 없는 의사는 자기 직업을 잘못 선택한 것이다.

_G. B. 쇼(1856~1950) 아일랜드 극작가, 평론가

▶ 대부분의 약이 쓸모없다는 것을 아는 의사가 가장 훌륭한 의사다.

_B. 프랭클린(1706~1790) 미국 정치가, 과학자

▶ 때로는 무료로 의술을 베풀라. 인간에 대한 사랑이 있는 곳에 의술에 대한 사랑도 있다. _히포크라테스(B.C. 460?~B.C. 377?) 그리스 의학자

▶ 모든 사람 가운데 의사가 가장 행복하다. 그들이 성공한 것은 세상에 널리 알리고, 그들이 저지르는 잘못은 어떻든 땅이 덮어 주니 말이다. _F. 퀄스(1592~1644) 영국 시인

▶ 사람들은 종교가 강하고 과학이 약할 때는 마술을 의술로 착각했고, 과학이 강하고 종교가 약한 지금은 의술을 마술로 착각한다.

_T. 사스(1920~) 미국 정신과 의사

▶ 신은 병을 고치고 의사는 치료비를 받는다.

_B. 프랭클린(1706~1790) 미국 정치가, 과학자

▶ 우리는 붕대를 감아 줄 뿐, 신이 병을 고쳐 준다.

_A. 파레(1510~1590) 프랑스 의사

히포크라테스

- 의사는 병을 고치고서도 환자를 죽게 한다.
_F. 베이컨(1561~1626) 영국 정치가, 철학자 《수필집》
- 의사란 우리 문명의 꽃이다. _R. L. B. 스티븐슨(1850~1894) 영국 소설가, 시인
- 의사란 자기도 잘 모르는 약을 자기가 전혀 모르는 남의 몸에 집어넣는다. _볼테르(1694~1778) 프랑스 사상가
- 의사에게 필요한 것은 무엇보다도 용기와 결단력이다.
_M. A. 아스투리아스(1899~1974) 과테말라 소설가
- 의술도 불치병은 고칠 수 없다.
_L. A. 세네카(B.C. 4?~A.D. 65) 로마 철학자, 극작가
- 의술에서는 신뢰와 지식이 서로 깊이 의존한다.
_P. M. 레이섬(1789~1875) 영국 의사, 작가
- 의술은 자연과 환자의 체질을 다루는 기술이다.
_플라톤(B.C. 428?~B.C. 347?) 그리스 철학자
- 의술이란, 자연이 병을 치유할 때까지 환자를 즐겁게 해 주는 기술이다. _볼테르(1694~1778) 프랑스 사상가
- 이 세상에서 가장 좋은 의사는 식이 요법, 안정, 즐거움이라는 의사다. _B. 프랭클린(1706~1790) 미국 정치가, 과학자

속담

- 병들 때마다 희망이 의사다. _서양
- 사과를 하루에 한 개 먹으면 의사가 필요 없다. _서양
- 사제는 최선의 상태로, 변호사는 최악의 상태로, 의사는 있는 그대로 사람을 본다. _서양
- 약이 사람을 해치지 않고 의사가 사람을 해친다. _일본
- 의사가 눈앞에 있으면 병이 낫기 시작한다. _서양
- 의사가 사람을 낫게 하면 태양이 성공을 알리고 그가 사람을 죽이면 땅이 감추어 준다. _스코틀랜드
- 의사가 제 병 못 고친다. _한국
- 의사는 고쳐 주고 자연은 보살펴 준다. _로마
- 자연, 시간, 인내는 세 가지 위대한 의사다. _불가리아
- 자연은 시시한 의사보다 낫다. _중국

자연

自然

사람의 힘이 더해지지 아니하고 세상에 스스로 존재하거나 우주에 저절로 이루어지는 모든 존재나 상태.

명언 명문

- 가장 중요하고 근본적인 자연의 법칙은 평화를 추구하고 그것을 따르는 것이다. _T. 홉스(1588~1679) 영국 철학자, 법학자
- 관습은 모든 법보다 우선하고 자연은 모든 예술보다 우월하다. _S. 다니엘(1562?~1619) 영국 시인, 극작가
- 동물은 자연의 한 부분이며 결코 자연을 초월하지 못한다. _E. 프롬(1900~1980) 독일 정신 분석학자, 사회학자
- 모든 예술, 모든 교육은 단순히 자연의 부속물에 지나지 않는다. _아리스토텔레스(B.C. 384~B.C. 322) 그리스 철학자
- 모든 일을 자연이 좀 거들어 주지 않는다면 인간이 영위하는 기술이나 기교는 조금도 진전을 보지 못하리라. _M. E. 몽테뉴(1533~1592) 프랑스 사상가 《수상록》
- 물리학은 자연에 관한 체계화된 지식이지만, 물리학도는 물리학을 배운다고 말하지 자연을 배운다고 말하지는 않는다. _N. 프라이(1912~1991) 캐나다 교육자, 평론가 《문학의 원형》
- 바람, 꽃, 눈, 달은 원래 한가로운 것인데 일에 매달리는 자가 스스로 분주하다고 한다. _《채근담》
- 비 내리는 이 저녁, 바람은 휴식이 없습니다. / 나는 바람에 흔들리는 나뭇가지를 보며 / 만물의 위대함을 깊이 생각해 봅니다. _R. 타고르(1861~1941) 인도 시인, 사상가
- 사람은 대자연의 유일한 실패작이다. _W. S. 길버트(1836~1911) 영국 극작가
- 사람은 자연에 순종함으로써 자연을 지배한다. _F. 베이컨(1561~1626) 영국 정치가, 철학자

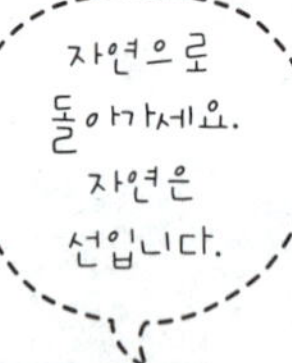

J. J. 루소

▶ 사람을 모범으로 삼지 말고 자연을 너를 인도하는 별로 삼아라.

_L. J. J. 비트겐슈타인(1889~1951) 영국 철학자 《반철학적 단장》

▶ 시간은 자연의 기본 요소 가운데 하나다.

_J. W. 괴테(1749~1832) 독일 시인, 소설가, 극작가

▶ 우리를 둘러싸고 있는 이 대자연은 생명의 샘이다.

_R. 타고르(1861~1941) 인도 시인, 사상가

▶ 이성적 존재에게는 자연에 따라 행동하는 것과 이성에 따라 행동하는 것이 똑같다. _마르쿠스 아우렐리우스(121~180) 로마 황제

▶ 인간은 안락하고 만족하게 살고 싶어 한다. 그러나 자연은 인간이 안락과 무위의 만족에 빠지지 않고 노고와 노동에 이겨 내는 수단을 발견하는 데 지혜를 모으게 하려고, 노고와 노동 속으로 인간을 몰아넣는 것이다. _I. 칸트(1724~1804) 독일 철학자 《일반역사학》

▶ 인생의 목적은 자연에 순응해서 사는 것이다. _F. 제노(474~491) 로마 황제

▶ 자기 보존은 자연법에 속한다. _J. 던(1572~1631) 영국 시인, 성직자

▶ 자연 속에 있는 것치고 아름답지 않은 것이란 없다.

_A. 테니슨(1809~1892) 영국 시인

▶ 자연에 강제성을 가해서는 안 된다. 그보다는 그것에 순종해야만 한다. _에피쿠로스(B.C. 341~B.C. 270) 그리스 철학자

▶ 자연에 따라 일어나는 일은 모두 선하다고 보아야만 한다.

_M. T. 키케로(B.C. 106~B.C. 43) 로마 정치가, 학자

▶ 자연에게 예술이 필요한 경우는 결코 없다. 예술은 자연 형태의 모방이기 때문이다. _마르쿠스 아우렐리우스(121~180) 로마 황제

▶ 자연에는 보상도 없고 처벌도 없다. 오직 결과만 있을 뿐이다.

_R. G. 잉거솔(1833~1899) 미국 정치가

▶ 자연에서 벗어나는 것은 행복을 버리는 짓이다.

_S. 존슨(1709~1784) 영국 시인, 평론가

▶ 자연으로 돌아가라. 자연은 선이다. 인간은 자연에게 더 보탤 것이 없다. 인간의 손은 자연을 더럽힐 뿐이다.

_J. J. 루소(1712~1778) 프랑스 작가, 사상가

▶ 자연은 거짓말을 용납하지 않는다.

_T. 칼라일(1795~1881) 영국 사상가, 역사가

A. 테니슨

▶ 자연은 거짓말을 하는 날이 있는가 하면 참말을 하는 날도 있다.

_A. 카뮈(1913~1960) 프랑스 소설가, 극작가

▶ 자연은 결코 실수가 없다. 자연은 언제나 걸작을 만든다. 이것이야말로 우리들의 모든 것에 대한 크고 유일한 학교다.

_F. A. R. 로댕(1840~1917) 프랑스 조각가

▶ 자연은 결코 우리를 속이지 않는다. 우리를 속이는 것은 언제나 우리들 자신이다. _J. J. 루소(1712~1778) 프랑스 작가, 사상가

▶ 자연은 그 어떤 것에도 죽지 않는 특권은 주지 않았다.

_J. C. F. 실러(1759~1805) 독일 시인, 극작가

▶ 자연은 낡은 것을 매우 싫어한다.

_R. W. 에머슨(1803~1882) 미국 사상가, 시인

▶ 자연은 누구에게나 행복의 기회를 주었다. 그 기회를 이용할 줄 아는 사람만이 행복해지는 것이다.

_C. 클라우디아누스(370?~404?) 로마 시인

▶ 자연은 말이 없다. _노자(B.C. 604?~?) 중국 춘추 시대 초나라 사상가

▶ 자연은 변덕스럽다. 젊은이의 머릿속을 노인처럼 만들기도 하며 팔십 백발의 가슴에 젊은이의 정열을 심어 놓기도 한다.

_R. W. 에머슨(1803~1882) 미국 사상가, 시인

▶ 자연은 신을 비쳐 주는 거울이다. _E. 영(1683~1765) 영국 시인

▶ 자연은 신이 쓴 위대한 책이다. _W. 하비(1578~1657) 영국 의학자, 생리학자

▶ 자연은 신의 예술이다. _A. 단테(1265~1321) 이탈리아 시인

▶ 자연은 우리의 장점과 약점을 모두 알게 되어 있다. 사람들의 끊임없는 근심과 긴장은 거의 고칠 수 없는 병이다. 우리는 우리가 하고 있는 일의 중요성을 과장하는 경향이 있다. 그러면서도 우리는 얼마나 그 일을 다하지 못하고 마는가!

_H. D. 소로(1817~1862) 미국 사상가, 수필가

▶ 자연은 인간에게 필요한 것들을 공급해 준다.

_L. A. 세네카(B.C. 4?~A.D. 65) 로마 철학자, 극작가

▶ 자연은 인간을 싫어한다. _R. 데카르트(1596~1650) 프랑스 철학자, 수학자

▶ 자연은 있는 것이 아니라 생성해서 소멸되는 것이다.

_F. 엥겔스(1820~1895) 독일 경제학자, 철학자, 정치가

▶ 자연은 저항하지만 자기를 옹호하지는 않는다.

_S. 베유(1909~1943) 프랑스 철학자

▶ 자연을 관찰하는 데는 달팽이처럼 걷는 것이 제일 좋다.

_E. W. 틸(1899~1980) 미국 교육자, 작가

▶ 자연을 보라. 그리고 자연이 가르치는 길을 따라가라. 자연은 쉼 없이 아이를 단련시킨다. _J. J. 루소(1712~1778) 프랑스 작가, 사상가

▶ 자연의 걸음걸이에 맞추어라. 자연의 비밀은 인내이다.

_B. 디즈레일리(1804~1881) 영국 정치가, 소설가

▶ 자연의 법칙에는 예외가 없다. _H. 스펜서(1820~1903) 영국 철학자, 사회학자

▶ 자연의 시녀인 예술은 자연을 바라보면서 작은 시작에서 위대한 것들이 자라도록 만든다. _J. 드라이든(1631~1700) 영국 시인, 극작가

▶ 자연의 힘은 교육의 힘보다 항상 더 컸다.

_볼테르(1694~1778) 프랑스 사상가

▶ 자연의 힘은 질병의 치유자다.

_히포크라테스(B.C. 460?~B.C. 377?) 그리스 의학자

▶ 자연주의 교육의 최고 교과서는 《로빈슨 크루소》다.

_J. J. 루소(1712~1778) 프랑스 작가, 사상가

속담

▶ 냇물을 모래로 막을 수 없고, 홍수를 물통으로 퍼낼 수 없으며, 하늘에 걸린 무지개는 도저히 손으로 잡을 수 없다.

_몽골

▶ 대자연에는 비약이 없다. _로마

▶ 대자연은 텅 빈 것을 싫어한다. _서양

▶ 상호 협력은 자연의 법칙이다. _프랑스

▶ 자연은 자기를 사랑하는 사람을 절대로 기만하지 않는다. _영국

▶ 큰 강이나 산은 바꿀 수가 없다. 그러나 인간은 바꿀 수 있다. _중국

한자 숙어

무위자연(無爲自然) 사람의 힘이 더하지 않은 그대로의 자연.

백사청강(白沙淸江) 흰 모래와 맑은 강.

산자수명(山紫水明) 산은 자줏빛이고 물은 매우 맑다는 뜻으로, 눈부시도록 경치가 아름다움을 이르는 말.

송풍산월(松風山月) 소나무 숲을 스치며 부는 바람과 산에 걸린 달.

연하고질(煙霞痼疾) 자연의 아름다운 경치를 몹시 사랑하는 것이 마치 굳어진 버릇과 같다는 말.

요산요수(樂山樂水) 산수의 자연을 즐기고 좋아함.

지구

地球
태양에서 세 번째로 가까운 행성.
인류가 사는 천체.

명언 명문

- 갈릴레이가 지구는 움직인다고 시로 썼다면 종교 재판은 그를 내버려 두었을 것이다. _T. 하디(1840~1928) 영국 소설가, 시인
- 그래도 지구는 움직이고 있다. _G. 갈릴레이(1564~1642) 이탈리아 천문학자, 물리학자
- 내가 서 있을 단단한 장소를 마련해 주면 나는 지구를 움직일 것이다. _아르키메데스(B.C 287?~B.C. 212) 그리스 과학자
- 아프리카는 무엇이고 유럽이란 또 무엇을 의미하는가? 지도상의 우리 내륙은 하얗지 않은가? 발견되었을 적에 그 해안이 그랬듯 암흑의 세계임이 드러났어도. _H. D. 소로(1817~1862) 미국 사상가, 수필가
- 우리는 다같이 이 지구를 구출하든지, 아니면 타오르는 화염 속에 지구를 빠뜨리든지 택해야 한다. 우리는 지구를 구출할 수 있다. 아니 구출해야만 한다. _J. F. 케네디(1917~1963) 미국 제35대 대통령
- 이 무한한 우주 안에서 태양이란 하나의 가스 등불에 불과하며 지구란 진흙 한 덩이에 불과하다. _A. 프랑스(1844~1924) 프랑스 작가
- 인류는 지구의 암이 될 것이다. _J. S. 헉슬리(1887~1975) 영국 생물학자
- 지구가 둥글고 9000년 이상이나 오래된 것으로 알고 있는 시민은, 지구라는 것은 2층이 하늘이고, 지하실이 지옥이며, 그 중간이 평탄한 1층으로 되어 있다고 믿고 있다. _G. B. 쇼(1856~1950) 아일랜드 극작가, 평론가
- 지구는 둥글다. 어느 일정한 시간에는 인류의 3분의 1만이 잠자고 있다. 나머지 3분의 2는 깨어 있고 누군가 어디서 나쁜 짓을 하고 있다. _D. 러스크(1909~1994) 미국 정치가

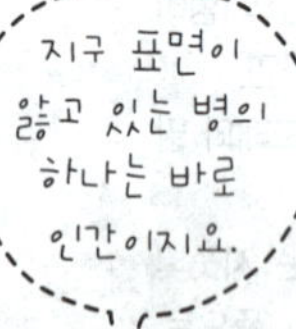

F. W. 니체

▶ 지구는 산 사람의 것이지 죽은 사람의 것이 아니다.

_T. 제퍼슨(1743~1826) 미국 제3대 대통령

▶ 지구는 우주의 무한한 사막 가운데서는 한 알의 모래에 불과하다. 그러나 고뇌가 지구 위에만 있는 것이라면 지구는 그 외 온 우주보다도 위대하다.

_A. 프랑스(1844~1924) 프랑스 작가

▶ 지구는 피부를 가지고 있다. 그리고 그 피부는 여러 가지 병을 가지고 있다. 그 병의 하나가 인간이다.

_F. W. 니체(1844~1900) 독일 철학자, 시인 《자라투스트라는 이렇게 말했다》

▶ 지구는 황량함을 모른다. 그는 부패의 습기 찬 호흡 속에서 생명의 냄새를 맡는다.

_G. 메러디스(1828~1909) 영국 소설가, 시인

▶ 진리는 지구의 황금 허리띠다.

_W. 쿠퍼(1731~1800) 영국 시인

▶ 진실이 구두를 신는 동안 거짓말은 지구를 한 바퀴 돈다.

_C. H. 스펄전(1834~1892) 영국 성직자, 설교가

▶ 집이 다 무슨 소용이 있겠는가, 그 집을 갖다 세울 건전한 지구가 없다면.

_H. D. 소로(1817~1862) 미국 사상가, 수필가

▶ 현대의 신경과민은 코페르니쿠스의 발견과 더불어 시작된 것이다. 과학은 지구가 우주의 중심이 아님을 보여 주어 인간이 스스로 하찮은 존재라고 느끼도록 만들었다.

_M. T. 매카시(1912~1989) 미국 소설가, 평론가

키워드 정보 BOX

하늘을 떠받드는 자, 아틀라스

그리스 신화에 나오는 아틀라스는 두 어깨로 하늘을 받들고 있는 거인 신이다. 거인 족인 티탄 족과 올림포스 신들이 권력 다툼으로 10년 동안 전쟁을 할 때 아틀라스는 천계를 어지럽히고 신들에게 끝까지 저항하였다. 그 벌로 제우스에게 하늘을 어깨로 떠받드는 벌을 받았다. 아틀라스가 떠받들고 있는 것은 하늘이 아니라 지구라는 이야기도 있다. 아틀라스는 '하늘을 떠받드는 자'란 뜻이며, 흔히 '지도'라는 뜻으로 쓰인다.

진화

進化

생물이 외부의 영향과 내부의 발전에 의하여 간단한 구조에서 복잡한 구조로, 하등한 것에서 고등한 것으로 발전하는 일.

명언 명문

*아메바 | 아메바목의 단세포 원생동물을 통틀어 이르는 말.

▶ 모든 동물과 식물의 형태는 조금 더 열등한 모습의 기억을 남기고 있으면서 좀 더 좋아질 것을 예언한다.

_R. W. 에머슨(1803~1882) 미국 사상가, 시인

▶ *아메바가 진화해서 철학자가 되었다고 할 때 이것을 발전이라고 부르는 것은 불행히도 아메바가 아니라 철학자의 주장인 것이다.

_B. A. W. 러셀(1872~1970) 영국 철학자, 수학자

▶ 우리는 오늘날 진화의 한 단계에 도달해 있다. 그러나 그것은 결코 마지막 단계가 아니다. 우리는 이곳을 재빨리 통과해야만 한다. 만일 그렇게 하지 않으면 우리의 절반 이상은 도중에 넘어지고, 그 나머지는 의혹과 공포의 숲 속에서 헤맬 것이다.

_B. A. W. 러셀(1872~1970) 영국 철학자, 수학자

▶ 인류의 진화는 야생 동물이 수백만 년에 걸쳐서 변해야 완성될 것이다. 인간은 지금도 그렇지만 앞으로도 항상 야생 동물일 것이기 때문이다.

_C. R. 다윈(1809~1882) 영국 생물학자

▶ 인류의 진화란 극히 완만한 것이어서, 한 세기에서 다음 세기에 이르는 동안에 발생하는 세태의 변화는, 신중히 따져 보면 상상했던 것보다 미미한 것이 아닌가 싶다.

_A. 프랑스(1844~1924) 프랑스 작가

▶ 정신의 진화와 마찬가지로 육체의 진화에도 그 나름의 역사와 회귀와 진보와 부족한 점이 있는 법이다.

_A. 카뮈(1913~1960) 프랑스 소설가, 극작가 《알제의 여름》

▶ 진화론자의 관점에서 본다면 인간의 진화는 멈추었다.

_P. T. 샤르댕(1881~1955) 프랑스 신학자, 고고학자

C. R. 다윈

천지

天地
하늘과 땅을 아울러 이르는 말.

명언 명문

▶ 나의 몸은 하나의 작은 천지다. 기쁨과 분노로 잘못을 저지르지 않고, 싫고 좋음이 법도를 따르면, 이것은 곧 이치를 따르는 훈련이다. _《채근담》

▶ 대개 천지와 만물이 본래 한 몸과 같으므로, 사람의 마음이 바르면 천지의 마음 또한 바르고 사람의 기가 순하면 천지의 기 또한 순할 것이니, 이는 천지의 재앙과 *상서가 있음이 진실로 *인사를 잘하고 잘못하는 데 말미암은 것이다.

_권근(1352~1409) 고려~조선 시대 문신, 학자

*상서 | 복되고 길한 일이 일어날 조짐.
*인사 | 사람에게 어떠한 임무를 맡기거나, 맡은 임무를 그만두게 하는 일.

▶ 천지는 만물을 공평하게 기른다. 지위가 높다고 오만하거나 지위가 낮다고 비굴해서는 안 된다.

_장자(B.C. 369?~B.C. 289?) 중국 전국 시대 송나라 사상가

▶ 천지는 만물의 여관이고 세월은 백 대에 걸친 손님이다.

_이백(701~762) 중국 당나라 시인

▶ 천지는 무정해도 사람을 사랑한다. _유장경(725?~791?) 중국 당나라 시인

▶ 천지는 원래 넓은데도 천박한 자가 스스로 좁다고 여긴다. _《채근담》

▶ 하늘과 땅은 영원히 있지만 이 몸은 두 번 얻지 못하고, 인생은 다만 백 년인데 오늘은 가장 빨리 지나간다. _《채근담》

▶ 화려한 것을 사절하고 소박한 것을 달게 여김으로써 하나의 깨끗한 이름을 오래도록 천지에 남기도록 하라. _《채근담》

한자 숙어

천장지구(天長地久) 천지는 영구히 변함이 없음.

천존지비(天尊地卑) 하늘을 존중하고 땅을 천시한다는 뜻으로, 윗사람만 받들고 아랫사람은 업신여김을 이르는 말.

추측

推測

미루어 생각하여 헤아림.

명언 명문

▶ 내세는 신앙 또는 추측의 문제다. 그것은 숨어 있는 존재에 관한 예언적 가설이다. _G. 산타야나(1863~1952) 미국 철학자, 시인

▶ 네가 추측하는 의무란 네가 그것을 추측하는 순간부터 너를 속박한다. _H. F. 아미엘(1821~1881) 스위스 철학자, 문학가 《일기》

▶ 대중은 추측을 잘하지 못한다. _T. 드퀸시(1785~1859) 영국 평론가, 작가

▶ 상아를 보면 코끼리가 소보다 큰 것을 안다. _유향(B.C. 77?~B.C. 6?) 중국 전한 학자

▶ 세상이 전혀 쓸모없는 것이라면 그것은 추측을 위한 좋은 주제가 된다. _W. 해즐릿(1778~1830) 영국 평론가, 수필가

▶ 약학은 추측의 기술이다. 많은 경우에 추측도 경험도 실패한다. _A. C. 켈수스(B.C. 30?~A.D. 45?) 로마 저술가

▶ 여자의 추측은 남자의 확신보다 훨씬 정확하다. _R. 키플링(1865~1936) 영국 소설가, 시인

▶ 절망은 일부분을 파괴하지만 예상은 많은 것을 파괴한다. _B. 프랭클린(1706~1790) 미국 정치가, 과학자

▶ 짧은 두레박줄로 깊은 우물의 물을 길을 수가 없다. 사려가 얕은 자는 사물을 깊고 멀리 짐작할 수가 없는 것이다. _순자(B.C. 298?~B.C. 238?) 중국 전국 시대 조나라 사상가

속담

▶ 가재 물 짐작하듯. (무슨 일에나 미리 예측을 잘함을 비유적으로 이르는 말) _한국

▶ *감투가 커도 귀가 짐작이라. (귀를 가늠하여 감투의 크기를 짐작할 수 있다는 뜻으로, 어떤 사물의 내용을 어느 정도 자신 있게 짐작함을 이르는 말) _한국

*감투 | 예전에, 머리에 쓰던 옷차림의 하나.

▶ 건너다 보니 절터라. (내용을 다 보지 않고 겉으로만 보아도 틀림없을 만한 짐작이 든다는 말) _한국

▶ 겉 보기가 속 보기. (겉으로 드러나 보이는 모양만 보아도 속까지 가히 짐작해서 알 수 있다는 말) _한국

▶ 그 발톱으로 사자인 것을 알 수 있다. _영국

▶ 내 속 짚어 남의 말 한다. (자기가 그러니 남도 역시 그러려니 짐작하여 남의 말을 함을 이르는 말) _한국

▶ 다음번 장날 떡이 클지 작을지 누가 아나. (미래의 일은 짐작하기 어렵다는 뜻) _한국

▶ 달걀을 훔친 자는 소도 훔칠 것이다. _영국

▶ 머루 먹은 속. (내강 짐직을 히고 있는 속마음이라는 말) _한국

▶ 발의 크기로써 헤라클레스와 같은 거인을 인식한다. _영국

▶ 삼천갑자 동방삭이도 저 죽을 날은 몰랐다. (아무리 현명한 사람이라도 운명에 대해서는 잘 알지 못함을 이르는 말) _한국

▶ 소경 장 떠먹기. (얼마나 되는지도 모르고 어림짐작으로 일을 해결하는 것을 비유하는 말) _한국

고사성어

▷ 일엽지추(一葉知秋)

하나의 나뭇잎을 보고 가을이 오는 것을 안다는 뜻으로, 조그마한 일을 보고 앞으로 올 일을 알며, 가까운 것을 보고 멀리 있는 것을 미리 짐작하는 것을 이른다. 중국 전한의 유안이 지은 철학서 《회남자》에서는 이를 '작은 것으로써 큰 것을 밝히고, 한 잎이 지는 것을 보고 한 해가 저물어 감을 안다. 병 속의 얼음을 보고 세상이 추워졌음을 알 수 있노라.' 라고 표현하고 있다. 여기서 한 해가 저문다는 것은 바로 가을이 왔다는 뜻이다. 또한 《문록》에 실린 시에는 '산 속에 사는 중은 세월이 얼마나 흘렀는지 헤아리지 않으니, 다만 낙엽 하나가 떨어지면 천하에 가을이 온 줄 안다.' 라고 표현되어 있다. _《회남자》, 《문록》

치료 治療

병이나 상처 따위를 잘 다스려 낫게 함.

명언 명문

▶ 건강하다고 믿고 있는 병자는 고치지 못한다.
_H. F. 아미엘(1821~1881) 스위스 철학자, 문학가

▶ 관대함은 잔인함이 치료제다.
_G. J. 파이드루스(B.C. 15~A.D. 50) 로마 우화 시인

▶ 극단적 질병에는 극단적 치료가 가장 적절하다.
_히포크라테스(B.C. 460?~B.C. 377?) 그리스 의학자

▶ 근심에 대한 치료제는 술보다도 일이 더 낫다.
_T. A. 에디슨(1847~1931) 미국 발명가

▶ 다양한 질병은 제멋대로 찾아오지만 치료는 찾아오기가 매우 어렵다.
_S. 버틀러(1612~1680) 영국 시인

▶ 대부분의 사람은 자기 병이 아니라 치료제 때문에 죽는다.
_몰리에르(1622~1673) 프랑스 극작가, 배우

▶ 말은 병든 마음을 치료하는 의사다.
_아이스킬로스(B.C. 525~B.C. 456) 그리스 시인

▶ 병을 고치려고 하는 사람은 벌써 반은 나았다.
_L. A. 세네카(B.C. 4?~A.D. 65) 로마 철학자, 극작가

▶ 사람, 생명, 기질, 건강이 무엇인지 알면 그 반대되는 질병들도 잘 알고 치료법도 잘 알게 될 것이다.
_L. 다빈치(1452~1519) 이탈리아 화가, 건축가, 조각가

▶ 분노의 가장 좋은 치료법은 지연시키는 것이다.
_L. A. 세네카(B.C. 4?~A.D. 65) 로마 철학자, 극작가

▶ 어떤 종류의 치료는 병보다 나쁘다.
_P. 시루스(B.C. 1세기경) 로마 시인

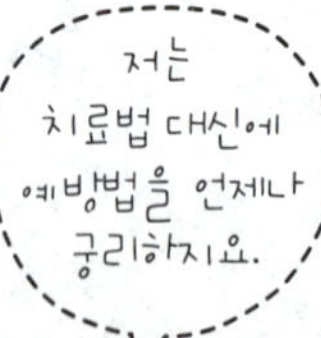

L. 파스퇴르

▶ 엉터리 치료는 아무것도 낫게 하지 못하고 모든 것을 죽인다.

_T. 칼라일(1795~1881) 영국 사상가, 역사가

▶ 원인을 알면 치료가 되는 경우가 많다.

_A. C. 켈수스(B.C. 30?~A.D. 45?) 로마 저술가

▶ 육체를 치료할 때 정신을 육체와 분리해서 다루는 것은 잘못이다.

_플라톤(B.C. 428?~B.C. 347?) 그리스 철학자

▶ 인간은 로켓을 하늘에 쏠 수는 있어도 분노라든지 불만을 치료할 수는 없다. _J. E. 스타인벡(1902~1968) 미국 소설가

▶ 죽음을 제외하고는 모든 것에 치료법이 있다.

_M. 세르반테스(1547~1616) 에스파냐 소설가

▶ 질병에 대해 생각할 때 나는 치료법 대신에 예방법을 언제나 궁리한다. _L. 파스퇴르(1822~1895) 프랑스 화학자, 미생물학자

▶ 치료는 세월이 해결할 문제이지만 때로는 기회가 해결할 문제이기도 하다. _히포크라테스(B.C. 460?~B.C. 377?) 그리스 의학자

▶ 치료의 주목적은 목숨의 연장이 아니라 고통을 덜어 주는 것이다. 고통을 덜어 주지는 않고 목숨만 연장하는 치료라면 그만두어야만 한다. _C. 바너드(1922~2001) 남아프리카 공화국 의사

▶ 희망과 인내는 모든 어려움의 가장 좋은 치료제다.

_R. 버턴(1577~1640) 영국 목사, 작가

속담

▶ 같은 것이 같은 것을 치료한다. _독일

▶ 마음껏 웃는 것과 오래 자는 것은 의사의 처방에서 제일 좋은 치료법이다. _아일랜드

▶ 방문객들의 발걸음 소리는 약과 같아서 병자를 치유한다. _아프리카

▶ 병을 숨기는 자는 치료를 기대할 수 없다. _에티오피아

▶ 서투른 치료는 병보다 나쁘다. _영국

▶ 약은 오로지 치료 가능한 병만 고치고, 그것도 항상 고치는 것은 아니다. _중국

▶ 어리석음은 가장 고치기 어려운 병이다. _에스파냐

▶ 해치기는 쉽고 치료하기는 어렵다. _독일

탐구 探究

진리, 학문 따위를 파고들어 깊이 연구함.

명언 명문

*공정 | 공평하고 올바름.

▶ 가장 겸손한 탐구자만이 신적인 진리를 발견하는 데 확실하고도 안전하게 발견할 수 있다. _J. 헨리(1797~1878) 미국 물리학자

▶ *공정의 탐구는 동양의 것이고, 인식의 탐구는 서양의 것이다. _W. C. 윌리엄스(1883~1963) 미국 시인

▶ 과학에서는 사람이 자기가 탐구하고 있는 것을 발견하기 힘들다. 그러나 탐구하여 왔기 때문에 무엇인가를 발견한다. 그리고 그 사람이 천재라면 자기가 발견한 것을 설명한다. _A. 모루아(1885~1967) 프랑스 소설가, 평론가

▶ 과학자는 절대로 무엇을 증명하려 들지 않는다. 다만 사실을 찾아내려고 할 뿐이다. _G. 스티븐슨(1781~1848) 영국 발명가

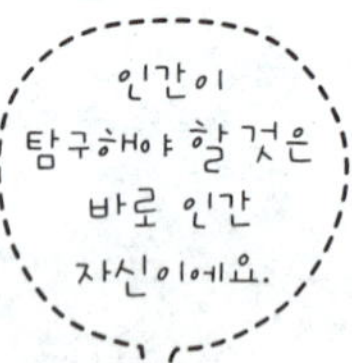

▶ 나는 날 때부터 학식이 풍부한 사람은 아니다. 옛것을 좋아하고 부지런히 탐구하는 사람이다. _공자(B.C. 551~B.C. 479) 중국 춘추 시대 노나라 사상가

▶ 내가 사색을 시작한 순간부터 현재에 이르기까지 40년 동안 꾸준하게 몰두한 문제는 탐구의 방법에 관한 연구였다. 옛 사람들이 한 탐구 방법과 장래에 해야 할 탐구 방법에 관한 연구였다. _C. S. 퍼스(1839~1914) 미국 철학자, 수학자, 물리학자

A. 포프

▶ 너 자신을 알라. 신을 연구하는 체하지 마라. 인간이 할 만한 적절한 탐구는 인간 자신이다. _A. 포프(1688~1744) 영국 시인

▶ 모든 학문과 탐구, 모든 활동과 추구는 어떤 선을 향한다. _아리스토텔레스(B.C. 384~B.C. 322) 그리스 철학자

▶ 사람은 알려진 것에서 알려지지 않은 것으로 가는 것 이외에는 아

무것도 배울 수 없다. _C. 베르나르(1090~1153) 프랑스 신학자

▶ 아무 생각 없이 믿는 것보다는 탐구하는 것이 더 낫다.

_R. G. 잉거솔(1833~1899) 미국 정치가

▶ 이 시대의 가장 큰 특징은 탐구 정신이다. _J. 풀(1786~1872) 영국 극작가

▶ 탐구는 회화에 있어서는 무의미하다. 발견하는 것이 중요하다.

_P. 피카소(1881~1973) 에스파냐 화가

▶ 탐구라는 생각이 때때로 회화를 미혹하며 화가를 사색에 몰두시킨다. 이것이 근대 회화의 최대의 결함이다.

_P. 피카소(1881~1973) 에스파냐 화가

▶ 탐구란 의혹에서 시작되고 의혹을 제거하는 조건을 만드는 것으로 끝난다. 의혹을 제거하는 조건이 만들어진다는 것은 신념이 만들어지는 것이다. _J. 듀이(1859~1952) 미국 철학자 《탐구의 이론》

▶ 탐구하는 정신에게는 온 세상이 실험실이다.

M. H. 피셔(1879~1962) 미국 작가

▶ 탐구해도 발견할 수 없을 정도로 어려운 것은 하나도 없다.

_P. 테렌티우스(B.C. 185?~B.C. 159?) 로마 극작가

속담

▶ 사람은 탐구할수록 헤맨다. (진리를 계속 추구해 가다 보면 점점 알 수 없는 일이 생긴다는 말) _독일

▶ 진리를 탐구하는 것은 지극히 어려운 일이다. _서양

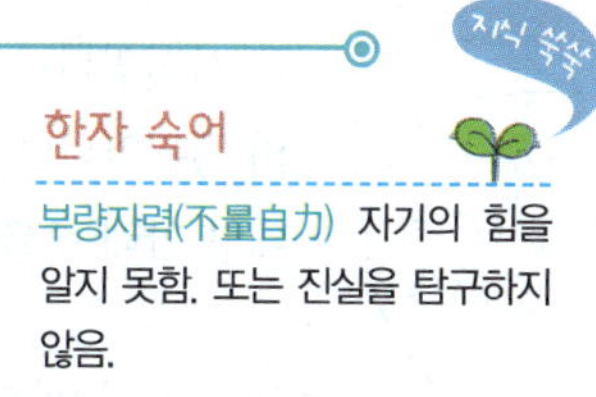

한자 숙어

부량자력(不量自力) 자기의 힘을 알지 못함. 또는 진실을 탐구하지 않음.

고사성어

▷ 격물치지(格物致知)

사물의 이치를 탐구하여 지식을 완전하게 한다는 뜻이다. 중국 송나라 유학자 주자는 "한 그루의 꽃과 한 잎의 풀에도 이치가 있는데, 이러한 현상과 질서를 하나하나 탐구하다 보면, 어느 순간에 세상 만물에 대한 진리를 밝힐 수가 있으며 그로 인해 천하를 태평스럽게 할 수 있다"고 하였다. 주자 이후, 명나라의 유학자 왕양명을 비롯한 많은 유학자들은 격물치지에 대한 해석을 다르게 하여 논란이 되기도 하였다. _《대학》

태양 太陽

태양계의 중심이 되는 별. 매우 소중하거나 희망을 주는 존재를 비유적으로 이르는 말.

명언 명문

▶ 많은 시인들에게 태양은 하늘의 눈이다.

_G. 바슐라르(1884~1962) 프랑스 철학자

▶ 사람들은 지는 해보다 떠오르는 태양을 더 존경한다.

_G. 채프먼(1559?~1634) 영국 시인, 극작가

▶ 사람들은 지는 해일 때는 문을 닫아 버린다.

_W. 셰익스피어(1564~1616) 영국 극작가, 시인

▶ 사막의 아침에 떠오르는 태양의 불꽃은 오묘한 진리와 지혜같이 잡을 수 없다. _〈팔만대장경〉

▶ 아침 해가 돋는 데 우리가 물질적으로 돕는 것은 없습니다. 그것은 사실입니다. 그러나 해가 돋는 것을 보고만 있다는 것은 최하의 행위입니다. _G. 허버트(1593~1633) 영국 시인

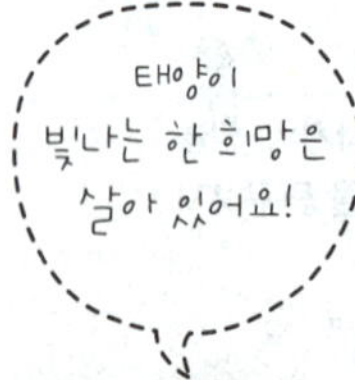

▶ 태양 아래 촛불을 켜는 것은 불필요하다.

_A. 시드니(1622~1683) 영국 정치가

▶ 태양은 늘 변하는 것처럼 보이나 실은 변하지 않는다.

_R. B. 콩스탕(1767~1830) 프랑스 정치가, 소설가

▶ 태양은 도덕적이거나 부도덕하지 않다. 그는 있는 그대로다. 그는 암흑을 정복한다. 예술도 또한 그와 마찬가지다.

_R. 롤랑(1866~1944) 프랑스 소설가, 사상가

▶ 태양은 불타는 쇠의 신이다. _아르키메데스(B.C. 287?~B.C. 212) 그리스 과학자

▶ 태양은 사악한 자들마저도 비추어 준다.

_L. A. 세네카(B.C. 4?~A.D. 65) 로마 철학자, 극작가

J. C. F. 실러

▶ 태양은 어느 나라에서나 아침에 뜬다. _G. 허버트(1593~1633) 영국 시인

▶ 태양이 빛나는 한 희망 또한 빛난다.

_J. C. F. 실러(1759~1805) 독일 시인, 극작가

▶ 피로할 줄 모르는 태양은 매일매일 그의 창조력을 발휘하고 모든 대지 위에 전능한 손의 작품을 발행한다.

_J. 애디슨(1672~1719) 영국 수필가, 시인, 정치가

속담

▶ 당신이 거들지 않더라도 태양은 스스로 저물어 간다. _이스라엘

▶ 아침 해는 종일 계속되지 않는다. _영국

▶ 은둔한 자는 해가 자기 방에만 비친다고 생각한다. _서양

▶ 태양과 소금보다 더 유익한 것은 없다. _로마

▶ 태양을 사랑하는 것은 모두 문밖에 있다. _영국

▶ 태양이 빛나더라도 그대의 외투를 집에 두고 나가지 마라. _영국

▶ 해가 비치는 동안은 아직 낮이다. _영국

▶ 해가 비칠 때는 아무도 관심이 없지만 해가 지고 나면 누구나 해를 생각한다. _서양

▶ 해는 가장 높이 떠 있을 때 그림자가 가장 짧다. _서양

▶ 해는 감출 수 없다. _이집트

▶ 해지기 전까지 무슨 일이 닥칠지는 아무도 모른다. _서양

고사성어

▷ 일모도원(日暮途遠)

날은 저물었는데 갈 길은 멀다는 뜻으로, 할 일은 많으나 시간이 없어 뜻하는 바를 쉽게 이룰 수 없다는 말이다. 춘추 시대 초나라 평왕에 의해 형과 아버지를 잃은 오자서는 초나라를 떠나 오나라로 갔다. 몇 년 뒤, 오자서는 원수를 갚기 위해 초나라로 쳐들어가 수도를 함락했다. 하지만 평왕은 이미 죽고 없었다. 그러자 오자서는 평왕의 무덤을 파헤치고 그 시신을 꺼내 채찍질을 하였다. 이 모습을 본 친구 신포서가 도리에 어긋난 일이라고 나무라자, 오자서는 "날은 저무는데 갈 길은 멀어 도리에 어긋난 일을 할 수밖에 없었네."라고 대답하며 자리를 떠났다고 한다.

_《사기》 오자서열전

파충류

爬蟲類

파충강의 동물을 통틀어 이르는 말로 거북, 뱀, 악어 따위가 있음.

명언 명문

*악업 | 좋지 못한 행위.
*석장 | 굳센 의지나 지조가 있는 마음.

▶ 뱀에 물리면 얼마나 고통스러운지 물려 본 사람이 아니면 모른다.
_S. A. 키르케고르(1813~1855) 덴마크 철학자

▶ 뱀은 *악업이 깊은 짐승이라, 그의 일생이 대단히 괴롭다.
_《묘법연화경》

▶ 잡아먹으려 할 때 눈물을 흘리는 것은 악어의 지혜다.
_F. 베이컨(1561~1626) 영국 정치가, 철학자

▶ 천 년도 한 순간인 거북의 수명 / 그의 힘엔 천지도 끌린다. / 언제 이 *석장으로 태어났느냐? / 가죽이 뼈를 싼 것이 아니라 뼈가 가죽을 쌌구나.
_진거비(12세기경) 중국 남송 시인

▶ 풀밭에는 뱀이 숨어 있다. _P. 베르길리우스(B.C. 70~B.C. 19) 로마 시인

속담

▶ 가장 더러운 뱀들이 가장 높은 기둥 위에 있다. _이란
▶ 개구리 삼킨 뱀의 배. (고집이 센 사람을 이르는 말) _한국
▶ 거북의 털. (도저히 구할 수 없는 물건을 이르는 말) _한국
▶ 구렁이 담 넘어가듯 한다. (우물쭈물하는 듯하면서 어느 틈에 이루어 놓았음을 비유한 말) _한국
▶ 뱀에게 물린 사람은 새끼줄만 보고도 놀란다. _서양
▶ 뱃속에 능구렁이가 들어 있다. (음흉하고 능청스러운 사람을 이르는 말) _한국
▶ 안 본 용은 그려도 본 뱀은 못 그린다. _한국

한자 숙어

귀배괄모(龜背刮毛) 거북 등에서 털을 깎는다는 뜻으로, 없는 것을 애써 구함을 이르는 말.

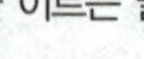

포유류

哺乳類

포유강의 동물을 통틀어 이르는 말로 형태와 습성이 매우 다양함.

명언 명문

- 곰은 사납고 위험한 짐승이기는 하지만 그것은 결코 곰의 죄가 아니다. _F. M. 도스토옙스키(1821~1881) 러시아 소설가 《카라마조프의 형제들》
- 양 한 마리가 도랑을 뛰어넘을 때 다른 양들도 뛰어넘을 것이다. _W. 스콧(1771~1832) 영국 시인, 소설가
- 조그만 생쥐를 보라. 그놈은 자기 생명을 단 한 개의 구멍에 내맡기지 않는다. 이 얼마나 현명한 동물인가. _M. J. 브루투스(B.C. 85~B.C. 42) 로마 정치가

속담

- 고양이는 신선한 고기를 원하지만 물 속에는 들어가지 않는다. _몽골
- 곰은 개미만 잡아먹고는 배부를 수 없다. _그리스
- 노루 때린 막대기 세 번이나 국 끓여 먹는다. (보잘것없는 것을 두고두고 되풀이하여 이용한다는 뜻) _한국
- 다람쥐 쳇바퀴 돌듯. (끝없이 반복하나 결말이 없다는 말) _한국
- 돼지에 진주. (값어치를 모르는 사람에게는 보물도 아무 소용없음을 비유적으로 이르는 말) _한국
- 양은 털만 깎아야지 가죽을 벗겨서는 안 된다. _프랑스
- 족제비는 꼬리 보고 잡는다. (무슨 일이나 다 목적이 있고 노리는 바가 있어서 한다는 말) _한국
- 쥐에게는 고양이가 사자다. _알바니아
- 토끼도 죽은 사자의 수염은 뽑을 수 있다. _영국

W. 스콧

피

사람이나 동물의 몸 안의 혈관을 돌며 산소와 영양분을 공급하고, 노폐물을 운반하는 붉은색의 액체.

명언 명문

▶ 동물처럼 되어 이성이라는 무거운 짐을 벗어 던짐으로써 삶에 대한 해답을 찾으려고 하는 사람의 경우, 피는 삶의 본질이 된다. 피를 흘리게 하는 것은 살아 있다는 느낌을 주고, 강하고 독특하고 다른 모든 사람들보다 우월하다는 느낌을 준다.

_E. 프롬(1900~1980) 독일 정신 분석학자, 사회학자 《인간의 마음》

▶ 로마는 멸망할 것이다. 이 말을 로마가 흘리게 만든 모든 피로 적어라. _W. 쿠퍼(1731~1800) 영국 시인

▶ 사랑은 생명의 피며, 분리된 것을 다시 결합하는 힘이다.

_P. J. 틸리히(1886~1965) 미국 신학자

▶ 피가 가장 극적인 빛깔과 구성 요소를 가진 것은 사실이다.

_B. 맬러머드(1914~1986) 미국 소설가

속담

▶ 낡은 상처는 쉽게 피를 흘린다. _서양

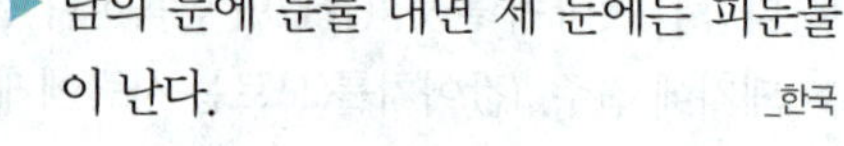

▶ 남의 눈에 눈물 내면 제 눈에는 피눈물이 난다. _한국

▶ 안에서 피를 흘리는 상처가 가장 위험하다. _영국

▶ 피는 물보다 진하다. (혈육의 정이 깊음을 이르는 말) _한국

▶ 피는 피로 씻어질 수 없다. _페르시아

▶ 피로 피를 씻는다. _한국

관용어

피가 되고 살이 되다 _ 큰 도움이 되다.

피가 마르다 _ 몹시 괴롭거나 애가 타다.

피도 눈물도 없다 _ 조금도 인정이 없다.

하늘

지평선이나 수평선 위로 보이는 무한대의 넓은 공간.

명언 명문

▶ 계절이 바뀌고 만물이 철따라 자라지만 하늘은 말이 없다.

_공자(B.C. 551~B.C. 479) 중국 춘추 시대 노나라 사상가

▶ 급하면 하늘을 부르고 아프면 부모를 부르는 것이 사람의 참된 감정이다. _소철(1039~1112) 중국 북송 문학가

▶ 기쁨에 슬픔이 따르는 것은 하늘의 뜻이다.

_T. M. 플라우투스(B.C. 254?~B.C. 184) 로마 극작가, 시인

▶ 모든 불행은 사람의 뜻이 아니라 하늘의 뜻에 따라온다.

_장자(B.C. 369?~B.C. 289?) 중국 전국 시대 송나라 사상가

▶ 하늘은 높으면서 낮은 것을 듣는다.

_사마천(B.C. 145?~B.C. 86?) 중국 전한 역사가

▶ 하늘은 자신이 총애하는 자를 *요절하게 만든다.

_G. G. 바이런(1788~1824) 영국 시인

*요절 | 젊은 나이에 죽음.

▶ 하늘이 내게 복을 조금만 준다면 나는 덕을 많이 쌓아 맞이하고, 하늘이 내 몸을 피곤하게 하면 나는 마음을 편안하게 하여 보충하고, 하늘이 내게 재앙을 내린다면 나는 도를 깨달아 극복할 것이다. 하늘인들 나를 어찌할 것인가! _《채근담》

▶ 하늘이 바라는 바를 하지 않고 하늘이 바라지 않는 바를 하면, 하늘도 사람이 바라는 바를 하지 않고 바라지 않는 바를 한다.

_묵자(B.C. 480~B.C. 390) 중국 춘추 전국 시대 노나라 사상가

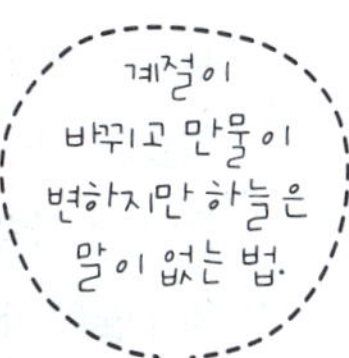

공자

속담

▶ 가난한 사람에게 자선을 베풀면 하늘이 그에게 갚아 준다. _서양

▶ 바늘구멍으로 하늘 보기. _한국

▶ 백성의 소리는 하늘의 소리. _서양

▶ 하늘에 돌 던지는 격. (자신에게 해가 되어 돌아올 행동을 비유적으로 이르는 말) _한국

▶ 하늘에 침 뱉기. _한국

▶ 하늘에는 입이 없으나 사람에게 말을 하게 한다. _영국

▶ 하늘은 바다와 만날 때 똑바른 선을 이룬다. _서양

▶ 하늘을 도리질 치다. (기세가 무서울 만큼 높아 두려울 게 없는 듯 행동함을 이르는 말) _한국

▶ 하늘을 보아야 별을 따지. (어떤 성과를 거두려면 그에 상당하는 노력과 준비가 있어야 한다는 말) _한국

▶ 하늘이 돈짝만 하다. (술에 취해 사물을 제대로 보지 못하거나 모든 일을 가소롭게 여김을 이르는 말) _한국

한자 숙어

만리장천(萬里長天) 아주 높고 넓은 하늘.

항룡유회(亢龍有悔) 하늘에 닿은 용이 후회한다는 뜻으로, 욕심에 한계가 없으면 후회하게 됨을 이르는 말.

고사성어

▷ 청천백일(靑天白日)

푸른 하늘에 떠 있는 밝은 해란 뜻으로, 세상에 아무런 부끄럼이나 죄가 없이 결백하거나 억울한 누명을 벗게 되었을 경우를 비유하는 말이다. 당나라 때의 시인 한유는 당송팔대가 중의 한 사람이다. 한유에게는 인품이 훌륭한 최군이라는 친구가 있었는데, 한유는 그 친구의 인품에 대해 칭송하는 글을 썼다. 그 글에 '사람들이 저마다 좋고 싫은 감정이 있을 텐데 현명한 사람이든 어리석은 사람이든 자네를 좋아하는 까닭은 무엇인가? 봉황과 영지가 상서로운 조짐이라는 것은 누구나 다 알고 있으며, 청천백일이 맑고 밝다는 것을 노예인들 모를 리 있겠는가?' 라는 구절이 있다. 최군처럼 훌륭한 인물은 누구나 인정하게 된다는 뜻이 담겨 있다. 당송팔대가란 당나라와 송나라 시대의 여덟 명의 뛰어난 문장가로, 당나라의 한유, 유종원, 송나라의 구양수, 왕안석, 증공, 소순, 소식, 소철을 말한다. _《여최군서》

흙

지구의 표면을 덮고 있는 바위가 부서져 생긴 가루인 무기물과 동식물에서 생긴 유기물이 섞여 이루어진 물질.

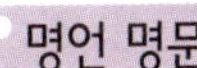

명언 명문

▶ 너는 흙에서 난 몸이니 흙으로 돌아가기까지 이마에 땀을 흘려야 낟알을 얻어 먹으리라. 너는 흙이니 흙으로 돌아갈 것이니라.

_《성경》

▶ 만물은 흙에서 나고 흙으로 돌아간다.

_크세노파네스(B.C. 560?~B.C. 478?) 그리스 시인, 철학자

▶ 시체와 흙은 같은 종류의 것이다.

_W. 셰익스피어(1564~1616) 영국 극작가, 시인

▶ 인간은 지상에서 즐기려면, 약간의 흙덩이만 있으면 된다. 지하에서 쉬기 위해서는, 더욱 적은 흙덩이만 있어도 족하다.

_J. W. 괴테(1749~1832) 독일 시인, 소설가, 극작가

▶ 하나의 흙덩이도 수만의 미지의 생명으로 이룩된 것이다.

_H. F. 아미엘(1821~1881) 스위스 철학자, 문학가

▶ 황제의 위엄을 떨치던 카이사르도 죽어서 흙이 되면 겨울바람을 막기 위해 벽의 구멍을 메우기나 할 것이다.

_W. 셰익스피어(1564~1616) 영국 극작가, 시인

속담

▶ *밀랍을 녹인 열이 흙을 굳게 한다. _영국

▶ *잦힌 밥에 흙 퍼붓기. (무지하고 버릇없으며 매우 심술궂음을 이르는 말) _한국

▶ 흙내가 고소하다. (죽고 싶은 생각이 든다는 뜻) _한국

▶ 흙을 잘 부수지 않으면 토기를 만들 수 없다. _로마

*밀랍 | 벌집을 만들기 위하여 꿀벌이 분비하는 누런 빛깔의 물질.

*잦히다 | 액체가 졸아들어 없어지게 하다.

높은 나무는 그늘이 없고

홀로 서 있는 나무는 숲이 되지 못한다.

《후한서》

Section 6

문화란 에로스에 봉사하는 한 과정이며,
흩어진 개인, 가족, 더 나아가 종족, 민족, 국민을 하나의 통일체인
인류로 통합하는 것이다. 왜 그렇게 되는지는 알 수 없다.
아마도 그것은 에로스의 활약이 아닐까?

S. 프로이트

문화와 예술

감동 感動

크게 느끼어 마음이 움직임.

명언 명문

*요람 | 사물의 발생지나 근원지를 비유적으로 이르는 말.

▶ 마음속에 음악도 없고 감미로운 화음에 감동하지도 않는 자는 반역, 음모, 약탈이나 일삼을 사람이다.

_W. 셰익스피어(1564~1616) 영국 극작가, 시인

▶ 우리가 체험할 수 있는 가장 아름다운 것은 신비한 것, 즉 참된 예술과 과학의 *요람 앞에서 느끼는 근본적인 감동이다.

_A. 아인슈타인(1879~1955) 미국 물리학자

▶ 재치 있는 농담은 재치를 부릴 생각이 없을 때 튀어나온다. 마찬가지로 감동도 상대방이 우리를 감동시키려는 생각이 전혀 없을 때 느끼게 된다.

_볼테르(1694~1778) 프랑스 사상가 《스코틀랜드》

▶ 진정은 정성이 지극한 것이다. 진정이 아니면 사람을 감동시킬 수 없다. 진정을 품고 있으면 그것은 저절로 드러나게 마련이다.

_장자(B.C. 369?~B.C. 289?) 중국 전국 시대 송나라 사상가

한자 숙어

일념통천(一念通天) 한결같은 마음으로 열중하면 하늘도 감동하여 일을 성취하게 함.

중구훈천(衆口熏天) 많은 사람의 말은 하늘을 감동시킴.

지성감천(至誠感天) 지극한 정성에는 하늘도 감동한다는 뜻으로, 무엇이든 정성껏 하면 하늘이 움직여 좋은 결과를 맺는다는 뜻.

고사성어

▷ 난상가란(卵上加卵)

달걀 위에 달걀을 포갠다는 뜻으로, 불가능한 일도 정성을 다하면 뜻밖의 좋은 결과를 얻을 수 있음을 비유하는 말이다. 남편이 귀양을 떠나면서 "혹시 달걀 위에 달걀을 포갤 수 있다면 몰라도 돌아오지 못할 것이오."라고 말했는데, 아내의 지극한 정성으로 남편은 돌아올 수 있었다.

_《성수패설》

建築 건축

집이나 다리 따위의 구조물을 그 목적에 따라 설계하여 세우거나 쌓아 만드는 일.

명언 명문

▶ 건물을 볼 때는 세 가지를 주의해서 보아야 한다. 적절한 장소에 서 있는가? 기초가 안전하게 되어 있는가? 잘 관리되고 있는가?

_J. W. 괴테(1749~1832) 독일 시인, 소설가, 극작가

▶ 건축은 무엇인가를 영원한 것으로 만들고, 무엇인가를 찬미한다.

_L. J. J. 비트겐슈타인(1889~1951) 영국 철학자 《반철학적 단장》

▶ 건축은 민족의 업적이다. _J. 러스킨(1819~1900) 영국 미술 평론가

▶ 건축은 생활의 방법이다. _F. L. 라이트(1867~1959) 미국 건축가

▶ 건축은 주민이 살고 있는 작품을 만드는 조각이다.

_C. 브란쿠시(1876~1957) 프랑스 조각가

▶ 건축의 목적은 잘 짓는 것이다. 잘 짓는다는 것의 세 가지 조건은 상품성, *견고성, 그리고 쾌적함이다.

_H. 워턴(1568~1639) 영국 외교관, 시인

*견고성 | 굳고 단단한 성질.

▶ 고대 로마인들은 건축의 최대 걸작품, 즉 원형 극장을 지었는데 그것은 야수들이 그 안에서 싸우게 하기 위해서였다.

_볼테르(1694~1778) 프랑스 사상가

▶ 우리는 건물의 형태를 만들지만 그 다음에는 건물이 우리의 형태를 만든다. _W. L. S. 처칠(1874~1965) 영국 정치가

▶ 현대적이고 조화롭고 활기찬 건축은 진정한 민주주의의 눈으로 볼 수 있는 징표다. _W. A. 그로피우스(1883~1969) 독일 건축가

▶ 훌륭한 건축물에서 받는 인상은 그 건물이 어떤 하나의 사상을 표현하고 있다는 느낌이다.

_L. J. J. 비트겐슈타인(1889~1951) 영국 철학자 《반철학적 단장》

J. 러스킨

격언

格言

사리에 맞아 교훈이 될 만한 짧은 어구나 문장.

명언 명문

▶ 간결한 격언 속에 흔히 많은 지혜가 깃들어 있다.

_소포클레스(B.C. 496~B.C. 406) 그리스 시인

▶ 격언은 냉혹함에서 쉽게 만들어진다.

_C. J. H. 디킨스(1812~1870) 영국 소설가

▶ 격언은 오랜 경험을 짧은 글로 표현한 것이다.

_M. 세르반테스(1547~1616) 에스파냐 소설가

▶ 격언은 이가 약한 사람도 씹을 수 있도록 뼈를 빼낸 인생의 지혜다.

_A. G. 비어스(1842~1914) 미국 소설가, 신문 기자

▶ 격언은 한 사람의 재치인 동시에 모든 사람의 지혜다.

_B. A. W. 러셀(1872~1970) 영국 철학자, 수학자 《경구》

▶ 격언을 만들어 내는 사람은 비관주의자와 동의어다.

_J. 루(1834~1905) 프랑스 성직자, 작가

▶ 격언을 즐겨 인용하는 사람은 문제의 양면은 전혀 모른 채 오로지 해답만 알고 있다.

_K. 샤피로(1913~2000) 미국 시인

▶ 격언이 민중의 재산이 되었을 때 서민들은 백작처럼 말할 수 있게 되었다.

_G. 새빌(1633~1695) 영국 정치가, 저술가

▶ 격언이란 본질적으로 귀족적인 장르다. 격언에 함축되어 있는 것은 그 작가가 독자들보다 더 현명하다는 확신이다.

_W. H. 오든(1907~1973) 미국 시인

▶ 대부분의 격언은 반대되는 격언이 있어서 서로 균형을 잡고 있다.

_G. 산타야나(1863~1952) 미국 철학자, 시인 《수필집》

▶ 명언이나 격언은 잘 이해할 수 없어도 해명하기 난처한 일을 당했

M. 세르반테스

을 때 놀라울 정도로 도움이 된다.

_A. S. 푸시킨(1799~1837) 러시아 시인, 소설가

▶ 어느 모로나 진실한 *잠언은 의외로 적다.

_L. C. 보브나르그(1715~1747) 프랑스 도덕주의자, 수필가 《성찰과 잠언》

▶ 올바른 행동을 하기보다 격언을 만들기가 더 어렵다.

_M. 트웨인(1835~1910) 미국 소설가

▶ 일반적 격언처럼 쓸모없는 것도 없다.

_T. B. 매콜리(1800~1859) 영국 역사가, 정치가

▶ 잠언은 필자의 마음을 폭로한다.

_L. C. 보브나르그(1715~1747) 프랑스 도덕주의자, 수필가

▶ 절름발이와 함께 살면 다리 저는 방법을 배운다는 격언은 옳다.

_플루타르코스(46?~120?) 그리스 철학자, 작가 《플루타르크 영웅전》

▶ 정직은 최상의 대책이지만, 이 격언에 지배되는 사람은 정직한 사람이 아니다. _R. 훼이틀리(1787~1863) 영국 학자, 성직자

▶ 지혜로운 사람은 격언을 만들어 내지만 바보는 그것을 반복한다.

_B. 디즈레일리(1804~1881) 영국 정치가, 소설가

*잠언 | 가르쳐서 훈계하는 말.
*금언 | 삶에 본보기가 될 만한 귀중한 내용을 담고 있는 짤막한 어구.

속담

▶ 격언은 몇 마디 말로 깊은 뜻을 나타내는 것이다. _영국

▶ 좋은 *금언은 모든 미덕의 싹이다. _영국

고사성어

▷ 촌철살인(寸鐵殺人)

한 치의 쇠붙이로 사람을 죽인다는 뜻으로, 간단한 말 또는 글로 핵심을 찔러 상대를 당황하게 만들거나 감동시킨다는 말이다. 대혜선사 종고가 "비유를 든다면, 사람이 한 수레에 무기를 가득 싣고 와서 하나를 꺼내 휘두르지만, 이는 결코 사람을 죽이는 수단이 아니다. 나는 단지 촌철만으로도 사람을 죽일 수 있다."고 말했다. 여기서 사람을 죽이는 수단이란 마음속의 온갖 헛된 생각과 분별을 끊는 수단을 말한다.

_《학림옥로》

고전 古典

오랫동안 많은 사람에게 널리 읽히고 모범이 될 만한 문학이나 예술 작품.

명언 명문

▶ 고전 연구를 그만두는 것은 마치 자연이 오래되었기 때문에 자연의 연구를 그만두는 것과 같다.

_H. D. 소로(1817~1862) 미국 사상가, 수필가 《월든》

▶ 고전으로 배를 채운 자는 누구나 인류의 적이다.

_H. V. 밀러(1891~1980) 미국 소설가

▶ 고전은 언제나 현대적이다. _E. 벌워리턴(1803~1873) 영국 소설가, 극작가

▶ 고전은 원시적 문학일 뿐이다. _S. B. 리콕(1869~1944) 캐나다 경제학자, 소설가

▶ 고전은, 사람들이 칭찬은 하지만 읽지는 않는 책이다.

_M. 트웨인(1835~1910) 미국 소설가

▶ 고전의 인용은 세계 어디서나 유식한 사람들의 언어다.

_S. 존슨(1709~1784) 영국 시인, 평론가

▶ 고전이 존경받는 이유는 거기에 많은 시간과 노력이 담겨 있기 때문이다. 사람들은 고전이 쓸모 있기 때문에 시간과 돈을 들인다.

_T. B. 베블런(1857~1929) 미국 경제학자 《유한계급론》

H. D. 소로

▶ 고전이란 넓은 의미에서, 건전하면서도 아름다운 꽃을 피우는 것과 같은 모습의 문학을 말하는 것이며, 또한 그 시대와 사회적 배경, 사회의 원칙 및 주도적인 힘과 완전히 일치하며 조화를 이루는 문학을 의미한다. _C. A. 생트뵈브(1804~1869) 프랑스 시인, 소설가

▶ 고전이야말로 인류의 가장 고귀한 기록이 아니고 무엇이겠는가.

_H. D. 소로(1817~1862) 미국 사상가, 수필가 《월든》

▶ 도를 오늘날에 찾는 데에는 고전보다 좋은 것이 없다.

_왕부(2세기경) 중국 후한 학자 《잠부론》

▶ 《서경》을 그대로 믿는다면 《서경》이 없는 것보다 못하다.

_맹자(B.C. 372~B.C. 289) 중국 전국 시대 추나라 사상가

▶ 세월의 비평 속에 살아남은 옛글에 우리는 큰 안도감을 느낀다.

_J. R. 로웰(1819~1891) 미국 시인, 평론가

▶ 쉽게 풀이해 놓은 고전보다는 거짓말이 더 낫다. _E. L. 파운드(1885~1972) 미국 시인

▶ 옛 성인과 현인들의 말씀과 지나간 행실을 알아서 자기의 덕을 쌓는다. _《주역》

▶ 우리는 눈을 뜨고 고전을 읽어야 한다. 미신으로 어두워진 눈으로 읽어서는 안 된다. _M. 아널드(1822~1888) 영국 시인, 평론가

▶ 좋은 책 목록에는 반드시 고전이 들어 있다. 그러나 자기에게 필요한 좋은 책을 구별할 줄 알아야 한다.

_H. V. 밀러(1891~1980) 미국 소설가

한자 숙어

고인조박(古人糟粕) 성인의 참된 도는 언어와 문장으로 다 전할 수 없으므로 오늘날 전해지는 것은 술을 거르고 남은 찌꺼기에 불과하다는 뜻. 현재까지 전해 내려오는 성인의 언어와 저서를 이르는 말.

의금자찰지고(疑今者察之古) 오늘날 일에 의문스러운 것은 지난 일을 살펴서 깨달으라는 뜻.

키워드 정보 BOX

이것이 중국 고전이다

유가의 대표적 경전인 《논어》.

《논어》, 《맹자》 등 우리 문화와 비슷한 중국 고전은 그 종류가 매우 많으며 내용도 다양하다. 유가의 경전으로는 《논어》, 《맹자》, 《예기》, 《주역》, 《서경》, 《시경》, 《주례》, 《의례》, 《춘추좌씨전》, 《춘추공양전》, 《춘추곡량전》, 《효경》, 《이아》 등 13경이 있다. 사서삼경이나 사서오경도 여기에 포함되며, 사서 가운데 《대학》과 《중용》은 《예기》에 속해 있었으나 남송 시대 이후 분리되었다. 도가의 경전으로는 《노자도덕경》, 《장자》, 《포박자》가 있고, 묵가의 경전은 《묵자》가 있으며, 법가의 경전은 《관자》, 《법경》, 《상군서》, 《한비자》 등이 있다. 이 밖에도 병법서인 《손자병법》, 《사마법》, 《오자》, 《육도》, 《삼략》 등이 있다. 또한 제자백가의 사상을 집대성한 《여씨춘추》, 역사서 《사기》, 《전국책》, 《한서》 등이 있다.

공부 工夫

학문이나 기술을 배우고 익힘.

명언 명문

*학식 | 배워서 얻은 지식.

▶ 공부는 즐거움, 명예, 능력의 증진을 가져다준다.

_F. 베이컨(1561~1626) 영국 정치가, 철학자

▶ 공부하기를 좋아하면 많은 *학식을 얻을 것이다.

_R. A. 애스컴(1515~1568) 영국 작가, 고전학자

▶ 나는 아직도 공부하고 있다.

_L. B. S. 미켈란젤로(1475~1564) 이탈리아 화가, 조각가, 건축가

▶ 뜻을 세워서 공부하는 것은 나무를 심는 것과 같다.

_왕양명(1472~1528?) 중국 명나라 유학자

▶ 삼 년을 공부하고도 관직을 바라지 않기란 어려운 일이다.

_공자(B.C. 551~B.C. 479) 중국 춘추 시대 노나라 사상가

▶ 쉬지 않고 공부만 하면 동맥 속의 예민한 정신이 마비된다.

_W. 셰익스피어(1564~1616) 영국 극작가, 시인

▶ 식욕 없는 식사가 건강에 해롭듯이 의욕이 동반되지 않은 공부는 기억을 해친다.

_L. 다빈치(1452~1519) 이탈리아 화가, 건축가, 조각가

▶ 예전에는 자기 수양을 위해, 지금은 남들의 인정을 받기 위해 공부한다.

_공자(B.C. 551~B.C. 479) 중국 춘추 시대 노나라 사상가

▶ 우리는 공부할수록 자기 자신의 무지를 더욱 많이 발견한다.

_M. W. 셸리(1797~1851) 영국 작가

▶ 유식한 사람이란 공부로 시간을 보내는 게으름뱅이다.

_G. B. 쇼(1856~1950) 아일랜드 극작가, 평론가

▶ 의사에게는 박사 학위를 받은 뒤에도 계속되는 공부가 매우 중요하다.

_J. 빌링스(1818~1885) 미국 작가

▶ 젊을 때 공부를 소홀히 하는 자는 과거를 잃고, 미래에 대해서도 죽은 자가 된다.

_에우리피데스(B.C. 484?~B.C. 406?) 그리스 시인

▶ 조금을 알기 위해서 많이 공부해야 한다.

_C. L. S. 몽테스키외(1689~1755) 프랑스 사상가

▶ 책을 많이 만들어 내는 일에는 끝이 없고, 공부를 많이 한다는 것은 몸을 고달프게 한다. _《성경》

▶ 하루 공부하지 않으면 그것을 되찾기 위해서는 이틀이 걸린다. 이틀 공부하지 않으면 그것을 되찾기 위해서는 나흘이 걸린다. 일 년 공부하지 않으면 그것을 되찾기 위해서는 이 년이 걸린다. _《탈무드》

한자 숙어

곤이지지(困而知之) 고생하며 공부한 끝에 지식을 얻거나 도를 깨달음.

권학강문(勸學講文) 학문을 권장하여 공부에 힘쓰게 함.

박학독지(博學篤志) 널리 공부하여 덕을 닦으려고 뜻을 굳건히 함.

차윤성형(車胤盛螢) 차윤이 개똥벌레를 모았다는 뜻으로, 가난한 살림에 어렵게 공부함을 이름.

▶ 학식은 공부로 얻어야만 하는 것이며 자손에게 물려줄 수는 없는 것이다. _J. 게이(1685~1732) 영국 시인, 극작가

속담

▶ 공부는 늙어 죽을 때까지 해도 다 못한다. (지식을 넓히고 수준을 높이기 위해서는 일생 동안 끊임없이 배우고 학습해야 함을 강조하여 이르는 말) _한국

▶ 공부를 먼저 하고 나중에 놀아라. _서양

▶ 공부에는 지름길이 없다. _서양

고사성어

▷ 위편삼절(韋編三絕)

책을 맨 가죽끈이 세 번이나 닳아 끊어졌다는 뜻으로, 책을 열심히 읽고 공부함을 이르는 말이다. 공자가 만년에 《주역》을 얼마나 읽고 또 읽었는지, 책을 묶은 가죽끈이 세 번이나 끊어졌다고 한다. 공자 같은 성인도 학문 연구를 위해서는 피나는 노력을 해야만 했다는 비유로 쓰인다. 또한 후인들의 학문에 대한 열의와 노력을 나타내는 말로도 인용된다. _《사기》 공자세가

공상 空想

현실적이지 못하거나 실현될 가망이 없는 것을 막연히 그리어 봄. 또는 그런 생각.

명언 명문

▶ 공상가는 재 속을 휘젓듯이 자신의 낡은 공상들을 캐낸다. 그 속에서 작은 불씨를 찾아내어 불어서 새로 불을 타오르게 한다. 그러고는 그 불로 꽁꽁 얼어붙은 자기 마음을 따뜻하게 하려고 쓸데없는 노력을 한다. _F. M. 도스토옙스키(1821~1881) 러시아 소설가

▶ 공상은 감정을 닮았지만 감정과는 정반대다.
_B. 파스칼(1623~1662) 프랑스 사상가, 수학자, 물리학자 《팡세》

▶ 공상은 다만 고정된 것과 한정된 것만을 다룰 수 있다. 사실상 공상은 시간과 공간에서 해방된 기억의 형태에 불과하다.
_S. T. 콜리지(1772~1834) 영국 시인, 평론가

▶ 공상은 슬픔의 벗이다. _W. 메이슨(1724~1797) 영국 시인

▶ 공상은 영혼의 잠이다. _J. 주베르(1754~1824) 프랑스 작가, 평론가 《팡세》

▶ 공상은 이슬처럼 기능을 싱싱하게 단련시킨다. 기쁨과 사상의 샘이 되어 즐기며 재료와 형상을 저축한다.
_H. F. 아미엘(1821~1881) 스위스 철학자, 문학가 《일기》

▶ 공상은 지식보다 중요하다. _A. 아인슈타인(1879~1955) 미국 물리학자

▶ 공상의 과정에 있어서 모든 방해물들은 좀 더 많은 공상의 동기가 된다. _W. 셰익스피어(1564~1616) 영국 극작가, 시인 《끝이 좋으면 다 좋다》

▶ 공상의 생활은 침울하고 저속하리만큼 단조로운 것입니다. 그것은 그림자의 노예, 관념의 노예, 갑자기 태양을 뒤덮는 구름의 노예입니다. _F. M. 도스토옙스키(1821~1881) 러시아 소설가 《백야》

▶ 공상이 바깥에서 헤매는 한 즐거움은 집 안에 결코 들어앉아 있지 않는다. _J. 키츠(1795~1821) 영국 시인

W. 셰익스피어

▶ 공상이 사람 마음에 제2의 천성을 심어 주면 이성으로 억누르려 해도 헛수고일 뿐이다. _B. 파스칼(1623~1662) 프랑스 사상가, 수학자, 물리학자

▶ 과학자들이 하늘을 나는 비행기를 만들려고 오랜 옛날부터 노력하는 데 비해, 공상가들이 하는 일이란 비행기의 모양이 어떠할 것이라거나 자기가 무엇을 완수하게 될 것이라는 몽상에 젖어 있을 뿐이다. _L. J. J. 비트겐슈타인(1889~1951) 영국 철학자 《반철학적 단장》

▶ 나는 공상의 주인이다. _J. N. A. 랭보(1854~1891) 프랑스 시인

▶ 보편적 도덕 원칙은 모두가 한가로운 공상이다. _사디(1213?~1291) 페르시아 시인

▶ *분방한 공상은 사건을 일으킨다. _M. E. 몽테뉴(1533~1592) 프랑스 사상가 《수상록》

▶ 우리가 구름을 만들지는 못한다. 그러니 공상의 미래는 절대로 현실이 되지 못한다. _L. J. J. 비트겐슈타인(1889~1951) 영국 철학자 《반철학적 단장》

▶ 위대한 사람은 목적을, 소인들은 공상을 가지고 있다. _W. 어빙(1783~1859) 미국 소설가

▶ 인격은 공상으로 이루어지는 것이 아니다. 망치를 들고 틀에 넣어 다져서 만들어지는 것이다. _A. W. 웰링턴(1769~1852) 영국 군인, 정치가

▶ 인류는 공상에 지배당한다. _나폴레옹 1세(1769~1821) 프랑스 황제

▶ 판단력 없는 공상력은 *재갈을 물리지 않은 성급하고 억센 말과 같다. _J. 드라이든(1631~1700) 영국 시인, 극작가

*분방 | 규칙이나 규범 따위에 구애받지 아니하고 제멋대로임.
*재갈 | 말을 부리기 위하여 아가리에 가로물리는 가느다란 막대.

속담

▶ 공상가는 한 줌의 양털, 한 그릇의 우유도 얻지 못한다. (일은 하지 않고 쓸데없는 공상만 하는 사람은 아무것도 얻지 못한다는 뜻) _티베트

▶ 공상은 집안의 미치광이다. (공상에 빠지면 엄청난 실수나 도리에 어긋나는 행동을 할 위험성이 있다는 뜻) _프랑스

▶ 행동을 불러오지 않는 생각, 그것은 생각이 아니라 공상이다. _서양

한자 숙어

공중누각(空中樓閣) 공중에 떠 있는 누각이라는 뜻으로, 아무런 근거나 토대가 없는 사물이나 생각을 이르는 말.

백일몽(白日夢) 대낮에 꾸는 꿈이라는 뜻으로, 실현될 수 없는 헛된 공상을 이름.

광고 廣告

세상에 널리 알림. 또는 그런 일.

명언 명문

*야심 | 무엇을 이루어 보겠다고 마음속에 품고 있는 욕망이나 소망.

▶ 광고 한 가지가 기사 40가지보다 신문에는 더 유익하다.

_W. 로저스(1879~1935) 미국 배우, 유머 작가

▶ 광고는 뉴스가 되어야만 한다. 뉴스가 아닌 광고는 쓸모없다.

_A. S. 오크스(1858~1935) 미국 신문 발행인

▶ 광고는 비천한 사람에게 커다란 효과를 발휘한다. 무엇보다도 광고는 *야심을 북돋우는 도구다. 신문에 오를 만큼 위대하지 않은 인물도 광고를 통해 쉽게 신문에 등장할 수 있다.

_T. A. 에디슨(1847~1931) 미국 발명가

▶ 광고는 신문에서 신뢰할 수 있는 유일한 진실이다.

_T. 제퍼슨(1743~1826) 미국 제3대 대통령

▶ 광고는 85퍼센트의 혼동과 15퍼센트의 수수료다.

_F. 알렌(1894~1956) 미국 배우

▶ 광고를 보면 그 나라의 이상적 목표를 알 수 있다.

_N. G. 더글러스(1868~1952) 영국 소설가

▶ 광고주는 민주주의라는 왕궁에서 지나치게 많은 보수를 받는 어릿광대며 아첨꾼이다. _J. W. 크러치(1893~1970) 미국 평론가, 수필가

▶ 약속, 특히 거창한 약속이 광고의 생명이다.

_S. 존슨(1709~1784) 영국 시인, 평론가

속담

▶ 광고란 어떤 것이든 모두 좋은 광고다. _서양

▶ 오늘날의 신문들은 사실을 단지 선전의 재료로 쓸 뿐이다. _서양

教養

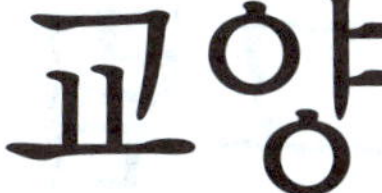

학문, 지식, 사회생활을 바탕으로 이루어지는 품위. 또는 문화에 대한 폭넓은 지식.

명언 명문

- 교양 없는 자가 되기보다는 차라리 거지가 되는 편이 낫다. 거지에게 부족한 것은 돈이지만 교양 없는 자에게 부족한 것은 인간성이기 때문이다. _아리스티포스(B.C. 435?~B.C. 366?) 그리스 철학자
- 교양 있는 사람들은 평등의 진정한 사도들이다. _M. 아널드(1822~1888) 영국 시인, 평론가
- 교양은 사람들이 말하고 생각한 것 가운데 가장 훌륭한 것을 아는 것이다. _M. 아널드(1822~1888) 영국 시인, 평론가 《문학과 도그마》
- 교양이 있는 사람과 없는 사람은 산 사람과 죽은 사람 정도의 차이가 있다. _S. 존슨(1709~1784) 영국 시인, 평론가
- 교양인이 가장 먼저 할 일은 *관점의 선택이다. _J. 오르테가이가세트(1883~1955) 에스파냐 철학자, 정치가
- 반쪽짜리 진실을 두 개 합쳐도 진실이 되지 않고, 반쪽짜리 교양 두 개를 합쳐도 역시 그렇다. _A. 커스틀러(1905~1983) 영국 작가
- 아름다운 것에서 아름다운 의미를 발견하는 사람들은 교양 있는 사람들이다. 그들에게는 희망이 있다. _O. F. O. W. 와일드(1854~1900) 아일랜드 시인, 극작가
- 음식은 육체에서 빠뜨릴 수 없는 것과 마찬가지로 교양은 정신에서 빠뜨릴 수 없는 것이다. _M. T. 키케로(B.C. 106~B.C. 43) 로마 정치가, 학자
- 인간이 본래의 인간인 것은 정녕 교양에 의해서이다. _G. W. F. 헤겔(1770~1831) 독일 철학자
- 인격과 마찬가지로 교양도 그 기초는 결국 도덕적 감정이다. _R. W. 에머슨(1803~1882) 미국 사상가, 시인

*관점 | 사물이나 현상을 관찰할 때, 그 사람이 보고 생각하는 태도나 방향 또는 처지.

그림

선이나 색채를 써서 사물의 형상이나 이미지를 평면 위에 나타낸 것.

명언 명문

*화포 | 유화를 그릴 때 쓰는 천.

▶ 그는 그림에서 얼굴뿐 아니라 마음도 다 같이 드러낸다.

_Q. 호라티우스(B.C. 65~B.C. 8) 로마 시인

▶ 그림 만 개 가운데 하나 정도가 아마 인류의 갈채 속에 세대에서 세대로 이어지며, 그 색이 퇴색하여 시야에서 사라지거나 *화포가 썩어서 없어질 때까지 살아남을 뿐이다.

_N. 호손(1804~1864) 미국 소설가 《대리석의 목신》

▶ 그림은 너무 그림 같아서는 안 된다.

_R. W. 에머슨(1803~1882) 미국 사상가, 시인 《수필집》

▶ 그림은 말 없는 시고, 시는 말하는 그림이다.

_플루타르코스(46?~120?) 그리스 철학자, 작가 《플루타르크 영웅전》

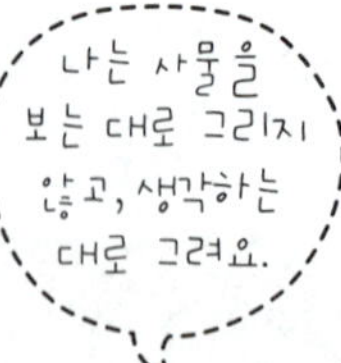

▶ 그림은 생각과 사물 사이의 어떠한 매개자다.

_S. T. 콜리지(1772~1834) 영국 시인, 평론가 《담화》

▶ 그림은 책 수십 쪽으로 설명할 것을 한 순간에 보여 준다.

_I. S. 투르게네프(1818~1883) 러시아 소설가

▶ 그림은 화가의 마음과 감상하는 사람의 마음을 연결하는 다리에 불과하다.

_F. V. E. 들라크루아(1798~1863) 프랑스 화가

▶ 그림을 그리는 일도 실생활과 같다. 지체 없이 행동하지 않으면 안 된다.

_P. 피카소(1881~1973) 에스파냐 화가

▶ 그림을 좋아하는 사람은 그림이야말로 언어의 원천이며 시의 원천이라는 것을 잘 안다.

_G. 바슐라르(1884~1962) 프랑스 철학자 《꿈꿀 권리》

▶ 그림을 탓하는 사람은 자연을 탓하는 것이다.

_L. 다빈치(1452~1519) 이탈리아 화가, 건축가, 조각가 《수첩》

P. 피카소

▶ 나는 내 마음에 드는 그림이면 내 작품이라고 하고, 내 마음에 안 드는 그림이면 가짜라고 한다. _P. 피카소(1881~1973) 에스파냐 화가

▶ 나는 사물을 내가 보는 대로가 아니라 생각하는 대로 그린다. _P. 피카소(1818~1973) 에스파냐 화가

▶ 나는 사물을 있는 그대로 그린다. 나는 평가하지 않고 기록만 할 뿐이다. _H. T. 로트레크(1864~1901) 프랑스 화가

▶ 나는 초상화를 모델과 똑같이 보이도록 그리지는 않고 오히려 모델이 초상화를 닮도록 만든다. _S. 달리(1904~1989) 에스파냐 화가

▶ 나의 일은 아는 것이 아니라 보는 것을 그리는 것이다. _J. M. W. 터너(1775~1851) 영국 화가

▶ 대나무를 그리려면 가슴속에 먼저 대나무가 있어야 한다. _소식(1036~1101) 중국 북송 문학가

▶ 만약 가슴속에서 "나는 그림에 재능이 없는걸."이라는 음성이 들려오면 반드시 그림을 그려 보아야 한다. 그 소리는 당신이 그림을 그릴 때 잠잠해진다. _V. W. V. 고흐(1853~1890) 네덜란드 화가

▶ 모든 *유파의 그림을 중립적으로 똑같이 존경하는 것은 경매하는 사람뿐이다. _O. F. O. W. 와일드(1854~1900) 아일랜드 시인, 극작가

▶ 세상에서 어리석은 말을 가장 많이 듣는 것은 미술관의 그림이다. _E. 공쿠르(1822~1896) 프랑스 소설가

▶ 신들의 모습을 말은 말처럼, 소는 소처럼 그릴 것이다. _크세노파네스(B.C. 560?~B.C. 478?) 그리스 시인, 철학자

▶ 우리는 자기가 감탄하지도 않는 사물을 고스란히 그린 그림을 보고 감탄하는데, 이것은 헛된 짓이다. _B. 파스칼(1623~1662) 프랑스 사상가, 수학자, 물리학자

*유파 | 주로 학계나 예술계에서, 생각이나 경향이 비슷한 사람이 모여서 이룬 무리.

속담

▶ 그림과 싸움은 멀리서 바라보라. _영국

▶ 그림마다 이야기를 전해 준다. _서양

▶ 그림은 죽은 웅변가들이다. _영국

한자 숙어

투필성진(投筆成眞) 그림에 능하여 정성을 들이지 아니하고 붓을 던져도 그림이 된다는 뜻.

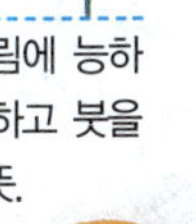

관용어

그림(이) 좋다 _ 함께 있는 남녀가 서로 잘 어울림을 비꼬아 이르는 말.

그림의 떡 _ 아무리 마음에 들어도 이용할 수 없거나 차지할 수 없는 경우를 이르는 말.

글

어떤 생각이나 일 따위의 내용을
글자로 나타낸 기록.

명언 명문

*광기 | 미친 듯이 날뛰는 기질을 속되게 이르는 말.

▶ 가장 매력적인 문장은 가장 지혜로운 것이 아닐지도 모른다. 그러나 가장 명확하고 옳은 것이다. _H. D. 소로(1817~1862) 미국 사상가, 수필가

▶ 가장 아름다운 글은 *광기에 자극되어 이성적으로 쓴 것이다. _A. P. G. 지드(1869~1951) 프랑스 소설가, 평론가

▶ 글과 그림은 고상한 취미지만 일단 탐욕을 부리기 시작하면 곧 장사꾼이 된다. _《채근담》

▶ 글은 뜻을 전달하면 그만이다. _공자(B.C. 551~B.C. 479) 중국 춘추 시대 노나라 사상가

▶ 글은 마음속에 쌓이면 도덕이 되고 일로 드러나면 업적이 된다. _노수신(1515~1590) 조선 시대 문신

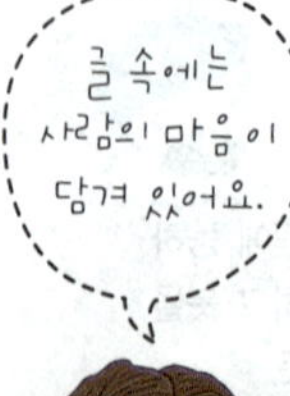

▶ 글은 자기를 대변한다. _L. 린저(1911~2002) 독일 소설가

▶ 글을 백 번 읽으면 그 뜻을 스스로 깨쳐 알게 된다. _주자(1130~1200) 중국 송나라 유학자

▶ 글을 쓰면 쓸수록 글을 더욱 쓰고 싶어진다. _D. 에라스뮈스(1466~1536) 네덜란드 철학자

▶ 글을 쓴다는 것은 나에게 있어서 아는 것, 무섭게 많이 아는 것과 모든 것에 파고드는 것이었다. _L. 린저(1911~2002) 독일 소설가 《생의 한가운데》

▶ 글을 쓴다는 것은 이해관계를 떠난다는 것이다. _A. 카뮈(1913~1960) 프랑스 소설가, 극작가

▶ 나는 글쓰기라는 병에 걸렸는데 글쓰기를 마치고 나면 나의 글을 부끄럽게 여긴다. _C. L. S. 몽테스키외(1689~1755) 프랑스 사상가

L. 린저

▶ 나는 글을 짧게 쓰려고 노력한다. 그러면 글이 모호해진다.

_Q. 호라티우스(B.C. 65~B.C. 8) 로마 시인

*무미건조 | 재미나 멋이 없이 메마름.

▶ 나는 베개 밑에 종이를 넣어 두었다가 잠이 안 올 때 어둠 속에서 글을 쓴다. _H. D. 소로(1817~1862) 미국 사상가, 수필가 《월든》

▶ 남을 위해 글을 쓰지 자기를 위해 쓰는 것은 아니다.

_L. A. 포이어바흐(1804~1872) 독일 철학자 《일기》

▶ 노력 없이 쓴 글은 대개 *무미건조하다.

_S. 존슨(1709~1784) 영국 시인, 평론가

▶ 독서는 풍부한 사람을, 대화는 재치 있는 사람을, 글쓰기는 정확한 사람을 만든다. _F. 베이컨(1561~1626) 영국 정치가, 철학자

▶ 많은 사람들이 글쓰기라는 불치병에 걸려 있고 그것은 그들의 병든 정신 속에서 만성적이다. _D. J. 유베날리스(50?~130?) 로마 시인

▶ 많이 쓰기보다는 정확하게 쓰도록 애써라.

_D. 에라스뮈스(1466~1536) 네덜란드 철학자

▶ 무엇인가 말하고 싶기 때문에 글을 쓰는 것이 아니라 말할 것이 생겼기 때문에 글을 쓴다. _F. S. K. 피츠제럴드(1896~1940) 미국 소설가

▶ 문장이 최고 경지에 이르면 별로 기이하지 않고 적절할 따름이다.

_《채근담》

▶ 사람들은 엉터리 문장을 제외하고는 다른 사람의 모든 잘못을 용서해 줄 수 있다. _W. L. S. 처칠(1874~1965) 영국 정치가

▶ 사람이 먹을 가는 것이 아니라 먹이 사람을 간다.

_소식(1036~1101) 중국 북송 문학가

▶ 세상에서 지위나 재산으로 평가할 수 없는 것은 오로지 글뿐이다.

_이인로(1152~1220) 고려 시대 학자

▶ 셰익스피어의 문장에도 여섯 줄에 한 가지 잘못은 있다.

_S. 존슨(1709~1784) 영국 시인, 평론가

▶ 쓰여진 말은 진주와도 같다. _J. W. 괴테(1749~1832) 독일 시인, 소설가, 극작가

▶ 아름다운 글을 즐기고 그 속에 담긴 의미를 그대의 것으로 만들어야 한다. _B. 그라시안이모랄레스(1601~1658) 에스파냐 작가

▶ 아버지의 글을 아들이 칭찬하면 남들의 비난을 살 뿐이다.

_이인로(1152~1220) 고려 시대 학자

*인도주의자 | 인간의 존엄성을 최고의 가치로 여기고 인류의 안녕과 복지를 꾀하는 것을 이상으로 삼는 사람.

▶ 용기가 없다면 대중을 위해 글을 쓸 수 없다.

_H. 하이네(1797~1856) 독일 시인

▶ 우선은 *인도주의자가 아니면 아무도 글을 쓸 수가 없다.

_W. C. 포크너(1897~1962) 미국 소설가

▶ 자제할 수 없는 사람은 글을 쓸 수가 없다.

_N. 부알로(1636~1711) 프랑스 시인, 평론가 《시법》

▶ 펜은 마음의 혀다. _M. 세르반테스(1547~1616) 에스파냐 소설가

▶ 평범한 글을 독창적으로 보이게 하는 것이 글을 매우 잘 쓰는 것이다. _Q. 호라티우스(B.C. 65~B.C. 8) 로마 시인

▶ 피곤하고 무익하고 헛된 작업 가운데 가장 심한 것은 글쓰기에 관한 글을 쓰는 일이다. _H. 벨록(1870~1953) 영국 작가, 역사가

▶ 훌륭한 문장의 저자 다음으로 훌륭한 사람은 그것을 처음 인용하는 사람이다. _R. W. 에머슨(1803~1882) 미국 사상가, 시인

한자 숙어

곡창방통(曲暢旁通) 말이나 글이 조리가 분명하고 널리 통함.

쇄금(碎金) 금을 깨뜨리면 빛이 더 찬란하다는 뜻으로, 아름다운 시나 문구를 가리키는 말.

일사천리(一瀉千里) 강물이 빨리 흘러 단번에 천 리를 간다는 뜻으로, 어떤 일이 거침없이 빨리 진행됨을 이르는 말. 또는 문장이나 글이 명쾌함을 이르는 말.

칠보재(七步才) 일곱 걸음을 걸을 동안에 시를 지을 만한 재주라는 뜻으로, 아주 뛰어난 글재주를 이르는 말.

관용어

글이 짧다 _ 글을 모르거나 아는 것이 넉넉하지 못하다.

속담

▶ 공허한 말은 사라지지만 글은 남는다.

_로마

▶ 글 모르는 귀신 없다. (귀신도 글을 알고 있은즉, 사람이라면 마땅히 글을 배워서 자신의 앞길을 닦아야 한다는 말) _한국

▶ 글 속에도 글 있고 말 속에도 말 있다. (말과 글에 담겨 있는 뜻은 무궁무진함을 이르는 말) _한국

▶ 글 잘하는 자식 낳지 말고 말 잘하는 자식 낳으랬다. (학문에 능한 사람보다는 언변이 좋은 사람이 처세에 유리함을 이르는 말) _한국

▶ 글에 미친 송 생원. (집안일을 돌보지 않고 오로지 글공부만 하고 있는 사람을 놀림조로 이르는 말) _한국

▶ 글은 곧 그 사람 자신이다. (글은 글을

쓴 사람의 인격을 나타낸다는 뜻) _프랑스
- ▶ 당나귀 찬물 건너가듯. (글을 막힘없이 줄줄 잘 읽음을 비유적으로 이르는 말) _한국
- ▶ 되 글을 가지고 말 글로 써먹는다. (글을 조금 배워 가지고 가장 효과적으로 써먹는다는 말) _한국
- ▶ 들은 것은 잊어도 쓰인 글은 오래 남는다. (말은 들을 때 뿐이지만 글로 쓴 것은 후세까지 남는다는 뜻) _에티오피아
- ▶ 마음의 글은 눈에 나타난다. _서양
- ▶ 생각은 많이, 말은 적게, 글은 그보다 더 적게 써라. _영국
- ▶ 서명하지 못할 글이라면 쓰지도 마라. _서양
- ▶ 아무리 좋은 기억력도 제일 연한 잉크로 쓴 글에 못 미친다. _중국
- ▶ 종이는 부끄러워하지 않는다. (종이에 글을 쓸 때는 얼굴을 맞대고 하기 어려운 내용이라도 나타낼 수 있다는 뜻) _이탈리아
- ▶ 펜으로 쓰여진 것은 도끼로도 부수지 못한다. _영국

고사성어

▷ 낙양지귀(洛陽紙貴)

낙양의 종이가 귀해졌다는 뜻으로, 책이나 글이 크게 이름을 날리는 것을 비유하는 말이다. 오늘날 책이 잘 팔려 베스트셀러가 된 것을 가리키는 말로 쓰인다. 제나라의 문인 좌사는 글을 많이 쓰고 빨리 쓰는 것을 중요하게 생각하지 않고 오로지 훌륭한 글을 쓰기 위해 노력했다. 그가 10년 만에 완성한 《삼부도》는 순식간에 세상에 알려졌다. 많은 사람들이 그의 글을 앞다투어 베끼는 바람에 낙양 성내의 종잇값이 치솟았다는 데서 유래한다. _《진서》 문원전

▷ 환골탈태(換骨奪胎)

뼈대를 바꾸어 태를 바꾸어 쓴다는 뜻으로, 시나 문장이 다른 사람의 손을 거쳐 더욱 아름답고 새로운 글로 변함을 이르는 말이다. 혹은 용모나 차림새가 몰라볼 만큼 좋게 변한 것을 비유하기도 한다. 원래는 도교에서 몸과 마음의 수련을 통해 신선이 되는 것을 말하는데, 뒤에 황정견이 옛사람의 시구를 본뜨는 것을 '환골', 그 시의 어구를 고쳐서 표현한 것을 '탈태'라고 한 데서 유래한다. _《냉재야화》

노래

가사에 곡조를 붙여 목소리로 부를 수 있게 만든 음악. 또는 그 음악을 목소리로 부름.

명언 명문

*심금 | 외부의 자극에 따라 미묘하게 움직이는 마음.

▶ 가장 절망적인 노래가 가장 아름답다. 나는 눈물로만 이루어진 불멸의 노래를 안다. _A. 뮈세(1810~1857) 프랑스 시인, 극작가

▶ 노래가 인간의 마음을 고귀한 것으로 이끄는 힘을 갖고 있다는 말은 어리석은 거짓이다. 음악이란 참으로 무서운 작용을 일으키고 있다. 나 자신의 이야기지만 그것은 인간의 마음을 높이거나 낮추는 능력이 결코 없다. 단지 초조하게 만드는 작용을 가질 뿐이다.

_L. N. 톨스토이(1828~1910) 러시아 소설가, 사상가

▶ 노래는 무거운 근심 걱정을 가볍게 해 줄 것이다.

_Q. 호라티우스(B.C. 65~B.C. 8) 로마 시인

▶ 노래는 배설과 똑같다. 다만 위쪽으로 배설하는 것일 뿐이다.

_E. 카루소(1873~1921) 이탈리아 테너 가수

▶ 노래를 부르는 사람은 자기 슬픔마저도 놀라서 달아나게 만든다.

_M. 세르반테스(1547~1616) 에스파냐 소설가

▶ 노래와 사치를 즐기는 버릇이 있다면 훌륭한 선비가 아니다.

_《채근담》

▶ 모든 것은 노래로 끝난다. _P. A. C. 보마르셰(1732~1799) 프랑스 극작가

▶ 모든 일 가운데 가장 좋은 것은 작곡이고, 그 다음은 노래를 부르는 것이다. _H. 벨록(1870~1953) 영국 작가, 역사가

▶ 민족의 *심금을 울리는 노래는 그 자체가 운동이다.

_A. 테니슨(1809~1892) 영국 시인

▶ 백조들은 죽기 전에 노래하고 어떤 사람들은 노래하기 전에 죽는다.

_S. T. 콜리지(1772~1834) 영국 시인, 평론가

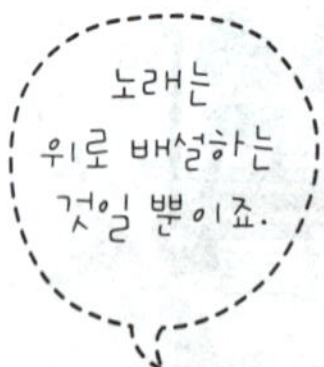

E. 카루소

▶ 세상에는 노래가 불려지자마자 곧 사라지는 유행가 비슷한 사람이 있다. _F. 라로슈푸코(1613~1680) 프랑스 작가 《잠언과 고찰》

▶ 신들에게도 사람들에게도 거룩한 것은 거룩한 노래다. _A. 포프(1688~1744) 영국 시인

▶ 어린이는 세 가지 세상, 즉 이야기 세상, 노래 세상, 그림 세상에서 온갖 것을 미화시킨다. _방정환(1899~1931) 아동 문학가

▶ 오페라의 구성은 논리적일 수가 없다. 논리적인 상황에서는 사람들이 노래를 부르지 않기 때문이다. _W. H. 오든(1907~1973) 미국 시인

▶ 우리의 가장 감미로운 노래는 가장 슬픈 사상을 노래한 것이다. _M. W. 셸리(1797~1851) 영국 작가

▶ 웅변은 정신을 매혹시키고, 노래는 감각을 매혹시킨다. _J. 밀턴(1608~1674) 영국 시인

▶ 작곡가는 운전기사와 심부름하는 소년이 휘파람으로 부를 수 있는 노래를 작곡해야만 한다. _T. 비첨(1879~1961) 영국 지휘자

▶ 주머니가 빈 채 여행하는 사람은 심지어 강도 앞에서도 노래할 수 있다. _D. J. 유베날리스(50?~130?) 로마 시인

▶ 해골도 한때는 혀를 갖고 있어서 노래를 부를 수 있었다. _W. 셰익스피어(1564~1616) 영국 극작가, 시인

속담

▶ 곤경에 빠진 사람 앞에서 노래하지 마라. _서양

▶ 낡은 바이올린은 좋은 노래를 많이 연주했다. _서양

▶ 노래가 있는 곳에는 아무것도 나쁠 수 없다. _에스파냐

▶ 노래는 세상에 따르고 세상은 노래에 따른다. (유행하는 노래는 세상을 반영한다는 말) _일본

▶ 노래는 하루 해를 짧게 하고 일을 부드럽게 한다. (노래를 부르면서 일을 하면 한결 힘이 덜 든다는 말) _리투아니아

▶ 노래를 제일 못하는 사람이 제일 먼저 노래할 것이다. _로마

▶ 노래하면 근심이 사라진다. _에스파냐

▶ 노래할 때는 누구나 들어 주지만 울고 있을 때는 아무도 안 본다. _영국

한자 숙어

격절비가(擊節悲歌) 박자를 맞추어 슬피 노래함.

고부(鼓缶) 노래 부를 때 질그릇으로 된 장구를 치며 박자를 맞춤.

낭음비과(浪吟飛過) 노래를 읊으며 날아 지나감.

비가강개(悲歌慷慨) 비장한 노래로 심하게 탄식한다는 뜻으로, 세상 형편이나 스스로의 운명 따위에 분노하여 근심함.

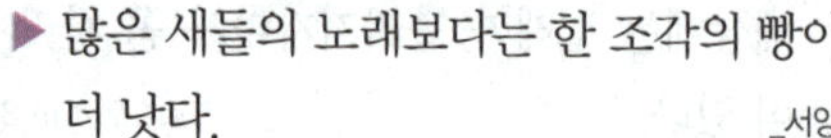

- ▶ 많은 새들의 노래보다는 한 조각의 빵이 더 낫다. _서양
- ▶ 모든 새는 자기 노래를 좋아한다. _영국
- ▶ 언제나 희망을 갖고 있는 자는 노래 부르면서 죽는다. _이탈리아
- ▶ 좋은 노래는 세 번 불러도 좋다. _독일
- ▶ 좋은 노래도 세 번 들으면 귀가 싫어한다. (아무리 좋은 것이라도 지루하게 끌면 싫어진다는 말) _한국
- ▶ 한 노래로 긴 밤 새울까. (더 이상 발전 가능성이 없어 보이는 일만 가지고 세월을 헛되이 보내지 말고, 그만둘 때가 되면 그만두고 새 일을 하라는 뜻) _한국

고사성어

▷ 격양가(擊壤歌)

땅을 치며 노래한다는 뜻으로, 풍년이 들어 농부가 태평한 세월을 즐기는 노래를 말한다. 요임금이 천하를 다스린 지 50년이 되었을 때, 과연 천하가 잘 다스려지고 백성들이 즐거운 생활을 하고 있는지 직접 확인하고자 평민 차림으로 거리에 나섰다. 한 노인이 한 손으로 배를 두드리고 다른 한 손으로는 땅바닥을 치며 즐겁게 부르는 노래를 들은 요임금은 크게 만족하여 "과연 태평세월이로세!"라고 말하였다. 나중에 풍년이 들어 오곡이 풍성하고 민심이 후한 태평시대를 비유하는 말로 쓰이게 되었다. _《십팔사략》

▷ 채미가(采薇歌)

고사리를 캐며 부르는 노래라는 뜻으로, 지조와 절개를 지키는 선비를 이르는 말이다. 주나라의 무왕이 은나라를 멸망시키자 백이와 숙제 형제는 주나라 곡식을 먹는 것을 부끄럽게 여겨 수양산에 들어가 고사리를 캐먹으며 지냈다. 어느 날 수양산으로 왕미자라는 사람이 찾아와 그들이 주나라에서 나는 고사리를 먹는 것을 탓하였다. 그러자 백이와 숙제 형제는 고사리마저 먹지 않았고 결국 굶어 죽게 되었을 무렵 《채미가》를 읊었다고 한다. _《사기》 백이숙제열전

多樣 다양

여러 가지 모양이나 양식.

명언 명문

▶ 다양성은 인생에 필요한 모든 맛을 주는 바로 그 양념이다.

_W. 쿠퍼(1731~1800) 영국 시인

▶ 다양성은 즐거움의 어머니다. _B. 디즈레일리(1804~1881) 영국 정치가, 소설가

▶ 다양한 계층의 사회를 단일한 계층으로 만들기는 불가능하다.

_레오 13세(1810~1903) 교황

▶ 머리카락 두 올이나 곡식 두 알이 다르듯 두 가지 의견도 결코 같은 적이 없다. 세상의 가장 보편적인 특징은 다양성이다.

_M. E. 몽테뉴(1533~1592) 프랑스 사상가

▶ 사람의 영혼에 다양하게 존재하는 힘에 대해 누가 자세히 이야기할 수 있는가. _A. 아우구스티누스(354~430) 로마 신학자, 성인

▶ 우리가 지금 당장에 의견의 차이를 해소시킬 수는 없다 하더라도 이 세상이 다양성을 누리도록 함께 노력할 수는 있을 것입니다.

_J. F. 케네디(1917~1963) 미국 제35대 대통령

▶ 우리는 의견이 맞지 않을 것입니다. 조상이 다르고, 언어가 다르고, 피부색이 다르고, 환경이 다르고, 지리 조건이 다른 사람들이 견해가 같을 리가 없습니다. _L. B. 존슨(1908~1973) 미국 제36대 대통령

▶ 인생의 즐거움은 다양성에서 나온다.

_S. 존슨(1709~1784) 영국 시인, 평론가

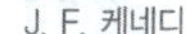
J. F. 케네디

속담

▶ 다양성은 재미있다. _그리스

▶ 세상은 다양하기에 재미가 있다. _이탈리아

독서

讀書

책을 그 내용과 뜻을 헤아리거나 이해하면서 읽는 것.

명언 명문

▶ 가치 없는 책을 읽는 데에 시간을 낭비해서는 안 된다.

_J. 러스킨(1819~1900) 영국 미술 평론가 《참깨와 백합》

▶ 군주에게는 독서가 유익한 것이지 서예나 작문은 불필요하다.

_세종(1397~1450) 조선 제4대 왕

▶ 나는 한가하게 책을 읽는 한가한 사람을 싫어한다.

_F. W. 니체(1844~1900) 독일 철학자, 시인 《자라투스트라는 이렇게 말했다》

▶ 나쁜 책을 읽지 않는 것이 좋은 책을 읽기 위한 기본 조건이다.

_A. 쇼펜하우어(1788~1860) 독일 철학자

▶ 나의 실제적인 독서 법칙은 세 가지다. 첫째, 1년이 지나지 않은 책은 읽지 않는다. 둘째, 유명한 책만 읽는다. 셋째, 좋아하는 책만 읽는다.

_R. W. 에머슨(1803~1882) 미국 사상가, 시인

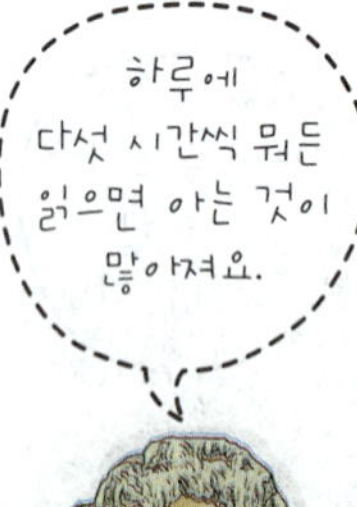

S. 존슨

▶ 남의 의견에 반대하거나 논쟁하기 위해 책을 읽지 마라. 다만 자신의 생각과 판단에 따라 잘 생각하여 책을 읽어라.

_F. 베이컨(1561~1626) 영국 정치가, 철학자 《학문》

▶ 너무 급히 읽거나 천천히 읽을 때는 아무것도 이해하지 못한다.

_B. 파스칼(1623~1662) 프랑스 사상가, 수학자, 물리학자 《팡세》

▶ 독서같이 값싸게 주어지는 영원한 쾌락은 없다.

_M. E. 몽테뉴(1533~1592) 프랑스 사상가

▶ 독서는 다만 지식의 재료를 줄 뿐이다. 자기 것으로 만드는 것은 사색의 힘이다.

_J. 로크(1632~1704) 영국 철학자

▶ 독서는 양보다 질이다.

_G. 플리니우스 2세(61?~113?) 로마 법률가, 정치가

▶ 독서는 자기가 읽고 싶은 대로 읽어야 한다. 의무적으로 읽는 독

서는 아무런 도움도 되지 않는다. _S. 존슨(1709~1784) 영국 시인, 평론가

▶ 독서는 책을 즐기고, 또 읽은 책에 관해 자랑하려 하는 것이다.

_B. A. W. 러셀(1872~1970) 영국 철학자, 수학자

▶ 독서만큼 즐거운 것도 없고 자녀 교육만큼 중요한 것도 없다.

_《명심보감》

▶ 독서에도 방법이 있다. 수동적 독서법은 효과가 적다. 읽은 것을 눈앞에 그려 보도록 해야 한다. _L. S. 에이머리(1873~1955) 영국 정치가

▶ 독서와 정신의 관계는 운동과 육체의 관계와 같다.

_R. 스틸(1672~1729) 영국 수필가, 극작가, 정치가

▶ 독서의 목적은 지식과 힘을 얻는 것이다. 문학은 힘을 주고 그 외의 책은 지식을 준다. _T. 드퀸시(1785~1859) 영국 평론가, 작가

▶ 독서하고 있을 때 우리의 뇌는 우리의 생각이 지배하는 것이 아니라 다른 사람의 사상이 내 것이 되는 싸움터가 된다.

_A. 쇼펜하우어(1788~1860) 독일 철학자 《독서와 서적에 대하여》

▶ 독서하는 장소를 어찌 가리겠는가. _이황(1501~1570) 조선 시대 문신, 유학자

▶ 독서하지 않고 보내는 여가는 그의 죽음이자 *생매장이다.

_L. A. 세네카(B.C. 4?~A.D. 65) 로마 철학자, 극작가

*생매장 | 사람을 산 채로 묻음. 또는 아무런 잘못이 없는 사람에게 억지로 허물을 씌워 일정한 사회 집단에서 몰아내는 것을 비유하는 말.

▶ 마음을 깨끗하게 한 다음에야 비로소 책을 읽고 옛것을 배울 수 있다. _《채근담》

▶ 무엇이든지 하루에 다섯 시간을 읽어라. 그러면 아는 것이 많아질 것이다. _S. 존슨(1709~1784) 영국 시인, 평론가

▶ 생각 없이 책장을 넘기기 위해서 책을 읽는 사람들이 많다.

_G. C. 리히텐베르크(1742~1799) 독일 물리학자, 작가 《인간에 관한 관찰》

▶ 좋은 독서, 즉 참된 정신으로 진실한 책을 읽는 것은 고상한 행동이다. _H. D. 소로(1817~1862) 미국 사상가, 수필가 《월든》

▶ 지나친 독서는 정신을 짓누르고 본성의 촛불을 꺼 버린다. 이것은 교양 없는 학자들이 이 세상에 많은 이유다.

_W. 펜(1644~1718) 영국 정치가

▶ 지나친 독서는 해롭다. _마오쩌둥(1893~1976) 중국 정치가

▶ 책을 갖는 것은 독서를 대신하는 것과 같다.

_A. 버제스(1917~1993) 영국 소설가, 평론가

▶ 책을 너무 많이 읽으면 옳은 것은 옳고 그른 것은 그르다는 것을 잘 모른다. 나는 책을 읽지 않고, 직접 인생을 읽는다.

_린위탕(1895~1976) 중국 작가 《생활의 발견》

▶ 책을 읽어도 성인이나 지혜로운 사람을 보지 못하면 글을 베끼는 고용인이 된다. _《채근담》

▶ 책을 읽으면서도 낭송이나 풍류에만 재미를 느낀다면 글의 본질은 결코 파악하지 못하고 만다. _《채근담》

▶ 한 시간의 독서라도 우리의 걱정을 없앨 수 있다.

_M. E. 몽테뉴(1533~1592) 프랑스 사상가

속담

▶ 독서하지 않는 자는 눈먼 것과 같다. (책을 읽지 않는 사람은 지혜의 눈이 먼 것이라는 말) _아이슬란드

▶ 많은 책을 읽으려고 할 것이 아니라 깊이 읽어라. _로마

▶ 반복된 독서는 의미를 뚜렷이 만든다. (처음에 모르더라도 거듭 읽으면 내용이 이해된다는 말) _미국, 영국

▶ 전체를 이해하려면 전체를 읽어라. _로마

▶ 훌륭한 독서인이 드문 것은 훌륭한 저술가가 드문 것과 같다. _영국

한자 숙어

독서삼매(讀書三昧) 다른 생각은 전혀 하지 않고 오직 책읽기에만 골몰하고 있는 상태.

삼여지공(三餘之功) 독서하기에 가장 좋은 '겨울 · 밤 · 비'를 일컬음.

안광지배(眼光紙背) 눈빛이 종이의 뒤까지 꿰뚫어본다는 뜻으로, 독서의 이해력이 날카롭고 깊음을 이르는 말.

고사성어

▷ 독서망양(讀書亡羊)

책을 읽다가 양을 잃었다는 뜻으로, 다른 일에 정신을 팔다가 중요한 일을 소홀히 한다는 말이다. 사내종과 계집종 둘이 함께 양을 지키고 있다가 둘 다 그만 양을 놓치고 말았다. 주인이 어찌된 일이냐고 물었더니, 사내종은 책을 읽고 있었기 때문이라고 대답하였고, 계집종은 주사위를 가지고 놀다가 양을 잃었다고 대답하였다. 두 사람의 본분은 양을 돌보는 일인데 한눈을 팔다가 자기 본분을 잊은 것으로, 두 사람이 한 일은 다르지만 양을 잃었다는 결과는 똑같다.

_《장자》 변무 편

讀者 독자

책, 신문, 잡지 따위의 글을 읽는 사람.

명언 명문

▶ 독서 행위에는 오로지 저자와 독자 단 두 사람만이 개입된다.

_E. B. 화이트(1899~1985) 미국 수필가

▶ 독자들도 할 수 있는 일은 독자들에게 맡겨야 한다.

_L. J. J. 비트겐슈타인(1889~1951) 영국 철학자 《반철학적 단장》

▶ 독자들을 웃기고 울리고 기다리게 만들어라.

_C. 리드(1814~1884) 영국 소설가

▶ 많은 독자의 인기를 얻으려고 애쓰지 말고 적은 독자로 만족하라.

_Q. 호라티우스(B.C. 65~B.C. 8) 로마 시인

▶ 무슨 책을 읽든지, 적어도 독자는 본질적으로 인생의 *방관자며 관찰자다.

_린위탕(1895~1976) 중국 작가 《생활의 발견》

*방관자 | 어떤 일에 직접 나서서 관여하지 않고 곁에서 보기만 하는 사람.

▶ 소설은 정지된 것이어서 독자가 그것을 통과하지만 연극은 유동적인 것이어서 그것이 관객을 스쳐 지나간다.

_K. 타이넌(1927~1980) 영국 영화 평론가

▶ 어떤 책이 독자에게 중요하다는 것은 그 책이 독자에게 어떤 의미를 갖는다는 뜻일 뿐이다. 만일 독자의 의견이 다른 많은 사람들과 일치하지 않는다 해도 전혀 상관이 없다. 독자 자신의 의견이 가치를 가질 뿐이다.

_W. S. 몸(1874~1965) 영국 소설가, 극작가 《책과 인간》

▶ 자연의 무한한 비밀의 책을 나는 약간 읽을 수 있다.

_W. 셰익스피어(1564~1616) 영국 극작가, 시인

▶ 작가에게 눈물이 없으면 독자에게도 눈물이 없다.

_R. L. 프로스트(1874~1963) 미국 시인

▶ 좋은 독자는 좋은 책을 만든다.

_R. W. 에머슨(1803~1882) 미국 사상가, 시인

말

사람의 생각이나 느낌 따위를 표현하고 전달하는 데 쓰는 음성 기호. 또는 음성 기호로 생각이나 느낌을 표현하고 전달하는 행위.

명언 명문

▶ 간결한 말에 많은 지혜가 들어 있는 경우가 많다.

_소포클레스(B.C. 496~B.C. 406) 그리스 시인

▶ 귀가 둘이고 입이 하나인 것은 많이 듣고 적게 말하기 위해서다.

_제논(B.C. 495?~B.C. 430?) 그리스 철학자, 수학자

▶ 남의 지혜로운 말 한 마디를 듣는 것이 금화 천 개보다 낫다.

_《명심보감》

▶ 네 말을 행동으로 증명하라. _L. A. 세네카(B.C. 4?~A.D 65) 로마 철학자, 극작가

▶ 다정하고 조용한 말은 힘이 있다.

_R. W. 에머슨(1803~1882) 미국 사상가, 시인

▶ 다정한 말은 시원한 물보다도 더 갈증을 풀어 준다.

_G. 허버트(1593~1633) 영국 시인 《지혜의 투망》

▶ 말은 나에게 첫 번째 본능이다. 생각나는 대로 즉시 말을 뱉어 내지 않을 수가 없다. _M. 세르반테스(1547~1616) 에스파냐 소설가

▶ 말은 배열을 달리하면 다른 의미를 갖게 되고, 의미는 배열을 달리하면 다른 효과를 갖는다.

_B. 파스칼(1623~1662) 프랑스 사상가, 수학자, 물리학자 《팡세》

A. 테니슨

▶ 말은 사람에게 자기 생각을 표현하라고 주어진 것이다.

_몰리에르(1622~1673) 프랑스 극작가, 배우

▶ 말은 인류가 사용하는 것 가운데 가장 강력한 약이다.

_R. 키플링(1865~1936) 영국 소설가, 시인

▶ 말은 자연과 마찬가지로 안에 있는 영혼을 절반은 드러내고 절반은 감춘다. _A. 테니슨(1809~1892) 영국 시인

▶ 말은 평범한 사람들에게는 마음을 교류하는 수단으로, 현명한 사람들에게는 마음을 숨기는 수단으로 주어졌다.

_R. 사우스(1634~1716) 영국 성직자

▶ 말은 한참 동안 조용히 있다가 핵심을 찌르는 말을 해야 의미 있게 된다. _플루타르코스(46?~120?) 그리스 철학자, 작가 《플루타르크 영웅전》

▶ 말을 많이 하는 것과 말을 제대로 하는 것은 전혀 다르다.

_소포클레스(B.C. 496~B.C. 406) 그리스 시인

▶ 말이 많은 사람하고는 큰일을 할 수 없다.

_왕통(584~617) 중국 수나라 학자

▶ 말이 세계를 지배한다. _E. 쿡(1552~1634) 영국 법률가, 정치가

▶ 말이라는 것은 수놓은 비단 같아서 펼치면 모든 무늬가 나타나지만, 접으면 무늬가 감추어지는 동시에 소용없게 된다.

_플루타르코스(46?~120?) 그리스 철학자, 작가 《플루타르크 영웅전》

▶ 말하는 것을 보면 인격을 알 수 있다.

_메난드로스(B.C. 342?~B.C. 292?) 그리스 극작가

▶ 물통의 물보다도 친절한 말 한 마디가 불을 잘 끈다.

_M. 세르반테스(1547~1616) 에스파냐 소설가 《산초 판사의 손자》

▶ 사람은 *비수를 손에 들지 않고도 가시 돋친 말 속에 그것을 숨겨 둘 수 있다. _W. 셰익스피어(1564~1616) 영국 극작가, 시인 《맥베스》

*비수 | 날이 예리하고 짧은 칼.

▶ 사람은 행동할 때보다는 입으로 말할 때 더 대담한 법이다.

_J. C. F. 실러(1759~1805) 독일 시인, 극작가 《피콜로미니》

▶ 사람의 생각은 그의 취향에 따르고, 말은 그의 학식과 주입된 견해에 따른다. _F. 베이컨(1561~1626) 영국 정치가, 철학자

▶ 사람이 아무리 이상하고 비현실적인 것을 생각해 낸다 해도 그것은 철학자들 가운데 누군가가 이미 말한 것이다.

_R. 데카르트(1596~1650) 프랑스 철학자, 수학자

▶ 생각을 말로 드러내지 말고 미숙한 생각을 행동으로 옮기지 마라.

_W. 셰익스피어(1564~1616) 영국 극작가, 시인

▶ 손가락으로 달을 가리키지만 달이 손가락에 있는 것은 아니다. 말로 진리를 설명하지만 진리가 말에 있는 것은 아니다.

_지눌(1158~1210) 고려 시대 승려

*언변 | 말을 잘하는 재주나 솜씨.

▶ 아는 자는 오히려 말이 없고, 말하는 자는 아무것도 모르는 자다.

_노자(B.C. 604?~?) 중국 춘추 시대 초나라 사상가

▶ 애매모호한 말은 거짓말과 거의 같고, 거짓말은 지옥으로 가는 길이다. _W. 펜(1644~1718) 영국 정치가

▶ 옛글에 이런 말이 있다. *언변으로 자기의 뜻을 성공시키고, 문장으로 자기의 말을 성공시킨다고 했다. 말을 하지 않으면 누가 그 사람의 뜻을 알 수가 있으며, 또 말을 한다 해도 문장으로 기록하지 않으면 그 뜻이 멀리 갈 수 있겠느냐. _《공자가어》

▶ 자연의 말과 지혜의 말은 결코 다르지 않다.

_D. J. 유베날리스(50?~130?) 로마 시인

▶ 지혜가 깊으면 깊을수록 자기의 생각을 나타내는 말은 더욱 단순해진다. 말은 사상의 표현이다.

_L. N. 톨스토이(1828~1910) 러시아 소설가, 사상가

▶ 한 마디 말이 이치에 맞지 않으면 천 마디도 소용없다. _《명심보감》

속담

▶ 가는 말이 고와야 오는 말이 곱다. _한국

▶ 가루는 칠수록 고와지고 말은 할수록 거칠어진다. (가루는 체에 칠수록 고와지지만 말은 길어질수록 시비가 붙을 수 있고 마침내는 말다툼까지 가게 되니 말을 삼가라는 말) _한국

▶ 가장 말을 많이 하는 사람이 반드시 가장 현명한 사람은 아니다. _한국

▶ 남의 입에서 나오는 말보다도 자기의 입에서 나오는 말을 잘 들어라. _서양

▶ 말만 잘하면 천 냥 빚도 가린다. (말은 일상생활에 큰 영향을 끼치는 것이니 말할 때는 애써 조심하라는 말) _한국

▶ 말은 마음의 심부름꾼. _일본

▶ 말은 천성에서 나오고 침묵은 지혜에서

한자 숙어

감언이설(甘言利說) 귀가 솔깃하도록 남의 비위를 맞추거나 이로운 조건을 내세워 꾀는 말.

사불급설(駟不及舌) 네 마리의 말이 끄는 빠른 마차라도 혀를 놀려서 하는 말을 따르지 못한다는 뜻으로, 소문은 순식간에 퍼지니 말을 조심해야 한다는 뜻.

양약고구(良藥苦口) 좋은 약은 입에 쓰다는 뜻으로, 좋은 말은 귀에 거슬린다는 말.

어불성설(語不成說) 말이 조금도 이치에 맞지 아니함.

나온다. _독일

▶ 말은 해야 맛이고 고기는 씹어야 맛이다. (마땅히 할 말은 해야 서로 속이 시원하다는 말) _한국

▶ 말이 많으면 쓸 말이 적다. (말이 많으면 오히려 실속 있는 말이 적다는 말) _한국

▶ 말이 말을 만든다. (말은 사람의 입을 거치는 동안 그 내용이 과장되고 변한다는 뜻) _한국

▶ 말이 씨가 된다. (늘 말하던 것이 마침내 사실대로 되었을 때를 이르는 말) _한국

▶ 발 없는 말이 천 리 간다. _한국

문장 반짝

관용어

말 그대로 _ 말하려는 사실과 다름없이.
말(도) 마라 _ 어떤 사실이 보통 이상임을 상대편에게 강조하여 이르는 말.
말(을) 내다 _ 어떤 이야기로 말을 시작하다. 또는 비밀스러운 일을 다른 사람에게 말하다.
말(을) 돌리다 _ 이야기하려는 내용을 직접 말하지 아니하고 간접적으로 돌려 말하다. 또는 물어보는 말이나 이미 하던 말을 그와 다른 말로 바꾸다.
말(을) 듣다 _ 시키는 대로 하다. 또는 꾸지람을 듣거나 시비의 대상이 되다. 또는 기계, 도구 따위가 다루는 사람의 뜻대로 움직이다.
말(을) 떼다 _ 말을 하기 시작하다.
말(을) 맞추다 _ 제삼자에게 같은 말을 하기 위해 다른 사람과 말의 내용이 틀리지 않게 하다.
말(을) 못하다 _ 매우 심하여 말로는 차마 나타내어 설명할 수 없다.
말(을) 받다 _ 어떤 사람이 한 말을 이어서 하거나 대꾸하다.
말(을) 삼키다 _ 하려던 말을 그만두다.
말(이) 나다 _ 어떤 이야기가 시작되다. 또는 비밀스러운 일이 다른 사람의 입에 오르내리게 되다.
말(이) 되다 _ 말하는 것이 이치에 맞다. 또는 어떤 사실에 대하여 서로 간에 말이 이루어지다.
말(이) 떨어지다 _ 승낙, 명령 따위의 말이 나오다.
말(이) 뜨다 _ 말이 술술 나오지 않고 자꾸 막히다.
말(이) 많다 _ 매우 수다스럽다. 또는 논란이 많다.
말(이) 아니다 _ 말이 이치에 맞지 아니하다. 또는 사정, 형편 따위가 몹시 어렵거나 딱하다.
말꼬리(를) 물고 늘어지다 _ 남의 말 가운데서 꼬투리를 잡아 꼬치꼬치 따지고 들다.
말만 앞세우다 _ 말만 앞질러 하고 실천은 하지 않다.
말이 무겁다 _ 함부로 경솔하게 말하지 아니하고 신중하다.
말이 물 흐르듯 하다 _ 말이 거침없이 술술 잘 나오다.
말할 것도 없다 _ 너무 당연한 일이라 일부러 말할 필요도 없다.
말할 수 없이 _ 말로 표현할 수 없을 정도로.

모방

模倣

다른 것을 본뜨거나 본받음.

명언 명문

▶ 대부분의 어리석은 행동은 우리가 닮을 수 없는 사람을 모방할 때 생긴다. _S. 존슨(1709~1784) 영국 시인, 평론가

▶ 도대체 누구를 따라야 하며, 누구를 통해서 그대 삶의 방식을 얻는단 말인가. 누구를 모방해야 한단 말인가. 그대가 모방해야 할 자도 따라야 할 자도 없다. 여유롭고 자연스럽게 살라. _B. S. 라즈니시(1931~1990) 인도 철학자

▶ 독창적 작가는 다른 사람을 전혀 모방하지 않는 사람이 아니라 아무도 그를 모방할 수 없는 사람이다. _F. A. R. 샤토브리앙(1768~1848) 프랑스 작가, 정치가

▶ 명언이 있다면 거리낌 없이 모방하라. _A. 프랑스(1844~1924) 프랑스 작가

▶ 모방은 가장 진지한 형태의 아첨이다. _C. C. 콜턴(1780~1832) 영국 작가, 성직자 《라콘》

▶ 모방은 자살이다. _R. W. 에머슨(1803~1882) 미국 사상가, 시인 《자립》

▶ 모방을 자제하는 것이 가장 좋은 복수다. _마르쿠스 아우렐리우스(121~180) 로마 황제

▶ 모방하기를 두려워하지 마라. 그것은 창조를 위해 필수적인 예비 작업이다. _후스(1891~1962) 중국 문학가, 사상가

▶ 모방하는 자는 빈약한 사람이다. 눈에 보이는 나무, 꽃, 그리고 겉으로 드러나는 것만을 그리는 사람이 예술가라면 사진사는 예술의 왕자일 것이다. _J. A. M. 휘슬러(1834~1903) 미국 화가

▶ 모방하지 않는 자는 창조하지 못한다. _알랭(1868~1951) 프랑스 철학자, 평론가

아리스토텔레스

▶ 백성은 자유로울 때 자기들끼리 서로 모방하게 마련이다.

_E. 호퍼(1902~1983) 미국 철학자

▶ 사람은 누구나 모방하는 기쁨을 느낀다.

_아리스토텔레스(B.C. 384~B.C. 322) 그리스 철학자 《시학》

▶ 사람은 때때로 모방을 칭찬하고, 참된 사실은 가볍게 여긴다.

_이솝(B.C. 620?~B.C. 560?) 그리스 우화 작가 《이솝 이야기》

▶ 사람은 사악한 것을 모방하거나 아니면 미워해야 한다.

_M. E. 몽테뉴(1533~1592) 프랑스 사상가

▶ 아무도 모방으로 위대해진 적이 없다.

_S. 존슨(1709~1784) 영국 시인, 평론가

▶ 영원한 존재가 아닌 인간에게는 모순된 가면 속에서의 모방이 있을 뿐이다. 창조, 이것이야말로 위대한 모방이다.

_A. 카뮈(1913~1960) 프랑스 소설가, 극작가

▶ 오, 모방하는 자들이여, 노예와 같은 무리여!

_Q. 호라티우스(B.C. 65~B.C. 8) 로마 시인

▶ 인간은 모방의 천재다. _A. 프랑스(1844~1924) 프랑스 작가 《에피쿠르의 정원》

▶ 인간은 모방하는 동물이다. _T. 제퍼슨(1743~1826) 미국 제3대 대통령

▶ 인간은 일반적으로 개와 비슷하다. 먼 곳에서 다른 개가 짖으면 자기도 짖는다. _볼테르(1694~1778) 프랑스 사상가 《역사단장》

▶ 자연을 단순히 모방만 하면 결코 *걸작을 그릴 수 없다.

_J. 레이놀즈(1723~1792) 영국 화가

▶ 제자가 선생을 모방하듯 예술은 최대한 자연을 뒤따른다. 따라서 예술은 신의 손자처럼 되어야만 한다. _A. 단테(1265~1321) 이탈리아 시인

▶ 질투는 무지이며 모방은 자살이다. _린위탕(1895~1976) 중국 작가

▶ 참된 모방은 가장 완전한 독창이다. _볼테르(1694~1778) 프랑스 사상가

▶ 탁월한 작곡가는 모방하는 것이 아니라 훔친다.

_I. F. 스트라빈스키(1882~1971) 미국 작곡가

*걸작 | 매우 훌륭한 작품.

속담

▶ 거문고 인 놈이 춤을 추면 칼 쓴 놈도 춤을 춘다. (도저히 할 만한 처지가 아닌데도 덩달아 남을 흉내 내다가 웃음거리가 됨을 비유

*워낭 | 마소의 귀에서 턱 밑으로 늘여 단 방울.

적으로 이르는 말) _한국

▶ 계집애가 오랍아 하니 머슴애도 오랍아 한다. _한국

▶ 남의 속에 있는 글도 배운다. (무엇이나 남이 하는 것을 보면 그대로 따라 할 수 있다는 말) _한국

▶ 남이 장 간다고 하니 거름 지고 나선다. (자기 주견이 없이 남이 한다고 덩달아 따라 함을 이르는 말) _한국

▶ 눈먼 말 *워낭 소리 따라간다. (무식한 사람이 남이 일러 준 대로 무비판적으로 따라 한다는 말) _한국

▶ 서낭에 가 절만 한다. (영문도 모르고 남이 하는 대로만 따라 함을 이르는 말) _한국

▶ 암탉은 알을 보면 알을 낳는다. _독일

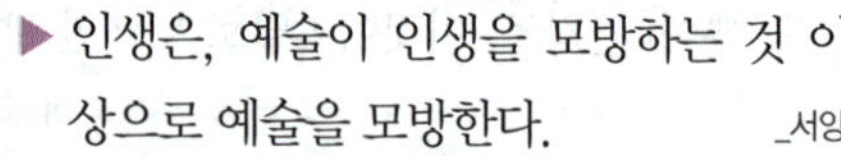

▶ 인생은, 예술이 인생을 모방하는 것 이상으로 예술을 모방한다. _서양

▶ 한 마리 양이 울면 울 안의 모든 양이 따라서 운다. _핀란드

▶ 한 집이 문을 닫으면 백 집이 문을 닫기 시작한다. _에스파냐

한자 숙어

옥하가옥(屋下架屋) 지붕 밑에 또 지붕을 만든다는 뜻으로, 독창성 없이 선인들의 것을 모방만 함을 경멸해 이르는 말.

키워드 정보 BOX

벤치마킹

다른 업종이나 비슷한 업종 가운데 최고 수준의 기업이 갖고 있는 제품과 조직의 좋은 점만을 그대로 흡수하는 경영 기법을 말한다. 토목 공학의 '기준점'이라는 뜻의 '벤치마크(benchmark)'에서 유래된 벤치마킹은 우수한 상대방의 좋은 점을 분석해 배우는 창조적 모방이라고 할 수 있다. 벤치마킹은 1982년 미국의 복사기 제조회사인 제록스사에서 처음 시도하였다. 일본 캐논사의 복사기를 소비자들이 많이 찾자 제록스사는 경쟁 업체인 캐논사를 철저히 분석하고 자기 회사의 결점을 고쳐 나가 소비자들을 다시 끌어들일 수 있었다.

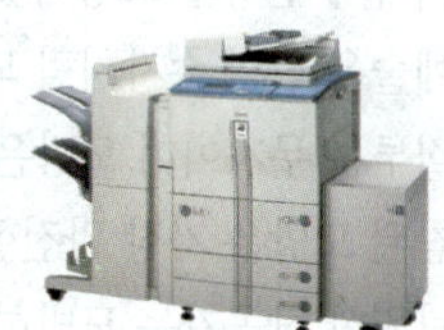

벤치마킹의 모델이 된 캐논사의 최신 복사기.

無知 무지

아는 것이 없음.

명언 명문

▶ 가장 행복한 생활은 너희가 슬퍼하고 기뻐하기를 배우기 전의 무지에 있다. _소포클레스(B.C. 496~B.C. 406) 그리스 시인

▶ 남의 무지를 이용하는 것은 옳지 않다. _M. T. 키케로(B.C. 106~B.C. 43) 로마 정치가, 학자

▶ 내가 아는 것이라고는 내가 아무것도 모른다는 사실뿐이다. _소크라테스(B.C. 469~B.C. 399) 그리스 철학자

▶ 내가 아는 정신의 병이란 무지뿐이다. _L. B. 존슨(1908~1973) 미국 제36대 대통령

▶ 두려움은 언제나 무지에서 나온다. _R. W. 에머슨(1803~1882) 미국 사상가, 시인

▶ 무지가 고의일 경우에는 범죄다. _S. 존슨(1709~1784) 영국 시인, 평론가

▶ 무지는 결코 악을 낳지 않는다. 위험한 죄악을 낳는 것은 다만 잘못된 관념이다. _J. J. 루소(1712~1778) 프랑스 작가, 사상가 《에밀》

▶ 무지는 공포의 어머니다. _O. W. 홈스(1809~1894) 미국 소설가, 의학자

▶ 무지는 무죄가 아니고 유죄다. _R. 브라우닝(1812~1889) 영국 시인 《여관 앨범》

▶ 무지는 어떤 사람에게도 도움이 되지 못하고 누구에게 이익을 준 일도 없다. _K. H. 마르크스(1818~1883) 독일 경제학자, 철학자

▶ 무지는 언제나 지식보다 못하다. _E. 페르미(1901~1954) 미국 물리학자

▶ 무자는 우리들의 불행에 대한 힘없는 *치유 방법이다. _L. A. 세네카(B.C. 4?~A.D. 65) 로마 철학자, 극작가

*치유 | 치료하여 병을 낫게 함.

▶ 무지는 행복의 조건이라고 말할 수는 없으나, 생존의 필요조건임은 분명하다. 만약 온갖 것을 안다면 우리는 단 한 시간도 삶을 지

*오만 | 태도나 행동이 건방지거나 거만함. 또는 그 태도나 행동.
*까투리 | 암꿩.
*무모 | 앞뒤를 잘 헤아려 깊이 생각하는 신중성이나 꾀가 없음.

탱하지 못할 것이다. _A. 프랑스(1844~1924) 프랑스 작가 《에피퀴르의 정원》

▶ 무지를 두려워 마라. 다만 거짓 지식을 두려워하라. 세계의 모든 악은 거짓 지식에서부터 일어나는 것이다. _《맹자》

▶ 무지와 무심이야말로 잘 만들어진 두뇌를 쉬게 하는 데 얼마나 마음 편하고 부드럽고 건강한 베개인가.

_M. E. 몽테뉴(1533~1592) 프랑스 사상가

▶ 무지의 진짜 특징은 허영, 자만, 그리고 *오만이다.

_S. 버틀러(1612~1680) 영국 시인

▶ 삶에 관한 무지의 확실한 증거는 자기 자신을 유용하게 만들려는 노력이다. _O. F. O. W. 와일드(1854~1900) 아일랜드 시인, 극작가

▶ 스스로 무지 속에 머무르는 사람은 무지가 낳는 모든 범죄를 저지른다. _S. 존슨(1709~1784) 영국 시인, 평론가

▶ 아무것도 모르는 것이 필요하다. 어설프게 알고 있는 것은 아무런 도움이 되지 못한다.

_J. W. 괴테(1749~1832) 독일 시인, 소설가, 극작가 《격언과 반성》

▶ 우리의 지식이 증가할수록 우리의 무지가 더욱 많이 드러난다.

_J. F. 케네디(1917~1963) 미국 제35대 대통령

▶ 자신의 무지를 모르는 것이 무지한 사람의 병이다.

_A. B. 올콧(1799~1888) 미국 작가, 철학자

속담

▶ *까투리 북한 다녀온 셈이다. (보기는 보았으나 무엇을 보았는지 어떻게 된 내용인지 모르는 경우를 이르는 말) _한국

▶ 놓아 먹인 말. (교육을 받지 못하고 예의범절을 모르는 사람을 이르는 말) _한국

▶ *무모함은 무지에서 나온다. _영국

▶ 사람은 살아 있는 동안 배우지만 무지인 채로 죽는다. _유고슬라비아

▶ 아무것도 모르는 자는 아무것도 의심하지 않는다. _서양

한자 숙어

등하불명(燈下不明) 등잔 밑이 어둡다는 뜻으로, 바로 앞에서 생긴 일은 오히려 잘 모른다는 뜻.
오리무중(五里霧中) 5리나 되는 짙은 안개 속에 있다는 뜻으로, 어떤 일의 방향이나 갈피를 잡을 수 없음을 이르는 말.

文學 문학

사상이나 감정을 언어로 표현한 예술.
또는 그런 작품.

명언 명문

▶ 고대 문학의 주요 장점은 건전성이고, 현대 문학은 다양하고 영향력이 있음에도 불구하고 건전성이 부족한 것이 주요 단점이다.

_M. 아널드(1822~1888) 영국 시인, 평론가

▶ 말이 인간의 표현인 것처럼 문학은 사회의 표현이다.

_L. G. A. 보날(1754~1840) 프랑스 정치가

▶ 모든 문학가의 목적과 *우상은 명성이다.

_J. 애덤스(1735~1826) 미국 제2대 대통령

▶ 문학 작품이란 자신의 사회적인 신분이 잘못한 것을 보상하려는 노력이다. _R. W. 에머슨(1803~1882) 미국 사상가, 시인 《지성의 박물학》

▶ 문학에 있어서 진실이란 생각할 수 없다.

_P. 발레리(1871~1945) 프랑스 시인, 사상가, 평론가

▶ 문학은 과학 위를 난다. _L. 파스퇴르(1822~1895) 프랑스 화학자, 미생물학자

▶ 문학은 나의 이상향이다. 나는 여기서는 권리의 침해를 받지 않는다. 어떠한 감각의 장벽도 내 책 친구들의 향기롭고 우아한 이야기를 가로막지 못한다. _H. A. 켈러(1880~1968) 미국 저술가, 사회사업가 《자서전》

▶ 문학은 두 번 읽어야 알아들을 글을, 언론은 단번에 알아듣는 글을 쓰는 기술이다. _C. V. 코널리(1903~1974) 영국 평론가, 소설가

▶ 문학은 덕을 키워 주지는 않는 대신 덕을 받아들이는 마음가짐을 심어 준다. _L. A. 세네카(B.C. 4?~A.D. 65) 로마 철학자, 극작가

▶ 문학은 생각하는 사람들의 생각이다.

_T. 칼라일(1795~1881) 영국 사상가, 역사가

▶ 문학은 심지어 명예나 재산을 물려받지 못한 수재들마저도 걸어

*우상 | 신처럼 숭배의 대상이 되는 물건이나 사람.

*명제 | 참과 거짓을 판단할 수 있는 내용.
*진부하다 | 사상, 표현, 행동 따위가 낡아서 새롭지 못하다.

갈 수 있는, 영광에 이르는 큰 길이다.

_B. 디즈레일리(1804~1881) 영국 정치가, 소설가

▶ 문학은 의미를 함축한 언어다.

_E. L. 파운드(1885~1972) 미국 시인 《어떻게 읽을 것인가》

▶ 문학은 인생을 밑받침하는 것이 아니다. 인생에 관한 여러 가지 *명제를 더한 종류 가운데 하나다.

_W. 스티븐슨(1879~1955) 미국 시인 《아다지아》

▶ 문학은 절반은 직업, 절반은 예술일 때 가장 인기 있다.

_W. R. 잉(1860~1954) 영국 신학자

▶ 문학은 *진부하게 표현한 관현악이다.

_T. N. 와일더(1897~1975) 미국 소설가, 극작가

▶ 문학은 타락했다고 말하지만 인간이 타락한 만큼 타락된 것에 불과하다. _J. W. 괴테(1749~1832) 독일 시인, 소설가, 극작가

▶ 문학은 후대에게 대대로 주식 배당을 해 주는 천재의 투자다.

_J. 버로스(1837~1921) 미국 수필가

▶ 문학은 흥미, 교훈뿐만 아니라 설교, 선전, 자기를 위한 수련, 남에게 주는 자극 사이를 오갔다.

_P. 발레리(1871~1945) 프랑스 시인, 사상가, 평론가 《문학론》

▶ 문학을 교과서에서 배운 사람은 한 사람도 없다.

_E. M. 헤밍웨이(1899~1961) 미국 소설가

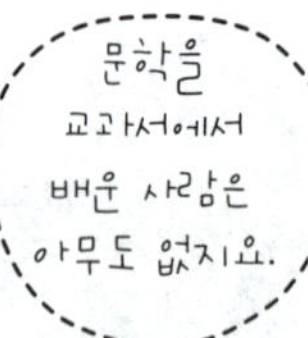

▶ 문학을 세상에서 없애면 세상의 영광도 사라질 것이다.

_F. A. R. 샤토브리앙(1768~1848) 프랑스 작가, 정치가

▶ 문학의 대상은 돌고 있는 팽이와 같은 것으로, 움직이고 있을 때만 존재한다. 그것이 현실로 나타나기 위해서는 독서라는 구체적인 행위가 필요하며, 그것은 단지 독서하고 있는 동안만 계속되는 것이다. 독서하지 않을 때는 단지 종이 위의 검은 점들일 뿐이다.

_J. P. 사르트르(1905~1980) 프랑스 소설가, 철학자

▶ 문학의 모든 걸작은 언제나 어떤 우주관을 비유적으로 말했다.

_G. K. 체스터턴(1874~1936) 영국 소설가, 평론가

▶ 문학의 목적은 인생과 마찬가지로 정해져 있는 것이 없다.

_P. 발레리(1871~1945) 프랑스 시인, 사상가, 평론가 《문학론》

E. M. 허밍웨이

▶ 문학의 본질적인 두 가지 특성은 초자연주의와 풍자다.

_C. P. 보들레르(1821~1867) 프랑스 시인 《내면의 일기》

▶ 문학자의 가장 중요한 책임은 자기 예술에 대해 책임지는 것이다.

_T. S. 엘리엇(1888~1965) 영국 시인, 평론가, 극작가 《지평선》

▶ 사랑, 전쟁, 질투 대신에 질병이 문학의 주요 주제가 되지 않은 것은 참으로 이상한 일이다. _V. 울프(1882~1941) 영국 작가

▶ 사실을 개념으로 옮기는 것이 문학의 기능이다.

_G. 산타야나(1863~1952) 미국 철학자, 시인 《수필집》

▶ *수사학은 문학에서, 도덕은 인생에서 기술을 전혀 고려하지 않는다. _J. W. 크러치(1893~1970) 미국 평론가, 수필가

*수사학 | 사상이나 감정 따위를 효과적·미적으로 표현할 수 있도록 문장과 언어의 사용법을 연구하는 학문.

▶ 열쇠가 상자를 열듯이 문학은 가슴을 연다.

_J. 하우얼(1594?~1666) 영국 수필가

▶ 오늘날 문명에서 문학이 모든 예술을 지배하고 그 모든 것 이상으로 역할을 하고 있다는 것은 부정할 수 없다.

_W. 휘트먼(1819~1892) 미국 시인

▶ 육체에 두뇌가 있듯이 문학에는 사상이 들어 있다.

_후스(1891~1962) 중국 문학가, 사상가

▶ 인간이 가장 감미로운 열정을 쏟는 두 가지 대상은 문학과 나비다.

_V. V. 나보코프(1899~1977) 미국 소설가, 평론가

▶ 재료가 작품보다 우선하듯 인생은 문학보다 우선한다.

_P. 브룩스(1835~1893) 미국 성직자

▶ 조그마한 문학 작품을 쓰기 위해서도 오랜 역사가 필요하다.

_H. 제임스(1843~1916) 미국 소설가

▶ 참다운 교양을 쌓는 일의 하나는 세계 문학을 읽는 것이다.

_H. 헤세(1877~1962) 독일 소설가, 시인

▶ 최근 십 년 동안의 문학은 방향과 의도와 추진력을 완전히 상실했다. 학문은 새로운 길을 열지 못했고 전형적인 인물을 발굴해 내지 못했으며 책에 생명력을 불어넣지도 못했다.

_F. G. 홉킨스(1861~1947) 영국 생화학자 《전례 없는 일》

▶ 한 나라의 문학은 동화로 시작해서 소설로 끝난다.

_J. 주베르(1754~1824) 프랑스 작가, 평론가

문화

文化

일정한 목적 또는 생활 이상을 실현하고자 사회 구성원에 의해 습득, 공유, 전달되는 행동 양식이나 생활 양식의 과정.

명언 명문

*산물 | 어떤 것에 의하여 생겨나는 사물이나 현상.
*문명개화 | 낡고 나쁜 것을 버리고 발달된 문명을 받아들여 발전함.
*무지몽매 | 아는 것이 없고 이치에 어두움.

▶ 국민적인 증오심은 문화가 낮으면 낮을수록 강하다.

_O. F. O. W. 와일드(1854~1900) 아일랜드 시인, 극작가

▶ 문화는 감미로움과 빛에 대한 열정이다.

_M. 아널드(1822~1888) 영국 시인, 평론가

▶ 문화는 교수들이 교수들을 만들고, 그 교수들이 또 교수들을 만드는 데 사용하는 도구다. _S. 베유(1909~1943) 프랑스 철학자

▶ 문화는 궁지에 몰렸다. 심오하고 고상하면 보기 드물어야 하고 대중화되면 세상에 널리 통해야 하기 때문이다.

_G. 산타야나(1863~1952) 미국 철학자, 시인 《이성의 시대》

▶ 문화는 언어의 조건이며, 동시에 언어의 *산물이다.

_J. 듀이(1859~1952) 미국 철학자 《탐구의 이론》

▶ 문화는 우리가 최고 수준의 산물과 지식에 정통하여 인간 정신의 역사를 잘 이해하는 것이다. _M. 아널드(1822~1888) 영국 시인, 평론가

▶ 문화라는 것을 위에서부터 아래를 향해 눌러 대서는 안 된다. 그것은 아래에서부터 일어나 위로 오르는 것이기 때문이다.

_H. 리드(1893~1968) 영국 시인, 평론가

▶ 문화란 이따금 *문명개화보다도 *무지몽매를 덮는 비판자에 지나지 않는다. _G. 말로리(1886~1924) 영국 산악인

▶ 문화의 승리는 개별적 민족성을 압도하는 것이다.

_R. W. 에머슨(1803~1882) 미국 사상가, 시인

▶ 민족적 증오는 괴상한 것이다. 그것은 문화 수준이 가장 낮은 곳에서 항상 강하고 난폭하다. _J. W. 괴테(1749~1832) 독일 시인, 소설가, 극작가

▶ 성숙하는 문화는 소유와 휴식이 아니라 성장과 형성이다.

_M. 아널드(1822~1888) 영국 시인, 평론가

▶ 아마 인류는 문화가 경영한 영향으로 신경증에 걸린 것 같다.

_S. 프로이트(1856~1939) 오스트리아 심리학자, 의사 《문화에 의한 불쾌한 것》

▶ 야만인이 야만인이며 문명인이 문명인인 것은 그의 태생에서 오는 것이 아니라 그가 참여하고 있는 문화에 의한 것이다.

_J. 듀이(1859~1952) 미국 철학자 《경험으로서의 예술》

▶ 어떠한 문화라도 매우 한정된 완벽한 경우를 제외하고는 그 속에 진리와 오류가 섞여 있다. _A. 카뮈(1913~1960) 프랑스 소설가, 극작가 《비망록》

▶ 운명 앞에서 인간들이 외치는 것이 문화다.

_S. 베유(1909~1943) 프랑스 철학자

▶ 원시적인 것이 되기를 간절히 바라는 것은 문화의 병이다.

_G. 산타야나(1863~1952) 미국 철학자, 시인 《수필집》

▶ 재즈는 백인 문화에 대한 흑인 문화의 철저한 복수다.

_I. J. 파데레프스키(1860~1941) 폴란드 작곡가, 피아니스트

▶ 종교는 문화의 본질이고 문화는 종교의 형태다.

_P. J. 틸리히(1886~1965) 미국 신학자

키워드 정보 BOX

근대 문화의 창조, 르네상스

르네상스를 대표하는 화가 미켈란젤로의 《천지창조》 중 일부.

학문 또는 예술의 재생·부활이라는 의미를 가진 르네상스는 14세기 후반~15세기 전반에 걸쳐 이탈리아에서 시작되어, 곧 유럽 여러 나라들의 사상·문학·건축·미술 등 다방면에 영향을 미쳤다. 르네상스는 중세 기독교의 속박에서 벗어나 고대 그리스·로마 문화의 자유롭고 풍부한 인간성을 부흥시키고자 한 문화운동이었다. 즉, 고대 그리스·로마 문화의 부활을 통해 신 중심이 아닌 인간 중심의 새로운 문화를 창조하고자 한 것으로, 단순한 고전 문화의 부흥이 아닌 새로운 근대 문화의 창조라고 할 수 있다.

비극

悲劇

인생의 슬프고 애달픈 일을 당하여 불행한 경우를 이르는 말. 또는 인생의 슬픔과 비참함을 제재로 하고 주인공의 파멸, 죽음 따위의 불행한 결말을 갖는 극 형식.

명언 명문

▶ 가장 가까운 것이 감정을 가장 심하게 자극한다. 나라의 비극보다는 자기 집안의 비극이 더 슬프다. _S. 존슨(1709~1784) 영국 시인, 평론가

▶ 나는 비극을 사랑한다. 비극의 밑바닥에는 언제나 무엇인가 아름다운 것이 깔려 있기 때문이다. _C. S. 채플린(1889~1977) 미국 배우, 영화감독

▶ 나에게 한 명의 영웅을 보여 다오. 그러면 너에게 한 편의 비극을 써 주겠다. _F. S. K. 피츠제럴드(1896~1940) 미국 소설가 《노트북》

▶ 내가 알고 있는 최대의 비극은 많은 젊은이들이 자기가 진정으로 하고 싶은 일이 무엇인지를 알지 못하고 있다는 것이다. _D. 카네기(1888~1955) 미국 저술가

▶ 노인의 비극은 당사자가 늙었다고 생각하는 것이 아니라 젊었다고 생각하는 것이다. _O. F. O. W. 와일드(1854~1900) 아일랜드 시인, 극작가

▶ 말이 오해가 될 때가 아니라 침묵이 이해되지 못할 때 인간관계의 비극은 시작된다. _H. D. 소로(1817~1862) 미국 사상가, 수필가

▶ 모든 것을 심각하게 받아들여야 한다. 아무것도 비극적으로 받아들여서는 안 된다. _L. A. 티에르(1797~1877) 프랑스 정치가, 역사가

▶ 모든 여자는 자기 어머니를 닮는데 그것은 여자의 비극이다. 남자는 아무도 자기 어머니를 닮지 않는데 그것이 남자의 비극이다. _O. F. O. W. 와일드(1854~1900) 아일랜드 시인, 극작가 《거짓말에서 나온 진실》

▶ 비극은 고통을 당하는 사람의 마음속이 아니라 바라보는 사람의 눈 속에 있다. _R. W. 에머슨(1803~1882) 미국 사상가, 시인 《지성의 박물학》

▶ 비극은 연민과 공포를 불러일으키지만 우리의 마음을 깨끗하게 해 주기도 한다. _아리스토텔레스(B.C. 384~B.C. 322) 그리스 철학자 《시학》

▶ 비극의 근본적인 성질은 불행이 아니고 사물의 냉혹한 작용이다.

_A. N. 화이트헤드(1861~1947) 영국 철학자, 수학자

▶ 비극이란 인간의 시발점이 아니라 행동과 인생, 행복과 불행의 시작점이다. _아리스토텔레스(B.C. 384~B.C. 322) 그리스 철학자

▶ 사람을 잘 안다는 것은 그들의 비극을 안다는 것이다. 비극은 대개 그들의 주위에서 중심이 된다.

_B. A. W. 러셀(1872~1970) 영국 철학자, 수학자 《사랑이 있는 기나긴 대화》

▶ 사랑의 비극이란 없다. 사랑이 없는 곳에서만 비극이 있다.

_S. 베유(1909~1943) 프랑스 철학자

▶ 사회에 소속되어 있는 것은 지루한 일이지만 거기서 벗어나는 것은 비극이다. _O. F. O. W. 와일드(1854~1900) 아일랜드 시인, 극작가

▶ 온갖 절묘한 것의 *배후에는 비극적인 요소가 따르는 법이다.

_O. F. O. W. 와일드(1854~1900) 아일랜드 시인, 극작가

*배후 | 어떤 일의 드러나지 않은 부분.

*가혹 | 몹시 모질고 혹독함.

▶ 우리는 비극에는 참여하고 희극은 바라보기만 한다.

_A. L. 헉슬리(1894~1963) 영국 소설가, 평론가

▶ 우리는 우리가 가지고 있는 것을 좀처럼 생각지 않고 언제나 없는 것만 생각하는 경향이 있다. 이것이야말로 이 세상에서 가장 큰 비극을 만들어 내는 것이다. _A. 쇼펜하우어(1788~1860) 독일 철학자

▶ 이 세상에서 가장 비극적인 삶은 살아 있는 동안 인간의 정신이 죽어 있는 삶이다. _A. 슈바이처(1875~1965) 독일 신학자, 철학자, 의사

▶ 인생에는 두 가지 비극이 있다. 하나는 원하는 것을 잃는 것이고 또 하나는 그것을 얻는 것이다. _G. B. 쇼(1856~1950) 아일랜드 극작가, 평론가

▶ 인생의 가장 *가혹한 비극은 잔인한 운명을 믿는 것이다.

_R. W. 에머슨(1803~1882) 미국 사상가, 시인

▶ 자신이 무식하다는 것을 아무도 모른다는 것이 세상의 비극이다. 아는 것이 적은 사람일수록 모든 것을 안다고 더욱 확신한다.

_A. J. L. 캐리(1888~1957) 영국 소설가

▶ 죽음은 언제나, 어떠한 경우에도 비극이다.

_T. 루스벨트(1858~1919) 미국 제26대 대통령

▶ 천재들의 비극은 그의 동료들과 다른 각도에서 세상을 보는 것에 있다. _H. H. 엘리스(1859~1939) 영국 심리학자 《인생의 춤》

비평 批評

사물의 옳고 그름, 아름다움과 추함 따위를 분석하여 가치를 논함.

명언 명문

*혹평 | 가혹하게 비평함.

▶ 문학, 음악, 연극 분야의 평론가가 하는 일은 모든 일 가운데 가장 비열한 것이다. _M. 트웨인(1835~1910) 미국 소설가

▶ 비극을 쓸 수 없는 사람도 비극을 *혹평할 수는 있다. 테이블을 만들 줄 모르는 사람도 나쁜 테이블을 만들어 준 목수를 꾸짖을 수는 있다. _S. 존슨(1709~1784) 영국 시인, 평론가

▶ 비평만 좋아하다 보면 참으로 훌륭한 내용에 감동되는 즐거움을 잃는다. _J. 라브뤼예르(1645~1696) 프랑스 작가

▶ 비평은 쉽고 예술은 어렵다. _P. 데투슈(1680~1754) 프랑스 극작가

▶ 비평은 예술가의 명성에 한 몫 끼려고 하는 비평가가 동원하는 기술이다. _G. J. 네이선(1882~1958) 미국 연극 평론가

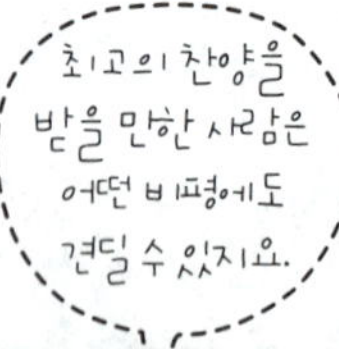

▶ 비평은 예술가의 채찍이 아니라, 숨겨진 보물을 발견해 내는 점쟁이의 막대기가 되어야만 한다. _A. 시먼스(1865~1945) 영국 언론인, 시인

▶ 비평은 예술을 다루는 것으로서, 그 자체가 예술과 같은 것일지도 모른다. _N. 프라이(1912~1991) 캐나다 교육자, 평론가 《문학의 원형》

▶ 비평의 근본적인 특성은 현재도 그렇고 앞으로도 그럴 것이지만, 바로 해석이다. _N. 프라이(1912~1991) 캐나다 교육자, 평론가

▶ 비평한다는 것은 곧 감상하는 것이다. _H. 제임스(1843~1916) 미국 소설가

▶ 비평할 수 없는 책에서는 참으로 배울 만한 것이 있다. 비평할 수 있는 책은 도리어 우리들로부터 배워야 할 것이다. _J. W. 괴테(1749~1832) 독일 시인, 소설가, 극작가 《격언과 반성》

▶ 연극이 끝나기 전에는 연극에 대해 판단하지 마라. _J. 데이비스(1569~1626) 영국 법률가, 시인

E. A. 포

▶ 예술이 완성을 향해서 나아갈 때 비평의 기술도 그것과 보조를 맞춰서 나아간다. _E. 버크(1729~1797) 영국 정치가, 사상가

▶ 우리 사회에 건설적인 비평이라면 많아도 끄떡없습니다. 그만큼 이 사회가 견고하고, 또 보존해 나가야 할 것도 많기 때문입니다. _A. E. 스티븐슨(1900~1965) 미국 정치가

▶ 일반적으로 비평가들은 시인, 역사가, 전기 작가가 되려고 했던 사람들로서 자기의 재능을 시험해 보고 실패했기 때문에 비평가로 방향을 바꾼 것이다. _S. T. 콜리지(1772~1834) 영국 시인, 평론가

▶ 작품을 쓰려고 해도 쓸 수가 없는 사람이 비평은 할 수 있다. _J. R. 로웰(1819~1891) 미국 시인, 평론가

▶ 최고의 찬양을 받을 만한 사람은 어떤 비평에도 견딜 수 있다. _E. A. 포(1809~1849) 미국 시인, 소설가, 평론가 《비평론》

▶ 한 사람의 작가를 비평하는 것은 쉽지만, 그 작가를 제대로 평가하는 것은 어렵다. _L. C. 보브나르그(1715~1747) 프랑스 도덕주의자, 수필가

▶ 훌륭한 비평가는 걸작들 사이에서 자신의 정신이 겪은 모험을 이야기하는 사람이다. _A. 프랑스(1844~1924) 프랑스 작가

지식 쑥쑥

한자 숙어

위비언고(位卑言高) 낮은 지위에 있으면서 윗사람의 정치를 이렇다 저렇다 비평함.

속담

▶ 비평하는 사람은 남의 옷을 솔질해 주는 사람과 같다. _서양

고사성어

▷ 월단평(月旦評)

매달 첫날에 하는 평이라는 뜻으로, 인물에 대한 평가를 말한다. 한나라 말, 여남 땅에 사는 허소와 그의 사촌 동생 허정은 매달 첫날에 고을 사람들에게 인물평을 해 주었다. 이 인물평이 매우 정확해서 사람들은 이들을 '여남의 월단평'이라고 불렀다. 어느 날 조조가 소문을 듣고 이들을 찾아와 자기에 대한 평을 부탁하였다. 허소는 조조의 성품이 포악함을 알고 거절하였으나 목숨을 위협받자, "당신은 태평한 세상에서는 유능한 정치가이겠지만, 어지러운 세상에서는 간사한 꾀가 많은 영웅이 될 것이오." 하고 말해 주었다. 이 말에 조조는 만족해하며 돌아갔다고 한다. _《후한서》 허소전

상상 想像

실제로 경험하지 않은 현상이나 사물에 대하여 마음속으로 그려 봄.

명언 명문

▶ 그대의 자아는 두 가지 자아로 이루어져 있다. 하나는 자신을 알고 있다고 스스로 상상하는 것이고, 또 하나는 다른 사람들이 자신을 알고 있다고 상상하는 것이다.

_K. 지브란(1883~1931) 미국 소설가, 화가, 시인

▶ 나는 상상한다. 따라서 소속되고 자유롭다.

_L. 더럴(1912~1990) 영국 시인, 극작가

▶ 내가 확신하는 것은 사랑의 거룩함과 상상의 진실뿐이다.

_J. 키츠(1795~1821) 영국 시인

▶ 모든 진리는 인간의 상상 속에서만 효과적이고 명백히 존재한다. 발명이 아니라 상상이 인생과 예술의 최고 스승이다.

_J. 콘래드(1857~1924) 영국 소설가

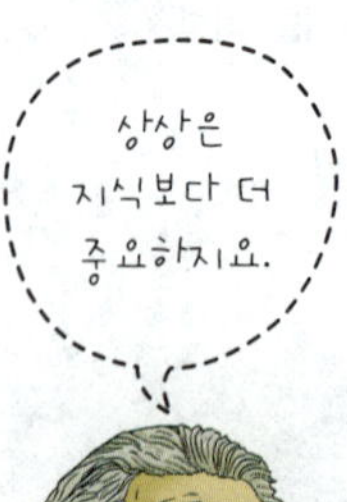

▶ 미치광이, 연인, 시인들은 상상으로 가득 차 있다.

_W. 셰익스피어(1564~1616) 영국 극작가, 시인

▶ 보물을 숨기는 자는 누구나 그곳을 생각하고 있다고 상상한다.

_T. 미들턴(1570?~1627) 영국 극작가

A. 아인슈타인

▶ 사람들은 근거도 없는 재앙을 상상하고는 그것을 두려워한다.

_M. A. 루카누스(39~65) 로마 시인

▶ 상상 속에서는 모든 가능성이 동일한 현실성을 가지고 있다.

_S. 보부아르(1908~1986) 프랑스 소설가, 평론가

▶ 상상과 허구는 우리 실생활의 4분의 3 이상을 차지한다.

_S. 베유(1909~1943) 프랑스 철학자

▶ 상상은 마음의 공기다. _P. J. 베일리(1816~1902) 영국 시인 《페스터스》

▶ 상상은 모든 예술에서 차이를 만들어 낸다.

_D. G. 로세티(1828~1882) 영국 시인, 화가

▶ 상상은 지식보다 더 중요하다.

_A. 아인슈타인(1879~1955) 미국 물리학자 《과학에 대하여》

▶ 상상의 화폭은 넓이가 한정되어 있어서 어느 한쪽에 무엇인가를 그리면 다른 쪽은 무엇인가 지워야 한다. 생각을 확대할 수는 없고, 다만 관점만 바꿀 수 있을 뿐이다.

_W. 해즐릿(1778~1830) 영국 평론가, 수필가 《여행길》

▶ 상상이란 마음의 놀이다. 상상하는 것이 진짜인 것에 아랑곳없이 자기만을 상대로 하는 제멋대로의 놀이다.

_알랭(1868~1951) 프랑스 철학자, 평론가 《정신과 정념에 관한 81장》

▶ 선악은 주로 상상 속에 있다. _T. 풀러(1654~1734) 영국 의사, 작가

▶ 시의 기능은 아마도 사실일 것이다. 왜냐하면 상상 그 자체가 기억을 다루는 것이기 때문이다. 우리가 모르는 일을 상상할 수는 없다. 그리고 우리의 상상력은 우리가 언젠가 경험한 것을 기억해 비슷한 상황에 적용하는 것이다.

_S. H. 스펜더(1909~1995) 영국 시인 《시의 효용성에 대하여》

▶ 우리는 결코 우리가 상상하는 것만큼 그렇게 행복하거나 불행하지 않다. _F. 라로슈푸코(1613~1680) 프랑스 작가

▶ 인간이 상상에 의해 지배되는 것처럼 불행한 일이 또 있을까?

_B. 파스칼(1623~1662) 프랑스 사상가, 수학자, 물리학자

▶ 자기 마음이 순수하다고 상상하는 자보다 더 위험한 자는 없다.

_J. M. 볼드윈(1861~1934) 미국 심리학자

▶ 자유로운 상상은, 시시하고 무능한 사람들의 도피가 아니라 확실한 창조다. _E. 이오네스코(1912~1994) 프랑스 극작가 《언어의 곡예사》

속담

▶ 상상은 멀리 간다. _미국, 영국

▶ 한 순간의 상상은 그대를 땅 끝까지 날린다. (상상의 세계는 끝이 없다는 말)

_에스파냐

한자 숙어

공상감정(空想感情) 가정이나 상상으로부터 오는 감정.

자대망상(自大妄想) 스스로 자기가 크고 강하다고 상상하는 생각.

상상력

想像力

실제로 경험하지 않은 현상이나 사물에 대하여 마음속으로 그려 보는 힘.

명언 명문

- 겁을 먹는 것과 까닭 없이 불안한 두려움은 확실히 구별된다. 이는 대부분 상상력의 기능이 잠시 중단된 것으로 보면 된다.
  _E. M. 헤밍웨이(1899~1961) 미국 소설가
- 그의 상상력은 달리게는 하지만 날아오르게는 하지 못하는 타조의 날개와 같다. _T. B. 매콜리(1800~1859) 영국 역사가, 정치가
- 사람들은 상상력이 풍부해서가 아니라 상상력을 가지고 있다는 것을 깨닫지 못하기 때문에 미신에 빠진다.
  _G. 산타야나(1863~1952) 미국 철학자, 시인
- 상상력은 모든 것에 활기를 주고, 생기를 불어넣어 주며, 인격마저 부여한다. _M. 프루스트(1871~1922) 프랑스 소설가
- 상상력은 시에 고귀한 감정을 불어넣도록 여러 가지 의견을 내놓는다. _J. 러스킨(1819~1900) 영국 미술 평론가
- 상상력은 일부 사람들의 재능이 아니라 모든 사람이 가지고 있는 건강이다. _R. W. 에머슨(1803~1882) 미국 사상가, 시인
- 상상력은 현실적인 것이어서 유년 시절의 추억으로도 변화를 생기게 할 수 있다. _G. 바슐라르(1884~1962) 프랑스 철학자 《유년 시절을 향한 몽상》
- 상상력이 가장 풍부한 사람이 무엇이든지 쉽게 믿는다. 그에게는 모든 것이 가능하기 때문이다. _A. 체이스(1926~) 미국 언론인, 작가
- 친밀함은 상상력의 마약이다.
  _A. J. 토인비(1889~1975) 영국 역사가, 문명 비평가 《시련에 서는 문명》
- 학식은 없고 상상력만 있는 사람은 다리는 없고 날개만 있는 것과 같다. _J. 주베르(1754~1824) 프랑스 작가, 평론가

상식

常識
사람들이 보통 알고 있거나 알아야 하는 지식.

문화와 예술

명언 명문

▶ 논리와 상식은 전혀 성격이 다른 것이다.

_E. G. 허버드(1856~1915) 미국 작가, 화가

▶ 당신이 가지고 있는 상식이 전문가의 지식과 다르다고 해서 두려워할 필요는 없다.

_O. W. 홈스(1809~1894) 미국 소설가, 의학자

▶ 돈이면 이 세상 모든 것을 살 수 있다. 그러나 한 가지 살 수 없는 것이 있으니 바로 상식이다.

_《탈무드》

▶ 부자들치고 상식이 있는 사람이 드물다.

_D. J. 유베날리스(50?~130?) 로마 시인

▶ 상식은 가능한 것의 *척도다. 경험과 *예견에서 나온 것이기 때문이다.

_H. F. 아미엘(1821~1881) 스위스 철학자, 문학가 《일기》

*척도 | 평가하거나 측정할 때 근거가 되는 기준.
*예견 | 앞으로 일어날 일을 미리 짐작함.

▶ 상식은 누구나 알고 있는, 그리 흔한 것이 아니다.

_볼테르(1694~1778) 프랑스 사상가 《철학사전》

▶ 상식은 두 점 사이의 가장 짧은 선이다.

_R. W. 에머슨(1803~1882) 미국 사상가, 시인 《일기》

▶ 상식은 본능이며, 그것이 충분히 있는 자는 천재다.

_G. B. 쇼(1856~1950) 아일랜드 극작가, 평론가

▶ 상식은 부르주아 계층을 위한 것이고, 터무니없는 짓은 귀족의 특권이며, 근심 걱정은 평민들의 몫이다.

_G. J. 네이선(1882~1958) 미국 연극 평론가

▶ 상식은 세상에서 가장 공정하게 분배된 것이다. 누구나 상식을 충분히 갖추고 있다고 여기기 때문이다.

_R. 데카르트(1596~1650) 프랑스 철학자, 수학자 《방법 서설》

V. M. 위고

▶ 상식은 우리 인간에게 '예의를 지켜야 한다.', '상대방에게 좋은 인상을 주어야 한다.' 라고 명령한다. 그렇지만 시간과 장소, 사람에 따라서 예의를 갖추느냐는 실제로 눈으로 보고 몸으로 익히지 않으면 알 수가 없다. _P. D. S. 체스터필드(1694~1773) 영국 정치가, 작가

▶ 상식은 의약품 가운데 최고의 일꾼이다.

_P. M. 레이섬(1789~1875) 영국 의사, 작가

▶ 상식은 천재처럼 드문 것이다. _R. W. 에머슨(1803~1882) 미국 사상가, 시인

▶ 상식은 학문에서 얻어진 지식이 아니고 생활에서 얻어진 지혜다. 학식은 특수적인 것이나 상식은 보편적인 것이다. 따라서 상식은 지식보다 선행하며 우위적인 것이다. _김동리(1913~1995) 소설가, 시인

▶ 상식이 있느냐 없느냐는 교육과는 상관없는 것이다.

_V. M. 위고(1802~1885) 프랑스 시인, 극작가

▶ 상식이나 솔직한 행동만큼 사람을 놀라게 하는 것도 없다.

_R. W. 에머슨(1803~1882) 미국 사상가, 시인

▶ 상식이란 매우 드문 것이기는 하지만, 내가 아는 한 가장 좋은 감각이다. _P. D. S. 체스터필드(1694~1773) 영국 정치가, 작가

▶ 상식이란 보통 국민이 갖고 있는 지식, 이해력, 판단력이다.

_마해송(1905~1966) 아동 문학가, 수필가 《상식문제》

▶ 상식이란 열여덟 살 때까지 생긴 편견을 모아놓은 것이다.

_A. 아인슈타인(1879~1955) 미국 물리학자

▶ 상식이란 인류의 수호신이다.

_J. W. 괴테(1749~1832) 독일 시인, 소설가, 극작가 《격언과 반성》

▶ 정신의 추는 옳은 것과 그른 것 사이가 아니라 상식과 몰상식 사이에서 오락가락한다. _C. G. 융(1875~1961) 스위스 심리학자, 정신 의학자

▶ 확률의 이론은 결국 계산법으로 상식에 불과하다.

_P. S. 라플라스(1749~1827) 프랑스 수학자, 천문학자

속담

▶ 건전한 상식이 없다면 지식이란 미친 증세다. _에스파냐

▶ 인간은 상식이라고 그어진 좁은 금을 따라 조심조심 걸어가면서 거기에서 조금이라도 벗어나면 곧 불안함을 느낀다. _서양

小說 소설

사실 또는 작가의 상상력에 바탕을 두고 허구적으로 이야기를 꾸며 나간 문학 양식.

명언 명문

▶ 도덕적 성격의 소설은 모기 주둥이와 같아서 독자를 괴롭히다가 양심의 *가책을 일으키는 자극적인 액체를 주입한다.

_O. 헨리(1862~1910) 미국 소설가

*가책 | 자기나 남의 잘못에 대하여 꾸짖어 책망함.

▶ 모든 소설 가운데 완전히 독창적인 소설은 《돈키호테》 하나뿐이라고 본다. _W. S. 몸(1874~1965) 영국 소설가, 극작가

▶ 문학과 소설은 전혀 다른 것이다. 문학은 사치품이지만 소설은 필수품이다. _G. K. 체스터턴(1874~1936) 영국 소설가, 평론가

▶ 백성을 새롭게 만들려면 먼저 소설을 새롭게 만들어야만 한다.

_량치차오(1873~1929) 중국 청나라 사상가, 문학가

▶ 소설은 죽었기 때문에, 허구의 이야기는 쓸 필요도 없다.

_스탕달(1783~1842) 프랑스 소설가

▶ 소설이 존재하는 유일한 이유는 그것이 인생을 표현하려고 하기 때문이다. _H. 제임스(1843~1916) 미국 소설가 《소설의 기술》

▶ 소설이란 들고 다니는 거울이다. _스탕달(1783~1842) 프랑스 소설가 《적과 흑》

▶ 역사가 과거의 이야기인 데 반해 소설은 현대의 역사다.

_G. 뒤아멜(1884~1966) 프랑스 소설가, 평론가

▶ 역사는 사실로 존재했던 소설이며, 소설은 존재할 수 있었던 역사다. _E. 공쿠르(1822~1896) 프랑스 소설가 《일기》

▶ 좋은 소설은 주인공에 관한 진실을, 나쁜 소설은 그 저자에 관한 진실을 우리에게 알려 준다. _G. K. 체스터턴(1874~1936) 영국 소설가, 평론가

▶ 좋은 소설은 현실적인 것을 바탕으로 이루어져 있지만 현실성을 얻기는 어렵다. _R. 엘리슨(1914~1994) 미국 소설가

속담

俗談

예로부터 민간에 전하여 오는 쉬운 격언이나 잠언.

명언 명문

*직관 | 감각, 경험, 연상, 판단, 추리 따위를 거치지 아니하고 대상을 직접적으로 파악하는 작용.

▶ '다리에 도착할 때까지는 다리를 건널 생각을 하지 마라.' 는 아주 재치 있는 옛 속담이 있다.

_H. W. 롱펠로(1807~1882) 미국 시인 《고귀한 이야기들》

▶ 속담은 각 민족의 거룩한 책처럼 *직관이 담긴 성스러운 것이다.

_R. W. 에머슨(1803~1882) 미국 사상가, 시인 《보상론》

▶ 속담은 곰팡내 나는 그 무엇이다.

_W. 셰익스피어(1564~1616) 영국 극작가, 시인 《햄릿》

▶ 속담은 몇 마디 말로 줄인 많은 재료들이다.

_T. 풀러(1608~1661) 영국 성직자, 역사가 《영국의 명사들》

▶ 속담은 짧을수록 의미가 깊다. _T. 풀러(1654~1734) 영국 의사, 작가

▶ 아라비아 속담에 의하면, 불사조나 귀신이 존재하지 않듯이 마음이 통하는 참된 친구도 존재하지 않는다지만 나는 그 모두를 내 이웃들 중에서 발견했노라고 그대에게 말하겠다.

_K. 지브란(1883~1931) 미국 소설가, 화가, 시인

▶ '안 보면 멀어진다.' 는 말은 친구뿐만 아니라 원수에게도 해당하는 속담이다. _S. 스미스(1771~1845) 영국 목사, 수필가

▶ 어떠한 것도 경험하기 전까지는 실제적인 것이 아니다. 하나의 속담조차도 당신이 생활에서 느끼기 전까지는 당신에게 속담이 아니다. _J. 키츠(1795~1821) 영국 시인

▶ 이집트 속담에서는 침대에 있으면서 자지 못하는 것, 오지 않는 사람을 기다리는 것, 기뻐하고 싶어도 기뻐하지 못하는 것을 최악의 것으로 보았다. _F. S. K. 피츠제럴드(1896~1940) 미국 소설가 《노트북》

▶ 진리가 아닌 속담은 없다. _M. 세르반테스(1547~1616) 에스파냐 소설가

속담

▶ 속담은 길거리의 양식이다. _서양

▶ 속담은 나비를 닮았다. 나비 몇 마리를 잡았다 해도 나머지는 날아가 버린다. _독일

▶ 속담은 매일매일의 경험이 쌓인 결과물이다. _영국

▶ 속담은 민족의 사고방식을 비추는 거울이다. (속담은 그 민족이 생각하는 방식을 여러 모로 반영한다는 말) _독일

▶ 속담은 보통 사람들의 철학이다. _서양

▶ 속담은 일상적인 경험의 어머니다. _네덜란드

▶ 속담치고 옳지 않은 것은 없다. _서양

▶ 오랜 속담은 썩지 않는다. (옛 속담은 조상들의 지혜가 축적된 것이며 영원한 진리가 담겨 있다는 뜻) _리투아니아

▶ 좋은 속담은 이마를 찌푸리게 하지 않고 눈을 뜨게 한다. _러시아

키워드 정보 BOX

재미있는 속담 속 이야기

애쓰던 일이 결국 아무 소득 없이 헛된 일이 되었을 때, 우리는 '말짱 도루묵'이라는 말을 쓴다. '도루묵'은 원래 '묵' 또는 '목어'라고 불리던 동해에 사는 물고기였다. 임진왜란이 일어나자 선조 임금은 피난길에 올랐다. 함경도로 피난을 간 임금에게 한 어부가 '묵'이라는 물고기를 바쳤다. 태어나서 처음 먹어 보는 이 물고기의 맛에 감탄한 임금은 맛에 비해 물고기의 이름이 신통치 않다고 여겨 이름을 '은어'로 고쳐 부르도록 하였다. 임진왜란이 끝난 뒤 다시 서울로 돌아온 임금은 피난 때 먹었던 은어의 맛을 잊지 못해 다시 청하였으나 그 맛이 예전과는 전혀 달랐다. 크게 실망한 임금은 "은어라는 이름은 어울리지 않으니 도로 묵이라 부르도록 하라."고 명을 내렸고, 본래 '묵'이었던 물고기 이름이 '도루묵'이 되었다고 한다.

시

詩

자연이나 인생에 대하여 일어나는 감흥과 사상 따위를 함축적이고 운율적인 언어로 표현한 글.

명언 명문

▶ 가을바람에 아무리 시를 읊어도 세상에는 알아주는 사람이 없다.
_최치원(857~897?) 통일 신라 시대 학자, 문장가

▶ 가장 진실한 시는 가장 심하게 가장한다.
_W. 셰익스피어(1564~1616) 영국 극작가, 시인

▶ 과학은 그것을 배우는 사람을 위해, 시는 그것을 아는 사람을 위해 있다.
_J. 루(1834~1905) 프랑스 성직자, 작가

▶ 권력이 부패할 때, 시는 그것을 정화한다.
_J. F. 케네디(1917~1963) 미국 제35대 대통령

▶ 글을 전혀 몰라도 시를 사랑하는 마음이 있는 사람은 시인의 참된 즐거움을 느낄 수 있다.
_《채근담》

▶ 나무에 잎이 돋아나듯 자연스럽게 나오지 않는 시는 아예 없는 것이 더 낫다.
_J. 키츠(1795~1821) 영국 시인

▶ 나에게 시는 목적이 아니고 정열이다.
_E. A. 포(1809~1849) 미국 시인, 소설가, 평론가

▶ 모든 좋은 시는 피와 땀과 눈물로써 고리가 이어지듯 천천히 끈질기게 만들어진다.
_N. G. 더글러스(1868~1952) 영국 소설가

▶ 문명이 발전하면 시는 거의 필연적으로 쇠퇴한다.
_T. B. 매콜리(1800~1859) 영국 역사가, 정치가

▶ 산문은 가장 잘 배열된 단어들이고, 시는 가장 잘 배열된 가장 좋은 단어들이다.
_S. T. 콜리지(1772~1834) 영국 시인, 평론가

▶ 시는 감동을 생산하는 기계다.
_P. 발레리(1871~1945) 프랑스 시인, 사상가, 평론가

W. 워즈워스

▶ 시는 감정의 표출이 아니라 감정으로부터 도피하는 것이다. 개성의 표현이 아니라 개성으로부터 도피하는 것이다.

_T. S. 엘리엇(1888~1965) 영국 시인, 평론가, 극작가

*기하학 | 도형 및 공간의 성질에 대하여 연구하는 학문.

▶ 시는 강렬한 감정이 자연히 흘러넘치는 것이다.

_W. 워즈워스(1770~1850) 영국 시인 《서정민요집》

▶ 시는 *기하학과 똑같이 엄연한 학문이다.

_G. 플로베르(1821~1880) 프랑스 소설가

▶ 시는 나에게 생명의 기름이다. _J. 베저먼(1906~1984) 영국 시인

▶ 시는 몸을 언어의 세계에 두고 언어를 소재로 하여 창조된다.

_M. 하이데거(1889~1976) 독일 철학자 《시론》

▶ 시는 부자연스럽다. _C. J. H. 디킨스(1812~1870) 영국 소설가

▶ 시는 분명히 상식 이상의 것이지만 어떠한 경우든 상식에 맞아야만 한다. _S. T. 콜리지(1772~1834) 영국 시인, 평론가

▶ 시는 사람이 자신의 놀라움을 탐구하는 언어다.

_C. 프라이(1907~2005) 영국 극작가

▶ 시는 산문보다 더 적은 말로 더 많은 것을 표현할 수 있다는 장점이 있다. _볼테르(1694~1778) 프랑스 사상가

▶ 시는 산문에 반대되는 것이 아니라 과학에 반대되는 것이다.

_S. T. 콜리지(1772~1834) 영국 시인, 평론가

▶ 시는 언어를 가지고 아름다움을 율동적으로 창조한 것이다.

_E. A. 포(1809~1849) 미국 시인, 소설가, 평론가

▶ 시는 역사보다 철학적이고 더욱 중요시되어야 하는 것이다.

_아리스토텔레스(B.C. 384~B.C. 322) 그리스 철학자

▶ 시는 음악에서 너무 멀어지면 시들고 만다.

_E. L. 파운드(1885~1972) 미국 시인

▶ 시는 이해하기보다 짓기가 더 쉽다.

_M. E. 몽테뉴(1533~1592) 프랑스 사상가 《수상록》

▶ 시는 자기 속에 갖고 있지 못하면 아무 데에서도 찾지 못한다.

_J. 주베르(1754~1824) 프랑스 작가, 평론가 《팡세》

▶ 시는 최상의 정신의 가장 좋고 가장 행복한 순간의 기록이다.

_P. B. 셸리(1792~1822) 영국 시인 《시가 옹호론》

*속어 | 세상에 널리 통하는 저속한 말.

▶ 시는 현실을 살아가는 사람들의 인생에 대한 비판이고, 격언은 현실을 살아 보지도 못한 사람들의 인생에 대한 비판이다.

_P. E. 토머스(1878~1917) 영국 시인

▶ 시란 어휘를 사용하여 상상력 위에서 하나의 환상을 만들어 내는 예술을 의미한다. _T. B. 매콜리(1800~1859) 영국 역사가, 정치가

▶ 시란 즐거움으로 시작해서 지혜로 끝나는 것이다.

_R. L. 프로스트(1874~1963) 미국 시인

▶ 시를 다른 언어로 번역하고 싶어하는 사람들이 제 아무리 주의를 기울이고 재주를 발휘해도 시를 원래의 의미 그대로 옮길 수는 없을 것이다. _M. 세르반테스(1547~1616) 에스파냐 소설가

▶ 시를 이해하려면 시의 나라로, 시인을 이해하려면 시인의 나라로 가야 한다. _J. W. 괴테(1749~1832) 독일 시인, 소설가, 극작가

▶ 시를 짓는 것은 생각이 아니라 단어들이다.

_P. 발레리(1871~1945) 프랑스 시인, 사상가, 평론가

▶ 시에는 돈이 없다. 그리고 돈에도 시가 없다.

_R. 그레이브스(1895~1985) 영국 시인, 소설가

▶ 시에서 거창하게 다루는 진리들은 결국 하찮은 것들이다.

_R. L. B. 스티븐슨(1850~1894) 영국 소설가, 시인

▶ 시에서는 어쩌면 끝맺음이 가장 어려울지도 모른다. 하지만 그렇지 않은 경우 시작처럼 어려운 것은 없다.

_G. G. 바이런(1788~1824) 영국 시인

▶ 시의 목적은 진리나 도덕을 위해서 노래하는 것이 아니다. 시는 다만 시를 위한 표현인 것이다. _C. P. 보들레르(1821~1867) 프랑스 시인

▶ 시의 물줄기들 가운데 계속해서 흐르는 것은 *속어다. 모든 속어는 비유고 모든 비유는 시다. _G. K. 체스터턴(1874~1936) 영국 소설가, 평론가

▶ 시의 으뜸가는 목적은 즐거움이다.

_J. 드라이든(1631~1700) 영국 시인, 극작가

▶ 시의 정신의 가장 뜻깊은 선물은 평화다.

_J. C. 포이스(1872~1963) 영국 시인, 소설가, 평론가

▶ 시의 혈관은 모든 사람의 가슴속에 있다.

_T. 칼라일(1795~1881) 영국 사상가, 역사가

▶ 시인은 수수해야 하지만 그의 시는 그럴 필요가 없다.

_G. V. 카툴루스(B.C. 84~B.C. 54) 로마 시인

▶ 시인이 자기 시를 해설하면 시의 암시성에 제한을 받는다.

_W. B. 예이츠(1865~1939) 아일랜드 극작가, 시인

▶ 자유시는 읽기는 더 쉽지만 쓰기는 더 어려운 형식이다.

_H. L. 멘켄(1880~1956) 미국 언론인, 작가

▶ 참된 시는 영혼 안에서 잉태되고 태어나는 것이다.

_M. 아널드(1822~1888) 영국 시인, 평론가

▶ 한 편의 시는 그 자체를 이루기 위하여 내세우는 것을 훌륭하게 증명해 놓은 것이다.

_S. H. 스펜더(1909~1995) 영국 시인 《시를 위한 시》

▶ 확고하고 침착한 눈으로 시의 아름다움을 알 수 있는 사람은 번갯불의 찬란한 빛을 볼 수 없듯이 시의 아름다움을 정확하게 알 수 없다.

_M. E. 몽테뉴(1533~1592) 프랑스 사상가 《수상록》

한자 숙어

고금영시(鼓琴詠詩) 거문고를 뜯고 시를 읊음.

음풍농월(吟風弄月) 바람을 읊고 달을 보고 시를 짓는다는 뜻으로, 맑은 바람과 밝은 달을 대상으로 시를 짓고 흥취를 자아내어 즐겁게 놂.

고사성어

▷ 천의무봉(天衣無縫)

천사의 옷은 바늘로 꿰맨 흔적이 없다는 뜻으로, 일부러 꾸민 데 없이 자연스럽고 아름다우면서 완전함을 이르는 말이다. 주로 어떤 기교도 부리지 않았는데도 빼어난 시나 문장을 가리킨다. 어느 여름날 밤 곽한이라는 사람 앞에 아름다운 여인이 하늘에서 내려왔는데, 그녀가 입은 옷에 전혀 꿰맨 자국이 없었던 데서 유래한다. _《태평광기》

▷ 퇴고(推敲)

글을 지을 때 여러 번 생각하여 고치고 다듬는 일을 뜻한다. 당나라의 시인 가도가 시를 지었는데, '새는 못 가 수풀에 깃들여 자는데 스님은 달빛 아래 문을 두드리네.'라고 했다. 그런데 '문을 미네(推).'로 할지 아니면 '문을 두드리네(敲).'로 할지를 망설이다가 한유의 조언으로 '고(敲)'로 결정하였다는 데서 유래한다. _《당송유사》

시인 詩人

시를 전문적으로 짓는 사람.

명언 명문

*여건 | 주어진 조건.
*버금가다 | 으뜸의 바로 아래가 되다.

▶ 많은 사람들이 시인이 되고 싶어 한다. 그러지 못할 때 철학자가 되거나 과학자가 되는데, 이는 시인이 우수하다는 것을 증명해 주는 것이다. _H. D. 소로(1817~1862) 미국 사상가, 수필가 《일기》

▶ 명랑하지 못하면 누구도 시인이 되지 못한다.

_R. W. 에머슨(1803~1882) 미국 사상가, 시인 《대표적 인물론》

▶ 미숙한 시인은 모방하고, 능숙한 시인은 훔친다.

_T. S. 엘리엇(1888~1965) 영국 시인, 평론가, 극작가

▶ 시인들은 자기도 이해하지 못하는 거창하고 지혜로운 것에 대해 지껄인다. _플라톤(B.C. 428?~B.C. 347?) 그리스 철학자

▶ 시인으로 활동하는 것은 *여건이지 직업이 아니다.

_R. 그레이브스(1895~1985) 영국 시인, 소설가

▶ 시인은 적절한 말을 하는 창조력을 가진 사람이다.

_아리스토파네스(B.C. 448?~B.C. 380?) 그리스 시인 《개구리》

▶ 시인의 상상력이 얼마만큼 현실을 반영하느냐에 따라서 시인의 권위가 나타난다. _G. 산타야나(1863~1952) 미국 철학자, 시인 《이성으로 사는 인생》

▶ 시인이란 알려지지 않은 세계의 법을 만드는 사람이다.

_P. B. 셸리(1792~1822) 영국 시인 《시가 옹호론》

▶ 위대한 시인들의 작품은 인류가 한 번도 읽은 적이 없다. 오로지 위대한 시인들만이 그것을 읽을 수 있기 때문이다.

_H. D. 소로(1817~1862) 미국 사상가, 수필가

▶ 위대한 시인에게 *버금가는 것은 그 시인을 이해하는 능력일 것이다. _H. W. 롱펠로(1807~1882) 미국 시인 《히페리온》

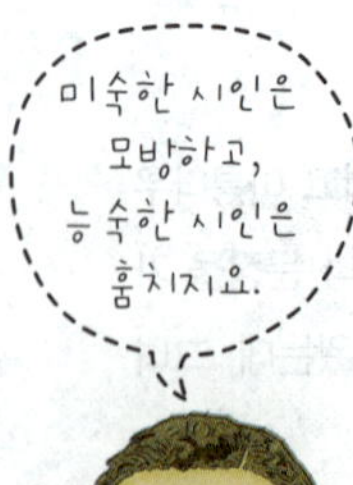

T. S. 엘리엇

識見 식견

학식과 견문이라는 뜻으로, 사물을 분별할 수 있는 능력을 이르는 말.

명언 명문

▶ 귀를 통해 들어가는 것은 눈으로 아는 것에 미치지 못한다.

_호메로스(?~?) 그리스 시인

▶ 만일 견문을 집에 갖고 돌아가려고 한다면 자기가 그것을 가지고 오지 않으면 안 된다. _B. 존슨(1572~1637) 영국 극작가, 시인, 평론가

▶ 우물 안 개구리, 바다를 말하지 마라.

_장자(B.C. 369?~B.C. 289?) 중국 전국 시대 송나라 사상가

▶ 인간은 아는 것을 구하는 것이 본성이다. 사람들이 견문을 넓히려는 것을 보면 알 수 있다. 견문은 실제로 쓸모가 없더라도 사람들은 좋아한다.

_아리스토텔레스(B.C. 384~B.C. 322) 그리스 철학자

속담

▶ 댓구멍으로 하늘을 본다. (전체를 포괄적으로 보지 못하는 매우 좁은 소견이나 관찰을 비꼬는 말) _한국

▶ 세상 모르고 약은 것이 세상 넓은 못난이만 못하다. (아무리 약아도 보고 들은 것이 별로 없는 사람은 보고 들은 것이 많은 못난이를 이길 수 없다는 뜻으로, 많이 보고 듣는 것이 중요하다는 말) _한국

▶ 자기 나라의 사정을 알려면 외국에 가 봐야 안다. _영국

한자 숙어

박학다식(博學多識) 학문이 넓고 식견이 많음.

소인묵객(騷人墨客) 시문 · 서화를 일삼는 사람이란 뜻으로, 문사, 시인과 서예가, 화가 등 풍류를 아는 사람을 이르는 말.

정중지와(井中之蛙) 우물 안 개구리라는 뜻으로, 세상 물정을 모름을 이르는 말.

좌정관천(坐井觀天) 우물 속에 앉아 하늘을 보고 그 넓이를 판단한다는 뜻으로, 식견이 좁음을 이르는 말.

척택지예(尺澤之鯢) 작은 연못 속에 든 송사리와 같다는 뜻으로, 식견이 좁은 사람을 이르는 말.

아름다움

눈 따위의 감각 기관을 통하여 인간에게 좋게 느껴지는 현상.

명언 명문

*승화 | 어떤 현상이 더 높은 상태로 발전하는 일.

▶ 고통은 사라지지만 아름다움은 남는다.

_P. A. 르누아르(1841~1919) 프랑스 화가

▶ 마음의 아름다움을 잃어버린 육체의 아름다움은 동물들의 장식에 지나지 않는다. _데모크리토스(B.C. 460?~B.C. 370?) 그리스 철학자

▶ 미덕이 영혼의 아름다움인 것처럼 아름다움은 육체의 미덕이다.

_R. W. 에머슨(1803~1882) 미국 사상가, 시인

▶ 아름다운 것은 예술에서 가장 유용하다. 그러나 가장 아름다운 것은 정신을 *승화시키기 때문에 도덕에서 더욱 유용하다.

_J. 주베르(1754~1824) 프랑스 작가, 평론가 《팡세》

▶ 아름다움 이외에 세상에 참된 것은 없다.

_A. 프랑스(1844~1924) 프랑스 작가

▶ 아름다움에서 감각적인 것과 정신적인 것의 완성은 일치한다.

_F. 그릴파르처(1791~1872) 오스트리아 극작가 《미학시론》

▶ 아름다움은 가는 곳마다 있다. 그것이 우리 눈앞에서 결핍된 것이 아니고, 우리 눈이 그것을 인정하지 못할 뿐이다.

_F. A. R. 로댕(1840~1917) 프랑스 조각가

▶ 아름다움은 감추어진 자연법칙의 표현이다. 자연법칙은 아름다움에 의해서 표현되지 않았더라면 영원히 감춰져 있었을 것이다.

_J. W. 괴테(1749~1832) 독일 시인, 소설가, 극작가 《격언과 반성》

▶ 아름다움은 내부의 생명으로부터 나오는 빛이다.

_H. A. 켈러(1880~1968) 미국 저술가, 사회사업가 《유고시집》

▶ 아름다움은 신의 선물이다. _아리스토텔레스(B.C. 384~B.C. 322) 그리스 철학자

아름다움은 얼굴에 있는 것이 아니라 사랑과 그 노력의 조화 속에 있어요.

J. F. 밀레

▶ 아름다움은 얼굴에 있는 것이 아니라 사람과 그 노력의 조화 속에 있다. _J. F. 밀레(1814~1875) 프랑스 화가

▶ 아름다움은 인간의 경험에 나타난 다른 모든 성질처럼 상대적이다. 따라서 그 정의가 추상적일수록 무의미하고 무익해진다.

_W. H. 페이터(1839~1894) 영국 평론가 《르네상스》

▶ 아름다움은 잘 익은 과일이며, 그것은 썩기 쉽고 오래갈 수 없다.

_F. 베이컨(1561~1626) 영국 정치가, 철학자 《수상록》

▶ 아름다움이란 예술가가 자기 마음의 상처 한복판에서 세계의 혼돈으로부터 만들어 내는, 놀랍고도 신기한 것이다.

_W. S. 몸(1874~1965) 영국 소설가, 극작가 《달과 6펜스》

▶ 아름다움이란 존재하지 않는다. 나는 사랑하거나 미워할 뿐이다.

_P. 피카소(1881~1973) 에스파냐 화가

▶ 어떠한 자연 속에서도 아름다움을 느끼지 못하는 사람은 그 사람의 마음에 결함이 있음을 보여 주는 것이다.

_J. C. F. 실러(1759~1805) 독일 시인, 극작가

▶ 우리의 영혼만이 아름다움을 이해하고, 아름다움과 함께 살며, 아름다움과 더불어 자랄 수 있다. _K. 지브란(1883~1931) 미국 소설가, 화가, 시인

▶ 진리는 현명한 자에게 있고, 아름다움은 참된 마음에 있다.

_J. C. F. 실러(1759~1805) 독일 시인, 극작가 《돈 카를로스》

▶ 진정한 아름다움은 지혜와 같이 매우 간단하고 누구나 알기 쉬운 것이다. _M. 고리키(1868~1936) 러시아 작가

▶ 흠잡을 데 없이 우아한 아름다움이란 그것이 그 사람의 성질과 완전히 일치되었을 때, 그리고 당사자가 자기의 아름다움을 의식하지 않고 있을 때 그 *진가를 나타낸다.

_스탕달(1783~1842) 프랑스 소설가 《적과 흑》

*진가 | 참된 값어치.

속담

▶ 아름다운 것은 모두 사랑스럽다. _로마

▶ 아름다운 것은 반드시 쇠한다. _영국

▶ 아름다움은 피부의 두께만큼만 깊다. _서양

▶ 위대한 것이 아름다운 것이 아니라 아름다운 것이 위대하다. _로마

언어

言語

생각이나 느낌을 전달하는 데에 쓰이는 음성이나 문자 따위의 수단.

명언 명문

*구사 | 말 따위를 능숙하게 마음대로 부려 씀.
*오만불손 | 태도나 행동이 거만하고 공손하지 못함.

▶ 고대 언어들은 정신의 칼을 보관하는 칼집이다.

_J. W. 괴테(1749~1832) 독일 시인, 소설가, 극작가

▶ 고상한 생각에는 고상한 언어가 반드시 있어야만 한다.

_아리스토텔레스(B.C. 384~B.C. 322) 그리스 철학자

▶ 근본적으로 폭동은 무시당하는 사람들의 언어다.

_M. L. 킹(1929~1968) 미국 목사, 흑인 해방 운동가

▶ 눈은 어디에서나 한 가지 언어만 가지고 있다.

_E. 고프먼(1922~1983) 미국 인류학자

▶ 능숙한 언어 *구사는 사물에 관한 실질적인 지식을 전제로 하고 또 거기 의존한다.

_L. H. 설리번(1856~1924) 미국 건축가

▶ 만약 이 세상에서 황금보다 귀한 보물이 있다면 그것은 언어다.

_C. V. 게오르규(1916~1992) 루마니아 작가 《마호메트의 생애》

▶ 모든 언어는 그것을 사용하는 사람들의 영혼이 모셔진 신전이다.

_O. W. 홈스(1809~1894) 미국 소설가, 의학자 《아침 식탁의 독재자》

▶ 문학에서 보면 언어는 눈깜짝할 사이에 어처구니없이 감정을 처리해 버리는데 그것은 냉혹하고 화날 만큼 *오만불손한 짓이라고 하겠다.

_T. 만(1875~1955) 독일 소설가, 평론가

▶ 사람의 과실은 흔히 언어에서 나오는 것이니, 말은 반드시 정성스럽고 미덥게 때에 맞추어 발하여야 하고 승낙은 신중히 해야 한다.

_이이(1536~1584) 조선 시대 문신, 학자 《율곡집》

▶ 사전의 책임은 문체가 아니라 언어를 기록하는 것이다.

_P. B. 고브(1902~1972) 미국 사전 편찬가

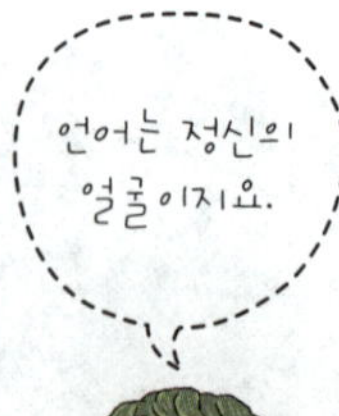

L. A. 세네카

▶ 야유는 일반적으로 악마의 언어다.

_M. 세르반테스(1547~1616) 에스파냐 소설가

▶ 언어 덕분에 우리는 짐승의 수준 위로 올라갈 수 있지만, 언어 덕분에 악마의 수준으로 자주 전락했다.

_A. L. 헉슬리(1894~1963) 영국 소설가, 평론가

▶ 언어 안에서 우리가 생각하고 존재할 때 그 언어만이 살아 있는 언어다. _A. 마차도(1875~1939) 에스파냐 시인

▶ 언어는 개념의 표현이다. 한 나라의 국민이 개념의 동질성을 보존하지 못할 때 그 나라 언어의 동질성은 유지되지 못한다.

_N. 웹스터(1758~1843) 미국 어학자, 사전 편찬가

▶ 언어는 '그렇다' 또는 '그렇지 않다' 만을 용납하기 때문에 무슨 말을 하더라도 그 말은 오류다. _B. S. 라즈니시(1931~1990) 인도 철학자

▶ 언어는 사람과 동시에 태어난 것으로서, 우리는 사회에서 언어를 통해 사람의 힘을 느끼게 된다.

_알랭(1868~1951) 프랑스 철학자, 평론가 《정신과 정열의 관계 81장》

▶ 언어는 생각의 옷이다. _S. 존슨(1709~1784) 영국 시인, 평론가

▶ 언어는 어떤 무기보다도 뛰어난 무기다. 원자탄보다 더 무서운 무기가 언어다. 상대방을 먼저 파괴하기 전에는 자기가 파괴당하지 않는다. _C. V. 게오르규(1916~1992) 루마니아 작가

▶ 언어는 인류의 기억이다.

_W. H. 스미스(1808~1872) 스코틀랜드 철학자, 시인

▶ 언어는 인용을 통해 안정되고 확대된다.

_S. 존슨(1709~1784) 영국 시인, 평론가

▶ 언어는 점점 변화한다. 그 결과 자기 시대에 명성을 떨치던 작가들의 작품도 서서히 *퇴색하고 만다.

_W. 어빙(1783~1859) 미국 소설가

▶ 언어는 정신의 얼굴이다.

_L. A. 세네카(B.C. 4?~A.D. 65) 로마 철학자, 극작가

▶ 언어는 학문의 수단이고 단어는 생각을 드러내는 부호다.

*퇴색 | 빛이나 색이 바램.

한자 숙어

일언이위지 일언이위부지(一言以爲知一言以爲不知) 단 한마디의 말로써 유식한 사람도 되고 무식한 사람도 될 수 있다는 뜻으로, 언어는 매우 신중히 하여야 함을 이름.

초지광자초언(楚之狂者楚言) 나라의 미친 사람까지도 초나라 말을 한다는 뜻으로, 한 나라의 언어는 언제까지나 변하지 않음을 이르는 말.

_S. 존슨(1709~1784) 영국 시인, 평론가

▶ 언어는 흘러넘치는 경험으로 가득 채워진 그릇이다.

_E. 프롬(1900~1980) 독일 정신 분석학자, 사회학자 《소유냐 삶이냐》

▶ 언어들은 민족들의 *계보다. _S. 존슨(1709~1784) 영국 시인, 평론가

*계보 | 조상 때부터 내려오는 혈통과 집안의 역사를 적은 책. 또는 혈연관계나 학풍, 사조 따위가 계승되어 온 연속성.

▶ 언어란 도시다. 그 도시를 건설하는 데 많은 사람들이 돌을 들고 와서 참여했다. _R. W. 에머슨(1803~1882) 미국 사상가, 시인 《인용과 창의력》

▶ 영국과 미국은 동일한 언어가 분리시킨 두 나라다.

_G. B. 쇼(1856~1950) 아일랜드 극작가, 평론가

▶ 우리 시대는 대용품의 시대다. 언어 대신에 은어가, 원칙 대신에 구호가, 참된 아이디어 대신에 교활한 아이디어가 판친다.

_E. R. 벤틀리(1916~) 미국 연극 평론가, 번역가

▶ 우리는 언어와 싸우고 있다. 우리는 언어와 싸우고 있는 중이다.

_L. J. J. 비트겐슈타인(1889~1951) 영국 철학자

▶ 인간의 언어는 새들의 시끄러운 소리나 짐승들이 짖는 소리보다 나을 것도 없고 오히려 그보다 못한 것이다.

_N. 호손(1804~1864) 미국 소설가

키워드 정보 BOX

국제 공용 보조어, 에스페란토

에스페란토는 폴란드 태생 유대인 자멘호프가 창안한 세계 공통어로, 1887년에 공표하면서 사용하게 되었다. '에스페란토'는 '희망하는 사람'이라는 의미를 지니고 있으며, 에스페란토를 사용하는 사람들을 '에스페란티스토'라고 부른다. 폴란드는 예로부터 여러 나라의 침략을 받아 유대인을 비롯하여 다양한 민족의 사람들이 다양한 언어를 사용하며 살았다. 이렇다 보니 의사소통이 잘 되지 않는 문제가 발생하자 자멘호프는 연구 끝에, 인도 · 유럽 어족에 속한 여러 언어에 기초를 두고 그 언어들이 가진 철자나 문법상의 불규칙성을 배제한 자모 28개를 창안하는 데 성공하였다.

'희망'을 뜻하는 별과 '평화'를 뜻하는 초록색으로 구성된 에스페란토 기.

문화와 예술

靈感 영감

신령스러운 예감이나 느낌. 또는 창조적인 일의 계기가 되는 기발한 착상이나 자극.

명언 명문

▶ 나는 이 곡을 작곡할 때 하느님으로부터 영감을 받았다고 생각하였다. _L. 베토벤(1770~1827) 독일 작곡가

▶ 동서양을 막론하고 합리주의자는 정의를 찾고 개념을 만드는 반면에 생명주의자는 영감을 찾고 인간을 믿는다. _M. 우나무노(1864~1936) 에스파냐 철학자, 작가 《생의 비극적 감정》

▶ 성스러운 영감의 입김을 받지 않고 위대해진 사람은 하나도 없다. _M. T. 키케로(B.C. 106~B.C. 43) 로마 정치가, 학자 《신들의 본성에 관하여》

▶ 아주 짧은 시간의 영감은 일생의 체험과 맞먹는다. _O. W. 홈스(1809~1894) 미국 소설가, 의학자 《아침 식탁의 독재자》

▶ 영감은 우리가 원하기만 하면 언제나 찾아오지만, 원한다고 해서 반드시 사라지는 것은 아니다. _C. P. 보들레르(1821~1867) 프랑스 시인 《봉화》

▶ 우리들이 느끼는 모든 영감이 선에서 나온 것만은 아니다. _L. J. J. 비트겐슈타인(1889~1951) 영국 철학자

▶ 인간은 사회에서 여러 가지를 배울 수 있다. 그러나 영감은 오직 고독에서만 가능하다. _J. W. 괴테(1749~1832) 독일 시인, 소설가, 극작가

▶ 참을성을 지녀라. 영감을 기대하지 마라. _F. A. R. 로댕(1840~1917) 프랑스 조각가

▶ 활발하지 못한 예술가는 어떠한 대가를 치르고서라도 덕이나 악덕, 친구나 적, 기도나 술이나, 그 무엇에서든지 영감을 얻으려고 애쓴다. _R. W. 에머슨(1803~1882) 미국 사상가, 시인

▶ 훌륭하고 영감 있는 모든 것은 자유로운 상태에서 열심히 노력하는 자에 의해서 창조된다. _A. 아인슈타인(1879~1955) 미국 물리학자

F. A. R. 로댕

영화

映畫

일정한 의미를 갖고 움직이는 대상을 촬영하여 영사기로 영사막에 재현하는 종합 예술.

명언 명문

*셀룰로이드 | 장난감, 필름, 문방구, 장신구, 일용품 따위를 만드는 데에 쓰이는 반투명한 물질.

*몽타주 | 따로따로 촬영한 화면을 적절하게 떼어 붙여서 새로운 장면이나 내용으로 만드는 일.

*타이틀 | 영화에서, 제목이나 제작진·출연진 등 각종 정보를 문자로 표시한 자막.

▶ 나는 영화에 시작과 중간과 끝이 있는 것을 좋아하지만 반드시 그런 순서로 될 필요는 없다. _J. 고다르(1930~) 프랑스 영화감독

▶ 나는 할리우드가 죽어 가고 있다고 단언한다. 할리우드는 이미 어떠한 예술적인 의미를 가진 작품을 만드는 장소가 아니고, 단지 *셀룰로이드 공장에 지나지 않는다.

_C. S. 채플린(1889~1977) 미국 배우, 영화감독

▶ 나에게 영화란 인생이다. 나는 온 세계인들에게 웃음으로 희망을 되찾아 주었으면 한다. _C. S. 채플린(1889~1977) 미국 배우, 영화감독

▶ 사진은 진실이다. 그리고 영화는 1초의 24배 진실이다.

_J. 고다르(1930~) 프랑스 영화감독

▶ 스크린에서는 죽어야 할 사람들은 안 죽으려 들고 죽지 않아도 좋은 사람들이 죽으려 든다. _이상(1910~1937) 시인, 소설가 《동해》

▶ 영화 덕분에 나는 총성이 항상 비현실적인 것으로 들린다. 심지어 실제로 나를 향해 총이 발사된다 해도 마찬가지다.

_P. 유스티노프(1921~2004) 영국 배우, 극작가

▶ 영화 예술의 기초는 *몽타주에 있다.

_V. I. 푸돕킨(1893~1953) 소련 영화감독, 배우

▶ 영화가 예술에 이를 수 있는 길은 단 한 가지 방법뿐이다. 그것은 *타이틀의 문자만으로 영화를 만드는 것이다.

_G. B. 쇼(1856~1950) 아일랜드 극작가, 평론가

▶ 영화는 명절날의 신문이며 학교며 극장이다.

_C. 파테(1863~1957) 프랑스 영화 기획자

▶ 영화는 빛의 음악이다. _A. 강스(1889~1981) 프랑스 영화감독

▶ 영화는 생각이 말라 버린 샘이다.

_J. 콕토(1889~1963) 프랑스 시인, 소설가, 극작가

▶ 영화는 영상으로 쓰는 문장이다.

_J. 콕토(1889~1963) 프랑스 시인, 소설가, 극작가

▶ 영화는 인생의 개인 강습소다. _E. 케스트너(1899~1974) 독일 시인, 소설가

▶ 영화는 하나의 구경거리가 아니라 하나의 문학이다.

_R. 브레송(1907~1999) 프랑스 영화감독

▶ 영화업계의 문제는 졸렬한 영화가 드물다는 것이다.

_S. 골드윈(1882~1974) 미국 영화 제작자

▶ 영화의 엉터리 같은 이야기에 눈물을 흘리는 사람들은 십중팔구 마음속이 비열할 것이다. _J. D. 샐린저(1919~) 미국 작가 《호밀밭의 파수꾼》

▶ 와이드 스크린은 졸렬한 영화를 두 배로 졸렬하게 만들 뿐이다.

_S. 골드윈(1882~1947) 미국 영화 제작자

▶ 우리는 인생이 베풀어 줄 수 있는 모든 것을 알고 또 알았다. 지긋지긋할 정도로 알았다. 영화 덕분에.

_D. H. 로렌스(1885~1930) 영국 소설가, 시인

키워드 정보 BOX

영화의 산실 할리우드

할리우드는 미국 캘리포니아 주 로스앤젤레스 시의 북서쪽에 있는 지역으로, 세계적인 상업 영화의 중심지다. 1853년만 해도 할리우드는 오두막 한 채가 서 있었을 뿐이었고 1870년 무렵에는 농장 지대였다. 그러던 것이 1920년에 영화 촬영소가 들어서면서 영화 산업의 중심지로 발전하였다. 할리우드에는 여러 가지 명물이 많다. 영화, 텔레비전, 라디오 등 각종 촬영소와 스튜디오뿐 아니라 극장, 사교 클럽, 도박장 등이 밀집해 있는 할리우드 거리, 특히 스타의 사연이나 손도장을 수집해 놓은 차이니스 극장 및 밀랍 인형 박물관, '할리우드 볼'이라 불리는 야외 극장이 인기다.

세계적으로 유명한 할리우드 상징물. 문자 하나의 높이가 13.7미터나 된다.

예술

藝術

기예와 학술을 아울러 이르는 말. 또는 특별한 재료, 기교, 양식 따위로 아름다움을 표현하려는 인간의 활동 및 그 작품.

명언 명문

*화환 | 꽃을 모아 고리같이 둥글게 만든 물건.

- 감정과 의지에서 나오지 않는 예술은 진정한 예술이라고 할 수가 없다. _J. W. 괴테(1749~1832) 독일 시인, 소설가, 극작가
- 꽃을 주는 것은 자연이고, 그 꽃을 따서 *화환으로 만드는 것은 예술이다. _J. W. 괴테(1749~1832) 독일 시인, 소설가, 극작가 《시집》
- 나의 예술은 가난한 사람들의 행복을 위해서 바쳐지지 않으면 안 된다. _L. 베토벤(1770~1827) 독일 작곡가
- 모든 예술은 자연의 모방이다. _L. A. 세네카(B.C. 4?~A.D. 65) 로마 철학자, 극작가
- 모든 예술은 하나다. _W. W. 스토리(1819~1895) 미국 조각가
- 모든 예술은 형제입니다. 그 밑바닥은 같습니다. 인간 세계에서의 인간 정신의 표현입니다. 방법이 다를 뿐입니다. _F. A. R. 로댕(1840~1917) 프랑스 조각가
- 모든 예술의 궁극적인 목적은 인생은 살 만한 가치가 있다는 것을 일깨워 주는 것이다. 그것은 예술가에게는 더없는 위안이 된다. _H. 헤세(1877~1962) 독일 소설가, 시인
- 모든 예술의 우수성은 불필요한 것을 모두 제거하여 아름다움과 진리에 한층 더 가까이 접근하는 집중력에 있다. _J. 키츠(1795~1821) 영국 시인
- 모든 예술이 음악의 상태를 바라듯 모든 과학은 수학의 상태를 바란다. _G. 산타야나(1863~1952) 미국 철학자, 시인
- 새로운 예술은 낡은 예술을 파괴한다. _R. W. 에머슨(1803~1882) 미국 사상가, 시인

▶ 세계적 예술이 되려면 지역적 예술로 시작해야만 한다.

_G. E. 무어(1873~1958) 영국 윤리학자, 철학자

▶ 셰익스피어의 예술은 인도 전부와도 바꿀 수 없다.

_T. 칼라일(1795~1881) 영국 사상가, 역사가

▶ 아무리 세련된 예술일지라도 그것이 조금이라도 도덕적 이성과 결합되지 않고 그 자체의 만족에만 빠져 버린다면 그 예술은 한낱 오락에 지나지 않는다.

_I. 칸트(1724~1804) 독일 철학자

▶ 예술 감각이 사라졌을 때 모든 예술 작품은 스스로 멸망한다.

_J. W. 괴테(1749~1832) 독일 시인, 소설가, 극작가 《격언과 반성》

▶ 예술 작품은 어느 하나의 개념을 과장시킨 것이다.

_A. P. G. 지드(1869~1951) 프랑스 소설가, 평론가

▶ 예술에게는 무지라는 적이 있다.

_B. 존슨(1572~1637) 영국 극작가, 시인, 평론가

▶ 예술에서 성공하는 길은 따로 없다. 옷을 걷어붙이고 곡괭이를 든 노동자처럼 온종일 매일매일 노력해야 한다.

_R. W. 에머슨(1803~1882) 미국 사상가, 시인 《인생의 방법》

▶ 예술은 경험보다 고상한 형태의 지식이다.

_아리스토텔레스(B.C. 384~B.C. 322) 그리스 철학자 《형이상학》

▶ 예술은 대중적이 되려고 애써서는 안 된다. 대중이 예술적이 되려고 노력해야 한다.

_O. F. O. W. 와일드(1854~1900) 아일랜드 시인, 극작가

▶ 예술은 모방이 끝나는 곳에서 시작된다.

_O. F. O. W. 와일드(1854~1900) 아일랜드 시인, 극작가 《옥중기》

▶ 예술은 불안하게 만들고 과학은 안심시킨다.

_G. 브라크(1882~1963) 프랑스 화가

▶ 예술은 사람의 마음으로부터 일상생활의 먼지를 털어 준다.

_P. 피카소(1881~1973) 에스파냐 화가

▶ 예술은 슬픔과 고통을 통해 나온다.

_P. 피카소(1881~1973) 에스파냐 화가

▶ 예술은 예술가가 자기 작품에 도달하기 위해 거치는 길이다.

_R. W. 에머슨(1803~1882) 미국 사상가, 시인

▶ 예술은 오로지 상상이 지배한다.

_B. 크로체(1866~1952) 이탈리아 철학자, 역사가

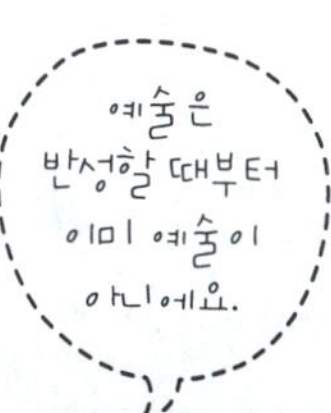

W. R. 바그너

▶ 예술은 우리들이 반성할 때부터 이미 예술이 아니다.

_W. R. 바그너(1813~1883) 독일 음악가 《배우와 가수에 대하여》

▶ 예술은 육체 안의 학문이다. _J. 콕토(1889~1963) 프랑스 시인, 소설가, 극작가

▶ 예술은 저항이 끝나는 순간 새로운 저항으로 시작한다. 대단한 노력 없이 생긴 걸작은 하나도 없다.

_A. P. G. 지드(1869~1951) 프랑스 소설가, 평론가

▶ 예술을 위한 예술도 아름답지만 발전을 위한 예술은 더욱 가치가 있다. _V. M. 위고(1802~1885) 프랑스 시인, 극작가

▶ 예술의 기초는 도덕적인 인격에 있다.

_J. 러스킨(1819~1900) 영국 미술 평론가 《정의 여왕》

▶ 예술의 역사는 실패작이나 평범한 작품이 아니라 걸작의 역사다.

_E. L. 파운드(1885~1972) 미국 시인

▶ 예술이 시작된 것은 인간이 감사의 노래를 통해서 태양에게 영광을 돌렸을 때다. _K. 지브란(1883~1931) 미국 소설가, 화가, 시인

▶ 예술이란 미지로부터 앎으로 가는 한 걸음의 발자국이다.

_K. 지브란(1883~1931) 미국 소설가, 화가, 시인

▶ 예술이란 어떠한 대상이 아니다. 그것은 방법이다.

_E. G. 허버드(1856~1915) 미국 작가, 화가 《에피그람》

▶ 예술이란 일종의 말이어서 스스로 느낀 바를 동포에게 전하는 방법이다. _L. N. 톨스토이(1828~1910) 러시아 소설가, 사상가 《예술론》

▶ 예술이란 일종의 허위다. 나는 아름다운 허위를 사랑할 수 없다.

_L. N. 톨스토이(1828~1910) 러시아 소설가, 사상가 《예술이란 무엇인가》

▶ 오직 너는 예술을 위해 살아라. 지금 너는 귀의 감각 때문에 큰 제약을 받고 있으나 이것이 네가 살아가는 오직 하나의 길이다.

_L. 베토벤(1770~1827) 독일 작곡가

▶ 우리가 예술에서 찾아야 할 것은 사진과 같은 진실이 아니라 살아 있는 진실이다. _F. A. R. 로댕(1840~1917) 프랑스 조각가

▶ 우연히 이루어진 것은 예술이 아니다.

_L. A. 세네카(B.C. 4?~A.D. 65) 로마 철학자, 극작가

▶ 위대한 예술은 영원 속에서 정지한 순간이다.

_J. G. 허니커(1860~1921) 미국 음악 평론가 《거리의 파토스》

*계시 | 깨우쳐 보여 줌.

- 유식한 사람은 예술 이론을, 무식한 사람은 예술의 즐거움을 이해한다. _M. F. 퀸틸리아누스(35?~95?) 로마 웅변가, 수사학자
- 인생은 매우 멋지지만 그것으로는 부족하다. 인생에 무엇인가를 주는 것이 바로 예술이다. _J. 아누이(1910~1987) 프랑스 극작가
- 인생은 짧고 예술은 길다. _L. A. 세네카(B.C. 4?~A.D. 65) 로마 철학자, 극작가
- 인생의 과제들을 그 중요성에 따라 순서대로 든다면 예술, 종교, 철학, 과학이다. _M. 스파크(1918~2006) 영국 소설가, 평론가
- 인생의 비밀은 예술에 있다. _O. F. O. W. 와일드(1854~1900) 아일랜드 시인, 극작가
- 자연은 신의 *계시고, 예술은 인간의 계시다. _H. W. 롱펠로(1807~1882) 미국 시인
- 전통이 없는 예술은 양을 치는 사람이 없는 양떼고, 혁신이 없는 예술은 시체다. _W. L. S. 처칠(1874~1965) 영국 정치가
- 참된 예술은 침묵 속에서 완성된다. _M. 프루스트(1871~1922) 프랑스 소설가
- 태양은 도덕적이지도 부도덕적이지도 않다. 있는 그대로 존재하며, 어둠을 정복한다. 예술도 그와 마찬가지다. _R. 롤랑(1866~1944) 프랑스 소설가, 사상가
- 투우는 예술가가 죽음의 위험을 무릅쓰면서 예술 행위를 하는 유일한 예술이다. _E. M. 헤밍웨이(1899~1961) 미국 소설가
- 학문과 예술은 폐와 심장 같이 서로 돕는다. 둘 중 하나를 손상시키면 다른 하나도 안정을 잃는다. _L. N. 톨스토이(1828~1910) 러시아 소설가, 사상가

속담

- 나는 예술에 관해서 전혀 모르지만 내가 좋아하는 것은 안다. _미국
- 예술과 지식은 빵과 명예를 가져 온다. _영국
- 예술에는 국경이 없다. (예술은 만인이 함께할 수 있다는 말) _영국
- 예술은 누구의 마음에서도 생긴다. _프랑스

한자 숙어

골동(骨董) 오래되었거나 희귀한 옛날의 기구나 예술품.

백화제방(百花齊放) 많은 꽃이 일제히 핀다는 뜻으로, 온갖 학문이나 예술이 함께 성함을 비유적으로 이르는 말.

예술가

藝術家

예술 작품을 창작하거나 표현하는 것을 직업으로 하는 사람.

명언 명문

*처녀작 | 처음으로 지었거나 발표한 작품.
*음미 | 어떤 사물 또는 개념의 속 내용을 새겨서 느끼거나 생각함.

▶ 가장 위대한 예술가는 가장 위대한 생각을 가장 많이 자기 작품에서 구체화한 사람이다. _J. 러스킨(1819~1900) 영국 미술 평론가

▶ 경쟁은 경주를 벌이는 말들의 일이지 예술가들의 일이 아니다. _B. 버르토크(1881~1945) 헝가리 작곡가, 피아니스트

▶ 나무가 원예에 대해 말할 수 없듯이 예술가는 자기 작품에 대해 말할 수 없다. _J. 콕토(1889~1963) 프랑스 시인, 소설가, 극작가

▶ 명성을 얻은 예술가는 그것 때문에 괴로워한다. 따라서 그들의 *처녀작이 때로는 최고가 된다. _L. 베토벤(1770~1827) 독일 작곡가

▶ 모든 사람이 창의적이지만 모두 다 예술가는 아니다. _P. 굿맨(1911~1972) 미국 사회 비평가

▶ 모든 예술가는 칭찬 받기를 좋아하는데, 그 시대의 사람들에게 받는 칭찬이야말로 예술가가 받는 보답 중에서 가장 가치 있는 일이다. _J. J. 루소(1712~1778) 프랑스 작가, 사상가

▶ 시인이든, 어느 분야의 예술가든 독자적으로는 아무 의미가 없다. 과거의 시인이나 예술가와 어떤 관계가 있는지 *음미할 때 비로소 그도 의미를 지니게 된다. _T. S. 엘리엇(1888~1965) 영국 시인, 평론가, 극작가

▶ 어떤 예술가는 자기 시대보다 앞서가지 못한다. 예술가 자신이 자기 시대다. 다른 것들이 시대에 뒤진 것이다. _M. 그레이엄(1894~1991) 미국 무용가

▶ 예술가는 꿀벌처럼 자기가 쏘는 침에 목숨을 바쳐야 한다. _R. W. 에머슨(1803~1882) 미국 사상가, 시인

L. 베토벤

▶ 예술가는 돈을 생각하는 순간 미의 감각을 상실한다.

_D. 디드로(1713~1784) 프랑스 철학자

▶ 예술가는 무엇이든지 표현할 수 있다. 예술가에게 사상과 언어는 도구며, 악과 덕은 예술의 소재다.

_O. F. O. W. 와일드(1854~1900) 아일랜드 시인, 극작가 《도리언 그레이의 초상》

▶ 예술가는 의도가 아니라 결과에 의해서 평가되어야 한다.

_P. 피카소(1881~1973) 에스파냐 화가

▶ 예술가는 자기 작품 이외의 다른 종교가 필요 없다.

_E. G. 허버드(1856~1915) 미국 작가, 화가

▶ 예술가는 자기가 무엇을 위해서 쓰고 있는지 분명히 알아야 한다.

_A. P. 체호프(1860~1904) 러시아 소설가, 극작가 《갈매기》

▶ 예술가는 자연에 대하여 두 가지 관계를 갖는다. 주인인 동시에 하인인 것이다. _J. W. 괴테(1749~1832) 독일 시인, 소설가, 극작가

▶ 예술가는 항상 자신에게 귀를 기울이고, 자기가 들은 것을 마음 한구석에 기록하는 열성이 있어야 한다.

_F. M. 도스토옙스키(1821~1881) 러시아 소설가 《죄와 벌》

▶ 예술가는 행동하는 인간을 모방한다.

_아리스토텔레스(B.C. 384~B.C. 322) 그리스 철학자 《시학》

▶ 예술가는 현실 세계의 꿈에 동의하는 *몽상가다.

_G. 산타야나(1863~1952) 미국 철학자, 시인

▶ 예술가의 길은 자기 희생과 자기 *소멸의 연속이다.

_T. S. 엘리엇(1888~1965) 영국 시인, 평론가, 극작가

▶ 예술가의 능력은 우리 모두의 고통을 재료로 삼아 형상화하는 것이다. _L. 트릴링(1905~1975) 미국 소설가, 평론가

▶ 예술가의 평가 기준은 그의 의욕이 아니라 작품이다.

_T. 아퀴나스(1225?~1274) 이탈리아 신학자, 철학자

▶ 위대한 예술가들은 조국이 없다. _A. 뮈세(1810~1857) 프랑스 시인, 극작가

▶ 자유 사회에서 예술은 무기가 아니다. 예술가들은 영혼을 조작하는 기술자들이 아니다. _J. F. 케네디(1917~1963) 미국 제35대 대통령

▶ 좋은 재료가 예술가가 없어서 *방치되는 경우가 많다.

_L. A. 세네카(B.C. 4?~A.D. 65) 로마 철학자, 극작가

*몽상가 | 실현성이 없는 헛된 생각을 즐겨 하는 사람.
*소멸 | 사라져 없어짐.
*방치 | 내버려 둠.

유머 humor

남을 웃기는 말이나 행동.

명언 명문

*기교 | 아주 기묘한 기술이나 솜씨.
*남용 | 일정한 기준이나 한도를 넘어서 함부로 씀.

▶ 냉소는 건강하지 못한 유머다. _H. G. 웰스(1866~1946) 영국 작가, 문명 비평가

▶ 농담과 유머는 유쾌한 것이며 매우 유용한 경우가 많다.
_M. T. 키케로(B.C. 106~B.C. 43) 로마 정치가, 작가

▶ 능숙한 유머는 사교적 모임을 위해 입을 수 있는 가장 좋은 옷의 하나라고 말할 수 있다. _W. M. 새커리(1811~1863) 영국 소설가

▶ 사람은 누구나 한때 익살꾼이 되고 싶다는 야망을 갖는다.
_S. 존슨(1709~1784) 영국 시인, 평론가

▶ 상대방의 사람됨에 따라서 그에게 맞는 유머를 구사해야만 한다.
_P. 테렌티우스(B.C. 185?~B.C. 159?) 로마 극작가

▶ 시인과 작가에게는 재치보다 유머가 더 낫다. 유머는 그들이 미치지 않도록 보호해 주는 수호신이기 때문이다.
_W. 스콧(1771~1832) 영국 시인, 소설가

▶ 어렵게 지어낸 농담과 아무 *기교도 부리지 않고 나온 유머에는 큰 차이가 있다. _볼테르(1694~1778) 프랑스 사상가

▶ 유머 자체의 숨겨진 근원은 기쁨이 아니라 슬픔이다.
_M. 트웨인(1835~1910) 미국 소설가 《얼간이 윌슨의 캘린더》

▶ 유머가 전혀 없다면 삶은 불가능하다.
_S. G. 콜레트(1873~1954) 프랑스 소설가

▶ 유머는 누구나 흔히 *남용하는 약이다.
_W. S. 길버트(1836~1911) 영국 극작가

▶ 유머는 시적 천재의 가장 훌륭한 완성이라고 보아야 마땅하다.
_T. 칼라일(1795~1881) 영국 사상가, 역사가

▶ 유머는 외국어로 번역하면 제일 먼저 죽어 버리는 재능이다.

_V. 울프(1882~1941) 영국 작가

▶ 유머는 일부러 만들려고 하면 결코 되지 않는, 자기도 모르는 사이에 생기는 것이다. _J. 스위프트(1667~1745) 영국 소설가

▶ 유머의 매력은 어디에 있는가, 우리에게 한번에 여러 가지 생을 살도록 하는 데 있다. 우리는 슬픈 동시에 기쁘고, 착각을 가지면서 착각을 깨뜨리고, 젊음과 동시에 늙고, 애정이 있으면서 또한 조롱을 한다. _H. F. 아미엘(1821~1881) 스위스 철학자, 문학가 《일기》

▶ 유머의 중요성은 다시 논할 필요가 없다. 예컨대 독일의 카이저 빌헬름은 웃을 수 없어서 제국을 잃었다.

_린위탕(1895~1976) 중국 작가 《생활의 발견》

▶ 인생이 엄숙하면 할수록 그만큼 유머가 필요하다.

_V. M. 위고(1802~1885) 프랑스 시인, 극작가 《어리석은 자의 연대기》

▶ 참된 유미는 머리로부터 나온다기보다 마음으로부터 나온다. 그것은 웃음에서 나오는 것이 아니라 훨씬 깊숙이 놓여 있는 조용한 미소로부터 나온다. _T. 칼라일(1795~1881) 영국 사상가, 역사가

키워드 정보 BOX

한국적 해학과 정취가 곁들여진 《단원풍속화첩》

조선 후기 화가 단원 김홍도가 그린 풍속화 스물다섯 첩으로, 〈서당〉, 〈씨름〉, 〈대장간〉, 〈빨래터〉, 〈우물가〉 등이 있다. 보물 제527호로 지정되었다. 풍속화들은 활기찬 서민들의 일상생활을 주제로 사실성과 사회성을 생명으로 삼았기 때문에 당시 사회상을 엿볼 수 있는 귀중한 자료가 된다. 대부분이 주변 배경을 생략하고 인물을 중심으로 그렸는데, 특히 인물은 웃음 띤 둥근 얼굴을 많이 그려 익살스러움을 한층 더하였다. 굵은 선, 힘찬 붓질과 짜임새 있는 구도는 생동감이 넘치게 하는 한편 서민들의 생활 감정과 한국적인 웃음을 잘 표현하고 있다.

두 사람이 샅바를 잡고 승부를 겨루는 생생함이 잘 드러난 김홍도의 〈씨름〉.

유행

流行

특정한 행동 양식이나 사상 따위가 일시적으로 많은 사람들에게 널리 퍼짐.

명언 명문

*저속성 | 품위가 낮고 속된 성질이나 특성.

▶ 남들이 하고 있는 것을 하지 말고 인간으로서 해야 할 일을 하자.

_P. 라쇼세(1692~1754) 프랑스 극작가 《당대 유행의 편견》

▶ 바보가 유행을 만들고 현명한 자가 그것을 입는다.

_T. 풀러(1654~1734) 영국 의사, 작가 《격언집》

▶ 아이디어가 한때 유행한다는 것은 불길하다. 유행이 지나면 영원히 낡은 것이 되어야만 하기 때문이다.

_G. 산타야나(1863~1952) 미국 철학자, 시인

▶ 어느 세대나 낡은 유행은 비웃으면서도 새로운 유행은 열정적으로 따른다. _H. D. 소로(1817~1862) 미국 사상가, 수필가

▶ 예술적 관점에서 볼 때 유행은 도저히 못 볼 정도로 보기 싫은 형태를 하고 있기 때문에 6개월마다 바꾸지 않으면 안 된다.

_O. F. O. W. 와일드(1854~1900) 아일랜드 시인, 극작가 《이상의 남편》

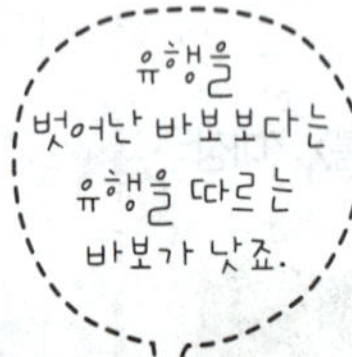

I. 칸트

▶ 우리는 예술의 세 여신인 그레이스나 운명의 여신인 파시를 숭배하지 않고, 유행의 여신을 숭배한다.

_H. D. 소로(1817~1862) 미국 사상가, 수필가 《월든》

▶ 유행은 기이함과 *저속성을 매우 싫어하는데, 언제나 그 두 가지에서 시작하고 끝난다. _W. 해즐릿(1778~1830) 영국 평론가, 수필가

▶ 유행은 낡은 것이 되게 마련이다. _G. 샤넬(1883~1971) 프랑스 의상 디자이너

▶ 유행은 생활 양식이나 사교로서, 예술을 사실화하려고 하는 것에 지나지 않는다. _O. W. 홈스(1809~1894) 미국 소설가, 의학자

▶ 유행은 어리석음의 산물이고 바보들의 안내자지만, 가장 지혜로운 자들과 학문마저도 지배한다. _G. 크래브(1754~1832) 영국 시인

▶ 유행은 *잠재적인 예술이며, 일시적인 것과 영구적인 것의 판단을 어렵게 한다. _E. C. 스테드먼(1833~1908) 미국 시인, 사업가 《미국의 시인들》

*잠재적 | 겉으로 드러나지 않고 숨은 상태로 존재하는.

▶ 유행은 항상 나면서부터 추한 얼굴이나 나이가 주는 불쾌감을 될 수 있는 대로 적게 하려고 마음 먹는다.

_알랭(1868~1951) 프랑스 철학자, 평론가

▶ 유행은 항상 전진해 간다. 그리고 정신의 가짜 자유가 끊임없이 다투어 올라간다. 거의 누구도 거기에 저항하려고 하지는 않는다.

_R. 롤랑(1866~1944) 프랑스 소설가, 사상가

▶ 유행은 현명한 자가 비웃으면서도 그 명령에 따르는 폭군이다.

_A. G. 비어스(1842~1914) 미국 소설가, 신문 기자 《악마의 사전》

▶ 유행을 벗어난 바보가 되기보다는 유행을 따르는 바보가 되어라.

_I. 칸트(1724~1804) 독일 철학자

▶ 유행을 피하는 것은 유행을 좇는 것과 마찬가지로 약한 짓이다.

_J. 라브뤼예르(1645~1696) 프랑스 작가

▶ 유행의 물결을 타면서 동시에 일류가 될 수는 없다.

_L. P. 스미스(1865~1946) 미국 작가 《뒷생각》

▶ 유행의 변화는 가난한 자의 교묘한 재주로 부자의 허영심에 부과하는 세금이다. _S. R. N. 샹포르(1741~1794) 프랑스 극작가 《격언과 반성》

▶ 작은 수입으로 만족하며 살고, 사치보다는 우아함을 찾고, 유행보다는 세련되어라. _W. E. 채닝(1780~1842) 미국 목사 《나의 교향곡》

▶ 정신 분석은 영원한 유행이다.

_P. 드브리스(1910~1993) 미국 소설가

속담

▶ 유행은 쇠퇴하는 것. _일본

▶ 유행이라 하면 개가 교회에 따라가듯이 따라나선다. (맹목적으로 유행을 따르는 사람을 비꼬는 말) _미국, 영국

▶ 유행이라면 눈병이라도 좋다. _일본

▶ 재단사와 작가는 유행을 잘 살펴야 한다.

_서양

한자 숙어

목식이시(目食耳視) 눈으로 먹고 귀로 본다는 뜻으로, 맛있는 것보다 보기에 아름다운 음식을 좋아하고, 몸에 맞는 것보다 귀로 들은 유행하는 의복을 입음. 곧 겉치레에만 취한 헛된 생활을 한탄하는 말.

일유일예(一遊一豫) 한 번의 놀이와 한 번의 즐거움이라는 뜻으로, 황제의 유행을 이르는 말.

음악

音樂
박자, 가락, 음성 따위를 갖가지 형식으로 조화하고 결합하여, 목소리나 악기를 통하여 사상 또는 감정을 나타내는 예술.

명언 명문

▶ 갈대의 나부낌에도 음악이 있다. 도랑의 여울에도 음악이 있다. 사람들이 귀를 가졌다면 물건 모두에 음악이 있다.

_G. G. 바이런(1788~1824) 영국 시인

▶ 값싼 음악이 강한 영향력이 있다는 것은 이상하다.

_N. P. 카워드(1899~1973) 영국 극작가, 배우

▶ 고요함은 어떠한 노래보다도 더 음악적이다.

_D. G. 로세티(1828~1882) 영국 시인, 화가

▶ 광학이 빛의 기하학이듯 음악은 소리의 계산이다.

_C. A. 드뷔시(1862~1918) 프랑스 작곡가

▶ 나의 음악을 가장 잘 이해하는 것은 아이와 짐승들이다.

_I. F. 스트라빈스키(1882~1971) 미국 작곡가

▶ 너무 많은 화음은 음악을 지루하게 만든다.

_B. 파스칼(1623~1662) 프랑스 사상가, 수학자, 물리학자

▶ 듣기 싫은 음악에 대해서 이야기하지 말고, 이왕이면 듣기 좋은 음악에 대해서 이야기하라. 미워하고 싫어하는 감정은 될 수 있는 대로 드러내지 않는 것이 우리 자신의 건강을 위해서 유익한 일이다. 애정으로 표현된 감정만이 우리에게 좋은 피를 만들어 준다.

_알랭(1868~1951) 프랑스 철학자, 평론가

▶ 마음속 가장 깊은 곳에 파고들며 모든 걱정을 없애 주는 음악은 원기를 북돋우는 언어다.

_R. W. 에머슨(1803~1882) 미국 사상가, 시인

▶ 모든 예술 가운데 순수하게 종교적인 것은 음악뿐이다.

_스탈(1766~1817) 프랑스 소설가 《코린》

C. A. 드뷔시

▶ 모차르트의 소나타들은 독특해서 아이들에게는 너무 쉽고 음악가들에게는 너무 어렵다. _A. 슈나벨(1882~1951) 오스트리아 피아니스트

▶ 사람은 음악에서 나오는 진리보다 더 참된 진리를 얻을 수 없다. _R. 브라우닝(1812~1889) 영국 시인

▶ 오로지 음악만이 이 세상에서 비용이 적게 들고 싫증이 나지 않는 황홀함이다. _S. 스미스(1771~1845) 영국 목사, 수필가

▶ 음악과 리듬은 영혼의 은밀한 장소에 파고든다. _플라톤(B.C. 428?~B.C. 347?) 그리스 철학자

▶ 음악은 감정이지 음향이 아니다. _R. L. B. 스티븐슨(1850~1894) 영국 소설가, 시인 《피터 원스 건반 앞에서》

▶ 음악은 거대한 파도 위에서 작은 배를 타고 있는 것 같은 기분이 들게 한다. _J. 르나르(1864~1910) 프랑스 소설가, 극작가 《일기》

▶ 음악은 거친 소리들이 갈고 닦아져서 박자와 곡조가 된 것에 불과하다. _T. 풀러(1608~1661) 영국 성직자, 역사가

▶ 음악은 두 가지, 즉 좋은 음악과 나쁜 음악으로 요약된다. 좋은 음악이거든 이러니저러니 말하지 말고 그저 즐겨라. _L. D. 암스트롱(1901~1971) 미국 트럼펫 연주자

▶ 음악은 뒤틀린 정신을 치료해 주는 약이며 우리의 불행을 많이 완화시켜 준다. _W. 해든(1515~1572) 영국 작가, 교육자

▶ 음악은 모든 소리 중에서도 가장 값진 것이다. _T. 고티에(1811~1872) 프랑스 시인

▶ 음악은 비열한 목적으로 사용될 수 없는 유일한 예술이다. _E. G. 허버드(1856~1915) 미국 작가, 화가

▶ 음악은 세계 공용어다. _J. 윌슨(1785~1854) 스코틀랜드 시인, 수필가 《거룩한 밤》

▶ 음악은 시를 닮았다. 어떤 방법도 가르쳐 주지 않고 *거장의 손만이 도달할 수 있는 우아함이 있다. _A. 포프(1688~1744) 영국 시인 《비평론》

▶ 음악은 야만인의 마음도 달래는 *마력이 있다. _W. 콩그리브(1670~1729) 영국 극작가

▶ 음악은 우울한 사람에게는 좋지만 애도하는 사람에게는 나쁘며 청각 장애인에게는 좋지도 나쁘지도 않다. _B. 스피노자(1632~1677) 네덜란드 철학자

*거장 | 예술, 과학 따위의 어느 일정 분야에서 특히 뛰어난 사람.
*마력 | 사람을 현혹하는, 원인을 알 수 없는 이상한 힘.

▶ 음악은 유일하게 악습을 동반하지 않는 감각적 쾌락이다.

_S. 존슨(1709~1784) 영국 시인, 평론가 《경구집》

▶ 음악은 인간의 고독을 확인하기 위해 발명된 것이다.

_L. 더렐(1912~1990) 영국 시인, 극작가

▶ 음악은 인류의 공용어이고 시는 인류의 오락이자 즐거움이다.

_H. W. 롱펠로(1807~1882) 미국 시인 《해외》

▶ 음악은 인생이라는 나의 오랜 질병을 견디도록 도와주었다.

_A. 포프(1688~1744) 영국 시인

▶ 음악은 지나치게 심취하지만 않는다면 일종의 좋은 마약이다.

_H. V. 밀러(1891~1980) 미국 소설가

▶ 음악은 참된 일반적인 언어다.

_M. 베버(1864~1920) 독일 사회학자, 경제학자 《데모크리토스》

▶ 음악이 있는 곳에는 불행이 있을 수 없다.

_M. 세르반테스(1547~1616) 에스파냐 소설가 《돈키호테》

▶ 음악이란 근심을 없애 주는 약이다. _W. 해든(1515~1572) 영국 작가, 교육자

▶ 인간은 오로지 음악이라는 영역에서만 현재를 깨닫는다.

_I. F. 스트라빈스키(1882~1971) 미국 작곡가

▶ 충분히 깊게 관찰하라. 그러면 음악적으로 보인다. 자연의 심장은 모든 부분이 바로 음악이다.

_T. 칼라일(1795~1881) 영국 사상가, 역사가 《영웅과 영웅 숭배》

고사성어

▷ 망국지음(亡國之音)

나라를 망하게 할 음악 또는 망한 나라의 음악이라는 뜻으로, 저속하고 잡스러운 음악을 이르는 말이다. 춘추 시대 위나라 영공이 진나라로 가던 도중 아름다운 음악 소리를 들었다. 진나라에 도착한 영공은 함께 간 악사에게 진나라 평공 앞에서 그 곡을 연주하도록 하였다. 그러자 진나라 악사 사광이 "이것은 옛날 은나라 악사장인 사연이 주왕을 위해 만든 음악입니다. 은나라가 망하자 사연은 물에 몸을 던져 죽었습니다. 그래서 망국의 음악이라고 일컫게 된 것입니다."라고 아뢰며 황급히 연주를 중단시켰다.

_《한비자》 십과 편, 《예기》 악기 편

이미지

image

감각에 의해 얻어진 현상이 마음속에서 재생된 것. 또는 어떤 사람이나 사물로부터 받은 느낌.

명언 명문

▶ 개개의 이미지가 상호 관련함으로써 하나의 관념까지도 눈에 보이듯이 생각해 낼 수 있다. _S. 말라르메(1842~1898) 프랑스 시인

▶ 그림은 이미지다. 그러나 사진은 단순히 이미지가 아니라 실체의 해석이다. _S. 손택(1933~2004) 미국 소설가, 수필가

▶ 모든 시는 하나의 이미지다. _C. D. 루이스(1904~1972) 영국 시인, 수필가

▶ 사람들은 오직 이미지를 통해서만 사고한다. 그대가 철학자가 되고 싶거든 소설을 쓰라. _A. 카뮈(1913~1960) 프랑스 소설가, 극작가 《비망록》

▶ 새로운 이미지에 의해 활기를 얻는 것을 받아들인다면, 낡은 책의 이미지에서도 무지갯빛을 발견할 수 있다. _G. 바슐라르(1884~1962) 프랑스 철학자

▶ 우리들 사이에 튼튼히 뿌리박고 있는 이미지를 미신이라고 할 수도 있다. _L. J. J. 비트겐슈타인(1889~1951) 영국 철학자

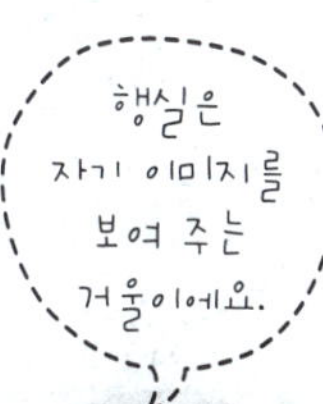

▶ 이미지는 지적, 정서적인 콤플렉스를 순식간에 제시하는 것이다. _E. L. 파운드(1885~1972) 미국 시인

▶ 이미지들에 관해서는 지혜가 먼저 이야기한다. _W. B. 예이츠(1865~1939) 아일랜드 극작가, 시인

▶ 인간의 행실은 각자가 자기의 이미지를 보여 주는 거울이다. _J. W. 괴테(1749~1832) 독일 시인, 소설가, 극작가

▶ 조각과 흡사한 새로운 시의 재료는 바로 이미지다. _T. E. 흄(1883~1917) 영국 철학자, 평론가

▶ 한평생에 여러 권의 작품을 만들어 내느니 차라리 하나의 이미지를 제시하는 편이 낫다. _E. L. 파운드(1885~1972) 미국 시인

J. W. 괴테

문화와 예술

작가 作家

문학 작품, 사진, 그림, 조각 따위의 예술품을 창작하는 사람.

명언 명문

▶ 각 민족의 가장 큰 영광은 그 민족이 배출한 작가들로부터 나온다.

_S. 존슨(1709~1784) 영국 시인, 평론가

▶ 격언의 탁월한 작가들은 서로 잘 아는 사이인 듯이 상대방의 글을 읽는다.

_E. 카네티(1905~1994) 영국 작가

▶ 과거 작가들에 대한 칭찬은 죽은 자들에 대한 존경에서 나오는 것이 아니라 살아 있는 사람들의 경쟁과 시기에서 나오는 것이다.

_T. 홉스(1588~1679) 영국 철학자, 법학자

▶ 나는 쓰지 않으면 안 된다. 쓰는 것이 모든 것을 완성하는 마지막 단계이기 때문이다.

_R. M. 릴케(1875~1926) 독일 시인 《말테의 수기》

▶ 독자가 이해할 수 없게 자기 방식대로 문맥을 생각하면서 쓰는 작가는 나쁜 사람이다.

_A. 카뮈(1913~1960) 프랑스 소설가, 극작가 《수첩》

▶ 말해야 할 때 외에는 말하지 마라. 써야 할 때 외에는 쓰지 마라. 너는 작가다. 써야 할 때 외에는 결코 써서는 안 된다.

_L. N. 톨스토이(1828~1910) 러시아 소설가, 사상가

▶ 백만 명의 독자도 기대하기 어려운 작가는 단 한 줄의 글도 쓰지 말아야 한다.

_J. W. 괴테(1749~1832) 독일 시인, 소설가, 극작가

▶ 쓰기 전에 생각하는 법부터 배워라.

_N. 부알로(1636~1711) 프랑스 시인, 평론가 《시법》

▶ 어떤 책에서 자료를 구하는 작가란 남에게 꾸어 주기 위한 한 가지 목적을 위해 누군가에게 돈을 빌려오는 사람과 같다.

_K. 지브란(1883~1931) 미국 소설가, 화가, 시인

W. 어빙

▶ 영리한 젊은 작가는 매우 많다. 그러나 그들 가운데 천재는 너무

많고 재능은 너무 부족하다. _J. B. 프리스틀리(1894~1984) 영국 소설가, 극작가

▶ 위대한 작가의 실수는 일반적으로 그가 다른 사람보다 너무 뛰어나기 때문에 생긴다. _S. T. 콜리지(1772~1834) 영국 시인, 평론가

▶ 이 세상에서 유일하게 행복한 작가는 평판을 걱정하지 않는 작가뿐이다. _W. 어빙(1783~1859) 미국 소설가

▶ 자신의 견해를 지닌다는 것은 작가들이 할 일이 아니다.

_W. B. 예이츠(1865~1939) 아일랜드 극작가, 시인

▶ 작가가 너무 잘 쓰려고 하면 모든 것이 망쳐진다.

_J. 라퐁텐(1621~1695) 프랑스 시인, 우화 작가 《우화》

▶ 작가가 되려면 재능 이상의 것이 필요하다.

_J. 라브뤼예르(1645~1696) 프랑스 작가 《사람은 가지가지》

▶ 작가가 많아지면 많아질수록 독자들이 점점 게을러지는 것은 당연하다. _O. 골드스미스(1730~1774) 영국 소설가

▶ 작가는 시인이든 소설가이든 간에 모든 인간 중에서 용감하게 전체의 침묵을 깨뜨리고 발언을 하는 인간이다.

_P. 발레리(1871~1945) 프랑스 시인, 사상가, 평론가 《유럽 정신의 위기》

▶ 작가는 인간의 영혼을 다루는 기술자다.

_I. V. D. 스탈린(1879~1953) 소련 정치가

▶ 작가에게 가장 즐거운 일은 다른 작가들이 자기 작품을 정중하게 인용하는 것을 보는 것이다. _B. 프랭클린(1706~1790) 미국 정치가, 과학자

▶ 재능만으로는 작가가 될 수 없다. 책 뒤에 반드시 인간이 있어야 한다. _R. W. 에머슨(1803~1882) 미국 사상가, 시인

▶ 천재 작가에 대한 처벌은 그의 작품의 명성을 크게 높인다.

_C. 타키투스(56?~120?) 로마 역사가, 정치가

▶ 한 나라에 위대한 작가가 있다는 것은 두 개의 정부를 가지는 것과 같이 위험한 일이다. 그렇기 때문에 어느 정치 체제도 위대한 작가를 좋아한 적이 없으며 대수롭지 않은 작가만을 좋아했다.

_A. I. 솔제니친(1918~2008) 러시아 소설가

▶ 현대 작가들의 생각을 훔치면 표절이라는 비난을 받고, 고대 작가들의 생각을 훔치면 여러 방면에 걸쳐 많이 안다는 칭찬을 들을 것이다. _C. C. 콜턴(1780~1832) 영국 작가, 성직자

작품

作品

만든 물품. 또는 예술 창작 활동의 성과나 문학, 미술 등의 창작물.

명언 명문

▶ 모든 작품은 그것이 만들어진 시대와 당시 사람들의 관점에서 평가되어야만 한다. _W. H. 페이터(1839~1894) 영국 평론가

▶ 모든 작품은 대체로 작가를 닮게 되어 있다.

_M. 세르반테스(1547~1616) 에스파냐 소설가

▶ 모든 작품은 어떤 의미를 가지고 있다.

_J. P. 사르트르(1905~1980) 프랑스 소설가, 철학자

▶ 사람이 작품을 쓴다는 것은 풀이나 나무에 꽃이 피는 것과 같다.

_정약용(1762~1836) 조선 시대 문신, 학자

▶ 예술가들이 후손이라고 부르는 것은 나중에 나오는 작품들이다.

_M. 프루스트(1871~1922) 프랑스 소설가

▶ 완전에 도달하는 것은 사라져 없어진다. 예술이 가장 아끼는 것은 가장 느리게 이루어진 작품들이다. _R. 브라우닝(1812~1889) 영국 시인

▶ 자기 작품을 이론화하는 예술가는 더 이상 예술가가 아니라 비평가다. _H. G. 웰스(1866~1946) 영국 작가, 문명 비평가

▶ 작품은 장식이 없어도 아름답다. _W. 휘트먼(1819~1892) 미국 시인 《풀잎》

▶ 작품의 가장 고상한 동기는 공공의 이익이다.

_R. 스틸(1672~1729) 영국 수필가, 극작가, 정치가

▶ 좋은 작가가 되려면 작품을 써라.

_에픽테토스(55?~135?) 로마 철학자

▶ 참된 예술 작품은 신이 부여하는 완성의 그림자일 뿐이다.

_L. B. S. 미켈란젤로(1475~1564) 이탈리아 화가, 조각가

지식 쑥쑥

한자 숙어

명문대작(名文大作) 훌륭한 글로 지은 방대한 문학 작품.

傳記 전기

한 사람의 일생 동안의 행적을 적은 기록.

명언 명문

▶ 세계의 역사는 위인들의 전기에 불과하다.

_T. 칼라일(1795~1881) 영국 사상가, 역사가

▶ 어떤 한 인물의 전기를 써야 하는 사람들이 가장 곤혹을 느끼는 것이 있다. 그 사람의 다양한 행위를 빠뜨리지 않고 연달아 써 나기면서 그것을 서로 연결해서 그 전체를 한 사람의 인생답게 보이고자 해야 할 때다. _M. E. 몽테뉴(1533~1592) 프랑스 사상가

▶ 역사에서 위인들의 흔적을 찾으려면 우리는 모든 전기를 무시한 채 감옥, 고문대, *교수대에서 죽은 불행한 사람들의 하찮은 기록을 세심하게 조사해야 한다. _E. A. 포(1809~1849) 미국 시인, 소설가, 평론가

*교수대 | 목을 옭아 매어 죽이는 형벌을 받는 사람의 목을 매는 대. 또는 그 장치.

▶ 원래 역사란 없고 오로지 전기만 있을 뿐이다.

_R. W. 에머슨(1803~1882) 미국 사상가, 시인

▶ 위대한 천재들의 전기는 짧다.

_R. W. 에머슨(1803~1882) 미국 사상가, 시인 《대표적 인물론》

▶ 전기는 단연코 소설화되어 있어서는 안 되지만, 항상 소설적이어야 한다. _A. 모루아(1885~1967) 프랑스 소설가, 평론가 《알랭과 소설적인 것》

▶ 한 인간의 전기를 이루는 모든 사건 중 세상 사람들이 그의 죽음만큼 만족할 수 있는 것은 거의 없다. _N. 호손(1804~1864) 미국 소설가

▶ 훌륭한 전기는 훌륭한 생애처럼 매우 드물다.

_T. 칼라일(1795~1881) 영국 사상가, 역사가

▶ 훌륭한 초상화는 일종의 전기다. 그래서 어떠한 화가나 전기 작가도 그가 무대 배후에 받아들여지지 않는다면 만족스럽게 자기의 일을 할 수 없다. _A. 스미스(1723~1790) 영국 경제학자, 철학자 《꿈의 마을》

전문가

專門家

어떤 분야를 연구하거나 그 일에 종사하여 그 분야에 상당한 지식·경험을 가진 사람.

명언 명문

*백락 | 추나라 때, 말에 대한 지식이 뛰어나 말 감정을 잘 하던 사람.
*전유물 | 혼자 독차지하여 가지는 물건.

▶ *백락이 있은 다음에야 천리마가 있다. 천리마는 항상 있지만 백락은 그렇지 않다. _한유(768~824) 중국 당나라 문인, 정치가

▶ 엄격한 의미에서 바보가 되지 않고는 아무도 전문가가 될 수 없다. _G. B. 쇼(1856~1950) 아일랜드 극작가, 평론가

▶ 우리들은 전문가가 넘쳐 나는 시대에 살고 있다. 그렇기 때문에 우리들은 그들의 권위 있는 의견에 얽매여 어떤 문제에 대해 스스로 생각을 하고 또 확신하는 능력에 있어서 점점 자신감을 잃어 가고 있다. 전문가들이 모든 일을 차지하게 된 것은 우리들이 그렇게 만들었기 때문이다. _D. 카네기(1888~1955) 미국 저술가

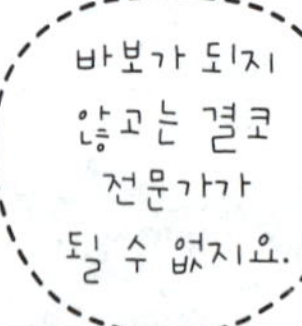

▶ 우수한 전문가를 관리직으로 승진시킨다 해서 우수한 관리자를 얻는 것은 아니며 도리어 그를 못 쓰게 만드는 결과가 되어 버리는 경우가 많다. _P. F. 드러커(1909~2005) 미국 경영학자 《경영의 새로운 차원》

▶ 전문가는 자기 기술에 대해서 신임을 받아야 한다. _피타고라스(B.C. 580?~B.C. 500?) 그리스 철학자, 수학자

▶ 전문가들은 지식과 지혜를 혼동하는 경향이 있다. 지혜는 전문가만의 *전유물이 아니다. 비전문가인 일반인도 나름대로 지혜가 있다. _H. J. 래스키(1893~1950) 영국 정치학자

▶ 전문가들의 단점은 변함없는 사고방식이다. _E. 모건(1920~) 영국 작가

▶ 전문가들의 모든 직업은 일반인들을 상대로 하는 음모다. _G. B. 쇼(1856~1950) 아일랜드 극작가, 평론가

▶ 전문가란 다른 분야를 두려워하는 사람이다. _M. H. 피셔(1879~1962) 미국 작가

G. B. 쇼

▶ 전문가란 매우 좁은 분야에서 저지를 수 있는 모든 잘못을 이미 저지른 사람이다. _N. 보르(1885~1962) 덴마크 물리학자

▶ 전문가란 불과 조금밖에 알려져 있지 않은 것을 좀 더 많이 알고 있는 사람이다. _S. 버틀러(1612~1680) 영국 시인

▶ 전문가란 손가락 끝까지 완벽한 사람이다.

_Q. 호라티우스(B.C. 65~B.C. 8) 로마 시인

▶ 전문가란 자기 주제에 관해서 저지를 수 있는 가장 심한 잘못들 가운데 일부를 알고, 또한 그것을 피하는 방법도 아는 사람이다.

_W. K. 하이젠베르크(1901~1976) 독일 물리학자

▶ 전문가란 자꾸 범위를 좁혀 가며 깊게 지식을 얻는 사람이다.

_N. M. 버틀러(1862~1947) 미국 교육가

▶ 전문가란 자신이 선택한 형태의 무지 속에 머물러 있는 사람이다.

_E. G. 허버드(1856~1915) 미국 작가, 화가

▶ 전문가로부터 최대한의 이득을 거둘 수 있는 유일한 방법은 우수한 사람을 고용해서 그들로 하여금 마음껏 일하게 하는 것이다.

_P. F. 드러커(1909~2005) 미국 경영학자 《현대의 경영》

▶ 전문가를 믿어라. 이미 경험한 사람을 믿어라.

_C. 베르나르(1090~1153) 프랑스 신학자

▶ 학문이 전문가들을 낳는 곳에서는 문화 전체가 향상된다고 하지만 그것은 전문가들의 환상이며 자기만족이다. _A. 마차도(1875~1939) 에스파냐 시인

▶ 학위도 자격증도 전문 지식도 필요 없는 유일한 직업은 언론이다.

_P. 캠벨(1865~1940) 영국 배우

지식 쑥쑥

한자 숙어

문외한(門外漢) 어떤 일에 전문적인 지식이 없는 사람.

고사성어

▷ 경당문노 직당문비(耕當問奴織當問婢)

농사일은 사내종에게, 길쌈하는 것에 대해서는 계집종에게 물어야 한다는 뜻으로, 모든 일은 항상 그 분야의 전문가와 상의하여 행해야 한다는 말이다.

_《송서》

조각

彫刻

재료를 새기거나 깎아서 입체 형상을 만듦. 또는 그런 미술 분야.

명언 명문

*솔가지 | 땔감으로 쓰려고 꺾어서 말린 소나무 가지.
*예모 | 예절에 맞는 몸가짐.

▶ 그림이 조각에 닮아 있으면 닮아 있을수록 내게는 그것이 뛰어난 것으로 비치고, 조각이 그림에 닮아 있으면 닮아 있을수록 그것이 나쁜 것이라고 생각된다. 조각은 그림의 *솔가지며, 이 두 개 사이에는 태양과 달 같은 차이가 있다.

_L. B. S. 미켈란젤로(1475~1564) 이탈리아 화가, 조각가, 건축가

▶ 대리석이 많이 깎일수록 석상은 더욱 크게 자란다.

_L. B. S. 미켈란젤로(1475~1564) 이탈리아 화가, 조각가, 건축가

▶ 배우는 흰 눈에 조각하는 조각가다. _L. P. 배릿(1838~1891) 미국 배우

▶ 위대한 조각가나 화가가 아닌 사람은 건축가가 될 수 없다. 조각가나 화가가 아닌 경우 그 사람은 '집을 짓는 사람' 이 될 수 있을 뿐이다. _J. 러스킨(1819~1900) 영국 미술 평론가

▶ 이렇게 해서 한 사람의 조각가는 대장장이가 된다.

_G. 바슐라르(1884~1962) 프랑스 철학자 《꿈꿀 권리》

▶ 인생은 커다란 돌조각이다. 신의 모습을 조각하든지, 악마의 모습을 조각하든지, 그것은 각자의 마음이다.

_H. 스펜서(1820~1903) 영국 철학자, 사회학자

▶ 젊은 조각가들은 누구나 자기가 세계에 *예모 없는 여성상의 대표작을 내놓아야 하는 것처럼 생각하는 것 같다. 그러고는 이브니 비너스니 하며 제대로 몸에 걸친 것이 없어도 핑계가 될 만한 이름을 거기에다 갖다 붙인다. _N. 호손(1804~1864) 미국 소설가

▶ 조각 예술은 양심과 정확 및 의지로 성립된다.

_F. A. R. 로댕(1840~1917) 프랑스 조각가

▶ 조각가는 해부학자를 위해서가 아니라 인생과 자연의 평범한 관찰자를 위해서 일한다. _J. 러스킨(1819~1900) 영국 미술 평론가

▶ 조각에는 독창성이 필요 없다. 단지 생명이 필요할 뿐이다.

_F. A. R. 로댕(1840~1917) 프랑스 조각가 《카테드랄》

▶ 조각은 결정된 신전이다. _A. B. 올콧(1799~1888) 미국 작가, 철학자

▶ 조각은 그림보다 훌륭하다. 죽은 자를 다시 일으켜 세우는 것이 살아 있는 듯한 영상을 만드는 것보다 위대하다.

_H. W. 롱펠로(1807~1882) 미국 시인

▶ 조각은 오목한 것과 볼록한 것의 예술이다.

_F. A. R. 로댕(1840~1917) 프랑스 조각가

▶ 지상에서는 가장 빨리 사라지는 것이 가장 사랑스럽다. 그래서 사람들은 조각된 꽃보다 장미를 더 좋아한다.

_W. C. 브라이언트(1794~1878) 미국 시인, 언론인

▶ 회화와 조각의 목적은 볼 줄 알게 되는 것이다.

_L. 다빈치(1452~1519) 이탈리아 화가, 건축가, 조각가

한자 숙어

후목분장(朽木糞牆) 썩은 나무에 조각하거나 썩은 벽에 고쳐 칠해도 소용이 없다는 뜻으로, 게으르고 뜻이 없는 사람은 가르칠 수 없음을 이르는 말.

키워드 정보 BOX

로댕의 〈생각하는 사람〉

로댕의 작품 〈생각하는 사람〉.

프랑스 조각가 로댕의 미완성 작품 〈지옥문〉에 있던 조각이다. 〈지옥문〉은 세로 757센티미터, 가로 400센티미터의 청동 부조로 19세기 후반 작품이다. 〈생각하는 사람〉은 그 지옥의 문 위에서 지옥 불에 빠져 괴로워하는 사람들을 지켜보는 모습을 하고 있다.

오른팔 팔꿈치를 왼쪽 무릎 위에 놓고, 오른손을 뺨에 대고 고뇌하며 생각하는 자세는 지옥을 바라보는 목격자의 고뇌를 표현한 것이다. 또한 고통스런 표정은 마음속의 혼란함을 나타내고 있다. 그는 단테의 《신곡》 중 '지옥편'을 읽고 구상을 얻어 이 작품을 만들었다고 한다.

주제 主題

대화나 연구 따위에서 중심이 되는 문제. 예술 작품에서 지은이가 나타내고자 하는 기본적인 사상.

명언 명문

*광신자 | 신앙이나 사상을, 이성을 잃고 믿는 사람.
*도처 | 여기저기 많은 곳.

▶ 강력한 책을 만들기 위해서는 강력한 주제를 선택해야 한다.
_H. 멜빌(1819~1891) 미국 소설가 《백경》

▶ *광신자란 자기 생각을 바꿀 수도 없고 주제를 바꾸려고도 하지 않는 사람이다. _W. L. S. 처칠(1874~1965) 영국 정치가

▶ 나는 옳은 것이든 그른 것이든 출판할 작정이다. 바보는 나의 주제다. 풍자를 내 노래가 되게 하라.
_G. G. 바이런(1788~1824) 영국 시인 《영국 서정시인과 아일랜드의 평론가들》

▶ 번영은 선거 운동의 첫 번째 주제가 된다.
_T. W. 윌슨(1856~1924) 미국 제28대 대통령

▶ 세상에 전혀 쓸모없는 것이라면 그것은 추측을 위한 좋은 주제가 된다. _W. 해즐릿(1778~1830) 영국 평론가, 수필가

▶ 예술과 노래의 최고 주제를 이야기하고 또 이야기해야 한다.
_W. B. 예이츠(1865~1939) 아일랜드 극작가, 시인 《오랜 침묵 끝에》

▶ 주제나 표제, 그런 것은 모두 무대에서의 대화와 연기와 이미지에 있는 것이다. _E. 이오네스코(1912~1994) 프랑스 극작가

▶ 주제는 *도처에 있다. 자연의 출현은 모두가 주제다. 예술가여, 여기에 서라. _F. A. R. 로댕(1840~1917) 프랑스 조각가

▶ 주제는 언어와 상호 작용한다. 어떤 주제는 사상의 밭에다 씨를 뿌리고, 또 어떤 주제는 사상의 밭에서 수확을 거둔다.
_L. J. J. 비트겐슈타인(1889~1951) 영국 철학자 《반철학적 단장》

▶ 주제는 얼굴에 지지 않을 만큼 표정을 갖고 있다.
_L. J. J. 비트겐슈타인(1889~1951) 영국 철학자

知性 지성

지혜로운 성품.

명언 명문

▶ 가장 고집 센 사람들이 가장 지성적이다.

_E. A. 예프투센코(1933~) 러시아 시인

▶ 과거에 지나치게 지성을 소중하게 여긴 종족은 모두 멸망하고 말았다. _B. A. W. 러셀(1872~1970) 영국 철학자, 수학자

▶ 그가 선한가 악한가 하는 것은 내게 문제가 아니다. 그가 지혜로운 사람인가 바보인가 하는 것만이 나의 관심사다. 거룩한 척하지 말고 지성을 갖춰라. _W. 블레이크(1757~1827) 영국 시인, 화가

▶ 눈에서 가슴에 이르는 길 가운데는 지성을 거치지 않는 것이 있다.

_G. K. 체스터턴(1874~1936) 영국 소설가, 평론가

▶ 모든 지성적 태도는 잠재적으로 정치적이다.

_T. 만(1875~1955) 독일 소설가, 평론가

▶ 어깨가 넓다고 제일가는 힘을 내는 것은 아니다. 지성이야말로 어디서나 쓸 수 있는 가장 큰 힘이다.

_소포클레스(B.C. 496~B.C. 406) 그리스 시인 《아이아스》

▶ 우리의 삶이 죽음에 둘러싸여 있다면 우리의 지성은 광기에 둘러싸여 있다. _L. J. J. 비트겐슈타인(1889~1951) 영국 철학자

▶ 위험한 것은 무식의 반란이 아니라 지성의 반항이다.

_J. R. 로웰(1819~1891) 미국 시인, 평론가 《민주주의》

▶ 의지와 지성은 동일한 것이다. _B. 스피노자(1632~1677) 네덜란드 철학자

▶ 인간은 선과 악을 구별할 줄 알기 때문에 다른 생물보다 지적으로 우월하고, 악을 행할 수 있기 때문에 악을 행할 수 없는 다른 생물보다 도덕적으로 열등하다. _M. 트웨인(1835~1910) 미국 소설가

*통찰력 | 예리한 관찰력으로 사물이나 현상을 꿰뚫어 보는 능력.

▶ 인간의 지성은 감정이라는 불을 사용하여 그 욕망의 목표 달성을 어렵고 힘들게 하는 것들을 녹일 수 있도록 인내와 지혜, 그리고 *통찰력으로 바삐 움직여야 한다. _R. 타고르(1861~1941) 인도 시인, 사상가

▶ 지성에 관해서나 일할 때는 성인이 되고 감정과 욕망에 있어서는 아이가 된다. _A. L. 헉슬리(1894~1963) 영국 소설가, 평론가

▶ 지성은 그것이 없는 사람에게는 보이지 않는다.
_A. 쇼펜하우어(1788~1860) 독일 철학자

▶ 지성은 무식에 대해서 권한을 행사할 수 있다. 즉 가르쳐 주는 권리다. _R. W. 에머슨(1803~1882) 미국 사상가, 시인 《대표적 인물론》

▶ 지성은 육체와 함께 죽을 것이다. 그러나 자기의 죽음을 아는 것, 거기에 지성의 자유가 있다. _A. 카뮈(1913~1960) 프랑스 소설가, 극작가

▶ 지성을 동반하지 않은 명성과 부는 위험하다.
_데모크리토스(B.C. 460?~B.C. 370?) 그리스 철학자

▶ 지성을 따르는 손이 성취할 수 있다.
_L. B. S. 미켈란젤로(1475~1564) 이탈리아 화가, 조각가, 건축가

▶ 지성의 가장 흔한 약점은 모순되는 원칙들을 조화시키려고 하고, 논리를 희생시켜 평화를 얻으려고 하는 것이다.
_A. C. H. M. C. 토크빌(1805~1859) 프랑스 정치가, 역사가

▶ 지성의 위대한 업적은 영혼과 같이 영원하다는 것이다.
_G. 살루스티우스(B.C. 86~B.C. 35?) 로마 역사가

▶ 지성인은 자기의 마음으로 자기 자신을 망보는 사람이다.
_A. 카뮈(1913~1960) 프랑스 소설가, 극작가

▶ 지적인 증오가 가장 지독하다. _W. B. 예이츠(1865~1939) 아일랜드 극작가, 시인

▶ 평범한 사람들은 시간을 보내는 방법만 생각하지만, 지성인은 시간을 활용하려고 노력한다. _A. 쇼펜하우어(1788~1860) 독일 철학자

속담

▶ 미모는 하느님의 불안전한 은혜요, 지성은 하느님의 베푸심이다.
_아라비아

▶ 지성은 심정보다 그리 앞서 나갈 수 있는 것이 아니며, 그다지 멀리 가지도 못한다. _중국

知識 지식

지각된 것을 정리하고 통일하여, 이것을 바탕으로 새로운 인식을 낳게 하는 정신 작용.

명언 명문

▶ 가능한 한 최대한의 지식을 갖추지 않고 판단하는 자는 그릇된 판단을 면할 수 없다. _J. 로크(1632~1704) 영국 철학자

▶ 가장 많이 아는 것이 아니라 가장 좋은 것들을 아는 것이 가장 고상한 지식이다. _H. S. 무어(1898~1986) 영국 조각가

▶ 경험으로 얻은 것은 참으로 귀중한 지식이다. _R. A. 애스컴(1515~1568) 영국 작가, 고전학자

▶ 고대 언어들에 관한 지식은 사치다. _J. 브라이트(1811~1889) 영국 정치가

▶ 공부하는 법을 아는 사람은 그로써 이미 많은 것을 아는 셈이다. _H. B. 애덤스(1838~1918) 미국 역사가, 사상가 《헨리 애덤스의 교육학》

▶ 나는 모든 지식을 나의 영토로 삼았다. _F. 베이컨(1561~1626) 영국 정치가, 철학자

▶ 나의 삶은 끝이 있다. 그러나 앎은 끝이 없다. _장자(B.C. 369?~B.C. 289?) 중국 전국 시대 송나라 사상가

▶ 내가 알고 있다는 사실을 누군가 알지 않는 한 아는 것은 아는 것이 아니다. _루킬리우스(B.C. 180?~B.C. 103?) 로마 시인

▶ 네가 알고 있는 것을 자주 드러내고 싶어 하는 것은 자신도 모르는 것이 있기 때문이다. 사람은 알아야 할 것이 더 많이 있다. _T. S. 엘리엇(1888~1965) 영국 시인, 평론가, 극작가 《가족의 재회》

▶ 당신에게 지식이 있다면 다른 사람들이 그것으로 자기 초에 불을 켜게 하라. _T. 풀러(1608~1661) 영국 성직자, 역사가

▶ 당신의 지식은 당신이 어떤 사람인가에 달려 있다. _A. L. 헉슬리(1894~1963) 영국 소설가, 평론가

J. 로크

*세속적 | 세상의 일반적인 풍속을 따르는. 또는 그런 것.

▶ 돈을 하(下), 힘을 중(中), 지식을 상(上)으로 삼아라.

_플라톤(B.C. 428?~B.C. 347?) 그리스 철학자

▶ 말하는 것은 지식의 역할이고 듣는 것은 지혜의 특권이다.

_O. W. 홈스(1809~1894) 미국 소설가, 의학자

▶ 모든 사람은 선천적으로 지식을 원한다.

_아리스토텔레스(B.C. 384~B.C. 322) 그리스 철학자

▶ 모르는 척하는 것이 *세속적 지식의 가장 필요한 부분인 경우가 많다.

_P. D. S. 체스터필드(1694~1773) 영국 정치가, 작가

▶ 목재는 마를 때까지, 지식은 숙달될 때까지 제멋대로 써서는 안 된다.

_O. W. 홈스(1809~1894) 미국 소설가, 의학자 《아침 식탁의 독재자》

▶ 무지는 신의 저주고, 지식은 우리를 천국으로 운반하는 날개다.

_W. 셰익스피어(1564~1616) 영국 극작가, 시인

▶ 분명하게 아는 사람은 아무도 없고 앞으로도 없을 것이다.

_크세노파네스(B.C. 560?~B.C. 478?) 그리스 시인, 철학자

▶ 불이 빛에서 비롯되는 것처럼 사랑은 늘 지식에서 비롯된다.

_T. 칼라일(1795~1881) 영국 사상가, 역사가 《괴테의 죽음》

▶ 사람을 아는 것은 슬기이고, 스스로를 아는 것은 명석함이다.

_노자(B.C. 604?~ ?) 중국 춘추 시대 초나라 사상가

▶ 사람의 지식은 그의 경험을 초월할 수 없다.

_J. 로크(1632~1704) 영국 철학자 《인간오성론》

▶ 새로운 지식보다 더 매력적인 것은 없다.

_P. M. 레이섬(1789~1875) 영국 의사, 작가

▶ 생각과 지식은 항상 걸음을 함께 해야 한다. 그렇지 않으면 지식은 죽은 것으로 발전이 없는 채 죽고 만다.

_K. W. F. 훔볼트(1767~1835) 독일 철학자, 언어학자

▶ 신은 우리에게 지식 그 자체가 아닌 지식의 씨앗을 부여했다.

_L. A. 세네카(B.C. 4?~A.D. 65) 로마 철학자, 극작가

▶ 아는 것은 생명의 샘이다.

_솔로몬(?~?) 이스라엘 왕국 제3대 왕

▶ 아는 것은 실천의 시작이요, 실천은 아는 것의 완성이다.

_왕양명(1472~1528?) 중국 명나라 유학자

▶ 아는 것은 안다고, 모르는 것은 모른다고 하는 것이 참으로 아는

것이다. _공자(B.C. 551~B.C. 479) 중국 춘추 시대 노나라 사상가

▶ 아는 것을 안다고 하고 모르는 것을 모른다고 하는 것을 앎이라 한다. 아는 것을 모른다고 하고 모르는 것을 안다고 하는 것은 미련한 것이다. _순자(B.C. 298?~B.C. 238?) 중국 전국 시대 조나라 사상가

▶ 아는 것이 별로 없는 자가 수다스럽게 떠들어 대고 지식이 많은 사람은 잠자코 있는 법이다. _J. J. 루소(1712~1778) 프랑스 작가, 사상가

▶ 아무것도 모르기보다는 쓸데없는 것들을 아는 것이 더 낫다.

_L. A. 세네카(B.C. 4?~A.D. 65) 로마 철학자, 극작가

▶ 아무리 학식이 풍부한 사람이라 해도 그의 지식과 생활 사이에 메울 수 없는 간격이 있는 한 그는 교양인이라고 불릴 수 없다.

_J. C. 포이스(1872~1963) 영국 시인, 소설가, 평론가

▶ 알면서 실천하지 않으면 모르는 것만 못하고, 친하면서 믿지 않으면 친하지 않은 것만 못하다.

_공자(B.C. 551~B.C. 479) 중국 춘추 시대 노나라 사상가

▶ 앎은 눈과 같다. 백 걸음 밖은 보면서 속눈썹을 볼 수는 없다.

_《한비자》

▶ 얕은 지식은 위험한 것이다. 깊이 마셔라. 그렇지 못하면 아예 마시지 마라. _A. 포프(1688~1744) 영국 시인 《알프스 넘어 또 알프스》

▶ 어떤 것을 절반 정도 알기보다는 아예 모르는 편이 더 낫다.

_P. 시루스(B.C. 1세기경) 로마 시인

▶ 예의와 지식이 사람을 만든다. _H. 브래드쇼(1450?~1513) 영국 신학자

▶ 완전하지 않은 지식은 위험하고 두려운 것이다.

_S. 존슨(1709~1784) 영국 시인, 평론가

▶ 우리가 결코 알 수 없는 유일한 것은 우리가 알 수 없는 것을 무시해 버리는 일이다. _J. J. 루소(1712~1778) 프랑스 작가, 사상가

▶ 우리는 결코 모든 것을 알 수가 없다.

_Q. 호라티우스(B.C. 65~B.C. 8) 로마 시인

▶ 우리는 아는 것이 별로 없을 때에만 정확하게 안다. 지식이 증가하면 의혹도 증가한다. _J. W. 괴테(1749~1832) 독일 시인, 소설가, 극작가

▶ 우리는 현재의 지식을 가지고서만 아는 것뿐이다.

_M. E. 몽테뉴(1533~1592) 프랑스 사상가 《수상록》

▶ 우리의 무지는 필연적으로 무한한 반면 우리의 지식은 유한하게 마련이다. _K. R. 포퍼(1902~1994) 영국 철학자

▶ 우리의 발전이란 채소의 새싹처럼 펼쳐져 나가는 것이다. 최초에는 느낌이었던 것이 의견으로 변하고 지식으로 굳어진다.
_R. W. 에머슨(1803~1882) 미국 사상가, 시인 《수필집》

▶ 우아한 것은 지식뿐이다. _R. W. 에머슨(1803~1882) 미국 사상가, 시인 《일기》

▶ 이 세상이 지식인들로 이루어져 있다는 생각은 지식인들의 몸에 밴 악덕이다. _E. 카네티(1905~1994) 영국 작가 《말의 양심》

▶ 인간은 모든 것을 다 알 수는 없다. _호메로스(?~?) 그리스 시인 《오디세이》

▶ 자기의 힘이 되지 않는 지식은 없다.
_R. W. 에머슨(1803~1882) 미국 사상가, 시인 《사회와 고독》

▶ 지식 가운데 가장 쓸모 있지만 발전하지 못한 것은 인간에 관한 지식이다. _J. J. 루소(1712~1778) 프랑스 작가, 사상가 《인간 불평등 기원론》

▶ 지식에 대한 욕망은 재산에 대한 갈망과 마찬가지로 얻을수록 더욱 증가한다. _L. 스턴(1713~1768) 영국 소설가

▶ 지식은 감정보다 소중하고 삶의 지식은 삶보다 소중하다.
_F. M. 도스토옙스키(1821~1881) 러시아 소설가 《우스운 인간》

▶ 지식은 기계적 암기로 얻을 수 있겠지만 지혜는 그렇지 못하다.
_L. 스턴(1713~1768) 영국 소설가

▶ 지식은 기억력에 의해서가 아니라 자기 사상의 노력으로 얻을 때 참지식이다. _L. N. 톨스토이(1828~1910) 러시아 소설가, 사상가 《독서의 수레바퀴》

▶ 지식은 독서를 통해 얻지만, 그보다 더 중요한 세상에 관한 지식은 각양각색의 사람을 알고 연구해야만 얻을 수 있다.
_P. D. S. 체스터필드(1694~1773) 영국 정치가, 작가

▶ 지식은 산 사이를 뚫고 나가는 길과 같은 것이지 그 산마루를 넘어서 지나가는 길은 아니다. _A. 슈바이처(1875~1965) 독일 신학자, 철학자, 의사

▶ 지식은 영혼의 식량이다. _아이스킬로스(B.C. 525~B.C. 456) 그리스 시인

▶ 지식을 닦는 데 무릇 세 가지 방법이 있다. 첫째는 사고로써 가장 쉽고, 둘째는 모방으로써 이것도 또한 쉬우며 셋째는 경험으로써 가장 고통스럽다. _《논어》

▶ 지식이 있는 사람은 자기가 대단히 많이 배웠다며 자랑하고, 지혜

가 있는 사람은 자기는 더 이상 모른다며 겸손하다.

_W. 쿠퍼(1731~1800) 영국 시인

▶ 지식이 지식이기 위해서는 발전하지 않으면 안 된다.

_P. F. 드러커(1909~2005) 미국 경영학자 《창조하는 경영자》

▶ 한 가지에 관해서 모조리 알기보다는 모든 것에 관해서 약간 아는 것이 낫다. _B. 파스칼(1623~1662) 프랑스 사상가, 수학자, 물리학자

속담

▶ 배우기를 좋아하는 것은 지식의 문 앞에 있는 것이다. _중국

▶ 아는 것이 병. _한국

▶ 의복으로 자신을 단장하지 말고 지식으로 자신을 무장하라. _중국

▶ 지식은 매일 향상시키지 않으면 나날이 줄어든다. _중국

▶ 지식은 부귀보다 낫다 _프랑스

▶ 지식은 자기 주인을 어느 곳이나 따라가는 보물이다. _중국

▶ 지식이 풍부한 사람은 말이 없다. _에스파냐

한자 숙어

무학무식(無學無識) 학문과 지식이 없음.

지행일치(知行一致) 지식과 행동이 한결같이 서로 맞음.

키워드 정보 BOX

문화 수준의 척도, 지식 산업

지식을 생산하고 유통하는 것에 관계하는 산업을 통틀어 지식 산업이라고 한다. 제4차 산업 또는 교육 산업이라고도 하는 지식 산업은 주로 교육, 출판, 언론, 방송, 정보, 통신 따위에 관련되는 대중의 지적 요구에 호응하기 위한 산업을 모두 포함한다. 즉, 모든 교육 사업부터 국가·기업 등의 연구 개발 사업, 정보 기기 제조업, 음향 기기 제조업, 영화·연극 등까지 포괄한다. 선진국에서는 지식 산업의 비중이 국민 총생산의 약 30퍼센트를 넘고 있으며, 보통 지식 산업의 성장률을 그 나라의 문화 수준을 말해 주는 척도로 보고 있다.

출판업은 대표적인 지식 산업으로 꼽힌다.

차이 差異

서로 같지 아니하고 다름.
또는 그런 정도나 상태.

명언 명문

*성인 | 지혜와 덕이 매우 뛰어나 우러러 본받을 만한 사람.

▶ 고전 음악은 연주보다 작품이, 재즈는 작품보다 연주 방법이 더 중요하다는 근본적 차이가 있다. _A. G. 프레빈(1930~) 미국 지휘자

▶ 교육을 받은 자와 받지 못한 자의 차이는 산 자와 죽은 자의 차이와 같다. _아리스토텔레스(B.C. 384~B.C. 322) 그리스 철학자

▶ 굶주린 개를 데려다 잘 먹이면 그 개는 너를 물지 않을 것이다. 그것이 개와 사람의 근본적 차이다. _M. 트웨인(1835~1910) 미국 소설가

▶ 동물과 인간의 뚜렷한 차이는 동물은 본능이 있고 인간은 세금이 있다는 것이다. _E. 고프먼(1922~1983) 미국 인류학자

▶ 미덕과 악습의 차이가 없다고 정말 믿는다면 그가 우리 집에서 나갈 때 우리는 숟가락 숫자를 확인해야 한다.

_S. 존슨(1709~1784) 영국 시인, 평론가

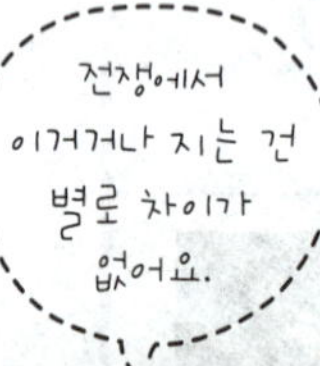

D. 맥아더

▶ 불행은 우리의 재능과 기대 사이의 차이다.

_E. 드보노(1933~) 영국 의사, 작가

▶ 산문과 운문의 언어 사이에는 본질적 차이가 없고 또 있을 수도 없다. _W. 워즈워스(1770~1850) 영국 시인

▶ *성인과 죄인의 차이는 성인은 누구나 과거가 있고 죄인은 누구나 미래가 있다는 것이다.

_O. F. O. W. 와일드(1854~1900) 아일랜드 시인, 극작가

▶ 우리 모두가 꼭 같이 생각하지 않는다는 것은 좋은 일은 아니다. 의견 차이는 사람들의 얼굴을 찡그리게 한다.

_M. 트웨인(1835~1910) 미국 소설가

▶ 우리 사회에서 교육의 차이는 빈부의 차이 이상으로 사회를 불평

등하게 한다. _S. 베유(1909~1943) 프랑스 철학자 《노동의 일기》

▶ 우리의 차이는 *계략이고, 우리의 합의는 원칙이다.

_W. 매킨리(1843~1901) 미국 제25대 대통령

▶ 이성 사이의 차이보다 동성 사이의 차이가 더 크다.

_I. 콤프턴버넷(1884~1969) 영국 소설가

▶ 인생이란 고통뿐이다. 그런데 한 사람은 행복한데 다른 한 사람은 불행하다는 것은 단지 두 사람이 받고 있는 고통의 차이가 어느 정도냐 하는 데 달려 있을 뿐 다른 차이는 없다.

_G. B. 쇼(1856~1950) 아일랜드 극작가, 평론가

▶ 일에 감정이 작용하면 일을 그르치기도 한다. 그 차이가 처음에는 아주 작지만 끝에 가서는 성인과 미친놈 사이가 된다.

_서경덕(1489~1546) 조선 시대 학자

▶ 적은 돈과 무일푼의 차이는 엄청나며 이것은 세상을 파괴할 수 있다. 적은 돈과 막대한 돈의 차이는 매우 하찮지만 이것 역시도 세상을 파괴할 수 있다. _T. N. 와일더(1897~1975) 미국 소설가, 극작가

▶ 전쟁에서 사람은 이기거나 지거나, 죽거나 살거나 한다. 하지만 그 차이는 별로 없다. _D. 맥아더(1880~1964) 미국 군인

▶ 지식이 풍부한 사람일수록 많은 사람들이 독창적이라는 것을 발견한다. 보통 사람들은 사람들의 차이를 깨닫지 못한다.

_B. 파스칼(1623~1662) 프랑스 사상가, 수학자, 물리학자

▶ 책을 읽고 싶어 하는 열성적인 사람과 읽을 책을 갖고 싶어 하는 사람 사이에는 큰 차이가 있다.

_G. K. 체스터턴(1874~1936) 영국 소설가, 평론가

▶ 친구들 사이에 취향이나 의견의 차이는 사소할수록 더욱 짜증스러워진다. _W. H. 오든(1907~1973) 미국 시인

▶ 평범한 사람들에 대한 예외적인 사람들의 비율이 문학 작품에서는 높지만 현실에서는 매우 낮다. 그것이 문학과 현실의 기본적 차이다. _A. L. 헉슬리(1894~1963) 영국 소설가, 평론가

속담

▶ *건시나 감이나. (큰 차이가 없이 거의 같은 물건이라는 뜻) _한국

*계략 | 어떤 일을 이루기 위한 꾀나 수단.
*건시 | 곶감.

한자 숙어

일룡일저(一龍一猪) 하나는 용이 되고 하나는 돼지가 된다는 뜻으로, 학문의 유무에 따라 어질고 어리석음의 차이가 아주 심하게 됨을 이르는 말.
천양지차(天壤之差) 하늘과 땅 사이와 같이 엄청난 차이.
천차만별(千差萬別) 여러 가지 사물이 모두 차이가 있고 구별이 있음.
호리천리(毫釐千里) 티끌 하나의 차이가 천 리의 차이라는 뜻으로, 처음에는 조금의 차이가 나지만 나중에는 아주 큰 차이가 됨을 이르는 말.

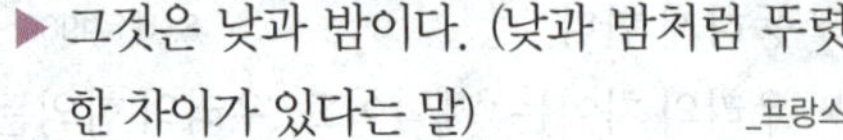

▶ 그것은 낮과 밤이다. (낮과 밤처럼 뚜렷한 차이가 있다는 말) _프랑스
▶ 노인이 끓인 것이나 구운 것이나. (큰 차이가 없다는 말) _우크라이나
▶ 떡이 별 떡 있지 사람은 별사람 없다. (떡의 종류는 매우 많지만 사람은 크게 차이가 없다는 말) _한국
▶ 매우 작은 차이가 천 리 된다. _영국
▶ 사람마다 방식이 다르다. _서양
▶ 어떤 사람에게는 고기 요리가 되는 것이고, 또 어떤 사람에게는 독약이 될 수도 있다. _서양
▶ 열 손가락의 길이는 같지 않다. _영국
▶ 입맛에 관해서는 따지지 마라. _서양
▶ 정반대 되는 것은 서로 대조시켜 놓으면 차이점이 뚜렷이 나타난다. (서로 다른 사물은 함께 놓아 두면 그 차이점이 한층 더 두드러진다는 말) _영국
▶ 하늘과 땅. (매우 차이가 심하다는 뜻) _한국

고사성어

▷ 오십보백보(五十步百步)

오십 보나 백 보나 마찬가지라는 뜻으로, 조금 낫고 못한 정도는 있으나 본질적으로는 차이가 없음을 이르는 말이다. 전국 시대에 양나라 혜왕이 맹자에게 부국강병책을 물었다. 이에 맹자는 '인의'를 강조하는 왕도정치를 주장할 뿐이었다. 하지만 혜왕이 알아듣지 못하고 계속 눈앞의 이익에만 관심을 보이는 정치를 하자 맹자는 이렇게 말했다. "싸움터에서 어떤 장수는 백 보를, 어떤 장수는 오십 보를 도망간 뒤에 멈춰 서서 오십 보 도망간 자가 백 보를 도망간 자를 비웃는 것이 옳다고 보십니까?" 혜왕이 백성을 위한 덕치를 행하지 못한 점에서 정치를 못하는 이웃 나라 왕과 다를 바 없다는 것을 지적한 것이다. _《맹자》

創作 창작

방안이나 물건 따위를 처음으로 만들어 냄.
예술 작품을 독창적으로 지어 냄.

명언 명문

▶ 글을 쓴다는 것은 무엇보다도 외로운 생활을 뜻한다.

_E. M. 헤밍웨이(1899~1961) 미국 소설가

▶ 독서는 빌리는 것을 의미한다. 빌린 다음에 창작하는 것은 빚을 갚는 것이다.

_G. C. 리히텐베르크(1742~1799) 독일 물리학자, 작가

▶ 물리적 개념들은 인간 정신의 자유로운 창작이지만 외부 세계가 그것을 일방적으로 결정하는 것은 아니다.

_A. 아인슈타인(1879~1955) 미국 물리학자

▶ 소설을 읽고 싶을 때 나는 소설을 쓴다.

_B. 디즈레일리(1804~1881) 영국 정치가, 소설가

▶ 예술은 예술 창작의 법칙을 결코 제공할 수 없다.

_E. 버크(1729~1797) 영국 정치가, 사상가

▶ 완전한 것을 창작하려는 노력만큼 마음을 순결하게 하고 우리를 종교적으로 만드는 것은 없다.

_L. B. S. 미켈란젤로(1475~1564) 이탈리아 화가, 조각가

▶ 창작에는 역동적인 힘이 있어야만 하는데, 사랑보다 더 강한 힘은 무엇인가?

_I. F. 스트라빈스키(1882~1971) 미국 작곡가

▶ 창작은 항상 모험이다. 결국 사람의 힘을 다하고 나서 하늘에 맡기는 수밖에 없다.

_아쿠타가와 류노스케(1892~1927) 일본 소설가

▶ 창작의 고통은 사라지지만 아름다움은 남는다.

_A. 르누아르(1841~1919) 프랑스 화가

지식 쑥쑥

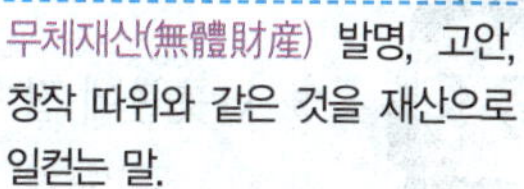

한자 숙어

무체재산(無體財産) 발명, 고안, 창작 따위와 같은 것을 재산으로 일컫는 말.

부어만편 빈어일자(富於萬篇貧於一字) 문장을 잘 짓는 사람이라도 적당한 한 글자가 생각나지 않아서 고심할 때가 있음을 이르는 말.

책

冊

사람의 사상 · 감정을 나타낸 글이나 그림을 종이에 인쇄하거나 적거나 하여 그 여러 장을 한 묶음으로 해서 꿰맨 물건.

명언 명문

*폐단 | 어떤 일이나 행동에서 나타나는 옳지 못한 경향이나 해로운 현상.

▶ 가질 수 있는 책을 모두 읽을 수 없기 때문에 읽을 수 있는 만큼만 책을 가지면 된다. _L. A. 세네카(B.C. 4?~A.D. 65) 로마 철학자, 극작가

▶ 각 분야에서 엄청나게 많이 출판되는 책들은 현대의 가장 큰 *폐단 가운데 하나다. 그것은 정확한 지식을 얻는 데 가장 해로운 장애물이다. _E. A. 포(1809~1849) 미국 시인, 소설가, 평론가

▶ 거짓말이 들어 있지 않은 모든 역사책은 극도로 지루하다. _A. 프랑스(1844~1924) 프랑스 작가

▶ 나는 오래된 책을 소중히 여긴다. 그것은 무엇인가 가르쳐 주기 때문이다. _볼테르(1694~1778) 프랑스 사상가

▶ 나쁜 책은 반성할 방법이 없으니 더욱 난처하다. _T. 풀러(1654~1734) 영국 의사, 작가 《격언집》

▶ 나쁜 책은 지적인 독약으로서 정신을 죽인다. _C. 힐티(1833~1909) 스위스 사상가, 법률가 《행복론》

▶ 나쁜 책이든 좋은 책이든 모두 쓰는 데 많은 노력이 들고 저자의 정신으로부터 진지하게 나오는 것이다. _A. L. 헉슬리(1894~1963) 영국 소설가, 평론가

▶ 난롯불에 집어넣으려다가 그만둔 책이 가장 유용한 것이다. _S. 존슨(1709~1784) 영국 시인, 평론가

▶ 내가 인생을 안 것은 사람과 접촉한 결과가 아니라 책과 접촉한 결과다. _A. 프랑스(1844~1924) 프랑스 작가

▶ 너에게 가장 도움이 되는 책은 너로 하여금 많이 생각하게 하는 책이다. _T. 파커(1810~1860) 미국 신학자, 개혁가 《물질의 세계와 인간의 세계》

J. 밀턴

▶ 다 타버린 책도 세계를 계발한다.

_R. W. 에머슨(1803~1882) 미국 사상가, 시인 《보상론》

▶ 달콤한 구절을 찾으려고 책을 읽어서는 안 된다.

_G. 그린(1904~1991) 영국 소설가

▶ 도덕적인 책이나 부도덕한 책이란 없다. 오로지 잘 쓴 책과 잘못 쓴 책이 있을 뿐이다. _O. F. O. W. 와일드(1854~1900) 아일랜드 시인, 극작가

▶ 돈으로 가득한 지갑보다는 책으로 가득 찬 서재를 가지는 것이 훨씬 낫다. _J. 릴리(1554~1606) 영국 작가

▶ 두 번 읽을 가치가 없는 책은 한 번 읽을 가치도 없다.

_M. 베버(1864~1920) 독일 사회학자, 경제학자

▶ 밭이 있어도 갈지 않으면 *곳간이 비듯이, 집에 책이 있어도 가르치지 않으면 자손은 어리석게 된다. _백거이(772~846) 중국 당나라 시인

▶ 베스트셀러란 오로지 잘 팔리고 있다는 이유 하나 때문에 꽤 많이 팔린 그런 책이나. _D. J. 부어스틴(1914~2004) 미국 작가, 역사학자

▶ 살인자는 이성적인 사람을 죽이는 것이지만, 좋은 책을 없애는 자는 이성 자체를 죽이는 것이다. _J. 밀턴(1608~1674) 영국 시인

▶ 새로 나온 책의 가장 나쁜 점은 예전에 나온 책을 못 읽게 방해하는 데 있다. _J. 주베르(1754~1824) 프랑스 작가, 평론가

▶ 아무리 나쁜 책이라 하여도 약간의 이익을 주지 않는 것은 없다.

_G. 플리니우스(23~79) 로마 장군, 정치가

▶ 오래된 책은 이 세상이 젊었을 때의 이야기다. 새로운 책들은 나이 든 세계의 열매들이다.

_O. W. 홈스(1809~1894) 미국 소설가, 의학자 《아침 식탁의 독재자》

▶ 요즈음에는 많이 모아 놓은 책들이 바로 진정한 대학교다.

_T. 칼라일(1795~1881) 영국 사상가, 역사가

▶ 우리는 주로 책을 통해 위대한 사상가들과 관계를 맺는다. 좋은 책에서 위인들은 자신의 가장 귀중한 사상을 우리에게 건네주며 자신의 마음을 우리에게 말한다.

_W. E. 채닝(1780~1842) 미국 목사 《자기 수양》

▶ *음미해야 할 책이 있고 삼켜야 할 책이 있다. 씹어서 소화시켜야 할 책은 몇 권뿐이다. _F. 베이컨(1561~1626) 영국 정치가, 철학자

*곳간 | 물건을 간직하여 두는 곳.
*음미 | 어떤 사물 또는 개념의 속 내용을 새겨서 느끼거나 생각함.

*진수 | 사물이나 현상의 가장 중요하고 본질적인 부분.

▶ 읽을 가치가 있는 책은 살 가치가 있다.
_J. 러스킨(1819~1900) 영국 미술 평론가

▶ 자기 책에 대해서 말하는 작가는 자기 아이에 대해서 말하는 어머니와 같이 나쁘다. _B. 디즈레일리(1804~1881) 영국 정치가, 소설가

▶ 자연의 무한한 비밀은 책을 통해서 약간 읽을 수 있다.
_W. 셰익스피어(1564~1616) 영국 극작가, 시인 《안토니와 클레오파트라》

▶ 장서란 분량보다 질이 더 중요하다.
_L. A. 세네카(B.C. 4?~A.D. 65) 로마 철학자, 극작가

▶ 좋은 책은 위대한 정신에 생명을 주는 소중한 피다.
_J. 밀턴(1608~1674) 영국 시인

▶ 좋은 책은 인간 영혼의 가장 순수한 *진수다.
_T. 칼라일(1795~1881) 영국 사상가, 역사가 《영웅과 영웅 숭배》

▶ 좋은 책을 처음에 읽어라. 그렇지 않으면 읽을 기회를 전혀 못 가질지도 모른다. _H. D. 소로(1817~1862) 미국 사상가, 수필가

▶ 책 속에는 황금으로 지은 집이 들어 있다. _《권학문》

▶ 책 속에서 나는 이미 생활 속에서 들은 일이 없었던 것을 실제로 증명하는 힘을 얻는다. _M. 고리키(1868~1936) 러시아 작가 《나의 대학》

▶ 책 중에는 세상에 책을 한 권 더 증가시키는 것만을 목적으로 해서 인쇄되는 나쁜 책이 있다. _J. G. 피히테(1762~1814) 독일 철학자

▶ 책들이 불태워질 때마다 결국은 저자들도 같이 불태워진다.
_H. 하이네(1797~1856) 독일 시인

▶ 책들이 살아 있는 한 과거는 없다.
_E. 벌워리턴(1803~1873) 영국 소설가, 극작가

▶ 책보다 더 멋진 가구는 없다. _S. 스미스(1771~1845) 영국 목사, 수필가

▶ 책은 꿈꾸는 것을 가르쳐 주는 진짜 선생이다.
_G. 바슐라르(1884~1962) 프랑스 철학자

▶ 책은 독자가 젊을 때는 그의 안내자이며 늙으면 그의 오락물이다.
_J. 콜리어(1650~1726) 영국 성직자, 작가

▶ 책은 불에 타지만 불은 책을 죽일 수 없다. 사람들은 죽지만 책들은 죽지 않는다. 어느 누구도 어떠한 힘도 기억을 지울 수 없다. 이 전쟁에서 책은 무기다. _F. D. 루스벨트(1882~1945) 미국 제32대 대통령

▶ 책은 사람과 마찬가지로 극소수만이 주연 역할을 하고 나머지는 보이지도 않는다. _볼테르(1694~1778) 프랑스 사상가

*오류 | 그릇되어 이치에 맞지 않는 일.

▶ 책은 *오류가 있어야 재미있고, 모순이 한 가지도 없으면 지루할 것이다. _O. 골드스미스(1730~1774) 영국 소설가

▶ 책은 위대한 천재가 인류에게 남겨 주는 유산이다.
_J. 애디슨(1672~1719) 영국 수필가, 시인, 정치가 《스펙테이터》

▶ 책은 잘 이용하면 가장 좋은 것이고 악용하면 가장 나쁜 것 가운데 하나다. _R. W. 에머슨(1803~1882) 미국 사상가, 시인 《미국의 학자》

▶ 책은 책의 운명이 있다. _P. 테렌티우스(B.C. 185?~B.C. 159?) 로마 극작가

▶ 책을 소화할 수 있는 능력 이상으로 읽으면 어떤 사람은 유식해지고 어떤 사람은 미친다. _F. 페트라르카(1304~1374) 이탈리아 시인, 학자

▶ 책을 한 권만 읽은 사람을 조심하라.
_T. 아퀴나스(1225?~1274) 이탈리아 신학자, 철학자

▶ 책이 없는 방은 영혼이 없는 육체와 같다.
_M. T. 키케로(B.C. 106~B.C. 43) 로마 정치가, 학자

▶ 책이 없으면 하느님은 침묵하고 정의는 잠잘 것이다.
_T. 바르톨린(1616~1680) 덴마크 신학자, 해부학자

▶ 책이 유익한 것이었다면 세계는 훨씬 전에 개혁되었을 것이다.
_T. 무어(1779~1852) 아일랜드 시인 《인상과 의견》

▶ 책이라는 것은 원래 공허한 것이다. _R. M. 릴케(1875~1926) 독일 시인

▶ 친구에게 책을 권할 때는 말을 적게 할수록 더 좋다.
_H. V. 밀러(1891~1980) 미국 소설가

속담

▶ 게으른 선비 책장 넘기기. (게으른 사람이 일은 안 하고 빨리 그 일에서 벗어나고만 싶어 함을 이르는 말) _한국

▶ 나쁜 책은 가장 나쁜 도둑이다. _이탈리아

▶ 읽지 않은 책은 종이 묶음에 불과하다. _서양

▶ 표지로 책을 판단하지 마라. _영국

한자 숙어

한우충동(汗牛充棟) 수레에 실어 운반하면 소가 땀을 흘리고, 쌓아올리면 들보에 닿을 정도의 양이라는 뜻으로, 책이 매우 많음을 이르는 말.

춤

장단에 맞추거나 흥에 겨워 팔다리와 몸을 율동적으로 움직여 뛰노는 동작.

명언 명문

▶ 모든 형태의 춤은 고상한 교육 과정에서 빠질 수 없다. 즉 발과 사상과 언어로 춤추는 것, 그리고 펜으로 춤추는 것도 필요하다.

_F. W. 니체(1844~1900) 독일 철학자, 시인 《우상의 박명》

▶ 몸이 젊고 실력이 뛰어나면 무용 학교는 필요가 없다.

_T. 파커(1810~1860) 미국 신학자, 개혁가 《살로메의 무용 공부》

▶ 영화를 추구하는 사람은 맑은 노래에 아름다운 춤을 보고도 싫증을 낼 줄 모른다. _《채근담》

▶ 춤은 생명 자체이기 때문에 가장 고상하고 가장 감동적이며 가장 아름답다. _H. H. 엘리스(1859~1939) 영국 심리학자 《인생의 춤》

▶ 춤은 우리들 자신을 재료로 삼는 유일한 예술이다.

_T. 숀(1891~1972) 미국 무용가

▶ 춤은 음악과 사랑이 낳는 자녀다. _J. 데이비스(1569~1626) 영국 법률가, 시인

▶ 춤추는 기술은 인간이 최초로 스스로를 표현하는 모든 기술의 원천이다. _H. H. 엘리스(1859~1939) 영국 심리학자 《인생의 춤》

▶ 춤출 줄 아는 사람이 가장 유연하게 마련이다.

_A. 포프(1688~1744) 영국 시인

F. W. 니체

속담

▶ 마지막으로 춤추는 사람이 가장 많은 갈채를 받는다. _짐바브웨

▶ 춤추는 사람이 모두 행복한 것은 아니다. _프랑스

▶ 춤출 때는 깨끗한 신발보다 더 많은 것이 필요하다. _아이슬란드

▶ 학 춤에 참새가 끼는 것은 어울리지 않는다. _영국

문화와 예술

취미

趣味
전문적으로 하는 것이 아니라
즐기기 위하여 하는 일.

명언 명문

▶ 각자 자기 취미를 따른다. _M. E. 몽테뉴(1533~1592) 프랑스 사상가

▶ 사람은 자기의 취미를 *옹호하기 위해 화까지 내게 된다.
_R. W. 에머슨(1803~1882) 미국 사상가, 시인 《일기》

▶ 아름다움을 사랑하는 것은 취미요, 아름다움을 창조하는 것은 예술이나. R. W. 에머슨(1803~1882) 미국 사상가, 시인

▶ 잡다한 인간은 잡다한 취미를 가졌으나 모든 연령에 모든 일이 적합한 것은 아니다. _M. A. V. 막시미아누스(240?~310) 로마 황제

▶ 청년은 뜨거운 피로 말미암아 취미를 바꾸고, 노인은 습관 때문에 그 취미를 계속 가진다. _F. 라로슈푸코(1613~1680) 프랑스 작가 《도덕적 반성》

▶ 취미는 설명할 수가 없다. _H. 제임스(1843~1916) 미국 소설가

▶ 취미는 영혼의 문학적 *야심이다.
_J. 주베르(1754~1824) 프랑스 작가, 평론가 《팡세》

▶ 취미는 훈련하면 할수록 빛을 낸다.
_B. 그라시안이모랄레스(1601~1658) 에스파냐 작가

▶ 취미를 가지려면 혼을 가지고 있어야 한다.
_L. C. 보브나르그(1715~1747) 프랑스 도덕주의자, 수필가 《성찰과 잠언》

▶ 취미에 대해서는 각자가 자기 자신의 주인이 되어야 한다.
_볼테르(1694~1778) 프랑스 사상가 《조로아스터교 교주, 역사적 비판적 논문》

*옹호 | 편들어 감싸 주어 지킴.
*야심 | 무엇을 이루어 보겠다고 마음속에 품고 있는 욕망이나 소망.

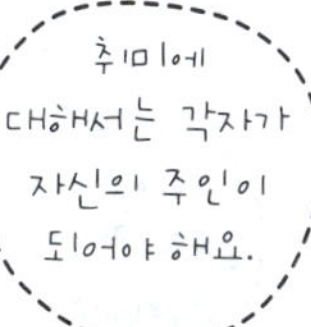

볼테르

속담

▶ 모든 사람들은 각기 다른 취미가 있다. _영국

▶ 모든 취미는 천성에 들어 있다. _프랑스

취향 趣向

하고 싶은 마음이 생기는 방향.
또는 그런 경향.

명언 명문

▶ 남들이 네게 해 주기를 바라는 것을 그들에게 해 주지 마라. 그들의 취향이 네 취향과 같지 않을지도 모른다.

_G. B. 쇼(1856~1950) 아일랜드 극작가, 평론가

▶ 농담에 대해 서로의 취향이 다르면 사랑에 중대한 장애물이 된다.

_G. 엘리엇(1819~1880) 영국 소설가

▶ 말이나 아내를 선택할 때는 친구들의 의견과 충고를 따르지 말고 자기의 취향에 따라 선택해야 한다.

_G. J. 화이트멜빌(1821~1878) 영국 소설가, 시인

▶ 장소마다 어디에나 참된 취향이 있어서, 황금 저택이나 초가집이나 서로 다른 것이 아니다. _《채근담》

▶ 좋은 취향은 나쁜 취향보다 낫고, 나쁜 취향은 취향이 전혀 없는 것보다 낫다. _E. A. 베넷(1867~1931) 영국 소설가

▶ 좋은 취향이란 좋은 선택을 하는 데 있는 것이 아니라 어떤 대상에서 그것의 양과 질 사이의 자연스러운 일체성을 확실히 이해하는 데 있다. _K. 지브란(1883~1931) 미국 소설가, 화가, 시인

▶ 취향은 바꾸어도 친구들은 결코 바꾸지 마라.

_볼테르(1694~1778) 프랑스 사상가

▶ 취향은 창의력의 적이다. _P. 피카소(1881~1973) 에스파냐 화가

▶ 한 사람에게 음식이 되는 것이 다른 사람들에게는 쓴 독약이 된다.

_T. 루크레티우스(B.C. 94?~B.C. 55?) 로마 시인, 철학자

▶ 행동과 취향이 같으면 천 리를 떨어져 있어도 서로 사귀지만 그렇지 않으면 이웃에 살아도 사귀지 않는다. _《회남자》

P. 피카소

특성

特性

일정한 사물에만 있는 특수한 성질.

명언 명문

▶ 가장 뛰어난 특성은 희귀한 동시에 어렵다.

_E. 프롬(1900~1980) 독일 정신 분석학자, 사회학자 《인간의 마음》

▶ 고상한 체하는 자는 성이 위협받지 않을 때에도 병사의 수를 더 늘리는 특성이 있다. _V. M. 위고(1802~1885) 프랑스 시인, 극작가 《레 미제라블》

▶ 너의 특성은 쉽게 없어지지 않는다. 그러니 네 자신의 특성을 더욱더 높여라. _J. W. 괴테(1749~1832) 독일 시인, 소설가, 극작가 《잠언과 성찰》

▶ 사랑은 각각 특성을 가지고 있어서 그것을 벗어날 수 있는 것이며, 또 자기의 특성 때문에 가끔 파멸하는 사람도 있다.

_J. W. 괴테(1749~1832) 독일 시인, 소설가, 극작가

▶ 생각이 깊고 교양이 높은 여성이 바느질하기를 좋아할 때, 그것은 건전하고 우아한 특성을 표시하는 것이다.

_N. 호손(1804~1864) 미국 소설가

▶ 우리들이 사랑하는 것은 사람이 아니라 사람 그 자체가 지니고 있는 특성인 셈이다. _B. 파스칼(1623~1662) 프랑스 사상가, 수학자, 물리학자

▶ 우주에 생명이 존재하는 유일한 이유는 탄소 원자가 탄소 이외에 다른 특성들을 가지고 있기 때문이다.

_J. H. 진스(1877~1946) 영국 물리학자, 수학자

▶ 이 세상에 대한 불만과 앞으로는 상황이 더 나아지리라는 것을 깨닫게 하려는 의지는 현대 정신의 지배적인 특성이다.

_G. L. 디킨슨(1862~1932) 영국 수필가 《인생에 대한 그리스의 견해》

▶ 잘못을 저지른 사람을 미워하는 것은 인간성의 특성이다.

_C. 타키투스(56?~120?) 로마 역사가, 정치가

▶ 절망하지 않는 것은 지혜의 특성이다.

_H. D. 소로(1817~1862) 미국 사상가, 수필가 《월든》

▶ 현대의 특성은 깊이 생각하지 않고 쉽게 믿는 것을 추구하는 것이다.

_B. 디즈레일리(1804~1881) 영국 정치가, 소설가

▶ 혼자 공부한 사람들은 대개 이상한 습관을 고집하는 특성이 있다.

_B. 디즈레일리(1804~1881) 영국 정치가, 소설가

한자 숙어

무사상성(無思想性) 아무런 사상이 없는 상태나 특성.
춘란추국(春蘭秋菊) 봄의 난초와 가을의 국화는 각각 특색이 있으므로, 어느 것이 더 낫다고 말할 수 없다는 뜻.

속담

▶ 나이가 들거나 병이 나면 인간의 본질적인 특성은 자연히 나타나게 마련이다.

_서양

▶ 참으로 위대한 특성도 그것을 실제로 사용하지 않으면 없는 것과 마찬가지다.

_서양

키워드 정보 BOX

꽃말

꽃의 특징과 성질에 따라 상징적인 의미를 부여한 말로, 국가나 시대에 따라 조금씩 다르지만 주로 영국에서 사용하는 꽃말이 대표적이다. 예부터 꽃말은 각 민족·종교·민속 등에서 여러 가지 상징이나 표장으로 사용되었다. 꽃은 장소, 시기, 보는 이의 심정에 따라 그 느낌이 달라서 세계 여러 나라 사람들은 다양한 꽃말을 만들어 서로의 기분을 전달했다. 백합은 순결, 제비꽃은 겸손, 금잔화는 이별, 달리아는 감사 등의 꽃말이 있다. 수선화는 나르시스의 전설에서 유래되어 영국에서는 '자기애', 프랑스에서는 '당신은 당신 자신만을 사랑하고 있음', '어리석음' 등의 꽃말을 가지게 되었다. 꽃 빛깔에 따라서도 의미가 달라서 빨간 장미는 열렬한 사랑, 흰 장미는 존경과 순수, 노란 장미는 우정의 꽃말이 있다. 그 밖에도 여러 가지 사연과 추억의 의미를 가진 꽃말이 많다.

'기다림', '당신을 바라봅니다'라는 꽃말을 가진 해바라기.

評價 평가

물건값을 헤아려 매김. 또는 사물의 가치나 수준 따위를 평함.

명언 명문

▶ 가장 과묵한 사람은 일반적으로 자신을 가장 높이 평가한다.

_W. 해즐릿(1778~1830) 영국 평론가, 수필가

▶ 가장 지키기 어려운 비밀은 자기 자신에 대한 평가다.

_M. 파뇰(1895~1974) 프랑스 극작가

▶ 관리의 한 가지 행동만으로 그를 평가해서는 안 된다.

_T. 루스벨트(1858~1919) 미국 제26대 대통령

▶ 군중이 내리는 평가처럼 부정확하거나 무가치한 것은 없다.

_T. 리비우스(B.C. 59?~A.D. 17) 로마 역사가

▶ 그 누구에 대해서도 그가 죽기 전까지는 불행한 사람이라고 부르지 마라. _E. B. 브라우닝(1806~1861) 영국 시인

▶ 나무는 맺은 열매에 의해서 알려지고, 사람은 그가 한 일에 의해서 평가된다. _《탈무드》

▶ 남을 *저울질하는 대로 너희도 저울질을 당할 것이다. _《성경》

▶ 남을 평가하려면 먼저 자기를 반드시 평가해야 한다. 남을 해치는 말은 돌아와서 자기를 해친다. _강태공(?~?) 중국 주나라 정치가

▶ 네가 먹는 음식이 무엇인지 말하라. 나는 네가 어떤 사람인지 말해 줄 것이다. _A. 브리야사바랭(1755~1826) 프랑스 법률가, 정치가

▶ 누구나 자기 기준으로 자기를 평가해야만 한다.

_Q. 호라티우스(B.C. 65~B.C. 8) 로마 시인

▶ 똑같은 일도 보는 각도에 따라 평가가 달라진다. _《회남자》

▶ *되를 써서는 바닷물의 분량을 알 수 없듯이 얼굴만 보고는 사람을 알 수 없다. _풍몽룡(1575~1645) 중국 명나라 문장가

*저울질 | 속마음이나 일의 내막을 알아보거나 서로 비교하여 이리저리 헤아려 보는 일.

*되 | 곡식, 가루, 액체 따위를 담아 분량을 헤아리는 데 쓰는 그릇.

*척도 | 평가하거나 측정할 때 근거로 삼을 기준.

▶ 방어할 때는 적을 겉보기보다 더 강하다고 평가하는 것이 가장 좋은 방법이다. _W. 셰익스피어(1564~1616) 영국 극작가, 시인

▶ 사람들은 실제의 됨됨이가 아니라 겉보기로 평가된다. _E. 벌워리턴(1803~1873) 영국 소설가, 극작가

▶ 사람들이 작가의 역량을 평가하는 기준은 그가 살아 있을 때는 그의 가장 나쁜 작품이고, 그가 죽으면 그의 가장 좋은 작품이다. _S. 존슨(1709~1784) 영국 시인, 평론가

▶ 사람을 그 행복한 정도로 평가한다면, 그를 만족시킬 만한 일이 아니고 그를 슬프게 할 만한 일을 알아야 한다. _A. 쇼펜하우어(1788~1860) 독일 철학자 《행복을 위한 금언》

▶ 상대방이 칭찬을 어떻게 받아들이는지 잘 관찰하면 그를 평가하는 *척도를 얻게 된다. _T. 버크(1886~1945) 영국 작가

▶ 신하를 알려면 먼저 군주를 보고 사람을 알려면 먼저 그 친구를 보라. _왕량(?~?) 중국 전국 시대 진나라 학자

▶ 우리는 남을 평가하기를 매우 좋아하지만 평가받기는 싫어한다. _F. 라로슈푸코(1613~1680) 프랑스 작가

▶ 우리의 발전을 평가하는 기준은 많이 가진 사람들에게 더 많이 주는가 하는 것이 아니라 너무 적게 가진 사람들에게 충분히 주는가 하는 것이다. _F. D. 루스벨트(1882~1945) 미국 제32대 대통령

▶ 자기를 높이 평가해 주는 사람조차 거절할 수 있는 사람은 거의 없다. _G. 워싱턴(1732~1799) 미국 초대 대통령

속담

▶ 그의 장화를 신고 걸어 보기 전에는 사람을 평가하지 마라. (그 사람의 처지가 되어 보지 않고 함부로 평가하지 말라는 뜻) _영국

▶ 신은 조그마한 일을 가지고 사람을 저울질하지 않는다. _영국

▶ 얽은 구멍에 슬기 든다. (외모만 보고 사람을 평가해서는 안 된다는 말) _한국

▶ 일이 끝났을 때 일꾼을 평가할 수 있다. _서양

▶ 제 눈에 안경. (한 사람에 대해, 보는이의 눈에 따라 제각각 평가가 다르다는 뜻) _한국

表現 표현

생각이나 느낌 따위를 언어나 몸짓 따위의 형상으로 드러내어 나타냄.

명언 명문

▶ 법률만으로는 표현의 자유가 보장될 수 없다. 모든 사람이 처벌받지 않고 자기 견해를 표현하기 위해서는 국민 전체의 *관용의 정신이 반드시 필요하다. _A. 아인슈타인(1879~1955) 미국 물리학자

▶ 부끄럽게 생각하지 않는 일은 부끄러워하지 말고 말해야 한다. _M. E. 몽테뉴(1533~1592) 프랑스 사상가 《수상록》

▶ 예술가는 표현을 통해 임시로나마 인생을 인식한다. _O. F. O. W. 와일드(1854~1900) 아일랜드 시인, 극작가 《옥중기》

▶ 웅변은 청중이 완전히 알아들을 수 있는 말로 진리를 표현하는 능력이다. _R. W. 에머슨(1803~1882) 미국 사상가, 시인

▶ 자기 표현은 인간의 중요한 욕구 중 하나다. _W. 윈터(1836~1917) 미국 연극 평론가, 시인

▶ *초자연의 것만이 초자연을 표현할 수 있다. _L. J. J. 비트겐슈타인(1889~1951) 영국 철학자 《반철학적 단장》

▶ 충분히 생각한 것만 우리는 똑똑히 표현한다. _N. 부알로(1636~1711) 프랑스 시인, 평론가

▶ 표현은 생각의 옷이다. _A. 포프(1688~1744) 영국 시인

▶ 표현은 표현된 감정에 강하게 반응을 일으킨다. _G. 바슐라르(1884~1962) 프랑스 철학자 《몽상에 대한 몽상》

*관용 | 남의 잘못을 너그럽게 받아들이거나 용서함. 또는 그런 용서.
*초자연 | 자연을 초월하여서 자연의 이치로 설명할 수 없는 신비적 존재.

속담

▶ 길은 갈 탓 말은 할 탓. (같은 말이라도 어떻게 표현하느냐에 따라서 상대편에게 주는 영향이 다름을 이르는 말) _한국

풍자

諷刺

사회나 인간의 부정적인 면 따위를
다른 것에 빗대어 비웃으면서 폭로하고 비판함.

명언 명문

*망라 | 널리 받아들여 모두 포함함.
*기지 | 경우에 따라 재치 있게 대응하는 지혜.
*성찰 | 자기의 마음을 반성하고 살핌.

▶ 부당한 칭찬은 위장된 풍자다.

_G. H. 브로드허스트(1866~1952) 미국 극작가, 소설가

▶ 비꼬는 자는 사랑을 통해서가 아니라 공포를 통해서 남의 칭찬을 받는다. _W. 해즐릿(1778~1830) 영국 평론가, 수필가

▶ 사람들은 악의보다는 허영 때문에 더욱 풍자적이 된다.

_F. 라로슈푸코(1613~1680) 프랑스 작가

▶ 참다운 풍자란 우리가 아는 남을 비꼬아 대는 내용이 아니다. 풍자하고 있는 사람 자신을 *망라하고 비웃는 것이다.

_F. M. 콜비(1865~1925) 미국 편집자, 수필가 《수필집》

▶ 판단할 때는 비꼬는 것을 피해야 된다. 정신의 모든 성향 중 비꼬는 것이 가장 총명에서 먼 것이다.

_C. A. 생트뵈브(1804~1869) 프랑스 시인, 소설가

▶ 풍자는 모든 사람을 대상으로 하기 때문에 아무도 그것에 대해 원한을 품지 않는다. _J. 스위프트(1667~1745) 영국 소설가

▶ 풍자는 일종의 거울인데 바라보는 사람이 자기 이외의 다른 사람들의 얼굴만 보는 것이다. _J. 스위프트(1667~1745) 영국 소설가 《서전》

▶ 풍자적인 사람은, 남에게 자기 *기지를 무서워하게 하는 것과 같이 자기도 남의 기억을 겁내야 한다.

_F. 베이컨(1561~1626) 영국 정치가, 철학자 《수필집》

▶ 풍자하는 것은 외롭고 내성적인 일이다. 누구도 꾸준한 자기 *성찰 없이는 참된 인생에 대해 어리석다고 설명할 수 없기 때문이다.

_F. M. 콜비(1865~1925) 미국 편집자, 수필가 《겸손한 시론》

F. 라로슈푸코

學問 학문

어떤 분야를 체계적으로 배워서 익힘. 또는 그런 지식.

명언 명문

▶ 공부하는 사람은 누구나 참된 마음으로 학문의 길을 걸어가야 한다. 세상의 잡스러운 일에 마음이 쏠리지 아니하고 공부에 열중해야 학문의 기초가 다져질 것이다. _이이(1536~1584) 조선 시대 문신, 학자

▶ 공자에게 있어 배우는 일은 끝없는 행복이다. 옛것을 익히고 배우는 데 대한 관심은 늘 인간적인 것과 관계되며 또 삶의 질서에 도움을 준다. _E. 카네티(1905~1994) 영국 작가

▶ 나는 돈벌이를 위한 학문을 존중하지도 않고 그것이 좋은 것이라고 여기지도 않는다. _L. A. 세네카(B.C. 4?~A.D. 65) 로마 철학자, 극작가

▶ 나는 학문에 몰두하여 식사도 잊을 뿐만 아니라, 학문을 즐기는 바람에 근심도, 늙어서 기운이 없는 것도 잊는다.

_공자(B.C. 551~B.C. 479) 중국 춘추 시대 노나라 사상가

▶ 내가 만약 학문적 성과를 얻었다면 그것은 과거 위대한 사람들의 업적을 발판으로 해서 얻은 것이다.

_I. 뉴턴(1642~1727) 영국 물리학자, 천문학자, 수학자

▶ 다양한 방면의 학문에 힘쓰는 사람에게서 흔히 볼 수 있는 것이 박학한 것인데, 이것은 일종의 아무것도 모르는 것과 같다.

_A. G. 비어스(1842~1914) 미국 소설가, 신문 기자 《악마의 사전》

▶ 마술사, 연금술사, 점성술사, 마녀들이 미리 길을 닦지 않았더라면 각종 학문은 생겨나지도 못했을 것이다.

_F. W. 니체(1844~1900) 독일 철학자, 시인

▶ 무엇을 배우는 데 있어 정해진 방법은 없다.

_아리스토텔레스(B.C. 384~B.C. 322) 그리스 철학자 《영혼론》

D. 에라스뮈스

*정제 | 정돈하여 가지런히 함.

▶ 보편적이 아닌 것에는 학문이 없다.

_아리스토텔레스(B.C. 384~B.C. 322) 그리스 철학자 《형이상학》

▶ 아무것도 배우지 않는 것보다는 소용 없는 것이라도 배우는 편이 낫다. _L. A. 세네카(B.C. 4?~A.D. 65) 로마 철학자, 극작가

▶ 양심이 결여된 학문은 정신을 황폐화시킨다.

_F. 라블레(1483?~1553) 프랑스 극작가 《제2의 서》

▶ 올바른 인간이 되는 길은 학문이 가장 좋다. _《포박자》

▶ 우리는 짐승 같은 운동선수들을 부당하게도 영웅이라고 부르지만, 학문은 그런 종류의 사람과 명예로운 사람을 구별해 준다.

_J. 드라이든(1631~1700) 영국 시인, 극작가

▶ 지식은 행복이 아니다. 학문은 무지를 다른 종류의 무지와 바꾸는 것에 불과하다. _G. G. 바이런(1788~1824) 영국 시인

▶ 참다운 학문은 무엇보다도 의심하는 것과 무지하다는 것을 가르친다. _M. 우나무노(1864~1936) 에스파냐 철학자, 작가

▶ 책들이 학문을 따라가야지, 학문이 책들을 따라가서는 안 된다.

_F. 베이컨(1561~1626) 영국 정치가, 철학자

▶ 학문에 대한 사랑과 금전에 대한 사랑은 좀처럼 딱 맞지 않다.

_G. 허버트(1593~1633) 영국 시인 《지혜의 투망》

▶ 학문에는 만족이라는 것이 없다. _D. 에라스뮈스(1466~1536) 네덜란드 철학자

▶ 학문에만 집착해 있으면 안 된다. 그것만으로는 완전한 인물이 되지 않기 때문이다. _R. W. 에머슨(1803~1882) 미국 사상가, 시인

▶ 학문은 감각적 인식에 불과하다.

_플라톤(B.C. 428?~B.C. 347?) 그리스 철학자

▶ 학문은 번영의 장식, 가난의 도피처, 노년의 양식이다.

_아리스토텔레스(B.C. 384~B.C. 322) 그리스 철학자

▶ 학문은 무지의 지형도다. _O. W. 홈스(1809~1894) 미국 소설가, 의학자

▶ 학문은 상식과 이성에 불과하다. _스타니슬라우스 1세(1677~1766) 폴란드 왕

▶ 학문은 인격으로 옮아간다.

_P. N. 오비디우스(B.C. 43~A.D. 17) 로마 시인 《여류의 편지》

▶ 학문은 일상적으로 생각한 것을 *정제한 것에 불과하다.

_A. 아인슈타인(1879~1955) 미국 물리학자

▶ 학문은 점잖은 논쟁이다. _P. 리프(1922~2006) 미국 작가, 사회학자

▶ 학문은 지식의 어머니지만 의견은 무지를 낳는다.

_히포크라테스(B.C. 460?~B.C. 377?) 그리스 의학자

▶ 학문은 체계화된 지식이다. _H. 스펜서(1820~1903) 영국 철학자, 사회학자

▶ 학문의 길은 따로 있는 것이 아니다. 하인이 나보다 한 글자라도 더 알면 그에게 배워야만 한다. _박지원(1737~1805) 조선 시대 실학자, 소설가

▶ 학문의 큰 이익은 기질의 변화를 스스로 추구하는 데 있다.

_주자(1130~1200) 중국 송나라 유학자

▶ 학문이라는 사업은 우물을 파는 것과 같다. 샘에 이르지 않으면 우물을 버리는 것과 같다. _《맹자》

▶ 학문이란 추구할수록 뜻한 바를 잃을까 두려워지는 것이다.

_《논어》

▶ 학문하는 사람은 정신을 가다듬어 한 곳에 집중해야만 한다.

_《채근담》

▶ 학위가 있다는 것은 단지 학교 의자에 오래 앉아 있었다는 표시에 지나지 않는다. 그것은 무엇을 배웠느냐와 배운 것을 이용해서 무엇을 할 수 있느냐 하는 것과는 별개의 것이다. _P. F. 드러커(1909~2005) 미국 경영학자

속담

▶ 나쁜 옷과 음식을 부끄러워하는 자는 학문을 논의하기에 부족하다. _일본

▶ 적에게조차 배우는 것은 불법이 아니다.

_영국

▶ 학문에는 왕도가 없다. _영국

▶ 학문에는 크고 작음이 없으며, 능한 자가 존경받는다. _중국

▶ 학문은 집과 토지보다 더 낫다. _서양

▶ 학식이 풍부하지만 도덕적으로 결함이 있는 자는 그 학식도 아무 소용이 없다.

_로마

지식 쑥쑥

한자 숙어

구이지학(口耳之學) 들은 것을 자기 생각 없이 그대로 남에게 전하는 것이 고작인 학문.

다기망양(多岐亡羊) 갈림길이 많아 잃어버린 양을 찾지 못한다는 뜻으로, 두루 섭렵하기만 하고 전공하는 바가 없어 끝내 성취하지 못함을 이르는 말.

수불석권(手不釋卷) 손에서 책을 놓지 않는다는 뜻으로, 늘 책을 가까이하여 학문에 힘쓰는 것을 이르는 말.

절차탁마(切磋琢磨) 옥, 돌 등을 갈고 닦아서 빛을 낸다는 뜻으로, 학문과 덕행을 닦음을 이르는 말.

학자 學者

학문에 능통한 사람. 또는 학문을 연구하는 사람.

명언 명문

*왜곡 | 사실과 다르게 해석하거나 그릇되게 함.
*병폐 | 깊이 뿌리박힌 잘못이나 결정과 옳지 못한 경향이나 해로운 현상.

▶ 가장 탁월한 학자들은 사람들의 눈에 보이지 않는 경우가 많다.
_T. M. 플라우투스(B.C. 254~B.C. 184) 로마 극작가, 시인

▶ 세계의 위인들은 일반적으로 위대한 학자는 아니었으며, 위대한 학자가 위인인 경우도 드물다.
_O. W. 홈스(1809~1894) 미국 소설가, 의학자 《아침 식탁의 독재자》

▶ 어리석은 사람은 진저리가 날 뿐이지만 학문을 *왜곡하는 학자는 참을 수가 없다.
_나폴레옹 1세(1769~1821) 프랑스 황제 《잠언과 고찰》

▶ 어리석은 학자는 무식한 사람보다 더 어리석다.
_몰리에르(1622~1673) 프랑스 극작가, 배우 《여학자들》

▶ 예전이나 지금이나 학자들의 공통된 결점은 생각을 지나치게 많이 하는 것이다.
_이황(1501~1570) 조선 시대 문신, 유학자

▶ 옛 학자는 자기 수양을 위해 공부했으나 지금의 학자는 남에게 알리기 위해 공부한다.
_《논어》

▶ 위대한 학자가 되려면 오랜 세월이 걸리는데, 그가 죽으면 많은 지식도 함께 묻힌다.
_E. 쿡(1552~1634) 영국 법률가, 정치가

▶ 자기의 의견을 버리고 남의 의견을 따를 줄 모르는 것은 학자의 큰 *병폐다. 천하의 의리가 정해진 양이 없는데, 어떻게 자기만 옳고 남은 그르다고 할 수 있겠는가.
_이황(1501~1570) 조선 시대 문신, 유학자

▶ 정치가로 변신하는 학자들에게는 일반적으로 희극적 역할이 맡겨진다. 그들은 국가 정책의 양심이 되어야만 한다.
_F. W. 니체(1844~1900) 독일 철학자, 시인

▶ 학문이 들어 있는 머리도 돈이 있는 바보에게는 굽실굽실한다.

_W. 셰익스피어(1564~1616) 영국 극작가, 시인

▶ 학식이 많다고 해서 현명한 것은 아니다.

_F. 라블레(1483?~1553) 프랑스 극작가 《가르강튀아와 팡타그뤼엘》

▶ 학자가 부귀와 출세에 마음이 있다면 차라리 배우지 않는 것이 더 낫다. _이제신(1536~1584) 조선 시대 문신

▶ 학자가 세상의 모든 책을 다 가지고 다닌다 해도 그는 걸어 다니는 사전에 불과하다. _G. 채프먼(1559?~1634) 영국 시인, 극작가

▶ 학자가 재주를 감추고 그것이 적절히 사용되기를 기다리는 것은 자벌레가 몸을 굽혔다가 펴려고 하는 것과 같다.

_이황(1501~1570) 조선 시대 문신, 유학자

▶ 학자는 고독하고 부지런히 공부하며 겸손하고 남에게 베푸는 사람이 되어야만 한다. _R. W. 에머슨(1803~1882) 미국 사상가, 시인

▶ 학자는 모름지기 부귀를 가벼이 알고 빈천을 지키겠다는 마음을 가져야 할 것이니라. _이이(1536~1584) 조선 시대 문신, 학자

▶ 학자는 언제나 자기 안에 재산을 가지고 있다.

_G. J. 파이드루스(B.C. 15~A.D. 50) 로마 우화 시인

▶ 학자는 자연을 탐구하는 것을 즐기는 사람이다.

_A. 포프(1688~1744) 영국 시인 《인간론》

▶ 학자의 일은 공공연하게 말하고 홀로 생각하며, 독서하고 남의 말을 듣고, 남에게 질문하며 남의 질문에 대답하는 것이다.

_S. 존슨(1709~1784) 영국 시인, 평론가

▶ 학자의 임무는 겉보기와는 다른 사실을 사람들에게 보여 주어 그들을 기쁘게 하고 격려하며 인도하는 것이다.

_R. W. 에머슨(1803~1882) 미국 사상가, 시인

▶ 학자의 잉크는 순교자의 피보다 더 신성하다.

_마호메트(570?~632) 이슬람교 창시자 《이성에의 찬미》

속담

▶ 게으르면 훌륭한 학자가 되지 못한다. _서양

▶ 학자와 거목은 급하게 만들어지지 않는다. _일본

G. J. 파이드루스

호기심 好奇心

새롭고 신기한 것을 좋아하거나 모르는 것을 알고 싶어 하는 마음.

명언 명문

▶ 가르치는 기술이란 젊은이의 본능적 호기심을 일깨우는 기술에 불과하다. _A. 프랑스(1844~1924) 프랑스 작가 《실베스트르 보나르의 죄》

▶ 내가 전혀 모르면서도 호기심을 느끼는 것은 음악, 시, 사랑이다. _B. L. B. 퐁트넬(1657~1757) 프랑스 사상가, 문학가

▶ 사심 없는 지적 호기심은 문명을 유지하는 피다. _G. M. 트리벨리언(1876~1962) 영국 역사가

▶ 생체 해부는 생리학의 실질적 연구를 위한 것이라면 정당하다. 그러나 단순히 호기심을 만족시키기 위한 것이라면 정당하지 않으며 오히려 증오의 대상이다. _C. R. 다윈(1809~1882) 영국 생물학자

▶ 세상에 흥미 없는 문제라는 것은 있을 수 없다. 있을 수 있는 것은 오직 흥미를 못 느끼는 사람뿐이다. _G. K. 체스터턴(1874~1936) 영국 소설가, 평론가

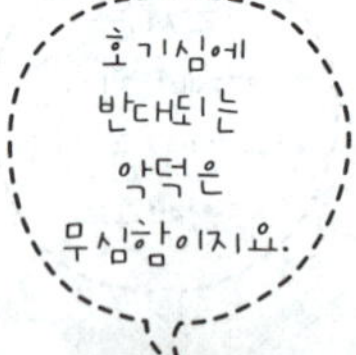

▶ 온갖 새로운 것에 대하여 호기심을 갖는 사람도 죽음에 관해서는 호기심을 가질 수 없다. _J. 라브뤼예르(1645~1696) 프랑스 작가

▶ 우리의 거의 모든 삶이 어리석은 호기심에 낭비되고 있다. _C. P. 보들레르(1821~1867) 프랑스 시인

▶ 호기심에 반대되는 악덕은 무심함이다. _M. E. 몽테뉴(1533~1592) 프랑스 사상가 《수상록》

M. E. 몽테뉴

▶ 호기심에도 종류가 있는데, 하나는 우리에게 유익한 것을 알고 싶어 하는 욕구에서 나오는 것이고, 다른 하나는 남들이 모르는 것을 알고 싶어 하는 욕구에 바탕을 둔 자만심에서 나오는 것이다. _F. 라로슈푸코(1613~1680) 프랑스 작가

▶ 호기심은 왕성한 정신에 있는 분명한 특징 가운데 하나다.

_S. 존슨(1709~1784) 영국 시인, 평론가

▶ 호기심은 충족이 늦어질수록 더욱 강해진다.

_G. 플리니우스 2세(61?~113?) 로마 법률가, 정치가

▶ 호기심은 희망의 다른 이름에 불과하다.

_J. C. 해어(1795~1855) 영국 신학자, 편집자

▶ 호기심이 죄악이 되는 순간이 늘 있다.

_A. 프랑스(1844~1924) 프랑스 작가 《에피쿠르의 정원》

▶ 호기심이라는 것은 실은 *허영심에 지나지 않는다. 대개의 경우 무언가 알려고 하는 사람들은 그것에 대해서 남에게 말하고 싶어 한다. _B. 파스칼(1623~1662) 프랑스 사상가, 수학자, 물리학자 《팡세》

*허영심 | 필요 이상의 겉치레.

속담

▶ 호기심 때문에 감옥은 만원이다. (너무 호기심이 강하면 좋은 일이 생기지 않고 오히려 몸을 망치게 된다는 뜻) _남아프리카 공화국

▶ 호기심은 고양이까지도 죽인다. (지나친 호기심은 오히려 해롭다는 말) _서양

키워드 정보 BOX

판도라의 상자

그리스 신화에 나오는 최초의 여자 판도라는 인간 세상에 내려올 때 신들에게 상자를 선물로 받았다. 상자를 결코 열어 보면 안 된다는 경고에도 불구하고 판도라는 열어 보고 싶은 강한 호기심이 생겼다. 결국 상자를 열게 되었고, 그 안에서는 온갖 불행과 재앙, 질병 등이 쏟아져 나와 온 세상에 퍼졌다. 너무 놀란 판도라가 서둘러 상자를 닫았는데, 상자 속에는 희망만 남게 되었다. 그 뒤로 인간은 여러 가지 고통을 겪으며 살게 되었지만 희망만은 간직하게 되었다.

J. W. 워터하우스의 그림 〈판도라의 상자〉.

화가 畵家

그림을 그리는 일을 전문으로 하는 사람.

명언 명문

▶ 그림 사이를 지나다녔다고 해서 화가가 되진 못합니다.

_J. A. M. 휘슬러(1834~1903) 미국 화가

▶ 진정으로 창조적인 화가에게 가장 어려운 것은 장미를 그리는 일이다. 이미 그려진 모든 장미를 잊어버려야만 하기 때문이다.

_H. 마티스(1869~1954) 프랑스 화가

▶ 화가는 누구나 자기 영혼을 붓으로 찍어서 작품 안에 자기 본성을 그려 넣는다. _H. W. 비처(1813~1887) 미국 신학자

▶ 화가는 죽어 땅에 묻힌 후에도 자신의 작품에 의해서 계속 이어지는 몇 세대에 걸쳐 이야기한다. _V. W. V. 고흐(1853~1890) 네덜란드 화가

▶ 화가는 지금 눈에 보이는 것이 아니라, 앞으로 보일 것을 그려야만 한다. _P. 발레리(1871~1945) 프랑스 시인, 사상가, 평론가

▶ 화가와 시인은 언제나 원하는 대로 시도해도 된다. 우리는 다른 사람들도 그래야 한다고 본다. _Q. 호라티우스(B.C. 65~B.C. 8) 로마 시인

▶ 화가의 손은 마치 종이 위를 뱅뱅 도는 파리처럼 그가 그리려고 하는 대상의 윤곽을 더듬지 않으면 안 된다.

_E. 드가(1834~1917) 프랑스 화가

▶ 훌륭한 화가는 자연을 본받지만 못난 화가는 그것을 토해 낸다.

_M. 세르반테스(1547~1616) 에스파냐 소설가

한자 숙어

낙필점승(落筆點蠅) 화가의 훌륭한 솜씨를 이르는 말.

속담

▶ 화가와 시인은 거짓말을 허가 받았다.

_스코틀랜드

희극

喜劇

웃음을 주조로 하여 인간과 사회의 문제점을 경쾌하고 흥미 있게 다룬 연극이나 극 형식.

명언 명문

▶ 내가 희극을 만드는 데 필요한 것이라고는 공원, 경찰관, 아름다운 소녀뿐이다. _C. S. 채플린(1889~1977) 미국 배우, 영화감독

▶ 모든 비극은 죽음으로, 모든 희극은 결혼으로 끝난다.
_G. G. 바이런(1788~1824) 영국 시인

▶ 미소로 자신을 방어하는 사회는 코미디다.
_J. B. 프리스틀리(1894~1984) 영국 소설가, 극작가

▶ 사람이 세상에서 자기 몫의 연기를 하지만 않는다면 이 세상은 얼마나 멋진 코미디인가! _D. 디드로(1713~1784) 프랑스 철학자

▶ 어릿광대의 기술은 우리가 생각하는 것보다 더 의미가 깊다. 그것은 비극의 희극적 거울이자 희극의 비극적 거울이다.
_A. 소레(?~?) 프랑스 시인, 평론가

▶ 우리는 비극에는 참여하고 희극은 바라볼 뿐이다.
_A. L. 헉슬리(1894~1963) 영국 소설가, 평론가

▶ 웃음거리는 연극에서 필수적이다. *승화된 웃음거리는 고급 코미디가 되고, 천해진 웃음거리는 비극이 된다.
_E. H. G. 크레이그(1872~1966) 영국 연출가

▶ 인생은 가까이 들여다보면 비극이고 멀리서 바라보면 희극이다.
_C. S. 채플린(1889~1977) 미국 배우, 영화감독

▶ 희극은 인간미를 띠게 되면 이내 가슴 아픈 것이 된다.
_A. 프랑스(1844~1924) 프랑스 작가 《에피퀴르의 정원》

▶ 희극은 진실이 아니라 실망으로부터 신뢰를 향해 간신히 도피하는 것이다. _C. 프라이(1907~2005) 영국 극작가

*승화 | 어떤 현상이 더 높은 상태로 발전하는 일.

A. L. 헉슬리

훌륭한 문장의 저자 다음으로
훌륭한 사람은 그것을 처음
인용하는 사람이다.

R. W. 에머슨

Section 7

역사란 단순히 자기 자신과 자연의 기록이 아니다.
그것은 현재에게 부피를 주고 미래에게 방향을 주고 인류에게 겸손을 주는 지식인 것이다.
국가도 개인과 마찬가지로 과거를 의식하지 못한다면 미래에 대한 목표도,
우리를 붕괴시키려는 외부의 힘을 막을 방패도 없이 표류하게 될 것이다.

L. B. 존슨

역사

가을

한 해의 네 철 가운데 셋째 철로 9월에서 11월까지.

명언 명문

▶ 가을은 과일의 아버지다. _Q. 호라티우스(B.C. 65~B.C. 8) 로마 시인

▶ 가을은 인간에게는 모두 거두어들이는 추수의 시기고, 자연에게는 널리 씨를 뿌리는 시기다. _E. W. 틸(1899~1980) 미국 교육자, 작가

▶ 구름 낀 음산한 하늘이 가을을 내뿜는다. _A. S. 푸시킨(1799~1837) 러시아 시인, 소설가

▶ 나뭇잎 하나가 떨어짐으로 해서 천하에 가을이 왔음을 알게 된다. _《회남자》

▶ 봄날의 날씨는 번성하고 화려해서 사람의 마음과 정신을 몹시 부드럽게 만든다. 그러나 가을 날씨만 못하다. 가을에는 사람의 몸과 정신이 다 함께 맑아진다. _《채근담》

A. S. 푸시킨

속담

▶ 가을 더위와 노인의 건강. (가을의 더위와 노인의 건강은 오래 갈 수 없다는 뜻) _한국

▶ 가을 물은 소 발자국에 고인 물도 먹는다. (가을 물이 매우 맑고 깨끗함을 이르는 말) _한국

▶ 가을 식은 밥이 봄 양식이다. (먹을 것이 흔한 가을에는 먹지 않고 내놓은 식은 밥이 봄에 가서는 귀중한 양식이 된다는 뜻) _한국

▶ 가을 중 싸대듯. (수확이 많은 가을철에 조금이라도 더 시주를 얻기 위하여 중이 바쁘게 돌아다닌다는 뜻으로, 여기저기 분주히 돌아다님을 비유한 말) _한국

▶ 가을 해는 두레박 우물에 떨어지기. (두레박이 우물에 떨어지는

것처럼 가을 해는 금방 지고 만다는 뜻) _일본

*긋다 | 비를 잠시 피하여 그치기를 기다리다.

▶ 가을바람에 곡식이 혀를 빼물고 자란다. (가을이 오면 모든 곡식들이 빨리 자라서 익어 간다는 말) _한국

▶ 가을비는 장인의 나룻 밑에서도 *긋는다. (가을비는 잠깐 동안 조금 내리기 때문에 아무 곳에서나 피할 수 있다는 말) _한국

▶ 가을에 밭에 가면 가난한 친정에 가는 것보다 낫다. (가을밭에는 먹을 것이 많다는 말) _한국

▶ 가을에는 대부인 마누라도 나막신짝 가지고 나온다. (가을걷이 때에는 일이 많아서 누구나 바삐 나서서 거들게 됨을 이르는 말) _한국

▶ 가을에는 손톱 발톱이 다 먹는다. (가을에는 손톱이나 발톱까지 먹을 것을 찾는다는 뜻으로, 가을철에는 매우 입맛이 당기어 많이 먹게 됨을 이르는 말) _한국

▶ 가을이 오면 풀은 시든다. _로마

▶ 가을철에는 죽은 송장도 꿈지럭한다. (가을 추수 때에는 일이 많아서 누구나 일을 거들게 됨을 이르는 말) _한국

▶ 유모의 집보다 가을 산에 가라. (가을 산에는 먹을 것이 많고, 가을은 놀기에도 좋은 계절이라는 뜻) _일본

▶ 추수를 하면 잡초가 약간 섞여 있어도 만족한다. _영국

한자 숙어

등화가친(燈火可親) 등불을 가까이할 수 있다는 뜻으로, 가을밤은 시원하고 상쾌하므로 등불을 가까이하여 글 읽기에 좋음을 이르는 말.

추풍낙엽(秋風落葉) 가을바람에 떨어지는 낙엽이라는 뜻으로, 세력 따위가 갑자기 기울거나 시듦을 이르는 말.

한상백로(寒霜白露) 차가운 서리와 흰 이슬.

고사성어

▷ 천고마비(天高馬肥)

가을 하늘이 높고 말이 살찐다는 뜻으로, 가을은 날씨가 매우 맑아 활동하기 좋은 계절임을 이르는 말이다. 원래 기원전 4세기 말에 중국 북방에서 일어난 유목 민족인 흉노족이 활동하기 가장 좋은 계절이라는 뜻을 가지고 있다. 흉노족은 해마다 가을철에 중국 북방 변경의 농경 지대를 침략하여 겨울 동안 먹을 양식을 약탈했으므로, 북방 변경의 중국인들은 가을만 되면 언제 흉노족의 침입이 있을지 몰라 두려워했다고 한다. _《한서》

겨울

한 해의 네 철 가운데 넷째 철로
12월에서 2월까지.

명언 명문

▶ 가을은 우리에게 과일을 주고 겨울은 따뜻한 불로 추위를 누그러뜨린다. _P. N. 오비디우스(B.C. 43~A.D. 17) 로마 시인

▶ 겨울에는 십 리가 이십 리 된다. _G. 허버트(1593~1633) 영국 시인

▶ 겨울이 오면 봄이 어찌 멀겠는가? _P. B. 셸리(1792~1822) 영국 시인

▶ 러시아가 의지할 수 있는 두 장군은 1월 장군과 2월 장군이다. _니콜라스 1세(1796~1855) 러시아 황제

속담

▶ 겨울 화롯불은 어머니보다 낫다. (추운 겨울에는 따뜻한 것이 가장 좋다는 말) _한국

▶ 겨울바람이 봄바람 보고 춥다고 한다. _한국

▶ 겨울에 눈이 오면 풍년이 온다. _서양

▶ 겨울을 지내 보아야 봄 그리운 줄 안다. (사람은 어려운 시련과 고통을 겪어 보아야 삶의 보람을 알게 된다는 말) _한국

▶ 겨울이 가면 봄이 온다. _로마

▶ 겨울이 되어야 솔이 푸른 줄 안다. (어려운 일을 당해 보아야 비로소 그 사람의 진가를 알 수 있다는 말) _한국

▶ 겨울이 지나지 않고 봄이 오랴. (세상일에는 다 일정한 순서가 있으며, 억지로 할 수는 없다는 말) _한국

한자 숙어

동장군(冬將軍) '겨울 장군'이라는 뜻으로, 겨울철의 매서운 추위를 비유적으로 이르는 말.

세한삼우(歲寒三友) 추운 겨울의 세 벗이라는 뜻으로, 소나무 · 대나무 · 매화나무를 말함.

엄동설한(嚴冬雪寒) 눈 내리는 깊은 겨울의 심한 추위.

역사

過去 과거

이미 지나간 때. 또는 지나간 일이나 생활.

명언 명문

▶ 과거 속에서 사는 사람들은 미래 속에서 사는 사람들에게 복종해야만 한다. 그렇지 않으면 세상은 거꾸로 돌아가기 때문이다.

_E. A. 베넷(1867~1931) 영국 소설가

▶ 과거 외에 확실한 것은 없다.

_M. T. 키케로(B.C. 106~B.C. 43) 로마 정치가, 학자

▶ 과거는 달아나기는커녕 현재로 남아 있다.

_M. 프루스트(1871~1922) 프랑스 소설가

▶ 과거는 최소한 안전하다. _D. 웹스터(1782~1852) 미국 정치가

▶ 과거란 소비자의 낭비다. 과거를 정돈해 두는 데에는 한 채의 집을 갖는 것이 필요하다. 나는 내 몸밖에는 갖지 못한다.

_J. P. 사르트르(1905~1980) 프랑스 소설가, 철학자 《구토》

▶ 과거란 언제나 모순을 지니게 마련이다. _M. 비어봄(1872~1956) 영국 작가

▶ 과거를 거울로 삼으면 흥망성쇠를, 다른 사람을 거울로 삼으면 득실을 미리 알 수 있다. _태종(598~649) 중국 당나라 제2대 황제

▶ 과거를 기억할 수 없는 사람들은 그것을 반복하게 마련이다.

_G. 산타야나(1863~1952) 미국 철학자, 시인 《이성의 생활》

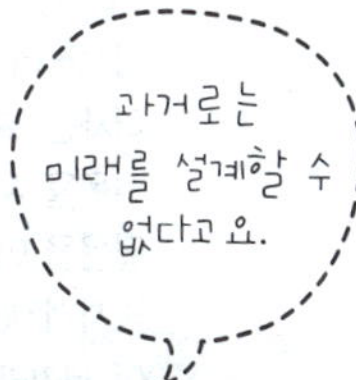

▶ 과거를 돌아보지 말고 미래를 꿈꾸지 마라. 너의 의무, 네가 받을 보상, 즉 너의 운명은 바로 지금, 여기 있다.

_D. 함마르셸드(1905~1961) 스웨덴 경제학자

E. 버크

▶ 과거를 되돌려 놓는 힘만은 신에게도 허용되지 않는다.

_아가톤(B.C. 5세기경) 그리스 시인

▶ 과거와 현재와 미래는 신의 눈으로 볼 때는 하나의 순간에 지나지

않는다. _O. F. O. W. 와일드(1854~1900) 아일랜드 시인, 극작가 《옥중기》

▶ 과거를 가지고는 결코 미래를 설계할 수 없다.

_E. 버크(1729~1797) 영국 정치가, 사상가

▶ 과거의 근심은 잊어버리고 오늘에 충실하라.

_에피쿠로스(B.C. 341~B.C. 270) 그리스 철학자

▶ 과거의 기억이 너에게 기쁨을 줄 때에만 과거에 대해서 생각하라.

_J. 오스틴(1775~1817) 영국 소설가 《오만과 편견》

▶ 맑은 거울은 얼굴을 보여 주고 과거는 오늘을 알려 준다.

_공자(B.C. 551~B.C. 479) 중국 춘추 시대 노나라 사상가

▶ 신조차도 과거를 개혁할 수 없다.

_아리스토텔레스(B.C. 384~B.C. 322) 그리스 철학자 《니코마코스 윤리학》

▶ 역사는 사람들에게 과거를 알려 주어 미래를 판단할 수 있게 해 준다. _T. 제퍼슨(1743~1826) 미국 제3대 대통령

▶ 평온한 과거의 원칙들은 격동하는 현재에 적합하지 않다.

_A. 링컨(1809~1865) 미국 제16대 대통령

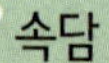

속담

▶ 개구리 올챙이 적 생각 못 한다. _한국

▶ 과거의 근심을 잊고 오늘을 즐기며 살라. _로마

▶ 나간 머슴이 일을 잘했다. (사람은 누구나 현재 있는 것보다 지나간 것이 더 낫다고 생각한다는 뜻) _한국

▶ 놓친 고기가 크게 보인다. _한국

▶ 물방아는 이미 흘러간 물로 방아를 찧지 않는다. _영국

▶ 앞으로의 일을 알려면 과거를 검토해야 한다. _서양

▶ 어제는 오늘의 옛날이고 오늘은 내일의 옛날이다. _일본

▶ 지나간 것은 지나간 것이다. _서양

한자 숙어

금시작비(今是昨非) 오늘은 옳고 어제는 그르다는 뜻으로, 과거의 잘못을 지금에 와서야 비로소 깨달음을 이르는 말.

망자계치(亡子計齒) 죽은 자식 나이 세기라는 뜻으로, 이미 지나간 쓸데없는 일을 생각하며 애석하게 여김을 말함.

시불재래(時不再來) 한 번 지난 때는 다시 오지 않음.

관용어

과거(가) 있다 _ 어둡거나 복잡한 과거의 경험을 가지고 있다.

나이

생물이 나서 지낸 햇수. 연령.

역사

명언 명문

▶ 나이 든 사람을 공경하라. _킬론(B.C. 6세기경) 그리스 철학자

▶ 나이 스물 전에 아름답지 못하고, 서른 전에 강하지 못하고, 마흔 전에 돈을 모으지 못하고, 쉰 전에 현명하지 못한 사람은 평생 아름다울 수도 강할 수도 부유할 수도 현명할 수도 없다.

_E. G. 허비드(1856~1915) 미국 작가, 화가

▶ 나이가 자기보다 두 배인 사람은 아버지처럼, 열 살 위인 사람은 형처럼 모시고, 다섯 살 위인 사람은 친구로 사귄다. _《예기》

▶ 나이는 단순한 숫자이자 기록을 위한 기호에 불과하다. 사람은 경험을 버릴 수 없고 그것을 이용하지 않으면 안 된다.

_B. M. 바루크(1870~1965) 미국 정치가

▶ 나이는 모든 것을 훔친다. 그 마음까지도.

_P. 베르길리우스(B.C. 70~B.C. 19) 로마 시인

▶ 나이는 연애와 같아서 숨겨도 드러난다. _T. 데커(1572~1632) 영국 극작가

▶ 나이를 먹어 감에 따라 과거는 점점 더 늘어나고 미래는 점점 더 줄어든다. _B. S. 라즈니시(1931~1990) 인도 철학자

▶ 남자는 자신이 나이 먹었다고 느낄 때 늙고, 여자는 겉으로 보이는 그만큼 늙은 것이다. _W. 콜린스(1721~1759) 영국 시인 《너의 나이는 몇이냐》

▶ 아무도 나이를 피할 수 없다. _F. 베이컨(1561~1626) 영국 정치가, 철학자

▶ 열 살에는 과자에, 스무 살에는 연인에, 서른 살에는 쾌락에, 마흔 살에는 야심에, 쉰 살에는 탐욕에 의해 움직여진다. 인간은 어느 때에야 지혜만을 좇게 될 것인가.

_J. J. 루소(1712~1778) 프랑스 작가, 사상가 《에밀》

B. S. 라즈니시

▶ 우리는 나이가 아니라 게으름 때문에 더 많이 늙는다.

_크리스티나(1626~1689) 스웨덴 여왕

▶ 20대에는 의지, 30대에는 재치, 40대에는 판단력이 지배한다.

_B. 프랭클린(1706~1790) 미국 정치가, 과학자

▶ 일정한 나이가 지나면 사람은 누구나 불행하게도 자기 얼굴에 책임을 져야 한다. _A. 카뮈(1913~1960) 프랑스 소설가, 극작가

▶ 젊은 시절에는 좋은 행실을 갖추고, 나이가 들어서는 지혜를 갖추어라. _비아스(B.C. 6세기경) 그리스 철학자

한자 숙어

견마지치(犬馬之齒) 개나 말처럼 보람 없이 헛되게 먹은 나이라는 뜻으로, 자기의 나이를 낮추어 일컫는 말.

노사숙유(老士宿儒) 나이가 많고 학식이 풍부한 선비.

망년지우(忘年之友) 나이의 많고 적음에 관계없이 교제하는 벗. 특히 어린 사람의 재덕을 인정하여 나이 많은 사람이 하는 말.

관용어

나이(가) 아깝다 _ 하는 짓이나 말이 그 나이에 어울리지 않게 유치하다.

속담

▶ 나쁜 사람도 나이를 먹으면 좋게 된다. _한국

▶ 나이 덕이나 입자. (다른 것으로는 남의 대접을 받을 만한 것이 없으니, 나이 먹은 것으로 대접 받자는 말) _한국

▶ 나이가 원수. (욕망은 크나 나이가 너무 들어서 마음뿐임을 이르는 말) _한국

▶ 나이는 못 속인다. (나이를 아무리 속이려고 해도 행동에서 그 티가 반드시 드러나고야 만다는 뜻) _한국

▶ 나이를 먹을수록 현명해진다. _영국

▶ 일곱 살에는 일곱 살답게, 일흔 살에는 일흔 살답게 행동하라. _이스라엘

고사성어

▷ 불혹(不惑)

세상일에 마음이 미혹되지 않는다는 뜻으로, 마흔 살의 나이를 일컫는 말이다. 공자는 "나는 마흔 살이 되어서는 모든 일에 미혹되지 아니하였다."라고 말하였는데, 이는 공자가 마흔 살이 되어서야 비로소 사물의 이치나 인간의 도리를 판단하는 데 혼란이 없어지고, 아는 것이 분명해져서 어떠한 일이 발생하더라도 정신이 헷갈리지 않고 갈팡질팡 헤매는 일이 없게 되었음을 말한다.

_《논어》 위정 편

낮

해가 뜰 때부터 질 때까지의 동안.

명언 명문

▶ 낮은 용감한 사람을 북돋우고 추운 사람을 따뜻하게 해 주며 늙은 이를 모이게 하는 때이다. _호메로스(?~?) 그리스 시인 《일리아드》

▶ 모든 것이 멈추는 한 순간, 정오! _P. L. C. M. 클로델(1868~1955) 프랑스 외교관, 시인, 극작가

▶ 시간을 버는 가장 좋은 방법은 일주일에 6일, 일정한 낮에 규칙적으로 일하는 것이다. _C. 힐티(1833~1909) 스위스 사상가, 법률가 《행복론》

▶ 여기에 낮과 밤의 싸움이 벌어지고 있다. _V. M. 위고(1802~1885) 프랑스 시인, 극작가

▶ 오! 이 사랑스런 봄은 얼마나 불확실한 4월 낮의 영광을 회상시켜 주는가? _W. 셰익스피어(1564~1616) 영국 극작가, 시인 《베로나의 두 신사》

▶ 잠자지 마라, 꿈꾸지 마라. 이 환한 대낮은 영원히 지속되지 않을 것이고 또 그럴 수도 없으리니. _E. J. 브론테(1818~1848) 영국 소설가, 시인

*초갑 | 잎담배를 넣고 다니는 주머니.

속담

▶ 낮에 난 도깨비. (해괴망측한 사람을 비유적으로 이르는 말) _한국

▶ 낮에 난 도적. (염치없고 탐욕이 많은 사람을 이르는 말) _한국

▶ 낮에는 눈이, 밤에는 귀가 구실을 한다. _영국

▶ 낮은 노동의 아버지이고, 밤은 사색의 어머니이다. _이탈리아

▶ 낮일할 때 찬 *초갑. (방해되는 물건을 이르는 말) _한국

문장 반짝

관용어

낮과 밤을 잊다 _ 쉬지 아니하고 일하다.

낮과 밤이 따로 없다 _ 쉬지 아니하고 계속하다.

낮이고 밤이고 _ 언제나 늘.

내일 來日

오늘의 바로 다음 날. 또는 다가올 앞날.

명언 명문

▶ 국민이 내일을 믿지 않는다면 발전은 있을 수 없다.

_J. F. 케네디(1917~1963) 미국 제35대 대통령

▶ 내일 무슨 일이 일어날지 묻지 마라. 하루하루를 운명이 네게 허락하는 이익으로 여겨라. _Q. 호라티우스(B.C. 65~B.C. 8) 로마 시인

▶ 내일 무엇을 해야 할지 모르는 사람은 불행하다.

_M. 고리키(1868~1936) 러시아 작가

▶ 내일로 미루지 마라. 왜냐하면 내일은 결코 끝이 나지 않기 때문이다. _J. 크리소스토무스(347?~407) 그리스 설교가

▶ 내일은 시련에 응할 새로운 힘을 가져올 것이다.

_C. 힐티(1833~1909) 스위스 사상가, 법률가

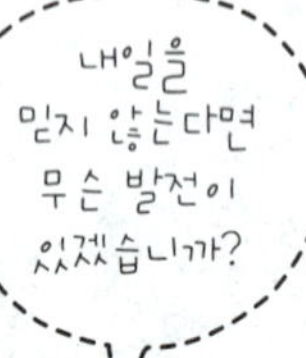

▶ 내일은 오래된 사기꾼이고 그의 속임수는 결코 낡지 않는다.

_S. 존슨(1709~1784) 영국 시인, 평론가

▶ 내일은, 내일만은, 하고 사람들은 위로한다. 이 내일이 그를 무덤에 보내는 그날까지. _I. S. 투르게네프(1818~1883) 러시아 소설가

▶ 내일을 위해 오늘 자신을 안전하게 지키며, 바구니 한 개에 달걀 전부를 넣는 모험은 피하는 것이 현명하다.

_M. 세르반테스(1547~1616) 에스파냐 소설가

▶ 내일을 이룩한다는 일의 목적은 무엇을 내일부터 시작할 것인가를 결정하는 것이 아니라, 내일이 있게 하기 위해서 오늘 무엇을 해야 할 것인가를 결정하는 데에 있다.

_P. F. 드러커(1909~2005) 미국 경영학자 《창조하는 경영자》

J. F. 케네디

▶ 당신들은 내일 당신들의 생명이 어떻게 될는지 알지 못합니다. 당

신들은 잠깐 나타났다가 사라져 버리는 안개에 지나지 않습니다.

_《성경》

▶ 사람은 누구나 자기가 내일 살아 있을 것이라고 보장해 줄 정도로 친절한 신은 결코 발견하지 못했다. _F. 라블레(1483?~1553) 프랑스 극작가

▶ 사태의 진전이 너무나도 빨라져서 우리는 내일을 바라보지 않으면 오늘을 따라갈 수 없다. _D. 러스크(1909~1994) 미국 정치가

▶ 살아 있다고 말할 수 있는 것은 다만 너의 오늘이 내일을 갖고 있을 때뿐이다. _E. 가이벨(1815~1884) 독일 시인

▶ 어쨌든 내일은 또 다른 날이다. _M. M. 미첼(1900~1949) 미국 소설가

▶ 인간은 내일 아침에 대해서 얼마만큼의 두려움과 희망과 걱정을 가지지 않을 수 없다.

_J. C. F. 실러(1759~1805) 독일 시인, 극작가 《메시나의 신부》

▶ 한 시대의 철학은 다음 시대에 불합리한 것이 되었고, 어제의 어리석음은 내일의 지혜가 되었다. _W. 오슬러(1849~1919) 영국 의학자

속담

▶ 내일 일은 묻지 마라. _영국

▶ 내일 일을 염려 마라, 내일은 내일의 괴로움이 있나니. _영국

▶ 내일까지 내일을 버려 두어라. _영국

▶ 내일은 내일의 바람이 분다. (내일은 어떤 일이 벌어질지 모르므로 미리 걱정해도 소용이 없다는 뜻) _일본

▶ 내일은 삼수갑산을 가더라도. (장래의 막연한 일보다는 당장 실제로 가질 수 있는 것이 더 나음을 이르는 말) _한국

▶ 내일은 어떻게든지 하겠다고 어리석은 사람은 말한다. 오늘조차 늦은 것인데……. 현명한 사람은 어제 이미 마쳐 놓았다. _영국

▶ 내일을 본 사람이 있더냐. _페르시아

▶ 오늘은 다른 사람의 날이고, 내일은 우리들의 날이다. (내일의 불행을 예감할 필요는 없다는 뜻) _인도네시아

지식 쑥쑥

한자 숙어

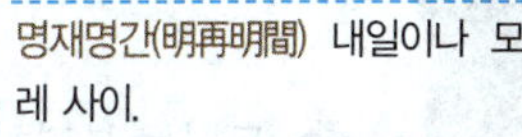

명재명간(明再明間) 내일이나 모레 사이.

인생여풍등(人生如風燈) 사람의 목숨은 바람 앞의 등불과 같아서 내일 일을 약속할 수 없음을 이르는 말.

도시 都市

일정한 지역의 정치, 경제, 문화의 중심이 되는, 사람이 많이 사는 지역.

명언 명문

*야회 | 밤에 모임을 엶. 또는 그 모임.

▶ 교외는 도시로 변모하고 있는 곳이다. _A. 링클레터(1912~) 미국 방송인

▶ 국가의 구성 요소는 돌도 목재도 건축 기술도 아니다. 자신을 방어할 줄 아는 사람들이 있는 곳이면 거기 반드시 도시와 요새가 있다. _알카이오스(B.C. 620?~B.C. 580?) 그리스 시인

▶ 기념비는 도시의 목구멍에 생선 가시처럼 걸려 있다. _J. R. 로웰(1819~1891) 미국 시인, 평론가

▶ 높은 산들은 감격을 주나, 인간 도시의 소음은 고민일 따름이다. _G. G. 바이런(1788~1824) 영국 시인

▶ 닭은 시골 것이지만 도시는 그것을 먹는다. _G. 허버트(1593~1633) 영국 시인

▶ 대도시마다 몰려 있는 소란한 군중은 언제나 두려운 존재이다. _G. 워싱턴(1732~1799) 미국 초대 대통령

▶ 도시가 아무리 작다 하더라도, 사실상 도시는 가난한 자와 부유한 자의 것으로 구별된다. _플라톤(B.C. 428?~B.C. 347?) 그리스 철학자 《국가론》

▶ 도시는 고향도 어머니도 없다. 아이들은 어머니가 *야회에 나간 동안 그 옷깃에서 떨어진 장미꽃 냄새를 맡아 가며 고독 속에 잠든다. 마치 등불을 들고 홀로 잠든 어린 노예처럼. _R. M. 릴케(1875~1926) 독일 시인 《말테의 수기》

▶ 도시는 분명히 콘크리트 정글이 아니라 인간 동물원이다. _D. 모리스(1928~) 영국 동물학자

▶ 도시는 성벽이 아니라 그 안에 사는 시민들이 만든다. _조지 6세(1895~1952) 영국 왕

플라톤

▶ 도시는 얼굴이, 시골은 영혼이 있다.

_J. C. 라크르텔(1766~1855) 프랑스 역사가, 문필가

▶ 도시는 인류의 시궁창이다. _J. J. 루소(1712~1778) 프랑스 작가, 사상가 《에밀》

▶ 도시를 만드는 것은 인간이지, 성벽이나 배가 도시를 만드는 것은 아니다. _투키디데스(B.C. 5세기경) 그리스 역사가

▶ 로마는 그것을 살 사람만 있다면 팔려서 곧 사라지고 말 것이다.

_G. 살루스티우스(B.C. 86~B.C. 35?) 로마 역사가

▶ 모든 도시 위에 우뚝 솟은 문명의 둥근 지붕.

_S. H. 스펜더(1909~1995) 영국 시인

▶ 문명의 참된 *시금석은 인구 조사나 도시들의 크기나 농작물의 수확고가 아니라 그 나라가 배출하는 사람의 종류다.

_R. W. 에머슨(1803~1882) 미국 사상가, 시인

*시금석 | 가치나 능력 따위를 알아볼 수 있는 기준이 되는 사물을 이르는 말.

▶ 산 너머 무슨 도시가 있어 / 보랏빛 저녁 하늘에 총 쏘고 개혁하고 폭발하는 게냐. _T. S. 엘리엇(1088~1965) 영국 시인, 평론가, 극작가

▶ 성곽 도시보다 참된 정신이 더 강하다. _J. 릴리(1554~1606) 영국 작가

▶ 신은 촌락을 만들었으며, 인간은 도시를 만들었다.

_F. 코페(1842~1908) 프랑스 시인, 극작가 《일》

▶ 위대한 도시란 위대한 남녀들이 있는 곳이다.

_W. 휘트먼(1819~1892) 미국 시인

▶ 장엄한 건물들과 화려한 방들은 무덤에 딸린 헛간이고 도시들은 무덤을 위한 창고에 불과하다. _S. 버틀러(1835~1902) 영국 소설가

속담

▶ 거대한 도시는 거대한 고독을 의미한다. _로마

▶ 대도시는 대사막이다. _영국

▶ 도시 소식을 들으려면 시골로 가거라. (가까운 곳의 일은 잘 모르지만 먼 데 일은 오히려 잘 알고 있다는 말) _한국

▶ 도시를 만드는 것은 집들이 아니라 사람들이다. _서양

▶ 말과 소의 새끼는 시골로, 사람의 새끼는 서울로. (사람은 도시에서 자라고 배워야 견문도 넓어지고 잘 될 수 있다는 말) _한국

▶ 큰 도시는 매우 외롭다. _그리스

J. H. 파브르

멸종

滅種

생물의 한 종류가 아주 없어짐.
또는 아주 없애 버림.

명언 명문

▶ 감상을 아무것도 아닌 것으로 여기는 민족은 멸종 과정에 있는 것이다.
_J. A. 프루드(1818~1894) 영국 역사가, 작가

▶ 거짓말이 없다면 인류는 절망과 권태로 멸종할 것이다.
_A. 프랑스(1844~1924) 프랑스 작가

▶ 공화국은 사치로 멸망하며, 전제주의 국가는 빈곤으로 멸망한다.
_C. L. S. 몽테스키외(1689~1755) 프랑스 사상가

▶ 국가의 멸망은 많은 경우, 도덕의 퇴폐와 종교의 멸시로부터 이루어진다.
_J. 스위프트(1667~1745) 영국 소설가

▶ 사람은 파리나 빈대처럼 멸종될 수 없다.
_R. L. 프로스트(1874~1963) 미국 시인

▶ 오늘날 이 지구상의 모든 주민은 이 지구에 살 수 없게 될지도 모를 날을 생각하지 않으면 안 된다.
_J. F. 케네디(1917~1963) 미국 제35대 대통령

▶ 이제부터 인류는 인류의 멸종을 생각하면서 살아야 한다.
_A. 커스틀러(1905~1983) 영국 작가

▶ 인간은 진보에 진보를 거듭한 결과 끝내는 문명이라 이름 붙여진 것이 지나치게 발달하여 결국 자멸하여 쓰러지고 말 날이 올 것이다.
_J. H. 파브르(1823~1915) 프랑스 곤충학자 《곤충기》

▶ 자연은 멸종을 매우 싫어한다.
_M. T. 키케로(B.C. 106~B.C. 43) 로마 정치가, 학자

한자 숙어

경국(傾國) 국력을 기울인다는 뜻으로, 나라를 위태롭게 함.
조생모몰(朝生暮沒) 나왔다가 곧 스러짐을 이르는 말.
지리멸렬(支離滅裂) 이리저리 흩어지고 찢기어 갈피를 잡을 수 없이 됨.

冒險 모험

위험을 무릅쓰고 어떠한 일을 함.

명언 명문

▶ 마음속으로 간절히 원하고 이성이 허용하는 범위에서조차 모험하기를 두려워하는 자는 비겁하고, 그 이상으로 모험하는 자는 노예다. _H. 하이네(1797~1856) 독일 시인

▶ 모든 어려움은 모험심으로 굴복한다.
_J. G. 홀먼(1764~1817) 영국 배우, 극작가

▶ 모험에는 위험이 따르게 마련이다. 여기서 우리가 얻을 수 있는 것은 위험을 헤쳐 나가는 과정이다.
_J. 라퐁텐(1621~1695) 프랑스 시인, 우화 작가

▶ 모험은 개인의 일생에서도 사회의 역사에서도 활력소다.
_W. 볼리소(1890~1930) 영국 작가

▶ 모험은 그 어떤 불행에도 해결의 문을 열어 준다.
_M. 세르반테스(1547~1616) 에스파냐 소설가

▶ 모험을 시도하다 실패하는 것이 모험을 시도하지 않고 실패하는 것보다 백번 낫다. _카우틸랴(B.C. 350?~B.C. 283?) 인도 철학자

▶ 모험을 찾는 사람은 반드시 때가 되었다고 생각해서 시작하는 것은 아니다. _M. 세르반테스(1547~1616) 에스파냐 소설가

▶ 미지의 세계로 떠나는 사람은 모험을 각오해야만 한다.
_A. P. G. 지드(1869~1951) 프랑스 소설가, 평론가

▶ 위업을 달성하는 것은 언제나 모험가들이다.
_C. L. S. 몽테스키외(1689~1755) 프랑스 사상가

▶ 인생은 모험을 통해서만 성장할 수 있다.
_G. W. 올포트(1897~1967) 미국 심리학자

*사잣밥 | 죽은 사람의 넋을 부를 때 저승사자에게 대접하는 밥.

▶ 절약과 모험은 손을 잡고 함께 가는 길이 결코 없다.

_J. J. 처칠(1854~1921) 영국 작가

▶ 정치는 여전히 가장 크고 가장 명예로운 모험이다.

_J. 버컨(1875~1940) 영국 정치가, 작가

▶ 죽음을 왜 두려워할까? 그것은 일생에서 가장 아름다운 모험인 것을.

_C. 프로먼(1860~1915) 미국 연극 제작자

속담

▶ 고기를 잡으려는 자는 물 묻는 것을 걱정하면 안 된다. _영국

▶ 꿀을 따고 싶은 자는 벌에 쏘이는 것을 각오해야 한다. (과감한 모험을 하지 않고서는 큰 성과를 얻을 수 없다는 뜻) _남아프리카 공화국

▶ 말을 타지 않으면 말에서 떨어지지도 않는다. _프랑스

▶ 모험 없이는 아무것도 얻을 수 없다. _영국

▶ 모험을 하지 않는 자는 행운을 잡지 못한다. _서양

▶ 모험이 없으면 이득도 없다. _프랑스

▶ *사잣밥을 목에 매달고 다닌다. (목숨을 걸고서 위험한 일을 한다는 뜻) _한국

▶ 칼 물고 뜀뛰기. (몹시 위태로운 일을 모험적으로 행하는 경우를 이르는 말) _한국

한자 숙어

불감포호(不敢暴虎) 맨주먹으로 맹수를 치지 않는다는 말로, 헛된 모험을 하지 않는다는 뜻.

불입호혈 부득호자(不入虎穴不得虎子) 호랑이 굴에 들어가지 않고는 호랑이 새끼를 잡을 수 없다는 뜻으로, 위험을 무릅쓰고 모험을 하지 않으면 큰 이익을 얻을 수 없다는 말.

입화습률(入火拾栗) 불 속에 들어가 밤을 줍는다는 말로, 작은 이익을 위하여 큰 모험을 무릅쓰는 어리석음을 이름.

고사성어

▷ 건곤일척(乾坤一擲)

하늘과 땅을 걸고 단번에 승부를 건다는 뜻이다. 초나라의 항우와 한나라의 유방은 싸움 끝에 각각 홍구(하남성의 강 이름)의 동쪽과 서쪽을 차지하였다. 그런데 유방의 부하들이 항우와 천하를 놓고 한판 싸움을 벌여야 한다고 부추겼다. 이 말을 듣고 유방은 초나라의 항우를 물리쳤다. 당나라의 문장가인 한유가 이때의 싸움을 회상하며 쓴 시에 나오는 말이다. 흔히 '건곤일척의 승부'라고 한다.

_한유의 시 〈과홍구〉

文明 문명

인류가 이룩한 물질적, 기술적, 사회 구조적인 발전.

역사

명언 명문

▶ 가정 그리고 가정생활의 안전과 향상은 문명의 첫째 목적이고 모든 산업의 최종 목표다. _C. W. 엘리엇(1834~1926) 미국 교육자

▶ 국가는 개인과 함께 흥하거나 멸망하지만, 문명이 멸망하는 일은 없다 _G. 마치니(1805~1872) 이탈리아 혁명가

▶ 근대 문명에 있어서 세 가지 기본 요소는 화약과 인쇄술, 그리고 개신교다. _T. 칼라일(1795~1881) 영국 사상가, 역사가 《수필집》

▶ 나는 문명이란 말을 아주 싫어한다. 그것은 허위를 의미하기 때문이다. _M. 트웨인(1835~1910) 미국 소설가 《자서전》

▶ 남에게 돌을 던지는 대신에 처음으로 남을 모욕한 사람은 문명의 창시자다. _S. 프로이트(1856~1939) 오스트리아 심리학자, 의사

▶ 농부들은 문명의 창시자다. _D. 웹스터(1782~1852) 미국 정치가

▶ 르네상스는 문명의 가장 혹독한 겨울들 가운데 하나가 푸른 초원으로 변한 것에 불과하다. _J. 파울스(1926~2005) 영국 소설가

▶ 먼저 알고 깨닫는 자는 창조하는 사람이며, 나중에 알고 깨닫는 자는 선전하는 사람이며, 알지도 깨닫지도 못한 자는 실행하는 사람이다. 이 세 종류의 사람들이 서로 협력해야만 인류의 문명은 하루에 천 리를 달리는 세력으로 진보한다. _쑨원(1866~1925) 중화민국 정치가 《삼민주의》

▶ 모든 문명은 음식 부스러기를 먼저 차지하려고 인간들이 *아귀다툼하는 것이다. _B. A. W. 러셀(1872~1970) 영국 철학자, 수학자

▶ 모든 문명이 때로는 혁명이라는 화산 위의 얇은 지층이 되었다. _H. H. 엘리스(1859~1939) 영국 심리학자

*아귀다툼 | 각자 자기의 욕심을 채우고자 서로 헐뜯고 기를 쓰며 다투는 일.

M. 트웨인

*굴종 | 제 뜻을 굽혀 남에게 복종함.

▶ 문명에 이르는 길은 두 가지뿐이다. 하나는 교양을 얻는 길이고, 다른 하나는 퇴폐로 가는 길이다.

_O. F. O. W. 와일드(1854~1900) 아일랜드 시인, 극작가 《도리언 그레이의 초상》

▶ 문명은 궁전을 낳았지만, 귀족과 왕을 낳는 것은 그리 쉬운 일이 아니었다. _H. D. 소로(1817~1862) 미국 사상가, 수필가 《월든》

▶ 문명은 많은 사람의 체면을 손상시키고 몇 사람만의 평판을 높여 줄 뿐이다. _A. B. 올콧(1799~1888) 미국 작가, 철학자

▶ 문명의 참된 시금석은 가난한 사람들을 위해 식량을 충분히 마련하는 것이다. _S. 존슨(1709~1784) 영국 시인, 평론가

▶ 문명이란 생활 방식, 즉 모든 사람을 똑같이 존중하는 태도다.

_J. 애덤스(1735~1826) 미국 제2대 대통령

▶ 부가 문명을 낳는 것이 아니고, 문명이 돈을 낳는 것이다.

_H. W. 비처(1813~1887) 미국 신학자

▶ 생존의 필수품을 무시하면 할수록 그 나라의 문명은 그만큼 발전한 것이다. _W. S. 몸(1874~1965) 영국 소설가, 극작가

▶ 우리가 아는 문명이란, 하나의 상태가 아니라 하나의 운동이며 항구가 아니라 항해다. 우리가 알고 있는 어떠한 문명도 아직 문명의 목적지에 도달해 본 적이 없다.

_A. J. 토인비(1889~1975) 영국 역사가, 문명 비평가

▶ 우리는 역사의 심연이 모든 사람을 다 집어삼킬 만큼 깊다는 것을 알게 되었다. 그리고 한 문명은 하나의 생과 똑같이 덧없음을 느낀다. _P. 발레리(1871~1945) 프랑스 시인, 사상가, 평론가 《유럽 정신의 위기》

▶ 인간의 문명은 그 연약함과 그 비열한 *굴종 위에 새겨져 있기 때문에 인간은 그것을 자기의 존엄이라고 말하고 있다.

_G. B. 쇼(1856~1950) 아일랜드 극작가, 평론가 《사람과 초인》

▶ 인간이 창조해 낸 문명은 신이 갖고 있는 풍부한 다양성을 갖고 있다.

_M. K. 간디(1869~1948) 인도 정치가, 민족 운동 지도자

▶ 전쟁 때마다 새로운 방법으로 사람을 죽이는 것을 보면 문명은 분명히 발전하고 있다. _W. 로저스(1879~1935) 미국 배우, 유머 작가

관용어

문명의 이기 _ 기술 문명에 의해 만들어진, 편리한 생활 수단이나 기구.

역사

문명인

文明人
문명이 발달한 사회에서 사는 사람.

명언 명문

▶ 늘어난 수입과 한가함이 문명인의 두 가지 특징이다.

_B. 디즈레일리(1804~1881) 영국 정치가, 소설가

▶ 문명인은 노예 상태에서 나고 생활하고 죽는다. 태어나자마자 포대기에 싸이고, 죽은 뒤에는 관에 들어간 뒤 못질을 당한다. 그가 사람인 이상 제도에 속박된 채 살 수밖에 없다.

_J. J. 루소(1712~1778) 프랑스 작가, 사상가 《에밀》

▶ 문명인은 철도와 객차를 만들었지만, 자기의 발을 사용하는 것을 잃었다. _R. W. 에머슨(1803~1882) 미국 사상가, 시인 《수필집》

▶ 문명화된 백성의 반대는 창조적인 백성이다.

_A. 카뮈(1913~1960) 프랑스 소설가, 극작가 《알제의 여름》

▶ 식인종은 적을 죽이고 먹는 데 비하여 문명인은 적을 죽이고 장사하고 *유해 위에 십자가를 안치하고 그 영혼을 위해서 기도를 바친다. _린위탕(1895~1976) 중국 작가 《생활의 발견》

▶ 우리는 우리 문명을 계획해야만 한다. 아니면 멸망해야 한다.

_H. J. 래스키(1893~1950) 영국 정치학자

▶ 참된 문명인이란 인생에 있어서 자기에게 맡겨진 임무를 알고 있는 인간이다. _L. N. 톨스토이(1828~1910) 러시아 소설가, 사상가 《독서의 수레바퀴》

▶ 항상 움직이고 활동하는 자동차 시대의 문명 속에서 사람들은 생각할 시간이 거의 없다. _L. 크로넨버거(1904~1980) 미국 평론가

▶ 현대인이 하루에 몇 분만이라도 밤하늘을 쳐다보며 우주를 생각한다면 현대 문명은 이렇게 병들지 않았을 것이다.

_A. 슈바이처(1875~1965) 독일 신학자, 철학자, 의사

*유해 | 죽은 사람의 몸을 태우고 남은 뼈.

린위탕

미래 未來

앞으로 올 때. 앞날.

명언 명문

▶ 과거는 밝히고 현재는 처방하고 미래는 예언하라.

_히포크라테스(B.C. 460?~B.C. 377?) 그리스 의학자

▶ 과거는 장례식처럼 지나가고 미래는 불청객처럼 온다.

_E. 고스(1849~1928) 영국 문학가, 평론가

▶ 나는 미래에 관해 생각해 본 적이 없다. 그것은 매우 빨리 닥친다.

_A. 아인슈타인(1879~1955) 미국 물리학자

▶ 당신은 미래와 싸울 수 없다. 시간은 우리 편이다.

_W. E. 글래드스턴(1809~1898) 영국 정치가

▶ 미래가 무엇을 줄지 묻지 말고 오늘이 주는 것은 모두 선물로 받아라.

_Q. 호라티우스(B.C. 65~B.C. 8) 로마 시인

▶ 미래는 누구나 예외 없이 매시간 도달하는 어떤 것이다.

_C. S. 루이스(1898~1963) 영국 작가, 학자

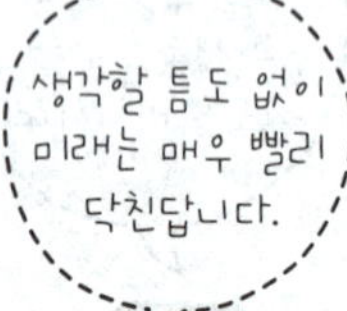

▶ 미래를 두려워하고 실패를 두려워하는 사람은 그 활동을 제한받아 손도 발도 움직일 수 없게 된다. 실패라는 것은 별로 두려워할 것은 아니다. 오히려 먼저보다 더 풍부한 지식으로써 다시 일을 시작할 좋은 기회이다.

_J. 포드(1586~1639?) 영국 극작가

▶ 미래를 알고 싶으면 먼저 지나간 일들을 살피라.

_《명심보감》

▶ 미래를 위해 무엇을 해야 할지는 결코 알 수 없다. 그래서 인생은 멋진 것이다.

_L. N. 톨스토이(1828~1910) 러시아 소설가, 사상가

▶ 미래의 일을 아는 것은 두렵고, 이루어진 일을 하는 것은 안심이 된다.

_피타코스(B.C. 6세기경) 그리스 철학자

A. 아인슈타인

▶ 발전은 미래에 대한 새로운 가능성뿐만 아니라 새로운 제약도 부

여한다. _N. 위너(1894~1964) 미국 수학자, 전기 공학자

▶ 슬픔에서 벗어나 살고 싶다면 앞으로 일어날 일을 이미 일어난 것처럼 여겨라. _에픽테토스(55?~135?) 로마 철학자

▶ 신은 지혜가 깊어도 미래의 일을 캄캄한 밤으로 덮었다.
_Q. 호라티우스(B.C. 65~B.C. 8) 로마 시인 《서정시집》

▶ 신중한 사람은 미래의 불확실한 사건들의 결과를 희망하지도 두려워하지도 않는다. _A. 프랑스(1844~1924) 프랑스 작가

▶ 역사는 모든 것을, 심지어 미래까지도 가르쳐 준다.
_A. 라마르틴(1790~1869) 프랑스 시인, 정치가

▶ 우리는 과거에 사는 사람이 아니라 미래에 살 사람이외다.
_안창호(1878~1938) 독립운동가, 교육자

▶ 운명은 우리가 그것을 알기도 전에 이미 우리에게 영향을 미친다. 우리의 미래가 오늘의 법칙을 정하는 것이다.
_F. W. 니체(1844~1900) 독일 철학자, 시인

▶ 인간이 자기의 미래에 대해 너무 알고 나면 그의 일생은 끝없는 기쁨과 공포가 뒤섞여 한순간도 평화스럽지 않을 것이다.
_N. 호손(1804~1864) 미국 소설가 《데이비드 스완》

▶ 자기 자신을 위해 미래를 끌어올 권리는 아무에게도 없다.
_L. A. 세네카(B.C. 4?~A.D. 65) 로마 철학자, 극작가

▶ 자네도 알다시피 인간이란 그 생활을 90퍼센트는 과거에, 7퍼센트는 현재에 두고 살지. 그러니까 인간이 미래를 위하여 생활하는 것은 겨우 3퍼센트만 남게 되는 거야.
_J. E. 스타인벡(1902~1968) 미국 소설가 《불만의 겨울》

▶ 현재는 자꾸 변하는 순간이며, 이미 과거는 존재하지 않고, 미래를 내다보는 것은 극히 어둡고 의심스럽다.
_E. 기번(1737~1794) 영국 역사가 《로마 제국 쇠망사》

속담

▶ 미래가 무엇을 가져다줄지는 아무도 모른다. _프랑스

▶ 미래에 대한 공포는 현재 누리고 있는 행복보다 두렵다. _영국

▶ 미래의 시간은 과거와 마찬가지로 우리 것이 아니다. _서양

발전

發展

더 낫고 좋은 상태나 더 높은 단계로 나아감.
또는 일이 어떤 방향으로 전개됨.

명언 명문

*관습 | 어떤 사회에서 오랫동안 지켜 내려와 그 사회 성원들이 널리 인정하는 질서나 풍습.

▶ *관습의 횡포는 언제 어디서나 발전의 장애물이다.

_J. S. 밀(1806~1873) 영국 철학자, 경제학자

▶ 대립되는 것이 없으면 발전도 없다. 인력과 반발력, 이성과 에너지, 사랑과 증오는 인간의 생존에 필수적이다.

_W. 블레이크(1757~1827) 영국 시인, 화가

▶ 모든 발전은 불안정하다. 한 가지 문제를 해결하면 우리는 다른 문제에 직면하게 된다. _M. L. 킹(1929~1968) 미국 목사, 흑인 해방 운동가

▶ 모이는 것은 시작이고, 모인 것을 유지하는 것은 발전이며, 함께 일하는 것은 성공이다. _H. 포드(1863~1947) 미국 기술자, 실업가

▶ 발전은 생명의 법칙이다. _R. 브라우닝(1812~1889) 영국 시인

▶ 변화는 불가피하다. 발전하는 나라에서는 항상 변화가 일어난다.

_B. 디즈레일리(1804~1881) 영국 정치가, 소설가

▶ 사회의 발전은 평범한 재능이 아니라 뛰어난 재능이며, 재능의 평준화가 아니라 뛰어난 재능의 배양에 달려 있다. 따라서 교육은 천재가 갖고 있는 능력을 더욱 키워 준다.

_F. E. 셸링(1858~1945) 미국 교육자

▶ 사회적 혁신은 소음과 외침, 불평과 독설, 당파를 조직하거나 혁명을 이룩함으로써가 아니라 사상의 각성과 그 발전에 의해 이루어진다. _H. 조지(1839~1897) 미국 경제학자

▶ 삶은 새로운 것을 받아들일 때 발전한다. 삶은 신선해야 하며 결코 아는 사람이 되지 말고, 언제나 배우는 사람이 되어라. 마음의 문을 닫지 말고 항상 열어 두어라. _B. S. 라즈니시(1931~1990) 인도 철학자

J. S. 밀

▶ 세상의 모든 것은 발전하지 않으면 퇴보한다.

_조광조(1482~1519) 조선 시대 문신, 성리학자

▶ 아무리 시대가 발전했어도 인류 생존의 기본 법칙에는 별다른 영향을 미치지 못했는데, 그것은 마치 우리의 골격이 조상의 골격과 별 차이가 없는 것과 같다. _H. D. 소로(1817~1862) 미국 사상가, 수필가

▶ 역경은 청년에게 있어서 빛나는 기회다. 젊은 시절의 고생은 발전의 밑거름이다.

_R. W. 에머슨(1803~1882) 미국 사상가, 시인

▶ 인간의 발전은 자신이 던진 질문들이 무의미한 것임을 점진적으로 발견하는 것이다.

_A. M. R. 생텍쥐페리(1900~1944) 프랑스 소설가, 비행사

▶ 자신의 장점을 발전시켜 남의 마음을 사로잡는 데 활용하라. 부자나 잘생긴 사람을 대체할 수 있는 것은 얼마든지 있다.

_B. 그라시안이모랄레스(1601~1658) 에스파냐 작가

▶ 한 걸음 전진하고 두 걸음 후퇴한다. 이것은 개인의 일생에서, 국가들의 역사에서, 정당들의 발전에서 일어나는 일이다.

_V. 레닌(1870~1924) 소련 혁명가, 정치가

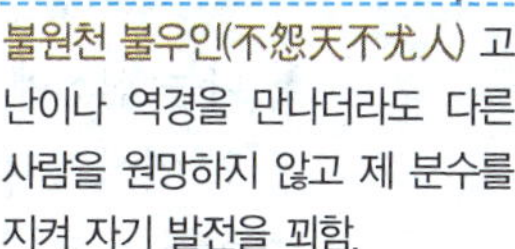

지식 쑥쑥

한자 숙어

불원천 불우인(不怨天不尤人) 고난이나 역경을 만나더라도 다른 사람을 원망하지 않고 제 분수를 지켜 자기 발전을 꾀함.

유암화명(柳暗花明) 버들은 무성하여 그늘이 짙고 꽃은 활짝 피어 밝다는 뜻으로, 봄 경치의 아름다움을 이르는 말. 처음에는 발전의 여지가 없어 보이지만 나중에는 희망이 나타날 것을 기대하는 뜻으로도 쓰임.

일취월장(日就月將) 날마다 달마다 성장하고 학업이 날이 가고 달이 갈수록 진보함.

고사성어

▷ 일신우일신(日新又日新)

날로 새롭게 하며 나날이 새롭게 하며 또 날로 새롭게 한다는 뜻으로, 날마다 잘못을 고쳐 그 덕을 닦음에 게으르지 않음을 이르는 말이다. 상나라를 건국한 탕 임금은 사람이 자기 마음을 깨끗이 씻어서 악을 제거하는 것을 마치 자기 몸을 깨끗이 씻어서 때를 없애는 것과 같다고 생각했다. 그래서 목욕통에 '진실로 어느 날 새로워졌거든 나날이 새롭게 하고, 또 날로 새롭게 하라.' 고 새겨 항상 자기 자신을 발전시키고자 하였다. _《대학》

밤

해가 져서 어두워진 때부터 다음 날 해가 떠서 밝아지기 전까지의 동안.

명언 명문

▶ 나는 신전에 갇히듯 갇히게 되는 밤이 오는 것을 느낀다. 실질적인 예식의 비밀 속에 구원될 길 없는 명상으로 빠져 들어가는 밤이 옴을 느낀다.

_A. M. R. 생텍쥐페리(1900~1944) 프랑스 소설가, 비행사 《인간의 대지》

▶ 밤 시간을 줄여라. 밤의 일부를 낮의 일을 위해 사용하라.

_L. A. 세네카(B.C. 4?~A.D. 65) 로마 철학자, 극작가

▶ 밤은 공부하기 위해 만들어졌다. _《탈무드》

▶ 밤은 세상과 세상 사이를 이어 주며 낮에 생기는 일들은 밤의 장식 속에 휩쓸려 들어간다. _S. Y. 아그논(1888~1970) 이스라엘 소설가 《추방자》

▶ 밤은 우리의 걱정거리를 덮어 주기는커녕 분명히 드러낸다.

_L. A. 세네카(B.C. 4?~A.D. 65) 로마 철학자, 극작가

▶ 밤은 천 개의 눈이 있다. _J. 릴리(1554~1606) 영국 작가

▶ 밤은 충고를 가지고 온다. _메난드로스(B.C. 342?~B.C. 292?) 그리스 극작가

▶ 밤의 어둠이 시골에서는 친근하고 친숙하지만, 전깃불이 밝은 도시에서는 부자연스럽고 적대적이며 위협적이다.

_W. S. 몸(1874~1965) 영국 소설가, 극작가

▶ 지난 일은 맑은 거울과 같고 앞날의 일은 캄캄한 밤과 같다.

_《명심보감》

속담

▶ 낮에 빛나지 않는 것은 밤에 빛을 발한다. _스위스

▶ 많은 사람이 밤에 즐거움을 찾느라 낮의 즐거움을 잃는다. _네덜란드

▶ 밤 자고 나서 문안하기. (같이 놀다가 혹은 다 지나고 나서 새삼스러운 말을 할 때 쓰는 말) _한국

*패랭이 | 대나무를 가늘게 쪼갠 것을 엮어서 만든 갓.

▶ 밤길은 사람을 대담하게 한다. _모로코

▶ 밤에 못생긴 여자는 없다. _프랑스

▶ 밤에 밭을 일구는 자는 고랑마다 빵 하나를 손해 본다. _스웨덴

▶ 밤에 보아도 낫자루 낮에 보아도 밤나무. (무슨 물건이든지 그 본색은 어디서나 드러남을 이르는 말) _한국

▶ 밤에 *패랭이 쓴 놈 보일라. (저녁밥을 너무 일찍 먹으면 밤중에 배가 너무 고파서 패랭이를 쓴 유령이 보일지도 모른다는 말로, 저녁밥을 일찍 먹는 것을 보고 조롱하는 말) _한국

▶ 밤에는 밤대로의 법규가 있다. _폴란드

▶ 밤은 좋은 생각이 떠오를 때다. _영국

▶ 밤이 가는 곳에는 꿈이 따라간다. _러시아

▶ 베개와 의논하라. (하룻밤 자며 차분히 생각하라는 뜻) _영국

고사성어

▷ 금의야행(錦衣夜行)

비단옷을 입고 밤길을 거닌다는 뜻으로, 자랑삼아 하지 않으면 자기가 아무리 잘 하여도 남이 알아주지 못한다는 의미다. 항우가 진나라를 쳐부수고 아방궁을 비롯하여 궁전을 모조리 불 지른 다음 고향으로 돌아가려 하자, 부하 한 사람이 여기에 도읍을 정하면 천하를 다스릴 수가 있다고 권하였다. 하지만 항우는 불탄 그 곳이 싫었고, 또 고향에 돌아가 뽐내고 싶은 마음에 "마치 비단옷을 입고 밤길을 가는 것과 같이 누가 알아줄 사람이 있겠나?"며 받아들이지 않았다. _《사기》 항우본기

한자 숙어

불야성(不夜城) 밤에도 해가 떠 있어 밝았다고 하는, 중국 동래군 불야현에 있던 성에서 유래한 것으로 등불 따위가 휘황찬란하게 켜 있어 밤에도 대낮같이 밝고 번화한 곳을 말함.

숙흥야매(夙興夜寐) 아침에 일찍 일어나고 밤에 늦게 잔다는 뜻으로, 부지런히 일함을 이르는 말.

월백풍청(月白風淸) 달은 빛나고 바람은 맑다는 뜻으로, 달 밝은 가을밤을 이르는 말.

추야장장(秋夜長長) 가을밤이 길고도 길다는 뜻.

관용어

밤을 돕다 _ 밤을 이용하다.

밤이 아홉이라도 _ 어떤 일을 어느 때까지 반드시 끝내고야 말겠다는 의지를 강조하여 이르는 말.

봄

한 해의 네 철 가운데 첫째 철로
3월에서 5월까지.

명언 명문

▶ 계절 가운데 가장 잔인하고 가장 아름다운 봄이 올 것이다. 그리고 땅에 묻힌 나그네들은 꽃과 잎사귀 속에 스며든 채 다시 올 것이다. _T. C. 울프(1900~1938) 미국 소설가

▶ 봄의 첫날과 첫 번째 봄날은 전혀 다르다. 둘 사이의 거리가 때로는 한 달이나 된다. _H. 반다이크(1852~1933) 미국 성직자, 시인

▶ 봄이 백 년에 한 번 온다면 그 기적적 변화를 바라보는 사람들에게 얼마나 큰 놀라움과 기대를 주겠는가? _H. W. 롱펠로(1807~1882) 미국 시인

▶ 봄이면 아직 내 마음에도 봄이 찾아든다. / 예순이 된 지금에도. / 사랑은 두근거려 내 마음을 새롭게 하여 / 우리는 결코 늙지 않는다. / 엄동의 빙하 위에 / 나는 한여름의 찬란함을 간직하고 / 황량하게 쌓인 눈 밑에 / 따뜻한 장미 송이를 본다. _R. W. 에머슨(1803~1882) 미국 사상가, 시인

▶ 봄철의 숲 속에서 솟아나는 힘은 인간에게 도덕상의 악과 선에 대하여 어떠한 현자보다도 더 많은 것을 가르쳐 준다. _W. 워즈워스(1770~1850) 영국 시인 《시집》

▶ 우는 비둘기 젖먹이 제비 / 소리 없이 고요한데 / 햇빛은 서창에 비친다 / 낮잠을 깨고 나니 아무 일이 없구나 / 다만 맑은 봄 하늘만 본다. _소식(1036~1101) 중국 북송 문학가

속담

▶ 낡은 말뚝도 봄이 돌아오면 푸른빛이 되기를 희망한다. _핀란드

▶ 봄 꿩이 제 바람에 놀란다. (자기가 한 일에 자기가 놀라는 경우를 비유적으로 이르는 말) _한국

▶ 봄 돈 칠 푼은 하늘이 안다. (농촌에서는 봄에 돈이 매우 귀함을 비유적으로 이르는 말) _한국

▶ 봄 떡은 들어앉은 샌님도 먹는다. (먹을 것이 궁한 봄철에 해는 길고 출출하니 점잔만 빼고 들어앉은 샌님도 떡을 먹고 싶어 한다는 뜻으로, 봄에는 누구나 군것질을 좋아한다는 말) _한국

▶ 봄 방 추우면 맏사위 달아난다. (봄철에 방이 추우면 견디기 힘들다는 뜻) _한국

▶ 봄 불은 여우 불이라. (봄에는 무엇이나 잘 탄다는 뜻) _한국

▶ 봄 사돈은 꿈에도 보기 무섭다. (대접하기 어려운 사돈을 춘궁기에 맞게 되는 것을 꺼려함을 이르는 말) _한국

▶ 봄 조개, 가을 낙지. (봄에는 조개가, 가을에는 낙지가 제철인 것처럼 무엇이든 제때가 되어야 제 구실을 하게 됨을 비유적으로 이르는 말) _한국

▶ 봄눈 녹듯 한다. (무엇이 빠르게 사라져 버리거나, 먹은 것이 금방 소화된다는 뜻) _한국

▶ 봄바람은 품으로 기어든다. (추위가 풀리는 봄이라고 해도 바람이 부는 날은 몹시 쌀쌀하다는 말) _한국

▶ 봄볕에 그을면 보던 임도 몰라본다. (따사로운 봄볕에는 뜨거운지도 모르는 사이에 까맣게 그은다는 말) _한국

▶ 봄볕에는 며느리 내보내고, 가을볕에는 딸 내보낸다. (농사일을 할 때, 강한 봄볕에는 며느리를, 선선한 가을 햇볕에는 딸을 내보낼 정도로 며느리보다는 딸을 더 위한다는 뜻) _한국

▶ 봄에는 생말가죽이 마른다. (봄철에는 일반적으로 날씨가 매우 메마름을 비유적으로 이르는 말) _한국

한자 숙어

구십춘광(九十春光) 석 달 동안의 봄철.
백년춘색(百年春色) 오래도록 변함없는 아름다운 봄.
백설양춘(白雪陽春) 흰 눈이 내리는 이른 봄.
일지춘심(一枝春心) 한 나뭇가지에 어린 봄의 뜻.

관용어

봄(을) 타다 _ 봄철에 입맛이 없어지거나 몸이 나른해지다. 또는 봄기운 때문에 마음을 안정하지 못하여 기분이 들뜨다.

역사

세계 世界

지구 상의 모든 지역. 또는 인류 사회 전체.

명언 명문

*불화 | 서로 화합하지 못함.

▶ 나는 아테네 인도 아니고 그리스 인도 아닌 세계의 시민이다.
_소크라테스(B.C. 469~B.C. 399) 그리스 철학자

▶ 나의 조국은 전 세계며 나의 종교는 선행을 실천하는 것이다.
_T. 페인(1737~1809) 미국 정치 평론가, 작가

▶ 세계는 결국 신의 세계다. _C. 킹즐리(1819~1875) 영국 성직자, 소설가

▶ 세계는 그 자체의 의지를 가지고 있어서, 제가 갈 길을 간다.
_O. F. O. W. 와일드(1854~1900) 아일랜드 시인, 극작가 《옥중기》

▶ 세계는 도처에 그 중심이 있는 데다 끝이 없는 공 같은 물체이다.
_B. 파스칼(1623~1662) 프랑스 사상가, 수학자, 물리학자 《팡세》

▶ 세계는 *불화의 신에게 바쳐진 광대한 신전이다.
_볼테르(1694~1778) 프랑스 사상가

▶ 세계는 새롭고 놀라운 것들을 만들어 내는 마술사를 위해서는 쉽게 영광스러운 자리를 마련한다.
_M. K. 간디(1869~1948) 인도 정치가, 민족 운동 지도자

▶ 세계는 우리들을 천국에서 지옥으로 운반하는 바구니에 지나지 않는다. 그 바구니를 짊어진 존재는 신과 악마로서, 악마가 앞장서서 걷는다. _C. 리터(1779~1859) 독일 지리학자 《젊은 물리학자의 유고에서》

▶ 세계는 우리에게 적개심을 품고 있지 않다. 그러나 우호적이지도 않다. 그저 무관심하다. _J. H. 홈스(1722~1808) 스코틀랜드 작가

▶ 세계는 한 권의 책이며, 인간 한 사람 한 사람은 활자다. 나라들은 책을 꿴 노끈이며, 시대는 페이지다.
_F. 로가우(1604~1655) 독일 시인 《격언시》

소크라테스

▶ 세계는 항상 역사를 지배하고 만다.

_A. 카뮈(1913~1960) 프랑스 소설가, 극작가 《제밀라의 바람》

▶ 세계를 합리적으로 바라보는 사람들에게 세계는 자신의 합리적인 측면을 드러낸다. 그 둘의 관계는 매우 가깝다.

_G. W. F. 헤겔(1770~1831) 독일 철학자

▶ 세계의 모든 사람들이여, 미국이 여러분을 위해 무엇을 할 것인지가 아니라 우리 모두가 인간의 자유를 위해 무엇을 할 수 있는지 물어보십시오. _J. F. 케네디(1917~1963) 미국 제35대 대통령

▶ 세계의 역사는 곧 세계의 법정이다.

_J. C. F. 실러(1759~1805) 독일 시인, 극작가

▶ 인간은 세계를 보지만, 세계는 자신의 시선을 인간에게 던지지 않는다. _A. 로브그리예(1922~2008) 프랑스 소설가, 작가, 영화감독 《자연, 인본주의, 비극》

▶ 자기 조국이 위대해지기를 바라는 사람들은 이웃 나라들의 불행을 바라는 경우가 많다. 자기 나라가 현재 상태대로 항상 유지되기를 바라는 사람은 세계 시민이 될 것이다.

_볼테르(1694~1778) 프랑스 사상가

▶ 한 사람 한 사람이 모두 바로 세계의 중심이다. 세계가 이러한 중심들로 가득 차 있다는 이유만으로도 세계는 귀중한 것이다.

_E. 카네티(1905~1994) 영국 작가 《말의 양심》

키워드 정보 BOX

다국적 기업

여러 나라에 영업망과 제조 시설을 갖춘 회사를 두고 세계적인 규모로 사업을 하는 기업을 말한다. 세계 기업이라고도 하며, 국내와 해외 활동의 구별 없이 이익을 얻기 위한 장소와 기회만 있으면 어디로든 진출한다. 다국적 기업은 각 회사가 모두 독립적이어서 이익이 생기면 각 지점의 경영을 위해 재투자되는 것이 원칙이다. 자동차 회사인 포드, 컴퓨터 회사인 IBM 등은 유명한 미국의 다국적 기업이다.

다국적 기업인 포드 자동차 회사의 경주용 자동차들.

세대

世代

같은 시대에 살면서 공통의 의식을 가지는 비슷한 연령층의 사람 전체.

명언 명문

*단자 | 단자는 '모나드(monad)'를 번역한 말이다. 모나드는 원래 수학 용어로, '1' 또는 '단위'를 뜻하는 그리스어의 '모나스(monas)'에서 나왔다. 라이프니츠는 모나드를 모든 존재의 기본이 되는 실체라고 설명하고, 단순하고 더 이상 나눌 수 없는 것이라고 했다.

▶ 각 세대의 문제는 나름대로 해결책이 있다.

_R. W. 에머슨(1803~1882) 미국 사상가, 시인

▶ 나는 다음 세대에게 선물을 줄 기회가 있다면 누구에게나 자기 자신을 비웃을 줄 아는 능력을 주겠다. _C. M. 슐츠(1922~2000) 미국 만화가

▶ 모든 생물의 세대는 잠깐 사이에 지나간다. 마치 달리기 선수들처럼 생명의 횃불을 뒤로 넘겨준다.

_T. 루크레티우스(B.C. 94?~B.C. 55?) 로마 시인, 철학자

▶ 모든 세대는 개혁되어야만 한다.

_C. H. 스펄전(1834~1892) 영국 성직자, 설교가

▶ 미래 세대의 행복을 위해서 현재 세대의 행복을 희생하는 정책은 자살 정책이다. 그것은 자기의 완성을 이룰 수 없는 인류의 끝없는 희생을 계속하는 결과가 될 것이기 때문이다.

_R. 구르몽(1858~1915) 프랑스 평론가, 시인

▶ 민주주의 국가에서는 모든 새로운 세대는 새로운 국민이다.

_A. C. H. M. C. 토크빌(1805~1859) 프랑스 정치가, 역사가

▶ 번영이 삼대에 걸치는 경우는 거의 없다.

_J. 드라이든(1631~1700) 영국 시인, 극작가

▶ 새로운 세대가 옛 세대를 깨운다. 옛 세대가 새로운 세대 속에 다시 살아난다. _G. 바슐라르(1884~1962) 프랑스 철학자 《몽상의 시학》

▶ 서로 다른 세대에 속하는 사람들은 라이프니츠의 *단자들처럼 상대방에 대한 침투가 불가능하다.

_A. 모루아(1885~1967) 프랑스 소설가, 평론가

▶ 어느 세대나 자기들이야말로 먼저 세대보다 더 영리하고 뒤에 오는 세대보다 더 지혜롭다고 생각한다. _G. 오웰(1903~1950) 영국 소설가

▶ 어느 세대든 자기 아버지 세대에게는 반항하고 할아버지 세대하고는 친하다. _L. 멈퍼드(1895~1990) 미국 작가, 평론가

▶ 여성의 세대는 그 시대의 남성의 세대에 비해 항상 한 시대의 간격을 갖고 진보하고 있든가 뒤떨어져 있다.

_R. 롤랑(1866~1944) 프랑스 소설가, 사상가 《매혹된 영혼》

▶ 일반적으로 하나의 세대는 그 세대에서 이루어진 세계관으로 살기보다는 전 시대의 세계관으로 살아가는 법이다.

_A. 슈바이처(1875~1965) 독일 신학자, 철학자, 의사

▶ 전쟁에 나갔던 너희 젊은이들은 모두가 잃어버린 세대다.

_G. 스타인(1874~1946) 미국 시인, 소설가

▶ 청년기는 실수의 시기, 중년기는 갈등의 시기, 노년기는 후회의 시기다. _B. 디즈레일리(1804~1881) 영국 정치가, 소설가

▶ 청년기에는 자신만만하고, 중년기에는 조심하며, 노년기에는 다시 자신만만해진다. _M. F. 터퍼(1810~1889) 영국 작가

▶ 한 세대가 가면 또 한 세대가 오지만 이 땅은 영원히 그대로이다. 떴다 지는 해는 다시 떴던 곳으로 숨 가쁘게 가고 남쪽으로 불어 갔다 북쪽으로 돌아오는 바람은 돌고 돌아 제자리로 돌아온다. 모든 강이 바다로 흘러드는데 바다는 넘치는 일이 없구나. 강물은 떠났던 곳으로 가서 다시 흘러내리는 것을. _《성경》

▶ 혁명은 고작해야 15년 동안 지속된다. 그것은 한 세대가 지나가는 기간과 우연히도 일치한다.

_J. 오르테가이가세트(1883~1955) 에스파냐 철학자, 정치가

▶ *황금시대가 현재의 세대였던 적은 없다.

_B. 프랭클린(1706~1790) 미국 정치가, 과학자

*황금시대 | 사회의 진보가 최고조에 이르러 행복과 평화가 가득 찬 시대.

속담

▶ 모든 세대는 다시 태어나야 한다. _서양

▶ 어느 세대나 낡은 잘못들을 반박하고 새로운 잘못들을 만들어 낸다. _서양

지식 쑥쑥

한자 숙어

격세지감(隔世之感) 그다지 오래지 않은 사이에 변천이 심하여 다른 세상같이 많은 변화가 있었음을 비유하는 말.

대대손손(代代孫孫) 오래도록 내려오는 여러 세대. '세세손손' 또는 '자손만대'와 같은 뜻임.

세상

世上
사람이 살고 있는 모든 사회를 통틀어 이르는 말.

명언 명문

▶ 가장 깊은 고독 속에 사회가 있다.

_B. 디즈레일리(1804~1881) 영국 정치가, 소설가

▶ 가장 큰 처벌은 이웃 사람들, 세상, 가족들로부터 경멸당하는 것이다. _E. W. 하우(1853~1937) 미국 소설가, 수필가

▶ 나는 세상의 어느 한 구석을 위해 태어나지 않았다. 나의 조국은 온 세상이다. _L. A. 세네카(B.C. 4?~A.D. 65) 로마 철학자, 극작가

▶ 나는 이 세상을, 다만 이 세상을 보고 있다. 모든 사람이 저마다 한 역할씩 하지 않으면 안 될 무대라고 생각하고 있다.

_W. 셰익스피어(1564~1616) 영국 극작가, 시인

▶ 너와 세상의 싸움에서는 세상의 편을 들어라.

_F. 카프카(1883~1924) 독일 소설가 《죄 · 고뇌 · 희망 · 진실의 길에 대한 고찰》

▶ 누구나 행복하게, 이웃과 평화롭게 지내는 데 필요한 것을 넉넉히 소유할 만큼 세상에는 모든 것이 충분히 있다.

_H. S. 트루먼(1884~1972) 미국 제33대 대통령

▶ 덧없는 세상이 마치 꿈과 같다. _이백(701~762) 중국 당나라 시인

▶ 딱정벌레가 박물학을 모르는 것과 같이 인간도 이 세상을 알지 못한다. _S. R. N. 샹포르(1741~1794) 프랑스 극작가

▶ 마음이 활동을 쉴 때 달이 뜨고 바람이 불어오니, 인간 세상이 반드시 고통의 바다인 것만은 아니다. _《채근담》

▶ 모든 길은 세상 끝에 이른다. _F. S. K. 피츠제럴드(1896~1940) 미국 소설가

▶ 바보가 되지 않으려면 낙관주의자는 이 세상이 얼마나 슬픈 장소가 될 수 있는지를 알아야만 한다. 이 세상이 슬픈 장소임을 날마

F. W. 니체

다 새삼스럽게 발견하는 자는 비관주의자다.

_P. 유스티노프(1921~2004) 영국 배우, 극작가

▶ 부모를 부모답게, 어른을 어른답게 섬기면 온 세상이 평온해진다.

_맹자(B.C. 372~B.C. 289) 중국 전국 시대 추나라 사상가

▶ 세상에 관한 지식은 오로지 세상에서 얻는 것이지 좁은 방에서 얻는 것은 아니다. _P. D. S. 체스터필드(1694~1773) 영국 정치가, 작가

▶ 세상에 대한 유일한 방어책은 세상을 철저히 아는 것이다.

_J. 로크(1632~1704) 영국 철학자

▶ 세상에는 우리의 침울한 두 눈으로 발견할 수 있는 이상의 행복이 있는 법이다. _F. W. 니체(1844~1900) 독일 철학자, 시인

▶ 세상에는 진리 그 자체를 부정하는 하나의 진리가 태어나도록 하기 위하여 정신이 사멸하는 곳이 있다.

_A. 카뮈(1913~1960) 프랑스 소설가, 극작가

▶ 세상은 감옥이다. _J. W. 괴테(1749~1832) 독일 시인, 소설가, 극작가

▶ 세상은 모두가 가면을 쓰고 있는 대무도회이다.

_L. C. 보브나르그(1715~1747) 프랑스 도덕주의자, 수필가 《성찰과 잠언》

▶ 세상은 사리사욕에 언제나 지배될 것이다. 우리는 이것을 막으려고 해서는 안 된다. _S. 버틀러(1612~1680) 영국 시인

▶ 세상은 생각하는 사람에게는 희극이고, 느끼는 사람에게는 비극이다. _H. 월폴(1717~1797) 영국 소설가 《서한집》

▶ 세상은 아름다운 책이지만 읽을 줄 모르는 사람에게는 아무 소용도 없다. _C. 골도니(1707~1793) 이탈리아 극작가

▶ 세상은 엉망으로 돌아가고, 누구에게 불평해야 좋을지 아무도 모른다. _R. 퍼뱅크(1886~1926) 영국 소설가

▶ 세상은 연극과 같아서 자기가 맡은 역을 어떻게 연기할 것인가를 배우지 않으면 안 된다. _팔라다스(4세기경) 그리스 시인 《풍속시집》

▶ 세상은 영원한 시소에 불과하다. _M. E. 몽테뉴(1533~1592) 프랑스 사상가

▶ 세상은 우리의 상상력을 위한 화폭에 불과하다.

_H. D. 소로(1817~1862) 미국 사상가, 수필가

▶ 세상을 밉게 본다고 해서 더 잘난 것은 아니다.

_F. A. R. 샤토브리앙(1768~1848) 프랑스 작가, 정치가

*초연하다 | 어떤 현실 속에서 벗어나 그 현실에 아랑곳하지 않고 의젓하다.
*광휘 | 환하고 아름답게 눈이 부심. 또는 그 빛.

▶ 세상을 바꾼 사람들은 관리들을 교체시켜 이룬 것이 아니라 백성들을 격려하여 이루었다. _나폴레옹 1세(1769~1821) 프랑스 황제

▶ 세상을 잘 알면서 *초연한 것은 가장 훌륭한 것이지만 세상을 모르면서 초연한 것은 존경할 가치가 없다.

_W. R. 잉(1860~1954) 영국 신학자

▶ 세상의 이치는 생각하면 얻고 생각하지 않으면 잃는다.

_정도전(1342~1398) 고려~조선 시대 문인, 학자

▶ 시끄러운 세상에 가장 적게 귀를 기울이는 사람이 가장 강한 정신의 소유자인 경우가 많다. _W. 워즈워스(1770~1850) 영국 시인

▶ 역사상 어느 시대나 세상은 절망적 상태에 있었고 그때마다 세상은 진흙탕에서 빠져나왔다. _J. 마리탱(1882~1973) 프랑스 철학자

▶ 이 세상은 네가 생각하고 있는 것보다도 훨씬 더 *광휘에 차 있다.

_G. K. 체스터턴(1874~1936) 영국 소설가, 평론가

▶ 이 세상은 천상의 것을 본떠 만든 복제품에 불과하다.

_C. V. 게오르규(1916~1992) 루마니아 작가

▶ 이 세상은 태양과 같은 것이다. 그것은 세상 위의 모든 먼지를 자기 앞으로 흡수해 버린다. _G. 플로베르(1821~1880) 프랑스 소설가

▶ 이 세상이란, 그것이 이 세상 아닌 어떤 다른 것이라고 하더라도 인간에 맞게 창조된 세상은 아닌 것이 분명하다.

_A. L. 헉슬리(1894~1963) 영국 소설가, 평론가 《어머니》

▶ 이 하늘과 대지에는 철학의 꿈 이야기에 나오는 것 이상의 것이 있다. _W. 셰익스피어(1564~1616) 영국 극작가, 시인 《햄릿》

▶ 자기 마음이 언제나 원만해질 수 있다면 불평불만이 없는 세상이 저절로 될 것이다. _《채근담》

▶ 재산 때문에 자기 자신을 잃고 세속 때문에 본성을 잃는 자는 아래위가 뒤바뀐 자다. _장자(B.C. 369?~B.C. 289?) 중국 전국 시대 송나라 사상가

▶ 짧은 헛된 세상도, 좋고 아름다운 생활을 하기에는 충분히 길다.

_M. T. 키케로(B.C 106~B.C. 43) 로마 정치가, 학자

▶ 천국에서는 모든 일이 즐겁고, 지옥에서는 모든 일이 고통스러우며, 우리가 사는 세상은 이 두 곳과 경계를 접하고 있다.

_B. 그라시안이모랄레스(1601~1658) 에스파냐 작가

속담

▶ 겁을 먹은 자에게는 온 세상이 악마로 가득 차 있다. _인도

▶ 굶어 봐야 세상을 안다. (정말 먹을 것이 없어 굶주려 보지 않은 사람은 세상을 참으로 알았다고 할 수 없다는 말) _한국

▶ 기린은 잠자고 *스라소니가 춤춘다. (이 세상은 오히려 현명한 사람들이 깊숙이 들어앉아 활동을 하지 않고 무능한 사람들이 설친다는 뜻) _한국

*스라소니 | 살쾡이와 비슷한 고양잇과의 동물.

▶ 나그네 세상. (세상의 무상함을 이르는 말) _한국

▶ 눈 감으면 코 베어 먹을 세상. (눈을 멀쩡히 뜨고 있어도 코를 베어 갈 만큼 세상 인심이 험악하고 믿음이 없다는 말) _한국

▶ 모든 사람이 학자라면 세상은 멸망할 것이다. _서양

▶ 세상은 각박해도 인정은 후덥다. (세상이 아무리 모질고 사나워도 사람들 사이의 인정은 두터움을 이르는 말) _한국

▶ 세상은 그물이다. 우리가 안에서 흔들수록 그물은 더욱 조인다. _서양

▶ 세상은 넓고도 좁다. (처음에는 서로 모르는 사이지만 이리저리 따지고 보면 서로 알 만한 처지인 경우, 또는 서로 멀리 떨어져 있는 곳에서 우연히 아는 사람과 만나는 경우를 이르는 말) _한국

▶ 세상은 도는 물레방아. (세상은 돌아가는 물레방아처럼 변화무쌍하다는 뜻) _일본

▶ 세상은 마음 먹기에 달린 것. _영국

▶ 세상은 수레바퀴다. _미국

▶ 세상은 한 장의 손수건 같다. (세상은 넓은 듯하면서도 매우 좁다는 뜻) _에스파냐

▶ 악당들과 바보들이 세상을 분열시킨다. _영국

지식 쑥쑥

한자 숙어

고유금(古猶今) 인간 세상은 예나 지금이나 변함이 없음.

대명천지(大明天地) 환하게 밝은 세상.

문장 반짝

관용어

세상(을) 떠나다(뜨다) _ '죽다'를 완곡하게 이르는 말. 같은 말로 세상을 버리다, 세상을 하직하다 등이 있다.

세상에 물들다 _ 세상의 속된 면에 동화하다.

세상에 서다 _ 세상에 나가 제구실을 톡톡히 해내거나 상당한 지위에 올라서다.

세상을 등지다 _ 깊은 산속 같은 데에 들어가 사회와 인연을 끊고 살다. 또는 죽다.

세상이 바뀌다 _ 사회의 제도, 구조, 조직, 관계 따위가 근본적으로 달라지다.

세월 歲月

흘러가는 시간.

명언 명문

▶ 난폭한 세월이 해치지 않는 것이 무엇이 있겠는가? 우리 할아버지 세대보다 더 못한 우리 아버지 세대가 우리를 낳았고, 그보다 더 열등한 우리 세대가 우리보다 더 사악한 다음 세대를 곧 낳을 것이다. _Q. 호라티우스(B.C. 65~B.C. 8) 로마 시인

▶ 노년기와 세월의 흐름은 많은 것을 가르친다. _소포클레스(B.C. 496~B.C. 406) 그리스 시인

▶ 별똥별을 가서 잡아 보라. 지나간 세월은 모두 어디 있는가? _J. 던(1572~1631) 영국 시인, 성직자

▶ 세월보다 더 빠른 것은 없다. _P. N. 오비디우스(B.C. 43~A.D. 17) 로마 시인

▶ 세월은 날마다 무엇인가를 훔쳐 가고 끝내는 우리 자신으로부터 우리 자신마저도 훔쳐 간다. _Q. 호라티우스(B.C. 65~B.C. 8) 로마 시인

▶ 세월은 물같이 흐른다. 그러니까 인생의 한창 때에 즐길 수 있는 것을 마음껏 즐겨라. _P. N. 오비디우스(B.C. 43~A.D. 17) 로마 시인

▶ 세월은 물같이 흘러 부모를 모시는 기간도 그리 길지 못하다. _이이(1536~1584) 조선 시대 문신, 학자

▶ 세월은 번개와 같으니 짧은 시간마저도 아껴야 한다. _보우(1301~1382) 고려 시대 고승

▶ 세월은 얻기 어렵고, 잃기는 쉽다. _《사기》

▶ 세월은 원래 긴데도 바쁜 자가 스스로 재촉한다. _《채근담》

▶ 세월이 우리에게 인내를 가르치는 방식은 참으로 이상하다. 남은 세월이 짧을수록 인내의 능력은 더욱 커지는 것이다. _E. 테일러(1912~1975) 영국 소설가

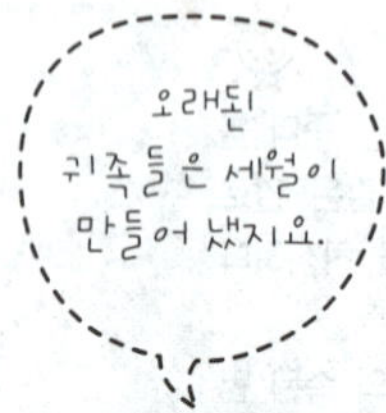

F. 베이컨

▶ 세월이 해칠 수 없는 것은 아름다움뿐이다.

_O. F. O. W. 와일드(1854~1900) 아일랜드 시인, 극작가

▶ 세월이 흘러가면서 명성은 높아지지만 능력은 줄어든다.

_D. 함마르셸드(1905~1961) 스웨덴 경제학자

▶ 신흥 귀족은 권력의 산물이지만 오래된 귀족은 세월의 산물이다.

_F. 베이컨(1561~1626) 영국 정치가, 철학자

▶ 쌓인 연륜은 읽은 책보다 더 두껍다. _G. 허버트(1593~1633) 영국 시인

▶ 아름다움은 세월이 흐를수록 줄어들고 자기 나이에 잡아먹히는 연약한 재능이다. _G. 허버트(1593~1633) 영국 시인

▶ 예술은 길고 세월은 빠르다. 심장의 고동 소리는 무덤으로 가는 장송 행진곡이다. _H. W. 롱펠로(1807~1882) 미국 시인

▶ 오늘 일하지 않으면 내일 재산을 잃는다. 지나간 세월은 돌아오지 않는다. _《관자》

▶ 2, 3년 또는 4년 뒤에 우리에게 무슨 일이 닥칠지 아무도 모른다 우리에게 수백 년의 세월이 주어진 것은 아니다.

_나폴레옹 1세(1769~1821) 프랑스 황제

▶ 인내와 세월의 흐름은 힘과 분노보다 더 많은 일을 한다.

_J. 라퐁텐(1621~1695) 프랑스 시인, 우화 작가

▶ 젊은 시절은 한 번 가면 그만이고 새벽은 하루에 두 번 오지 않는다. 세월은 사람을 기다리지 않는다. _도연명(365~427) 중국 동진 시인

▶ 천 년이 지나간 어제 같고 밤의 한순간 같을 뿐이다. _《성경》

▶ 하루가 전혀 모르는 것을 긴 세월은 가르친다.

_R. W. 에머슨(1803~1882) 미국 사상가, 시인

속담

▶ 도끼 자루 썩는 줄 모른다. (세월 가는 줄 모른다는 말) _한국

▶ 돌의 무게는 지나온 세월의 무게보다 가볍다. _카자흐스탄

▶ 로마는 하루아침에 이루어지지 않았다. (이탈리아 로마의 역사는 짧은 기간에 이루어진 것이 아니라 무수한 세월이 흐르고 흘러 발전한 것이라는 뜻) _로마

▶ 머리가 모시 바구니가 되었다. (머리가 모시처럼 하얗게 세었다는

말로, 오랜 세월이 지나갔음을 이르는 말) _한국

▶ 백 년 뒤나 지금이나 마찬가지일 것이다. _영국

▶ 세월과 생각은 가장 큰 슬픔도 완화한다. _영국

▶ 세월에 문지기가 없다. (세월을 막을 문지기는 없으니 한탄만 하고 있을 수 없다는 뜻) _일본

▶ 세월에 속아 산다. (현재 살아가는 것이 변변하지 못해도 막연한 희망을 가지고 살아간다는 말) _한국

▶ 세월은 가장 위대한 개혁가다. _로마

▶ 세월은 사람을 기다려 주지 않는다. (무슨 일을 하든지 시간을 아껴서 부지런히 힘써야지 꾸물거리다가는 해야 할 일을 못하고 만다는 말) _한국

▶ 세월은 책보다 많은 것을 가르친다. (오래 삶으로써 얻은 경험이 진정한 교육이라는 뜻) _영국

▶ 세월이 가는지 오는지도 모른다. (매우 무사태평함이나 어떤 일에 정신이 팔려 시간이 얼마나 흘렀는지도 모름을 비유한 말) _한국

▶ 세월이 가면 잊혀지는 것. _튀니지

▶ 세월이 약. (아무리 가슴 아픈 일도 시간이 흐르면 자연히 잊게 된다는 말) _한국

한자 숙어

낙화유수(落花流水) 지는 꽃과 흐르는 물, 즉 세월을 뜻함.

만고풍상(萬古風霜) 온갖 고난을 경험한 오랜 세월.

석화광음(石火光陰) 돌을 마주 부딪칠 때 불빛이 번쩍하고 나는 것과 같이 빠른 세월이라는 뜻.

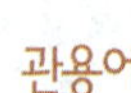

관용어

세월을 만나다 _ 좋은 때를 만나 활개 치다.

세월을 앞당기다 _ 많은 시간이 걸려야 할 수 있는 일을 짧은 시간에 해내다.

세월이 나다 _ 제때를 만나서 돈벌이가 잘 되다.

세월이 좀먹다 _ 세월이 가지 아니하다.

고사성어

▷ 광일미구(曠日彌久)

하는 일 없이 헛되이 세월만 보내며 오래 끌고 머문다는 뜻으로, 쓸데없이 벌이는 소모전을 이르는 말이다. 전국 시대 말엽, 조나라의 혜문왕은 연나라의 공격을 받자 제나라에 도움을 요청하였다. 그러자 제나라는 전단이라는 훌륭한 장수를 조나라로 보냈다. 조나라의 총사령관이 된 전단은 군사를 장악한 채 오랫동안 쓸데없이 세월만 보내면서 두 나라의 병력만 소모했다는 데서 비롯된 말이다. _《전국책》

시간

時間

어떤 시각에서 어떤 시각까지의 사이.
또는 때의 흐름.

명언 명문

▶ 고통스러운 한 시간은 즐거운 하루만큼 길다.

_T. 풀러(1608~1661) 영국 성직자, 역사가

▶ 나는 시간에 구애되지 않는다. 시간이 사람을 위해 있는 것이지 사람이 시간을 위해 있는 것은 아니기 때문이다.

_F. 라블레(1483?~1553) 프랑스 극작가

▶ 나는 회고록을 쓸 것이다. 일은 시간을 베는 낫이다.

_나폴레옹 1세(1769~1821) 프랑스 황제

▶ 누구나 자기 결심을 지킬 수 있다고 확신하지만 자주 경험하고 오랜 시간이 지나지 않으면 자신의 허약함을 깨닫지 못한다.

_S. 존슨(1709~1784) 영국 시인, 평론가

▶ 대부분의 사람들은 여생을 불행하게 만들기 위해 대부분의 시간을 보낸다. _J. 라브뤼예르(1645~1696) 프랑스 작가

▶ 돈이 상품의 척도이듯 시간은 일의 척도다.

_F. 베이컨(1561~1626) 영국 정치가, 철학자

▶ 모든 시간이 다 똑같은 것은 아니다.

_M. 세르반테스(1547~1616) 에스파냐 소설가

▶ 미녀에게 구애할 때는 한 시간이 1초처럼 느껴지고 뜨거운 철판에 앉아 있을 때는 1초가 한 시간처럼 느껴진다. 그것이 바로 상대성이다. _A. 아인슈타인(1879~1955) 미국 물리학자

▶ 미루는 것은 시간의 도둑이다. _E. 영(1683~1765) 영국 시인

▶ 사람들에게 사랑을 받는 유일한 충고자는 시간이다.

_F. 베이컨(1561~1626) 영국 정치가, 철학자 《학문의 진보》

*폐단 | 어떤 일이나 행동에서 나타나는 옳지 못한 경향이나 해로운 현상.

▶ 사람은 누구나 운명이 미리 정해 놓은 것 이상의 단 한순간도 요구할 수 없다. _나폴레옹 1세(1769~1821) 프랑스 황제

▶ 사람이 아는 것은 모르는 것보다 적게 마련이고, 살아가는 시간은 살아가지 못하는 시간에 비하면 아무것도 아니다. _장자(B.C. 369?~B.C. 289?) 중국 전국 시대 송나라 사상가

▶ 새로운 방법을 쓰지 않으면 반드시 새로운 *폐단이 닥친다. 시간은 위대한 개혁가이기 때문이다. _F. 베이컨(1561~1626) 영국 정치가, 철학자 《수필집》

▶ 생각하기 위해서는 시간, 노력, 준비가 필요하다는 것을 사람들은 깨닫지 못한다. 정치가들은 연설하는 데 너무 바빠서 생각을 할 수가 없다. _J. 러셀(1792~1878) 영국 정치가

▶ 슬픔은 한 시간을 열 시간으로 만든다. _W. 셰익스피어(1564~1616) 영국 극작가, 시인

▶ 시간 속에는 현재가 없고 영원 속에는 미래도 과거도 없다. _A. 테니슨(1809~1892) 영국 시인

▶ 시간과 공간은 우주의 어리석음 자체다. _J. 오르테가이가세트(1883~1955) 에스파냐 철학자, 정치가

▶ 시간과 기회는 모든 비밀을 폭로한다. _M. 맨리(1663~1724) 영국 작가

▶ 시간과 장소가 유리하면 이미 절반의 승리를 거둔 것이다. _F. 드레이크(1540?~1596) 영국 항해가, 해군 사령관

▶ 시간에 속지 마라. 시간을 정복할 수 없다. _W. H. 오든(1907~1973) 미국 시인 《어느 날 저녁 외출하여》

▶ 시간은 내가 낚시를 드리우는 시냇물에 불과하다. _H. D. 소로(1817~1862) 미국 사상가, 수필가

▶ 시간은 누구나 가지고 있는 유일한 자본이며 아무도 잃을 수 없는 유일한 것이다. _T. A. 에디슨(1847~1931) 미국 발명가

▶ 시간은 도덕의 분야에서마저 정당성을 부여하는 대단한 권위가 있다. _H. L. 멘켄(1880~1956) 미국 언론인, 작가

▶ 시간은 도망치면서 우리의 가장 격렬하고 가장 흐뭇한 감정을 해치기도 하고 죽이기도 한다. _A. 프랑스(1844~1924) 프랑스 작가

▶ 시간은 돈이다. _B. 프랭클린(1706~1790) 미국 정치가, 과학자

T. A. 에디슨

▶ 시간은 모든 것을 드러낸다. _D. 에라스뮈스(1466~1536) 네덜란드 철학자

▶ 시간은 모든 것을 삼키고 만다. _P. N. 오비디우스(B.C. 43~A.D. 17) 로마 시인

▶ 시간은 모든 것을 정복하므로 우리는 시간에 복종해야만 한다.
_A. 포프(1688~1744) 영국 시인

▶ 시간은 모든 권세를 침식하고 정복한다. 시간은 신중히 기회를 노리고 있다가 붙잡는 자의 벗이며, 조급히 서두르는 자의 적이다.
_플루타르코스(46?~120?) 그리스 철학자, 작가 《플루타르크 영웅전》

▶ 시간은 모든 의심으로 진실을 시험한다.
_J. 헤이우드(1497?~1580?) 영국 시인, 극작가

▶ 시간은 바뀌지만 쉬지 않고 움직이고 있다.
_H. 스펜서(1820~1903) 영국 철학자, 사회학자

▶ 시간은 소중하지만 진리는 시간보다 더 소중하다.
_B. 디즈레일리(1804~1881) 영국 정치가, 소설가

▶ 시간은 얻기는 어렵고 잃기는 쉽다. _《회남자》

▶ 시간은 연륜이 많이 쌓일수록 모든 것을 가르쳐 준다.
_T. E. 브라운(1830~1897) 영국 시인

▶ 시간은 영원성의 모습이다. _디오게네스(B.C. 412?~B.C. 323?) 그리스 철학자

▶ 시간은 우리가 가진 것 가운데 가장 적은 것이다.
_E. M. 헤밍웨이(1899~1961) 미국 소설가

▶ 시간은 위대한 주인이다. 많은 일을 바르게 심판한다.
_P. 코르네유(1606~1684) 프랑스 시인, 극작가

▶ 시간은 인간을 지배하는 왕이다. 시간은 인간의 부모이자 무덤이고, 주고 싶은 상대에게는 주지만 갈망하는 사람에게는 주지 않는다. _W. 셰익스피어(1564~1616) 영국 극작가, 시인

▶ 시간은 무한의 움직임이다. _L. N. 톨스토이(1828~1910) 러시아 소설가, 사상가

▶ 시간을 가장 잘못 이용하는 사람이 시간이 짧다고 가장 많이 불평한다. _J. 라브뤼예르(1645~1696) 프랑스 작가

▶ 시간을 선택하는 것은 시간을 절약하는 것이다.
_F. 베이컨(1561~1626) 영국 정치가, 철학자

▶ 시간을 충실하게 만드는 것이 행복이다.
_R. W. 에머슨(1803~1882) 미국 사상가, 시인 《사회와 고독》

▶ 아무도 묻지 않을 때라면 나는 시간이 무엇인지를 안다. 하지만 누가 시간이 무엇이냐고 물을 때면 나는 모른다.

_A. 아우구스티누스(354~430) 로마 신학자, 성인

▶ 우리는 지나간 시간을 찾을 길이 없다. 그러나 우리가 잠든 순간, 잃어버린 시간이 하나의 동그라미가 되어 우리 앞에 나타난다.

_M. 프루스트(1871~1922) 프랑스 소설가 《잃어버린 시간을 찾아서》

▶ 우리에게 최대의 희생은 시간의 희생이다.

_플루타르코스(46?~120?) 그리스 철학자, 작가 《플루타르크 영웅전》

▶ 짧은 인생은 시간의 낭비에 의해서 더 짧아진다.

_S. 존슨(1709~1784) 영국 시인, 평론가

속담

▶ 가만히 앉아 있으면 시간의 모래 위에 발자국이 찍히지 않는다. _서양

한자 숙어

일각천금(一刻千金) 아무리 짧은 시간이라도 천금과 같이 귀중함을 이르는 말.

일일난재신(一日難再晨) 하루에 새벽이 두 번 오지 않는다는 뜻으로, 한번 지나간 시간은 다시 돌이킬 수 없음을 이르는 말.

촌음시경(寸陰是競) 극히 짧은 시간도 다투어야 할 정도로 시간이 귀중하다는 말.

관용어

시간 가는 줄 모르다 _ 몹시 바삐 진행되거나 어떤 일에 몰두하여 시간이 어떻게 지났는지 알지 못하다.

시간과 분을 쪼개다 _ 시간을 매우 아껴 쓰다.

▶ 시간보다 더 귀한 것은 없다. _스코틀랜드

▶ 시간은 금이다. _영국

▶ 시간은 기다릴 줄 아는 사람에게 문을 열어 준다. _중국

▶ 시간은 돌도 간다. (시간의 흐름은 모든 일을 변화시키고 잊혀지게 만든다는 뜻) _카자흐스탄

▶ 시간은 분노를 치료하는 약재다. _독일

▶ 시간은 위대한 교사다. _영국

▶ 시간은 화살처럼 날아간다. _서양

▶ 시간을 가장 잘 쓰는 사람은 남는 시간이 없다. _서양

▶ 시간이 우리를 따르는 것이 아니라 우리가 시간을 따르는 것이다. _러시아

▶ 시간이 해결한다. _영국

▶ 인내와 시간은 뽕나무 잎을 비단옷으로 만든다. _서양

時期 시기

어떤 일이나 현상이 진행되는 시점. 때.

명언 명문

▶ 관대하게 베푼다는 것은 관대하게 주는 행위가 아니라 시기적절하게 주는 데 있다. _J. 라브뤼예르(1645~1696) 프랑스 작가

▶ 때를 만난 사람은 번영하고 때를 잃은 자는 망한다. _열자(?~?) 중국 전국 시대 사상가

▶ 때를 얻는 사람은 모든 것을 얻는다. _B. 디즈레일리(1804~1881) 영국 정치가, 소설가

▶ 범행의 여건과 시기를 조사하는 것은 판사의 의무다. _P. N. 오비디우스(B.C. 43~A.D. 17) 로마 시인

▶ 사랑할 때가 있고 미워할 때가 있으며 전쟁할 때가 있고 평화할 때가 있느니라. _《성경》

▶ 어린아이에게 영향을 미칠 적절한 시기는 그가 태어나기 100년 전이다. _W. R. 잉(1860~1954) 영국 신학자

▶ 오, 우주여 너에게 조화하는 것은 모두 나에게도 어울린다. 너에게 알맞은 때는 나에게도 너무 이르거나 늦는 법이 없다. _마르쿠스 아우렐리우스(121~180) 로마 황제

▶ 올바른 시기를 선택하는 사람이 올바른 사람이다. _J. W. 괴테(1749~1832) 독일 시인, 소설가, 극작가

▶ 우수한 *계책보다 적절한 시기가 더 낫다. _《관자》

▶ 재능은 감추고 때를 기다려서 움직여라. _《주역》

▶ 적절한 시기는 얻기 어렵고 기회는 놓치기 쉽다. _조광조(1482~1519) 조선 시대 문신, 성리학자

▶ 젊음은 인생의 일정한 시기가 아니라 마음의 상태다. 나이가 많다

*계책 | 어떤 일을 이루기 위하여 꾀나 방법을 생각해 냄. 또는 그 꾀나 방법.

*지사 | 나라와 민족을 위하여 제 몸을 바쳐 일하려는 뜻을 가진 사람.
*현학 | 학식이 있음을 자랑함.
*써레질 | 써레로 논바닥을 고르거나 흙덩이를 잘게 부수는 일.
*속인 | 일반의 평범한 사람.

고 해서 늙는 것이 아니라 이상을 하나씩 버릴 때 늙는다.

_D. 맥아더(1880~1964) 미국 군인

▶ *지사가 구차하게 목숨을 보존하는 것은 때를 다시 기다리기 위한 것이다. _김좌진(1889~1930) 독립운동가

▶ 지혜로운 사람은 위험한 시기에 아무 말도 하지 않는다.

_J. 셀던(1584~1654) 영국 법학자, 정치가, 역사가

▶ 청년기는 지혜를 배우는 시기고, 노년기는 배운 것을 실천하는 시기다. _J. J. 루소(1712~1778) 프랑스 작가, 사상가

▶ 칼을 빼었다면 반드시 베어라. 그렇지 않으면 유리한 시기를 놓치게 된다. _강태공(?~?) 중국 주나라 정치가

▶ 행운을 안고 입장했던 사람들 중에서 오직 적당한 시기에 물러났던 사람만이 행복을 지킬 수 있다.

_B. 그라시안이모랄레스(1601~1658) 에스파냐 작가

▶ *현학은 때와 장소와 모인 사람들에게 적절하지 않은 말을 하는 것이다. _S. T. 콜리지(1772~1834) 영국 시인, 평론가

속담

▶ 너의 때를 알라. _로마

▶ 망건 쓰자 파장. (일을 준비하다가 때를 놓쳐 버림을 이르는 말)

_한국

한자 숙어

견토방구(見兎放狗) 토끼를 발견한 뒤에 사냥개를 놓아 잡아도 늦지 않는다는 뜻으로, 일이 일어나기를 기다린 뒤에 응해도 좋다는 말.

병촉야행(秉燭夜行) 촛불을 들고 밤길을 간다는 뜻으로, 시기가 늦었음을 비유해 이르는 말.

사후청심환(死後淸心丸) 죽은 뒤의 약이라는 뜻으로, 시기를 놓친 것을 의미함.

▶ 모든 일에는 때가 있다. (적절한 시기에 맞춰 행동을 해야 한다는 말) _서양

▶ 바보는 시간을 묻지만 지혜로운 사람은 자기 때를 안다. _서양

▶ 뻐꾸기도 유월이 한철이라. (누구나 한창 활동할 수 있는 시기는 얼마 되지 않으니 놓치지 말라는 말) _한국

▶ 우기가 끝나고 논에 *써레질을 한다. (시기에 맞게 대처하라는 뜻) _한국

▶ 절에 가면 중, 촌에 가면 *속인. (시기와 형편에 따라 마음을 바꾼다는 뜻) _한국

時代 시대

역사적으로 어떤 표준에 의하여 구분한 일정한 기간.

명언 명문

▶ 각 시대는 직접 신에 접해 있다. _L. 랑케(1795~1886) 독일 역사가

▶ 극작가는 자기 시대의 생각을 *통속적인 형태로 설교하는 사람이다. _J. A. 스트린드베리(1849~1912) 스웨덴 극작가, 소설가

▶ 대부분의 사람들의 공통된 성질은 자기 시대와 현재의 권력자들에 대해 불평하고 과거를 한탄하며 미래에 대해 터무니없는 기대를 거는 것이다. _E. 버크(1729~1797) 영국 정치가, 사상가

▶ 모든 시대는 오래 되면 좋아진다. _G. G. 바이런(1788~1824) 영국 시인 《청동시대》

▶ 바로 오늘, 바로 여기서 세계사의 새로운 시대가 시작된다. _J. W. 괴테(1749~1832) 독일 시인, 소설가, 극작가

▶ 배우들은 시대를 간결하게 압축한 연대기와 같다. _W. 셰익스피어(1564~1616) 영국 극작가, 시인

▶ 사회의 변혁이나 발전은 항상 그 시대에 어울릴 수 없는 사람들에 의해서 이루어진다. _G. B. 쇼(1856~1950) 아일랜드 극작가, 평론가

▶ 세상은 스피드 시대. 밧줄을 푸는 데 시간을 다 보내서야 언제 사무를 본단 말인가. 칼로 끊어야 한다. _D. 카네기(1888~1955) 미국 저술가

▶ 시대는 변하고 시대에 따라 우리도 변한다. _로타리우스(941~986) 서프랑크 왕

▶ 시대를 움직이는 것은 주의가 아니고 인격이다. _O. F. O. W. 와일드(1854~1900) 아일랜드 시인, 극작가

▶ 시대의 중대한 문제들은 연설과 다수결이 아니라 강철과 피가 결정한다. _O. E. L. 비스마르크(1815~1898) 독일 정치가

*통속적 | 세상에 널리 통하는. 또는 비전문적이고 대체로 저속하며 일반 대중에게 쉽게 통할 수 있는.

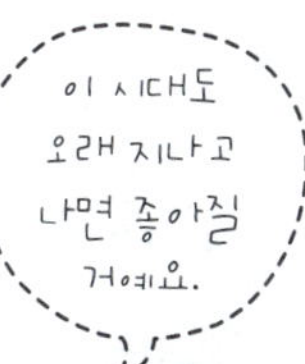

G. G. 바이런

*시대정신 | 한 시대의 사회에 널리 퍼져 그 시대를 지배하거나 특징짓는 정신.

▶ *시대정신을 가지지 못한 자는 그 시대의 온갖 불행을 걸머진다.

_볼테르(1694~1778) 프랑스 사상가

▶ 약소국들의 시대는 오래 전에 지났고 제국들의 시대가 왔다.

_A. N. 체임벌린(1869~1940) 영국 수상

▶ 어느 시대나 인간 본성의 최악의 표본들이 대중 선동가들 가운데서 발견된다.

_T. B. 매콜리(1800~1859) 영국 역사가, 정치가

▶ 오늘날 폭력은 시대의 웅변술이다.

_J. 오르테가이가세트(1883~1955) 에스파냐 철학자, 정치가

▶ 오로지 자기 시대와 자기 나라만 열렬히 칭송하는 자는 천치다.

_W. S. 길버트(1836~1911) 영국 극작가

▶ 우리 시대는 근본적으로 비극의 시대다. 따라서 우리는 그것을 비극적으로 받아들이기를 거부한다.

_D. H. 로렌스(1885~1930) 영국 소설가, 시인

▶ 우리 시대에 신성한 것에 이르는 길은 반드시 행동의 세계를 통과한다.

_D. 함마르셸드(1905~1961) 스웨덴 경제학자

▶ 위대한 시인은 자신에 관해 쓰면서 자기 시대에 관해서 쓴다.

_T. S. 엘리엇(1888~1965) 영국 시인, 평론가, 극작가

▶ 20세기는 정치적 충돌과 기술 발명의 시대가 아니라 인류 전체의 건강을 목표로 생각한 시대로 기억될 것이다.

_A. J. 토인비(1889~1975) 영국 역사가, 문명 비평가

▶ 자기가 살아야 하도록 정해진 시대와 다만 상상의 세계에서만 존재하는 황금시대를 비교하는 친구들이 있는데, 그들은 쇠퇴와 부패에 관해서 알아야 할 것이다. 그러나 과거를 정확히 알고 있는 사람들은 현재에 대해서도 절대로 불쾌하거나 패배적인 생각을 갖지 않을 것이다.

_T. B. 매콜리(1800~1859) 영국 역사가, 정치가 《영국사》

▶ 작가는 어떤 방법으로도 현실에서 벗어날 수 없으므로 우리들은 작가가 자기의 시대와 하나가 되기를 바란다. 자기의 시대는 작가의 유일한 기회다. 시대는 작가를 위해 만들어졌고, 작가는 시대를 위해 만들어졌다.

_J. P. 사르트르(1905~1980) 프랑스 소설가, 철학자

▶ 장점은 개인의 것이지만 결점은 시대의 것이다.

_J. W. 괴테(1749~1832) 독일 시인, 소설가, 극작가 《루소와 로맨티시즘》

▶ 전에 존재했던 시대가 지금 존재하고 있는 시대보다도 뛰어났다고 하는 환상이야말로 모든 시대에 보편적으로 흐르고 있는 환상이다. _H. 그릴리(1811~1872) 미국 언론인

▶ 정의가 회복되자마자 황금시대도 돌아온다. _P. 베르길리우스(B.C. 70~B.C. 19) 로마 시인

▶ 지상에 고쳐지지 않은 불의가 하나라도 남아 있는 한 기사도 시대는 지나가지 않았다. _C. 킹즐리(1819~1875) 영국 성직자, 소설가

▶ 현대의 것이라고 무시하지 말고 고대의 것이라고 숭배하지 마라. 모든 것을 그것의 시대에 따라 판단하지 말고 그것이 지닌 장점에 따라 판단하라. _P. D. S. 체스터필드(1694~1773) 영국 정치가, 작가

▶ 현자들이 몸을 숨기고 세상에 나타나지 않은 것은 시대의 조류가 근본적으로 잘못 되었기 때문이다. _장자(B.C. 369?~B.C. 289?) 중국 전국 시대 송나라 사상가

속담

▶ 다른 시대엔 다른 몸가짐. (시대가 다르면 행동도 달라야 한다는 말) _서양

▶ 시대가 변하면 풍습도 변한다. _서양

지식 쑥쑥

한자 숙어

강구연월(康衢煙月) 거리에 연기와 달빛이 비침. 태평한 시대의 평화로운 풍경을 나타내는 말.

키워드 정보 BOX

미래는 바이오 시대

미래는 바이오 산업이 국가의 운명을 좌우할 것이라고 한다. 바이오 산업이란, 유전자를 재조합하거나 세포 융합 따위의 생명 공학을 이용하여 새로운 품종이나 물질을 만들어 내는 산업을 말한다. 1953년에 왓슨과 클릭이 DNA 이중 나선 구조를 밝혀낸 이후부터 본격적으로 연구되었으며, 오늘날에는 농업뿐 아니라 의약, 동물, 미생물 및 화학 분야에서도 활발히 연구되고 있다. 바이오 기술이 더욱 발전하면 식량 문제 해결, 난치병 치료, 환경 보존 등 인류의 삶에 큰 도움을 줄 것이다.

바이오 기술의 하나인 세포 융합을 통해 재배된, 오렌지 맛이 나는 밀감.

야만

野蠻

미개하여 문화 수준이 낮은 상태. 또는 그런 종족.

명언 명문

▶ 강력한 독재자가 되려면 지독한 야만인이 되어야만 한다.

_J. 콘래드(1857~1924) 영국 소설가

▶ 결혼할 때 재산을 따지는 것은 야만인들이나 하는 짓이다.

_왕통(584~617) 중국 수나라 학자

▶ 도박은 겉만 문명인인 야만인들의 병이다.

_W. R. 잉(1860~1954) 영국 신학자

▶ 문명이 꽃이라면 야만은 꽃봉오리다. 문명이 열매라면 야만은 꽃이다. 그러나 문화가 이미 정체한 오랜 나라의 국민은 그렇지 않다. 발전이 고개를 넘으면 곧 퇴보가 시작된다.

_루쉰(1881~1936) 중국 작가 《분》

▶ 미국은 중간 단계인 문명을 거치지 않은 채 야만 상태에서 놀랍게도 직접 타락 상태로 떨어진 유일한 국가다.

_G. 클레망소(1841~1929) 프랑스 정치가

▶ 소수의 야만인들은, 자신의 힘으로 불가능을 가능으로 바꾸어 내는 일이 인간이 해야 할 진정한 역할이라는 사실, 인간은 과거에 일어난 어떤 일에 단순히 얽매여 있어서는 안 된다는 사실, 인간은 정신력을 가지고 모든 힘을 동원하여 이루어야 할 것을 향해 전진하지 않으면 안 된다는 사실조차 의식하지 못했다.

_R. 타고르(1861~1941) 인도 시인, 사상가

▶ 시의 목소리가 귀에 들어오지 않는 사람은 모두 야만인이다.

_J. W. 괴테(1749~1832) 독일 시인, 소설가, 극작가 《타소》

▶ 야만은 야만을 낳는다.

_H. 스펜서(1820~1903) 영국 철학자, 사회학자 《교육론》

▶ 야만인과 우리는 관습이 다르기 때문에 우리는 그들을 야만인이라고 부른다. _B. 프랭클린(1706~1790) 미국 정치가, 과학자

▶ 야만인들도 군기만은 야만인 같지 않게 잘 서 있느니라.

_플루타르코스(46?~120?) 그리스 철학자, 작가 《플루타르크 영웅전》

▶ 야만인이란 기묘한 인간이며, 때로는 어떻게 해석해야 할지 모르는 수도 있다. 위압적으로 보이지만, 그들의 고요함과 단순함에서는 소크라테스의 지혜마저 느끼게 한다.

_H. 멜빌(1819~1891) 미국 소설가 《백경》

▶ 열광에서 야만에 이르는 것은 한 단계에 지나지 않는다.

_D. 디드로(1713~1784) 프랑스 철학자 《공죄와 미덕에 관한 수필》

▶ 이것이야말로 현세기의 야만인이다! 그들은 어제도 돼지를 살해하여 비료로 하고, 밀을 살아남은 암소 죽으로 하고, 그 암소를 돼지에게 먹이로 주고, 그 돼지를 토지의 비료로 할 것이다. 옛날의 그들은 잔인무도한 사업가였다. 지금의 그들은 사나운 미치광이로 변해 버렸다. _I. G. 예렌부르크(1891~1967) 소련 소설가, 시인

▶ 인간의 야만성은 결코 없어지지 않는다.

_J. G. 휘티어(1807~1892) 미국 시인

키워드 정보 BOX

게르만 족의 이동

게르만 족은 로마 시대에 게르마니아에 살던 민족으로, 동고트 족, 서고트 족, 반달 족, 앵글로 · 색슨 족 등을 말한다. 이들은 4세기 말에 아시아 유목 민족인 훈족의 공격을 피해 스칸디나비아 반도에서 중부 및 남부 유럽으로 이동하기 시작했다. 특히 덴마크와 스칸디나비아 지방의 북방 게르만 족은 뛰어난 항해술을 이용하여 유럽 각지로 활발하게 이동했는데, 이들을 '바이킹'이라고 부른다. 바이킹은 유럽과 러시아 등에 침입하여 약탈을 일삼았기 때문에 그 당시 유럽에서는 이들을 야만인이라고 불렀다.

바이킹들이 타고 이동했던 배의 모습.

여름

한 해의 네 철 가운데 둘째 철로
6월에서 8월까지.

명언 명문

*귀제비 | 제빗과의 여름 철새.
*보리누름 | 보리가 누렇게 익는 철.
*중의 | 남자의 여름 홑바지.

▶ 아무리 뭐라 해도 여름에는 파리가 있게 마련이다.

_R. W. 에머슨(1803~1882) 미국 사상가, 시인

▶ 여름은 하나의 꽃다발, 시들 줄 모르는 영원한 꽃다발이다. 왜냐하면 그것은 언제나 싱그러운 청춘을 상징하기 때문이다.

_G. 바슐라르(1884~1962) 프랑스 철학자 《유년 시절을 향한 몽상》

▶ 여름이 몇 달 동안 여름답지 않아 봄이 계속된다.

_P. 베르길리우스(B.C. 70~B.C. 19) 로마 시인

▶ 여름이 성급히 지나가는 것은 친구와 헤어지는 느낌을 준다.

_V. M. 위고(1802~1885) 프랑스 시인, 극작가 《하프의 음향을 다해서》

▶ 푸른 하늘의 저 검은 새 떼는 누구를 위해서인가? 눈 어둡고 귀먹은 듯한 여름이 차차 스며들고 *귀제비 부르는 소리와 신문 장수의 외치는 소리에 더욱 깨끗한 의미를 띠고 있다.

_A. 카뮈(1913~1960) 프랑스 소설가, 극작가 《비망록》

속담

▶ *보리누름에 설늙은이 얼어 죽는다. (더워야 할 계절에 도리어 춥게 느껴지는 때가 있음을 두고 하는 말) _한국

▶ 여름 난 *중의로군. (여름내 입어 해진 옷처럼, 형편없이 됐으면서 자신감만 남아 있는 사람을 비유하는 말) _한국

▶ 여름 불도 쬐다 나면 섭섭하다. (쓸모없는 것이라도 없어지면 섭섭하게 느껴진다는 말) _한국

▶ 여름 살은 풋살. (더운 여름에 마구 살을 드러내 놓고 옷을 입는다

고 해서 하는 말) _한국

▶ 여름 하늘에 소낙비. (흔히 있을 만한 일이니 조금도 놀랄 것이 없다는 말) _한국

▶ 여름 하루는 일 년을 먹게 한다. _러시아

▶ 여름비는 더워야 오고 가을비는 추워야 온다. _한국

▶ 여름비는 잠비, 가을비는 떡비. (여름에 비가 오면 낮잠을 자게 되고, 가을에 비가 오면 떡을 해 먹게 된다는 말) _한국

▶ 여름에 먹자고 얼음 뜨기. (앞으로 큰일에 쓰기 위하여 미리 준비함을 비유적으로 이르는 말) _한국

▶ 여름에 하루 놀면 겨울에 열흘 굶는다. (농사에서는 특히 여름에 부지런히 일하여야 하듯이, 뒷일을 생각하여 한시라도 게을리해서는 안 됨을 비유적으로 이르는 말) _한국

▶ 여름에는 개미처럼 일하라. _아라비아

▶ 오뉴월 감기는 개도 아니 앓는다. _한국

▶ 오뉴월 더위에는 염소 뿔이 물러 빠진다. (염소 뿔이 물렁물렁하여 빠질 정도로 음력 오뉴월 더위가 심함을 이르는 말) _한국

▶ 오뉴월 볕은 솔개만 지나도 낫다. (오뉴월 볕에는 조그만 그늘도 귀함을 이르는 말) _한국

▶ 오뉴월 소나기는 소 등을 두고 다툰다. (여름의 소나기는 가까운 곳에서도 내리기도 하고 안 내리기도 한다는 말) _한국

▶ 제비 한 마리가 왔다고 해서 여름이 되는 것은 아니다. _서양

▶ 좋은 겨울이 좋은 여름을 데리고 온다. _영국

▶ 평화로울 때의 군사는 여름철의 굴뚝과 같다. _서양

▶ 한 송이 꽃으로 여름철이 될 수는 없다. _영국

▶ 한여름 손님은 호랑이보다 더 무섭다. (무더위에 손님이 오면 옷차림도 갖추어야 하고 번거로운 일이 많아 전혀 반갑지 않다는 뜻) _한국

지식 쑥쑥

한자 숙어

녹음방초(綠陰芳草) 푸르게 우거진 나무와 향기로운 풀이라는 뜻으로, 여름철의 자연 경관을 이르는 말.

하갈동구(夏葛冬裘) 여름의 서늘한 베옷과 겨울의 따뜻한 갖옷이라는 뜻으로, 격이나 철에 맞음을 이르는 말.

여행 旅行

일이나 유람을 목적으로 다른 고장이나 외국에 가는 일.

명언 명문

▶ 가장 가벼운 차림으로 여행하는 자가 어두운 밤에 가장 안전하게 여행한다. _H. 코르테스(1485~1547) 에스파냐 모험가

▶ 나는 본 것을 절반도 이야기하지 못했다. _M. 폴로(1254~1324) 이탈리아 여행가

▶ 나는 선생이 아니라 여러분의 여행 동료로서 길을 가르쳐 줄 뿐이다. 여러분을 위해서, 또 나 자신을 위해서 전진의 방향을 제시하는 것이다. _G. B. 쇼(1856~1950) 아일랜드 극작가, 평론가

▶ 나는 여행 자체를 위해서 여행한다. 중요한 것은 움직인다는 것이다. _R. L. B. 스티븐슨(1850~1894) 영국 소설가, 시인

▶ 바보는 방황하고 지혜로운 사람은 여행을 한다. _T. 풀러(1654~1734) 영국 의사, 작가

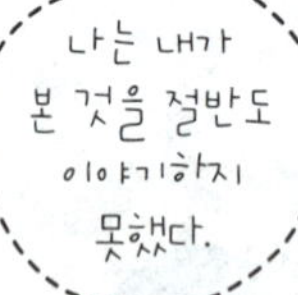

▶ 사람이 여행을 하는 것은 도착하기 위해서가 아니고 여행하기 위해서다. _J. W. 괴테(1749~1832) 독일 시인, 소설가, 극작가 《격언과 반성》

▶ 어떠한 주인에게도 충성을 바칠 의무 없이 나는 바람이 이끄는 대로 여행하는 나그네다. _Q. 호라티우스(B.C. 65~B.C. 8) 로마 시인

▶ 여러 나라를 보기 위한 여행과 여러 나라의 사람들을 보기 위한 여행은 큰 차이가 있다. _J. J. 루소(1712~1778) 프랑스 작가, 사상가

M. 폴로

▶ 여행 안내서와 보는 눈을 가지고 여행한 사람은 헛일을 한 것은 아니다. _A. B. 올콧(1799~1888) 미국 작가, 철학자

▶ 여행은 사람을 더 현명하게 만들지만 행복감은 줄인다. _T. 제퍼슨(1743~1826) 미국 제3대 대통령

▶ 여행은 어릴 때는 교육의 일부고 어른이 되어서는 경험의 일부다.

여행할 나라의 말을 모르는 사람은 여행을 갈 것이 아니라 학교에 먼저 가라. _F. 베이컨(1561~1626) 영국 정치가, 철학자

*진수 | 사물이나 현상의 가장 중요하고 본질적인 부분.

▶ 여행은 인간을 겸허하게 합니다. 세상에서 인간이 차지하고 있는 입장이 얼마나 하찮은가를 두고두고 깨닫게 하기 때문입니다.

_G. 플로베르(1821~1880) 프랑스 소설가 《서간집》

▶ 여행의 *진수는 원하는 대로 생각하고 느끼고 행동하는 자유, 그것도 완전한 자유다. _W. 해즐릿(1778~1830) 영국 평론가, 수필가 《여행길》

▶ 여행의 추억은 끊임없는 휴양입니다.

_B. A. W. 러셀(1872~1970) 영국 철학자, 수학자 《사랑이 있는 기나긴 대화》

▶ 여행하는 것은 많은 이익이 있다. 그것은 신선함, 놀라운 일에 대한 견문, 새로운 도시를 보는 기쁨, 모르는 친구와 만나는 것, 고결한 예법의 습득이다. _사디(1213?~1291) 페르시아 시인 《장미원》

▶ 인간에게 정처 없이 떠도는 것처럼 고통스러운 것은 없다.

_호메로스(?~?) 그리스 시인 《오디세이》

▶ 자기가 태어난 나라를 절대 떠날 수 없는 사람은 편견에 차 있다.

_C. 골도니(1707~1793) 이탈리아 극작가 《바메라》

▶ 자기와 다른 사람들을 개선하려고 나라를 떠나는 자는 철학자지만, 호기심이라는 충동에 의해 이 나라 저 나라로 다니는 자는 방랑자에 지나지 않는다. _O. 골드스미스(1730~1774) 영국 소설가 《세계시민》

▶ 혼자 여행을 떠나는 사람은 오늘이라도 출발할 수 있지만, 남과 함께 떠나는 사람은 그 사람이 준비될 때까지 기다려야 한다.

_H. D. 소로(1817~1862) 미국 사상가, 수필가 《월든》

속담

▶ 당나귀는 여행을 떠나도 말이 되어 돌아오지는 않는다. _서양

▶ 여행은 정신을 넓게 만든다. _서양

▶ 유쾌한 친구와 함께 가면 지루한 여행길도 견딜 만하다. _에스파냐

▶ 혼자서 여행하는 사람이 가장 빨리 여행한다. _서양

지식 쑥쑥

한자 숙어

남선북마(南船北馬) 중국의 남쪽은 강물이 많아서 배를 이용하고, 북쪽은 산이 많아서 말을 이용한다는 뜻으로, 늘 쉬지 않고 여행을 하거나 돌아다님을 이르는 말.

노숙풍찬(露宿風餐) 한데서 자고 한데서 먹는다는 뜻으로, 여행하는 어려움을 이르는 말.

역사

歷史

인류 사회의 변천과 흥망의 과정. 또는 그 기록.

명언 명문

*이단자 | 상식에 반항하여 자기 개성을 강하게 주장하여 고립되어 있는 사람.

▶ 경험과 역사가 가르치는 것은 백성과 정부가 역사에서 아무것도 배우지 않았거나 역사에서 나오는 원칙에 따라 행동하지 않았다는 것이다.

_G. W. F. 헤겔(1770~1831) 독일 철학자

▶ 고대 유물은 손상된 역사이거나 또는 세월의 난파를 우연히 면한 역사의 찌꺼기들이다.

_F. 베이컨(1561~1626) 영국 정치가, 철학자

▶ 당신은 당신 자신의 역사를 관찰해야 한다. 역사의 의미는 항상 당신의 현재에 있다. 당신은 그것을 관객의 눈으로 보지 말고, 오직 책임 있는 결단을 가지고 봐야 한다.

_R. K. 불트만(1884~1976) 독일 신학자 《역사와 종말론》

▶ 문명의 역사는 느리면서도 고통스러운 인류 해방의 역사다.

_R. G. 잉거솔(1833~1899) 미국 정치가

▶ 사람들은 남보다 앞서 가는 사람을 세계사에서 항상 *이단자라고 불러 왔다.

_R. G. 잉거솔(1833~1899) 미국 정치가

▶ 세계 역사는 세계 법정이다. 그것은 언제나 강자에게 유리한 판결을 해 왔고, 권력보다는 정의를 믿는 자에게 사형을 선고해 왔다.

_O. 슈펭글러(1880~1936) 독일 역사가, 철학자

G. W. F. 헤겔

▶ 세계 역사는 자유 의식의 진보다.

_G. W. F. 헤겔(1770~1831) 독일 철학자 《역사철학》

▶ 세상의 거창한 사건들의 역사는 범죄의 역사에 불과하다.

_볼테르(1694~1778) 프랑스 사상가

▶ 세계의 역사는 극소수 특권층의 역사다.

_H. V. 밀러(1891~1980) 미국 소설가

▶ 세계의 역사는 날마다 빵과 버터를 얻으려고 하는 인간들의 기록이다. _H. W. 판론(1882~1944) 미국 언론인, 작가

▶ 세계의 역사를 만드는 원동력은 오직 백성뿐이다.

_마오쩌둥(1893~1976) 중국 정치가

▶ 역사 작품을 쓰는 비결은 무시해야 할 사항을 아는 데 달린 기술이다. _A. G. 비어스(1842~1914) 미국 소설가, 신문 기자 《악마의 사전》

▶ 역사는 결정론을 배척하지만 우연을 허용할 수도 없다.

_B. A. 디보토(1897~1955) 미국 소설가, 평론가, 역사가

▶ 역사는 과거의 정치고, 정치는 현재의 역사다.

_J. R. 실리(1834~1895) 영국 역사가

▶ 역사는 너무 심각한 것이기 때문에 역사가들에게만 맡길 수 없다.

_I. 매클라우드(1913~1970) 영국 정치가

▶ 역사는 법률로 밝히고, 법률은 역사로 밝혀야 할 것이다.

_C. L. S. 몽테스키외(1689~1755) 프랑스 사상가 《법의 정신》

▶ 역사는 실례들을 가지고 가르치는 철학이다.

_디오니시오스(B.C. 40~B.C. 8) 그리스 역사가, 수사학자

▶ 역사는 엄격한 기준의 진실이 인도해야만 한다. 가치 있는 행위들은 그 이외에 아무것도 요구하지 않는다.

_G. 플리니우스 2세(61?~113?) 로마 법률가, 정치가

▶ 역사는 역사가가 현명한 만큼, 그가 역사적 안목과 의식을 지닌 만큼 완전하다. _T. 칼라일(1795~1881) 영국 사상가, 역사가

▶ 역사는 영원히 되풀이된다.

_투키디데스(B.C. 5세기경) 그리스 역사가 《펠로폰네소스 전사》

▶ 역사는 이미 일어난 일들의 소설이고, 소설은 앞으로 일어날 수 있는 일들의 역사다. _E. 공쿠르(1822~1896) 프랑스 소설가

▶ 역사는 인간의 기억 위에 시간이 쓴 전설의 시다.

_M. W. 셸리(1797~1851) 영국 작가

▶ 역사는 인류의 범죄와 어리석은 짓과 불행의 기록 이외에 아무것도 아니다. _E. 기번(1737~1794) 영국 역사가

▶ 역사는 일반적으로 사악한 통치가 무엇인지 알려 줄 뿐이다.

_T. 제퍼슨(1743~1826) 미국 제3대 대통령 《문서집》

*격정 | 갑작스러워 참기 어려운 감정.

▶ 역사는 참으로 시대의 증인이고 진실의 빛이다.

_M. T. 키케로(B.C. 106~B.C. 43) 로마 정치가, 학자

▶ 역사란 역사가와 사실의 끊임없는 상호 작용의 과정이며, 현재와 과거의 끊임없는 대화이다. _E. H. 카(1892~1982) 영국 정치학자, 역사가

▶ 역사의 기록도 대부분이 허위인 줄을 이제 알았다.

_조익(1727~1814) 중국 청나라 시인, 학자

▶ 역사의 제1법칙은, 거짓은 감히 기록하려고 하지 않는 반면 모든 진실을 기록하는 데는 주저하지 않는 것이다.

_M. T. 키케로(B.C. 106~B.C. 43) 로마 정치가, 학자

▶ 역사의 주요 임무는, 덕행의 망각을 방지하고 사악한 말과 행동은 후세의 불명예를 두려워하게 만드는 것이다.

_C. 타키투스(56?~120?) 로마 역사가, 정치가

▶ 예술의 역사는 실패작이나 평범한 작품이 아니라 걸작의 역사다.

_E. L. 파운드(1885~1972) 미국 시인

▶ 온갖 인간의 생활에 역사가 있다.

_W. 셰익스피어(1564~1616) 영국 극작가, 시인 《헨리 2세》

▶ 우리가 역사에서 배우는 것이란 우리 눈을 멀게 하는 *격정과 당파 싸움, 그리고 우리 등 뒤에서만 빛나는 경험의 지혜뿐이다.

_S. T. 콜리지(1772~1834) 영국 시인, 평론가

▶ 인간은 역사를 만드는 존재다. 그는 자신의 과거를 반복할 수도 없고 뒤에 물려줄 수도 없다. _W. H. 오든(1907~1973) 미국 시인

▶ 인간의 사악함보다는 잘못들이 일반적으로 역사에 더 많이 작용한다. _A. J. P. 테일러(1906~1990) 영국 역사가

▶ 인류학자는 역사를 존중하지만 거기 특별한 가치를 부여하지는 않는다. _C. L. 레비스트로스(1908~1991) 프랑스 인류학자

▶ 자유인들의 역사는 우연이 아니라 그들의 선택이 기록하는 것이다. _D. D. 아이젠하워(1890~1969) 미국 제34대 대통령

▶ 학문의 역사는 학문 자체고 개인의 역사는 개인 자신이다.

_J. W. 괴테(1749~1832) 독일 시인, 소설가, 극작가

▶ 활용되지 않는 역사는 아무것도 아니고, 오히려 죽은 것이다.

_A. J. 토인비(1889~1975) 영국 역사가, 문명 비평가

역사

英雄 영웅

지혜와 재능이 뛰어나고 용맹하여
보통 사람이 하기 어려운 일을 해내는 사람.

명언 명문

▶ 가장 위대한 영웅은 누구일까? 자기의 욕망을 지배하는 자다.

_바르트리하리(450~500) 인도 시인 《처세백송》

▶ 개인의 역할이 탁월한 시대는 이미 사라졌다고 생각한다. 국민이나 당파나 집단 그 자체가 영웅이다.

_H. 하이네(1797~1856) 독일 시인 《프랑스의 상태》

▶ 권력가들과 고관들은 용처럼 날뛰고 영웅들은 호랑이처럼 싸우지만, 냉정한 눈으로 바라보면 개미들이 비린 고기에 몰려들고 파리들이 다투어 피를 빠는 것과 같다. _《채근담》

▶ 눈앞의 자연의 이치를 *간파할 수 있다면 역사상 모든 영웅들이 손아귀에 들어올 것이다. _《채근담》

▶ 명성은 영웅적 행동의 향기다. _소크라테스(B.C. 469~B.C. 399) 그리스 철학자

▶ 사람은 누구나 누군가에게는 영웅이며 현자다.

_R. W. 에머슨(1803~1882) 미국 사상가, 시인

▶ 사람은 자신의 이해관계가 걸린 일에 관해서는 한없이 비겁하지만 사상을 위해서는 영웅처럼 싸울 것이다.

_G. B. 쇼(1856~1950) 아일랜드 극작가, 평론가

▶ 사상 또는 힘으로써 이긴 사람들을 나는 영웅이라고 부르지 않는다. 마음으로 위대했던 사람들을 영웅이라고 부른다.

_R. 롤랑(1866~1944) 프랑스 소설가, 사상가

▶ 사회는 영웅 숭배가 그 기초다. _T. 칼라일(1795~1881) 영국 사상가, 역사가

▶ 생활하기가 매우 어려운 지역이 영웅들을 길러 낸다.

_메난드로스(B.C. 342?~B.C. 292?) 그리스 극작가

*간파 | 속내를 꿰뚫어 알아차림.

▶ 여자의 마음을 완전히 지배하는 남자야말로 진정한 영웅이다.

_W. 어빙(1783~1859) 미국 소설가

▶ 영웅심이란 육체에 대한, 즉 공포에 대한 정신의 빛나는 승리다.

_H. F. 아미엘(1821~1881) 스위스 철학자, 문학가 《일기》

▶ 영웅은 스스로 영웅이 되지만 저명인사는 언론이 만들어 낸다. 영웅은 위대한 인물이지만 저명인사는 유명한 이름이다.

_D. J. 부어스틴(1914~2004) 미국 작가, 역사학자

▶ 영웅은 보통 사람들보다 5분 더 용감할 뿐이다.

_R. W. 에머슨(1803~1882) 미국 사상가, 시인

▶ 영웅은 젊어서 죽는 사람들과 이상하게도 비슷하다.

_R. M. 릴케(1875~1926) 독일 시인

▶ 영웅을 만드는 것은 주로 행운 또는 우연이다.

_T. 풀러(1654~1734) 영국 의사, 작가

▶ 영웅의 마음도 신중함으로 가득 차 있다. _C. 처칠(1731~1764) 영국 시인

▶ 영웅의 진정한 특성은 끈기다. _R. W. 에머슨(1803~1882) 미국 사상가, 시인

▶ 영웅이 없는 시대에는 못난 놈이 이름을 떨친다. _《진서》

▶ 영웅이 필요한 나라는 불행한 나라다.

_B. 브레히트(1898~1956) 독일 시인, 극작가

▶ 영웅이란 자기가 할 수 있는 일을 한 사람이다. 그러나 보통 사람은 할 수 있는 일을 하지 않고 될 수도 없는 일을 바라고만 있다.

_R. 롤랑(1866~1944) 프랑스 소설가, 사상가 《매혹된 영혼》

▶ 영웅적 세상을 만나지 못하는 한 영웅은 영웅이 될 수 없다.

_N. 호손(1804~1864) 미국 소설가

▶ 영웅적인 것을 믿는 것이 영웅을 만든다.

_B. 디즈레일리(1804~1881) 영국 정치가, 소설가

▶ 영웅적인 사람은 자기에게 맞지 않는 관습이나 전례나 권위로부터 편한 마음으로 벗어난다. _W. 휘트먼(1819~1892) 미국 시인 《풀잎》

▶ 영웅적인 행위란 느껴서 행동하는 것이지 이치를 따져 가며 행동하는 것이 아니다. _R. W. 에머슨(1803~1882) 미국 사상가, 시인 《수필집》

▶ 위대한 이름의 기억과 위대한 모범의 상속은 영웅들의 유산이다.

_B. 디즈레일리(1804~1881) 영국 정치가, 소설가

▶ 자기가 영웅이 아니라는 확신보다 기를 더 꺾는 것은 없다.

_G. E. 무어(1873~1958) 영국 윤리학자, 철학자

▶ 자기의 운명을 짊어지는 용기를 가지는 자만이 영웅이다.

_H. 헤세(1877~1962) 독일 소설가, 시인 《관상》

▶ 자발적인 가난은 결코 비열한 것이 아니라 영웅적인 측면이 있다.

_W. 해즐릿(1778~1830) 영국 평론가, 수필가

▶ 작은 일에도 빈틈이 없고, 어둠 속에서도 속이거나 숨기지 않고, 실패해도 포기하지 않으면, 그는 바로 참된 영웅이다. _《채근담》

▶ 참된 영웅의 삶에는 우연이란 없다. _R. D. 히치콕(1817~1887) 미국 교육자

▶ 참된 웅변가는 누구나 영웅이다. _R. W. 에머슨(1803~1882) 미국 사상가, 시인

▶ 한 가지 용감한 행동이 영웅을 만드는 것은 아니다.

_J. G. 휘티어(1807~1892) 미국 시인

▶ 한 명을 죽이면 악당이 되고 백만 명을 죽이면 영웅이 된다.

_C. S. 채플린(1889~1977) 미국 배우, 영화감독

▶ 행위의 영웅이란 것은 없다. 다만 체념과 고뇌의 영웅이 있는 것이다. _A. 슈바이처(1875~1965) 독일 신학자, 철학자, 의사 《자서전》

속담

▶ 누더기 속에서 영웅 난다. (누더기 옷을 입고 자란 사람이 영웅이 된다는 뜻으로, 가난하고 천한 집에서 훌륭한 인물이 나왔을 때 하는 말) _한국

▶ 두 사람의 영웅은 나란히 있을 수 없다. _영국

▶ 어머니의 귀염둥이는 겁 많은 영웅에 불과하다. _서양

▶ 역경은 영웅을 만든다. _에스파냐

▶ 영웅은 고난이 닥쳤을 때 알려진다. _영국

▶ 영웅이 되는 첫걸음은 용기를 가지는 것이다. _이스라엘

▶ 영웅이란 단지 1분간 더 버틸 줄 아는 사람이다. _노르웨이

지식 쑥쑥

한자 숙어

개세영웅(蓋世英雄) 기상이나 위력, 재능 따위가 세상을 뒤덮을 만큼 뛰어난 영웅.

역발산 기개세(力拔山氣蓋世) 힘은 산을 뽑을 만큼 매우 세고 기상은 세상을 덮을 만하다는 뜻으로, 영웅의 힘이 세고 기상이 크다는 말.

영웅기인(英雄忌人) 영웅은 다른 뛰어난 사람을 꺼린다는 말.

영원 永遠

어떤 상태가 끝없이 이어짐. 또는 시간을 초월하여 변하지 아니함.

명언 명문

▶ 너 자신이 영원한 존재인 듯이 살아가라.

_A. 모루아(1885~1967) 프랑스 소설가, 평론가

▶ 높은 것만 칭찬하지 마라. 평야도 산과 같이 영원히 존재한다.

_P. J. 베일리(1816~1902) 영국 시인

▶ '눈에 보이는 것은 일시적이고 눈에 보이지 않는 것은 영원하다.' 라는 말은 나에게 깊은 위안을 준다.

_H. A. 켈러(1880~1968) 미국 저술가, 사회사업가

▶ 비극에서는 매 순간이 영원이고 희극에서는 영원이 한순간이다.

_C. 프라이(1907~2005) 영국 극작가

▶ 사람은 모두 영원히 살 것을 소망하고 있다.

_T. 파커(1810~1860) 미국 신학자, 개혁가

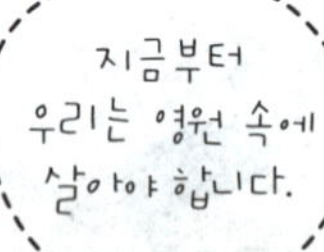

▶ 영원은 사람들이 믿는 것처럼 우리의 앞과 뒤를 잇는 무한한 선은 아니다.

_J. J. 머피(1827~1894) 아일랜드 시인

▶ 영원은 언제나 지속되고 있다. 우리는 지금 영원 속에 있다.

_C. A. P. S. 길먼(1860~1935) 미국 여성 운동 이론가, 작가

▶ 영원은 한순간 속에 있다. 우주가 하나의 존재 속에 있는 것같이.

_R. 롤랑(1866~1944) 프랑스 소설가, 사상가

▶ 영원은 흔히 오해되고 있는 것처럼 무한정으로 계속되는 시간은 아니다.

_E. 프롬(1900~1980) 독일 정신 분석학자, 사회학자

▶ 영원의 길은 참 걷기 쉽다고 놀라던 사람이 있었다. 그는 고갯길을 내려가고 있었던 것이다.

_F. 카프카(1883~1924) 독일 소설가 《죄 · 고뇌 · 희망 · 진실의 길에 대한 고찰》

A. P. G. 지드

▶ 영원이란 생각해 보면 무서운 것이다. 어디에서 끝이 날지 알 수 없으니 말이다. _T. 스토파드(1937~) 영국 극작가

▶ 영원한 것을 얻으라고 권하지는 않는다. 그러한 것은 인간의 능력을 넘어선 것에 속한 일이다. 영원한 것은 인간 속에 있는 것이며 쉴 새 없이 사람을 둘러싸고 있다. _J. G. 피히테(1762~1814) 독일 철학자

▶ 영원한 삶 이외에는 아무것도 없다고 나는 확신한다.
_A. 아우구스티누스(354~430) 로마 신학자, 성인

▶ 우리가 모두 걸어가야만 하는 그 길은 한숨의 다리를 지나 영원으로 들어가는 길이다. _S. A. 키르케고르(1813~1855) 덴마크 철학자

▶ 우리는 우리가 영원한 존재임을 느끼고 또 알고 있다.
_B. 스피노자(1632~1677) 네덜란드 철학자

▶ 인간은 시간 속에 생활해도 더욱 나아가 영원 속에 들어가 육체적인 수준을 버리고 정신적인 수준에 살도록 애써야만 한다.
_A. L. 헉슬리(1894~1963) 영국 소설가, 평론가

▶ 인간의 자연적 수명은 짧지만 훌륭한 삶의 기억은 영원하다.
_M. T. 키케로(B.C. 106~B.C. 43) 로마 정치가, 학자

▶ 인간의 행복 가운데 영원한 것은 하나도 없다.
_T. M. 플라우투스(B.C. 254?~B.C. 184) 로마 극작가, 시인

▶ 정신은 영원히 우주의 지배자다.
_플라톤(B.C. 428?~B.C. 347?) 그리스 철학자

▶ 지금부터 영원 가운데 살지 않으면 안 된다. 그리고 또한 영원 속에 살아야 한다는 것은 이제부터이다.
_A. P. G. 지드(1869~1951) 프랑스 소설가, 평론가

▶ 천국은 영원한 기쁨의 보물 창고다.
_W. 셰익스피어(1564~1616) 영국 극작가, 시인

▶ 현재에 열중하라. 오직 현재 속에서만 인간은 영원을 알 수 있다.
_J. W. 괴테(1749~1832) 독일 시인, 소설가, 극작가

속담

▶ 영원은 그 순간에 있었다. _서양

▶ 영원한 것은 일시적인 것보다 낫다. _로마

영향

影響

어떤 사물의 효과나 작용이 다른 것에 미치는 일.

명언 명문

*도량 | 사물을 너그럽게 용납하여 처리할 수 있는 넓은 마음과 깊은 생각.
*감화 | 좋은 영향을 받아 생각이나 감정이 바람직하게 변화함.

▶ 나로서는 내가 사랑한 여성들에게 영향을 받는 바가 많다. 그 여성들이 없었더라면 나는 훨씬 더 *도량이 좁아졌을 것이다.

_B. A. W. 러셀(1872~1970) 영국 철학자, 수학자

▶ 나를 *감화시킨 사람은 간디와 나의 아버지다. 그러나 나는 외부로부터의 감화나 영향에 정신을 잃지는 않는다. 나에게는 그러한 감화에 반항하려는 경향이 있다. 그러면서도 여전히 여러 가지 일이 천천히 그리고 무의식중에 나를 감화시킨다. 아내는 눈에 띄지 않게 나를 감화시켰다. _J. 네루(1889~1964) 인도 정치가

▶ 남의 지식의 영향을 받지 않는다고 자부하는 실용주의 정치가들은 이미 죽은 어떤 경제학자의 노예인 경우가 보통이다.

_J. M. 케인스(1883~1946) 영국 경제학자, 언론인

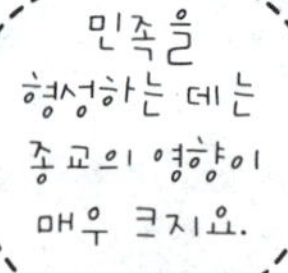

▶ 민족의 형성에 미치는 여러 가지 영향력 가운데 종교의 영향력은 매우 크다. _쑨원(1866~1925) 중화민국 정치가

▶ 스승은 영원히 영향을 준다. 스승은 자기의 영향이 미치지 않는 곳을 결코 말할 수 없다. _H. B. 애덤스(1838~1918) 미국 역사가, 사상가

쑨원

▶ 은밀한 행동은 숨겨도 좋지만 누구나 알고 있고 일반 대중에게 큰 영향을 끼치는 일까지 침묵해서는 안 된다.

_M. E. 몽테뉴(1533~1592) 프랑스 사상가

▶ 한 사람의 근면하고 착실하고 정직한 모습은 당대뿐 아니라 후대에까지 영향을 미치게 된다. 왜냐하면 그의 선행과 인격이 무의식적으로 남의 생활 속으로 스며들어가 후대에까지 모범이 되기 때문이다. _S. 스마일스(1812~1904) 영국 작가

속담

▶ 기둥을 치면 대들보가 운다. (주가 되는 대상을 탓하거나 공격을 하면 그와 관련된 대상들이 자연히 영향을 받음을 이르는 말) _한국

▶ 까마귀 짖어 범 죽으랴. (사소한 것이 큰일에 아무 영향을 미치지 않는다는 뜻) _한국

▶ 단술 먹은 여드레 만에 취한다. (어떤 일을 겪은 후 한참 만에야 비로소 그 영향이 나타난다는 말) _한국

▶ 독을 보아 쥐를 못 친다. (다른 데 미치는 영향을 생각하여 참는다는 말) _한국

▶ 먹을 가까이하면 검어진다. (먹을 가까이하면 자기도 모르는 사이에 물이 든다는 뜻) _한국

▶ 부모의 영향보다 친구의 영향이 크다. _일본

▶ 숯은 하나가 불붙으면 다 탄다. _독일

▶ 습한 물건도 마른 물건 옆에 두면 불이 붙는다. _터키

▶ 실뱀 한 마리가 온 바닷물을 흐린다. (한 사람의 행동이 전체에 좋지 않은 영향을 미칠 때 쓰는 말) _한국

▶ 썩은 사과는 다른 성한 사과를 해친다. _영국

▶ 외적인 영향에 좌우되고 싶지 않다면 먼저 자기 자신의 격렬한 감정부터 초월해야 한다. _서양

▶ 일이 되어 가는 데 따라서 우리 마음도 그 영향을 받는다. _로마

▶ 장미꽃에 둘러싸여 살면 장미꽃의 향기가 몸에 스며든다. _러시아

▶ 주임 신부 머리 위에 비가 내리면 보좌 신부 머리에는 물방울이 튄다. (좋은 일이건 나쁜 일이건 윗사람한테 닥친 일은 약간이라도 아랫사람한테 영향을 미친다는 뜻) _서양

한자 숙어

근묵자흑(近墨者黑) 먹을 가까이하면 검은빛이 된다는 뜻으로, 사람은 그가 늘 가까이하는 사람에 따라 그 영향을 받아서 변하는 것이니 조심하라는 말.

동절최붕(棟折榱崩) 마룻대가 부러지면 서까래가 무너진다는 뜻으로, 윗사람이 쓰러지면 부하도 영향을 받아 쓰러진다는 말.

일어탁수(一魚濁水) 한 마리의 물고기가 물을 흐린다는 뜻으로, 한 사람의 잘못으로 여러 사람이 피해를 입게 됨을 비유하는 말.

오늘

지금 지나가고 있는 이날. 또는 오늘날.

명언 명문

▶ 그날그날이 한평생 중에 가장 좋은 날이라는 것을 마음속 깊이 새겨 두어라. _R. W. 에머슨(1803~1882) 미국 사상가, 시인

▶ 나에게 오늘은 주고 내일은 거두어 가라. _J. 크리소스토무스(347?~407) 그리스 설교가

▶ 내일은 최악의 것일지라도 그것이 어떻겠는가. 오늘 이토록 충실한 삶을 내가 누렸는데. _H. 만(1871~1950) 독일 소설가

▶ 너희의 오늘은 영원이다. _A. 아우구스티누스(354~430) 로마 신학자, 성인 《고백록》

▶ 미래에는 전혀 의지하지 말고 오늘의 결실을 거두라. _Q. 호라티우스(B.C. 65~B.C. 8) 로마 시인

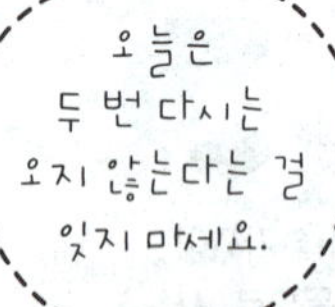

▶ 아침에 눈을 뜨면 무엇보다도 먼저 '오늘은 한 사람에게만이라도 기쁨을 주어야겠다.' 는 생각으로 하루를 시작하라. _F. W. 니체(1844~1900) 독일 철학자, 시인

▶ 오늘 물러나는 것은 내일의 성공을 기약하기 위한 가장 좋은 방책이다. _B. 그라시안이모랄레스(1601~1658) 에스파냐 작가

▶ 오늘 배우지 않아도 내일이 있다거나 올해 배우지 않아도 내년이 있다고 말하지 마라. _주자(1130~1200) 중국 송나라 유학자

▶ 오늘 생각해서 내일 말하라. _H. G. 본(1796~1884) 영국 출판업자

▶ 오늘 준비가 안 된 자는 내일은 더욱더 안 되어 있을 것이다. _P. N. 오비디우스(B.C. 43~A.D. 17) 로마 시인

▶ 오늘 하루 이 시간은 당신의 것이다. 하루를 착한 행위로써 장식하라. _F. D. 루스벨트(1882~1945) 미국 제32대 대통령

A. 단테

▶ 오늘은 분명히 우리에게 허락된 단 하나의 확실한 소유물이다.

_D. M. 토머스(1914~1953) 영국 시인

▶ 오늘의 식사는 내일로 미루지 않으면서 오늘 할 일은 내일로 미루는 사람들이 많다. _C. 힐티(1833~1909) 스위스 사상가, 법률가

▶ 오늘의 하루는 내일의 이틀과 맞먹는다.

_B. 프랭클린(1706~1790) 미국 정치가, 과학자 《가난한 리처드의 책력》

▶ 오늘의 행동은 내일의 *선례가 될지도 모른다.

_F. 허셸(1837~1899) 영국 판사

▶ 오늘이 마지막 날인 듯 날마다 하루를 보내야만 한다.

_P. 시루스(B.C. 1세기경) 로마 시인

▶ 오늘이라는 날은 두 번 다시 오지 않는다는 것을 잊지 마라.

_A. 단테(1265~1321) 이탈리아 시인

▶ 오로지 오늘을 자기 것으로 만들 수 있는 사람만이 행복하다.

_J. 드라이든(1631~1700) 영국 시인, 극작가

▶ 지금이야말로 일할 때다. 지금이야말로 싸울 때다. 지금이야말로 나를 더 훌륭한 사람으로 만들 때다. 오늘 그것을 못 하면 내일 그것을 할 수 있는가. _T. 켐피스(1380?~1471) 독일 사상가, 수도사

▶ 허송세월, 게으름, 미루는 일을 피하라. 오늘 할 수 있는 일을 내일로 절대로 미루지 마라. _P. D. S. 체스터필드(1694~1773) 영국 정치가, 작가

*선례 | 이전부터 있었던 사례.

속담

▶ 내일의 일을 훌륭하게 하기 위한 최선의 준비는 바로 오늘 일을 훌륭하게 완수하는 것이다. _서양

▶ 오늘 한 시간은 내일 두 시간과 같다. _서양

▶ 오늘 할 수 있는 것을 내일로 미루지 마라. _서양

▶ 오늘은 내 차례고 내일은 네 차례다. _로마

▶ 오늘은 사람, 내일은 생쥐. _영국

▶ 오늘은 오늘일 뿐 내일을 말하는 사람은 거짓말쟁이. _서양

▶ 오늘은 오직 한 번만 오고 다시는 돌아오지 않는다. _서양

▶ 오늘은 젊지만 내일은 죽은 몸. _서양

▶ 오늘의 달걀이 내일의 암탉보다 낫다. _서양

외국 外國

자기 나라가 아닌 다른 나라.

명언 명문

*천명 | 타고난 수명이나 운명. 또는 하늘의 명령.

▶ 누구나 외국 명칭들을 자기가 원하는 대로 발음할 권리가 있다.

_W. L. S. 처칠(1874~1965) 영국 정치가

▶ 다른 나라와 동맹을 맺으면서 아무 이유 없이 약속을 어기는 것은 신의가 없는 것으로, 그런 나라는 *천명을 오래 지속할 수 없을 것이다.

_《춘추좌씨전》

▶ 다른 나라의 멋진 걸음걸이를 흉내 내다 보니 다 배우지도 못하고 자기의 걸음걸이도 잊어버렸다.

_장자(B.C. 369?~B.C. 289?) 중국 전국 시대 송나라 사상가

▶ 다른 사람들, 다른 나라 또는 다른 종교를 미워하지 않으면 행복해질 수 없는 사람이 대부분이다.

_J. 러셀(1792~1878) 영국 정치가

▶ 모든 국가는 외국의 국민이 아니라 외국 자체만을 적으로 삼는다.

_J. J. 루소(1712~1778) 프랑스 작가, 사상가

▶ 사람들은 외국어를 숙달하는 그만큼 국어를 숙달할 만한 능력이 없다.

_G. B. 쇼(1856~1950) 아일랜드 극작가, 평론가 《혁명주의자를 위한 격언》

▶ 외국 여행은 고통이나 근심에서 동시에 벗어나기 위한 것이다.

_M. 트웨인(1835~1910) 미국 소설가

▶ 외국 여행을 떠나기 전에 반드시 자기 나라에 관해서 잘 알아야만 한다.

_L. 스턴(1713~1768) 영국 소설가

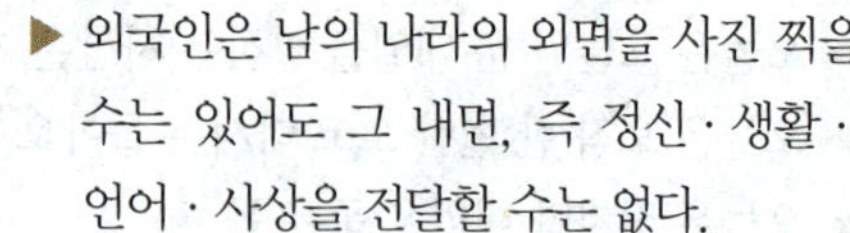

▶ 외국인은 남의 나라의 외면을 사진 찍을 수는 있어도 그 내면, 즉 정신 · 생활 · 언어 · 사상을 전달할 수는 없다.

_M. 트웨인(1835~1910) 미국 소설가

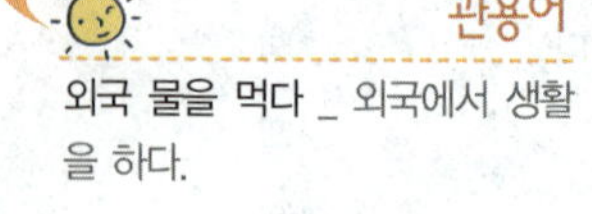

문장 반짝

관용어

외국 물을 먹다 _ 외국에서 생활을 하다.

偶然 우연

아무런 인과 관계가 없이 뜻하지 아니하게 일어난 일.

명언 명문

▶ 나는 지금까지 우연으로 가치 있는 일을 성취한 적이 없으며, 나의 모든 발명도 우연히 이루어진 것이 없다. 그것들은 모두 내가 일한 결과이다. _T. A. 에디슨(1847~1931) 미국 발명가

▶ 내가 인간이 된 것은 필연이지만 프랑스 인이 된 것은 우연일 뿐이나. _C. L. S. 몽테스키외(1689~1755) 프랑스 사상가

▶ 뜻에 우연히 맞는 것이 아름다운 경지를 이루고, 자연스럽게 나온 것이 참된 작용을 하게 된다. _《채근담》

▶ 변함없는 사람은 운명을, 변덕스러운 사람은 우연을 믿는다. _B. 디즈레일리(1804~1881) 영국 정치가, 소설가

▶ 사람들이 위대한 업적을 자랑한다 해도 그 대부분은 계획이 아니라 우연의 산물이다. _F. 라로슈푸코(1613~1680) 프랑스 작가

▶ 앞 못 보는 맹인이라도 들토끼를 잡는 경우가 있다. _G. 초서(1342?~1400) 영국 시인

▶ 약자는 우연히 정당해지고 비폭력적인 강자는 우연히 부당해진다. _M. K. 간디(1869~1948) 인도 정치가, 민족 운동 지도자

▶ 영웅적 삶에 우연이란 없다. 언제나 그것은 행동하거나 아니면 죽는 것이다. _A. J. 히치콕(1899~1980) 미국 영화감독

▶ 우연과 변덕이 세상을 지배한다. _F. 라로슈푸코(1613~1680) 프랑스 작가

▶ 우연은 신중한 사람을 좋아한다. _J. 주베르(1754~1824) 프랑스 작가, 평론가

▶ 우연은 이를테면 신의 뜻이다. _아쿠타가와 류노스케(1892~1927) 일본 소설가 《난쟁이의 어록》

▶ 우연이 모든 것을 지배한다. _J. 밀턴(1608~1674) 영국 시인

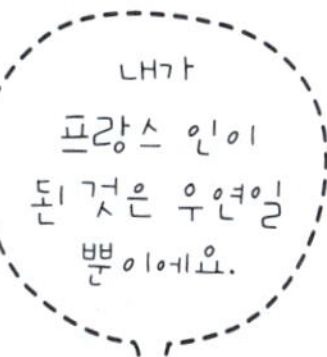

C. L. S. 몽테스키외

▶ 우연이 사람을 지배하는 것이지 사람이 우연을 지배하는 것은 아니다. _헤로도토스(B.C. 484?~B.C. 430?) 그리스 역사가

▶ 우연이 행동의 절반 이상을 지배하고 그 나머지를 우리가 다룬다. _N. 마키아벨리(1469~1527) 이탈리아 사상가, 역사학자 《군주론》

▶ 우연이란 무의미한 말이다. 원인이 없이는 아무것도 존재할 수 없기 때문이다. _볼테르(1694~1778) 프랑스 사상가

▶ 우연이란 체계적으로 불합리한 행동의 결과이다. _S. 달리(1904~1989) 에스파냐 화가

▶ 인생에서 우연은 놀라운 영향력을 발휘한다. 실험실에서 일하는 젊은이는 특이한 현상을 절대로 무시해서는 안 된다. _A. 플레밍(1881~1955) 영국 세균학자

▶ 지혜로운 사람은 정의를 우연에 맡기지도 않고 다수의 힘으로 정의가 우세해지기를 바라지도 않는다. 군중의 행동은 정의를 좌우할 힘이 없다. _H. D. 소로(1817~1862) 미국 사상가, 수필가

▶ 친구와 사귀는 일도 결혼과 마찬가지로 우연이 많이 작용한다. _H. B. 애덤스(1838~1918) 미국 역사가, 사상가

▶ 큰일을 계획할 때는 다소간 우연을 계산에 넣지 않을 수 없다. _나폴레옹 1세(1769~1821) 프랑스 황제

▶ 태양 아래 우연한 것은 하나도 없다. _G. E. 레싱(1729~1781) 독일 극작가, 평론가

속담

▶ 가는 날이 장날. (어떤 일을 하려고 하는데, 우연히 뜻하지 않은 일을 공교롭게 당함을 이르는 말) _한국

▶ 대문 턱 높은 집에 정강이 높은 며느리 들어온다. (일이 우연히도 잘 되었다는 뜻) _한국

▶ 술 익자 체 장수 간다. (일이 우연히 잘 맞아 간다는 뜻) _한국

▶ 우연이 세상을 지배한다. _서양

▶ 우연한 시간이 짜여진 시간보다 낫다. _중국

▶ 장수가 나면 용마가 난다. (장수에게 때마침 뛰어난 말이 생긴다는 것이니 일이 잘 이루어진다는 뜻) _한국

위기

危機
위험한 고비나 시기.

명언 명문

▶ 국가 존망의 위기를 보면 천명을 받은 것같이 생각하고, 이익을 보면 먼저 정의를 생각하라. _안중근(1879~1910) 독립운동가, 교육가

▶ 심각한 위기는 위인과 용기 있는 위대한 행위를 낳는다. _J. F. 케네디(1917~1963) 미국 제35대 대통령

▶ 아주 난처할 때는 현실을 보는 눈이 없다가도 위기에 빠진 순간이 되면 현실을 보는 눈을 갖게 마련이다. _F. 카프카(1883~1924) 독일 소설가

▶ 위기에 맞서 보지 못한 사람은 자신의 용기를 장담할 수 없다. _F. 라로슈푸코(1613~1680) 프랑스 작가

▶ 위기의 순간에는 가장 대담한 방법이 때로는 가장 안전하다. _H. A. 키신저(1923~) 미국 정치가

▶ 위험을 당하지 않고 위기를 넘어서지는 못한다. _P. 시루스(B.C. 1세기경) 로마 시인

속담

▶ 나무에 오르라 하고 흔드는 격. (남을 꾀어 위험한 곳이나 불행한 처지에 빠지게 함을 이르는 말) _한국

▶ 물에 빠지면 지푸라기라도 움켜쥔다. (위급한 때를 당하면 무엇이나 닥치는 대로 잡고 늘어지게 됨을 이르는 말) _한국

▶ 미리 예견한 위험은 반쯤은 피한 것이나 다름없다. _서양

한자 숙어

누란지위(累卵之危) 층층이 쌓아 놓은 알의 위태로움이라는 뜻으로, 몹시 아슬아슬한 위기를 이르는 말.

백척간두(百尺竿頭) 백 자나 되는 높은 장대 위에 올라섰다는 뜻으로, 위태롭고 어려운 지경을 이르는 말.

풍전등화(風前燈火) 바람 앞의 등불이라는 뜻으로, 사물이 매우 위태로운 처지에 놓여 있음을 이르는 말.

위인

偉人

뛰어나고 훌륭한 사람.

명언 명문

*구비 | 있어야 할 것을 빠짐없이 다 갖춤.

▶ 가장 위대한 인물은 가장 큰 미덕 혹은 가장 큰 악덕도 *구비할 수 있다.
_R. 데카르트(1596~1650) 프랑스 철학자, 수학자

▶ 가장 위대한 인물이란, 사람들이 호의적으로 가장 자주 기억해 주는 사람이다.
_S. 버틀러(1835~1902) 영국 소설가

▶ 거창한 것을 멸시하고, 지나친 것보다는 중용을 더 좋아하는 것이 위인의 특성이다.
_L. A. 세네카(B.C. 4?~A.D. 65) 로마 철학자, 극작가

▶ 그는 무엇이든지 해낼 수 있는 위인이지만 그와 어울리면 나는 피곤하다.
_M. 비어봄(1872~1956) 영국 작가

▶ 남녀를 불문하고 위인이란 것은 없다. 어떠한 위인이든 99퍼센트는 바로 당신 자신과 똑같은 사람이다.
_G. B. 쇼(1856~1950) 아일랜드 극작가, 평론가

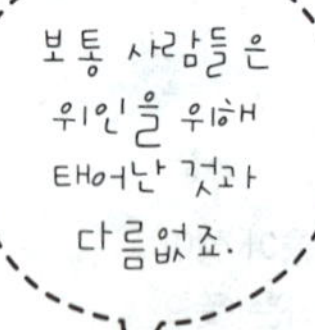

▶ 모든 위인은 언제나 모든 사람의 도움을 받는다. 그의 재능은 모든 것과 모든 사람에게서 좋은 것을 얻어 내는 것이기 때문이다.
_J. 러스킨(1819~1900) 영국 미술 평론가

▶ 못난 사람이 되는 것만큼 위대한 사람이 되는 것도 쉽다.
_R. W. 에머슨(1803~1882) 미국 사상가, 시인

▶ 미덕을 갖추지 않은 채 진정한 위인이 된 경우는 없다.
_B. 프랭클린(1706~1790) 미국 정치가, 과학자

▶ 보통 사람들은 위인을 위해서 태어난 것이나 마찬가지다.
_J. 카이사르(B.C. 100~B.C. 44) 로마 군인, 정치가

▶ 살아 있는 동안 위대했던 사람은 죽으면 살아 있을 때보다 열 배나 더 위대해진다.
_T. 칼라일(1795~1881) 영국 사상가, 역사가

J. 카이사르

▶ 세상 사람들은 위인들의 수준에서 살 수는 없다.

_J. G. 프레이저(1854~1941) 영국 인류학자

▶ 세상은 위대한 인물들에 대해 아무것도 모른다.

_A. J. P. 테일러(1906~1990) 영국 역사가

▶ 소인들은 특별한 것에 관심이 있고, 위인들은 평범한 것에 관심이 있다. _G. 허버트(1593~1633) 영국 시인

▶ 소인들이 없다면 위인들도 있을 수가 없다.

_T. 풀러(1608~1661) 영국 성직자, 역사가

▶ 아무리 위대한 인물도 모든 사람에게 알려지지는 않고, 아무리 고립된 사람도 모든 사람이 모를 수는 없다.

_G. E. 무어(1873~1958) 영국 윤리학자, 철학자

▶ 아직까지 법률이 위대한 인물을 만든 적은 없었다. 위인이나 영웅을 길러 내는 것은 자유다. _J. C. F. 실러(1759~1805) 독일 시인, 극작가 《군도》

▶ 엄청난 희망이 위대한 인물을 만든다.

_T. 풀러(1608~1661) 영국 성직자, 역사가

▶ 오로지 위대한 인물만이 중대한 결점이 있어도 괜찮다.

_F. 라로슈푸코(1613~1680) 프랑스 작가

▶ 우리들이 위인에게 가까이 가면 갈수록, 평범한 사람이라는 사실이 분명해진다. 위인을 따르는 사람에게 위인이 훌륭하게 보이는 것은 드문 일이다. _J. 라브뤼예르(1645~1696) 프랑스 작가

▶ 위대한 사람으로 만드는 것은 위대한 감정의 힘이 아니라 그 기간이다. _F. W. 니체(1844~1900) 독일 철학자, 시인

▶ 위대한 사람이 죽으면 먼 훗날에 그가 남긴 불빛이 인간의 발밑을 비추어 준다. _H. W. 롱펠로(1807~1882) 미국 시인

▶ 위대한 행동은 위인을 위해 *유보되어 있다.

_M. 세르반테스(1547~1616) 에스파냐 소설가

▶ 위인들은 나라의 이정표다. _E. 버크(1729~1797) 영국 정치가, 사상가

▶ 위인들은 대개 알려지지 않거나 잘못 알려진다.

_T. 칼라일(1795~1881) 영국 사상가, 역사가

▶ 위인들은 일반적으로 위대한 학자가 아니었고, 위대한 학자들도 위인은 아니었다. _O. W. 홈스(1809~1894) 미국 소설가, 의학자

*유보 | 어떤 일을 당장 처리하지 아니하고 나중으로 미루어 둠.

*기지 | 특별하고 뛰어난 지혜.

▶ 위인들의 영광은 그것을 얻는 데 사용한 수단을 보고서 판단해야 한다. _F. 라로슈푸코(1613~1680) 프랑스 작가

▶ 위인에게는 세 종류가 있다. 태어날 때부터 위대한 사람, 노력해서 위인이 된 사람, 위대한 사람이 되도록 강요당한 사람이다. _W. 셰익스피어(1564~1616) 영국 극작가, 시인

▶ 위인은 군중 속에서도 자신의 고독을 태연히 지키는 사람이다. _R. W. 에머슨(1803~1882) 미국 사상가, 시인

▶ 위인은 기회가 없다고 결코 불평하지 않는다. _R. W. 에머슨(1803~1882) 미국 사상가, 시인

▶ 위인은 긴 손을 가지고 있다. _W. 셰익스피어(1564~1616) 영국 극작가, 시인

▶ 위인은 벌레를 짓밟지도 않고 황제에게 굽실거리지도 않을 것이다. _T. 풀러(1608~1661) 영국 성직자, 역사가

▶ 위인은 사소한 일에서도 그 위대함을 나타낼 때가 있다. _L. C. 보브나르그(1715~1747) 프랑스 도덕주의자, 수필가 《성찰과 잠언》

▶ 위인은 소인을 다루는 솜씨로써 그 위대함을 보여 준다. _T. 칼라일(1795~1881) 영국 사상가, 역사가

▶ 위인은 우리가 무릎을 꿇고 있기 때문에 위대한 것이다. 우리는 일어서자! _P. J. 프루동(1809~1865) 프랑스 사회주의자, 작가

▶ 위인은 자기 시대를 초월해서 걸어가고 사방에 발자취를 남긴다. _S. B. 리콕(1869~1944) 캐나다 경제학자, 소설가

▶ 위인은 자기가 배우려고 하는 것만을 배운다. 보통 사람은 다른 사람이 배워야 한다고 생각하는 것을 배운다. _T. 모어(1478~1535) 영국 정치가

▶ 위인은 하루 한 번 이상 어린아이가 된다. _W. 워즈워스(1770~1850) 영국 시인

▶ 위인은 항상 그 약점에 의하여 그 시대와 결합하는 것이다. _J. W. 괴테(1749~1832) 독일 시인, 소설가, 극작가

▶ 위인을 시기하는 바보들은 위인이 결국은 망할 것이라고 생각하면서 위안을 받는다. _M. 비어봄(1872~1956) 영국 작가

▶ 위인의 평범함은 *기지로 보인다. _A. 체이스(1926~) 미국 언론인, 작가

▶ 위인이 도달한 높은 봉우리는 땅 위에서 단숨에 뛰어오른 것이 아

니다. 동행자가 잠자고 있는 사이에도 각고의 노력으로 한발한발 꾸준히 기어오른 것이다. _R. 브라우닝(1812~1889) 영국 시인

▶ 위인이 없이는 어떠한 위업도 성취되지 못할 것이다. 사람은 위대해지겠다고 결심해야만 비로소 위인이 된다.

_C. A. J. M. 드골(1890~1970) 프랑스 군인, 정치가

▶ 위인이 우리보다 나은 것은 머리가 좀 높이 솟아올라 있다는 것밖에 없다. 그들의 다리는 여전히 우리들과 같이 낮은 곳에 있다.

_B. 파스칼(1623~1662) 프랑스 사상가, 수학자, 물리학자

▶ 위인이라는 소리를 듣는 것은 오해를 받는 일이다.

_R. W. 에머슨(1803~1882) 미국 사상가, 시인

▶ 진정한 위인치고 자신을 위인으로 생각하는 사람은 없다.

_W. 해즐릿(1778~1830) 영국 평론가, 수필가

▶ 차원 높은 사고의 세계에 사는 사람을 나는 위대한 사람이라고 부른다. 다른 사람들은 노력과 어려움을 거쳐야 비로소 그곳에 도달한다. _R. W. 에머슨(1803~1882) 미국 사상가, 시인 《대표적 인물론》

▶ 참된 위인들의 지배 아래에서는 펜이 칼보다 더 강하다.

_E. 벌워리턴(1803~1873) 영국 소설가, 극작가

속담

▶ 거대한 배는 깊은 물이 필요하다. _영국
▶ 벌 한 마리가 파리 떼보다 낫다. _서양
▶ 원대한 포부가 위인을 만든다. _서양
▶ 위대한 사람들의 자녀들은 슬픔의 원인이다. _그리스
▶ 위대한 사람은 죽는 장소를 가리지 않는다. _그리스
▶ 위대한 인물이 위대한 행동을 한다. _서양
▶ 위인들은 생각이 같다. _서양
▶ 위인은 하늘에서 떨어지지 않는다. _독일
▶ 위치가 높으면 위험도 많다. _영국
▶ 탑은 그 그림자로, 위인은 그를 존경하는 사람을 보고 판단할 수 있다. _중국
▶ 하찮은 사람이 없다면 위인도 없다. _영국

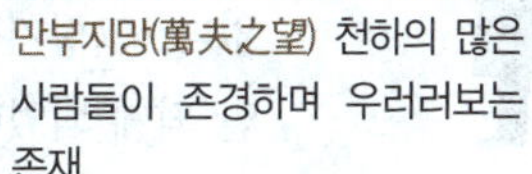

한자 숙어

만부지망(萬夫之望) 천하의 많은 사람들이 존경하며 우러러보는 존재.

인류 人類

세계의 모든 사람.

명언 명문

▶ 대규모 도서관은 인류의 일기장을 보관하고 있다.

_G. G. 도슨(1874~1944) 영국 언론인

▶ 사람과 사람은 다 같은 부류이며 다 같은 우리 동포인 것이다. 그런 까닭에 서로 친해야 하고, 서로 해쳐서는 안 된다. 서로 해치는 것을 금하지 않는다면 인류는 멸망하고 말 것이다.

_정도전(1342~1398) 고려~조선 시대 문인, 학자 《삼봉집》

▶ 신의 간섭 없이 인류의 통일은 없다. 인간은 하늘의 세례를 받지 않는다면 타고난 사회성에 반대되는 불화를 초래할 길밖에 없기 때문이다. _A. J. 토인비(1889~1975) 영국 역사가, 문명 비평가 《역사의 연구》

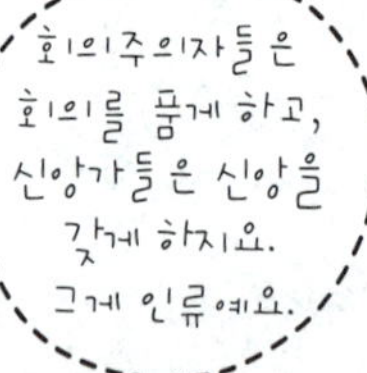

▶ 오늘날 인류는 아무도 자기를 기다리지 않기 때문에 어디로 가야 할지 모른다. _A. 포르치아(1885~1968) 아르헨티나 작가

▶ 우리들의 참된 국적은 인류다.

_H. G. 웰스(1866~1946) 영국 작가, 문명 비평가 《세계문화사 개관》

▶ 의도적인 악행의 무시무시한 숲에서 길 잃은 인류는 홀로 방황하고 있다. 그리고 아버지를 만날까 두려워하고 있는 것이다.

_W. H. 오든(1907~1973) 미국 시인

▶ 인류가 단체로 지옥에 가기를 원한다면 과학 기술은 제트기를 동원해서 도울 수 있다. _C. M. 앨런(1919~2000) 미국 교육자

▶ 인류가 스스로 의도하여 만드는 것 이외에 인류의 운명이란 것은 없다. 그렇기 때문에 인류가 몰락의 길을 최후까지 걷지 않으면 안 되게 되었다. 나는 진리와 정신의 힘을 믿기 때문에 인류의 미래를 믿는다. _A. 슈바이처(1875~1965) 독일 신학자, 철학자, 의사

F. 카프카

▶ 인류가 올바른 것을 원했더라면 진작 그것을 얻었을지도 모른다.

_W. 해즐릿(1778~1830) 영국 평론가, 수필가

*광증 | 정신에 이상이 생겨 일어나는 미친 증세.

▶ 인류는 두 종류의 사람으로 분류된다. 하나는 이상은 없고 현실감만 있는 산초 판사와 같은 사람들이고, 다른 하나는 이상은 있지만 미친 돈키호테 같은 사람들이다.

_G. 산타야나(1863~1952) 미국 철학자, 시인

▶ 인류는 몹시 시달리고 있다. 공간은 부족하고 미래의 공간은 전혀 보이지 않는다. _H. 미쇼(1899~1984) 프랑스 시인, 화가 《에콰도르 여행일기》

▶ 인류는 산 사람보다는 죽은 사람으로 이루어져 있다.

_A. 콩트(1798~1857) 프랑스 철학자

▶ 인류는 서로 다른 두 종족, 즉 빌리는 자들과 빌려 주는 자들로 이루어져 있다. _C. 램(1775~1834) 영국 평론가, 수필가

▶ 인류는 어느 때를 막론하고 같은 양의 *광증과 어리석음을 소비하는 것이라고 나는 확신한다. _A. 프랑스(1844~1924) 프랑스 작가

▶ 인류는 여하튼 외롭지 않다. 생명은 진보하는 것이며 낙천적인 것이기 때문이다. _루쉰(1881~1936) 중국 작가

▶ 인류는 폐쇄된 사회다. _E. F. 슈마허(1911~1977) 영국 경제학자

▶ 인류는 회의주의자로 하여금 회의를 품게 하고, 신앙가로 하여금 신앙을 갖게 한다.

_F. 카프카(1883~1924) 독일 소설가 《죄 · 고뇌 · 희망 · 진실의 길에 대한 고찰》

▶ 인류를 사랑한다고 말하는 당신은 자기 자신에게 만족하고 있는 것이다. _L. 피란델로(1867~1936) 이탈리아 극작가, 소설가

▶ 인류의 목적은 휴식이 아니다. 지적, 도덕적 완성이다.

_J. E. 르낭(1823~1892) 프랑스 작가, 철학자 《과학의 미래》

▶ 인류의 절반 이상이 비참한 상태에 있다. 그들의 가난은 그들 자신에게도 부유한 지역에게도 장애물이자 위협이다.

_H. S. 트루먼(1884~1972) 미국 제33대 대통령

▶ 인류의 절반은 다른 절반이 누리는 즐거움을 이해할 수 없다.

_J. 오스틴(1775~1817) 영국 소설가

▶ 인류의 존재를 부정하는 것은 상상할 수 없는 잔학한 일이다.

_C. V. 게오르규(1916~1992) 루마니아 작가

인물 人物

생김새나 됨됨이로 본 사람. 또는 일정한 상황에서 어떤 역할을 하는 사람. 또는 뛰어난 사람.

명언 명문

▶ 고귀한 인물은 쉽게 자신의 운명을 한탄하지 않는다. _A. 쇼펜하우어(1788~1860) 독일 철학자

▶ 고난의 시기에 동요하지 않는 것, 이것은 진정 칭찬받을 만한 뛰어난 인물의 증거다. _L. 베토벤(1770~1827) 독일 작곡가

▶ 뛰어난 인물이 되려면 누구와 교제해야 할 것인가를 깊이 생각해야 한다. _B. 그라시안이모랄레스(1601~1658) 에스파냐 작가

▶ 말을 그럴듯하게 잘하거나 용모가 번듯하다고 해도 질투와 인색과 간교에 찬 사람은 훌륭한 인물이 아니다. _《법구경》

▶ 백 년에 인물 한 명이 나타나고 천 년에 기회가 한 번 온다. _소식(1036~1101) 중국 북송 문학가

▶ 완전한 인물은 천 년에 한 번 나타난다. _C. 처칠(1731~1764) 영국 시인

▶ 우리 가운데 인물이 없는 것은, 인물이 되려고 마음먹고 힘쓰는 사람이 없기 때문이다. _안창호(1878~1938) 독립운동가, 교육자

▶ 자기 실력 이하의 지위에 앉으면 큰 인물로 보이지만, 자기 실력 이상의 지위에 앉으면 종종 소인으로 보인다. _F. 라로슈푸코(1613~1680) 프랑스 작가

▶ 자기보다 더 뛰어난 인물이 하나도 없을 정도로 위대한 인물은 하나도 없다. _B. 그라시안이모랄레스(1601~1658) 에스파냐 작가

▶ 큰 인물은 그를 부릴 인물이 없기 때문에 쓸모가 없다. _두보(712~770) 중국 당나라 시인

▶ 큰 인물일수록 어린아이의 순수성을 지니고 있다. _맹자(B.C. 372~B.C. 289) 중국 전국 시대 추나라 사상가

안창호

▶ 훌륭한 사람이 칭찬받는 것은 훌륭한 행위 때문이다.

_볼테르(1694~1778) 프랑스 사상가

▶ 희극에서는 참으로 개성적인 운명이 전형적인 인물에 실현되며, 비극에서는 보편적인 운명이 개성적인 인물에 실현된다.

_G. 지멜(1858~1918) 독일 사회학자, 철학자

속담

▶ 가장 깊은 강물은 소리 없이 흐른다. _유럽

▶ 개똥밭에 인물 난다. (미천한 집안이나 변변하지 못한 부모에게서 훌륭한 인물이 나는 경우를 이르는 말) _한국

▶ 검은 소가 흰 우유를 낸다. _영국

▶ 곧은 나무 먼저 꺾인다. (나무도 쓸 만한 것이 가장 먼저 베인다는 뜻으로, 뛰어난 사람이 일찍 죽거나 잊혀진다는 말) _한국

▶ 나는 놈마다 장군이다. (어떤 집안에 큰 인물이 잇달아 날 때 하는 말) _한국

▶ 나무는 큰 나무 덕을 못 봐도 사람은 큰 사람의 덕을 본다. _한국

▶ 될성부른 나무는 떡잎부터 알아본다. _한국

한자 숙어

탄주지어(呑舟之魚) 배를 삼킬 만한 물고기라는 뜻으로, 큰 인물을 비유적으로 이르는 말.

평지돌출(平地突出) 평지에 산이 우뚝 솟는다는 뜻으로, 보잘것없는 집안에서 인물이 남을 비유적으로 이르는 말.

고사성어

▷ 백미(白眉)

흰 눈썹이란 뜻으로, 여럿 가운데에서 가장 뛰어난 인물이나 훌륭한 물건 혹은 작품을 비유적으로 이르는 말이다. 중국 촉한 때 유비의 신하 마량은 문무를 겸비한 인물로 제갈량과 막역한 친구 사이였다. 그의 형제는 다섯으로 모두 재주가 뛰어났는데, 그중에서도 마량이 가장 뛰어났다. 마량은 어릴 때부터 눈썹에 흰 털이 많이 섞여 있어서 하얀 눈썹, 즉 '백미'라고 불렸다. 사람들이 그를 "마씨 형제들은 모두 수재지만, 그중에서도 저 백미가 제일이다."라고 칭찬한 데서 유래한다. _《삼국지》

인재 人才

재주가 뛰어나게 놀라운 사람.

명언 명문

▶ 군주가 신하를 시기하면 인재들이 모이지 않는다.

_순자(B.C. 298?~B.C. 238?) 중국 전국 시대 조나라 사상가

▶ 군주가 인재를 얻기란 매우 어렵다.

_공자(B.C. 551~B.C. 479) 중국 춘추 시대 노나라 사상가

▶ 굵은 나무는 기둥으로, 가는 나무는 서까래로 쓴다.

_한유(768~824) 중국 당나라 문인, 정치가

▶ 나라를 다스리는 데 있어서 인재를 잘 이용하는 것보다 더 중요한 것은 없다. _묵자(B.C. 480~B.C. 390) 중국 춘추 전국 시대 노나라 사상가

▶ 나라를 다스리는 일의 핵심은 오로지 인재를 얻는 데 있다.

_태종(598~649) 중국 당나라 제2대 황제

▶ 나라에 위기가 닥치면 탁월한 인재를 알아볼 수 있다.

_두보(712~770) 중국 당나라 시인

▶ 나라의 걱정은 인재가 적은 게 아니라, 통치자가 인재를 많이 길러 내지 않는 것이다. _왕안석(1021~1086) 중국 북송 정치가, 학자

▶ 나무는 잘라 내어도 곧 다시 새 것이 자라지만, 사람은 한 번 잃으면 길러 내기가 쉽지 않다. _플루타르코스(46?~120?) 그리스 철학자, 작가

▶ 나무를 기르는 것은 인재를 양성하는 것과 비슷하다.

_유종원(773~819) 중국 당나라 문인

▶ 아이들 중에 총명하고 기억력이 뛰어난 자는 따로 뽑아서 교육시켜라. _정약용(1762~1836) 조선 시대 문신, 학자 《목민심서》

▶ 인재는 나라에 유익한 그릇이고, 교육 기관은 인재를 구워 내는 가마다. _양성지(1415~1482) 조선 시대 문신, 학자

▶ 인재는 나라의 기둥이다. 따라서 통치의 근본은 인재를 얻는 것이고, 교화의 근본은 인재를 기르는 것이다.

_김시습(1435~1493) 조선 시대 학자, 문인

▶ 인재를 고르는 사람은 악인을 버리고 선한 사람을 뽑는다.

_왕충(30?~100?) 중국 후한 사상가

▶ 인재를 알아보고도 추천하여 훌륭한 정치를 하지 않는 자는 그 자리를 훔치는 자다. _공자(B.C. 551~B.C. 479) 중국 춘추 시대 노나라 사상가

▶ 재능이 없는 군주가 인재를 얻지 못하면 나라는 혼란에 빠진다.

_정도전(1342~1398) 고려~조선 시대 문인, 학자

▶ 하늘이 인재를 낳을 적에 지체 높은 가문의 사람이라고 해서 재질을 특히 풍부하게 부여하는 것은 아니며 미천한 신분의 사람이라고 해서 인색하게 부여하는 것도 아니다.

_허균(1569~1618) 조선 시대 문신, 소설가

속담

▶ 똥 무더기에서 나온 황금. _로마

▶ 백옥이 진토에 묻힌다. (유능한 인재가 재능을 드러내지 못하고 묻혀 있음을 이르는 말) _한국

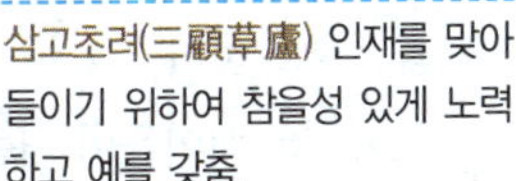

한자 숙어

삼고초려(三顧草廬) 인재를 맞아들이기 위하여 참을성 있게 노력하고 예를 갖춤.

고사성어

▷ 군계일학(群鷄一鶴)

닭 무리 속에 있는 한 마리의 학이란 뜻으로, 여러 평범한 사람들 가운데 뛰어난 한 사람이 섞여 있음을 이르는 말이다. 죽림칠현(중국 진나라 초기의 일곱 명의 선비) 중 한 사람인 혜강에게는 혜소라는 아들이 있었다. 혜소는 열 살 때 아버지 혜강이 무고한 죄로 사형 당하자 어머니를 모시고 숨어 살았다. 어느 날, 아버지의 절친한 친구 산도가 혜소에게 관직을 내려 줄 것을 무제에게 상소했다. 상소가 받아들여져 혜소가 처음 낙양으로 들어왔을 때, 어떤 사람이 "여러 사람들 가운데 보이는 혜소의 모습은 마치 들녘의 학이 닭 무리 속으로 내려앉은 것 같네."라고 말한 데서 유래한다. _《진서》 혜소전

인종 人種

인류를 지역과 신체적 특성에 따라 구분한 종류.

명언 명문

▶ 그가 유색인들을 보호하고 그들을 자기와 동등하게 대한 것은 그들이 자기와 동등하지 않다는 것을 분명히 알았기 때문이다.

_B. A. W. 러셀(1872~1970) 영국 철학자, 수학자

▶ 나는 백인의 인척이 아니라 형제가 되고 싶다.

_M. L. 킹(1929~1968) 미국 목사, 흑인 해방 운동가

▶ 나는 타인과의 관계를 인종이나 종교상의 신조나 피부색이나 경제적, 사회적 지위로 차별하지 않고 개인의 성격에 기초하여 판단한다.

_J. 스위프트(1667~1745) 영국 소설가 《사회노동자의 신조》

▶ 백인들이 처음 왔을 때 그들은 성경책을 가지고 있었고 우리는 토지를 가지고 있었다. 하지만 지금은 우리들이 성경책을 가지고 있고 그들은 토지를 갖고 있다.

_D. 조지(1899~1981) 캐나다 인디언 추장

M. L. 킹

▶ 백인의 차별보다 더 무서운 것은 흑인 스스로가 백인보다 못하다는 열등감을 갖는 일이다. 이런 편견에 흑인이 빠져 있는 이상 인권 운동은 출발부터 있을 수 없는 일이다.

_M. L. 킹(1929~1968) 미국 목사, 흑인 해방 운동가

▶ 사람은 품성으로 판단해야지 피부색으로 판단해서는 안 된다.

_M. L. 킹(1929~1968) 미국 목사, 흑인 해방 운동가

▶ 소위 백인종이라고 하는 것은 사실 분홍색이 도는 회색 인종이다.

_E. M. 포스터(1879~1970) 영국 소설가

▶ 아들아, 인종이나 민족으로 사람을 평가하지 말고, 그 사람 자체로 판단해라.

_E. A. 게스트(1881~1959) 미국 작가

▶ 어떤 개인을 그가 흑인이기 때문에 좋아하는 것은 그가 백인이 아

니기 때문에 싫어하는 것과 마찬가지로 모욕적이다.

_E. E. 커밍스(1894~1962) 미국 화가, 시인, 소설가

▶ 인종 차별을 완화하는 것을 바라는 게 아니라 폐지를 원한다.

_D. M. 투투(1931~) 남아프리카 공화국 성직자, 인권 운동가

▶ 인종을 분리한 학교에서 배운 아이들은 마음이 불구인 채 졸업하게 된다.

_맬컴 엑스(1925~1965) 미국 인권 운동가

▶ 자기 만족을 하지 않는 인간이 많은 인종은 영원히 전진하고 영원히 희망을 갖는다.

_루쉰(1881~1936) 중국 작가

속담

▶ 나무 껍질은 다른 나무 껍질과 접합되지 않는다. (인종의 화합은 간단히 이루어지지 않는다는 뜻)

_에티오피아

▶ 나의 피부색보다 나의 미덕이 무엇인가 물어봐 다오.

_아라비아

▶ 흑인을 물로 씻어서 하얗게 만들 수는 없다.

_서양

키워드 정보 BOX

세계의 인종

세계에는 다양한 인종이 있다. 인종은 주로 피부색과 같은 신체적 특징에 따라 분류하는데, 세계 3대 인종은 아시아 인종(황색 인종) · 유럽 인종(백색 인종) · 아프리카 인종(흑색 인종)이다. 인구수가 가장 많은 아시아 인종은 주로 아시아 대륙, 태평양 제도에 살며 황갈색의 피부와 검은색의 눈, 평평한 얼굴 따위의 신체적 특징이 있다. 유럽 인종은 주로 유럽 및 서남아시아, 남북아메리카, 오스트레일리아 등지에 살며 분포 범위가 가장 넓다. 이들은 밝은 빛깔의 피부, 푸른 눈, 좁고 높은 코 등의 신체적 특징이 있다. 아프리카 인종은 머리가 검고 곱슬곱슬하며, 코가 넓고 입술이 두껍다는 신체적 특징이 있다. 주로 아프리카 사하라 사막 남쪽과 미국 남부 등지에 살고 있다.

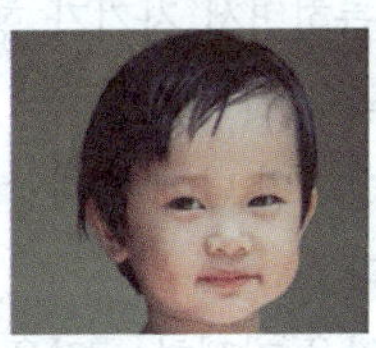

재앙

災殃

뜻하지 아니하게 생긴 불행한 변고. 또는 천재지변으로 인한 불행한 사고.

명언 명문

▶ 감히 상상조차 하기 싫을 정도로 무서운 재앙과 참혹한 불행이 있지만, 막상 닥치면 우리는 의외로 한층 강하게 대처하고 생각했던 것보다 더 잘 처신한다. _J. 라브뤼예르(1645~1696) 프랑스 작가

▶ 게으르고 자기 본분을 잊으면 재앙이 곧 닥친다. _순자(B.C. 298?~B.C. 238?) 중국 전국 시대 조나라 사상가

▶ 게으름은 모든 재앙을 초래한다. _J. 가워(1325?~1408) 영국 시인

▶ 곧게 자란 나무는 먼저 벌채되고 물맛이 좋은 우물은 먼저 마르게 된다. 쓸모 있는 것이 오히려 재앙의 원인이 된다. _장자(B.C. 369?~B.C. 289?) 중국 전국 시대 송나라 사상가

▶ 구슬과 옥을 보물로 여기는 사람은 반드시 재앙을 만난다. _맹자(B.C. 372~ B.C. 289) 중국 전국 시대 추나라 사상가

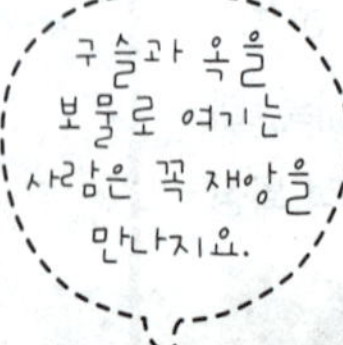

▶ 권력에 아부하고 실세에 붙다가 받는 재앙은 매우 참혹하고 또 매우 빨리 온다. _《채근담》

▶ 근심에 시달릴 때 행운의 기초가 다져지고 잔치를 즐길 때 재앙의 싹이 튼다. _김시습(1435~1493) 조선 시대 학자, 문인

▶ 나쁜 이웃과 사는 것은 일종의 재앙이다. _T. M. 플라우투스(B.C. 254?~B.C. 184) 로마 극작가, 시인

맹자

▶ 남을 괴롭히면서 자기가 행복해지기를 바란다면 원한이 쌓여서 재앙을 맞을 것이다. _《법구경》

▶ 남을 비방하면 나에게 재앙이 되고 남의 비방을 받으면 나에게 행운이 된다. _소옹(1011~1077) 중국 북송 학자

▶ 남의 재앙을 기뻐하는 것은 어질지 못하고 받은 은혜를 잊는 것은

정의롭지 못하다. _풍몽룡(1575~1645) 중국 명나라 문장가

▶ 늙어서 얻는 병은 모두 다 젊을 때 부른 것이고, 쇠퇴한 뒤 얻는 재앙은 모두 번창할 때 지은 것이다. 군자는 젊고 번성할 때 더욱 조심한다. _《채근담》

▶ 부귀하고 오만하면 재난을 자초한다.
_노자(B.C. 604?~?) 중국 춘추 시대 초나라 사상가

▶ 세상을 괴롭히는 모든 재앙의 거의 전부는 말에서 나오는 것이다.
_E. 버크(1729~1797) 영국 정치가, 사상가

▶ 악행이 거듭되어 받는 재앙은 아무도 구제할 수 없다.
_김시습(1435~1493) 조선 시대 학자, 문인

▶ 역적은 안에 있고 재앙은 사랑하는 것에서 온다. _《전국책》

▶ 운명은 한 가지 재앙을 주는 것으로 만족하지 않는다.
_P. 시루스(B.C. 1세기경) 로마 시인

▶ 이유 없이 엄청난 돈을 얻는 것은 큰 복이 있어서가 아니라 반드시 큰 재앙이 있을 징조다. _소식(1036~1101) 중국 북송 문학가

▶ 재앙을 겪는 사람들과 한 약속은 금방 깨진다.
_J. 메이스필드(1878~1967) 영국 시인

▶ 재앙을 만나 항거할 수 없을 때는 참으면 그 재앙도 웃음거리로 변한다. _W. 셰익스피어(1564~1616) 영국 극작가, 시인

▶ 재앙을 예상하여 예방하는 것이 재앙이 닥친 뒤 은덕을 베푸는 것보다 더 낫다. _정약용(1762~1836) 조선 시대 문신, 학자

▶ 하늘이 내린 재앙은 피할 수 있지만 자기 자신이 불러들인 재앙은 피할 수 없다. _맹자(B.C. 372~B.C. 289) 중국 춘추 시대 추나라 사상가

▶ 힘을 다 쓰면 몸이 천해지고 공적을 이루면 재앙이 닥친다.
_유우석(772~842) 중국 당나라 시인

속담

▶ 긁어 부스럼. (필요 없는 짓을 하여 자기가 스스로 재앙을 끌어들인다는 뜻) _한국

▶ 눈썹에 떨어진 액. (가까운 곳에서 뜻밖에 들이닥친 재앙을 이르는 말) _한국

- ▶ 도둑놈 문 열어 준 셈. (믿지 못할 사람에게 믿고 일을 맡겨 해를 입게 되는 경우를 이르는 말) _한국
- ▶ 들판에 불을 붙이면 검댕이 마을에 날아온다. _나이지리아
- ▶ 마른 하늘에 날벼락. (뜻밖에 당하게 되는 재앙을 이르는 말) _한국

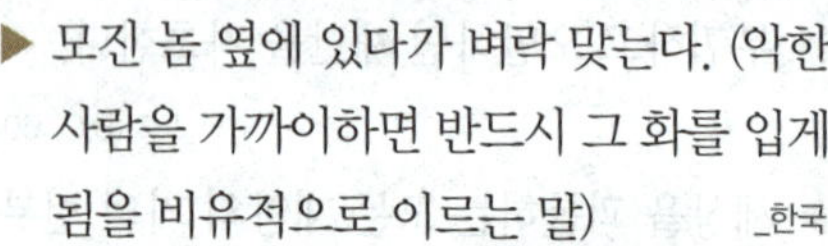

- ▶ 모진 놈 옆에 있다가 벼락 맞는다. (악한 사람을 가까이하면 반드시 그 화를 입게 됨을 비유적으로 이르는 말) _한국
- ▶ 서두르면 언제나 재앙을 만난다. _서양
- ▶ 입은 재앙의 문. (말이 화근이 되어 재앙을 일으킨다는 말) _일본
- ▶ 자는 범 코침 주기. (공연히 건드려서 재난을 자초한다는 뜻) _한국
- ▶ 재앙도 삼 년 지나면 쓸모가 있다. _일본

한자 숙어

청천벽력(靑天霹靂) 맑게 갠 하늘에서 치는 날벼락이라는 뜻으로, 뜻밖에 일어난 큰 변고나 사건을 이르는 말.

화인악적(禍因惡積) 재앙은 악을 쌓아서 생김.

고사성어

▷ 교토삼굴(狡兎三窟)

교활한 토끼는 세 군데 숨을 굴을 파 놓는다는 뜻으로, 사람이 교묘한 꾀로 재난을 피함을 가리키는 말이다. 불안한 미래를 위해 준비를 하면, 뜻하지 않은 불행이나 재앙은 찾아오지 않는다는 것이다. 왕족의 아들인 맹상군의 집에 풍환이라는 괴짜 식객이 머물고 있었다. 그가 맹상군 곁에 머물면서 '교활한 토끼는 세 개의 굴을 뚫는 법이니 맹상군을 위해 세 개의 굴을 파 놓겠다.' 고 다짐했고, 이를 실천하여 맹상군은 큰 재앙을 입지 않고 벼슬을 했다고 한다. _《사기》 맹상군열전

▷ 앙급지어(殃及池魚)

재앙이 연못의 물고기에 미친다는 뜻으로, 제삼자가 엉뚱하게 재난을 당함을 이르는 말이다. '지어지앙' 이라고도 한다. 춘추 시대 때 송나라에 환이라는 사람이 진귀한 구슬을 가지고 있었다. 그 소문을 들은 송나라 왕이 구슬을 내놓으라고 하자 환은 궁궐 앞 연못에 던져 버렸다고 대답했다. 욕심에 눈이 먼 왕이 당장 연못의 물을 모조리 퍼냈지만 구슬을 끝내 발견하지 못하고 죄 없는 물고기들만 떼죽음을 당한 데서 유래한다. 성문에 난 불을 끄려고 연못의 물을 전부 퍼 오는 바람에 물고기가 말라 죽었다는 이야기도 있다. _《여씨춘추》

傳統 전통

어떤 집단이나 공동체에서, 지난 시대에 이미 이루어져 계통을 이루며 전하여 내려오는 사상 · 관습 · 행동 따위의 양식.

역사

명언 명문

▶ 가장 혁명적인 사람도 자기도 모르게 낡은 전통을 따르는 사람이 된다. _R. 롤랑(1866~1944) 프랑스 소설가, 사상가 《장 크리스토프》

▶ 모든 전통은 날이 갈수록 더욱 존중되고 결국은 신성한 것이 되며 경외심을 불러일으킨다. _F. W. 니체(1844~1900) 독일 철학자, 시인

▶ 오래된 씨는 생명의 싹을 내부에 갖고 있다. 그것은 다만 새 시대의 토양에 뿌려질 필요가 있다. _R. 타고르(1861~1941) 인도 시인, 사상가

▶ 전통은 안내자이지 감옥의 간수가 아니다. _W. S. 몸(1874~1965) 영국 소설가, 극작가

▶ 전통은 죽은 백성들의 의사를 한데 모은 것이다. _G. K. 체스터턴(1874~1936) 영국 소설가, 평론가

▶ 전통을 존중하는 것은 좋은 일이나 전통 때문에 질식하는 일은 없어야 한다. _E. H. 카(1892~1982) 영국 정치학자, 역사가

▶ 전통이란 우리가 습득할 수 있는 것이 아니다. _L. J. J. 비트겐슈타인(1889~1951) 영국 철학자

고사성어

▷ 온고지신(溫故知新)

옛것을 익히고 그것을 미루어서 새것을 안다는 뜻으로, 과거의 역사적 사실이나 학문 등을 먼저 충분히 익히고, 그 바탕 위에서 새로운 사실을 습득해야 한다는 말이다. 공자는 옛것을 익히고 나서 새로운 것을 알면 스승이 될 수 있다고 말했는데, 여기서 옛것은 주나라 때의 문물, 특히 예(禮)와 악(樂)을 가리킨다. 공자는 이러한 옛 전통 위에서 새로운 것을 받아들여야 제대로 된 정치와 사회를 구현할 수 있다고 보았다. _《논어》 위정 편

창조

創造

전에 없던 것을 처음으로 만듦.

명언 명문

*양도 | 재산이나 물건을 남에게 넘겨줌. 또는 그런 일.

▶ 교육은 신사를 창조하고, 독서는 좋은 친구를 창조하며, 완성은 완벽한 인간을 창조한다. _J. 로크(1632~1704) 영국 철학자

▶ 낡은 것의 파괴자들은 새로운 것의 창조자들이다. _R. G. 잉거솔(1833~1899) 미국 정치가

▶ 남성은 작품을 창조한다. 그러나 여성은 남성을 창조한다. _R. 롤랑(1866~1944) 프랑스 소설가, 사상가 《장 크리스토프》

▶ 동물은 자신의 흔적을 남기지만, 오로지 사람만이 자신이 창조한 것의 흔적을 남긴다. _J. 브로노프스키(1908~1974) 영국 수학자, 작가

▶ 만들어지는 것은 만들어진 뒤에만 사랑을 받을 수 있지만 창조되는 것은 그것이 존재하기 이전에 사랑을 받는다. _G. K. 체스터턴(1874~1936) 영국 소설가, 평론가

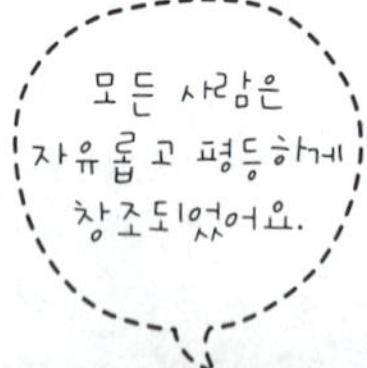

▶ 모든 사람은 자유롭고 평등한 인간으로 창조되었다. _A. 링컨(1809~1865) 미국 제16대 대통령

▶ 모든 사람은 평등하게 창조되었고 생명, 자유, 행복의 추구 등 선천적이고 *양도가 불가능한 권리들을 창조주로부터 받았다. _T. 제퍼슨(1743~1826) 미국 제3대 대통령

▶ 모든 사람이 평등하게 창조되었다는 것은 진실이다. _M. L. 킹(1929~1968) 미국 목사, 흑인 해방 운동가

▶ 모든 창조 행위는 먼저 파괴 행위가 일어난 다음에 일어난다. _P. 피카소(1881~1973) 에스파냐 화가

▶ 신은 하늘과 땅 그리고 그 사이에 존재하는 모든 것을 창조했다. _R. 데카르트(1596~1650) 프랑스 철학자, 수학자 《성찰》

A. 링컨

▶ 신이 인간을 창조한 것이 아니라 인간이 신을 창조했다.

_L. A. 포이어바흐(1804~1872) 독일 철학자

▶ 우리는 운명의 예언자 노릇을 그만둘 때 운명의 창조자가 될지도 모른다. _K. R. 포퍼(1902~1994) 영국 철학자

▶ 의사들, 사제들, 관리들, 그리고 장교들은 마치 자기 손으로 창조한 듯 사람들을 철저히 잘 알고 있다.

_J. P. 사르트르(1905~1980) 프랑스 소설가, 철학자

▶ 인간은 창조 행위를 통해 *피조물로서의 자신을 초월하고, 자기 존재의 *피동성과 우연성에서 목적성과 자유의 영역으로 자신을 끌어올리는 것이다.

_E. 프롬(1900~1980) 독일 정신 분석학자, 사회학자 《건전한 사회》

▶ 인간은 환경의 창조물이 아니다. 환경이 인간의 창조물이다.

_B. 디즈레일리(1804~1881) 영국 정치가, 소설가

▶ 인간의 역사는 창조의 역사다. _H. G. 웰스(1866~1946) 영국 작가, 문명 비평가

▶ 인간이 이성과 창조력을 부여받은 것은 자기에게 주어진 것을 늘리기 위해서이다. 그러나 인간은 오늘날까지 파괴만 할 뿐 창조를 한 일이 없다. _A. P. 체호프(1860~1904) 러시아 소설가, 극작가 《바냐 아저씨》

▶ 진정한 창조는 신만이 할 수 있다. 인간이 어떤 새로운 것을 만들어 냈다고 하더라도 그것은 어디까지나 신의 계시에 의한 모방일 뿐이다. _T. 칼라일(1795~1881) 영국 사상가, 역사가

▶ 진정한 창조는 침묵 속에서 이루어진다.

_C. 힐티(1833~1909) 스위스 사상가, 법률가

▶ 창조 행위 그 자체가 진리의 실현이다.

_R. 타고르(1861~1941) 인도 시인, 사상가

▶ 창조는 어렵고 모방은 쉽다. _C. 콜럼버스(1451~1506) 이탈리아 탐험가

▶ 창조는 항상 불완전한 것으로서 끊임없이 이리저리 변하는 가운데 계속된다. _A. 프랑스(1844~1924) 프랑스 작가

▶ 창조한다는 것, 그것은 두 번 사는 것이다.

_A. 카뮈(1913~1960) 프랑스 소설가, 극작가

▶ 허무에서는 아무것도 창조될 수 없다.

_T. 루크레티우스(B.C. 94?~B.C. 55?) 로마 시인, 철학자

*피조물 | 조물주에 의해 만들어진 우주에 있는 모든 것.
*피동성 | 남의 힘에 의하여 움직이는 성질.

최초 最初

맨 처음.

명언 명문

▶ 결혼은 최초의 사회적 굴레다.

_M. T. 키케로(B.C. 106~B.C. 43) 로마 정치가, 학자

▶ 누구나 항상 자신의 첫사랑으로 돌아간다.

_H. 에스티엔(1531~1598) 프랑스 학자

▶ 매일이 당신의 최초의 날이라고 생각하라. 매일이 당신의 마지막 날이라고 생각하라. _《탈무드》

▶ 모든 위대한 것들도 최초에는 불가능한 일이라고 했던 것들이다.

_T. 칼라일(1795~1881) 영국 사상가, 역사가

▶ 무슨 일이든지 시작을 조심하라. 최초의 한 걸음이 미래의 일을 결정한다. _L. 다빈치(1452~1519) 이탈리아 화가, 건축가, 조각가

▶ 전능하신 창조주께서 정원을 최초로 만드셨다. 그것은 인간의 즐거움 가운데 가장 순수한 것이다. _F. 베이컨(1561~1626) 영국 정치가, 철학자

▶ 첫인상은 대단히 중요하다. _W. 콩그리브(1670~1729) 영국 극작가

▶ 최종의 목표뿐 아니라 최초의 한 걸음을 어떻게 내딛는가에 대해서도 알고 있는 것이 중요하다. _T. I. 루빈(1923~) 미국 정신과 의사, 작가

속담

▶ 모든 시작은 어렵다. (어떠한 행동이나 사업에서 최초의 결단이 어렵다는 말) _서양

▶ 시작에 유의하라. (시작이 가장 중요하니 첫걸음을 가장 신중하게 내디디라는 말) _서양

▶ 시작이 반이다. (무슨 일이든지 시작하기가 어렵지 일단 시작하면

일을 끝마치기는 그리 어렵지 않다는 말) _한국

▶ 처음과 마지막 서리가 가장 지독하다. _서양

▶ 첫딸은 세간 밑천. (첫딸은 집안의 모든 일에 도움이 된다는 뜻으로, 옛날에 첫딸을 낳은 서운함을 위로하는 말) _한국

▶ 최초의 결심을 잊지 마라. _서양

▶ 최초의 숨결은 죽음의 시작이다. _서양

▶ 최초의 웃음보다는 마지막의 미소가 오히려 낫다. _영국

지식 쑥쑥

한자 숙어

시제문자(始制文字) 최초로 문자를 만듦.

파천황(破天荒) 이전에 아무도 하지 못한 일을 처음으로 해냄.

고사성어

▷ 효시(嚆矢)

우는 화살이라는 뜻으로, 어떤 사물이나 현상이 시작되는 맨 처음을 이르는 말이다. 고대 중국에서는 전쟁을 시작할 때, 소리가 나는 화살을 먼저 쏘아 알렸는데, 이 화살은 끝이 뭉툭하고 구멍이 뚫려 있어서 날아갈 때 웅웅 소리가 났다고 한다. 전국 시대의 사상가인 장자가 문답을 주고받는 중에 "어찌 증삼이나 사유 같은 인물이 걸왕이나 도척 같은 무리의 효시가 되지 않는다고 장담하겠는가?"라고 말한 데서 유래한다. _《장자》 재유 편

키워드 정보 BOX

최초의 세계 일주

최초로 세계 일주를 떠났던 마젤란.

1519년 9월 20일, 포르투갈의 탐험가 마젤란은 새로운 서쪽 항로를 개척하기 위해 5척의 배를 이끌고 에스파냐를 떠났다. 남아메리카의 동쪽 해안을 따라 남하하여 1520년 10월 21일, 드디어 새로운 항로를 발견한 마젤란은 남아메리카 남쪽 끝을 돌아 고생 끝에 태평양을 횡단하여 1521년 3월에 필리핀의 한 섬에 도착했다. 이 섬에서 마젤란은 필리핀 원주민과의 전투 중에 전사하였다. 하지만 그의 부하인 엘카노와 18명의 선원들은 서쪽으로 항해를 계속하여 남아프리카 대륙을 돌아, 1522년 9월 8일에 출발지로 돌아옴으로써 최초의 세계 일주 항해에 성공했다.

최후 最後

맨 마지막.

명언 명문

▶ 나는 이제 마지막 항해를 하려고 한다. 그것은 암흑 속으로 힘껏 뛰어드는 것이다. _T. 홉스(1588~1679) 영국 철학자, 법학자

▶ 늙거나 젊거나 우리는 모두 마지막 항해 중이다. _R. L. B. 스티븐슨(1850~1894) 영국 소설가, 시인

▶ 마지막 깃털이 말의 등뼈를 부러뜨릴 수 있다. _T. 풀러(1654~1734) 영국 의사, 작가

▶ 마지막 순간에도 끝까지 계획을 세워라. 그 행위는 당신의 죽음이 얼마나 부당한지 보여 줄 것이다. _E. 카네티(1905~1994) 영국 작가

▶ 모든 행동을 인생의 마지막이라고 느끼고 한다면 편안한 삶을 누릴 것이다. _마르쿠스 아우렐리우스(121~180) 로마 황제

▶ 신들이 나 또는 너를 위해 어떠한 최후를 마련했는지 알려고 하지 마라. 우리는 그것을 알아서는 안 되는 것이다. _Q. 호라티우스(B.C. 65~B.C. 8) 로마 시인

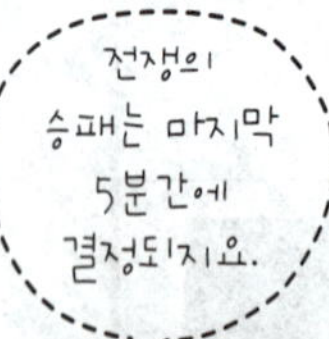

▶ 신의 섭리는 언제나 마지막 예비 부대의 편을 든다. _나폴레옹 1세(1769~1821) 프랑스 황제

▶ 전쟁의 승패는 최후의 5분간에 달려 있다. _나폴레옹 1세(1769~1821) 프랑스 황제

▶ 최후의 심판을 기다리지 마라. 그것은 매일 닥친다. _A. 카뮈(1913~1960) 프랑스 소설가, 극작가

▶ 현재의 시간은 즐기고 과거는 고맙게 여겨라. 마지막 순간이 닥치는 것은 바라지도 말고 두려워하지도 마라. _M. V. 마르티알리스(40?~103?) 로마 시인

나폴레옹 1세

追憶 추억

지나간 일을 돌이켜 생각함.
또는 그런 생각.

명언 명문

▶ 고뇌야말로 인생의 참다운 모습이다. 우리들의 최후의 기쁨과 위로는 괴로웠던 과거의 추억에 불과한 것이다.

_A. 뮈세(1810~1857) 프랑스 시인, 극작가 《세기아의 고백》

▶ 고생했던 추억도 지나고 나면 상쾌하다.

_에우리피데스(B.C. 484?~B.C. 406?) 그리스 시인 《헬레네》

▶ 노년기를 견디기 힘들게 하는 것은 정신적, 육체적 기능의 쇠퇴가 아니라 추억의 무거운 짐이다. _W. S. 몸(1874~1965) 영국 소설가, 극작가

▶ 마치 농부가 씨를 뿌리듯이 그는 어디에나 추억의 씨를 뿌리는 중이었다. 죽는 날까지 스러지지 않을 추억의 씨를.

_G. 모파상(1850~1893) 프랑스 소설가 《여자의 일생》

▶ 사람이란 살려면 무엇이든 감상적인 과거의 유물을 지니고 있어야만 되는 법이다. _G. 그린(1904~1991) 영국 소설가 《권력과 영광》

▶ 어떤 사람을 잊어버리려고 노력하는 것은 오로지 그 사람만 생각하는 것과 같다. _J. 라브뤼예르(1645~1696) 프랑스 작가

▶ 젊음이 지나가면 잃을 것이라고는 추억뿐이다.

_G. 맥도널드(1824~1905) 영국 시인, 소설가

▶ 죽은 자에 대해서는 눈물이 아니라 추억으로 경의를 표시하라.

_J. 크리소스토무스(347?~407) 그리스 설교가

▶ 지나가 버린 생활을 즐겁게 회상하는 것은 인생을 두 번 사는 것이다. _M. V. 마르티알리스(40?~103?) 로마 시인

▶ 지나온 길을 되돌아본다는 점에서 인간은 강과 다르다.

_M. 세르반테스(1547~1616) 에스파냐 소설가

▶ 지난날의 불행했던 추억은 감미롭다.

_M. T. 키케로(B.C. 106~B.C. 43) 로마 정치가, 학자

▶ 지난날의 슬픈 추억에 너무 매달리지 말자.

_W. 셰익스피어(1564~1616) 영국 극작가, 시인

▶ 추억은 그 소리가 바람에 날려 사라지는 사냥용 뿔 나팔이다.

_G. 아폴리네르(1880~1918) 프랑스 소설가, 시인

▶ 추억은 식물과 같다. 어느 쪽이나 다 싱싱할 때 심어 두지 않으면 뿌리를 박지 못하는 것이니, 우리는 싱싱한 젊음 속에서 싱싱한 일들을 남겨 놓지 않으면 안 된다.

_C. A. 생트뵈브(1804~1869) 프랑스 시인, 소설가

▶ 추억은 일종의 만남이다. _K. 지브란(1883~1931) 미국 소설가, 화가, 시인

▶ 추억은 잔인한 것이다. _M. 프루스트(1871~1922) 프랑스 소설가

▶ 추억은 진실보다 한 층 높이, 거짓보다 두 층 높이 올라갔다.

_N. 카잔차키스(1885~1957) 그리스 작가 《오디세이의 싹이 내 마음속에서 열매를 맺을 때》

▶ 추억은 창의성이 없다. 우리가 이미 가지고 있는 것 이외의 것은 바랄 수도 없고, 그보다 나은 일도 전혀 기대할 수 없다.

_M. 프루스트(1871~1922) 프랑스 소설가

▶ 추억을 살리기 위해 사람은 먼저 나이를 먹지 않으면 안 되는 것인지 모른다. _R. M. 릴케(1875~1926) 독일 시인 《말테의 수기》

▶ 추억이란 희망의 길에서 발에 걸리는 돌멩이다.

_K. 지브란(1883~1931) 미국 소설가, 화가, 시인

▶ 행복했던 날을 그리워하는 것보다 더 큰 고통은 없다.

_A. 단테(1265~1321) 이탈리아 시인 《신곡》

속담

▶ 괴롭다고 보았던 세상도 지금은 그립다. _일본

▶ 남자는 망각으로 살아가고, 여자는 추억으로 살아간다. _서양

▶ 젊은이는 희망에, 늙은이는 추억에 산다. _프랑스

▶ 지나간 일들은 모두 아름답다. _영국

▶ 즐거웠던 추억은 오래 남고, 괴롭고 고통스러웠던 추억은 더 오래 남는다. _체코

칼

물건을 베거나 썰거나 깎는 데 쓰는 도구.

명언 명문

▶ 가장 약한 팔도 정의의 칼로 칠 때는 강력하다.

_D. 웹스터(1782~1852) 미국 정치가

▶ 강도도 나그네도 칼을 가지고 있지만 강도는 약탈을 위해서, 나그네는 자기를 보호하기 위해서 칼을 가지고 있다.

_P. N. 오비디우스(B.C. 43~A.D. 17) 로마 시인

▶ 정의의 손은 칼을 잡아서는 안 된다. _D. J. 유베날리스(50?~130?) 로마 시인

▶ 칼은 사람을 폭력으로 몰고 간다. _호메로스(?~?) 그리스 시인

▶ 칼은 세상의 기둥이고 영광은 나누어 가질 수 없다.

_C. A. J. M. 드골(1890~1970) 프랑스 군인, 정치가

▶ 칼은 숫돌에 갈아야 비로소 날카롭게 된다. 사람도 수양한 후에 비로소 현자가 되는 것이다. _《회남자》

▶ 칼은 펜을 무디게 한 일이 없고, 펜은 칼을 무디게 한 일이 없다.

_M. 세르반테스(1547~1616) 에스파냐 소설가 《돈키호테》

▶ 칼을 쓰는 사람은 칼로 망하는 법이다. _《성경》

▶ 혀는 칼보다 더 날카로운 무기다.

_포킬리데스(B.C. 6세기경) 그리스 시인

속담

▶ 나무칼로 귀를 베어도 모르겠다. (어떤 일에 몹시 집중한다는 뜻) _한국

▶ 내 칼도 남의 칼집에 들면 찾기 어렵다. (자기 물건도 남의 손 안에 들어가면 자

문장 반짝

관용어

칼(을) 갈다(벼리다) _ 싸움이나 침략 따위를 준비하다. 또는 복수를 준비하다.

칼(을) 품다 _ 사람을 죽이려는 마음을 품다.

칼을 빼들다 _ 결함, 문제 따위를 해결하려고 하다.

기 마음대로 하기 어렵다는 뜻) _한국

- ▶ 칼 쥐는 모든 사람은 칼로써 망한다. _영국
- ▶ 칼도 날이 서야 쓴다. (무엇이나 제 기능을 할 수 있게 조건이 갖추어져야 그 존재 가치가 있다는 말) _한국
- ▶ 칼로 물 베기. (다투었다가도 시간이 조금 지나 곧 사이가 다시 좋아지는 경우를 비유적으로 이르는 말) _한국
- ▶ 칼은 모두 질투가 강하다. _영국
- ▶ 칼을 가지고 다니는 사람은 평화를 가지고 다닌다. _프랑스
- ▶ 칼을 뽑고는 그대로 집에 꽂지 않는다. (무슨 일이든 한번 결심하고 나면 끝장을 보고야 만다는 뜻) _한국
- ▶ 칼의 명수는 다투지 않는다. _프랑스
- ▶ 한 개의 칼은 다른 사람의 칼을 칼집에 넣게 한다. _영국

고사성어

▷ 간장막야(干將莫耶)

간장과 막야라는 뜻으로, 두 자루의 좋은 칼을 이르는 말이다. 좋은 칼도 사람의 손길이 가야만 비로소 빛나듯이 사람의 성품도 원래는 악하므로 노력을 기울여야 선하게 될 수 있다는 뜻도 있다. 춘추 전국 시대 때 오나라에서 최고의 칼 제조 기술을 갖고 있던 장인 간장이 칼 두 자루를 만들라는 임금의 명령을 받았다. 아내 막야와 함께 3년이 넘는 어려운 과정을 거쳐 마침내 두 자루의 좋은 칼을 만들었는데, 각각 그 이름을 '간장'과 '막야'라고 붙인 데서 유래한다. _《오월춘추》 합려내전, 《순자》 성악 편

▷ 할계언용우도(割鷄焉用牛刀)

닭을 잡는 데에 소 잡는 큰 칼을 쓸 필요는 없다는 뜻으로, 작은 일을 처리하는 데에 지나치게 큰 수단을 쓸 필요는 없음을 비유하여 이르는 말이다. 공자의 제자 자유는 노나라의 작은 읍을 다스리고 있었다. 하루는 공자가 자유를 찾아와서 "닭을 잡는 데 어찌 소 잡는 칼을 쓰리오."라고 말했다. 그러자 자유가 "이전에 선생님께서 '군자가 도를 배우면 사람을 사랑하고, 소인이 도를 배우면 부리기가 쉽다.'고 하셨습니다."라고 대답했다. 공자는 자유의 말이 옳다고 말했다. 사실 공자는 자유가 나라를 다스릴 만한 인재인데도 작은 읍에서 성실하게 하는 것이 보기 좋다는 뜻으로 한 말이었다. _《논어》 양화 편

역사

必然 필연

사물의 관련이나 일의 결과가 반드시 그렇게 됨.

명언 명문

▶ 무엇이든 갈 곳으로 가서 자리 잡는다.

_F. 라블레(1483?~1553) 프랑스 극작가 《팡타그뤼엘》

▶ 인간에게 자유란, 그 자신 안에 들어 있는 필연성이다.

_P. H. D. 돌바크(1723~1789) 프랑스 철학자 《자연의 체계》

▶ 인간의 불행 가운데 필연성보다 더 괴로운 것은 없다.

_소포클레스(B.C. 496~B.C. 406) 그리스 시인 《아이아스》

▶ 자유의 양이 많으면 많을수록 필연의 양이 적어지고, 필연의 양이 증가하는 데 따라 자유의 양은 줄어든다.

_L. N. 톨스토이(1828~1910) 러시아 소설가, 사상가 《전쟁과 평화》

▶ 큰 필연은 인간을 높이며 작은 필연은 인간을 *격하시킨다.

_J. W. 괴테(1749~1832) 독일 시인, 소설가, 극작가

*격하 | 자격이나 등급, 지위 따위의 격이 낮아짐. 또는 그것을 낮춤.

▶ 필연성은 폭군들의 주장이며 노예들의 신조이다.

_W. 피트(1708~1778) 영국 정치가

▶ 필연성을 정복하는 것 외에는 아무런 법칙도 알지 못한다.

_P. 시루스(B.C. 1세기경) 로마 시인 《격언집》

▶ 필연에 따르는 자는 현자로서 신을 아는 자이다.

_에우리피데스(B.C. 484?~B.C. 406?) 그리스 시인

속담

▶ 신조차 필연에 대해 거역하지 않는다. _영국

▶ 아무리 굽이치고 꼬부라져도 강은 결국 바다로 흘러간다. _인도

▶ 익은 배는 반드시 떨어진다. _프랑스

하루

한 낮과 한 밤이 지나는 동안. 대개 자정에서 다음 날 자정까지를 이름.

명언 명문

▶ 그대들이 하루를 살았으면 그것으로 모든 것을 본 것이다. 하루는 모든 날과 같다. _M. E. 몽테뉴(1533~1592) 프랑스 사상가 《수상록》

▶ 단 하루면 인간적인 모든 것을 멸망시킬 수 있고 다시 소생시킬 수도 있다. _소포클레스(B.C. 496~B.C. 406) 그리스 시인

▶ 시간은 허무한 이슬이고, 하루는 참으로 빨리 지나간다. _A. 링컨(1809~1865) 미국 제16대 대통령

▶ 슬픔이 없는 날은 하루도 없다. _L. A. 세네카(B.C. 4?~A.D. 65) 로마 철학자, 극작가

▶ 오늘 하루를 헛되이 보냈다면 그것은 커다란 손실이다. 하루를 유익하게 보낸 사람은 하루의 보물을 파낸 것이다. 하루를 헛되이 보냄은 내 몸을 헛되이 소모하고 있다는 것을 기억해야 한다. _H. F. 아미엘(1821~1881) 스위스 철학자, 문학가

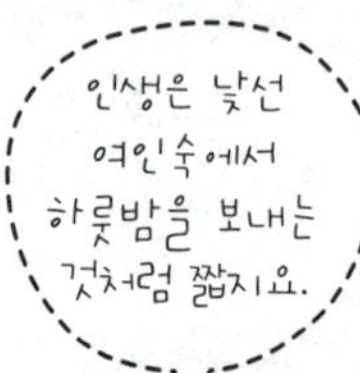

테레사

▶ 우리는 하루하루를 보내는 것이 아니고 내가 가진 무엇으로 채워 가는 것이라야 한다. _J. 러스킨(1819~1900) 영국 미술 평론가

▶ 유명한 사람들도 명성도 모두 하루살이와 같다. _마르쿠스 아우렐리우스(121~180) 로마 황제

▶ 인생은 낯선 여인숙에서 보내는 하룻밤과 같다. _테레사(1910~1997) 인도 수녀

▶ 전투하는 하루는 악마를 위해 추수하는 하루다. _W. 후크(1600~1677) 영국 성직자

▶ 하루는 영원과 조금도 다르지 않다. _L. A. 세네카(B.C. 4?~A.D. 65) 로마 철학자, 극작가

▶ 하루의 의무를 다하기 전에는 하루가 끝났다고 여기지 마라.

_J. 후커(1814~1879) 미국 장군

▶ 하루하루란 때로는 어머니와 같고 때로는 계모와 같다.

_헤시오도스(B.C. 8세기경) 그리스 시인

▶ 한 번에 한 가지 일만 하면 하루에도 모든 일을 할 시간이 충분하지만 한 번에 두 가지 일을 하려고 하면 일 년의 시간도 충분하지 않다.

_P. D. S. 체스터필드(1694~1773) 영국 정치가, 작가

▶ 희망과 염려, 공포와 불안 가운데서 그대 앞에 빛나고 있는 하루하루를 마지막이라고 생각하라. 그러면 예측할 수 없는 시간은 그대에게 더욱 많은 시간을 주리라.

_Q. 호라티우스(B.C. 65~B.C. 8) 로마 시인 《서한집》

속담

▶ 오뉴월 병아리 하룻볕 쬐기가 무섭다. (짧은 동안에 자라는 정도가 아주 뚜렷함을 이르는 말) _한국

▶ 하루 굶은 것은 몰라도 헐벗은 것은 안다. (가난하더라도 옷차림이나마 남에게 궁하게 보이지 말라는 말) _한국

▶ 하루 물림이 열흘 간다. (한번 뒤로 미루기 시작하면 계속해서 미루게 됨을 이르는 말) _한국

▶ 하루 세 끼 밥 먹듯. (아주 예사로운 일로 생각한다는 말) _한국

문장 반짝

관용어

하루가 멀다고(멀다 하고) _ 거의 매일같이 자주.

하루가 새롭다 _ 시간이 매우 중요하며 지나가는 시간이 매우 아쉽다. 또는 짧은 시간이 괴롭고 길게 느껴지다. 또는 사물의 변화가 두드러지다.

고사성어

▷ 일일여삼추(一日如三秋)

추(秋)는 한 해를 가리킨다. 즉 하루가 세 번의 가을과 같다는 뜻으로, 짧은 시간이 지났는데도 매우 오랜 시간이 흐른 것처럼 느껴진다는 말이다. 주로 무엇인가를 애타게 기다릴 때 쓰는 말이다. 중국에서 가장 오래된 시집 《시경》에는 왕풍이 지은 〈채갈〉이라는 시가 있는데, 이 시에서 왕풍이 '하루를 만나지 않은 것이 3년을 만나지 않은 것 같구나.' 라며 연인에 대한 사무치는 그리움을 노래한 구절에서 유래한다. _《시경》

현대 現代

지금의 시대.

명언 명문

▶ 마이다스 왕의 손에 닿으면 모든 것이 황금으로 바뀌듯 현대인들은 무슨 짓을 하든 모든 행위가 정치적 행동으로 바뀐다.

_C. V. 게오르규(1916~1992) 루마니아 작가

▶ 누구나 완전히 현대적 인간이 되어야만 한다.

_J. N. A. 랭보(1854~1891) 프랑스 시인

▶ 아무것도 성숙할 수 없는 현대는 최대의 불행이다. 사람은 항상 오늘을 다 지내고 무엇인가를 성취할 일이 없다고 한다.

_J. W. 괴테(1749~1832) 독일 시인, 소설가, 극작가

▶ 우리가 시간을 잘 사용할 줄만 안다면 현대는 다른 모든 시대와 같이 매우 좋은 것이다. _R. W. 에머슨(1803~1882) 미국 사상가, 시인

▶ 현대 사회는 정신적인 가치를 존중하는 방향으로 복귀할 것을 필요로 하고 있다. 그 복귀는 물질적인 가치를 상실하게 하는 것이 아니며 물질을 생산적인 면에서 충분히 활용하게 하는 것이다.

_P. F. 드러커(1909~2005) 미국 경영학자

▶ 현대 사회의 중심을 이루고 있는 사실은 지식을 핵심으로 한 대조직이 존재한다는 것이다. _P. F. 드러커(1909~2005) 미국 경영학자

▶ 현대 생활은 이상한 질병이다. 급히 서두르는 것과 분산된 목적들이 그 증상이다. _M. 아널드(1822~1888) 영국 시인, 평론가

▶ 현대는 고뇌의 시대, 신경과민의 시대다.

_L. 크로넨버거(1904~1980) 미국 평론가

▶ 현대는 사색을 무시함으로써 성실성에 대한 감수성과 동시에 진리에 대한 감수성마저도 상실하였다. 현대를 구할 방법은 다시금

사색의 길로 이끄는 방법밖에 없다.

_A. 슈바이처(1875~1965) 독일 신학자, 철학자, 의사

▶ 현대에서 자기 견해를 공평하게 표명하려는 사람은 사방에서 뻗치는 칼끝을 피해서 움직이는 것과 같다. _H. 멜빌(1819~1891) 미국 소설가

▶ 현대의 기술 문명은 토끼 걸음으로 달리는데, 정신 문명은 거북 걸음처럼 느리다. 이 두 문명의 간격이 현대 문명의 위기를 만든다. _A. J. 토인비(1889~1975) 영국 역사가, 문명 비평가

▶ 현대의 문제는 사방에 도로 표지판이 있지만 방향 표시가 없다는 것이다. _L. 크로넨버거(1904~1980) 미국 평론가

▶ 현대인은 과중한 일로 정신 집중을 잃어버린 산만한 인간들이다.

_A. 슈바이처(1875~1965) 독일 신학자, 철학자, 의사 《나의 생애와 사상》

▶ 현대인은 모두 목숨을 사랑하고 있다. 왜냐하면 현대인은 고통과 공포를 사랑하고 있기 때문이다.

_F M. 도스토옙스키(1821~1881) 러시아 소설가

▶ 현대인은 사랑에 대한 뿌리 깊은 열망이 있음에도 불구하고 그 외의 것들이 사랑보다도 더욱 중요하다고 느끼고 있다. 즉 우리의 모든 에너지는 성공이나 명성, 권력이라는 목표를 어떻게 성취하는가를 배우는 데 사용되며 사랑하는 기술을 배우기 위해서는 사용되지 않는다. _E. 프롬(1900~1980) 독일 정신 분석학자, 사회학자

키워드 정보 BOX

지구촌

지구 전체를 하나의 마을에 비유한 말로, 현대 사회는 교통과 통신의 발달로 세계 여러 나라가 서로 가까이 있는 것처럼 느껴지고 잘 알게 되었다는 뜻이다. 1945년, 영국의 공상 과학 소설가 클라크가 인공위성을 통해 빛의 속도로 세계 각지의 사람들이 동시에 통신을 할 수 있을 것이라고 하며 처음 '지구촌'이라는 말을 썼다. 그의 말대로 오늘날에는 실제로 통신 위성을 통해 지구촌 소식을 빠르고 생생하게 보게 되었고, 인터넷으로 전 세계 정보를 공유할 수 있게 되었다.

현재 現在

지금의 시간.

명언 명문

▶ 가장 중요한 때는 현재다. 왜냐하면 사람이 자기 자신을 통제할 수 있는 것은 현재이기 때문이다.

_L. N. 톨스토이(1828~1910) 러시아 소설가, 사상가

▶ 과거나 미래에 대해 생각하지 마라. 단지 현재에 살라. 그러면 모든 과거와 모든 미래는 그대의 것이 될 것이니.

_B. S. 라즈니시(1931~1990) 인도 철학자

▶ 과거는 과거다. 과거보다는 미래가 더 중요하다. 미래보다는 현재가 더 중요하다. 현재보다는 오늘이 더 중요하다. 오늘보다는 지금이 더 중요하다. 지금과 오늘을 소중히 여기고 이것이 자기 자신을 위해서 있다고 확신하자. _A. 모루아(1885~1967) 프랑스 소설가, 평론가

▶ 과거를 통제하는 자는 미래를 통제한다. 현재를 통제하는 자는 과거를 통제한다. _G. 오웰(1903~1950) 영국 소설가

▶ 사람이 행복해지기 위해서 요구되는 단 한 가지는 현재를 과거의 다른 순간들과 비교하지 말라는 것이다.

_A. P. G. 지드(1869~1951) 프랑스 소설가, 평론가

▶ 생각이 깊은 사람은 과거의 일로써 현재를 판단한다.

_소포클레스(B.C. 496~B.C. 406) 그리스 시인

▶ 역사의 효용성은 현재와 현재의 의무에 가치를 부여하는 것이다.

_R. W. 에머슨(1803~1882) 미국 사상가, 시인

▶ 오로지 현재에만 몰두하라. 우리는 똑같은 강물에 두 번 들어갈 수 없다. 왜냐하면 다른 강물들이 계속 흘러오고 있기 때문이다.

_헤라클레이토스(B.C. 540?~B.C. 480?) 그리스 철학자

A. P. G. 지드

▶ 우리들은 현재만을 참고 견디면 된다. 과거에도 미래에도 괴로워할 필요는 없다. 과거는 이미 존재하지 않으며, 미래는 아직 존재하지 않기 때문이다. _알랭(1868~1951) 프랑스 철학자, 평론가 《행복어록》

▶ 우리들이 과거에 괴로워했거나, 자기의 미래를 헛되게 하는 것은 현재에 몰입하지 못하기 때문이다. 과거는 이미 있었던 사실이고, 미래는 아직 있지 아니한 사실에 불과하다. 있는 것은 다만 현재의 이 순간뿐이다. _L. N. 톨스토이(1828~1910) 러시아 소설가, 사상가

▶ 진실을 말해야만 하는 시간은 언제나 지금이다. _A. 슈바이처(1875~1965) 독일 신학자, 철학자, 의사

▶ 현재는 매력 있는 여신이다. _J. W. 괴테(1749~1832) 독일 시인, 소설가, 극작가

▶ 현재는 모든 과거의 필연적인 결과이며, 모든 미래의 필연적인 원인이다. _R. G. 잉거솔(1833~1899) 미국 정치가 《종교란 무엇인가》

▶ 현재를 마음껏 누려라. 내일의 일을 그렇게 믿지 마라. _Q. 호라티우스(B.C. 65~B.C. 8) 로마 시인

▶ 현재만을 위해 살고 있는 사람은 미래를 위해 사는 사람이 이기적으로 보일 것이다. _R. W. 에머슨(1803~1882) 미국 사상가, 시인

▶ 현재에서 미래가 태어난다. _볼테르(1694~1778) 프랑스 사상가 《철학사전》

속담

▶ 나중 꿀 한 식기 먹기보다 당장의 엿 한 가락이 더 달다. (눈앞에 보이지 않는 막연한 희망보다 작더라도 당장 가질 수 있는 이로움이 더 나음을 비유적으로 이르는 말) _한국

▶ 내일의 천자보다 오늘의 재상. (장래의 막연한 것보다 당장 실제로 가질 수 있는 것이 더 낫다는 말) _한국

▶ 오늘이 내일로 바뀌지기까지는 지금이라는 시간의 고마움을 깨닫지 못한다. _중국

▶ 지난 일은 도망쳤고, 기다렸던 것도 지금은 없다. 그러나 현재는 우리의 것이다. _아라비아

▶ 현재의 시간을 잃어버리는 것은 모든 시간을 잃어버리는 것이다. _영국

지식 쑥쑥

한자 숙어

조불려석(朝不慮夕) 형세가 절박하여 아침에 저녁 일을 헤아리지 못함. 곧 당장을 걱정할 뿐 앞일을 내다볼 겨를이 없다는 뜻.

나뭇잎 하나가 떨어짐으로 해서
천하에 가을이 왔음을 알게 된다.

《회남자》

찾아보기 및 부록

1 명언 명문 찾아보기

키워드로 찾기

이름 및 출전으로 찾기

2 고사성어 · 한자 숙어 찾아보기

3 알쏭달쏭 맞춤법

1 명언 명문 찾아보기

키워드로 찾기

➔ 다음에 나온 키워드는 관련 키워드입니다.

ㄴ

ㄷ

ㅂ

ㅅ

ㅇ

ㅈ

이름 및 출전으로 찾기

ㄱ

ㄴ

ㄹ

ㅂ

ㅈ

ㅋ

ㅍ

ㅎ

2 고사성어 · 한자 숙어 찾아보기

ㄱ

ㄴ

ㄷ

ㄹ

ㅁ

ㅂ

ㅅ

ㅇ

ㅈ

ㅊ

ㅋ

(관련 내용 없음)

ㅌ

ㅍ

ㅎ

3 알쏭달쏭 맞춤법

혼동하기 쉬운 우리말과 외래어의 올바른 표기법을 익히세요.

가냘퍼 (×)	가냘파 (○)	● 가냘프다_몸이나 소리 따위가 가늘고 연약하다.
가늘은 허리 (×)	가는 허리 (○)	● 가늘다_굵기나 너비가 얇거나 좁다.
가능한 빨리 (×)	가능한 한 빨리 (○)	● ~는 한_조건의 뜻을 나타내는 말.
가던지 오던지 (×)	가든지 오든지 (○)	● ~든지_둘 이상의 말을 나열할 때 쓰는 보조사.
가디건 (×)	카디건 (○)	● 카디건(cardigan)_털로 짠 스웨터의 한 종류.
가랭이 (×)	가랑이 (○)	● 가랑이_① 끝이 두 갈래로 벌어진 부분. ② 바지 따위에서 다리를 넣는 부분.
가름마 (×)	가르마 (○)	● 가르마_머리카락을 양쪽으로 갈랐을 때 생기는 금.
가만이 (×)	가만히 (○)	● 가만히_움직이지 않거나 아무 말 없이.
가시오가피 (×)	가시오갈피 (○)	● 가시오갈피_두릅나뭇과의 나무.
간들어지다 (×)	간드러지다 (○)	● 간드러지다_목소리나 맵시 따위가 예쁘고 애교가 있다.
간막이 (×)	칸막이 (○)	● 칸막이_공간 사이를 가로질러 막는 물건.
간지르다 (×)	간질이다 (○)	● 간질이다_간지럽게 하다.

갈래길 (×)	갈림길 (○)	갈림길_ 여러 갈래로 갈린 길.
갈짓자 (×)	갈지자 (○)	갈지자_ 이리저리 굽은 모양을 비유적으로 이르는 말.
강강수월래 (×)	강강술래 (○)	강강술래_ 민속놀이.
강남콩 (×)	강낭콩 (○)	강낭콩_ 콩과의 한해살이풀.
강똥하다 (×)	간동하다 (○)	간동하다_ 흐트러짐이 없이 잘 정돈되다.
강팍하다 (×)	강퍅하다 (○)	강퍅하다_ 성격이 까다롭고 고집이 세다.
개나리봇짐 (×)	괴나리봇짐 (○)	괴나리봇짐_ 보자기에 싸서 어깨에 메는 작은 짐.
개발새발 (×)	괴발개발 (○)	괴발개발_ 글씨를 아무렇게나 써 놓은 모양.
개이다 (×)	개다 (○)	개다_ 날씨나 기분 등이 맑아지거나 개운해지다.
객적은 소리 (×)	객쩍은 소리 (○)	객쩍다_ 행동이나 말이 쓸데없고 싱겁다.
갯수 (×)	개수 (○)	개수_ 한 개씩 셀 수 있는 물건의 수효.
걔네 (×)	게네 (○)	게네_ 다른 사람의 무리를 낮잡아 이르는 대명사.
거무틱틱하다 (×)	거무튀튀하다 (○)	거무튀튀하다_ 너저분해 보일 정도로 탁하게 거무스름하다.
거칠은 파도 (×)	거친 파도 (○)	거칠다_ 파도나 바람 따위의 기세가 험하고 거세다.
건데기 (×)	건더기 (○)	건더기_ 국이나 찌개 등의 음식 속에 들어 있는 국물 이외의 것.
걸리적거리다 (×)	거치적거리다 (○)	거치적거리다_ 거추장스럽게 자꾸 여기저기 닿다.

걸맞는 (×) 걸맞은 (○) ● **걸맞다**_두 편을 견주어 볼 때 서로 비슷하다.

검은콩 (×) 검정콩 (○) ● **검정콩**_껍질 색이 검은 콩.

검정색 (×) 검은색 (○) ● **검은색**_숯이나 먹의 빛깔과 같이 어둡고 짙은 색.

게슴치레 (×) 거슴츠레 (○) ● **거슴츠레** _졸리거나 술에 취해 눈이 흐리멍덩하며 감길 듯한 모양.

계시판 (×) 게시판 (○) ● **게시판** _여러 사람에게 알릴 내용을 두루 볼 수 있게 붙이는 판.

계피가루 (×) 계핏가루 (○) ● **계핏가루** _계피를 곱게 빻은 가루.

고간 (×) 곳간 (○) ● **곳간** _물건을 보관해 두는 곳.

고냉지 (×) 고랭지 (○) ● **고랭지** _지대가 높아 날씨가 춥고 찬 곳.

곱수머리 (×) 곱슬머리 (○) ● **곱슬머리** _고불고불하게 말려 있는 머리털. 또는 그런 머리털을 가진 사람.

고추가루 (×) 고춧가루 (○) ● **고춧가루** _붉게 익은 고추를 말려서 빻은 가루.

곤색 (×) 감색 (○) ● **감색** _어두운 남색.

골치거리 (×) 골칫거리 (○) ● **골칫거리** _성가시거나 처리하기 어려운 일.

곰곰히 (×) 곰곰이, 곰곰 (○) ● **곰곰** _깊이 생각하는 모양.

곱배기 (×) 곱빼기 (○) ● **곱빼기** _① 음식 두 그릇의 몫을 한 그릇에 담은 분량. ② 계속하여 두 번 거듭하는 일.

공감을 느끼다 (×)	공감하다 (O)	● **공감**이란 말에 느낀다는 의미가 포함되어 있음.
괴퍅하다 (×)	괴팍하다 (O)	● **괴팍하다** _ 붙임성이 없이 까다롭고 별나다.
구데기 (×)	구더기 (O)	● **구더기** _ 파리의 애벌레.
구렛나루 (×)	구레나룻 (O)	● **구레나룻** _ 귀밑에서 턱까지 잇따라 난 수염.
구스르다 (×)	구슬리다 (O)	● **구슬리다** _ 그럴듯한 말로 꾀어 마음을 움직이다.
구좌 (×)	계좌 (O)	● **계좌** _ 금융 기관에 예금하기 위해 설정한 계좌.
구지 (×)	굳이 (O)	● **굳이** _ ① 고집을 부려 구태여. ② 굳은 마음으로.
굴삭기 (×)	굴착기 (O)	● **굴착기** _ 땅이나 암석 따위를 파거나, 파낸 것을 처리하는 기계.
굽신거리다 (×)	굽실거리다 (O)	● **굽실거리다** _ 남의 비위를 맞추느라 비굴하게 행동하다.
궁시렁거리다 (×)	구시렁거리다 (O)	● **구시렁거리다** _ 못마땅하여 군소리를 자꾸 하다.
귀뜸하다 (×)	귀띔하다 (O)	● **귀띔하다** _ 상대편이 눈치로 알아차릴 수 있도록 미리 슬그머니 일깨워 주다.
귀멀다 (×)	귀먹다 (O)	● **귀먹다** _ ① 귀가 어두워져 소리가 잘 들리지 않게 되다. ② 남의 말을 이해하지 못하다.
금새 (×)	금세 (O)	● **금세** _ 지금 바로. '금시에' 의 준말.
기지개를 펴다 (×)	기지개를 켜다 (O)	● **기지개를 켜다** _ 팔다리를 쭉 뻗으며 몸을 펴다.
기차길 (×)	기찻길 (O)	● **기찻길** _ 기차가 다니는 길.

~길래 (×)	~기에 (○)	● **~기에** _ 원인이나 근거를 나타내는 연결 어미.
김치속 (×)	김치소 (○)	● **김치소** _ 김치를 잘게 썰어 다른 양념과 섞은 재료.
까실까실 (×)	까슬까슬 (○)	● **까슬까슬** _ ① 피부나 물건의 거죽이 까칠하거나 빳빳한 모양. ② 성질이 매우 까다로운 모양.
까탈스럽다 (×)	까다롭다 (○)	● **까다롭다** _ 성미나 취향 따위가 원만하지 않고 별스럽다.
깍다 (×)	깎다 (○)	● **깎다** _ ① 물건 표면을 벗겨 내다. ② 풀을 잘라 내다. ③ 값을 낮추다. ④ 체면을 상하게 하다.
깍둑이, 깍뚜기 (×)	깍두기 (○)	● **깍두기** _ ① 무를 작고 네모나게 썰어서 양념과 버무려 만든 김치. ② 어느 쪽에도 끼지 못하는 사람.
깜박이(X)	깜빡이 (○)	● **깜빡이** _ 자동차의 방향 지시등.
깡총깡총 (×)	깡충깡충 (○)	● **깡충깡충** _ 짧은 다리를 모으고 힘 있게 자꾸 솟구쳐 뛰는 모양. '강중강중'의 거센말.
깨적거리다 (×)	깨작거리다 (○)	● **깨작거리다** _ 글씨나 그림 따위를 아무렇게나 잘게 자꾸 쓰거나 그리다. 참고로 '깨지락거리다'는 음식을 억지로 굼뜨게 먹거나 게으르고 굼뜨게 행동하는 것을 말함.
꺼꾸로 (×)	거꾸로 (○)	● **거꾸로** _ 차례나 방향 따위가 반대로.
꺼림직하다 (×)	꺼림칙하다 (○)	● **꺼림칙하다** _ 마음에 걸려 언짢은 느낌이 있다.
꺽다 (×)	꺾다 (○)	● **꺾다** _ ① 물체를 구부리다. ② 생각이나 기운을 억누르다
(사과) 껍데기 (×)	껍질 (○)	● **껍질** _ 딱딱하지 않은 물체의 겉을 싸고 있는 물질.

껍질채 먹다 (×)	껍질째 먹다 (○)	● **~째** _ '그대로' 또는 '전부'의 뜻을 더하는 접미사.
꼬깔 (×)	고깔 (○)	● **고깔** _ 위 끝이 뾰족하게 생긴 모자.
꼬랑내 (×)	고린내 (○)	● **고린내** _ 썩은 풀이나 달걀 따위에서 나는 냄새와 같이 고약한 냄새. '고린내'의 거센말은 '코린내'.
꼬시다 (×)	꾀다 (○)	● **꾀다** _ 남을 속여 자기 생각대로 끌다.
꼭둑각시 (×)	꼭두각시 (○)	● **꼭두각시** _ ① 꼭두각시놀음에 나오는 인형. ② 남의 말대로 움직이는 사람.
꼭지점 (×)	꼭짓점 (○)	● **꼭짓점** _ 변, 면, 능선 따위가 만나는 지점.
끄나불 (×)	끄나풀 (○)	● **끄나풀** _ ① 길지 않은 끈의 가느다란 조각. ② 남의 앞잡이 노릇을 하는 사람.
끼여들다 (×)	끼어들다 (○)	● **끼어들다** _ 자기 순서나 자리가 아닌 틈 사이를 비집고 들어서다.
나꿔채다 (×)	낚아채다 (○)	● **낚아채다** _ 무엇을 갑자기 세차게 잡아당기다.
나뭇꾼 (×)	나무꾼 (○)	● **나무꾼** _ 땔나무를 하는 사람.
나으리 (×)	나리 (○)	● **나리** _ 지체가 높거나 권세가 있는 사람을 높여 부르는 말.
낚싯꾼 (×)	낚시꾼 (○)	● **낚시꾼** _ 취미로 낚시를 가지고 고기잡이를 하는 사람.
낙지볶음 (×)	낙지볶음 (○)	● **낙지볶음** _ 토막 내어 자른 낙지를 양념에 넣고 볶은 음식.
날개죽지 (×)	날갯죽지 (○)	● **날갯죽지** _ 날개가 몸에 붙어 있는 부분.

날개짓 (×)	날갯짓 (○)	날갯짓 _날개를 치는 짓.
날라오다 (×)	날아오다 (○)	날아오다 _공중으로 빠르게 움직여 오다.
날으는 새 (×)	나는 새 (○)	날다 _공중에 떠서 움직이다.
남비 (×)	냄비 (○)	냄비 _음식을 끓이거나 삶는 데 쓰는 용구.
남사스럽다 (×)	남우세스럽다 (○)	남우세스럽다 _남에게 놀림과 비웃음을 받을 듯하다. 줄임말은 '남세스럽다'.
남여 (×)	남녀 (○)	남녀 _남자와 여자를 아울러 이르는 말.
납짝하다 (×)	납작하다 (○)	납작하다 _판판하고 얇으면서 좀 넓다.
낯설은 (×)	낯선 (○)	낯설다 _전에 본 기억이 없어 익숙하지 않다.
낱낱히 (×)	낱낱이 (○)	낱낱이 _하나하나 빠짐없이 모두.
내가 (×)	냇가 (○)	냇가 _냇물의 가장자리.
내노라하다 (×)	내로라하다 (○)	내로라하다 _어떤 분야를 대표할 만하다.
낼름 (×)	날름 (○)	날름 _무엇을 날쌔게 받아 가지는 모양.
냉냉하다 (×)	냉랭하다 (○)	냉랭하다 _① 온도가 몹시 낮아서 차다. ② 태도가 정답지 않다.
넉넉치 않다 (×)	넉넉지 않다 (○)	~지 _움직임이나 상태를 부정하거나 금지하려 할 때 쓰이는 연결 어미.
널판지 (×)	널빤지 (○)	널빤지 _판판하고 넓게 켠 나뭇조각.

넓다랗다 (×)	널따랗다 (O)	● **널따랗다** _꽤 넓다.
넓이뛰기 (×)	멀리뛰기 (O)	● **멀리뛰기** _제자리에 서서 또는 도움닫기를 하여 최대한 멀리 뛰어 그 거리를 겨루는 육상 경기.
넓적바위 (×)	너럭바위 (O)	● **너럭바위** _넓고 평평한 큰 돌.
넓직하다 (×)	널찍하다 (O)	● **널찍하다** _공간이 꽤 너르다.
넙적다리 (×)	넓적다리 (O)	● **넓적다리** _다리에서, 무릎 관절 위의 부분.
넙적하다 (×)	넓적하다 (O)	● **넓적하다** _펀펀하고 얇으면서 꽤 넓다.
넙쭉 엎드리다 (×)	넙죽 엎드리다 (O)	● **넙죽** _몸을 바닥에 너부죽하게 엎드리는 모양.
(쌀) 네 말 (×)	너 말 (O)	● **너** _돈, 말, 발, 푼 따위의 단위를 나타내는 말 앞에 쓰여 그 수량이 넷임을 나타내는 말.
네째 (×)	넷째 (O)	● **넷째** _순서가 네 번째인 차례.
년월일 (×)	연월일 (O)	● **연월일** _해와 달과 날을 아울러 이르는 말.
녹슬은 (×)	녹슨 (O)	● **녹슬다** _① 쇠붙이가 산화하여 빛이 변하다. ② 오랫동안 쓰지 않고 버려두어 낡거나 무디어지다.
누누히 (×)	누누이 (O)	● **누누이** _여러 번 자꾸.
누래지다 (×)	누레지다 (O)	● **누레지다** _누렇게 되다.
눈꺼플 (×)	눈꺼풀 (O)	● **눈꺼풀** _눈알을 덮는, 위아래로 움직이는 살갗.

눈꼬리 (×)	눈초리 (○)	눈초리 _눈의 귀 쪽으로 째진 부분.
눈꼽 (×)	눈곱 (○)	눈곱 _눈에서 나오는 진득진득한 액. 또는 그것이 말라붙은 것.
눈쌀을 찌푸리다 (×) 눈살을 찌푸리다 (○)		눈살을 찌푸리다 _마음에 못마땅한 뜻을 나타내어 양미간을 찡그리다.
눈에 가시 (×)	눈엣가시 (○)	눈엣가시 _몹시 밉거나 싫어 늘 눈에 거슬리는 사람.
(고무줄을) 늘리다 (×)	늘이다 (○)	늘이다 _본디의 길이보다 더 길게 하다.
늠늠하다 (×)	늠름하다 (○)	늠름하다 _생김새나 태도가 의젓하고 당당하다.
늦깍이 (×)	늦깎이 (○)	늦깎이 _① 나이가 많이 들어서 어떤 일을 시작한 사람. ② 남보다 늦게 사리를 깨치는 사람. ③ 과일이나 채소 따위가 늦게 익은 것.
늦장 (×)	늑장 (○)	늑장 _느릿느릿 꾸물거리는 태도.
(보약을) 다리다 (×)	달이다 (○)	달이다 _액체 따위를 끓여서 진하게 만들다.
닥달하다 (×)	닦달하다 (○)	닦달하다 _남을 단단히 윽박질러서 혼을 내다.
(문이) 닫치다 (×)	닫히다 (○)	닫히다 _문, 뚜껑, 서랍 따위가 제자리로 가다.
달달이 (×)	다달이 (○)	다달이 _달마다.
담궈 (×)	담가 (○)	담그다 _액체 속에 넣다. 예) 배추로 담근 김치
담벽 (×)	담벼락 (○)	담벼락 _담이나 벽의 표면.

당요병 (×)	당뇨병 (O)	● **당뇨병** _소변에 당분이 많이 섞여 나오는 병.
더우기 (×)	더욱이 (O)	● **더욱이** _그러한 데다가 더.
덤테기 (×)	덤터기 (O)	● **덤터기** _억울한 누명.
덥밥 (×)	덮밥 (O)	● **덮밥** _요리를 밥 위에 얹어 먹는 음식.
덥썩 (×)	덥석 (O)	● **덥석** _왈칵 달려들어 물거나 움켜잡는 모양.
덩쿨 (×)	덩굴 (O)	● **덩굴** _길게 뻗어 나가면서 다른 물건을 감기도 하고 땅바닥에 퍼지기도 하는 식물의 줄기.
도끼 자루 (×)	도낏자루 (O)	● **도낏자루** _도끼의 자루.
도너츠 (×)	도넛 (O)	● **도넛**(doughnut) _밀가루에 설탕, 달걀 등을 섞어 기름에 튀긴 과자.
(입맛 · 화를) 돋구다 (×)	돋우다 (O)	● **돋우다** _① 감정이나 기색 따위가 생겨나다. ② 입맛이 당기다.
돋자리 (×)	돗자리 (O)	● **돗자리** _골풀의 줄기를 재료로 하여 만든 자리.
돐 (×)	돌 (O)	● **돌** _어린아이가 태어난 날로부터 한 해가 되는 날.
돗데기시장 (×)	도떼기시장 (O)	● **도떼기시장** _질서가 없고 시끌벅적한 시장.
되려 (×)	되레, 도리어 (O)	● **도리어** _예상이나 기대 또는 일반적인 생각과는 반대되거나 다르게.
될 수록 (×)	되도록 (O)	● **되도록** _될 수 있는 대로.

두루말이 (×)	두루마리 (○)	두루마리 _길게 돌돌 만 종이나 물건.
두리뭉실하다 (×)	두루뭉술하다 (○)	두루뭉술하다 _① 모나지도 둥글지도 않다. ② 말이나 행동 따위가 분명하지 않다.
뒤켠 (×)	뒤꼍 (○)	뒤꼍 _집 뒤에 있는 뜰이나 마당.
뒷편 (×)	뒤편짝 (○)	뒤편짝 _뒤로 있는 쪽. (=뒤편)
들여마시다 (×)	들이마시다 (○)	들이마시다 _① 물이나 술 따위를 목구멍 안으로 빨아들이다. ② 공기나 냄새 따위를 입이나 코로 빨아들이다.
들이키다 (×)	들이켜다 (○)	들이켜다 _물이나 술 따위를 마구 마시다.
등교길 (×)	등굣길 (○)	등굣길 _학생이 학교로 가는 길.
등살 (×)	등쌀 (○)	등쌀 _몹시 귀찮게 구는 짓.
디지탈 (×)	디지털 (○)	디지털(digital) _여러 자료를 숫자로 나타내는 방식.
딱다구리 (×)	딱따구리 (○)	딱따구리 _딱따구릿과의 새로 단단한 부리로 나무에 구멍을 내어 그 속의 벌레를 잡아먹음.
(힘이) 딸리다 (×)	달리다 (○)	달리다 _재물이나 기술, 힘 따위가 모자라다.
떠벌이 (×)	떠버리 (○)	떠버리 _수다스럽게 떠드는 사람을 낮잡아 이르는 말.
뗄래야 뗄 수 없는 (×) 떼려야 뗄 수 없는 (○)		~려야 _'~려고 하여야'의 준말.
또아리 (×)	똬리 (○)	똬리 _① 짐을 머리에 일 때 머리에 받치는 고리 모양의 물건. ② 둥글게 빙빙 틀어 놓은 것. 또는 그런 모양.

로보트 (×)	로봇 (○)	로봇(robot) _어떤 작업이나 조작을 자동적으로 하는 기계 장치.
로케트 (×)	로켓 (○)	로켓(rocket) _고압의 가스를 분출시켜 그 힘으로 추진하는 장치.
마굿간 (×)	마구간 (○)	마구간 _말을 기르는 곳.
마뜩찮다 (×)	마뜩잖다 (○)	마뜩잖다 _마음에 들 만하지 아니하다.
막동이 (×)	막둥이 (○)	막둥이 _막내를 귀엽게 이르는 말.
말숙하다 (×)	말쑥하다 (○)	말쑥하다 _말끔하고 깨끗하다.
망칙하다 (×)	망측하다 (○)	망측하다 _정상적인 상태에서 어그러져 어이가 없다.
(정답을) 맞췄다 (×)	맞혔다(○)	맞히다 _문제에 대한 답이 틀리지 않다.
매니아 (×)	마니아 (○)	마니아(mania) _어떤 한 가지 일에 열중하는 사람.
맨날 (×)	만날 (○)	만날 _매일같이 계속.
머릿말 (×)	머리말 (○)	머리말 _책의 첫머리에 내용이나 목적 따위를 간략하게 적은 글.
먹거리 (×)	먹을거리 (○)	먹을거리 _사람이 먹고 살 수 있는 온갖 것.
먼지털이 (×)	먼지떨이 (○)	먼지떨이 _먼지를 떠는 기구.
멀지않다 (×)	머지않다 (○)	머지않다 _시간적으로 멀지 않다.
멋장이 (×)	멋쟁이 (○)	멋쟁이 _멋있거나 멋을 잘 부리는 사람.

멋적다(×)	멋쩍다 (O)	● **멋쩍다** _하는 짓이나 모양이 격에 어울리지 않다.
메꾸다 (×)	메우다 (O)	● **메우다** _뚫려 있거나 비어 있던 곳을 막다.
메세지 (×)	메시지 (O)	● **메시지**(message) _언어나 기호에 의하여 전달되는 정보 내용.
명중율 (×)	명중률 (O)	● **명중률** _목표물에 바로 맞는 비율.
몇일 (×)	며칠 (O)	● **며칠** _① 그달의 몇째 되는 날. ② 몇 날.
모밀국수 (×)	메밀국수 (O)	● **메밀국수** _메밀가루로 만든 국수.
모자르다 (×)	모자라다 (O)	● **모자라다** _기준이 되는 양이나 정도에 미치지 못하다.
몹씨 (×)	몹시 (O)	● **몹시** _더할 수 없이 심하게.
무릎쓰고 (×)	무릅쓰고 (O)	● **무릅쓰다** _힘들고 어려운 일을 참고 견디다.
무릎팍 (×)	무르팍 (O)	● **무르팍** _'무릎'을 속되게 이르는 말.
미류나무 (×)	미루나무 (O)	● **미루나무** _버드나뭇과의 낙엽 활엽 교목.
미싯가루 (×)	미숫가루 (O)	● **미숫가루** _찹쌀이나 멥쌀 따위를 찌거나 볶아서 가루로 만든 식품.
미이라 (×)	미라 (O)	● **미라**(mirra) _썩지 않고 건조되어 원래 상태에 가까운 모습으로 남아 있는 인간이나 동물의 시체.
미쟁이 (×)	미장이 (O)	● **미장이** _건축 공사에서 벽이나 천장 따위에 흙이나 시멘트를 바르는 일을 직업으로 하는 사람. 그것과 관련된 기술을 가진 사람을 뜻할 때는 '장이'가 옴.

밑둥 (×)	밑동 (○)	● **밑동** _① 긴 물건의 맨 아랫동아리. ② 나무줄기에서 뿌리에 가까운 부분.
바다새 (×)	바닷새 (○)	● **바닷새** _바다를 생활 터전으로 삼고 사는 새.
바램 (×)	바람 (○)	● **바람** _어떤 일이 이루어지기를 기다리는 간절한 마음.
바베큐 (×)	바비큐 (○)	● **바비큐**(barbecue) _돼지나 소 따위를 통째로 불에 구운 요리.
(책받침을) 바치다 (×)	받치다 (○)	● **받치다** _어떤 물건의 밑에 다른 물체를 올리거나 대다.
바퀴자국 (×)	바큇자국 (○)	● **바큇자국** _바퀴가 지나간 자국.
박카스 (×)	바쿠스 (○)	● **바쿠스**(Bacchus) _로마 신화에 나오는 술의 신.
발돋음 (×)	발돋움 (○)	● **발돋움** _① 키를 돋우려고 발끝만 디디고 섬. ② 지향하는 상태나 위치로 나아감.
발뒷굼치 (×)	발뒤꿈치 (○)	● **발뒤꿈치** _뒤쪽 발바닥과 발목 사이의 불룩한 부분.
발자욱 (×)	발자국 (○)	● **발자국** _① 발로 밟은 자리에 남은 모양. ② 걸음을 세는 단위.
밧다리 (×)	밭다리 (○)	● **밭다리** _씨름이나 유도 따위에서, 걸거나 후리는 상대의 바깥쪽 다리.
밧데리 (×)	배터리 (○)	● **배터리**(battery) _건전지 또는 축전지.
방아간 (×)	방앗간 (○)	● **방앗간** _방아로 곡식을 찧거나 빻는 곳.

배멀미 (×) 뱃멀미 (○) ● **뱃멀미** _배를 탔을 때 어지럽고 메스꺼워 구역질이 나는 일. 또는 그런 증세.

배사공 (×) 뱃사공 (○) ● **뱃사공** _배를 부리는 일을 직업으로 하는 사람.

백분률 (×) 백분율 (○) ● **백분율** _전체 수량을 100으로 하여 그것에 대해 가지는 비율. 또는 그것을 나타내는 단위.

백짓장 (×) 백지장 (○) ● **백지장** _하얀 종이의 낱장을 이르는 말.

(머리가) 벗겨지다 (×)
벗어지다 (○) ● **벗어지다** _머리카락이나 몸의 털 따위가 빠지다.

베게, 벼개 (×) 베개 (○) ● **베개** _잠을 자거나 누울 때 머리를 괴는 물건.

벼래별 (×) 별의별 (○) ● **별의별** _보통과 다른 갖가지의.

보리고개 (×) 보릿고개 (○) ● **보릿고개** _농촌의 식량 사정이 어려운 시기를 이르는 말.

복숭아뼈 (×) 복사뼈 (○) ● **복사뼈** _발목 부근에 안팎으로 둥글게 나온 뼈.

볶은밥 (×) 볶음밥 (○) ● **볶음밥** _밥에 당근, 쇠고기 따위를 잘게 썰어 넣고 기름에 볶은 음식.

본토배기 (×) 본토박이 (○) ● **본토박이** _그 나라에서 태어나 오랫동안 살아 오는 사람.

볼성사납다 (×) 볼썽사납다 (○) ● **볼썽사납다** _어떤 사람이나 사물의 모습이 보기에 역겹다.

봉숭화 (×) 봉선화, 봉숭아 (○) ● **봉선화** _봉선화과의 한해살이풀.

부나비, 불나비 (×) 불나방 (○) ● **불나방** _불나방과의 해충.

부라보 (×)	브라보 (O)	**브라보**(bravo) _'잘한다', '좋다', '신 난다' 따위의 뜻으로 외치는 소리.
부숴지다 (×)	부서지다 (O)	**부서지다** _단단한 물체가 깨어져 여러 조각이 나다.
부시시 (×)	부스스 (O)	**부스스** _머리카락이나 털 따위가 몹시 어지럽게 일어나거나 흐트러져 있는 모양.
부페 (×)	뷔페 (O)	**뷔페**(buffet) _여러 가지 음식을 큰 식탁에 차려 놓고 손님이 스스로 선택하여 덜어 먹도록 한 식당.
북어국 (×)	북엇국 (O)	**북엇국** _북어를 잘게 뜯어 파를 넣고 달걀을 풀어 끓인 장국.
붓뚜껑 (×)	붓두껍 (O)	**붓두껍** _붓촉에 끼워 두는 뚜껑.
비계덩어리 (×)	비곗덩어리 (O)	**비곗덩어리** _돼지 따위에서 뭉쳐진 비계의 덩어리.
비로서 (×)	비로소 (O)	**비로소** _사건이 이루어지거나 변화하는 시점.
빈털털이 (×)	빈털터리 (O)	**빈털터리** _아무것도 가진 것이 없는 가난뱅이.
뻐꾹이 (×)	뻐꾸기 (O)	**뻐꾸기** _두견과의 새.
삐지다 (×)	삐치다 (O)	**삐치다** _성이 나서 마음이 토라지다.
사둔 (×)	사돈 (O)	**사돈** _혼인한 두 집안의 부모들이 서로 상대편 사람을 호칭하거나 지칭하는 말.
사루비아 (×)	샐비어 (O)	**샐비어**(salvia) _꿀풀과의 여러해살이풀.
사잇길 (×)	샛길 (O)	**샛길** _큰길에서 갈라진 작은 길.

사죽을 못 쓰다 (×)	사족을 못 쓰다 (○)	사족 _사람의 두 팔과 두 다리.
삭월세 (×)	사글세 (○)	사글세 _집이나 방을 다달이 빌려 쓰는 일 또는 그 돈.
산수갑산 (×)	삼수갑산 (○)	삼수갑산 _우리나라에서 가장 험한 산골이라 이르던 삼수와 갑산.
산타크로스 (×)	산타클로스 (○)	산타클로스(Santa Claus) _성탄절 전날 밤 어린이에게 선물을 주고 간다는 노인.
삵괭이 (×)	살쾡이 (○)	살쾡이 _고양잇과의 포유류.
삼가하다 (×)	삼가다 (○)	삼가다 _① 몸가짐이나 언행을 조심하다. ② 양이나 횟수가 지나치지 않도록 하다.
삼춘 (×)	삼촌 (○)	삼촌 _아버지의 형제를 이르거나 부르는 말.
생연월일 (×)	생년월일 (○)	생년월일 _태어난 해와 달과 날.
샤쓰 (×)	셔츠 (○)	셔츠(shirt) _서양식 윗옷.
설겆이 (×)	설거지 (○)	설거지 _먹고 난 뒤의 그릇을 씻어 정리하는 일.
설레이다 (×)	설레다 (○)	설레다 _마음이 가라앉지 않고 들떠서 두근거리다.
섬칫하다 (×)	섬뜩하다 (○)	섬뜩하다 _갑자기 소름이 끼치도록 무서운 느낌이 들다.
섭하다 (×)	섭섭하다 (○)	섭섭하다 _서운하고 아쉽다.
성대묘사 (×)	성대모사 (○)	성대모사 _자신의 목소리로 다른 사람의 목소리를 흉내 내는 일.

세느강 (×)	센 강 (O)	센 강(Seine강) _프랑스 북부를 흐르는 강.
(쌀) 세 말 (×)	서 말 (O)	서 _돈, 말, 발, 푼 따위의 단위를 나타내는 말 앞에 쓰여 그 수량이 셋임을 나타내는 말.
세방 (×)	셋방 (O)	셋방 _세를 내고 빌려 쓰는 방.
세익스피어 (×)	셰익스피어 (O)	셰익스피어(Shakespeare, William) _《햄릿》, 《리어 왕》 등을 쓴 영국의 시인 · 극작가.
세째 (×)	셋째 (O)	셋째 _순서가 세 번째가 되는 차례.
소개시켜 주다 (×)	소개해 주다 (O)	소개하다 _서로 모르는 사람들이 알고 지낼 수 있도록 해 주다.
소금장이 (×)	소금쟁이 (O)	소금쟁이 _소금쟁잇과의 곤충.
소꼽장난 (×)	소꿉장난 (O)	소꿉 _아이들이 살림살이놀이를 할 때 쓰는 그릇 따위의 장난감.
소세지 (×)	소시지 (O)	소시지(sausage) _으깨어 양념한 고기로 만든 가공 식품.
손벽 (×)	손뼉 (O)	손뼉 _손바닥과 손가락을 합친 전체 바닥.
송글송글 (×)	송골송골 (O)	송골송골 _땀이나 물방울 따위가 살갗이나 표면에 잘게 많이 돋아나 있는 모양.
수강아지 (×)	수캉아지 (O)	수캉아지 _강아지의 수컷.
수근거리다 (×)	수군거리다 (O)	수군거리다 _남이 알아듣지 못하도록 낮은 목소리로 이야기하다.

수돼지 (×)	수퇘지 (○)	**수퇘지** _돼지의 수컷.
수랏상 (×)	수라상 (○)	**수라상** _궁중에서, 임금에게 올리는 밥상을 높여 이르는말.
수백여 명 이상 (×)	수백 명 (○)	짐작으로 잡은 수에는 '여' 나 '이상' 을 붙일 수 없다.
수북히 (×)	수북이 (○)	**수북하다** _쌓이거나 담긴 물건이 불룩하게 많다.
수양 (×), 수염소 (×), 수쥐 (×) 숫양 (○), 숫염소 (○), 숫쥐 (○)		**숫** _새끼를 배지 않는다는 의미의 접두사. 수컷을 이르는 말은 '수-' 로 통일하지만 '숫양, 숫염소, 숫쥐' 는 예외이다.
수코양이 (×)	수고양이 (○)	**수고양이** _고양이의 수컷.
수퍼마켓 (×)	슈퍼마켓 (○)	**슈퍼마켓**(supermarket) _식료품 등을 판매하는 큰 소매점.
수퍼맨 (×)	슈퍼맨 (○)	**슈퍼맨**(superman) _육체적으로나 정신적으로 초능력을 가진 사람.
수펄, 숫벌 (×)	수벌 (○)	**수벌** _벌의 수컷.
숫가락 (×)	숟가락 (○)	**숟가락** _밥이나 국물 따위를 떠먹는 기구.
숫놈 (×)	수놈 (○)	**수놈** _짐승의 수컷.
숫소 (×)	수소 (○)	**수** _새끼를 배지 않거나 열매를 맺지 않는다는 뜻의 접두사. 양, 염소, 쥐를 제외한 암수 구별이 있는 동식물을 나타내는 명사 앞에 붙는다.
스치로폴 (×)	스티로폼 (○)	**스티로폼**(styrofoam) _단열재 등으로 쓰이는 합성수지.
스프 (×)	수프 (○)	**수프**(soup) _고기, 야채 등을 삶아서 맛을 낸 서양 요리.

승락 (×)	승낙 (O)	승낙 _청하는 바를 들어주는 것.
시라소니 (×)	스라소니 (O)	스라소니 _고양잇과의 동물.
(손이) 시렵다 (×)	시리다 (O)	시리다 _추위를 느낄 정도로 차다.
시청율 (×)	시청률 (O)	시청률 _특정한 텔레비전 프로그램이 시청되고 있는 정도.
실증 (×)	싫증 (O)	싫증 _싫은 생각이나 느낌.
심볼 (×)	심벌 (O)	심벌(symbol) _어떠한 뜻을 나타내기 위해 쓰이는 부호나 문자.
십월 (×)	시월 (O)	시월 _열두 달 가운데 열째 달.
싯구, 싯귀 (×)	시구 (O)	시구 _시의 구절.
싹뚝싹뚝 (×)	싹둑싹둑 (O)	싹둑싹둑 _어떤 물건을 자르거나 베는 소리.
쌀뜬물 (×)	쌀뜨물 (O)	쌀뜨물 _쌀을 씻고 난 뿌연 물.
쌍동이 (×)	쌍둥이 (O)	쌍둥이 _한 어머니에게서 한꺼번에 태어난 두 아이.
쌍용 (×)	쌍룡 (O)	쌍룡 _한 쌍의 용.
썰은 (×)	썬 (O)	썰다 _어떤 물체를 칼로 잘라 내거나 토막 내다.
쓰레받이 (×)	쓰레받기 (O)	쓰레받기 _쓰레기를 받아 내는 기구.
아구찜 (×)	아귀찜 (O)	아귀 _아귓과의 바닷물고기.

아니예요 (×)	아니에요 (○)	● **~에요** _설명 · 의문 · 명령 · 청유의 뜻을 나타내는 종결 어미.
아둥바둥 (×)	아등바등 (○)	● **아등바등** _무엇을 이루기 위해 애쓰거나 우겨 대는 모양.
아뭏든 (×)	아무튼 (○)	● **아무튼** _의견, 형편, 상태 따위가 어떻게 되어 있든.
아스라히 (×)	아스라이 (○)	● **아스라하다** _① 보기에 아슬아슬할 만큼 높거나 까마득하게 멀다. ② 기억이 분명하게 나지 않고 가물가물하다.
아웅다웅 (×)	아옹다옹 (○)	● **아옹다옹** _대수롭지 않은 일로 서로 다투는 모양.
아지랭이 (×)	아지랑이 (○)	● **아지랑이** _햇빛이 강하게 쬘 때, 공기가 공중에서 아른아른 움직이는 것처럼 보이는 현상.
안성마춤 (×)	안성맞춤 (○)	● **안성맞춤** _조건이나 상황이 생각한 대로 딱 들어맞게 된 것을 비유적으로 이르는 말.
안절부절하다 (×)	안절부절못하다 (○)	● **안절부절못하다** _마음이 초조하고 불안하여 어찌할 바를 모르다.
(밥을) 앉히다 (×)	안치다 (○)	● **안치다** _밥이나 찌개 등의 재료를 냄비에 넣고 불 위에 올리다.
알미늄 (×)	알루미늄 (○)	● **알루미늄**(aluminium) _은백색의 가볍고 부드러운 금속.
알콜 (×)	알코올 (○)	● **알코올**(alcohol) _무색의 휘발성 액체.
앙징스럽다 (×)	앙증스럽다 (○)	● **앙증스럽다** _작으면서도 갖출 것은 다 갖추어 깜찍한 데가 있다.
애닯다 (×)	애달프다 (○)	● **애달프다** _마음이 안타깝거나 쓰라리다.

애숭이 (×)	애송이 (○)	● **애송이** _애티가 나는 사람이나 물건.
액센트 (×)	악센트 (○)	● **악센트**(accent) _말이나 글의 어떤 요소를 강조하는 일. 또는 그런 부호.
야단법썩 (×)	야단법석 (○)	● **야단법석** _많은 사람이 모여들어 떠들썩함.
얄쌍하다 (×)	얄팍하다 (○)	● **얄팍하다** _① 두께가 조금 얇다. ② 생각이 깊이가 없고 속이 빤히 들여다보이다.
얌냠 (×)	냠냠 (○)	● **냠냠** _어린아이의 말로, '음식'을 이르는 말. 또는 어린아이 등이 음식을 맛있게 먹는 소리나 모양.
어거지 (×)	억지 (○)	● **억지** _잘 안될 일을 무리하게 해내려는 고집.
어깨죽지 (×)	어깻죽지 (○)	● **어깻죽지** _어깨에 팔이 붙은 부분.
어떻해 (×)	어떡해 (○)	● **어떡하다** _'어떠하게 하다'가 줄어든 말.
어리버리 (×)	어리바리 (○)	● **어리바리** _정신이 또렷하지 못하거나 기운이 없어 몸을 제대로 놀리지 못하는 모양.
어리숙하다 (×)	어수룩하다 (○)	● **어수룩하다** _말이나 행동이 순진하고 어리석은 듯하다.
어물쩡 (×)	어물쩍 (○)	● **어물쩍** _말이나 행동을 분명하게 하지 않고 적당히 넘기는 모양.
어줍잖다 (×)	어쭙잖다 (○)	● **어쭙잖다** _① 언행이 분수에 넘치다. ② 아주 서투르고 어설프다.
언덕빼기 (×)	언덕배기 (○)	● **언덕배기** _언덕의 꼭대기. (=언덕바지)

엄한 사람 잡다 (×)	애먼 사람 잡다 (O)	애먼 _일의 결과가 다른 데로 돌아가 억울하게 느껴지는.
엇그저께 (×)	엊그저께 (O)	엊그저께 _바로 며칠 전. 줄임말은 '엊그제'.
엎질르다 (×)	엎지르다 (O)	엎지르다 _그릇에 담겨 있는 액체 따위를 뒤집어엎어 쏟아지게 하거나 넘쳐 나가게 하다.
역활 (×)	역할 (O)	역할 _마땅히 해야 할 임무.
연거퍼 (×)	연거푸 (O)	연거푸 _잇따라 여러 번 되풀이하여.
연두빛 (×)	연둣빛 (O)	연둣빛 _완두콩 빛깔과 같이 연한 초록빛.
연신 (×)	연방 (O)	연방 _잇따라 자꾸.
열심으로 (×)	열심히 (O)	열심히 _어떤 일에 온 정성을 다하여 골똘하게.
염치 불구하고 (×)	염치 불고하고 (O)	불고하다 _돌아보거나 돌보지 아니하다.
영낙없다 (×)	영락없다 (O)	영락없다 _조금도 틀림없이 꼭 들어맞다.
예사일 (×)	예삿일 (O)	예삿일 _보통 흔히 있는 일.
옛부터 (×)	예부터, 예로부터 (O)	예 _먼 과거를 다소 막연하게 이르는 말.
옛스럽다 (×)	예스럽다 (O)	예스럽다 _옛것과 같은 맛이나 멋이 있다.
오뚜기, 오똑이 (×)	오뚝이 (O)	오뚝이 _아무렇게나 굴려도 오뚝 일어서는 어린아이들의 장난감.
오랜동안 (×)	오랫동안 (O)	오랫동안 _시간상으로 썩 긴 동안.

오랫만 (×)	오랜만, 오래간만 (O)	**오래간만** _어떤 일이 있은 때로부터 긴 시간이 지난 뒤.
오손도손 (×)	오순도순 (O)	**오순도순** _의좋게 지내거나 이야기하는 모양.
오유월 (×)	오뉴월 (O)	**오뉴월** _5월과 6월을 아울러 이르는 말.
오지랍 넓다 (×)	오지랖 넓다 (O)	**오지랖 넓다** _쓸데없이 지나치게 아무 일에나 참견하는 면이 있다. '오지랖'이란 웃옷이나 윗도리에 입는 겉옷의 앞자락을 말함.
옳바르다 (×)	올바르다 (O)	**올바르다** _말이나 생각 따위가 이치나 규범에 벗어남이 없이 옳고 바르다.
옴싹달싹 (×)	옴짝달싹 (O)	**옴짝달싹** 몸을 아주 조금 움직이는 모양.
왠 일 (×)	웬 일 (O)	**웬** _어찌 된.
요술장이 (×)	요술쟁이 (O)	**~쟁이** _어떤 명사에 붙어, 그 명사의 속성을 많이 가진 사람임을 나타내는 접미사.
요컨데 (×)	요컨대 (O)	**요컨대** _중요한 점을 말하자면.
욕심장이 (×)	욕심쟁이 (O)	**~쟁이** _어떤 명사에 붙어, 그 명사의 속성을 많이 가진 사람임을 나타내는 접미사.
우겨넣다 (×)	욱여넣다 (O)	**욱여넣다** _주위에서 중심으로 함부로 밀어 넣다.
우뢰 (×)	우레 (O)	**우레** _천둥소리와 번개를 동반하는 대기 중의 방전 현상. (=천둥)
운명을 달리하다 (×)	유명을 달리하다 (O)	**유명을 달리하다** _'죽음'을 완곡하게 이르는 말.

울궈먹다 (×)	우려먹다 (O)	● **우려먹다** _① 이미 썼던 내용을 다시 써먹다. ② 음식 따위를 우려서 먹다.
웃도리 (×)	윗도리 (O)	● **윗도리** _윗옷.
웃사람 (×)	윗사람 (O)	● **윗사람** _자기보다 나이, 지위, 신분 따위가 위이거나 높은 사람.
웅큼 (×)	움큼 (O)	● **움큼** _손으로 한 줌 움켜쥘 만한 분량을 세는 단위.
웬지 (×)	왠지 (O)	● **왠지** _왜 그런지 모르게.
윗어른 (×)	웃어른 (O)	● **웃어른** _나이나 지위, 신분 따위가 자기보다 높은 사람.
윗층 (×)	위층 (O)	● **위층** _여러 층 가운데 위쪽의 층.
육계장 (×)	육개장 (O)	● **육개장** _쇠고기를 삶아서 넣고, 얼큰하게 갖은 양념을 하여 끓인 국.
으례 (×)	으레 (O)	● **으레** _두말할 것 없이 당연히.
으시대다 (×)	으스대다 (O)	● **으스대다** _어울리지 않게 우쭐거리며 뽐내다.
으시시 (×)	으스스 (O)	● **으스스** _차거나 섬뜩한 것이 몸에 닿았을 때 소름이 돋는 듯한 모양.
익숙치 않다 (×)	익숙지 않다 (O)	● **~지** _동작이나 상태를 부정하거나 금지하려 할 때 쓰이는 연결 어미.
인삿말 (×)	인사말 (O)	● **인사말** _인사로 하는 말.

일남일여 (×)	일남일녀 (○)	**일남일녀** _아들 한 사람과 딸 한 사람.
일찌기 (×)	일찍이 (○)	**일찍이** _일정한 시간보다 이르게 또는 예전에.
임마 (×)	인마 (○)	**인마** _ '이놈아' 가 줄어든 말.
있슴 (×)	있음 (○)	**~음** _명사 구실을 하게 하는 어미.
잎파리 (×)	이파리 (○)	**이파리** _나무나 풀의 살아 있는 낱 잎.
자문을 구하다 (×)	자문하다 (○)	**자문하다** _어떤 일을 좀 더 효율적이고 바르게 처리하려고 전문가에게 의견을 묻다.
잔듸밭 (×)	잔디밭 (○)	**잔디밭** _잔디가 많이 나 있는 곳.
잠궈 (×)	잠가 (○)	**잠그다** _여닫는 물건을 열지 못하도록 자물쇠를 채우다.
재털이 (×)	재떨이 (○)	**재떨이** _담뱃재를 떨어 놓는 그릇.
저녘 (×)	저녁 (○)	**저녁** _해가 질 무렵부터 밤이 되기까지의 사이.
절대절명 (×)	절체절명 (○)	**절체절명** _몸도 목숨도 다 되었다는 뜻으로, 어찌할 수 없는 긴박한 경우를 비유적으로 이르는 말.
(발이) 절이다 (×)	저리다 (○)	**저리다** _뼈마디나 몸의 일부가 오래 눌려서 피가 잘 통하지 못하여 감각이 둔하고 아리다.
접수받다 (×)	접수하다 (○)	**접수하다** _신청이나 신고 따위를 구두나 문서로 받다.
정한수 (×)	정화수 (○)	**정화수** _이른 새벽에 길은 우물물.

조개껍더기 (×) 조개껍데기 (○) ● 조개껍데기 _조갯살을 겉에서 싸고 있는 단단한 물질

(마음을) 조리다 (×) 졸이다 (○) ● 졸이다 _속을 태우다시피 초조해하다.

졸립다 (×) 졸리다 (○) ● 졸리다 _자고 싶은 느낌이 들다.

종이조각 (×) 종잇조각 (○) ● 종잇조작 _종이의 작은 조각. (=종이쪽)

죄값 (×) 죗값 (○) ● 죗값 _지은 죄에 대하여 치르는 대가.

주책이다 (×) 주책없다 (○) ● 주책없다 _줏대가 없이 이랬다저랬다 하여 몹시 실없다.

지겟군 (×) 지게꾼 (○) ● 지게꾼 _지게로 짐 나르는 일을 하는 사람.

지리하다 (×) 지루하다 (○) ● 지루하다 _변화 없이 같은 상태가 계속되어 따분하고 싫증이 나다.

진눈개비 (×) 진눈깨비 (○) ● 진눈깨비 _비가 섞여 내리는 눈.

진도개 (×) 진돗개 (○) ● 진돗개 _전남 진도에서 나는 개의 한 품종.

징기스칸 (×) 칭기즈 칸 (○) ● 칭기즈 칸(Chingiz Khan) _몽골 제국의 제1대 왕.

짜장면 (×) 자장면 (○) ● 자장면 _요리의 하나.

짜집기 (×) 짜깁기 (○) ● 짜깁기 _① 직물의 찢어진 곳을 본디대로 흠집 없이 짜서 깁는 일. ② 기존의 글 따위를 편집하여 하나의 완성품으로 만드는 일.

짭잘하다 (×) 짭짤하다 (○) ● 짭짤하다 _① 감칠맛이 있게 조금 짜다. ② 일이 잘되어 실속이 있다.

째째하다 (×)	쩨쩨하다 (O)	● **쩨쩨하다** _① 너무 적거나 하찮아서 시시하고 신통치 않다. ② 사람이 잘고 인색하다.
쪽집게 (×)	족집게 (O)	● **족집게** _① 잔털이나 가시 따위를 뽑는 데 쓰는 기구. ② 어떤 사실을 잘 알아맞히는 능력을 가진 사람.
쭈꾸미 (×)	주꾸미 (O)	● **주꾸미** _문어과의 연체동물.
찌게 (×)	찌개 (O)	● **찌개** _냄비에 고기 · 채소 등을 넣고 양념을 하여 끓인 반찬.
찌뿌둥하다 (×)	찌뿌듯하다 (O)	● **찌뿌듯하다** _① 몸살이나 감기 따위로 몸이 조금 무겁고 거북하다. ② 표정이나 기분이 밝지 못하고 조금 언짢다. ③ 비나 눈이 올 것같이 날씨가 조금 흐리다.
차돌배기 (×)	차돌박이 (O)	● **차돌박이** _소의 양지머리뼈의 가운데 붙은 기름진 고기
챙피하다 (×)	창피하다 (O)	● **창피하다** _체면이 깎이는 일이나 아니꼬운 일을 당하다.
청설모 (×)	청서 (O)	● **청서** _다람쥣과의 하나.
체신머리 (×)	채신머리 (O)	● **채신머리** _ '처신(세상을 살아가는 데 가져야 할 몸가짐이나 행동)' 을 속되게 이르는 말.
초생달 (×)	초승달 (O)	● **초승달** _음력으로 그달 초하루부터 며칠 동안 뜨는 달.
초코렛 (×)	초콜릿 (O)	● **초콜릿**(chocolate) _코코아씨 가루에 우유, 설탕, 향료 따위를 섞어 만든 것.
촉촉히 (×)	촉촉이 (O)	● **촉촉하다** _물기가 있어 조금 젖은 듯하다.
촛점 (×)	초점 (O)	● **초점** _① 렌즈 따위에서 광선이 한곳으로 모이는 점. ② 사람들의 관심이나 주의가 집중되는 사물의 중심 부분.

총뿌리 (×) 총부리 (○)

● **총부리** _총에서 총구멍이 있는 부분.

추스리다 (×) 추스르다 (○)

● **추스르다** _① 몸을 가누어 움직이다. ② 일이나 생각 따위를 수습하여 처리하다.

충열사 (×) 충렬사 (○)

● **충렬사** _충신열사를 기리고 추모하고자 세운 사당.

(값 · 시험을) 치루다 (×) 치르다 (○)

● **치르다** _① 주어야 할 돈을 내주다. ② 무슨 일을 겪어 내다. ③ 아침, 점심 따위를 먹다.

치마자락 (×) 치맛자락 (○)

● **치맛자락** _치마폭의 늘어지거나 드리워진 부분.

카렌다 (×) 캘린더 (○)

● **캘린더**(calendar) _1년의 달, 날, 요일 등을 적어 놓은 것.

카톨릭교 (×) 가톨릭교 (○)

● **가톨릭교**(Catholic교) _그리스도의 정통 교의를 믿는 종교.

캐롤 (×) 캐럴 (○)

● **캐럴**(carol) _크리스마스를 축복하는 축하곡.

캬라멜 (×) 캐러멜 (○)

● **캐러멜**(caramel) _물엿, 설탕 따위에 향료를 넣고 고아서 굳힌 사탕의 하나.

커텐 (×) 커튼 (○)

● **커튼**(curtain) _창이나 문에 치는 막.

케익 (×) 케이크 (○)

● **케이크**(cake) _밀가루, 달걀, 버터 따위를 주원료로 하여 만든 서양 음식.

케찹 (×) 케첩 (○)

● **케첩**(ketchup) _과일, 채소 따위를 끓여 설탕, 소금 따위를 섞어서 조린 소스.

켸켸묵다 (×) 케케묵다 (○)

● **케케묵다** _① 물건 따위가 아주 오래되어 낡다. ② 일, 지식 따위가 시대에 뒤떨어진 데가 있다.

틀린 말	맞는 말	뜻
코방귀 (×)	콧방귀 (○)	**콧방귀** _코로 나오는 숨을 막았다가 갑자기 터뜨리면서 내는 소리.
콤파스 (×)	컴퍼스 (○)	**컴퍼스**(compass) _원이나 호를 그리는 데 주로 사용하는 제도용 기구.
태국기 (×)	태극기 (○)	**태극기** _대한민국의 국기.
태능 (×)	태릉 (○)	**태릉** _조선 중종의 계비 문정 왕후의 능.
털석 (×)	털썩 (○)	**털썩** _갑자기 힘없이 주저앉거나 쓰러지는 소리. 또는 그 모양.
통채로 (×)	통째로 (○)	**통째로** _나누지 않은 덩어리 전부로.
통털어 (×)	통틀어 (○)	**통틀어** _있는 대로 모두 합하여.
트름 (×)	트림 (○)	**트림** _먹은 음식이 잘 소화되지 않아 생긴 가스가 입으로 나옴. 또는 그 가스.
(모양 · 생각 등이) 틀리다 (×)	다르다 (○)	**다르다** _비교가 되는 두 대상이 서로 같지 않다. '틀리다'는 셈이나 사실 따위가 그르거나 어긋난다는 뜻.
팔굼치 (×)	팔꿈치 (○)	**팔꿈치** _팔의 위아래 마디가 붙은 관절의 바깥쪽.
팔삭동이 (×)	팔삭둥이 (○)	**팔삭둥이** _제달을 다 채우지 못하고 여덟 달 만에 태어난 아이.
팔장 (×)	팔짱 (○)	**팔짱** _두 팔을 마주 끼어 손을 두 겨드랑이 밑으로 각각 두는 일.

퍼래지다 (×) **퍼레지다 (○)** ● **퍼레지다** _퍼렇게 되다.

포크레인 (×) **포클레인 (○)** ● **포클레인**(Poclain) _기계 삽으로 땅을 파내는 차.

폭팔하다 (×) **폭발하다 (○)** ● **폭발하다** _① 불이 나며 갑작스럽게 터지다. ② 쌓여 있던 감정이 일시에 세찬 기세로 나오다.

풋나기 (×) **풋내기 (○)** ● **풋내기** _경험이 없어서 일에 서투른 사람.

풍지박살 (×) **풍비박산 (○)** ● **풍비박산** _사방으로 날아 흩어짐.

(담배를) 피다 (×) **피우다 (○)** ● **피우다** _어떤 물질에 불을 붙여 연기를 빨아들였다가 내보내다.

피래미 (×) **피라미 (○)** ● **피라미** _① 잉엇과의 민물고기. ② 하찮은 존재를 비유적으로 이르는 말.

피오르드 해안 (×) **피오르 해안 (○)** ● **피오르**(fjord) _빙하에 의해 깎인 골짜기에 바닷물이 들어와서 생긴 좁고 긴 만.

피짜 (×) **피자 (○)** ● **피자**(pizza) _밀가루 반죽 위에 치즈, 피망 등을 얹어 둥글납작하게 구운 음식.

하교길 (×) **하굣길 (○)** ● **하굣길** _공부를 끝내고 학교에서 집으로 오는 길.

~하기 쉽상이다 (×) **~하기 십상이다 (○)** ● **십상** _'십상팔구'의 준말로, 거의 예외가 없을 정도로 가능성이 매우 높음을 이르는 말.

하니바람 (×) **하늬바람 (○)** ● **하늬바람** _서쪽에서 부는 바람.

하루밤 (×) **하룻밤 (○)** ● **하룻밤** _해가 지고 나서 다음 날 해가 뜰 때까지의 동안.

하루방 (×)	하르방 (O)	**하르방** _ '할아버지' 의 제주 방언.
하얗네 (×)	하얘네 (O)	**하얗다** _ 밝고 선명하게 희다.
한갖 (×)	한갓 (O)	**한갓** _ 다른 것 없이 겨우.
한참 때 (×)	한창때 (O)	**한창때** _ 기운이나 의욕 따위가 가장 왕성한 때.
할려고 (×)	하려고 (O)	**~려고** _ 어떤 행동을 할 의도나 욕망이 있음을 나타내는 연결 어미.
합격율 (×)	합격률 (O)	**합격률** _ 지원자 수에 대한 합격자 수의 비율.
해꼬지 (×)	해코지 (O)	**해코지** _ 남을 해치고자 하는 짓.
핼쓱하다 (×)	핼쑥하다 (O)	**핼쑥하다** _ 얼굴에 핏기가 없고 파리하다.
햇님 (×)	해님 (O)	**해님** _ '해' 를 인격화하여 다정하게 이르는 말.
~했길래 (×)	~했기에 (O)	**~기에** _ 원인이나 근거를 나타내는 연결 어미.
행열 (×)	행렬 (O)	**행렬** _ 여럿이 줄지어 감. 또는 그런 줄.
호도과자 (×)	호두과자 (O)	**호두과자** _ 호두의 속살을 쪼개 밀가루와 섞어 호두알 모양으로 둥글게 구워 만든 과자.
호르라기 (×)	호루라기 (O)	**호루라기** _ 입으로 불어 '호로로' 소리를 내는 물건.
호일 (×)	포일 (O)	**포일**(foil) _ 금, 알루미늄 등의 금속을 종이 같이 얇게 편 것.
홀홀단신 (×)	혈혈단신 (O)	**혈혈단신** _ 의지할 곳 없는 외로운 몸.

회수 (×)	횟수 (O)	● **횟수** _돌아오는 차례의 수효.
회집 (×)	횟집 (O)	● **횟집** _생선회를 전문으로 파는 음식점.
후라이드치킨 (×)	프라이드치킨 (O)	● **프라이드치킨**(fried chicken) _닭고기에 밀가루, 소금 등을 묻혀 기름에 튀긴 요리.
후라이팬 (×)	프라이팬 (O)	● **프라이팬**(frypan) _프라이를 하는 데 쓰는 넓적한 냄비.
휴계실 (×)	휴게실 (O)	● **휴게실** _잠깐 동안 머물러 쉴 수 있도록 마련해 놓은 방.
휴일날 (×)	휴일 (O)	● **휴일** _일요일이나 공휴일 따위의 일을 하지 않고 쉬는 날.
흐리멍텅하다 (×)	흐리멍덩하다 (O)	● **흐리멍덩하다** _정신, 일, 기억, 소리 따위가 분명하지 못하고 흐리다.
흥미꺼리 (×)	흥밋거리 (O)	● **흥밋거리** _흥미를 일으킬 만한 일.
희노애락 (×)	희로애락 (O)	● **희로애락** _기쁨과 노여움과 슬픔과 즐거움을 아울러 이르는 말.
히히덕거리다 (×)	시시덕거리다 (O)	● **시시덕거리다** _실없이 웃으면서 조금 큰 소리로 계속 이야기하다.
힘겨웁다 (×)	힘겹다 (O)	● **힘겹다** _힘에 부쳐 당해 내기 어렵다.

창의력 키워드

명문사전

발 행 일	2009년 10월 20일 초판 발행
	2010년 3월 15일 2쇄 발행
편 저	금성어문연구소
발 행 처	금성출판사
발 행 인	김성훈
주 소	서울시 마포구 공덕동 242-63
대표전화	(02)2077-8000~9
등 록 일	2008년 3월 14일 제313-2008-00056호
인 쇄	신흥피엔피(주)
제 책	태성바인텍(주)

· 본사는 출판윤리강령을 준수합니다.
· 내용 문의 (02)2077-8159
· 구입 문의 (02)2077-8140

정가 **24,000**원

ISBN 978-89-347-0441-6 41700

Once you make a decision,
the universe conspires to make it happen.

_Emerson, Ralph Waldo

Life is not about finding yourself.
Life is about creating yourself.

_Shaw, George Bernard

Try not to become a man of success,
but rather try to become a man of value.

_Einstein, Albert

To imagine is everything, to know is nothing at all.

_France, Anatole

Knowledge of the world is only to be acquired in the world,
and not in a closet.

_Lord Chesterfield

Liberty without learning is always in peril and
learning without liberty is always in vain.

_Kennedy, John Fitzgerald

We never know the worth of water till the well is dry.

_Fuller, Thomas